ज्ञान गरिमा के
68 वर्ष
भारतीय
ज्ञानपीठ

णाणं
पयासयं
वीर नि.सं. 2470
ई.सन् 1944
भारतीय ज्ञानपीठ

मुगल महाभारत : नाट्य-चतुष्टय

मुग़ल महाभारत
नाट्य-चतुष्ट्य

सुरेन्द्र वर्मा

भारतीय ज्ञानपीठ

लोकोदय ग्रन्थमाला : ग्रन्थांक 1199

ISBN : 978-93-263-5219-2

मुग़ल महाभारत : नाट्य-चतुष्टय
(नाटक)
सुरेन्द्र वर्मा

दूसरा संस्करण : 2014
मूल्य : 1000 रुपये

प्रकाशक : **भारतीय ज्ञानपीठ**
18, इंस्टीट्यूशनल एरिया, लोदी रोड, नयी दिल्ली-110 003

मुद्रक : चार दिशाएँ प्रिंटर्स, नोएडा
आवरण : फैक्ट से सौजन्य से
साज-सज्जा : ज्ञानपीठ कला प्रभाग

MUGHAL MAHABHARAT : NATYA-CHATUSHTAYA
(Tetralogy of Plays)
by Surendra Verma

Published by : **Bharatiya Jnanpith**
18, Institutional Area, Lodi Road, New Delhi-110 003

e-mail : bjnanpith@gmail.com, sales@jnanpith.net
website : www.jnanpith.net

Second Edition : 2014
Price : Rs. 1000

इतिहास की सभी कृतियाँ अन्तरिम रपटें हैं। लोगों ने अतीत में जो किया, वह तृणमणि (Amber) में सुरक्षित नहीं रखा जाता—युगों में अपरिवर्तनीय। प्रत्येक पीढ़ी पीछे मुड़कर देखती है, अपने अनुभवों को आँकती है और ऐसे रूपाकर ढूँढ़ने का साहस करती है, जिनसे अतीत तथा वर्तमान आलोकित हो उठें।

—जॉन नोबुल विल्फोर्ड

कुछ भी मरता नहीं। अतीत लगभग उतना ही जीवित रहता है, जितना वर्तमान, और अतीत भी वर्तमान के बदलने के साथ बदलता जाता है—हमारे व्यक्तिगत अतीत के साथ एतिहासिक अतीत भी। इतिहास के बुनियादी तथ्य निःसन्देह नहीं बदलते, लेकिन वे जिस तरह घुलते-मिलते और रूपाकार बनाते हुए रंग बदलते हैं, वह न सिर्फ हर पीढ़ी के लिए विशिष्ट होता है, बल्कि हर इतिहासकार के लिए भी। इसलिए अतीत का कोई विशिष्ट प्रतिनिधित्व निरपेक्ष वैधता नहीं रखता और किसी भी ऐतिहासिक कृति की गुणवत्ता मुख्य रूप से इस बात पर निर्भर करती है कि सार्वजनिक जीवन-दृष्टि में निजी जीवन-दृष्टि का उत्प्रेरण (Catalysis) उपयुक्त ढंग से हुआ है या नहीं।

—अब्राहम इराली

अनुक्रम

खंड-एक

भाग-1
बिना हिना की शाही हथेलियाँ 17

भाग-2
तूफ़ान से अहद 161

भाग-3
शाह बनाये कठपुतली 341

भाग-4
ज़ेबुन्निसा बनाम औरंगज़ेब 493

खंड-दो

मुग़ल महाभारत : ऐतिहासिक परिप्रेक्ष्य

अनुभाग-1
मुग़ल राजवंश और आलमगीर साम्राज्य 647

अनुभाग-2
मुग़ल शासक वर्ग का उद्‌भव और मंसबदारी व्यवस्था 658

अनुभाग-3
शाहजहाँ और उनका परिवार 666

अनुभाग-4
उत्तराधिकार दृष्टि से बँटी शाहजहाँ संतति 675

अनुभाग-5
औरंगज़ेब-जहाँ आरा : सहोदरों का आत्यंतिक जटिल सम्बन्ध 690

अनुभाग–6
अदम्य पिपासा: रौशन आरा! 704

अनुभाग–7
दारा शिकोह और औरंगज़ेब 707

अनुभाग–8
मुग़लों की धार्मिक और दक्षिण नीति 710

अनुभाग–9
सत्ता-संघर्ष में राजसी और निजी अन्तर का विलोपन 720

अनुभाग–10
दारा-संहार अर्थात् 'मुक्ता बन जाना बूँद का...' 729

अनुभाग–11
लेना ग़लत मोड़ साम्राज्य और देश की नियति का 760

अनुभाग–12
'शिवाजी कीर्त्तिरूपेन' 768

अनुभाग–13
आलमगीर तथा ज़ेबुन्निसा : जीवनव्यापी संघर्ष का अभिशाप 776

अनुभाग–14
औरंगज़ेब और उनके सपूत 784

अनुभाग–15
मुगल राजपूत सम्बन्ध 806

अनुभाग–16
28 नवम्बर, 1678 : जोधपुर अधिग्रहण तिथि बनी मुग़ल साम्राज्य-पतनारम्भ तिथि 812

अनुभाग–17
सलीमगढ़ में बंदी होने वाली साम्राज्य की एकमात्र राजकन्या और आप्रवासी बनने को विवश उनके सहोदर 823

अनुभाग–18
दक्षिण आ पहुँचे आलमगीर शमशीर लेकर! 838

अनुभाग 19
'हम न हँसते हैं; न हँसने देते हैं!' 852

अनुभाग-20
आह, दकन नासूर उर्फ़ 'स्वामिभक्ति का नरक' 863

अनुभाग-21
आलमगीर का विखंडन 869

अनुभाग-22
वयोवृद्ध गरुड़ के निस्पंद होते पंख 896

अनुभाग-23
पुनश्चः आलमगीर परवर्ती उत्तराधिकार युद्ध 904

चित्रावली 917

17वीं शताब्दी के मुग़ल साम्राज्य, हिन्दुस्तान और अन्ततः आज के भारतवर्ष 'That Is India' को परिभाषित करनेवाली तीन ऐतिहासिक तिथियाँ—

(1) अप्रैल 4, 1644—अकबराबाद में जहाँ आरा बेगम बुरी तरह आग से जल गयीं। दारा शिकोह वहीं रहते थे। शेष तीनों भाई—शाह शुजा, औरंगज़ेब और मुराद बख़्श—अपने-अपने सूबों से *(क्रमशः बंगाल, दक्षिण और गुजरात)* बहन को देखने के लिए हाज़िर हुए। हकीमों ने कहा, ''अब दवा नहीं, दुआ चाहिए।'' शाहजहाँ और औरंगज़ेब के बीच सतत विषैली कड़वाहट के चलते औरंगज़ेब पद एवं जागीरविहीन होकर निकटवर्ती ग्राम में रहने को भेज दिये गये। ग्राम से बाहर निकलने की अनुमति नहीं।

(2) नवंबर 28, 1644—लगभग आठ महीने बाद साम्राज्य की प्रथम महिला *(पादशाह बेगम)* के स्वास्थ्य-लाभ-स्नान *(ग़ुस्ले-सेहत)* कर लेने के साथ एक सप्ताही हर्षोत्सव के बीच बेगम साहिब ने शाहजहाँ से जिस उपहार की माँग की, वह था औरंगज़ेब के लिए पुनर्पद-स्थान। दारा शिकोह के लिए सम्भावित आपदा के बावजूद वह अपनी 'न्यायोचित' माँग पर अडिग रहीं। सम्राट को स्वीकृति देनी ही पड़ी। इस तिथि के बारह वर्ष के बाद होने वाले उत्तराधिकार युद्ध का निर्णय तथा साम्राज्य और देश की नियति निर्धरित हो गयी। तब शाह शुजा, दारा, मुराद बख़्श, जहाँ आरा और शाह जहाँ—किसी को अन्दाज़ नहीं था कि राजवंश के भयंकर विनाश की भूमिका लिखी जा रही है। फरवरी 14, 1645 को औरंगज़ेब गुजरात के सूबेदार बन कर अहमदाबाद के लिए चले गये।

(3) जनवरी 16, 1681—औरंगज़ेब द्वारा राजपूताना आक्रमण के बीच विद्रोही शहज़ादे अकबर के देवराई से पलायन कर दक्षिण जा शम्भूजी के शरणार्थी

बन जाने पर आलमगीर ने विद्रोह को व्यापक स्वरूप लेने से रोकने के लिए स्वयं दक्षिण जाने का निर्णय लिया—ज़ेबुन्निसा को अजमेर से ही शाही बन्दीगृह सलीमगढ़ भेजने के बाद—फिर 26 वर्ष अन्तहीन युद्ध लड़ते *(इतिहासकारों ने इसे दकन नासूर (The Deccan Ulcer) की संज्ञा दी है।)* और हास्यास्पद एवं करुण पतन को प्राप्त होते हुए परम सन्तप्त विराट बली साम्राज्य विघटन का पहला चरण प्रारम्भ करते गये।

अनिवार्यता का सिद्धान्त (Law of Inevitability) : मुग़ल राजवंश में अनिवार्यता का सिद्धान्त चलता था। लिंग वयस्कता पाने के माध्यम तो राजकुमार के पास ख़ुद-ब-ख़ुद खिंचे चले आते थे, पर मुग़ल रक्त में कुछ ऐसी ख़ासियत थी कि अपनी राजनीतिक वयस्कता शहज़ादा तभी मानता था, जब वह सिंहासनारूढ़ बाप *(या कभी-कभी भाई)* के विरुद्ध बग़ावत सम्पन्न कर देता था। हुमायूँ *(तीन भाई उनके विरुद्ध थे।),* अकबर, जहाँगीर, शाहजहाँ औरंगज़ेब—सब इस अनुभव-सम्पदा से लाभान्वित हुए थे। इसके अद्‌भुत अपवाद अज़ीमुश्शान थे, जिन्होंने पितामह औरंगज़ेब के देहान्त के बाद अपने अनुपस्थित पिता मुअज़्ज़म शाह आलम बहादुर शाह के नाम का ख़ुत्बा पढ़वाया और पिता के आने पर किरीट उनके सिर पर रख कर मुग़ल श्रवण कुमार दस्त-बस्ता सामने खड़े हो गये!

नाट्य-चतुष्टय के कौन-से पात्र ने कैसे कीर्तिमान बनाये : शाहजहाँ :

(1) किरीट-धारण प्रक्रिया में अपने समय तक सबसे अधिक भाइयों-भतीजों का वध *(बाद में यह कीर्तिमान सपूत आलमगीर ने तोड़ा)*।

(2) पहले मुग़ल सम्राट का जीते-जी अपने सपूत के हाथों किरीट-झपट्टा अनुभव और नज़रबन्दी। अपने पोते के हाथ में क़िले की चाबियाँ देने की ज़िल्लत झेली, फिर वैसे ही देहान्त को प्राप्त हुए।

(3) अपने तीन बेटों के उनके परिवारसहित विनाश की झाँकी के दर्शक बने। सबसे प्रिय बेटे का कटा सिर देखा; दूसरे बेटे *(मुराद)* और तीन पोतों *(इज़्ज़त बख़्श, सुलेमान और सिपिर शिकोह)* की अपने साथ समानान्तर क़ैद झेली; फिर मुराद और सुलेमान के वध पर शोकगीत पढ़ा। फिर एक और बेटे *(शाह शुजा)* तथा उसके पूरे परिवार के विनाश पर क्रन्दन किया।

(4) केलि-सखियों की सर्वाधिक संख्या; दरबार विशेषज्ञ के अनुसार लगभग 75।

(5) एक पुरुषार्थ की साधना के पथ में कामोत्तोजक औषधि अतिसेवन के कारण दूसरे पुरुषार्थ की उपलब्धि।

(6) स्थापत्य एवं ऐश्वर्य के अनुपम विलासी।

दो बहनें :

(1) जीवन-दृष्टि के परम विरोध से सम्पन्न छत्तीस के आँकड़ों वाली पहली राजरक्तीय बहनें—जहाँ आरा तथा रौशन आरा।

रौशन आरा :

(1) औरंगज़ेब हित को अपना समझ तन-मन-धन झोंक देने का सपर्मण।
(2) दारा शिकोह के वध के दिन महाभोज आयोजित कर सहोदर घृणा का कीर्तिमान बनाने पर वस्तुतः साम्राज्य की सर्वोच्च उपाधि 'माही-मरातिब' की अधिकारिणी।
(3) 17वीं सदी के बेहद संकीर्ण, आवरणशील समाज में मुक्त प्रेम की ध्वजा-धारिणी; केलि—औत्सुक्य में निरन्तर नये प्रयोगों की चारु आग्रही।

जहाँ आरा :

(1) मुग़ल इतिहास में पहली सूफ़ी राजदुहिता।
(2) बन्दी पिता के साथ स्वेच्छा से एकाकी जीवन बिताने का चुनाव।
(3) निजी भावना का अतिक्रमण कर सदा कर्त्तव्य और धर्म (Moral Order) निभाने के लिए बेझिझक सर्वोच्च मूल्य चुकाए।

औरंगज़ेब : (शब्दार्थ सिंहासनाभूषण)

(1) मुग़ल राजकुमारियों को चिरकुमारी बनाये रखने के अकबरे-आज़म के आदेश की निरस्ति। परम शत्रु सन्तति के साथ वैववाहिक सम्बन्ध बनाये। आलमगीर प्रशासन में शाही हरम में पाँच विवाह सम्पन्न हुए: इज़्ज़त बख़्श *(पिता मुराद बख़्श)*—मेहरुन्निसा *(पिता आलमगीर)* दोस्तदार बानो *(पिता मुराद बख़्श)*—मुहम्मद सुल्तान *(पिता आलमगीर)* जहाँ ज़ेब *(पिता दारा शिकोह)*—आज़म *(पिता आलमगीर) सिपिर शिकोह (पिता दारा शिकोह)—ज़ुब्दतुन्निसा (पिता आलमगीर) सलीमा (पिता सुलेमान शिकोह)—अकबर (पिता आलमगीर)* इज़्ज़त बख़्श, दोस्तदार, सिपिर, जहाँ ज़ेब और सलीमा—इन सबके पिता की हत्या विराट बली ने की थी। *(आगे विस्तार से देखें।)*
(2) सर्वाधिक संख्या में भाइयों, भतीजों, शत्रुओं तथा विधर्मियों का वध।
(3) पाँच सपूतों में से चार का जीते-जी विद्रोह; चार के बन्दी जीवन और

एक के देश-पलायन की अनुभव-सम्पन्नता।

(4) सबसे बड़ी, सबसे प्रिय और सबसे प्रतिभाशाली बेटी, 'साम्राज्य की प्रथम महिला' ज़ेबुन्निसा को राजनीतिक मतभेद के कारण शेष जीवन *(21 वर्ष)* सलीमगढ़ में बन्दी बनाना।

(5) निजी जीवन के लिए राजमुद्रा से परहेज़ कर राजसी नैतिकता और सादगी के ऊँचे मूल्यों का चुनाव।

(6) लगभग हर क्षेत्र की अपनी मान्यता को लेकर अनवरत दुराग्रह के कारण 'आलमगीरी हठ' संज्ञा के जनक।

(7) हिन्दुस्तान के इतिहास में सबसे बड़े साम्राज्य के निर्माता; साथ ही अपनी नीतियों के कारण साम्राज्य तथा देश के विनाशक।

(8) मुग़ल सम्राटों में सबसे अधिक आयु पाने *(89 वर्ष)* के साथ-साथ व्यक्ति तथा बादशाह के रूप में घनघोर असफलता के साथ आख़िरी हिचकी।

(9) कलाओं—विशेषतः संगीत एवं काव्य—के परम शत्रु।

दारा शिकोह :

(1) मुग़ल राजवंश के पहले दार्शनिक एवं सूफ़ी कवि युवराज।

(2) औपचारिक वध-दंड पाने वाले पहले युवराज।

(3) दारा अकबरे-आज़म के पद-चिह्नों पर चल रहे थे। वह अकबरे-आज़म के रोल-मॉडेल की अगली कड़ी थे। कठिनाई यह थी कि अकबर ऐसे सम्राट थे, जिनकी धर्म में भी दिलचस्पी थी, जबकि दारा मूलतः वह सूफ़ी दार्शनिक थे, जो संयोग से युवराज भी था। 'बादशाहत आसान है; दरिद्रता से मेलजोल करो', मुग़ल साम्राज्य का युवराज कह रहा था, 'ओ मित्रों, बुद्धिमत्ता, ज्ञान, एवं सत्य के पथ पर चलो। सांसारिक साम्राज्य का त्याग करो।'

अन्ततः ऐसे साम्राज्य का त्याग कर दिया युवराज ने!

ज़ेबुन्निसा : *(शब्दार्थ स्त्री जाति किरीट)*

(1) पहली परिपक्व मुग़ल राजवंश कवियित्री।

(2) राजसी कारागार-निवासिनी बनने वाली पहली राजकुमारी।

शहज़ादे अकबर :

(1) असफल विद्रोह के बाद ईरान-पलायन में हुमायूँ का अनुकरण, हालाँकि

उन पर *(हुमायूँ पर)* किरीट-झपट्टा शेर शाह ने मारा था, किसी रक्त-सम्बन्धी ने नहीं। फिर पूरे 15 बरस बाद हुमायूँ ने ईरानी सेना के सहारे दिल्ली जीत ली थी। अकबर को न आक्रमण की सुविधा मिली, न वह हिन्दुस्तान लौट पाये।

(2) पूरे छब्बीस बरस बाप-बेटे द्वारा सार्वजनिक रूप से एक-दूसरे के लिए मृत्यु-कामना। आलमगीर ने चुनौती दी, तुम मुझसे पहले साँस तोड़ोगे। आलमगीर की विजय हुई। 49 की आयु में शहज़ादे का निधन। अगले साल 89 के होकर स्नेहशील पिता का।

फुटकर कीर्तिमान :

(1) इज़्ज़त बख़्श और सिपिर शिकोह न बन्दीगृह से मुक्त किये गये; न उनको रोज़ाना दी जाने वाली पोस्त बन्द की गयी, जबकि ज़ुब्दतुन्निसा की माँ विराट बली की प्राणेश्वरी दिलरस बानो थीं।

(2) इज़्ज़त बख़्श विवाह के बाद पैंतीस बरस कारावास में रहे। कुछ मिला कर पचास साल बाद उन्हें खुली हवा मिली। औरंगज़ेब के प्रति कृतकृत्य हो गये। बहुत जल्दी औरंगज़ेब का देहान्त हो गया। ससुर स्नेह से व्याकुल इज़्ज़त बख़्श ने ऊपर तक उनका अनुकरण करने में देर नहीं लगायी।

(3) असफल विद्रोह के बाद शहज़ादे अकबर तो दकन भाग गये, पर सलीमा बेगम पकड़ी गयीं। आलमगीर ने उन्हें सुहागपुरा *(अकबराबाद के पास राजवंश विद्रोहियों की पत्नियों का कारावास जैसा निवास)* भेज दिया। वहाँ 39 बरस घुट-घुट कर जीने के बाद उनका देहान्त हुआ।

(4) जिस अकबर को देशनिकाला और विदेशी भूमि पर मृत्यु मिली और जिस सलीमा ने *(पिता सुलेमान शिकोह का वध औरंगज़ेब ने सम्पन्न किया था।)* तीन-चौथाई ज़िन्दगी कारावास में काट अपने पति की महत्त्वाकांक्षा का मूल्य चुकाया, उन्हीं दोनों के बेटे मुहम्मद शाह नेकूसियर 1719 में तैमूर दोयम साहिबे-किरान पादशाहे-ज़मन बन अन्ततः तख़्ते-ताऊस पर लगभग तीन माह के लिए जलवाअफ़रोज़ हो ही गये!

हिन्दुस्तान विविध संस्कृतियों एवं धर्मों वाली भूमि है। अपने उत्तराधिकारियों को मेरा परामर्श है कि वे किसी एक विचारधारा या धर्म को ले एकरूपता लाने की कोशिश मत करें।

—बाबर

उत्तराधिकार युद्ध के दौरान इस देश में जो हो रहा है, उससे लगता है कि भयंकर अव्यवस्था होने वाली है।

—मानुची

भाग–1

बिना हिना की शाही हथेलियाँ

सन्ताप से बिलखती हूँ मैं सरकंडे की तरह;
सिर्फ हवा सहारे को
सन्ताप से जलती हूँ मैं
लेकिन निकलता है मेरे सिर से
महज धुआँ

—जहाँ आरा

पात्र

(प्रवेश के अनुसार)

खुसरो

दावर बख़्श

शहरयार

दारा शिकोह

नजाबत ख़ाँ

शाहजहाँ

मुराद बख़्श

शाह शुजा

अली नक़ी

कमाल पाशा

ख़ानम सुल्तान

आराम बानो

सुल्तानुन्निसा

गौहर आरा

रौशन आरा

जहाँ आरा

बाँदी

मुलाज़िम

शहरी–1,

शहरी–2,

शहरी–3,

ख़ादिम

नक़ीब

पैग़ामी–1

पैग़ामी–2

पैग़ामी–3

नये अभिनेता के लिए : ज़हाँ संवाद लम्बा है, वहाँ भाव एवं सुरलहर (Intonation) के अनुसार साँस लेने के लिए कॉमा लगा दिया गया है। चाहें तो उस बिन्दु का चुनाव कर लें।

अंक-1

दृश्य-1

लाल क़िला। शाम।

(धीरे-धीरे प्रकाश होता है। ख़ुसरो, दावर बख़्श, और शहरयार संवाद बोलते हुए आते हैं।)

ख़ुसरो/दावर बख़्श/शहरयार : (*साथ-साथ*) लहराती है/ फिर कोई बर्क[1] सी लहराती है। आता है जो आगे/ सूखे तिनके-सा जलाती है।

ख़ुसरो : (*बड़ी नर्मी से*) होता है।

ख़ुसरो/दावर बख़्श/शहरयार : (*साथ-साथ आक्रामक सुर में*) बड़ा नशा होता है।

दावर बख़्श : (*बड़ी नर्मी से*) शीराज़[2] की मय से भी ज्यादा।

ख़ुसरो/दवार बख़्श/शहरयार : (*साथ-साथ वैसे ही*) तख्तनशींनी और माथे पर ताज में।

शहरयार : (*बादशाह की अदा से सिक्का दिखाते हुए*) देखा है आपने अपने नाम से जारी किया गया सिक्का?

दावर बख़्श : सिक्का-ज़द-बज़-फ़ज़्ले-हक़ बर-सिम-ओ-ज़र

ख़ुसरो : पादशाहे-बहरो-बर नूरे-नज़र[3]

ख़ुसरो/दावर बख़्श : (*शहरयार को कोर्निश करते हुए*) बादशाह सलामत! बादशाह सलामत!

शहरयार : (*ख़ुसरो की तरफ इशारे के साथ*) जहाँगीर के सबसे बड़े बेटे ख़ुसरो।

दावर बख़्श : ख़ुर्रम।

ख़ुसरो : (*मुस्कान से*) यानी शाहजहाँ।

दावर बख़्श : *(शहरयार की तरफ इशारे के साथ)* से छोटे शहरयार।

शहरयार : *(दावर बख़्श की तरफ इशारे के साथ)* और दावर बख़्श।

ख़ुसरो/दावर बख़्श/शहरयार : *(साथ-साथ)* बादशाहत की दौड़ में थे हम।

दावर बख़्श : हुमायूँ के भाईयों असकरी, कामरान वा हिन्दाल की तरह।

शहरयार : पर फिसल कर गिरे।

दावर बख़्श : *(मुस्कान से अपनी वा शहरयार की तरफ इशारे के साथ)* खुशनीब थे हम दोनों।

शहरयार : *(मुस्कान से)* पा गये ग़मे-ज़िन्दगानी से निजात।

ख़ुसरो : *(मुस्कान से माथे पर हाथ मारते हुए)* हम थे बदनसीब।

दावर बख़्श /शहरयार : *(साथ-साथ)* आँखों में अँधेरा भर दिये जाने के साथ।

ख़ुसरो : जज़्ब होते गये सलीमगढ़ के अँधेरों में।

दावर बख़्श/ शहरयार : *(बहुत नर्मी से साथ-साथ)* आहिस्ता आहिस्ता आहिस्ता *(एक साथ जोर से) जिन्दा मुर्दों का जजीरा-सलीमगढ़।*

ख़ुसरो : बनवाया था पठान सुल्तान सलीम शाह ने।

दावर बख़्श : गो कि पहले से थी अकबरे-आज़म के जमाने की शाही क़ैदगाह।

शहरयार : जहाँ से वापसी नहीं होती वो ग्वालियर क़िला।

ख़ुसरो : पर शाहजहाँ ने बसाया जब शाहजहाँनाबाद।

दावर बख़्श : तो बारह मेहराबों के नये पुल से जोड़ते हुए।

शहरयार : क़िला-ए-मुअल्ला के बग़ल के/सलीमगढ़ को ही बना दिया शाही ज़िन्दान।

ख़ुसरो : *(मुस्कान से)* दारुल-सल्तनत[4] में ही हों सब महकमें।

ख़ुसरो/दावर बख़्श/शहरयार : तो सहूलियत हो जाती है।

(काले मातमी लिबास में ख़ानम सुल्तान, आराम बानो, और सुल्तानुन्निसा का प्रवेश। उनका संवाद शुरू होने पर खुसरो, दावर बख़्श, और शहरयार का प्रस्थान)।

आराम बानो/ ख़ानम सुल्तान : *(साथ-साथ)* हरमसरा की जीनत[5] हैं हम/अकबरे-आज़म की बेटियाँ।

आराम बानो : *(ख़ानम सुल्तान की तरफ इशारे के साथ)* ख़ानम सुल्तान।

ख़ानम सुल्तान : (*आराम बानो की तरफ इशारे के साथ*) आराम बानो।

सुल्तानुन्निसा : (*अपनी तरफ इशारे के साथ*) जहाँगीर की चौदह बेटियों में सबसे बड़ी सुल्तानुन्निसा।

आराम बानो : (*तीनों की तरफ इशारे के साथ*) सबने अकबराबाद में ली आखिरी हिचकी।

ख़ानम सुल्तान : और दफ़्नायी गयीं अकबर के मकबरे में।

सुल्तानुन्निसा : चौंतीस से साठ बरस की उम्र तक।

दौलतुन्निसा : सब की सब मरीं कँवारी

ख़ानम सुल्तान/
आराम बानो/
सुल्तानुन्निसा : (*साथ-साथ आह भरते हुए*) हाय।

आराम बानो : कौन-सी काली घड़ी में हुई थी?

ख़ानम सुल्तान : हमारी बड़ी बहन शुक्रन्निसा बेगम की शादी?

सुल्तानुन्निसा : अपने नामुराद सर पर देखा ताज का ख़्वाब।

आराम बानो : हमारे बहनोई शाहरुख़ मिर्ज़ा ने।

ख़ानम सुल्तान : और छीन ली

ख़ानम सुल्तान/
आराम बानो/
सुल्तानुन्निसा : (*साथ-साथ आह भरते हुए*) हाय।

सुल्तानुन्निसा : हमेशा के लिए मुगल शहज़ादियों के हाथों की हिना।

आराम बानो : अपनी अज़्मत घटाते हुए। अकबर ने जारी कर दिया फ़रमान।

ख़ानम सुल्तान : कि अब नस्ल दर नस्ल मुग़ल शहज़ादियाँ।

(मंच के दूसरे हिस्से में रौशनी होती है, जहाँ गौहर आरा बैठी है। जहाँ आरा के तीसहज़ारी बाग़ महल का दीवानखाना।)

सुल्तानुन्निसा : झुलसते हुए अपने शबाब की आँच में मरेंगी कँवारी

आराम बानो/
ख़ानम सुल्तान/
सुल्तानुन्निसा : (*साथ-साथ आह भरते हुए*) आह।

(रौशन आरा का प्रवेश। अगले संवाद के साथ ख़ानम सुल्तान, आराम बानो, और सुल्तानुन्निसा की रवानगी।)

गौहर आरा : यहाँ बेचैन रूहों का डेरा है।

रौशन आरा : (*व्यंग्य की मुस्कान से*) क्या कह रही हो गौहर? बरकत[6] की फुहारें झरती हैं जहाँ आरा बेगम साहिब के महल में। लाल

क़िले के बाहर रहने की इजाज़त है हमको-तुमको? सिर्फ़ पादशाह बेगम को है—(ज़ोर देने के साथ जैसे दाँत पीसते हुए) सल्तनते-मुग़ालिया की ख़ातूने-अव्वल!

(रौशन आरा बैठती है।)

गौहर आरा : तो? आज आपने किसका तबादला करवाया? किसका मनसब बढ़वाया? किस ख़िताब के लिए किसकी उम्मीदवारी तय की?

रौशन आरा : *(मुस्कान से)* आपा की तरह हमारे पास पानदान ख़र्च के वास्ते न सूरत बन्दरगाह का महसूल है, न पोशाकों के लिए कारखाने, न अपना तिजारती जहाज़ी बेड़ा, और न जागीरों की ऐसी फ़ेहरिस्त कि बोलते हुए साँस फूल जाय, चुनाँचे गुज़ारे के लिए ग़रीब रौशन आरा को कुछ न कुछ तो करना होगा।

गौरह आरा : आपका जेबख़र्च भत्ता तो है छोटी आपा!

रौशन आरा : जहाँ आरा के मुकाबिले क्या है? पचास लाख तो उन्हें मरहूम अम्मीजान से मिला है।

गौहर आरा : उनके दम पर कितने फ़क़ीर, फ़लसफ़ी और शायर पलते हैं, यह भी तो देखें।

रौशन आरा : *(मुस्कुराती है)* हमारे दम पर कितने माली और महबूब पलते हैं, यह भी तो देखो।

(गौहर आरा उदास मुस्कान देती है।)

गौहर आरा : हम अकेले हैं, जिसके नाम पर न बाग़ होगा, न मस्जिद, न किताबख़ाना। जैसे बेनिशाँ जी रहे हैं, वैसे ही बेनिशाँ मर जाएँगे।

रौशन आरा : ताजमहल वाले शाहजहाँ इतना कुछ छोड़ेंगे कि सबका ख़मियाज़ा हो जाएगा।

(गौहर आरा का ज़ेवर देखती और छूती है) कहाँ से लिया?

गौहर आरा : शुजा भाई ने भेजा है।

रौशन आरा : मुराद की सूबेदारी आरामदेह है; शुजा की चैन की बंसी। *(सख़्ती से)* पंजाब के नामौजूद सूबेदार दारा शाहजहाँनाबाद में रंगरेलियाँ मनाते हैं। काँटों की सेज अगर है, तो बेचारे औरंगज़ेब की—

गौरह आरा : *(अर्थभरी मुस्कान से)* मीर जुमला के बड़े चर्चे हैं आजकल।

रौशन आरा : तिजारत में तेज़, हुकूमत में माहिर, और फ़ौजी हिक्मत[7] में लासानी। मामूली सौदागरी से ज़िन्दगी शुरू करके वो गोलकुंडा की विज़ारत तक ही नहीं पहुँचे, उन्होंने कर्नाटक में अपना राज भी बना लिया।

गौहर आरा : और अब औरंगज़ेब के ज़ज्बाती वालिद बन गये?

रौशन आरा : (*तेज़ी से*) तुमने शाहजहाँ की तरफ़ से बाप के ज़ज्बे का (*उँगली का पोर दिखाते हुए*) इतना-सा ज़र्रा भी औरंगज़ेब वा रौशन आरा का जानिब आते हुए देखा है?

गौहर आरा : (*उदास भाव से*) वो तो हमारी जानिब भी नहीं आया।

रौशन आरा : (*व्यंग्य से*) सब जहाँ आरा पर जो सर्फ़ हो गया। (*राज़ के ढंग से*) जहाँ आरा के बारे में सुना कुछ?

गौहर आरा : शेख़ सलीम चिश्ती पर लिखी उनकी किताब का ज़िक्र हो रहा है।

रौशन आरा : (*शरारती मुस्कान से*) हमारी मुराद उनके दिल की परवाज़ से है।

गौहर आरा : (*वैसे ही*) आपकी रंगारंग परवाज़ों से कानों को फ़ुसर्त मिले, तब तो सुनें।

रौशन आरा : (*हँसती है*) आजकल बिसाल की फ़ुर्सत कहाँ? लम्बी पाबन्दी के बाद नये मंसबों का ऐलान होने वाला है न!

(जहाँ आरा का प्रवेश। गौहर आरा और रौशन आरा तस्लीम करती हैं।)

जहाँ आरा : देर हो गयी। तुर्किस्तान के नक़्क़ाद[8] रूमी का तज़्किरा ऐसी नयी नज़र से करने लगे कि वक़्त का होश ही नहीं रहा। फिर मुंशी के साथ बैठना पड़ा।

रौशन आरा : आपके जहाज़ी बेड़े में इज़ाफ़े की ख़बर सच है?

जहाँ आरा : तीन नये जहाज़ जोड़े गये हैं। लाल समुन्दर, कांगो, और मस्कट में सूती कपड़े वा नील की खपत बढ़ गयी है। (*संजीदगी से गौहर आरा को देखते हुए भाव बदल जाता है*) गौहर, तुम्हारी वजह से हमें कितना नीचा देखना पड़ा।

(*गौहर आरा चुप है।*)

जहाँ आरा : बेग साहिब तीन पुश्तों से हमारे साथ हैं। उनकी नयी हवेली में यह पहला निकाह था।

रौशन आरा : (*जैसे याद आ गया हो*) हाँ, और नफ़ीसा तुम्हारी सहेली है।

गौहर आरा : सच्ची बात यह है कि हम किसी दुल्हिन की ख़ुशी में शिरकत नहीं करते। हमारी मुस्कान झूठी होती है।

(*जहाँ आरा और रौशन आरा को जैसे धक्का लगता है।*)

गौहर आरा : (*तेज़ी से*) शाहरुख़ मिर्ज़ा कब के ख़ाक़ में मिल चुके। अब हम जाकर जहाँपनाह से यह क्यों नहीं पूछ सकते कि हमारी हथेलियों पर निकाह की हिना लगने से कौन-सा आसमान टूट पड़ेगा?

जहाँ आरा : अभी तुम्हारे चार भाई ताज के तलबगार हैं। हमारी हथेलियों पर हिना लगी, तो इन चार के रूबरू तीन और खड़े हो जाएँगे।

गौहर आरा : तो हो जाएँ और लड़ते रहें। जो जीतेगा, आफ़ताब परचम अपनी मुट्ठी में ले लेगा।

रौशन आरा : और तुम्हारा कोई भाई न ले पाया, तो?

गौहर आरा : तो न सही।

जहाँ आरा : विरासत के क़ानून के मुताबिक़ हक़ तो तुम्हारे भाइयों का है।

गौहर आरा : क़ानून के हिसाब से ज़िन्दगी चलती कहाँ है?

जहाँ आरा : जब बड़े मुद्दे सामने होते हैं, तो अपने को अलग रख कर सोचना होता है।

गौहर आरा : मेरे लिए सबसे बड़ा मुद्दा मैं ख़ुद हूँ।

जहाँ आरा : बादशाह को अपनी औलाद के साथ सल्तनत के लिए भी सोचना होता है।

गौहर आरा : मैं बादशाह नहीं।

रौशन आरा : लेकिन बदनसीबी से बादशाह की औलाद हो।

गौहर आरा : मैंने पैदाइश के लिए शाही महल नहीं चुना।

जहाँ आरा : न शाही महल ने तुमको चुना। यह मजबूरी दोनों तरफ़ है।

गौहर आरा : पर क़ीमत अकेली मैं क्यों चुकाऊँ?

जहाँ आरा : क्योंकि तुम सोने के पालने में पैदा हुई हो, सालगिरह पर याक़ूत[9] पुखराज से तौली जाती हो, रैयत ज़मींबोस[10] करती है।

गौहर आरा : (*नाराज़गी से*) भाइयों की ख़ातिर हम कुर्बानी की बकरी क्यों बनें?

जहाँ आरा : मर्दों का बनाया समाजी ढाँचा उन्हीं की हिमायत करता है।

गौहर आरा : बड़े मुद्दे के ख़ातिर हमको जिबह करने से पेश्तर शाहजहाँ ज़रा अपने सेहरों की गिनती करें। (*गुस्से से नाम बोलती है*) अकबराबादी महल, आज़ुन्निसा बेगम, कन्धारी बेगम, मुमताज़, महल हसीना बेगम, मूती बेगम, कुदसिया बेगम, फ़तेहपुरी महल, सरहिन्दी बेगम, मनभावती बैजीलाल—

रौशन आरा : कई निकाह सियासी थे।

गौहर आरा : (*भड़क जाती है*) अपनी ख़ातिर सियासी भी चाहिए, ज़ज्बाती भी, जिस्मानी भी। जमाल ख़ाँ की बीवी पर दिल आ गया, तो वो जुगनू बेगम बन शाही ख़्वाबगाह में टिमटिमाने लगीं। (*जहाँ आरा को देखते हुए*) जब आप फ़क़त चार बरस की थीं, तो जहाँपनाह ने हसीना बेगम से चौथा निकाह फ़र्माया था। अपनी रूह की संगी के वास्ते ताजमहल बनाने वाले फ़नकार ने उनके इंतिक़ाल के बाद एक नहीं, दो नहीं, सात निकाह फ़र्माये—कुल मिला कर ग्यारह! अरे, हम तो महज़ एक के लिए तड़प रहे हैं।

(जहाँ आरा और रौशन आरा गौहर आरा को देख रही हैं।)

गौहर आरा : बेहिसाब बीवियों से थोक के भाव औलाद पैदा करोगे, तो वारिसों में टकराव तो होगा ही। बीवियों की तादाद पर तुम्हारा ज़ोर नहीं, तो औलाद की तादाद पर ही बंदिश लगा कर दिखाओ। हमारी अम्मी ने कुल मिला कर पन्द्रह जने। बेचारी ने दम तोड़ा तो हमको जनम देते हुए; उसका भी इल्ज़ाम लगता है तो हम पर; कि यह मनहूस आयी और माँ को खा गयी, क़ारगुज़ारी जिसकी है; उस पर कोई नहीं उठता उँगली।

जहाँ आरा : गौहर, तुम्हारा गुस्सा तुम्हें कहीं नहीं ले जाएगा; भीतर ही भीतर सिर्फ़ तुमको जलाएगा।

रौशन आरा : इन सवालों ने हमें भी झुलसाया है।

जहाँ आरा : पर जीने क लिए अपने को समझाना होता है।

गौहर आरा : आप दोनों ने अपने-अपने हिसाब से जीने का ढाँचा बना लिया। (*रौशन आरा की तरफ़ इशारे के साथ*) आपकी हर तरह की दोस्तियाँ और दिल फेंकने का शग़ल है, (*जहाँ आरा की ओर इशारे के साथ*) आपके पास अदबो-फ़न और सवालाते-रूह का मसला है। पर हमारे पास न एक के जैसी फ़ितरत है, न दूसरे के जैसी ज़ेहनियत। तो हम क्या करें?

रौशन आरा : निकाह के बाद जीने का ढाँचा मुकम्मल हो जाता है?

गौहर आरा : निकाह से मुराद सिर्फ़ शौहर से नहीं, घर और बच्चों से नहीं, जीने के एक तरीक़े से है, दो-चार जानों के साथ जुड़ने से है, ज़ज्बाती भरेपूरेपन से है। आप बहुत कुछ हैं, लेकिन तनो-तन्हाँ हैं, तो किसी न किसी सतह पर अधूरे हैं।

रौशन आरा : कोहनी तक चूड़ियाँ चढ़ाये जो ख़ातूनें दिखाई देती हैं, वो ज़ज्बाती तौर पर भरी-पूरी हैं?

गौहर आरा : अगर नहीं हैं, तब भी मैं उन्हीं के जैसी आधी-अधूरी होना चाहूँगी, हम लोगों जैसी नहीं।
(विराम)

रौशन आरा : *(जहाँ आरा से)* एक दरख़्वास्त है।
(अर्ज़ी देती है; जहाँ आरा पढ़ती है।)

जहाँ आरा : *(नापसन्दगी से)* रौशन, हमने पिछली बार तुम्हें आगाह किया था।

रौशन आरा : *(ठंडी आवाज़ में)* हमने माफ़ी माँग ली थी।

जहाँ आरा : निज़ाम में हर ओहदा नाज़ुक और ऊपर-नीचे की तरतीब से जुड़ा होता है। एक में घुन लगा, तो पूरा ढाँचा खोखला हो जाता है।

रौशन आरा : हमने तज़्दीक़ कर ली है। असलम बेग को सात बरस का फ़ौजी तजुर्बा है। बारूद, सुरंग, तोड़ेदार बन्दूक—सबके गुर जानता है।

जहाँ आरा : यह भर्ती बड़ी मुहिम के लिए हो रही है, जहाँ तजुर्बेकार सिपाही दरकार हैं।

रौशन आरा : बिहार के नायब फ़ौजदार की सनद नत्थी है।

जहाँ आरा : नहीं रौशन, सिपहसालार नजाबत ख़ाँ को जहाँपनाह ने ख़ास तौर पर इस मुहिम के लिए चुना है। हम कोई जाखिम नहीं ले सकते।

रौशन आरा : *(नाराज़गी से)* वादा करने के बाद नीचा देखना पड़ेगा हमें।

जहाँ आरा : हमारे लिबास कारख़ाने के हिफ़ाज़ती दस्ते में जगह है। हम अभी रूक्क़ा लिख देते हैं।

रौशन आरा : *(अर्ज़ी वापस लेते हुए सख़्ती से)* रुक़्क़ा हम भेजेंगे, लेकिन औरंगज़ेब के नाम। हमारा उम्मीदवार बनेगा तो फ़ौजे मुग़लिया का सिपाही। शाहजहाँनाबाद में नहीं, तो दौलताबाद में सही।
(जाती है; जहाँ आरा वा गौहर आरा एक-दूसरे को देखती है। अँधेरा।)

दृश्य–2

जहाँ आरा महल का दीवानख़ाना। शाम।

(जहाँ आरा चिन्तालीन। दारा शिकोह अपने ख़यालों में डूबा, नोटबुक में कुछ दर्ज करते हुए आता है।)

जहाँ आरा : हम देर से इन्तिज़ार कर रहे हैं।

दारा शिकोह : (*अपनी धुन में*) सच्चाई हासिल करने की चन्द पायदानें है— दुनियाँवी लगाव से छुटकारा, इल्म हासिल करना, दिमाग़ की पाकीज़गी, मैं हूँ से निजात और अपनी सच्ची ख़ुदी[11] का एहसास।

जहाँ आरा : (*बीच में*) बरक़न्दाज़ सफ़र ख़ाँ ने अपने ख़्वाबगाह में घुस आये उल्लू को मार दिया—

दारा शिकोह : (*अपनी रौ* में) आधी रात को यकायक मेरे तख़ैयुल के आईने में सच्चाई के फ़रिश्ते का अक्स चमकने लगा।

जहाँ आरा : तो तुमने अपने दरबार में उन्हें इस बहादुरी के लिए सरोपा[12] पेश कर दिया?

दारा शिकोह : ठिठोली थी। (*अपनी रौ में ऊपर उँगली उठाते हुए लय के साथ*) वो काबा में भी रहते हैं, सोमनाथ में भी/और एक-दूसरे में डूबे आशिक़ो-माशूक़ के दिल में भी/वो गुलाब में भी बसते हैं/ और मन को मोह लेने वाली बुलबुल की बोली में भी/वो ऐसा परवाना हैं/जो मँडराता है अपने ही हुस्न की जगमगाती जोत पर— **(पिछले मुकालमे[13] के बीच जहाँ आरा अपने दुलारे पर गुस्से को क़ाबू में रखने की कोशिश करती है।)**

जहाँ आरा : (*बीच में ही*) इसको मखौल उड़ाना कहते हैं। वो बाअसर उमरा हैं।

दारा शिकोह : *(बिल्कुल ध्यान नहीं देता)* वो ग़लत समझे। *(उसी साँस में सुर बदल कर)*
मैख़ाने में तुम लेकर आये हो हलचल/चला रही है साक़ी पैमानों का दौर/मन्दिर में तुम्हीं बजाते हो घंटियाँ/काबे में लोग करते हैं इबादत/ताकि तुम्हारी रहमत में ज़ज्ब हो सकें—
(जहाँ आरा का गुस्से वाला भाव देख कर चुप हो जाता है।)

जहाँ आरा : भरे दरबार में जयसिंह से तुमने कहा कि आपको देख कर हमें सारंगीनवाज़ की याद आती है?

दारा शिकोह : सच तो कहा था।

जहाँ आरा : *(ज़ोर देते हुए)* वो जयपुर के राजा हैं।

दारा शिकोह : *(सच्चे ताज्जुब से)* तो इसका उनके हुलिए से क्या तअल्लुक?

जहाँ आरा : हिन्दुओं में चोटी के सातहज़ारी उमरा—

दारा शिकोह : सारंगीनवाज़ बड़ा फ़नकार होता है। उसमें बुरा मानने की क्या बात है? वो मुझसे कहें कि आप तो तख़्त पर बैठे तबलची दिखाई देते हैं, तो हम बुरा क्यों मानने लगे?
(जहाँ आरा उसे ऐसी बेबसी से देखती है कि इसका क्या करूँ!)

जहाँ आरा : दारा, हम तुम्हारे लिए बहुत फ़िक्रमन्द हैं।
(दारा चौंकता है।)

जहाँ आरा : दरबार के ख़ुशामदी माहौल के बाहर तुम कभी निकले ही नहीं। अपनी हैसियत और असर का बारहमासी जलना देखे हुए तुममें ऐसी हेकड़ी भर गयी है कि तुम सामने वाले का एहतराम करना भूल जाते हो। तुममें जो ज़ाती ख़ूबियाँ हैं, वो तुम्हारे इस रवैये से पसमंज़र में चली जाती हैं। असलम बेग जैसे ख़ुद्दार इसीलिए तुमसे फ़ासला रखते हैं। *(सुर बदल जाता है)* समझते हो, क़िला-ए-मुअल्ला पर संकट के काले बादल मँडराने लगे हैं?
(दोनों की नज़र मिली है।)

जहाँ आरा : शाहजहाँ की लम्बी और कामयाब हुकूमत से चोटी के उमरा गुटबन्द नहीं हुए थे, पर अब तब्दीलि-ए-बादशाहत दरवाज़े पर दस्तक दे रही है। दिल्ली दरबार के सरगना अपनी ज़ाती पसन्द वा ख़ुदगर्ज़ी के हिसाब के किसी एक शहज़ादे पर दाँव लगा रहे हैं। अब मुख़्तलिफ़ खेमों के ये तक़रीबन पाँच सौ उमरा व मनसबदार तय करेंगे कि बाबर, हुमायूँ, अकबर, जहाँगीर,

और शाहजहाँ के बाद मुग़ल सल्तनत का छठवाँ शहंशाह कौन होगा।

दारा शिकोह : हम वली-अहद[14] हैं।

जहाँ आरा : काश, हमारे तीनों भाई मान लें।

दारा शिकोह : हमको दरबार की अक्सरियत[15] की मंज़ूरी हासिल है।

जहाँ आरा : यह तुम समझते हो। अभी शाहजहाँ सही-सलामत हैं और सब जानते हैं कि तुम उनके लाड़ले हो। हक़ीक़त यह है कि उमरा तुमको समझ नहीं पाते। ऐसा शहज़ादा कभी देखा नहीं, जो सियासत, हिक्मते-जंग, और शिकार के बजाय रूह, ज़िक्र[16] और निजात[17] में डूबा रहता हो। फिर तुम्हारा नश्तर के जैसा ठिठोली का अन्दाज़—

दारा शिकोह : अगर हमारी दिमाग़ी सतह दूसरों से ऊपर है, तो यह हमारा कुसूर है?

जहाँ आरा : अपने पर क़ाबू रक्खो। उपनिषद् का फ़ारसी तर्जुमा छोड़ अगर ख़ुफ़ियानवीसों की तहरीरों पर ग़ौर करोगे, तो तुम्हारी आँखें खुली रह जाएँगी।

(दारा आंशका से उसे देखता है।)

जहाँ आरा : औरंगज़ेब का साथ देने वाले हिन्दू मनसबदारों की तादाद बीस से भी ज़्यादा है और सबके सब पाँच और उससे ऊपर की ज़ात और सवार वाले।

दारा शिकोह : राजपूतों के सिरमौर तो हमारे साथ हैं—राणा राजसिंह, मिर्ज़ा राजा जयसिंह, और जसवंत सिंह।

जहाँ आरा : तुम्हें कैसे पता कि रौशन आरा वा औरंगज़ेब राजपूतों पर शीरीं नक़्क़ाशी नहीं कर रहे हैं।

(दारा के पास जवाब नहीं।)

जहाँ आरा : जयसिंह की जायज़ शिकायत दूर करो। उन्हें कहीं का सूबेदार मुकर्रर करना ज़रूरी है।

दारा शिकोह : कहाँ का?

जहाँ आरा : बंगाल-बिहार का।

दारा शिकोह : शाह शुजा कहाँ जाएँगे?

जहाँ आरा : मुल्तान जा सकते हैं। बरसों से राजमहल[18] में डेरा डाले हुए हैं।

(दोनों की नज़र मिलती है।)

जहाँ आरा : एक तीर से दो शिकार होंगे। तख़्त के एक दावेदार का मर्तबा

थोड़ा नीचे आ जाएगा और जयसिंह जैसे असरदार पूरी तरह हमारे खेमे में जाएँगे। हमने जहाँपनाह के कान में बात डाल दी है। अब तुम उसे अन्जाम तक पहुँचाओ।

दारा शिकोह : वो कहते हैं, जयसिंह की दारुल-सल्तनत में ज़रूरत है।

जहाँ आरा : जैसे तुम सिन्धो-पंजाब के ग़ैरमौजूद सूबेदार बन कर दारुल-सल्तनत में रह सकते हो, तो वो भी—

दारा शिकोह : जहाँपनाह हमें हुकूमत की तालीम दे रहे हैं।

जहाँ आरा : तुम महज़ तालीम लेते रहोगे; हुकूमत की कमान दूसरे के हाथ में चली जाएगी।

(चौंका हुआ दारा उसे देख रहा है।)

जहाँ आरा : तुम बाइबिल, कुरान, और गीता से थोड़ी मुहलत लो। बाबा फ़रीद, मुल्लाशाह, और सरमद को हम भी मानते हैं, लेकिन तख़्ते-ताऊस तक तुम सियासती दाँव-पेंच और हिक्मते[19] जंग से पहुँचोगे, सूफ़ियों की संगत से नहीं।

(बाँदी आती है।)

बाँदी : *(दारा शिकोह से)* बनारस के पंडित आ गये हैं।

(बाँदी अगले संवाद के बीच चली जाती है।)

दारा शिकोह : आप आ जाएँ *(चंचल मुस्कान से)* नजाबत मियाँ से मुलाक़ात के बाद।

(जहाँ आरा ज़रा शर्माती है। दारा शिकोह का प्रस्थान। जहाँ आरा एक किताब उठाती है, एक-दो पन्ने पलटती है। नज़ाबत ख़ाँ का प्रवेश। जहाँ आरा से नज़र मिलती है; दोनों के मुँह पर प्रेमियों की मुस्कान।)

जहाँ आरा : तुम कुछ पहले आ जाते, तो दारा से मिलना हो जाता।

नजाबत ख़ाँ : मैंने जानबूझ कर देर लगायी।

(जहाँ आरा अन्देशे में आ जाती है।)

नजाबत ख़ाँ : उनको झेलना दिन पर दिन मुश्किल होता जा रहा है। दौरे-जहाँगीर के मुअज़्ज़िज़[20] उमरा से उलझ गये। दरबार की शान हैं महाबत ख़ाँ—

जहाँ आरा : पर मामला रफ़ा-दफ़ा हो गया न।

नजाबत ख़ाँ : महाबत की शर्मिन्दगी के साथ। और एक औरंगज़ेब हैं; दकन जैसे अहम सूबे की कमान सँभालते हैं, लेकिन नर्मी देखिए, *(औरंगज़ेब का जुमला दुहराता है)* अगर थोड़ा वक़्त निकाल सकें, तो मुलाक़ात की ख़ुशी हासिल होगी।

जहाँ आरा : (*मुस्कुराती है*) क्यों? तुम भी तो सिपहसालार हो।

नजाबत ख़ाँ : जब नहीं था, तब भी उनका तर्जे-अमल[21] यही था।

जहाँ आरा : (*अब सन्जीदा हो जाती है*) हमें मालूम नहीं था कि औरंगज़ेब के साथ तुम्हारा ऐसा मेलजोल है।

नजाबत ख़ाँ : जो आदमी की क़ाब्लियत की इज़्ज़त करता है, उससे हमारा मेलजोल हो जाता है।

जहाँ आरा : (*राग की मुस्कान से*) हमने तो की है—

(*नजाबत जहाँ आरा को देखता है।*)

नजाबत ख़ाँ : एक बेचैनी-सी थी भीतर; बग़ैर नाम की एक तड़प—अपने घर को लेकर एक तस्वीर ज़रूर रही ज़ेहन में, लेकिन शरीक का चेहरा धुँधला ही रहा, लेकिन अब उसमें आपके नक़्श उभरने लगे हैं; पर नशे में घुली-मिली मसर्रत के साथ ख़तरे की थरथराहट भी है।

जहाँ आरा : (*आशंका से*) कैसा ख़तरा?

नजाबत ख़ाँ : सर पर आफ़ताब परचम की छाँव वाली शहज़ादी से हाथ मिलाने का ख़तरा—पहली मुलाक़ात याद है?

(जहाँ आरा हामी में सर हिलाती है।)

नजाबत ख़ाँ : फ़तेहपुर सीकरी हथियारों का मुआयना करने गया था। शाम को पंच महल से निकला। मेरे जैसे लोग तनो-तनहाँ ज़रा कम ही होते हैं। सिर्फ़ अपने साथ होने की कैफ़ियत के साथ कैसे ताल-मेल बिठाया जाय, हमें यह भी अन्दाज़ नहीं होता। तभी अनूप तालाब के सामने से गुज़रते हुए एक तान सुनी; जहाँ मरक़ज़ी चबूतरे पर बैठ कर मियाँ तानसेन सुरों से खेलते थे—(*लय से*) हर उबलती देग के सामने मत फैलाओ अपना कटोरा/हर गन्ने में रस नहीं होता, न हर वादी में चोटी/हर आँख में नज़र नहीं होती, न हर समुन्दर में मोती।

जहाँ आरा : (*याद करते हुए अपने में डूब जाती है*) हम सलीम चिश्ती के मज़ार पर सिजदा कर लौट रहे थे। शाम के धुँधलके में पता नहीं, कैसी कैफ़ियत छा गयी भीतर। चन्द बादलों का काफ़िला था, जो दरख़्तों की चोटियों के बजाय यकायक भीतर मँडराने लगा। उनकी हमदर्द छुअन से मेरी पलकें भीग गयीं—जैसे मरहम लगने के साथ पता चले कि तुम्हारे नाम कुछ ज़ख़्म भी हैं और तुम्हें पता भी नहीं कि वो तुम्हें कब से कचोट रहे थे।

नजाबत ख़ाँ : रौशन आरा जैसे अँधेरे के रिश्ते बनाती हैं, मैं उनका कायल नहीं। मुझे निकाह चाहिए।

(जहाँ आरा पल भरी चुप रहती है।)

जहाँ आरा : हमारी सोलहवीं सालगिरह पर अम्मीजान ने इक्कीस लड़ियों की मोतियों की माला गले में डालते हुए भीगी आँखों से कहा था, डोली में तुम्हारी बिदाई मुमकिन नहीं और पैदाइश के साथ दुनिया से तुम्हारी बिदाई हमने होने नहीं दी। मेरी बदनसीब बेटी, अब तुम जिओगी कैसे?

नजाबत ख़ाँ : निकाह के बाद हम बल्ख़ जाएँगे।

(जहाँ आरा चौंकती है।)

जहाँ आरा : तुम्हें हिन्दुस्तान पसन्द नहीं?

नजाबत ख़ाँ : हिन्दुस्तान ने मुझे अपनी ज़ाती पहचान दी है, पर अपना वतन अपना ही होता है।

जहाँ आरा : यह हमारे ऊपर भी लागू नहीं होता?

नजाबत ख़ाँ : तुम एक बार बल्ख़ तो देखो। तुम्हारे दिल से जलतरंग फूटने लगेगी—

जहाँ आरा : वहाँ तुम करोगे क्या?

नजाबत ख़ाँ : शहज़ादा क्या करता है? फौज की कामान सँभालेंगे।

जहाँ आरा : शाहजहाँनाबाद में तामीर चल रही है अभी। जामा मस्जिद फ़क़त दो बार ही तो गये हैं। क़िला-ए-मुबारक तो ठीक से देखा भी नहीं। नहरे-बहिश्त में पानी बहना बाक़ी है। चाँदनी चौक में फव्वारे बन रहे हैं; तीसहज़ारी बाग़ में कितने दरख़्त *(एक फुट तक का इशारा करते हुए)* इतने ऊँचे ही तो हुए हैं अभी। हमारे महल की दूसरी मंज़िल पर ज़िक्र के वास्ते इबादतख़ाने की सजावट पूरी नहीं हुई। छत पर ऐसी छतरियाँ बन रही हैं, जिनके तले दर्जन भर बड़ी-बड़ी दूरबीनें रक्खी जा सकें। हम कैसे जा सकते हैं?

(नजाबत ख़ाँ सन्नाटे में आ जाता है।)

नजाबत ख़ाँ : हम दोनों की ख़ुशी एक-दूसरे के साथ वाबस्ता नहीं?

जहाँ आरा : है, लेकिन शाहजहाँनाबाद भी हमारी रूह का हिस्सा है।

नजाबत ख़ाँ : जहाँ आरा, अगर हमें साझी ज़िन्दगी और साझी ख़ुशी चाहिए, तो हिन्दुस्तान से निकलना होगा।

(दोनों की नज़र मिलती है।)

नजाबत ख़ाँ : विरासत को लेकर दरबार बराबर गर्माता जा रहा है। रौशन आरा बेगम मिली थीं। दावतनामा देते-देते ठिठक गयीं, बोलीं, सिपहसालार के साथ वक़्त जाया करने से क्या फ़ायदा? आपका तो दारा शिकोह से दुहरा रिश्ता है।

(दोनों एक-दूसरे को देख रहे हैं।)

नजाबत ख़ाँ : इससे पहले कि मुग़ल ख़ानदान में कुछ बहुत ख़ौफ़नाक हो, हमें यहाँ से निकल जाना चाहिए।

जहाँ आरा : हम उस ख़ानदान का हिस्सा हैं।

नजाबत ख़ाँ : निकाह के बाद दुल्हिन ख़ाविन्द के ख़ानदान का हिस्सा बन जाती है।

जहाँ आरा : ठीक है, पर हम बाबा और दारा को इस तरह छोड़ कर कैसे जा सकते हैं?

(नजाबत ख़ाँ उसके गालों पर हथेलियाँ रख उसकी आँखों में देखता है।)

नजाबत ख़ाँ : अगर तुम हिन्दुस्तान में रहने का चुनाव करोगी, तो या तो हम दोनों साथ नहीं होंगे और अगर साथ हुए, तो ख़ुश नहीं होंगे।

(बाँदी झपट कर आती है, दोनों की नज़दीकी देख नज़र झुकाते हुए ठिठक जाती है।)

बाँदी : जहाँपनाह तशरीफ़ ला रहे हैं—

(जैसे झपट कर आयी थी, वैसे ही चली जाती है। उसकी गतियों के साथ ही नजाबत ख़ाँ अलग होता है, बारीक़ शरारती छोटी-सी मुस्कान के साथ शाही अदब के मुताबिक़ बिना मुड़े तीन क़दम पीछे हटता है, जहाँ आरा चिन्तित लग रही है; नजाबत ख़ाँ चला जाता है। शाहजहाँ का प्रवेश, शाहजहाँ जहाँ आरा को सन्जीदगी से देख रहा है।)

शाहजहाँ : *(जहाँ आरा को एक ख़त दिखाते हुए)* हमारे पास यह गुमनाम ख़त आया है।

(जहाँ आरा चुप है। पत्र के लिए हाथ नहीं बढ़ाती।)

शाहजहाँ : अनूप तालाब पर तुम किससे मिलती हो?

जहाँ आरा : ख़त में उसका नाम भी होगा।

शाहजहाँ : तुम्हारे मुँह से सुनना चाहता हूँ।

(दारा शिकोह का प्रवेश)

दारा शिकोह : नजाबत ख़ाँ।

(शाहजहाँ चौंक कर दारा को देखता है; दारा पत्र ले सरसरी नज़र से देखता है।)

दारा शिकोह : यह रौशन आरा की करतूत है।

शाहजहाँ : (*दारा से*) जब तुम इस बारे में जानते हो, तो हमें बताया क्यों नहीं?

दारा शिकोह : (*जहाँ आरा की ओर संकेत के साथ*) इस उम्र में हम दोनों वालिद से कुछ पोशीदा नहीं रख सकते?

शाहजहाँ : (*आवेग से*) सल्तनत को जड़ से हिला सकने वाली ऐसी हक़ीक़त नहीं। नजाबत ख़ाँ बैक्ट्रिया सुल्तान के भतीजे; बदख़्शाँ सुल्तान के तीसरे शहज़ादे, ख़ालिस तूरानी नस्ल के नुमाइंदे और ख़ूने-तैमूरी से फ़ैयाज़ हैं। शुक्र है अल्लाह का कि फ़र्मान बदस्तूर क़ायम है। न होता, तो क़सम आफ़्ताब निशान के मुग़लिया परचम की, हम ख़ुद लागू कर देते!

जहाँ आरा : बाबा!

शाहजहाँ : (*आवेग से*) क्या हम पहले ही दावेदारों की भीड़ से नहीं घिरे हैं? अल्लाह गवाह है, यकायक झटके से नींद टूट जाती है, जब ख़्वाब में देखते हैं कि तख़्त पर ख़ून के छींटे गिर रहे हैं। (*दोनों को देखता है*) सिपहसालार को सीधे दामाद बना लेने का मतलब जानते हो?

दारा शिकोह : नजाबत खाँ को जानते हैं।

शाहजहाँ : पर दिल्ली दरबार की फ़ितरत नहीं जानते। दामाद तो छोड़ो, बहनोई तक बादशाह के वास्ते ख़तरा बन सकता है, जैसे कि मेंहदी ख़्वाज़ा बाबर वा हुमायूँ के वास्ते बन गये थे। अगर वो तैमूरी नस्ल के होते, तो हम और तुम आज यहाँ नहीं होते।

दारा शिकोह : लेकिन नजाबत ख़ाँ के दिल में मेंहदी ख़्वाज़ा जैसे हविस न सुगबुगा रही हो, तो?

शाहजहाँ : सवाल चोटी के चन्द उमरा के सीने में सुगबुगाने का है। उसकी रोकथाम के लिए ही इस फ़रमान की ज़रूरत पड़ी। उसूलन हम सारी ताक़त का मरक़ज़ हैं, लेकिन हम अपने उमरा और मनसबदारों के ज़रिए ही हुकूमत कर सकते हैं। चूँकि उन सबकी नस्ल, जात और मज़हब मुख़्तलिफ़ है, इसलिए एक हद तक

की गुटबन्दी हो जाती है। इस गुटबन्दी को कम करने का तरीक़ा है हुकूमत को इंतिहाई हद तक मरक़ज़ी[22] बनाना, मनसबदार वा उमरा के बीच फ़र्के–मरातिब[23] बनाये रखना, और जागीर का तबादला। दारा शिकोह हमारे वली अहद हैं। अगर शुजा, औरंगज़ेब, और मुराद यह तस्लीम कर लेते, तो बादशाहत की तब्दीली में दरबारियों का किरदार छोटा और महदूद हो जाता। पर दारा को चुनौती मिलने के आसार हैं, इसलिए उमरा वा मनसबदारो को खुल कर खेलने का मौक़ा मिलेगा।

जहाँ आरा : सभी खेमों के सरगनाओं का दिल बादशाहत के खिलाफ़ शिकायत का धुआँ उगल रहा है; चोटी की चारों सूबेदारियों पर चारों शहज़ादे क़ाबिज़ हैं।

शाहजहाँ : अगर सिपहसालार जैसा ऊँचा ओहदेदार भी शाही ख़ानदान में शामिल हो गया, तो तरक़्क़ी का एक और दरवाज़ा बन्द हो जाएगा। अभी उमरा के सामने दो चुनाव हैं; दारा या औरंगज़ेब। देखते–देखते रात के अँधेरे में नजाबत खाँ ताक़त का तीसरा मरक़ज़ बन कर जलवाअफ़रोज़ होने लगेंगे।

दारा शिकोह : हमें यक़ीन है, नजाबत ख़ाँ हमारा दायाँ हाथ बनेंगे।

शाहजहाँ : एक मुकाम पर नजाबत ख़ाँ को यह ख़याल डंक मारेगा कि तुम्हारा दायाँ हाथ बने रहने के बजाय क्या किसी को अपना दायाँ हाथ बनाना बेहतर नहीं होगा?

दारा शिकोह : जहाँ आरा के होते हुए यह कैसे हो सकता है?

शाहजहाँ : सिपहसालार के साथ जहाँ आरा कहाँ खड़ा होंगी? तख़्त से नीचे अपने शौहर के साथ। अगर तख़्त के ऊपर होंगी, तो जहाँ आरा के सर पर मलिका का ताज नहीं होगा?

दारा शिकोह : आप जहाँ आरा की मंशा पर शक करके हमारे तईं उनके ज़ज्बे की तौहीन कर रहे हैं।

शाहजहाँ : तुम ज़मानत दे सकते हो कि सिपहसालार कभी जहाँ आरा की मंशा के ख़िलाफ़ नहीं जाएगा? वो अपनी बीवी से अलहदगी का ख़तरा उठाते हुए साज़िश का जाल नहीं बुनेगा? वो कभी यह उम्मीद नहीं पालेगा कि तुमको क़त्ल करने और ताज अपने सर पर रखने के बाद वक़्त के फैलाव में जहाँ आरा उसे माफ़ कर देंगीं? क्या जहाँ आरा इस बात की ज़मानत दे सकती हैं

कि दिल के साथ-साथ नजाबत ख़ाँ के ख़यालों पर भी उनका इजारा है—आख़िरी साँस तक?

जहाँ आरा : नजाबत ख़ाँ सिपहसालारी और फिर हम दोनों शाहजहाँनाबाद छोड़ देंगे।

(शाहजहाँ और दारा शिकोह सन्नाटे में आ जाते हैं।)

दारा शिकोह : कहाँ रहोगी?

जहाँ आरा : दूर किसी गुमनाम कोने में।

शाहजहाँ : तुम अदबो-फ़न और सूफी संगत के बग़ैर रह सकती हो?

(जहाँ आरा दारा शिकोह को देखते हुए हामी में सिर हिलाती है।)

जहाँ आरा : जब कोई चुनाव करता है, तो उसकी क़ीमत भी चुकानी होती है।

शाहजहाँ : पादशाह बेगम[24] जहाँ रहेंगीं, वो कोना गुमनाम नहीं रह सकता। दारुल-मुल्क़ से मुलाक़तियों की क़तार लग जाएगी।

जहाँ आरा : हम अपनी झोपड़ी के बाहर लिखवा देंगे—यहाँ सियासत के तज़्किरे पर मुमानियत है।

शाहजहाँ : (*हल्की मुस्कान से*) उसके बाद क्या करोगी?

जहाँ आरा : शादी के बाद जो किया जाता है।

शाहजहाँ : मुलाज़िमत छोड़ देने के बाद नजाबत अगर हिन्दुस्तान में रहेंगे, तो चाहे-अनचाहे दरबारी सियासत का हिस्सा बन जाएँगे। आज की तारीख़ तक दारा के खेमे में सोलह तूरानी उमरा हैं और औरंगज़ेब के खेमें में बीस।

दारा शिकोह : नजाबत हमारे तूरानी हिमायतियों की तादाद में इज़ाफ़ा करेंगे।

शाहजहाँ : लेकिन साथ ही इससे तुम्हारे ईरानी हिमायतियों में कमी होगी, जो मुग़ल दरबार में तादाद, मनसब, वा रुत्बा—तीनों नज़रिये से हर नस्ल से ऊपर रहे हैं। यह निकाह ईरानी वा तूरानी तबक़े के बीच दीवार बन जाएगा, जो सल्तनत की बहबूदी के लिए बुरा है।

जहाँ आरा : तो हम बदख़्शाँ चले जाएँगे।

शाहजहाँ : तो मुग़ल मामलों में तूरानी दख़लन्दाज़ी का दौर शुरू होगा।

जहाँ आरा : हम अपने फैसले ख़ुद कर सकते हैं।

शाहजहाँ : पता नहीं क्यों, हमें लगता है कि नजाबत दिल से दारा के हिमायती नहीं।

दारा शिकोह : हो सकता है, आप सही हों, लेकिन हम नजाबत मियाँ को अपना बहनोई बनाना चाहते हैं।

शाहजहाँ : यह आस्तीन में साँप पालने के बराबर होगा।

जहाँ आरा : हम नजाबत को दारा की जानिब लाने में कुछ उठा नहीं रखेंगे।

शाहजहाँ : और वो न आये, तो?

जहाँ आरा : तो हम हिन्दुस्तान की तरफ़ मुड़ कर कभी देखेंगे भी नहीं।

दारा शिकोह : क़िला-ए-मुअल्ला में शहनाई बज कर रहेगी।

शाहजहाँ : (*आवेग से*) यह कैसे हो सकता है? कल को रौशन और गौहर आरा अपने-अपने दूल्हे लेकर आ जाएँगीं, और यक़ीन मानो, रौशन न दिल्ली छोड़ेगी और न सियासत। तख़्त तक के तुम्हारे रास्ते में अभी तीन रोड़े हैं। फिर छह नहीं, तो पाँच होंगे—अगर तुम नजाबत को लेकर इतने भरोसेमन्द हो, तो। हम लिख कर दे सकते हैं दारा, तुम्हारी मुसीबतें इस क़दर बढ़ेंगी कि तड़प उठोगे।

दारा शिकोह : रास्ता निकालेंगे, (*जहाँ आरा के सिर पर हाथ रखता है।*) हम क़सम खाते हैं हमशीरा[25]! हमारे तख़्तनशीं होने के तीस दिन के भीतर यह स्याह फ़रमान खारिज हो जाएगा।

जहाँ आरा : तीनों बहनों के वास्ते होगा।

शाहजहाँ : (*पश्चिम की तरफ़ इशारे वा नाराज़गी से*) दिखाई दे रहा है—मुग़ल सल्तनत का सूरज डूबता हुआ दिखाई दे रहा है—

जहाँ आरा : (*तेज़ी से*) हम अकेले दुल्हिन बन कर दोनों को कैसे मुँह दिखाएँगे?

दारा शिकोह : गौहर मन्दिर की गाय है, (*दहशत से*) लेकिन रौशन?

शाहजहाँ : (*वैसे ही*) तौबा तौबा!

दारा शिकोह : रौशन अपने-आप में ही बेहद ख़तरनाक है। औरंगज़ेब के साथ उसकी जोड़ी ज़हरीली; और अब ख़ाविन्द भी साथ? (*ज़ोर देते हुए*) आस्तीन में तीन-तीन साँप पालने के बराबर होगा।

जहाँ आरा : रौशन एक ख़ून है। हम ख़ुद को क्या कह कर समझाएँगे?

शाहजहाँ : कहना, अपनी ख़ुशी की ख़ातिर ख़ुदगर्ज़ होना लाज़िमी था।

जहाँ आरा : (*सख़्ती से*) अपने ही ख़ानदान में ख़ुदगर्ज़ी की एक से एक गुलकारियाँ देखना मुग़ल शाहज़ादी की बदनसीबी है, लेकिन हम इस हद तक नहीं गिरेंगे कि आइने में अपनी सूरत देखने की हिम्मत ही न रहे।

दारा शिकोह : अगर रौशन आपकी जगह होती, तो फ़रमान से अपनी आज़ादी इसी शर्त पर कुबूल करती कि आपके ऊपर बन्दिश बरक़रार रहे—*(सख़्ती से)* यानी आप जब मरें, कँवारी ही मरें।

शाहजहाँ : *(नाराज़गी से)* अपने साथ तुम्हें भी दुल्हिन के रूप में देख कर रौशन के हाथों की हिना जैसे उसे नागिन बन कर डंस लेती!

जहाँ आरा : अपने तर्जे-अमल का तालमेल अपने ज़मीर के साथ कैसे बिठाया जाय, यह सबकी जाती जंग है। हम सिर्फ़ इतना जानते हैं कि आख़िरी हिचकी से पेश्तर अम्मीजान ने हमें शीराज़ा बनाये रखने की हिदायत दी थी।

शाहजहाँ : तीन बहनोइयों के लिए जागीर और मनसब *(दारा शिकोह की ओर इशारे के साथ)* यह ग़रीब कहाँ से जुटाएगा?

जहाँ आरा : मुझे कुछ नहीं चाहिए।

दारा शिकोह : जागीरें तो ढूँढ़ लेंगे, लेकिन रौशन के ख़ाविन्द को मनसब कौन-सा दिया जाएगा?

शाहजहाँ : रौशन उसी के लिए अड़ जाएगी, जो शहज़ादे को दिया जाता है, हम उसकी नस-नस पहचानते हैं।

दारा शिकोह : *(परेशानी से)* पेच-दर-पेच मुश्किलें हैं आपा!

जहाँ आरा : रौशन को समझा देंगे हम, अगर औरत की मुकम्मली हासिल करना है, तो सियासतो-मर्तबे से गुरेज़ करो।

शाहजहाँ : न वो यह मानेगी।

दारा शिकोह : न औरंगज़ेब के होते हुए ऐसा हो सकता है।

जहाँ आरा : हम भी रौशन और उसकी ज़रूरतों को समझते हैं।

दारा शिकोह : *(जहाँ आरा के सिर पर दायीं हथेली रखते हुए)* हमारी ताजपोशी के तीस दिन के भीतर आप दुल्हिन बनेंगीं, यह हमारा क़रार है। गौहर की रस्में-मेंहदी कब होना है, यह फैसला आप करेंगी। अगर औरंगज़ेब ने हमारी मातहती मान ली, तो हम अपनी हुकूमत पुख़्ता करेंगे। रौशन के बारे में तब सोचा जा सकता है, जिस दिन हमें इत्मीनान हो जाएगा कि अब औरंगज़ेब से हमें ख़तरा नहीं।

शाहजहाँ : *(बीच में ही)* वो दिन कभी नहीं आएगा।

(ज़रा-सी चुप्पी)

जहाँ आरा : *(गहन चिन्ता से)* पहले तुम्हारी ताजपोशी तो हो।

(अँधेरा)

दृश्य–3

जहाँ आरा का दीवानख़ाना। दिन।

(मुराद बख़्श, शाह शुजा और गौहर आरा बात कर रहे हैं; औरंगज़ेब एक नक़्शे पर ग़ौर कर रहा है; रौशन आरा एक किताब के पन्ने पलट रही है।)

मुराद बख़्श : क्या हो रहा है गौहर?

गौहर आरा : (*मुस्कान से*) चौपड़ खेलते हैं, वक़्तकटी के बहाने ढूँढ़ते हैं, आजकल तंजौर से एक जत्था आया हुआ है। बड़े-बड़े रूमाल फँहराते हुए जैसी दिलफ़रेब संगत से वो रक़्स करते हैं—

शाह शुजा : रक़्स के जलवे देखना हों, तो बंगाल आओ।

मुराद बख़्श : (*व्यंग्य की मुस्कान से*) ग़ैरमौजूद सूबेदार बनने की इजाज़त मिल जाय हमें भी, तो ज़रूर आएँगे।

(मुराद बख़्श, शाह शुजा और गौहर आरा हँसते हैं; औरंगज़ेब उनकी तरफ़ देखता है।)

मुराद बख़्श : (*औरंगज़ेब से मुस्कान के साथ*) क्यों पीरजी?

(औरंगज़ेब बिना किसी भाव के सर हिला कर अपना काम करता रहता है।)

शाह शुजा : कितनी देर लगेगी?

गौहर आरा : शुभ मुहूर्त होते ही शंख बजेगा।

रौशन आरा : (*एक किताब से पढ़ रही है*) सुनिए सुनिए, मुग़ल तवारीख़ की छह माही तहरीर—

(*सब चौकन्ने हो जाते हैं।*)

रौशन आरा : (*पढ़ती है*) शहंशाह शाहजहाँ की हूकूमत की दसवीं सालगिरह रैयत को मुबारक हो, सल्तनत में अमन और ख़ुशहाली है।

तिब्बत पर फ़तेह हासिल हो चुकी है। दकन में बीजापुर और गोलकुंडा फ़िलहाल सरदर्द की वजह नहीं। शाह शुजा बंगाल, मुराद बख़्श गुजरात, औरंगज़ेब दकन, और दारा शिकोह सिन्ध की सूबेदारी बख़ूबी सँभाल रहे हैं।

(रौशन आरा यकायक ठिठकती है; अगले कुछ पन्ने पलटती है, फिर अपने थैले से एक काग़ज़ निकाल कर देखती है।)

रौशन आरा : (*काग़ज दिखाते हुए*) नायब तवारीख़निगाह ने आगे का यह मज़मूँ हमें दिया था, जिसकी बुनियाद दकन से दिल्ली नुमान्इदे की भेजी तहरीर थी। (*पुकारती है*) आपा!

गौहर आरा : अपने हाथों औरंगज़ेब भाई की पसन्दीदा खिचड़ी पका रही हैं।

(औरंगज़ेब नक़्शे से नज़र हटा कर सुनता है।)

रौशन आरा : (*पन्ना पढ़ती है*) औरंगज़ेब ने सबसे पहले यहाँ-वहाँ बिखरी रैयत को हिफ़ाज़त का भरोसा दे वापस उनके गाँवों में ला बसाया, क़ाबिल अमीन तैनाद किये और खेतों की सही माप करवायी, रक़बे[26] दर्ज हुए और खेतिहर, ज़मीन को दूसरी क़िस्मों से अलग करवाया। किसानों के लिए हमदर्द ऐसे मुक़द्दम[27] तैनात किये, जो उपज बढ़ाने में मददगार हों। ग़रीब किसानों को बीज, मवेशी, और खेती की दूसरी चीज़ें ख़रीदने के लिए तक़व्वी[28] दी गयी, जिसे फ़सल के बाद आसान क़िस्तों में वसूल किया जाएगा।

(ऊपरी संवाद के बीच जहाँ आरा आती है; चुपचाप सुनती है।)

रौशन आरा : औरंगज़ेब ने निज़ाम को चुस्त-दुरुस्त किया। फ़ौज के वास्ते माली ज़रिया जुटाया, और दारोग़ा-ए-तोपख़ाना मुक़र्रर किया, जिसने दकन के एक-एक क़िले का दौरा कर एक-एक तोप, बन्दूक, सिपाही, और तीरन्दाज़ का मुआयना कर उसे मंज़ूर या नामंज़ूर क्या, और फ़ौज की मारक धार बढ़ाने के साथ-साथ फ़क़त एक बरस में पचास हज़ार रुपये की बचत भी की।

जहाँ आरा : यह तहरीर हमने देखी थी; जहाँपनाह से इसका ज़िक्र भी किया था। हम जाँच करेंगे कि किसकी गफ़लत से यह शामिल नहीं हुआ।

रौशन आरा : (*ज़ोर देते हुए*) जानबूझ कर।

जहाँ आरा : जो भी हो, अगली क़िस्त में यह शाया होगा। जो सूबेदार बेहतर

काम करता है उसके हासिल को अवाम तक पहुँचाने से निज़ाम की ही चमक बढ़ती है।

(जाती है।)

मुराद बख़्श : सोचते थे, आज शिकार पर जाएँगे, पर दोपहर यहीं हो गयी।

गौहर आरा : (*मुस्कुराती है*) तभी आप सुबह से बेक़रार हैं।

मुराद बख़्श : हक़ीक़त यह है कि शिकारी की फ़ितरत कुछ मैकश की तरह होती है, उसे अपनी ख़ुराक़ चाहिए। हिरन के पीछे शेर को छलाँग लगाते तुमने ग़ौर से देखा है? उसके नथुने फूल रहे हैं, जबड़े कस रहे हैं, पंजों के पैने नाख़ून कँपकँपा रहे हैं, मुँह अनजाने ही खुल गया है और माँस चींथने को बेक़रार पैने दाँतों के बीच लपलपाती जीभ से जब-तब थूक की बूँद टपक जाती है—निशाना साधते हुए तुम्हारा दिल धड़क रहा है; माथे पर पसीना; उँगलियों में तनाव। हवा में शेर के अगले दो पैर परवाज़ ले रहे हैं, उसके पंख नहीं, पर वो परिन्दा बन चुका है, बन्दूक की नली उसके साथ-साथ रुख़ बदल रही है, हर छलाँग के ख़ात्मे पर शेर के पैर ज़मीन को छूते और अपनी ही तेज़ी से ताक़त पा, फिर उसी शिद्दत से आगे पहुँच, दूसरी छलाँग का हिस्सा बन जाते हैं, यह ख़ूँरेज़ रागिनी की जुगलबन्दी है। तुम्हारी उँगली की जुम्बिश; शेर की छलाँग यकायक बीच में ही कट जाती है; उसकी धारियों के बीच लाल धब्बा उभरता है और वो रुआँसी दहाड़ के साथ नीचे ढेर हो जाता है (*मुस्कान से सबको देखते हुए*) अगर मर्सिए में हुस्नकारी हो सकती है, तो यही है।

शाह शुजा : (*मुग्ध भाव से जैसे सामने वह दृश्य चल रहा हो*) हुगली में चाँदनी रात बजरे पर रक़्स—तुम्हारी हुस्नकारी उस एहसास को नहीं छू सकती, चारों तरफ़ वीरान ख़ामोशी। पानी की सतह पर रौशनी और लय आहिस्ता आगे बढ़ती हुई। थिरकती हुई रक़्क़ासा और उसकी ढपली की थापें, रबाब के सुर फ़िज़ा में चमकते और बिखरते हुए। लगता है, किसी दूसरी दुनिया में रसाई हो चुकी।

(संवाद बोलते हुए दारा शिकोह का प्रवेश)

दारा शिकोह : दूसरी दुनिया होती है ज़िक्र की, जिसमें कुछ घड़ियों के लिए तूर[29] के नूर से रूह रौशन हो जाती है।

(दारा और औरंगज़ेब एक-दूसरे को तौलती नज़र से देखते हैं; रौशन आरा, शाह शुजा, और मुराद भी दारा को देख रहे हैं। युवराज होने से दारा में स्थिति पर नियन्त्रण का आत्म-विश्वास है। सबको देखते हुए गौहर आरा कुछ जग मुजरा देखने जैसा भाव दिखा रही है।)

औरंगज़ेब : ओह दादा भाईजू!

दारा शिकोह : अच्छे तो हो औरंगज़ेब?

औरंगज़ेब : जिसके सर पर आप जैसे बिरादर का साया हो वो ख़ुशियों के झूले में पेंगे लेने के अलावा और क्या कर सकता है।

(अगले संवाद के बीच जहाँ आरा का प्रवेश)

दारा शिकोह : (*संजीदगी से*) पेगें लेने को मुकाम तब आता है, जब आप यह समझ लेते हैं कि रूहानियत दिमाग़ी सच्चाई नहीं, जागा हुआ अन्दरुनी वजूद है। वो दलील का तलबगार नहीं। ज़िक्र की कैफ़ियत अल्फ़ाज़ में बयान की जा सकती है? (*हाव-भाव से*) रौशनी और अँधेरे के तानेबाने; लोबान और अगरबत्तियों की ख़ुशबू; धुएँ की लकीरें ऊपर गुच्छे-से बनाती हुई। मैं सरमद के साथ खुदा का नाम जपते हुए। पसीने की तपिश, पलकें सुर्ख और भारी; धड़कन बढ़ी हुई; यकायक भीतर कुछ अजीब-सी हिलोर; आवाज़ों के बावजूद ख़ामोशी महसूस करने का एहसास; सुकून की बाँसुरी जैसे भीतर बजती हुई। लगा कि बहुत हल्का हो गया हूँ; सफेद बादलों के बीच उड़ रहा हूँ; हवा की लहरों पर फिसल रहा हूँ जैसे पाँवों के नीचे बर्फ़ की सतह हो। उफ़क़ तक फैली मद्धिम नील रोशनी; और मैं देखता क्या हूँ कि मैं बज़ाते ख़ुद अपने-आप को दूर फिसल कर जाते हुए देख रहा हूँ—अपने अन्दरूनी को, हवा को नर्मी से काटने वाली रफ़्तार की सनसनाहट भी मुझे महसूस हो रही है और मैं ऊपर भी उड़ता जा रहा हूँ। पंख बन गयी हैं मेरी बाँहें। बादलों की परतें पार करते हुए नीचे क़िला-ए-मुअल्ला की फ़सीलें दिखाई दे रही हैं; फिर पूरा शाहजहाँनाबाद—(*सबको देखते हुए दूसरे सुर में*) पूरा समुन्दर तुम नहीं पी सकते, तो चन्द घूँट तो पी ही सकते हो। सच्चाई क्या है? रूहानी तरीक़े से सच्चाई को असल बनाते हुए ज़ज्ब[30] किया जा सकता है। असल की मुकम्मली को समझने के लिए अपने अन्दरूनी

वजूद से देखना होता है, क्योंकि वही सच्चाई को उसके पूरेपन में समझ सकता है। ऐसा तभी मुमकिन होता है, जब आप सही बनते हुए अपने टुकड़ा वजूद को मुकम्मल में समो देने में कामयाब हो जाते है। अगर मुकम्मल समुन्दर है और टुकड़ा बूँद, तो समुन्दर को टुकड़े की आँख से नहीं देखा जा सकता। लेकिन जब बूँद समुन्दर में घुल जाती है, तो वो समुन्दर को समुन्दर की आँख से देख सकती है।

(जरा-सा विराम। जहाँ आरा का ध्यान नक़्शे पर है।)

जहाँ आरा : क्या नक़्शा है औरंगज़ेब?

औरंगज़ेब : खानू की फ़ैसलाकुन जंग से पेश्तर बाबर ने होशियारी से मैदान की जाँच की थी। *(इशारा करते हुए)* पानीपत की तरह यहाँ भी उन्होंने अपने मोर्चे के अगले हिस्से को गाड़ियाँ बनवा कर मज़बूत किया था, जिन्हें ऑटोमन तरीक़े से लोहे की ज़ंजीरों से जकड़ा गया था—पानीपत की मानिन्द चमड़े की पट्टियों से नहीं।

जहाँ आरा : किसलिए?

औरंगज़ेब : उन गाड़ियों का मक़सद तोपख़ाने और घोड़ों को पनाह देना था। गाड़ियों के बीच जगह छोड़ी गयी थी, ताकि उनके बीच से घोड़े मुनासिब मौक़े पर हमला बोल सकें। इस मोर्चे को बढ़ाने के लिए लकड़ी की पहियेदार तिपाइयों पर चरसा[31] की रस्सियाँ ऐसे तान दी गयी थीं कि तिपाइयों की ओट से तोड़ेदार बन्दूकची निशाना लगाते हुए आगे बढ़ सकें।

जहाँ आरा : *(इशारे के साथ)* ये क्या हैं?

औरंगज़ेब : खाइयाँ। दोनों बग़लें उनसे महफ़ूज़ थीं।

जहाँ आरा : *(समझते हुए)* दुश्मन का वहीं रहना लाज़िमी था, जहाँ बाबर चाहते थे।

औरंगज़ेब : *(हामी में सर हिलाते हुए)* तैनाती के आम तरीक़ों के साथ-साथ दस्ते आगे और बायीं तरफ़ भी रखे गये थे, ताकि ज़रूरत पड़ने पर बाज़ू की हिफ़ाज़त की जा सके। इस तरह उन्होंने हमले और बचाव का मज़बूत गठन किया। तभी ये फ़तह तवीराख़े-हिन्दोस्तान में तब्दील हो गयी।

(शंख की आवाज़। बाँदी हाथ में थाली लिये झपट कर आती है; जहाँ आरा दारा शिकोह के माथे पर तिलक लगाती

है, फिर राखी बाँधती है, उसके मुँह में मिठाई का टुकड़ा देती है, दारा हीरे-मोतियों की थैली जहाँ आरा को भेंट देता है। फिर जहाँ आरा औरंगज़ेब को राखी बाँधने लगती है। औरंगज़ेब विभोर है; शाहजहाँ का प्रवेश। चारों बेटों को लगाव से देखता है।)

शाहजहाँ : चारों बेटे हमारे साथ हों, यह बहुत कम होता है। तुम्हारी अम्मी भी इस घड़ी हमारी आँखों से तुम्हें देख रही हैं।

(सब चुप हैं)

शाहजहाँ : मुल्क़ के चार कोनों में तुम चारों हमारे ताज की नुमाइन्दगी करते हो। *(सबको देखता है)* अब उस स्याह लम्हे का तसव्वुर करो, जब फ़रगना छिन जाने के बाद बाबर को समरकंद छोड़ना पड़ा था। हमें *(अपने सिर की तरफ़ इशारे के साथ)* ताज देने वाले बाबर, बिना राज के राजा थे! दुनिया में अपनी जगह बनाने को बेताब, अपनी ज़मीन से नाता तोड़ने की मजबूरी से नाराज़ बाबर, सर्दी की छेदती हवाओं में, हिन्दुकुश पहाड़ों की जंजीर पार करते हुए आये और काबुल जीत लिया। अब पानीपत की उस जंग का तसव्वुर करो, जिस पर हम सबके नसीब का फैसला होना था। इब्राहीम लोदी के ख़िलाफ़ बाबर ने पहियेदार तोपों की उसी उज़बेकी तरक़ीब से दिल्ली हासिल की, जिससे पच्चीस बरस पहले शैबानी ख़ाँ के ख़िलाफ़ सैर-ए-पुल की जंग में उन्होंने समरकंद खोया था।

(सब चुप हैं)

शाहजहाँ : मुग़ल सल्तनत की तक़दीर बदलने वाली जंगें कौन-सी थीं? बाबर वा इब्राहीम लोदी के बीच पानीपत, हुमायूँ वा शेरशाह सूरी के बीच चौसा वा कन्नौज, और हेमू वा बैरम ख़ाँ के बीच फिर पानीपत। अकबर ने सल्तनत की बुनियाद मज़बूत की और एक सौ चवालीस जंगों के सहारे सरहदें बढ़ाते गये। अपने ख़ानदान में इतनी लम्बी फ़ेहरिस्ते-जंग बस, उन्हीं की है। *(शहज़ादों को देखता है)* बाबर ने सल्तनत की नींव डाली। हुमायूँ ने लाख मुसीबतों के बावजूद उसे बरक़रार रखा। अकबर ने निज़ाम का मुकम्मल ढाँचा बनाया। जहाँगीर ने उसकी हिफ़ाज़त की और नूरजहाँ के सहारे तहज़ीब में धार और अन्दाज़े-ज़िन्दगी में नफ़ासत ले आये।

(सब चुप हैं)

शाहजहाँ : *(शहज़ादों को देखता है)* तवारीख़ शाहजहाँ को कैसे आँकेगी? हमने बीजापुर वा गोलकुंडा को दुरुस्त करते हुए उनके साथ क़रार किया। मरक़ज़ी, पूरबी, और पश्चिमी हिन्दुस्तान में सरहदों में इज़ाफ़ा और पुख़्तगी हासिल की। तिजारत के मुख़्तलिफ़ रास्ते खोले।

मुराद बख़्श : फ़ने-तामीर[32] को कमाले-मर्तबा तक ले जाने का सेहरा जहाँपनाह के सर पर होगा।

शाह शुजा : शानो-शौक़त के मैयार कोई छू नहीं सकेगा।

दारा शिकोह : निज़ाम के साथ अदबो-फ़न वा रूहानियत को वाबस्ता किया गया।

शाहजहाँ : औरंगज़ेब?

औरंगज़ेब : तवारीख़ अभी बन रही है जहाँपनाह! मुनासिब यह होगा कि अन्जाम तक पहुँचने के बाद ही उसकी मुकम्मल सूरत तौली जाय।

(शाहजहाँ कुछ कहने का होता है; फिर ख़ुद पर ज़ब्त करता है; सबको देखता है)

शाहजहाँ : अपनी विरासत को लेकर शहंशाह की नींद क्यों उड़ जाती है? चूँकि उसकी और उसके पुरखों की सारी ज़िन्दगी का हासिल दाँव पर लगा होता है। आख़िरी साँसों के बीच हुमायूँ, अकबर, और जहाँगीर—सबको ऐसा तनाव था; और सबसे ज़्यादा बाबर को था और वो भी तीनतरफ़ा—अफ़गान मुग़लों को खदेड़ अपनी हुकूमत वापसी के लिए छटपटा रहे थे, गुजरात से बहादुर शाह आँखें दिखा रहे थे; और सबसे बड़ी मुसीबत घर के भीतर ही थी—हिन्दाल, असकरी, और कामरान—*(बेटों पर नज़र के साथ ज़ोर देते हुए)* हुमायूँ के तीनों भाई—विरासत के दावेदार थे। *(शहज़ादों को देखता है)* क्या बाबर ने आख़िरी साँस सुकून से ली होगी?

(सब चुप हैं)

शाहजहाँ : बोलो शुजा?

शाह शुजा : नहीं जहाँपनाह!

शाहजहाँ : हम लेना चाहते हैं। दारा शिकोह वली-अहद हैं, तुम तीनों के पास अपनी-अपनी उम्र के हिसाब से एक-एक सूबे की कमान है। किसी को कुछ कहना है?

(सब चुप हैं)

शाहजहाँ : औरंगज़ेब?

(औरंगज़ेब जेब से तस्बीह[33] निकाल माथे से लगाता है।)

दारा शिकोह : *(चौंक कर)* अम्मीजान की तस्बीह?

जहाँ आरा : *(दारा से)* उनके इन्तिक़ाल के दिन से इसी के पास है।

औरंगज़ेब : बुरहानपुर की अजनबी मिट्टी के दामन से सत्रह बरस के बाद अम्मीजान को उठा कर, हम सब उन्हें रौज़ा-ए-मुनव्वर[34] में फिर सुला कर आये हैं। उनकी सुकूने-रूह के लिए दुआ माँगने के सिवा और कोई मौज़ू नहीं अभी।

(हल्की सिसकी के साथ दुआ के लिए हाथ उठाता है; सब वैसा ही करते हैं; शाहजहाँ उसे देख रहा है। सिसकी नाटक नहीं; उसका भावना सच्ची है। जहाँ आरा आयत की एक पंक्ति बोलती है। अँधेरा।)

दृश्य–4

लाल क़िला। दिन।

(औरंगज़ेब और शाहजहाँ साथ। दोनों के बीच बहुत कड़वा पत्राचार होता रहा है। शुरुआत ही तनाव के सुर से होती है।)

औरंगज़ेब : नये मनसबदार तैनाद करते हुए कोताही की ज़रूरत थी।

शाहजहाँ : सियासत के तक़ाजों से मजबूर थे हम।

औरंगज़ेब : पर मनसबदारों की कुल तादाद जागीरों की अन्दाज़न आमदनी[35] से ज़्यादा हो गयी है।

शाहजहाँ : बिल्कुल चरमरा गया है जागीरदारी ढाँचा। तभी हमने हुक्म जारी किया कि मनसबदार की नक़द तनख़्वाह आठ माही से ज़्यादा नहीं हो सकती।

औरंगज़ेब : तभी ज़ात वा सवार तनख़्वाहें घटाने के साथ सवार और घोड़ों की तादाद भी एक तिहाई/एक चौथाई तक घटा दी गयी। अम्नो–अमान होने के नाते उत्तर–पूरब में इससे ख़ास फ़र्क नहीं पड़ा, लेकिन दकन में क़ानूनी हुकूमत के छोटे दायरे को बढ़ाने और मराठी बग़ावत दबाने में बहुत मुश्किलों का सामना करना पड़ रहा है। इस पर आपने मालवा और सूरत के ख़ज़ाने से दकन के मेरे घाटे की भरपाई बन्द कर दी।

शाहजहाँ : *(सख़्ती से)* सूबेदार को अपना ख़र्च उठाने लायक़ होना चाहिए। **(औरंगज़ेब अपने को ज़ब्त करने की कोशिश करता है। शाहजहाँ ख़ुद दकन में सूबेदार रह चुका है। जो दलीलें औरंगज़ेब यहाँ देता है, शाहजहाँ जानता है कि वैध हैं।)**

औरंगज़ेब : आप जानते हैं, दकन में ऐसा नहीं हो सकता। क्योंकि सूबा बहुत बड़ा है, ग़लत ढंग से बसा है, जंगल ज़्यादा हैं और ज़मीन

ज़्यादातर बंजर। पिछले बरस का सालाना महसूल तीन करोड़ बासठ लाख था, लेकिन वसूली एक-तिहाई से भी कम हुई। तीन हज़ारी मनसबदार महज़ तीन सौ घोड़े रखता है, पर फिर भी जागीर से गुज़ारा नहीं कर सकता। अगर उसे घोड़े बढ़ाने को मजबूर किया जायेगा, तो उसकी सच्ची आमदनी काग़ज़ी आमदनी से और भी घट जाएगी, लेकिन बड़ी फ़ौज ज़रूरी है, चूँकि बीजापुर, गोलकुंडा वा अहमदनगर हमेशा सर पर सवार रहते हैं। इधर ज़मींदारों के भी ताक़त इख़्तियार कर लेने से मुश्किलें और बढ़ गयी हैं। उनमें से कुछ मराठों के साथ मिल गये हैं और देहाती इलाके में लूटमार करते हैं।

शाहजहाँ : *(हल्की नाराज़गी से)* तो हुकूमत को चाक-चौबन्द करो।

औरंगज़ेब : पूरी कोशिश कर रहा हूँ, पर उसके लिए वक़्त और पैसा चाहिए। पिछले बरस का फ़ौजी घाटा बीस लाख छत्तीस हज़ार है, जिसका ख़मियाज़ा होना लाज़िमी है।

शाहजहाँ : नहीं, ख़मियाज़े के तर्जे-अमल पर रोक लगाना निहायत ज़रूरी है। दूसरे ज़रियों से पैसा निकालो।

औरंगज़ेब : उस पैसे से किसानों की हालत में सुधार और काश्तकारी खेती के दायरे में इज़ाफ़ा करना है। शुरू में बीज वा बैलों के लिए क़र्ज़ देना भी ज़रूरी है, चूँकि एक नस्ल की जंगी तबाही के बाद उजड़ी बस्तियों को बसाना होगा। उतना ही ज़रूरी है हथियारों की बेहतरी वा उनमें इज़ाफा।

शाहजहाँ : *(हल्की नाराज़गी से) इतना बड़ा सूबा कितना भी तबाह हो, कुछ महसूल तो देता होगा?*

औरंगज़ेब : ज़िल्ले-सुब्हानी[36] ने दकन में सूबेदार के ओहदे की ज़ीनत भी बढ़ायी है और बग़ावत के दिन भी काटे हैं। वो जानते हैं, दकन में महसूल की कोई रिवायत नहीं। खेत की पहचान और माप, फ़ी बीघा महसूल का चलन और निज़ाम, ज़मींदार वा काश्तकार के बीच उपज के बँटवारे को तय करने का तरीक़ा—कुछ भी नहीं।

शाहजहाँ : तुम पहले भी दकन के सूबेदार रह चुके हो। टोपियाँ सिलने के साथ-साथ खेती का सुधार क्यों नहीं किया?

(औरंगज़ेब व्यंग्य पी लेता है; दारा शिकोह के ऊपर कटाक्ष करते हुए दलील आगे बढ़ाता है।)

औरंगज़ेब : अगर दकन, सिन्ध के जैसी ग़ैरमौजूद[37] सूबेदारी होती, तो दारा शिकोह की तरह शाहजहाँनाबाद में डेरा डाले हुए चौबीस घंटे की सूफ़ी फ़िक्र के साथ हम यह सब भी कर लेते, पर वो बहुत बड़ा होने के साथ-साथ बंजर, बदइंतिज़ाम, और ख़ूंख़ार भी है। मरक़ज़ी क़ानून लागू करना, रैयत की जानो-माल की हिफ़ाज़त और भरसक अम्नो-अमान लाने के बाद हम वही करने वाले थे, जब आपाजान बदनसीबी से जल गयीं, हमको अकबराबाद आना पड़ा और आपकी नाराज़गी से ज़मींदोज़ कर दिये गये।

शाहजहाँ : *(कड़वाहट टालना चाहता है।)* अब तुम बहाल हो चुके।

औरंगज़ेब : *(बीच में ही)* जहाँ आरा आपा की मेहरबानी से।

शाहजहाँ : *(दरगुज़र करने की तकलीफ़देह मजबूरी से)* जब कोई नया ओहदा सँभालता है, तो उसे निभाने के तरीक़े भी ख़ुद ढूँढ़ता है। जब जहाँगीर तख़्तनशीं हुए, तो उन्होंने ख़ज़ाने में सात करोड़ पाये थे, पर हमको फ़क़त एक करोड़ हासिल हुआ। लेकिन हमने काम चलाया, किसी के पास फ़रियाद लेकर नहीं गये।

औरंगज़ेब : अगर हम कभी बादशाह बने, तो क़सम ख़ुदा की, किसी के पास फ़रियाद लेकर नहीं जाएँगे, लेकिन अभी हम महज़ सूबेदार हैं और आपके तईं ज़िम्मेदार भी।

शाहजहाँ : *(सख़्ती से)* तो ज़िम्मेदारी पूरी निभाओ और अपने ख़र्च का हिसाब दो।

(गुस्से से एक पल देखता है, फिर अपने को ज़ब्त करता है।)

औरंगज़ेब : *(चोट खा जाता है)* देंगे, पर फ़नकारे-तामीर[38] होने के नाते जहाँपनाह को इल्म होगा कि नया दारुल-सूबा[39] बनाने की क्या लागत होती है।

शाहजहाँ : हम तुम्हारी मदद नहीं कर सकते।

औरंगज़ेब : आपके शाहकार पूरे हो चुके।

शाहजहाँ : ख़ानदाने मुग़लिया की शानो-शौक़त अब अपना नया मैयार बनाने को परवाज़ ले रही है—तख़्ते-ताऊस बन रहा है।

औरंगज़ेब : *(व्यंग्य से)* मुबारक!

शाहजहाँ : उसकी ज़ीनत पहले हम दोबाला करेंगे और फिर सबसे लम्बे मुग़लिया अहद की तवारीख़ बनाते हुए बुलन्द अख़्तर[40] दारा शिकोह।

औरंगज़ेब : मुग़ल सल्तनत का अदना कारकुन तख़्ते-ताऊस को सिर्फ़ *(झुक कर नमन करते हुए)* ज़मींबोस करना जानता है—जलवाअफ़रोज़ कौन है, नहीं देखता।

शाहजहाँ : तुम्हारे ज़ज्बाती वालिद मीर जुमला को हम दिल्ली दरबार में बुला रहे हैं।

औरंगज़ेब : *(अर्थभरे सुर में)* शुक्र है ख़ुदा का; जहाँपनाह को औरंगज़ेब के साथ अपना रिश्ता तो याद है!

शाहजहाँ : उनको यह पैग़ाम दे सकते हो कि हमें सौग़ात में दिया गया कोहेनूर तख़्ते-ताऊस में ज़डा जा रहा है।

औरंगज़ेब : ख़ुशनसीब हैं वो, जो तवारीख़ का हिस्सा बन रहे हैं।

शाहजहाँ : तुम्हें फ़िलहाल हम यही सलाह दे सकते हैं कि तुम औरंगाबाद की तामीर क़िस्तों में करो। जितनी चादर है, उतने पैर फैलाओ।

औरंगज़ेब : *(व्यंग्य के सुर में)* जहाँपनाह का यह सबक़ सीधे हमारे दिल में पैबस्त हो गया, जहाँ कई पुराने पहले से चुभे हैं।

शाहजहाँ : *(ठंडे गुस्से से)* औरंगज़ेब, तुम जब मिलते हो, हमें तनाव देते हो।

औरंगज़ेब : *(ख़ुद पर क़ाबू में दरार के साथ)* पैसे का तक़ाज़ा करते-करते आजिज़ आ गया हूँ मैं! मेरी यह गुज़ारिश मंज़ूर क्यों नहीं होती कि सिन्ध की मेरी जागीर मेरे नाम रहने दी जाय, चूँकि उसके एवज़ वाली दकन की नयी जागीर से मुझे सत्रह लाख सालाना कम हासिल होंगे?

शाहजहाँ : अब जो ओहदेदार जिस सूबे में तैनात होगा, वही उसकी जागीर भी होगी।

औरंगज़ेब : तो सिन्ध के सूबेदार दारा शिकोह को फ़ीरोज़पुर-हिसार की जागीर कैसे मिली हुई है?

शाहजहाँ : वो वली-अहद का इजारा है। जब हम वली-अहद थे, तो दकन में होते हुए भी हमारे पास थी।

औरंगज़ेब : और तब छीनी गयी थी, जब जहाँगीर की नाराज़गी आप पर नाजिल हुई थी।

शाजहाँ : दारा शिकोह हमारी नाराज़गी के मुस्तहक[41] नहीं।

औरंगज़ेब : वो एज़ाज़[42] तो सिर्फ़ मुझे हासिल है। उन्हें तो नवाज़ा गया है ग़ैरमामूली, हैरतअंगेज़ साठ हज़ारी मनसब से। क्या कारनामा अन्जाम दिया है उन्होंने? कन्धार से हार कर लौटे हैं।

शाहजहाँ : *(नाराज़गी से)* हम किसे, क्या, और क्यों देते हैं, यह हमारा इख़्तियार है। तुमने ज़ुबान खोली है, तो सिर्फ़ यह साबित करने के लिए कि हमारे वास्ते तुम्हारे दिल में कितनी तल्ख़ी है।

औरंगज़ेब : अगर इसका जवाब मैं हाँ में दूँ, तो?

(शाहजहाँ उसे स्थिर दृष्टि से देखता है।)

शाहजहाँ : जानते हो, हमारी सबसे बड़ी ग़लती कौन-सी है?

(औरंगज़ेब समझ गया है कि शाजहाँ क्या कहने जा रहा है; हामी में सर हिलाता है।)

शाहजहाँ : जहाँ आरा की ज़िद पर हमने फिर तुम्हें सूबेदारी पर बहाल कर दिया।

औरंगज़ेब : *(अपने को ज़ब्त करते हुए)* बरबादी के आख़िरी मुकाम पर पहुँच जाने के बाद वो मेरी जिन्दगी का सबसे बड़ा ताज्जुब था।

शाहजहाँ : बरबादी का आख़िरी मुकाम सलीमगढ़ होना चाहिए था।

औरंगज़ेब : हम उसके वास्ते ख़ुद को तैयार कर चुके थे।

शाहजहाँ : हमें हुक़्म देते-देते रुकना पड़ा—अर्ज़ुमंद बानों की बड़ी-बड़ी आँखें भीतर कौंध गयीं—

(शाहजहाँ यकायक ज़रा सा सन्तुलन खोता है; लड़खड़ाता है।)

औरंगज़ेब : *(झपटते हुए)* जहाँपनाह—

(शाहजहाँ को सँभालता है; सहारा देकर बिठाता है; शाहजहाँ लम्बी साँसें ले रहा है; औरंगज़ेब उसे पानी या शर्बत का गिलास दे सकता है, एकाध वाक्य इंप्रोवाइज़ किया जा सकता है। यहाँ औरंगज़ेब के मन में कुछ पल के लिए बाप से ठंडी नफ़रत की चट्टान के बीच स्नेह की कुछ बूँदें छलक आती हैं।)

शाहजहाँ : *(घूँट भरता है)* चक्कर-सा आ गया यकायक—*(औरंगज़ेब की तरफ़ देखता है)* कल रात ख़्वाब देखा।

(औरंगज़ेब चौंका उसे देख रहा है।)

शाहजहाँ : नंगी शमशीर लिये, चमकता जिरहबख़्तर पहने, एक नक़ाबपोश लम्बे नीम-अँधेरे गलियारे में हमें ले जा रहा था। उसके जूतों की आवाज़ सन्नाटे में गूँज रही थी। दीवारों पर गिनी-चुनी मशालें; हमारे साये आड़े-तिरछे हो हमारे साथ चल रहे थे। यह

न ग्वालियर किला था, न सलीमगढ़। हमारा सोचना तब टूटा, जब हम यकायक लोहे की सलाखों वाले दरवाज़े से टकराये, जो एकदम हम पर बन्द हो गया। ज़रा-सी कोठरी थी। इससे पहले कि हम समझें कि क्या हो रहा है, पीछे गलियारे का दरवाज़ा भी बन्द होने की आवाज़ सुनाई दी। यह क्या हो रहा है? हमने अपनी आवाज़ सुनी। न कोई जवाब मिला, न कोई दिखाई दिया। कहीं से आती मशाल की धुँधली-सी रौशनी भी यकायक गुल हो गयी। अब तनो-तन्हाँ हम थे—और हर सिम्त अँधेरा—

(दोनों की नज़र मिली है। अँधेरा।)

दृश्य–5

जहाँ आरा का दीवानख़ाना। शाम।

(जहाँ आरा बैठी कुछ लिख रही है; औरंगजेब आता है; जहाँ आरा की तरफ देखता है; जहाँ आरा उसकी तरफ देखे बिना काम करती रहती है।)

औरंगज़ेब : *(हल्की मुस्कान से)* बचपन में हम ऐसे ही दबे पाँव आते थे।

(जहाँ आरा देखती है; मुस्कुराती है।)

औरंगज़ेब : हम साँस रोके खड़े रहते कि देखें, आप ख़ुद-ब-ख़ुद हमारी मौजूदगी पकड़ लेती हैं या नहीं–

(पल भर बाद औरंगज़ेब की मुस्कान खो जाती है। जहाँ आरा हमेशा की तरह समझ जाती है, शाहजहाँ से झड़प हुई।)

जहाँ आरा : किस बात को लेकर झड़प हुई?

औरंगज़ेब : *(आवेग से)* जहाँपनाह ने मुझे दकन के जाल में क्यों फँसाया? अहमदनगर का एक–तिहाई हिस्सा रिश्वत के तौर पर बीजापुर को उन्होंने खुद अता फर्माया था, ताकि वो मराठों को मदद करना बन्द कर दे। साथ ही वादा किया था कि हम बीजापुर वा गोलकुंडा के ख़िलाफ मुहिम नहीं खोलेंगे। फिर यकायक मुझे फ़रमान भेजते हैं कि अपना दिया हुआ एक–तिहाई हिस्सा वापस ले लो।

जहाँ आरा : तुमने फ़ौरन तामीले–हुक्म की। तवारीख़ में दर्ज हो गया।

औरंगज़ेब : *(दर्द से)* उम्मीदपरस्ती की इन्तिहा तक जाकर मैं सोच रहा था, जहाँपनाह खुद शाबासी के दो अल्फ़ाज बोल देंगे, लेकिन हिदायत मिली की सख़्त जाँच के लिए हिसाब पेश किया जाय।

(जहाँ आरा अन्देशे से लरज़ जाती है कि शाहजहाँ ने फिर औरंगज़ेब की भावना को ठेस पहुँचा दी।)

जहाँ आरा : *(आशंका से)* या ख़ुदा—

औरंगज़ेब : दारा शिकोह से कोई हिसाब पूछने की हिम्मत कर सकता है?

(जहाँ आरा को देखता है; वह चुप रहती है।)

औरंगजेब : *(शिकायत के सुर में)* दादा भाई जू पंजाबो-सिन्ध के सूबेदार हैं, लेकिन हमेशा दिल्ली में क्यों डेरा डाले रहते हैं?

जहाँ आरा : हुकूमत की पेचीदगियाँ सीखने के लिए उन्हें जहाँपनाह की रहनुमाई की ज़रूरत है।

औरंगजेब : अपनी आँखों के तारे को अपनी आँखों के सामने चाहते हैं जहाँपनाह और मुझे दिल्ली से दूर से दूर! सबसे मुश्किल सूबे में चुन कर मुझे ही क्यों भेजा गया? मुराद मस्त रहता है, पर शुजा तो ठीकठाक काम कर लेते हैं। खम्भे की तरह बीस बरस से बंगाल में जमे हैं।

जहाँ आरा : शाही ख़ानदान और ख़ुद दारा शिकोह की बदनसीबी कि हमारी तजवीज़ पर अमल नहीं हुआ, जिसके तहत तुमको बंगाल, शुजा को पंजाब, मुराद को मुल्तान, मिर्ज़ा राजा जयसिंह को गुजरात, और दारा को दकन भेजा जाना था। हमने ज़ोर देकर कहा कि जब तक वली-अहद मुख़्तलिफ़ किस्म की हुकूमती व जंगी चुनौतियों से दो-चार नहीं होंगे, सान पर घिसेंगे कैसे? तख़्त पर बैठने के काबिल बनेंगे कैसे? इस तालीम में तपने के लिए सबसे मुनासिब भट्टी दकन है। जहाँपनाह से बेहतर कौन जान सकता है, जिन्होंने अपनी जिन्दगी के सबसे स्याह और सबसे मुबारक लम्हें सह्याद्रि के साये में देखे हैं। दारा को जब सलाह दरकार होगी, जयसिंह पास अहमदाबाद में रहेंगे, पर बादशाह के दिल पर बाप का ज़ज्बा भारी हो गया।

औरंगज़ेब : जब हमारी बारी आती है, तो कहाँ चला जाता है उनका बाप का ज़ज्बा? समझ में नहीं आता; हमारे साथ ऐसा सुलूक करते क्यों हैं? पैसे की सदाबहार कमी से हम लरज़ते रहते हैं। सिपाहियों को उजरत अपनी जेब से दे रहे हैं, पर कब तक? जहाँपनाह को छुरी की धार-सा खत लिखते हैं, तो उसका वैसा ही जवाब आ जाता है। इसी काग़ज़ी मुठभेड़ की ख़ातिर हमें दौलताबाद भेजा है? पर उससे निज़ाम नहीं चलता, जहाँपनाह

का दिल ज़रूर बहल जाता है, पर ख़ुदारा, हमारा नहीं बहलता।

जहाँ आरा : हम जहाँपनाह से बात करेंगे।

औरंगज़ेब : इस मुद्दे को आप उठा चुकी हैं। अगर हमारी ख़ातिर आपको फिर शर्मिन्दा होना पड़ा, तो हम जहाँपनाह को माफ़ करने के लायक नहीं रहेंगे।

जहाँ आरा : *(डाँटती है)* औरंगज़ेब! बड़ी बहन की ज़िम्मेदारी, सल्तनत की बहबूदी, और अपने घर के तनाव को कम करने के लिए हम जो जंग लड़ रहे हैं, उसमें हमारी मदद करो, रुकावट मत बनो।

(औरंगज़ेब जहाँ आरा की दायीं हथेली इज़्ज़त से थाम कर होठों से लगाता है।)

औरंगज़ेब : बीजापुर और गोलकुंडा में जो मुगल सफ़ीर हैं, उन्हें दकन सूबेदार से हुक्म नहीं लेना चाहिए?

जहाँ आरा : ज़रूर।

औरंगज़ेब : दिल्ली दरबार से उनकी जो ख़तो-किताबत है, उसे सूबेदार के दफ्तर से होकर नहीं गुज़रना चाहिए?

जहाँ आरा : दुरुस्त है।

औरंगज़ेब : ऐसा नहीं हो रहा है। निज़ाम के सिरमौर जहाँपनाह ऐसा कर सकता हैं? नहीं। फिर कौन है?[43]

जहाँ आरा : यह फ़ौरन रुकना चाहिए। हम देखेंगे।

(औरंगजेब जहाँ आरा को शर्मिन्दा करना नहीं चाहता, इसलिए फौरन अगली बात पर आता है।)

औरंगज़ेब : बीजापुर से जब दिल्ली को हर्जाना मिला, तो वादे के मुताबिक़ उसका एक हिस्सा हमको दिया जाना था। नहीं दिया गया, जबकि जहाँपनाह जानते हैं कि जदीद [44] हथियार कैसे क़ीमती होते हैं और सल्तनत में उनकी सबसे ज़्यादा जरूरत दकन में है।

जहाँ आरा : हम बात करेंगे।

औरंगज़ेब : हम अट्ठारह की उम्र से सूबेदार रहे हैं। आप जानती हैं और जहाँपनाह भी कि हमने कभी किसी नाक़ाबिल की सरपरस्ती नहीं की, फिर भी एक दर्ज़न नये ओहदों पर हमारी नामज़दगी दिल्ली दरबार ने नामन्जूर कर दी। *(आवेग से)* बाप से मुहब्बत की तवक़्क़ो होती है; नहीं मिली। बाप से एकनज़री की तवक़्क़ो

होती है; नहीं मिली। बाप से शाबासी की तवक़्क़ो होती है; नहीं मिली। तंगनज़री, बेनियाज़ी, ज़िल्लत, मलामत–हद की भी हद हो चुकी हमशीरा! बर्दाश्त नहीं होता अब—

जहाँ आरा : *(डाँटती है)* ज़ुबान को लगाम दो।

(औरंगज़ेब खुद को ज़ब्त करने की कोशिश करता है।)

जहाँ आरा : हम उनसे कल ही बात करेंगे।

औरंगजेब : आपने हद के बाहर जाकर किया है। आपने मेरी ख़ातिर अपने को दाँव पर लगाया। आपने जमीन में तीन–चौथाई ग़र्क हो चुके औरंगज़ेब को बहाल करवाया, जो किसी एजाज़[44] से भी ज़्यादा है, लेकिन हम दोनों समझते हैं कि मेरी ख़ातिर शाहजहाँ के तईं आप भी हद पार कर चुकीं। अब उनके साथ मुझे जूझने दीजिए।

जहाँ आरा : *(चौंक जाती है)* क्या मतलब?

औरंगज़ेब : दुहाई और फ़र्माबरदारी का दौर गुज़र चुका।

जहाँ आरा : *(संजीदगी से)* औरंगज़ेब, वफ़ादारी की हद के भीतर रहो।

(दोनों की नज़र मिली है।)

औरंगज़ेब : *(दूसरे सुर में)* आपको दकन में ख़ुर्रम के बग़ावती दिनों की याद है?

(जहाँ आरा हामी में सिर हिलाती है।)

औरंगज़ेब : अगर हमारा कुटुम्ब सही मानो में कभी नज़दीक आया, तो वही चन्द बरस थे। दकन का गर्म इलाक़ा। गिने–चुने साथी। वो दिन नहीं भूलता, जब मुग़ल दस्ते के साथ चचा परवेज़ हमारा पीछा कर रहे थे। दिन भर के सफ़र के बाद एक चश्मा मिला।

जहाँ आरा : हमें जल्दी से तरो–ताज़ा होने की हिदायत दी गयी। हमने हाथ–मुँह धोया, पानी पिया। बाबा चिल्लाये, पीछे घुड़सवारों की आहट सुनाई दे रही है। हमने छोटों को इकट्ठा कर गाड़ी में बिठाया।

(अतीत के लिए दोनों के भीतर लगाव छलकने लगता है।)

औरंगज़ेब : चचा परवेज़ ने गोलियाँ दाग़ीं।

जहाँ आरा : मैं गाड़ी में बैठने को थी कि अम्मीजान चिल्लायीं, औरंगज़ेब नहीं है। मैं फिर चश्मे को दौड़ी। घास के बीच तुम किसी की छूटी, टूटी सारंगी छेड़े हुए थे। उसमें लय थी, ज़ज्बात की झलक भी—

औरंगज़ेब : फिर आपने हमें रुद्रवीणा का तोहफ़ा दिया। फिर दारा के साथ बन्धक बन कर दादी माँ नूरजहाँ के पास रहने गये, तो एक उस्ताद मुझे वीणा सिखाने लगे। मुझे ख़ुद हैरानी हुई; मेरी उँगलियों में देखते-देखते रवानी आ गयी।

जहाँ आरा : तुम्हारी रागिनी आख़िरी बार उस देर रात सुनी थी, जब हम सब अम्मीजान को ताजमहल में सुला कर लौटे थे। तुम्हारे सुर ख़ास महल के दरीचों से निकलते, अहाते के फव्वारे पर अठखेलियाँ करते, शीश महल के आइनों में गुलकारियाँ दिखाते, फिर आहिस्ता-आहिस्ता जमुना की कल-कल में ज़ज्ब हो जाते—

औरंगज़ेब : सुबह हमें नयी दारुल-सल्तनत शाहजहाँनाबाद को जाना था।

जहाँ आरा : हमारी आँखों में अभी भी वो तस्वीर है। दिलरस बानो हमारे साथ अंगूरी बाग़ में बैठी थीं; जब-तब हरसिंगार झर जाता था।

औरंगज़ेब : दिलरस बानो ने एक बार पूछा, तुम्हारी ज़िन्दगी के सबसे खुशगवार लम्हे कौन-से हैं। मैंने उस रात का ज़िक्र किया, पर उन्होंने अपने लिए दूसरी शाम का हवाला दिया।

जहाँ आरा : कौन-सी शाम?

औरंगज़ेब : अकबराबाद से बीस मील दूर, एतमादूर गाँव में, हम दिलरस के साथ बेओहदा, बेजागीर, गिरफ़्तारी का इन्तिज़ार करते हुए। सत्तर फ़ीसदी जल चुकीं पादशाह बेगम ने सात माह के बाद गुस्ले-सेहत किया था। हमने सुना था कि जहाँपनाह उन्हें इक्कीस मोतियों की नायाब माला का तोहफ़ा देंगे, पर बेगम साहिब ने कुछ और माँगा और उसे लेकर रहीं—औरंगज़ेब के लिए सूबेदारी। इसके लिए आपने दारा को राज़ी कैसे किया? **(जहाँ आरा के अनजाने उसके सुर में औरंगजेब के लिए तटस्थता की भावना आ जाती है।)**

जहाँ आरा : *(कुछ तटस्थ सुर में)* यह दारा और हमारे बीच रहने दो। *(जरा-सी चुप्पी)*

औरंगज़ेब : आपने हमारे वास्ते दिलरस बानो को क्यों पसन्द किया?

जहाँ आरा : *(हल्के से मुस्कुराती है)* उनकी ज़ुल्फ़ों में गुलाब रहता था। कभी सुफ़ेद अफ़गान गुलाब; कभी गुलाबी ईरानी; कभी लाल हिन्दुस्तानी; और हर क़िस्म दिलरस की शख़्सियत से मेल खाती लगती थी—ख़ास कर उनकी आँखों से। दिलरस को और

जानते हुए हमने यह पाया कि हाफ़िज़ का दावा कि गुलाब ईमानदारी का रंग है, सही है। *(उसे देखती है)* हम लरज़ उट्ठे, जब यकायक उनके इंतिकाल की खबर मिली।

औरंगज़ेब : हमने सबसे अज़ीज़ दोस्त, साथी, और सिपहसालार खो दिया। उनके जाने से हमारी अंदरूनी ज़िन्दगी में ताक़त का सदाबहार सोता हमेशा के लिए सूख गया।

(जहाँ आरा हामी में सिर हिलाती है।)

औरंगज़ेब : जज़्बाती तन्हाई की सबसे ख़ौफ़नाक क़िस्म से आप बज़ाते-ख़ुद वाक़िफ़ हैं। यह सच है कि दारा शिकोह ने आपके वास्ते फरमान खारिज करने का वादा किया है, पर रौशन आरा पर पाबंदी बरक़रार रहेगी?

(जहाँ आरा चौंक जाती है, पर अपने पर काबू रखती है।)

जहाँ आरा : *(चोट खाये भाव से)* इसका जवाब देना हमारी ग़ैरत के ख़िलाफ़ है।

औरंगज़ेब : *(भड़ककर)* रौशन आरा ने मुझसे ख़ुद कहा। अपने कुटुम्ब पर यह कौन-सा स्याह साया पड़ा है? भाइयों की रंजिश तो समझ में आती है, पर बहनों के बीच भी ऐसा अलगाव?

जहाँ आरा : उनके पास भी वैसी ही वजह होगी, जैसी तुम्हारे पास दारा शिकोह को लेकर है।

औरंगज़ेब : मैं फ़रमान को जितनी शिद्दत से मुनासिब समझता हूँ, उतनी ही शिद्दत से आपके लिए अपने भीतर जज़्बा भी महसूस करता हूँ। *(उसका हाथ चूमकर माथे से लगा लेता है)* अल्लाह गवाह है हमशीरा, शाही दरबार में आप मेरी एक और अकेली ग़मगुसार हैं। पसन्द करता हूँ नजाबत को। अभी कोई वादा तो नहीं, पर इतना कह सकता हूँ कि आपकी ख़ुशी के रास्ते में अगर रुकावट बनूँगा, तो मेरी रूह ताक़यामत क़िला-ए-मुअल्ला पर मँडराती रहेगी।

(जहाँ आरा चौंक जाती है।)

जहाँ आरा : तुम जानते हो, मुद्दा-ए-विरासत पर हम दारा के तरफ़दार हैं।

औरंगज़ेब : पूरी सल्तनत जानती है।

जहाँ आरा : फ़रमान और हमको लेकर तुमने जो कहा, रौशन आरा जानती हैं?

औरंगज़ेब : नहीं।

जहाँ आरा : रौशन वा गौहर को निकाह की इजाज़त दोगे?

औरंगज़ेब : रौशन को नहीं।

जहाँ आरा : *(भर्त्सना से)* या लिल्लाह, क्या है- ख़ून-ए-मुग़लिया। रौशन आरा तन-मन-धन से तुम्हारे साथ हैं, पर तुम उन्हें बुनियादी ख़ुशी नहीं मिलने दोगे?

औरंगज़ेब : हम उनके ऊपर ऐतबार नहीं कर सकते।

जहाँ आरा : फिर उनकी मदद क्यों ले रहे हो?

औरंगज़ेब : वो मुद्दा अलग है। उनकी अपनी ख़ुदगर्ज़ी हमारे साथ वाबस्ता है। कब से उनकी ज़िन्दगी का एक ही मक़सद है—हमारे सिर पर ताज देखना। लेकिन ख़ुदा न करे, अगर उनका निकाह हुआ, तो उनकी जिन्दगी बदल जाएगी, जीने का मकसद बदल जाएगा। हम ऐसी जोखिम नहीं ले सकते।

जहाँ आरा : *(सख़्ती से)* और हम रौशन आरा के साथ ऐसी बेइन्साफ़ी नहीं कर सकते।

औरंगज़ेब : वो आप नहीं, हम करेंगे।

जहाँ आरा : हम ऐसा सोच भी नहीं सकते। *(दर्द भरी करुणा से)* क्या ज़िन्दगी है मुग़ल शहज़ादी की! परिन्दों और चरिन्दों तक का जो बुनियादी हक़ है, उसको लेकर सदियों से बेख़ात्मा बहसें हो रही हैं!

औरंगज़ेब : विरासत के सवाल पर आप हमारे साथ क्यों नहीं आ जातीं? *(जहाँ आरा चौंक कर उसे देखती है।)*

औरंगज़ेब : शुरू से आपका सबसे पसन्दीदा बिरादर होना चाहता था। घुड़सवारी, तलवारबाज़ी, नस्तालीक़[46] – जब कुछ ऊँचा हासिल करता, तो साथ तवक्को रहती कि आप ग़ौर फ़र्माएँगी। आपने नाउम्मीद नहीं किया। आप सब भाइयों के नज़दीक थीं, मेरे साथ भी; लेकिन दारा के साथ होते हुए आप जैसे वजूद की किसी गहरी सतह पर उतर जाती थीं। *(पल भर अपने में डूब जाता है।)* अम्मी के इन्तक़ाल के बाद मैं तनो-तन्हाँ हो गया। चौबीस दिन कमरे से बाहर नहीं निकला। फिर दरवाज़े पर जिस हाथ ने दस्तक दी, वो आपका था। आपने कहा, ज़िन्दगी में वापस लौटना जन्नतनशीं के लिए सच्चे ज़ज्बे का इज़्हार है। वो लम्हें अभी ज़िन्दा हैं मेरे भीतर। सोग़ की स्याही आपकी आँखों में थी और बुरहानपुर की गर्म हवा के बीच आपके बदन

की मद्धिम ख़ुशबू का लिश्कारा—फिर कुटुम्ब में सबसे अलग-थलग होता गया।

जहाँ आरा : तुम्हें बाहर निकालने की हरचन्द कोशिश की हमने।

औरंगज़ेब : मुझको कुटुम्ब से जोड़ने वाली सच्ची कड़ी अम्मीजान थीं। आप उनकी जगह ले सकती थीं—अगर दारा के साथ जुड़ी न होतीं, तो—

जहाँ आरा : *(सख़्ती से)* औरंगज़ेब, मेरे और तुम्हारे बीच ख़ून के अलावा और कुछ भी एक जैसा नहीं।

औरंगज़ेब : आप विरासत पर दारा की हिमायत क्यों कर रही हैं?

जहाँ आरा : वो अकबरे-आज़म की रिवायत आगे बढ़ाएँगे।

औरंगज़ेब : अगर ताज दारा के बजाय हमारे सिर पर आया, तो निज़ाम में आपका रुत्बा वही होगा, जो आज है और आप शाहजहाँनाबाद में ही रहेंगी।

जहाँ आरा : *(थर्रा जाती है)* औरंगज़ेब, ख़ुदा हमें वो दिन न दिखाए, जब तुम्हारे सिर पर ताज आये—

(दोनों की दृष्टि मिलती है। अन्धकार।)

अंक-2

दृश्य-6

दिल्ली के पास का जंगल। शाम।

(जहाँ आरा और दारा शिकोह तेज़ी से जा रहे हैं।)

जहाँ आरा : *(नाराज़गी से)* जहाँपनाह भी कमाल करते हैं! बदख़्शाँ और ट्रांज़ॉक्सानिया को जीतने की बात करते हैं, तैमूर और बाबर की सरजमीं बैक्ट्रिया वा बुखारा की माला जपते हैं, समरकन्द के लिऐ आहें भरते हैं, फिर यकायक हमला कहाँ करते हैं? गढ़वाल पर—

दारा शिकोह : फिलहाल जिसे जीतने की तौफ़ीक[47] थी, उसी का इरादा बनाया था।

जहाँ आरा : गढ़वाल से कितने मंसबदारों की ख़ातिर जागीर जुटा लेंगे? हमने तभी मुख़ालिफ़त की थी,पर तुम भी ठिठोली करने लगे कि नजाबत मियाँ दो माह में फतेह का सेहरा बाँध कर आ जाएँगे, आप इतनी सी जुदाई नहीं सह सकतीं!

दारा शिकोह : भूल हुई आपा, पर ऐसा क्यों हुआ, यह आपको बताना ज़रूरी है अब। वो बदख़्शाँ पर हमला करना चाहते थे और उससे पेश्तर नजाबत को बर्ख़ास्त करने की बात कर रहे थे।

(जहाँ आरा सन्नाटे में आ जाती है।)

दारा शिकोह : कौन-सा बेटा अपने बाप, अपने घर पर हमला करने का हुक्म बज़ाएगा?

जहाँ आरा : *(उलझन से)* वो नजाबत को निज़ाम से बाहर चाहते हैं?

दारा शिकोह : उनके दिल के किसी कोने में नजाबत को लेकर फालतू क़िस्म का डर बैठ गया है। उनका दावा है कि औरंगज़ेब वा नजाबत के बीच कुछ खिचड़ी पक रही है। हमने बदख़्शाँ हमले पर

एतराज़ किया, तो वो यकायक गढ़वाल का नाम ले बैठे। हमने यह सोच कर हामी भर दी कि छोटी-सी मुहिम पास ही तो है।

जहाँ आरा : तुम्हारे साथ हमले की तफ़सील तय हुई थी। कन्धार के बाद फिर तुम्हारी शिकस्त हुई। औरंगज़ेब कभी दुश्मन की ताक़त कम करके नहीं आँकता।

दारा शिकोह : *(बुरा मानता है)* आप औरंगज़ेब की हिमायत ज़्यादा करने लगी हैं।

जहाँ आरा : हम सच्चाई और इन्साफ की हिमायत करते हैं।

दारा शिकोह : काश, आपने अपने को दाँव पर लगाकर उसे फिर सूबेदारी न दिलवायी होती।

जहाँ आरा : वो उसी तरह हमारा भाई है, जिस तरह तुम हो।

दारा शिकोह : लेकिन वो हम दोनों से बिल्कुल मुख़्तलिफ़ है।

जहाँ आरा : हम दोनों की नसों में दौड़ने वाला ख़ून एक ही है।

दारा शिकोह : अल्लाह के करम से वो हमारे रास्ते से हट चुका था, पर आपकी वजह से फिर ज़बर्दस्त ख़तरा बन कर खड़ा हो गया।

जहाँ आरा : भाइयों से बहन का रिश्ता ऐसा नहीं होता, जिसमें दो में से एक को अपनाने की बन्दिश हो।

दारा शिकोह : जहाँपनाह भी आपके इस रवैए को पसन्द नहीं करते।

जहाँ आरा : जहाँपनाह यह कैसे भूल सकते हैं कि हम उन्हीं मुमताज़ महल की हिदायत पर अमल कर रहे हैं, जो जहाँपनाह के दिल की धड़कन और हम तीनों की माँ थीं?

दारा शिकोह : माँ को मालूम नहीं था कि औरंगजेब जिसकी नुमाइंदगी करता है, वो सल्तनत की बहबूदी के ख़िलाफ जाता है।

जहाँ आरा : इसीलिए हम औरंगज़ेब की ताजपोशी के खिलाफ़ हैं, लेकिन इसका यह मतलब नहीं कि उसे उसका बुनियादी हक़ भी न मिले।

(दोनों ठिठकते हैं, मुँह पर अँगोछे का कोना लपेटे नजाबत ख़ाँ बैठा है।)

दारा शिकोह : *(उस तरफ बढ़ता है)* नजाबत।

(नजाबत मुँह फेर लेता है, दारा जहाँ आरा को इशारा करता है कि तुम बात करो, मैं आगे इन्तिज़ार करता हूँ। दारा चला जाता है, जहाँ आरा नजाबत के पास आती है।)

जहाँ आरा : नजाबत।

(नजाबत उसकी तरफ़ देखता है।)

जहाँ आरा : यहाँ क्यों छिपे हो?

नजाबत ख़ाँ : *(दोटूक लहजे में)* कहाँ छिपना चाहिए?

जहाँ आरा : जंग का मतलब है कि दो में से एक की हार होती है और हर एक की हार कभी न कभी होती है।

नजाबत ख़ाँ : मेरी तरह किसी की नहीं।

जहाँ आरा : हर हार अपने में नायाब होती है।

(ज़रा-सा विराम)

नजाबत ख़ाँ : अच्छा हुआ, तुम आ गयीं, आख़िरी बार तुमसे मिलने के लिए ही दिल्ली आया हूँ।

जहाँ आरा : कहाँ जाओगे?

नजाबत ख़ाँ : पता नहीं।

जहाँ आरा : बदख़्शां?

नजाबत ख़ाँ : खानदान की नाक कटवाना है?

(चुप्पी)

नजाबत ख़ाँ : कुछ दिन अपनी पहचान छिपाकर रहूँगा। अगर अपनी ज़िल्लत के साथ तालमेल बैठा लिया, तो फिर दुनिया में वापस लौटने की सोचूँगा, वर्ना नहीं।

जहाँ आरा : एक शिकस्त से पूरी ज़िन्दगी बेमानी नहीं बन जाती।

नजाबत ख़ाँ : यह शिकस्त की क़िस्म पर है। जब पाँव-तले ज़मीन ही न रहे, तो एक-एक साँस दोज़ख की भट्टी बन जाती है।

(आवेग से गला भर आने से चुप हो जाता है।)

जहाँ आरा : अपनी वर्दी के अलावा तुम्हारा कोई वजूद नहीं?

नजाबत ख़ाँ : वजूद की बुनियाद तो वही थी। और जो कुछ था, उसके बाद आता था।

(रोने लगता है।)

जहाँ आरा : हुआ क्या?

(नजाबत ख़ुद पर क़ाबू करता है।)

नज़ाबत ख़ाँ : गढ़वाल पहाड़ों पर मुग़ल फ़ौज आगे बढ़ती गयी। श्रीनगर के सिपाही बहुत दूर दिखाई दिये; फिर पीछे हटते गये। हमें रोकने की कोशिश कहीं से नहीं हुई। ऐसे में हमारा यह समझना कहाँ ग़लत था कि छोटी-सी रियासत बख़ूबी समझती है कि मुग़ल

फ़ौज से मुकाबला जिन्दगी से हाथ धोना है!
(जहाँ आरा चुप है।)

नजाबत ख़ाँ : कड़ाके की सर्दी, तेज़ हवाएँ, अनजान उबड़-खाबड़ रास्ते और मुसलसल तेज़ होती बर्फ़बारी—मोड़ के बाद खड़ी जीत के जोश में हम आगे बढ़ते गये और जब गहरे फँसे, जब देर से समझे कि यह मुकामी[48] फन्दा था।
(जहाँ आरा सुन रही है)

नजाबत ख़ाँ : बर्फ़ ने दोनों रास्ते ढँक दिये—आगे का भी और पीछे का भी। हमने टिके रहने का हौसला दिखाया—दस दिन। बीस दिन। रसद ख़त्म हो रही थी। सिपाही एक-एक कर दम तोड़ रहे थे। दाना नहीं था, तीन चौथाई घोड़े बर्फ़ में जम चुके थे। श्रीनगर क़िले पर मुग़ल परचम फहराने का जज़्बा बनाए रखने का मतलब था मुग़ल फ़ौज की सुफ़ेद कब्र। लिहाजा पृथ्वीसिंह के सामने हमने घुटने टेक दिये।
(जहाँ आरा बिना किसी भाव के सिर हिलाती है)

नजाबत ख़ाँ : दुश्मन को ज़लीन करने के कई फ़साने सुने हैं। यह तुम्हारी नाराज़गी के दर्जे और शिद्दत पर भी मुन्हसिर है और तुम्हारे तख़ैयुल पर भी। राजा ने हमें गिद्धों का निवाला नहीं बनाया, न हमारी आँखें फोड़ीं। बस, अपनी फ़तेह का सबूत हम सबके दिल और शक्ल पर खुदवा दिया-*(अपने मुँह पर से एक पल को चादर हटाते हुए)* एक-एक मुगल सिपाही की नाक काट कर—
(अन्दरूनी दर्द से लरज़ रहा है।)

जहाँ आरा : *(अपने पर नियन्त्रण के साथ)* यह कायनात का ख़ात्मा नहीं। नक़ली नाक बन जाती है।

नजाबत ख़ाँ : *(नाराज़गी से)* ख़ुद्दारी नक़ली नहीं बन सकती। अब कोई खुदा नहीं, कोई ज़िन्दगानी नहीं, कोई कायनात नहीं—

जहाँ आरा : कायनात है, जिसमें हमने कुछ बहुत ज़ाती, बहुत क़ीमती बाँटा है।

नज़ाबत खाँ : अब कुछ ज़ाती नहीं बचा। जो क़ीमती था, वो राख हो गया। जो एहसास थे, सो बुझ गये।
(एक तरफ जाने लगता है)

जहाँ आरा : जा कहाँ रहे हो?

नजाबत ख़ाँ : पता नहीं?

जहाँ आरा : अजमेर शरीफ़ में क़याम करो। हम आते हैं। फिर आगे का मन्सूबा तय करेंगे।

नजाबत ख़ाँ : अब न कुछ आगे है, न पीछे। मैं ख़ला[49] में साँस ले रहा हूँ। *(हसरत की बारीक़ रंगत के साथ उसे देखता है)* आप जहाँ रहें, ख़ुश रहें।

जहाँ आरा : *(तड़प कर)* हम तुम्हारा साथ देंगे नजाबत! जहाँपनाह से माफ़ी दिलवाएँगे।

नजाबत ख़ाँ : ज़हर खा लूँगा उनको शक्ल दिखाने से पेश्तर—

जहाँ आरा : एक शिकस्त से जिन्दगी खत्म नहीं होती।

नजाबत ख़ाँ : जिल्लत से हो जाती है—*(जाने लगता है).* खुदारा, भूल जाइए मुझे—

(तेज़ी से चला जाता है; जहाँ आरा देख रही है। अँधेरा।)

दृश्य–7

लाल क़िला। रात।

(शाह शुजा और गौहर आरा साथ हैं।)

शाह शुजा : *(पत्र बढ़ाते हुए)* औरंगज़ेब ने हमें यह ख़त लिखा है।

गौहर आरा : *(पढ़ते हुए)* इकट्ठे होकर हम पचास हज़ार तक की फ़ौज खड़ी कर सकते हैं। औरंगज़ेब फ्रांसीसी और अंग्रेज तोपख़ाना जुटा लेंगे। वे तोपें हमारी तोपों की तरह जल्दी गर्म नहीं होतीं और देर तक दाग़ी जा सकती हैं। तोपची भी बाहर के होंगे।

शाह शुजा : उसे हमारे जहाज़ी बेड़े का लालच है, जो किसी शहज़ादे के पास नहीं।

गौहर आरा : जंगे–विरासत तमाम नदियों वाले बंगालो–बिहार में नहीं, उत्तर में होगी, जहाँ जहाज़ी बेड़े का खास मतलब नहीं।

शाह शुजा : पर हमारे ख़बरनवीस ने बताया, मुराद से भी औरंगज़ेब की साठगाँठ चल रही है।

गौहर आरा : दारा शिकोह के खिलाफ़ अगर तीनों शहज़ादे एकजुट हो जाएँ, तो जंगे–विरासत मज़बूत सूरत इख़्तियार कर लेगी।

शाह शुजा : एकजुट होने के लिए समझौता क्या होगा?

गोहर आरा : एक के सर पर ताज और बाक़ी अपने–अपने सूबे के ख़ुदमुख़्तार हाकिम।

शाह शुजा : ताज किसके सर पर? उम्र के लिहाज़ से दारा शिकोह के बाद हम हैं। औरंगज़ेब को तो छोड़ो; क्या मुराद भी हमारी दावेदारी मान लेगा?

गौहर आरा : *(नाहीं में सर हिलाते हुए)* एक हज़ार और उससे ऊपर के ज़ातो–सवार वाले ग्यारह मनसबदार मुराद के साथ हैं, पर हमारे

साथ दस। पाँच हज़ारी मनसबदार दारा के पास दस हैं, औरंगज़ेब के पास तीन, और हमारे पास महज़ एक।

शाहशुजा : तीन से साढ़े चार हज़ार मनसब वाले उमरा?

गौहर आरा : मुराद के पास दो हैं, हमारे पास तीन; औरंगज़ेब के पास नौ, और दारा के पास अठारह!

शाह शुजा : कुल तादाद?

गौहर आरा : औरंगजेब के पास इक्यावन हैं और दारा के पास एक सौ तीन!

शाह शुजा : आज की तारीख़ में यह फ़हरिस्त सिर्फ़ दरबार की थरथराहट का पारा है। सही फ़ेहरिस्त जंग से पहले वजूद में आएगी और पहली शाम ढलते ही उसमें मुसलसल तब्दीलियाँ होंगीं।

गौहर आरा : दारा शिकोह के ख़िलाफ कम-से-कम दो शहज़ादों को हाथ मिलाना चाहिए और आपकी वा औरंगज़ेब की जोड़ी सबसे मुनासिब मालूम देती है।

शाह शुजा : समझौता क्या होगा?

गौहर आरा : *(हल्की मुस्कान से)* आप बादशाहत छोड़ने को राजी हैं?

शाह शुजा : *(वैसे ही)* बहस के लिए कोई हर्ज नहीं।

गौहर आरा : औरंगज़ेब को बादशाहत के साथ सल्तनत का उत्तरी व पच्छिमी हिस्सा मिले और आपको बंगाल, बिहार, उड़ीसा, और गुजरात।

शाह शुजा : सल्तनत का सबसे बड़ा तिजारती बन्दरगाह सूरत कोई बादशाह नहीं छोड़ सकता।

गौहर आरा : तो आप गुजरात को छोड़कर दकन ले लीजिए।

शाह शुजा : दकन आपने-आप में एक सल्तनत है, जिसे औरंगज़ेब अपने भाई तो क्या, बाप के लिए भी नहीं छोड़ेगा।

गौहर आरा : फ़र्ज़ कीजिए, छोड़ दिया, पर आप समझते हैं न कि मराठे और तीनों शिया सुल्तान[50] आपकी रासलीला का सारा मजा किरकिरा कर देंगे?

शाह शुजा : *(मुस्कान से)* रासलीला शाम ढलने के बाद करते हैं हम। उससे पहले यह बख़ूबी समझते हैं कि सल्तनते-मुगलिया की सरहद अगर बढ़ सकती है, तो सिर्फ़ दक्खिन की जानिब।

गौहर आरा : तो यह तजवीज़ रौशन आरा को दी जा सकती है।

शाह शुजा : *(भावहीन इन्कार में सिर हिलाते हुए)* गुजरातो दकन की कुर्बानी देने से बेहतर यह होगा कि हम दारा शिकोह की ताजपोशी मन्ज़ूर कर लें।

गौहर आरा : अगर आपमें मराठों से जूझने का हौसला है, तो आप कोंकण से सब्र कर लीजिए।

शाहशुजा : औरंगज़ेब वो कोंकण हमें दे देगा, जो न सिर्फ़ सल्तनत का दूसरा अहम तिजारती बन्दरगाह बन सकता है, बल्कि फ़ौजी जहाज़ी बेड़े का मरक़ज़ भी? और मान लो, उसके बिरादराना लहू ने ज़ोर मारा और उसने कोंकण की कुर्बानी भी कर दी, तो हम वहाँ पहुँचेंगे कैसे? वो बदले में क्या माँगेगा? और सौदागर तिजारत की चुंगी किसको देंगे—मराठों को, औरंगज़ेब को या हमको? और मराठे मुस्कान के साथ कोंकण पर हमारी मिल्कियत मन्ज़ूर कर लेंगे? नहीं गौहर, उनमें हमारे मुँह का निवाला तक छीनने की कुव्वत है। तभी तो हम बंगाल के बजरे में चैन की बंसी बजाना पसन्द करते हैं।

गौहर आरा : तो मुराद से बात करें?

शाहशुजा : चूँकि हम बड़े होने के साथ-साथ बीस बरस से सूबेदार हैं; चुनाँचे उसे हमारी बादशाहत मन्ज़ूर करनी होगी।

गौहर आरा : पंजाब?

शाह शुजा : पंजाब दिल्ली से लगा हुआ है। लाहौर निज़ामी और फ़ौजी मरक़ज है। वो देने के बाद लगेगा कि हमें ताज आधा मिला।

गौहर आरा : तो दकन दे दीजिए।

शाह शुजा : दकन के बग़ैर सल्तनत क्या होगी गौहर? उसकी सियासी व माली अहमियत बहुत है। शाहे-ईरान बीजापुर व गोलकुंडा सुल्तान से सीधे कलाम करता है। फिर मुग़लिया सरहदें बढ़ सकती हैं, तो उसी जानिब।

(क्षणिक विराम)

गौहर आरा : लगता है, मुराद वा औरंगज़ेब अहदनामे पर दायीं हथेली की हल्दी छाप[51] लगा कर गले मिल जाएँगे।

शाह शुजा : तो जंगे-विरासत तीन तरफ़ा होगी। *(गौहर को देखता है)* गौहर, अगर ताज हमारे हिस्से में आया तो तुमको निकाह की छूट देंगे।

गौहर आरा : *(चौंकती है)* और बाक़ी दोनों?

शाह शुजा : वे दारा व औरंगज़ेब के साथ इस तरह वाबस्ता हैं कि जो इन दावेदारों को नापसन्द करता है, वो इन शहज़ादियों के लिए भी कोई दूसरा ज़ज्बा महसूस कर ही नहीं सकता-भले ही रिश्ता ख़ून का क्यों न हो?

गौहर आरा : जहाँ आरा आपा के मुतल्लिक़ सोच सकते हैं?

शाह शुजा : तुम अकेली नयी ज़िंदगी क्यों नहीं चाहतीं?

गौहर आरा: अगर दारा गद्दी पर बैठे, तो आपा हमारे बग़ैर दुल्हिन नहीं बनेंगी।

शाह शुजा : *(हामी में सिर हिलाता है)* हम सोचने को राज़ी हैं, पर रौशन आरा हर्गिज़ नहीं!

(गौहर आरा उदास मुस्कुराती है।)

शाह शुजा : निकाह के लिए तुम्हें कोई पसन्द है?

गौहर आरा : *(उदास मुस्कान से)* अभी दिल्ली बहुत दूर है भाई जान।

(दोनों की नज़र मिलती है। अँधेरा।)

दृश्य-8

दकन । शाम।

(मुराद बख़्श इंतिज़ार कर रहा है; औरंगज़ेब पुकार लगाते हुए आता है।)

औरंगज़ेब : *(गर्मजोशी से)* पादशाहजी!

मुराद बख़्श : *(वैसे ही)* पीरजी!

(दोनों गले मिलते हैं; औरंगज़ेब यकायक गम्भीरता के साथ अलग हो जाता है।)

औरंगज़ेब : सुना है, तुम्हारे दरबार के लिए वज़ीर दिल्ली से भेजा जा रहा है?

मुराद बख़्श : *(गिरे मनोबल से)* हमने जहाँपनाह से लाख गुज़ारिश की, पर वो नहीं माने।

औरंगज़ेब : तुम दिल्ली को अपना महसूल चुका रहे हो, अम्नो-अमान बनाये हो; ताज के ख़िलाफ़ साज़िश नहीं की।

मुराद बख़्श : दारा हमारे पाँवों के नीचे ज़मीन नहीं रहने देना चाहते।

औरंगज़ेब : तुम्हारी ज़िल्लत हमारी ज़िल्लत है।

मुराद बख़्श : कल के दिन दकन में भी यही हो सकता है।

औरंगज़ेब : हो रहा है।

मुराद बख़्श : हम कब तक बर्दाश्त करेंगे बिरादर?

(दोनों की नज़र मिली रहती है; औरंगज़ेब अपनी बाँहें फैलाता है; दोनों गले लगते हैं; मुराद झटके से अलग होता है।)

मुराद बख़्श : पहले यह तय कर लिया जाये कि हम दोनों के बीच सल्तनत किस तरह तक़सीम होगी।

औरंगज़ेब : *(बनावटी ताज्जुब से)* क्यों काँटों में घसीट रहे हो बिरादर? मैं तो फकीर हूँ, दरिया-ए-फ़ानी पर पानी की लकीर हूँ।

(अगले संवाद के बीच रौशन आरा का प्रवेश। सुनती है।)

औरंगज़ेब : *(विह्वल स्वर में)* मुझे तो मस्जिद की चौखट पर पैदा होना चाहिए था। बस, इस्लाम की खातिर काफ़िर दारा से सल्तनत बचाने का पाक फ़र्ज पूरा हो जाय, फिर शहंशाह मुराद बख़्श को *(अभिवादन करते हुए)* ज़मींबोस करके जंगल को निकल जाऊँगा।

(मुराद बख़्श पिघल जाता है; अपने संवाद में रौशन आरा को देख लेता है।)

मुराद बख़्श : नहीं, आप बड़े बिरादर, खैरख्वाह और रहनुमा हैं। आपके बगैर हम ऐसी नाव बन जाएँगे, जिसका माँझी नहीं।

(रौशन आरा तथा औरंगज़ेब की नजर मिलती है।)

औरंगज़ेब : पहले फैसला-ए-जंग तो जो जाय।

रौशन आरा : *(मुराद से मीठे सुर में)* तुम छोटे हो मुराद, चुनाँचे हमारे ऊपर तुम्हारा हक़ बड़ा है। हम तुम्हारी पसन्द और शान का खयाल नहीं रखेंगे तो कौन रखेगा।

मुराद बख़्श : *(विभोर हो जाता है)* आप दोनों की इनायत है।

(सलाम करके जाता है।)

रौशन आरा : *(बिल्कुल दूसरे सुर में)* शाहजहाँ ने जहाँगीर के और खुद अपने शुरुआती तर्जे-अमल को बदलते हुए चोटी के राजपूत राजाओं को क़िलेदार, फौजदार और सूबेदार बनाना बहुत कम कर दिया है। इसलिए राजपूत उमरा को अपने खेमे में लाने की जद्दोजेहद लाज़िमी है। रणथम्भौर के राजा बिट्ठलदास गौड़ से अभी हम मिल कर आ रहे हैं, पर वो ठंडे से रहे।

औरंगज़ेब : अकबराबाद के क़िलेदार रह चुके हैं। दारा का ही साथ देंगे।

रौशन आरा : बीकानेर के राव कर्ण का रुख़ बेहतर है।

औरंगज़ेब : उनके चचा ग़रीबदास मुराद के साथ हैं।

रौशन आरा : सबसे अहम तो मेवाड़ है।

औरंगज़ेब : गो कि सदी के शुरू में मेवाड़ मुग़लों से हाथ मिला चुका था, पर सिसौदिया सूरमा कभी भूल नहीं पाये कि एक वक़्त ऐसा था, जब दक्खिनी और पूरबी राजपूताना में अजमेर से मालवा तक और गुजरात की हद से अकराबाद के बाहरी किनारे तक उनका डंका बजता था। अकबर और उनके वारिसों के दौरान मारवाड़, बीकानेर, और आमेर फले-फूले; उन्होंने आसपास के

छोटे-मोटे राजाओं और क़िलेदारों पर भी अपना इनायती दामन फैला दिया, लेकिन शाही दरबार ने मेवाड़ को न सिर्फ़ ऐसी छूट नहीं दी, बल्कि उनके पास की हाड़ौती, बाँसवाड़ा, और डूंगरपुर जैसी रियासतों को ख़ुद मुख़्तार कर दिया। बाद में शाहजहाँ के हाथों राणा की ज़िल्लत इन्तिहा तक पहुँची, जब उनके कई परगने पाबन्दियाँ तोड़ने के बहाने हड़प लिये गये।

रौशन आरा : राणा राजसिंह हमारे खेमें में आने को तैयार हैं। उन्हें बस, मेवाड़ की वो शान वापस चाहिए, जो राणा संग्राम सिंह के ज़माने मे थी।

औरंगज़ेब : इन्शाअल्लाह, यही होगा।

रौशन आरा : हम मारवाड़ पर शीरीं नक़्क़ाशी कर रहे हैं।
(औरंगज़ेब हामी में सिर हिलाता है।)

औरंगज़ेब : छोटे मनसब पर अर्से से अटके हैं मिर्ज़ा राजा जयसिंह—

रौशन आरा : अब चूँकि विरासत की गर्मी ज़ोर पकड़ रही है, इसलिए उन्हें तीन हज़ारी दु-अस्पा सेह-अस्पा [52] की ज़ात अता फ़र्माई जाने वाली है, लेकिन जसवंत सिंह का नाम उनसे उँची फ़ेहरिस्त में है।

औरंगज़ेब : राजा जयसिंह सूबेदारी के क़बिल हैं।

रौशन आरा : जयसिंह का मानना है कि उनका हक़ दारा ने मारा है। वैसे भी उनकी जुमलेबाज़ी से चोट खाये हुए हैं।

औरंगज़ेब : ख़ुदा ने चाहा, तो हमारे राजपूत हिमायतियों में राजा जयसिंह का नाम चोटी पर होगा।

रौशन आरा : आपके ससुर का क्या रुख़ है?

औरंगज़ेब : शाहनवाज़ ख़ाँ बेसुरी रागिनी गाये जा रहे हैं कि दारा शिकोह को जहाँपनाह ने वली-अहद नामज़द किया है।

रौशन आरा : काश, हम उनको समझा सकते कि जब जहाँपनाह तख़्त पर नहीं रहता, तब उसकी नामज़दगी भी खारिज हो जाती है।

औरंगज़ेब : वो दलील देते हैं कि जहाँ आरा बेगम भी दारा के साथ हैं जिन्होंने तुम्हारे वास्ते दिलरस बानो को पसन्द किया था।

रौशन आरा : लेकिन इसका यह मतलब नहीं कि उनको दामाद की बहन का साथ देना चाहिए, न कि दामाद का?

औरंगज़ेब : शाहनवाज़ खाँ की वजह से हम क़ासिम ख़ाँ जैसे चोटी के ईरानी उमरा से महरूम हैं।

रौशन आरा : कलेजा सुलग उठता है सुनकर कि शाह नवाज़ जहाँ आरा के ख़िलाफ नहीं जा सकते! वैसे ख़लीलुल्लाह को हम पैमाने में उतार रहे हैं।

औरंगज़ेब : ईरानी तो फिर भी हमारे पास चार हैं, लेकिन तूरानी?

रौशन आरा : फ़क़त एक। सैयद शाह मुहम्मद हमारे साथ आ सकते हैं, अगर उनको कोई ख़िताब मिले; नज़राना भी देने को तैयार हैं।

औरंगज़ेब : अच्छा है, पर अफ़गान भी हमारे पास एक नहीं।

रौशन आरा : वो तो दारा के पास भी नहीं। हमने कुतुबुद्दीन ख़ाँ से बात की है। वो फ़ौजी ज़िम्मेदारियों के साथ मीर बख़्शी[53] के दफ्तर में काम करना चाहते हैं। दूसरे पुश्त के साढ़े तीन हज़ार के मन्सबदार।

औरंगज़ेब : इस्तक़बाल—

रौशन आरा : शाइस्त ख़ाँ साहिब से पूछा, मामाजी, हम तीन बहनों में जहाँ आरा को आप ज़्यादा क्यों पसन्द करते हैं? कहने लगे, उसकी आँखें हमें अर्जुमन्द बानो की याद दिलाती हैं। उनके साथ हमारा वैसा ही रिश्ता था, जैसा जहाँ आरा व दारा का है।

औरंगज़ेब : हिक्मते-जंग के उस माहिर को हमारे साथ होना ही चाहिए।

रौशन आरा : हम बहादुर ख़ाँ के साथ-साथ उनके ऊपर भी नक़्क़ाशी करते रहेंगे।

औरंगज़ेब : नजाबत ख़ाँ से मुलाक़ात हुई?

रौशन आरा : हुई। वो सोच रहे हैं। *(मुस्कान से)* हमसे हाथ मिला लेंगे, तो दोहरी ख़ुशी होगी हमें! जहाँ आरा का बनते-बनते न बन पाने वाला शौहर जहाँ आरा के दुश्मन खेमे में होगा!

औरंगज़ेब : *(सख़्ती से)* आपा के खिलाफ़ मत बोलिए।

रौशन आरा : *(चौंकती है)* दुश्मन को दुश्मन न कहें?

औरंगज़ेब : हमारी एक-एक साँस पर उनके एहसान की मुहर है।

रौशन आरा : पर उनकी एक-एक साँस दारा के साथ है।

औरंगज़ेब : इसीलिए तो दोगुनी हो जाती है उनकी अज़्मत। हमारी शख़्सियत में सब कुछ नापसन्द करने के बावजूद, हमारे वास्ते बुनियादी इन्साफ़ की ख़ातिर, उन्होंने अपने को दाँव पर लगा दिया। *(रौशन आरा चुप है।)*

औरंगज़ेब : *(बदले हुए सुर में)* अख़्तर बेग कौन है?

रौशन आरा : *(कुछ गुनाहगारी के सुर में)* हम बताने ही वाले थे।

औरंगज़ेब : आपने उसके सामने हमारे मन्सूबों के बारे में क्या-क्या उगल

दिया?

रौशन आरा : कुछ नहीं।

औरंगज़ेब : उसे किससे मिलवाया?

रौशन आरा : तुमसे मिलवाना चाहते हैं।

औरंगज़ेब : *(सख़्ती से)* क्यों?

रौशन आरा : *(नर्मी से)* तख़्तनशीं होने के बाद हमें निकाह की मन्जूरी दे दोगे?

औरंगज़ेब : बन्दिशे-निकाह आपको रास नहीं आएगी। आप आज़ाद रूह हैं। आसमान में उड़िए, समुन्दर की वुसअत[54] पार कीजिए, हर शब नयी मसर्रत[55] की रंगारंग गहराइयों में डूबिए—

रौशन आरा : बेहद तन्हाँ हो जाती हैं कभी-

औरंगज़ेब : हम सब कहीं न कहीं बेहद तन्हाँ हैं। ज़िन्दगी की क़ुदरत ही ऐसी है।

रौशन आरा : तन्हाई का मुक़ाबला कैसे करें?

औरंगज़ेब : भीतर जमा बेइन्तिहा नफ़रत की ज़ख़ीरे [56] से।

रौशन आरा : नफ़रत नींद नहीं देती।

औरंगज़ेब : तो बेख़्वाब जीना सीखिए। रात की ख़मोशी में लाल सुर्ख़ आँखों के साथ क़िला-ए- मुअल्ला की बुर्ज़ पर चक्कर लगाया कीजिए, जैसा कि हम करते हैं।

रौशन आरा : सुकून की नींद के वास्ते तरस गये हैं हम!

औरंगज़ेब : किला-ए-मुअल्ला में कौन है, जिसके नसीब में है सुकून की नींद?

(दोनों की नज़र मिली है। अँधेरा।)

दृश्य–9

अलग–अलग स्थल। शाम।

(शाहजहाँ, दारा शिकोह, जहाँ आरा और रौशन आरा लाल किले में साथ हैं; औरंगज़ेब दक्षिण में। समूहन Grouping और आलोक–व्यवस्था तदनुसार।)

औरंगज़ेब : हमको अट्ठारह/बारह को दो शाही ख़त मिले। एक के मुताबिक़ मीर जुमला को सल्तनत का वज़ीर मुक़र्रर किया गया था और दूसरे में कुत्ब शाह को सख़्त ताक़ीद की गयी थी कि मीर जुमला के बेटे अमीन ख़ाँ और उसके कुटुम्ब के शाहजहाँनाबाद आने में न कोई रुकावट डाली जाय, न उनकी जागीर मिल्कियत के साथ छेड़छाड़ की जाये। चुनाँचे हमने फ़ौरन कुत्ब शाह को तामीले–हुक्म दिया।

दारा शिकोह : *(नाराजगी से)* तुम्हें ऐसे ही सुनहरे मौक़े का इन्तिज़ार था। *(औरंगज़ेब दारा शिकोह की अनदेखी करता है; शाहजहाँ के सामने झड़प नहीं चाहता, क्योंकि जानता है कि गुनहगार उसी को माना जाएगा।)*

औरंगज़ेब : चौबीस/ बारह को जहाँपनाह तक मुहम्मद अमीन की गिरफ्तारी की ख़बर पहुँची, तो हमको दूसरा हुक्मे–शाही मिला कि अगर कुत्ब शाह हुक़्म की तामील न करे, तो गोलकुंडा पर हमला कर दिया जाय।

दारा शिकोह : तुमको यह ख़त सात/ एक को मिला। तुमने कुत्ब शाह को हुक्म पर अमल करने के लिए न सिर्फ़ ज़रा भी मुहलत नहीं दी, बल्कि कुत्ब शाह के नाम भेजे गये चौबीस / बारह के ख़त को छिपाते हुए राजधानी हैदराबाद पर हमला बोल दिया।

औरंगज़ेब : खत हमको माहे अव्वल [57] के आख़िर में मिला, शुरू में नहीं।

दारा शिकोह : *(रसीद दिखाते हुए)* यह तुम्हारे दरबार से पावती की रसीद है।

(औरंगज़ेब दस्तख़त देखता है।)

औरंगज़ेब : ये हमारे मुंशी के दस्तख़त हैं ही नहीं।

(शाहजहाँ का क्रोध धीरे-धीरे बढ़ रहा है।)

दारा शिकोह: *(सख़्ती से)* अब जब तक दकन से मुंशी को तलब करके दस्तख़त की तज़दीक़ होगी, तुम कुत्ब शाह का ताज छीन लोगे! *(शाहजहाँ से)* हद हो गयी जहाँपनाह! एक के बाद एक कितने गुनाह किये हैं सूबेदार-दकन ने! *(उँगलियों पर गिनाते हुए)* कुत्ब शाह से शाही ख़त छिपाया, हैदराबाद को लूटा, और गोलकुंडा की घेराबन्दी की। बेचारे सुल्तान बराबर अमन का पैग़ाम भेजे जा रहे हैं, लेकिन सूबेदार को सुल्तान का ताज चाहिए, अमन नहीं!

(अब औरंगज़ेब अपने पर क़ाबू नहीं रख पाता।)

औरंगज़ेब : *(शाहजहाँ से)* दिल्ली हरमसरा के मख़मली गद्दों से वली-अहद को उठाइए जहाँपनाह, और दकन की भट्ठी में डाल दीजिए, इनको इल्म नहीं कि मुग़लों ने महदूद फ़ौजी कार्रवाई से कुत्ब शाह की लगाम कसने की कितनी बार कोशिश की है। इसीलिए जहाँपनाह ने ख़ुद गोलकुंडा से अहद किया था।

रौशन आरा : पर वो मुग़लों की बनिस्पत दकनी रियासतों के लिए ज़्यादा फ़ायदेमंद साबित हुआ। हमसे महफ़ूज़ हो जाने के बाद बीजापुर और गोलकुंडा ने कृष्णा नदी के पार कर्नाटक और तंजौर तक का ख़ुशहाल इलाका हथिया लिया।

औरंगज़ेब : फिर शाहजी भोंसल को क़ैद करके आदिल शाह ने हमारे क़रार को तोड़ दिया, जिसके तहत हमें और बीजापुर को एक-दूसरे के मुलाज़िमों से दूर रहना था।

रौशन आरा : हमको दिल्ली दरबार से इशारा मिला था। तभी तो हमने शाहजी को पाँच-पाँच हज़ार का मनसब देते हुए शिवाजी को दावत दी थी कि अपने वालिद और कुटुम्बियों के साथ मुग़लों के साथ आ जाएँ।

औरंगज़ेब : यह क़दम इस बात की ओर इशारा करता है कि अब मुगल दकन में दख़लन्दाज़ी के वास्ते तैयार हैं और ताक़तवर मराठा सरदारों को अपने खेमें में खेंचने के ख़्वाहिशमन्द।

जहाँ आरा : मीर जुमला को विज़ारत के ओहदे पर दिल्ली दरबार में लाना इसी हिक्मते-अमली की अगली कड़ी है।

दारा शिकोह : उसकी दूसरी वजह औरंगज़ेब के ज़ज्बाती वालिद को दकन से दूर रखना है।

औरंगज़ेब : बेशक रखिए, लेकिन गोलकुंडा को नाफ़रमानी की सज़ा ज़रूर दीजिए (उँगली पर गिनते हुए) उस पर दो लाख हूण का सालाना ख़िराज[58] हमेशा बक़ाया रहता है; रुपए के मुक़ाबिले हूण की तब्दीली दर चार से बढ़ कर साढ़े चार हो चुकी है, लेकिन कुत्ब शाह अब भी पुराने दर पर फ़क़त आठ लाख का भुगतान किये जा रहे हैं। हमने सख़्ती से माँग की कि गुज़रे बरसों के इस तब्दीली-ए-फ़र्क-कुल तीस लाख-का एकदम भुगतान किया जाय। *(दारा शिकोह को देखता है)* अब क्या वली अहद चाहते हैं कि सुल्तान मीर जुमला की जागीर भी हड़प लें?

दारा शिकोह : उसके ऐवज़ में कुतुब शाह पन्द्रह लाख की पेशकश दे रहे हैं।

रौशन आरा : कर्नाटक की वो जागीर तीन सौ मील लम्बी, पचास मील चौड़ी, और चालीस लाख सालाना महसूल कमाने वाली है।

जहाँ आरा : उस जागीर को छोड़ना नादानी होगी, क्योंकि कोरोमंडल अब सूत और नील की दरामद[59] का मरक़ज़ बनते हुए सूरत को पीछे छोड़ चुका है।

रौशन आरा : तो मुगल सल्तनत में उसके जोड़े जाने का सेहरा औरंगज़ेब के सिर पर होगा।

दारा शिकोह : पर संगीन हक़ीक़त यह है कि औरंगज़ेब ने कुत्ब शाह को तो धोखा दिया ही है, शाही फ़रमान को छिपाते हुए जहाँपनाह की भी बेहुरमती की है।

औरंगज़ेब : *(दारा से)* यह अन्दाज़ लगाना मुश्किल नहीं कि गोलकुंडा सफ़ीर ने आपको क्या नज़राना पेश किया होगा।

दारा शिकोह : *(औरंगज़ेब को अनदेखा कर शाहजहाँ से)* कुत्ब शाह तस्लीम कर चुके हैं कि उनसे ख़ता हुई। बेहद शर्मसार हैं। कोई वजह नहीं कि उन्हें माफ़ी न मिले।

औरंगज़ेब : तब उनकी शर्मसारी कहाँ गयी थी, जब बरसों ख़िराज़ माँगते-माँगते हमारी ज़ुबान सूख गयी? अब जब हमने उनकी नकेल कस दी, तो यकायक उन्हें शर्म का अजनबी ज़ज्बा परेशान करने लगा।

दारा शिकोह : *(मानीभरी मुस्कान से)* कुत्ब शाह की बेटी से अपने बड़े बेटे सुल्तान का निकाह तय करना नकेल कसने का ही एक तरीक़ा है?

(शाहजहाँ चौंकता है; जहाँ आरा खुद पर क़ाबू रखती है; रौशन आरा को यह जानकारी पहले से है।)

औरंगज़ेब : इसके सियासी अन्जाम मुग़लों के लिए बहुत फ़ायदेमन्द होंगे।

दारा शिकोह : तुम्हारे लिए कहो।

जहाँ आरा : दिल्ली को फ़ायदा होगा।

शाहजहाँ : *(औरंगज़ेब से)* रामगिर ज़िला हमें मिल चुका है। तुम कुतुब शाह को हुक्म दो कि मीर जुमला के बेटे अमीन ख़ाँ और उसके कुटुम्ब को फ़ौरन रिहा कर शाहजहाँनाबाद जाने दें; तीस दिन के भीतर मीर जुमला की रियासत से अपने कारकुनों को हटा लें और बक़ाया ख़िराज के साथ फ़ौरन एक करोड़ जंग हरजाना दें। शर्तें पूरी होते ही गोलकुंडा का घेरा घटा लो।

(औरंगज़ेब शाहजहाँ को नाराज़गी से देखता है।)

दारा शिकोह : *(आपत्ति के सुर में)* सुना नहीं?

(औरंगज़ेब वैसी ही नज़र से दारा को पल भर देख शाहजहाँ के सामने सिर झुकाता है।)

औरंगज़ेब : *(अपने पर नियन्त्रण के साथ)* हुक्म की फ़ौरन तामील होगी।

(अभिवादन के साथ जाने लगता है)

दारा शिकोह : बीजापुर पर फ़ौजी कार्रवाई तुम्हें फ़ौरन रोकनी होगी।

(औरंगज़ेब ठिठकता है।)

औरंगज़ेब : *(एतराज़ के सख़्त सुर में)* दरअसल यह लड़का आदिल शाह का ख़ून नहीं; उनके ज़रिये सिर्फ़ पाला गया है।

दारा शिकोह : बीजापुर हमारा सूबा नहीं। सुल्तान के चुने हुए वारिस को नाजायज़ क़रार देने का हमें कोई क़ानूनी हक़ नहीं।

औरंगज़ेब : यह मुग़लों को मिलने वाला तारीख़ी मौक़ा है। सुल्तान के सोग़ के साथ कर्नाटक में उथलपुथल मची हुई है। अमीरुल्उमरा आपस में भी लड़ रहे हैं और वज़ीरे आज़म के साथ भी। उनमें से कई हमारे पाले में आने को तैयार हैं। मीर जुमला दिन-ब-दिन उनकी तादाद बढ़ाते जा रहे हैं।

रौशन आरा : (ऊपर की ओर इशारे के साथ) अकबरे-आज़म ऊपर से देख रहे हैं जहाँपनाह! आज से चौरानबे बरस पहले उन्होंने विंध्याचल

के दक्खिन में अपना जो आख़िरी नक़्शे-क़दम छोड़ा था, औरंगज़ेब ने बिलकुल वहीं से मुहिम शुरू की है।

जहाँ आरा : अकबरे-आज़म के उस क़दम का मक़सद था गुजरात बन्दरगाहों के तिजारती रास्तों की हिफ़ाज़त, मालवा और खानदेश पर अपना सिक्का जमाये रखना, और समुन्दर वा ज़मीन पर पुर्तगालियों के बढ़ते ख़तरे से होशियारी।

रौशन आरा : शुरुआत ज़रूर यह थी, पर बेरार और बालाघाट पर क़ब्ज़ा करने के लिए उन्होंने अहमदनगर पर हमला किया था।

जहाँ आरा : पर माँग पूरी होने और निज़ाम के मातहती मन्ज़ूर कर लेने के बाद फ़ौजी कार्रवाई रोक भी दी थी। बाद में जहाँगीर ने दकन की तीनों सल्तनतों के एकजुट हो जाने के बावजूद उनको शिकस्त दी, पर फिर भी अकबर के अहद को बरक़रार रखा, चूँकि उनके सामने बड़ी तस्वीर थी। उस रिवायत के मुताबिक़ अब हमें भी समझना है कि दकन तिजोरी मुग़ल फ़ौज का बोझ नहीं सँभाल सकती। जानती हो, मालवा और गुजरात से फ़ौजी मदद भेजने में कितना ख़र्च हो रहा है?

रौशन आरा : एक बार हो रहा है न?

जहाँ आरा : बार-बार होगा। तवारीख़ गवाह है कि दिल्ली की हवा बदलती है, तो दकन की तीनों सल्तनतों के तेवर बदलने लगते हैं। सवाल यह है कि क्या तुम्हारी बुनियाद दिल्ली और उत्तर हिंदुस्तान है और दकन तुम्हारे वास्ते अहम पर सिर्फ़ एक सूबा? अकबर और जहाँगीर ने यही तय किया था, इसीलिए उनको इस सवाल से नहीं जूझना पड़ा कि दकन दलदल में कितनी दूर और कितनी गहराई तक फँसें।

रौशन आरा : दकन पर पूरा क़ब्ज़ा हो रहा है।

जहाँ आरा : दकन पर पूरा क़ब्ज़ा मुश्किलें बढ़ाता ज़्यादा, घटाता कम है।

रौशन आरा : *(कड़वाहट से)* मुश्किलें यही हैं न कि इस क़ब्ज़े से दकन सूबेदार की हैसियत वली-अहद की सोने की कुर्सी से ऊपर हो जाएगी?

दारा शिकोह : *(उसी सुर में रौशन आरा वा औरंगज़ेब से)* तुम दोनों के सँकरे दिमाग़ में अपनी टुच्ची ख़ुदगर्ज़ी से आगे किसी बड़ी तस्वीर की जगह ही नहीं।

रौशन आरा : आपकी बड़ी तस्वीर सिर्फ़ एक है—औरंगज़ेब के साथ ताक़त का खोखला तवाज़ुन बनाये रखना।

(जहाँ आरा मुठभेड़ बचाने की कोशिश करती है।)

जहाँ आरा : *(रौशन आरा से)* याद रखो, गोलकुंडा वा बीजापुर इस शिकस्त का जवाब जल्दी ही देंगे, देर से नहीं; और हम तो सोते हुए भी नहीं भूल पाते कि मराठों की ताक़त दहला देने वाली तेज़ी से बढ़ रही है। जहाँगीर ने दकन की बाबत जो चेतावनी दी थी, वो उनके अहद से ज़्यादा सच्ची अब है—कि दकन पर पूरा क़ब्ज़ा शोलों से होली खेलने के बराबर होगा।

शाहजहाँ : *(औरंगज़ेब से आदेश के सुर में)* गोलाबारी बन्द! हमने बीजापुर पर पूरे क़ब्ज़े का ख़याल छोड़ दिया। पुराना अहमदनगर इलाक़ा वापस लो; डेढ़ करोड़ हरजाना वसूल करो और फ़ौरन औरंगाबाद वापस लौटो।

(औरंगज़ेब को ज़बर्दस्त गुस्सा आ रहा है।)

औरंगज़ेब : हमारे हाथों फ़ौजी हासिल के ऐसे शाहकार की तामीर होते-होते रुक रही है, जिसका ख़ाके की ताब भी मुग़ल तख़ैयुल के पास नहीं थी—*(दारा शिकोह को देखता है)* ओह हरदिल अज़ीज़ दारा; मेरे अज़ीज़ दारा—

जहाँ आरा : *(बादशाह के सामने औरंगज़ेब को अशिष्टता से बचाने के सुर में)* औरंगज़ेब!

रौशन आरा : *(शाहजहाँ से)* अगर अभी औरंगज़ेब के बजाय दारा के हाथ में कमाने-जंग होती, तो आपका फ़ैसला बिलकुल दूसरा होता!

(शाहजहाँ आहत हो जाता है।)

शाहजहाँ : *(पीड़ा से)* तुम लोगों के बीच इतनी तल्ख़ी क्यों है? एक ही माँ की पैदाइश; छोटे-छोटे थे, तुम लोगों को देख कर अर्ज़ुमंद की आँखें पिघलने लगती थीं। सोचा था, चार बेटे चार हाथ हैं। ये तो फूटी आँखों एक दूसरे को नहीं देख सकते। तीस बरस हो रहे हैं हुकूमत सँभाले हुए। सोचा था, दारा की ताजपोशी करके सबको मुस्कुराता देख *(ऊपर संकेत के साथ)* अर्ज़ुमंद बानो को सलाम करेंगे। ये तो हमारे जीते-जी एक-दूसरे को जिबह करने पर आमादा हैं! आलम ये है कि बेटियाँ भी बँट गयीं। *(ऊपर देख हाथ उठाते हुए)* या ख़ुदा, कौन से गुनाह की सज़ा दी है हमें?

(अँधेरा)

दृश्य–10

अलग–अलग स्थल। अलग–अलग समय।

(प्रकाश होता है। अकबराबाद। बादशाह के झरोखा-दर्शन के लिए तीन शहरी खड़े हैं। उनका सुर तनाव वा आशंका का है।)

शहरी–1 : आज भी झरोखा दर्शन के लिए नहीं आये जहाँपनाह!

शहरी–2 : साठ दिन हो गये!

शहरी–3 : सूबेदार अपने सूबों की रपट नहीं भेज रहे हैं, अहलकारों ने ख़ज़ाने में महसूल जमा करना बन्द कर दिया है, अदालतों ने कार्रवाई मुल्तवी कर रखी है, सफ़ीर[60] क़िले तक आते हैं, दरवाज़े बन्द देख कर लौट जाते हैं।

शहरी–1 : शहर में अफ़वाह है कि शाहजहाँ नहीं है अब।

शहरी–2 : दारा निकोह शहजहाँ के नाम पर हुकूमत चला रहे हैं।

(तीनों आतंक की मुद्रा में आ जाते हैं।)

शहरी–3 : और धड़कते दिल से इन्तिज़ार कर रहे हैं अपने भाइयों के अगले क़दम का—

(ख़ुसरो, दावर बख़्श, और शहरयार संवाद बोलते हुए उमंग से आते हैं, जिसके बीच शहरियों का प्रस्थान।)

खुसरो/दावर बख़्श/शरहयार : *(साथ-साथ मुस्कान से)* फिर आ गया तब्दीलिए-ए-ताज का मौसम/फिर खेला जाएगा दिल्ली दरबार में/खेमों की अदला-बदला का खेल/फिर भड़केंगे ख़्वाहिशों के शोले/तड़प कर फैलेगा ख़ूंरेज़ी सैलाब/मुल्क़ के एक कोने से दूसरे तक/फैल जाएगी मुलायम लाली।

खुसरो : तीस बरस से बेकार बैठे थे जल्लाद/

दावर बख़्श : उजरत के सिक्के गिनते हुए/

शहरयार : अब वसूल हो जाएगा एक-एक पैसा/

खुसरो : कसौटी निज़ाम की यही तो है/

खुसरो/दावर बख़्श/शहरयार : *(साथ-साथ मुस्कान से)* कि ज़ाया न हो/रैयत के ख़ून-पसीने का महसूल।

(मंच पर दूसरी जगह प्रकाश होता है। बंगाल की राजधानी राजमहल। शाह शुजा और मुलाज़िम साथ। अगला संवाद शुरू होने पर ख़ुसरो, दावर बख़्श, और शहरयार का प्रस्थान।)

मुलाज़िम : अकबराबाद से आये सौदागर ने बताया कि शाहजहाँ दुनिया-ए-फ़ानी से कूच कर गये।

शाह शुजा : हकीमों का बयान तो आया नहीं?

मुलाज़िम : ऐसा कुछ नहीं हुआ, जिससे सच्चाई का पता चले। अपने दरबारी वाक़यानवीस से भी हमें कोई तहरीर नहीं मिली।

शाह शुजा : *(बेचैनी से)* दारा शिकोह ने तख़्त पर क़ब्ज़ा कर लिया होगा।

(मंच के दूसरे हिस्से में रौशनी होती है, जहाँ गौहर आरा है।)

गौहर आरा : शुजा भाई, अकबराबाद पर जैसे पर्दे तान दिये गये हैं। चौराहों पर हथियारबन्द दश्ते गश्त लगा रहे हैं। शाहराहों व जमुना घाटों पर नज़र रक्खी जा रही है। तीनों शहज़ादों के दरबारी नुमाइन्दे अपने-अपने घर हिरासत में हैं।

शाह शुजा : मुराद का क्या रुख़ है?

गौहर आरा : हमले के लिए बेचैन; उनका मानना है कि दिन गँवाते जाने से उनकी दावेदारी कमज़ोर होती जा रही है।

शाह शुजा : औरग़ंजेब ने उसके साथ क़रार किया है?

गौहर आरा : हाँ।

शाह शुजा : तो कर क्या रहा है वो?

गौहर आरा : ठंडे सब्र से हालात का जायज़ा ले रहे हैं औरंगज़ेब!

शाह शुजा : हमें पहल का फ़ायदा चाहिए। *(जैसे सम्मोहित है)* जानती हो, कल रात क्या ख़्वाब देखा? साँपों की सरसराती फ़ौज ने यकायक हमला कर दिया। रैयत ने डर कर छतों पर पनाह ले ली। फिर एक हरिल नाग आया, जिसके सर पर सुनहरी केंचुल थी। देखते-देखते साँपों की फ़ौज ग़ायब हो गयी!

मुलाज़िम : *(सम्मान भरे आतंक से)* वो हरिल नाग आप हैं!
(फ़ौरन कोर्निश करता है; साथ ही मुलाज़िम शुजा के सर पर ताज रखते हैं।)

नक़ीब : अबुल फ़ौज नसीरुद्दीन मुहम्मद तैमूर सोयम[63], सिकंदर दोयम[64], शाह शुजा बहादुर ग़ाज़ी[65]
(मंच के दूसरे हिस्से में प्रकाश के साथ मुराद बख़्श का संवाद बोलते हुए प्रवेश। पीछे अली नक़ी। यह अहमदाबाद है। शेष भाग में अन्धकार के साथ शाह शुजा एवं गौहर आरा आदि का प्रस्थान।)

अली नक़ी : *(हाथ में फ़रमान लिए)* जहाँपनाह ने गुजरात की सूबेदारी क़ासिम ख़ाँ को सौंप दी है। बराए-मेहरबानी पावती पर दस्तख़त कर दें।

मुराद बख़्श : *(आपत्ति के सुर में)* क़ासिम दारा शिकोह के खेमे में हैं।

अली नक़ी : *(तेज़ी से)* बारहा अर्ज़ कर चुका हूँ मोहतरिम! आपका ज़ाती ख़याल जानना मेरी ज़िम्मेदारियों के दायरे में नहीं आता।

मुराद बख़्श : *(नाराज़गी से)* तो क्या आता है जनाब अली नक़ी? हमारी कब्र खोदना?

अली नक़ी : *(हुक्मनामे की तरफ़ इशारे के साथ)* आपको हिदायत दी गयी है कि आप फ़ौरन बेरार के लिए कूच करें।

मुराद बख़्श : *(चौंकता है)* किस हैसियत से?

अली नक़ी : सूबेदार की।

मुराद बख़्श : *(चौंकता है)* वो तो दकन सूबेदार का इलाक़ा है।

अली नक़ी : शहज़ादे औरंगज़ेब को भी हुक्मनामा मिला होगा।

मुराद बख़्श : *(अर्थभरी मुस्कान से)* दकन में दो-दो सूबेदार? ताकि दोनों भाई आपस में लड़ मरें?

अली नक़ी : *(आजिज़ी से)* आप जाती ख़याल का इज़्हार करते जाएँगे, तो दिल्ली लिखना पड़ेगा मुझे।

मुराद बख्श : शाही मुहर शाहजहाँ के जीते-जी दारा शिकोह के क़ब्ज़े में थी— जैसे कि उनके मरहूम हो जाने के बाद भी है।

अली नक़ी : अफ़वाहों पर कान मत दीजिए।

मुराद बख़्श : हम फ़ौरन अकबराबाद को कूच करेंगे।

अली नक़ी : अगर आप बेरार को कूच नहीं करेंगे, तो शाही फ़रमान की बेहुरमती होगी, जो बग़ावत का दूसरा नाम है।

(ख़ादिम आता है।)

ख़ादिम : *(कड़कदार सुर में)* शाह शुजा ने बादशाहत का एलान कर दिया। वो उत्तर की तरफ बढ़ रहे हैं।

(अगले संवाद के बीच खादिम जाता है।)

मुराद बख़्श : सुन लिया?

अली नक़ी : शाह शुजा जवाबदेह होंगे।

मुराद बख़्श : *(तेज़ी से)* किसके सामने?

अली नक़ी : शहंशाह के।

मुराद बख़्श : *(कुढ़ा हुआ)* शहंशाह का इन्तिक़ाल हो चुका।

अली नकी : *(धीरज से)* आपको कैसे यक़ीन हो गया?

मुराद : *(बेचैनी से)* आपको कैसे नहीं होता? और चूँकि आपको न्हीं होता, ज़िन्दगी में फ़क़त एक बार मिलने वाले इस मौक़े को गँवा दें हम?

अली नक़ी : *(तेज़ी से)* शाही दरबार से किसी भी घड़ी मेरे लिए हिदायतनामा आने वाला है। हमें इन्तिज़ार करना होगा।

मुराद बख़्श : *(व्यंग्य से)* उससे पहले ख़बर आ जाएगी कि दारा शिकोह ने ताजपोशी का जश्न भी मना लिया।

अली नक़ी : *(शान्ति से)* तो क्या हुआ? पूरी सल्तनत जानती है कि वली अहद हैं वो। तख़्तेशाही के बग़ल में उनके वास्ते सोने की कुर्सी रखी जाती है।

मुराद बख़्श : *(दोटूक)* उनका दावा न हमारे भाई मानते हैं, न हम!

अली नक़ी : *(चेतावनी के सुर में)* आप तख़्ते-शाही के तईं नाफ़रमानी की हद पार कर चुके हैं। अगर आपने फ़ौरन अपने अल्फ़ाज़ वापस लेकर बेरार के लिए कूच नहीं किया, तो जहाँपनाह से आपकी शिकायत के अलावा मेरे सामने और कोई रास्ता नहीं होगा।

(मुलाज़िमों का ताज लिये प्रवेश)

मुराद बख़्श : *(नाराज़गी से)* हमने शाहजहाँ के तईं वफ़ादारी की क़सम खाई है; दारा शिकोह के नहीं।

अली नक़ी : *(सब्र छोड़ते हुए)* आपको यह समझने में कौन-सी मुश्किल है कि वली अहद का चुनाव चूँकि ख़ुद बादशाह सलामत ने किया है, इसलिए दायरा ए-वफ़ादारी शहज़ादे दारा को अपनी ज़द में ले लेता है।

मुराद बख़्श : *(खीज कर)* शाह शुजा ने नहीं माना।

अली नक़ी : *(सन्तुलन के साथ)* नहीं माना, तो बग़ावत की है और उसकी सज़ा क्या होती है, आप जानते हैं।

मुराद बख़्श : *(नाराज़गी से)* जब शाहजहाँ हैं ही नहीं, तो सज़ा कौन देगा?

(मुलाज़िम मुराद के सर पर ताज रखता है; नेपथ्य से ख़ुत्बा पढ़ा जाता है।)

नक़ीब : *(कड़कदार सुर में)* अबुल मुज़फ्फ़र[66], मुरव्वीजुद्दीन मुहम्मद मुराद बख़्श शाह, मुहम्मद सिकंदर दोयम पादशाह ग़ाज़ी—

अली नक़ी : *(मुराद की ओर आरोप के संकेत के साथ)* आप पर बग़ावत का जुर्म आयद होता है।

(दो मुलाज़िम अली नक़ी को घेर उसका वध कर देते हैं। मुराद मुस्कान के साथ हवा में ऐसे हाथ हिलाता है, जैसे झरोखा दर्शन दे रहा हो।)

मुलाज़िम : *(कोर्निश करते हुए)* बादशाह सलामत। बादशाह सलामत।

(मंच के दूसरे हिस्से में प्रकाश। यह अकबराबाद क़िला है। जहाँ आरा एवं दारा शिकोह का प्रवेश। अगले संवाद के साथ मुराद व मुलाज़िम जाते हैं।)

जहाँ आरा : शुक्र है, जहाँपनाह होश में आ गये।

दारा शिकोह : तुलसी और पुदीने के काढ़े ने कमाल कर दिखाया!

जहाँ आरा : अजमेर शरीफ़ पर चादर चढ़ाएँगे हम!

दारा शिकोह : तीनों भाइयों को जहाँपनाह के दस्तख़त के साथ ख़ुशख़बरी भेज दी है।

जहाँ आरा : जहाँपनाह के दस्तख़त को जाली मानेंगे वे।

(शाहजहाँ आता है।)

शाहजहाँ : *(नाराज़गी से)* ये क्या सुन रहे हैं हम? दो-दो बेटों ने अपनी बादशाहत का एलान कर दिया!

(पैग़ामी-1 का प्रवेश)

पैग़ामी-1 : शहज़ादे मुराद बख़्श ने सूरत की लूटपाट के साथ बड़ी तादाद में सिपाहियों की भर्ती की। उन्होंने पुर्तगालियों से तोपें वा हथियार भी जुटा लिये हैं। औरंगज़ेब ने अपने ससुर शाहनवाज़ ख़ाँ को क़ैद कर लिया, जो दारा शिकोह को वली-अहद मानते हैं। औरंगज़ेब ने कहा है कि अब विरासत का पंच फ़ैसला शमशीर से ही होगा। पच्चीस हज़ार की फ़ौज के साथ वो

दौलताबाद छोड़ चुके हैं। पूरब में शाह शुजा मुंगेर के पास पहुँच चुके हैं।

(अगले संवाद के साथ पैग़ामी-1 का प्रस्थान।)

शाहजहाँ : *(भड़क उठता है)* ये क्या तमाशा है? तवारीख़ हमको ख़ानदाने-मुग़लिया का दूसरा सबसे अज़ीम शहंशाह तस्लीम करती है और हमारे शहज़ादे न हमारे वली-अहद का एतराफ़ करेंगे, न हमारी साँस के टूटने का सब्र!

जहाँ आरा : उनका मानना है कि आपकी साँस टूट चुकी।

(पैग़ामी-2 का प्रवेश।)

पैग़ामी-2 : शहज़ादे औरंगज़ेब ने मीर जुमला को क़ैद कर लिया। उन पर इल्ज़ाम है कि वो दिल्ली के ख़िलाफ़ बीजापुर और अहमदनगर के साथ साज़िश कर रहे थे।

(अगले संवाद के साथ पैग़ामी-2 जाता है।)

जहाँ आरा : आपने दौलताबाद, अहमदाबाद, और राजमहल से क़द्दावर उमरा को दिल्ली लौटने का हुक्म भेजा था। औरंगज़ेब ने उसी की काट ढूँढ निकाली—मीर जुमला को दकन में रखने के लिए।

दारा शिकोह : हमारे आगाह किए जाने के बावजूद आपने मीर जुमला को सल्तनत का वज़ीर मुक़र्रर कर दिया। औरंगज़ेब के साथ यह जोड़ी हमें शुरू से ख़तरनाक लगती है।

शाहजहाँ : सियासत और हिक्मते-जंग—दोनों में मीर जुमला का सानी नहीं। हमने सोचा था, उनकी हिमायत तुम्हारी जानिब मोड़ लेंगे।

जहाँ आरा : पर वो आख़िर तक दिल्ली दरबार में औरंगज़ेब के खुफ़िया नुमाइन्दे बने रहे। गोलकुंडा सुल्तान के पास छूटे मीर जुमला के कुटुम्ब की हिफ़ाज़त भी एक वजह थी, जिससे आपने औरंगज़ेब को गोलकुंडा पर हमले को हरी झंडी दी थी। फिर मीर जुमला दकन चले गये और औरंगज़ेब की हैसियत पुख़्ता करने में उन्होंने अहम किरदार निभाया। अब यह जो दग़ाबाज़ी का स्वाँग चला है, वो सिर्फ इसलिए कि इस बार अकबराबाद में आपकी हिदायत पर छोड़ा गया मीर जुमला का कुटुम्ब दारा शिकोह के गुस्से से महफ़ूज़ रहे।

शाहजहाँ : मीर जुमला की जगह ज़ाफ़र ख़ाँ नये वज़ीर मुक़र्रर किये जाते हैं। मीर जुमला को फ़ौरन दरबार में हाज़िर होने का हुक्मनामा भेजा जाय।

(पैग़ामी-3 का प्रवेश।)

पैग़ामी-3 : शाह शुजा बनारस तक आन पहुँचे हैं। उन्होंने क़सम खायी है कि वो दारा शिकोह को बैंगनी शाही जामा नहीं पहनने देंगे। मुराद बख़्श अब मालवा की तरफ़ बढ़ रहे हैं। कहा जाता है कि नर्मदा पार करने के बाद औरंगज़ेब से उनका मिलन होगा।

(अगले संवाद के साथ पैग़ामी-3 जाता है।)

शाहजहाँ : मिर्ज़ा राजा जयसिंह और सुलेमान शिकोह की कमान में एक शाही फ़ौज फ़ौरन पूरब को कूच करें; राजा जसवंत सिंह वा सिपहसालार क़ासिम ख़ाँ की कमान में दूसरी फ़ौज मालवा की जानिब बढ़े। हमें उम्मीद है, हमारा आफ़ताब परचम देखने के बाद तीनों शहज़ादे अपने-अपने सूबों का वापस लौट जाएँगे। *(जहाँ आरा से)* हमने सुना है, औरंगज़ेब इस जंग को मज़हबी रंग दे रहा है?

जहाँ आरा : तस्वीर उलझी हुई है। जिस तरह दारा और औरंगज़ेब की हिमायत में मुसलमान बँट गये हैं, उसी तरह हिन्दू भी, वर्ना औरंगज़ेब के तरफ़दार हिन्दुओं की तादाद दारा से सिर्फ़ तीन कम क्यों बतायी जाती है? इसी तरह शिया भी दोनों भाइयों के बीच तक़रीबन बराबर बँटे हुए हैं। साथ ही हक़ीक़त यह भी है कि दोनों शहज़ादों की फ़ेहरिस्त में एक ही उमरा का नाम भी मिल जाता है।

शाहजहाँ : दारा के हिमायतियों की तादाद क्या बतायी जा रही है?

जहाँ आरा : औरंगज़ेब से तक़रीबन आधी। ऐसे उमरा भी कम नहीं, जो अपना फ़ैसला तभी करेंगे, जब जंग शुरू होने लगेगी।

शाहजहाँ : *(घबरा कर)* जहाँ आरा, यह जंग टालना लाज़िमी है।

(जहाँ आरा दुआ के लिए हाथ उठाती है। दूसरी जगह प्रकाश होता है, जहाँ औरंगज़ेब व मुराद बख़्श हैं। यह मालवा में दिपालपुर। अगला संवाद शुरू होने पर शाहजहाँ, दारा शिकोह, तथा जहाँ आरा का प्रस्थान। मुराद बख़्श जाम का घूँट लेता है।)

मुराद बख़्श : *(सुरूर में)* आह, ज़ुबान को छूते ही गुलकारियाँ होने लगीं,

औरंगज़ेब : (मुस्कान से) शीराज़ से ख़ास मँगवायी है तुम्हारे लिए—आबे-नाब[67]—

(मुराद एक घूँट लेता है, चुभलाता है, स्वाद जैसे दिल की गहराइयों में उतारता है।)

मुराद बख़्श : पीरजी, काश, आप एक घूँट से लुत्फ़अन्दोज़ हो सकते।

औरंगज़ेब : *(मुस्कान से)* पादशाहजी, अल्लाह ने हमें इस नेमत के क़ाबिल पाया ही नहीं!

(पैग़ामी-1 का प्रवेश)

पैग़ामी-1 : सुलेमान शिकोह और मिर्ज़ा राजा जयसिंह ने गंगा किनारे शाह शुजा को चुनौती दी। सबसे पहले अपनी बादशाहत का एलान करने वाले कल के बादशाह हारे और बिहार के अन्दरूनी हिस्से को भाग गये।

(अगले संवाद के बीच पैग़ामी-1 जाता है।)

मुराद बख़्श : *(मुस्कुराता है)* चलो, एक दावेदार तो कम हुआ। (नक़्शा दिखाते हुए) सल्तनत हम दोनों के बीच किस तरह तक़सीम होगी?

औरंगज़ेब : तुम पंजाब, अफ़गानिस्तान, भक्खड़, और थट्टा ले लो।

मुराद बख़्श : *(जैसे झटका लगता है)* आगरा-दिल्ली, राजपूताना, मालवा, गुजरात, बंगाल, बिहार, दकन और कोंकण-सब आपका?

औरंगज़ेब : पादशाहजी, तुम्हारे क़ब्ज़े में नूरजहाँ का प्यारा लाहौर तो है। काबुल के ख़ुद्दार पहाड़ों पर तुम्हारी कमान रहेगी। चलो, कच्छ का वसीह[68] रेगिस्तान भी ले लो।

मुराद बख़्श : *(आपत्ति से)* रेगिस्तान वा पहाड़ों का हम करेंगे क्या?

औरंगज़ेब : रेगिस्तान सुकून की सनद है; पहाड़ अज़्मत का दूसरा नाम। दो बेशक़ीमती एहसास हमेशा तुम्हारे साथ।

मुराद बख़्श : हमें एहसास से आगे कुछ ठोस चाहिए।

औरंगज़ेब : *(नर्मी से)* दकन लोगे?

मुराद बख़्श : दकन फाँसी का फन्दा है। बंगाल-बिहार?

औरंगज़ेब : दकन वा कोंकण को सँभाले रखने के लिए जो फ़ौजी दबाव ज़रूरी है, उसका भुगतान तो बंगाल से ही होगा।

मुराद बख़्श : *(हामी में सर हिलाते हुए)* मालवा वा गुजरात के महसूल में गिरावट आ गयी है, पर बिहार हमें दिया जा सकता है।

औरंगज़ेब : दिल्ली से बंगाल जाने के लिए हमें बिहार के बीच रास्ता कैसे दोगे? मरक़ज़ी और सूबाई निज़ाम के बीच बार-बार टकराव होगा।

मुराद बख़्श : चलिए, तो हमें बर्फ़ देकर ख़मियाज़ा भर दीजिए।

औरंगज़ेब : *(समझता नहीं)* मतलब?

मुराद बख़्श : *(हल्की मुस्कान से)* एक ख़्वाब देखा था। चाँदनी रात है; सुफ़ेद घोड़े पर सवार मैं आहिस्ता आहिस्ता चिनार की क़तारों के बीच आगे बढ़ रहा हूँ। हर तरफ़ ख़ामोशी। बर्फ़ मद्धिम मद्धिम गिर रही है। मैं रुका। दूर कहीं सुरनाई की तान ऐसी उभरी, जैसे पानी की ठहरी सतह पर बुलबुला उभरता है; फिर जैसे झूमती हुई पास आने लगी—बादाम के पत्तों की भीनी ख़ुशबू में बसी *(अपने सीने की तरफ़ इशारे के साथ)* भीतर पैबस्त होने लगी। बेइख़्तियार सुरूर होता गया मुझे। मदहोशी से आँखें बन्द होने लगीं। जब खुलीं, तो ख़ुद को हरी घास पर शहतूत के नीचे, देवदार के पत्तों से ढँका पाया। (औरंगज़ेब को देखता है) हमें काश्मीर चाहिए—

(औरंगज़ेब पहले सन्जीदगी से देखता है। लगता है, मना कर देगा। मुराद उसे देख रहा है; यकायक औरंगज़ेब मुस्कुराता है।)

औरंगज़ेब : बिरादर हो और वो भी छोटे। चलो, ले लो।

(मुराद उमंग से उससे गले मिलता है; पैग़ामी-3 आता है।)

पैग़ामी-3 : राजा जसवंत सिंह की कमान में मुग़ल फ़ौज उज्जैन की जानिब बढ़ रही है।

(औरंगज़ेब उत्तेजित हो जाता है।)

औरंगज़ेब : आ गया; दिल्ली से औरंगज़ेब को पयाम आ गया।

(मुराद चौंक कर औरंगज़ेब को देखता है—यानी दिल्ली सिर्फ़ तुमको बुला रही है, मुझको नहीं? अँधेरा।)

दृश्य-11

अलग-अलग स्थल। अलग-अलग समय।

(प्रकाश होता है। अकबाराबाद। शाहजहाँ, जहाँ आरा एवं दारा शिकोह साथ हैं।)

शाहजहाँ : *(विलाप-सा करते हुए)* हमने क्यों राजा जसवंत सिंह को नर्मी बरतने की हिदायत दी। हमने क्यों कहा कि शहज़ादों को समझा-बुझा कर वापस भेज देना? हमने क्यों कहा कि उन्हें नुकसान मत पहुँचाना? राजा ने एतराज़ किया था; *(दोनों हाथ पीछे बाँधते हुए)* हम इस तरह शहज़ादों को ललकारेंगे?

जहाँ आरा : धर्माट की एक जंग से औरंगज़ेब ने दारा को वली-अहद की बुलन्दी से गिरा, ज़मीन पर अपने मुक़ाबिल खड़ा कर दिया, बल्कि उससे भी नीचे—

शाहजहाँ : हमारी फ़ौज कहाँ है?

जहाँ आरा : सब तितर-बितर हो गयी। पशेमान जसवंत सिंह जोधपुर भाग गये।

दारा शिकोह : हम दोनों बाग़ियों को रोकेंगे। अपने जंगी दाँव-पेंच पर बड़ा नाज़ हैं औरंगज़ेब को। हम उसे दिखा देंगे कि हम सच की तलाश सिर्फ़ रूहानी दायरे में ही नहीं करते, मैदाने-जंग में भी उसे हासिल कर सकते हैं।

जहाँ आरा : *(चिन्ता से)* जंगी पैंतरों के साथ तुम्हारी संगत नहीं बैठती दारा! तुमने महज़ एक बार तलवार उठायी है और मुँह की खाई है।

दारा शिकोह : *(चिढ़ कर)* तो क्या करें अब? औरंगज़ेब का इन्तिज़ार?

शाहजहाँ : हर्गिज़ नहीं, हमारे पास औरंगज़ेब के आने का मतलब है—

(उसके सुर से दारा शिकोह और जहाँ आरा चौंक जाते हैं; शाहजहाँ भी ठिठक जाता है।)

शाहजहाँ : *(शर्मिन्दगी से)* ख़ौफ़ज़दा हैं हम—अपनी ही औलाद से!

जहाँ आरा : *(भन्नाई हुई)* हमने हज़ार बार गुज़ारिश की कि दारा को अपनी छाँव में छिपा कर मत रखिए; ज़ख्मे-जंग हासिल करने दीजिए—

शाहजहाँ : कभी सोचा नहीं था कि हमारे सपूत हमारे नामज़द वारिस के ख़िलाफ़ तलवार उठा लेंगे।

जहाँ आरा : आपने भी यही किया था।

शाहजहाँ : लेकिन हम शाहजहाँ हैं, जहाँगीर नहीं; और ये भी दारा है, ख़ुसरो नहीं।

जहाँ आरा : तो वो भी औरंगज़ेब है, शहरयार नहीं।

शाहजहाँ : सही है। *(गुस्से से)* पर सुलमान शिकोह और जयसिंह शुजा का पीछा करते हुए इतना वक़्त बरबाद क्यों कर रहे हैं? औरंगज़ेब और मुराद की इकट्ठी फ़ौज असली ख़तरा है या हारा हुआ अकेला शाह शुजा?

दारा शिकोह : शुरू से ही चीज़ें ग़लत होने लगीं।

शाहजहाँ : शायेस्ता ख़ाँ को दारा के साथ भेजते हैं।

(हाथ में चावल-हल्दी आदि की थाली लिये रौशन आरा का प्रवेश।)

रौशन आरा : शायेस्ता ख़ाँ औरंगज़ेब के ख़ेमे में शामिल हो गये!

(शाहजहाँ वा दारा की नज़र मिलती है और रौशन आरा वा जहाँ आरा की। रौशन आरा भीतर ख़ुशी से छलक रही है, पर उस पर ढक्कन लगाये हैं।)

रौशन आरा : *(सूचना के भाव से)* औरंगज़ेब वा मुराद बख़्श ग्वालियर तक आन पहुँचे।

दारा शिकोह : *(शाहजहाँ को देखते हुए)* बाबा, इजाज़त दीजिए।

(रौशन आरा भीतर की अपार घृणा वाली दृष्टि से दारा शिकोह को देख लेती है।)

रौशन आरा : *(बिना किसी भाव के)* दारा को जी भर के देख लीजिए जहाँपनाह!

शाहजहाँ : *(गुस्से से)* तुम यहाँ क्यों आयी हो?

रौशन आरा : *(दारा शिकोह की ओर बढ़ते हुए)* जंग पर जा रहे अपनी अज़ीज़ भाई के माथे पर टीका लगाने—*(टीका लगाते हुए दारा से)* मैदाने-जंग में ही बनते-बनते न बनने वाले बहनोई से

भी मुलाक़ात होगी। *(जहाँ आरा से)* औरंगज़ेब के ख़ास सिपहसालार हैं नजाबत ख़ाँ!

शाहजहाँ : *(बेचारगी से तड़पता है)* या ख़ुदा, इस जंग का रोका नहीं जा सकता?

जहाँआरा : *(शान्ति से)* नहीं। इस लम्हें की आधी तामीर दारा की पैदाइश पर हुई थी और आधी औरंगज़ब की। और सामूगढ़ की इस जंग से महज़ दो शहज़ादों का नहीं, एक सल्तनत, एक मुल्क़, और गंगा-जमुनी तहज़ीब के मुस्तक़्बिल का फैसला होगा। **(अँधेरा। मध्यान्तर।)**

दृश्य–12

नूर मंजिल : अकबराबाद में औरंगज़ेब का पड़ाव। शाम।

(औरंगज़ेब है। जहाँ आरा आती है। पीछे दो ख़ादिम हाथ में थाल लिये। औरंगज़ेब बड़े अदब से सलाम करता है; जहाँ आरा जवाब देती है।)

औरंगज़ेब : सामूगढ़ में दारा समझदारी और हौसले से लड़े। बदनसीबी से उनकी शिकस्त हो गयी। हमने उन्हें दिल्ली भागने से रोका नहीं।

जहाँ आरा : *(दर्द भरी बारीक़ मुस्कान से)* बादशाह सलामत की तरफ से वालिदाना बोसे के साथ ख़िलअत और बतौर सौग़ात आलमगीर नाम की शमशीर कुबूल फ़र्माओ।

(ख़ादिम–1 ख़िलअत पेश करता है; औरंगज़ेब ख़िलअत छू कर कुबूल करता है; ख़ादिम–2 शमशीर पेश करता है, औरंगज़ेब शमशीर उठा लेता है; म्यान से निकालता है; ख़ादिम म्यान ले लेता है; रखता है; अगले संवाद के साथ दोनों ख़ादिम जाते हैं।)

औरंगज़ेब : नेजा भी दिलचस्प हथियार है, लेकिन कई बार उसे फेंक कर वार करना होता है। इससे इन्तिक़ाम की गहराई और तसल्ली कम हो जाती है। *(धार पर उँगली फिराते हुए)* लेकिन शमशीर हाथ में हो, तो आपके ज़ज्बे का फैलाव बन जाती है। दुश्मन के ऐन सीने में घोंप कर आप उसे दाएँ से बाएँ काटते हुए सिरे तक ले जा सकते हैं; दुश्मन की अँतड़ियाँ कटते हुए लिबास को लाली से सराबोर करने के साथ टपक रही हैं; दर्द से तड़पते अधमुर्दा दुश्मन का मुँह देखते हुए आपको अपने जानलेवा दर्द

के वो लम्हें याद आते हैं, जो इसी शख़्स ने आपके दिल पर दाग़े थे *(यकायक सख़्ती से)* आपको नहीं आना चाहिए था आपा! मेरी जंग शाहजहाँ और दारा के ख़िलाफ़ है।

जहाँ आरा : *(आवेग से)* बेहद मजबूर होकर आये हैं; इस जंग की धार का पैनापन कम करने की हरचन्द कोशिश में नाकामयाब होने के बाद आये हैं।

औरंगज़ेब : *(वैसे ही)* हमने भी कम कोशिश नहीं की। गवाह है हमारा छलनी हो चुका कलेजा कि हमने शाहजहाँ को बहुत मुहलत दी। बेशर्म बेइन्साफ़ी का बार-बार शिकार बनते हुए, ख़ून के घूँट हलक़ में उतारने के साथ, मुसलसल ज़ब्त किया। सरेआम बेहुरमती की एक से एक ज़लील पायदान पार करते जाने के बावजूद, बेटे की मर्यादा पार नहीं की हमने। आख़िरी लम्हें तक मौक़ा दिया उन्हें कि वो इस तवारीख़ को बनने से रोक लें। बेजागीर, बेओहदा हो जाने के बाद हमारे दिल का एक हिस्सा यहाँ तक राज़ी था कि शाहजहाँ हमें उस सलीमगढ़ में ग़र्क कर दें, जहाँ से कोई जीते-जी बाहर नहीं निकलता।

जहाँ आरा : *(करुण मुस्कान से)* काश, ऐसा हो जाता!

औरंगज़ेब : *(नर्मी से)* अफ़सोस हो रहा है आपको कि दारा कि यक़ीनी ताजपोशी ख़तरे में डालते हुए आपने हमें नयी ज़िन्दगी क्यों दी?

जहाँ आरा : हाँ, पर वो तुम्हारी ख़ातिर कम था, अम्मीजान की ख़ातिर ज़्यादा। हम बेहद मजबूर थे।

औरंगज़ेब : आपके रूबरू ऐसी मजबूरी क्यों आयी, इसका जवाब अब देंगे शाहजहाँआन!

जहाँ आरा : हम इसीलिए आये हैं।

औरंगज़ेब : *(बहुत परेशान हो जाता है)* आपका इससे कुछ लेना-देना नहीं। ख़ुदारा रहम कीजिए हम पर। चन्द दिन को अजमेर शरीफ़ चली जाइए।

जहाँ आरा : *(करुण स्वर में)* हमारा बस चलता, तो हम दुनिया से ही चले जाते। *(दूसरे सुर में)* तक़सीमे-सल्तनत की पेशकश लेकर आये हैं।

औरंगज़ेब : *(सख़्ती से)* बहुत देर हो चुकी।

जहाँ आरा : एक माँ का दूध पिये दो बेटों के बीच होने वाले समझौते में कभी देर नहीं होती।

औरंगज़ेब : *(नाराज़गी से)* ख़ुदा ने दारा के साथ दूध का रिश्ता बनाकर कैसी बेइन्साफ़ी की हमारे साथ! और इस मसले को सुलझाने के बजाय और भी पुरपेच बनाया शाहजहाँ ने! वो कौन-सी मनहूस घड़ी थी, जब मीना बाज़ार में अर्जुमंद बानो को देखा था उन्होंने और इस मनहूस कुटुम्ब का ख़ाका वजूद में आया था।

जहाँ आरा : *(डाँट कर)* वो मुबारक घड़ी थी, जब हमें रहमदिल माँ मिली।

औरंगज़ेब : हमारी ज़ुबान में आग लगे, लेकिन इस स्याह दास्तान में अगर कोई उजला पहलू है, तो सिर्फ़ यही कि यह दिन देखने के लिए अम्मीजान नहीं।

(माँ के ज़िक्र के साथ उनकी आत्मा की शान्ति के लिए दुआ माँगने के वास्ते हाथ उठाता है। जहाँ आरा भी वैसा ही करती है। दोनों के हाथ नीचे आते हैं; संवाद का तार नहीं टूटता।)

जहाँ आरा : ख़ुदा उनकी रूह को सुकून बख़्शे! *(औरंगज़ेब को देखते हुए)* पंजाब दारा के लिए

औरंगज़ेब : *(भड़क उठता है)* सबसे पहले दारा; हमेशा, मुसलसल, आज भी, जब मुग़ल तवारीख़ का नया जुज़[69] लिखा जा रहा है।

(उसके भड़कने का जहाँ आरा पर कोई असर नहीं होता।)

जहाँ आरा : शुजा के लिए बंगाल-बिहार, मुराद के लिए गुजरात, सुल्तान के लिए दकन और शहंशाह के ख़िताब के साथ बाक़ी सब तुम्हारा।

औरंगज़ेब : *(गुस्सा क़ाबू कर लेता है)* सुल्तान को हम दकन भट्टी में वैसे ही तपाएँगे, जैसे हमारे बाप ने हमको तपाया था। फ़र्क इतना है कि उनका मक़सद हमारे जैसे ख़तरे को शाहजहाँनाबाद और अपने कलेजे के टुकड़े से दूर रखना था और हमारा मक़सद है सुल्तान को सान पर चढ़ाना। (मज़ा लेते हुए) अब रह गये हमारे अज़ीज़ बिरादर शुजा और मुराद। एक ने समझा कि महज़ ख़ुत्बा[70] पढ़वा लेने से बादशाहत पक्की हो जाती है और दूसरे ने एतबार कर लिया कि हक़े-हुकूमत छीनने के बाद मैं उसे उसकी पगड़ी में कलगी की तरह लगा दूँगा। *(हल्की मुस्कान से जहाँ आरा को देखता है)* क्या इनको ताज, उसकी फ़ितरत, और माथे पर उसे रखने की संगीन हक़ीक़त के साथ तालमेल बैठाने का रत्ती भर शऊर है?

(जहाँ आरा उदासी से मुस्कुराती है।)

औरंगज़ेब : बताइए आपा, हम इनके साथ क्या सुलूक करेंगे?

(दुख से दुआ के लिए हाथ उठाती है। औरंगज़ेब उसे देख रहा है।)

औरंगज़ेब : *(बहुत नर्मी से)* काश, आप दारा की बजाय हमारी तरफ़ होतीं।

जहाँ आरा : *(सख़्ती से)* तुम जानते हो, ऐसा नहीं हो सकता था।

औरंगज़ेब : *(वैसे ही)* दो दरवेश एक छत के नीचे सो सकते हैं; दो शहंशाह एक मुल्क़ पर हुकूमत नहीं कर सकते।

जहाँ आरा : पंजाब तुम्हें पास लगता है, तो दारा को दूर भेज दो—चटगाँव, अटक; जहाँ चाहो।

औरंगज़ेब : *(तीखी आवाज़ में)* दारा की साँसों का हिसाब पूरा हो चुका।

जहाँ आरा : तुमसे कभी कुछ नहीं माँगा आलमगीर (दामन फैलाते हुए) आज तुम्हारी बहन, नादिरा बेगम की दुहाई के साथ, किसी भी गुमनाम कोने में, दारा की साँस के चलते रहने की भीख माँगती है—

(औरंगज़ेब उसकी दायीं हथेली थाम, सम्मान से चूमता है।)

औरंगज़ेब : *(मजबूरी के दर्द से)* खुदारा आप समझतीं क्यों नहीं? हम दारा की साँस के साथ समझौता नहीं कर सकते। ये मुमकिन होता, तो इस जंग की ज़रूरत ही नहीं थी!

जहाँ आरा : *(सख़्ती से)* तुम भी नहीं समझते कि तुम अवाम की वफ़ादारी हासिल नहीं कर सकते। तुम तंगनज़र, फ़िरक़ापरस्त, और दक़ियानूस हो। दारा हर क़ौम, हर मज़हब को साथ लेकर चल सकता है, पर हुकूमत की कमान नहीं सँभाल सकता। तुम्हारे पास हुकूमत की सलायित वा मैदाने-जंग की महारत है और दारा के पास समूची ज़िन्दगी का नक़्शा! तुम सल्तनत को ख़ुशहाल और दवामी[71] बनाओगे; दारा उसे नग़्मा-ओ-रौशनी देगा। ख़ानदान, सल्तनत और मुल्क़ का भला इसी में है कि तुम दोनों एक साथ रहो।

औरंगज़ेब : *(नाराज़गी से)* हमारे पास भी समूची जिन्दगी का नक्शा है। जिसे आप नग़्मा-ओ-रौशनी कहती हैं, उसे हम कुफ़्र मानते हैं।

जहाँ आरा : मुख़ालिफ़ नस्लों वाले इस पेचीदा मुल्क़ को जिस लचीलेपन, समझदारी, और दूरन्देशी की ज़रूरत है, वो तुम्हारे पास नहीं।

औरंगज़ेब : हम ऐसा निज़ाम लाएँगे, जो सादगी और सख़्ती से चलता है।

जहाँ आरा : इकहरा और रूखा निज़ाम बना कर तुम हमारी रंगारंग तहज़ीब को कहाँ ले जाओगे?

औरंगज़ेब : जिन्दगी दीन से चलती है, तहज़ीब से नहीं।

जहाँ आरा : *(तड़प कर)* ख़ुदारा, ऐसा ज़ुल्म मत करो।

औरंगज़ेब : *(सन्तुलित स्वर में)* आप जानती हैं, शायरी को क्या कहते हैं हम।

जहाँ आरा : हवा।

औरंगज़ेब : दारा और हमारा फ़र्क बुनियादी है। तभी पूरे कुटुम्ब की तबाही दाँव पर लगा इस मुकाम तक पहुँचे हैं हम।

जहाँ आरा : आधी तबाही अभी भी बचायी जा सकती है, अगर तुम जैसे चाहो तरमीम[72] करते हुए, हमारी तजवीज़ मान लो।

औरंगज़ेब : *(भड़क उठता है)* तो शाहजहाँ आकर सफ़ाई दें कि हमको बेजागीर, बेओहदा करने से पेश्तर यह तजवीज़ पेश क्यों नहीं की गयी? धर्माट और सामूगढ़ की जंग से पेश्तर यह तजवीज़ पेश क्यों नहीं की गयी? क्योंकि तब तो शाहों के शाह ख़्वाब में भी नहीं सोच सकते थे कि तख़्ते-ताऊस के बग़ल में सोने की कुर्सी पर बैठने वाला वली-अहद, महज़ एक क़दम का फ़ासला तय कर, तख़्त पर क़ाबिज़ नहीं हो पाएगा! पर अब जो हमने बेइन्साफ़ी और ज़लालत का हिन्दुकुश पार कर, तख़्ते-ताऊस पर अपनी शमशीर रख दी, तो यकायक ज़िल्ले-सुब्हानी को याद आ गया कि औरंगज़ेब नाम का उनका कोई बेटा भी है।

जहाँ आरा : तुम शमशीर का इस्तेमाल जानते हो, पर यह नहीं जानते कि एक हद के बाद शमशीर कारगर नहीं होती, ज़ज्बा होता है।

औरंगज़ेब : *(आवेग से)* वो ज़ज्बा हमें मिला कब? शाहजहाँ से वो ज़ज्बा हमें कब मिला? ख़ुदारा, आप तो मेरे एक-एक ज़ख़्म की गवाह हैं।

जहाँ आरा : तो बाहर-भीतर के इसी ज़हर के साथ हुकूमत करोगे?

औरंगज़ेब : यह ज़हर कहाँ से आया, वो सोता भी आप जानती हैं। निखरे गोरे रंग की ख़ातिर अम्मीजान ने प्यार से नाम रखा था—सुफ़ेद साँप। उनकी, जिन्हें हम वालिद कहने को मजबूर हैं, ज़ुबान पर यही नाम नयी धार लेकर आ गया। दौरे बग़ावत का वो स्याह दिन हमारे ज़ेहन पर जैसे नक़्श है, जब अकबराबाद से

कोई बुरी ख़बर आयी थी। फिर मैंने ख़ुर्रम की आवाज़ सुनी। वो दाई से पूछ रहे थे कि औरंगज़ेब की कुंडली सही तरीक़े से बनी है या नहीं। यानी जो हो रहा था, उसके लिए मैं ज़िम्मेदार था।

जहाँ आरा : वो नाम तब चलन में आया, जब तुमने कच्ची उम्र में चालाकी से गोवा के पुर्तगाली अफ़सर का क़त्ल करवाया।

औरंगज़ेब : *(अनसुनी करते हुए)* दोहाद की वो शाम अभी भी मेरे भीतर जिन्दा है।

जहाँ आरा : *(बात काटते हुए)* तुमने ग़लत समझा है।

औरंगज़ेब : *(ज़ोर देते हुए)* नहीं। हमारे तम्बुओं में ख़ामोशी और नीम-अँधेरा था। मैं बाहर दरख़्त से टिका, उगते चाँद को देख रहा था। अम्मीजान से कह नहीं सकता था; उन्हें चोट से बचाना था। अपनी बेबस तन्हाई में क़ैद, भीतर ही भीतर सिसकते हुए, कसे जबड़ों के साथ ख़ुद को कोस रहा था कि परवरदिगार ने मुझे क्योंकर बेहद ग़लत कुटुम्ब का हिस्सा बनने की सज़ा दी।

जहाँ आरा : बेतुका है तुम्हारा इल्ज़ाम।

(औरंगज़ेब उसकी बात नहीं सुनता।)

औरंगज़ेब : *(जहाँ आरा को देखते हुए)* तभी आप आयीं। मेरे हाथों में रुद्रवीणा देते हुए कहा, बजाओ। वो लम्हें अभी भी मेरे भीतर ज़िन्दा हैं—मेरी जिल्द पर आपके लिबास की छुअन है, आपके बदन से आती मद्धिम संदल ख़ुशबू *(अगले संवाद के साथ बेहद विचलित औरंगज़ेब घुटनों के बल नीचे बैठते हुए जहाँ आरा का दामन अपने माथे से छुआ लेता है)* हमारी हिमायत क्यों नहीं की आपने?

(जहाँ आरा नहीं हिलती; औरंगज़ेब को छूती नहीं।)

जहाँ आरा : *(तटस्थ सुर में)* रंगो-ख़ुशबू से तुम्हारा कोई वास्ता नहीं।

औरंगज़ेब : *(उठते हुए; कड़वाहट से)* बेहद तनो-तन्हाँ रहे हैं हम। चार दिन को दिलरस बानो मिली थीं, पर—

जहाँ आरा : दिलरस के इन्तिक़ाल को तुमने अपने ख़िलाफ़ सितारों की साज़िश माना। तुम्हारे साथ जो भी बुरा होता है, वालिद और भाई से अपने रिश्ते के साथ जोड़ लेते हो। उस अन्दरूनी अँधेरे से बाहर निकलने के बजाय तुम हर बार एक और रौशनदान

बन्द कर लेते हो। अपनी तल्ख़ियों में जीते हुए तुम बहुत ख़तरनाक बन चुके हो औरंगज़ेब—न सिर्फ़ निज़ाम और ख़ानदान, बल्कि ख़ुद अपने लिए भी। दर्द के अलावा किसी को कुछ नहीं दे सकते तुम—अपने-आप को मिला कर। *(आवेग से)* तुमको ख़ुदा का वास्ता; यह तजवीज़ मान लो मेरे बिरादर!

औरंगज़ेब : *(सख़्ती से)* नहीं; बहुत देर देर हो चुकी। अब हम पूरी तरह तनो-तन्हाँ जी कर दिखाएँगे; और भी सख़्ती से जी कर दिखाएँगे।

(रुद्रवीणा के सुर उभरते हैं; जहाँ आरा चलने लगती है; ठिठक पर मुड़ती है।)

जहाँ आरा : तुम्हारी वीणा कहाँ है?

औरंगज़ेब : दौलताबाद में धूल खा रही होगी।

(रागिनी नया मोड़ लेती है।)

जहाँ आरा : रुद्रवीणा के दंड में शिव, तांत में पार्वती, कुकुभ में विष्णु, तुम्बों में ब्रह्मा, नाभि में सरस्वती, और मोरों में वासुकी का निवास है। सब देवताओं के शामिल होने से रुद्रवीणा को सर्वमंगला कहा जाता है। हम अक्सर रात को सुनते थे—अंगूरी बाग़ से तुम्हारी रागिनी की लय निकलती, ख़ास महल की फ़िज़ा में तैरते हुए रंगमहल पर मँडराती, फिर कँपकँपाते सुर मच्छी भवन के हमारे दरवाज़े पर दस्तक देते हुए सहलाने लगते; हमारे ख़्वाबगाह के लोबान की ख़ुशबू में ज़ज्बे हो जाते—

औरंगज़ेब : वो सुर ज़ज्ब होते-होते अफ़सुर्दा और फिर मुर्दा भी हो गये। अब सामने समुन्दर जैसा सहरा है और रेत की सतह पर आँच। हर जानिब अँधेरा है, तो हुआ करे। अपने दोज़ख़ी कुटुम्ब का बोझ काँधे पर लिए ज़िद्दी औरंगज़ेब चलेगा; बेशक पाँव के छाले ख़ून की रंगोली बनाते चलें। जिसे आप और दारा रंगो-रौशनी कहते हैं, समझेंगे कि वो हमें इसी सूरत में मिली। ज़िन्दगी की स्थायी रागिनी अगर उल्फ़त हो सकती है, तो नफ़रत क्यों नहीं हो सकती?

(रुद्रवीणा के सुरों के साथ जहाँ आरा का प्रस्थान। औरंगज़ेब अकेला खड़ा है। अँधेरा होने लगता है।)

अंक-3

दृश्य–13

अकबराबाद क़िले की मुसम्मन बुर्ज। रात।

(शाहजहाँ अकेला है; औरंगज़ेब का प्रवेश। उसके आने की आहट शाहजहाँ ने सुन ली है। उसकी तरफ़ देखता नहीं।)

औरंगज़ेब : पादशाहज़ादा–ए–बुज़ुर्ग मर्तबा, जलालुल्क़ादिर[73], सुल्तान मुहम्मद दारा शिकोह शाहे–बुलन्द इक़बाल, कहाँ हैं जहाँपनाह?

(अब शाहजहाँ उसकी तरफ़ देखता है।)

औरंगज़ेब : *(जैसे देर से समझ में आया हो; आतंक के स्वांग से)* ओह, मुग़ल सल्तनत के छठवें शहंशाह तख़्ते–ताऊस पर जलवाअफ़रोज़ हैं—

(कोर्निश करता है, जैसे सामने तख़्त पर दारा शिकोह बैठा हो।)

शाहजहाँ : *(संयमित सुर में, जिसमें गरिमा है)* क़िले की चाबियाँ मिल गयीं तुम्हें। अब यहाँ क्यों आये हो?

औरंगज़ेब : *(बनावटी चोट से)* फ़र्माबरदार बेटा अपने उस अज़ीज़ बाप से मिलने नहीं आएगा, जिसकी आँखों का वो सारी ज़िन्दगी *(काँटा कहते–कहते शब्द बदलता है)* तारा था?

शाहजहाँ : हमसे तर्के–ताज[74] की तहरीर लेने आये हो?

औरंगज़ेब : हमारी बादशाहत जायज़ हो जाएगी।

शाहजहाँ : *(इन्कार से सिर हिलाते हुए)* आख़िर साँस के बाद भी दस्तख़त नहीं करेंगे।

(औरंगज़ेब सुनता है, फिर एक तरफ़ देखता है, उस तरफ़ बढ़ता है।)

औरंगज़ेब : *(बदले सुर में)* कुछ सुनाई दिया?

शाहजहाँ : तुम लोग खेलते थे वहाँ।

(अगले संवाद के बीच दोनों को वे दिन याद आ रहे हैं।)

औरंगज़ेब : अम्मी के साथ छुपा-छुपउअल-खम्भे के पीछे उनका दुपट्टा झलकता था। दादी कहती थीं—

शाहजहाँ : *(हल्की मुस्कान से)* दारा एक ही खम्भे के पीछे छिपता है; शुजा और मुराद भी पकड़ में आ जाते हैं, पर औरंगज़ेब हत्थे नहीं चढ़ता।

औरंगज़ेब : *(सख़्ती से)* दादी को नाउम्मीद नहीं होने देंगे। आपकी तमाम ग़लतियाँ दुरुस्त करेंगे हम।

शाहजहाँ : *(एतराज़ के सुर में)* ज़ुबान को लगाम दो।

औरंगज़ेब : बाप और शहंशाह के नाते आपने हमारी ज़िन्दगी में कितना ज़हर घोला है, इसका हिसाब नहीं लेंगे? *(ऊपर की तरफ़ इशारे के साथ)* इतने बोझ के साथ ऊपर जाऊँगा मैं?

शाहजहाँ : *(उसे चरम क्रोध से देखता है)* उगलो ज़हर।

औरंगज़ेब : बल्ख़ मुहिम के मुद्दे पर आपने दारा को मेरे ऊपर कीचड़ उछालने दिया।

शाहजहाँ : लौटते हुए उज़बेकों ने दिल खोल कर हमारा फ़ौजी असबाब लूटा।

औरंगज़ेब : पर उस इलाके में हिन्दुस्तानी हथियार की यह पहली फ़तेह थी।

शाहजहाँ : बल्ख़ और बदख़्शाँ महसूल के लायक़ थे ही नहीं।

औरंगज़ेब : तो आपने हमला किया ही क्यों? आमू दरिया[75] को मुग़ल सल्तनत की सरहद बनाना था?

शाहजहाँ : आमू दरिया फ़ौजी हिफ़ाज़त नहीं हो सकती। हाँ, मुग़लों के घर समरकंद और बुखारा से रिश्ता जोड़ने का ख़याल ज़रूर था।

औरंगज़ेब : जो महज़ ख़ामख़याली साबित हुई। इसी तरह कन्धार पर आपके हमले आपकी हिक्मते-अमली पर सवालिया निशान लगाते हैं।

शाहजहाँ : कैसे?

औरंगज़ेब : उज़बेकों और सफ़ाविदों के कमज़ोर पड़ जाने से कन्धार की फ़ौजी अहमियत घट चुकी। हमारी नाक नीची होने की वजह कन्धार का खोना नहीं, एक के बाद एक तीन हमलों की नाकामयाबी है। लेकिन आपकी सबसे बड़ी भूल है दकन सवाल को फिर से खोलना।

शाहजहाँ : जागीरदारी निज़ाम के चरमराने से जब मनसबदारों के माहवारी

भुगतान का तरीक़ा इख़्तियार करना पड़ा, तब सल्तनत की बिगड़ती माली हालत ने हमें दकन सवाल खोलने के लिए मजबूर किया।

औरंगज़ेब : आप दकनी रियासतों से ख़िराज़ बढ़ाने की माँग कर सकते थे।

शाहजहाँ : हमारा इरादा कोरोमंडल बन्दरगाह पर क़ब्ज़ा करने का था, जो तिजारत की दरामद में गुजरात को पीछे छोड़ चुका था।

औरंगज़ेब : तब फिर आपने पहली से बड़ी, दूसरी भूल करते हुए, गोलकुंडा और बीजापुर को पूरी तरह क़ब्ज़े में लाने से ऐन मौक़े पर क्यों रोका मुझे?

शाहजहाँ : उससे मुश्किलें ज़्यादा होतीं, हल कम मिलते।

औरंगज़ेब : नहीं, दारा के मुकाबिले मेरी ताक़त बहुत बढ़ जाती।

शाहजहाँ : *(झुँझला कर)* तुम दारा के आगे सोच ही नहीं सकते? अरे, दकन में फँस जाते हम!

औरंगज़ेब : *(नाराज़गी से)* अभी भी फँसे हैं।

(दोनों की नज़र मिली हैं; शाहजहाँ चुप है।)

औरंगज़ेब : हम नहीं जानते, दकन में हमारा क्या होगा, लेकिन इतना ज़रूर जानते हैं कि हम वहाँ देर तक वो काटेंगे, जो आपने बोया है। लेकिन सवाल यह है कि सल्तनत की माली हालत बिगड़ी कैसे? चूँकि तामीर पर आपने पानी की तरह पैसा बहाया।

शाहजहाँ : ताजमहल की लागत पचास लाख है और शाहजहाँनाबाद की साठ। लाहौर और अकबराबाद क़िलों की मरम्मत, जहाँगीर के मक़बरे वा दीगर इमारतों की तामीर मिला लें, तो अट्ठाइस बरस के दौरान, हमने तक़रीब दो सौ नवासी लाख का भुगतान किया। इसकी सालाना क़िस्त बनती है दस लाख बत्तीस हज़ार एक सौ तैंतालीस रुपए, यानी सालाना ख़ालिसा[76] ख़र्च का पौने सात फ़ी सदी। इससे न ख़ज़ाने पर बोझ पड़ा; न तरक़्क़ी मन्सूबों में कटौती की गयी, न फ़ौजी कार्रवाइयों में रुकावट आयी।

औरंगज़ेब : आपके हिसाब की जाँच तो होगी।

(दोनों की नज़र मिलती है।)

औरंगज़ेब : पर उससे भी पहले सवाल यह है कि इस तामीर की ज़रूरत क्या थी?

शाहजहाँ : इमारत चूना, पत्थर, और संगेमरमर की क़ीमत नहीं। इमारत से जुड़ा एहसास अवाम की ज़िन्दगी का रोज़मर्रा हिस्सा बनता

है, शहर और निज़ाम की शख़्सियत बनते हुए उसे चमक और धार देता है।

औरंगज़ेब : ताजमहल का इस्तेमाल क्या है?

शाहजहाँ : कुछ चीज़ों को सिर्फ़ महसूस किया जाता है। हमने हुस्नकारी[77] में निवेश किया है—ज़ज्बात और उनकी इज़्ज़त में, जो सुकून भी देता है और ख़ास क़िस्म की रूहानी मसर्रत भी।

औरंगज़ेब : उस मसर्रत से क्या होगा?

शाहजहाँ : तानसेन कहा करते थे, फल वा दूध से जीवात्मा बनती है और मूसिक़ी से परात्मा, जो हमारी अन्दरूनी दुनिया का बाहरी के साथ सही तालमेल बिठाती है।

औरंगज़ेब : ऐसी हुस्नकारी में हमारा यक़ीन नहीं।

शाहजहाँ : *(बदहवास से)* तुम पाँच पुश्तों की विरासत मिट्टी में मिला दोगे औरंगज़ेब।

औरंगज़ेब : हम आप पाँचों की इकट्ठी ग़लतियाँ दुरुस्त करेंगे।

शाहजहाँ : अभी भी बिगड़ी बात सँभल सकती है। सल्तनत की तक़सीम मन्ज़ूर कर लो।

(औरंगज़ेब उसे घूर कर देख रहा है।)

शाहजहाँ : अपने वालिद के तईं अपने फ़र्ज़ का एहतराम न करने से बड़ा गुनाह कोई नहीं होता।

(औरंगज़ेब उसे घूर कर देखता है।)

औरंगज़ेब : जहाँगीर आपको सूबेदार बना कर दकन भेजना चाहते थे; आपने इन्कार कर दिया था। हमने कभी आपका हुक़्म मानने से इन्कार किया?

(शाहजहाँ चुप है।)

औरंगज़ेब : जब जहाँगीर ने आपको ईरानी हमले की काट की ख़ातिर कन्धार जाने का हुक्म दिया था, तो पैसे का बन्दोबस्त क्या था?

शाहजहाँ : ख़र्च मेरी जागीर से किया जाएगा।

औरंगज़ेब : आपने बाप के दिल से फ़रियाद की, तो आपको क्या छूट मिली?

शाहजहाँ : कि मैं अपनी जागीर ख़ुद चुन लूँ।

औरंगज़ेब : आरामदेह खानदेश, ख़ुशहाल मालवा, और अमीर गुजरात में से—

(शाहजहाँ हामी में सिर हिलाता है।)

औरंगज़ेब : आपने चुनाव कर लिया, पर फिर भी आप फ़ालतू शर्तें रखते गये, अपनी रवानगी मुल्तवी करते गये, और आख़िरकार क्या आप गये?

शाहजहाँ : हमें डर था कि नूरजहाँ और जहाँगीर हमारी लम्बी ग़ैरमौजूदगी का फ़ायदा उठाते हुए—

(वाक्य अधूरा छोड़ देता है)

औरंगज़ेब : आपके किसी भाई के सर पर ताज रख देंगे?

(शाहजहाँ हामी में सर हिलाता है)

औरंगज़ेब : न सिर्फ़ आप नहीं गये, बल्कि आपने अपने नुमाइन्दे ज़ाहिद बेग को शाहे-ईरान के पास भेजा। किस पैग़ाम के साथ? कि कन्धार की मुहिम पर ख़ुदा फ़तेहयाब करे आपको यानी शाहे-ईरान को। किसके ख़िलाफ़? आपके बाप के!

(शाहजहाँ चुप है।)

औरंगज़ेब : बाप की पीठ में छुरा भौंकने से ही आपको तसल्ली नहीं हुई। आपने खुले आम क़व्वालि-ए-बग़ावत गाते हुए अकबराबाद पर हमला कर दिया, ताकि अकबरे-आज़म की बटोरी दौलत के सहारे बड़ी फ़ौज खड़ी कर तख़्त पर क़ब्ज़ा कर लें। ऐसे लगाव का इज़्हार आप उसी बाप की ख़ातिर कर रहे थे, जो आपको वली-अहद क़रार देते हुए, अपने तख़्त के बग़ल में, आपके वास्ते सोने की कुर्सी रखवा चुका था। सल्तनते-मुग़लिया में शहंशाह ने शहज़ादे को पहली बार इस तरह सरफ़राज़[78] किया था।

(शाहजहाँ चुप है।)

औरंगज़ेब : आपके कारनामे देखने के बाद कौन शहंशाह चाहेगा कि उसके घर बेटा पैदा हो?

शाहजहाँ : तुमको पैदा करने की हिमाक़त हो चुकी।

औरंगज़ेब : हमने फिर भी हुक़्मउदूली नहीं की। *(अपनी कसी हुई मुट्ठी दिखाते हुए)* तक़रीबन चंगुल में आ चुके बीजापुर और गोलाकुंडा को महज़ आपके कहने से आज़ाद कर दिया।

(मुट्ठी खोल देता है।)

औरंगज़ेब : मेवाड़ और दकन की फ़ौजी कामयाबी पर जहाँगीर ने आपकी तारीफ़ की थी। पर बल्ख़ की जंगी कामयाबी या दकन की निज़ामी इस्लाह पर आपने दबी ज़ुबान से ही हमारी तारीफ़ में आधा लफ़्ज़ कहने की फ़राख़दिली दिखाई?

(चुप्पी)

औरंगज़ेब : आपके बाप ने आपको मनपसन्द जागीर चुनने का मौक़ा दिया था, लेकिन आपने मेरे साथ क्या किया अज़ीज़ बाबाजान? गोलकुंडा का जंगी ख़मियाज़ा मेरे साथ बाँटने से इन्कार कर दिया, जबकि आप जानते थे, मेरे ऊपर फ़ौज का बीस लाख बक़ाया है।

शाहजहाँ : हमें नीद आ रही है।

औरंगज़ेब : *(व्यंग्य से)* अभी तो मैंने लोरी शुरू की है।

शाहजहाँ : *(डपट कर)* तख़्लिया!

औरंगज़ेब : *(सख़्ती से)* तड़प क्यों उट्ठे? आपकी ही रिवायत आगे बढ़ायी है मैंने!

शाहजहाँ : हमने तख़्तनशीं जहाँगीर की घेराबन्दी नहीं की।

औरंगज़ेब : *(सख़्ती की ज़्यादा धार के साथ)* चूँकि उससे पहले ही झूसी जंग में महाबत ख़ाँ ने आपको धूला चटा दी। फिर बुरहानपुर से मुग़लों को हटाने की आपकी दो कोशिशें बेकार गयीं। पर अगर आपकी फ़तेह हो भी जाती, तो आप क्या करते? नूरजहाँ को ज़मींबोस करते हुए जहाँगीर को फिर गद्दी पर बिठा देते?

शाहजहाँ : नहीं, लेकिन हम जहाँगीर से माफ़ी भी हर्गिज़ नहीं माँगते, अगर तुम लोग नहीं होते, तो—

(औरंगज़ेब से नज़र मिलती है।)

शाहजहाँ : शाम हम तम्बू के बाहर बैठे थे। तुम्हारे घुटने में ज़ख़्म था। मुमताज़ बेगम सिकाई कर रही थीं। जहाँ आरा और दारा दाई के साथ कोई बूटी ढूँढ़ने जंगल को गये थे। यकायक तीनों बदहवास दौड़ते हुए आये। परवेज़ और उसका दस्ता पास था; घोड़ों की टापें सुनाई दे रही थीं। एक हज़ार की गिनती पूरी होते-होते हमने कैसे कूच किया, ख़ुदा ही जानता है। रात के अँधेरे में दो मशालों के सहारे सफ़र कर रहे थे कि हमें लुटेरों ने घेर लिया। हमारे सात सिपाही शहीद हो गये। मैं ज़ख़्मों से भर गया, पर रोना यह था कि जो बचे-खुचे हीरे-मोती थे, सब जा चुके थे *(जैसे वो दृश्य देख रहा हो)* लुटेरों की लगायी आग की लपटों के बीच दो बाँदियाँ रोते हुए बचा-खुचा सामान समेट रही थीं, दारा वा शुजा उनकी मदद कर रहे थे, मुराद

रो रहा था, तुम बेहोशी में कुछ बोल रहे थे, जहाँ आरा तुम्हें सँभाल रही थी, बेगम रोती हुई रौशन को चुप करा रही थीं, हम जलते तम्बू की रौशनी में माफ़ीनामा लिखने लगे।

औरंगज़ेब : *(सुर में नर्मी आ जाती है)* उस दौर की यादें मेरे भीतर जुगनुओं-सी टिमटिमाती हैं। अम्मी दिल से मुस्कुराती थीं। हम गर्दिश में थे, पर साथ थे। बहनें सुबह गुदगुदी करके जगा देतीं। हम पकड़ने दौड़ते, तो खिलखिलाते हुए भाग जातीं। बाहर घना जंगल-हरियाली के झुरमुटों के बीच उनकी हँसी गिरते पत्तों की तरह तिरती रहतीं।

(शाहजहाँ उसे देख रहा है।)

औरंगज़ेब : जब बन्धक बन कर कुटुम्ब से जुदा हुआ, तो रिश्तों की क़ीमत आँकते हुए वैसे ही चन्द ख़ास लम्हें क़ीमती लगे। *(यकायक सख़्ती से)* फिर आप तख़्त तक पहुँचे और आपने मुझे दारा के साथ जीने का ज़हर जी खोल कर पिलाया।

शाहजहाँ : *(शान्ति से)* हमें क़त्ल कर दो।

औरंगज़ेब : अगर आप भी जहाँगीर को क़ैद कर सकते होते, तो उनका क़त्ल नहीं करते; नूरजहाँ के साथ उनके अज़ीज़ शहर लाहौर में नज़रबन्द कर देते—जैसे कि हम आपको यहाँ कर रहे हैं, ताकि आप सुबहो-शाम ताजमहल देख सकें और मैं *(ऊपर उँगली उठाते हुए)* वहाँ अम्मीजान को मुँह दिखा सकूँ।

शाहजहाँ : मुराद का क्या करोगे?

औरंगज़ेब : सोचेंगे।

शाहजहाँ : शाह शुजा कहाँ है?

औरंगज़ेब : बंगाल में हैं कहीं। मीर जुमला की कमान में हमारी फ़ौज उनके पीछे है।

शाहजहाँ : दारा?

औरंगज़ेब : *(बिना ज़ज्बे के)* सिन्ध में कहीं भटक रहे हैं। शायद ईरान भागने का इरादा है।

शाहजहाँ : *(अन्देशे से)* ख़ुदा न करे, पर तुम्हारे हत्थे चढ़ गया, तो क्या करोगे?

औरंगज़ेब : *(संजीदगी से)* प्यार से तख़्ते-ताऊस पर बिठा देंगे, जहाँ अभी हमने उनकी जूतियाँ रख छोड़ी हैं।

(शाहजहाँ उसे देखता है, नज़र फेर लेता है।)

शाहजहाँ : सुना है, नादिरा बहूबेगम ईरान नहीं जाना चाहतीं।

औरंगज़ेब : *(हामी में सिर हिलाते हुए)* भाभीजान ने दारा से कहा, क्या हमें लाहौर में दो गज़ ज़मीन भी नहीं मिलेगी? आप दारा को पैग़ाम भेज दें कि वो जहाँ कहीं चाहें, चार गज़ ज़मीन चुन लें। *(बड़प्पन से)* हम कहाँ जीना चाहते हैं, अक्सर हमारे इख़्तियार में नहीं होता, पर कभी न टूटने वाली नींद कहाँ सोना चाहते हैं, यह तो हमारे इख़्तियार में होना चाहिए न। वर्ना ख़ुदा और औरंगज़ेब की ख़ुदाई पर यकीन कैसे होगा!

शाहजहाँ : मुझे ज़िन्दा मत छोड़ो। इतना रहम करो।

औरंगज़ेब : मुग़ल शहंशाह को पहली बार तख़्त से हटाया गया है। आपके क़त्ल से कोहराम मच जाएगा। मुझे न दरबार से हिमायत मिलेगी, न रैयत से। फिर तीनों अज़ीज़ बिरादर जीते-जागते हैं अभी। चुनाँचे सबसे पहले मुझे अपनी हैसियत मज़बूत करना है, जो दारा को ठिकाने लगाने के बाद ही होगा।

शाहजहाँ : *(गिड़गिड़ाते हुए)* तुम्हें ख़ुदा का वास्ता—ईरान भाग जाने दो उसे।

औरंगज़ेब : दारा के वास्ते मेरे अन्दर नफ़रत की ऐसी शिद्दत है, जो नींद में होने पर भी दिलो-दिमाग़ में चुभती रहती है। जमुना पर देखा है आपने? मछुआरा अपनी डोर खींचता है, तो मछली कैसे तड़पती हुई पानी की सतह से ऊपर आती है? मेरे मुँह के भीतर वैसा ही एक काँटा तीन साल की उम्र से चुभा हुआ है। आपके मुबारक हाथों से। दारा के साथ हम जो भी करेंगे, उसका आधा मक़सद आपको ज़्यादा से ज़्यादा चोट पहुँचाना भी होगा। *(दाँत पीसते हुए)* दुनिया के किसी बाप ने एक बेटे की ख़ातिर अपने ही दूसरे बेटे पर इतने ज़ुल्म नहीं ढाये होंगे बाबाजान।

शाहजहाँ : *(कातर हो)* ज़िन्दगी से निजात दे दो हमें।

औरंगज़ेब : *(ठंडी नफ़रत से)* अभी उस तसल्ली का तलबगार हूँ, जो आपके तड़प-तड़प कर साँस तोड़ने से मिलेगी; हर साँस के साथ आप मुझे बद्दुआ देंगे; मेरे मरने की मन्नत माँगेंगे और मैं पूरी सौवीं सालगिरह मना कर मरूँगा।

शाहजहाँ : *(ठंडी नफ़रत से)* तुम्हारी पैदायश का स्याह दिन याद आ रहा

है, जब हम बड़ी उमंग से कुरान, तैमूरी तलवार की नक़ल, और वो सोनपत्तर लेकर तुमको देखने गये थे, जिस पर ख़ुद माँ जोधाबाई की लिखावट में उनके दादा का आदर्श लिखा था—दिलेरी सारी ख़ूबियों की माँ है।

औरंगज़ेब : हमने दादी को नाउम्मीद नहीं किया।

शाहजहाँ : धर्माट में तुम इसलिए जीते, क्योंकि हमने जसवंत सिंह को कम से कम सख़्ती बरतने की हिदायत दी।

औरंगज़ेब : *(मुस्कान से)* वो आपकी ज़िन्दगी की सबसे बड़ी ग़लती थी।

शाहजहाँ : दूसरी। पहली थी तुम्हें पैदा करना और तीसरी, जहाँ आरा की ज़िद के सामने झुकते हुए तुम्हें मंर्तबा-ओ-रुतबा अता करना।

(औरंगज़ेब शाहजहाँ को देखता है।)

औरंगज़ेब : *(आवेग से)* ख़ुदा गवाह है; मैं इसे टालना चाहता था। बरसों दुआ माँगी कि ख़ुदारा, बाबाजान को क़ुदरती मौत दे दो, तो दारा के साथ हमारी सीधी मुठभेड़ हो जाय, पर हम सबकी बदनसीबी कि ऐसा नहीं हुआ।

शाहजहाँ : हमसे कभी इस उम्मीद का दामन नहीं छूटा कि तीनों बेटे तक़सीमे-सल्तनत के लिए राज़ी हो जाएँगे।

औरंगज़ेब : *(भर्त्सना से)* दारा के लिए आपके अंधे लगाव ने उस उम्मीद का गला बहुत पहले घोंट दिया था।

शाहजहाँ : *(सख़्ती से)* दकन और कोंकण का ख़ुदमुख़्तार हाकिम बनने पर किसी को भी नाज़ होता।

औरंगज़ेब : *(वैसे ही)* तो आपने दारा को क्यों नहीं भेजा वहाँ? इस ख़ून-ख़राबे की ज़रूरत ही नहीं पड़ती।

शाहजहाँ : वो सबसे बड़े थे।

औरंगज़ेब : पर सबसे क़ाबिल नहीं, ख़ुसरो भी आपसे बड़े थे, पर उनका क्या हुआ?

(शाहजहाँ पर शर्मिन्दगी की रंगत चढ़ जाती है।)

औरंगज़ेब : दकन में जुन्नार का वो गर्म दिन। मैं जंगल में पेड़ के नीचे बैठा तैमूर का एक जंगी नक़्शा समझने की कोशिश कर रहा था। आहट हुई, तो झाड़ियों से झाँक कर देखा, खुसरो को चार सिपाही पेड़ से बाँध रहे थे। चचा के मुँह पर काली पट्टी थी।

(दोनों की नज़र एक पल मिली रहती है।)

औरंगज़ेब : खुसरो की आँखों में जहाँगीर पहले ही अँधेरा भर चुके थे। जहाँगीर आख़िरी हिचकी ले चुके थे। आसफ़ ख़ाँ शहरयार को क़ैद कर, उनकी आँखों में अँधेरा भर, आपकी ख़ातिर तख़्त महफ़ूज़ रक्खे थे—सिर्फ़ आपके आगरा पहुँचने की देर थी। फिर भी खुसरो को लेकर आप थरथरा गये।

शाहजहाँ : नूरजहाँ कुछ भी कर सकती थीं। शहरयार को कठपुतली दामाद इसीलिए बनाया था।

औरंगज़ेब : हमने आसफ़ ख़ाँ के नाम आपका ख़त देखा है, जिसमें आपने शहरयार, दावर बख़्श, और दनियाल के दोनों बेटों को *यादों में तब्दील* करने की ताक़ीद की थी।

(शाहजहाँ चुप रहता है।)

औरंगज़ेब : क्या हो रहा है, ख़ुसरो ने घुटी आवाज़ में पूछा। जवाब में दो नेजे ख़ुसरो की तरफ़ बढ़े। अगले लम्हें एक घुटी हुई चीख़ सुनाई दी। मुँह पर कसी पट्टी के साथ इन्सान दिल की कितनी गहराइयों से चीख़ सकता है, ऐसा मैंने पहली बार जाना। वो चीख़ सुनते हुए मेरा कलेजा दहल गया—मैं लड़खड़ाया, सूखे पत्तो चरमराये और मुड़ते हुए जब मैंने सामने देखा, तो पाया कि मेरी नज़र आपसे मिल रही है—*(सुर बदल जाता है)* इस मौंजूदा लम्हें का बीज तभी पड़ा था।

शाहजहाँ : पर हम कभी तलवार लेकर अपने बाप के रूबरू खड़े नहीं हुए।

औरंगज़ेब : इस रिश्ते की बदनसीबी कि मुझे आप जैसा बाप मिला और आपको मेरे जैसा बेटा।

शाहजहाँ : तब्दीलि-ए-ताज के शिकार कामरान से लेकर होशुंग तक के सभी शहज़ादों के नाम पर, हम तुम्हें बद्दुआ देते हैं आलमगीर कि ये लम्हा एक न एक दिन ग़ैबी[79] डंक बन कर तुमको भी डंसेगा। अगर बाप के सीने का दर्द सच्चा है, तो ऐ ख़ुदा, हमारी बेचैन रूह वहशी अबाबील की मानिन्द तब तक क़िला-ए-मुबारक पर मँडराती रहे, जब तक *(औरंगज़ेब की तरफ़ इल्ज़ामी इशारे के साथ)* इसका सबसे अज़ीज़ बेटा, हमारा पोता, ही इसके ख़िलाफ़ तलवार उठा कर, इसकी गर्दन को इसके सर के बोझ से हल्का नहीं कर देता।

(अँधेरा)

दृश्य–14

मथुरा के पास औरंगज़ेब का शिविर। रात।

(मुराद अकेला है; सोच में डूबा। औरंगज़ेब आता है; संजीदगी से उसे देखता है।)

मुराद बख़्श : *(आरोप के सुर में)* हम कब से इन्तिज़ार कर रहे हैं।

औरंगज़ेब : क्या हुआ?

मुराद बख़्श : आप समझते हैं, बीस लाख नज़राना और दो सौ तैंतीस घोड़ों की सौग़ात पाकर मैं ख़ुशी से पागल हो जाऊँगा?

औरंगज़ेब : यही कहना था?

मुराद बख़्श : अब सल्तनत तक़सीम हो जाना चाहिए।

औरंगज़ेब : *(आक्रामक सुर में)* तुमने कहा था, तुम हर वक़्त, हर जगह, और हर मुद्दे पर ख़ून के रिश्ते को सबसे ऊपर रखते हुए औरंगज़ेब भाईजान के हिमायती बन कर रहोगे।

मुराद बख़्श : *(सनाका खा जाता है)* नहीं, उल्टे आपने कहा था कि आपका मक़सद सिर्फ़ ताज को दारा के सर पर जाने से बचाना है। हर वक़्त, हर जगह, और हर मुद्दे पर ख़ून के रिश्ते को सबसे ऊपर रखते हुए हमें अगर आपका हिमायती बनना होता, तो हम अहमदाबाद से दिल्ली तक अपना तख़्त वा सोने की छतरी ढोकर क्यों लाते?

औरंगज़ेब : *(संजीदगी का स्वांग भरते हुए दिल्लगी करता है)* तो अपने तख़्त वा सोने की छतरी के इस्तेमाल से तुमको रोका किसने है?

मुराद बख़्श : *(आपत्ति से)* मैं पंजाब, अफ़ग़ानिस्तान, सिन्ध और मुल्तान का पिद्दी हाकिम? आपसे भी पहले बग़ावत का हमें ये सिला मिला?

औरंगज़ेब : *(खेलते हुए)* तो क्या मिलना चाहिए, ज़रा रौशनी डाल दी जाय।

मुराद बख़्श : *(सुर बदल जाता है)* हकीक़त यह है कि आपकी सादा ज़िन्दगी, इख़लाक़ी[81] मैयार, और दीनपरस्ती से हम बहुत मुतास्सिर हैं। गहरी और लम्बी ग़ौरो-फ़िक्र के बाद हम इस नतीजे पर पहुँचे कि आपकी सही जगह लाल क़िला नहीं, दौलताबाद क़िले के पास वो गुफा है, जहाँ जंगे-विरासत से पेश्तर आपने चन्द दिन ख़लवत[82] में क़याम किया था।

औरंगज़ेब : *(संजीदगी से)* हमें मुस्तक़िल तौर पर वहीं रहना चाहिए?

(मुराद हामी में सर हिलाता है।)

औरंगज़ेब : *(तारीफ़ के सुर में)* वाह मुराद, वाह! हमारी ज़िन्दगी का सही सुर पकड़ लिया तुमने!

मुराद बख़्श : हम ये भी बता सकते हैं कि ये सुर आपके भीतर कौंधा कब?

औरंगज़ेब : अच्छा?

मुराद बख़्श : बल्ख़ के मैदाने-जंग में, जहाँ आसपास चलते तीरों वा गोलियों से बेपरवाह, आप नमाज़े-ज़ुहर[83] अदा करने लगे और दुश्मनों का ख़ून सर्द हो गया।

(एक पल दोनों की नज़र मिली है।)

औरंगज़ेब : *(अर्थभरे सुर में)* हमने भी तुम्हारा सही सुर पकड़ा, लेकिन बहुत देर से—

(मुराद चौंकता है; औरंगज़ेब पत्र निकाल कर दिखाता है; मुराद पत्र लेता है।)

मुराद बख़्श : *(पढ़ते हुए)* बेहद शर्मिन्दगी की वजह से मैं जहाँपनाह को मुँह दिखाने लायक़ नहीं, इसीलिए आपकी ख़िदमत में माफ़ीनामा पेश करने की हिम्मत नहीं जुटा सका। *(औरंगज़ेब को देखता है; फिर पढ़ने लगता है)* लेकिन बेगम साहिब के औरंगज़ेब को भेजे गये ख़त से मालूम हुआ कि हमारे सामने माफ़ी का दरवाज़ा अभी बन्द नहीं हुआ। चुनाँचे माफ़ी और पशेमानी से तख़्ते-ताऊस के सामने ज़मींबोस करते हुए मैं जहाँपनाह शाहजहाँ के हुक्म का मुन्तज़िर हूँ।

औरंगज़ेब : *(अन्तिम पंक्ति पढ़ता है)* आपका फ़र्माबरदार मुराद बख़्श।

मुराद बख़्श : यह ख़त जाली है।

औरंगज़ेब : *(सन्जीदा है)* सलीमगढ़ की दीवारों से कहना।

(दो सिपाही आ दरवाज़े के दोनों तरफ़ खड़े हो जाते हैं। मुराद हताश। प्रकाश बदलने के साथ औरंगज़ेब का प्रस्थान। सिपाही भी जाते हैं। अब सलीमगढ़, जहाँ मुराद बन्दी है। परेशान गौहर आरा का प्रवेश।)

गौहर आरा : यह क्या हो गया?

मुराद बख़्श : सुफ़ेद साँप पर एतबार करना ज़िन्दगी की सबसे बड़ी भूल थी।

गौहर आरा : शाह शुजा चटगाँव के आसपास हैं। हमारा नुमाइन्दा उनकी तलाश कर रहा है।

मुराद बख़्श : अगर हम और शुजा मिल जाएँ, तो दिल्ली दरबार का एक असरदार हिस्सा हमारे साथ आ सकता है।

गौहर आरा : हमने सिपाहियों को अपने पास से उजरत दे दी। औरंगज़ेब के ख़िलाफ़ उनका ज़ज्बा बरक़रार है।

मुराद बख़्श : इब्राहीम ख़ाँ का क्या हुआ?

गौहर आरा : *(मुस्कुराती है)* औरंगज़ेब को छोड़ कर हमारे खेमे में आ गये। कुराने-पाक पर हाथ रख वफ़ादारी की क़सम खा ली।

मुराद बख़्श : *(दुआ में हाथ उठाता है)* रौशन आरा ने कुछ इशारा किया कि औरंगज़ेब हमारा क्या करेगा?

गौहर आरा : अभी दारा छाये हैं उन दोनों के दिलो-दिमाग़ पर।

मुराद बख़्श : सलीमगढ़ में ही रखने की कोशिश करो हमें।

(रौशन आरा का चुपचाप प्रवेश)

गौहर आरा : सुना है, औरंगजेब ने आपको ग्वालियर क़िले में भेजने का इरादा बना लिया है।

मुराद बख़्श : *(नाउम्मीद होकर)* अगर शाहजहाँनाबाद से दूर हो गये, तो हमारे ख़्वाबों का क्या होगा?

रौशन : *(व्यंग्य की मुस्कान से)* जो अपनी फ़ितरत बदल दे, वो मुग़ल शहज़ादा कैसा! मौत का साया ऊपर है, लेकिन ख़्वाब देखना बन्द नहीं होता।

गौहर आरा : *(दामन फैलाते हुए)* छोटी आपा, मुराद भाई की जान की अमान माँगती हूँ।

रौशन आरा : *(जैसे बच्चे से पूछ रही हो, इस पुराने-धुराने खिलौने का क्या काम है?)* गौहर, इसे ज़िन्दा रखकर क्या करोगी?

गौहर आरा : तसल्ली कर लूँगी कि एक भाई के लिए कुछ किया। जिन्दगी बिल्कुल ख़ाली नहीं गयी।

रौशन आरा : पहले तुम शुजा की हिमायती थीं, अब दूसरे पिटे प्यादे के साथ हो। क्यों?

गौहर आरा : *(वैसे ही सुर में)* आप औरंगज़ेब के साथ थीं, क्यों? जबकि शुरू से ही सारी सल्तनत जानती थी कि दारा वली अहद, शाहजहाँ की आँखों का तारा और जहाँ आरा की रगे-जां[84] थे?

रौशन आरा : दारा और जहाँ आरा की जोड़ी हमारी आँखों में काँटे की तरह चुभती थी।

गौहर आरा : हमारी आँखों में भी वैसे ही चुभती थी आपकी वा औरंगज़ेब की जोड़ी। हम भी किसी भाई के साथ अपनी जोड़ी बनाने को बेताब थे। आज आप इतरा रही हैं, लेकिन सुलमान शिकोह ने फ़ौजे-मुग़लिया शुजा के पीछे घुमाने के बजाय अगर सामूगढ़ जाकर औरंगज़ेब को पच्छिम के दूसरे पाट से कुचल दिया होता, तो?

रौशन आरा : *(मुस्कान से)* तो अभी हम तुमसे औरंगज़ेब की जान की अमान माँग रहे होते!

गौहर आरा : लेकिन औरंगज़ेब के साथ आपका जुड़ना फिर भी जायज़ रहता। चूँकि हमारे लिए ज़ाती तौर पर शिकस्त या फ़तेह उतनी अहम नहीं, जितना अहम हैं किसी की हिमायत करना।

(औरंगज़ेब का चुपचाप प्रवेश)

गौहर आना : हम शुरू में भाइयों की रस्साकशी से बेनियाज़[85] थे। पर सुबह से रात हरमसरा में बैठे क्या करते? अपना वक़्त काटने के लिए कुछ तो करना था।

(रौशन आरा उसे देख रही है।)

गौहर आरा : हमारा अपना कुछ नहीं बहन! हम सिर्फ़ अपने भीतर का ख़ालीपन भर रहे हैं।

(रौशन आरा के साथ औरंगज़ेब भी गौहर आरा के दृष्टिकोण से प्रभावित होता है।)

औरंगज़ेब : हम मजबूर हैं। गौहर! मुराद से वाबस्ता तुम्हारी ख़्वाहिश पूरी नहीं कर सकते। *(मुराद से)* कैसे हैं पादशाहजी?

मुराद बख़्श : *(शान्ति से)* ठीक हूँ।

औरंगज़ेब : *(नक़ली ताज्जुब से)* कमाल है, तुमने ज़रा भी गुस्सा नहीं दिखाया।

मुराद बख़्श : *(मजबूरी के सुर में)* उससे क्या होता!

औरंगज़ेब : क्या पहले तुम ऐसी दानिशमन्दी दिखा सकते थे? सलीमगढ़

यही तो करता है क़ैदियों के साथ!

मुराद बख़्श : आप कैसे जानते हैं? आपको अभी तक तो ये ख़ुशनसीबी हासिल नहीं हुई।

औरंगज़ेब : कई ख़ुशनसीबों को तो देखा है। खुसरो बहुत नाराज़ रहते थे पहले—जहाँगीर से, शाहजहाँ से। आँख फोड़ दिये जाने के बाद उनकी तल्ख़ी मद्धिम पड़ने लगी। शाहजहाँ ने उनकी बेचारगी समझी, उनसे जोखिम का अंदेशा बिल्कुल घट चुका था। तब खुसरो को देखते हुए शाहजहाँ को साथ के उजले दिन याद आने लगे *(मुराद को देखते हुए)* जैसे अब हमें आ रहे हैं।

रौशन आरा : लेकिन वक़्त ने फिर करवट ली थी।

गौहर आरा : शाहजहाँ को ख़तरे की ग़लतफ़हमी हो गयी थी। नूरजहाँ ने शहरयार को अपना दामाद और कठपुतली बादशाह बनाने का फ़ैसला किया था, जिसका खुसरो से कुछ लेना-देना था ही नहीं।

मुराद बख़्श : हाँ, आज के इस लम्हे के पीछे ज़रूर *(औरंगज़ेब की तरफ़ इशारे के साथ)* भाईजान की दग़ाबाज़ी है।

रौशन आरा : यह हमारे ख़ानदान की रिवायत है मुराद! इसके बीज तभी पड़ गये थे, जब तुम चारों भाई चलना और बोलना सीख रहे थे, तालीम पा रहे थे, तुम्हारा दुनियावी नज़रिया परवान चढ़ रहा था। तुम साथ-साथ भी बड़े हो रहे थे—और एक-दूसरे से जुदा भी।

गौहर आरा : हथियारों के हमारे उस्ताद कहा करते थे, मुग़ल शहज़ादे को कुटुम्ब से पहले मुहब्बत मिलती है, फिर पंख, फिर शमशीर।

मुराद बख़्श : *(औरंगज़ेब को देखता है)* मेरा क्या करेंगे?

औरंगज़ेब : *(ऊपर की तरफ़ इशारे के साथ)* खुसरो को वहाँ भेजने से पहले खुर्रम ने कहा था, मजबूरी है; माफ़ कर देना।

(गौहर आरा और दूसरे पल भर इस सच्चाई को ज़ज्ब करते हैं।)

गौहर आरा : *(मुराद की तरफ़ इशारे के साथ)* इन पर इल्ज़ाम तो कोई है नहीं।

रौशन आरा : *(स्नेहभरी भत्सर्ना से)* कैसी नादान बातें करती हो गौहर!

औरंगज़ेब : इल्ज़ाम भी है।

मुराद बख़्श : *(गौहर से)* रात के अँधेरे में मेरी गर्दन कटवा देंगे, सुबह भागने

की कोशिश का इल्ज़ाम लगा देंगे।

औरंगज़ेब : *(ग़लत आरोप से चोट खाने के स्वांग के साथ)* ऐसा अन्धेर हो सकता है हमारे निज़ाम में? अदालत में क़ाज़ी से बाक़ायदा फाँसी का हुक्म दिलवाएँगे। *(मुराद से)* वज़ीर अली नक़ी की याद है?

(मुराद अन्देशे से हामी में सिर हिलाता है।)

औरंगज़ेब : उसका छोटा बेटा मुनव्वर परवाना तुम्हारे ऊपर अपने बाप के क़त्ल का इल्ज़ाम लगाने के लिए मचल रहा है। *(आरोप की गम्भीरता का स्वांग भरते हुए)* अपनी फ़र्ज़्अदायगी के दौरान दारुल-हुकूमत के नुमाइन्दे का क़त्ल।

रौशन आरा : *(वैसे ही जुमला पूरा करती है)* बग़ावत जैसा संगीन इल्ज़ाम है! बादशाह की सीधे बेहुरमती।

मुराद बख़्श : *(मुस्कान से)* और आपने बादशाह को बेदखल और नज़रबन्द करते हुए उनकी इज़्ज़तअफ़ज़ाई की है?

रौशन आरा : *(भतर्स्ना से)* मुराद, तुम मुगल शहज़ादे बनने लायक़ हो ही नहीं।

औरंगज़ेब : अपने से ज़्यादा ताक़तवर पर इल्ज़ाम लगाना बेतहज़ीबी मानी जाती है।

गौहर आरा : हम मुनव्वर परवाना को दस लाख ख़ूंबहा[86] दे देंगे।

औरंगज़ेब : वो क़ातिल की मौत चाहता है; खून की क़ीमत नहीं।

(अगले संवादों में रौशन आरा वा औरंगज़ेब मैलोड्रामा का सुर अपनाते हैं।)

रौशन आरा : क्या क़ानून बता सकता है कि वालिद की क़ीमत क्या होती है?

औरंगज़ेब : जो तुम्हारी पैदाइश का बाइस[87] बना, जिसने तुम्हें अपना नाम और अपनी पहचान दी, तुम्हें लाड़-प्यार से बड़ा किया। बुरे ख़्वाब से जागे, तो सीने से लगा कर धीरज बँधाया।

रौशन आरा : जैसे हमारे शाहों के शाह शाहजहाँ।

मुराद बख़्श : क़ाज़ी मान लेगा?

रौशन आरा : *(चोट खा जाने के भाव से)* फिर वही बात? इज़्ज़त से जाओ मुराद, मुहब्बत से जाओ।

औरंगज़ेब : आख़िर हम सगे भाई हैं!

गौहर आरा : *(औरंगज़ेब से गुज़ारिश करती है)* मुराद भाई को सलीमगढ़

में ही रखिए।

औरंगज़ेब : हम तुम्हारे ज़ज्बे की क़द्र करते हैं गौहर! तुम पिटे हुए दो प्यादों के सहारे अपनी ज़िन्दगी का मानी ढूँढ़ रही हो, लेकिन हम मजबूर हैं।

रौशन आरा : शाहजहाँ की बेदख़्ली से रैयत व दरबार के एक हिस्से को चोट पहुँची है। यह चुभन ज़रा कम हो जाय, फिर मुराद की मौत का नया ज़ख़्म लगा देंगे।

औरंगज़ेब : लेकिन मुराद को फ़ौरन ग्वालियर भेजना पड़ेगा।

गौहर आरा : *(सचमुच घबरा जाती है)* फिर हमारा मन्सूबा आगे बढ़ेगा कैसे?

रौशन आरा : तुम माह में दो बार ग्वालियर जाकर मुराद से मिल सकती हो।

मुराद बख़्श : छोड़ो गौहर, फ़ौजी दस्ते बर्ख़ास्त कर दो।

औरंगज़ेब : *(धिक्कार के सुर में)* आख़िरी साँस तक कोशिश करते रहना मुग़ल शहज़ादे का फ़र्ज़ है!

गौहर आरा : *(मुराद की ओर इशारे के साथ)* ग्वालियर में अन्दाज़न कब तक रहेंगे—मतलब दुनिया में?

औरंगज़ेब : अगर हमने जिन्दगी में ज़रा भी सबाब कमाया होगा, तो जैसे ही वो हरदिल अज़ीज़ दारा हमारे क़ब्ज़े में आ जाएँगे, उसके बाद—

(सिपाही का प्रवेश)

सिपाही : *(कोर्निश करते हुए)* गोतिगों से भर दिया जाय ग़रीब का मुँह—सिपिर शिकोह और दारा शिकोह की गिरफ़्तारी मुबारक।

(सब सन्नाटे में आ जाते हैं। उत्तेजित रौशन आरा अपनी माला उतार सिपाही को देती है। मुराद और गौहर हताश हो गये हैं। अँधेरा।)

दृश्य–15

सलीमगढ़। रात।

(प्रकाश। मैले लिबास में दारा शिकोह अपने विचारों में खोया। औरंगज़ेब का प्रवेश। दारा को देखता है। दारा को पता है कि औरंगज़ेब खड़ा है; उसकी तरफ़ नहीं देखता।)

औरंगज़ेब : इस लम्हे का कब से इन्तिज़ार था।

(अब दारा उसकी ओर देखता है।)

औरंगज़ेब : उम्र और वक़्त से बेनियाज़, तनाव और बेनाम थरथराहट के साथ, इस लम्हें का इन्तिज़ार *(अपने सीने की तरफ़ इशारे के साथ)* कब से सुलग रहा था यहाँ। आप तक ज़रूर आयी होगी उस धुएँ की लकीर—

(दारा शिकोह चुप है।)

औरंगज़ेब : कई बार ख़ौफ़ भी खा जाता था। *(आतंक दिखाते हुए)* आख़िर वली-अहद थे आप! तब एक और ख़्वाब भी देखा, मैं यहीं सलीमगढ़ में बँधा हूँ, और आप सामने खड़े *(धार तेज़ करने के माइम के साथ)* अपने खंजर की धार तेज़ कर रहे हैं!

दारा शिकोह : *(व्यंग्य से)* जैसी तुम्हारी फ़ितरत है, ख़्वाब भी वैसे ही देखते हो।

औरंगज़ेब : एक दूसरे के लिए हम दोनों अपनी-अपनी नफ़रत अगले जन्म के लिए महफ़ूज़ रक्खेंगे।

दारा शिकोह : *(सुर समतल है)* तुम्हारी दुश्मनी मुझसे है। तुमने जहाँपनाह के साथ ऐसा सुलूक क्यों किया?

औरंगज़ेब : *(उसका सुर भी वैसा ही है)* उसकी सफ़ाई जहाँपनाह को दे दी।

दारा शिकोह : *(नाराज़गी से)* मुझे भी दो। वालिद हैं मेरे भी।

औरंगज़ेब : *(व्यंग्य से)* वालिद तो सही मानो में आपके ही हैं; मेरे साथ तो महज़ ख़ाना पूरी है। *(सख़्ती से)* उनके दिल और उनके निज़ाम में बहुत कुछ ग़लत हो रहा था। दिल को तो दुरुस्त कर कर दिया; अब निज़ाम की बारी है।

दारा शिकोह : ख़ानदाने-मुग़लिया के दूसरे सबसे क़ाबिल शहंशाह का निज़ाम तुम दुरुस्त करोगे?

औरंगज़ेब : *(हामी में सिर हिलाते हुए)* यह ज़िम्मेदारी जिन्दगी में रंगो-रौशनी भरने के लिए नहीं सँभाली—जैसा कि आप करते।

दारा शिकोह : वो पुरमानी ढंग से जीने का तरीक़ा हैं।

औरंगज़ेब : *(नाराज़गी से)* कौन-से मानी की बात कर रहे हैं आप? दो मज़हबों में एक-जैसे अनासिर[88] ढूंढने की? सरमद[89] जैसों के साथ अपने भीतर इल्हाम महसूस करने की?

दारा शिकोह : तुम नहीं समझोगे। तुम्हारे पास रूहानी सवाल नहीं।

औरंगज़ेब : तुम यह जानने के लिए हमेशा बेक़रार रहे न कि तुम क्या हो? तुम अपने बदंन के बाहर नहीं। तुम अपना बदन भी नहीं। भीतर चलने वाले ख़यालातो-ज़ज्बात भी नहीं। दिल और दिमाग़ भी नहीं। दारा शिकोह, तुम महज़ एक बदबख़्त, बददिमाग़, सवालिया निशान हो, जिसका कोई मानी नहीं, होने की कोई दलील नहीं, जीने की कोई वजह नहीं।

दारा शिकोह : *(उपेक्षा से)* अपनी शमशीर से बहुत कुछ हासिल कर लिया तुमने, लेकिन यह फ़ैसला करने की कुव्वत तुम्हारे पास न अभी है, न कभी होगी।

औरंगज़ेब : *(सुर बदल जाता है)* इसीलिए तुमने मेरी इतनी बेइज़्ज़ती की? शाह शुजा से कम ख़तरनाक समझा मुझे? अपनी फ़ौजे-अव्वल उसके ख़िलाफ़ भेज दी-बजाय मेरे?

दारा शिकोह : धर्माट की लड़ाई में तुम इसलिए जीते, चूँकि जसवंत सिंह जैसे सूरमा को शाही हुक़्म की ख़ातिर अपने हाथ पीछे बाँध कर लड़ना पड़ा।

औरंगज़ेब : *(शान्ति से)* सामूगढ़ में क्या हुआ?

दारा शिकोह : ख़लीलुल्लाह ख़ाँ[90] ने दग़ाबाज़ी की।

औरंगज़ेब : और देवराई[91] में?

दारा शिकोह : *(चिढ़ जाता है)* मैं शिकस्त खा चुका। तुम्हारी फ़तेह हो चुकी। बस?

औरंगज़ेब : बोलन दर्रे से तुम कहाँ भागने की कोशिश कर रहे थे?

दारा शिकोह : पता नहीं। नादिरा बेगम ईरान नहीं जाना चाहती थीं। उनकी मैयत लाहौर पहुँच गयी?

औरंगज़ेब : अभी तक ख़बर नहीं आयी, पर हमने ताक़ीद कर दी है। वही होगा, जो भाभीजान की ख़्वाहिश थी।

(एक पल का विराम)

औरंगज़ेब : दादर ज़मींदार ने तुमको क़ैद कर हमारे दिल पर रखा हिन्दुकुश जैसे हटा दिया। मलिक जीवाँ को एक हज़ारी मनसब के साथ हमने नाम दिया बख़्तियार ख़ाँ। दारुल-सल्तनत में सरफ़राज़ हो वो घूमते हुए चाँदनी चौक गये, तो भीड़ ने थूका उन पर। तुमने सुना?

(दारा उसकी बात पर ध्यान नहीं देता।)

दारा शिकोह : ख़ुदा का करम कि इस मौजूदा की गवाह बनने से पेश्तर ही नादिरा बेगम को निजात मिल गयी। दरअसल हम तुम्हारे चंगुल में इसलिए भी फँसे, चूँकि उनके इन्तिक़ाल के बाद बिल्कुल सुन्न हो चुके थे।

औरंगज़ेब : *(सुर बदल जाता है)* तुम्हारा दर्द समझते हैं हम। हमने भी दिलरस बानो को खोया है।

दारा शिकोह : *(याद करते हुए)* जहाँ आरा आपा ने दोनों को पसन्द किया था।

औरंगज़ेब : उनसे मिलना चाहते हो?

दारा शिकोह : *(सख़्ती से नाहीं में सिर हिलाते हुए)* सब खो चुका; तन-मन से इतना थका हूँ। पशेमानी वा ज़िल्लत के ग़ारों से निजात दे दो मुझे—*(रो पड़ता है)* आज़ाद कर दो ज़िन्दगी से।

औरंगज़ेब : *(बनावटी ताज्जुब से)* इतनी जल्दी? अभी तो हमारा खेल शुरू हुआ है! *(सख़्ती से)* तुमने और शाहजहाँ ने तैंतीस बरस ज़िल्लत के जिन ग़ारों में डुबो कर रक्खा है मुझे, उनका हिसाब कौन देगा बुलन्द इक़बाल?

(ज़रा सा विराम)

औरंगज़ेब : तुम ऐसा एक लम्हा याद कर सकते हो, जब हम सचमुच नज़दीक़ आये थे?

(दारा शिकोह बात नहीं करना चाहता; इनकार में सिर हिलाता है।)

औरंगज़ेब : वो दिन याद हैं, जब ईरान कन्धार पर क़ब्जे की कोशिश में जुटा था और जहाँगीर ना शहरयार उसकी हिफ़ाज़त में? खुर्रम ने उनकी मदद से न सिर्फ़ साफ़ इन्कार कर दिया, बल्कि मौक़े का फ़ायदा उठाते हुए बग़ावत भी कर दी। उस रात मैं सो नहीं सका। अपने बाप के ख़िलाफ़ जाने वाला यह कैसा मुग़लिया ख़ून है? अब क्या होगा? दादाजान की कितनी ही तस्वीरें आँखों में कौंधती रहीं। जब खुर्रम की शिकस्त हुई, तो मैंने सोचा, ख़ुर्रम अब हमेशा के लिए गये। जहाँगीर की जगह मैं होता, तो हर्गिज़ नहीं छोड़ता। *(सुर बदलता है)* तुम क्या करते?

दारा शिकोह : पता नहीं।

औरंगज़ेब : *(ताज्जुब से)* पर नूरजहाँ के होते हुए भी जहाँगीर ने खुर्रम को छोड़ दिया—सिर्फ़ दकन में बसने की सजा दी। *(फिर सुर बदलता है)* फिर वो दिन आया, जब हमें दरबारे-जहाँगीर में बन्धक बनाकर भेजा गया। तुम्हें याद है वो दिन?

दारा शिकोह : *(धीरे-धीरे)* अम्मीजान बाग़ में अकेली थीं। उनके पास जाने की हिम्मत नहीं थी किसी में। हम दोनों घोड़ों की वर्ज़िश कर रहे थे। रौशन आरा आयी, पेड़ के पीछे छिपे-छिपे हमें देखा, फिर चली गयी। फिर आपा आयीं।

औरंगज़ेब : *(वैसे ही)* हम दोनों को एक-एक बाँह में भर लिया—*(अपनी बाँह की तरफ़ इशारे के साथ)* मेरी बाँह पर अभी भी उनके लिबास की छुअन का एहसास है। हल्के-से सिसकीं; फिर यकायक अलग हुईं; बेग चचा को हमें ले जाने का इशारा किया। बाँदियाँ आँसुओं के बीच अलविदा कह रही थीं। हालात की थोड़ी समझ से परेशान मैं तुम्हारी उँगली थामे चल रहा था। तब आपा झुकीं और उन्होंने तुम्हारे कान में कुछ कहा—*(उसकी तरफ़ देखता है)* क्या?

दारा शिकोह : *(टालने के ढंग से)* याद नहीं।

औरंगज़ेब : *(चेतावनी के ढंग से)* हम आख़िरी वक़्त साथ हैं दारा!

दारा शिकोह : उससे क्या फ़र्क पड़ेगा?

औरंगज़ेब : मैं हमेशा के लिए तुम्हारा हिसाब चुकाने वाला हूँ।

दारा शिकोह : *(बिना किसी ज़ज्बे के)* कहा था, तुम दोनों को कोई चोट पहुँचाने की कोशिश करे, तो पहला वार अपने ऊपर लेना।
(औरंगज़ेब इस ख़बर को ज़ज्ब करता है।)

औरंगज़ेब : तब मैं नहीं समझा कि बाबा हम दोनों का सर छूकर लम्हे भर में क्यों चले गये। फिर आहिस्ता-आहिस्ता हक़ीक़त भीतर ज़ज्ब हुई। चूँकि पोते दादा के क़ब्ज़े में हैं, इसलिए बेटा बाप के ख़िलाफ़ बग़ावत करने से पेश्तर दो बार सोचेगा। महज़ ज़मानत हैं पोते? दादा का पोतों के साथ कोई ज़ज्बा नहीं जुड़ा?
(दारा सुन रहा है।)

औरंगज़ेब : फिर मैं डर गया। सोचा, बाबा बग़ावत करेंगे, फिर हारेंगे और फ़रियाद करेंगे, दारा को छोड़ दो, औरंगज़ेब के साथ जो मर्ज़ी हो, करो।

दारा शिकोह : क्या बकवास कर रहे हो।
(औरंगज़ेब उसकी बात पर ध्यान नहीं देता।)

औरंगज़ेब : याद है, लाहौर पहुँचने पर दादी अम्माँ नूरजहाँ ने हमें पहली सौग़ात क्या दी थी?

दारा शिकोह : बन्दूक।

औरंगज़ेब : हथियारों में बन्दूक मेरी दूसरी पसन्द है। उसके इस्तेमाल का गुर क्या है—ठहरापन। लिबलिबी पर तुम्हारी उँगली है, नली वा नज़र शिकार पर, दिल की धड़कन ठहरी हुई। अब लम्हे के बिल्कुल सही हिस्से पर उँगली का बिल्कुल सही दबाव; फिर एक झटके में उसका नतीजा। तुम ऐसा कर लेते हो?

दारा शिकोह : इस बात पर मुन्हसिर करता है कि निशाना कौन है।

औरंगज़ेब : मैं कर लेता हूँ—यह मानते हुए कि निशाना दारा शिकोह हैं या शाहजहाँ। *(दारा शिकोह चुप रहता है।)*

औरंगज़ेब : जंग जब शुरू होती है, उससे पिछली रात सिपाही जैसे अँगारों पर लोटता है। सामूगढ़ की उस बेनींद रात तुम क्या याद कर रहे थे?

दारा शिकोह : याद नहीं।

औरंगज़ेब : मैं अपने ऊपर ढाये तुम बाप-बेटे के एक-एक ज़ुल्म का हिसाब लगा रहा था।
(दारा शिकोह चुप है।)

औरंगज़ेब : जंग को तुम कैसे बयान करोगे? इन्तिहाओं की दावत, वहशत का मीना-बाज़ार, मुअज्जिन की पुकार?

(दारा शिकोह चुप है।)

औरंगज़ेब : मेरे वास्ते जंग इबादत है। सर झुका देने के बाद यह नहीं देखा जाता कि सिजदा कुबूल हुआ या नहीं।

दारा शिकोह : तुम्हारा यह मुकालमा कब ख़त्म होगा?

(औरंगज़ेब कुछ और सोच रहा है।)

औरंगज़ेब : ख़ानदाने-मुग़लिया में ख़ून की फ़ितरत ऐसी क्यों है? बाबर के हाथ से फरगाना इसलिए निकला, चूँकि उनके भाई जहाँगीर मिर्ज़ा ने दरबार के चन्द बेगों के सहारे गद्दी हड़प ली और रहे-सहे इलाके मामा महमूद मिर्ज़ा ने हथिया लिये। हुमायूँ को भाई हिन्दाल और असकरी से निपटने में तो ख़ास मुश्किल नहीं हुई, पर कामरान के साथ कुश्ती लम्बी चली। तवारीख़े मुग़लिया में अकबर पहले हैं, जिन्हें भाई हकीम और बेटे सलीम, दोनों की बग़ावत कुचलने की ख़ुशनसीबी मिली। अब इसे वक़्त की ठिठोली ही कहा जाएगा कि जिस ख़ुर्रम ने भाई खुसरो के ज़रिये रची जा रही बाप जहाँगीर के क़त्ल की साज़िश का पर्दाफ़ाश किया, उसी ने आगे चल कर न सिर्फ़ बाप के ख़िलाफ़ बग़ावत की, बल्कि अपने हमख़ून के क़त्ल की लम्बी फ़ेहरिस्त में खुसरो का नाम भी जोड़ दिया। तवारीख़े-मुग़लिया में औरंगज़ेब पहला है, जिसने न सिर्फ़ बाप, बल्कि तीन-तीन भाइयों के ख़िलाफ़ फ़तेह हासिल की।

दारा शिकोह : तुम्हारे जश्ने-ताजपोशी के बीच ही तुम्हारे सबसे बड़े बेटे सुल्तान ने ही तुम्हारे ख़िलाफ़ बग़ावत कर दी।

औरंगज़ेब : *(गिरे सुर में)* मेरे ही वली-अहद को सलीमगढ़ जाना पड़ा।

दारा शिकोह : *(अन्देशे से)* हमारे बच्चे कहाँ हैं?

औरंगज़ेब : जहाँ ज़ेब रौशन आरा के पास है।

दारा शिकोह : *(ज़ोर देकर)* नहीं, उसे आपा के पास भेज दो। इतनी मेहरबानी करो।

(औरंगज़ेब हामी में सिर हिलाता है।)

दारा शिकोह : सिपिर शिकोह का क्या करोगे?

(औरंगज़ेब उसे अफ़सोस से देखता है।)

औरंगज़ेब : दारा, क्यों हमारी रिवायत की तौहीन कर रहे हो? अगर मैं और

सुल्तान तुम्हारी क़ैद में होते, तो मैं तुमसे यह सवाल पूछता?
(दारा शिकोह पल भर चुप रहता है।)

दारा शिकोह : सुलेमान शिकोह कहाँ है?

औरंगज़ेब : गढ़वाल राजा की पनाह में। *(खेलता है)* फ़िक्र मत करो। हमारे क़ब्ज़े में आ जायेगा।

दारा शिकोह : सरमद को तुमने क़ैद कर रखा है?

औरंगज़ेब : तुम्हारा सूफ़ी बिरादर कहता है, दोज़ख़ है ही नहीं! तुम क्या मानते हो?

दारा शिकोह : तुम इस बात की सनद हो कि दोज़ख न सिर्फ़ है, बल्कि शाहजहाँनाबाद में ही है!

औरंगज़ेब : *(मुस्कुराता है)* दादा भाईजू टूट रहे हैं, यह देख कर तसल्ली हुई।

दारा शिकोह : सरमद दरवेश है। उसे अकेला छोड़ दो।

औरंगज़ेब : काफ़िर है तुम्हारी तरह। तुम लोग मानते क्या हो? मज़हबों में एकता, सच्चाई की तलाश, हुनरपरदारी, ज़ाती हुकूक़—*(उसे देखता है)* दारा, आज हम दोनों *(इशारे के साथ)* अपनी-अपनी जगह क्यों हैं?

दारा शिकोह : तुम्हारे लिए मक़सद तक किसी भी तरीक़े से पहुँचना सही है; हमें मक़सद के साथ-साथ तरीक़ा भी सही चाहिए।

औरंगज़ेब : *(सख़्त हो जाता है।)* हाँ। अपनी फ़ौज के साथ सामूगढ़ को निकलते हुए तुमने क्या क़सम खायी थी?

दारा शिकोह : या अपने सर के बग़ैर लौटूँगा या औरंगज़ेब के सर के साथ।

औरंगज़ेब : अब वक़्त आ गया है कि तुम्हारा सर तुम्हारे बदन को अलविदा कहे।

दारा शिकोह : मैं तैयार हूँ।
(दोनों की नज़र मिली है।)

औरंगज़ेब : तुम्हारी ज़िन्दगी की सबसे बड़ी भूल क्या है?
(दारा शिकोह चुप है।)

औरंगज़ेब : मुझे एतराज़ नहीं तुमने कब कहा था?
(दारा शिकोह चुप है।)

औरंगज़ेब : शाहजहाँ, उनके कुटुम्ब, अवाम, और मुल्क़ के मुस्तक़बिल का सबसे बड़ा मोड़ लेने वाला दिन तुम्हें याद नहीं, जब चौदह बरस बाद होने वाली जंगे-विरासत का नतीजा दरअसल दर्ज

हो रहा था?

दारा शिकोह : तुम बता दो।

औरंगज़ेब : सुना है, शाहजहाँ से झड़प के बाद जहाँ आरा आपा मेरी बहाली का बेदस्तख़त हुक़्मनामा लिये बाहर चली गयीं। तुम पीछे दौड़े। कुछ लम्हों बाद हुक्मनामा लिये लौटे और शाहजहाँ को थमाते हुए कहा, मुझे एतराज़ नहीं। शाहजहाँ ने दस्तख़त करके, मुझे गुजरात का सूबेदार बनाते हुए, इस लम्हें की तामीर कर दी।

(दारा शिकोह चुप है।)

औरंगज़ेब : बेदख़ल होने के बाद देखते-देखते मेरा खेमा उजड़ गया था। दरबार में कहा जा रहा था, दंगल से पहले ही पहलवान शिकस्त खा गया। अब दारा को कोई नहीं रोक सकता। *(उसे देखता है)* आपा ने तुमसे क्या कहा था, जिससे तुमने अपनी मुखालिफ़त छोड़ दी?

दारा शिकोह : यह मेरे और उनके बीच है।

औरंगज़ेब : बेहद ज़रूरी है मेरा जानना।

दारा निकोह : उनसे पूछो।

(औरंगज़ेब दारा को देख रहा है; दारा की नज़र कहीं और है।)

औरंगज़ेब : अब पछता रहे हो न?

दारा शिकोह : तुम जो सोचोगे, तुम्हारे इख़्लाक़ी क़ंद के हिसाब से बौना ही तो होगा।

(औरंगज़ेब को गुस्सा नहीं आता।)

औरंगज़ेब : आख़िरी लम्हों में सच बोल दो।

दारा शिकोह : अगर आपा फिर अपने को दाँव पर लगा दें, तो फिर वही चुनाव करते हुए हम फिर हारना मन्ज़ूर करेंगे।

(अब औरंगज़ेब को गुस्सा आ जाता है।)

औरंगज़ेब : *(पत्र निकाल कर दिखाते हुए)* हारना कुछ लोगों की फ़ितरत ही होती है।

दारा शिकोह : वो एक कमज़ोर लम्हा था, जब मैंने तुम्हें ख़त लिखा।

औरंगज़ेब : *(उसे स्थिर नज़र से देखता है)* अगर मैं तुमसे हारता, तो कभी माफ़ी की फ़रियाद करता?

(दारा शिकोह चुप रहता है।)

औरंगज़ेब : *(नाराज़गी से)* मैं सलीमगढ़ में एड़ियाँ रगड़-रगड़ कर मरता,

फाँसी के तख़्ते पर एक झटके में मरता, मैदाने-जंग में ख़ून की उल्टियाँ करते हुए मरता, लेकिन तुम्हारे रूबरू माफ़ी की फ़रियाद लेकर नहीं आता, चूँकि मैं अपनी नफ़रत की क़ीमत चुकाना जानता हूँ। तुम और शाहजहाँ नफ़रत भी करना चाहते हो और उसकी क़ीमत भी चुकाना नहीं चाहते।

दारा शिकोह : *(ऊब कर)* हमारी बहस कभी ख़त्म नहीं होगी।

औरंगज़ेब : *(सच्ची उत्सुकता से)* तुम मेरी जगह होते, तो मेरा क़त्ल कैसे करते?

दारा शिकोह : कहना मुश्किल है। लेकिन मैं चाँदनी चौक में कीचड़ से लिथड़ी, बीमार बूढ़ी हथिनी पर बैठाकर तुम्हारा जुलूस नहीं निकालता।

औरंगज़ेब : *(अपने सीने की ओर इशारे के साथ)* हमारा मक़सद तुम्हारी ऐसी बेहुरमती थी, जो मुग़ल तो दरकिनार, कायनात में किसी शहज़ादे को नसीब नहीं हुई। तुम्हारी ख़ुदएतमादी को चकनाचूर करना था हमें, इसीलिए दिल्ली की गलियों में तुमको बदनसीबी का नुमाइशी शाहकार बना कर घुमाया।

दारा शिकोह : तुम्हारी आँखों के सामने लोगों ने इसकी मुखालिफ़त क्यों कर दी?

औरंगज़ेब : अभी उन्होंने मेरी सख़्ती, मेरी नाराज़गी नहीं देखी।

दारा शिकोह : फ़ौरन दिखाओ, पर ख़ुदारा, हमें ऊपर की परवाज़ दे दो।

औरंगज़ेब : *(मुस्कान के साथ)* अन्दाज़ लगा सकते हो, यह मुबारक काम कैसे अन्जाम दूँगा?

दारा शिकोह : *(बेजज्बा)* तुम कोई मज़हबी हथकंडा इस्तेमाल करोगे।

औरंगज़ेब : *(सच्चे प्रशंसा भाव से)* ओह दारा, हम एक-दूसरे को कितनी अच्छी तरह समझते हैं।

दारा शिकोह : एक ही माँ का दूध जो पिया है।

औरंगज़ेब : यह सच है कि तुम्हारी लाश देखना मेरी ज़िन्दगी का एक बुनियादी मक़सद है, लेकिन यह भी सच है कि तुम्हारी कमी भी खलेगी मुझे। तुम्हारे लिए मेरा जो ज़ज्बा है, उसी ने मुझे बादशाहत तक पहुँचाया। *(दारा को गले लगाता है।)* तुम्हें यह बताना मेरा बिरादराना फ़र्ज़ है कि तुम्हारी कब्र नहीं होगी, ताकि मेरी मुख़ालिफ़त का कोई नुमायाँ मरक़ज़ न बन सके। **(दारा हामी में सर हिलाता है।)**

औरंगज़ेब : कोई आख़िरी ख़्वाहिश?

दारा शिकोह : नहीं।

औरंगज़ेब : मेरी एक है।

(दारा शिकोह उसे आशंका से देखता है—ये अब फिर कोई मानसिक रूप से विकृत बात कहेगा।)

औरंगज़ेब : आख़िरी बार शाहजहाँ से मिल लो।

दारा शिकोह : तुम छिप कर देखोगे?

औरंगज़ेब : *(हामी में सर हिलाते हुए)* तुमको देख कर शाहजहाँ का दिल जिस शिद्दत से तड़पेगा, उसका गवाह बनते हुए मेरा ज़िन्दगी भर का ग़मो-गुस्सा जायज़ हो जाएगा।

(दारा शिकोह उसे भर्त्सना से देख रहा है।)

दारा शिकोह : औरंगज़ेब, क़िला-ए-मुअल्ला में तुम जो अपना ज़ाती दोज़ख़ बना रहे हो, वो मुबारक! ख़ुदा तुम्हें सौ साल की उम्र अता फ़र्माए। तबाही और बरबादी की एक के बाद एक बुलन्द सरहदें पार करते जाओ, पर एक मुकाम आएगा आलमगीर, जहाँ अपने मनहूस क़दमों से उठे धुएँ के बादलों से घिरे, तुम तनो-तन्हाँ साँस लेने को तड़पोगे, चूँकि तुम्हारे भीतर सिर्फ़ अँधेरा है, और वो भी बहुत घना। मैं तुमको अनदेखा करता हूँ। तुम मेरी नफ़रत तो छोड़ो, मेरी नज़र के भी क़ाबिल नहीं।

(नेपथ्य में नक़ीब के एलान के साथ सिपाहियों का प्रवेश। सिपाही द्वार के दोनों तरफ़ खड़े हो जाते हैं।)

नक़ीब : *(नेपथ्य में)* अल-सुल्तान अल-आज़म वल ख़ाकाँ अल-मुकर्रम—

(एलान के बीच दारा का प्रस्थान। पीछे सिपाही। औरंगज़ेब देख रहा है।)

नक़ीब : *(नेपथ्य में)* अबुल-मुज़फ़्फ़र, मुहीउद्दीन मुहम्मद, औरंगज़ेब बहादुर आलमगीर[93] पादशाह ग़ाज़ी।

(अँधेरा होता है।)

दृश्य–16

आगरा क़िले का मुसम्मन बुर्ज। दिन।

(जहाँ आरा अकेली है। रौशन आरा आती है।)

रौशन आरा : *(अर्थभरी मुस्कान से)* बड़ा सन्नाटा है—न मुलाक़ाती, न अदीब, न सूफ़ी संगी!

जहाँ आरा : मुबारक हो रौशन, तुमने बाज़ी जीत ली!

(रौशन आरा मुस्कुराती है।)

रौशन आरा : रौशन आरा मनहूस, बेहुनर, बदसूरत। जहाँ आरा हसीन, ज़हीन, हुनरमन्द, नफ़ीस। माँ के दिल की धड़कन, बाप की आँखों का तारा। सबकी अज़ीज़। सबसे अज़ीज़ शहज़ादे की अज़ीज़; दरबार और अवाम की अज़ीज़। बोलती है तो गोया गुल कतरती है।

(जहाँ आरा भावहीन सामने देख रही है।)

रौशन आरा : अब चुप क्यों हैं?

जहाँ आरा : तुम जो बोल रही हो।

रौशन आरा : यह तुम्हारी एक और ख़ूबी है। दूसरे का गुबारे-ख़ातिर[94] ख़ामोश सुन लेती हो; अपने ख़याल दिल की गहराइयों में उतारती जाती हो।

(चुप्पी)

रौशन आरा : अपनी ताजपोशी के बाद शाहजहाँ ने नूरजहाँ को दारुल–सल्तनत में रखना मन्ज़ूर नहीं किया था। क्यों?

जहाँ आरा : उनसे ख़तरा जो था।

रौशन आरा : लाहौर में रावी किनारे अपने महल के दिलकुशा बाग़ में शाखों के पत्ते गिना करती थीं। अब वही आपको करना है, लेकिन कच्छ रेगिस्तान में।

जहाँ आरा : *(बैराग से)* जहाँ मर्ज़ी हो, भेज दो।

रौशन आरा : सूरत की जागीर शाहजहाँ ने नूरजहाँ से लेकर आपके नाम कर दी थी। अब वो हमारे नाम होगी।

जहाँ आरा : दस्तख़त कहाँ करना है?

रौशन आरा : उसकी ज़रूरत नहीं। फ़तेह के बाद दुश्मन की जायदाद क़ानूनन फ़तेहयाब की हो जाती है।

जहाँ आरा : दूसरी सब जागीरें वा कारख़ाने भी ले लो। हमारे जेवरात महल में ही हैं—बल्कि महल भी ले लो।

(रौशन आरा उसकी तरफ़ देख रही है।)

रौशन आरा : *(सुर बदल जाता है)* आलमगीर से हमने गुजारिश की, *(नर्मी से)* तीसहज़ार पेड़ों वाले बाग़ में जहाँ आरा महल ख़ाली पड़ा है। वहाँ हम रहेंगे। उन्होंने हमें ऐसे देखते हुए कहा, *(ठंडे ग़ुस्से से देखने का नमूना देते हुए)* नहीं। *(जहाँ आरा के देखते हुए आरोप के सुर में)* मुझे लाल क़िले के बाहर रहने की इजाज़त नहीं। क्यों? मुझसे आलमगीर को ख़तरा है, जबकि जंगे-विरासत उसकी जंग कम, हमारी ज़्यादा थी।

जहाँ आरा : *(डाँट के सुर में)* तुमने मुँह खोल कर क्यों अपनी बेहुरमती करवाई? हमारे मनहूस भाई हमको रुलाने के सिवा और कुछ नहीं कर सकते!

(विराम)

रौशन आरा : आलमगीर ने पूछा है, आप कहाँ रहना चाहती हैं?

जहाँ आरा : यहीं।

रौशन आरा : *(चौंकती है)* शाहजहाँ के साथ? क़ैद में?

(जहाँ आरा हामी में सिर हिलाती है।)

रौशन आरा : आपने हमारे दिल से बहुत बड़ा बोझ हटा दिया।

जहाँ आरा : दिल्ली रह कर तुम्हारा रुत्बा घटाने का हमारा कोई इरादा नहीं।

रौशन आरा : रुत्बा तो हमारा घट चुका। अगर दारा शिकोह की फ़तेह होती, तो ग्यारह तोपों की सलामी का मुस्तहक़ पादशाह बेगम ओहदा आपके पास ही रहता न?

जहाँ आरा : रिवायत के मुताबिक़ बादशाह की सबसे बड़ी कँवारी बेटी को दिया जाता है। चुनाँचे ज़ेबुन्निस बन गयी।

रौशन आरा : बादशाह चाहे, तो बहन को बना सकता है?

जहाँ आरा : बादशाह चाहे, तो क्या नहीं कर सकता।

रौशन आरा : मेरा इस्तेमाल करके औरंगज़ेब ने मुझे फेंक दिया एक तरफ़।

जहाँ आरा : *(प्यार से उसका सर सहला सकती है)* रौशन, इन भाइयों से उम्मीद रखने की बुनियादी ग़लती हम करते ही जाते हैं।

(रौशन आरा पास रखी बयाज़ देखती है।)

रौशन आरा : ये तो ज़ेबुन्निसा की बयाज़ है।

जहाँ आरा : थोड़ी देर पहले गयी।

रौशन आरा : *(मुस्कुराती है)* परवरदिगार भी मज़ाक़िया हैं। औरंगज़ेब की बेटी को शायर भी बना दिया और सूफ़ी भी। *(हँसती है, फिर गम्भीर हो जाती है)* दारा की नामौजूदगी के बाद बाप-बेटी में बेहद तनाव चल रहा है।

(जहाँ आरा चुप रहती है।)

रौशन आरा : *(थैली रखते हुए)* जश्ने-ताजपोशी पर आलमगीर ने आपको पाँच लाख की नज़र दी है।

(जहाँ आरा हामी में सर हिलाती है।)

रौशन आरा : बाबा का बुख़ार ठीक हुआ?

(जहाँ आरा हामी में सर हिलाती है; ज़रा हिचकिचाती है।)

जहाँ आरा : वो तुमसे मिलना पसन्द नहीं करेंगे।

रौशन आरा : *(सख़्ती से)* उनकी शक्ल देखना कौन चाहता है? हम आपसे मिलने आये हैं आपा!

जहाँ आरा : शुजा की कोई ख़बर मिली?

रौशन आरा : मुर्शिदाबाद परगने में मुग़ल फ़ौज का कुछ नुकसान किया उन्होंने, पर मीर जुमला ने पटना से एक सौ पचास नावें मँगवायीं और बंगाल की महानन्दा नदी का एक सुनसान घाट पार कर शुजा की उम्मीद पर आख़िरी दरवाज़ा बन्द कर दिया। शुजा ढाका को भाग गये, पर उनका पीछा जारी है।

जहाँ आरा : भाभियाँ?

रौशन आरा : उनके साथ हैं। हिन्दुस्तान से नहीं भागे, तो बचेंगे नहीं।

जहाँ आरा : मुराद बख़्श को कहाँ दफ़नाया?

रौशन आरा : ग्वालियर क़िले में—*(मज़े की मुस्कान से)* पता नहीं, किसने उसका नाम रख दिया—गद्दार की कब्र; तो अब वही चल निकला, जबकि गद्दारी औरंगज़ेब ने की है!

(जहाँ आरा चुपचाप सुनती है।)

रौशन आरा : नजाबत ख़ाँ का निकाह है आज।

(जहाँ आरा पल के हिस्से में ख़बर ज़ज़्ब करती है।)

जहाँ आरा : *(स्वयं पर नियन्त्रण के साथ)* हम उनकी ख़ुशी के लिए दुआ करेंगे।

रौशन आरा : दारा की फ़तेह होती, तो अभी हम आपके निकाह का जश्न मना रहे होते।

जहाँ आरा : इस जंग में जो कुछ हम लोगों पर बीता और बीतता जा रहा है, उसके चलते साँस के लिए भी कोशिश करनी पड़ती है। उस ज़ज्बे के ख़याल का भी हौसला नहीं।

रौशन आरा : अगर दारा को फ़तेह मिली होती, तो आप मेरे साथ कैसा सुलूक करतीं?

जहाँ आरा : *(शुरुआत गुस्से से होती है)* तुम्हारे दिमाग़ में कहाँ का भूसा भरा है? यह हम तीनों की बाबत नहीं, यह भाइयों की इना[95] और ताक़त की बाबत है; यह ताज और तवारीख़ की बाबत है। *(अब सुर में गुस्सेभरी करुणा आने लगती है)* यह दुनिया के सबसे बदनसीब कुटुम्ब में पैदा हो जाने की बाबत है। दारा की फ़तेह होती, तो बिसात पर मुहरे ज़रूर बदल जाते, पर चालें वही रहतीं; और इस वक़्त मैं आधे मन से जीत का जश्न मनाने के साथ इस जद्दोजहद में लगी होती कि औरंगज़ेब की जान कैसे बचायी जाय! *(रंज से)* रौशन आरा, जंग का नतीजा कुछ भी सही, हम बहनों को बस पाटों के बीच पिसना है।

रौशन आरा : *(गुस्से से)* पिसेंगे। उसी में जीने का तरीक़ा ढूँढ़ेंगे।

(जहाँ आरा उँगली से अँगूठी उतारती है; रौशन आरा को देती है।)

रौशन आरा : *(अँगूठी दिखाते हुए)* मरियम मलकानी, मरियमुज़्ज़मानी, नूरजहाँ, और जहाँ आरा के बाद अब रौशन आरा बेगम साहिब फ़र्मान जारी करेंगी।

(जहाँ आरा के हामी में सर हिलाने के साथ रौशन अँगूठी पहन लेती है। गौहर आरा ऐसे आती है, जैसे जादू में बँधी हो। हाथ में एक मसविदा।)

गौहर आरा : *(विभोर)* उस दुनिया में हम जीते हैं, उसमें यह भी हो सकता है?

(जहाँ आरा व रौशन आरा चौंक जाती हैं।)

गौहर आरा : हमारी ज़िन्दगी में कुछ भी सही नहीं था। सुबहो-शाम ग़लत

थे, एहसासो-ज़ज्बात ग़लत थे, उम्मीदो-ख़्वाब ग़लत थे। *(मुस्कान के साथ)* फिर ख़ुशबू का एक झोंका आया और *(अपने दिल की तरफ़ इशारा करते हुए)* ज़ंग-लगे दरीचों के बावजूद भीतर समा गया। हम कभी इस तरह नहीं जागे कि दिल मद्धिम-मद्धिम गुनगुना रहा हो—*(दोनों को देखते हुए)* हम निकाह करेंगे।

रौशन आरा : होश में तो हो?

गौहर आरा : *(दोनों को देखते हुए)* जहाँगीर की कुल चौदह बेटियों में से चौथी, बहार बानो का निकाह हुआ था।

(मसविदा बढ़ाती है; रौशन आरा ले लेती है।)

रौशन आरा : *(पढ़ते हुए)* मुहम्मद हादी की तहरीर।

जहाँ आरा : जहाँगीर के तवारीख़निगार थे।

रौशन आरा : कहाँ मिली?

गौहर आरा : सिकन्दरा के कुतुबख़ाने[96] में। शहज़ादे तैमूरस्प मिर्ज़ा से बहार बानो का पुराना लगाव था। शहज़ादे लाहौर क़िले में क़ैद थे।

रौशन आरा : किसलिए?

जहाँ आरा : *(जहाँ आरा से)* बादशाह के ख़िलाफ़ साज़िश के अलावा शहज़ादे और करते क्या हैं!

गौहर आरा : बहार बानो घुल-घुल कर मरने लगीं। साहिबे-जमाल बेगम साहिबा—

जहाँ आरा : जहाँगीर की आठवीं बेगम।

गौहर आरा : ने तरीक़ा सुझाया, बहार बानो को शहज़ादे के पास ले जाओ, चुपचाप रस्म कर दो, फिर दुल्हिन को वहीं छोड़ दो। हरमसरा में कह दो कि हज पर गयी हैं।

(मंच के उस हिस्से में प्रकाश होता है, जहाँ औरंगज़ेब खड़ा है।)

गौहर आरा : जहाँगीर कैसे राज़ी हुए, नहीं मालूम, पर निकाह हुआ।

(औरंगज़ेब मसविदा हाथ में लेता है; जाँचता है।)

औरंगज़ेब : शाही मुहर नहीं यानी मंज़ूर नहीं की गयी। दस्तूर के मुताबिक ऐसी तहरीर फाड़ दी जाती है, पर किसी ने जानबूझ कर ऐसा नहीं किया।

गौहर आरा : *(औरंगज़ेब से)* ग्वालियर क़िले में हमारा निकाह करवा कर वहीं क़ैद फ़र्मा दें।

औरंगज़ेब : *(सन्जीदा है)* कौन-से जुर्म में?

रौशन आरा : *(व्यंग्य से)* तुमको सज़ा के लिए जुर्म की ज़रूरत होती है?

(औरंगज़ेब रौशन को देखता है।)

गौहर आरा : तख़्ता पलटने की साज़िश करते हुए रंगे हाथों पकड़ा!

औरंगज़ेब : वो करता क्या है?

गौहर आरा : डाक का हरकारा है कमाल पाशा!

औरंगज़ेब : उसके काम का साज़िश से कोई तअल्लुक नहीं हो सकता।

गौहर आरा : हमारा तो हो सकता है।

रौशन आरा : *(हल्की मुस्कान से)* वो हम करते हैं गौहर! आपा भी बारीक़ नक़्क़ाशी में माहिर हैं। लेकिन तुम? कोई एतबार नहीं करेगा।

जहाँ आरा : ग्वालियर क़िला अन्दर से देखा है? बग़ैर वापसी का क़िला कहा जाता है उसे। वहाँ तुम शादी का सुख पाना चाहती हो?

गौहर आरा : कटा-फटा भी मन्ज़ूर है।

औरंगज़ेब : तुम्हारे होने वाले शौहर भी यही सोचते हैं?

(कमाल पाशा का प्रवेश)

कमाल पाशा : *(सबको सलाम करते हुए)* हाँ जहाँपनाह!

जहाँ आरा : तुम शादी की इतनी ऊँची क़ीमत चुकाओगे?

कमाल पाशा : *(गौहर आरा की ओर इशारे के साथ)* इन्हीं से जो करना चाहता हूँ।

रौशन आरा : क़ैद में तुम दोनों बस, एक-दूसरे का चेहरा देखते रहोगे?

(कमाल पाशा हामी में सिर हिलाता है।)

जहाँ आरा : बाहर की खुली हवा में तुम्हें दुल्हिन नहीं मिली?

(कमाल पाशा शरमा कर नाहीं में सिर हिलाता है।)

औरंगज़ेब : तुमको शुरू से मालूम था कि ये कौन हैं?

कमाल पाशा : नहीं। इन्होंने कहा था, मीर मुंशी के अस्तबल में नायब साईस की बेटी हैं।

रौशन आरा : *(गौहर आरा की ओर इशारे के साथ)* इनके पास कुछ दौलत है, पर क़ैदख़ाने में तुम उसका इस्तेमाल नहीं कर पाओगे।

कमाल पाशा : हमारी संगत रूह की है। इनके मिल जाने के बाद—ख़ुदा माफ़ करे—दुआ माँगना ही बन्द कर दूँगा।

औरंगज़ेब : क़ैद में तुम करोगे क्या?

कमाल पाशा : चरखे पर हाथ सधा है। चादर, धोती सब बना लेता हूँ।

जहाँ आरा : *(गौहर आरा से)* बहार बानो के बच्चों के बारे में क्या लिखा है?

गौहर आरा : कुछ नहीं।

रौशन आरा : ज़ाहिर है, क़ैद में पैदा हुए, क़ैद में बड़े हुए। *(गौहर आरा व कमाल पाशा से)* जो तुम दोनों की औलाद का भी होगा।

जहाँ आरा : उनकी तालीम का इन्तिज़ाम तो हम कर देंगे।

औरंगज़ेब : बच्चों को भी क़ैद में रखना पड़ेगा।

(गौहर आरा व कमाल पाशा चौंकते हैं।)

गौहर आरा : क्या?

जहाँ आरा : बाहर निकलेंगे, तो उन्हें दस तरह के सवालों से जूझना नहीं पड़ेगा?

रौशन आरा : फिर हक़ीक़त भी पोशीदा नहीं रह सकती।

(गौहर आरा व कमाल पाशा सन्नाटे में हैं; इस दृष्टि से उन्होंने सोचा ही नहीं था।)

औरंगज़ेब : माँ-बाप के इन्तिक़ाल के बाद बच्चों का क्या होगा? बालिग़ होने के बाद बाहरी दुनिया से उनकी पहली मुठभेड़ होगी? वो उस नयी ज़िन्दगी के साथ निभा लेंगे? कैसे? रोज़ी कैसे कमाएँगे? शाही मुलाज़िमत में? वल्यिदत में किनके नाम लिखेंगे?

जहाँ आरा : *(कमाल पाशा से)* तुम्हारे माँ-बाप कहाँ हैं?

कमाल पाशा : बहराइच में।

रौशन आरा : वो कभी तुमसे मिलना नहीं चाहेंगे?

कमाल पाशा : क्यों नहीं, मैं भी जब-जब उनसे मिलना चाहूँगा।

औरंगज़ेब : शादी की बाबत बताओगे, तो वो उसे पोशीदा कैसे रखेंगे? और कोई उन्हें इल्ज़ाम भी नहीं दे सकता।

(औरंगज़ेब के अगले संवाद के बीच तीनों शहज़ादियों के भीतर ग़ुस्सा उबलता जाता है।)

औरंगज़ेब : यह शादी पोशीदा नहीं रह सकती, इसलिए निज़ाम को बड़ी मुश्किल में डाल देगी। *(उँगली पर गिनता है)* एक; कौन-सा इल्ज़ाम लगा कर क़ैद में रखा? दो; बच्चों का कोई मुस्तक़बिल हम देख नहीं पाते। तीन; दो दिन बाद कोई और शहज़ादी उठ खड़ी होगी कि गौहर आरा के रास्ते पर हमें भी चलना है, तो? हमारी ख़ुद की पाँच बेटियाँ हैं। हमें ताज्जुब नहीं होगा, अगर हरमसरा की तमाम शहज़ादियाँ सलीमगढ़ का दरवाज़ा पीटती हुई दिखाई दें। सलीमगढ़ शाही क़ैदख़ाना है—शहज़ादियों की

ससुराल नहीं।

जहाँ आरा : *(सख़्ती से)* ख़ुदा का शुक्र कि तुमने ख़ुद तस्लीम कर लिया। *(फूट कर)* आलमगीर, एक सदी से बन्द इस अँधेरे तहख़ाने को खोल दो, *(गौहर आरा की तरफ़ इशारे के साथ)* आज़ाद कर दो इसे! *(रौशन आरा व अपनी ओर इशारे के साथ)* हम दोनों ने अपने हिस्से की धूप-छाँव देख ली, पर गौहर के पास थोड़ा वक़्त है। भतीजियों-भांजियों की बड़ी जमात सहमते-सहमते जवान हो रही है; उनकी आहों का एहतराम करो।

औरंगज़ेब : यह बात हमारे ज़ेहन में है, लेकिन इस पर ग़ौरो-फ़िक्र दरकार है।

रौशन आरा : *(कमाल पाशा की ओर इशारे के साथ भड़क उठती है)* अब ये बहनोई तुम्हारे लिए ख़तरा बन सकता है?

गौहर आरा : *(वैसे ही)* हम पर पाबन्दी जारी रखने के साथ अपनी और बेटों की नसबन्दी क्यों नहीं करवाते?

जहाँ आरा : ग़रीब बहनों को और कब तक तन-मन की आग में जलाते रहोगे?

औरंगज़ेब : *(शान्ति से)* मुग़ल बादशाह चार से ज़्यादा बेटे पैदा नहीं करते थे। हमने ग़लती से पाँचवाँ भी कर लिया। हम समझते थे, हम शाहजहाँ की तरह लाड़-प्यार नहीं करते; सख़्ती बरतते हैं, इसलिए बेटों का दिमाग़ दुरुस्त रहेगा। पर सबसे बड़े सुल्तान ने ही शाह शुजा से गठजोड़ करते हुए बग़ावत का घूँसा हमारे कलेजे पर मारा। हम बहुत नाराज़ हैं गौहर! तुम्हारे हाथों पर निकाह की हिना नहीं लगेगी।

रौशन आरा : *(सख़्ती से)* मत लगने दो, पर इससे वो दिन नहीं टल सकता, जब तुम्हारा कोई दूसरा सपूत भी क़व्वालि-ए-बग़ावत गाते हुए तुम्हारे कलेजे से वैसे ही लहू निकालेगा, जैसे तुमने अपने बाप का निकाला है।

औरंगज़ेब : *(नाराज़गी से)* ख़ुद को क़ाबू में रखिए छोटी आपा!

रौशन आरा : *(वैसी ही नाराज़गी से)* पहले तुम अपने पर क़ाबू रखो। हमने तुम्हारी ख़ातिर अपने को दाँव पर लगा दिया, फिर भी तुमने तीन दिन पहले हमारे उस महबूब का क़त्ल करवाया, जिससे हज़ार बरस तुम्हारी जूतियों की ग़र्द को भी ख़तरा नहीं था। **(औरंगज़ेब उसे ठंडी नज़र से देखता है।)**

औरंगज़ेब : आप अपने कौन-से महबूब का ज़िक्र कर रही हैं?

रौशन आरा : *(गुस्से से)* शाहजहाँ की आह तुमको लगे न लगे, लेकिन बहन के झुलसते कलेजे की आह एक न एक दिन ज़रूर डँसेगी आलमगीर!

औरंगज़ेब : *(नाराज़गी से)* इस ग़लतफ़हमी में मत रहिए कि आप सज़ा से ऊपर हैं।

रौशन आरा : तब्दीलिए-ए-ताज में कम अज़ कम तीन दर्ज़न मौतों का ख़ून सीधे तुम्हारे हाथों पर है। तुम्हें क़सम है कुराने-पाक की, उनमें हमारा नाम भी जोड़ दो।

औरंगज़ेब : आपको अन्दाज नहीं कि ये करते हुए हमारा दिल कितना हल्का हो जाएगा, लेकिन—

जहाँ आरा : *(यकायक भड़क उठती है)* ख़ामोश! अकेला छोड़ दो हमें खुदा के वास्ते! कितना सहेंगे, कहाँ तक सहेंगे। सहने की भी इन्तिहा होती है—*(छाती पीटते हुए)* सीने में पत्थर नहीं—*(ऊपर देख पुकारती है)* अम्मी, बुला लो हमें भी! सौगन्ध तो पूरी हो नहीं सकी, फिर क्यों जला रही हो यहाँ? ऐसा नामुराद है तुम्हारा शीराज़ा, जो बिखर कर ज़र्रा ज़र्रा होना ही जानता है—*(अपने को दुहत्थड़ मारते हुए चीत्कार करती है)* बाआआबअर, ताक़यामत थू-थू करेगा ज़माना तुम्हारे ख़ून पर—मेरे ख़ून पर—
(सब सुन्न! अँधेरा।)

दृश्य–17

मुसम्मन बुर्ज। शाम।

(जहाँ आरा व शाहजहाँ बैठे हैं।)

जहाँ आरा : नदी किनारे टेकरी पर शहतूत का पेड़ था। उससे एक पत्ती झरी। अम्मी ने हम तीनों बहनों को देखा, तुम क्या बनना चाहोगी? पत्ती, जो हवा के झोंकों पर ख़ुशी के महज़ सौ लम्हों तक अठखेलियाँ कर रही है, अगले लम्हें गिरने और मुर्झाने से पेशतर बनमैथी और शहद की ख़ुशबू अपने अन्दर बसा रही है या सौ बरस पुराना पेड़? हमने कहा, पेड़।

शाहजहाँ : क्यों? ख़ामोश खड़ा ही तो रहता है।

जहाँ आरा : दूसरों की ख़ुशी का गवाह बनते हुए ख़ुशी महसूस करता है। ख़ुशी उसकी ज़ाती नहीं होती।

शाहजहाँ : *(दार्शनिक भाव से)* बस, दर्द होता है।

(चुप्पी)

शाहजहाँ : कभी हम अपने साथ एक खेल खेलते हैं। आँखें बन्द कर तसव्वुर करते हैं कि जंगे–विरासत में दारा शिकोह ने फ़तेह पा ली; तुम्हारे साथ किया वादा पूरा किया। तुम अपने घर में हो— शौहर और बच्चों के साथ।

(जहाँ आरा पल भर अपनी वैकल्पिक ज़िन्दगी की कल्पना करती है; फिर बिना किसी भाव के अगला संवाद बोलती है।)

जहाँ आरा : कैसा ज़बर्दस्त अंधड़ आया था! जब हम जंगे–विरासत का ज़िक्र करते हैं, तब क्या हमें एहसास होता है कि ज़ाती और निज़ामी जंग के ताने–बाने कैसा एक–दूसरे से उलझ गये थे;

एक सल्तनत का शीराज़ा बिखरने के बीज एक कुटुम्ब के टूटने में छिपे थे! बाप बनाम बेटा, भाई बनाम भाई, बहन बनाम बहन के जोड़ तक पहुँचने वाले हसद, हसरत, वा नफ़रत जैसे ज़ज्बात सरासर ज़ाती थे, पर उनसे मुल्क़ की तवारीख़ और तक़दीर बदल गयी।

(बाँदी आती है, कुछ रेखाचित्र जहाँ आरा को देकर चली जाती है। जहाँ आरा एक-एक कर देखती है।)

शाहजहाँ : क्या है?

जहाँ आरा : सलीमगढ़ से सिपिर शिकोह के ख़ाके आये हैं।

शाहजहाँ : कैसा है?

(जहाँ आरा एक ख़ाक़ा बढ़ाती है कि ख़ुद देख लो; शाहजहाँ इन्कार से सर हिलाता है।)

शाहजहाँ : तुम बता दो।

जहाँ आरा : गालों की हड्डियाँ उभर आयी हैं। आँखों के कोटर नुमायाँ हो गये हैं।

शाहजहाँ : पोस्त[97] की मिक़दार हर चौथे माह बढ़ायी जाती है।

जहाँ आरा : वो आपका तरीक़ा था। औरंगज़ेब ने बदल दिया होगा।

शाहजहाँ : *(झुँझला कर)* जैसे सुलेमान शिकोह के साथ किया, वैसे ही एकबारगी सिपिर का ख़ात्मा क्यों नहीं करवा देता औरंगज़ेब?

जहाँ आरा : जहाँगीर ने ख़ुसरो को एकबारगी ही ख़त्म करवाया था? पहले आँखें फोड़ी थीं। सोलह बरस बाद उनकी साँसें आपने तोड़ीं।

शाहजहाँ : पर शहरयार, होशुंग, और तहमूरस को तो एकबारगी ही ख़त्म किया था हमने।

जहाँ आरा : औरंगज़ेब को सुझाव दे दीजिए।

शाहजहाँ : इज़्ज़त बख़्श के ख़ाके आये?

जहाँ आरा : उसे ग्वालियर क़िले में भेज दिया गया।

शाहजहाँ : मुराद की बेटियाँ कहाँ हैं?

जहाँ आरा : कुछ दिन सुहागपुरा में थीं। ज़ेबुन्निसा दौलताबाद से आयी, तो हरमसरा में ले गयी।

शाहजहाँ : ज़ेबुन्निसा यहाँ आती है। हमसे नहीं मिलती?

जहाँ आरा : आपसे डरती है।

शाहजहाँ : छोटी-सी थी, जब पहली बार देखा था।

जहाँ आरा : आठ बरस की थी। तीनों भाई परेशाँ आये थे अपने-अपने सूबे से।

शाहजहाँ : आठ माह अकबराबाद में जैसे मर्सियाख़्वानी होती रही।

जहाँ आरा : सत्तर फ़ी सदी जलने के बाद कोई बचता नहीं। हम क्यों बच गये?

शाहज़हाँ : ग़ुस्ले-सेहत के बाद तुमने ज़ेवर की सौग़ात से तस्कीन कर ली होती, तो आज दारा शिकोह छठवें बादशाह होते।

जहाँ आरा : जिस दिन हम औरंगज़ेब की बहाली की अपनी उस माँग को ग़लत मान लेंगे; अम्मीजान से हमारा रिश्ता फ़ौरन ग़लत हो जाएगा।

(शाहजहाँ सोच रहा है।)

जहाँ आरा : क़ैदी शहज़ादे के ख़ाके बनवाने और बादशाह को भेजने की रिवायत किसने शुरू की थी?

शाहजहाँ : जहाँगीर ने की होगी। उनसे पहले कोई शहज़ादा देर तक क़ैद में नहीं रखा गया।

जहाँ आरा : सुहागपुरा भी उन्हीं की ईजाद होगा?

(शाहजहाँ हामी में सर हिलाता है।)

जहाँ आरा : *(कड़वी मुस्कान से)* क्या तख़ैयुल है मुग़ल बादशाहों का। बाग़ी शहज़ादों को क़ैद या क़त्ल; उन सबके बीवी-बच्चे जहाँ सारी ज़िन्दगी क़ैद, उसका नाम सुहागपुरा!

शाहजहाँ : *(कुछ नाराज़गी से)* ये ख़ाके सिर्फ़ औरंगज़ेब के पास जाने चाहिए। यहाँ नक़ल किसने भेजी?

(जहाँ आरा चुप है।)

शाहजहाँ : *(गुस्से से)* रौशन आरा! उस बदबख़्त का नाम आते ही मितली हो जाती है! दारा के क़त्ल की ख़ातिर औरंगज़ेब से ज़्यादा बेताब थी वो! या ख़ुदा, एक से एक नमूने पैदा किये हैं हमने!

जहाँ आरा : *(सख़्ती से)* ज़ब्त कीजिए। दिल पर दबाव नहीं। ख़ाके औरंगज़ेब भेजते हैं।

शाहजहाँ : क्या-क्या देख लिया हमने; फिर भी बेशर्मी से जिए जा रहे हैं! हमारे हाथ से क़िले की चाबियाँ छीन ली गयीं; हम ज़िन्दा रहे। सर से ताज उठा लिया गया; हम जिन्दा रहे। दारा का कटा सर देख लिया; हम ज़िन्दा रहे। मुराद बख़्श का क़त्ल, शाह शुजा का अराकान जंगल में ग़र्क हो जाना; सबसे अजीज़ नादिरा को मिला कर चार बहू बेगमों की दर्दनाक मौत; चार सुहागपुरा में साँसों का बोझ ढोती हुईं; तीन पोते वा चार पोतियाँ

अराकान में अल्लाह की प्यारी; चार पोतों का क़त्ल; दो शाही क़ैद में; कुल छै जवान पोतियाँ अपनी ज़िन्दगी का मर्सिया पढ़ती हुई; जीते-जी बेदख़्ल होने वाले पहले मुग़ल शहंशाह का ख़िताब, पर फिर भी ज़लील साँसों का बोझ ढोये जा रहे हैं शाहजहाँ—

जहाँ आरा : अपने ख़ानदान में हर नया शहंशाह अपने ही ख़ून के ख़िलाफ़ ज़ुल्मत के नये मैयार बना रहा है।

शाहजहाँ : थोड़ी-सी पोस्त हमें भी दे दे आलमगीर ज़िन्दापीर—

जहाँ आरा : दवा के नाम पर ज़हर भेजा था उन्होंने! हकीम ने इन्कार कर दिया।

शाहजहाँ : हकीम को बर्ख़ास्त कर देना चाहिए।

(विराम)

शाहजहाँ : सर पर ताज होता, तो अभी हम हाथियों का जुलूस देख रहे होते।

जहाँ आरा : आज सोमवार नहीं, जुमा है।

शाहजहाँ : सुना है, आलमगीर की आरज़ू है कि वो जुमे को साँस तोड़े।

(जहाँ आरा हामी में सर हिलाती है। विराम।)

शाहजहाँ : कल मुतमाद ने हमें तीसरा जाम नहीं दिया।

जहाँ आरा : हूँ—

शाहजहाँ : वो हमारी पसन्द की नयी चप्पलें भी नहीं लाया। बोला, आठ रुपये बरबाद नहीं कर सकते।

जहाँ आरा : हूँ—

शाहजहाँ : मुमताज़ के हुज़ूर में जाकर फ़ातिहा पढ़ने को जी चाहता है।

जहाँ आरा : आपको बाहर निकलने की इजाज़त नहीं।

(ज़रा सी चुप्पी)

शाहजहाँ : मुहम्मद सुल्तान का जवाब आया?

जहाँ आरा : नहीं।

शाहजहाँ : दिल्ली से आगरा ख़त आने में अब कितने दिन लगने लगे?

जहाँ आरा : आपका ख़त वा तोहफ़ा सलीमगढ़ दारोग़ा ने वापस भेज दिया।

शाहजहाँ : क्यों?

जहाँ आरा : वजह नहीं दी गयी।

शाहजहाँ : *(बनावटी भोली मुस्कान से)* बेताज बादशाह अपने प्यारे पोते को सालगिरह पर मुबारकबाद नहीं दे सकता?

जहाँ आरा : आलमगीर सब समझते हैं।

शाहजहाँ : *(मज़ा लेते हुए)* क्या समझते हैं?

जहाँ आरा : कि आप उनके ज़ख्मों पर नमक छिड़क रहे हैं।

शाहजहाँ : *(बड़ी मुस्कान से)* हमने सोचा नहीं था कि मुहम्मद सुल्तान हमको इतना ख़ुश कर देगा—और वो भी इतनी जल्दी! काश, हम उस वक़्त सफ़ेद साँप का चेहरा देख सकते, जब उसे अपने वली-अहद की बग़ावत की ख़बर मिली थी!

जहाँ आरा : अगर आप ख़ुद को क़ाबू में नहीं रखेंगे, तो आपमें और औरंगज़ेब में कोई फ़र्क नहीं रह जाएगा।

शाहजहाँ : *(दलील की संजीदगी के साथ)* फ़र्क क्यों रहना चाहिए? हमने जीते-जी अपनी आह का असर देख लिया, तो हमें मसर्रत से मदहोश क्यों नहीं हो जाना चाहिए?

जहाँ आरा : *(डाँट के सुर में)* शाहजहाँ की बग़ावत पर जिस तरह जहाँगीर का दिल तड़पा था, औरंगज़ेब की बग़ावत पर जिस तरह शाहज़हाँ का दिल तड़पा था, सुल्तान की बग़ावत पर उसी तरह औरंगज़ेब का दिल भी तड़प रहा होगा।

शाहजहाँ : आख़िरी हिचकी तक तड़पता रहे, तभी तो हमारा कलेजा ठंडा होगा—बल्कि आख़िरी हिचकी भी देर की बजाय जल्दी आ जाए, तो बेहतर है। *(तड़प कर)* या ख़ुदा, हम पर रहम करो। आलमगीर ज़िन्दा पीर के सबसे अज़ीज़ बेटे शहज़ादे अकबर से बग़ावत करवा कर उसे फ़तेहयाब कर दो—

(जहाँ आरा नाराज़गी से खड़ी हो जाती है।)

शाहजहाँ : *(जैसे पागलपन का दौरा पड़ गया हो)* क़ैदी आलमगीर को बूढ़ी बीमार हथिनी पर बिठा कर चाँदनी चौक में उसका जुलूस निकालो और फिर उस कपूत का कटा हुआ सर हमारे पास बतौर तोहफ़ा—

जहाँ आरा : *(गुस्से से)* हम दिल्ली चले जाएँगे आपको तन्हाँ छोड़ कर—

(शाहजहाँ जहाँ आरा को रुकने का इशारा करता है।)

जहाँ आरा : (सख़्ती से) दिल के दौरे से बचना है, जो अर्जुमंद को याद कीजिए—

(शाहजहाँ अपने को सँभालता है।)

शाहजहाँ : *(अब सुर बदल जाता है)* इस बात का बड़ा मलाल है कि बादशाहत के बाद बस, चन्द दिन उनका साथ मिला।

जहाँ आरा : सोच कर हैरत होती है, अम्मी ने इतने लम्बे अर्से अपने ज़ज्बात किस तरह क़ाबू में रखे। *(याद करते हुए)* ख़ुसरो कैसे मरे?, अम्मी की आवाज़ आयी। बीमार थे, आपने जवाब दिया। बाद में हमने अम्मी से पूछा, चचा ख़ुसरो को सही मानो में क्या हुआ था? उन्होंने कहा, ताक़त से भी पहले एक अनासिर है, जिसे ख़ुदी[98] कहते हैं। जब वो अना में तब्दील हो जाती है, तो उसके रास्ते में आने वाले तमाम रोड़े कुचलने पड़ते हैं। *भले ही उसके दौरान हमारे भीतर भी बहुत कुछ कुचलता जाता हो?,* हमने पूछा। अम्मी चुप रहीं। आप अभी भी बाबा से प्यार करती हैं? जवाब मिला, हाँ। ख़ुसरो भी तुम्हारे बाबा के साथ वही करते। हमने शायद पहली बार अम्मी की बात काटी, हर्गिज़ नहीं।

शाहजहाँ : यह तुम किस बिना पर कह रही हो?

जहाँ आरा : हमने कई शहज़ादों को शाही क़ैद में तिल-तिल मरते हुए देखा, पर चचा ख़ुसरो का अन्दाज़ सबसे जुदा था। उनके सामने जाते हुए मैं शर्मिन्दा हो गयी, तो कहने लगे, *सूफ़ी, अफ़सुर्दा क्यों हो? शाहजहाँ के साथ हमारा रिश्ता अलग है, तुम्हारे साथ अलग।*

शाहजहाँ : आख़िरी लम्हों में तुम्हीं अर्जुमंद बानों के साथ थीं। क्या कहा था उन्होंने?

जहाँ आरा : उन्होंने ख़्वाब में देखा था; तख़्ते-ताऊस पर ख़ून की बूँदें टपक रही हैं।

(विराम)

शाहजहाँ : अर्जुमंद बानो होतीं, तो आलमगीर उन्हें भी हमारे साथ क़ैद कर देता?

जहाँ आरा : बहुत मुश्किल में पड़ जाता।

शाहजहाँ : अर्जुमंद बानो की रूह को कितनी ख़ुशी मिलती, अगर तुम्हारा निकाह हो जाता, तो—

जहाँ आरा : *(चिढ़ कर)* यह आप क्या राग लेकर बैठ गये?

शाहजहाँ : *(नापसन्दगी से)* तुम क्यों अपने बाल सुफ़ेद कर रही हो यहाँ? क़ैद में हम हैं, तुम नहीं। शाहजहाँनाबाद जाओ, अपनी पुरानी ज़िन्दगी में लौटो, ख़ुशी पाओ—

(जहाँ आरा पूरी ज़िन्दगी में संजोये गये दर्द के साथ मुस्कुराती है।)

जहाँ आरा : किसने कहा, मैं यहाँ ख़ुश नहीं?

शाहजहाँ : *(टेढ़ी नज़र से देख रहा है)* तुमको मुस्कुराए कितने बरस बीत गये?

जहाँ आरा : मुस्कान की एक क़िस्म अन्दरूनी होती है।

शाहजहाँ : यहाँ मिलती है तुम्हें?

जहाँ आरा : *(सामने देख रही है)* सिमटती हुई धूप में ताजमहल देखते हुए कभी अम्मी की पाज़ेब की खनक सुनाई देती है, कभी आवाज़, कभी हँसी। जिल्द पर उनके लम्स[99] सुगबुगाने लगते हैं, उनके इत्र की खुशबू महसूस होती है।

शाहजहाँ : उन्हें ताज में सुलाकर वहीं नाव से पूरा कुटुम्ब शाहजहाँनाबाद में बसने गया था। देखते-देखते महामारी फैली। कहा जाने लगा, नयी दारुल-सल्तनत मनहूस साबित हो गयी।

(चुप्पी)

जहाँ आरा : मनहूस ख़ूने-मुग़लिया है।

शाहजहाँ : मुमताज़ बेगम ने कहा था, कोहेनूर औरत इस्तेमाल करे, तो दुरुस्त, पर मर्द का ऐसा करना बदनसीबी को दावत देना है। हम हँसे, कहा, हीरों की परख में शाहजहाँ का सानी नहीं और तख़्ते-ताऊस में जड़ दिया।

जहाँ आरा : जन्नत में अम्मी जान मिलेंगीं, तो माफ़ी माँग लें।

शाहजहाँ : हम तो शर्तिया दोज़ख़ में जाएँगे। उनका दीदार नहीं होगा। तुमसे अलबत्ता मुलाक़ात होगी। क्या कहोगी?

(ज़रा-सा विराम)

जहाँ आरा : कब से रोक रखा है सैलाब। बस, गले लग कर दरीचे खोल देंगे।

(अजान। धीरे-धीरे अँधेरा होता है।)

दृश्य–18

मुसम्मन बुर्ज। दिन।

(रुद्रवीणा के सुरों के साथ प्रकाश होता है। जहाँ आरा अकेली किताब लिये बैठी है। औरंगज़ेब आता है; जहाँ आरा को देख रहा है, सलाम करता है; वह जवाब देती है।)

औरंगज़ेब : *(आसपास आवेग से)* आठ बरस के बाद मुसम्मन बुर्ज देखी।
(जहाँ आरा चुप है।)

औरंगज़ेब : *(कुछ आवेग से)* बारहा याद किया है आपको। शाहजहाँ को देखने की न ख़्वाहिश थी, न ताब। पर आपके दीदार को कितना जी चाहता था!
(जहाँ आरा हामी में सिर हिलाती है।)

औरंगज़ेब : मुअज़्ज़िज़[100] हमशीरा, अब आप शाहजहाँनाबाद में रहें—बतौर पादशाह बेगम।

जहाँ आरा : ज़ेबुन्निसा है।

औरंगज़ेब : उसकी भी यही ख़्वाहिश है।

जहाँ आरा : रौशन आरा हैं।

औरंगज़ेब : *(सख़्ती से)* हम ख़ानदान से तो उन्हें जुदा नहीं कर सकते, पर निज़ाम से तो कर ही सकते हैं।

जहाँ आरा : वाही-तबाही मत बोलो।

औरंगज़ेब : मेरी बीमारी के दौरान उन्होंने जिस तरह शाही मुहर हथियाई और नवाब बाई के साथ जैसी बदसुलूकी की—परवरदिगार जानता है, हमने ख़ुद पर कैसे ज़ब्त किया है—
(ख़ुद को सँभालता है। जहाँ आरा एक काग़ज़ बढ़ाती है।)

जहाँ आरा : आने से पहले बाबा ने माफ़ीनामे पर दस्तख़त कर दिये।

(औरंगज़ेब तहरीर पढ़ता है।)

औरंगज़ेब : हमारी बादशाहत पर नाजायज़ होने का आख़िरी दाग़ धुल गया। *(उसे देखता है)* ये दस्तख़त उनके हैं?

जहाँ आरा : इसका जवाब हमारे ज़मीर पर छोड़ दो।

औरंगज़ेब : हम इसके लिए नहीं, आपके लिए आये हैं।

जहाँ आरा : आलमगीर, हम सियासत, निज़ाम, और ज़िन्दगी से आजिज़ आ चुके हैं। सुबह जागने के बाद पहला ख़याल यह होता हो कि या ख़ुदा, अभी शाम सहरा के उस पार है, तो एक-एक ज़ख़्मी साँस गर्म रेत पर रेंगती हुई कैसे आगे बढ़ती होगी, इसका अन्दाज़ तुम लगा सकते हो।

औरंगज़ैब : पर हमें आपकी ज़रूरत है। आप अकेली हैं, जो ख़ुद से परे जाकर बड़ी तस्वीर देख सकती हैं। हमें आपका इख़्लाक़ी साया दरकार है। फिर शाहजहाँनाबाद के लिए आपके दिल में कितना लगाव है, सब जानते हैं।

जहाँ आरा : वक़्त के साथ सब बदल जाता है। तब उम्र दूसरी थी, ज़िन्दगी से तक़ाज़े दूसरे थे। अब सिर्फ़ ख़ामोशी और तन्हाई की तलब है।

औरंगज़ेब : हमारे दिल पर बहुत बोझ है हमशीरा! आपने यहाँ आठ बरस जैसे घुट-घुट कर काटे हैं, उसके लिए हम कुसूरवार हैं। हमने बारहा यहाँ आपकी ज़िन्दगी का तसव्वुर किया है; अन्दरूनी तौर पर ख़ून के आँसू बहाये हैं।

जहाँ आरा : *(स्थिर आवाज़ में)* जब हमने दारा का कटा हुआ सिर देखा, तो तुम्हारे लिए सर्द नफ़रत की बिजली भीतर लहरा गयी। दरिन्दगी और वहशत की ऐसी इन्तिहा तक जानवर को भी नहीं जाना चाहिए। तुम तो सगे भाई थे। फिर आहिस्ता-आहिस्ता बेनींद रातों के साथ समझा कि नफ़रत की वैसी ही आँच तुम्हारे भीतर दारा और शाहजहाँ के लिए सुलगती रही है। इस तरह नफ़रत हमको क़रीब लायी है। गो कि हम यह मानते हैं कि बादशाह को वली-अहद चुनने और बाप को एक बेटे की बनिस्पत दूसरे से ज़्यादा प्यार करने का हक़ है, पर हमने यह भी समझ लिया है कि ख़ून के रिश्ते में किसी के बर्ताव से चोट पहुँचने पर, नाइन्साफ़ी का तसव्वुर करते हुए, अन्जाम से बेपरवाह पलट कर वार कर दिया जाता है।

औरंगज़ेब : हमारे भीतर शाहजहाँ और दारा के लिए अभी भी उसी नफ़रत

की गर्म राख है। लेकिन हमारे ख़िलाफ़ दारा के लिए आपकी वजहे-हिमायत की चीरफाड़ करते हुए हम अपने ज़ख्म की कसक पर मरहम लगा चुके हैं। हम आपके साथ अपने रिश्ते को दारा से जुदा करके आँकने लायक़ हो गये हैं। हम आपकी बहुत ऊँची क़ीमत इसलिए नहीं लगाते कि कितनी बार अँधेरे लम्हों में दिल्ली दरबार में हमारा हाथ थामने वाली आप एक और अकेली थीं, बल्कि इसलिए कि आपके दिल में रहमत और रूह में पाकीज़गी है। आप हमारे आसपास रहेंगी तो आपके वजूद की कुछ रौशनी हम तक भी पहुँचेगी।

जहाँ आरा : तुम हमें धर्मसंकट में डाल रहे हो।

औरंगज़ेब : हमें मालूम है, आख़िरी लम्हों में अम्मीजान ने आपसे क्या वादा लिया था।

(जहाँ आरा चौंक कर उसे देखती है।)

औरंगज़ेब : *(मुमताज़ महल का कहा दुहराता है)* खानदान की ज़िम्मेदारी तुम्हारे ऊपर छोड़ कर जा रही हूँ। अगर कोई बेटी सही मानो में माँ का सच्ची मूरत हो सकती है, तो तुम मेरी हो, बल्कि असली से बेहतर। अपने छोटे भाई-बहनों का ख़याल रखना। एक की क़ीमत पर दूसरे को, फ़ायदा मत पहुँचने देना। मैं जानती हूँ, तुम्हारे भीतर वो अन्दरूनीं ताक़त है, जिससे तुम अपनी ज़ाती पसन्द-नापसन्द से ऊपर उठ सकती हो। उफ़क़ पर स्याह बादल मँडराने लगे हैं। तबाही तो होकर रहेगी, पर उसे भरसक घटाने की कोशिश करना।

(जहाँ आरा सुन रही है।)

औरंग़जेब : जो शाहजहाँ आपके निकाह के रास्ते में रोड़ा थे, उन्हीं के साथ क़ैद बाँटने का आपका फैसला आपकी शख़्सियत को अज़्मत वा चमक देता है। *(आसपास देखता है)* कितनी बार कितने मौसमों में यहाँ आपकी जिन्दगी का तसव्वुर करके शर्मसार और रंजीदा हुए हैं हम। आपने कुटुम्ब में सबके तईं अपना फ़र्ज़ निबाहा, पर आपके दामन में कुछ नहीं आया। अम्मीजान को हमसे बेइन्तिहा नफ़रत होगी, पर सच्चा नाज़ होगा तो आपके ऊपर। उनको ज़रा-सी तसल्ली मिलेगी कि मेरे ऊपर आपका साया रहने से अँधेरा थोड़ा छँट जाएगा। वैसे भी अपने शीराज़ा बचाये रखने का वादा किया है।

जहाँ आरा : *(उदास मुस्कान से)* जिस शिद्दत से तुमने उसे तोड़ा है, वो तवारीख़ में मिसाल बन कर रहेगा।

औरंगज़ेब : मेरा जो कार्मिक तकाज़ा था, मुझे वही करना था। उसी का ख़मियाज़ा भरने की कोशिश कर रहा हूँ। मुख़्तलिफ़ तक़ाज़े की ऐसी ही मजबूरी आपके साथ है आपा! *(यहाँ एक घुटने पर झुक सकता है)* जिस तरह हम दर्द के सिवा कुछ नहीं दे सकते, उसी तरह आप रहमत के लिए मजबूर हैं—

जहाँ आरा : एक शर्त है।

(औरंगज़ेब उसे देख रहा है।)

जहाँ आरा : अब जो नौजवान शहज़ादियाँ हैं, उनके हाथों में निकाहे-हिना लगवाते हुए वो स्याह फ़रमान वहीं ग़र्क़ कर दो, जहाँ तुमने मूसिक़ी को भेजा है।

(औरंगज़ेब चौंकता है।)

जहाँ आरा : शाह शुजा की बेटियों को तो बाप की बदनसीबी बाँटनी पड़ी, पर दादा, मुराद, और ख़ुद तुम्हारी पाँच, माशा अल्लाह, हरमसरा की रौनक़ बनी हुई हैं।

(औरंगज़ेब सोच रहा है।)

जहाँ आरा : तुम्हारे बाद विरासत की ख़ातिर ख़ानदान में कैसा क़त्ले-आम होने वाला है, तुम समझते हो। अगर मुख़्तलिफ़ दावेदारों की औलाद के बीच शादी के रिश्ते क़ायम हो जाएँ, तो बहने वाला लाज़िमी ख़ून घटाया जा सकता है।

औरंगज़ेब : *(चिन्ता से)* दो दिन पहले ख़्वाब देखा कि हम चाँदनी चौक में खूँटे की ज़ंजीर से बँधे हैं; सर पत्थर पर; भीड़ तालियाँ बजा रही है। यकायक जानी-पहचानी कड़कदार आवाज़ गूँजी, *सुधाकर, आलमगीर का सिर कुचल दो!* हाथी ने चिंघाड़ भरी; अगला दायाँ पाँव उठाया; लेकिन सुधाकर तो तब था, जब हम चौदह बरस के थे और मुहम्मद सुल्तान यह हुक्म कैसे दे सकता है? वो तो सलीमगढ़ में क़ैद है। हमने नज़र उठायी, यह अकबर था, गो कि आवाज़ सुल्तान की थी।

(जहाँ आरा को देखता है। पृष्ठभूमि में ख़ानम सुल्तान, आराम बानो, और सुल्तानुन्निसा का मातमी, आलाप लेते हुए प्रवेश।)

औरंगज़ेब : आप बजा फ़र्माती है आपा! वो मुबारक घड़ी आ गयी!

(शहनाई की चंचल रागिनी के साथ एक और औरंगज़ेब अदब से जहाँ आरा को चलने का संकेत करता है, दूसरी ओर ख़ानम सुल्तान, आराम बनो, और सुल्तानुन्निसा उल्लास की नृत्य गतियों में आते हुए, घेरा बना थिरकने के साथ एक क़दम पीछे, फिर आगे ले, एक हाथ ऊपर कर दूसरे के साथ ताली बजाती हैं। जहाँ आरा जाती है; औरंगज़ेब पीछे। उल्लास प्रकट करने वाला यह समूहन किसी भी तरह हो सकता है। फिर तीनों नाच की मुद्राओं में अपने हाथ उठाती हैं, उनकी हथेलियों पर हिना है। अँधेरा।)

दृश्य–19

लाल क़िला। शाम।

(जहाँ आरा, रौशन आरा, व गौहर आरा साथ सूर्यास्त देख रही हैं।)

गौहर आरा : *(एक तरफ़ देख रही है)* उफ़क़ का पीलापन पिघल रहा है, मुग़ल परचम के बग़ल से परिन्दों का झुंड घोंसलों को लौटने लगा है, मस्जिदे–जामा की मीनारों के साये गहरे होने लगे हैं।

रौशन आरा : ढलती शाम बेवजह उदास कर देती है।

जहाँ आरा : जब हम मुसम्मन बुर्ज में थे, तो आफ़ताब के डूबने से पहले, जमुना की सतह पर धूप का अक्स, ताजमहल की सुफ़ेदी चन्द लम्हों के वास्ते कुछ ज़्यादा चमका देता था। बाबा को जैसे दिन भर इसका इन्तिज़ार रहता। अँधेरा होने पर गहरी साँस के साथ कहते, *एक दिन और गुज़र गया!*

गौहर आरा : अम्मी के साथ देख रहे होंगे अब।

रौशन आरा : मनहूस है हमारा घराना। उजली शै सिर्फ़ एक है। मुग़ल बादशाहों ने बेशक अपने ही ख़ून की ख़ौफ़नाक होली खेली हो, पर वे एक ज़ज्बाती लंगर से बँधे रहे—बाबर के लिए माहम, हुमायूँ के लिए हमीदा, जहाँगीर के वास्ते नूरजहाँ, और शाहजहाँ के लिए अर्जुमंद बानो—

गौहर आरा : अम्मी में क्या था, जो उन्होंने बाबा को ऐसे बाँधे रखा?

जहाँ आरा : वे जानती थीं कि सर पर ताज से भी ऊपर परवरदिगार का साया होता है। बाबा कितनी बार अँधेरों में घिरे, पर कुदरत के तवाज़ुन[101] वाली बनावट में अम्मी का यक़ीन बना रहा। इससे बाबा के बर्ताव में ठहराव और गहराई आयी। अम्मी के बड़प्पन,

रहमत, और इख़लाक़ से बाबा ने हमेशा ताक़तो-रौशनी हासिल की। नूरजहाँ ने बाबा को नुक़सान पहुँचाने की हरचन्द कोशिश की, पर अम्मी ने इसे उनकी बदनियती नहीं, वक़्ती फिसलन मानते हुए एक मुस्कान के साथ सब दरगुज़र कर दिया। ऐसी ही सलाहियतें[102] थीं, जो उन्हें बाबा की ज़िन्दगी की धुरी बनाए रहीं।

(बाँदी मुस्कान के साथ तेज़ी से आती है।)

बाँदी : *(मुस्कान से)* मुबारक! बेटे से गोद भर गयी जहाँ ज़ेब जहाँ ज़ेब बेगम की।

(जहाँ आरा अपना कोई आभूषण उतार कर उसे देती है; बाँदी सलाम कर जाती है।)

रौशन आरा : *(मुस्कान से)* पूरी कायनात सकते में आ गयी। दारा शिकोह की बेटी का निकाह औरंगज़ेब के बेटे आज़म से; औरंगज़ेब की बेटी ज़ुब्दतुन्निसा का निकाह सिपिर शिकोह से; दूसरी बेटी मेहरुन्निसा का मुराद के बेटे इज़्ज़त बख़्श से; सुल्तान का मुराद की बेटी दोस्तदार बानो से—

जहाँ आरा : तीनों दुल्हिनें अपने-अपने दूल्हों के साथ सलीमगढ़ वा ग्वालियर में क़ैद बाँट रही हैं, पर इज़्तवाज़ी[103] ज़िन्दगी का सुख तो मिला।

गौहर आरा : *(कड़वाहट से)* सुलेमान शिकोह का तो ऐसी बेदर्दी से क़त्ल किया आलमगीर ने, पर अपने बग़ावती बेटे की बारी आयी, तो उसका सर काटने के बजाय उस पर सेहरा बाँध दिया!

(असहज करने वाला विराम)

रौशन आरा : कमाल पाशा कहाँ हैं?

गौहर आरा : बग़दाद में कब के बस चुके।

जहाँ आरा : निकाह?

गौहर आरा : वहीं कर लिया।

जहाँ आरा : *(मुस्कान से)* हम सबके महबूब हमसे रिश्ता टूटने के बाद फ़ौरन सर पर सेहरा बाँध लेते हैं।

(शेष दोनों उदास हँसती है।)

गौहर आरा : आपा ने जहाँ. ज़ेब को राज़ी करके बड़ा काम किया।

जहाँ आरा : दारा के क़त्ल से आज़म का कुछ लेना-देना नहीं था।

रौशन आरा : दारा के क़त्ल में मेरा किरदार अहम था। पर अगर दारा गद्दी पर बैठते, तो हम तीनों अभी अपनी-अपनी गिरस्ती सँभाल

रहे होते। दारा शुरू में मेरी मुख़ालिफ़त करते, पर आपा *(हल्की मुस्कान से अपनी हथेलियाँ दिखाते हुए)* मेरे हाथों में भी हिना लगवा कर ही मानतीं।

गौहर आरा : *(जैसे नामुमकिन का ज़िक्र कर रही हो)* हमारे बच्चे भी होते।

जहाँ आरा : *(मीठी मुस्कान से)* हमें बेटी पसन्द हैं—जैसे जहाँ ज़ेब, ज़ेबुन्निसा—

गौहर आरा : *(वैसे ही)* हम बेटे भी पैदा करते।

(रौशन आरा मुस्कान से कुछ क़दम ऐसे चलती है, जैसे गर्भवती हो।)

रौशन आरा : *(जैसे किसी को सम्बोधित कर रही हो)* अय ज़ोहराबी, कैसे आएँगे आपकी मजलिस में! *(पेट पर हाथ फेरते हुए)* सातवाँ माह चल रहा है अल्लाह के फ़ज़ल से! कितनी फ़ालतू ग़िज़ा ठूँसनी पड़ती है! और आ के गंगाजल पिएँगें क्या? पैमाने पै तो पाबन्दी है *(पेट की ओर इशारे के साथ)* इसकी ख़ातिर। खुदा मुँह न खुलवाए—बीवी बनना जुर्म है, तो अम्मी बनना ज़ुल्म!

(तीनों किलकारी मारती हैं। सुराही वा जाम लिये बाँदी का प्रवेश। सबको देने लगती है।)

गौहर आरा : *(सुराही की ओर इशारे के साथ मुस्कान से)* पी लेते हैं, पर है ग़ैरक़ानूनी!

जहाँ आरा : ये रेशम जो तुम पहने हो, इस पर भी पाबन्दी है।

(सब घूँट लेती हैं। बाँदी का प्रस्थान।)

रौशन आरा : काश्मीर का सफ़र कैसा रहा?

जहाँ आरा : तन्हाई तो यहाँ भी नसीब है, लेकिन उसकी रंगत कुछ स्याह होती है यहाँ; वहाँ सुफ़ेदो-पाक मिल जाती है।

गौहर आरा : सूफ़ी संगत होती है वहाँ?

जहाँ आरा : *(नाहीं में सिर हिलाते हुए)* दारा के साथ मिल कर जो पीर महल बनवाया था, वीरान पड़ा है। मुल्ला शाह का इन्तिक़ाल हुआ, तो मुरीद सब बिखर गये। *(याद करते हुए)* कैसे इल्हामी लम्हें बिताये हैं वहाँ। दारा और सरमद के साथ बेख़ात्मा बहसें होती थीं।

रौशन आरा : *(दुख के सुर में)* जब आलमगीर की गद्दीनशीनी हुई, तो आपके मुल्ला शाह ने मुबारकबाद का ख़त लिखते हुए ज़िल-

उल-हक़ करार दिया था उनको।

गौहर आरा : *(व्यंग्य की मुस्कान से)* जिसने क़सम खाकर थूका, वो सच्चाई *का साया है!*

(जहाँ आरा यह सच्चाई ज़ज्ब करती है।)

जहाँ आरा : सच्चे पीर सरमद साबित हुए।

रौशन आरा : हँसते-हँसते जान दे दी। जल्लाद को *मुहाफ़िज* कहा।

जहाँ आरा : *(लय में)* न हिन्दू हूँ न मुसलमाँ/न सिक्ख हूँ न ईसाई/न यहाँ का हूँ न वहाँ का—

(विराम)

गौहर आरा : अब कुछ अच्छा नहीं लगता। जीने का कोई मानी ही नहीं। एक प्याऊ या सराय और बनवा लेंगे। फिर लौटना तो अकेले, ठंडे बिस्तर पर ही है।

रौशन आरा : *(अपनी वा गौहर आरा की तरफ़ इशारे के साथ)* अगर हम दोनों से यह पूछा जाय कि अपनी ज़िन्दगी का फ़क़त एक हासिल बताओ, तो? मेरे पास तो कोई नहीं।

गौहर आरा : मैं कहूँगी, मैंने सुलेमान शिकोह की बेटी सलीमा की परवरिश की और आलमगीर के अज़ीज़ शहज़ादे अकबर से उसका निकाह करवा दिया।

(जहाँ आरा वा रौशन आरा हामी में सिर हिलाती हैं; हड़बड़ायी हुई बाँदी का प्रवेश।)

बाँदी : राजपूताना में शहज़ादे अकबर ने बग़ावत कर दी!

(सब सन्नाटे में आ जाते हैं।)

जहाँ आरा : क्या मारवाड़ के साथ मेवाड़ भी है?

बाँदी : *(हामी में सिर हिलाते हुए)* राठौरों के साथ सिसौदिए हाड़ा और, कछवाहे—सब एकजुट हो गये हैं।

(बाँदी का प्रस्थान)

जहाँ आरा : तीन-चौथाई दरबार ने आलमगीर से कहा था, राजा जसवंत सिंह के इन्तिक़ाल के बाद उनकी दो हामला[104] रानियों ने जो एक-एक कुँवर पैदा किया है, उनमें से किसी को वारिस मान लो; जोधपुर को ख़ालिसा में शामिल मत करो।

गौहर आरा : आलमगीर पर दक़ियानूसी मुसलमानों के बीच अपनी जड़ें जमाने का जोम चढ़ा है। वो बड़ी तस्वीर नहीं देख पा रहे हैं।

जहाँ आरा : ये तो होना ही था। दीवानी महकमे से सभी हिन्दू मुलाज़िमों

को बर्ख़ास्त कर दिया गया। सोमनाथ, मथुरा, और बनारस के साथ पूरी सल्तनत में थोक के भाव मन्दिर तोड़े गये। फिर जोधपुर पर हमला हुआ, पर दकन में भरपाई करते हुए शिवाजी ने अपने तमाम क़िलों पर फिर से क़ब्ज़ा कर लिया—दाऊद ख़ाँ को हराया; सूरत, ख़ानदेश, और बेरार को लूटा।

रौशन आरा : *(मुस्कान से)* अब शहज़ादे अकबर रस्म के मुताबिक मुर्दा आलमगीर के मुँह पर पाँव रख तख़्ते-ताऊस पर बैठेंगे और लाल क़िले की दीवार में सुराख़ करके आलमगीर की लाश को बाहर ले जाया जाएगा।

जहाँ आरा : अभी बग़ावत अपने अन्जाम तक नहीं पहुँची।

गौहर आरा : *(मज़े की मुस्कान से)* मुग़ल ख़ानदान में लाज़िमी होने का क़ानून चलता है—ये तो होना ही था!

(बाँदी का प्रवेश)

बाँदी : शहज़ादी ज़ेबुन्निसा भी बग़ावत में शामिल पायी गयीं। शहज़ादे अकबर भाग निकले, पर शहज़ादी गिरफ़्तार हो चुकीं। उन्हें अजमेर से सलीमगढ़ लाया जा रहा है।

(बाँदी जाती है। विराम।)

गौहर आरा : अब हम मरना चाहते हैं।

जहाँ आरा : *(जैसे छोटी लड़की नयी गुड़िया से सबसे पहले खेलने की ज़िद करती हो)* सबसे पहले हम जाएँगे।

रौशन आरा : कम-से-कम इस मुद्दे पर तो हमसे होड़ मत कीजिए!

जहाँ आरा : *(हल्की मुस्कान से)* बड़े होने के नाते हमारा हक़ मत छीनो।

रौशनआरा : *(बिना किसी ज़ज्बे के)* औरंगज़ेब हमें धीमा ज़हर दे रहा है।

(दोनों स्तब्ध रह जाती हैं)

रौशन आरा : पहले सोचा, उसे बता दें कि हम जान गये हैं। फिर सोचा, बेचारे से ज़रा-सी ख़ुशी क्यों छीनो? *(मुस्कान से)* यह तो हमसे भी ज़्यादा दुखी है!

(तीनों हँसती हैं।)

गौहर आरा : *(मुस्कान से)* उसको ही रखने दो हिसाब! जवाब तो उसे ही देना होगा!

(हँसती है।)

रौशन आरा : पता है, जंगे-विरासत से मुझको ज़ाती तौर पर क्या मिला? यह

समझ में आ गया कि इन्तिक़ाम का ज़ज्बा जिस क़िस्म की तसल्ली देता है, वो दूर तक नहीं जाती और जीने का बुनियादी मक़सद नहीं बन सकती।

(जहाँ आरा हामी में सिर हिलाती है।)

रौशन आरा : हमारे मक़बरे पर ऐसी तहरीर होना चाहिए—यहाँ सो रही है सरापा प्यास!

(गौहर मुस्कुराती है, जहाँ आरा संजीदा हो गयी है।)

जहाँ आरा : दारा का मक़बरा नहीं, इस बात का बड़ा मलाल है।

गौहर आरा : उनका सर मुमताज़ महल के पैताने दफ़्न है और बाक़ी धड़ कहीं हुमायूँ मक़बरे में।

रौशन आरा : दारा के क़त्ल के अव्वल पैरोकार हम थे। ये गुनाह हमारे सर—

(ज़रा-सी चुप्पी)

रौशन आरा : हमें कहाँ दफ़्न करोगी?

गौहर आरा : आपका बाग़ ठीक है।

रौशन आरा : कब्र के ऊपर काँटे अपने-आप उग आएँगे।

(हँसती है; शेष दोनों मुस्कुराती हैं।)

गौहर आरा : हम अपनी दौलत का क्या करें?

जहाँ आरा : ख़ैरात कर दो।

गौहर आरा : एक और मुसीबत है। अपने मज़ार को लेके फ़ैसला करो।

रौशन आरा : क्या सोचा है?

गौहर आरा : *(हल्की मुस्कान से)* बुलन्द दरवाज़े पर जो लिखा है, उसे मानते हैं हम।

(नाटकीय ढंग से) दुनिया एक पुल है। उस पर से गुज़र जाओ; वहाँ रिहाइश मत बनाओ।

रौशन आरा : *(जहाँ आरा से)* आपका क्या इरादा है?

जहाँ आरा : *(हल्की मुस्कान से)* हमने तो अपनी सदाबहार ख़्वाबगाह चुन ली—निज़ामुद्दीन में शेख़ सलीम चिश्ती के मज़ार के पास।

रौशन आरा : कब्र पर छतरी कैसी होगी?

जहाँ आरा : बस, हरी घास अपने-आप उग आएगी।

(तीनों चुपचाप बैठी हैं। अजान। धीरे-धीरे अँधेरा होता है।)

सन्दर्भ

1. बिजली
2. ईरान का विख्यात नगर
3. ईश कृपा से मुद्रा जारी चाँदी–सोना बरसाती; समुद्र से मरुभूमि तक के सम्राट जो हमारी आँखों का प्रकाश
4. राजधानी
5. शोभा
6. सौभाग्य
7. रणनीति
8. आलोचक
9. मानिक; Ruby
10. भूमि–चुम्बन; सम्राट–अभिवादन की पद्धति
11. True Self
12. सम्मानसूचक अँगरखा
13. संवाद
14. युवराज
15. बहुमत
16. चालीस मनकों की माला से खुदा के विविध नाम जपते हुए असीम आनन्द (हाल) की स्थिति में आ ज़ाना
17. मोक्ष
18. बंगाल की राजधानी
19. युक्ति
20. प्रतिष्ठित
21. कार्य–शैली
22. केन्द्रीयकरण
23. पद के अन्तर
24. साम्राज्य की प्रथम महिला—First Lady of the Realm
25. एक माँ का दूध पीने वाली
26. क्षेत्रफल
27. ग्राम प्रमुख
28. अग्रिम
29. शाम (सीरिया) का एक पहाड़, जहाँ हज़रत मूसा ने प्रकाश में ख़ुदा का जलवा देखा था।
30. Actualise
31. खाल
32. वास्तु कला

33. माला
34. प्रकाशमान महल; शाहजहाँ ने ताज महल को यही नाम दिया था।
35. जमा; अनुमानित आमदनी
36. पृथ्वी पर ईश्वर की छाया; सम्राट की एक उपाधि
37. अनुपस्थित सूबेदारी ऐसी पद्धति थी, जिसमें सूबेदार साम्राज्य की राजधानी में रहता था; उसका सहायक सूबे में रहते हुए वहाँ का प्रशासन सँभालता था। दारा के प्यार के मारे शाहजहाँ उनको दरबार में रखने के लिए फ़ालतू पद बनाया करते थे। अकबराबाद की सूबेदारी ऐसी ही थी। दारा के सिवा कोई राजकुमार अनुपस्थित राज्यपाल नहीं बनाया गया।
38. वास्तु कला का कलाकार
39. प्रदेश की राजधानी यानी औरंगाबाद
40. परम सौभाग्यशाली; दारा शिकोह की उपाधि
41. अधिकारी
42. सम्मान
43. संकेत दारा शिकोह के लिए है।
44. आधुनिक
45. चमत्कार
46. परिष्कृत लिपि, जिसमें उर्दू लिखी जाती है।
47. शक्ति
48. Topographical
49. शून्य
50. बीजापुर, गोलकुंडा, और अहमद नगर—तीनों के शिया सुल्तानों से मुगलों का छत्तीस का आँकड़ा था। शिया ईरान तीनों की हिमायत करता था।
51. सन्धि की रस्म
52. मनसब की उच्चतर श्रेणी। विस्तार के लिए परिशिष्ट देखें।
53. सेना वेतनाध्यक्ष
54. विस्तार
55. ख़ुशी
56. संचय
57. जनवरी
58. अधीन नरेश द्वारा सम्राट को दिया जाने वाला कर; क्षतिपूर्ति
59. निर्यात
60. राजदूत
61. सम्राट के दरबार में विभिन्न प्रान्तों में नियुक्त राजकुमार राज्यपाल का इतिहासकार और प्रतिनिधि होता था।
62. तत्कालीन इतिहासकार के अनुसार शाह शुजा ने सचमुच ऐसा स्वप्न देखा था। उसके बाद ही बादशाहत की घोषणा की थी।

63. तृतीय
64. द्वितीय
65. धर्मयोद्धा
66. विजेता
67. निर्मल जल; ईरान की प्रसिद्ध मदिरा
68. विशाल
69. अध्याय
70. शुक्रवार को मस्जिद में पढ़ी जाने वाली नमाज़, जिसमें सम्राट का नामोल्लेख कर उसे धार्मिक स्वीकृत दी जाती थी।
71. स्थायी
72. संशोधन
73. प्रतिष्ठित सम्राटजन्य महामना विजेता
74. स्वेच्छा से किरीट-त्याग
75. Oxus River
76. केन्द्रीय प्रशासन का
77. सौन्दर्यशास्त्रीयता
78. महिमान्वित
79. दैवी
80. औरंगज़ेब की प्रिय अभिव्यक्ति
81. नैतिक
82. एकान्त
83. दोपहर की नमाज़
84. श्वास तन्त्रिका
85. निस्पृह
86. ख़ून की क़ीमत। क़त्ल हुकूमत की दंड संहिता के अन्तर्गत नहीं था। वह हत्यारे और मृतक की निजी समस्या थी। सामान्य रूप से मृतक के सम्बन्धी उसकी मृत्यु का मूल्य लेकर हल निकाल लेते थे।
87. कारण
88. तत्व
89. दारा का सूफी मित्र, जो वस्त्रहीन रहने और अपने विचारों के कारण ख़ासा विवादास्पद था। औरंगज़ेब ने उसके वध के बाद उसे जामा मस्जिद की सीढ़ियों के पास दफ़नाया।
90. दारा के सिपहसालार ख़लीलुल्लाह को औरंगज़ेब ने फोड़ लिया था। सामूगढ़ युद्ध के दौरान जब दारा भलीभाँति रणनीति संचालन कर रहे थे और स्थिति उनके अनुकूल थी, ख़लीलुल्लाह ने उन्हें परामर्श दिया कि वह हाथी से उतर कर घोड़े पर बैठ जाएँ। ऐसा होता था। सम्राट अकबर उजबेकों के विरुद्ध युद्ध में ऐसा कर चुके थे, पर सामूगढ़ में जब दारा शिकोह ने ऐसा किया, तो उनके सैनिकों को यह भ्रम हो गया कि वह मारे गये। देखते-देखते सेना तितर-बितर हो गयी।

91. अजमेर के पास तीसरी निर्णायक लड़ाई का स्थल
92. महामहिम
93. संसार अधिग्राहक
94. दिल की भड़ास
95. अहं
96. पुस्तकालय
97. अफ़ीम के फूलों को रात भर पानी में भिगो कर बनाया जाने वाला शर्बत, जिसे पीने वाला दिन पर दिन शारीरिक एवं दिमाग़ी सामर्थ्य खोता हुआ लुंज-पुंज हो मरता था।
98. Self
99. स्पर्श
100. माननीय
101. सन्तुलन
102. गुण
103. दाम्पत्य
104. गर्भवती

भाग–2

तूफ़ान से अहद

जलना ही मक़सद है अब
वो मोमबत्ती हूँ जिसकी चमक
जलने से ही बढ़ती है
वैसे भी एक तिनका ही तो हूँ महज़
कल कहाँ उड़ा दी जाऊँगी पता नहीं
अहद[1] कर सकता है कोई तूफ़ान से?

—ज़ेबुन्निसा 'मख़्फ़ी'

पात्र

(प्रवेश के अनुसार)

ज़ेबुन्निसा
मुराद बख्श
दारा शिकोह
सुलेमान शिकोह
शाह शुजा
ख़ानम सुल्तान
आराम बानो
सुल्तानुन्निसा
औरंगज़ेब
एलानी
जहाँ ज़ेब
दोस्तदार बानो
गुलरुख़ बानो
रौशन आरा
जहाँ आरा
शाहजहाँ
ईसा बेग
अक़ील ख़ाँ
पैग़ामी
ज़ीनतुन्निसा
बदरुन्निसा
ज़ुब्दतुन्निसा
मेहरुन्निसा
मुअज़्ज़म
कामबख़्श
अकबर
आज़म
सकीना बी
मुहम्मद सुल्तान

सुलेमान शिकोह
सिपिर शिकोह
इज़्ज़त बख़्श
महक

बाँदी एलानी चोबदार सिपाही दारोग़ा ख़ादिम नक़ीब नामाबर

औरंगज़ेब का अपना परिवार— पत्नियाँ: दिलरस बानो, नवाब बाई, सदरुन्निसा बेगम, दिलाराम, उदयपुरी महल, औरंगाबादी महल, छत्तर बाई गुलाम, ज़ैनाब्दी महल और दौलताबादी महल।

सगे बहन-भाई— 1. ज़ेबुन्निसा, ज़ीनतुन्निसा, आज़म, अकबर: माँ दिलरस बानो, 2. मुहम्मद सुल्तान, मुहम्मद मुअज़्ज़म, बदरुन्निसा: माँ नवाब बाई, 3. ज़ुब्दतुन्निसा, मेहरुन्निसा: माँ औरंगाबादी महल, 4. कामबख़्श: माँ उदयपुरी महल।

अंक-1

दृश्य–1

सलीमगढ़/क़िला दौलताबाद। रात/दिन

(ज़ेबुन्निसा का संवाद अँधेरे में शुरू होता है; फिर प्रकाश होने लगता है।)

ज़ेबुन्निसा : फैला हुआ अँधेरा अपने भारीपन का अन्दाज़ देता है। उसे छुआ नहीं जाता, पर दूर से महसूस करते हुए ही लगता है कि वह ठोस है। फिर जब दूर से शुआ[2] उसे छूती है, तो वह बहुत आहिस्ता नम होने लगता है। शुआ दो से तीन और तीन से चार होती हैं, फिर उनके तीर की नोक के निशाने बदलते हैं, फिर उनकी तपिश तमतमाती है, तो अँधेरा पिघलने लगता है। पहले उसमें मन्दी आती है—जैसे स्याही की कई चादरें थीं, उनमें से पहले एक धुँधली हुई, फिर दूसरी, फिर तीसरी। फिर कोहरे की तरह वे छँटने लगती हैं। फिर जमुना की सतह पर झिलमिलाता हुआ दिखाई देता है दरवाज़ा-ए-बुलन्द-क़िला-ए-मुबारक[3] का दूसरा चेहरा सलीमगढ़—

(मंच के दूसरे हिस्से में मुराद बख़्श, दारा शिकोह, वा सुलेमान शिकोह का संवाद बोलते हुए प्रवेश।)

मुराद बख़्श/
दारा शिकोह/
सुलेमान शिकोह : *(एक साथ)* ज़िन्दा मुर्दों का ज़जीरा[4] सलीमगढ़

मुराद बख़्श : बनवाया था पठान सुल्तान सलीम शाह ने।

दारा शिकोह : गो कि पहले से थी ख़ानदाने-मुग़लिया की शाही क़ैदगाह।

सुलेमान शिकोह : जहाँ से वापसी नहीं होती वो ग्वालियर किला।

मुराद बख़्श : पर शाहजहाँ ने जब बग़ल में बनाया क़िला-ए-मुबारक।

दारा शिकोह : तो बारह मेहराबों के नये पुल से जोड़ते हुए।

सुलेमान शिकोह : सलीमगढ़ को ही बना दिया शाही ज़िन्दान[5]।

ज़ेबुन्निसा : ज़मुना की मौजों की थपकियाँ खाता हुआ ख़ामोश, सख़्तजान।

मुराद बख़्श : *(मुस्कान से)* सब दारूल-सल्तनत[6] में ही हो गया।

ज़ेबुन्निसा : (मुस्कान से) ज़रूरत तो पड़ती ही रहती है।

सब शहज़ादे : *(हँसी के साथ समवेत)* नस्ल-दर-नस्ल

ज़ेबुन्निसा : अब इसे मुक़द्दर का ज़ालिम मज़ाक़ ही कहेंगे/ कि जब क़ैद थे शाहजहाँ।

सुलेमान शिकोह : ताज महल के सामने/मुसम्मन बुर्ज में।

दारा शिकोह : *(मुराद बख़्श की तरफ़ मुस्कान वा इशारे के साथ)* तो मुराद बख़्श और *(सुलेमान शिकोह की तरफ़ मुस्कान वा इशारे के साथ)* सुलेमान शिकोह के साथ-साथ।

ज़ेबुन्निसा : शाहजहाँ के सबसे चहेते बेटे।

मुराद बख़्श/
सुलेमान शिकोह : *(एक साथ दारा शिकोह को तस्लीम करते हुए)* वली-अहद बुलन्द इक़बाल[9] दारा शिकोह भी।

दारा शिकोह : *(मुस्कान से)* यहाँ की रौनक़ कर चुके हैं दोबाला।

(तीनों फ्रीज़ हो जाते हैं।)

ज़ेबुन्निसा : *(आसपास देखते हुए)* यहाँ सुबह गुनाहगार की ख़ामोशी जैसी आती है—बेआवाज़; सवाल बन कर कि लो, आ गयी एक और दिन लेकर। अब इसका क्या करोगी? इसे कैसे भरोगी? *(दर्शकों को देखती है)* अब सवाल यह है कि हम यहाँ आये कैसे? *(बदले सुर में)* दो अनासिर[8] हैं, जो सबकी ज़िन्दगी को शक्ल देते हैं। *(एक उँगली दिखाते हुए)* तुम कौन-से घर में पैदा हुए, तुम्हारा नसीब यहीं बन गया। मज़े की बात यह कि इसमें तुम्हारी मर्ज़ी से कुछ लेना-देना नहीं। चूँकि अगर होता, तो इस वक़्त हम यहाँ नहीं होते।

दारा शिकोह : *(मर्दाना अफ़सरी सुर में)* क्या तुम ख़ानदाने-मुग़लिया में सूबेदारे-दकन औरंगज़ेब की बेटी के रूप में जनम लेना चाहती हो?

ज़ेबुन्निसा : *(सख़्ती से)* हर्गिज़ नहीं। *(अपने सहज सुर में)* पर ऐसा नहीं हुआ और मैं दौलताबाद क़िले में रोते-रोते नमूदार हो गयी। माँ-बाप की पहली औलाद। रगों में दो शाही ख़ून। दिलरस बानो का ईरानी सफ़ाविद और तैमूर का मुग़ल।

मुराद ब़ख़्श : *(मर्दाना अफ़सरी सुर में)* अज़ीम शाही ज़रे[11] में शामिल होने से तुम्हें क्यों एतराज़ है?

ज़ेबुन्निसा : *(अपने सहज सुर में)* ख़ानदान की दो ाह हक़ीक़तें हैं इसके पीछे।

(हाथ में तलवार लिये शाह शुजा का नल.वर तेवर में प्रवेश। उसके संवाद के साथ मुराद बख्श, दारा शिकोह, वा सुलेमान शिकोह. चैतन्य होते हैं।)

शाह शुजा : लहराती है।

मुराद बख्श/
दारा शिकोह/
सुलेमान शिकोह/

शाह शुजा : *(साथ-साथ)* फिर कोई बर्क़ सी लहराती है।

मुराद ब़ख़्श : आता है जो आगे।

दाराशिकोह/
सुलेमान शिकोह/
शाह शुजा/

मुराद ब़ख़्श : (साथ-साथ) सूखे तिनके-सा ज़लाती है।

सुलेमान शिकोह: होता है।

मुराद बख्श/
दारा शिकोह/
शाह शुजा/

सुलेमान शिकोह: *(साथ-साथ)* बड़ा नशा होता है।

शाह शुजा : (बड़ी मुस्कान से) शीराज़[11] की मय से भी ज्यादा।

मुराद बख्श/
दारा शिकोह/
सुलेमान शिकोह/

शाह शुजा : (साथ-साथ) तख़्तनशींनी और माथे पर ताज में।

शाह शुजा : *(ज़र्रानवाज़ी के अन्दाज़ में अपनी तरफ़ इशारे के साथ मुस्कान से)* चारों भाइयों में सबसे पहले थे।

मुराद ब़ख़्श : *(मुस्कान से)* अपनी बादशाहत का एलान करने वाले।

सुलेमान शिकोह: *(शुजा की ओर इशारे के साथ मुस्कान से)* शाहों के शाह, शाह शुजा।

शाह शुजा : *(संजीदगी से सिक्का दिखाते हुए कड़कदार आवाज़ में)* सिक्का-ज़द-बज़-फ़ज़्ले-हक़ बर-सिम-ओ-ज़र।

मुराद बख़्श : *(शाह शुजा को कोर्निश करते हुए)* पादशाहे-बहरो-बर नूरे-नज़र[12]

मुराद बख्श/
दारा शिकोह/
सुलेमान शिकोह : *(शाह शुजा को कोर्निश करते हुए)* बादशाह सलामत! बादशाह सलामत!

(यकायक चारों रक्तपिपासु ललकार के साथ दूसरे पर तलवार का वार करने का मूक़ाभिनय करते हुए फ्रीज़ हो जाते हैं—दारा मुराद पर वार करता है, सुलेमान शिकोह शुजा पर। मुराद और शुजा पलट कर क्रमशः दारा और मुराद पर वार करते हैं; फ्रीज़ हो जाते हैं। यह लड़ाई यथार्थपरक नहीं; तलवारें प्रतिस्पर्धी के प्रति हवा में चलेंगी; टकराएँगी नहीं।)

ज़ेबुन्निसा : जब शुरू हुई लाल क़िले की तामीर।
तो सभी क़िस्म के मुजरिमों को काट।
भर दिया गया उनका ख़ून नींव में।

(अपने संवाद के साथ एक-एक कर शहज़ादा चैतन्य होता जाता है; संवाद मुस्कान के साथ बोलता है।)

दारा शिकोह : ताकि मज़बूती से जुड़ जाएँ/बुनियाद के पत्थर एक-दूसरे से और ज़मीन से।

शाह शुजा : हुमायूँ वा जहाँगीर की तरह समझते थे शाहजहाँ।

सुलेमान शिकोह : और औरंगज़ेब भी।

मुराद बख़्श : कि सर पर नये बादशाह के ताज को—

शाह शुजा : पुख़्ता बनाने के वास्ते।
कैसे करना चाहिए इस्तेमाल।

दारा शिकोह : सलीमगढ़ और शाही ख़ून का।

(अगले संवाद के साथ मुराद, शुजा, सुलेमान शिकोह, और दारा शिकोह जाते हैं।)

ज़ेबुन्निसा : ज़िन्दगी को शक्ल देने वाला जो दूसरा अनासिर है, उसे निकाह कहा जाता है। कुटुम्ब में अगर मैं किसी को अपने दिल के सबसे क़रीब पाती थी, तो वो थीं *(मुँह पर मीठी मुस्कान आ जाती है)* जहाँ आरा बेगम! मुझे उनकी पहली छुअन याद है,

उनकी आँखों की मुस्कुराती तपिश। मुमताज़ महल के भाई, गुजरात के सूबेदार मामू शायेइस्ता ख़ाँ के महल में पहली शादी देखी थी। दुल्हिन की मेंहदी, पोशाक, और जेवर; रंगारंग रस्में ख़ास कर दूल्हे का आईने में दुल्हिन का मुँह देखना। *(छोटी बच्ची की तरह) अम्मी, फूफी अभी तक दुल्हिन क्यों नहीं बनी? (अपने सहज सुर में)* अम्मी ने गहरी साँस लेकर कहा, *अकबरे-आज़म से पूछो!*

(काले लिबास में ख़ानम सुल्तान, आराम बानो, और सुल्तानुन्निसा का प्रवेश।)

आराम बानो/
ख़ानम सुल्तान : *(साथ-साथ आवेग से)* पूछ लो अकबरे-आज़म की बेटियों से ही।

आराम बानो : *(ख़ानम सुल्तान की तरफ़ इशारे के साथ)* ख़ानम सुल्तान।

ख़ानम सुल्तान : *(आराम बानो की तरफ़ इशारे के साथ)* आराम बानो।

सुल्तानुन्निसा : *(अपनी तरफ़ इशारे के साथ)* जहाँगीर की चौदह बेटियों में सबसे बड़ी सुल्तानुन्निसा।

आराम बानो : *(तीनों की तरफ़ इशारे के साथ)* सबने अकबराबाद में ली आख़िरी हिचकी।

ख़ानम सुल्तान : और दफ़्नायीं गयीं अकबर के मकबरे में।

सुल्तानुन्निसा : चौंतीस से साठ बरस की उम्र तक।

दौलतुन्निसा : सब की सब मरीं कँवारी

ख़ानम सुल्तान/
आराम बानो/
सुल्तानुन्निसा : *(साथ-साथ आह भरते हुए)* हाय

आराम बानो : कौन-सी काली घड़ी में हुई थी?

ख़ानम सुल्तान : हमारी बड़ी बहन शुक्रन्निसा बेगम की शादी?

सुल्तानुन्निसा : अपने नामुराद सिर पर देखा ताज का ख़्वाब।

आराम बानो : हमारे बहनोई शाहरूख़ मिर्ज़ा ने।

ख़ानम सुल्तान : और छीन ली।

ख़ानम सुल्तान/
आराम बानो/
सुल्तानुन्निसा : *(साथ-साथ आह भरते हुए)* हाय—

सुल्तानुन्निसा : हमेशा के लिए मुग़ल शहज़ादियों के हाथों की हिना—

आराम बानो : अपनी अज़्मत घटाते हुए। अकबर ने जारी कर दिया फ़रमान।
ख़ानम सुल्तान : कि अब नस्ल दर नस्ल मुगल शहज़ादियाँ
सुल्तानुन्निसा : झुलसते हुए अपने शबाब की आँच में मरेंगीं कँवारी
ख़ानम सुल्तान/
आराम बानो/
सुल्तानुन्निसा : *(साथ-साथ गुस्से से ज़ेबुन्निसा को सम्बोधित करती हैं)* नहीं, नहीं बन सकतीं जहाँ आरा बेगम दुल्हिन—
ख़ानम सुल्तान : रौशन आरा
आराम बानो : गौहर आरा
सुल्तानुन्निसा : कोई नहीं।
ज़ेबुन्निसा : *(तीनों से)* पर शाहजहाँ तो जहाँ आरा पर जान छिड़कते थे। फिर भी उनको निकाह की इजाज़त क्यों नहीं मिली?
ख़ानम सुल्तान/
आराम बानो/
सुल्तानुन्निसा : *(साथ-साथ सख़्ती से)* शाहजहाँ से पूछो।
(अगले संवाद के बीच ख़ानम सुल्तान, आराम बानो, और सुल्तानुन्निसा जाती हैं।)
ज़ेबुन्निसा : जब कमसिन उम्र में आप बालिग़ सवालों से घिर जाते हैं, तो आपके दिलो-दिमाग़ की उम्र यकायक बढ़ने लगती है। सवाल होते हैं, पर जवाब नहीं। कामरान ने भाई हुमायूँ के साथ बार-बार गद्दारी क्यों की? कामरान ने सगे भतीजे दो बरस के अकबर को तोप के मुँह के सामने खड़ा कर दिया, ताकि कामरान का सगा भाई, अकबर का बाप हुमायूँ उससे कन्धार न छीन सके? अन्धा कर दिये जाने के बावजूद कामरान ने क़व्वालि-ए-बग़ावत के बोल बन्द नहीं किये, तो हुमायूँ ने कामरान को जलावतन[13] कर दिया। फिर हज पर गये कामरान वहीं कहीं मरे पाये गये। उनकी मौत का इन्तिज़ाम किसने किया? ख़ुसरो ने अपने ही बाप जहाँगीर के ख़िलाफ़ बग़ावत कैसे कर दी? जहाँगीर ने उसके क़त्ल की बड़ी हिम्मत की। कामयाब नहीं हुए। उसकी आँखों में दहकती सलाखें घोंपने वाले थे, पर ख़ुसरो की तीन बहनें ज़ारो-क़तार टेसुए बहाने लगीं। *(सिसक कर दिखाती है कि कैसे)* जहाँगीर को रहमत दिखानी पड़ी; ख़ुसरो की *(आँख के पास इशारा करते हुए)*

पलकें सिलवा दीं, ताकि अगर कभी वो ग़रीब को माफ़ करने का हौसला जुटा सकें, तो देख सकें बेचारे। लेकिन वो लम्हा आया ही नहीं। ख़ुर्रम ने शाहजहाँ बनने से ऐन पहले शहरयार, दावरबख़्श, तहमूरस और होशुंग के साथ-साथ ख़ुसरो को भी बन्दिशे-जहान से आज़ाद कर दिया। और अब शाहजहाँ के बाद जिसके सर पर ताज आएगा, वो किस-किस के ख़ून से चिपकाएगा अपने सर का ताज?

(रुद्रवीणा के सुर उभरते हैं)

ज़ेबुन्निसा : *(आसपास देखती है)* सुबह वही होती है, लेकिन आप जहाँ, जिस हाल में होते हैं, उससे सुबह की क़ुदरत बदल जाती है। दौलताबाद क़िले में बचपन की सुबह पुरसुकून आती थी।

(रागिनी ऊँची होने के साथ दूसरी जगह प्रकाश, जहाँ औरंगज़ेब रुद्रवीणा बजा रहा है।)

ज़ेबुन्निसा : *(कच्ची उम्र की छलछलाती ख़ुशी के साथ)* मैं कुनमुनाते हुए आँखें खोलती, बिस्तर से उठती और अधमुँदी आँखों से चीनी महल गलियारा पार करते हुए चाँद मीनार पर खुलने वाली दालान में आ जाती। भोले, उजले सुर क़िले में मँडराते; गलियारों—ज़ीनों पर थिरकते हुए फ़िज़ा में ज़ज्ब होते जाते। वो सुबह की कैफ़ियत में पाक रंगत घोलते थे। खिड़की की मद्धिम रौशनी में सिर झुकाये अब्बा। उनकी लम्बी उँगलियाँ तारों को छेड़ते हुए। चेहरे पर वैरा ही ज़ज्बा, जो इबादत में झुके हुए रहता है। उन पलों में अब्बा मुझे अपने बहुत क़रीब लगे थे। उन सुरों में परिन्दों की भोली चहक थी, बहार के फूलों की ख़ुशबू और लोरी का अपनापन। कायनात में जो भी भला और रौशन है, उन सुरों में बरअक्स[14] होता था। वो लम्हें अभी भी मेरे भीतर जिन्दा हैं, आँखें बन्द करूँ, तो *(दिल की तरफ़ इशारे के साथ)* धड़कने लगते हैं—

(बाँदी आकर ज़ेबुन्निसा को पत्र देती है; जाती है; ज़ेबुन्निसा एक नज़र में पढ़ती है; औरंगज़ेब की ओर दौड़ती है।)

ज़ेबुन्निसा : अब्बू अब्बू, हम सूरत जाएँगे।

औरंगज़ेब : तुमको जहाज़ देखना है न! दिखा देंगे।

ज़ेबुन्निसा : जहाँ आरा बेगम से मिलना है। उनके जहाज़ में सैर भी करेंगे।

औरंगज़ेब : वो तो लाहौर गयी हुई हैं।

ज़ेबुन्निसा : नहीं।

(पत्र दिखाती है; औरंगज़ेब सरसरी नज़र से देखता है।)

औरंगज़ेब : किसके साथ भेजूँगा? नज़ीर-बुरहानपुर गया है। हीरा घोड़ों को दाग़ लगवाने में मसरूफ़ है।

ज़ेबुन्निसा : *(बहुत तनाव से बिना साँस रोके)* इनायतुल्लाह के साथ चले जाएँगे। फूफी सिर्फ़ एक हफ़्ता रुकेंगी। फिर उन्हें लाहौर जाना है। तभी तो दौलताबाद नहीं आ रहीं।

(सुर में ऐसी बेताबी है, जैसे जहाँ आरा से नहीं मिलेगी, तो उसे दिल का दौरा पड़ जाएगा।)

औरंगज़ेब : हमारा दिल घबराता है।

ज़ेबुन्निसा : *(एक साँस में)* इब्राहीम बेग का दस्ता साथ रहेगा। मौसम ख़ुशगवार है। रास्ते में लूटपाट की ख़बर नहीं।

(औरंगज़ेब मन ही मन मुस्कुराता है; उसने इजाज़त देने का फैसला कर लिया है।)

औरंगज़ेब : *(नाटक करता है)* तुम्हारी अम्मी से पूछना होगा।

ज़ेबुन्निसा : *(आत्म-विश्वास के साथ)* बेगम साहिब के नाम पर वो हमें बिलोचिस्तान भी भेज देंगीं!

(औरंगज़ेब परेशानी का स्वाँग भरता है।)

औरंगज़ेब : फिर भी सोंचना तो पड़ेगा।

ज़ेबुन्निसा : *(कुढ़ जाती है)* क्या सोचना पड़ेगा?

औरंगज़ेब : *(बनावटी, ग़हरी संजीदगी से)* तुम कोई नायाब करके दिखा सकती हो?

ज़ेबुन्निसा : *(क्या फ़ालतू बात कर रहे हैं? के सुर में)* पूरी कुरानशरीफ़ सुना चुके हैं; नक़लनवीसी की तीनों क़िस्में दिखा चुके हैं—शिकस्त, नस्तालीक़, नक़्श। *(बेटी वाली मिन्नत के ख़ास सुर में)* अब्बू, बराए-मेहरबानी।

औरंगज़ेब : (ड्रामा खींचता है) हमारा दिल नहीं मानता।

ज़ेबुन्निसा : *(तन जाती है)* अच्छा, अगर हम ऐसा काम करके दिखा दें, जो आप भी नहीं कर सकते, तो?

औरंगज़ेब : *(चौंकता है)* जो हम भी नहीं कर सकते?

(ज़ेबुन्निसा हामी में सिर हिलाती है)

औरंगज़ेब : इतना ख़तरनाक?

ज़ेबुन्निसा : पर वादा करना पड़ेगा, आप नाराज़ नहीं होंगे।

(दोनों एक-दूसरे को देख रहे हैं; फिर ज़ेबुन्निसा हाथ बढ़ाती है; औरंगज़ेब उसके हाथ पर हाथ रख देता है यानी वादा हो गया)

ज़ेबुन्निसा : *(चुनौती से)* आप अकेले भूलभूलैंया पार कर सकते हैं?

(औरंगज़ेब सन्नाटे में आ जाता है।)

औरंगज़ेब : *(पुकार लगाता है)* दारोग़ा-ए-ज़िन्दान[15], शहज़ादी को फ़ौन क़ैद कर दिया जाय।

(ज़ेबुन्निसा उसे आरोप की दृष्टि से देख रही है—यानी आप वादा कर चुके हैं।)

औरंगज़ेब : *(सख़्ती से)* ज़ेबी, मना किया था न?

ज़ेबुन्निसा : *(कान पकड़ने के साथ दाँत दिखाते हुए)* अब नहीं करेंगे।

(औरंगजेब उसे बच्चों वाले प्रतियोगिता भाव से देख रहा है।)

औरंगज़ेब : यह तो हम भी कर सकते हैं।

ज़ेबुन्निसा : *(बहुत ऊपर से; जैसे अन्जाम देख रही हो)* मुँह की खा जाएँगे।

औरंगज़ेब : *(चुनौती के सुर में)* ज़ेबुन्निसा, आज तुम्हारी बोलती बन्द न कर दी, तो हमारा नाम भी औरंगज़ेब नहीं।

(ज़ेबुन्निसा आपका स्वागत है भाव से जाने का इशारा करती है; थोड़ा अँधेरा होता है; औरंगज़ेब अँधेरे में टटोल कर चलने लगता है।)

औरंगज़ेब : यह पूरब है? *(कुछ क़दम चलता है; फिर दीवार से टकरा जाता है)* लाहौल बिला कूवत—*(सँभलता है; फिर टटोल कर चलता है)* कैसा अँधेरा है—(पुकारता है) ज़ेबुन्निसा—

(ज़ेबुन्निसा मुस्कुराती है; दर्शकों को देखती है।)

ज़ेबुन्निसा : मुल्क़ का सबसे मज़बूत क़िला, जिसे सिर्फ़ दग़ाबाज़ी से फ़तेह किया जा सकता है। एक ऊँची पहाड़ी पर क़ायम; दोहरी वा तेहरी मोटी दीवारों, नुकीले दरवाज़ों और खड़े ढलवा रास्तों से घिरा। यहाँ पोशीदा, ज़मींदोज़ उलझे हुए रास्तों का जाल है। एक के ऊपर एक छह हाथियों के नाप की ख़ाई, जिसमें बिलबिलाते भूखे घड़ियाल—

(औरंगज़ेब सँभल-सँभल कर एक-एक क़दम चल रहा है।)

औरंगज़ेब : कुछ समझ में ही नहीं आता।

ज़ेबुन्निसा : अन्दर जाने का सिर्फ़ एक रास्ता। लम्बी अँधेरी सुरंग से होकर,

जिसमें भूलभुलैया है। एक क़दम ग़लत रखा, जो लुढ़क कर सीधे खाई में गिरना और घड़ियाल का निवाला बनना लाज़िमी। शाही आवाजाही के लिए पहरेदार चर्ख़ियाँ खींच कर खाई पर पुल लटका देते हैं, जिस पर पालकी, घोड़ा, और हाथी तक निकल जाता है।

औरंगज़ेब : *(उलझन से)* अन्दाज़ लगाता हूँ—*(दायीं ओर इशारा करते हुए)* इस जानिब कलाकोट होना चाहिए—*(फिसलता है)* क्या मुसीबत है! ऐसी भी क्या हिफ़ाज़त कि अपने बूते कुछ कर ही न सकें! *(कोण बदलता है)* यहाँ से देखूँ—*(टकरा जाता है)* सीधी दीवार है, दौलतख़ाना नहीं। *(टटोलता हुआ चलता है)* महाकोट इधर होगा *(टकराता है)* फिर दीवार *(पुकारता है)* ज़ेबुन्निसा—

(ज़ेबुन्निसा मुस्कुराती है; चुप है।)

औरंगज़ेब : *(चिढ़ा हुआ)* अब यहाँ से निकालो ख़ुदारा और तुम सूरत दफ़ा हो जाओ—

(रुद्रवीणा की चंचल धुन के साथ अँधेरा होने लगता है। औरंगज़ेब तथा ज़ेबुन्निसा का प्रस्थान।)

दृश्य-2

अकबराबाद में एक मज़ार। दिन।

(प्रकाश। एलानी आता है।)

एलानी : *(घोषणा करते हुए)* पादशाह जहाँ आरा बेगम आग की लपटों में बुरी तरह झुलस गयीं। जहाँपनाह ने तीनों शहज़ादे सूबेदारों को फ़ौरन अकबराबाद तलब किया है।

(एलानी के प्रस्थान के साथ दूसरी जगह प्रकाश होता है, जहाँ अठारह बरस की ज़ेबुन्निसा इबादत कर रही है। जहाँ ज़ेब आती है।)

जहाँ ज़ेब : ज़ेबी—

ज़ेबुन्निसा : *(सहेली वाली मुस्कान देती है)* आपा!

जहाँ ज़ेब : तुम्हारा इन्तिज़ार करके निकले। *(इशारे वा मुस्कान से)* बाहर तुम्हारी फ़तेहगंज बँधी देख कर रुक गये।

ज़ेबुन्निसा : हमने सोचा, यहाँ भी सिजदा करते चलें।

जहाँ ज़ेब : किसका मज़ार है?

ज़ेबुन्निसा : सैफ़ दरवेश का। बेगम साहिब ने दिखाया था। नजाबत ख़ाँ से उनकी मुलाक़ात अक्सर यहाँ होती है।

जहाँ ज़ेब : *(लय से)* दैरे-तमन्ना पै सर झुकाना—*(आँखें मूँद कर दुआ माँगती है; दो पल बाद आँखें खोल चंचल मुस्कान से)* इबादत रंग ले आयी!

(ज़ेबुन्निसा चौंक कर देखती है।)

जहाँ ज़ेब : चले तो थे फीलख़ाने[16]; पै जा पहुँचे मैख़ाने—

(आगे दोनों लय वा मुस्कान से संवाद बोलती है।)

ज़ेबुन्निसा : हैं कौन-से मैख़ाने; ज़रा हम भी तो जाने?

जहाँज़ेब : आशियाने-तमन्ना पर कहाँ मंडराते हैं परवाने?

(ज़ेबुन्निसा जवाब जानती है, पर बोलती नहीं)

ज़ेबुन्निसा : दकन की गँवारू दोशीज़ा क्या जाने।

जहाँ ज़ेब : ज़ौके-नज़र[17] को कहाँ मिलती है तस्कीन?

(ज़ेबुन्निसा सोचने का नाटक करती है।)

जहाँ ज़ेब : जहाँगीर को नूरजहाँ ने।
और शाहजहाँ को मुमताज महल ने/
कहाँ किया था मुत्मईन

ज़ेबुन्निसा : *(मुस्कुराती है)* गुलकारो[19] गुलज़ार मीना बाज़ार! *(चंचलता से)* मिल गया वो गुलफ़ाम?

जहाँ ज़ेब : *(हामी में सिर हिलाते हुए शेख़ी से)* मिल गया! तमन्ना-ए-फ़ेहरिस्त में *(अपनी तरफ़ अदा से इशारे के साथ)* जहाँ ज़ेब और इम्तियाज़ का नाम भी दर्ज हो गया!

ज़ेबुन्निसा : करता क्या है?

जहाँ ज़ेब : हाथियों के सौदागर का बेटा—*(चंचल मुस्कान से दोनों कलाइयों की चूड़ियाँ खनकाते हुए कंगन दिखाती है।)* सुहाग के कंगन का तोहफ़ा दिया है!

ज़ेबुन्निसा : *(आशंका से)* लेकिन वो स्याह फ़रमान—

जहाँ ज़ेब : जैसे ही अब्बा की ताजपोशी होगी, छह माह के भीतर जहाँ आरा बेगम का निकाह हो जाएगा। उसके बाद तुम सब बहनें कान्धा लगा के हमारी डोली ससुराल ले जाना।

ज़ेबुन्निसा : पहले होश तो आये उनको। आरिफ़ छेला की मरहम पट्टी का असर हुआ?

जहाँ ज़ेब : उन्होंने चौबीस घंटे माँगे थे। अभी पूरे नहीं हुए।

ज़ेबुन्निसा : करम कर मौला!

जहाँ ज़ेब : शाही हकीम कह चुके हैं, अब सिर्फ़ दुआ का सहारा है।

ज़ेबुन्निसा : *(बेहद परेशानी से)* अगर बेगम साहिब को कुछ हो गया, तो हम पर दोतरफ़ा तबाही टूटेगी।

जहाँ ज़ेब : *(परेशानी से)* ये क्या हुआ? यकायक चचा औरंगज़ेब की सूबेदारी और जागीर छिन गयी, भत्ता बन्द हो गया। यहाँ तक कि एतमादपुर गाँव से निकलने तक की इजाज़त नहीं। सब कहते हैं, ज़ुबान भले ही शाहजहाँ की हो, हुक्म तो दारा शिकोह का चलता है। हमने अब्बा से पूछा, बोले, औरंगज़ेब ने इस्तीफ़ा

दे दिया। पर रौशन आरा बेगम ने, पता है, क्या कहा? अगर उस रोज़ औरंगज़ेब दारा के नये महल में घुस जाते, तो जीते-जी बाहर नहीं निकलते।

ज़ेबुन्निसा : *(गिरे सुर में)* अब्बा जो मान लेते हैं, वो पत्थर की लकीर बन जाती है।

जहाँ ज़ेब : उनको शिकायत क्या है?

ज़ेबुन्निसा : सिन्ध की पुरानी जागीर से उन्हें जो महसूल मिलता था, दकन की नयी जागीर से उससे सत्रह लाख सालाना कम मिलता है। उनकी पचीसों अर्ज़ियों के बाद भी जागीर नहीं बदली गयी; दकन निज़ाम में उनके कई नामज़दों की तैनाती नहीं हुई। बीजापुर-गोलकुंडा दरबार के मुग़ल सफ़ीर सीधे दिल्ली से हुक्म लेते हैं, दकन सूबेदार से नहीं।

जहाँ ज़ेब : ये सब तो जहाँपनाह के हाथ में है।

ज़ेबुन्निसा : जहाँपनाह वही करते हैं, जो चचा दारा चाहते हैं। वो दकन निज़ाम तक में दख़लन्दाज़ी करते हैं। बहैसियत सूबेदार औरंगज़ेब जो माँगते हैं, शाहजहाँ कहते हैं, नहीं। शिकायतों की फ़ेहरिस्त इतनी मोटी है, जितना रूमी का दीवान!

जहाँ ज़ेब : तुम्हारे नानाजान ने तक़सीमे-सल्तनत का कोई मन्सूबा बादशाह सलामत का सौंपा है।

ज़ेबुन्निसा : *(दार्शनिक ढंग से)* पता नहीं, हमारे मुक़द्दर में क्या लिखा है?

जहाँ ज़ेब : उस दिन अम्मी ने रूमी के बारे में कुछ पूछा, तो अब्बा ने तुम्हारा अशआर सुनाया, *जिसने रंजो-ग़म सींचा है/वो रूह दरगुज़र कर देती है हँसी और जश्न*-आगे?

ज़ेबुन्निसा : *क्योंकि आहों के अम्बार तले भी/पोशीदा है एक ख़ुशी—*

जहाँ ज़ेब : *(उलझन से)* तुम लोग रूमी की ऐसी मुरीद क्यों हो?

ज़ेबुन्निसा : हमारे घर में यह फ़साद क्यों हो रहा है? चूँकि सबके भीतर अपनी-अपनी खुदी तमतमा रही है, जबकि दुनिया की दुखती नब्ज़ पर रूमी बहुत पहले उँगली रख चुके हैं—सबसे पहले ख़ुदी से किनारा कर लो।

जहाँ ज़ेब : *(परेशानी से)* जब ख़ुदी नहीं होगी, तो अन्दर क्या होगा?

जेबुन्निसा : कुछ नहीं। इसी को तो रूमी कहते हैं—नहींपन। *(हावभाव व लय से) मेरे पास आओ अपने बग़ैर/मुझको तुम्हारे पास आने दो अपने बग़ैर।*

जहाँ ज़ेब : *(और ज़्यादा परेशानी से)* यह कैसे हो सकता है?

ज़ेबुन्निसा : *(जो बात बिल्कुल साफ़ है, वो तुम्हारी समझ में क्यों नहीं आ रही? इस सुर में)* क्यों नहीं हो सकता?

जहाँ ज़ेब : ख़ुदी को दरकिनार कैसे कर सकते हैं?

ज़ेबुन्निसा : ख़ुदी की जगह महबूब का ज़ज्बा भर के।

जहाँ ज़ेब : कैसे?

ज़ेबुन्निसा : जैसे-जैसे ख़ुदी घटती जाती है, महबूब के नक़्श साफ़ होते जाते हैं। जब ख़ुदी ख़त्म हो जाती है, महबूब नुमायां[20] हो जाता है।

जहाँ ज़ेब : यह सारी कारगुज़ारी होती कहाँ है?

ज़ेबुन्निसा : *(अपने सीने की ओर इशारा करते हुए)* यहाँ।

(जहाँ ज़ेब उसे देखती है, फिर खिलखिला कर हँसती है। ज़ेबुन्निसा मुस्कुरा रही है। दोस्तदार बानो एवं गुलरुख़ बानो का प्रवेश।)

गुलरुख़ बानो : *(चंचल मुस्कान से)* बड़े बूटे फूट रहे हैं किलकारियों के—

जहाँ ज़ेब : कहाँ थीं तुम दोनों?

दोस्तदार बानो : *(गुलरुख़ बानो की तरफ़ इशारे के साथ)* गुलरुख़ बानो शाही बजरे से उतरने को ही राज़ी नहीं थी। थोड़ा और चलते, तो दिल्ली पहुँच जाते।

(हँसी)

गुलरुख़ बानो : हमें घोड़े-हाथी की सवारी अटपटी लगती है।

ज़ेबुन्निसा : बंगाल-बिहार में नदियों के जाल जो हैं।

जहाँ ज़ेब : *(गुलरुख़ को प्यार से चपत लगाते हुए ज़ेबुन्निसा से)* आते ही पूछ रही थी, हुकूमत के जंगी जहाज़ों का समुन्दर फ़तेहपुर सीकरी में है?

(सब किलकारी मारती हैं।)

ज़ेबुन्निसा : *(दोस्तदार की ओर इशारे के साथ)* समुन्दर की मलिका तो दोस्तदार बानो हैं!

दोस्तदार बानो : सिर्फ़ समुन्दर है हमारा। सूरत बन्दरगाह पर जो रौनक़ है, वो तो पादशाह जहाँ आरा बेगम साहिब के जहाज़ों से है।

गुलरुख़ बानो : *(हैरत से)* दरबार में पहले सफ़ीरों[21] की जमात देखकर दंग हुए थे। फिर आज बाजार जाकर तो सनाक़ा खा गये।

दोस्तदार बानो : ऐसी रौनक़, ऐसी शानो-शौक़त हमारे तख़ैयुल के परे थी।

गुलरुख़ बानो : यहाँ के अदबो-लिहाज़ से पसीना छूट जाता है!

दोस्तदार बानो : *(जहाँ ज़ेब से मुस्कान के साथ)* आज का सबक़?

(जहाँ ज़ेब उस्ताद की भूमिका में आ जाती है।)

जहाँ ज़ेब : *(कड़कदार सुर में)* शागिर्दों!

ज़ेबुन्निसा/
गुलरुख़ बानो/
दोस्तदार बानो : *(एक साथ सावधान की मुद्रा में आते हुए)* उस्तादजी!

जहाँ ज़ेब : *(दोस्तदार के नीले दुपट्टे की तरफ़ इशारा करते हुए)* नीले दुपट्टे के साथ जहाँपनाह के रूबरू जाओगी?

ज़ेबुन्निसा/
गुलरुख़ बानो/
दोस्त्दार बानो : *(एक साथ)* नहीं। मातमी रंग पर पाबन्दी है।

जहाँ ज़ेब : *(बादशाही अदा से जैसे ख़ुद बादशाह हो)* जहाँपनाह के हुज़ूर में कोर्निश बजा लाओ!

(तीनों अपने दायीं हथेली माथे से छू कर झुकती हैं।)

जहाँ ज़ेब : *(वैसे ही)* जहाँपनाह के दस्ते-मुबारक से तोहफ़ा ले जीते-जी जन्नत पा लो बेवकूफ़ कँवारियो!

(तीनों तुरन्त उठ तीन क़दम आगे बढ़ती हैं; जहाँजेब के सामने दोनों जुड़ी वा खुली हथेलियाँ आगे बढ़ाती हैं, जहाँ ज़ेब तीनों के हाथ पर फटाफट कुछ रखने का माइम करती है।)

ज़ेबुन्निसा/
गुलरुख़ बानो/
दोस्तदार बानो : *(नीची आँखों के साथ माथा झुका तस्लीम करते वा तीन क़दम पीछे हटते हुए)* इनायत इनायत।

जहाँ ज़ेब : शाही दरबार में किस दिन क्या होता है?

(जैसे रंगरूट फ़ौजी ऊँचे अफ़सर को खटाखट जवाब देते हैं।)

ज़ेबुन्निसा : गुरुवार सफ़र के वास्ते।

गुलरुख़ बानो : शुक्रवार नमाज़ के लिए।

दोस्तदार बानो : शनिवार को इल्मी वा दीनी लोगों से मुलाक़ात—

ज़ेबुन्निसा : इतवार आराम, मौज-मस्ती—

गुलरुख़ बानो : मंगल निज़ामो-सियासत—

दोस्तदार बानो : सोम वा बुध को खेलकूद मूसिक़ी और रक़्स

जहाँ ज़ेब : *(अदा से)* उस्तादजी ख़ुश हुए!

ज़ेबुन्निसा/

गुलरुख़ बानो

दोस्तदार बानो : *(एक साथ झुक कर सलाम करते हुए)* ज़हे-नसीब ज़हे-नसीब

(सब सहज हो जाती हैं। गुलरुख़ बानो जहाँ ज़ेब को एक नक़्शा दिखाती है।)

गुलरुख़ बानो : शाहजहाँनाबाद का नक़्शा—ये आठ दरवाज़े, ये मस्जिदे-जामा, चाँदनी चौक, लाल क़िला—

जहाँ ज़ेब : हाँ तो?

गुलरुख़ बानो : (परेशानी से) इसमें भूलभुलैया कहाँ है?

दोस्तदार बानो : *(गुलरुख़ की तरफ़ इशारे के साथ)* भूलभूलैया का जादू चढ़ा है इन पर!

(सब हँसती हैं।)

गुलरुख़ बानो : *(आत्म-सजगता की मुस्कान से)* राजसमन्द में नहीं है न!

ज़ेबुन्निसा : *(अर्थभरी मुस्कान से)* जी छोटा न करें गुलरुख़ बेगम, दौलताबाद भूलभूलैया आपकी जागीर हो रही है।

(गुलरुख़ उत्तेजित हो जाती है।)

गुलरुख़ बानो : *(दाँतों-तले उँगली दबाते हुए)* हाय अल्ला, सच्ची?

ज़ेबुन्निसा : अगर बेगम साहिब ने गुस्ले-सेहत[24] कर लिया।

जहाँ ज़ेब/

गुलरुख़ बानो/

दोस्तदार बानो : *(एक साथ)* आमीन!

ज़ेबुन्निसा : अगर उनके निकाह की तारीख़ पक्की हो गयी।

जहाँ ज़ेब/

गुलरुख़ बानो/

दोस्तार बानो :- *(एक साथ)* आमीन!

ज़ेबुन्निसा : तो सुल्तान भाई से तुम्हारी मँगनी रस्म फ़ौरन अदा होगी, ऐसा चचा शुजा वा अब्बा के बीच तय हुआ है।

जहाँ ज़ेब : हमारे यहाँ इसे दारा शिकोह के ख़िलाफ़ साज़िश माना जा रहा है।

(दोस्तदार, गुलरुख़, वा ज़ेबुन्निसा चौंक जाती हैं।)

ज़ेबुन्निसा : *(उदास मुस्कान से)* दो भाई वली-अहद के हक़ को तस्लीम

नहीं करते और अपनी मुख़ालिफ़त अपनी औलाद के रिश्ते के बहाने और मज़बूत कर रहे हैं।

जहाँ ज़ेब : *(तनाव से)* कल देर रात मैं जाग गयी। अम्मीजान बिलख-बिलख के रो रही थीं।

गुलरुख़ बानो : *(डरी हुई)* या ख़ुदा—

(सब उसे देख रही हैं।)

जहाँ ज़ेब : इतना बुरा ख़्वाब देखा कि ज़ुबान पर भी नहीं ला सकते। सुबह होते ही अजमेर शरीफ़ चली गयीं—चादर चढ़ाने।

दोस्तदार बानो : *(आतंक से)* इज़्ज़त बख़्श कह रहा था, भयंकर जंग होगी। शहंशाह बनेंगे, तो मुराद बख़्श।

गुलरुख़ बानो : *(डरी हुई)* हमारे यहाँ भी यही मंज़र है। ज़ेनुद्दीन भाईजान ने हमसे पूछा, शाह शुजा की ताजपोशी के बाद उन्हें लाहौर की सूबेदारी पर जाना चाहिए या बंगालो-बिहारो-उड़ीसा की?

दोस्तदार बानो : गौहर आरा फूफी बोलीं, सटोरिये दारा वा औरंगज़ेब पर दाँव लगा रहे हैं—शाह शुजा वा मुराद को नज़रअन्दाज़ करके।

गुलरुख़ बानो : हमने अब्बा से कहा, हमें जहाज़ में सैर करना हैं तो बोले, बादशाह सलामत के जहाज़ जल्दी ही हमारे हो जाएँगे।

जहाँ ज़ेब : वली-अहद तो दारा शिकोह हैं।

दोस्तदार बानो : *(झुँझला कर)* हम लोगों के अब्बा उनको तस्लीम करें, तब न!

ज़ेबुन्निसा : बेगम साहिब अकेली हैं, जो ये भड़कते शोले क़ाबू में ला सकती हैं।

जहाँ ज़ेब : अगर औरंगज़ेब बादशाह बन गये, तो जहाँ आरा बेगम को निकाह की इजाज़त नहीं मिलेगी।

गुलरुख़ बानो : *(रुआँसी हो जाती है)* फिर हमारा निकाह कैसे होगा?

जहाँ ज़ेब : रौशन आरा को इजाज़त मिली, तो तुम भी दुल्हिन बन जाओगी।

गुलरुख़ बानो : *(जहाँ ज़ेब की ओर इशारे के साथ)* लेकिन आपा हमसे बड़ी हैं!

जहाँ ज़ेब : रौशन आरा के होते हुए दारा शिकोह की बेटी दुल्हिन नहीं बन सकतीं। तुम सब बन जाओगी।

ज़ेबुन्निसा : उम्र से विरासत का फैसला हो जाय, तो दारा शिकोह की ताजपोशी; फिर सबका निकाह।

दोस्तदार बानो : रौशन आरा बोलीं, करोड़पति बनना है, तो दारा शिकोह पर एक शाहरुख़ी रुपया लगा दो।

गुलरुख़ बानो : *(चौंक कर)* एक बाँदी हमें अब्बा शुजा की दर बता रही थी। हमारी समझ में ही नहीं आया।

जहाँ ज़ेब : *(ज़ेबुन्निसा से)* उस दिन मैं तुम्हारे यहाँ ज़ीनतुन्निसा के साथ चौपड़ खेल रही थी। यकायक चचा औरंगज़ेब निकले, मुझको देखकर ठिठके, बोले, *(औरंगज़ेब के सुर की नक़ल करते हुए)* जीत के साथ जीना आसान है, हार के साथ जीना संगीन। एक हार से उतना सीखते हैं, जितना हज़ार जीतों से नहीं सीखा जा सकता। जिससे तुम हारे हों, उसकी आँखों में पलक झपकाये बग़ैर देखना—यह रीढ़ की हड्डी होने की सनद है।

(चारों की नज़र मिली है।)

जहाँ ज़ेब : ज़ेबी, बहुत डर लग रहा है हमें।

ज़ेबुन्निसा : *(दुआ के लिए हाथ उठाती है; लय से)* करम माँगते हैं अता माँगते हैं।

गुलरुख़ बानो : *(वैसे ही)* इलाही हम तुमसे दुआ माँगते हैं।

चारों : *(साथ-साथ)* अता कर तू शाने करीमी का सदक़ा।
पिला दे इलाही रहीमी का सदक़ा।
घिरे जा रहे हैं मुसलसल[25] अँधेरे
ज़रा रौशनी दे, पनाह माँगते हैं।

(अँधेरा)

दृश्य–3

एतमादपुर गाँव में औरंगज़ेब का घर। दिन।

(औरंगज़ेब वा रौशन आरा साथ हैं।)

रौशन आरा : हम इन्तिज़ाम कर रहे हैं। तुम रातों-रात भाग जाना—अकेले।

औरंगज़ेब : *(चौंकता है)* अकेले?

रौशन आरा : हरम के साथ मुसीबत सौ गुना बढ़ जाती है। शाहजहाँ की बग़ावत के दिन याद हैं?

(औरंगज़ेब हामी में सिर हिलाता है।)

रौशन आरा : जहाँ आरा की साँस टूट गयी, तो तुम्हारे साथ कुछ भी हो सकता है।

औरंगज़ेब : हरम ससुरजी के पास छोड़ेंगे?

रौशन आरा : हम अपने पास रक्खेंगे। शाहनवाज़ ख़ाँ की वफ़ादारी शाहजहाँ के तईं है।

औरंगज़ेब : दारा ने उन्हें सुहागपुरा[26] भेज दिया तो?

रौशन आरा : *(तन जाती है)* कटार घोंप दूँगी कलेजे में! ख़ुदा क़सम, ये करो या मरो का लम्हा है।

औरंगज़ेब : मुझे एतमादपुर छोड़ने की इजाज़त नहीं। भागना बग़ावत मानी जाएगी।

रौशन आरा : बग़ावत किये बिना तो उसकी सज़ा झेल रहे हो।

औरंगज़ेब : पनाह कौन देगा हमें? मराठे और दकन के तीनों[27] सुल्तान?

रौशन आरा : हाँ। हम दिल्ली दरबार के मुख़ालिफ़ गुटों को साध रहे हैं।

औरंगज़ेब : दिल्ली दरबार में हमारी हैसियत सिफ़र हो चुकी।

रौशन आरा : बग़ावत करते ही तुम्हारा पलड़ा नीचे आ जाएगा—*(उँगलियाँ नचा ढेंकी का मूकाभिनय करते हुए)* हवा में झूलेंगे वली-अहद!

औरंगज़ेब : *(नाहीं में सिर हिलाते हुए)* दकन से मिली फ़ौजी मदद की बिना पर हम वहीं शाहजहाँ पर भौंकते और जब-तब उन्हें काट सकते हैं—जैसा कि उन्होंने ख़ुद जहाँगीर के साथ किया था—पर विन्ध्याचल पार कर दिल्ली को चुनौती नहीं दे सकते।

रौशन आरा : ईरानी, तूरानी, ख़ानज़ादे[28], शेख़ज़ादे[29], राजपूत, और दीगर हिन्दू सबने हमें भरोसा दिलाया है।

औरंगज़ेब : यह फ़ैसला एक जंग से होने वाला नहीं है छोटी आपा! अगर हमने नर्मदा के इस पार शाही फ़ौज को पहली बार शिकस्त दे दी, तभी ये हमारे पीछे खड़े हो सकते हैं; अभी नहीं। साथ ही ऐसी उम्मीद भी तभी की जा सकती है, जब हम कहीं के सूबेदार और वहाँ की फ़ौज के सिपहसालार हों।

रौशन आरा : यह कहते हुए हमें चुभन तो बहुत हो रही है, लेकिन अगर जहाँ आरा को कुछ हो गया, तो हमें ताज्जुब नहीं होगा अगर तुमको रातोंरात सलीमगढ़ भेज दिया जाय।

औरंगज़ेब सिर झुका दिये जाने के बाद यह नहीं देखा जाता कि सिजदा कुबूल हुआ या नहीं।

(हाथ में किताब लिये ज़ेबुन्निसा का प्रवेश। रौशन आरा को सलाम करती है।)

रौशन आरा : कहाँ गयीं थीं?

ज़ेबुन्निसा : बेगम साहिब की दहलीज़ पर दुआ करने।

(औरंगज़ेब ज़ेबुन्निसा के हाथ से किताब ले लेता है।)

औरंगज़ेब : *(किताब का नाम पढ़ता है)* मजमा-उल-बहरीन[30]।

(अगले संवाद के बीच किताब के पन्ने पलटता है।)

रौशन आरा : दारा-जहाँ आरा से तुम्हारा मेलजोल हमारे गले नहीं उतरता।

ज़ेबुन्निसा : तसव्वुफ़[31] के हमारे ढेर सवालात होते हैं। उनके जवाब आप देंगी?

रौशन आरा : उन सवालात की ज़रूरत क्या है?

ज़ेबुन्निसा : जीने की ही ज़रूरत क्या है?

रौशन आरा : तुमको क़रीब ला दारा *(तीनों की तरफ़ इशारे के साथ)* हमारे बीच दरार पैदा करना चाहते हैं।

ज़ेबुन्निसा : हम अपना भला-बुरा समझते हैं।

रौशन आरा : तुम कहीं दारा जैसे शेर तो नहीं लिखतीं—*जन्नत वहाँ हैं, जहाँ मुल्ला नहीं?*

(ज़ेबुन्निसा भावहीन शेर बोलते हुए रौशन आरा की टाँग

खिंचाई करती है। औरंगज़ेब का ध्यान दारा की किताब पर है।)

ज़ेबुन्निसा : बुतपरस्त हूँ मुसलमा नहीं हूँ मैं/झुकाती हूँ सिर अपनी उल्फ़त के आगे/पूजा करती हूँ उसकी/बिरहमन नहीं हूँ मैं/फेंक दिया है मैंने अपना पाक जनेऊ।

(रौशन आरा सन्नाटे में आ जाती है।)

औरंगज़ेब : *(मुस्कान से किताब दिखाते हुए)* इस बार दादा भाईजू ने सचमुच अपने पाँवों में कुल्हाड़ी मार ली!

ज़ेबुन्निसा : *(चौकन्नी हो जाती है)* इस्लाम वा हिन्दू मज़हब में जो एक-जैसे अनासिर हैं, *(किताब की तरफ़ इशारे के साथ)* उन पर रौशनी डाली गयी है। वो कहते हैं कि न शेख़ बनो, न पीर, न एजाज़ों[32] का क़रतब दिखाने वाला। बादशाहत आसान है; ग़ैरबनावटी और सच्ची फ़क़ीरी मुश्किल। बूँद मोती बनने की कोशिश क्यों करे, जबकि वो समूचा समुन्दर बन सकती है।

औरंगज़ेब : *(उखड़ा हुआ)* ज़ेबी, हम तुम्हें टोकते नहीं, लेकिन इसका यह मतलब नहीं कि तुम मनमानी कर सकती हो।

ज़ेबुन्निसा : *(नर्मी से)* ख़यालात का इज़्हार मनमानी नहीं अब्बू! *हक़ीक़त को किस नाम से पुकारूँ?/जो नाम मिलता है, खुदा का है—* *(किताब की तरफ़ इशारे के साथ)* यही तो कहा है।

औरंगज़ेब : *(मद्धिम चेतावनी के सुर में)* हमसे मत उलझो ज़ेबी, हमें तकलीफ़ होगी।

ज़ेबुन्निसा : अच्छा, अगर आपको पंजाब, सिन्ध-बिलोचिस्तान, थट्टा, और खुरासान मिले—लाहौर राजधानी के साथ, तो यह झगड़ा ख़त्म हो जाएगा?

औरंगज़ेब : शाहनवाज़ ख़ाँ[33] की तजवीज़ होगी?

(ज़ेबुन्निसा हामी में सिर हिलाती हैं।)

औरंगज़ेब : हमको दिल्ली चाहिए।

ज़ेबुन्निसा : नूरजहाँ लाहौर पर जान छिड़कती थीं।

औरंगज़ेब : तुम लाहौर में ही रहना, लेकिन हम दिल्ली के बग़ैर नहीं मानेंगे।

ज़ेबुन्निसा : दारा शिकोह सबसे बड़े हैं।

औरंगज़ेब : शाहजहाँ ख़ुसरो से छोटे थे।

ज़ेबुन्निसा : शाह शुजा को भी दिल्ली चाहिए।

रौशन आरा : उनके साथ हमारा समझौता हो रहा है।

ज़ेबुन्निसा : मुराद बख़्श बहुत दिलेर हैं।

औरंगज़ेब : उनके साथ समझौता हो चुका।

रौशन आरा : *(मुस्कान से)* दारा शिकोह के ख़िलाफ़ तीनों एकजुट।

ज़ेबुन्निसा : *(रौशन आरा की अनदेखी करती है)* आप चारों सगे भाई हैं।

औरंगज़ेब : जहाँगीर का बयान याद रखो—तुम्हारे और ताज के बीच जो आता है, वो बाप या भाई नहीं, सिर्फ़ दुश्मन है।

ज़ेबुन्निसा : दारा शिकोह अक्सरियत[34] को साथ लेकर चलेंगे।

औरंगज़ेब : *(चौंक कर नापसन्दगी से)* उनकी संगत में ये क्या सीख रही हो तुम? बादशाहत जम्हूरियत नहीं होती। निज़ाम की हमारी तस्वीर मुख़्तलिफ़ है।

ज़ेबुन्निसा : आपका निज़ाम आपके ही जैसा सख़्त होगा।

औरंगज़ेब : अब जो मुल्क का मुक़द्दर है, होगा।

ज़ेबुन्निसा : आप बहुत ज़िद्दी हैं अब्बू।

औरंगज़ेब : ज़ेबी, यह हमारा कार्मिक तक़ाज़ा है।

ज़ेबुन्निसा : अन्जाम ऐसा होगा, जिसका तसव्वुर करके कलेजा काँप जाता है।

औरंगज़ेब : तो आख़िरी हिचकी के साथ साँस तोड़ देने से कौन पीछे हटता है?

रौशन आरा : *(औरंगज़ेब से झिड़की के सुर में)* क्या वाही-तबाही बोल रहे हो!

औरंगज़ेब : गर्म हवाओं और चट्टानों के बीच पैदा और बड़ी हुई है ज़ेबी! समझती है, आख़िरी हिचकी कोई ख़ौफ़नाक शै नहीं।

रौशन आरा : आख़िरी हिचकी लेंगे हमारे दुश्मन।

औरंगज़ेब : हमको लेना पड़े, जो गुरेज़[35] किसको है? दारा की बादशाहत में तिल-मिल मरने से बेहतर है कि उनकी आँखों में आँखें डाल कर देखते हुए एक झटके में साँस टूट जाय—
(बेइन्तिहा ठंडे गुस्से वा नफ़रत से तड़पते हुए) दादा भाईजू
(उत्तेजित जहाँ ज़ेब का तेज़ी से प्रवेश।)

जहाँ ज़ेब : *(मुस्कान से)* ज़ेबी, बेगम साहिब ने आँखें खोल दीं!
(जहाँ ज़ेब वा ज़ेबुन्निसा फ़ौरन गले लग जाती हैं; औरंगज़ेब सिजदा करने लगता है; रौशन आरा नापसन्दगी से जहाँ ज़ेब को देख रही है। अँधेरा।)

दृश्य-4

अकबराबाद क़िला। दिन।

(जहाँ आरा, दारा शिकोह एवं शाहजहाँ साथ हैं।)

शाहजहाँ : *(आवेग से)* ये सात महीने हमने कैसे काटे हैं, अल्लाह जानता है।

दारा शिकोह : हकीम जवाब दे चुके थे। दो बार सुनने को मिला कि अब बेगम साहिब को दवा की नहीं, दुआ की ज़रूरत है।

शाहजहाँ : शुक्र है परवरदिगार का—आज तुमने गुस्ले-सेहत कर लिया! **(मोतियों का बाज़ूबन्द देता है; जहाँ आरा बिना मुस्कान के ले लेती है; शाहजहाँ देखता है कि जहाँ आरा मुस्करायी नहीं।)**

शाहजहाँ : एक सौ तीस मोतियों का है।

जहाँ आरा : *(संजीदगी से)* इनायत।

दारा शिकोह : *(हल्की मुस्कान से शाहजहाँ से)* आप को तोहफ़ा पसन्द नहीं आया।

जहाँ आरा : *(अनमनी)* ठीक है।

शाहजहाँ : सल्तनत के सबसे बड़े तिजारती बन्दरगाह सूरत का पूरा महसूल आज से तुम्हारे पानदान का ख़र्च।

(जहाँ आरा फिर संजीदा सूरत से शुक्रिया का सलाम करती है। शाहजहाँ समझ जाता है, जहाँ आरा इससे भी बड़ी सौग़ात चाहती है।)

शाहजहाँ : *(हल्की मुस्कान से)* पोशाकों का कोई नया कारखाना खोलना है? पाँच सूबों में तुम्हारी जागीरें फैली हैं। इससे आगे गिनती बढ़ाना है? अपने जहाज़ी बेड़े में इज़ाफ़ा चाहिए? *(भावभरे सुर में)* हम बस, तुम्हें ख़ुश देखना चाहते हैं जहाँ आरा!

जहाँ आरा : सचमुच?

(शाहजहाँ हामी में सर हिलाता है।)

जहाँ आरा : वादा करते हैं कि मेरी मुराद पूरी होगी?

शाहजहाँ : हमारे इख़्तियार में होगा, तो ज़रूर होगी।

जहाँ आरा : औरंगज़ेब को माफ़ करते हुए गुजरात की सूबेदारी अता फ़र्माइए।

शाहजहाँ : *(एकदम)* नहीं।

जहाँ आरा : आपके बेटों में वो सबसे क़ाबिल हैं।

शाहजहाँ : *(दारा पर एक नज़र के साथ)* लेकिन सबसे ख़तरनाक

जहाँ आरा : माँ और बहन का नज़रिया बादशाह बाप से अलहदा होता है। उन्हें अपने दिल के हिसाब से जीना होता है।

शाहजहाँ : जिसके सिर पर ताज है, वो ऐसी जोखिम नहीं उठ सकता।

दारा शिकोह : *(जहाँ आरा से)* मत भूलिए कि रौशन आरा आपके जैसी रौशनख़याल नहीं। अगर औरंगज़ेब की बहाली हुई, तो वो हमारे ख़िलाफ़ तो शमशीर उठाएँगी ही, आपके ख़िलाफ़ भी गुलतराशी करेंगीं।

जहाँ आरा : हमें आदत हो गयी है।

दारा शिकोह : आप रौशन की मुख़ालिफ़त क्यों नहीं करतीं?

जहाँ आरा : *(दोटूक भाव से)* क्या करें? जलावतन कर दें?

दारा शिकोह : *(हसरत की गहरी साँस लेता है)* काश, औरंगज़ेब और रौशन–दोनों को कर सकते होते।

जहाँ आरा : *(दारा शिकोह से)* तुम वली-अहद हो, तो सिर्फ़ अपने ख़ून के रिश्ते से। वही ख़ून उन दोनों की नसों में भी दौड़ रहा है।

शाहजहाँ : *(तड़प कर)* औरंगज़ेब को बेदख़ल कर हमने जैसे आने वाले कल की तवारीख़ लिख दी। जिस दिन यह एजाज़ हुआ, इन्तिहाई तनाव से गुजरे। किसी काम में जी नहीं लगा। पर रात यकायक नींद टूट गयी। अपना-आप बहुत हल्का महसूस हुआ, जैसे दिलो-दिमाग़ पर बरसों से जमी चट्टान हट गयी हो। *(सुर बदल जाता है)* दारा की मुख़ालिफ़त में मुराद क़ाबिले-ज़िक्र नहीं। शाह शुजा के पास ज़रूर कुछ सिफ़त[36] है, लेकिन नींद उड़ाने वाली नहीं। औरंगज़ेब अकेला था, जो दारा पर हर लिहाज़ से भारी पड़ता था। *(दारा को देखता है)* अब सल्तनते-मुग़लिया के छठवें शहंशाह बन कर रहेंगे बुलन्द अख़्तर दारा शिकोह!

जहाँ आरा : *(आवेग से)* औरंगज़ेब को जितनी बड़ी सज़ा आप दे रहे हैं, उसका कुसूर उससे छोटा है। उसने आप पर उसके साथ ज़्यादती और दारा की तरफ़दारी का इल्ज़ाम लगाया है। हम उसे सही मानते हैं।

(शाहजहाँ एवं दारा उसे देख रहे हैं।)

जहाँ आरा : *(एक-एक आरोप उँगली पर गिनाते हुए)* जहाँपनाह ने औरंगज़ेब के सूबे में उसके नामज़द उम्मीदवारों को मुकर्रर नहीं किया; ज़्यादा महसूल कमाने वाले गुजरात से रिवायत के मुताबिक़ घाटे वाले दकन की भरपाई नहीं की और बीजापुर से पुराना ख़िराज़[37] वसूल करने पर दकन का हिस्सा नहीं दिया। औरंगज़ेब ने जब-जब बेहतर ढंग से अपनी ज़िम्मेदारियाँ निभायीं, जहाँपनाह ने शाबासी के दो अल्फ़ाज़ नहीं बोले। ऐसी ज़्यादतियों का शिकार होने के बावजूद उसने बग़ावत नहीं की। लेकिन जो सज़ा आप उसे दिये जा रहे हैं, वो बग़ावत की नहीं, तो और क्या है?

शाहजहाँ : हमने बग़ावत का रास्ता खुलने से पहले ही बन्द कर दिया।

जहाँ आरा : यह इन्साफ़ नहीं।

शाहजहाँ : हुकूमत की भलाई की ख़ातिर बेइन्साफ भी होना पड़ता है। कई मज़हबों, क़ौमों, फ़िरकों और ज़ुबानों वाले हिन्दुस्तान को दारा की ज़रूरत है। गंगा-जमुनी तहज़ीब का मुरीद दिल्ली दरबार में हर तबके को अपने साथ लेकर चलेगा।

जहाँ आरा : हम सूबेदारी का ज़िक्र कर रहे हैं, हुकूमत की कमान का नहीं।

शाहजहाँ : अगर हमने औरंगज़ेब को बहाल कर दिया, तो कल के दिन वो दारा को चुनौती नहीं देगा?

जहाँ आरा : अकबर को इल्म था कि सलीम क़व्वालि-ए-बगावत नहीं गाएँगे? जहाँगीर ने ख़्वाब देख लिया था कि *(शाहजहाँ की तरफ़ इशारे के साथ)* ख़ुर्रम उसे नयी रागिनी में नहीं ढाल देंगे? आप क्या कर सकते हैं, जिससे यह पक्का हो जाय कि शुजा और मुराद दारा के ख़िलाफ़ खड़े नहीं होंगे?

दारा शिकोह : हम उम्मीद कर सकते हैं।

जहाँ आरा : वही औरंगज़ेब के साथ क्यों नहीं होना चाहिए?

शाहजहाँ : बेहद शातिर हैं वो। एक-चौथाई बाहर हैं, तीन-चौथाई भीतर। कोबरा साँप पर एतबार कर सकते हैं, औरंगज़ेब पर नहीं।

जहाँ आरा : अगर औरंगज़ेब के साथ इन्साफ़ नहीं किया गया, तो हमें मजबूर होकर पादशाह बेगम ओहदे से इस्तीफ़ा देना होगा।

(शाहजहाँ तथा दारा बुरी तरह चौंकते हैं।)

शाहजहाँ : क्या कह रही हो?

(जहाँ आरा शान्त भाव से हामी में सिर हिलाती है। शाहजहाँ और दारा की निगाह मिलती है।)

शाहजहाँ : *(दारा शिकोह से)* बंगाल सूबे को काट कर उसे ढाका भेज दें?

दारा शिकोह : उमरा कहाँ नहीं पहुँच सकते?

(शाहजहाँ सोच रहा है।)

जहाँ आरा : उसको दरकिनार करने का सिर्फ़ एक तरीक़ा है, जो आपने खुसरो और शहरयार के साथ अपनाया था।

दारा शिकोह : *(स्तब्ध रह जाता है)* आपा!

जहाँ आरा : लेकिन अगर वो अमल में लाया गया, तो हम न सिर्फ़ शाहजहाँनाबाद छोड़ देंगे, बल्कि आप दोनों की सूरत भी नहीं देखेंगे।

दारा शिकोह : हम ऐसी बात सोच भी नहीं सकते।

शाहजहाँ : *(दारा शिकोह से)* ठीक है, लेकिन तुम अभी से ऐसी कमज़ोरी मत दिखाओ।

जहाँ आरा : औरंगज़ेब के वास्ते आपके दिल में इतनी तल्ख़ी क्यों है?

शाहजहाँ : हमारे बग़ावती दौर का वो दिन शाहकार साबित हुआ, जब दोहद पड़ाव पर हमें जहाँगीर का अंगारे-सा सुलगता ख़त मिला कि वली-अहद की जागीर फ़ीरोज़पुर हिसार, जो चौदह बरस से हमारे नाम थी, हमसे छीन कर शहरयार को दे दी गयी; और कि हम फ़ौरन कन्धार की मुहिम पर पहुँचें। ख़त हाथ में लिये हमने तय किया कि बग़ावत करेंगे। लाहौर में जहाँगीर के क़याम के दौरान अकबराबाद कूच कर शाही ख़ज़ाने पर क़ब्ज़ा कर लेंगे। तभी दाई ने चहकते हुए ख़बर दी, अर्जुमंद बानो की गोद में तीसरा बेटा आ गया। भीतर जाकर देखा—कपूर जैसा, गोरा, बिल्कुल सुफ़ेद, लेकिन उसकी आँखों में कुछ ज़ज्बा था—तनाव देने वाला। बाद में नजूमी ने पक्का किया कि इसके हाथ की लकीरें ख़ानदानो-सल्तनत को नया मोड़ दे सकती हैं। फिर कच्ची उम्र में दो मतवाले हाथियों से उसका दिलेर

मुकाबला; ओरछा राजा के ख़िलाफ़ जांबाज़ी; पुर्तगाली अफसर का फ़रेब से क़त्ल। उसने हमारे ही दस्तख़त करके हमें धोखे में डाल दिया था। धोखेबाज़ बेउसूली और इन्तिहाई दिलेरी के ज़हरीले मेल से दहकता उसकी आँखों का वो ग़ैरवज़ाहती[39] ज़ज्बा; अपना मक़सद हासिल करने की दीवानी शिद्दत से छटपटाता वो कुछ भी कर सकता है; और फिर इस पर सादगी *(सख़्ती से)* हम उसको *सुफ़ेद साँप* ऐसे ही नहीं कहते!

जहाँ आरा : अम्मी जान की आख़िरी साँसों के बीच हमने उनसे वादा किया था—ख़ानदान का शीराज़ा बिखरने नहीं देंगे।

शाहजहाँ : दारा के रास्ते में काँटें बो रही हो तुम।

जहाँ आरा : अम्मी ने उसे भी नौ महीने कोख में पाला है—दारा की तरह। उनके इन्तिक़ाल के बाद वो इकतालीस दिन दरवाज़ा बन्द किये पड़ा रहा। एक सौ एक मनकों की अम्मी की तस्बीह अभी तक उसके तकिये के नीचे रहती है। दरअसल औरंगज़ेब के ज़रिये ही हमने यह जाना कि माँ मरती नहीं, अपनी औलाद के भीतर साँस लेती रहती है।

दारा शिकोह : *(शाहजहाँ से)* अगर अभी अम्मी होतीं, तो हम औरंगज़ेब को उसके हक़ से महरूम नहीं रख सकते थे।

शाहजहाँ : *(भर्त्सना से)* दारा, तुम अपने को उस मुकाम तक ले आओ कि अम्मी की रूह तुम्हें ताज में दिखाई देने लगे।

जहाँ आरा : *(कड़वाहट के साथ शाहजहाँ से)* औरंगज़ेब के तईं आपके सुलूक से जंगे-विरासत के साये दरबार पर स्याह हो गये हैं। यह ठीक है कि अभी दारा के पीछे बाइस राजपूत उमरा हैं और औरंगज़ेब के साथ सिर्फ़ नौ, पर रौशन बराबर राणा राजसिंह, जयसिंह, और जसवंत सिंह से राब्ता[39] बनाये हुए हैं। ईरानी, तूरानी, अफ़गान, और दूसरे इस्लामी मनसबदारों को लें, तो दारा के हिमायती फ़क़त तेईस हैं और औरंगज़ेब के पूरे तैंतीस। सिर्फ़ इतना ही नहीं, उसका मनसब भी दारा के तरफ़दारों से ऊँचा है। अगर मज़हब के नज़रिये से देखें, तो दारा दोनों तरफ़ से घाटे में हैं, चूँकि वो मज़हब से परे रूहानी चाँदनी की चकाचौंध में रहते हैं। दक़ियानूस[40] मुसलमान की हमंदर्दी औरंगज़ेब के साथ है और शियाओं की भी, चूँकि हमारी नसों में आधा ख़ून ईरानी अम्मी का है। अभी से यह कहा जाने लगा है कि

औरंगज़ेब की लड़ाई अपने लिए नहीं, इस्लाम के लिए है। औरंगज़ेब को दरकिनार रखने की कोशिश दुहरी छुरी है जहाँपनाह, जिससे आप न सिर्फ़ मुसलमानों को औरंगज़ेब के पीछे एकजुट हो जाने का बहाना दे रहे हैं, बल्कि उनके बीच दारा के साथ-साथ ख़ुद अपनी हैसियत कमज़ोर कर रहे हैं।

(जाने लगती है।)

दारा शिकोह : *(पुकारता है)* आपा—

(रुकती और मुड़ती है। शाहजहाँ दारा को देखता है।)

दारा शिकोह : बाबा, हमें एतराज़ नहीं।

(शाहजहाँ दारा को बेहद शोचनीय भाव से देखता है।)

शाहजहाँ : फिर सोच लो।

दारा शिकोह : सोच लिया।

शाहजहाँ : ख़ुदा न करे, वो दिन आये, *(दारा और अपनी तरफ़ इशारे के साथ)* जब न सिर्फ़ हम दोनों, और *(जहाँ आरा की तरफ़ इशारे के साथ)* तुमको ही नहीं, बल्कि पूरे हिन्दुस्तान को, इस लम्हें के वास्ते, पशेमान होना पड़े!

(प्रकाश हल्का होने के साथ संवाद बोलते हुए एक ओर एलानी का प्रवेश। एलान के दौरान शाहजहाँ जाता है)

एलानी : *(कड़कती आवाज़ में)* अबू मुज़फ़्फ़र, मुहीउद्दीन[41] मुहम्मद, शहज़ादे औरंगज़ेब, सूबेदारे-गुजरात मुक़र्रर किये जाते हैं।

(एलानी का प्रस्थान। दारा वा जहाँ आरा की नज़र मिलती है)

जहाँ आरा : दारा, हमसे बदगुमाँ हो?

दारा शिकोह : ख़ुदा से बदगुमाँ हो सकते हैं, आपसे नहीं।

(झुक कर उसके दुपट्टे का छोर चूमता है। अँधेरा)

दृश्य–5

दौलताबाद क़िला।[42] दिन।

(ज़ेबुन्निसा अपनी बयाज़ लिए बैठी है, लिखती और गुनगुनाती है। कुछ बरस बाद।)

ज़ेबुन्निसा : हिजाआबाद[43]/ नहीं उठाएँगे हम/
चूँकि अगर ऐसा हुआ/
तो हो सकता है/
(ख़ानम सुल्तान, आराम बानो, और सुल्तानुन्निसा का प्रवेश। ज़ेबुन्निसा और तीनों राजकुमारियाँ एक-दूसरे का नोटिस नहीं लेतीं)

ख़ानम सुल्तान/
आराम बानो/
सुल्तानुन्निसा : *(प्रेमिका की अदा से दुपट्टे का घूँघट बनाये हुए साथ-साथ)* बुलबुल/
ज़ेबुन्निसा : भूल जाये गुलाब को/
ख़ानम सुल्तान/
आराम बानो/
सुल्तानुन्निसा : *(साथ-साथ)* नहीं/हिजाआब/
ज़ेबुन्निसा : नहीं उठाएँगे हम/
चूँकि अगर ऐसा हुआ, तो हो सकता है/
लक्ष्मी की पूजा करता हुआ बिरहमन/
मुड़ कर देखते हुए मुझे, बदल दे अपनी तरजीह[44]/
ख़ानम सुल्तान/

आराम बानो/

सुल्तानुन्निसा : नहीं, हिजाआआब/

ज़ेबुन्निसा : नहीं उठाएँगे हम/
जैसे गुल में पोशीदा रहती है उसकी ख़ुशबूदार रूह/
वैसे ही/
(अक़ील ख़ाँ का प्रवेश। लगाव व तनाव से ज़ेबुन्निसा को देखता है।)

ज़ेबुन्निसा : तुम देख सकते हो हमें हमारे अशआर के भीतर/

ख़ानम सुल्तान/

आराम बानो/

सुल्तानुन्निसा : नहीं, हिजाआआब/

ज़ेबुन्निसा : *(उसी लय में मीठी मुस्कान से)* नहीं उठाएँगे हम/

अक़ील ख़ाँ : आप हमसे कब की दुश्मनी निकाल रही हैं?
(ज़ेबुन्निसा लगाव की शोख़ी वा अदा अपना लेती है; ख़ानम सुल्तान, आराम बानो, और सुल्तानुन्निसा पाज़ेब छनकाते हुए नाच की गतियों में छम छम चली जाती हैं।)

ज़ेबुन्निसा : तौबा तौबा; आपके दुश्मन बनें हमारे दुश्मन! आप तो हमारे पूरे कुटुम्ब के मुहाफ़िज़ ठहरे।

अक़ील ख़ाँ : *(अपने कन्धों की तरफ़ इशारे के साथ)* इन कान्धों पर संगीन ज़िम्मेदारी छोड़ कर गये हैं सूबेदार औरंगज़ेब! रोज़ जो ख़बर आती है, पहले से ख़ौफ़नाक आती है। शाहजहाँ की फ़ौज औरंगज़ेब को सबक़ सिखाने के लिए धौलपुर पहुँच-चुकी।

ज़ेबुन्निसा : *(ठिठोली करती है)* अगला क़दम दौलताबाद क़िला और मक़सद ज़ेबुन्निसा की गिरफ़्तारी—
(अक़ील ख़ाँ उसे ठंडी नज़र से देखता है।)

अक़ील ख़ाँ : अब मुझे आपको यह बताना होगा कि ख़तरा सिर्फ फ़ौज से ही नहीं होता? आप यहाँ तनो-तन्हाँ क्या मटरगश्ती कर रही हैं?

ज़ेबुन्निसा : *(उसे छेड़ने का मज़ा लेते हुए)* अमाँ, मश्क़े-सुख़न[45] कर रहे हैं हम।

अक़ील ख़ाँ : *(कानों को हाथ लगाता है।)* हुकूमत का अदना-सा कारकुन सियासत का तिज़्करा नहीं करता। बारादरी, चाँद मीनार कहीं भी मश्क़ फ़र्मा लीजिए, भूलभूलैया में तो जैसे आपका नारा

गड़ा है। वहीं बैठ कर स्याह कीजिए सफ़े। आपसे छोटी चार हैं। जो गुज़ारिश करो, चुपचाप मान लेती हैं।

ज़ेबुन्निसा : *(राग के सुर में)* हम भी मान लेंगे। फ़िलहाल छोटा-सा सवाल है।

अक़ील ख़ाँ : बिरादर असद ख़ाँ साहेब ने यही सिखाया है—आँखें खुली, मुँह बन्द—

ज़ेबुन्निसा : क्यों?

अक़ील ख़ाँ : हम ईरान से धूल फाँकते हुए आये और ज़िम्मेदार ओहदों तक पहुँचे, इसलिए। मैं तो आँखें भी तीन-चौथाई बन्द रखता हूँ। सिर्फ़ वही देखता हूँ, जिसका तअल्लुक़ मेरे फ़र्ज़ से है।

(ज़ेबुन्निसा उसकी आँखों में देखती है।)

ज़ेबुन्निसा : आँखें दिल का क्या होती हैं?

अक़ील ख़ाँ : आईना।

ज़ेबुन्निसा : वफ़ादारी का यही अक्स देखा होगा शहज़ादे औरंगज़ेब ने आपकी आँखों में?

अक़ील ख़ाँ : इसका जवाब वही दे सकते हैं।

(ज़ेबुन्निसा सन्जीदा हो जाती है।)

ज़ेबुन्निसा : जंगे-विरासत में क्या होगा?

अक़ील ख़ाँ : जो सितारों को मन्ज़ूर होगा।

ज़ेबुन्निसा : सारी कायनात जानती है, दारा शिकोह वली अहद हैं। कोई वजह नहीं कि वो तख़्त पर न बैठें।

अक़ील ख़ाँ : एक नज़रिया यह हो सकता है।

(सिपाही पत्र लिये आता है; अक़ील ख़ाँ पढ़ता है; चिन्तित लगता है।)

ज़ेबुन्निसा : क्या हुआ?

अक़ील ख़ाँ : अभी घबराने की कोई बात नहीं।

ज़ेबुन्निसा : *(झुँझला कर)* एक ही जवाब होता है तुम्हारा। सच क्यों नहीं बताते?

अक़ील ख़ाँ : छोटी शहज़ादियाँ दहशत में आ गयीं, तो मुसीबत दोबाला हो जाएगी।

ज़ेबुन्निसा : हमारी कोशिश भी उन्हें सँभाले रखना है।

अक़ील ख़ाँ : शाही फ़ौज ने चम्बल के सभी घाटों पर नाकाबन्दी कर दी थी, पर भदौली के पास एक नसीब से छूट गया था। शहज़ादे औरंगज़ेब ने वहीं से नदी पार कर ली।

ज़ेबुन्निसा : सामने वाली फ़ौज कितनी बड़ी है?

अक़ील ख़ाँ : *(ज़ोर देते हुए)* शाही है। ख़लीलुल्लाह ख़ाँ सिपहसालार हैं।

ज़ेबुन्निसा : *(आशंका से)* या ख़ुदा!

अक़ील ख़ाँ : साथ तमाम राजपूत सूरमा; सिपिर शिकोह के हाथ में एक दस्ते की कमान। सिपहसालार रुस्तम ख़ाँ को जहाँपनाह ने ख़ुद भेजा है।

ज़ेबुन्निसा : अब्बू के पास पचास हजार घुड़सवार हैं न?

अक़ील ख़ाँ : धर्माट की लड़ाई के बाद आधे बचे होंगे।

ज़ेबुन्निसा : *(ज़्यादा तनाव से)* और क्या छिपाया है?

अक़ील ख़ाँ : बिहार में शाह शुजा को हरा कर सुलेमान शिकोह असली शाही फ़ौज के साथ सामूगढ़ पहुँच रहे होंगे। उसमें दो-दो सिपहसालार हैं—मिर्ज़ा राजा जयसिंह और दिलेर ख़ाँ।

ज़ेबुन्निसा : औरंगज़ेब को दो पाटों के बीच कुचल दिया जाएगा।

अक़ील ख़ाँ : पर नजाबत ख़ाँ हमारे साथ हैं—शाहजहाँ के पुराने सिपहसालार।

ज़ेबुन्निसा : जहाँ आरा बेगम के साबिक़[46] महबूब। *(चिन्ता से)* अब किससे करेंगीं वो निकाह? पर निकाह तो तभी होगा, जब दारा जीतेंगे।

अक़ील ख़ाँ : नूर का तड़का या निकाह की शहनाई लाएगा या मातम की अश्कफ़िशानी—

ज़ेबुन्निसा : सलीमगढ़ अन्दर से देखा है?

अक़ील ख़ाँ : *(चौंकता है)* नहीं।

ज़ेबुन्निसा : हारे हुए औरंगज़ेब के साथ क्या होगा?

अक़ील ख़ाँ : अदना-सा कारकुन इस बारे में क्या कह सकता है!

ज़ेबुन्निसा : तब आप क्या करेंगे?

अक़ील ख़ाँ : आख़िरी साँस तक कुटुम्ब की हिफ़ाज़त।

ज़ेबुन्निसा : आप तो अपना नसीब बनाने आये हैं?

अक़ील ख़ाँ : समझूँगा, नसीब अपने अन्जाम तक ले आया।

ज़ेबुन्निसा : हमारा क्या होगा?

अक़ील ख़ाँ : शिकस्ता शहज़ादे की बेगमें ज़रूर सुहागपुरा में क़ैद की जाती हैं, लेकिन शहज़ादियाँ कहाँ रहें, यह फ़तेहयाब के ऊपर है।

ज़ेबुन्निसा : हमसे मिलने आओगे?

अक़ील ख़ाँ : सालगिरह पर मुबारकबाद देने ज़रूर आऊँगा—अगर शाहजहाँनाबाद में होऊँगा, तो—

ज़ेबुन्निसा : महलदार[47] की इजाज़त नहीं मिलेगी। बग़ावती शहज़ादे की बेटी के साथ सख़्त सुलूक होता है।

अक़ील ख़ाँ : तीसहज़ारी बाग़ महल में ऐसा नहीं होगा।

ज़ेबुन्निसा : *(चौंकती है)* बेगम साहिब अपने महल में रखेंगी हमें?

अक़ील ख़ाँ : भाईजान ने उनकी ख़्वाहिश बतायी।

ज़ेबुन्निसा : *(करुण मुस्कान से)* हमको उनकी नज़दीक़ी नसीब होगी, लेकिन अब्बा की क़ैद या क़त्ल के साथ।

अक़ील ख़ाँ : पर आप देर तक वहाँ रहेंगी नहीं।

ज़ेबुन्निसा : *(चौंकती हैं)* कहाँ भेजा जाएगा?

अक़ील ख़ाँ : ससुराल।

(जेबुन्निसा ताज्जुब में पड़ जाती है।)

अक़ील ख़ाँ : दारा शिकोह की ताजपोशी के साथ अगर जहाँ आरा बेगम चाहेंगीं, तो चालीसी उम्र में उनका निकाह होगा। फिर जहाँ ज़ेब और आपका।

जेबुन्निसा : (बिना मुस्कान से) दूल्हे के बग़ैर निकाह करेंगे हम?

अक़ील ख़ाँ : आपको चुनना दुश्वर हो जाएगा।

ज़ेबुन्निसा : *(बिना मुस्कान से)* ऐसे क़द्रदाँ हैं हमारे? और हमें इल्म भी नहीं!

(अकील ख़ाँ उदास मुस्कान देता है।)

ज़ेबुन्निसा : *(छेड़ती है)* हमारे निकाह पर सेहरा पढ़ोगे न?

अक़ील ख़ाँ : *(चुभन के साथ)* जहाँ होऊँगा, आपकी ख़ुशी के लिए दुआ करूँगा।

ज़ेबुन्निसा : *(सन्जीदा हो जाती है)* कहाँ होंगे?

अक़ील ख़ाँ : जैसे ही ख़बर मिलेगी कि औरंगज़ेब की शिकस्त हो गयी, आप सबको फ़ौरन, सही-सलामत, अहमदाबाद छोड़ूँगा। वहाँ मेरी ज़िम्मेदारी ख़त्म। आपके भाइयों को सलीमगढ़ ले जाने के लिए शाही दस्ते आएँगे, तो आपके सूबेदार नानाजान से उलझते रहेंगे।

ज़ेबुन्निसा : *(गहरी नज़र से देखते हुए)* तुम क्या करोगे?

अक़ील ख़ाँ : गोवा जाकर पहला जहाज़ पकड़ लूँगा।

ज़ेबुन्निसा : कहाँ के लिए?

अक़ील ख़ाँ : लाल समुन्दर—वहाँ दिल्ली की ख़बर पच्चीस मौसमों के बाद पहुँचती है।

ज़ेबुन्निसा : और तुम्हारे भाई?

अक़ील ख़ाँ : नये निज़ाम में मुलाज़िमत करेंगे।

ज़ेबुन्निसा : तुम क्यों नहीं?

अक़ील ख़ाँ : *(नाहीं में सिर हिलाते हुए ज़ोर देकर)* नहीं।

ज़ेबुन्निसा : तुम तो सियासत का तज़्किरा तक नहीं करते।

अक़ील ख़ाँ : *(राग की सख़्ती से)* तुम जानती हो।

ज़ेबुन्निसा : तुम्हारी ज़ुबानी सुनना है।

अक़ील ख़ाँ : तुम्हारी हथेलियों पर दूसरे के नाम की हिना देखूँगा, तो दिल पर बहुत बोझ पड़ेगा।

ज़ेबुन्निसा : तो हमसे दूर क्यों भागते हो?

अक़ील ख़ाँ : मख़मल पर टाट का पैबन्द लगता है?

ज़ेबुन्निसा : मख़मल से पूछकर तो देखो!

अक़ील खाँ : तुम शाही हरम में न होतीं, तो जरूर पूछता।

ज़ेबुन्निसा : (हँसती है) तब फिर हम भी टाट ही होते। (संजीदा हो जाती है) औरंगज़ेब की फ़तेह हुई, तो?

अक़ील ख़ाँ : *(दुखी सुर में)* ऐसा ख़्वाब मत देखो।

ज़ेबुन्निसा : *(दुखी सुर में)* रोना इसी बात का है कि हम कोई ख़्वाब देख ही नहीं सकते। न औरंगज़ेब की शिकस्त का, न फ़तेह का।

अक़ील ख़ाँ : उनकी फ़तेह हुई, तब भी हिन्दुस्तान छोड़ दूँगा।

ज़ेबुन्निसा : *(चौंकती है)* तब क्यों छोड़ दोगे?

अक़ील ख़ाँ : यही समझने की कोशिश कर रहा हूँ।

ज़ेबुन्निसा : तुम बड़ी आसानी से पागलख़ाने में बन्द किये जा सकते हो।

अक़ील ख़ाँ : पागल न होता, तो तुमसे क्यों टकराता?

ज़ेबुन्निसा : हम अपने नसीब पर इसलिए लानत भेजते हैं कि शाही ख़ानदान में क्यों पैदा हुए और तुम भी हमें इसीलिए आँखें दिखा रहे हो!
(हँसती है। अक़ील ख़ाँ में मुस्कुराने का भी हौसला नहीं। लहूलुहान पैग़ामी का प्रवेश।)

पैग़ामी : शहज़ादे औरंगज़ेब ने आगाह करने भेजा है।
(सहमी हुई ज़ीनतुन्निसा, बदरुन्निसा, ज़ुब्दतुन्निसा, और मेहरुन्निसा आती हैं।)

पैग़ामी : छत्रसाल हाड़ा, रामसिंह राठौर, वा भीमसिंह गौड़ ने क़हर बरपा कर दिया। हमारे तीरंदाज़ वा बन्दूकचियों की क़तारें मुसलसल

खेत होती जा रही हैं। तोपख़ाने की कमान वाले सफ़ शिकन ख़ाँ की हिक्मते-अमली[48] कारगर नहीं हो पा रही।

बदरुन्निसा : शहज़ादे औरंगज़ेब?

पैग़ामी : कान्धे पर ज़ख़्म हो गया, पर वो बहादुर ख़ाँ के साथ मुस्तैद देखे गये थे।

मेहरुन्निसा : मीर जुमला के फ्रांसीसी वा अंग्रेज़ तोपचियों का बड़ा शोर सुनते थे।

पैग़ामी : रुस्तम ख़ाँ की तरतीब उन पर भारी पड़ गयी।

ज़ेबुन्निसा : दारा शिकोह?

पैग़ामी : आख़िरी बार जब देखा, तब वो अपने हाथी पर मुराद के दस्ते काट, हमारी फ़ौज के बीच फाँक बनाते हुए, सीधे औरंगज़ेब की जानिब बढ़ रहे थे।

ज़ुब्दतुन्निसा : *(डरी हुई)* बाजी!

(दौड़ कर ज़ेबुन्निसा से चिपक जाती है। अक़ील ख़ाँ स्थिति एकदम नियन्त्रण में लेता है। उसका संवाद शुरू होने पर सलाम करते हुए पैग़ामी का प्रस्थान।)

अक़ील ख़ाँ : *(नर्म पर निर्देश वाले सुर में)* शहज़ादियो, अपनी कम-से-कम ज़रूरी चीज़ें इकट्ठी कर लें। ज़ेवरात पर ज़ोर; पोशाकें वा सिंगारी तामझाम छोड़ें। सब घोड़े पर। पालकियाँ बाद में आती रहेंगीं। सुबह होने से पेश्तर क़िले से पचास कोस की दूरी लाज़िमी—

ज़ुब्दतुन्निसा : *(ज़ेबुन्निसा से)* बाजी, हमारा हिरन—

ज़ीनतुन्निसा : (डाँटते हुए) इसको हिरन की पड़ी है—

ज़ेबुन्निसा : ले लो।

(ज़ीनतुन्निसा, बदरुन्निसा, ज़ुब्दतुन्निसा, और मेहरुन्निसा का प्रस्थान।)

अक़ील ख़ाँ : यहाँ चन्द सिपाही छोड़ेंगे। रास्ते में मराठी लुटेरों का सामना करना होगा।

(दोनों की नज़र मिलती है।)

ज़ेबुन्निसा : कैसे कटेगी सारी रात?

अक़ील ख़ाँ : दुआ करो।

ज़ेबुन्निसा : किसके लिए?

(दोनों की नज़र मिली है।)

अक़ील ख़ाँ : अब हम शायद ही मिलें—

(दोनों वैसे ही एक-दूसरे को देख रहे हैं। उन पर प्रकाश हल्का होने लगता है; मंच के दूसरे हिस्से में ख़ानम सुल्तान, आराम बानो, वा सुल्तानुन्निसा का आगे के शेर बोलते हुए प्रवेश।)

ख़ानम सुल्तान/
आराम बानो/
सुल्तानुन्निसा : *(साथ-साथ)* तुम्हारे होंठों की पीती हूँ मय/
तुम आ गये हो तो उरुज़/[49] पर हूँ!

(ज़ेबुन्निसा व अक़ील ख़ाँ आगे बढ़ते हैं; आलिंगन में बँध जाते हैं।)

ख़ानम सुल्तान/
आराम बानो/
सुल्तानुन्निसा : (साथ-साथ) नींद गुनाह है आज की रात/
फ़िजा में भरी है कशिश/

ख़ानम सुल्तान/
आराम बानो/
सुल्तानुन्निसा : और बाहर-भीतर का सारा अँधेरा/
जगमगा उट्ठा है/
मेरी तमन्ना क़ी चाँदनी से—

(अँधेरा होने लगता है।)

दृश्य-6

वही जगह। सुबह।

(प्रकाश। चोबदार आता है।)

चोबदार : *(कड़कदार आवाज़ में)* अल-सुल्तान अल-आज़म मुज़फ़्फ़र मुहीउद्दीन, मुहम्मद औरंगज़ेब बहादुर आलमगीर पादशाह ग़ाज़ी, की तारीख़े-ताजपोशी मुकर्रर हो गयी!

नेपथ्य से स्त्री-पुरुष स्वर : *(एक साथ)* मुबारक! मुबारक!

(गुलदस्ता लिये अक़ील ख़ाँ व्यस्त भाव से आता है; अगले संवाद के साथ चोबदार का प्रस्थान।)

अकील ख़ाँ : *(अदब से पुकारता है)* पादशाह बेगम!

(ज़ेबुन्निसा का सहज ढंग से प्रवेश।)

अक़ील ख़ाँ : *(उत्तेजित)* सफ़र की सारी तैयारियाँ मुकम्मल हो गयीं। एक पहर में कूच—पच्चीस पालकियाँ रात को ही भेज दीं; पच्चीस साथ जाएँगीं। शहज़ादियों को समझा दिया, पूरे तैंतीस दिन लगातार सफ़र करना है—दिन और रात। ताजपोशी के शुभ मुहूरत पर अगर आप सबको दिल्ली नहीं पहुँचा पाया, तो ख़ुद को माफ़ नहीं कर पाऊँगा।

(ज़ेबुन्निसा उसकी उत्तेजना का मज़ा ले रही है।)

ज़ेबुन्निसा : *(कुछ मज़ा लेने के ढंग से)* तुम तो हिन्दुस्तान छोड़ कर ज़ाने वाले थे?

अक़ील ख़ाँ : जहाँपनाह की इजाज़त नहीं मिली।

ज़ेबुन्निसा : *(वैसे ही)* मजबूरी में कौन-सा ओहदा कुबूल करना पड़ा?

अक़ील ख़ाँ : दारोग़ा-ए-गुस्लख़ाना[56]—

ज़ेबुन्निसा : *(तारीफ़ के सुर में)* माआआशा अल्लाह; अब तुम फैसला करोगे कि बादशाह सलामत से तनो-तन्हाँ कौन मिलेगा, कितनी देर, और किस सिलसिले में—

अक़ील ख़ाँ : जहाँपनाह की नवाज़िश है।

ज़ेबुन्निसा : यहाँ तुम्हारे आसपास सुनसान होता था। अब दिल्ली दरबार में अपना तसव्वुर करो।

अक़ील ख़ाँ : मैं जहाँ होता हूँ, सिर्फ़ अपने फ़र्ज का तसव्वुर करता हूँ।

ज़ेबुन्निसा : *(बदले सुर में)* हमारा ख़त?

अक़ील ख़ाँ : भेज तो दिया है, लेकिन पहुँचने की उम्मीद नहीं करना चाहिए। मुसम्मन बुर्ज में, जहाँ जहाँ आरा बेगम शाहजहाँ के साथ नज़रबन्द हैं, ख़तो-किताबत पर पाबन्दी है।

ज़ेबुन्निसा : रौशन आरा बेगम से मिले हो?

अक़ील ख़ाँ : दूर से देखा है।

ज़ेबुन्निसा : *(चेतावनी जैसे सुर में)* अब नज़दीक से देखोगे—और वो भी बार-बार।

अक़ील ख़ाँ : शहंशाह की हिमायती हमशीरा के हुज़ूर में सिजदा करूँगा।

(ज़ेबुन्निसा उसे देख रही है।)

ज़ेबुन्निसा : ऐसे तन कर क्यों खड़े हो?

अक़ील ख़ाँ : सल्तनत की ख़ातूने-अव्वल[53] के रूबरू जो हूँ।

(गुलदस्ता पेश करता है; ज़ेबुन्निसा लेती है, सूँघती है।)

ज़ेबुन्निसा : गुलाब मुलामियत, रंग, और ख़ुशबू से ज़्यादा है। इसमें गठन, ज़ज्बा, और कुछ ग़ैबी[54] फुसफुसाहट है। ये हमसे कुछ कहना चाहता है। काश, हम उस कुल तजुर्बे का मुकम्मल एहसास कर सकते होते—

(क्षणिक विराम)

अक़ील ख़ाँ : हमें इजाज़त मिले। आपके गिरफ़्तार नाना को दिल्ली भेजने का इन्तिज़ाम करना है।

ज़ेबुन्निसा : *(नाराज़गी से)* हम जानते थे, सिर पर ताज आते ही औरंगज़ेब यही गुलकारियाँ दिखाएँगे!

अक़ील ख़ाँ : शाहनवाज़ ख़ाँ ने हारे हुए दारा को गिरफ़्तार करने के बजाय अहमदाबाद क़िला वा ख़जाना उनके हवाले कर दिया!

ज़ेबुन्निसा : पूरी सल्तनत दारा शिकोह को जायज़ वारिस मानती है।

अक़ील ख़ाँ : *(एकदम कानों पर हथेलियाँ रखते हुए)* कारकुने-निज़ाम ने कुछ नहीं सुना।

ज़ेबुन्निसा : *(चिढ़ी हुई)* कारकुने-निज़ाम को सही और ग़लत का तो इल्म होगा?

अक़ील ख़ाँ : हमारा काम हुक़्म की पाबन्दी है, उसे जाँचना नहीं।

ज़ेबुन्निसा : जाँचेगा। कौन?

(अक़ील ख़ाँ आसमान की ओर उँगली उठाता है। ज़ेबुन्निसा ठंडी नज़र से उसे देखती है।)

ज़ेबुन्निसा : हमारे चचा कहाँ हैं?

अक़ील ख़ाँ : शाह शुजा शिकस्त खाकर बंगाल भाग गये। सुल्तान वा मीर ज़ुमला उनके पीछे हैं। मुराद बख़्श सलीमगढ़ में क़ैद कर दिये गये।

ज़ेबुन्निसा : *(झटका लगता है)* आधी सल्तनत के हक़दार हैं वो। बाक़ायदा अहदनामा[55] बना था; औरंगज़ेब ने दायीं हथेली की हल्दी-छाप छोड़ी थी उस पर।

अक़ील ख़ाँ : *(कातर हो)* दहलीज़ पर पड़ा पाँवपोश हूँ मैं! शहज़ादों के बीच जो हुआ, उस बारे में मुँह खोलने वाला मैं कौन?

ज़ेबुन्निसा : दारा शिकोह?

अक़ील ख़ाँ : कच्छ रेगिस्तान में भागते हुए देखे गये थे। हमारी फ़ौज उनके पीछे हैं।

(ज़ेबुन्निसा ख़बर ज़ज्ब करती है।)

ज़ेबुन्निसा : जहाँ ज़ेब?

अक़ील ख़ाँ : वो और शाह शुजा की पाँचों बेटियाँ भी अपने-अपने वालिद के साथ हैं। मुराद बख़्श की तीनों बेटियों को सुहागपुरा भेजा गया है।

ज़ेबुन्निसा : *(चौंक कर)* लाल क़िले के हरम में क्यों नहीं?

अक़ील ख़ाँ : इसका जवाब सिर्फ़ रौशन आरा बेगम के पास है।

ज़ेबुन्निसा : *(सख़्ती से)* आप हमारी मुहर के साथ हुक्मनामा भेजिए। जब हम दिल्ली पहुँचेंगे, तो दोस्तदार, असाइश और हमराज़ बानो हमें रंगमहल में मिलना चाहिए।

अक़ील ख़ाँ : इब्तिदा से ही रौशन आरा की मुख़ालिफ़त मत कीजिए। मैं हुकूमत की हवेली में तीनों शहज़ादियों क़ी रिहायश का बन्दोबस्त करवाता हूँ।

(ज़ेबुन्निसा हामी में सिर हिलाती है; सिपाही का प्रवेश।)

सिपाही : *(ख़त बढ़ाते हुए)* बिहार से नामाबर लेकर आया है। तीन-चौथाई मुर्दा हो चुका ग़रीब—

(अक़ील ख़ाँ पत्र लेकर ज़ेबुन्निसा को देता है। वह पढ़ने लगती है। सिपाही जाता है।)

ज़ेबुन्निसा : *(तनाव से)* गुलरुख़ बानो ने भेजा है—मुंगेर से; शाह शुजा की शिकस्त के बाद। *(पत्र पलट कर तारीख़ देखती है)* ढाई माह पहले की तारीख़ है। (फिर पत्र पढ़ती है) अब्बा की शिकस्त हो गयी ज़ेबी! यहाँ खेमे में सब अफ़रातफ़री है। अम्मीजान बिलख रही हैं, बहन-भाई बदहवास। कहाँ जाएँगे, पता नहीं। क्या होगा, पता नहीं। खुदा हाफ़िज़—*(पत्र बन्द करती है)* गुलरुख़ बानो अभी यहाँ होतीं—हमारी भाभी बन कर—

अक़ील ख़ाँ : शहज़ादे सुल्तान से उनकी मँगनी क्यों टूटी?

ज़ेबुन्निसा : *(नाराज़गी से)* यह मँगनी दारा के ख़िलाफ़ शुजा के साथ समझौते का हिस्सा थी। बाद में जैसे ही अब्बा यह समझे कि शुजा दिल्ली के बग़ैर नहीं मानेंगे, उन्होंने यह मँगनी तोड़ते हुए गोलकुंडा सुल्तान की बेटी को बहू बेगम बना लिया। *(तनाव से)* अगर शुजा और दारा औरंगज़ेब के हत्थे चढ़ गये, तो?

अक़ील ख़ाँ : *(सख़्ती से)* अभी अपने पर रहम कीजिए; दिलशाद बाग़[56] की ताजपोशी में मुस्कान के साथ ओहदा क़ुबूल फ़र्माइए।

ज़ेबुन्निसा : उस ओहदे को ज़ीनतो-रुत्बा[57] जिन्होंने बख़्शा है, उन बेगम साहिब वा दारा शिकोह के बग़ैर हम दिल्ली तो क्या, अपनी ज़िन्दगी का भी तसव्वुर नहीं कर सकते।

अक़ील ख़ाँ : जीने के लिए बहुत कुछ करना होता है।

(दोनों की नज़र मिली है।)

अक़ील ख़ाँ : *(आसपास इशारा करते हुए)* आख़िरी बार दिल में समो लीजिए दौलताबाद क़िले की यादें।

ज़ेबुन्निसा : *(उसकी तरफ़ देखते हुए)* तुमने क्या समोया है?

अक़ील ख़ाँ : *(सन्जीदगी से)* इस तर्जे-कलाम[58] को यहीं छोड़ दें। वहाँ मेरी हद दीवाने-ख़ास की दहलीज़ होगी और आप लक्ष्मण-रेखा की तरह चाँदी की ज़ंजीर के पार तख़्ते-ताऊस की आराई[59] में।

(ज़ेबुन्निसा चुप है।)

अक़ील ख़ाँ : अपनी बयाज़ भी यहीं छोड़ दें बराए-मेहरबानी। जहाँपनाह शेरगोई नापसन्द करते हैं।

ज़ेबुन्निसा : *(अपने सीने की तरफ़ इशारे के साथ दर्द से)* वो अन्दरूनी पर गंगाजल छिड़कने का तरीक़ा है।

(अक़ील ख़ाँ ज़ेबुन्निसा को हसरत की नज़र से देख रहा है; ज़ेबुन्निसा को भावात्मक उलझन है कि अब अक़ील से रिश्ते की प्रकृति बदल रही है।)

अक़ील ख़ाँ : मैं भी यही कर लेता हूँ—आख़िरी बार आपके अशआर दुहरा कर।

(ज़ेबुन्निसा ज़रा मुस्कुराती है।)

अक़ील ख़ाँ : *(लय से)* गो कि मैं लैला हूँ/
पर मजनूँ का दिल धड़कता है मेरे भीतर/

(ख़ानम सुल्तान, आराम बानो, वा सुल्तानुन्निसा का मिसरा बोलते हुए पाज़ेबी छनक के साथ प्रवेश।)

ख़ानम सुल्तान/
आराम बानो/
सुल्तानुन्निसा : *(साथ-साथ लय से)* चाहती हूँ कि सहरा तक पहुँचूँ/
पर हया बन जाती है पाँवों की ज़ंजीर/

(अब ज़ेबुन्निसा ख़ानदान में हो रही दर्दनाक तब्दीली से थरथरा रही है—जहाँ आरा नज़रबन्द; दोस्तदार बानो, गुलरुख़ बानो गर्दिश में। दारा गिरफ़्तार हो गये, तो उनका वा जहाँ ज़ेब का क्या होगा, जबकि वह ख़ुद पादशाह बेगम बन बैठी है।)

अक़ील ख़ाँ : गुलज़ार में बुलबुल आ गयी/
क्योंकि मुरीद है मेरी/

ख़ानम सुल्तान/
आराम बानो/
सुल्तानुन्निसा : *(साथ-साथ)* तमन्ना के तमाम रंगों का आख़िरी लफ़्ज़/

अक़ील ख़ाँ : यहाँ तक कि परवाना भी—

अक़ील ख़ा/
ख़ानम सुल्तान/
आराम बानो/
सुल्तानुन्निसा : *(साथ-साथ)* उस्ताद मानता है मुझे—

(ज़ेबुन्निसा यकायक बिलख उठती है।)

ज़ेबुन्निसा : *(बेइन्तिहाई दर्द से)* या ख़ुदा, चचा दारा को सलामत रखना—

(सिसकती है; शेष जहाँ के तहाँ रुक, स्तब्ध हो ज़ेबुन्निसा को देख रहे हैं। अँधेरा।)

दृश्य–7

लाल क़िले का रंग महल। दिन।

(ज़ेबुन्निसा मुअज़्ज़म को राखी बाँध रही है। ज़ीनतुन्निसा, बदरुन्निसा, ज़ुब्दतुन्निसा, और मेहरुन्निसा मौजूद हैं। उनके हाथ में राखी, टीके, और मिठाई की थालियाँ। बदरुन्निसा बुझी हुई; उसका सगा भाई मुहम्मद सुल्तान सलीमगढ़ में बन्दी है।)

ज़ीनतुन्निसा : मुग़ल हरम में राखी की शुरुआत किसने की थी?

ज़ेबुन्निसा : जहाँ आरा बेगम ने। चारों भाई उनके तीस हज़ार दरख़्तों वाले महल पर पहुँचे। दारा शिकोह को राखी बँधी, तो उन्होंने बतौर तोहफ़ा मुट्ठी भर हीरे, याक़ूत, और पुखराज की सौग़ात दी।

मेहरुन्निसा : *(हसरत से)* हाय अल्ला!

ज़ेबुन्निसा : राजपंडित जगन्नाथ तब वहीं थे। जहाँ आरा उनसे गीता सुनती थीं। चारों भाइयों को राखी बँध गयी। फिर होता क्या है कि बेगम साहिब ने एक और राखी उठायी और पंडित को बाँध दी। पंडित ने क़नीज़ से दस अशर्फ़ियाँ एक दिन के लिए उधार माँगी। फिर चाँदी के कटोरे में रख कर शाही बहन को पेश कीं। उन्होंने माथे से छुआ कर कुबूल फ़र्माया। फिर कटोरे में जितने ज़ेवर समा सकते थे, भरे, और पंडितजी को भेंट में दे दिये।

ज़ुब्दतुन्निसा : उनकी क़ीमत कितनी थी?

ज़ेबुन्निसा : पुल बंगश के पहले मोड़ पर क्या है?

सब शहज़ादियाँ : *(एक साथ)* बाग़ के साथ पाँचमंज़िला हवेली—

ज़ेबुन्निसा : उस कटोरे से ख़रीदी गयी थी।

मेहरुन्निसा : हाय, हम पंडित क्यों न हुए!

(सब किलकारी मारती हैं।)

ज़ीनतुन्निसा : अकबर नहीं आ पाया इस बार—

बदरुन्निसा : सूबेदार का ओहदा ज़िम्मेदार होता है।

मुअज़्ज़म : काम बख़्श कहाँ ग़ायब हो गया?

ज़ीनतुन्निसा : नज़रबन्द कर दिया गया मुअज़्ज़म भाई!

मेहरुन्निसा : कहाँ?

बदरुन्निसा : घर में—

(सब किलकारी मारती हैं।)

मुअज़्ज़म : क्यों?

ज़ीनतुन्निसा : पहरों उसके उस्ताद इन्तिज़ार करते रहते हैं, तालीम के लिए जाता ही नहीं। क़हता है, हमको हुकूमत सँभालना है, मदरसा नहीं चलाना!

मेहरुन्निसा : ज़हाँपनाह ने किसी और को इस तरह सीने से चिपका कर पाला है?

ज़ुब्तुन्निसा : खुद चौदह की उम्र में दस हज़ार घुड़सवारों की कमान सँभालते थे, जबकि सत्रह की उम्र में उनके राजदुलारे का हासिल क्या है?

मेहरुन्निसा : बाप बन गया!

(हँसी! काम बख़्श का प्रवेश)

मुअज़्ज़म : *(मुस्कान से)* बड़ी जल्दी आज़ाद हो गये क़ालीनी सूरमा!

(हँसी)

काम बख़्श : *(उसे गुस्से से देखता है)* तमीज़ से बात कीजिए। आप बेरार सूबेदार से मुखातिब हैं!

मुअज़्ज़म : *(हँसते हुए)* जो हमेशा दिल्ली दरबार में हाज़िरी देता है!

काम बख़्श : दारा शिकोह भी यही करते थे। उनका नायब सूबे का निज़ाम चलाता था।

ज़ीनतुन्निसा : तभी दारा शिकोह को कोई जंगी तजुर्बा हासिल नहीं हो सका।

काम बख़्श : *(अदा से)* लेकिन हम बड़ी मुहिम पर जिंजी भेजे जा रहे हैं!

मुअज़्ज़म : गुलेल से चिड़िया मारने?

(हँसी। काम बख़्श बुरा मान जाता है।)

काम बख़्श : मराठों को सबक़ सिखाने।

(हँसी)

मुअज़्ज़म : वो करेंगे सिपहसालार ज़ुल्फ़िक़ार ख़ाँ—

काम बख़्श : *(अदा से)* हमारे नायब हैं वो। तरक़ीबें-अमली[61] हम तय करेंगे, अमली जामा वो पहनाएँगे।

(फिर हँसी। हाथ में थैला लिए अकबर का प्रवेश। ज़ेबुन्निसा खिल जाती है।)

ज़ेबुन्निसा : *(चकित मुस्कान से)* तुम तो काबुल में थे?

अकबर : *(मुस्कान के साथ ज़ेबुन्निसा के गले लगते हुए)* रक्षाबन्धन पर नामौजूद रह सकता हूँ? हर पाँच सौ मील के बाद घोड़े बदलता हुआ आ गया!

(अगले संवाद के बीच ज़ेबुन्निसा उसे राखी बाँधती है।)

मेहरुन्निसा : पठानों की सरकशी पर लगाम लगी?

अकबर : थोड़ा वक़्त और चाहिए।

ज़ुब्दतुन्निसा : *(अकबर का थैला उठा वज़न का अन्दाज़ लगाते हुए मुस्कान से)* तोहफ़ों से भारी है—

(बाक़ी शहज़ादियाँ किलकारी मारती हैं; ज़ेबुन्निसा मुस्कुराती है। अकबर थैले से हार निकाल कर ज़ेबुन्निसा को देता है।)

मेहरुन्निसा : *(ख़ुशी से सीत्कार लेती है)* फ़ीरोज़ा का जड़ाऊ हार मिलेगा सबको!

अकबर : *(दिख़ाते हुए)* आपके लिए चाँदी का छल्ला—*(ज़ुब्दतुन्निसा की ओर पुड़िया बढ़ाते हुए)* आपके लिए काजू-किशमिश।

(मेहरुन्निसा एवं जुब्दतुन्निसा झूठे ग़ुस्से से उसे घूँसा मारती हैं। शहज़ादियों की किलकारी। ज़ेबुन्निसा मुस्कान के साथ हार मेहरुन्निसा के गले में डाल देती है। अकबर तमाम ज़ेवर मेहरुन्निसा वा ज़ुब्दतुन्निसा को देता है; फिर बदरुन्निसा को। वह कंगन पहनती है; फिर यकायक सिसकने लगती है।)

ज़ेबुन्निसा : *(बदरुन्निसा के सिर पर दिला से का हाथ रखते हुए)* बदरुन्निसा।

ज़ीनतुन्निसा : *(वैसे ही)* हम सबके दिल में काँटा चुभा है, पर मजबूर हैं।

बदरुन्निसा : सुल्तान भाई रक्षाबन्धन पर कभी नामौजूद नहीं रहे।

मेहरुन्निसा : *(हिक़ारत से)* क्या तमाशा है!

ज़ुब्दतुन्निसा : रंगमहल से सलीमगढ़ देख सकते हैं, सलीमगढ़ जाकर उनको नहीं देख सकते!

काम बख़्श : *(दबी आवाज़ में)* बाग़ी का नाम मत लीजिए खुदा के वास्ते।

ज़ीनतुन्निसा : *(आपत्ति के सुर में)* हमारे भाई हैं!

मुअज़्ज़म : हमारे भी है। तुमको महज़ डाँट पड़ेगी, हम सूबेदारी से बेदख़ल, उनके बग़ल में हथकड़ी-बेड़ी के साथ जड़ दिये जाएँगे।

बदरुन्निसा : *(आँखें पोंछते हुए)* मुअज़्ज़म भाई सही कह रहे हैं।

(आज़म का प्रवेश। राखियाँ देख कर सन्नाटे में आ जाता है।)

आज़म : *(आतंक से)* तौबा तौबा, क्या हो रहा है ये?

ज़ीनतुन्निसा : *(राखी लिये हुए)* आस्तीन हटाओ—

आज़म : *(पीछे हटते हुए)* पता नहीं, राखी पर मुमानियत है?

(मेहरुन्निसा अकबर को राखी बाँधने लगती है; वह राखी बँधवाता हुआ आज़म को बड़ी मुस्कान देता है।)

आज़म : *(बेहद डरा हुआ)* होश गँवा बैठे हैं सब? नौरोज़[62], होली, दीवाली—सब मना है।

काम बख़्श : ये लोग सुनती ही नहीं।

ज़ेबुन्निसा : *(धागा पकड़ कर आज़म की आँखों के सामने राखी हिलाते हुए लय से गुनगुनाती है)* कच्चा सा धागा बाँधा/

ज़ीनतुन्निसा : *(दूसरी राखी लिये वैसे ही)* फ़ौलादी ज़ंजीर बनी

आज़म : *(गुस्से से)* सचमुच बँध जाएगी फ़ौलादी ज़ंजीर! आज़ादी से दुश्मनी हो गयी है?

(ज़ेबुन्निसा एवं ज़ीनतुन्निसा आज़म का हाथ पकड़ लेती हैं, मेहरुन्निसा राखी बाँधने लगती है।)

आज़म : *(रुआँसा हो रहा है)* सलीमगढ़ देख कर ही दहशत होती है मुझे! अल्ला क़सम, चाँदमारी पर जाना होता है न, तो मैं चक्कर लगा कर अजमेरी दरवाज़े से निकलता हूँ।

ज़ीनतुन्निसा : *(शक पक्का हो जाने का नाटक करते हुए)* अब समझे हम कि रात के अँधेरे में सिपहसालार दिलेर ख़ाँ की हवेली की जानिब बार-बार क्यों जाते हो तुम!

आज़म : *(स्तब्ध हो)* क्या?

(अगले संवाद में शहज़ादियाँ शरारत का मज़ा ले रही हैं। ज़ेबुन्निसा ज़रा-सा मुस्कुराती है।)

ज़ुब्दतुन्निसा : *(आश्चर्य भरे आतंक से आज़म को देखते और एक क़दम पीछे हटते हुए)* मुल्तान सूबेदार तख़्तापलट की साज़िश में मुब्तिला।

(मेहरुन्निसा ज़ीनतुन्निसा को कुहनी मारती है। अकबर आज़म के डर का मज़ा ले रहा है। मुअज़्ज़म को सौतेले भाई की टाँग

खिंचाई पर ख़ुशी है।)

आज़म : *(दहशत में आ जाता है)* दिलेर की दहलीज़ भी कभी लाँघी हो, तो खुदा का क़हर टूटे हम पर।

बदरुन्निसा : दिल में चोर है, तभी तो राखी देख कर साँप सूँघ गया!

आज़म : *(रुआँसा)* हमारे दिल में कोई चोर-डाकू नहीं।

मेहरुन्निसा : अकबर आपसे छोटा है। उन्नीस दिन सफ़र करता हुआ *(अकबर के राखियों से भरे हाथ की तरफ़ इशारे के साथ)* इसी के लिए आया है।

आज़म : खुली हवा में दम घुटता है इसका, तो मैं भी अँधेरे ग़ार में कूद जाऊँ?

(ज़ेबुन्निसा आज़म को राखी बाँधने लगती है।)

अकबर : आज़म भाई, आज ज़रूरत से ज़्यादा ख़ौफ़ खाते हैं।

आज़म : *(तिनक कर सलीमगढ़ की दिशा में इशारे के साथ)* बेख़ौफ़ होने का लुत्फ़ उठा रहे हैं सुल्तान भाई—

बदरुन्निसा : आप बग़ावत नहीं, बहनों से हिफ़ाज़त का वादा कर रहे हैं; बस।

आज़म : *(भन्नाया हुआ)* हलफ़नामे पर अपनी मुहर लगा कर देता हूँ; *(राखी की ओर इशारे के साथ)* इस निशानी से बख़्श दो न!

ज़ीनतुन्निसा : *(उसे राखी बाँधते हुए शरारती मुस्कान से)* जो जादू है, वो निशानी में ही तो है!

(शहज़ादियाँ किलकारी मारती हैं। आज़म यकायक चौकन्ना हो एक तरफ़ देखता है।)

आज़म : कौन है वहाँ?

ज़ेबुन्निसा : कोई नहीं।

आज़म : *(आवाज़ दबा कर)* जहाँपनाह की आँखों से कुछ भी पोशीदा नहीं।

मेहरुन्निसा : अच्छा, तोहफ़ा तो दीजिए।

आज़म : *(चिढ़ा हुआ)* अपनी आज़ादी तो दे दी!

(शहज़ादियाँ हँसती हैं।)

आज़म : *(और चिढ़ जाता है)* अभी सिपाही आते हैं हथकड़ी लेकर—

अकबर : (सन्जीदगी से) मैं भी आपके साथ सलीमगढ़ चलूँगा।

आज़म : *(और भी चिढ़ जाता है)* उससे हमारी रिहाई हो जाएगी क्या?

अकबर : जहाँपनाह के तर्जे-अमल[63] पर सवालिया निशान तो लगेगा।

आज़म : *(एकदम कानों पर हाथ रखते हुए)* हमने कुछ नहीं सुना।

अकबर : *(आज़म की आपत्ति पर धयान दिये बिना)* यह निज़ाम दरअसल मुल्ला और मुहत्सिब[64] के हाथ में है।

आज़म : *(कातर हो)* कुफ्र मत बोलो। आजकल हमको वैसे ही बुरे-बुरे ख़्वाब आते हैं। *(शहज़ादियों से)* अच्छा, अब होली तो नहीं मनाओगी न?

ज़ुब्तुन्निसा : *(चंचलता से)* क्यों नहीं?

ज़ीनतुन्निसा : *(नाटक करती है)* हमने आठ रंगों के सौ घड़े अभी से भरवा कर रख छोड़े हैं।

आज़म : *(व्यंग्य से)* एक कौन-सा छोड़ दिया?

ज़ुब्तुन्निसा : सुफ़ेद।

(सब खिल खिल करके हँसती हैं। मेहरुन्निसा गम्भीर हो जाती है।)

मेहरुन्निसा : *(पत्र दिखाते हुए)* इज़्ज़त बख़्श ने सबको सलाम कहा है; राखी की मुबारकबाद दी है।

मुअज़्ज़म : *(तनाव से)* सलीमगढ़ से कौन छिपा कर ख़त लाया?

ज़ेबुन्निसा : मत पूछो। जो होगा, उस पर क़हर टूटेगा।

मेहरुन्निसा : *(ज़ेबुन्निसा से)* इज़्ज़त को पता नहीं, मुराद बख़्श सलीमगढ़ से कहाँ ले जाये गये।

काम बख़्श : ग्वालियर क़िला।

आज़म : *(कानों को हाथ लगाते हुए दहशत से)* जहाँ से क़ैदी लाश बन कर ही बाहर निकलता है।

ज़ीनतुन्निसा : *(अफ़सोस से)* शुभ शुभ त्योहार कैसे मातम में तब्दील कर दिया।

अकबर : *(भत्सर्ना से)* नये निज़ाम की फ़क़त मुँह दिखाई से लुत्फ़अन्दोज हुए हैं अभी आप! आगे-आगे देखिए होता है क्या।

(चोबदार का प्रवेश)

चोबदार : *(कड़कदार आवाज़ में)* सिपिर शिकोह वा दारा शिकोह की गिरफ़्तारी मुबारक।

(सब स्तब्ध रह जाते हैं। अँधेरा।)

दृश्य-8

लाल क़िले का रंग महल। दिन।

(औरंगज़ेब निज़ाम के मिसिल देख रहा है। ज़ेबुन्निसा का प्रवेश।)

ज़ेबुन्निसा : *(मुठभेड़ के सुर में)* जहाँ ज़ेब आपा कहाँ हैं?

औरंगज़ेब : अभी सफ़र में है दादा भाईजू का हरम। कौन-कौन है, मालूम नहीं।

ज़ेबुन्निसा : मुराद बख़्श पर कैसा मुक़दमा दायर हुआ?

औरंगज़ेब : जंगे-विरासत से बिल्कुल पहले मुराद के वज़ीर अली नक़ी का क़त्ल हो गया था।

ज़ेबुन्निसा : दिल्ली के नुमाइंदे थे अली नक़ी! उन्होंने चेतावनी दी थी कि शाहजहाँ के होते हुए मुराद बख़्श ने अगर अपने नाम का ख़ुत्बा पढ़वाया, तो उन पर बग़ावत का इल्ज़ाम आयद होगा।

औरंगज़ेब : हमारे निज़ाम का सरोकार अली नक़ी के क़त्ल के उस इल्ज़ाम से है, जो उनके अज़ीज़ बेटे मुनव्वर परवाना ने हमारे अज़ीज़ भाई मुराद पर लगाया है। बदनसीबी से क़ाज़ी ने उसे सही मान लिया।

ज़ेबुन्निसा : मुनव्वर परवाना को कितना ख़ूंबहा[65] चाहिए? पाँच लाख? दस लाख? हम देते हैं।

औरंगज़ेब : *(स्वाँग भरता है)* वालिद की क़ीमत सोने-चाँदी के चन्द टुकड़ों में लगायी जा सकती है? जिसने तुम्हें अपना नाम दिया, लाड़-प्यार से बड़ा किया; बुरे ख़्वाब से जागे, तो सीने से लगा कर धीरज बँधाया—उस बाप की ऐवज़ में चन्द सिक्के—*(जैसे गला भर आया हो)*

ज़ेबुन्निसा : ख़ून का बदला ख़ून चाहते हैं मुनव्वर परवाना?

औरंगज़ेब : घड़ी भर पहले क़रार मिल चुका तड़पते मुनव्वर परवाना को! ख़ुदा मुराद बख़्श की रूह को सुकून बख़्शे।

(दुआ के लिए हाथ उठाता है। बाहर शोर होता है। ज़ेबुन्निसा खिड़की की ओर जाने लगती है।)

औरंगज़ेब : वहाँ मत देखो ज़ेबी!

(ज़ेबुन्निसा देख रही है।)

ज़ेबुन्निसा : शाहजहाँनाबाद को आख़िरी बार दारा शिकोह की झाँकी दिखाने के बाद ख़ाली हथिनी वापस लौट रही है—बूढ़ी, बीमार हथिनी, जिसकी हड्डियाँ गिनी जा सकती हैं—क्या इल्ज़ाम है उन पर?

औरंगज़ेब : *उन्होंने हिन्दू योगियों वा संन्यासियों की सोहबत की, उनके धर्मग्रन्थों को ख़ुदा की आवाज़ माना, 'प्रभु' लिखी अँगूठी पहनी, और अपना मज़हब छोड़ दिया।*

ज़ेबुन्निसा : दारा उतने ही मुसलमान हैं, जितने कि आप।

औरंगज़ेब : क़ाज़ी ने फ़ैसला किया कि इस्लाम वा शरिया को बचाने के लिए अवामी अमन तोड़ने वाले दारा को जीता छोड़ना ख़तरनाक है। अब बादशाह बेचारा क्या करे! *(हमदर्दी से)* वैसे भी अज़ीज़ बिरादर जब से इस सरज़मीन पर आये, हमेशा परेशान होते रहे कि मैं कौन हूँ? मैं कुर्सी नहीं, लिबास नहीं, हीरे-जवाहिरात नहीं, बदन नहीं। तो आख़िर मैं हूँ क्या? आख़िरकार उनको मालूम हो रहा है कि वो रूह हैं, जिसे अब पंख मिल रहे हैं—बादलों के बीच *(इशारे के साथ)* परिन्दे की मानिन्द परवाज़ कर रही है वो—

(ज़ेबुन्निसा अपने बचपन की स्मृतियों में डूब जाती है।)

ज़ेबुन्निसा : फ़तेहजंग के मुँह की जानिब केलों का गुच्छा थमाते हुए मैं ठिठक गयी। वो अपने सामने वाले बाएँ पाँव को घुमा कर ऊपर कान तक ले आयी थी और अपने में पूरी मुब्तिला लग रही थी। यह क्या कर रही है? अपने अज़ीज़ खाविन्द से गुफ़्तगू; चचा दारा ने जवाब दिया। *(उलझन से)* पर अज़ीज़ ख़ाविन्द तो यहाँ है ही नहीं। उन्होंने कहा, हाथी के पाँव के तलवे बहुत हस्सास[66] होते हैं। वो कई मील दूर से भेजा गया पैग़ाम सुन लेता है। बुदबुदाने जैसी यह बोली ज़मींदोज़ हवा के झोंकों पर आती है। *(सुर बदल जाता है)* फ़तेहजंग मेरी

आवाज़, मेरी छुअन पहचानती थी। चचा मुझे हौदे पर अकेली बिठा देते—बिना महावत के। फ़तेहजंग क़िले के पूरे अहाते में मुझे घुमा कर ले आती।

(औरंगज़ेब को बुरा लगता है।)

औरंगज़ेब : तसव्वुर करो, देवराई जंग में मेरी शिकस्त हो गयी। अब देखो, *(बाहर की तरफ़ इशारे के साथ)* अब देखो, वहाँ क्या मंज़र है?

ज़ेबुन्निसा : अव्वल तो दारा शिकोह ऐसा चाहते ही नहीं, और अगर चाहते भी, तो बेगम साहिब के जीते-जी हो नहीं सकता था।

औरंगज़ेब : *(तेज़ी से)* एक क़ालीन पर दो दरवेश सो सकते हैं, एक सल्तनत में दो बादशाह नहीं हो सकते।

ज़ेबुन्निसा : वो अपनी ज़ाती दुनिया में जीते थे, जो किताबों वा रूहानी खोजियों[67] से मुकम्मल हो जाती है।

औरंगज़ेब : शाहजहाँ की ज़िन्दा-जावेद साँसों का जोखिम उठाने को हम मजबूर हैं।

ज़ेबुन्निसा : *(बीच में ही)* चूँकि हकीम ने उनको दवा में ज़हर मिला कर देने से इन्कार कर दिया।

(औरंगज़ेब यह बात टालने का प्रयत्न करता है।)

औरंगज़ेब : अफ़वाहों पर कान मत दो। अगर दारा शिकोह को भी हम जीता छोड़ते, जो जंग जीतना बेमानी हो जाता।

ज़ेबुन्निसा : आप जंग ज़रूर जीते गये, लेकिन सल्तनत हारने की शुरुआत हो चुकी!

औरंगज़ेब : *(नाराज़गी से)* हमारे बिरादर की मौत का तुम्हारे वास्ते ये मानी है?

ज़ेबुन्निसा : यह बिरादर की मौत नहीं, बल्कि हिन्दुस्तान के इन्सानी क़द्रों का एहतराम करने वाले, तरक़्क़ीपसन्द मुस्तक़बिल की मौत है।

औरंगज़ेब : *(सख़्ती से)* हम उसमें निज़ामे-शरिया की नयी साँस फूँकेंगे।

ज़ेबुन्निसा : अगर दारा जहाँ आरा के सामने अड़ जाते कि आपका मनसबो-रुत्बा बहाल नहीं होगा, तो क्या आज का यह लम्हा आ सकता था?

औरंगज़ेब : नहीं।

ज़ेबुन्निसा : अगर आप शाहजहाँ की आँखों का तारा होते और दारा शिकोह काँटा, तो आप राज़ी हो जाते?

औरंगज़ेब : हर्गिज़ नहीं।

ज़ेबुन्निसा : दारा की मुख़ालिफ़त में आप इसके आगे भी जाते। कहाँ तक?

औरंगज़ेब : तुम जवाब जानती हो।

ज़ेबुन्निसा : अगर एकदम दारा का क़त्ल मुमकिन नहीं होता, तो एतमादपुर से आप उन्हें सलीमगढ़ भेजते और उनकी आँखों में दहकती सलाख़ें चुभो देते।

औरंगज़ेब : *(असली तारीफ़ के सुर में)* बेटी अपने बाप को बख़ूबी समझती है।

ज़ेबुन्निसा : दारा शिकोह ने अपनी ही कब्र क्यों खोदी?

औरंगज़ेब : बेगम साहिब उनकी रूहानी संगी थी।

ज़ेबुन्निसा : बेगम साहिब ने जनम देने के अलावा आपकी ख़ातिर वो सब कुछ किया, जो सिर्फ़ माँ कर सकती है।

औरंगज़ेब : *(हामी में सिर हिलाते हुए) मेरे सर का हर बाल भी अगर जुबाँ होता, तब भी मैं उन एहसानों का बयान नहीं कर सकता, जो आपने मेरे ऊपर किये हैं,* यह हमने ही लिखा था उन्हें।

ज़ेबुन्निसा : सामूगढ़ में दारा की शिकस्त के बाद बेगम साहिब तक़सीमे-सल्तनत की पेशकश लेकर आपके पड़ाव पर हाज़िर हुई थीं। आपने उनके ज़ज्बे को बेइज़्ज़त कर दिया।

औरंगज़ेब : हमारे भीतर भी अपने सिर पै ताज का ज़ज्बा था।

ज़ेबुन्निसा : अगर बेगम साहेब की ढाल न होती, तो ख़ुसरो की तरह आपकी पलकें सिल दी जातीं। सलीमगढ़ के अँधेरों में आप कब ग़र्क हो गये, बाहरी दुनियाँ तो छोड़िए, आपके ज़ज्बाती वालिद मीर जुमला को भी पता नहीं चलता!

(औरंगज़ैब मीर जुमला के हवाले से चिढ़ जाता है, क्योंकि दरबार में व्यंग से जुमला को औरंगज़ेब का भावात्मक पिता कहा जाता था।)

औरंगज़ेब : तो जाओ मुसम्मन बुर्ज़ और बेगम साहिब को बताओ कि उनसे कितनी बड़ी ख़ता हो गयी!

ज़ेबुन्निसा : आपने इस लायक़ छोड़ा कहाँ कि उनको मुँह दिखा सकूँ।

(औरंगज़ेब अपनी नाराज़गी सँभालने की कोशिश करता है।)

औरंगज़ेब : हमने वही किया, जो ख़ानदाने-मुग़लिया की रिवायत है।

ज़ेबुन्निसा : लेकिन शहंशाह बनने वाले किसी शहज़ादे को दामन की छाँव देने वाली ऐसी हमशीरा नहीं मिली।

औरंगज़ेब : *(तेज़ी से)* चूँकि उससे पहले हर क़दम पर ख़ून के घूँट पिलाने वाला ऐसा बाप और बड़ा भाई नहीं मिला।

ज़ेबुन्निसा : आपकी शख़्सियत में बेगम साहिब को सब कुछ नापसन्द है, फिर भी आपको नयी ज़िन्दगी देते और दारा के रास्ते में सदाबहार ख़तरा खड़ा करते हुए उनके दिल पर कितना बोझ पड़ा होगा?

औरंगज़ेब : *(कुढ़ जाता है)* हम उनके सामने गुनहगार हैं। बस?

ज़ेबुन्निसा : दारा शिकोह का क़त्ल करने को कोई भी जल्लाद राज़ी क्यों नहीं हुआ?

औरंगज़ेब : एक-एक को सूली पर लटकाएँगे, लेकिन चन्द दिन बाद। अभी माहौल गर्म है।

ज़ेबुन्निसा : तो आपने नज़र बेग के हाथ में तलवार थमा कर किन्नर को तवारीख़ में जगह दे दी?[68] चूँकि हम आपको जानते हैं, इसलिए यहाँ तक समझ सकते हैं। लेकिन कटे हुए सर को आपने अपने सामने मँगवाया? फिर गुस्से से बिफरते हुए उस पर शमशीर से वार किये? फिर वो सर आपने शाहजहाँ के पास भेजा?

औरंगज़ैब : समुन्दर में उतनी मौजें नहीं होंगीं, जितनी उन दोनों के लिए मेरे दिल में नफ़रत है।

ज़ेबुन्निसा : सर्द और सदाबहार नफ़रत अपने निशाने का तड़पना देखते हुए मसर्रत की लगातार ऊँची पायदान ज़रूर हासिल करती जाती है, पर साथ ही अन्दर बढ़ते घुन से छीजती भी जाती है।

औरंगज़ेब : अगर हम अपने ज़ज्बे का एहतराम करेंगे, तो उसकी क़ीमत भी चुकाना पड़ेगी।

ज़ेबुन्निसा : ज़ज्बा-ए-ताज का एहतराम करते हुए शाहजहाँ ने भी तख़्ते-ताऊस तक रसाई[69] के लिए मक़तल की सीढ़ियाँ बनायी थीं, पर खुदा गवाह है इस लम्हे का, कि आपका हासिल उससे भी संगीन रहेगा।

औरंगज़ेब : हमें इल्म नहीं था कि दारा की सबसे बड़ी मातमनशीं हमारे घर में ही मौजूद है!

ज़ेबुन्निसा : ये उस ज़ज्बे का मातम है, जो दारा की आख़िरी साँस के साथ मेरे भीतर मर गया।

औरंगज़ेब : *(नाराज़गी से)* हमारी दूसरी ताजपोशी का जश्न[70] छोड़ पादशाह बेगम नये बादशाह को कठघरे में खड़ा किये जा रही हैं?

ज़ेबुन्निसा : नाजायज़ है आपकी बादशाहत! मक्का शरीफ़ से मंज़ूरी नहीं मिली।

औरंगज़ेब : मिल जाएगी। शाहजहाँ कब तक जिएँगे?

ज़ेबुन्निसा : *(तेज़ी से)* आपके पास भी तसव्वुर है। कुछ बरस बाद का मंज़र देख लीजिए, जब आपकी जगह आपका एक बेटा होगा और उसकी ज़ुबान पर नज़रबन्द आलमगीर की आख़िरी साँस के टूटने की बेक़रारी।

औरंगज़ेब : *(भड़क उठता है)* हमारी सारी मसर्रत पर ठंडा पानी उड़ेल दिया तुमने! अब तुम ज़मीरे-निज़ाम के मुकालमे[71] बोलोगी?

ज़ेबुन्निसा : अगर आप सुनेंगे, तो सिपिर शिकोह और इज़्ज़त बख़्श को बज़रिए पोस्त[72] मौत की जानिब नहीं धकेलेंगे।

औरंगज़ेब : क्यों?

ज़ेबुन्निसा : क्योंकि तभी अगली जंगे-विरासत के बाद आपके पाँच बेटों के साँस लेते जाने की उम्मीद की जा सकती है।

औरंगज़ेब : हम वसीयत करके जाएँगे।

ज़ेबुन्निसा : शाहजहाँ ने भी यही किया था।

औरंगज़ेब : *(सख़्ती से)* उनसे सबक़ लेते हुए हम एक बेटे की क़ीमत पर दूसरे के साथ ज़्यादती नहीं करेंगे।

ज़ेबुन्निसा : सुल्तान को सलीमगढ़ के अँधेरों में क़ैद करके आपने उसके साथ और क्या किया है?

औरंगज़ेब : *(तड़प जाता है)* ज़ेबी, पिघला शीशा मत उड़ेलो हमारे कानों में! उस नामुराद का नाम हमने अपने शजरे से काट दिया।

ज़ेबुन्निसा : *(तेज़ी से)* सुल्तान के दिल में गुलरुख़ का बसेरा है, यह जानते हुए भी उसकी मर्ज़ी के ख़िलाफ़ आपने मँगनी क्यों तोड़ी?

औरंगज़ेब : शुजा की बेटी के साथ रिश्ता जोड़ना बेमानी हो गया था।

ज़ेबुन्निसा : चूँकि शुजा मुराद की तरह आपकी शतरंज का मुहरा बनने को राज़ी नहीं थे।

औरंगज़ेब : पर गोलकुंडा शहज़ादी से सुल्तान के तारीख़ी निकाह के साथ कुत्बशाही और मुग़ल, दोनों सल्तनतों का एक साथ वारिस बना[73], उसे तवरीख़ का सबसे ख़ुशनसीब शहज़ादा तो बना दिया था!

ज़ेबुन्निसा : वो अपने दिल से मजबूर था, जैसे बुरहानपुर में औरंगाबादी महल को देखते ही आप भी हुए थे।

औरंगज़ेब : *(शर्मिन्दा हो जाता है)* इन्सान कभी कमज़ोर हो जाता है।

ज़ेबुन्निसा : सुल्तान भी इन्सान है।

औरंगज़ेब : हमारे इन्सान बनने से हुकूमत की तवारीख़ नहीं बदली, न ज़ंगे-विरासत के मक़तल पार करते हुए किसी की ताजपोशी की मसर्रत पर पानी पड़ा। *(दाँत पीसते हुए)* लेकिन सुल्ताआआन *(नाराज़गी की शिद्दत से जुमला पूरा नहीं कर पाता)* जंगे-विरासत में सब कुछ सही होता गया, गिरफ़्तारियाँ, क़ैद, और क़त्ल। पर बिल्कुल ख़ुशनसीब मोड़ पर हमारे ही ख़ून ने ज़हर घोल दिया।

ज़ेबुन्निसा : सलीमगढ़ में सुल्तान को दफ़्न करके आपने शाहजहाँ के ज़ख़्मों पर कम-से-कम एक फाहा तो रक्खा। अब वो बेचैनी से इन्तिज़ार कर रहे हैं।

(औरंगज़ेब चौंक जाता है।)

औरंगज़ेब : किस बात का?

ज़ेबुन्निसा : कि अब आपके कौन-से बेटे के दिल में क़व्वालि-ए-बग़ावत के बोल फूटेंगे।

(औरंगज़ेब पल भर अपने अन्तरंग में उतर जाता है।)

औरंगज़ेब : *(अन्देशे से, बदले हुए सुर में)* रात ख़्वाब देखा। किन्हीं अनजान गलियारों में हमारे बँधे हाथों की रस्सी थामे, जिरहबख़्तर वाला हमें तेज़-तेज़ क़दमों से घसीटता हुआ ले जा रहा है। बिना खिड़की या रौशनदान वाले अँधेरे कमरे में हमें धकेलते हुए वो जैसे ही दरवाज़ा बन्द करता है, जंगी मुँहपोश के पार उसकी आँखें दिखाई दे जाती हैं—आज़म था।

(ज़ेबुन्निसा औरंगज़ेब के दर्द का मज़ा लेती है; साथ ही अपने रवैये पर कुछ शर्मिन्दा भी होती है।)

ज़ेबुन्निसा : नींद तोड़ने वाले ऐसे ख़्वाब शाहजहाँ तक अहद के तीसवें बरस में पहुँचे थे। आपके ऊपर ऐन ताजपोशी के साथ ही मेहरबान हो गये!

औरंगज़ेब : तभी हम सुल्तान को ऐसी मिसाल बना रहे हैं कि हर शाहज़ादे की नींद उड़ जाय।

ज़ेबुन्निसा : सख़्ती और नफ़रत सही निज़ाम की बुनियाद नहीं बन सकती।

औरंगज़ेब : *(आवेग से)* हमारा अक़ीदा[74] बनेगा।

ज़ेबुन्निसा : मक़तलों की क़तार पार कर बनाया गया निज़ाम नीम-मुर्दा और बेरौशन होगा।

औरंगज़ेब : हम उसमें इबादत की रौशन साँस फूँकेंगे।

ज़ेबुन्निसा : वो अगर आएगी, तो शमशीर की मूँठ पर आपके हाथ की बदौलत, पर गवाह है तवारीख़ कि ऐसी गिरफ्त ज़मीन में अपनी ज़ड़ें नहीं जमा पाती।

औरंगज़ेब : जो भी हो, लेकिन हम वही अन्जाम देंगे, जो हमारा कार्मिक तक़ाज़ा है।

ज़ेबुन्निसा : इस मुल्क़ का रास्ता अकबरे आज़म का रास्ता है, जो हर मज़हब वो तस्लीम करता है।

औरंगज़ेब : पर हमारा रास्ता बिल्कुल जुदा, जिसको सिजदा करते हुए हमने तीनों भाइयों को नामौजूद कर दिया।

ज़ेबुन्निसा : अब सल्तनत की बारी है।

औरंगज़ेब : *(चेतावनी के सुर में)* ज़ुबान को लगाम दो ज़ेबुन्निसा!

(ज़ेबुन्निसा पर असर नहीं होता।)

ज़ेबुन्निसा : थोड़ा अभी भी बचाया जा सकता है—अगर आप अपने ज़ज्बे को लगाम दें।

औरंगज़ेब : हमारा ज़ज्बा शिद्दत का होता है—बेलगाम।

ज़ेबुन्निसा : *(दुआ के लिए हाथ उठाते हुए)* या ख़ुदा, मुझे हौसला दो कि जो मैं बदल सकती हूँ, बदल सकूँ। वो माद्दा दो कि जो मैं नहीं बदल सकती, उसे झेल सकूँ, और वो तौफ़ीक़[75] दो कि इन दोनों के फ़र्क को समझ सकूँ।

औरंगज़ेब : *(सख़्ती से)* पादशाह बेगम, फ़र्क को समझते हुए आपको बदलना होगा।

ज़ेबुन्निसा : *(वैसे ही)* हमारा ज़ज्बा भी शिद्दत का होता है—और बेलगाम!

(दोनों की नज़र मिली है; औरंगज़ैब जाने लगता है; यकायक ठिठकता है; मुड़ता है।)

औरंगज़ेब : *(बदले हुए सुर में)* अगर किसी नामुराद बेटे ने हमको तख़्त से हटा कर नज़रबन्द किया, तो हमारे साथ तन्हाई बाँटना मंज़ूर नहीं करोगी?

ज़ेबुन्निसा : जहाँ आरा बेगम उसी वालिद की ख़ातिर ऐसी कुर्बानी क्यों दे रही हैं, जिसने उन्हें निकाह की इजाज़त नहीं दी थी?

औरंगज़ेब : क्यों?

ज़ेबुन्निसा : शाहजहाँ में कई ख़ामियाँ हैं, लेकिन उनके दिल का सबसे नाज़ुक कोना सिर्फ़ मुमताज़ महल की यादों से रौशन है। आपमें कितनी ख़ामियाँ हैं, इनका हिसाब तवारीख़ करेगी, लेकिन आपके दिल का सबसे नाज़ुक कोना सिर्फ़ दिलरस बानो की हिना से रंगारंग है। इसलिए जश्ने-ताजपोशी के इस स्यांह लम्हे में हम आपसे वादा करते हैं, अगर आपके किसी बेटे ने आपको तख़्त से हटा कर दौलताबाद क़िले में नज़रबन्द किया, तो हम शाहजहाँनाबाद छोड़ कर आपके साथ बख़ुशी दकन की गर्म हवाओं में झुलसेंगे।

औरंगज़ेब : *(तीखे अन्देशे से)* दौलताबार क़िले में रखा जाएगा हमें? किसने कहा? मुअज़्ज़म ने?

(दोनों की नज़र मिली है; ज़ेबुन्निसा करुणा से मुस्कुराती है। दूसरी जगह प्रकाश होने के साथ मुराद बख़्श और सुलेमान शिकोह संवाद बोलते हुए आते हैं। औरंगज़ेब उन्हें भावहीन देख रहा है। ज़ेबुन्निसा एवं दूसरे पात्र अब औरंगज़ेब का नोटिस नहीं लेते।)

मुराद बख़्श/
सुलेमान शिकोह : *(साथ-साथ)* शमशीर वही रहती है/
बदलते रहते हैं सीने/

सुलेमान शिकोह : और उससे भी पहले बदलता है वो हाथ/

मुराद बख़्श : जिसकी गिरफ़्त होती है शमशीर के दस्ते पर/

सुलेमान शिकोह : तभी तो तय होती है शाही सीनों की तरतीब/

मुराद बख़्श : कौन-सा पहले; कौन-सा बाद में/

मुराद बख़्श/
सुलेमान शिकोह : *(एक साथ)* दस्ते पर किसका हाथ है/
कभी इसके पीछे जैसे सारी ज़िन्दगी की जद्दोजेहद होती है/
कभी मुकद्दर/
कभी इत्तिफ़ाक़/

मुराद बख़्श : *(अपने सीने की ओर इशारे के साथ)* कल यहाँ शमशीर की नोक थी/पर *(बँधी मुट्ठी दिखाते हुए)* अगर दस्ते पर होती हमारी मुट्ठी/ *(औरंगज़ेब की तरफ़ देखते हुए)* तो क़ातिल बदल कर क़तील बन जाता/और हम क़तील से क़ातिल!/

सुलेमान शिकोह : पर ऐसा नहीं हुआ।

मुराद बख़्श/
सुलेमान शिकोह : *(एक साथ)* तभी हमारी रूहे-बेताब/
मँडराती रहती है/
सलीमगढ़ फ़िज़ा में/

सुलेमान शिकोह : सिवा दारा शिकोह की रूह के जिनके क़त्ल के बाद सरमद ने कहा/

ज़ेबुन्निसा : *(करुण मुस्कान से) ख़ुदा ने उन्हें बेख़ात्मा ख़ुदमुख़्तारी अता फ़र्मा दी!*

(हल्की मुस्कान के साथ दारा शिकोह का प्रवेश। दारा ज़ेबुन्निसा के अलावा किसी की तरफ़ नहीं देखता। औरंगज़ेब दारा को देख रहा है। दारा को देखते हुए ज़ेबुन्निसा सिसकी लेती है। अगले संवाद के बीच मुराद बख़्श और सुलेमान शिकोह का प्रस्थान।)

दारा शिकोह : *(शान्त, ठहरे सुर में)* अफ़सुर्दा मत हो ज़ेबी!

ज़ेबुन्निसा : *(करुण स्वर से)* आप नामौजूद जो हो गये हैं।

दारा शिकोह : मेरी रूह अबुल अर्वाह, परमात्मन, में मिल गयी। बूँद समुन्दर में ज़ज्ब हो गयी।

ज़ेबुन्निसा : *(इन्कार में सिर हिलाते हुए)* दिमाग़ समझ लेता है, लेकिन दिल नहीं मानता।

दारा शिकोह : तुम नज़रबन्द शाहजहाँ से मिली हो?

ज़ेबुन्निसा : वो किसी से मिलना नहीं चाहते। उनका दिल सुन्न हो चुका है।

(औरंगज़ेब का प्रस्थान।)

दारा शिकोह : चूँकि वो तख़्ते-ताऊस को अपनी पहचान समझते हैं। पर क्या शाहजहाँ सिर्फ़ वो क़लम हैं, जो फ़रमान पर दस्तख़त करती है? वो शाही मुहर हैं, जो हुक्म को जायज़ बनाती है? शाहजहाँ क़िला-ए-मुबारक नहीं, पर हुकूमत चल रही है। तो शाहजहाँ के बदन के बाहर जो है, वो शाहजहाँ नहीं।

(ज़ेबुन्निसा सुन रही है।)

दारा शिकोह : मैले-कुचैले लिबास में बीमारी हथिनी पर मुझे नुमाइश बनाया गया था। तब तख़्ते-ताऊस के बग़ल में सोने की उस कुर्सी के बग़ैर भी रैयत ने मुझे पहचान लिया, चूँकि वली अहद होना मेरी पहचान नहीं थी।

(ज़ेबुन्निसा हामी में सिर हिलाती है।)

दारा शिकोह : अपनी खुदी के एहसास के साथ दारा शिकोह था। फिर न दारा रहा, न उसकी ख़ुदी। फ़ना का मानी है ख़ुदी की मौत, जो हालत ख़ुद के एहसास से आज़ाद है। ज़ाती ख़ुदी का पूरा इन्कार बक़ा, अनश्वरता, के साथ जुड़ा हुआ है, यानी ख़ुदा की मर्ज़ी के सामने इन्सानी मर्ज़ी को ख़त्म कर देने के बाद दुनियावी ख़ुदी[76] के एहसास से आज़ाद हो जाना।

ज़ेबुन्निसा : आप आज़ाद हो चुके, पर मैं तो बँधी हुई हूँ।

दारा शिकोह : जो हुआ है, उसके पीछे *(ज़ेबुन्निसा वा अपनी तरफ़ इशारे के साथ)* हम दानों की मर्ज़ी नहीं थी। पर चूँकि हो चुका, इसलिए मौजूदा को तस्लीम करना ही जीने और *(हल्की मुस्कान से)* मरने की बुनियादी शर्त होती है। जो जा चुका, वो चन्द लोगों की यादों में साँस लेता है। जब वे लोग इतने से मुत्मइन हो जाएँगे, तभी मैं इख़्तियार कर पाऊँगा तजरीद[77]; अलगाव; और तफ़रीद[78]; लगाव से दूरी।

(ज़ेबुन्निसा हामी में सिर हिलाती है।)

दारा शिकोह : अपने वजूद को सिफ़र करने के रास्ते में लगाव से दूरी लाज़िमी है। जब तक तुममें अपने होने का एहसास है, तब तक न तो तुम्हारी ज़ाती ख़ुदी का ख़ात्मा होता है और न तुम ख़ुदा के साथ घुलमिल पाते हो, लेकिन जब तुम ज़ाती ख़ुदी को अपने वजूद से झटक देते हो, (ऊपर उँगली उठाते हुए) उसके साथ जुदाई और बिसाल का फ़र्क़ ख़त्म हो जाता है।

(ज़ेबुन्निसा दर्द से मुस्कुराती है; दारा मुस्कान से जवाब देता है; जाता है; ज़ेबुन्निसा देख रही है। अँधेरा)

दृश्य-9

लाल क़िला। दिन।

(प्रकाश होता है। औरंगज़ेब मुअज़्ज़म, आज़म, अकबर, और ज़ेबुन्निसा के साथ राजनीतिक चर्चा कर रहा है।)

औरंगज़ेब : इस जंगे-विरासत में महाबत ख़ाँ की वफादारी शाहजहाँ के साथ रही। अब उनके साथ क्या सुलूक किया जाय?

मुअज़्ज़म: : ग़ैर-वफ़ादार के साथ जो करते हैं, वही।

ज़ेबुन्निसा : महाबत ख़ाँ न सिर्फ़ दौरे-जहाँगीर के उमरा है, बल्कि जहाँगीर के इन्तिक़ाल के बाद अगर वो आसफ़ ख़ाँ की हिमायत न करते, तो वज़ीरे-आज़म आसफ़ अपने दामाद को पाँचवाँ शहंशाह नहीं बना सकते थे।

औरंगज़ेब : महाबत ख़ाँ हमारे ख़िलाफ़ सिर्फ़ इसलिए गये, चूँकि शाहजहाँ हमें नापसन्द करते हैं।

ज़ेबुन्निसा : आप अपने जिस बेटे को दूसरे बेटों पर तरजीह देंगे, आपके उमरा भी वही करेंगे।

अकबर : नयी तैनादियों को लेकर दिल्ली दरबार में महाबत ख़ाँ के फ़िक़रे पर चटखारे लिये जा रहे हैं।

(औरंगज़ेब चौंक कर सवालिया नज़र से देखता है।)

अकबर : कि नये निज़ाम में बहेलिया नज़रबन्द है और चिड़ा शिकारी।

(क्षणिक विराम)

औरंगज़ेब : महाबत ख़ाँ अपनी पुरानी सूबेदारी पर बहाल किये जाते हैं। *(सबको देखता है)* दूसरा मसला राजा जसवंत सिंह का है।

मुअज़्ज़म : पहले दारा शिकोह के हिमायती थे। फिर हमारे पास आ गये। फिर शाह शुजा से मिल गये। फिर उन्हें भी छोड़ उनके ख़ज़ाने

का हिस्सा लेकर भागे। फिर भगोड़े दारा के साथ मिल गये। फिर उनको भी दगा दे हमारे पास आ गये। उनके ऊपर एतबार कैसे किया जा सकता है?

अकबर : खजवा जंग में मीर जुमला ने जसवंत सिंह की बेइज़्ज़ती कर दी। इसलिए उन्होंने हमारा साथ छोड़ा। अगर शुजा के साथ मिले रहते, तो बंगाल-बिहार पर आपका क़ब्ज़ा नहीं हो पाता। दारा से वो मिले रहते, लेकिन जयसिंह ने आपका नाम लेकर उनसे माफ़ी और बहाली का वादा किया।

मुअज़्ज़म : जो आसानी से खेमा बदलता है, उससे हमें मुँह मोड़ लेना चाहिए।

अकबर : ऐसे मुँह मोड़ते गये, तो हुकूमत किनके ज़रिये चलाएँगे?

ज़ेबुन्निसा : मत भूलें कि जयसिंह के बाद सातहज़ारी मनसब तक पहुँचने वाले वो दूसरे हिन्दू हैं।

औरंगज़ेब : क्यों आज़म?

आज़म : *(बचने के चक्कर में)* सवाल पेचीदा है।

औरंगज़ेब : इसीलिए तो तुमसे पूछा है।

आज़म : दरअसल इसे दो नज़रियों से देखा जा सकता है।

औरंगज़ेब : कौन-से?

आज़म : एक-दूसरे से मुख़्तलिफ़—

औरंगज़ेब : *(सन्जीदगी से ही; मुस्कुराए बग़ैर)* वो तो होंगे ही, वर्ना नज़रिया एक न होता!

मुअज़्ज़म : रौशन आरा बेगम भी जसवंत सिंह का मुद्दा फ़िलहाल ठंडे बस्ते में रखना चाहती हैं।

ज़ेबुन्निसा : अकबरे-आज़म ने जो तस्लीम किया था, वो आज की तारीख़ में तब से ज़्यादा बामानी है—कि राजपूतों का एहतराम सल्तनत की बहबूदी[79] का दूसरा नाम है।

अकबर : राणा प्रताप की रिवायत के मुताबिक़ मेवाड़[80] हमसे दूरी बरतता है। ऐसे में राजपूताना की दूसरी बड़ी ताक़त मारवाड़[81] को भी बदगुमाँ कर देना अपनी ही जड़ों में मट्ठा डालने के बराबर होगा।

ज़ेबुन्निसा : नये निज़ाम को इस मुद्दे पर बहुत होशियार रहना चाहिए।

अकबर : हिन्दुओं के सबसे वज़ादार उमरा राजा जयसिंह की हेठी होगी, अगर जसवंत सिंह को दिया गया उनका क़ौल पूरा नहीं होता।

औरंगज़ेब : राजा जसवंत सिंह को दिल्ली तलब किया जाय। हम उन्हें बहाल करेंगे।

(औरंगजेब जेब से ज़रा-सी पर्ची निकालता है; सबको दिखाता है।)

औरंगज़ेब : यकायक अपनी जेब में हमने यह पायी।

आज़म : किसके हाथ इतने लम्बे हैं, जो हरम तक पहुँच गये?

मुअज़्ज़म : अभी महलदार की गर्दन पकड़ते हैं।

औरंगज़ेब : अक़ील ख़ाँ को इल्म है कि हम उनकी लिखावट पहचानते हैं। *(सब अपने-अपने ढंग से यह सच्चाई आत्मसात करते हैं।)*

मुअज़्ज़म : लिखा क्या है?

औरंगज़ेब : बादशाह बेगम की भूख हड़ताल का आज तीसरा दिन है।

(ज़ेबुन्निसा वा अकबर दोनों चौंकते हैं। उनके हिसाब से किसी तीसरे को मालूम नहीं।)

मुअज़्ज़म : *(जेबुन्निसा को देखते हुए ताज्जुब से)* क्यों?

ज़ेबुन्निसा : शाहनवाज़ ख़ाँ की क़ैद के ख़िलाफ़—

औरंगजेब : हारे हुए दारा शिकोह अहमद नगर पहुँचे, तो सूबेदार ने गिरफ़्तार करने के बजाय उनका इस्तक़बाल किया!

अकबर : चूँकि वो उन्हीं को जायज़ वारिस मानते थे।

मुअज़्ज़म : सामूगढ़ शिकस्त के बाद भी?

ज़ेबुन्निसा : मक्का शरीफ़ के वास्ते अभी भी असली बादशाह शाहजहाँ हैं।

अकबर : चूँकि शाहजहाँ ने अभी भी ऐसी एक सतर लिख कर नहीं दी कि वो अपनी मर्ज़ी से ताजो-तख़्त छोड़ रहे हैं।

(औरंगज़ेब सबको देखता है।)

औरंगज़ेब : अब शाहनवाज़ ख़ाँ के साथ क्या सुलूक किया जाय?

मुअज़्ज़म : *(सख़्ती से)* बाग़ी की सज़ा एक ही होती है। तरीक़े हमको दो पसन्द हैं—हाथी का पैर या फाँसी का फन्दा!

अकबर : *(नाराज़गी से)* वो आपके नहीं, हमारे सगे नाना हैं।

मुअज़्ज़म : जहाँपनाह के ससुर हैं।

अकबर : *(तेज़ी से)* शाहनवाज़ ख़ाँ शाहजहाँ के ख़ासमख़ास रहे हैं।

ज़ेबुन्निसा : यह मसला रिश्ते से नहीं, अपने ज़मीर से वाबस्ता है।

औरंगज़ेब : दारा की शिकस्त के साथ शाहनवाज़ के ज़मीर को ख़ामोश होना चाहिए था।

ज़ेबुन्निसा : *(औरंगज़ेब से)* आपको उनके हौसले की दाद देना चाहिए। जब दारा के रूहानी रहनुमा मुल्ला शाह तक, अपने मुरीद को

डूबती नाव का चूहा समझ, आपकी तारीफ़ में क़सीदा फ़र्माने लगे, तब भी शाहनवाज़ ख़ाँ ने अपने को दाँव पर लगा दिया।

औरंगज़ेब : हमारे मुख़ालिफ़ीन में शाहनवाज़ का नाम अव्वल है।

अकबर : इतने मुअज़्ज़िम उमरा के साथ ऐसा सुलूक करके आप दिल्ली दरबार में अपने ख़िलाफ़ हवा को तेज़ी दे रहे हैं।

औरंगज़ेब : माफ़ी दूसरी क़िस्म की मुखालिफ़ी हवा बनाएगी।

ज़ेबुन्निसा : आपकी सख़्ती सल्तनत दो दिन में जान गयी। अगर तवाज़ुन[82] बनाना है, तो नर्मी का इजिहार अभी होना चाहिए।

औरंगज़ेब : *(ज़रा सोच कर)* शाहनवाज़ ख़ाँ को फिलहाल क़ैद में ही रखा जाय।

अकबर : यह नर्मी हुई?

औरंगज़ेब : *(एतराज़ के सुर में)* बग़ावती से उसकी साँसे नहीं छीनी जा रही हैं।

ज़ेबुन्निसा : सूबेदारी पर बहाल करना होगा।

(औरंगज़ेब चौंक कर ज़ेबुन्निसा व अकबर को देखता है।)

अकबर : शाहजहाँ के चोटी के तीन उमरा में उनकी गिनती होती है।

(औरंगज़ेब मुअज़्ज़म को देखता है।)

औरंगज़ेब : मुअज़्ज़म?

मुअज़्ज़म : *(सख़्ती से)* बग़ावती के साथ ऐसी नर्मी दरबार को ग़लत इशारा भेजेगी।

अकबर : *(मुअज़्ज़म से तेज़ी के साथ)* आपका उनसे ख़ून का रिश्ता नहीं, इसलिए सख़्ती की दुहाई देते हुए आपका जाता क्या है?

मुअज़्ज़म : *(सुलग कर)* विरासत की तीनों लड़ाइयों में हमने जान की बाज़ी लगायी थी।

(औरंगज़ेब उसको चुप रहने का इशारा करते हुए आज़म को देखता है।)

औरंगज़ेब : क्या होना चाहिए आज़म?

(क्षणिक विराम)

आज़म : जो जहाँपनाह करेंगे।

औरंगज़ेब : जहाँपनाह क्या करेंगे?

आज़म : जो होना चाहिए।

औरंगज़ेब : क्या होना चाहिए?

आज़म : जो जहाँपनाह करेंगे।

(मुअज़्ज़म हल्के-से मुस्कुरा रहा है; आज़म उसका सौतेला भाई है। अकबर को तकलीफ़ हो रही है, ज़ेबुन्निसा सोच रही है कि बीच में टोकने की बेअदबी करे या नहीं। आज़म दोनों का सगा भाई है।)

औरंगज़ेब : *(सब्र के साथ आज़म से)* जहाँपनाह को क्या करना चाहिए?

आज़म : सभी पहलुओं को मद्दे-नज़र रखते हुए मुद्दे पर गहराई से ग़ौर—

(अकबर फ़ौरन बोलता है।)

अकबर : *(ज़ोर देते हुए)* पादशाह बेगम ने शाहनवाज़ ख़ाँ के लिए माफ़ी की जो दरख़्वास्त की है, उसका मंज़ूर किया जाना बहुत मुनासिब है।

औरंगज़ेब : क्यों?

अकबर : हुकूमत के तक़रीबन आधे से ज़्यादा ओहदे भरे जा रहे हैं। निज़ामी क़ाब्लियत वाले उमरा में शाहनवाज़ ख़ाँ का नाम पेश-पेश है।

औरंगज़ेब : पर उनकी वफ़ादारी में तब्दीली होती है।

ज़ेबुन्निसा : तवारीख़े-मुग़लिया गवाह है कि तब्दीलि-ए-ताज से पहले, उसके साथ, और उसके बाद भी तब्दीलि-ए-वफ़ादारी का दौर चलता रहता है।

अकबर : नये निज़ाम में मीर जुमला शायेस्ता ख़ाँ को पीछे हटा अव्वल ईरानी उमरा बन चुके। अब आपको अव्वल तूरानी उमरा नजाबत ख़ाँ के साथ ही नहीं, बल्कि ईरानी गुट के भीतर भी तवाज़ुन बनाये रखने के लिए शाहनवाज़ ख़ाँ जैसे क़द्दावर की दरकार है।

औरंगज़ेब : सज़ा देते हुए *(अपने सीने की ओर इशारा करते हुए मुस्कान से)* हमारे भीतर तसल्लीबख़्श हिलोर उठती है; माफ़ी देते हुए *(अपने सीने की ओर इशारा करते हुए तकलीफ़ से)* चुभन—

ज़ेबुन्निसा : आपका निज़ाम इब्तिदा से ही इन्तिहाई इन्तिक़ामी सूरत इख़्तियार करता जा रहा है, जबकि कई ऐसे मामले थे, जिनमें माफ़ी दरकार थी।

(रौशन आरा का प्रवेश)

औरंगज़ेब : *(नाराज़गी से)* जैसे?

ज़ेबुन्निसा : सरमद—

औरंगज़ेब : *(भड़क उठता है)* वो कुफ़्र बोलता था।

रौशन आरा : *(ज़ेबुन्निसा को देखते हुए सख़्ती से)* दारा का सगा था।

ज़ेबुन्निसा : *(दोनों से सख़्ती से)* जो लोग चाहते थे, उन्हें सुनने आते थे।

औरंगज़ेब : तो उसे छुट्टा छोड़ देना चाहिए था?

ज़ेबुन्निसा : दरवेश को उसके ख़यालात के लिए सज़ा देना शर्मनाक तंगनज़री है।

औरंगज़ेब : *(ज़ोर देते हुए)* शर्मनाक?

ज़ेबुन्निसा : *(दबती नहीं)* ज़्यादा से ज़्यादा आप उन्हें दिल्ली के बाहर भेज सकते थे—ज़िन्दा।

औरंगज़ेब : मुर्दा क्यों नहीं?

ज़ेबुन्निसा : वो दुनिया में रहते हुए भी उससे ऊपर थे—

रौशन आरा : *(बीच में ही)* जिसे लिबास तक दरकार नहीं।

ज़ेबुन्निसा : तो ख़ातून से मिलने के लिए कपड़ा लपेट लेते थे न!

औरंगज़ेब : *(बौखला कर)* तुम सरमद से मिल चुकी हो?

ज़ेबुन्निसा : *(हामी में सिर हिलाते हुए)* हाँ।

औरंगज़ेब : *(भड़क उठता है)* तड़पा-तड़पा कर मारना था उसे। आराम की मौत दे दी, ग़लती हो गयी।

ज़ेबुन्निसा : *(ठहरे सुर में)* एक हद तक करुणा के बग़ैर कोई भी निज़ाम अवाम में अपने ज़ड़ें मज़बूत नहीं कर सकता।

रौशन आरा : *(नाराज़गी के साथ ज़ेबुन्निसा से)* उसने दारा के साथ मिल कर *(औरंगज़ेब वा अपनी तरफ़ इशारे के साथ)* हम पर बहुत कीचड़ उछाला।

(ज़ेबुन्निसा एक पल रौशन आरा को देखती है।)

ज़ेबुन्निसा : *(औरंगज़ेब से)* जहाँ रूहानी पर इल्ज़ाम लगाने का शऊर तक नहीं पाया जाता, उस निज़ाम के पादशाह ओहदे से हमारा इस्तीफ़ा कुबूल फ़र्माया जाय।

(सब सन्नाटे में आ जाते हैं।)

औरंगज़ेब : क्या?

ज़ेबुन्निसा : आपकी ताजपोशी के बाद दरअसल *(रौशन आरा की तरफ़ इशारे के साथ)* बेगम साहिब को ही उस रुतबे की ज़ीनत दोबाला करना चाहिए थी। जो भूल हो गयी, उसे अब दुरुस्त कर दिया जाय।

(औरंगज़ेब यह सोच कर आशंकित हो जाता है कि क्रोधित

हो गयी ज़ेबुन्निसा के कारण उत्तराधिकार युद्ध में बड़ी सहायक बनी बहन के साथ जल्दी खटास पैदा हो रही है। अगर रौशन आरा को यह पद मिल जाता, तो ज़िन्दगी से उसकी हज़ार शिकायतें बड़ी हद तक दूर हो जातीं—जहाँ आरा की जगह जो ले लेती।)

रौशन आरा : बादशाह सलामत जो मुनासिब समझेंगे, करेंगे।

अकबर : बादशाह की सबसे बड़ी बेटी को ही इस ख़िताब से नवाज़ा जाता है।

औरंगज़ेब : आज के गर्माये माहौल में शाही कुटुम्ब में किसी ख़िताब की तब्दीली मुनासिब नहीं। *(सबको देखता है)* शाहनवाज़ ख़ाँ को सूबेदारि-ए-गुजरात अता फ़र्मायी जाती है।

(जहाँ ज़ेब का प्रवेश। पोशाक मैली और सिलवटें भरी। पीछे सिपाही। जहाँ ज़ेब औरंगज़ेब एवं रौशन आरा को घृणा से देखती है।)

ज़ेबुन्निसा : *(आवेग से)* जानी आपा।

(गले लगने के लिए बढ़ती है।)

जहाँ ज़ेब : *(ज़ेबुन्निसा की पदवी से बनावटी आतंक दिखाते हुए)* आह पादशाह बेगम!

(कोर्निश करती है; औरंगज़ेब को देखती है।)

जहाँ ज़ेब : *(चुनौती के सुर में)* मेरा क़त्ल कहाँ होगा?

रौशन आरा : *(सामान्य सुर में)* तुम हमारे साथ रहोगी।

जहाँ ज़ेब : सलीमगढ़ भेज दीजिए—सिपिर शिकोह के पास।

औरंगज़ेब : शहज़ादी को सलीमगढ़ भेजने की रिवायत नहीं।

जहाँ ज़ेब : ख़ानदाने-मुग़लिया में बहुत कुछ पहली बार होता है।

औरंगज़ेब : जब शहज़ादी के बग़ावत करने की रिवायत शुरू होगी, तो सलीमगढ़ क़ैद की रिवायत भी शुरू हो जाएगी।

जहाँ ज़ेब : *(रौशन आरा की तरफ़ दुपट्टे की ओट देते हुए)* हम इनका मुँह देखने के बजाय अन्धा होना पसन्द करेंगे।

रौशन आरा : *(सख़्ती से)* हम दो दिन में तुम्हें आदत डाल देंगे।

ज़ेबुन्निसा : *(जहाँ ज़ेब की तरफ़ बढ़ उसे एक बाँह में लेते हुए)* जहाँ आरा बेगम के पास छोड़ कर आऊँगी।

औरंगज़ेब : *(सख़्ती से)* हुकूमत के काम में दखल मत दो।

अकबर : *(जहाँ ज़ेब की तरफ़ इशारे के साथ औरंगज़ेब से वैसी ही सख़्ती*

से) इनका हुकूमत से कुछ लेना-देना नहीं।

आज़म : *(जहाँ ज़ेब एवं ज़ेबुन्निसा की तरफ़ इशारे के साथ बड़ी हिम्मत करते हुए डरते-डरते)* ये दो बदन एक जान हैं।

औरंगज़ेब : *(अकबर-आज़म को डपटता है)* ख़ामोश! *(ज़ेबुन्निसा से)* हम तुमको आख़िरी चेतावनी दे रहे हैं।

जहाँ ज़ेब : *(ज़ेबुन्निसा को बचाने के लिए औरंगज़ेब से)* ठीक है। *(रौशन आरा की तरफ इशारे के साथ)* इन्हीं के साथ रहेंगे हम।

ज़ेबुन्निसा : *(तड़प कर)* नहीं; चचा दारा के क़त्ल पर जश्न मनाया था इन्होंने!

औरंगज़ेब : *(जैसे इन्तिहा हो चुकी हो)* ज़ेबुन्निसा!

ज़ेबुन्निसा : *(सख्ती से औरंगज़ेब से)* दौलतबाद जाएँगे—अभी, इसी घड़ी।

(जाने लगती है।)

अकबर : *(बहुत नाराज़गी से)* इनको रोकिए जहाँपनाह, और अपने इन्तिहाई तर्जे-अमल[83] पर लगाम लगाइए, वर्ना कुछ अनहोनी होकर रहेगी।

औरंगज़ेब : ठहरो ज़ेबुन्निसा।

(जेबुन्निसा रुक जाती है।)

औरंगज़ेब : *(आज़म से)* आज़म, जहाँ ज़ेब को जहाँ आरा बेगम के सुपुर्द करके आओ।

(आज़म सिर हिलाता है; जहाँ ज़ेब ज़ेबुन्निसा को देखती है; जाती है। साथ आज़म। औरंगज़ेब अकबर को गुस्से से देखता है।)

औरंगज़ेब : *(सख़्ती से)* अकबर, हमारे रूबरू अगली बार ज़ुबान से बेलगाम हुए, तो सख़्त सज़ा के मुस्तहक़[84] होगे।

(अकबर भावहीन रहता है।)

औरंगज़ेब : *(ज़ेबुन्निसा को देख रहा है)* ज़ेबुन्निसा, हमसे जुदा राह मत बनाओ। तुम सिर्फ़ पछता कर रह जाओगी, दर्द हमारे हिस्से में आएगा।

(जाता है। पीछे रौशन आरा और मुअज़्ज़म। अकबर स्नेह से ज़ेबुन्निसा के सिर पर हाथ रखता है। दोनों गले लग जाते हैं। अकबर औरंगज़ेब की दिशा में सख्ती से देखता है। अँधेरा।)

दृश्य-10

रंगमहल का कमरा। दिन।

(ज़ेबुन्निसा सोचते हुए बयाज़ में लिख रही है।)

जेबुन्निसा : फूट पड़े बाँध की तरह यकायक/
मेरा दर्द मन्त्र न बन जाय कहीं/
उनसे रिसने लगे उन पुराने दिनों से वाबस्ता/
सुरीली रागिनी।

(रौशन आरा का प्रवेश)

रौशन आरा : *(अपनेपन से)* क्या बात है, ज़ेबुन्निसा? न तुम बजरे की हमारी मजलिस में आयीं, न रौशन आरा बाग़ के हमारे जश्ने-फ़तेह में!

ज़ेबुन्निसा : *(अनमनी)* बुखारा से क़ादरी आलिम आये हुए हैं।

रौशन आरा : अच्छा, कल शिकारगाह में हँगामा करेंगे।

ज़ेबुन्निसा : कल तो मख़्दूम पीर का उर्स है।

रौशन आरा : *(गर्मजोशी से)* पूरे शबाब पर है हमारा दौरे-जश्न! हमें गिन-गिन कर अपने अरमान पूरे करने हैं ज़ेबी!

ज़ेबुन्निसा : *(ठंडेपन से)* न हम कोई जश्न मना रहे हैं, न हमारे कोई अरमान हैं।

रौशन आरा : *(सन्जीदा हो जाती है)* अगर तुमने शाहजहाँ, दारा, और जहाँ आरा के हाथों औरंगज़ेब की मुसलसल ज़िल्लत देखी होती, तो तुम्हारा यह सूफ़ी रवैया जल कर ख़ाक़ हो जाता।

ज़ेबुन्निसा : *(सख़्ती से)* जश्ने-फ़तेह का एक तरीक़ा शिकस्ता को मरहम लगाना भी होता है—ख़ास कर तब, जब वो तुम्हारा ही ख़ून हो।

रौशन आरा : *(तेज़ी से)* दारा और जहाँ आरा ने औरंगज़ेब और हमको हमेशा

ज़ख़्मो-नमक का तोहफ़ा दिया है। काश, हम अपना कलेजा चीर कर दिखा सकते तुमको! एक मौक़ा है, जो उन दोनों ने औरंगज़ेब को नीचा दिखाने से छोड़ा हो? चाहे दकन में खेती की इस्लाह[85] हो, चाहे बल्ख़ हमले की कामयाबी—

ज़ेबुन्निसा : *(सख़्ती से)* दारा औरंगज़ेब को नापसन्द करते थे, पर जहाँ आरा ने जायज़ मुद्दे पर हमेशा औरंगज़ेब का साथ दिया। बल्ख़ मुहिम की खातिर बेगम साहिब ने अपने पास से चार लाख की फ़ौज का इन्तिज़ाम किया था।

रौशन आरा : पर दारा की ज़हरगोई से शाहजहाँ ने मान लिया कि बल्ख़ हमला बेकार गया।

ज़ेबुन्निसा : *(सख़्ती से)* नहीं; बेगम साहिब की कोशिश से दिल्ली दरबार ने माना कि हिन्दुकुश के पार मुग़ल हथियारों की यह पहली फ़तेह थी।

रौशन आरा : बीजापुर ख़िराज़ से दकन सूबेदार को उसका हिस्सा न मिलने के पीछे जहाँ आरा का हाथ है।

ज़ेबुन्निसा : वो करतब शाहजहाँ का है। आपको मालूम है कि बेगम साहिब के ज़ोर देन पर ही तवारीख़ में दर्ज हुआ कि मुल्तानो-सिन्ध की औरंगज़ेब की सूबेदारी के दौरान ही हमेशा के सरकश सरहदी क़बीलों ने मुग़ल परचम को सलामी दी और इंदस नदी पर नया बन्दरगाह बना कर वो थट्टा को फिर तिजारती अहमियत देने में कामयाब हुए?

रौशन आरा : कन्धार पर तीसरे हमले की कमान दारा को सौंपने का ख़याल जहाँ आरा का था, ताकि औरंगज़ेब के मुँह पर लगी दूसरे नाकामयाब हमले की कालिख नुमायाँ हो जाय।

ज़ेबुन्निसा : उन्होंने हरचन्द इस हमले की मुखालिफ़त करते हुए तवारीख़ की नज़ीर दी कि कन्धार क़िले को सिर्फ़ दग़ाबाज़ी से फ़तेह किया जा सकता है, हथियारों से नहीं। दारा की भी नाकामयाबी के बाद दिल्ली दरबार ने उस कहावत को सही मान लिया कि अफ़गानों को न कोई दबा सकता है, न उनकी आपसी फूट मिटा सकता है। *(आवेग से)* आप इस तरह बेगम साहिब पर कीचड़ मत उछालिए। आपका ये जश्ने-बादशाहत नहीं होता, अगर उन्होंने औरंगज़ेब की सूबेदारी बहाल नहीं करवाई होती!

रौशन आरा : बादशाहत हासिल की है आलमगर की शमशीर ने!

ज़ेबुन्निसा : सामूगढ़ में दारा कामयाबी के साथ वही कर रहे थे, जब ख़लीलूल्लाह ख़ाँ का कहना मान वो हाथी से उतर मौत के घोड़े पर बैठ गये[86]।

रौशन आरा : *(मुस्कान से)* और औरंगज़ेब हाथी से उतर तख़्ते-ताऊस पर!

ज़ेबुन्निसा : *(अंकुश चुभोने का माइम करते हुए)* उसी अंकुश से हुकूमत चला रहे हैं अब!

रौशन आरा : *(चौंक जाती है)* क्या वाही-तबाही बोल रही हो ज़ेबी।

ज़ेबुन्निसा : *(सख़्ती से)* जब अहदे-आलमगीर की तवारीख़ लिखी जाएगी, तब आप नहीं होंगी। अगर हमने ज़िन्दा बचे रहने की बदनसीबी दिखाई, तो ज़रूर आपके मज़ार पर रख देंगे। तब होगा असली फ़ैसला—

रौशन आरा : *(तकलीफ़ से)* कैसे बदलती जा रही हो तुम? जहाँ जेब को जहाँ आरा के पास भेज दिया? हमारी बदनसीबी कि सिपिर शिकोह और शाहजहाँ ज़िन्दा हैं अभी और दिल्ली दरबार का एक हिस्सा शाहजहाँ की वापसी चाहता है। मक्का शरीफ़ ने उनको और शह दे रखी है[87]।

ज़ेबुन्निसा : *(कड़वाहट से)* जहाँ जेब सियासत का अलिफ़ बे नहीं जानतीं। सिपिर शिकोह से अगर आपको ख़तरा है, तो अफ़ीम की मिक़दार बढ़ा दीजिए; फ़ौरन दारा के पास पहुँच जाएँगे।

रौशन आरा : *(अपनापे से)* अब हम फ़तेहमन्दों के एक ही ख़ेमे में है ज़ेबी!

ज़ेबुन्निसा : *(आवेग से)* यही तो रोना है फूफी जान कि हम किसी ख़ेमे में नहीं! न फ़तेह का जश्न मना सकते हैं, क्योंकि शिकस्त का ख़ून हमारे दामन पर है, न शिकस्त का मातम कर सकते हैं, क्योंकि फ़तेह का ताज हमारे सिर पर है।

(रौशन आरा उसे देखती है।)

रौशन आरा : *(बदले सुर में)* हम दारा वा जहाँ आरा के पैदायशी दुश्मन नहीं। ख़ुदा झूठ न बुलवाये, ज़िन्दगी में पहली बार कुबूल कर रहे हैं। कुछ कमज़ोर लम्हे थे, जब हमने चाहा था कि दारा की ताजपोशी हो जाय, तो जहाँ आरा के बाद शायद मुझको भी निकाह की मन्जूरी मिल सके।

(ज़ेबुन्निसा चौंक जाती है।)

रौशन आरा : एक था, जिसके साथ हम बची-खुची ज़िन्दगी गुज़ारने का ख़्वाब देखते थे—

(सिसकती है; ज़ेबुन्निसा दिलासे के ढंग से उसे छूती है।)

ज़ेबुन्निसा : आप जहाँपनाह का दायाँ हाथ हैं, शाही मुहर आपके पास है। आपके ऊपर से पाबन्दी क्यों नहीं हट सकती?

रौशन आरा : *(करुण सुर में)* अब न वो उम्र है, न ज़ज्बा। वैसे भी आलमगीर पिघलने वाली फ़ौलाद होते, तो यहाँ तक पहुँचते कैसे! *(ख़यालों में डूब जाती है; करुणा से मुस्कुराती है)* क्या-क्या रंग दिखाए ज़िन्दगानी ने—*(झटके से उस मूड से उबरते हुए)* हाँ, तुमको नजाबत ख़ाँ का दावतनामा मिला?

(ज़ेबुन्निसा हामी में सिर हिलाती है।)

रौशन आरा : *(मुस्कान से)* काश, तुम जहाँ आरा का चेहरा देख सकतीं, जब सामूगढ़ लड़ाई के बाद हमने बताया कि जिस फ़ौज ने दारा को शिकस्त दी, उसका सिपहसालार तुम्हारा महबूब और बनते-बनते न बनने वाला शौहर है!

(ज़ेबुन्निसा ख़ुद पर लानत भेज रही है—यह सोचते हुए कि मेरी रगों में वही ख़ून है, जो इनकी रगों में।)

रौशन आरा : ज़ेबी, हमारा ख़ुदा जानता है, दारा की शिकस्त से हमें जितनी ख़ुशी हुई, वो उस ख़ुशी से कम थी, जो जहाँ आरा की शिकस्त से हुई।

(ज़ेबुन्निसा भावहीन है।)

रौशन आरा : शाहजहाँ की नज़रबन्दी की सालगिरह है आज। नजाबत ख़ाँ की हवेली पर महफ़िल जमेगी। चलो।

(ज़ेबुन्निसा अपने पर ज़ब्त नहीं कर सकी; पूछ ही बैठी।)

ज़ेबुन्निसा : यह सच है कि जब आलमगीर ने दारा के कटे सर पर तलवार का वार किया, तो आप दीवानावार हँस रही थीं?

(रौशन आरा उसे देखती है; सन्जीदा है; फिर यकायक हँसती है; ज़ेबुन्निसा का एकदम प्रस्थान। रौशन आरा की हँसी रुक जाती है; ज़ेबुन्निसा की दिशा में देख रही है। अँधेरा।)

दृश्य–11

मुसम्मन बुर्ज। दिन।

(जहाँ आरा किताब पढ़ रही है; ठहरी हुई है; वर्तमान को स्वीकार कर चुकी। ज़ेबुन्निसा आती है; अभिवादन करती है।)

जहाँ आरा : क्यों आयी हो ज़ेबी? औरंगज़ेब को पता चला, तो नाराज़ होंगे।

ज़ेबुन्निसा : *(कातर हो)* हम आपके बग़ैर शाहजहाँनाबाद तो क्या, अपनी ज़िन्दगी का भी तसव्वुर नहीं कर सकते!

जहाँ आरा : निज़ाम बदलने के साथ यही होता है। जब शाहजहाँ की तख़्तशीनी हुई, तो हम हरचन्द चाहते थे कि नूरजहाँ बेगम अकबराबाद छोड़कर लाहौर न जाएँ, लेकिन—

ज़ेबुन्निसा : आप नूरजहाँ से बहुत अलग हैं।

जहाँ आरा : कुटुम्ब फिर दो फाँक हो गया। हर नयी बादशाहत पर जैसे ईदो-मुहर्रम की आमद एक साथ होती है। ओहदेदारों के चेहरे बदलते हैं; मनसब घसटे-बढ़ते हैं; शाही दहलीज़ पर तलबगारों की भीड़ लग जाती है। *(हल्की उदास मुस्कान से)* तुमने कितने हुक्मनामे जारी करवाए?

ज़ेबुन्निसा : अगर बस होता, तो सबसे पहले सुल्तान भाई को आज़ादी दिलवाते। हमारी समझ में नहीं आता कि हम ख़ुशी मनाएँ या मातम? मेरे वालिद तख़्ते-ताऊस पर बैठे हैं, पर उनके वालिद, क़ानूनी बादशाह, कैदी हैं। ख़ानदाने-मुगलिया में कभी ऐसी अनहोनी नहीं हुई।

जहाँ आरा : *(उदास मुस्कान से)* जहाँ ज़ेब ख़ानदाने-मुग़लिया में होने वाली अनहोनियों की फ़ेहरिस्त बना रही है।

ज़ेबुन्निसा : सुना है, गुमुसम दीवारें देखती रहती हैं?

जहाँ आरा : धीरे-धीरे हक़ीक़त मन्ज़ूर कर लेगी।

ज़ेबुन्निसा : जंगे-विरासत में एक के बाद एक अज़ीम ग़लतियाँ होती गयीं। चचा दारा के रास्ते में अव्वल ख़तरा कौन था? औरंगज़ेब; लेकिन फ़ौजे-अव्वल शुजा के मुक़ाबिल बंगाल-बिहार भेजी गयी, औरंगज़ेब को कुचलने के लिए धर्माट नहीं, जबकि औरंगज़ेब अकेले नहीं, मुराद बख़्श के साथ थे। *(उँगली पर गिनते हुए)* दो; शुजा की शिकस्त हो गयी। वो बिहार के भीतर भागे, तो सुलेमान शिकोह ढाई माह उनका पीछा करते हुए मुँगेर तक पहुँच गये, जबकि शुजा से अब कोई ख़तरा था ही नहीं। वो तो औरंगज़ेब और मुराद से था। जयसिंह जैसे तपे सिपहसालार ने भी सुलेमान को नहीं रोका। *(गिनते हुए)* तीन; शाहजहाँ सारी ज़िन्दगी औरंगज़ेब से खार खाये रहे, पर जसवंत सिंह को क्या हिदायत दी? कि पहले ज़ुबान चलाना, फिर हथियार; और वो भी ऐसे कि दोनों शहज़ादों को चोट न पहुँचे।

जहाँ आरा : *(सहज सुर में)* तो क्या कहते? औरंगज़ेब का सर काट के ले आना?

ज़ेबुन्निसा : गिरफ़्तार तो कर सकते थे।

जहाँ आरा : औरंगज़ेब ने धर्माट से पहले और सामूगढ़ के बाद भी शाहजहाँ को पैग़ाम भेजा की वो सिर्फ़ बीमार बाप को देखने आ रहे हैं। शाहजहाँ के सीने में बाप का जो और जैसा भी दिल है, उसने सोचा कि उनका सिपहसालार रास्ता रोकेगा, तो औरंगज़ेब वा मुराद वापस अपने सूबों को लौट जाएँगे।

ज़ेबुन्निसा : सामूगढ़ में जब आमना-सामना हुआ, तो औरंगज़ेब की फ़ौज थकी थी, दारा की ताज़ा दम। दारा को एकदम हमला करना था।

जहाँ आरा : *(करुण मुस्कान से)* और पीछे जाकर भदौली के उस घाट को लेकर भी पछता सकते हैं, जो दारा की नज़र से चूक गया था। वहाँ मोर्चाबन्दी हो जाती, तो औरंगज़ेब नर्मदा ही पार नहीं कर पाते।

(ज़ेबुन्निसा फीकी मुस्कान देती है।)

जहाँ आरा : ज़ेबी, सामूगढ़ ही नहीं, देवराई तक में दारा की हिक्मते-जंग मोटे तौर पर सही थी, लेकिन इत्तिफ़ाक़ और मुक़द्दर ने औरंगज़ेब का साथ दिया, दारा का नहीं।

(ज़ेबुन्निसा पल भर अपने भीतर डूब जाती है।)

ज़ेबुन्निसा : मरहूम दारा की सूरत आँखों में तैरती रहती है—उनकी मुस्कान, उनके अशआर—

जहाँ आरा : *(करुण मुस्कान से)* चचा ख़ुसरो से मेरी बहुत बनती थी। क़ैदख़ाने उनसे मिलने जाती, तो वो दूर से मेरी आहट पहचान लेते। मेरे बचपन में उन्होंने हैरतअंगेज़ दरीचा खोला था—कि तेज़ बारिश में बूँदों के बीच बिना भीगे चलने का हुनर उनके पास है। हिमालय पर भटकते हुए एक सौ अस्सी बरस के दरवेश ने उन्हें सिखाया था। क़ैद से आज़ाद हुए, तो पहली बारिश में वो हमारे सामने नमूना पेश करेंगे। यकायक उनका इन्तिक़ाल हो गया। देखते-देखते परवेज़, शहरयार, होशुंग, तहमूरस, और गरस्प का भी यही अन्जाम हुआ। जब शाहजहाँ के नाम का ख़ुतबा पढ़ा जा रहा था, तब ख़ुसरो की सूरत हमारी आँखों में तैर गयी। दौरे-जश्न की किलकारियों के बीच हम इस तरह साँस लेते गये, जैसे बारिश की बूँदों के बीच बग़ैर भीगे हुए चल रहे हों।

ज़ेबुन्निसा : खुसरो फिर भी आपसे दूर थे। हम अपनी पैदायश के बाइस[88], दारा शिकोह के क़ातिल, के घर में रहते हैं।

जहाँ आरा : *(सख़्ती से)* ख़ुदगर्ज़ बनो ज़ेबी, अपने गिर्दो-पेश से आँखें मूँद लो—सिर्फ़ अपने लिए जीना सीखो।

ज़ेबुन्निसा : आप नहीं कर सकीं।

जहाँ आरा : *(आवेग से)* मजबूर थे। कुटुम्ब का शीराज़ा बिखरने से रोकने की कोशिश में उम्र गँवा दी, पर क्या करते, अम्मीजान की हिदायत थी। *(ऊपर की तरफ़ इशारे के साथ)* मिलेंगे तो बता देंगे, तुम्हारा शीराज़ा चिथड़े-चिथड़े हो ऐसा बिखरा कि तवारीख़ में मिसाल नहीं मिलेगी।

(ईसा बेग का प्रवेश)

ईसा बेग : *(कड़क आवाज़ से)* सुलेमान शिकोह की गिरफ़्तारी मुबारक—

(ज़ेबुन्निसा और जहाँ आरा चौंकती हैं।)

ईसा बेग : गढ़वाल श्रीनगर से तिब्बत भागने की कोशिश कर रहे थे। राजकुँवर ने मुग़ल फ़ौज के हवाले कर दिया।

(ज़ेबुन्निसा और जहाँ आरा की नज़र मिलती है; ईसा बेग का प्रस्थान।)

जहाँ आरा : ज़ेबी, औरंगज़ेब चाहते हैं, शाहजहाँ बादशाहत छोड़ उनकी ताजपोशी जायज़ बना दें। हम कोशिश कर रहे हैं कि बदले में औरंगज़ेब वो स्याह फ़र्मान खारिज कर दें।

(ज़ेबुन्निसा भावहीन सुन रही है।)

जहाँ आरा : दारा की चहेती शरीके-हयात, जहाँ ज़ेब की माँ नादिरा, हमारे सगे चचा परवेज़ की बेटी थीं, जिनके ख़ून से शाहजहाँ के हाथ रंगे हैं। दारा की इज़्तवाजी[89] ज़िन्दगी पर इसका असर नहीं पड़ा। ख़ानदानी ख़ूंरेज़ी घटाने का यह मुनासिब तरीक़ा है। वैसे भी आलमगीर तुम्हारे हाथों में निकाह की मेंहदी देखना चाहते हैं।

(ज़ेबुन्निसा उदास मुस्कान देती है।)

जहाँ आरा : *(चेतावनी के सुर में)* तुम्हारे पाँच भाई हैं ज़ेबी! इससे पहले कि अगली जंगे-विरासत शुरू हो, तुम दूर कहीं अपना आशियाना बना लो।

(ज़ेबुन्निसा उदास मुस्कुराती हैं।)

जहाँ आरा : *(अपने सिर की तरफ़ इशारे के साथ)* यहाँ की शाही दस्तार[90] ने हमें तिल-तिल जलाया। तुम दूर कहीं फूलोगी-फलोगी, तो हम तुम्हारे बहाने मुस्कुरा लेंगे।

(ज़ेबुन्निसा हामी में सिर हिलाती है; मीठी मुस्कान से देख रही है।)

ज़ेबुन्निसा : याद है आपको, हम दोनों का कौन-सा मन्सूबा था, जो पूरा नहीं हुआ?

जहाँ आरा : तुम्हारी इक्कीसवीं सालगिरह हम दोनों श्रीनगर में मनाने वाले थे, पर तभी शाहजहाँ की बीमारी के साथ बग़ावती लश्करों का शोर बरपा हो गया, जबकि हमें सुकून की *(मीठी मुस्कान से उसे देखते हुए)* गिरती बर्फ़ में साथ-साथ भीगना था।

ज़ेबुन्निसा : पीरमहल[91] में तस्बीह के मनकों के साथ चार सौ बार अल्लाह का नाम लेते हुए वज़्द[92] की कैफ़ियत हासिल करनी थी।

जहाँ आरा : और जाँचना था कि समुन्दर के किनारे मौज से मिटे नक़्शे-पा[93] की तरह *(अपने सिर की तरफ़ इशारे के साथ)* हम अपनी शाही दस्तार नामौजूद कर पाये हैं या नहीं?

ज़ेबुन्निसा : *(उदास मुस्कान से)* दौलताबाद की गर्म हवाओं के बीच ख़्वाब देखा था—दोनों तरफ़ चिनार क़तारों वाली लम्बी, सुनसान सड़क;

शहतूत की महक; हम दोनों चल रहे हैं; बर्फ़ के फाहे गिर रहे हैं; मुँह से भाप निकलने के साथ आपने कहा—

जहाँ आरा : *(मुस्कान के साथ लय में)* गुलाब को सोचोगे, तो गुलाब हो जाओगे/मेहताब को सोचोगे तो मेहताब/

ज़ेबुन्निसा : *(वैसे ही)* बुलबुल को सोचोगे तो बुलबुल हो जाओगे/और चिनाब को सोचोगे तो चिनाब/

जहाँ आरा : तुम अधूरे हो और वो है मुकम्मल/

ज़ेबुन्निसा : पर लम्हें भर/

जहाँ आरा/

ज़ेबुन्निसा : अगर मुकम्मल को सोचोगे/तो मुकम्मल हो जाओगे।

(अँधेरा होता है)

दृश्य–12

लाल क़िला। दिन।

(ज़ेबुन्निसा अपने विचारों में खोयी। अक़ील ख़ाँ आता है; कोर्निश करता है)

ज़ेबुन्निसा : *(हल्की मुस्कान से)* दिल्ली आते ही ये क्या पगड़ी बाँधने लगे।

अक़ील ख़ाँ : भाईजान ने पहला सबक़ यही सिखाया—दिल्ली में टिकना है, तो अपना हुलिया सही करो।

(ज़ेबुन्निसा यह तो होना ही था के ढंग से मुस्कराती है)

अक़ील ख़ाँ : ढेर लग जाता है दावतनामों का! *(मुँह के साथ हथेली लगाते हुए राज़ के सुर में)* बादशाह सलामत सबसे पहले किससे मिले? ख़लीलुल्लाह ख़ाँ से कितनी देर बात हुई? कहाँ की सूबेदारी मिल रही है उन्हें? मेहताबे–माही ख़िताब पर किसका नाम लिख रहे हैं?

ज़ेबुन्निसा : दिल्ली का लुत्फ़ उठाओ अब।

अक़ील ख़ाँ : यह लुत्फ़ है, तो दहशत किसे कहते हैं?

ज़ेबुन्निसा : हवेली कहाँ मिली?

अक़ील ख़ाँ : गली कायस्थान में। पर मैं भाईजान के पास ही रहता हूँ। *(जैसे कहे या नहीं, फिर कह ही देता है)* तनो–तन्हाँ नहीं रहा जाता मुझसे।

ज़ेबुन्निसा : हम तो मज़े से रह लेते हैं।

अक़ील ख़ाँ : आप फ़ौलाद हैं।

(ज़ेबुन्निसा उदास मुस्कान देती है)

अक़ील ख़ाँ : सुबह एक सौदागर आये। बोले, महज़ एक शेर के शिकार की

इजाज़त दिलवा दीजिए; इलाके में रुतबा दोबाला हो जाएगा। एक लाख नक़द और एक सौ एक एकड़ खेत पेशे-नज़र—

ज़ेबुन्निसा : *(उदास मुस्कान से)* जायदाद बनाने में देर मत करो।

अक़ील ख़ाँ : *(दूसरे सुर में)* फ़िज़ा-ए-दिल्ली में साँस लेना दुश्वार हो गया है।

ज़ेबुन्निसा : हमारे ख़याल को ज़ुबान दे रहे हो।

अक़ील ख़ाँ : आगरे में तो ख़ुशी-ख़ुशी रह चुकी हैं।

ज़ेबुन्निसा : तब जंगे-विरासत नहीं हुई थी।

अक़ील ख़ाँ : निज़ाम पर जहाँपनाह की गिरफ़्त मज़बूत होती जा रही है।

ज़ेबुन्निसा : सवाल नज़रिए-निज़ाम का होता है।

अक़ील ख़ाँ : आप हमेशा सियासत क्यों ले आती हैं?

ज़ेबुन्निसा : क़िला-ए-मुअल्ला की हवा में आतिशे-सियासत के सिवा और है क्या! *(फूट कर)* पर क्या करें? कहाँ जाएँ?

अक़ील ख़ाँ : अपनी पैदाइश की क़ीमत चुकानी होगी।

ज़ेबुन्निसा : जब तक जिएँगे, यही करेंगे।

(विराम)

ज़ेबुन्निसा : तुम्हें देखकर अच्छा लगा अक़ील!

अक़ील ख़ाँ : एक बार आपने कहा था, लगाव से मुराद क्या है? उसका जवाब हो सकता है किसी के साथ जुड़ना; ऐसे कि *(ज़ेबुन्निसा का हाथ छूता है)* उसका लम्स[94], उसकी आवाज़, उसके ख़याल से मन का माहौल बदल जाय—

ज़ेबुन्निसा : ज़िन्दगी कम-से-कम बर्दाश्त के कुछ लायक़ बन जाय।

(ज़रा-सी चुप्पी)

अक़ील ख़ाँ : सुलेमान शिकोह से आपकी मँगनी हुई थी?

(ज़ेबुन्निसा हामी में सिर हिलाती है।)

अक़ील ख़ाँ : जहाँ आरा बेगम का ख़याल था?

ज़ेबुन्निसा : *(हल्की मुस्कान से हामी में सिर हिलाते हुए)* सियासत से परहेज़ करते हो, पर सियासत बख़ूबी समझते हो।

अक़ील ख़ाँ : *(छोटी-सी मुस्कान के साथ)* फिर क्या हुआ?

ज़ेबुन्निसा : हरम और दरबार का माहौल गर्म हो गया। शाहजहाँ के सिवा सबने मंज़ूर कर लिया कि जंगे-विरासत होकर रहेगी।

अक़ील ख़ाँ : तभी मँगनी टूटी और सुलेमान का निकाह दूसरी जगह हो गया?

(ज़ेबुन्निसा हामी में सिर हिलाती है। अक़ील उसे देख रहा है।)

अक़ील ख़ाँ : दिल्ली आकर आप बदल गयीं हैं।

(ज़ेबुन्निसा उदास मुस्कान देती है।)

ज़ेबुन्निसा : भीतर धुआँ भर गया है।

अक़ील ख़ाँ : साँस कैसे लेंगी?

ज़ेबुन्निसा : बहुत मुश्किल हो रही है।

अक़ील ख़ाँ : देर तक नहीं ले पाएँगी।

ज़ेबुन्निसा : समझ में आ रहा है।

(दोनों चुपचाप बैठे हैं।)

अक़ील ख़ाँ : अब आपसे तभी मिलना होगा, जब आप लाहौर आएँगी।

ज़ेबुन्निसा : कौन-सा ओहदा मिला?

अक़ील ख़ाँ : सूबेदारी—

ज़ेबुन्निसा : बसन्त पर लाहौर नहीं जाएँगे, तो हिन्दुस्तान में कैसे रहेंगे।

(अक़ील ख़ाँ उसे देखते हुए सन्जीदा हो जाता है।)

अक़ील ख़ाँ : हमारा क्या बनेगा?

ज़ेबुन्निसा : कुछ नहीं।

अक़ील ख़ाँ : खुशी नहीं मिलेगी?

ज़ेबुन्निसा : *(बनावटी नाराज़गी से)* सूबेदारी के बाद ख़ुशी भी चाहिए तुम्हें? ख़ुदा को लूटे बग़ैर मानोगे नहीं?

अक़ील ख़ाँ : *(गहरी साँस लेता है)* कहीं ख़ुद न लुट जाऊँ —

(ज़ेबुन्निसा चुप है।)

ज़ेबुन्निसा : घर बसा लो अक़ील—

अक़ील ख़ाँ : भीतर तो आप बसी हैं।

ज़ेबुन्निसा : जो ख़ुद उजड़ा है, दूसरे को क्या बसाएगा।

(अक़ील उठ खड़ा होता है। ज़ेबुन्निसा को देख रहा है।)

अक़ील ख़ाँ : आपको लेकर बहुत फ़िक्रमन्द हो जाता हूँ।

ज़ेबुन्निसा : *(बिना किसी आवेग के)* ख़ानदाने-मुग़लिया में लाज़िमी का जो उसूल चलता है, किसी के रोके रुक नहीं सकता।

(ज़ेबुन्निसा एक ओर देखे जा रही है। अक़ील का अभिवादन के साथ प्रस्थान। धीरे-धीरे अँधेरा होता है।)

अंक-2

दृश्य–13

लाल क़िले में रंगमहल। दिन।

(ज़ेबुन्निसा अपनी बयाज़ में कुछ लिख रही है। बदरुन्निसा व मेहरुन्निसा गंजीफ़ा खेल रही हैं; ज़ीनतुन्निसा किताब पढ़ रही है; ज़ुब्तुन्निसा का प्रवेश।)

ज़ेबुन्निसा : जुब्तुन्निसा, बिस्तर में वापस जाओ। तुमको बुख़ार है।

ज़ुब्तुन्निसा : उतर गया।

(ज़ीनतुन्निसा ज़ुब्तुन्निसा को छूकर देखती है।)

ज़ीनतुन्निसा : *(ज़ेबुन्निसा से)* सच कह रही है।

ज़ुब्तुन्निसा : *(शरारती मुस्कान से)* गुल्ले–सेहत कर लिया हमने। हमारा पच्चीस गुना तुलादान कीजिए और ख़ैरात में हमको ही दे दीजिए।

(हँसी। ज़ेबुन्निसा अपना काम करते हुए मुस्कुराती है।)

मेहरुन्निसा : अकबरे–आज़म तक का बारह गुना से ज़्यादा नहीं हुआ।

बदरुन्निसा : शहज़ादियों में छह गुना सिर्फ़ बाजी का हुआ है।

ज़ीनतुन्निसा : बाजी के मुक़ाबिल का पलड़ा कुछ नीचे था। दारोग़ा ने देगची उठाई और पलड़े पर ख़ाली कर दी। *(उँगलियों से अन्दाज़ देते हुए)* इतने बड़े दो कुरंड[95] मेरे पास आ गिरे।

ज़ुब्तुन्निसा : जिसके पास गिरें, उसकी मिल्कियत हो जाने चाहिए!

(किलकारी)

ज़ुब्तुन्निसा : हमारा तुला–दान नहीं हो सकता, तो इन्सानी रहम के नाम पर हमको मुट्ठी भर जबरजद[96] ही दे दिये जाएँ। अभी माह में ग्यारह दिन बाक़ी हैं; *(बटुवा उल्टा करके दिखाते हुए)* हमारा बटुवा बिल्कुल ख़ाली—

(हँसी)

मेहरुन्निसा : तुमको पचास हज़ार सालाना भत्ता मिलता है न!

ज़ुब्तुन्निसा : *(बनावटी हमलावर सुर में)* ऐसी महँगाई में इतने से गुज़र होती है?

(हँसी)

बदरुन्निसा : बाजी को मिलता है चार लाख; जागीर अलग; तीस हज़ार महीना पानदान भत्ता अलग—

(ज़ेबुन्निसा अपना काम करते हुए मुस्कुराती है।)

ज़ीनतुन्निसा : *(पानदान का ढक्कन उठाते हुए)* तभी तो पान खाने बाजी के पास आते हैं हम!

(हँसी)

मेहरुन्निसा : बाजी किताबों वा वज़ीफों पर कितनी फ़िज़ूलख़र्ची करती हैं!

(हँसी! ज़ेबुन्निसा भी मुस्कुराती है।)

बदरुन्निसा : बाजी अपनी सूफ़ी दुनिया में मुत्मइन हैं, लेकिन मौला ने एक से एक दिलफ़रेब ज़ेवर बनाकर हमारा क़रार छीन लिया!

(हँसी)

मेहरुन्निसा : बाजी, आपने एक सौ तीस मोतियों का वो बाज़ूबन्द देखा है, जो जहाँ आरा बेगम को शाहजहाँ ने दिया था?

ज़ेबुन्निसा : *(हामी में सिर हिलाते हुए)* गुस्ले-सेहत के बाद सौग़ात में मिला था।

ज़ुब्तुन्निसा : तभी तो अब्बा और हम सबके ऊपर मुक़द्दर मुस्कुराया।

ज़ीनतुन्निसा : *(सबकी तरफ़ गोल इशारे के साथ नाराज़गी से)* ये मुस्कान है मुक़द्दर की?

(ज़रा-सी चुप्पी। मेहरुन्निसा भारीपन कम करने की कोशिश करती है।)

बदरुन्निसा : आपने हीरे-रूबी जड़ा वो लबादा देखा है, जो नूरजहाँ ने शहज़ादे ख़ुर्रम को दिया था?

ज़ेबुन्निसा : भारी है। हम-तुम पहन कर चलेंगे, तो चार क़दम बाद लटपटा कर गिर जाएँगे।

(हँसी)

ज़ुब्तुन्निसा : *(नख़रे से)* हमें कोई मोतियों-जड़ी अंगिया क्यों नहीं देता, जैसी नूरजहाँ को जहाँगीर ने दी थी?

ज़ीनतुन्निसा : *(डपट कर)* ख़ैर मनाओ, जो हमल गिराने वाली मुलाज़िम ने दुनियाँ में नमूदार होने से पेश्तर तुम पर नज़रे-इनायत नहीं की

और बाद में जहाँगीर की छोटी छह बेटियों की तरह तीन से छह माह तक की उम्र तक महलदार ने तुम्हारी *(गर्दन मरोड़ने के मूकाभिनय के साथ)* सुराहीदार गर्दन भी नहीं मरोड़ी।

बदरुन्निसा/ मेहरुन्निसा/ ज़ुब्दतुन्निसा : *(आतंकित हो एक साथ)* हाय अल्ला—

ज़ेबुन्निसा : हम बच गये, चूँकि अम्मी के गले में इस नक़्क़ाशी वाला पन्ना आ गया था—यह ताबीज़ पहनने वाला ख़ुदा की हिफ़ाज़त में है।

मेहरुन्निसा : आपने अकबरे-आज़म का वो हरा पन्ना देखा है—एक सौ एक रत्ती का?

ज़ेबुन्निसा : हथेली पर रखते हुए हिलोर-सी उठती है; पूरे बदन में समो जाती है। अफ़ीम की चुटकी-जैसा असर छोड़ती है।

बदरुन्निसा : *(मुस्कान से)* हमको दे दी जाय, तो हम अफ़ीम के बजाय उसे ही चाट लिया करेंगे!

(हँसी)

मेहरुन्निसा : जहाँगीर को रूबियाँ बहुत पसन्द थीं।

ज़ीनतुन्निसा : अपनी दस्तार में पाँच लगाते थे।

ज़ुब्दतुन्निसा : सबसे बड़ी दो सौ अठासी रत्ती की है न?

ज़ेबुन्निसा : *(हामी में सिर हिलाती है)* हाँ।

मेहरुन्निसा : जहाँपनाह को नीलम पसन्द है।

बदरुन्निसा : *(ताज्जुब से)* अच्छा? इन चीज़ों में भी दिलचस्पी है आलमगीर जिन्दा पीर की?

ज़ेबुन्निसा : पीले रंग का ख़रीदा था गोआ में—एक सौ बारह रत्ती का।

बदरुन्निसा : हमने तो उनके पास कभी देखा नहीं।

ज़ीनतुन्निसा : *(आवाज़ दबा कर)* अपने हाथ की सिली टोपी के साथ मुल्ला को ख़ैरात में दे दिया होगा!

(सब खी-खी करती हैं।)

मेहरुन्निसा : *(डपटती है)* हथकड़ी लगी, तो सारी खी-खी निकल जाएगी।

(फिर ख़ुद भी हँस पड़ती है। ज़ेबुन्निसा मुस्कुराती है; बाकी सब हँसती हैं; फिर अपने पर नियन्त्रण करती हैं।)

ज़ुब्दतुन्निसा : शाह अब्बास दोयम ने जहाँपनाह को जो *(फैली उँगलियों से आकार के इशारे के साथ)* इतना बड़ा गोल मोती दिया है, सचमुच आईने जैसा है?

ज़ेबुन्निसा : *(हामी में सिर हिलाते हुए)* तुम उसमें मुँह देखते हुए आँखों में काजल लगा सकती हो।

ज़ीनतुन्निसा : *(भरी हुई)* जहाँपनाह उसे देखते हुए अपनी दाढ़ी कतरते होंगे।

ज़ेबुन्निसा : ज़ीनत, तुम्हारा गुस्सा घुन लग कर तुम्हें ही खा रहा है। अपने पर ज़ब्त करना सीखो।

(बाँदी आती है।)

बाँदी : मजलिस के वास्ते तैयार हुआ जाय।

(ज़ेबुन्निसा हामी में सिर हिलाती है। बाँदी जाती है।)

ज़ुब्दतुन्निसा : हम तो सिर पै ताज रख के मुमताज महल वाला लिबास पहनेंगे।

मेहरुन्निसा : हम घाघरा-अंगिया—

बदरुन्निसा : घाघरा-अंगिया के आगे इसका तख़ैयुल चलता ही नहीं।

(हँसी)

ज़ीनतुन्निसा : बाजी, आप?

ज़ेबुन्निसा : *(गुनगुनाते हुए)* हेरी मैं तो—

(नाच की गतियाँ लेते हुए इकतारा बजाने का मूकाभिनय करती है)

ज़ीनतुन्निसा/
जुब्दतुन्निसा/
बदरुन्निसा : *(साथ-साथ गाती हैं)* प्रेम दिवानी मेरो दरद न जाने कोय—

(यकायक मेहरुन्निसा को देख नाचना-गाना रुक जाता है, क्योंकि उसने परदे से जुड़ा कनटोप पहन लिया है, जिससे मोतियों की झालर लटक रही है।)

ज़ीनतुन्निसा : *(चेतावनी के सुर में)* मेहरुन्निसा—

मेहरुन्निसा : दुल्हिन तो बन नहीं सकते कभी। शादी-शुदा ख़ातून का लिबास पहन कर ही दिल बहला लें।

ज़ुब्दतुन्निसा : ज़िन्दगी में मानी भरने का यह भी वैसा ही एक तरीक़ा माना जाना चाहिए, जैसे मस्जिद, सराय, मदरसा, और बाग़ बनवाना।

बदरुन्निसा : हमने तो बहुत पहले ढूँढ लिया था अपना तरीक़ा—*(अफ़ीम की पुड़िया दिखाते हुए)* सोचोगे, तो तनाव होगा; तनाव होगा, तो गुस्सा आएगा; गुस्सा आएगा, तो दिलो-दिमाग़ पर बोझ बढ़ेगा; बोझ बढ़ेगा, तो रंजो-ग़म का घुन लग जाएगा। चुनाँचे सब भूलने के लिए क्या करो? *(एक चुटकी मुँह में डालते हुए)* चौथाई दिन के लिए सब भूल जाओ!

ज़ीनतुन्निसा : *(चुनौती के सुर में)* और चौथाई दिन गुज़र जाने के बाद?

मेहरुन्निसा : *(मुस्कान से)* एक चुटकी और खा लो।

ज़ीनतुन्निसा : हम इसके अलावा कुछ सोच रहे हैं।

ज़ुब्दतुन्निसा : *(राज़ के सुर में)* मुहब्बत का इरादा है?

ज़ीनतुन्निसा : *(कड़वाहट से)* तौबा तौबा, उमंग के पर तौलने पर पाबन्दी; आँखों में तमन्ना का रंग दिखाई दे गया, तो उनकी रौशनी बुझा दी जाएगी!

बदरुन्निसा : यह कहाँ का इन्साफ़ है? जिस्म को सजाओ, लेकिन उसकी ज़रूरतों से गुरेज़[97] रखो। लपटों में हाथ दे दो, पर आँच महसूस मत करो।

मेहरुन्निसा : हाज़िर करो अकबरे-आज़म को। बाढ़ आयी जमुना में बाँध बनाकर दिखाएँ।

ज़ुब्दतुन्निसा : *(शाही हुक़्म की नक़ल में)* दिल झूमने दो, पर ख़बरदार अरमानो, मचलने की जुर्रत नहीं।

ज़ीनतुन्निसा : *(सख़्ती से)* परसतार[98], रखैल, और माशूकों की गिनती छोड़ दो, तो हुमायूँ ने पन्द्रह निकाह फ़र्माये, अकबर ने तीस, जहाँगीर ने इकतीस, शाहजहाँ ने दस, और कुरान शरीफ़ की नक़्ल बेच रोटी कमाने वाले ने नौ—

मेहरुन्निसा : हमारे नसीब में महज़ एक नहीं।

बदरुन्निसा : नौ साल से पीला नीलम पहन रखा है। कुछ नहीं हुआ।

ज़ुब्दतुन्निसा : आँखें तक चार करने को जी नहीं चाहता। जो गली अन्धी है, उस पर जाने का मतलब ही क्या!

मेहरुन्निसा : नीलम को मरकत के साथ पहनने के बावजूद, हमें तो कँवारे बिस्तर पर झपकी तक नहीं आती।

बदरुन्निसा : रौशन आरा ने बेलगाम इश्क़ क्यों किये, अब समझ में आता है।

ज़ुब्दतुन्निसा : सुना है, वो हीरे को लाल मूंगे के साथ पहनती थीं, ताकि कँवारेपन का दर्द कम होते हुए बिस्तरबाज़ी की मसर्रत दोबाला हो जाय।

बदरुन्निसा : यह भी करके देख लेंगे।

ज़ीनतुन्निसा : हम मर्द को छुएँगे भी नहीं।

(सब सन्नाटे में आ जाती हैं।)

मेहरुन्निसा : क्या?

ज़ीनतुन्निसा : काले संगेमरमर की बनवाएँगे कुमारी मस्जिद; इसी दिल्ली में—

(सब उसे देख रही हैं।)

ज़ीनतुन्निसा : *(नाटकीयता से)* ज़मींदोज़ और अँधेरी। कहीं-कहीं हवा के लिए दो-चार सुराख़। घुमावदार सीढ़ियाँ। लोबान का धुआँ। मुसलसल आहें और सिसकियाँ सुनाई देंगी, चूँकि यह होगा सिर्फ़ कँवारियों के वास्ते—

(मातमी आलाप लेते हुए ख़ानम सुल्तान, आराम बानो, वा सुल्तानुन्निसा का प्रवेश)

ज़ीनतुन्निसा : *(सख़्ती से)* आओ और अपने कुटुम्ब के मर्दों को गालियाँ दो; दिल खोलकर लानतें भेजो। यहाँ माँगी गयी दुआ—

ख़ानम सुल्तान/
आराम बानो/
सुल्तानुन्निसा : *(एक साथ)* ख़ाली जाएगी।

ज़ीनतुन्निसा : लेकिन बद्दुआ—

(ज़ेबुन्निसा भावहीन सामने देख रही है।)

ख़ानम सुल्तान/
आराम बानो/
सुल्तानुन्निसा : *(एक साथ)* ज़रूर रंग लाएगी।

मेहरुन्निसा/
बदरुन्निसा/
ज़ुब्दतुन्निसा : *(माथे पर दुहत्थड़ मारते हुए एक साथ)* हाय—

(तत्क्षण अँधेरा)

दृश्य-14

रंगमहल। दिन।

(प्रकाश। आज़म अकेला अपने-आप से बात कर रहा है।)

आज़म : हमें आज़म शाह कहते हैं। आलमगीर के बेटे हैं, लेकिन न नज़रबन्द हुए, न क़ैद, न जलावतन; अभी तक—*(कानों को हाथ लगाते हुए)* अल्ला अल्ला ख़ैर सल्ला—*(राज़ के सुर में)* जहाँपनाह को उस घड़ी का इन्तिज़ार है कि हमसे ज़रा सी चूक हो और हम धर लिये जाएँ! उन्होंने हमारी ख़ातिर सलीमगढ़ में एक कोठरी भी चुन रखी है। हम होशियार रहते हैं हमेशा; एकदम चौकस। *(किसी लगाम वाले घोड़े पर सवारी का मूकाभिनय करते हुए)* चौबीस घंटे ख़ुद पर लगाम कसी। *(ज़रा-सा कागज़ निकालता है)* यह है हमारा ज़ाती लुग़द[100]; तक़रीबन पैंतालीस अल्फ़ाज़, जिनके सहारे हमें सँभल-सँभल कर, आग के दरिया-जैसी ज़िन्दगानी पार करना है।

(ज़ेबुन्निसा का प्रवेश। हाथ में रूमी का दीवान। आज़म को उसकी मौजूदगी का एहसास नहीं। ज़ेबुन्निसा चुपचाप आज़म की कारगुज़ारी देखती है।)

आज़म : इसमें *सियासत, ताज, तख़्ते-ताऊस,* मुग़लिया परचम के निशान *मछली वा आफ़्ताब*[101], *ख़ुत्बा, बग़ावत* कुछ नहीं। *मूसिक़ी नहीं;* शायरी नहीं, जिसे जहाँपनाह कहते हैं—*(आसपास देख कर राज़ के सुर में) हवा! (हँसता है; फिर सन्जीदा हो अपनी चालाकी पर ख़ुद ही मोहित हो जाने के अन्दाज़ में)* कुतुबख़ाने में जहाँ शायरी की किताबें हैं, वहाँ हम देखते ही नहीं। रूमी का दीवान जहाँ रक्खा हो, वहाँ हम घुसते ही नहीं।

ज़ेबुन्निसा : *(शक के सुर में)* क्या हो रहा है?

आज़म : *(दहशत में आ जाता है)* हम साज़िश नहीं कर रहे हैं; अल्ला क़सम! *(एक ही साँस में)* क़सीदा पढ़ रहे हैं आलमगीर के नाम का! ख़ुदा गवाह है; कितना ख़ुशनसीब मानते हैं अपने को। न नज़रबन्दी, न क़ैद, न देस निकाला! जहाँपनाह के कान में आप फुसफुसा दें मेहरबानी कर—

ज़ेबुन्निसा : *(डाँटती है)* क्या जहाँपनाह-जहाँपनाह करते रहते हो, अब्बा नहीं कह सकते?

आज़म : *(आरोप के सुर में अपने सीने की ओर इशारे के साथ)* यहाँ अपनापन जगाते हैं वो? सामने पड़ जाता हूँ, तो इसी फ़िराक में रहता हूँ कि कैसे भागूँ! दरअसल में हिन्दोस्तान से ही भागना चाहता हूँ। मशक़्क़त कर लूँगा, चैन से तो रहूँगा। लाल क़िले की हर सुबह *(एक हथेली से ऊपर जाने और दूसरी से नीचे आने का मूकाभिनय करते हुए)* जैसे-जैसे सूरज ऊपर जाता है, वैसे-वैसे मेरा दिल डूबता जाता है कि या मौला, कहीं यह मेरी ज़िन्दगी का आख़िरी दिन तो नहीं।

ज़ेबुन्निसा : *(नापसन्दगी से)* जब तुमने कुछ किया ही नहीं, तो तुम्हारा दिले नामाकूल डूबता क्यों है?

आज़म : *(हँसता है)* सज़ा देने के लिए उनको वजह चाहिए? मेरी पतंग का रंग लाल देखेंगे, तो—*(औरंगज़ेब की नक़ल में गुस्से से)* भड़क रहा है इसके सीने में बग़ावत का अन्दरूनी शोला! घोंप दो इसकी आँखों में दहकती सलाखें!

ज़ेबुन्निसा : *(नाराज़गी से)* तुम पागल होते जा रहे हो!

आज़म : तभी तो मैंने गुज़ारिश की थी, *(बड़ी नर्मी से औरंगज़ेब के साथ संवाद का नमूना पेश करते हुए)* जहाँपनाह की इजाज़त मिले, तो मैं हज कर आऊँ? *(अपने कुदरती सुर में)* जल्दी में थे। घूर कर देखा, *(औरंगज़ेब के सुर की नक़ल में)* हूँ ऽऽऽ, कामरान के हथकंडे को नयी शक्ल दे रहे हो? बग़ावत बाद में फ़र्माओगे, हज पर पहले जाओगे?

ज़ेबुन्निसा : *(चौंक जाती है)* कब की बात है?

आज़म : *(गुनहगार-सा)* तीन दिन हो गये।

ज़ेबुन्निसा : बाद में कुछ पूछा?

आज़म : अभी तक तो नहीं।

(दो सिपाही झाँकते हैं।)

आज़म : *(डरा हुआ)* मेरी गिरफ़्तारी—

(सिपाही सलाम करके जाते हैं।)

आज़म : *(सहमा हुआ)* अब मेरा क्या होगा बाजी?

ज़ेबुन्निसा : *(डाँट के सुर में)* कुछ नहीं होगा। चलो!

आज़म : *(अन्देशे से)* कहाँ चलो?

ज़ेबुन्निसा : सुल्तान भाई से मिलने—

(आज़म ज़बर्दस्त तनाव में आ जाता है।)

आज़म : हमें तेज़ बुख़ार है।

(एकदम भागता है।)

ज़ेबुन्निसा : *(डाँट कर)* रुको।

(मजबूर आज़म रुकता है; मुँह अभी दूसरी तरफ़ है।)

ज़ेबुन्निसा : *(वैसे ही)* वापस लौटो।

(आज़म रिवर्स गियर में लौटता है; मुँह अभी भी दूसरी ओर है।)

ज़ेबुन्निसा : चलो।

(आज़म चल पड़ता है; ज़ेबुन्निसा के हाथ की किताब देख कर तड़प जाता है।)

आज़म : *(एकदम मुँह फेरते हुए)* रूमी का दीवान। *(रोता है)* सलीमगढ़ में घुस गया आज, तो लाश ही बाहर निकलेगी!

ज़ेबुन्निसा : सुल्तान भाई ने पढ़ने के लिए कुछ माँगा है।

आज़म : *(आतंक से)* तो जिस पर पाबन्दी है, वही पढ़वाने की क़सम खा रखी है आपने—

(फिर रोता है।)

ज़ेबुन्निसा : *(किताब खोलते हुए)* बेमानी है पाबन्दी! *(बिना विराम दिये पढ़ती है)* बुततराश हूँ मैं—

(आज़म के होश उड़ जाते हैं।)

आज़म : *(एकदम कानों पर हाथ रखते हुए)* मुझे मत सुनाइए ख़ुदारा—

ज़ेबुन्निसा : *(नहीं मानती)* रोज़ गढ़ता हूँ नयी मूरत/

आज़म : *(रोता है)* पिघला शीशा उड़ेल देंगे मेरे कानों में!

ज़ेबुन्निसा : *(जल्दी से पढ़ देती है)* पर तुम्हारे सामने आने पर जी चाहता है/उन्हें फिर भट्टी में फेंक दूँ—

आज़म : *(रोता है)* भट्टी में मुझे फेंकने का सरन्जाम हो गया! *(एक*

नज़र ऊपर देख) कहाँ पैदा कर दिया मौला? खारी बावली में मुंशी के घर टपका देते!

ज़ेबुन्निसा : *(डपट कर)* आज़म।

आज़म : *(एकदम सामान्य सुर में मुस्कान से उँगलियाँ नचाते हुए)* बाजी का निकाह होगा, तो मेरा सितम ख़तम!

ज़ेबुन्निसा : *(नाराज़गी)* क्या बकवास कर रहे हो।

आज़म : *(राज़ के सुर में)* दुर्रे अबलक़ कसे कम दीदा मौजूद—

ज़ेबुन्निसा : *(ताज्जुब से)* कहाँ सुना मिसरा?

आज़म : जहाँपनाह से—

ज़ेबुन्निसा : *(डाँट के सुर में)* भाँग पी है?

आज़म : *(राज़ के सुर में)* शाहे-ईरान का ख़त आया। पढ़कर जहाँपनाह ने हीरा-ज़डा वो झूमर उठाया, जो अम्मीजान ने दुल्हिन के रूप में माथे पर सजाया था। फिर जहाँपनाह ने वही झूमर आपकी तस्वीर में आपके माथे पर रख दिया। *(उँगलियाँ नचाते हुए)* दूसरा मिसरा?

ज़ेबुन्निसा : बजुस अश्क बुताने सुर्मा आबुद।

आज़म : मतलब?

ज़ेबुन्निसा : बहुत मुश्किल है काले-सुफ़ेद मोती को ढूँढ़ना/किसी की काजल-लगी कजरारी आँख के अलावा—*(उसी साँस में एकदम डाँट के सुर में)* मुँह बन्द; सीधे सलीमगढ़—

(जाती है; पीछे आज़म सिपाही की तरह लेफ़्ट-राइट करता हुआ। अँधेरा।)

दृश्य–15

सलीमगढ़। दिन।

(सुल्तान गुमसुम बैठा है। सकीना बी का प्रवेश।)

सकीना बी : पादशाह बेगम जो किताब ला रही हैं, वो क़ाबिले–एतराज़ तो नहीं?

सुल्तान : शायरी है।

सकीना बी : मैं ग़रीब मारी जाऊँगी।

सुल्तान : जहाँपनाह काश्मीर में हैं।

सकीना बी : यहाँ पहरेदार के भेस में जासूस हैं।

सुल्तान : एक दिन में पढ़कर आपके हवाले कर दूँगा।

(ज़ेबुन्निसा आती है। पीछे आज़म, अकबर, मुअज़्ज़म, और काम बख़्श। सकीना बी ज़ेबुन्निसा को तस्लीम करती है; सुल्तान भी तपाक से उठता है।)

सुल्तान : *(ज़ेबुन्निसा को तस्लीम करते हुए)* ताजपोशी का दौरे–जश्न अभी तक चल रहा है बाजी?

ज़ेबुन्निसा : *(हल्की मुस्कान से)* ताजपोशी भी तो दो बार हुई।

मुअज़्ज़म : वैसे भी शाहजहाँ का जश्न साठ दिन चला था।

अकबर : रौशन आरा बेगम का बस चले, तो दौरे–जश्न बस चलता ही रहे।

सुल्तान : जब तक बादशाहत जायज़ नहीं होती, तब तक जहाँपनाह क्या नहीं कर सकते?

ज़ेबुन्निसा : फ़रमान जारी नहीं कर सकते।

सुल्तान : *(मुस्कान से)* शाहजहाँ ने क़िले की चाबी देने में सोलह दिन लगाये थे। मरने में सोलह बरस लगाएँगे।

ज़ेबुन्निसा : *(डाँट के सुर में)* सुल्तान, तुम्हारे दादा ने तुम्हारी पैदायश पर दो लाख नज़राना भेजा था।

सुल्तान : *(कड़वी मुस्कान से)* दादा और बाप से यही तो सीखा है— कि तुम्हारे और तख़्त के बीच जो आता है, बिरादर या बाप नहीं, तुम्हारा दुश्मन है!

अकबर : *(हल्की मुस्कान से)* वो तो हुमायूँ से शुरू करके हर शहज़ादे ने सीखा है!

काम बख़्श : *(जैसे तारीफ़ की बात हो)* हमने तो अपने नाप का ताज भी बनवा लिया, जैसा मुराद बख़्श ने किया था!

(ज़ेबुन्निसा वा अकबर की निगाह मिलती है। आज़म काम बख़्श को इसका क्या होगा? भाव से देखता है। सुल्तान पल भर अपने में डूब जाता है।)

सुल्तान : *(विद्रूप की मुस्कान से)* रौशन आरा बेगम गवाह हैं। अपनी पहली ताजपोशी की रात आलमगीर ने बज़ाते-ख़ुद अपना ताज हमारे सिर पर रखकर देखा था कि सही बैठता है या नहीं।

अकबर : *(वैसे ही)* ख़ानदाने-मुग़लिया में कुछ भी हो सकता है।

मुअज़्ज़म : सुल्तान भाई के हादसे के पहले भी हम चौकन्ने थे। पर अब तो हमारे ख़ून का हर क़तरा तनाव में रहता है।

आज़म : *(हँसता है)* बचपन में चूहा देखकर आपकी चीख़ निकल जाती थी।

मुअज़्ज़म : *(उखड़े सुर में)* घोड़े की तेज़ सवारी करके तुम बड़े दिलेर बन गये।

आज़म : *(नाराज़गी से)* हम जो बाहर हैं, वही अन्दर। सोने के बर्तनों में खाना खाकर दिखाने के लिए लकड़ी के बर्तन नहीं रखते कि जहाँपनाह कहें, वाह, हमारा बेटा हमारी तरह सादगीपसन्द है!

ज़ेबुन्निसा : *(डपटती है)* आज़म!

आज़म : छिपा कर मय पीते हैं बाज़ी! इनकी हक़ीक़त जहाँपनाह को बता दूँ तो—

मुअज़्ज़म : बता दो न, बेदख़ल करवा दो। *(इशारा करते हुए)* यहीं बँधवा दो।

(दारोग़ा का प्रवेश)

दारोग़ा : *(अदब से ज़ेबुन्निसा से)* सुलेमान शिकोह वा सिपिर शिकोह को हाज़िर किया जाता है।

(हथकड़ी-लगे सुलेमान शिकोह व सिपिर शिकोह आते हैं। दोनों गुट एक-दूसरे को देखते हैं। सिपाही दोनों की हथकड़ी खोलते हैं। ज़ेबुन्निसा खड़ी हो, अपने से उम्र में बड़े सुलेमान शिकोह को तस्लीम करती है। दारोग़ा व सिपाही का प्रस्थान।)

सुलेमान शिकोह: *(सलाम के साथ)* पादशाह बेगम!

(सिपिर शिकोह भी सलाम करता है; ज़ेबुन्निसा जवाब देती है। सुल्तान, आज़म, अकबर, मुअज़्ज़म तथा काम बख़्श के साथ सुलेमान एवं सिपिर शिकोह का अभिवादन सम्पन्न होता है।)

सिपिर शिकोह : *(ज़ेबुन्निसा से)* अब्बा आख़िरी दिनों में आपको बहुत याद करते रहे।

(ज़ेबुन्निसा हामी में सिर ज़रा-सा हिलाती है; आँखों पर दुपट्टे का कोना रख लेती है। ज़ेबुन्निसा के साथ दारा शिकोह के विशेष सम्बन्ध के बारे में उसके सब भाई-बहन जानते हैं। सुलेमान तुरन्त असहज विराम भंग करता है।)

सुलेमान शिकोह: सुना है, महाबत ख़ाँ वा जसवंत सिंह ने मिल कर शाहजहाँ को आज़ाद करने की कोशिश की?

अकबर : आलमगीर बीमार हुए, तो अफ़वाह उड़ गयी।

सुलेमान शिकोह : यह सच है कि शाही मुहर रौशन आरा बेगम के क़ब्ज़े में है?

काम बख़्श : हाँ।

सिपिर शिकोह : यह भी सच है कि दानिशमन्द ख़ाँ की सलाह थी कि दारा शिकोह को क़ैद में रखा जाय, लेकिन ज़लील रौशन आरा क़त्ल के लिए मचल रही थी?

सुलेमान शिकोह : *(हल्की डाँट से)* सिपिर।

(पल भर का विराम)

सिपिर शिकोह : दारा शिकोह के महल में कौन रहता है?

मुअज़्ज़म : हम।

सिपिर शिकोह : ख़लीलुल्लाह ख़ाँ कहाँ है?

अकबर : पंजाब के सूबेदार—

सिपिर शिकोह : *(दाँत पीसते हुए)* अगर दिन बदले, तो कुत्तों को खिलाऊँगा उसकी बेटियाँ—

सुलेमान शिकोह : *(सिपिर शिकोह को समझाने के सुर में)* खून के आँसू बहाओ, लेकिन *(उसके सीने की तरफ़ इशारे के साथ)* भीतर। सब बदल चुका। मौजूदा को तस्लीम कब करोगे?

(सिपिर शिकोह स्वयं पर नियन्त्रण करने की कोशिश करता है।)

सुलेमान शिकोह : *(ज़ेबुन्निसा से)* जहाँ ज़ेब से मुलाक़ात हो सकती है?

काम बख़्श : मुसम्मन बुर्ज तक कोई नहीं पहुँच सकता।

ज़ेबुन्निसा : कोशिश करेंगे।

आज़म : *(नर्मी से)* बाजी, छोड़िए न।

अकबर : आलमगीर को सब मालूम हो जाता है।

सुलेमान शिकोह : *(ज़ेबुन्निसा से)* हाँ, बेचारी जानी भी मुश्किल में आ सकती है।

सिपिर सिकोह : *(जेब से पत्र निकाल कर देते हुए)* बस, ये पहुँचा दें।

(ज़ेबुन्निसा ले लेती है। काम बख़्श तड़प कर खड़ा हो जाता है।)

काम बख़्श : *(ज़ेबुन्निसा से आरोप के सुर में)* मकान में नज़रबन्द हो चुके हैं हम! *(सुल्तान के बग़ल में इशारे के साथ)* अब यहाँ बँधे होंगे।

आज़म : *(रुआँसा हो)* तुमसे पहले मैं—

अकबर : *(स्नेह के अनुरोध से)* बाजी, नहीं—

सुल्तान : *(भाइयों की तरफ़ इशारे के साथ)* इन सबको यहाँ लाकर आप वैसे ही बहुत संगीन जुर्म कर चुकी हैं।

(सुलेमान शिकोह पत्र के लिए हाथ बढ़ाता है; ज़ेबुन्निसा वापस कर देती है।)

सिपिर शिकोह : इज़्ज़त बख़्श जिन्दा है अभी?

मुअज़्ज़म : ग्वालियर क़िले में बन्द है।

सिपिर शिकोह : *(हल्की मुस्कान से)* उसने शर्त लगायी थी, मुराद बख़्श तख़्त पर बैठेंगे! हमने कहा, दारा शिकोह। बोला, तुम क़ैद या क़त्ल हो जाओगे, तो भुगतान कैसे करोगे? हमने उसे दस मुहरें पेशगी दे दी थीं।

ज़ेबुन्निसा : *(करुण मुस्कान से)* अब तुम्हें पूरी बीस वापस मिलना चाहिए।
(ज़रा-सी चुप्पी)

अकबर : *(करुण मुस्कान से)* सलीमगढ़ बदले वक़्त का आईना है। सुलेमान भाई दारा शिकोह का दायाँ हाथ थे, सुल्तान भाई औरंगज़ेब के।

सुलेमान शिकोह : *(सुल्तान से)* औरंगज़ेब की पहली ताजपोशी पर तुम्हें तीन लाख इनाम, सरोपे और जागीर का ऐलान हुआ था न?

सुल्तान : साथ दकन की सूबेदारी।

मुअज़्ज़म : अब वो हमारे पास है।

सुलेमान शिकोह : अगर दारा शिकोह की फ़तेह होती, तो हम होते वहाँ।

सिपिर शिकोह : मुल्तान का सूबेदार कौन है?

काम बख़्श : हम; सबसे कम उम्र के—

सिपिर शिकोह : धर्माट लड़ाई से पेशतर शाहजहाँ ने शहंशाह दारा के मनसबदारों की फ़ेहरिस्त बनायी थी। वहाँ हमको सूबेदारे-मुल्तान दिखाया गया था। *(करुण मुस्कान से)* हमने काट कर लिख दिया—गुजरात। शाहजहाँ हँसे, बोले, ठीक है।
(क्षणिक विराम)

सुलेमान शिकोह : सुल्तान! हो सकता है, औरंगज़ेब तुम्हें माफ़ कर दें।

आज़म : क्यों?

सुलेमान शिकोह : तुम्हारी आँखें नहीं फोड़ीं; पलकें भी नहीं सिलवायीं अब तक, जो जहाँगीर ने खुसरो के साथ चौबीस घंटे के भीतर कर दिया था।

सिपिर शिकोह : कहा जा रहा है कि शाहजहाँ का इन्तिक़ाल होने पर क़ैदियों को रिहा कर दिया जाएगा।

अकबर : सियासी क़ैदियों पर यह लागू नहीं होता।

सुलेमान शिकोह : *(मुस्कान से)* जब जहाँगीर का इन्तिक़ाल हुआ, तो आसफ़ ख़ाँ ने शाहजहाँ के हुक़्म से शहरयार को अन्धा कर क़ैद में डाल दिया। शाहजहाँ बुरहानपुर से अकबराबाद के लिए चले, जहाँ आसफ़ ख़ाँ ताज थामे अपने दामाद का इन्तिज़ार कर रहे

थे। शाहजहाँ से पूछा था हमने। किसी तरह का अन्देशा न होने पर भी आपने न सिर्फ़ शहरयार, बल्कि तहमस्प वा होशुंग को भी *(ऊपर इशारे के साथ)* वहाँ भेजने की हिदायत क्यों दी? वो मुस्कुराये, बोले, हमेशा के लिए तनाव ख़त्म हो जाता है।

(एक पल की चुप्पी)

सुल्तान : *(हल्की मुस्कान से)* घेराबन्दी वा पानीबन्दी के बाद हारे हुए अकबराबाद क़िले के भीतर घुसते हुए हमारे पाँव काँप रहे थे। जिस शाहजहाँ का जलाल बचपन से देखते आ रहे थे, वही हमारे सामने प्यासे खड़े थे। तब जिस हाथ से उन्होंने दो बरस पहले हमें बतौर ईदी हीरे की कलगी अता फ़र्मायी थी, उसी हाथ से, लेकिन अब जो हल्के से लरज़ रहा था, क़िले की चाबियों का गुच्छा सौंप दिया।

(ज़ीनतुन्निसा, बदरुन्निसा, ज़ुब्दतुन्निसा और मेहरुन्निसा का प्रवेश। ज़ीनतुन्निसा का ख़ुद पर नियन्त्रण है; शेष सहमी हुईं।)

बदरुन्निसा : *(सुल्तान से)* भाईजान!

(दौड़कर गले लग जाती है। दूसरी शहज़ादियाँ बन्दी शहज़ादों को सलाम करती हैं। ज़ुब्दतुन्निसा एवं सिपिर शिकोह का किरदार करने वाले कलाकार याद रखें; आगे चलकर दोनों का निकाह होगा।)

ज़ेबुन्निसा : *(सबकी जानिब देखते हुए हल्की मुस्कान से)* मुद्दत के बाद इकट्ठे हुए हैं सब—

ज़ीनतुन्निसा : *(सुलेमान शिकोह से)* आपके साथ हुआ क्या?

सुलेमान शिकोह : चचा शुजा को बनारस के पास हमने शिकस्त दे दी, पर क़ैद करने के बजाय राजा जयसिंह ने उन्हें भाग जाने दिया, तो हमें शुजा का पीछा करना पड़ा।

अकबर : पीछा करने में दस हफ़्ते बरबाद करना आपके खेमे की सबसे बड़ी ग़लती थी।

सिपिर शिकोह : तब इन्हें क्या मालूम था कि जसवंत सिंह जैसे सिपहसालार की कमान वाली शाही फ़ौज औरंगज़ेब के सामने धूल चाट लेगी?

सुलेमान शिकोह : अगर शुजा औरंगज़ेब–मुराद जोड़ी से हाथ मिला लेते, तो?

सिपिर शिकोह : *(कड़वाहट से)* शाहजहाँ *(सुलेमान की तरफ़ इशारे के साथ)* इन्हीं की मलामत करते कि शुजा को रास्ते से क्यों नहीं हटाया?

सुलेमान शिकोह : सबसे बड़ी ग़लती तो शाहजहाँ की थी, जिन्होंने जसवंत सिंह की तरह जयसिंह को भी शुजा के साथ नर्मी बरतने की हिदायत दे दी!

सिपिर शिकोह : औरंगज़ेब से नफ़रत करते थे शाहजहाँ, तो *(ज़ेबुन्निसा से)* माफ़ी बाजी! पहले ही सुफ़ेद साँप के ज़हरीले दाँत क्यों नहीं उखाड़े?

(ज़ेबुन्निसा हामी में सिर हिलाती है। सुलेमान अपने भंगिमा से प्रकट कर देता है कि औरंगज़ेब के लिए अपशब्द के व्यवहार से उसका कुछ लेना-देना नहीं।)

सुलेमान शिकोह : तो मुंगेर में हमें शाहजहाँ वा दारा का पैग़ाम मिला कि फ़ौरन वापस लौटो; धर्माट में हमारी शिकस्त हो गयी। हम तेज़ी से लौटे, पर कोरा के पास फिर ख़बर मिली कि पौने तीन सौ मील दूर सामूगढ़ में भी हमारी शिकस्त हुई और दारा पंजाब की जानिब भाग गये।

ज़ुब्दतुन्निसा : *(करुण मुस्कान से)* और खेमे बदलने का खेल शुरू हो गया!

सुल्तान : *(वैसे ही)* वो तो धर्माट से ही शुरू हो गया था। सिपहसालार क़ासिम ख़ाँ की हिमायत हमारे साथ थीं। उन्होंने दिखाने के लिए तलवारें भाँजी और हमारे तोपख़ाने ने भी उनको बचाते हुए जसवंत सिंह पर ही गोले बरसाये।

सुलेमान शिकोह : *(हामी में सिर हिलाते हुए)* दिलेर ख़ाँ वा जयसिंह फ़ौरन हमें तन्हाँ छोड़ औरंगज़ेब के पास चले गये!

सिपिर शिकोह : *(व्यंग्य से)* ये वही जयसिंह थे, जिन्होंने अपनी साली की बेटी से *(सुलेमान शिकोह की ओर इशारे के साथ)* भाईजान का निकाह करवाया था।

सुलेमान शिकोह : गंगा पार कर पंजाब में दारा से मिलने का मन्सूबा था पर हरिद्वार

पहुँचने पर पाया कि न सिर्फ़ हमारी फ़ौज रोज़ाना घटते हुए ज़रा-सी रह गयी है—

सुल्तान : बल्कि *(हल्की मुस्कान से अपनी तरफ़ इशारे के साथ)* दुश्मन ने घाटों की ऐसी नाकाबन्दी कर दी कि पीछे गढ़वाल पहाड़ों पर चढ़ने के सिवा आपके सामने और कोई रास्ता नहीं।

अकबर : गढ़वाल में आपको साँस लेने की मुहलत मिल गयी, पर फिर भागना चाहिए था न!

सुलेमान शिकोह : भागे थे तिब्बत को बर्फ़ानी आधी रात में, पर जयसिंह की धमकी से डरे मेज़बान मेदिनी सिंह ने हमें ज़ख्मी कर जयसिंह के हवाले कर दिया।

सिपिर शिकोह : और उन्होंने हथकड़ी लगा दिल्ली दरबार में हाज़िर—

ज़ुब्दतुन्निसा : ग़ैर-मुग़ल मनसब की ऊपरी हद सातहज़ारी तक जयसिंह दारा शिकोह की वजह से ही पहुँचे थे—हिन्दुओं में पहले।

ज़ीनतुन्निसा : दिल्ली दरबार के एक दाना[102] ने कहा था, जंगे-विरासत ने शेरों को लोमड़ी बना दिया!

ज़ेबुन्निसा : *(सिपिर शिकोह से)* चचा दारा से पच्छिम जाने की ग़लती हो गयी। जैसे ही औरंगज़ेब को पता चला कि दारा कच्छ रेगिस्तान से थट्टा में दाख़िल हो गये हैं, उन्होंने बोलन दर्रे को चौकस कर हिन्दुस्तान से भागने का रास्ता बन्द कर दिया।

मुअज़्ज़म : दारा को मालूम था कि औरंगज़ेब ने हमें बुरहानपुर में छोड़ रखा है, ताकि दारा मराठे, बीजापुर, और गोलकुंडा से मदद माँगने न पहुँच सकें।

सिपिर शिकोह : *(ज़ेबुन्निसा से)* तो हमें क्या करना चाहिए था?

ज़ेबुन्निसा : सिर्फ़ कुटुम्ब के लोग और बचे-खुचे हीरों के साथ सूरत पहुँचना बहुत मुश्किल था, नामुमकिन तो नहीं?

आज़म : *(डरा हुआ)* आप बग़ावत कर रही हैं बाजी!

सुलेमान शिकोह : *(आज़म पर ध्यान दिये बिना)* कल के वली अहद मुग़ल सिपाहियों की नज़र से बच बन्दरगाह तक पहुँच जाते?

ज़ेबुन्निसा : तो सूरत के दाएँ किनारे से चुपचाप खानदेश पार करते हुए बेरार चले जाते। वहाँ ख़त्म हो जाती है मुग़ल सल्तनत।

मेहरुन्निसा : मराठे दारा को नहीं घेरते?

अकबर : औरंगज़ेब का दुश्मन मराठों का दोस्त नहीं?

(यह अभिनेता याद रखे, आगे चलकर औरंगज़ेब के ख़िलाफ़ बग़ावत करने के बाद अकबर मराठों की ही पनाह में जाता है।)

ज़ेबुन्निसा : दारा ईरानी फ़ौज लेकर कन्धार, क़ाबुल और दिल्ली पर हमला करेंगे, तो मराठों को दर्द होगा?

सिपिर शिकोह : अम्मी ईरान नहीं जाना चाहती थीं।

ज़ेबुन्निसा : *(शहज़ादियों से)* अगर तुम लोगों को ज़िन्दगी और दिल्ली के बीच चुनाव करना हो, तो दिल्ली को ही चुनोगी?

बदरुन्निसा : दिल्ली में कौन-से मोती ज़ड़ें हैं।

ज़ेबुन्निसा : *(सुलेमान शिकोह से)* चलिए, मराठों को छोड़िए। बेरार से गोदावरी वा कृष्णा नदी के सहारे गोआ तो पहुँच सकते थे।

सुल्तान : शाहजहाँ ने पुर्तगालियों को जो सज़ा दी थी, उसके चलते वो दारा को जहाज़ बनाने या ख़रीदने की इजाज़त दे देते?

ज़ेबुन्निसा : *(हल्के धिक्कार से)* शहज़ादा आम आदमी की तरह सोच ही नहीं सकता! भेस बदल कर मुसाफ़िरों के आम दर्जे में सर छिपाने की जगह ले लो। शक से बचने के लिए पहले उल्टी जानिब जाओ, जैसे ज़ामी। वहाँ से दूसरा जहाज़ लेकर ईरान पहुँचो और फ़ौजी मदद लेकर दिल्ली पर हमला करो।

(एक पल का विराम)

काम बख़्श : *(हल्की मुस्कान से)* आपके भीतर भी बग़ावती क़व्वाल छिपा है बाजी!

ज़ीनतुन्निसा : *(सन्जीदगी से)* वो तो हम सबके भीतर छिपा है!

ज़ुब्दतुन्निसा : *(हल्की सिसकी से)* नादिरा बेगम ने हमें गोद में खिलाया था—

ज़ीनतुन्निसा : कैसी दर्दनाक मौत हुई उनकी—

बदरुन्निसा : कलेजा छलनी हो चुका ये तमाशे देखते हुए—

मेहरुन्निसा : बर्दाश्त की भी हद होती है।

(दुपट्टे में मुँह छिपाकर सिसकती है। सिपिर शिकोह यकायक एक तरफ़ लुढ़क-सा जाता है।)

ज़ुब्दतुन्निसा : *(घबरा कर)* क्या हुआ?

(सुलेमान के साथ सिपिर को सँभालने लगती है; अगले संवाद के साथ बाहर दौड़ जाती है।)

ज़ीनतुन्निसा : *(धिक्कार से)* रोज़ाना पोस्त ठुँसाया जाता है बेचारे को! और क्या हुआ!

(अगले संवाद के बीच ज़ेबुन्निसा सिपिर की नब्ज़ देखने लगती है; ज़ुब्दतुन्निसा पानी का बर्तन लिये लौटती है; सिपिर शिकोह के मुँह पर छींटे देती है।)

बदरुन्निसा : सुल्तान भाई को भी दिया जाता है पोस्त?

(सुल्तान शर्मिन्दा हो चुप है, क्योंकि दारा शिकोह वा मुराद बख़्श की सन्तान को दिया जाता है, उसको नहीं।)

काम बख़्श : अपने ही बेटे को सलीमगढ़ भेजने का पहला तजुर्बा है जहाँपनाह का! इनको भी दी जाय, यह तय नहीं कर पाये अभी।

मेहरुन्निसा : *(अन्देशे के सुर में)* यह सच है कि पोस्त दिये जाने वाले शहज़ादों के ख़ाके बनाकर हर हफ़्ते जहाँपनाह के पास भेजे जाते हैं?

काम बख़्श : हमने देखे हैं।

बदरुन्निसा : किसलिए बनते हैं?

सुल्तान : शहज़ादा किस हद तक लुंज-पुंज हो चुका, यह जानने के लिए।

ज़ीनतुन्निसा : *(वितृष्णा से)* या अल्लाह!

मेहरुन्निसा : *(सहमी हुई)* सुलेमान भाई को दी जाती है पोस्त?

सुलेमान शिकोह : *(सहज सुर में)* हमको नहीं दे रहे हैं, चूँकि एकबारगी ही क़त्ल करेंगे। अब देर नहीं लगेगी। शाहजहाँ की नज़रबन्दी और दारा के क़त्ल के बाद आवाम की बौखलाहट ठंडी पड़ चुकी।

(ज़ुब्दतुन्निसा सिसकती है; अगले मुकालमे के बीच सिपिर शिकोह सीधा हो बैठता है।)

सुलेमान शिकोह : *(ज़ेबुन्निसा से)* अन्दर से सख़्त बनो ज़ुब्दतुन्निसा! *(सबसे)* हाँ तो, कल रात हमें वो दौर याद आया, जब औरंगज़ेब बेओहदा, बेजागीर थे।

सुल्तान : एतमादपुर गाँव से बाहर निकले पर पाबन्दी थी।

ज़ेबुन्निसा : तब रोज़ाना लगता था, आज औरंगज़ेब सलीमगढ़ में गये।

सुल्तान : उस दिन की तस्वीर अभी भी आँखों में है। दूर से टापें सुनाई दीं, फिर पूरा दस्ता गुबार के साथ दरवाज़े पर रुका। फिर

कड़कती आवाज़-*(कड़कते सुर में)* जहाँपनाह के हुजूर में शहज़ादे की हाज़िरी अभी होगी।

आज़म : हम तो डर के मारे काँप रहे थे।

मुअज़्ज़म : *(मुस्कान से)* लेकिन क़ैद के बजाय सूबेदारी दे दी।

सिपिर शिकोह : *(भत्सर्ना के सुर में)* तारीख़ी भूल हो गयी जहाँ आरा बेगम से—

ज़ेबुन्निसा : *(करुण सुर में)* अब तो हो चुकी सिपिर—

(जरा-सा विराम)

सुलेमान शिकोह : *(हल्की मुस्कान से)* सुल्तान, मनसबो-रुत्बे में तुमने हम सब भाइयों को पीछे छोड़ दिया था। औरंगज़ेब के वारिस तो थे ही; गोलकुंडा शहज़ादी के शौहर बने, तो कोई साला न होने से गोलकुंडा के होनेवाले सुल्तान भी बन गये। गुलरुख़ बानो से तुम्हारी मँगनी हुई, तो शाह शुजा ने अपना सिपहसालार नामज़द कर दिया।

सुल्तान : *(करुण मुस्कान से)* वक़्त-वक़्त की बात—

बदरुन्निसा : *(सुल्तान से)* खजवा में चचा शुजा की शिकस्त के बाद अब्बा ने आपको उनका पीछा करने के लिए भेजा था। फिर हुआ क्या?

सुल्तान : दोगाची के पड़ाव पर गुलरुख़ बानो यकायक हमारे खेमे में आ गयीं।

काम बख़्श : और वो हो गया, जो नहीं होना चाहिए था।

ज़ीनतुन्निसा : *(तेज़ी से काम बख़्श से)* क्यों नहीं होना चाहिए था?

मेहरुन्निसा : *(वैसे ही)* उनका ज़ज्बा पुराना था।

अकबर : *(नाराज़गी से)* जज़्बा सब कुछ था? बाप कुछ भी नहीं? अपना कुटुम्ब दाँव पर लगा था। अगर शुजा की, फतेह हो जाती, तो? हम सब यहीं होते अभी-सुलेमान भाई की जगह!

सुलेमान शिकोह : *(हल्की मुस्कान से)* या सुलेमान भाई के साथ—

आज़म : *(सुल्तान से)* जब आप जज़्बे से मजबूर हुए, तब मुराद बख़्श क़ैद में थे; शिकस्ता दारा और शुजा भगोड़े। *(ज़ोर देते हुए)* ताज औरंगज़ेब की *(मुट्ठी बाँधने के मूकाभिनय के साथ)* मुट्ठी में था।

काम बख़्श : धर्माट तो छोड़िए; सामूगढ़ तक से पहले आप खेमा बदल लेते, तो समझ में आ जाता। पर शाहजहाँ और तीन भाइयों के ख़िलाफ़ औरंगज़ेब की फ़तेह का एजाज़ हो चुका था।

ज़ेबुन्निसा : यह होते हुए भी सुल्तान अपने ज़ज्बे के तईं ईमानदार रहे, इसके

लिए हम *(सुल्तान को सलाम करते हुए)* उनका एहतराम करते हैं।

ज़ीनतुन्निसा/ मेहरुन्निसा/ बदरुन्निसा/ ज़ुब्दतुन्निसा : *(सुल्तान को एक साथ सलाम करते हुए)* जज़्बा मुबारक! जज़्बा सलामत!

(सुल्तान करुण मुस्कान देता है।)

काम बख़्श : *(सुल्तान से मुस्कान के साथ)* आपकी क़ैद से मुअज़्ज़म भाई की चाँदी हो गयी!

मुअज़्ज़म : *(तल्ख़ी से)* और हमारे वली-अहद बनते ही तुम्हारे कलेजे से धुआँ निकलने लगा!

ज़ेबुन्निसा : *(हथेली उठा दोनों को चुप रहने के इशारे के साथ सुल्तान से)* सुल्तान, क्या चचा शुजा को मालूम था कि रात के सन्नाटे में चोरी-छिपे गुलरुख़ तुम्हारे खेमे में जा रही हैं?

सुल्तान : *(नाहीं में सिर हिलाते हुए)* गुलरुख़ के साथ अपने खेमे में मुझे देख वो जैसे आसमान से गिरे।

बदरुन्निसा : फिर?

सुल्तान : हर जगह हारते हुए टांडा में हमारे पास मुश्किल से तीन सौ सिपाही बचे थे। मीर जुमला के तीरों-गोलियों के धुआँधार निशाने के बीच कुटुम्ब को नाव में बिठाया। तेज़ बारिश। हमारी पहली नाव के ऊपर एक गोला फटा। गुलरुख़ बानो चीख़ीं, नाव पर चढ़ो। तीनों चीज़ें एक साथ हुईं—दूसरा गोला फटा, हमने नाव में चढ़ने को पाँव पट्टी पर रखा, और मल्लाहों ने चप्पू चला दिये। महज़ एक लम्हें का फ़र्क़ पड़ा। घाट पर गिरते हुए हमने देखा, नाव से कूदने को छटपटा रही थीं गुलरुख़। शुजा उन्हें *(बाँहों से बाँधने का मूकाभिनय करते हुए)* ऐसे बाँधे हुए थे—*(अपने में डूब जाता है)* उनके आख़िरी बोल थे—साथ निभाने की सौगन्ध खायी है हमने! पर तब तक मीर जुमला के पाँच सिपाही हमें घेर चुके थे—

(सुल्तान दर्द पर क़ाबू पाने की कोशिश करता है।)

सिपिर शिकोह : चचा शुजा का क्या हुआ?

सुल्तान : अराकान पहुँचे, तो राजा ने इस्तक़बाल किया। वहाँ से बड़ा

जहाज़ लेकर शुजा का मन्सूबा ईरान या तुर्किस्तान भागने का था, पर शुजा के ख़जाने के लालच में राजा ने शुजा वा तीनों बेटों का क़त्ल किया; बिलकीस बेगम, तरन्नुम, प्यारी बानो, और अमीना को हरम में डाल लिया। सबने ख़ुदकुशी कर ली। दिलपिज़ीर, कुलसुम, और अमीना भी मारी गयीं। गुलरुख़ ने भी निकाह के बजाय मौत का चुनाव कर लिया।

(दारोग़ा का प्रवेश)

दारोग़ा : *(कड़कदार आवाज़ में)* क़िला-ए-मुबारक पर काले पर्दे लटकाये जा रहे हैं। जहाँने—फ़ानी से कूच कर गये शाहों के शाह-शाहजहाँ!

(सब स्तब्ध। अँधेरा।)

दृश्य-16

लाल क़िला। दिन।

(ज़ेबुन्निसा एवं औरंगज़ेब साथ हैं।)

औरंगज़ेब : रात ख़्वाब देखा। हम मैला-कुचैला लिबास पहने, हथकड़ी-बेड़ी के साथ, रौशन आरा बाग़ के बीचोंबीच खम्भे से बँधे। घना कोहरा। चारों तरफ़ भीड़। यकायक सामने बीचोंबीच पगडंडी-सी बनने लगी। घुड़सवार सामने से आता हुआ—जिरहबख़्तर पहने; हाथ में नेजा; नोक हमारी जानिब। जंगी मुखपोश के बावजूद पहचान लिया हमने—*(ज़ेबुन्निसा को देखता है)* मुअज़्ज़म था।

ज़ेबुन्निसा : सूबेदारे-दकन जहाँ है, ख़ुश है।

औरंगज़ेब : *(सख़्ती से)* गोलकुंडा सुल्तान के साथ साठ-गाँठ कर रहा है। तभी सही सलाहकार सिपहसालार दिलेर ख़ाँ से उसका छत्तीस का आँकड़ा है।

ज़ेबुन्निसा : आपका वली-अहद है मुअज़्ज़म—शाह आलम ख़िताब से नवाज़ चुके हैं उसे।

औरंगज़ेब : पर हमारी हुकूमत लम्बी चलेगी और वली-अहद बनने के बाद शहज़ादे में सब्र नहीं रहता। हर शहज़ादे को ग़ौर से देखते हैं हम। अकबर? घोड़े पर तेज़, फ़ैसले में तेज़, अक़्ल में तेज़। हमारी आँखों का तारा। अगर छोटा न होता, तो ज़रूर वली-अहद बनाते उसे!

ज़ेबुन्निसा : *(हल्की मुस्कान से)* तब मुअज़्ज़म भी बग़ावत कर देता और काम बख़्श भी!

औरंगज़ेब : तुमने आज़म का नाम क्यों नहीं लिया?

ज़ेबुन्निसा : बग़ावत उसकी फ़ितरत में नहीं।

औरंगज़ेब : *(चिन्ता और आशंका से)* कल रात यकायक नींद टूट गयी। टहलते हुए दीवाने-ख़ास को मुड़ा। देखता क्या हूँ कि मद्धिम चाँदनी में आज़म दस हज़ारी मनसबदारों की सरहद, चाँदी की ज़ंजीर थामे खड़ा, एकटक तख़्त की जानिब देख रहा है! **(ज़ेबुन्निसा को देखता है, जैसे आज़म के महज़ देखने से उसका विद्रोही होना प्रमाणित हो गया हो।)**

ज़ेबुन्निसा : आज सुबह पूछा था उसने। तख़्ते-ताऊस में मोर क्यों बना हुआ है? **(औरंगज़ेब को यह सुनकर निराशा होती है; उसकी मान्यता है कि उसे हमेशा सही होना चाहिए।)**

औरंगज़ेब : अच्छा? क्यों?

ज़ेबुन्निसा : मोर रुह का नुमाइन्दा है, जिसे सिमुर्ग कहा जाता है। यह दो अल्फ़ाज़ से मिल कर बना है—सीना यानी ज़िन्दगी का दरख़्त और मीरग़ यानी परिन्दा; पाक परिन्दा, जिसका घोंसला ज़िन्दगी के दरख़्त में है।

(औरंगज़ेब पल भर सोचता है; फिर इत्मीनान से सिर हिलाता है।)

औरंगज़ेब : हमें चैन की साँस देते हुए दरख़्ते-शाहजहाँ से उनकी रुह का नापाक परिन्दा आख़िरकार उड़ ही गया।

ज़ेबुन्निसा : उस एक चैन के अलावा तो हर सिम्त बेचैनी ही घेरे हुए है आपको! नाजायज़ तख़्तपोशी से अवाम के एक बदगुमाँ हिस्से की आँखें चकाचौंध करने के लिए आपने फ़ौजी कामयाबी की जो तरक़ीब सोची थी, उसका क्या अन्जाम हो रहा है? आसाम पर मीर जुमला का हमला नाउम्मीद वापसी में बदल गया; कूच-बिहार के क़ब्ज़े को बीच से ही छोड़ना पड़ा। बीजापुर पर जयसिंह का हमला दर्दनाक ढंग से नाकामयाब रहा और इस सदमे से वो आख़िरी साँसें ले रहे हैं। शिवाजी ने अफ़ज़ल ख़ाँ के क़त्ल के बाद शाइस्ता ख़ाँ की छावनी और लगे हाथों सूरत भी लूट लिया।

औरंगज़ेब : हमने शिवा को राजा तस्लीम कर लिया है।[103]

ज़ेबुन्निसा : बहुत देर हो चुकी जहाँपनाह! आगरा दरबार में हाज़िर हुए शिवाजी सिर्फ़ सात हज़ारी मनसब के तलबगार थे। आपने तारीख़ी कंजूसी दिखाकर दकन नासूर[104] की तामीर कर दी।

औरंगज़ेब : *(बौखला जाता है)* क्या कह रही हो?

ज़ेबुन्निसा : उन्होंने करतल्ब ख़ाँ वा दाऊद खाँ को हराया, खानदेश वा बेरार लूटते हुए आदिल शाही क़िलों के साथ-साथ पन्हाला, तारा, फोंडा, और कारवार की जीत का तिलक भी लगा लिया।

औरंगज़ेब : हम सिपहसालार महाबत ख़ाँ और बहादुर ख़ाँ को दकन भेज रहे हैं।

ज़ेबुन्निसा : दकन की तपती धूप में वहाँ की मिट्टी छूकर देखी है आपने? हिलोर-सी देती है। मराठों से सिर्फ़ दोस्ती हो सकती है; उन्हें दबा कर नहीं रक्खा जा सकता।

औरंगज़ेब : मराठों ने अभी आतिशे-फ़ौजे-मुग़लिया नहीं देखी। उनके पास बासठ क़िले हैं; हम हर एक पर गिन-गिन के हमला करेंगे।

ज़ेबुन्निसा : ऐसी लम्बी जंगी, फ़ेहरिस्त मुग़ल शहंशाहों में अकबरे-आज़म के बाद सिर्फ़ आपके नाम है, लेकिन उनके पास साथ हर नस्लो-मज़हब को निज़ाम से जोड़ने की तस्वीर थी, आपके पास महज़ सरहदें बढ़ाने वाली दहकती मसर्रत—

औरंगज़ेब : *(दर्प से)* तस्वीर और उसके फ़नकारों पर तो हमने पाबन्दी लगा दी। नक़्शा हमारे पास अलबत्ता है; हर जंग दारुल-हर्ब[105] को दारुल-इस्लाम[106] बनाती जाएगी।

ज़ेबुन्निसा : जानते हैं, हूकूमत के आठवें बरस में अकबरे-आज़म ने क्या किया था?

औरंगज़ेब : हमने क्या किया, यह जानते हैं। हिन्दू बन्दगी का तरीक़ा, झरोखा दर्शन, तुलादान-सब बन्द कर दिये। ख़ालिसा[107] के सारे हिन्दू मुलाज़िम और हर सूबे के हिन्दू पेशकार वा हिन्दू दीवान बर्ख़ास्त। गोंडा से लेकर हुगली और कूच-बिहार से लेकर पंढरपुर तक, सभी सूबेदार मन्दिर और हिन्दू मक़तब तोड़ने की मुहिम में मुब्तिला हैं। सोमनाथ, बनारस का विश्वनाथ और मथुरा का केशवराय मन्दिर ज़मींदोज़। दारा शिकोह का दान में दिया जंगला चूर-चूर कर हमने मथुरा का नाम ही बदल दिया— इस्लामाबाद!

ज़ेबुन्निसा : तीर्थयात्रा महसूल के साथ जिसे अकबरे-आज़म ने बन्द कर दिया था—

औरंगज़ेब : एक सौ पन्द्रह बरस के बाद वही जज़िया[108] फिर से लागू!

ज़ेबुन्निसा : जब हिन्दू-मुस्लिम समाजी धागे एक-दूसरे के साथ गुँथते हुए रिवायते-अकबर मज़बूत कर रहे थे—

औरंगज़ेब : नहीं, हमने पहनावा, तर्जे-ज़िन्दगी, और औक़ात—हर नज़रिये से क़ानून बना दिये कि ग़ैर-मुसलमान दूसरे दर्जे का शहरी होगा।

ज़ेबुन्निसा : जाट, सतनामी, और सिक्ख भड़क उट्ठे हैं।

औरंगज़ेब : कुचल देंगे।

(ज़ेबुन्निसा व्यंग्य की मुस्कान देती है।)

औरंगज़ेब : *(चिढ़ जाता है)* मुस्कुरा क्यों रही हो?

ज़ेबुन्निसा : शिवाजी की गुस्ताख़ी पर, जिन्होंने आपको याद दिलाने की जुर्रत की कि कुरान खुदा को रब्बुल-अलामीन, सारे इन्सानों का मालिक, मानती है, रब्बुल-मुसलमीन, सिर्फ़ मुसलमानों का मालिक, नहीं।

औरंगज़ेब : *(नाराज़गी से)* वो समझ गया है हमारी चाल। बीजापुर से उसने हमारे ख़िलाफ़ समझौता कर लिया है। गोलकुंडा हुकूमत चलाने वाले काफ़िर मदन्ना-अखन्ना उसकी जानिब दोस्ती का बेताब हाथ बढ़ा रहे हैं। अब हमारे सामने यही रास्ता है कि दक़ियानूस मुसलमानों वा उलेमा[109] को अपने पीछे ला, बीजापुर-गोलकुंडा के मुस्लिम उमरा को लालच देते हुए, दोनों शिया सुल्तानों को मजबूर कर मुग़ल परचम-तले ले आएँ।

ज़ेबुन्निसा : मज़हब हर मर्ज़ का इलाज़ नहीं। आपके तर्जे-अमल से बौखलाये तेलंगाना वा कर्नाटक के ताक़तवर हिन्दू राजाओं, नायकों, और देशमुखों को कोई भी सुल्तान नज़रअन्दाज़ नहीं कर सकता।

औरंगज़ेब : उन्होंने औरंगज़ेब का हौसला नहीं देखा।

ज़ेबुन्निसा : अगर आपको नीचा देखना पड़ा, तो ख़ानदानो-सल्तनत बरबाद हो जाएँगे।

औरंगज़ेब : कुछ शर्त होती है?

ज़ेबुन्निसा : शर्त से पहले आप पच्छिम को जाकर, आज़ादी के लिए बेक़रार अफ़गानों से जूझिए। कितने मोर्चे खोल दिये हैं आपने एक साथ? और जाते-जाते वो क़ानून फिर लागू कर दीजिए, जो अकबरे-आज़म ने अपनी हिमाक़त में रद्द कर दिया था—जो हिन्दू शहरी अपना महसूल वक़्त पर अदा नहीं करता, उसके मुँह के भीतर मुसलमान ओहदेदार थूकता है!

(थूक कर दिखाती है।)

औरंगज़ेब : *(स्तब्ध हो)* तुम्हें क्या हो गया है?

ज़ेबुन्निसा : अब सब कुछ छोड़ कर हूकूमत भाँग-गाँजा, और शराब की दूकानों की निगरानी करेगी? हर शहरी के पायजामे का मुआयना होगा कि क्या उसकी तंगी वास्ते हूकूमत क़ाबिले-एतराज़ हो चुकी? वो रेशम का होगा, तो सरे बाज़ार उतरवा लिया जाएगा? अगर किसी की दाढ़ी चार उँगलियों के माप से एक सूत ज़्यादा निकली, तो मुहत्सिब ऐलान कर देगा कि ये सच्चा मुसलमान नहीं?

औरंगज़ेब : *(नापसन्दगी से)* ज़ेबी!

ज़ेबुन्निसा : इसे आप हुकूमत कहते हैं?

औरंगज़ेब : *(सख़्ती से)* अपने पर क़ाबू रक्खो!

(दोनों एक-दूसरे को देख रहे हैं। फिर औरंगज़ेब चाबियों का बड़ा गुच्छा दिखाता है।)

औरंगज़ेब : इसे पहचानती हो?

ज़ेबुन्निसा : अकबराबाद ख़जाने की चाबियाँ हैं।

औरंगज़ेब : उसकी क़ीमत आँकने की बीहड़ ज़िम्मेदारी किसे सौंपी जाय?

ज़ेबुन्निसा : जिस पर जहाँपनाह का एतबार हो।

औरंगज़ेब : तुम्हारी नज़र में कौन है?

ज़ेबुन्निसा : एतबार आपको करना है।

औरंगज़ेब : *(उसकी तरफ़ देखते हुए)* हमने अक़ील ख़ाँ राज़ी का चुनाव किया है।

(ज़ेबुन्निसा बिना भाव के हामी में सिर हिलाती है यानी सुन लिया।)

औरंगज़ेब : *(दूसरे सुर में)* जानती हो, ईरानी सफ़ीर आये हुए हैं?

(ज़ेबुन्निसा फिर हामी में सिर हिलाती है।)

औरंगज़ेब : उनका मक़सद जानती हो?

(ज़ेबुन्निसा चौंक जाती है; इन्कार में सिर हिलाती है।)

औरंगज़ेब : तुम्हारे वास्ते शहज़ादे का पैग़ाम लेकर आये हैं।

ज़ेबुन्निसा : *(औसत सुर में)* उस फ़र्मान का क्या हुआ?

औरंगज़ेब : जहाँ आरा बेगम की इस दलील को आख़िरकार हमने मान लिया कि विरासत की सदाबहार ख़ूनी होली और शहज़ादियों का दर्द कमतर करने का यही रास्ता है।

ज़ेबुन्निसा : अपनी बहनों के ज़रिये हम ज़रूर यह ख़ुशी हासिल करेंगे, लेकिन बज़ाते-ख़ुद वो पैग़ाम मन्ज़ूर नहीं कर सकते।

औरंगज़ेब : वो दावतनामा लेकर आये हैं। तुम शहज़ादे अकबर के साथ ईरान जाओ या शहज़ादे को यहाँ बुला लो।

ज़ेबुन्निसा : नहीं।

औरंगज़ेब : पैग़ाम के पीछे कुछ तो होगा?

ज़ेबुन्निसा : उन्होंने तरह का मिसरा दे रखा था। एक शायर ने ज़िक्र किया, तो हमने पूरा कर दिया। शायर ने उन्हें भेजा, तो उन्होंने सीधे हमको खत लिखा। हमने जवाब में शुक्रिया कह दिया। बस—

(ज़रा-सा चुप्पी)

औरंगज़ेब : तुम्हें अक़ील ख़ाँ पसन्द है?

ज़ेबुन्निसा : वो पसन्द निकाह से वाबस्ता नहीं।

औरंगज़ेब : तो निकाह से वाबस्ता किसके साथ है?

ज़ेबुन्निसा : किसी के नहीं।

औरंगज़ेब : क्या कह रही हो?

ज़ेबुन्निसा : *(अपने सीने की ओर इशारा करते हुए सख़्ती से)* बहुत उथल-पुथल है यहाँ। जिस खूनी होली से सराबोर होते हुए हम इस मुकाम तक पहुँचे हैं, उसने ज़िन्दगी की बुनियाद ही हिला कर रख दी। जब बेचैन लहरें कुछ थम जाएँगी, तब देखेंगे।

औरंगज़ेब : कितना वक़्त लगेगा?

ज़ेबुन्निसा : पता नहीं। *(उसे चुनौती से देखती है)* हुकूमत के आठवें साल में अकबरे-आज़म ने क्या किया था?

(औरंगज़ेब समझ जाता है, ज़ेबुन्निसा के साथ साफ़ मुठभेड़ का पल आ गया।)

औरंगज़ेब : *(सख़्त से)* पहले तुम यह बताओ कि तुम सलीमगढ़ क्यों गयीं? और वो भी बहनों-भाइयों को लेकर?

ज़ेबुन्निसा : *(दबती नहीं)* सुल्तान भाई से मिलने।

औरंगज़ेब : *(नाराज़गी से)* हमारा वली-अहद था वो, लेकिन हम कभी नहीं गये। ईद, उसकी सालगिरह, ताजपोशी की सालगिरह—जैसे हमारे वास्ते उसका वजूद ही नहीं। बग़ावत की सज़ा सिर्फ़ मौत है। हम ख़ुद पर नाज़ करते, अगर उसे सूली पर चढ़ा पाते और अपनी आँखों उसे ख़ून की आख़िरी उल्टी लेते देखते। कितनी रातें यही सोचते हुए आँखों में काट दीं, पर हिम्मत नहीं हुई। और तुमने सलीमगढ़ में रक्षाबन्धन मना दिया?

ज़ेबुन्निसा : उसको गुलरुख़ बानो चाहिए थी, आपका ताज नहीं। इसलिए हमारी नज़र में यह बग़ावत नहीं।

औरंगज़ेब : *(नाराज़गी से)* जो तमन्ना के लिए ताज को ठुकरा सकता है, वो हमारा शहज़ादा होने लायक़ नहीं।

ज़ेबुन्निसा : *(तीखे सुर में)* हर शहज़ादे के हर ज़ज्बे और उसकी ज़िन्दगी के हर मोड़ पर भी आपका इख़्तियार है?

(औरंगज़ेब समझ जाता है, अब ज़ेबुन्निसा के साथ सम्बन्ध की प्रकृति बदलने का निर्णायक पल आ पहुँचा।)

औरंगज़ेब : तो हुकूमत के आठवें साल में अकबरे-आज़म ने क्या किया था?

ज़ेबुन्निसा : तीर्थयात्रा महसूल रद्द करने के साथ हर मज़हब के सौदागरों से एक जैसा महसूल लिया जाता था। उनका इबादतख़ाना हर मज़हब के लिए खुला था—मुसलमान, हिन्दू, क्रिश्चियन, पारसी, यहूदी, बौद्ध। जैन आचार्यों से मुतास्सिर हो उन्होंने पर्यूषण वा महावीर जयन्ती पर जानवरों का बलिदान बन्द कर दिया। वो हर मज़हब का नज़रिया समझते हुए मज़हबी सच्चाई[110] तक पहुँचना चाहते थे।

औरंगज़ेब : हम अपनी मज़हबी सच्चाई जानते हैं।

ज़ेबुन्निसा : आप दूसरों की सच्चाई तोड़ वहाँ अपनी सच्चाई की क़िलेबन्दी करते हैं। समझिए कि उन्होंने मज़हब का इस्तेमाल जोड़ने के लिए किया, तोड़ने के लिए नहीं।

औरंगज़ेब : *(सख़्ती से)* हम अकबर नहीं, आलमगीर हैं।

ज़ेबुन्निसा : *(सख़्ती से)* तो हम भी ज़ेबुन्निसा हैं।

(औरंगज़ेब उसे ध्यान से देखता है।)

औरंगज़ेब : *(लय से)* क़त्ल का नाम बदल कर गुलमोहर रख दिया। तो ख़ुशबू आने लगी क़तील के ख़ून से/ख़ंजर महकने लगा/धार पर मँडराने लगी तितलियाँ/क़ातिल को इस निज़ाम में *(अपनी ओर इशारे के साथ)* पीर[111] कहते हैं। और मक़तल का नाम है गुलज़ार/तो अब यह क्यों ना मान लिया जाय/कि कोई हज करके पाक होता है, कोई क़त्ल करके—*(ज़ेबुन्निसा को देखता है)* ये अशआर तुमने लिखे हैं?

(ज़ेबुन्निसा हामी में सिर हिलाती है।)

औरंगज़ेब : क्यों?

ज़ेबुन्निसा : राजपूत रानियाँ जंग से पहले जौहर करती हैं। हमारी बयाज़ हमारी रूह का जौहर है।

(औरंगज़ेब भन्ना जाता है)

औरंगज़ेब : हमारी सख़्त हिदायत के बावजूद तुमने ये शोलाअंगेज़ी बन्द नहीं की?

ज़ेबुन्निसा : हम मजबूर हैं।

औरंगज़ेब : क़लम ख़ुद-ब-ख़ुद तुम्हारे हाथ में आ जाती है?

ज़ेबुन्निसा : *(बुरी तरह खीज कर) परिन्दे की चहक घोंट सकते हैं आप?*

औरंगज़ेब : *(बौखला कर)* नहीं, पर तुम्हारी चहक ज़रूर घोंट सकते हैं—

ज़ेबुन्निसा : तो उफ़ कौन कर रहा है?

(दोनों की नज़र मिली है।)

औरंगज़ेब : एक छत के नीचे हम दोनों का रहना नामुमकिन हो चुका।

ज़ेबुन्निसा : दौलताबाद जाने को छटपटा रहे हैं हम!

औरंगज़ेब : उससे अफ़वाहें भड़क उठेंगी।

ज़ेबुन्निसा : आपका क्या बिगाड़ लेंगीं!

औरंगज़ेब : शहज़ादी—और वो भी पादशाह बेगम—पर उँगली नहीं उठनी चाहिए।

ज़ेबुन्निसा : दिल्ली में क़िला-ए-मुबारक के बाहर?

औरंगज़ेब : तुम क़िले के बाहर जहाँ भी रहोगी, हमारी मुख़ालिफ़त का मरक़ज़ बन जाओगी।

ज़ेबुन्निसा : हम जब चाहेंगे, तब न।

औरंगज़ेब : तुम्हारे चाहने, न चाहने से कुछ नहीं होगा। सबसे मुनासिब हल यही है कि तुम निकाह मन्ज़ूर कर लो।

ज़ेबुन्निसा : हम मजबूर हैं।

(दोनों की नज़र मिली है।)

औरंगज़ेब : अब तुम्हारा क्या करें ज़ेबुन्निसा?

ज़ेबुन्निसा : हमें भी कुछ नहीं सूझ रहा।

ज़ेबुन्निसा : दिलरस बेगम होतीं, तो तुम ऐसा ज़ुल्म ढा सकती थीं?

(ज़ेबुन्निसा जैसे आसमान से गिरती है।)

ज़ेबुन्निसा : मज़्लूम आप हैं? ज़ालिम हम? *(औरंगज़ेब के होपलैस केस पर हँस पड़ती है)* अब आप दुनिया की सारी लुग़दात में ज़ुल्म का मानी भी बदलेंगे!

(औरंगज़ेब इसका जवाब देना अपनी तौहीन समझता है; बहुत नाराज़ है।)

औरंगज़ेब : तुम शहज़ादा होतीं, तो हम तुम्हें खड़े-खड़े दीवार में चिनवा देते!

ज़ेबुन्निसा : हम दो सौ फ़ी सदी समझते हैं।

औरंगज़ेब : *(बेबस बाप का सुर आ जाता है)* मीर जुमला का कहना है, हमारे घर में तुम्हें पैदा करके ख़ुदा ने हमारे साथ शायराना इन्साफ़ किया है!

(दोनों की नज़र मिली है।)

ज़ेबुन्निसा : *(चुनौती के सुर में)* आपकी रुद्रवीणा कहाँ है?

औरंगज़ेब : दौलताबाद क़िले में। मुअज़्ज़म को हिदायत दी थी। उसने तोड़ दी होगी।

ज़ेबुन्निसा : जहाँ आरा बेगम ने क्या सोच कर यह तोहफ़ा दिया था आपको?

औरंगज़ेब : वो हमारी फ़ितरत बदलना चाहती थीं।

ज़ेबुन्निसा : उनका मानना है कि इन्सानियत की सबसे बेहतरीन शक्ल बेहद बारीक़ तौर पर किसी फ़न में अगर देखी जा सकती है, तो मूसिक़ी के आईने में ही।

(औरंगज़ेब चुप रहता है; जहाँ आरा के विरुद्ध नहीं बोल सकता।)

ज़ेबुन्निसा : याद है, आख़िरी बार आपने कौन-सा राग बजाया था?

औरंगज़ेब : हिंडोल।

ज़ेबुन्निसा : सोती हुई पार्वती की मुद्राएँ देखते हुए शिवजी ने रुद्रवाीणा और जो पाँच राग बनाये थे, उनमें से एक-बसन्त का राग। ख़िज़ाँ के बाद आने वाला। ज़ज्बातो-क़द्र[112] के ख़ूँरेज क़त्ले-आम से जब हम सब सुन्न पड़े हैं, तो रागिनी हमें गिर्दो-पेश से परे ले जाकर, हमारे अन्दरुनी में नयी साँस फूँक, हमारी दुनियावी और रुहानी हिस्सों की बिचौलिया बन जाती। हिंडोल राग का तीव्र म और मृदु प इबादत में तब्दील होते हुए, हमें एक तरह के वजूबी[113] अमन तक पहुँचा देते, जहाँ हवा में शबनम की नमी और मरहम के फाहे हैं। शायद हमारे दिलो-ज़मीर पर जमे ख़ून के धब्बे ख़ुद-ब-ख़ुद धुल जाते और हम बड़े नामालूम ढंग से एक बुलन्द हक़ीक़त का हिस्सा बनते हुए भीतर कम-अज़-कम इतना सुकून बटोर सकते कि अपने नाम लिखी साँसों

का हिसाब पूरा कर सकें। *(उसे आरोप दृष्टि से देखती हैं)* पर आपने इस लायक़ भी नहीं छोड़ा हमें! सबकी हँसी आपने छीन ली, शायरी के रागो-रंग पर ख़ाक़ डाल दी, रागिनी की रौशनी ज़ब्त कर अपने भीतर का स्याह अँधेरा भर दिया वहाँ— *(एक क़दम पीछे हट सकती है) नहीं, हमारे अब्बू नहीं हो सकते आप!* (रिश्ता टूटने की तीखी नज़र से देखती है) पहली बार एलोरा गुफाओं की ठोस वीरानी महसूस करते हुए क्या कहा था आपने?

औरंगज़ेब : यह जगह उन लोगों के लिए चेतावनी है, जो मुस्तक़बिल को लेकर फ़िक्रमन्द रहते हैं।

ज़ेबुन्निसा : अपने अहद के मुस्तक़बिल की फ़िक्र छोड़ दें जहाँपनाह! बरबादि-ए-सल्तनत का आग़ाज हो चुका।

औरंगज़ेब : *(गुस्से से)* ज़ेबुन्निसा!

ज़ेबुन्निसा : *(तड़प कर)* हमें सल्तनत के बाहर जाने दीजिए ख़ुदारा! इससे पहले कि आप हवा और पानी पर भी मज़हब की मुहर लगा दें, आज़ाद कर दीजिए हमें—

(हथेलियों में मुँह छिपा लेती है; रुद्रवीणा की बेचैन रागिनी)

औरंगज़ेब : हम दोनों अपने बीच के इस रिश्ते की क़ैद में हैं।

(जाता है। अँधेरा।)

दृश्य-17

रंगमहल। दिन।

(ज़ेबुन्निसा अकेली, विचारों में खोयी है; इज़्ज़त बख़्श का प्रवेश।)

इज़्ज़त बख़्श : *(आस-पास देखता है; विभोर हो)* रंगमहल—*(आँखों में चौंध लग रही है; हथेली की ओट देता है)* पीछे था हमारा कमरा—*(इशारे से)* लुकाछिपी खेलते थे वहाँ। फिर अब्बा गुजरात सूबेदार बन कर चले गये—*(अब ज़ेबुन्निसा को देखता है; सलाम करता है।)* माफ़ी पादशाह बेगम, अँधेरे की आदत हो गयी है न! यहाँ क्यों लाया गया है? क़त्ल यहाँ किया जाएगा?

(ज़ेबुन्निसा का मन भर आया है, तस्लीम करती है।)

ज़ेबुन्निसा : बहुत दिनों बाद तुम्हें देखा इज़्ज़त बख़्श!

इज़्ज़त बख़्श : दोस्तदार बानो की सालगिरह पर मिलना हुआ था।

(दोस्तदार बानो का प्रवेश)

दोस्तदार बानो : *(इज़्ज़त बख़्श को देख कर आवेग से)* भाईजान—

(उसके गले से लग जाती है।)

इज़्ज़त बख़्श : *(आवेग से)* अल्लाह का करम दोस्तदार, तुम ख़ैरियत से हो। आसाइश और हमराज़?

दोस्तदार बानो : दोनों सही-सलामत हैं। बस, हवेली से बाहर निकलने की इजाज़त नहीं। आज यकायक हिदायत मिली, तो हम सकते मे आ गये। *(ज़ेबुन्निसा को तस्लीम करते हुए)* हमारे साथ क्या होना है?

(ज़ेबुन्निसा दोस्तदार के कन्धे पर दिलासे के भाव से थपकी देती है; परेशान सिपिर शिकोह का प्रवेश। ज़ेबुन्निसा एवं इज़्ज़त बख़्श सिपिर शिकोह को सलाम करते हैं।)

दोस्तदार बानो : *(तस्लीम करती है)* सिपिर शिकोह भाईजान—

(सिपिर शिकोह जवाब देता है।)

इज़्ज़त बख़्श : *(आशंका से)* हमने तो सुना था कि आप?

सिपिर शिकोह : सुलेमान शिकोह को *(ऊपर इशारे के साथ)* अब्बा के पास भेज दिया गया। हमको पोस्त देते हुए फ़िलहाल ज़िन्दा रखा जा रहा है। पता नहीं, क्यों?

इज़्ज़त बख़्श : *(उदास मुस्कान से)* हम शर्त हार चुके, पर देने को बीस मुहरें तो क्या, एक पैसा तक नहीं।

ज़ेबुन्निसा : हम देते हैं।

सिपिर शिकोह : *(करुण मुस्कान से)* हम करेंगे क्या? सरमद जैसे दिलदार तो हैं नहीं, जो जल्लाद को बख़्शीश दे देते!

इज़्ज़त बख़्श : क्या इरादा है निज़ाम का?

(अगले संवाद के साथ जुब्दतुन्निसा वा मेहरुन्निसा का प्रवेश)

ज़ेबुन्निसा : पेशकश है कि सिपिर शिकोह का निकाह *(ज़ुब्दतुन्निसा की तरफ़ इशारे के साथ)* ज़ुब्दतुन्निसा के साथ किया जाय, *(इज़्ज़त बख़्श की तरफ़ इशारे के साथ)* इज़्ज़त बख़्श का *(मेहरुन्निसा की ओर इशारे के साथ)* मेहरुन्निसा के साथ—*(दोस्तदार से)* दोस्तदार बानो, तुम्हारा सुल्तान भाई के साथ—

(सब स्तम्भित पल भर बाद उबरते हैं; सहबंदियों को देखते हैं।)

दोस्तदार बानो : *(ज़ेबुन्निसा से)* तो क्या सुल्तान को रिहा किया जा रहा है?

ज़ेबुन्निसा : तुम उन्हीं के साथ सलीमगढ़ में रहोगी।

(दोस्तदार बानो और इज़्ज़त बख़्श की नज़र मिलती है।)

इज़्ज़त बख़्श : हमें कहाँ रखा जाएगा?

ज़ेबुन्निसा : ग्वालियर क़िले में—

इज़्ज़त बख़्श : क़ैद?

ज़ेबुन्निसा : *(हामी में सिर हिलाते हुए)* मेहरुन्निसा आपके साथ रहेगी।

सिपिर शिकोह : और हम वापस सलीमगढ़?

ज़ुब्दतुन्निसा : हम साथ रहेंगे।

सिपिर शिकोह : *(खिड़की से देखता है)* सलीमगढ़ सामने है; जहाँपनाह की बेटी शौहर के साथ वहाँ क़ैद रहेगी। *(ज़ुब्तुन्निसा से)* मन्ज़ूर है?

ज़ुब्दतुन्निसा : *(सपाट सुर में)* तभी तो यहाँ खड़े हैं।

इज़्ज़त बख़्श : *(मेहरुन्निसा से)* मन्ज़ूर है?

मेहरुन्निसा : हाँ।

इज़्ज़त बख़्श : तो हमें भी मन्ज़ूर है। *(हल्की मुस्कान से)* इसी बहाने सही, ज़िन्दा तो रहेंगे!

मेहरुन्निसा : और हम यह सोच कर निहाल हो जाया करेंगे कि—

(दुपट्टे का कोना आँखों पर रखती है, बोलती नहीं; सिसकती भी नहीं।)

ज़ुब्दतुन्निसा : *(बिना किसी भाव के)* आख़िरकार दुल्हिन बन ही गये!

ज़ेबुन्निसा : *(ज़ुब्दतुन्निसा एवं मेहरुन्निसा से)* समझो, तुम दोनों क़ुर्बानी दे रही हो—अगली नस्ल की शहज़ादियों की ख़ातिर!

मेहरुन्निसा : *(हामी में सिर हिलाते हुए करुण मुस्कान से)* क़ुर्बानी का दूसरा नाम मुग़ल शहज़ादी है।

(ज़ुब्दतुन्निसा मेहरुन्निसा को देख उदास मुस्कराती है।)

ज़ेबुन्निसा : दोस्तदार बानो, क्या फ़ैसला है?

दोस्तदार बानो : *(पिघलने लगती है)* जब सिपाहियों ने यकायक आकर हमें साथ चलने का हुक्म दिया—कहाँ और क्यों ले जाया जा रहा है, बताने से साफ़ इन्कार करते हुए—तो आसाइश और हमराज़ बानो रोने लगीं। अभी तक सिर्फ़ शहज़ादों पर नये निज़ाम की गाज गिरती थी। अब क्या शहज़ादियों के साथ भी वही सुलूक होने लगा? *(करुण मुस्कान से)* तब कोई कहता कि तुम्हारे हाथों में निकाह की हिना लगने वाली है, तो उसे पागल के अलावा और क्या समझते!

इज़्ज़त बख़्श : *(करुण मुस्कान से)* ग्वालियर से निकलते हुए हमने सोचा था, ज़िन्दगी का आख़िरी लम्हा, जो मुराद बख़्श की फाँसी के बाद कितनी बार आते-आते रह गया, आज आ ही पहुँचा आख़िरकार—

(आज़म की बाँह पकड़े गुस्से से भरी जहाँ ज़ेब का प्रवेश)

ज़ेबुन्निसा : आप यहाँ क्यों आ गयीं आपा? हम सबको लेकर जहाँ आरा बेगम के महल में ही तो आ रहे हैं।

जहाँ ज़ेब : *(ज़ेबुन्निसा से तीखे गुस्से से आज़म की तरफ़ इशारे के साथ)* आज़म के साथ हमारा निकाह रचाया जा रहा है?

आज़म : *(जहाँ ज़ेब की ओर संकेत करते हुए ज़ेबुन्निसा से)* ज़बर्दस्ती

पकड़ के ले आयी हैं!

जहाँ ज़ेब : *(तड़प कर)* बाप और भाई के क़ातिल की औलाद को शरीके-हयात बनाने से पेश्तर, *(कटार दिखाते हुए)* कटार नहीं घोंप लूँगी अपने कलेजे में?

आज़म : हुकूमत जिसके क़ब्ज़े में आयी, उसकी औलाद होने के आलावा हमारी कोई ख़ता नहीं।

(आगे सबके संवाद जहाँ ज़ेब को सम्बोधित हैं।)

दोस्तदार बानो : हमारे वालिद के क़ातिल भी वही हैं आपा, पर जीने के लिए यह हक़ीक़त दरगुज़र करनी होगी।

इज़्ज़त बख़्श : मुराद बख़्श के साथ दगाबाज़ी आलमगीर ने की। क़ैद किया, फिर क़त्ल किया, फिर कब्र को नाम दिया—दग़ाबाज़ की कब्र। *(मेहरुन्निसा की तरफ़ इशारे के साथ)* अब इसका बदला मुझे मेहरुन्निसा से लेना चाहिए?

मेहरुन्निसा : कँवारी मर कर आप आलमगीर से क्या इन्तिक़ाम ले लेंगी?

जुब्दतुन्निसा : आपकी .कुर्बानी से हमारी .कुर्बानी हज़ार गुना ज़्यादा है, चूँकि हम सर पर ताज वाले आलमगीर की औलाद हैं, लेकिन फिर भी हमने क़ैद के अँधेरों में जीने का चुनाव किया।

जहाँ ज़ेब : *(आरोप के सुर में)* अपने दुश्मन के साथ सुहागरात मनाएँगे हम?

दोस्तदार : *(चुनौती के सुर में)* चलिए, जमुना में कूदें—*(अपनी और उसकी तरफ इशारे के साथ बाहर को बढ़ते हुए)* पहले मैं फिर आप—

(जहाँ ज़ेब नहीं हिलती।)

इज़्ज़त बख़्श : जीना है?

सिपिर शिकोह : *(जहाँ ज़ेब से)* सुलेमान भाई ने यही कहते हुए आख़िरी साँस ली थी बहन, मौजूदा को तस्लीम कर लो।

(एक पल की चुप्पी)

ज़ेबुन्निसा : *(जहाँ ज़ेब से)* जानी आपा! जहाँ आरा, रौशन आरा, और गौहर आरा के चेहरे की शिकनें नज़रअन्दाज़ कर दीजिए।

(अगली पंक्तियों के बीच ख़ानम सुल्तान, आराम बानो, और सुल्तानुन्निसा का धीमे सुरों में दुःखी आलाप लेते हुए प्रवेश।)

ज़ेबुन्निसा : अकबर की शहज़ादी ख़ानम सुल्तान, आराम बानो, और लाल

बेगम को भी अनदेखा कर दीजिए। जहाँगीर की सुल्तानुन्निसा, इफ़्फ़त बानो, दौलतुन्निसा, बेगम सुल्तान और ज़ौहरा को भी भूल जाइए, जिनकी बेचैन रूहें *(ऊपर इशारा करते हुए)* आपकी हाँ सुन कर निजात[114] पाने की मुंतज़िर[115] है, पर क्या आपमें इस हक़ीक़त को भी दरगुज़र कर देने की पत्थरदिली है कि आपकी ना के साथ *(मौजूद शहज़ादियों की तरफ़ इशारे के साथ)* ये सब भी अपनी-अपनी ज़िन्दगी के उसी बंजर मुकाम पर लौट कर यह सोचने को मजबूर होंगी कि क्या इनसे जहाँगीर की वो छह बेनाम शहज़ादियाँ बेहतर नहीं थी, जिन्हें ज़िन्दगी भर तिल-तिल जलाने के बजाय, एक से सात दिन की उम्र तक, गर्दन मरोड़ते हुए, रहमत के साथ, एक ही झटके में आज़ाद कर दिया जाता था?

(जहाँ ज़ेब सन्नाटे में आ जाती है।)

आज़म : *(सख़्ती से)* जहाँ ज़ेब बेगम, क्या आपने मुहम्मद आज़म वल्द औरंगज़ेब के साथ सात लाख सिक्का-ए-राज़ुलवक़्त के मेहर पर निकाह क़ुबूल किया?

जहाँ ज़ेब : क़ुबूल किया।

दोस्तदार बानो : *(दुआ के लिए हाथ उठाते हुए)* करम माँगते हैं अता माँगते हैं।

ज़ुब्दतुन्निसा : *(वैसे ही)* इलाही हम तुमसे दुआ माँगते हैं।

सब : *(हाथ उठाते हुए एक साथ)* अता कर तू शाने करीगी का सदक़ा/
पिला दे इलाही रहीमी का सदक़ा/
बहुत थक गये हैं इस ख़ूनी सफ़र से/
ज़रा छाँव दे दे पनाह माँगते हैं।

(अन्धकार)

दृश्य-18

लाल क़िला। रात।

(रौशन आरा अक़ील ख़ाँ के साथ बात करती हुई आती है।)

रौशन आरा : तुम ईरान से किसलिए आये हो?
(रौशन आरा ने अक़ील ख़ाँ को तलब किया है, इसलिए अक़ील तनाव में है।)

अक़ील ख़ाँ : अपनी ज़िन्दगी बनाने।

रौशन आरा : तो जो सोचा होगा, उससे कहीं ज्यादा बन चुकी?

अक़ील ख़ाँ : बेशक।

रौशन आरा : हुमायूँ का एतबार जीतना बहुत आसान था, जहाँगीर का आसान, शाहजहाँ का मुश्किल, लेकिन आलमगीर ज़िन्दा पीर का तक़रीबन नामुमकिन—
(अक़ील ख़ाँ हामी में सिर हिलाता है।)

रौशन आरा : ताज्जुब नहीं कि तीन-चौथाई दिल्ली दरबार तुम दोनों भाइयों के तईं हसद से उबल रहा है—बड़ा भाई वज़ीर; छोटा सूबेदार—

अक़ील ख़ाँ : हम दोनों भाई कल यही बात कर रहे थे।

रौशन आरा : ऐसे में होता यह है कि अगर एक ग़लती करता है, तो ख़ामियाज़ा दूसरे को भी भुगतान पड़ता है।
(अक़ील आशंकित हो जाता है।)

अक़ील ख़ाँ : सही है।

रौशन आरा : *(सुर बदल जाता है)* ज़ेबुन्निसा बेगम को कब से जानते हो?
(अक़ील डरने लगता है।)

अक़ील ख़ाँ : कई बरस हो गये।

रौशन आरा : फ़र्ज़ करो, तुम *(एक साँस में)* अल-सुल्तान अल-आज़म वल

ख़ाकान अल-मुकर्रम, अबुल-मुज़फ़्फ़र मुहीउद्दीन मुहम्मद आलमगीर के दामाद बन जाते हो—

(एकटक उसे देख रही है। अक़ील ख़ाँ का ख़ून ठंडा होने लगता है।)

रौशन आरा : जिस क़िला-ए-मुबारक में घुसते हुए शहरी के पाँव काँपते हैं, वहाँ पहरेदार तुमको सिजदा करेंगे। जिस हरमसरा में परिन्दा भी पर नहीं मार सकता, वहाँ तुम्हारी बेतकल्लुफ पहुँच होगी। तुम जहाँपनाह के सामने बैठ कर सियासी मसले पर अपनी राय दोगे। उनकी गोद में जो बच्चा खलेगा, वो तुम्हारे नाम से जाना जाएगा। तुम्हारे सिर पर ऐसा ताज आ जाएगा, जो नज़र नहीं आता, पर होता है। तुम वा असद ख़ाँ कुछ नहीं करोगे, लेकिन बादशाह के दोस्तों के दोस्त और दुश्मनों के दुश्मन बन जाओगे।

(अक़ील ख़ाँ सोच रहा है।)

रौशन आरा : जहाँपनाह को तुम बहुत अच्छी तरह समझते हो।

अक़ील ख़ाँ : *(अन्देशे से)* अदना-सा कारकुन पाबन्दी-ए-हुक्म के सिवा और कुछ नहीं समझता।

रौशन आरा : हम जानते हैं कि अंगारों पर चलना आसान है, आलमगीर का साथ निभाना मुश्किल—

(पल भर दोनों की नज़र मिली रहती है।)

रौशन आरा : मुहम्मद सुल्तान के बारे में क्या कहा जाता है?

अक़ील ख़ाँ : मौत ही उन्हें सलीमगढ़ से आज़ाद करेगी।

रौशन आरा : उनके बाद सबसे ऊपर किस शहज़ादे को मानते हो?

अक़ील ख़ाँ : *(कहाँ फँस गया के भाव से)* मानने-न-मानने की मेरी क्या औक़ात!

रौशन आरा : उम्र के हिसाब से बता दो।

अक़ील ख़ाँ : मुअज़्ज़म सबसे बड़े हैं।

रौशन आरा : इस पैमाने से औरंगज़ेब तरतीब में तीसरे थे।

अक़ील ख़ाँ : इससे मेरा क्या लेना-देना!

रौशन आरा : हम सिर्फ़ तुम्हारी राय जानना चाहते हैं।

अक़ील ख़ाँ : चाँद के क़रीब कौन-सा तारा होना चाहिए, चींटी इस बारे में क्या राय देगी?

(रौशन आरा उसे सन्जीदगी से देखती है।)

रौशन आरा : मुअज़्ज़म भी तुम्हारे ऊपर डोरे डाल रहे हैं।

अक़ील ख़ाँ : शहज़ादा दावतनामा भेजे, तो अदना कारकुन तो हाज़िर होगा ही।

रौशन आरा : जहाँपनाह को हर दावतनामे की इत्तिला, मेहमानों की फ़ेहरिस्त, और मौज़ूँओं की तफ़सील मिल जाती है।

अक़ील ख़ाँ : मैंने कभी कहीं एक लफ़्ज़ ग़लत बोला हो, तो खुदारा मेरी जीभ कट जाये।

रौशन आरा : शाही दामाद बनने के बाद तुम्हें किसी एक शहज़ादे को तरजीह देनी होगी।

अक़ील ख़ाँ : *(आतंक से कानों को हाथ लगाते हुए)* मैंने कुछ नहीं सुना—

(अगले संवाद के बीच वहाँ प्रकाश होता है, जहाँ ज़ेबुन्निसा खड़ी सुन रही है।)

रौशन आरा : सातवाँ बादशाह जो बनेगा, उसे पादशाह बेगम की हिमायत दरकार होगी।

(अक़ील ख़ाँ चुप है।)

रौशन आरा : छोटा होने के बावजूद उनकी पहली पसन्द अकबर है।

अक़ील ख़ाँ : *(आजिज़ हो)* मुझ ग़रीब से ऐसी ख़तरनाक गुफ़्तगू मत कीजिए बराए मेहरबानी—

रौशन आरा : *(तीखे सुर में)* तख़्ते-ताऊस का साया दरकार है, लेकिन उसकी आतिश से गुरेज़?

(अक़ील के होश उड़ रहे हैं।)

रौशन आरा : *(बोलती जाती है)* झुलस कर रहोगे अक़ील मियाँ—

(यहाँ रौशन आरा वाली रौशनी फैल कर ज़ेबुन्निसा को एक ही घेरे में ले लेती है। अगले संवाद के बीच अक़ील ख़ाँ का प्रस्थान।)

ज़ेबुन्निसा : न हमारी कोई पहली पसन्द है, न आख़िरी; न हमने आपके खेमे के किसी उमरा को तोड़ने की कोशिश की है।

रौशन आरा : *(कड़वाहट से)* तुम्हारी जो हैसियत है ज़ेबी, उसमें कोशिश की ज़रूरत ही नहीं। आज की तारीख़ में रौशन आरा दरबार की वो धुआँ देती शमा हैं, जिन्हें अकबर के निज़ाम में कूड़ेदान में फेंक दिया जाएगा।

ज़ेबुन्निसा : ज़िम्मेदार आप हैं। जहाँपनाह की बीमारी में आपने जैसे नवाब बाई की बेहुरमती की और शाही मुहर हथियाई—

रौशन आरा : किसी को हुकूमत की ज़िम्मेदारी लेना थी।

ज़ेबुन्निसा : जहाँपनाह आपको हुकूमत से दूर चाहते हैं।

रौशन आरा : *(हामी में सिर हिलाते हुए)* हम तबादले, तरक़्क़ी वा ख़िताब का सौदा करते हैं, महफ़िल सजाते हैं, और क़िस्म-क़िस्म के नौजवानों के साथ रास रचाते हैं! *(अपने सीने की ओर इशारा करते हुए)* यहाँ के दर्द का अन्दाज़ है तुम्हें?

ज़ेबुन्निसा : उससे दस गुना ज़्यादा दर्द के साथ जहाँ आरा बेगम ने आठ बरस अपनी मर्ज़ी से बनवास भोगा। जहाँपनाह मिन्नतें करके उनको दिल्ली लाये। हमने उनके सिजदे कर उन्हें पादशाह बेगम का ओहदा कुबूल करने को राज़ी किया और दूसरी तरफ़ आप हैं, जो यह मानने को ही राज़ी नहीं कि अब आपकी कोई निज़ामी हैसियत नहीं।

रौशन आरा : *(कड़वाहट से)* जिस बात से हमको आग लगती है, आज तुमने भी उसको हवा दे दी? जहाँ आरा के साथ हमको खड़ा कर दिया? हाँ, जहाँ आरा बैरागी बन सकती हैं, हम नहीं।

ज़ेबुन्निसा : तो सातवाँ बादशाह बनाने की अपनी सियासती चालें चलती रहिए। हमारी हिमायत किसी के साथ जुड़ने को बेताब नहीं। दिल्ली में तो हमारा दम घुटता है, पर मजबूर हैं। हमारी ज़िन्दगी में जितना ज़हर घुला है, उसमें खुदा के वास्ते, इज़ाफ़ा मत कीजिए फूफीजान!

(दोनों की नज़र मिली है। रौशन आरा का प्रस्थान। ज़ेबुन्निसा उसकी दिशा में देख रही है। अक़ील ख़ाँ का प्रवेश। ज़ेबुन्निसा के पास आता है।)

अक़ील ख़ाँ : *(हाथ का काग़ज आगे बढ़ाते हुए)* जहाँपनाह की ख़िदमत में इस्तीफ़ा लेकर जा रहा हूँ।

(ज़ेबुन्निसा इस्तीफ़ा लेती है, पढ़ती है, अक़ील को देखती है।)

ज़ेबुन्निसा : क्या है तुम्हारी जाती वजह?

अक़ील ख़ाँ : *(भरा हुआ है)* चैनो-सुकून से जीना चाहता हूँ—अपने बूते पर। अब और इस तरह नहीं जी सकता कि तनो-तन्हाँ चल मैं रहा हूँ, पर साथ साया तुम्हारा है, जो मुझे देखते हैं, तुम्हारे साये से पहले मुख़ातिब होते हैं, मुझसे बाद में। तमाशा ये है कि अब ऐसी कोई वजह ही नहीं।

ज़ेबुन्निसा : तुमसे किसी ने कुछ कहा है?

अक़ील ख़ाँ : *(कुढ़ा हुआ)* मेरी हर ज़ुम्बिश में मक़सद ढूँढ़ा जा रहा है! दिल्ली में क्यों देखा जा रहा हूँ? जनाब, हुकूमत का मुलाज़िम हूँ; दारुल-सल्तनत यहाँ है। मुझे काम नहीं हो सकता? रिश्तेदार होते हैं; रंजो-ग़म में शिरकत होती है। *(सवाल पूछने वाले की नक़ल करते हुए)* हाँ अक़ील भाई, *(राज़ के सुर में)* बादशाह सलामत ने तलब किया है? *(मानीभरी मुस्कान की नक़ल के साथ)* गुजरात की सूबेदारी का मुद्दा होगा? अजी, हमसे क्या छिपाना? दो दिन बाद तो जगज़ाहिर हो ही जाएगा! *(मुस्कान और बड़ी हो जाती है)* शायरा शहज़ादी कैसी हैं? निकाह का दावतनामा तो मिलेगा न?

(अक़ील ख़ाँ गम्भीर ज़ेबुन्निसा को आरोपी दृष्टि से देखता है। ज़ेबुन्निसा करुण मुस्कान देती है।)

अक़ील ख़ाँ : सुबह-सवेरे भाभीजान ने जगाया, मियाँ, तुम्हारे लिए ज़रूरी पैग़ाम आया है। मालूम हुआ कि तीन हज़ारी ईरानी मनसबदार ने रात के खाने पर बुलाया है। उनको रुक़्क़ा लिख ही रहा था कि दूसरा हरकारा आ गया। यह पाँच हज़ारी तूरानी मनसबदार के यहाँ से शिकार का दावतनामा था। *(उसे देखता है)* तुमसे ज़बर्दस्ती मेरा रिश्ता जोड़ अपनी नींद चौपट कर रहे हैं उमरा! *(जैसे कई लोगों को सम्बोधित कर रहा हो)* बिरादरान, दरबार में किसी खेमे का वज़न नहीं बढ़ाना मुझे। माफ़ करें। मैं अपने घर जा रहा हूँ—चैन की नींद सोने।

(ज़ेबुन्निसा दुखी भाव से मुस्कुराती है।)

ज़ेबुन्निसा : हमारी याद नहीं आएगी?

अक़ील ख़ाँ : कुछ दिनों डंक लगेगा। फिर आदत हो जाएगी। बहुत छोटा है मेरा क़द। अपने जैसे बौनों के बीच रहता हूँ, तो अपने-आप से रिश्ता सुरीला रहता है। तुम्हारे साथ होता हूँ, तो फ़ौरन तनाव होने लगता है। डरावने ख़्वाब आने लगे हैं। कभी बाबर मुझे गुस्से से देखते हैं, कभी अकबर। *(कन्धा सहलाते हुए)* जहाँगीर ने तो कोड़ा ही चला दिया था—

(ज़ेबुन्निसा उदास मुस्कान देती है। अगले संवाद के बीच दूसरी जगह प्रकाश, जहाँ औरंगज़ेब खड़ा है।)

अक़ील ख़ाँ : अब समझ गया हूँ कि यहाँ रहते हुए सुकून मेरे हिस्से में नहीं आएगा। जहाँपनाह बासठ के हो रहे हैं। देखते-देखते शहज़ादों

के बीच घमासान शुरू होगा। किसी एक की तुम हिमायत करोगी। न चाहते हुए भी करनी पड़ेगी, जैसा गौहर आरा के साथ हुआ था। मुग़लों के साथ यह क्या मुसीबत है? इतनी बड़ी सल्तनत है। तक़सीम कर लो। जो उम्र में सबसे बड़ा है, उसे तख़्त पर बिठा दो, बाक़ियों को ख़ुदमुख़्तार हाकिम बना दो। पूरे इक्कीस सूबे हैं। ताज के बिना नींद नहीं आती? चलो, सब अपने-अपने सर पर ताज रख लो। जो बड़ा है, उसका बड़ा ताज; जो छोटे हैं, उनके तरतीब से कुछ छोटे होते हुए ताज। झगड़ा ख़त्म? *(ठिठकता है)* नहीं, तुम्हारा ख़ानदान बहुत ख़तरनाक ढंग से उलझा हुआ है। तुम लोगों के पास सब कुछ है, पर कुछ भी नहीं। तुम लोग न ख़ुशी पा सकते हो, न दे सकते हो।

ज़ेबुन्निसा : *(ठहरे हुए सुर में)* गुस्से में ही सही, पर तुमने हमारे ख़ानदान की दुखती नब्ज़ पर उँगली रख दी। जाओ अक़ील, *(बन्द हथेलियाँ खोलती है, जैसे पक्षी को खुले आकाश में छोड़ रही हो)* हम आज़ाद करते हैं तुम्हें—

(अक़ील ख़ाँ उसे देख रहा है; ज़रा सिर झुकाता है, जाता है। अक़ील ख़ाँ औरंगज़ेब के पास ठिठकता है; इस्तीफ़ा देता है। ज़ेबुन्निसा वाले हिस्से में अँधेरे के साथ उसका प्रस्थान।)

औरंगज़ेब : तुम हमारे दामाद बनो, हमें मन्ज़ूर है।

अक़ील ख़ाँ : बेगम साहिब का ऐसा कोई इरादा नहीं।

औरंगज़ेब : तुम आस-पास रहोगे, तो उनका इरादा बदल सकता है। हरम में थोक के भाव निकाह हो चुके।

अक़ील ख़ाँ : उनमें दूल्हे सब शहज़ादे हैं। वो ज़िन्दा तभी रहेंगे, जब दरबार की सियासी शतरंज खेलेंगे। मैं प्यादा बेमौत मारा जाऊँगा।

औरंगज़ेब : तुम शतरंज का हिस्सा तभी बनोगे, जब बनना चाहोगे। जिन पर एतबार किया जा सके, ऐसे लोग हमारे आस-पास उँगलियों पर गिनने लायक़ भी नहीं। हम तुम्हें खोना नहीं चाहते अक़ील!

अक़ील ख़ाँ : मुझे माफ़ किया जाय जहाँपनाह!

औरंगज़ेब : अपने बेटों पर हमें यक़ीन नहीं, लेकिन तुम्हारे ऊपर है। वक़्त के साथ बहुत कुछ बदल जाता है। साल दो साल हम तुम्हें कहीं दूर भेज सकते हैं। गौहाटी ठीक है?

अक़ील ख़ाँ : *(तनाव से)* दिल्ली दरबार के हाथ कहाँ नहीं पहुँचते? मुझे

डर इस बात का है कि मेरी वजह से मेरे भाई पर गाज न गिर जाय।

औरंगज़ेब : *(चौकन्ना हो)* रौशन आरा बेगम ने तुमसे कुछ कहा है?

अक़ील ख़ाँ : नहीं जहाँपनाह।

औरंगज़ेब : तुम छुट्टी ले सकते हो।

अक़ील ख़ाँ : गुस्ताख़ी माफ़; मैं सल्तनत से ही बाहर जाना चाहता हूँ। क़ुदरत का ख़ास आश्ना कभी नहीं था। लेकिन अब ऐसी ही तमन्ना ज़ोर पकड़ रही है। आबादी से दूर कहीं बाग़बानी करूँगा। खुले आसमान के नीचे मौसमों के बदलते रंग देखते हुए सुबह को शाम करता रहूँगा।

औरंगज़ेब : तुम्हारी कमी खलेगी हमें—

(अक़ील ख़ाँ फिर आभार में सिर झुकाता है।)

औरंगज़ेब : कभी क़ुदरत से मन भर जाय, तो हमारे दरवाज़े तुम्हारे वास्ते खुले हैं।

(अक़ील ख़ाँ अभिवादन करता है, जाता है। अँधेरा।)

दृश्य–19

लाहौर क़िला। रात।

(अँधेरे में अशआर का पहला शब्द सुनाई देता है। प्रकाश होने लगता है। उदास, अकेली ज़ेबुन्निसा।)

ज़ेबुन्निसा : *(लय से)* जब होना थी बहार की आमद/हो गयी/पर दिल को खिलाने वाली मय/कहाँ है?/मौजों की तरह फैलती जा रही है/गुलाबों के गिर्दोपेश उनकी ख़ुशबू/पर बुलबुल का दिलफ़रेब तराना कहाँ है?

(मंच के दूसरे हिस्से में प्रकाश होता है, जहाँ दोस्तदार बानो मुस्कान के साथ बाँहों में बच्चे को लिये आती है।)

दोस्तदार बानो : *(मुस्कान से)* बेटा हुआ है।

(मेहरुन्निसा मुस्कान के साथ बाँहों में बच्चे को लिये आती है।)

मेहरुन्निसा : *(मुस्कान से)* दावर बख़्श बहादुर आ गये!

(ज़ुब्दतुन्निसा मुस्कान के साथ बाँहों में बच्चे को लिये आती है।)

ज़ुब्दतुन्निसा : *(मुस्कान से)* बेटी का नाम रख दो बाजी!

(जहाँ ज़ेब मुस्कान के साथ बाँहों में बच्चे को लिए आती है।)

जहाँ ज़ेब : *(मुस्कान से)* बिल्कुल नानी के नक़्श लेकर आये हैं बेदार बख़्त—

(सन्जीदा ज़ीनतुन्निसा का प्रवेश)

ज़ीनतुन्निसा : कुमारी मस्जिद की तामीर आधी हो चुकी।

जहाँ ज़ेब : *(मुस्कान से)* बंगाल में बजरे से सफ़र करते हैं।

दोस्तदार बानो : *(मुस्कान से)* ईद पर शायद लाल क़िले आने की इजाज़त मिलेगी—थोड़ी देर के लिए।

मेहरुन्निसा : *(मुस्कान से)* ग्वालियर क़िला घर जैसा लगता है अब!

ज़ुब्दतुन्निसा : *(मुस्कान से)* सलीमगढ़ में दोस्तदार का भी साथ है।

ज़ीनतुन्निसा : लाहौर में क्यों पड़ी हो बाजी?

ज़ेबुन्निसा : ताज़े गुलाबों की ख़ातिर—

जहाँ ज़ेब : *(उलझन से)* क्या?

ज़ेबुन्निसा : नूरजहाँ बाग़ को छोड़ कर, जहाँपनाह ने पूरी सल्तनत में, गुलाबों पर पाबन्दी लगा दी।

जहाँ ज़ेब : *(आतंक से)* हाय अल्लाह!

सलीमा बानो : क्यों?

ज़ेबुन्निसा : क्यारियों की देख-रेख महँगी होने के अलावा, गुलाबों का इस्तेमाल इबादत में नहीं, बल्कि उसकी मुख़ालिफ़ी[116] किस चीज़ में होता है?

मेहरुन्निसा/
ज़ुब्दतुन्निसा/
जहाँ ज़ेब : *(मुस्कान से एक साथ)* शायरी में—

(शहज़ादियाँ हँसती हैं।)

ज़ीनतुन्निसा : *(आतंक का स्वाँग भरती है)* होशियार! इत्र पर पाबन्दी लगने ही वाली है!

(फिर हँसी)

जहाँ ज़ेब : *(सन्जीदा हो, हमदर्दी से)* तनो-तन्हाँ करती क्या हो ज़ेबी?

ज़ेबुन्निसा : *(उदास मुस्कान से)* सवाल पूछते हैं। *(लय से)* गुलों की क़तारों से टपक रही है
शबनम/
पर मेरा छलकता पैमाना कहाँ है?
महफ़िल सजी/
साज़ छेड़ गये/
पर खनकाता चूड़ियाँ साक़ी का हाथ कहाँ है?

(नेपथ्य से गुनगुनाहट सुनाई देती है—हेरीईई मैं तो प्रेमदिवाआआनी; ज़ेबुन्निसा चौंक जाती है। दोस्तदार बानो, मेहरुन्निसा, ज़ुब्दतुन्निसा, जहाँ ज़ेब एवं ज़ीनतुन्निसा के प्रस्थान के साथ पंक्ति पूरी होती है—मेरो दरद न जाने कोय—)

ज़ेबुन्निसा : कौन है बाहर?

(हाथ में इकतारा लिये नौजवान महक का प्रवेश। बिल्कुल सहज, निष्पाप।)

महक : दो दिन की उम्र में गुलामों के बाज़ार में बिक रही थी। एक दरवेश ने ख़रीद लिया; नाम भी दे दिया—महक।

ज़ेबुन्निसा : गुलूकारी उन्हीं के पास सीखी?

महक : *(उदास मुस्कान से)* लहरों को बहना और हिरन को कुलाँचें मारना कौन सिखाता है शहज़ादी! *(गुनगुनाती है)* मेरे तो गिरधर गोपाल दूसरो न कोई—

ज़ेबुन्निसा : कहाँ रहती हो?

महक : जहाँ शाम हो जाती है। पिछले दस दिन में कई बार निकलने की सोची, पर जी नहीं चाहा। सच कहा है, तुम्हारे लाहौर के सामने इस्फ़हान और शीराज़ फीके हैं।

ज़ेबुन्निसा : घर में और कौन है?

महक : *(हल्की मुस्कान से)* हवा के झोंके का कौन होता है शहज़ादी! दरवेशों की संगत; जहाँ शाम पसन्द आ गयी, डेरा डाल दिया; धूनी की राख बुझ गयी, तो गठरी उठा ली।

ज़ेबुन्निसा : कहाँ से आयी हो?

महक : बस्तियों और बंजर से; गुलिस्ताँ और बियाबाँ से; सहरा समुन्दर से—*(उसे देखती है)* तुम्हारे बारे में जो सुना था, सच पाया।

ज़ेबुन्निसा : *(मुस्कुराती है)* क्या सुना था?

महक : सात लिबास की कहानी सच्ची है?

(ज़ेबुन्निसा मुस्कुराती है; हामी में सिर हिलाती है।)

ज़ेबुन्निसा : हम बाग़ में टहलते हुए गुनगुना रहे थे यकायक जहाँपनाह गुज़रे। हमें देख नज़र हटाते हुए नाक-भौं सिकोड़ कर कहा, इससे कम कपड़े नहीं पहन सकती थीं! हमने जवाब दिया, हमने मलमल के एक नहीं, दो नहीं, एक के ऊपर एक सात लिबास पहन रक्खे हैं!

महक : तो बोले, मलमल की ये क़िस्म अब नहीं बनेगी!

(दोनों हँसती हैं।)

महक : हमें पहन कर दिखाओगी?

(ज़ेबुन्निसा हामी में सिर हिलाती है; दोनों की नज़र मिली है, ज़ेबुन्निसा उसके गालों पर हथेलियाँ रख उसकी आँखें देखती है।)

ज़ेबुन्निसा : दर्द छलकता है तुम्हारी आँखों से—

महक : तुम्हारी दुनिया की क़ुदरत ही ऐसी है।

ज़ेबुन्निसा : उससे पर्दा रख थोड़ी देर जिया जा सकता है?

महक : *(ज़ेबुन्निसा की आँखों में झाँकती है)* मेरी अन्दरुनी तन्हाई का अक्स दिखाई दे रहा है यहाँ—

ज़ेबुन्निसा : *(तनाव से)* कैसे निभाती हो उसके साथ?

महक : चुभे, तो दरगुज़र करो।

ज़ेबुन्निसा : हो जाता है?

(महक चुप है; दोनों की नज़र मिली है; महक ज़ेबुन्निसा की माला का हीरा छूती है।)

महक : इसे क्या कहते हैं?

ज़ेबुन्निसा : कुरुविन्द।[117]

महक : रौशन धुन्ध फूट रही है—

ज़ेबुन्निसा : *(दूसरे ज़ेवर के हीरे की तरफ़ इशारे के साथ)* इसके साथ पहनने से नींद आ जाती है।

महक : *(उसकी ठोढ़ी पर उँगली रख अन्तरंग की अदा से)* ठिठोली करती हो—

ज़ेबुन्निसा : *(ज़ेवर उतारते हुए)* आज़मा कर देखो।

(महक को पहनाती है; पल भर बाद ज़ेवर पर ध्यान दिये बिना महक ज़ेबुन्निसा की ख़ुशबू सूँघने लगती है।)

महक : इस ख़ुशबू को क्या कहते हैं?

ज़ेबुन्निसा : संदली—

(महक फिर गहरी साँस के साथ सूँघती है।)

महक : *(ख़ुशबू जैसे भीतर ज़ज्ब करते हुए)* घने जंगल के आबशार की ताज़गी व ठंडक; तपती नसों पर पर जैसे गुलअर्क़ की बूँदें छितराती; आहिस्ता-आहिस्ता भीतर ज़ज्ब होती हुई अफ़सुर्दा रूह को नर्मी से सहलाती—

(उसकी आँखें बन्द हो रही हैं। ज़ेबुन्निसा उसे बाँहों में ले लेती है।)

ज़ेबुन्निसा : बहुत थकी हो।

महक : *(हल्की मुस्कान से)* जनम-जनम की—

ज़ेबुन्निसा : चलो, सुला दूँ।

महक : *(करुण मुस्कान से)* आज तुम सुला दोगी, पर कल?

ज़ेबुन्निसा : कल भी सुला दूँगी।

महक : *(उदास हँसती है)* कल या तुम नहीं मिलोगी या नींद—

ज़ेबुन्निसा : *(उदास मुस्कान से)* दोनों होतीं नसीब में, तो हम मिलते ही क्यों?

(महक यकायक जाने लगती है।)

ज़ेबुन्निसा : *(तड़प कर)* जाओ मत—

महक : *(ठिठक कर दर्द से)* क्यों रोक रही हो?

ज़ेबुन्निसा : क्यों जा रही हो?

महक : दोनों को दर्द से बचाने के लिए।

ज़ेबुन्निसा : *(पास आते हुए)* बहुत झेला है। थोड़ा और सही। *(उसका इकतारा लेते हुए उसे हसरत से देखती है)* तुम्हारा सिंगार करूँगी; जी भर देखूँगी तुम्हें—

महक : *(ज़ेबुन्निसा की बिखरी लट सँवारते हुए)* हमारे रास्ते जुदा हैं शहज़ादी!

ज़ेबुन्निसा : फिर भी मिले तो हैं।

(महक तड़प कर अलग हो जाती है।)

महक : कहीं घर जल न जाय तुम्हारा—

ज़ेबुन्निसा : *(आवेग एवं लय से) जलना ही मक़सद है अब/*
वो मोमबत्ती हूँ जिसकी चमक/
जलने से ही बढ़ती है—

(महक बढ़कर ज़ेबुन्निसा को फिर बाँहों में भर लेती है। जेबुन्निसा के मुँह पर तृप्ति का भाव। ख़ानम सुल्तम, आराम बानो और सुल्तानुन्निसा का संवाद बोलते हुए प्रवेश।)

ख़ानम सुल्तान/
आराम बानो/
सुल्तानुन्निसा : *(साथ-साथ)* वैसे भी एक तिनका ही तो हूँ महज़/

(पंक्तियों के साथ ही प्रकाश ऐसे बदलता है कि अब आलिंगनबद्ध महक एवं ज़ेबुन्निसा की छायाएँ दिखाई दे रही हैं।)

ख़ानम सुल्तान/
आराम बानो/
सुल्तानुन्निसा : कल कहाँ उड़ा दी जाऊँगी पता नहीं/अहद कर सकता है कोई तूफान से?

(अँधेरा होता है।)

अंक-3

दृश्य-20

अजमेर खेमा। दिन।

(ज़ेबुन्निसा खेमे की खिड़की के बाहर देख रही है। अकबर का प्रवेश)

अकबर : बाजी!

(दोनों गले मिलते हैं।)

ज़ेबुन्निसा : *(तनाव से)* क्या हो रहा है यहाँ?

अकबर : *(आवेश में)* दिल्ली से बुतशिकनों[118] के जत्थे आ गये। जोधपुर के एक-एक मन्दिर की मूर्त्तियाँ तोड़ी जा रही हैं। जज़िया की मारी रैयत का हाहाकार देहातों तक जा पहुँचा है। क़ाज़ी वा मुहत्सिब की हैसियत अब फ़ौजदार से कम नहीं और दरवेश वा फ़क़ीर क़िलेदार बन बैठे हैं।

ज़ेबुन्निसा : दिल्ली दरबार के मुस्लिम हिस्से तक में इस नये मज़हबी उमरा से हसद है।

अकबर : वो तो होगा ही। यह जज़िया आमदनी अलग खाते में जाती है, सिर्फ़ मुसलमानों में तक़सीम होती है और ज़रूरतमन्द कौन है, यह क़ाज़ी तय करते हैं।

ज़ेबुन्निसा : अपनी-अपनी ज़ेब भर रहे हैं सब।

अकबर : मुसलमान सौदागरों को बढ़ावा देने के लिए ढाई फ़ी सदी चुंगी भी माफ़ कर दी गयी, जबकि हिन्दुओं पर पाँच फ़ी सदी बरक़रार है।

ज़ेबुन्निसा : दिल्ली में तो वे हिन्दुओं के साथ मिल कर धाँधली करते हैं।

अकबर : वही यहाँ हो रहा है। ताल्लुकों में सन्नाटा है; हिन्दू पेशकारों वा दीवानों के ख़ाली ओहदे भरने के लिए क़ाबिल मुसलमान

मिलते ही नहीं। मुसलमान मनसबदार ख़ुद ऐसी मज़हबपरस्ती की मुख़ालिफ़त कर रहे हैं।

ज़ेबुन्निसा : यहाँ तक कि क़ाज़ी-ए-सद्र ने बीजापुर हमले को नाजायज़ क़रार दे दिया।[119]

अकबर : तो आलमगीर ने अपना तर्जे-अमल नहीं, क़ाज़ी बदल दिया! बादशाहत की इससे बड़ी शिकस्त और क्या होगी?

ज़ेबुन्निसा : गुरु तेग़ बहादुर का क़त्ल किया, तो सिक्ख बिरादरी हाथ में तलवार उठा कर खालसा[120] बन गयी और अब तवारीख़ में दर्ज हो रहा है कि राजपूताना की पीठ में छुरा भौंकना आलमगीर की सियासी ही नहीं, इख़्लाकी[121] नाकामयाबी भी है। *(पल भर अपने में डूब जाती है; दर्द से)* मीरा बाई—*(जैसे सामने देख रही हो)* आलमगीर के एक हाथ में शमशीर है और दूसरे में कुदाली। वीरानो-शिकस्ता उदयपुर वा चित्तौड़ के तक़रीबन तीन सौ मन्दिरों के साथ, हमारी मीरा बाई का मन्दिर भी ज़मींदोज़ हो गया। **(दुपट्टे का कोना आँखों पर रखती है।)**

अकबर : और अब राणा प्रताप के मेवाड़ से जज़िया के एवज़ में *(चार उँगलियाँ दिखाते हुए)* चार परगने माँग रहे हैं आलमगीर! *(गुस्से की हिलोर उठती है)* दकन से मुअज़्ज़म, बंगाल से आज़म, अकबराबाद से हम, और दिल्ली से ख़ुद जहाँपनाह—चार फ़ौजें एकजुट, जैसे समरकंद पर हमला हो रहा हो! जबकि खाली ख़जाने का रोना रोते-रोते ज़िल्ले-सुब्हानी का गला सूख जाता है।

ज़ेबुन्निसा : हर दूसरे दिन कोई-न-कोई जागीरदार हमारे पास तलब[122] की गुहार लगाता आता है। किसी को ख़ासा[123] मिल जाता है, लेकिन ताबीनन[124] नहीं, और मिलता भी है, तो कटा-छटा। जमा[125] वा हासिल[126] की दूरी लगातार बढ़ती जाती है।

अकबर : पाँच हज़ारी मनसबदार पाँच सौ घोड़े लेकर जंग में शिरकत करने आएगा या जेल की हवा खाने? दिल्ली दरबार में कोहराम मच गया है बाजी! सभी खेमे इकट्ठे! **(दोनों की नज़र मिली है।)**

अकबर : *(दूसरे सुर में)* कल रात उमरा की महफ़िल में हमें बुलाया गया। *(आस-पास एक नज़र देख कर)* सदर थे शिहाबुद्दीन; हमको टटोल रहे थे।

ज़ेबुन्निसा : *(नाराज़ हो जाती है)* अभी चुप बैठो अकबर! काबुल में तुमने जो गुलकारियाँ दिखाई हैं, उनसे लुत्फ़अन्दोज़ हो रहे हैं हम!

अकबर : *(चौंकता है)* क्या किया हमने?

ज़ेबुन्निसा : तुमने असद ख़ाँ से पूछा, क्या बग़ावती पठानों की मदद से कोई शहंशाह को चुनौती दे सकता है?

अकबर : *(गुनहगार-सा)* हम उनको टटोल रहे थे।

ज़ेबुन्निसा : *(डाँटती है)* तुम्हारी अक़्ल को हो क्या जाता है? जहाँपनाह ने बाप के ज़ज्बे से काम लिया; इतनी अहम मुहिम पर तुम जैसे नातजुर्बेकार को भेज दिया, पर मैदाने-जंग के तपे वफ़ादार असद ख़ाँ को तुम्हारे साथ लगा दिया। किसलिए? ताकि तुमको फ़ौजी तालीम भी मिले, और तुम्हारे ऊपर नज़र भी रखी जा सके।

(अकबर चुप है।)

ज़ेबुन्निसा : तुम्हें फ़ौरन अकबराबाद का सूबेदार क्यों बनाया गया?

अकबर : और ज़िम्मेदारियाँ देने के लिए।

ज़ेबुन्निसा : *(स्नेहभरी चेतावनी के सुर में)* अकबराबाद शाहजहाँनाबाद की चुंगी चौकी मानी जाती है। क्या हैसियत होती है वहाँ के सूबेदार की? तुमको अपने पास बुला कर जहाँपनाह ख़ुद तुम्हारे ऊपर नज़र रखे हैं।

अकबर : पर मुँह खोले बग़ैर हमें अपने हिमायतियों का पता कैसे चलेगा? हमारा खेमा कैसे बनेगा?

ज़ेबुन्निसा : अभी उसके लिए वक़्त है अकबर! मन्ज़र का एक पहलू जहाँपनाह का हिमायती है। ईरान के साथ अम्नो-चैन है; बग़ावती अफ़गान ख़ामोश हैं; शिवाजी हमेशा के लिए सो गये। बीजापुर पर नाकामयाब हमले से टूटे राजा जयसिंह के इन्तिक़ाल फ़र्माने से जहाँपनाह फ़िलहाल सोग़ मना रहे हैं; साथ ही उन्होंने गोलकुंडा सुल्तान की माँ से क़ीमत लेने के बाद उन्हें न छेड़ने का वादा कर रखा है।

अकबर : यह तूफ़ान से पहले की ख़ामोशी है बाजी! राजपूत, सिख, अफ़रीदी, रुहेले, और जाट ही नहीं, मुसलमानों की बड़ी जमात भी निज़ाम से बदगुमाँ है।

ज़ेबुन्निसा : अभी उमरा खुल कर तुम्हारे साथ नहीं आएँगे। हथियार व हुकूमत—दोनों में तुमको बहुत धूल फाँकना है।

अकबर : मालवा और मुलतान के सूबेदार थे न हम!

ज़ेबुन्निसा : वहाँ तुमने दरबार चलाने का तौर-तरीक़ा सीख लिया, बस। तुम्हारे पास दिलेरी और जोखिम ज़रूरत से ज़्यादा है, लेकिन सब्र बहुत कम। *(समझाने के सुर में)* अभी तुम अपनी तैयारी करो, आतिशे-जंग में तपो। आलमगीर हमेशा क्या कहते हैं? पसीना जब सूख जाय, तब अपना चोग़ा उतारो।

अकबर : तब तक आलमगीर सल्तनत की कब्र पूरी खोद होंगे।

ज़ेबुन्निसा : *(डाँट के सुर में)* बहको मत। आज़म और मुअज़्ज़म तुमसे बड़े हैं।

अकबर : शुजा और दारा भी औरंगज़ेब से बड़े थे।

ज़ेबुन्निसा : बंगालो-दकन के सूबेदारों की बराबरी करोगे तुम? *(ऊपर इशारे के साथ)* तुम्हारा पलड़ा हवा में अठखेलियाँ करेगा!

अकबर : उन दोनों के पास सही निज़ाम का नक़्शा नहीं।

ज़ेबुन्निसा : नक़्शे से कमान मिलती होती, तो तख़्ते-ताऊस ख़ुद दारा शिकोह के पास खिंचा चला आता!

अकबर : दिल्ली दरबार में हर खेमे के ज़्यादातर उमरा समझते हैं कि उनकी वा सल्तनत की भलाई इसी बात में है कि मज़हबी रवादारी पर हुकूमत की वापसी हो।

ज़ेबुन्निसा : तब वो यह भी ज़रूर समझते होंगे कि आज की तारीख़ में तुम्हारे परचम-तले औरंगज़ेब के ख़िलाफ़ एकजुट होना खुदकुशी का दूसरा नाम है।

(दोनों की नज़र मिली है।)

ज़ेबुन्निसा : मत भूलो कि औरंगज़ेब ने सात बरस सब्र के साथ जंगे-विरासत की तैयारी की थी।

अकबर : *(तड़प कर)* इतनी मुहलत नहीं है बाजी! रानी हाड़ा ने पेशकश रख दी कि वो जोधपुर के सारे मन्दिर ख़ुद तोड़ देंगीं, पर मुग़ल फ़ौज ने जोधपुर और चित्तौड़ पर हमला बोल दिया। धुआँ देख रही हैं आप? लपटें दिल्ली तक पहुँचने में कितनी देर लगेगी?

(दोनों की नज़र मिली है। औरंगज़ेब का प्रवेश।)

औरंगज़ेब : अजमेर आकर क्या किया ज़ेबी?

ज़ेबुन्निसा : *(तनाव से)* ख़्वाज़ा के दरबार में सिजदा किया, लेकिन आज एक मन्नत भी माँग ली—राजपूताना में आपके उठे हुए क़दम की वापसी।

औरंगज़ेब : *(चौंकता है)* क्या कह रही हो?

ज़ेबुन्निसा : आगरा दरबार में शिवाजी की बेहुरमती के बाद आप सियासत की दूसरी सबसे बड़ी ग़लती आधी से भी ज़्यादा कर चुके। अगर उदयपुर का घेरा अब भी उठा लें और इन्द्र सिंह को जोधपुर का राजतिलक लगा दें, तो तवारीख़े-मुग़लिया का बेहद ख़तरनाक जुज़[127] तहरीरबन्द होने से रुक जाएगा।

औरंगज़ेब : कैसी बहकी बातें कर रही हो!

ज़ेबुन्निसा : ग़रीबनवाज़ से ग़ैबी पैग़ाम लेकर आयी हूँ। मुग़ल सल्तनत के तलवार थामने वाले दाएँ हाथ राजपूतों पर हमला—पूरा दिल्ली दरबार लरज़ रहा है!

औरंगज़ेब : जसवंत सिंह पर निज़ाम का क़र्ज़ बाक़ी है। उनके इन्तिक़ाल के बाद बेटा न होने पर हमने जोधपुर को क़ानून के मुताबिक़ ख़ालिसा में शामिल कर लिया, बस।

ज़ेबुन्निसा : छोटी रानी ने कुँवर अजीत सिंह को जनम दिया है न! पर आपने जसवंत सिंह के भतीजे इन्द्र सिंह को राजतिलक लगा दिया! महारानी हाड़ी वा दुर्गादास राठौर को मारवाड़ में यह अनहोनी क्योंकर मन्ज़ूर होगी?

औरंगज़ेब : तो हमने इन्द्र सिंह को जोधपुर व नागौर दे दिया और अजीत सिंह को सोजत व जयतरण।

अकबर : यानी राजपूताना के सिरमौर मारवाड़ को बाँट उसकी हैसियत मिट्टी में मिला दी?

औरंगज़ेब : क्या बोले जा रही हो?

ज़ेबुन्निसा : आप राजपूतों को जानबूझ कर दिल्ली दरबार से दूर तैनाद करने लगे हैं।

अकबर : तभी हिन्दुओं में सबसे ऊँचे मनसबदार जसवंत सिंह को गुजरात की सूबेदारी से हटाया और दूरदराज़ जमरुद में थानेदारी खूँटे पर बरसों बाँधे रखा।

औरंगज़ेब : जयसिंह बरसों की जद्दोजेहद के बाद न तो शिवा को हमारे मुआफ़िक़ कर पाये और न बीजापुर को। उनके बेटे राम सिंह पर क़ैद शिवा की पहरेदारी थी। फिर वो भागने में कामयाब कैसे हो गया? इसीलिए राम सिंह को दूर उत्तर-पूरब में बग़ावती मौज दबाने के लिए तैनाद कर रखा है। जंगे-विरासत में जसवंत

सिंह ने बार-बार पाला बदला। हम ताक़तवर उमरा को शहज़ादों से दूर रखना चाहते हैं।

ज़ेबुन्निसा : पर आपकी सज़ा ने जसवंत सिंह के उस दूध-पीते बच्चे को ज़द में ले लिया, जिसे दुर्गादास राठौर राजतिलक लगवाने के लिए दिल्ली लाये थे।

अकबर : आपने रानी वा राजकुँवर को क़ैद में डाल कर इस मुद्दे को बेहद संगीन बना दिया!

ज़ेबुन्निसा : दिल्ली की नाक कट गयी, जब दुर्गादास रानी व अजीत सिंह को छुड़ा कर भागने में कामयाब हो गये और जोधुपर में दिवाली मनायी गयी।

औरंगज़ेब : *(चिढ़ जाता है)* वो जाली बच्चा है। सही वारिस शाही हरम में महफूज है।

अकबर : तो आपने कलमा पढ़वा उसकी दावेदारी नाजायज़ क्यों बना दी?

ज़ेबुन्निसा : क्योंकि अब जोधपुर के सामने अपनी शिकस्त मन्ज़ूर करने में आपको शर्मिन्दगी होती है।

औरंगज़ेब : जुझार सिंह बुन्देला को हराने के बाद शाहजहाँ ने भी उनकी औलाद को कलमा पढ़वाया था।

ज़ेबुन्निसा : पर आपकी नक़लनवीसी का नतीजा क्या हुआ?

अकबर : राठौरों के साथ सिसौदिए, हाड़ा, और गौड़ भी मुग़लों के ख़िलाफ़ एकजुट हो गये।

ज़ेबुन्निसा : *(आक्रोश से)* पूरा राजपूताना जल रहा है जहाँपनाह!

औरंगज़ेब : सिसौदियों की दुखती नस हम ससमझते हैं। जंगे-विरासत में हमारी हिमायत के बाद उनको हमसे जो ऊँची तवक़्क़ो थी, न सिर्फ़ पूरी नहीं हो पायी, बल्कि इस बीच जोधपुर और आमेर अपनी शान और सरहद में इज़ाफ़ा करते हुए राजपूताना की शान बन गये।

ज़ेबुन्निसा : उतनी ही अहम हक़ीक़त यह है कि जोधपुर और उदयपुर की रानियाँ ऐसी बहनें हैं, जो अँधेरे-उजाले में एक-दूसरे का साथ देती हैं।

अकबर : रानी हाड़ी ने अपनी निगहबानी में अजीत सिंह के राजतिलक की पेशकश की है। उसे मन्ज़ूर कर राणा राजसिंह को सलाहकार बना लीजिए।

औरंगज़ेब : *(क्रोधित हो)* हम यहाँ मेवाड़ की अहमियत बढ़ाने के लिए नहीं, बल्कि उसको सबक़ सिखाने के लिए आये हैं।

ज़ेबुन्निसा : लेकिन दुर्गादास वा राणा की फ़ौज ने अरावली पहाड़ियों पर पनाह लेते हुए अहमदाबाद और खंभात बन्दरगाह के सीधे तिजारती रास्ते को ख़तरनाक बना दिया, यानी यह सबक़ दोतरफ़ा हो गया।

अकबर : अब बरसों तक उनका पीछा करते हुए हम छापामार हमलों से ख़ूंरेज़ होते रहेंगे। इलाक़ाई नक़्शा उनकी हथेली पर है और मुकामी अवाम की वफ़ादारी अपने ही लोगों के साथ।

(अगले संवादों के दौरान औरंगज़ेब बारी-बारी से दोनों को देखता रहता है।)

ज़ेबुन्निसा : याद कीजिए बल्ख़ में अपना तर्जुबा! आपने तो फ़तेह भी हासिल कर ली थी, पर वापस लौटने के अलावा और कोई चारा नहीं रहा।

अकबर : दकन में मराठों के जो सदाबहार पैंतरे हैं, वही राजपूताना में दुहराये जा रहे हैं।

ज़ेबुन्निसा : अब मुनासिब यही है कि दुर्गादास राठौर को दूसरा शिवाजी मान लिया जाय।

औरंगज़ेब : तुम दोनों बिल्कुल एक सुर में बोल रहे हो, लेकिन हिन्दू ख़ुद्दारी की निशानी बने इन राजाओं का सर कुचलने के लिए उठा आलमगीर का क़दम वापस नहीं लिया जायगा। हम मेवाड़ पहाड़ों पर तीन तरफ़ से हमला करेंगे—आज़म पूरब से देवबारी दर्रा होते हुए, बरास्ता राजसमुद्र मुअज़्ज़म, और पच्छिम से *(अकबर की ओर इशारे के साथ)* तुम। फ़ौजी खेमे में आओ।

(जाता है; अकबर व ज़ेबुन्निसा की नज़र मिलती है।)

अकबर : बाजी, यही वो लम्हा है, जब नयी तावारीख़ लिखी जा सकती है।

ज़ेबुन्निसा : *(आशंका से)* मुअज़्ज़म और आज़म यहीं मौजूद हैं।

अकबर : लेकिन उनके साथ राजपूत फ़ौज नहीं।

(ज़ेबुन्निसा सन्न रह जाती है।)

अकबर : दुर्गादास राठौर का कहना है, अगर मैं बग़ावत का परचम लहरा दूँ, तो पूरा राजपूताना हमारा साथ देगा।

ज़ेबुन्निसा : मुग़ल फ़ौज का मुक़ाबला बहुत मुश्किल है।

अकबर : मराठे पीढ़ियों से कर रहे हैं।

ज़ेबुन्निसा : और पीढ़ियों तक करते रहेंगे, लेकिन हमें छापामार नहीं, आमने-सामने की लड़ाई चाहिए, ताकि एक बार फ़ैसला हो जाय।

अकबर : दिल्ली दरबार का तीन-चौथाई इस हमले के ख़िलाफ़ है।

ज़ेबुन्निसा : लेकिन वो अभी तुम्हारे जैसे कमसिन के साथ हाथ मिला कर अपनी तबाही को दावत नहीं देगा।

अकबर : अकबरे-आज़म भी कमसिन थे, जब उनके सिर पर ताज आया।

ज़ेबुन्निसा : उनके बाप का इन्तिक़ाल हुआ था, जबकि तुम्हारे बाप गद्दीनशीं हैं। फिर अकबर को चुनौती देने की हैसियत वाला कोई भाई भी नहीं था, जबकि तुम्हारे दो बड़े भाई *(इशारे के साथ)* बाहर मुस्तैद हैं।

अकबर : *(फ़ेहरिस्त देते हुए)* हम इतने उमरा की असलियत टटोल चुके हैं—

(ज़ेबुन्निसा के पढ़ने के साथ अकबर का संवाद चलता रहता है।)

अकबर : एक खेमा नहीं छूटा। बदख़्शी तूरानी—मीर जुमला से हसद के शिकार; ख़्वाफ़ इलाक़े से बाहर के ईरानी; हमेशा सबसे निचले मनसब पाने वाले अफ़गानी; बारहा सैयद और काम्बूस मुसलमान—

ज़ेबुन्निसा : *(फेहरिस्त वापस करते हुए)* उमरा की असलियतें एक से ज़्यादा होती हैं और हालात के मुताबिक़ अपनी सूरत इख़्तियार करती जाती हैं। सामूगढ़ वा देवराई में दारा की शिकस्त के बाद कितनों की असलियतें सामने आती गयीं? *(गुस्सा बढ़ने लगता है)* अभी सब्र रक्खो। जिससे लोहा लेने का बेतुका ख़याल पाल रहे हो, वो सोलह बरस की उम्र में दस हज़ार घुड़सवारों की कमान सँभालते थे और अठारह की उम्र में सुलगते दकन की सूबेदारी। उनकी अन्दरूनी ताक़त का एहसास नहीं है तुम्हें। तुम भाइयों में कोई भी उनकी जगह होता, तो शाहजहाँ का दौरे-नाराज़गी झेलते हुए दिमाग़ी तवाज़ुन खो देता। पर उन्होंने दाँत पीसते हुए हमेशा अपने होशाहवास क़ायम रखे। बल्ख़ की मुहिम पर दौराने-जंग सनसनाते तीरों, गोलियों और गोलों के बीच नमाज़ अदा करने का हौसला कितनों के पास होता है? उनकी ख़ामियाँ तो तुमने फ़ौरन गिना दीं, ख़ूबियाँ

औलाद होने के बावजूद नहीं जानते? सामने वाले की ताक़त कभी कम मत आँको और ख़ून के घूँट पीते हुए सही लम्हें का इन्तिज़ार करो।

(जाती है; अकबर फ़ेहरिस्त देखते हुए सोच रहा है; चेहरे पर सख़्त भाव आ जाता है; एलानी का प्रवेश। हाथ के थाल में ताज। अकबर ताज उठा कर अपने सर पर रख लेता है।)

एलानी : *(सामने देखते हुए कड़कदार सुर में)* शहज़ादे अकबर ने अपनी बादशाहत का एलान कर दिया!

(अकबर जाता है।)

एलानी : चार मौलवियों ने फ़तवा दिया कि शरिआ की चन्द नापबन्दियों की वजह से आलमगीर को बर्ख़ास्त किया जाता है!

(औरंगज़ेब का प्रवेश। अगले संवाद के बीच पत्र लिखता है।)

एलानी : सिपहसालार तहव्वुर ख़ाँ नये निज़ाम के वज़ीर मुकर्रर किये गये हैं। अकबर सिर्फ़ तीन मील दूर दोराबा में हैं। छावनी के तम्बू ताने जा रहे हैं।

(अगली पंक्ति के बीच औरंगज़ेब पत्र लिफ़ाफे में रखता है।)

एलानी : देवराई के इस मैदान में, जहाँ औरंगज़ेब के मुक़ाबिल दारा शिकोह की तीसरी वा आख़िरी शिकस्त हुई थी, आज फिर तवारीख़े-सल्तनते-मुग़लिया का नया जुज़ लिखा जाएगा।

(औरंगज़ेब लिफ़ाफ़ा एलानी को देता है। एलानी का प्रस्थान। तेज़ आँधी वा बारिश। औरंगज़ेब भावहीन सामने देख रहा है। बिजली कड़कती है; अँधेरा।)

दृश्य-21

वही जगह। शाम।

(चिन्तित ज़ेबुन्निसा पर प्रकाश। तेज़ बारिश चालू। हाथ में छोटा-सा बस्ता लिये औरंगज़ेब का प्रवेश। ज़ेबुन्निसा को विशेष दृष्टि से देखता है। वह बस्ता देख लेती है।)

औरंगज़ेब : *(तनाव से)* यह सच है कि कल रात सैयारा[128] देखा गया?

ज़ेबुन्निसा : *(हामी में सिर हिलाते हुए)* बीच आसमान में यकायक आतिश के अनारदाने फूटे, फिर दहकती सुफ़ेद चिंगारियाँ दक्खिन की तरफ़ झरती गयीं।

औरंगज़ेब : खन्दकों में तैनाद सिपाहियों के बीच कोहराम मच गया। उनका कहना है कि यकायक कब्रों के मुहाने[129] खुले और बेचैन रूहें निकल कर मातम करने लगीं। *(ज़ेबुन्निसा को देखते हुए)* शहज़ादे अकबर की पैदाइश का दिन याद है?

(ज़ेबुन्निसा को एहसास हो रहा है, कुछ बहुत भयंकर होने वाला है।)

ज़ेबुन्निसा : गर्मी और उमस से भरा था।

औरंगज़ेब : दिलरस बेगम पीसने-पसीने हो रही थीं। दिल्ली में शाही हरम के वास्ते काश्मीर से बर्फ़ की दो नावें तो रोज़ाना पिघलते-पिघलते आधी पहुँच ही जाती थीं, पर दौलताबाद में तो सिर्फ़ उसका तसव्वुर ही किया जा सकता था। सूबेदार अपनी चहेती बेगम के वास्ते बर्फ़ की फ़क़त एक सिल्ली के लिए तरस रहा था! तब वादा किया था ख़ुद से कि अगर कभी तख़्ते-दिल्ली तक पहुँचे, तो मलिका को आज के इस दिन का हर्जाना

ज़रूर देंगे। पर जंगे-विरासत शुरू होने से पहले ही, हमारी ज़ज्बाती सिपहसालार हमें छोड़ कर चली गयीं।

(पल भर अपने में डूब जाता है।)

औरंगज़ेब : *(सुर बदल जाता है।)* औरंगज़ेब की ख़ूंरेज़ी के मद्देनज़र, उसके सर पर ताज आने से पहले ही दिलरस बानो का चला जाना शायराना इन्साफ़ है, ऐसा दारा शिकोह ने कहा था। जब हमारे नाम का ख़ुत्बा पढ़ा जा रहा था, तो हमें बेइख़्तियार दिलरस बानो की याद आयी, पर वो निकाह की रूनुमाई[130] नहीं, अपने वादे से वाबस्ता वही मजबूर लम्हा था, जो हमारे दिल में रुद्रवीणा के सुरों की मानिन्द झनझना उठा—*(ज़ेबुन्निसा को देखता है)* पर आज हमें गुनाहभरी तसल्ली का बारीक़-सा एहसास हो रहा है—साथ ही उसके होने पर शर्मिन्दगी की रंगत से भरा—कि हमारी रूह की मरहूम संगी को आज के इस स्याह लम्हें से मुठभेड़ नहीं करनी पड़ी।

(एक पल अपने में डूब जाता है; ज़ेबुन्निसा समझ जाती है, उसकी ज़िन्दगी बदलने जा रही है, पर क्यों? नहीं मालूम। विराम।)

ज़ेबुन्निसा : अकबर जंग हार गया?

औरंगज़ेब : *(ख़त निकाल कर पढ़ता है)* अज़ीज़ बेटे अकबर, जो शहंशाह न कर सका, वो तुम्हारी सियासती चाल ने कर दिखाया। राजपूतों को एकजुट कर एक ही जगह ले आने में कामयाब हो गये। तुम अपनी फ़ौज उनके पीछे रखना। इंशाअल्लाह, अब हम राजपूतों को दो पाटों के बीच कुचल देंगे।

तुम्हारा अज़ीज़ वालिद, औरंगज़ेब—

(ज़ेबुन्निसा कोई प्रतिक्रिया नहीं दिखाती।)

ज़ेबुन्निसा : राजपूत तम्बू में फेंके गये इस ख़त को पढ़ते ही दुर्गादास राठौर ने आनन-फ़ानन अपने हथियार समेटे और मैदान ख़ाली कर दिया?

(औरंगजेब हामी में सिर हिलाता है।)

औरंगज़ेब : हम सबको कभी-न-कभी ऐसे लम्हें से मुठभेड़ करनी पड़ती है, जब ज़िन्दगी पर से हमारा यक़ीन उठ जाता है। चुभन, नाउम्मीदी, दर्द—इन सबके पीछे क्या है? हमने किसी से कुछ तवक़्क़ो की थी। पूरी नहीं हुई, तो दिल हमेशा के वास्ते चटख

गया। आप भीतर से कितने ही सख़्त और ख़ुदमुख़्तार हों, ऐसी उम्मीद पाल लेना इन्सानी फ़ितरत है—बल्कि साँस के चलते रहने की सनद है। *(बस्ते से ख़त निकाल कर दिखाता है।)* अकबर के तम्बू में हमें ये ख़त मिले।

ज़ेबुन्निसा : *(भावहीन)* हमने लिखे हैं।

(दोनों की नज़र मिलती है।)

औरंगज़ेब : *(सुर बदल जाता है)* तुमको न सिर्फ़ मालूम था कि अकबर के भीतर क़व्वालि-ए-बग़ावत के बोल फूट रहे हैं, बल्कि तुम्हारा अपना सुर भी उसमें मिला हुआ था?

(ज़ेबुन्निसा भरी बैठी है। तनाव है, पर बाप के साथ चलती सदाबहार जंग ख़त्म हो रही है, यह सन्तोष भी है।)

ज़ेबुन्निसा : हाँ गंगा-जमुनी तहज़ीब इस मुल्क़ की रगे-जाँ[131] है। वो कट जाएगी, तो हिन्दुस्तान का ख़ून जिबह के बकरे की तरह बह जाएगा। मुल्क के हर मज़हब को तस्लीम कीजिए और हर नस्ल वा क़ौम का अपने साथ लेकर चलिए। राजपूतों और मराठों के साथ सुलह कीजिए। सिखों और रुहेलों को मत छेड़िए। बीजापुर वा गोलकुंडा को मुग़ल छाते के नीचे अन्दरूनी ख़ुदमुख़्तारी अता फ़र्माइए।

(औरंगज़ेब सन्न रह जाता है।)

ज़ेबुन्निसा : दकन की सूबेदारी दूसरी बार सँभालते हुए आपने शाहजहाँ से क्या इल्तिजा की थी? कि सही नतीजे दिखाने के लिए मुझे दख़लन्दाज़ी के बग़ैर तीन बरस काम करने दीजिए। अब तख़्ते-ताऊस की ज़ीनत दोबाला करते हुए आप अपना दर्द भूल गये? आपने जिसको जहाँ तैनाद किया है, उसको अपने तरीक़े से तब तक काम करने दीजिए, जब तक उससे कोई बड़ी ख़ता नहीं होती। आप हरेक काम ख़ुद नहीं कर सकते। सल्तनत बहुत बड़ी हो चुकी; आप हर एक की हर ज़ुम्बिश पर नज़र भी नहीं रख सकते। आपने हर शहज़ादे और हर सिपहसालार पर ख़ुफ़िया लगा रखे हैं; आपने ख़ुफ़ियाओं पर ख़ुफ़िया लगा रक्खे हैं! महलदार, सिपाही, दाई, बाँदी, किन्नर—जिसको देखो, शहंशाह के वास्ते जासूसी कर रहा है! आपको शहज़ादों और सिपहसालारों की ज़ाती मुलाक़ात से ख़ौफ़ होता है! आप किस-किसको रोकेंगे? कौन किससे, कहाँ, और क्यों मिल रहा है,

सब आप जान लेंगे, तो आप में और *(ऊपर उँगली उठाते हुए)* उसमें फ़र्क़ क्या रह जाएगा? आप दिल्ली में मरक़ज़ी कमान सँभालें, विरासत का मंसूबा बनाएँ, शहज़ादों को सामने बिठा कर समझा दें। फिर सब छोड़ दें अल्लाह के ऊपर—*(दोनों की नज़र मिली है)* अगर ऐसा नहीं हुआ, तो तवारीख़ में यही दर्ज होगा कि धूमकेतु के जलवे में आलमगीर को ख़तरे का ग़ैबी बिगुल सुनाई नहीं दिया।

औरंगज़ेब : हमने ख़तरे का गैबी बिगुल सुन लिया, लेकिन दूसरी क़िस्म का। *(उसको देखता है)* सख़्त नाकेबन्दी के बावजूद तुम्हारा अज़ीज़ अकबर राजपूती हुलिया बनाकर भागने में कामयाब हो गया!

ज़ेबुन्निसा : *(तनाव से)* अकेला?

औरंगज़ेब : हमारे ख़त का फ़रेब जान कर शर्मिन्दा हो गये दुर्गादास राठौर और उनके दस्ते के साथ।

ज़ेबुन्निसा : कहाँ गया?

औरंगज़ेब : तुम्हें तो सियासत की ऐसी पकड़ है। अन्दाज़ लगाओ।

ज़ेबुन्निसा : *(तनाव से)* ख़ुदा ख़ैर करे! कहीं रायगढ़ तो नहीं पहुँच गया—शम्भूजी के पास?

(औरंगज़ेब आपे से बाहर है। पिंजरे में बन्द शेर की तरह चक्कर लगा सकता है।)

औरंगज़ेब : *(यकायक चीत्कार-जैसा करते हुए ऊपर देखता है)* शिवा, मैं देख रहा हूँ तुम्हारी मुस्कान! *(तड़प कर, जैसी किसी ने ख़ंजर भौंका हो)* आलमगीर का बेटा हाथ फैलाकर तुम्हारे बेटे के दरबार में हाज़िर हो गया और वो भी हमारे ख़िलाफ मदद का तलबगार बन कर—*(फिर चीत्कार)* ख़ुदारा, उस नामुराद के हिन्दू पदपादशाही में पाँव रखने से पेशतर ज़मीन क्यों नहीं फट गयी? उस पर बिजली क्यों नहीं टूटी? *(पल भर अपने में डूब जाता है, जैसे वह दृश्य देख रहा हो।)* अकबराबाद दरबार में शिवा की हाज़िरी। हमने इशारा किया, मनसबदारों की पाँच हज़ारी जमात में खड़ा कर दो। वो गरजा। तब एक लम्हा मिली थी हमारी नज़र—जैसे दहकते लोहे से लोहा टकराता है। यह हमारा मातहत कभी नहीं बन सकता, उस लम्हें में हमें एहसास हो गया। हमारी क़ैद से भाग कर, अकबराबाद से बाहर निकलते

हुए, उसने एक बार मुड़ कर फ़तेह की मुस्कान से आफ़ताब परचम वाले क़िले को देखा होगा—आलमगीर, शिवशाही को ज़ंजीरों में जकड़ कर नहीं रख सकते तुम! *(फिर चीत्कार)* आज दूसरी बार मुस्कुराया है शिवा! आलमगीर, तुम तो अपने ही ख़ून को अपने से जोड़ कर नहीं रख सके! आज वालिदों के दरबार में तख़्त पर बैठे हमने एक हज़ारी मनसबदारों की क़तार में शामिल कर दिया—*(उँगली उठा कर अपनी ओर इशारे साथ)* तुमको!

(पीड़ा की गहराई से छटपटाता है। ज़ेबुन्निसा देख रही है। औरंगज़ेब स्वयं पर नियन्त्रण करता है।)

औरंगज़ेब : अकबर हाथ लग जाता, तो राजपूतों को कुचलने के बाद हम शाहजहाँनाबाद वापस लौट जाते। बीच-बीच में बीजापुर, गोलकुंडा, और अहमदनगर सरकशी दिखाते, तो मुग़ल सूबेदार उनसे निबटता रहता। शम्भू और उसके घाघ कविकुलिश को भी हम लाज़िमी सरदर्द मानकर निबाह कर लेते, लेकिन हमारे दुश्मनों के धनुष में अकबर नाम का तीर लगने के साथ अब हमारा और सल्तनत का मुक़द्दर ही बदल गया!

(दोनों की नज़र मिली है।)

औरंगज़ेब : अब हम उत्तर में नहीं रह सकते। इससे पहले कि दुश्मन अनासिर, बाग़ी के पीछे एकजुट होते जाएँ, उसको कुचलना, और वो भी जल्दी-से-जल्दी, लाज़िमी है। यह सिपहसालारों के बस की बात नहीं। अब हमें नाक नीची कर, मेवाड़ और मारवाड़ से फ़ौरन समझौता करते हुए, ख़ुद दकन को कूच करना होगा और अगर हमें मराठों की समझ है, तो हम जानते हैं कि लम्बे अर्से तक हम शाहजहाँनाबाद लौटने के क़ाबिल नहीं होंगे। *(एक पल को अपने भीतर डूबता है)* हमारी ज़िन्दगी में जो कुछ रौशन और रंगारंग था, दिलरस बेगम के साथ चला गया। *(ज़ेबुन्निसा को देखता है)* हम तुम्हें देख कर तसल्ली करते रहे कि मरहूम की छोटी तस्वीर तो है। आज वो भरम भी टूट गया।

(ज़ेबुन्निसा चुप है।)

औरंगज़ेब : बुरा नहीं हुआ। भरम टूट जाने से जीने का बोझ ज़रूर बढ़ जाएगा, लेकिन तमाम बेख़्वाब रातों के बाद, आहिस्ता-आहिस्ता,

बूँद-बूँद करके, सुकून की ओस भी टपकने लगेगी। *(उसको देखते हुए बदले सुर में)* ज़ेबुन्निसा बेगम, हम तुमको ऐसी तारीख़ी सज़ा देंगे, जो ख़ानदाने मुग़लिया में अब तक किसी बाप ने किसी शहज़ादी को नहीं दी।

ज़ेबुन्निसा : *(बिना किसी भाव के)* हम मौत के वास्ते तैयार हैं।

औरंगज़ेब : वो तो इनाम होगा। तुम ज़िन्दगी को लेकर बहुत ग़ौरो-फ़िक्र करती हो न! अब हम तुमको बेपनाह वक़्त देंगे। वक़्त के आबशार में भीगो, वक़्त की नदी में बहो, वक़्त के समुन्दर में सारी ज़िन्दगी छटपटाओ—इस चुनौती के साथ कि देखें, क्या सोच सकती हो, कितना सोच सकती हो, कब तक सोच सकती हो!

(मुअज़्ज़म का प्रवेश)

औरंगज़ेब : ज़ेबुन्निसा बेगम को सलीमगढ़ ले जाकर, क़ैद-ए-तन्हाई में डाल दिया जाय!

(दोनों की नज़र मिली है। रुद्रवीणा की करुण रागिनी। ज़ेबुन्निसा जाने लगती है, पीछे मुअज़्ज़म। औरंगज़ेब उस ओर देख रहा है। अँधेरा होता है।)

दृश्य–22

सलीमगढ़। रात।

(प्रकाश धीरे-धीरे होता है। कफ़न लपेटे मुराद बख़्श और सुलेमान शिकोह संवाद बोलते हुए आते हैं।)

मुराद बख़्श/
सुलेमान शिकोह : *(एक साथ लय से)* बग़ैर साये के लोगों का आशियाना सलीमगढ़/ ज़िन्दा मुर्दों का मक़बरा/

(भावहीन ज़ेबुन्निसा का प्रवेश। वह दोनों शहज़ादों का नोटिस नहीं लेती और न वे दोनों उसका। अगले संवाद में ज़ेबुन्निसा आस-पास देखती है।)

मुराद बख़्श/
सुलेमान शिकोह : *(एक साथ लय से)* आहें साँसों का दूसरा नाम हैं/और चीख़ें दिल की धड़कन।

(ज़ेबुन्निसा के अगले संवाद के साथ शहज़ादों का प्रस्थान।)

ज़ेबुन्निसा : जब ज़िन्दगी में आप ऐसे मुकाम पर पहुँच जाते हैं, जहाँ सब कुछ ग़लत है—गिर्दो-पेश, जीने का मतलब, और रिश्ते; तो? हर सिम्त अँधेरों में घिरे हुए आप क्या कर सकते हैं? सोच सकते हैं। अपनी ज़िन्दगी के बारे में—ख़ास कर वो दौर, जब गिर्दो-पेश कम ग़लत था। जब मैं सिर्फ़ मौजूदा में जीती थी, जो फ़क़त होने की क़ुदरती ख़ुशी से लबरेज़ था। तब मेरे साथ न माज़ी का सोग़ था, न आग़ाज[132] का अन्देशा। फिर समझा, ख़ुशी की न सिर्फ़ वजह होती है, बल्कि उसकी चीरफाड़ भी दरकार है। यह मजबूरी मुझे उस शै तक ले गयी, जिसे माज़ी कहते हैं। जब माज़ी होता है, तब यादें होती है। वक़्त के

आबशार में भीगते हुए अब क्या करें? यादों की जुगाली। अम्मी का छूना। वो होती थीं, तो आस-पास संदली महक बनी रहती थी। अन्देशे का सदाबहार ज़ज्बा रहता था उनकी आँखों में, जैसे बुरी ख़बर के लिए हमेशा तैयार हों। जहाँ आरा बेगम की ठहरी हुई आवाज़; ऊपर-नीचे नहीं जाती, काँपती नहीं। इतना कुछ देख लिया कि अब कुछ भी उन्हें डिगाता नहीं। दारा शिकोह के साथ होंगीं अब। चार दिन पहले निजात पा गयीं मलिका-उज़्ज़मानी[133]—

(सकीना बी आती है।)

सकीना बी : *(सलाम के साथ)* नींद नहीं आ रही?

(ज़ेबुन्निसा इन्कार में सिर हिलाती है।)

सकीना बी : शुरू के दिन संगीन गुज़रते हैं।

ज़ेबुन्निसा : इस कमरे में हमसे पहले कौन था?

सकीना बी : *(दुख के साथ)* पैंतीस दिन वो थे—

(मुस्कान के साथ दारा शिकोह का प्रवेश। ज़ेबुन्निसा एवं दारा शिकोह एक-दूसरे को देख रहे हैं। अगले संवाद के साथ सकीना बी का प्रस्थान।)

दारा शिकोह : ज़ेबी!

ज़ेबुन्निसा : *(आवेग से)* मलमल का लिबास नहीं; चाँदी का पानदान और याक़ूत क़लम नहीं; मछली परचम तले ग्यारह तोपों की सलामी लेने वाला पादशाह बेगम ओहदा नहीं। अब मैं कौन हूँ?

दारा शिकोह : *(शान्त सुर में)* औरंगज़ेब ने तुम्हें बेशक़ीमती आईना सौग़ात में दिया था। बाँदी के हाथ से गिर कर टूट गया। तुमने क्या कहा?

ज़ेबुन्निसा : गुरूर का एक ज़रिया तो कम हुआ।

दारा शिकोह : गुरूर से ऊपर का पायदान ख़ुदी का एहसास है। अब तुम्हें अपने को उससे ख़ाली करना है। जब ख़ाली हो जाओगी, तभी तो आज़ाद होगी।

(ज़ेबुन्निसा विचारलीन। जहाँ आरा का संवाद बालते हुए प्रवेश।)

जहाँ आरा : *(लय से)* उम्मीदपरस्त हूँ मैं/

दारा शिकोह : *(वैसे से)* नाउम्मीद घेराबन्दी के बीच/

ज़ेबुन्निसा : इन्कार नहीं करती कि गिरती जा रही है दुनिया/

जहाँ आरा : सिर्फ़ इतना करती हूँ दावा/

ज़ेबुन्निसा : कि उम्मीद है/

दारा शिकोह : मेरे लिए नहीं; मेरे इक़ाब (यातना) के लिए/

(हल्की मुस्कान से उसे देखते हुए दारा शिकोह वा जहाँ आरा जाने लगते हैं। अगली पंक्तियों में ज़ेबुन्निसा दर्शकों को सम्बोधित करती है।)

ज़ेबुन्निसा : उसकी ख़ालिसी और ईमानदारी के लिए/
आने वाले वक़्तों में जब कोई भूले-भटके ले मेरा नाम/
तो मेरे अँधेरे पर एक आँसू न बहे/
तज़्किरा हो तो उस रूह का/
जिसकी परवाज़ ऊँची दीवारों के बावजूद चली गयी सात आसामानों के पार/
सिजदे की मानिन्द/
वो नहीं थी मेरे ज़ाती दर्द का अक्स/
उसमें एक ख़ानदान, एक ज़ख्मी मुल्क़ की इकट्ठी आहों-कराहों का मातम था—

(मंच के दूसरे हिस्से में औरंगज़ेब का प्रवेश। अपने में खोयी ज़ेबुन्निसा के मुँह पर भावभीनी मुस्कान। ज़ेबुन्निसा औरंगज़ेब का नोटिस नहीं लेती। औरंगज़ेब के अगले संवाद के साथ सकीना बी का प्रवेश।)

औरंगज़ेब : *(ज़ेबुन्निसा की ओर संकेत के साथ)* कैसी हैं?

सकीना बी : सलीमगढ़ में जैसी हो सकती हैं—

औरंगज़ेब : करती क्या है?

सकीना बी : पढ़ती-लिखती हैं, पहरों जमुना को देखती हैं, सोचती हैं, गुनगुनाती हैं।

औरंगज़ेब : रोती हैं?

सकीना बी : मेरी जानकारी में तो नहीं।

औरंगज़ेब : रोएँ तो हमें बताना। दिन में कितनी बार रोयीं—किस बात पर, तो बेहतर होगा।

(सकीना बी हामी में सिर हिलाती है। मंच के तीसरे हिस्से में अकबर का प्रवेश। अगले संवाद के प्रारम्भ के साथ सकीना बी का प्रस्थान। अब ज़ेबुन्निसा, औरंगज़ेब एवं अकबर

अलग-अलग प्रकाश-परिधि में हैं। ज़ेबुन्निसा तथा अकबर के लिए औरंगज़ेब का अस्तित्व नहीं।)

अकबर : बाजी, हम भाग के ईरान आ गये हैं।

ज़ेबुन्निसा : *(चौंक जाती है)* मराठे तुम्हारी मदद कर तो रहे थे।

अकबर : औरंगज़ेब के ख़ुद दकन आ धमकने से हमारी तबाही पूरी हो गयी। बीजापुर पर तो मुग़ल परचम लहरा ही गया था; अब गोलकुंडा को भी जल्दी ही घुटने टेकने पड़ेंगे। शिवाजी होते, तो हमारे ज़रिये राजपूतों वा दक्खिन-उत्तर की दीगर ताक़तों के साथ मोर्चा बना लेते, पर शम्भूजी अपनी घरेलू चुनौतियों में ही फँस कर रह गये।

ज़ेबुन्निसा : तो शाह सुलेमान ने क्या कहा?

अकबर : यही कि हुमायूँ की हमने जब मदद की, तभी मुग़लों को दोबारा हिन्दुस्तान में फ़तेह मिली। ये शाही ख़ानदान वैसे भी औरंगज़ेब को पसन्द नहीं करता।

ज़ेबुन्निसा : *(डाँट कर)* अभी तुम ख़ुदकुशी के ख़्वाब मत देखो। चुपचाप इन्तिज़ार करो।

अकबर : किसका?

ज़ेबुन्निसा : औरंगज़ेब की मौत का। और किसका?

(औरंगज़ेब खाँसता है।)

अकबर : बदक़िस्मती से वो तो भले चंगे हैं।

ज़ेबुन्निसा : गाजर-मूली की तरह काट दिये जाओगे।

अकबर : पानीपत में इब्राहीम लोदी के पास एक हज़ार जंगी हाथी और एक लाख की फ़ौज थी; बाबर के पास एक-चौथाई भी नहीं, लेकिन सिर्फ़ पाँच घंटे में उन्होंने जंग जीत कर मुग़ल सल्तनत की बुनियाद डाल दी।

ज़ेबुन्निसा : तुम बाबर होते, तो आज न तुम इस्फ़हान में होते, न हम सलीमगढ़ में!

अकबर : बादशाह और असली मुग़ल फ़ौज तो दकन में है। अगर हम तेज़ी से आगे बढ़ें और दिल्ली पर क़ब्ज़ा कर लें—

ज़ेबुन्निसा : ख़ैबर दर्रे पर दिन-रात शाही नज़र है। काबुल वा लाहौर के ही दस्ते तुम पर भारी पड़ेंगे।

अकबर : जान पर खेल कर आख़िरी दाँव लगाएँगे बाजी! राजपूतों का

सहारा मिलेगा। अब दिल्ली दरबार में अमीरुल्उमरा का दिल टटोल रहे हैं।

ज़ेबुन्निसा : *(डाँट के सुर में)* पहले अपने भाइयों का दिल टटोलो। वो ख़ुरासान सरहद पर फूलों का हार लिये तुम्हारा ख़ैरमुक़द्दम करेंगे?

अकबर : मुअज़्ज़म को सचमुच हथकड़ी लग गयी?

औरंगज़ेब : हाँ।

(हथकड़ी लगा मुअज़्ज़म ज़ेबुन्निसा वाले हिस्से में दर्दभरी मुस्कान से आता है। प्रहरी आज़म साथ। ज़ेबुन्निसा मुअज़्ज़म को जिस मुस्कान से देखती है, उसका मतलब है—यह तो होना ही था।)

मुअज़्ज़म : (हल्की मुस्कान से) बाजी तन्हाँ हैं न। उनका साथ देने के लिए आ गये।

(आगे आज़म एवं मुअज़्ज़म का सुर ऐसा है, जो घर के बड़े से शिकायत के तौर पर व्यवहार किया जाता है।)

आज़म : *(मुअज़्ज़म की तरफ़ इशारे के साथ)* वली-अहद बन गये, पर फिर भी क़ुत्ब शाह से हमारे ही ख़िलाफ़ साठ-गाँठ कर रहे थे!

मुअज़्ज़म : *(ठंडे गुस्से से)* जब से जहाँपनाह ने *(आज़म की तरफ़ इशारे के साथ)* इसकी आमद पर दीवाने-ख़ास में नगाड़े बजाये जाने का हुक्म दिया है, यह हमें रास्ते का रोड़ा समझने लगा है!

आज़म : *(मुअज़्ज़म की तरफ इशारे के साथ मुस्कुराता है)* जागीर ज़ब्त। बाल वा नाखून तक काटने की इजाज़त नहीं।

अकबर : अपने वतन में तो हैं।

मुअज़्ज़म : *(अकबर से)* हमारे साथ अपनी जगह की अदला-बदली करोगे?

अकबर : *(दुखी मुस्कान से)* उससे बचने के लिए ही तो भागा हूँ हिन्दुस्तान से!

मुअज़्ज़म : जब आओगे, तो तुमको चुनौती देने वालों में से एक तो कम हुआ।

औरंगज़ेब : काम बख़्श भी है।

(कोई उसकी बात पर ध्यान नहीं देता।)

अकबर : आज़म भाई को समझौते की बाबत लिखा था हमने। उन्होंने जवाब नहीं दिया।

औरंगज़ेब : जवाब देगा, तो सलीमगढ़ जाएगा।

आज़म : क्यों देंगे जवाब? बीजापुर फ़तेह के सेहरे के बाद अब हम तख़्त के पहले दावेदार हैं।

(मुअज़्ज़म खाँसता है।)

अकबर : *(हताशा से)* तो हम क्या करें बाजी?

ज़ेबुन्निसा : जहाँपनाह की आख़िरी हिचकी का इन्तिज़ार करो।

मुअज़्ज़म : *(कुछ अपने-आप से ही)* जैसे हम कर रहे हैं।

(औरंगज़ेब खाँसता है।)

आज़म : *(एकदम बचाव की मुद्रा में; ज़ेबुन्निसा से)* मैंने कुछ नहीं कहा!

अकबर : हर लम्हा सताती है दिल्ली की याद—यहाँ सब अजनबी लगता है।

ज़ेबुन्निसा : *(नाराज़गी से)* समझो, अपनी बेवक़ूफ़ी का जश्न मना रहे हो।

अकबर : *(शर्मिन्दगी से)* ख़ता हो गयी हमसे—

ज़ेबुन्निसा : *(ऊँची आवाज़ में)* तारीख़ी ख़ता हो गयी—सारी ज़िन्दगी बदल गयी तुम्हारी!

अकबर : *(आवेग से)* क़हर तो टूटा है आपके ऊपर। ख़ून के आँसू रोते हैं आपका तसव्वुर करके—*(रोता है; खुद को सँभालता है)* क्या से क्या हो गया! *(अपने ही ऊपर गुस्से से)* पर बदनसीब शहज़ादे हैं, ताज का ख़्वाब न देखते, तो क्या करते! *(पहले क्रोध का कारण बने दूसरे क्रोध से)* आलमगीर! अगर हमारे सिर पर ताज आया, तो क़सम ख़ुदा की, आपको शाहजहाँआन से भी बदतर मौत देंगे!

मुअज़्ज़म : *(हल्की मुस्कान से)* हम छोड़ देंगे क्या?

(आज़म फ़ौरन अपनी हथेली से अपना ही मुँह बन्द करता है।)

औरंगज़ेब : *(जैसे आर्त्तनाद करता है)* यह क्या हो रहा है? ख़ुदारा, कोई बता दे हमें कि यह क्या हो रहा है? शाहजहाँआन की बद्दुआ लग गयी हमें—

(औरंगज़ेब की तरफ़ देखते हुए ज़ेबुन्निसा पहले मुस्कुराती है, फिर हँसती है; फिर दर्शकों की तरफ़ देखते हुए संवाद बोलती है। प्रारम्भिक पंक्ति के साथ अकबर, मुअज़्ज़म, आज़म एवं औरंगज़ेब का प्रस्थान।)

ज़ेबुन्निसा : हमने एक सूफ़ी पीर से पूछा, क्या आप किसी का नसीब बदल सकते हैं? वो ताज्जुब से बोले, मैं ऐसा करूँगा क्यों? सही पीर किसी के नसीब के साथ दख़लन्दाज़ी नहीं, बल्कि नसीब की हक़ीक़त के साथ तालमेल बैठाने में मदद करता है। इसके

कई तरीके होते हैं। आप ख़ुद को पसन्द करते हैं, तो मौसम सुहाना है, आप ख़ुद को प्यार करते हैं, तब तो हर दिन ईद है, इन दो रौशन तरीक़ों की कई क़िस्में हो सकती हैं, जिनमें मज़े से काले बाल सुफ़ेद हो जाते हैं। इन पायदानों से हम भी गुज़रे, पर दिल्ली आने के बाद, तरह-तरह के मन्ज़रों का मजबूर गवाह होते हुए, ख़ुद को किसी तरह सिर्फ़ बर्दाश्त करने की मजबूरी ज़ोर पकड़ने लगी। ख़ामोशी हमें पहले से पसन्द थी और शाम भी। फिर अँधेरे रास आने लगे। सलीमगढ़ आने के बाद अँधेरे के साथ ख़ामोशी भी जुड़ने लगी। जब ऐसा हो जाता है, तो दोनों एक-दूसरे को गहराई देते हुए किसी तीसरे अनासिर की तामीर करने लगते हैं। अभी हम उसको कोई नाम नहीं दे पाये। उसमें मन की कैफ़ियत निर्विकार हो जाती है। आप इन्तिहाई दर्दनाक ख़बर सुन लेते हैं, पर बिलखते नहीं। आँखें भी सूखी रह सकती हैं। जो ख़ून टपकता है, वो अन्दरूनी। एक मुकाम के बाद नाराज़गी अजनबी बन जाती है। नफ़रत नहीं जागती। आप गिर्दो-पेश के न हिस्सेदार होते हैं, न ज़िम्मेदार; महज़ गवाह होने की मजबूरी भी आहिस्ता-आहिस्ता सुन्न पड़ती जाती है। इसे जीते-जी निजात की पहली पायदान कह सकते हैं।

(ज़ेबुन्निसा जैसे थक कर आँखें बन्द कर लेती है। ख़ानम सुल्तान, आराम बानो और सुल्तानुन्निसा का पंक्ति बोलते हुए प्रवेश।)

ख़ानम सुल्तान/
आराम बानो/
सुल्तानुन्निसा : *(एक साथ लय से)*
जहाँ कभी बहा करते थे झरने/
उस रास्ते पर सरू दरख़्तों के बीच/
उग आयी है जंगली घास/

ख़ानम सुल्तान : गुलाब कब का मुर्झा चुका/

आराम बानो : उड़ गयी बुलबुल

(गुलदस्ता लिये अक़ील ख़ाँ का प्रवेश। ज़ेबुन्निसा को देखता है; अगले संवाद के साथ ख़ानम सुल्तान, आराम बानो और सुल्तानुन्निसा का प्रस्थान।)

अक़ील ख़ाँ : *(झुक कर अदब से गुलदस्ता पेश करते हुए)* दिल्ली सूबेदार तस्लीम बजा लाता है।

(ज़ेबुन्निसा आँखें खोलती है; पल भर उसे देखती रहती है।)

ज़ेबुन्निसा : *(गुलदस्ता लेते हुए सन्जीदगी से)* नींद चार पायदानों में आती है—सतही, जिसमें नींद अन्दाज़न एक-तिहाई होती है। हल्की, जिसमें नींद आधी के आस-पास पहुँच जाती है। फिर गहरी यानी तीन-चौथाई, और बहुत गहरी। ख़्वाब आख़िरी दो में आते हैं। एक पायदान की म्याद एक-डेढ़ पहर।[142] बारी-बारी से इनका चक्कर चलता है। बालिग़ एक रात में ऐसे पाँच-छै चक्करों से गुज़रता है। ख़्वाब आने पर साँसों की रफ़्तार एकरस हो जाती है, दिल की धड़कन धीमी। दिमाग़ी मौजें दिल के साथ जुड़ी यादों की तिजोरी बेआवाज़ खोलती हैं और याद कोई ख़्वाब लेकर चली आती है। सलीमगढ़ के बाशिन्दों को तीसरा और चौथा पायदान नसीब नहीं होता। तभी उनकी आँखें हमेशा सुर्ख़ रहती हैं—*(अक़ील ख़ाँ को एक पल ऐसे देखती है, जैसे पहचानने की कोशिश कर रही हो। याद आ जाता है।)* हाँ, कब मुक़र्रर हुए?

अक़ील ख़ाँ : आज पहला दिन है।

(यहाँ से ज़ेबुन्निसा का तौर-तरीक़ा सामान्य होने लगता है।)

ज़ेबुन्निसा : सुकून की ख़ातिर दिल्ली छोड़ी थी। लौटने का मतलब है, हासिल हो चुका।

अक़ील ख़ाँ : *(उदास मुस्कुराता है)* आफ़ताब परचम से बचने के लिए सरहद के बाहर निकल गया। सफ़र में फ़क़ीर मिल गये, तो उनके साथ हो लिया। *(लय से)* न मशरिक़[135] का हूँ न मग़रिब[136] का/न मेरा आशियाँ है न क़दमों के निशाँ/ भटकता रहा। बेमन्ज़िल सफ़र जल्दी थका देता है। थकान को सुकून समझ वतन लौट गया। मुलाज़िमत करने लगा, तो घर भी बस गया। अगर आपके यहाँ होने की ख़बर न मिलती, तो सुकून के भरम में ज़िन्दगी गुज़र जाती।

ज़ेबुन्निसा : जब हुमायूँ ने कामरान की आँखों में दहकती सलाखें चुभायीं, तब एक सौ सोलह बरस बाद के उस लम्हें की नींव डाल दी, जब खुर्रम को ख़ुसरो के सीने में नेजा भौंकना था। जब औरंगज़ेब ने शाहजहाँ को नज़रबन्द किया, तब बाइस बरस बाद के उस लम्हें की तामीर कर दी, जब ज़ेबुन्निसा को सलीमगढ़

आना था। हर अमल का एक रद्दे-अमल[137] होता है, पर हमारे ख़ानदान में एक शख़्स का ज़ाती कर्म ख़ानदानी रद्दे-अमल की सूरत इख़्तियार कर लेता है। *(आस-पास देखती है।)* सलीमगढ़ आने के बाद ही हम आहिस्ता-आहिस्ता तन्हाई की क़ीमत समझे और यह एहसास भी हासिल कर सके कि उसके साथ कैसे रहा जा सकता है, जिसे दर्द कहा जाता है। अपने को समझाते हुए उस मुकाम तक ले आओ कि दर्द की चुभन बन्द होकर जीने का तरीक़ा बन जाये। *(धीरे-धीरे अक़ील ख़ाँ को कम, ख़ुद को ज़्यादा सम्बोधित करने लगती है।)* जब हम अकेले और ख़ामोश होते हैं, तो हमारे भीतर ज़ज्बाती और रूहानी उलझन के गुत्थी बने कुछ तार सुलझने लगते हैं। हमें पता नहीं चलता, पर हमारे भीतरी ज़ख़्मों पर नामालूम ढंग से मरहम लगने लगता है। *(आस-पास देखते हुए)* कुछ बरस पहले यही जगह थी, मैं भी यही थी, लेकिन तब मेरे अन्दर ज़हर भरा था। फिर वो तल्ख़ी में बदला। फिर तल्ख़ी मद्धिम होती गयी। *(अब जैसे अपने को ही सम्बोधित कर रही है। अक़ील ख़ाँ उसकी मानसिक हालत समझ रहा है।)* फिर आहिस्ता-आहिस्ता अपने मौजूदा की मन्ज़ूरी से गुज़रते हुए, *(जैसे चमत्कृत हो जाती है।)* यकायक पाया कि एक लम्हा ऐसा आ ही गया, *(आस-पास देखते वा देखने की दिशा बदलते हुए)* जब थरथराते दरख़्त थमने लगे, हर सिम्त सन्नाटा छा गया, रिमझिम बारिश होने लगी—*(यहाँ नाच जैसी गतियाँ हैं, जिनमें ज़ेबुन्निसा बारिश से भीग रही है।)* बरसते बादलों के नीचे रक़्स करते हुए हमने पाया कि अब बूँदों से नहीं भीगते हम—**(ज़ेबुन्निसा नाच रही है। अक़ील ख़ाँ उसकी दिशा मे अभिवादन करता है, ज़ेबुन्निसा अपने में डूबी। अक़ील जाता है। अँधेरा।)**

दृश्य–23

सलीमगढ़। दिन।

(ज़ेबुन्निसा विचारों में डूबी बयाज़ पर क़लम चला रही है। औरंगज़ेब आता है।)

औरंगज़ेब : तुम्हारा चार लाख सालाना भत्ता बहाल कर दिया है। पहली तारीख़ से पानदान ख़र्च भी मिलेगा, लेकिन सज़ा के तौर पर दस हज़ार घटाते हुए बीस हज़ार महीना—

(ज़ेबुन्निसा जैसी की तैसी बैठी है।)

औरंगज़ेब : कल से रोज़ाना पाँच सिल्ली बर्फ़ भी मिला करेगी।

ज़ेबुन्निसा : *(उसकी तरफ़ देखती नहीं)* हम यहाँ बर्फ़ छुएँगे, तो अकबर की पैदाइश पर झेली अम्मीजान की तकलीफ़ बेहुरमत होगी।

(दूसरी जगह प्रकाश होता है, जहाँ बुझा हुआ अकबर है।)

अकबर : *(लय से)* रोने की बात है न ये हँसने की बात है/

(आगे ज़ेबुन्निसा लिख रही है; कभी दोनों की तरफ़ देख लेती है। अगर निर्देशक चाहें, तो यहाँ ज़ेबुन्निसा का प्रस्थान करवा लें।)

अकबर : *(लय से)* एक नये मुल्क़ में बसने की बात है/
जिस माज़ी को दफ़्नाया है पीछे की कब्र में/
उस माज़ी के आहिस्ता से डँसने की बात है।

(औरंगज़ेब वा अकबर एक-दूसरे से मुख़ातिब हैं।)

औरंगज़ेब : *(अब बाप वाला सुर आ जाता है)* तुम्हारा तोहफ़ा मिला था अकबर—

अकबर : *(अब बेटे वाला सुर आ जाता है)* यहाँ बाज़ार में देखा, तो आपकी पसन्द याद आ गयी।

औरंगज़ेब : सवारी की थी उस पर। ऐसी नियामत हिन्दुस्तान में मिलती कहाँ है! *(आवाज़ पिघलने लगती है।)* याद है, हम जब फ्रांसीसी सफ़ीर के साथ शिकार पर गये थे?

अकबर : *(हामी में सिर हिलाते हुए)* तब हम ऐसे ही घोड़े पर सवार थे। पहाड़ी पर उसका पाँव फिसल गया। दायीं तरफ़ पत्थर थे, बायीं तरफ़ खाई—

औरंगज़ेब : बरगद की शाखों के पार पहले हमने देखा, तुम बायीं जानिब ज़रूरत से ज़्यादा झुक रहे हो, बाद में घोड़े को दायीं तरफ़ गिरने की हालत में आहिस्ता-आहिस्ता आते हुए देखा।

अकबर : आपका कूद कर हमें लोकते हुए ख़ुद भी नीचे लुढ़कना बहुत ख़तरनाक था। बाद में सबने माना, उस दिन दो मौतें बाल-बाल बचीं।

औरंगज़ेब : ग्यारह बरस से उस मंज़र की हमारी आँखों में अब यह तस्वीर है—तुमको बायीं जानिब गिरते देख हमने अपने घोड़े की रासें खींच लीं, चन्द कलाबाज़ियाँ खाते हुए तुम चट्टान से टकराये और वादी में गिरने के लम्हें में तुमने मेरी तरफ़ देखा। *(सख़्ती से)* और मैंने कहा—अलविदा!

अकबर : *(सख़्ती से)* दकन में एक मुबारक तीर आपके सीने में पैबस्त क्यों नहीं होता?

औरंगज़ेब : *(गम्भीरता से बिना कड़वाहट के)* अभी तो हुकूमत के फ़क़त उनचास बरस पूरे हुए हैं।

अकबर : सल्तनत बरबाद तो हो चुकी।

औरंगज़ेब : सुधार लेंगे।

अकबर : यह काम सिर्फ़ हम अन्जाम दे सकते हैं। बस, आप आख़िरी हिचकी ले लें।

औरंगज़ेब : मुअज़्ज़म, आज़म और कामबख़्श का भी यही अरमान है।

अकबर : हक़ हमारा बनता है; बग़ावत का परचम हमने लहराया था।

औरंगज़ेब : इब्तिदा पर भले ही तुम्हारी मुहर हो, पर इन्तिहा तभी जा़यज होती है, जब शाही मुहर हाथ में आ जाती है।

अकबर : यह फ़ैसला हम और हमारे भाइयों के ऊपर छोड़ दीजिए।

औरंगज़ेब : तुम्हारे हौसले की हम दाद देते हैं, पर फ़िलहाल आख़िरी हिचकी हमसे दूर है।

अकबर : आपका निज़ाम बरबादी के कगार तक पहुँच चुका।

औरंगज़ेब : दुरुस्त है।

अकबर : तो ताज हमारे सिर पै रख कर मक्काशरीफ़ में पनाह ले लीजिए। हम मराठों के साथ समझौता कर लेंगे।

औरंगज़ेब : खानदाने मुग़लिया में अपनी मर्ज़ी से ताज छोड़ने की रिवायत नहीं।

अकबर : क़ैदी शहज़ादों को दिये जाने वाले पोस्त की एक माही मिक़दार आप ख़ुद नोश फ़र्मा लें।

औरंगज़ेब : हमारी वजह से दूसरे ख़ुदकुशी करते हैं, हम नहीं।

अकबर : शाहजहाँ के मज़ार पर जाकर नाक रगड़िए। कुछ तो पशेमानी दिखाइए।

औरंगज़ेब : पशेमानी तो है अकबर, पर उसका इज़्हार हमारी फ़ितरत में नहीं।

अकबर : ज़मीर पर इतने बोझ के साथ मरेंगे, तो लाल क़िले पर आपकी पगलाई रूह रोज़े-कयामत तक तड़पा करेगी।

औरंगज़ेब : हमारे खाते में दीन के सवाब भी हैं।

अकबर : इसका फ़ैसला तो तवारीख़ करेगी।

औरंगज़ेब : हमारे जीने के तरीक़े पर कोई उँगली नहीं उठा सकता।

अकबर : टोपियाँ सिल कर बेचने से निजात मिल जाएगी?

औरंगज़ेब : यह तो मरने के बाद ही मालूम होगा।

अकबर : अम्मीजान देख रही हैं ऊपर से। उनके वास्ते आपका जो ज़ज्बा है, उसी का एहतराम कीजिए।

औरंगज़ेब : मलिका न बन पाने का उनका ख़मियाज़ा तुमको वली-अहद बना कर किया जा सकता है।

अकबर : हमें मन्ज़ूर है।

औरंगज़ेब : हालाँकि ऐसा एलान करना एक बात है और उस पर अमली जामा पहनाना बिल्कुल दूसरी।

अकबर : एलान दरकार नहीं, सीधे अमली जामा पहना दीजिए।

औरंगज़ेब : पर ऐसी कारगुज़ारी बेटे के प्यार में हमारी कमज़ोरी मानी जाएगी।

अकबर : *(व्यंग्य से)* आपके ऊपर हज़ार तोहमतें लगायी जा सकती हैं, पर बेटे के प्यार की हर्गिज़ नहीं!

औरंगज़ेब : तुम्हारी बग़ावत के बाद ऐसी कारगुज़ारी अवाम को हमारे बारे में नयी राय बनाने के लिए मजबूर करेगी।

अकबर : तो करने दीजिए।

औरंगज़ेब : उससे दुनिया के तमाम शहज़ादों के सीने में वलवला पैदा होगा।

अकबर : *(अर्थभरी मुस्कान से)* कम-से-कम हमारे ख़ानदान में शहज़ादों को ऐसे वलवले के लिए किसी वजह की ज़रूरत नहीं!

औरंगज़ेब : दिल्ली दरबार को ऐसी ही किसी चिन्गारी का इन्तिज़ार है। दकन की कभी ख़त्म न होने वाली जंग से सब आजिज़ आ चुके हैं। हम तुम्हारे सिर पर ताज रखेंगे सल्तान की बहबूदी की ख़ातिर, लेकिन दूसरे शहज़ादे तुमको चुनौती देंगे और दिल्ली दरबार मुख़्तलिफ़ शहज़ादों की हिमायत में बँटता हुआ मुल्क़ को एक बार फिर घरेलू जंग में ख़ूरेज़ कर देगा।

अकबर : ख़ूरेज़ी तो होगी—चाहे आप हमारे लिए कुछ करे या न करें।

(औरंगज़ेब उसे देखता है।)

औरंगज़ेब : *(आवेग से)* हम बहुत तन्हाँ हो गये हैं अकबर!

अकबर : *(भावविह्वल हो)* ऐसा मत कहिए अब्बू, तीन बेटे तो हैं वहाँ।

औरंगज़ेब : हमें किसी पर यक़ीन नहीं।

अकबर : आज़म ने बग़ावत नहीं की।

औरंगज़ेब : तो करेगा।

अकबर : जब करेगा, तब एतबार बन्द कीजिए।

औरंगज़ेब : तब बेएतबारी का मतलब ही क्या होगा?

अकबर : *(आवेग से)* आप उम्र से मजबूर हैं। आपको किसी पर तो एतबार करना होगा।

औरंगज़ेब : *(लगावभरे आरोप से)* तुम पर किया तो था।

अकबर : हम आपकी तर्जे-निज़ाम से मजबूर थे।

औरंगज़ेब : और हम अपने अक़ीदे से।

अकबर : तब फिर इस मसले का हल क्या है?

औरंगज़ेब : *(पीड़ा से)* अज़ीज़ बेटे, हम तुम्हारी मैयत उठने से पेश्तर साँस नहीं तोड़ेंगे।

अकबर : और हम दिल्ली पर हमला किये बग़ैर अपनी मैयत नहीं उठने देंगे।

औरंगज़ेब : *(आदेश के सुर में)* मुअज़्ज़म शाह आलम को रिहा कर दिया जाय।

(मुअज़्ज़म का प्रवेश। औरंगज़ेब को अभिवादन करता है।)

औरंगज़ेब : तुम्हें सूबेदार-काबुल मुक़र्रर किया जाता है।

मुअज़्ज़म : *(फिर अभिवादन करता है)* ज़हे-नसीब—

औरंगज़ेब : जमरूद में रहो; ख़ैबर दर्रे पर नज़र रक्खो।

(मुअज़्ज़म सिर झुकाता है; फिर हाथ में कटार लिये अकबर को देखता है।)

मुअज़्ज़म : *(पुकारता है)* अकबअअअर—तुम्हारी वजह से आज़ादी मिली है हमें! समझो बिरादर, *(खंजर से वार करते हुए)* इस खंजर पर तुम्हारा नाम नक़्श हो गया!

(वैसे ही फ्रीज़ हो जाता है। ज़ेबुन्निसा उस ओर देख रही है। अँधेरा।)

दृश्य–24

सलीमगढ़। रात।

(प्रकाश होता है। बयाज़ सामन रखे विचारलीन ज़ेबुन्निसा। महक का प्रवेश। ज़ेबुन्निसा को लगाव से देखती है।)

महक : आँखें/
खोये महबूब को देखा नहीं कब से/
फ़िज़ूल अश्कों से धुँधली पड़ रही हैं वो/
हमेशा के लिए बुझने के लिए तैयार/
बाँहें/
(ख़ानम सुल्तान, आराम बानो, और सुल्तानुन्निसा का अगला मिसरा बोलते, बाँहें फैलाये प्रवेश।)

ख़ानम सुल्तान/
आराम बानो/
सुल्तानुन्निसा : *(एक साथ)* खोये महबूब को सहलाया नहीं कब से/
महक : रुखी और सर्द हो रही हैं वो/
ख़ानम सुल्तान/
आराम बानो/
सुल्तानुन्निसा : *(एक साथ)* हमेशा के लिए सोने को तैयार/
महक : मौसमे–बहार/
ख़ानम सुल्तान/
आराम बानो/
सुल्तानुन्निसा : *(एक साथ)* न ला सका महबूब को मेरे दर तक/
महक : सारे दोस्त–अहबाब चले गये अपनी राह/
ख़ानम सुल्तान/

आराम बानो/

सुल्तानुन्निसा : *(एक साथ)* पीछे मुड़ एक बार देखे बग़ैर—

(अब ज़ेबुन्निसा महक को देखती है। अगली पंक्तियों के बीच ख़ानम सुल्तान, आराम बानो तथा सुल्तानुन्निसा का प्रस्थान।)

महक : गुलाब/

ज़ेबुन्निसा : खिला पर अनदेखा मुर्झाता चला गया/
मेरे दिल की तरह/

(महक अगले संवाद के साथ अपना दिल निकाल कर ज़ेबुन्निसा की काल्पनिक पगड़ी में पिरोने का मूकाभिनय करती है।)

महक : और न लग सका महबूब की दस्तार पर

(महक ज़ेबुन्निसा के कपोलों पर हथेलियाँ रख उसकी आँखों में देख रही है।)

ज़ेबुन्निसा : पहचानी-सी लगती हो।

(महक एक-एक कर ज़ेबुन्निसा की दोनों आँखों का चुम्बन लेती है।)

महक : *(मुस्कान से)* हमारे तो दिल में महकती हो।

ज़ेबुन्निसा : *(फ़ुसफुसाते हुए आतंक से)* जाओ, यहाँ ख़तरा है।

महक : *(वैसे ही फुसफुसाते हुए मुस्कान के साथ)* ख़ानाबदोश को क्या ख़तरा—

ज़ेबुन्निसा : *(हँसती है)* हम भी ख़ानाबदोश हैं।

महक : तो चलो हमारे साथ! नयी ज़िन्दगी शुरू करें।

ज़ेबुन्निसा : *(चेतावनी के सुर में)* तुमको भी यहीं दफ़्न कर दिया जाएगा।

महक : *(ज़ेबुन्निसा को बाँहों में भरते हुए)* सब मन्ज़ूर है तुम्हारी ख़ातिर—

ज़ेबुन्निसा : *(जैसे यहाँ होते हुए भी कहीं और है)* लगाव से बचो। अन्दरूनी ख़ालीपन हासिल करने के रास्ते में पहला रोड़ा वही है।

महक : *(उसके बालों में उँगलियाँ फिराते हुए।)* मेरा अन्दरूनी भरा ही तुम्हारी यादों से हैं।

(ज़ेबुन्निसा उदास मुस्कुराती है।)

ज़ेबुन्निसा : *(लय से)* ख़याल को बनने दो महबूब/
दर्द को ले जाओ उस गहराई तक/

(तनावभरी सकीना बी महक को जाने का संकेत करते हुए जल्दी-जल्दी आती है; अगली पंक्ति के साथ महक एवं सकीना बी जाती हैं; महक निकलते हुए ज़ेबुन्निसा की तरफ़ हवाई चुम्बन उछालती है, आत्मलीन ज़ेबुन्निसा ध्यान नहीं देती।)

ज़ेबुन्निसा : कि दे सके वो तुम्हें/
जो दे सकता है एक हरारत भरा बदन/
और एक हमदर्द हस्सास दिल/
फिर और तड़पो/
और दर्द को बनने दो इबादत—

(औरंगज़ेब का तनाव के साथ संवाद बोलते हुए प्रवेश।)

औरंगज़ेब : कल ख़्वाब में दिलरस बेगम की बड़ी-बड़ी आँखें देखीं।

(दूसरी जगह प्रकाश होता है। अकबर आता है।)

औरंगज़ेब : एक आँसू था उनमें। बोलीं, हमारे कलजे के टुकड़े को कब तक जलावतन रक्खोगे? *(आदेश के सुर में)* हम शहज़ादे अकबर को सिन्ध-बिलोचिस्तान की सूबेदारी अता फ़र्माते हैं।

(अकबर चौंकता है।)

औरंगज़ेब : जागीर, ख़िताब और ख़िलअत के वास्ते शहज़ादे अहमदनगर दरबार में हाज़िर हों।

अकबर : *(परेशानी से)* क्या करें बाजी?

ज़ेबुन्निसा : हम भी उलझन में हैं।

अकबर : दरबार में हाज़िरी देनी होगी?

ज़ेबुन्निसा : ओहदा सँभालने से पहले दस्तूर है।

अकबर : गले लगाएँगे?

(औरंगज़ेब कोई भाव दिखाए बिना सुन रहा है।)

ज़ेबुन्निसा : हो सकता है।

अकबर : सलीमगढ़ में डाल देंगे?

ज़ेबुन्निसा : हो सकता है।

अकबर : हाथी के पाँव तले कुचलवा देंगे?

ज़ेबुन्निसा : हो सकता है।

अकबर : उन्होंने आज तक माफ़ी दी है किसी को?

औरंगज़ेब : सुल्तान को भूल गये?

अकबर : *(औरंगज़ेब से)* क़िस्तों में माफ़ कर रहे थे आप! अठारह बरस

तिल-तिल मारते हुए—*(ज़ेबुन्निसा से)* बेचारे को मौत ने पहले ही माफ़ कर दिया!

ज़ेबुन्निसा : *(आवेग है पर संयम के साथ)* हमें तुम्हारी कमी बहुत खलती है अकबर!

औरंगज़ेब : हमें भी—

अकबर : *(औरंगज़ेब को देखता है)* हमारा कलेजा भी सुलगता रहता है यहाँ *(ज़ेबुन्निसा से)* आपकी आवाज़ में अशआर सुनाई देते हैं। *(औरंगज़ेब को देखता है)* ख़्वाब में चाँदनी चौक के नज़ारे दिखाई देते हैं, पर जैसे हैं, *(ज़ेबुन्निसा से)* जिस हाल में हैं, खुली हवा में तो हैं।

ज़ेबुन्निसा : सही है।

अकबर : *(औरंगज़ेब को देखता है)* अजीबोग़रीब दलीलें दे बेटों को क़ैद किया है अब्बा जान ने। *(ज़ेबुन्निसा से)* काम बख़्श को तो लतीफ़ा बना कर रख दिया!

(सिर पर ताज व हाथों में हथकड़ी लगा काम बख़्श आता है; चुपचाप बैठ जाता है। अकबर औरंगज़ेब को देखता है, फिर ज़ेबुन्निसा को।)

अकबर : हमारा गुनाह बहुत संगीन है बाजी! हमारी बग़ावत से उनकी ज़िन्दगी और सल्तनत की तवारीख़ ही बदल गयी। शाहे-ईरान से वो वैसे ही नाराज़ थे। हमने वहीं पनाह लेकर उनकी ज़िल्लत दोबाला कर दी।

औरंगज़ेब : सही है।

अकबर : *(औरंगज़ेब से)* हमें माफ़ी देने से पेश्तर जहाँपनाह को अपने दिल पर जितना बोझ डालना पड़ेगा, क्या उतनी फ़ैयाज़ी उनके पास है?

(औरंगज़ेब और अकबर अब एक-दूसरे को सम्बोधित करते हैं; ज़ेबुन्निसा पीड़ा के साथ गवाह बनी हुई है।)

अकबर : *(औरंगज़ेब से)* क्यों ज़िल्ले-सुब्हानी?

औरंगज़ेब : तुम रूबरू हाज़िर हो। मालूम हो जाएगा।

अकबर : आप सिर्फ़ यह क़ुबूल कर लीजिए कि सलीमगढ़ से हमारी मैयत बाहर निकलेगी। अल्लाह क़सम, हम हाज़िर हो जाएँगे।

औरंगज़ेब : पहले तुम हाज़िर हो।

अकबर : हम सिर्फ़ अपना अन्जाम जानना चाहते हैं।

औरंगज़ेब : हमें अपने अन्जाम का इल्म नहीं, तो तुम्हारा कैसे होगा?

अकबर : आपका-आपके हाथ में नहीं, पर मेरा ज़रूर है।

औरंगज़ेब : हमने बहुत सोच-समझ कर पेशकश की है।

अकबर : आप जो कुछ करते हैं बहुत सोच-समझ कर।

औरंगज़ेब : तुम भी हमारे नक़्शे-क़दम पर चले होते, तो यह लम्हा आता ही नहीं।

(अकबर पहले औरंगज़ेब को, फिर ज़ेबुन्निसा को देखता है।)

अकबर : हमशीरा, फ़ैसला आप पर छोड़ते हैं।

ज़ेबुन्निसा : तवारीख़निगार ने कहा है, अँधेरों के फ़रिश्ते आलमगीर दूसरों पर ज़ुल्म ढाने के लिए ही पैदा हुए हैं।

(औरंगज़ेब एवं अकबर की नज़र मिलती है।)

अकबर : हम आपके दरबार में हाज़िर नहीं होंगे जहाँपनाह!

(दोनों की नज़र मिली है। औरंगज़ेब भावहीन रहता है। अँधेरा।)

दृश्य–25

सलीमगढ़। दिन।

(ज़ेबुन्निसा बैठी है। आज़म आता है।)

आज़म : जहाँपनाह बहुत बीमार हैं बाजी! दिल्ली दरबार के कई ताक़तवर उमरा मेरे साथ हैं, जैसे अमीन ख़ाँ और ग़ाज़ीउद्दीन ख़ाँ। मुश्किल यह है कि मैं तीन माह से सिपाहियों को तनख़्वाह नहीं दे पाया, जब कि मुअज़्ज़म भाई के पास अच्छी-ख़ासी फ़ौज है।

ज़ेबुन्निसा : उसको जंगी तजुर्बा भी तुमसे बेहतर है।

आज़म : फिर भी क़ाबुल दिल्ली से दूर है।

ज़ेबुन्निसा : मुल्तानो-बंगाल के सूबेदार हैं उनके बेटे। नावों का बेड़ा भी पास है।

(आज़म हामी में सिर हिलाता है।)

आज़म : मुझे अपनी फ़ौज दो हिस्सों में बाँटनी होगी। लुटे-पिटे आगरा ख़ज़ाने पर जिसने क़ब्ज़ा कर लिया, तख़्ते-ताऊस भी उसी का होगा।

(ज़ेबुन्निसा हामी में सिर हिलाती है।)

आज़म : *(परेशानी से)* आप हैं किसके साथ?

ज़ेबुन्निसा : किसी के नहीं।

आज़म : तब फिर मशविरा क्यों देती हैं?

ज़ेबुन्निसा : बहन के फ़र्ज़ की ख़ातिर—

आज़म : हममें से जो जीतेगा, आपके पास पादशाह बेगम ओहदे की पेशकश लेकर आएगा। हम तो शाही मुहर भी आपके हवाले करेंगे।

ज़ेबुन्निसा : हमें कुछ नहीं चाहिए।

(आज़म उसे देख रहा है।)

आज़म : मलिका-उज़्ज़मानी का महल ख़ाली पड़ा है। अगर जहाँपनाह कहें कि आप वहाँ रहें, तो?

ज़ेबुन्निसा : नहीं।

आज़म : वो चाहते थे, आप निकाह कर लें। आप नहीं मानीं। वो चाहते हैं, आप आज़ाद होकर उनको आज़ाद कर दें।

ज़ेबुन्निसा : अगर हम उनको कुछ सज़ा दे सकते हैं, तो यहीं रह कर।

(औरंगज़ेब का प्रवेश)

औरंगज़ेब : तुमने कहा था, शाहजहाँ वा दारा से औरंगज़ेब को नफ़रत नहीं होती, तो वो आलमगीर नहीं बनते। अब उसी नफ़रत को तुमने भी हथियार बना लिया?

(अगले संवाद के बीच आज़म का प्रस्थान)

ज़ेबुन्निसा : *(इन्कार में सिर हिलाते हुए)* पहले गुस्सा था। फिर ठंडा हो गया। फिर अफ़सोस होने लगा। फिर बुझ गया। उसकी जगह बेनियाज़ी[139] ने ले ली। अब दिलो-दिमाग़ उस मुकाम तक पहुँच चुका है, जहाँ सब बेहिस्सो-हरकत[140] हो जाता है। *(एक दिशा में देखते हुए)* दूर उफ़क[141] के साथ धुँधली-सी दिखाई दे रही है वो सरहद, जहाँ लगाव और नफ़रत यकसाँ हो जाते हैं। जहाँ न दर्द की धूप है, न मसर्रत की फुहारें। लम्बे रास्ते पर ख़ामोशी है। बस, दूर कहीं से रुद्रवीणा के बहुत धीमे कँपकँपाते सुर, ख़िज़ाँ के पत्तों की मानिन्द, झर रहे हैं।

औरंगज़ेब : *(विलाप करते हुए आस-पास संकेत के साथ)* ये क्या हो गया—

ज़ेबुन्निसा : *(हल्की मुस्कान से)* अपने नाम को बामानी करते हुए अब आप तख़्त का ज़ेवर[142] बन चुके जहाँपनाह! अकबरे-आज़म के ज़माने से मुग़लों की नींद उड़ाने वाले मराठों का रायगढ़ वीरान है; राजाराम भगोड़ा। उसका बेटा शाहू आपके खेमे में क़ैदी है और आदिल शाह वा कुत्ब शाह दौलताबाद क़िले में। उत्तर में काश्मीर से लेकर दकन में जिंजी तक और पच्छिम में काबुल से लेकर पूरब में चटगाँव तक—समुद्रगुप्त के बाद अखिल भारत के दूसरे सम्राट हैं आप। फिर भी उदास हैं?

औरंगज़ेब : *(रोता है)* दकन नासूर हमें खा गया!

ज़ेबुन्निसा : खेती हिन्दुस्तान की रीढ़ है। कारीगर, सौदागर सब उसी के

साथ जुड़े हैं, लेकिन लहराती फ़स्ल के वास्ते अमन चाहिए। छब्बीस बरसों से चलते-फिरते चालीस बाज़ारों वाली, एक लाख सत्तर हज़ार की आपकी फ़ौज जहाँ से गुज़रती है, पीछे सिर्फ़ धुआँ वा आहो-फ़ुग़ाँ छोड़ जाती है। फिर सूखा और महामारी। क़ानूने-सल्तनत मनसबदार के घर के बाहर नहीं चलता। बीजापुर-गोलकुंडा पर पूरा क़ब्ज़ा करके आपने अपना दायरा-ए-जंग बढ़ा लिया। रायगढ़ की मरक़ज़ी कमान टूटी, तो मराठी गिरोहों ने टिड्डियों की तरह फैल कर दूसरी हुकूमत बना ली। वो रैयत से भी महसूल लेते हैं और मुग़ल मुक़द्दम से भी। आपने अड़ कर उन्हें चौथ[143] वा सरदेशमुखी[144] नहीं दी, पर हुआ क्या? आप दो माह के घेरे के बाद या रिश्वत देकर उनका पार्ली क़िला फ़तेह करते हैं। वहाँ अपना क़िलेदार मुक़र्रर कर आप खेलना पर घेरा डालते हैं, तो मराठे सह्याद्रि पहाड़ियों से उतर कर फिर पार्ली पर क़ब्ज़ा कर लेते हैं। छब्बीस बरस से यह बेख़ात्मा जंग लड़ते हुए आप नब्बे से एक कम रह गये। पंढ़रपुर के जिस मन्दिर को तोड़, आपने बूचड़ों से गाएँ कटवायीं थीं, वहीं मराठे हँसते हुए आपकी लम्बी उम्र की दुआ करते हैं। आपकी जंग ने उनकी रोज़ी जुटा दी।

औरंगज़ेब : फ़ौज की तीन साल की तनख़ा बक़ाया है। नर्मदा के उस पार भी आग लगी हुई है।

ज़ेबुन्निसा : दिल्ली निज़ाम रिश्वतख़ोरी वा निकम्मेपन से खोखला हो चुका। मारवाड़ के साथ लड़ाई बीसवीं सालगिरह मना रही है। इनू मांड गुजरात के शिवाजी बन चुके और राजाराम जाट आगरे के। सिख, अफ़ग़ान, मालवा, बिहार, गोंडवाना, बंगाल—सब सुलग रहे हैं। ख़ुद शहंशाह की मिल्कियत, सूरत बन्दरगाह के सबसे बड़े तिजारती जहाज़, गंजे-सवाई पर, समुन्दरी लुटेरों ने क़ब्ज़ा कर लिया।

औरंगज़ेब : दिल्ली छोड़े छब्बीस बरस हो चुके!

ज़ेबुन्निसा : आपके सिपाही जिस बीवी को हामला छोड़ कर आये थे, वो औलाद नौजवान हो चुकी, पर बाप ने उसकी सूरत नहीं देखी। आज आलम यह है कि हर नस्ल, हर मज़हब का खेमा आपसे बेज़ार, आपकी आख़िरी हिचकी का तलबगार है।

औरंगज़ेब : दुनिया में ख़ाली हाथ आया था; दिल की चन्द ख़लिशों को छोड़ ख़ाली हाथ जा रहा हूँ।

जेबुन्निसा : आपने यह साबित कर दिया कि अज़ीम सल्तनत अज़ीम बादशाहत में तब्दील नहीं होती। तवारीख़ से एक अहद, जो आपने ज़बर्दस्ती छीन लिया था, तबाही के ग़ार तक पहुँच चुका।

औरंगज़ेब : *(करुण मुस्कान से)* हम दोनों शाही थे, लेकिन सुकून किसी को नहीं मिला।

ज़ेबुन्निसा : *(सामान्य सुर में)* हमको मिल चुका। *(अपने दिल की ओर इशारा करती है)* जो ख़ाली हो जाता है, वो आज़ाद हो जाता है; उसके काँधे पर पंख उग आते हैं—

औरंगज़ेब : *(आवेग से)* पर हम पहले से ज़्यादा बँध गये हैं।

ज़ेबुन्निसा : ज़िम्मेदार आप हैं। *(बेहद दर्द से)* अब्बू, आपके सीने में बेहद तनहाँ, सँकरे, और ख़ुदगर्ज़ इन्सान की रूह है, जो अपनी समझ में अपने सही रास्ते पर चलता हुआ सिर्फ़ ज़ाती निजात का तलबगार है—बन्द आँखों से बाहरी दुनिया को मुसलमल नामौजूद करते हुए। ऐसा शख़्स बादशाह नहीं, फ़क़ीर हो सकता है, गो कि फ़क़ीर की सबसे बड़ी क़ाब्लियत-करुणा-आपको छू भी नहीं गयी—

(क़फन लपेटे मुराद बख़्श, शाह शुजा, दारा शिकोह, और सुलेमान शिकोह मुस्कान के साथ संवाद बोलते हुए आते हैं।)

मुराद बख़्श/शाह शुजा/दारा शिकोह/ सुलेमान शिकोह : *(साथ-साथ)* फिर आ गया
तब्दीलि-ए-ताज का मौसम/
फिर खेला जाएगा दिल्ली दरबार में/
खेमों की अदला-बदली का खेल/

औरंगज़ेब : *(बौखला कर)* नहीं—

मुराद बख़्श/शाह शुजा/दारा शिकोह सुलेमान शिकोह : *(साथ-साथ)* फिर भड़केंगे ख़्वाहिशों के शोले/

औरंगज़ेब : हमने तक़सीम कर दी सल्तनत! काम बख़्श को बीजापुर और हैदराबाद—

(सिर पर ताज रखे, हाथ में नंगी तलवार लिये काम बख़्श संवाद बोलता हुआ आता है।)

काम बख़्श : *(तलवार तानते हुए कड़क कर)* समूची सल्तनत के पादशाह मुहम्मद काम बख़्श दीनपनाह[145]

(ज़ेबुन्निसा करुण मुस्कान से हर आने वाले शहज़ादे को देखती है।)

मुराद बख़्श/शाह शुजा/दारा शिकोह/ सुलेमान शिकोह : *(मज़ा लेते हुए साथ-साथ)*

तड़प कर फूटेगा ख़ूँरेज़ी सैलाब/

औरंगज़ेब : *(मुराद आदि पर क्रोधित दृष्टि डाल)* नहीं; मुअज़्ज़म को दिल्ली के साथ पंजाब, काबुल, मुल्तान और समूचा उत्तरी वा पूरबी हिन्दुस्तान—

(दोनों हाथों में तलवार लिये मुअज़्ज़म अपना संवाद बोलते हुए आता है।)

मुअज़्ज़म : *(तलवार तानते हुए कड़क कर)* अब्दुल मुज़फ्फर, मुहम्मद मुअज़्ज़म शाह आलम बहादुर अव्वल पादशाह ग़ाज़ी—

(हाथ में तलवार लिये आज़म अपना संवाद बोलते हुए आता है।)

आज़म : *(क्रोधित सुर में औरंगज़ेब से)* और दो-दो शाही ख़ून से फ़ैयाज़ आज़म आलीजाह को?

औरंगज़ेब : आगरा, मालवा, गुजरात, अजमेर और दकन के चार सूबे—

आज़म : *(तलवार ऊपर उठाते हुए)* तख़्ते-ताऊस वाली दिल्ली के बग़ैर जन्नत भी नामन्ज़ूर—*(मुअज़्ज़म की ओर तलवार तानते हुए कड़क कर)* पादशाहे-ममालिक, अबुल फ़ैज़[146] क़ुतुबुद्दीन मुहम्मद आज़म शाहे-आलीजाह ग़ाज़ी—

मुराद बख़्श/शाह शुजा/सुलेमान शिकोह : *(मुस्कान के साथ आज़म, मुअज़्ज़म तथा काम बख़्श को कोर्निश करते हुए)* बादशाह सलामत! बादशाह सलामत!

(आज़म और काम बख़्श मुअज़्ज़म पर वार करते हैं; मुअज़्ज़म दोनों के साथ लड़ रहा है। मुअज़्ज़म, आज़म और काम बख़्श एक-दूसरे से दूर-दूर हैं; मुअज़्ज़म बीच में। राजकुमारों के

बीच तलवारबाज़ी दूर-दूर से हवा में होगी—यथार्थपरक नहीं; तलवारें टकराएँगीं नहीं।)

औरंगज़ेब : *(बेटों से बौखला कर)* एहतराम करो आलमगीर की वसीयत का—

(त्रिकोणी संघर्ष के साथ मुराद बख़्श आदि का सहगान भी चलता है।)

मुराद बख़्श/शाह शुजा/दारा शिकोह

सुलेमान शिकोह : *(मुस्कान के साथ)* फिर बुझ रही है ख़ून के प्यासे/ तख़्ते-ताऊस की प्यास—

औरंगज़ेब : *(कातर हो)* अपने अज़ीज़ अब्बू का दिल मत तोड़ो—

(कफ़न लपेटे, बिना हथियार अकबर का प्रवेश)

अकबर : काश, दो बरस और जी जाते हम—

शाह शुजा : पचास बरस से बेकार बैठे थे जल्लाद/

मुराद बख़्श : उजरत के सिक्के गिनते हुए/

औरंगज़ेब : *(बदहवास हो)* आतिशे-जंग में मत जलाओ घर को!

दारा शिकोह : अब वसूल हो जाएगा एक-एक पैसा/

सुलेमान शिकोह : ख़ुद फ़र्माते हैं आलमगीर ज़िन्दा पीर/

मुराद बख़्श/शाह शुजा/दारा शिकोह

सुलेमान शिकोह : *(साथ-साथ)* कि रैयत के ख़ून-पसीने का महसूल/ *(उँगलियों का एक-जैसा इशारा)* ज़ाया न हो!

(संघर्षरत तीनों शहज़ादे और अकबर फ्रीज़ हो जाते हैं।)

औरंगज़ेब : *(टूटा हुआ)* अँधेरा-हर सिम्त अँधेरा—

(मुअज़्ज़म, आज़म, काम बख़्श और अकबर पर के आलोक-वृत्त मन्द होने लगते हैं।)

औरंगज़ेब : *(टटोलते हुए)* दरवाज़ा इस तरफ़ होना चाहिए, *(ठिठकता है)* नहीं; कलाकोट इस जानिब—*(चलता है)* हमने शिकस्त मान ली ज़ेबुन्निसा—

(फ्रीज़ हो जाता है।)

ज़ेबुन्निसा : *(लय से)* क्यों न मछली तपती ज़मीन से
कूद जाय तड़प कर समुन्दर की ठंडी मौजों में?

(फ्रीज़ हुए किरदारों पर अँधेरा पूरा छाने लगता है।)

ज़ेबुन्निसा : क्यों न बाज़ सुनकर नगाड़े की आवाज़
लौटे सुल्तान के पास शिकार के ख़ात्मे पर?
क्यों न पँख लग जाएँ रूह को
जब सुनाई दे आसमान से सदा शीरीं और रहमत भरी,
उठो, वक़्त आ गया तुम्हारा;
हवा में फैला दो अपने पंख
अँधेरे से तूर[147] की जानिब हवाओं की सरसराहट रोओं पर महसूस करते हुए उड़ो, उड़ते जाओ खुले नीले आसमान में—यादों, रिश्तों, पछतावों, और पशेमानी के परे उसी रुई-जैसा हल्का हो चुका है तुम्हारा दिल जिसके बादलों के बीच जारी है तुम्हारी परवाज़ सब ख़ामोश और पुरसुकून
जवाब हैं अब तुम्हारे पास सभी सवालों के
(अँधेरा)

सन्दर्भ

1. सन्धि
2. किरण
3. सौभाग्यशाली क़िला; लाल क़िले की औपचारिक संज्ञा
4. द्वीप
5. बन्दीगृह
6. राजधानी
7. युवराज दारा शिकोह की उपाधि परम सौभाग्यशाली
8. तत्त्व
9. प्रकट
10. वंशवृक्ष
11. ईरान नगर की विख्यात मदिरा
12. ईश कृपा से मुद्रा जारी चाँदी-सोना बरसाती; समुद्र से मरुभूमि तक के सम्राट जो हमारी आँखों का प्रकाश है।
13. देशनिकाला
14. प्रतिबिम्बित
15. बन्दीगृह अधीक्षक
16. हाथीख़ाना
17. रसिक-दृष्टि
18. सन्तुष्ट
19. बेल-बूटे बनाने वाला
20. स्पष्ट
21. राजदूत
22. पृथ्वी पर ईश्वर की छाया; सम्राट की उपाधि
23. सम्राट की उपस्थिति में बैठने की दोजानू पद्धति
24. बीमारी के बाद स्वस्थ होने पर पहला स्नान
25. लगातार
26. सम्राट के दुश्मन शहज़ादों के क़ैद या क़त्ल होने के बाद उनकी विधवाओं का निवास। अकबरबाद के पास।
27. बीजापुर, गोलकुंडा और अहमदनगर
28. मुख्यत: ईरानी और तूरानी नस्ल के पीढ़ियों पुराने कुलीन उमरा
29. हिन्दुस्तानी मुसलमान
30. समुद्र-संगम। इस किताब से कट्टरपन्थी विशेषत: बौखलाये थे। बाद में औरंगज़ेब ने दारा की रचनाओं का बहाना बना बुतपरस्त वा विधर्मी घोषित करते हुए दारा शिकोह को मृत्यु-दंड दिया।
31. अध्यात्म

32. चमत्कार
33. औरंगज़ेब के ससुर दिलरस बानो के पिता, जो दारा शिकोह को वैध युवराज मानते थे।
34. बहुमत
35. बचाव
36. गुण
37. अधीनता भुगतान एवं युद्ध क्षतिपूर्ति
38. अपारिभाषिक
39. मेलजोल
40. कट्टर
41. विजेता धर्मविस्तारक
42. कुछ समय बाद औरंगज़ेब को दूसरी बार दक्षिण का राज्यपाल बना दिया गया था।
43. पर्दा
44. प्राथमिकता
45. काव्याभ्यास
46. भूतपूर्व
47. अन्त:पुर अधीक्षक
48. रणनीति
49. उत्कर्ष
50. साम्राज्य की प्रथम महिला; First Lady of the Realm
51. सम्राट का निजी सचिव। सम्राट के स्नानालय के बग़ल के मन्त्रणा कक्ष में प्रधान मन्त्री से लेकर ऊँचे कुलीन सम्राट से मिलने आते थे। उनको मिलने का समय स्वभावत: निजी सचिव देता था, जैसा आज नयी दिल्ली के विविध भवनों में मन्त्रियों आदि के निजी सचिव करते हैं।
52. राजकुमारी द्वारा लिखित पत्र की संज्ञा
53. साम्राज्य की प्रथम महिला
54. दैवी
55. सन्धिपत्र
56. औरंगज़ेब की पहली, कामचलाऊ ताजपोशी दिल्ली के पास इस बाग़ में हुई थी। दूसरी क़िला-ए-मुअल्ला में औपचारिक, जिसका उत्सव मुख्यत: एक सप्ताह चला था, पर सामान्यत: कई दिनों तक।
57. शोभा व गरिमा
58. संवाद-शैली
59. आभा
60. Carpet Knight; ठिठोली में कामबख्श को यही कहा जाता था।
61. रणनीति
62. वर्ष के पहले दिन का त्योहार

63. कार्य-पद्धति
64. नैतिकता अधीक्षक; Censor
65. रक्त मूल्य। हत्या का प्रशासन के आपराधिक विधान से कुछ लेना-देना नहीं था। वह हत्यारे और मृतक का पारिवारिक मामला था। सामान्यतः मृतक परिवार हत्यारे से रक्त-मूल्य लेकर विवाद सुलझा लेते थे।
66. संवेदनशील
67. Seekers
68. सिर्फ़ यह हिज़ड़ा दारा शिकोह के वध के लिए राज़ी हुआ था।
69. पहुँच
70. औरंगज़ेब की दूसरी ताजपोशी
71. संवाद
72. अफ़ीम के फूलों को रात भर पानी में भिगो कर बनाया जाने वाला शर्बत, जिसे पीने वाला दिन पर दिन शारीरिक एवं दिमाग़ी सामर्थ्य खोता हुआ लुंज-पुंज हो मरता है।
73. बीजापुर सुल्तान के बेटा नहीं था।
74. आस्था
75. शक्ति
76. Universal Self
78. Separation from attachment
79. कल्याण
80. चित्तौड़-उदयपुर क्षेत्र
81. जोधपुर क्षेत्र
82. सन्तुलन
83. उग्र कार्य-शैली
84. अधिकारी
85. सुधार
86. दारा शिकोह का सिपहसालार ख़लीलुल्लाह ख़ाँ औरंगज़ेब से मिल चुका था। युद्ध में जब दारा का पक्ष हावी हो रहा था, जब उसने दारा को ऐसा आत्मघाती परामर्श दिया, जिसे दारा ने मान लिया।
87. शाहजहाँ के जीते-जी औरंगज़ेब की बादशाहत वैध नहीं मानी गयी।
88. कारण
89. वैवाहिक
90. पगड़ी
91. उस इबादतख़ाने का नाम, जो दारा शिकोह न अपने गुरु मुल्ला शाह के लिए श्रीनगर में बनवाया था।
92. ईश्वर का नाम जपते हुए परम आनन्द की अवस्था प्राप्त कर लेना।
93. पद-चिह्न
94. स्पर्श

95. Corundum
96. Topaz
97. दूरी
98. दासी
99. देशनिकाला
100. शब्दकोश
101. मुग़ल साम्राज्य के राज-चिह्न
102. समझदार
103. औरंगज़ेब शिवाजी को नीची नज़र से देखते हुए उन्हें भूमिया कहता था। बाद में शिवाजी राजा उपाधि सुलभ करने के साथ शत्रु पक्ष के लिए भी मराठा सरदार (War Lord) संज्ञा से ऊपर उठ गये थे।
104. औरंगज़ेब के दक्षिण के छब्बीस वर्ष चलने वाले अन्तहीन युद्ध को औरंगज़ेब और इतिहासकारों ने यही नाम दिया।
105. काफ़िर ज़मीन
106. जहाँ इस्लामी विधान (Canon Law) की हुकूमत है।
107. केन्द्रीय वर्चस्व; Crown Land
108. जज़िया आमदनी केन्द्रीय सरकार के आम खाते में नहीं, बल्कि एक अलग खाते में जमा होती थी। उलेमा एवं क़ाज़ी तय करते थे कि कौन-से ज़रूरतमन्द मुसलमानों के बीच बाँटी जाय। यह आमदनी चार करोड़ के ऊपर थी। कम सम्पन्न हिन्दू के ऊपर यह भुगतान भारी पड़ता था। लागू करते ही दरबार में ही त्राहि-त्राहि मच गयी थी। जहाँ आरा बेगम ने औरंगज़ेब को पत्र लिख कर अपना विचार बदलने का अनुरोध किया था। देखें परिशिष्ट।
109. Theologians
110. Religious Truth
111. सादा रहन-सहन की वजह से औरंगज़ेब को आलमगीर ज़िन्दा पीर कहा जाता था।
112. भावना और मूल्य
113. Transcendental
114. मोक्ष
115. प्रतीक्षारत
116. विरोधी
117. Corundum
118. पत्थर तोड़ने वाले
119. चूँकि सुल्तान शिया सही, पर समानधर्मी था, पर औरंगज़ेब को शियायों से भी तीखी घृणा थी, जबकि सर्वप्रिय पत्नी दिलरस बानो शिया थीं, बेटा आज़म और भाई शाह शुजा भी। माँ मुमताज़ महल तो थीं ही। सूरियों से पराजित हो हुमायूँ भी 15 बरस के ईरान प्रवास में विवश हो शिया बन गये थे।

120. फ़ौजी बिरादरी; Military Fraternity
121. नैतिक
122. वेतन
123. निजी वेतन
124. घोड़ों वा सवारों के लिए वेतन
125. अनुमानित आय
126. वास्तविक आय
127. अध्याय
128. धूमकेतु
129. मुँह
130. मुँहदिखाई
131. प्राणवायु
132. आने वाला; भविष्य
133. पूरे युग की सम्राज्ञी; औरंगज़ेब के आदेशानुसार इसी उपाधि से सल्तनत के इतिहास में जानी गयीं।
134. 90–120 मिनट
135. पूर्व
136. पश्चिम
137. प्रतिक्रिया
138. संवेदनशील
139. उदासीनता
140. स्पन्दनहीन
141. क्षितिज
142. औरंगज़ेब का शब्दार्थ
143. सुरक्षा शुल्क के रूप में राजस्व का एक चौथाई
144. इसके अतिरिक्त राजस्व का एक बटा दसवाँ भाग क्षेत्र विशेष के सरदार का दाय
145. उपकारी
146. धर्मावलम्बी
147. शाम *(सीरिया)* का पहाड़, जहाँ हज़रत मूसा ने ख़ुदा का जलवा देखा था।

भाग-3

शाह बनाये कठपुतली

देखो, भाग्य की चंचल वृत्ति और पार्थिव महिमा का स्वप्नान्त!

—अब्दुल्ला ख़ाँ

पात्र

(मंच पर प्रवेश के अनुसार)

औरंगज़ेब

मुअज़्ज़म *(बहादुर शाह)*

आज़म

अकबर

काम बख़्श

जहाँदार शाह

कोकलताश ख़ाँ

ज़ुल्फ़िक़ार ख़ाँ

सिपाही

भाँड

नक़्क़ाल

बहुरुपिया

लाल कुँवर

अब्दुल्ला ख़ाँ

हुसैन अली

रतन चन्द

फ़र्रुख़सियर

साहिबा निस्वाँ

बादशाह बेगम

बानो

शायर

दिमाग़ी

मीर जुमला

ख़्वाज़ा आसिम

हैदर बेग

चीनकुलीच ख़ाँ

अमीन ख़ाँ

दाऊद ख़ाँ

चूड़ामन जाट

जय सिंह
अजीत सिंह
अभय सिंह
इन्द्र कुँवर
आलम अली
दिलावर अली
रफ़ीउद्दौला
इनायत बानो
रफ़ीउद्दर्जात
हुमायूँ बख़्त
रौशन अख़्तर *(मुहम्मद शाह)*
अज़ीउद्दीन
परवेज़
इब्राहीम बेग
निसार
जुम्मन
नक़ीब
नाज़िर
सिपाही
पालकी उठाने वाले
पंखा बरदार
एलानी
दारोग़ा-ए-हरम
गोली
बालाजी विश्वनाथ

अंक-1

दृश्य–1

लाल क़िला। सुबह।

(औरंगज़ेब का प्रवेश)

औरंगज़ेब : पचास से सिर्फ़ एक बरस कम हुकूमत करने के बावजूद आलमगीर हर मोर्चे पर नाकामयाब मरा। हमारे बग़ावती बेटे अकबर ने ईरान से जो लिखा था, अब जायज़ महसूस होता है—*(अपनी तरफ़ इशारे के साथ)* हम सारी ज़िन्दगी उन चीज़ों के पीछे भागते रहे, जो ख़्वाब से भी ज़्यादा झूठी निकलीं और साये से भी कम दवामी[1]। हमसे तीन अज़ीम ग़ल्तियाँ हुईं, *(दो उँगलियाँ दिखाते हुए)* दूसरी, अकबर का पीछा करते हुए हमें दिल्ली छोड़ कर दकन नहीं जाना चाहिए था; *(तीन उँगलियाँ दिखाते हुए)* चले ही गये थे, तो उसके ईरान भाग जाने के बाद मराठों के साथ चौथ[2] वा सरदेशमुखी[3] देने की उनकी शर्त मान वापस लौट आना चाहिए था, और *(एक उँगली दिखाते हुए)* पहली, निज़ाम में मज़हबी रवादारी[4] अपनानी चाहिए थी। ऐसा नहीं हुआ, तभी जंगे-विरासत के जो मुकालमे शाहजहाँ के चार शहज़ादों ने उनकी बीमारी में बोले थे, हमारी आख़िरी हिचकी के बाद वही हमारे सपूतों ने दुहराए—

(कफ़न लपेटे आज़म, अकबर, वा काम बख़्श और बादशाह के लिबास में मुअज़्ज़म बहादुर शाह आवेग से संवाद बोलते हुए आते हैं।)

मुअज़्ज़म/आज़म/अकबर/काम

बख़्श : *(साथ-साथ)* लहराती है/फिर कोई बर्क़ सी लहराती है/आता है जो आगे/सूखे तिनके-सा जलाती है/

काम बख़्श : *(अकबर की ओर इशारे के साथ)* मुग़लों के साथ-साथ माँ के ज़रिये दूसरे शाही सफ़ाविद[5] ख़ून वाले *(अकबर की ओर इशारे के साथ)* अकबर—

अकबर : *(आज़म की ओर इशारे के साथ)* और मेरे हमशीरा[6] आज़म—

मुअज़्ज़म : *(काम बख़्श की ओर इशारे के साथ)* सिर्फ़ मुग़ल ख़ून वाले औरंगज़ेब के कलेज के टुकड़े काम बख़्श—

आज़म : *(मुअज़्ज़म की ओर इशारे के साथ)* और बनिया बक़्क़ाल[7] मुअज़्ज़म आलम शाह—

(मुअज़्ज़म मुस्कुराता है।)

अकबर : *(नर्मी से)* होता है/

मुअज़्ज़म/आज़म/अकबर/काम बख़्श : *(हमलावर सुर में)* बड़ा नशा होता है/

काम बख़्श : शीराज़ की मय से भी ज़्यादा/

मुअज़्ज़म : तख़्तनशींनी/

आज़म : और माथे पर ताज में/

मुअज़्ज़म/आज़म/अकबर/काम बख़्श : *(अर्थभरे सुर में)* देखा है आपने अपने नाम से जारी किया गया सिक्का?

मुअज़्ज़म : *(बादशाह की अदा से सिक्का दिखाते हुए)* सिक्का-ज़द-बज़-फ़ज़्ले-हक़ बर-सिम-ओ-ज़र

आज़म : *(मुअज़्ज़म को कोर्निश करते हुए)* पादशाहे-बहरो-बर नूरे-नज़र![8]

आज़म/अकबर/काम बख़्श : *(मुअज़्ज़म को कोर्निश करते हुए साथ-साथ)* बादशाह सलामत! बादशाह सलामत!

(नेपथ्य में ख़ुतबा[9] शुरू होता है।)

आज़म/अकबर/काम बख़्श : *(साथ-साथ)* बादशाहत की दौड़ में थे हम तीनों/

आज़म : पर फिसल कर गिरे/

काम बख़्श : आँखों में अँधेरे के साथ सलीमगढ़ की नौबत ही नहीं आयी/

आज़म : *(अपनी वा काम बख़्श ही तरफ़ इशारे के साथ)* जंग में ही पी लिया हम दोनों ने शहादत का जाम/

अकबर : *(माथे पर दुहत्तड़ मारते हुए)* ईरान में तेईस बरस इन्तिज़ार करते रहे आलमगीर की आख़िरी हिचकी का/

औरंगज़ेब : *(मुस्कान से)* हम हमेशा के ज़िद्दी/

अकबर : *(औरंगज़ेब की तरफ़ इशारे के साथ मुस्कान से)* तभी ली इन्होंने/जब तीन बरस पहले ले ली हमने/

औरंगज़ेब : नब्बे से फ़क़त एक कम की उम्र में/

अकबर : पचास बरस से भी कम जिये हम/लेकिन उतनी ही लम्बी हुकूमत के बाद/ये कहते हुए गये आलमगीर—

औरंगज़ेब : *(दुखी नारे के ढंग से)* हमारे बाआआद; सिर्फ़ फ़साआआद
(अगले संवाद के बीच औरंगज़ेब का प्रस्थान।)

आज़म : *(मुअज़्ज़म की ओर संकेत के साथ)* साहिबे-क़िरानी आलमगीर सानी[10]

काम बख़्श : अबुन नसीर सैयद .कुत्बुद्दीन, अब्दुल मुज़फ़्फ़र

अकबर : मुहम्मद मुअज़्ज़म शाह आलम

मुअज़्ज़म : *(अपना ताज सँवारते हुए)* बहादुर शाह अव्वल पादशाह ग़ाज़ी[11]

आज़म/अकबर/
काम बख़्श : *(मुअज़्ज़म का कोर्निश करते हुए साथ-साथ)* बादशाह सलामत!बादशाह सलामत!

मुअज़्ज़म : त्रेसठ की उम्र में आते ही सर पै ताज/भटका किये यहाँ से वहाँ/ मराठों, राजपूतों, और सिक्खों के साथ/सुलझाते उल्झी गुत्थियाँ/ चार बरस बाद जैसे ही समझा जिसे सुस्ताने का वक़्फ़ा[12]/ दरअसल वो निकला *(ऊपर इशारा करते हुए)* वहाँ का दावतनामा—

आज़म/अकबर/
काम बख़्श : *(साथ-साथ)* लहराती है/
फिर कोई बर्क़-सी लहराती है/
आता है जो आगे/सूखे तिनके-सा जलाती है/
(जहाँदार शाह का प्रवेश। पीछे कोकलताश ख़ाँ उगालदान लिये)

अकबर : *(नर्मी से)* होता है/

मुअज़्ज़म/आज़म/
अकबर/काम
बख़्श : *(हमलावार सुर में)* बड़ा नशा होता है/
काम बख़्श : शीराज़ की मय से भी ज़्यादा/
मुअज़्ज़म : तख़्तनशींनी
आज़म : और माथे पर ताज में/
मुअज़्ज़म/आज़म/
काम बख़्श : *(मुस्कान से)* देखा है आपने अपने नाम से जारी किया गया सिक्का?
जहाँदार शाह : *(बादशाह की अदा से सिक्का दिखाते हुए)* सिक्का-ज़द-बज़-फ़ज़्ले-हक़ बर-सिम-ओ-ज़र
आज़म : *(जहाँदार शाह को कोर्निश करते हुए)* पादशाहे-बहरो-बर नूरे-नज़र
आज़म/अकबर/
काम बख़्श : *(जहाँदार को कोर्निश करते हुए साथ-साथ)* बादशाह सलामत! बादशाह! सलामत!
कोकलताश ख़ाँ : *(मुस्कान से)* अबुलफ़त्ह मुईज़ुद्दीन मुहम्मद जहाँदार शाह, साहिबे-क़िरान पादशाहे-जहाँन, शहंशाहे-ग़ाज़ी—
मुअज़्ज़म/आज़म/
अकबर/काम
बख़्श : *(जहाँदार को कोर्निश करते हुए साथ-साथ)* बादशाह सलामत! बादशाह सलामत!
कोकलताश ख़ाँ : *(मुस्कान से जहाँदार से)* आपके नौ भतीजे अल्लाह के फ़ज़ल से सलीमगढ़ की ज़ीनत दोबाला कर रहे हैं।
मुअज़्ज़म/आज़म/
अकबर/काम
बख़्श : *(मुस्कान से)* मरहबा-मरहबा!
कोकलताश ख़ाँ : आपके अज़ीज़ भाई अज़ीमुश्शान के सर का तोहफ़ा तो आपको दिया ही जा चुका है।
मुअज़्ज़म/आज़म/
अकबर/काम
बख़्श : *(मुस्कान से)* आफ़रीं सद आफ़रीं—
कोकलताश ख़ाँ : बाकी दो रफ़ीउश्शान, जहाँ शाह, और उसके बेटे खुजिस्ता

अख़्तर फ़रखुंदा की लाशें चाँदनी चौक में नुमाइश के लिए बल्लियों पर आरास्ता[13] कर दी गयीं हैं।

जहाँदार शाह : *(एक हाथ ऊपर उठाते हुए नारे के ढंग से)* जंगे-विरासत दो अन्जामों में महदूद[14]

मुअज़्ज़म/आज़म/अकबर/काम बख़्श : *(वैसे ही)* या तख़्त या ताबूत!

(कोकलताश उगालदान पेश करता है; जहाँदार पान थूकता है। मुअज़्ज़म, आज़म, अकबर, और काम बख़्श का प्रस्थान।)

कोकलताश ख़ाँ : *(दर्द के सुर में)* बस, ऐसे मुबारक दिन काँटा *(अपने सीने की ओर इशारे के साथ)* इसी बात का चुभा है कि हम दूध-भाइयों के बीच का वादा पूरा नहीं हुआ।

जहाँदार शाह : हमें भी इस बात का बड़ा मलाल है कोकलताश कि तुमको वज़ीर नहीं बना पाये। ज़ुल्फ़िक़ार जैसे क़द्दावर उमरा की मुख़ालिफ़त करें, इतनी हिम्मत नहीं हुई।

(भाँड, नक़्क़ाल और बहुरूपिए का प्रवेश)

भाँड : *(देखते हुए)* अरे झरोखा तो ख़ाली पड़ा है!

नक़्क़ाल : कहाँ है जहाँपनाह?

बहुरूपिया : सो रहे होंगे।

नक़्क़ाल : *(प्रेमिका की तरह भाँड को गले लगाते हुए हरामी मुस्कान से)* रात भर रास लीला रचाई है लाल कुँवर के साथ!

भाँड : दोपहर हो गयी।

बहुरूपिया : अब तो दे दीजिए झरोखा दर्शन—

कोकलताश ख़ाँ : *(दूसरी तरफ़ इशारे के साथ)* झरोखा दर्शन दीजिए जहाँपनाह!

जहाँदार शाह : *(बच्चे की तरह मचल कर)* होता रहेगा झरोखा दर्शन! पहले लाल कुँवर के पाँवों में मेंहदी तो लगा दें! *(दूसरी तरफ़ देखते हुए पुकार कर)* लाल कुँवर!

(चुप्पी)

जहाँदार शाह : *(उसी तरफ़ देखते हुए गिड़गिड़ा कर)* सल्तनते-मुग़लिया के आठवें बादशाह को मत सताओ बुलबुल!

(लाल कुँवर कूल्हे मटकाती हुई नखरे से आती है।)

लाल कुँवर : *(नखरे से)* हम रूठे हैं हाँ!

जहाँदार शाह : क्या ख़ता हुई जाने-मन?
लाल कुँवर : *(आरोप के सुर में)* जहाँपनाह ने वादाफ़रामोशी की।
जहाँदार शाह : इक्यावनवें जाम के बाद हम भूल जाते हैं—
लाल कुँवर : वादा पच्चीसवें के बाद था।
जहाँदार शाह : अच्छा?
लाल कुँवर : तीन सौ इक्यावन—
जहाँदार शाह : क्या तीन सौ इक्यावन?
लाल कुँवर : मोती—
जहाँदार शाह : कैसे मोती?
कोकलताश ख़ाँ: नूरजहाँ ने जब जहाँगीर को महाबत ख़ाँ की क़ैद से आज़ादी दिलवाई थी, तो जहाँगीर ने मलिका को तोहफ़ा दिया था—तीन सौ इक्यावन मोतियों का हार, जिसमें ज्योतिष के हिसाब से पाँच पन्ने, सात नीलम, और नौ पुखराज जड़े हुए थे।
जहाँदार शाह : इतनी-सी बात? जौहरी चन्दनदास को बुलाओ!
कोकलताश ख़ाँ: बादशाह की उधारी सबने बन्द कर दी ज़िल्ले-सुब्हानी[15]!
जहाँदार शाह : अरे तो क़र्ज़ ले लो!
कोकलताश ख़ाँ: *(शर्मिन्दगी से)* अब क्या कहें—
जहाँदार शाह : हुआ क्या?
कोकलताश ख़ाँ: जहाँपनाह पहले ही सल्तनत गिरवी रख चुके हैं।
(गाने की शुरुआत के साथ रूठी लाल कुँवर जाती है; पीछे मनाता हुआ जहाँदार; उसके पीछे कोकलताश।)

भाँड/नक़्क़ाल/ बहुरूपिया : मुग़ल सल्तनत गिरवी रक्खी ज़ोहरा बी के नेफ़े[16] में
बाबर की वो जाँबाज़ी हुमायूँ की फ़ैयाज़ी[17]
अज़्मत अकबर की औ' अदले-जहाँगीरे-बेन्याज़ी[18]
नूरजहाँ का जाहो-ज़का[19], शीरीं[20] मुमताज़ी संगत
शाहेजहाँ की शानोशौक़त, आलमगीरी रंगत
(पिछली पंक्ति के बीच भाँड कमर पर हाथ रख, जोहरा बी के किरदार में आ ठसके से चलता है। नक़्क़ाल और बहुरूपिया ज़ोहरा के नेफ़े की तरफ़ इशारा करते हैं।)

नक़्क़ाल/ बहुरूपिया : गो कि क़यामत गिरवी रक्खी ज़ोहराबी के नेफ़े में
भाँड : *(बड़प्पन से)* अब क्या है न कि जहाँपनाह की तो रत्ती भर

साख नहीं, पर लाल कुँवर हमारी मुँहबोली सहेली ठहरी। सोचा, चलो छोड़ो, चन्द करोड़ डूब ही जाएँगे न!

(अब बहुरूपिया लाल कुँवर की मस्त अदा से छम्मकछल्लो की तरह चलता है; भाँड वा नक़्क़ाल हँसते हैं।)

भाँड/नक़्क़ाल : *(सीने पर हाथ रख आशिक़ की तरह बहुरूपिए से)* हाय लाल कुँवर!

(भाँड और नक़्क़ाल एक साथ नाच की मुद्रा में आ जाते हैं।)

भाँड/नक़्क़ाल : *(साथ-साथ)* महफ़िल से जा पहुँची सीधी लाल क़िला/शहंशाह से कंजरी को एजाज़ मिला—

भाँड : *(बहुरूपिए से)* क्यों मिला ये तो बता दो मेरी लैला!

बहुरूपिया : *(दाँतों-तले एक उँगली दबाते हुए)* हमें शरम आती है छैला!

नक़्क़ाल : अरे हमतकिये से कैसी शरम—

बहुरूपिया : जहाँपनाह सुहाग की पूरी रात कोशिश करते रहे, *(अदा से)* और जब पौ फटने तक नहीं खोल पाये तो हमने ख़ुद ही रहम कर दिया उन पर!

भाँड : क्या नहीं खोल पाये मेरी सुरमेदानी?

बहुरूपिया : मुझ लाल कुँवर जैसी हुनरमन्द कोई नहीं दिल्ली में!

नक़्क़ाल : कौन-सा हुनर मेरे दिल की ठुमरी?

बहुरूपिया : चक्रव्यूह जानते हो?

भाँड : *(तीर चलाने के मूकाभिनय के साथ)* कितने भेद चुके हैं!

बहुरूपिया : *(अदा से)* हमारी चुनौती—

नक़्क़ाल : किस बात की?

बहुरूपिया : सोने-चाँदी के तार *(अपनी कमर की तरफ़ इशारे के साथ)* इज़ारबन्द[21] में गूँथ कर, हम एक के बाद एक ऐसी पेचीदा गाँठें लगा लेते हैं कि कामदेव भी नहीं खोल पाते! *(शरमा कर दाँतों-तले उँगली दबाते हुए)* तभी तो मिला ख़िताब—

भाँड/नक़्क़ाल : *(साथ-साथ)* इम्तियाज़ महल! इम्तियाज़ महल!

(तीनों की एक साथ नाच की एक गति के साथ बहुरूपिया लाल कुँवर की नक़ल छोड़ देता है।)

भाँड/नक़्क़ाल

बहुरूपिया : नूरजहाँ मुमताज़ महल की नक़ल करे
तबलचियों को मनसब दे दरबार भरे
ज़िल्ले सुब्हानी का जलाल हय लाल कुँवर के नेफ़े में
मुग़ल सल्तनत गिरवी रक्खी ज़ोहरा बी के नेफ़े में

(लाल कुँवर, जहाँदार, और कोकलताश का प्रवेश। अगले संवाद के बीच भाँड, नक़्क़ाल, और बहुरूपिए का प्रस्थान।)

जहाँदार शाह : *(मनाते हुए)* मान जाइए मलिका! तीन सौ इक्यावन मोतियों का हार बाद में आएगा, लेकिन *(सिक्का दिखाते हुए)* मलिका के नाम का सिक्का तो तैयार है अभी।

(लाल कुँवर लेती है, उलट-पलट कर देखती है।)

कोकलताश ख़ाँ : *(ख़ुशामदी सुर में सिक्के का अलंकरण पढ़ते हुए)* ख़ुद मुरादें आज लहराएँ चँवर/मलिका-ए-गंगो-जमन लाल कुँवर

(लाल कुँवर खिल जाती है।)

लाल कुँवर : सिक्का जारी करने का जश्न कब होवेगा?

जहाँदार शाह : आज हो रहा है।

लाल कुँवर : दुल्हिन की तरह सजेगा लाल क़िला?

जहाँदार शाह : ज़रूर!

लाल कुँवर : आतिशबाज़ी होगी?

जहाँदार शाह : आसमाने-दिल्ली पर चिंगारियों के फूल अकबराबाद और अजमेर तक दिखाई देंगे।

(ज़ुल्फ़िक़ार ख़ाँ आता है; नापसन्दगी से देखता है।)

कोकलताश ख़ाँ : आपकी पसन्दीदा गोलकुंडा रक़्क़ासा को तलब किया गया है मलिका-ए-आली! शीराज़ मय की मुहरबन्द बोतलें मँगवायी गयी हैं; उमरा नज़र लेकर हाज़िर हो रहे हैं।

जहाँदार शाह : सद्‌के के लिए पचास हज़ार अशर्फियाँ मत भूलना।

ज़ुल्फ़िक़ार ख़ाँ : *(स्थिर स्वर में)* लाल कुँवर को आपने दो करोड़ की जो जागीर अता फ़र्मायी है, उसमें से निकालिए अशर्फियाँ, लेकिन जश्न के लिए नहीं, सिपाहियों को ग्यारह माह की उजरत[22] देने के लिए।

लाल कुँवर : *(नाराज़गी से)* हमको मलिका-ए-आली से ख़िताब किया जाता है वज़ीरे-आला!

ज़ुल्फ़िक़ार ख़ाँ : *(मलिका को चबाकर बोलता है)* दो रोज़ पहले मलिका की दिलनवाज़ कबूतरी का निकाह हुआ। तोशाख़ाने[23] में झाँक कर देखा है आपने? ख़ाली पड़ा है, जैसे गेहूँ-तेल की दूकानें।

लाल कुँवर : *(जैसे बड़ी समझदारी दिखाई हो)* तभी तो कबूतरी के निकाह पर हमने घी के दिये नहीं जलाए थे!

जहाँदार शाह : महसूल कहाँ गया?

ज़ुल्फ़िक़ार ख़ाँ : किसान के पास खाने को दो दाने नहीं। महसूल कहाँ से दे?

जहाँदार शाह : जज़िया का क्या हुआ?

ज़ुल्फ़िक़ार ख़ाँ : बढ़ते हुए शाही ख़र्च का साथ नहीं दे सका।

जहाँदार शाह : फ़स्ल कहाँ गयी?

ज़ुल्फ़िक़ार ख़ाँ : *(सन्तुलित खीझ से)* सूखा पड़ गया, बाढ़ आ गयी और रही-सही कसर जंग ने पूरी कर दी। आप कल ही मेरे साथ चलिए और बज़ाते-ख़ुद देख लीजिए कि—

कोकलताश ख़ाँ: *(बात काट कर)* कल अलस्सुबह तो आपको दिलशादगढ़ जाना है।

लाल कुँवर : दिलशादगढ़? सो क्यूँ?

जहाँदार शाह : वहाँ इनके बाग़ के पास कुछ बंजर ज़मीन है। ये चाहते हैं कि उसका पट्टा इनके नाम कर दिया जाय।

लाल कुँवर : पै उस बंजर ज़मीन का होगा क्या?

कोकलताश ख़ाँ: मेरे एक राजपूत मुलाज़िम का कहना है कि ख़ास खाद से वो ज़मीन फिर ज़रख़ेज[24] हो सकती है और गुलाबों की पैदावार के लिए मौजूँ है।

लाल कुँवर : मेरा भतीजा गुल्लू निठल्ला फिरे हैं। इस काम में लगा लीजो उसे।

ज़ुल्फ़िक़ार ख़ाँ : क्या यह वही ज़मीन है, जो दिलशादगढ़ से एक कोस मग़रिब[25] में पड़ती है?

कोकलताश ख़ाँ: *(चौकन्ना हो जाता है)* जी हाँ!

ज़ुल्फ़िक़ार ख़ाँ : लेकिन अर्ज़े-मुक़र्रर[26] ने हाल में ही मुझे एक नक़्शा दिखलाया था, जिसके मुताबिक़ वहाँ से नहर निकालने का मन्सूबा है। जमुना का आठ महीने रहने वाला फैलाव उस पाँच सौ एकड़ ज़मीन के बिल्कुल नज़दीक़ है, बल्कि उसको तो शुब्हा है कि पटवारी ने उस ज़मीन का इन्दराज[27] बंजर ज़मीन की हैसियत से ग़लत किया है और इसके पीछे कोई—

लाल कुँवर : *(बीच में ही)* नहर बने तो गुल्लू मियाँ को मुलाज़िमत दिला दीजो।

ज़ुल्फ़िक़ार ख़ाँ : *(आवेग से)* पर पहला सवाल तो यही है कि—

जहाँदार शाह : *(बात काट कर)* देखा जाएगा। कल न तो नहर बन रही है और न ही गुलाब बोये जा रहे हैं।

लाल कुँवर : पै सवाल उट्ठे हैं कि कल करा क्या जाए?

जहाँदार शाह : *(प्यार की नज़र से उसे देखते हुए)* कल मलिका के प्यारे तोते की शादी करा दें?

कोकलताश ख़ाँ: *(बड़ी मुस्कान से)* जहाँपनाह ने तो गोया मेरे मुँह की बात छीन लीं!

ज़ुल्फ़िक़ार ख़ाँ : *(मुश्किल से अपना सन्तुलन बनाये रखते हुए)* शाही ख़जाने की हालत देखते हुए मैंने हुक्म जारी किया था कि मनसबदारों को सनदें तब तक न दी जाएँ, जब तक उनके दावों की जाँच न कर ली जाये। *(एक नज़र कोकलताश का देखते हुए)* अब जहाँपनाह तक पहुँच वाले ख़ास उमरा के दस्तों के दाग़दार घोड़ों[28] का मुआयना किये बिना उनका भुगतान किया जा रहा है। नये मनसब न देने की मेरी हिदायत के बावजूद मलिका के तीन भाइयों को पाँच, छै और सात हज़ार के ऊँचे मनसब अता फ़र्माये गये हैं। तानपूरा बजाने वाले एक को नेमत ख़ाँ ख़िताब मिला है, तो तबला बजाने वाले दूसरे को ख़ुशाल ख़ाँ। दिल्ली बाज़ारों में कहा जा रहा है कि कोयल के घोंसले में कव्वा घुस बैठा और बाज की डाली पर उल्लू ने क़ब्ज़ा कर लिया।

लाल कुँवर : *(आपत्ति के सुर में)* हमारी रगों में तानसेन का ख़ून है।

ज़ुल्फ़िक़ार ख़ाँ : *(लाल कुँवर से)* रागिनी से हुकूमत नहीं चलती। *(जहाँदार से)* पहले से ही शिकस्ता काँधों पर इन फ़ालतू मनसबों का बोझ कैसे उठाया जाएगा?

जहाँदार शाह : *(हँस कर)* पहले सब्ज़ीफ़रोश ज़ोहरा जबीं[29] से क़र्ज़ लिया था, अब चूड़ीफ़रोश माहे-तलअत[30] से ले लेंगे!

(कोकलताश हँसता है।)

ज़ुल्फ़िक़ार ख़ाँ : *(डाँट के सुर में)* आज लिया हुआ क़र्ज़ कल लौटाना भी पड़ता है।

(जहाँदार शाह और कोकलताश एक-दूसरे को देखते हैं।)

ज़ुल्फ़िक़ार ख़ाँ : क़ाब्लियत की बिना पर हमने सरबुलन्द ख़ाँ को सूबेदार बना दिये जाने की मुख़ालिफ़त की थी, पर कोकलताश ख़ाँ की चिकनी-चिपुड़ी बातों में आये बिना आप रह नहीं सकते।

कोकलताश ख़ाँ: *(नाराज़गी से)* आपके कहने से कोई नाक़ाबिल नहीं हो जाता।

ज़ुल्फ़िक़ार ख़ाँ : आलमगीर होते, तो आपको इसका जवाब कैसे देते, आप अन्दाज़ लगा सकते हैं।

(कोकलताश तैश में आ जाता है, जहाँदार फीकी मुस्कान से बात सँभालता है।)

जहाँदार शाह : वज़ीरुल्मुल्क़ आने वाले कल की फ़िक्र कुछ ज़्यादा ही करते हैं।

ज़ुल्फ़िक़ार ख़ाँ : *(चुनौती से)* ख़ुद के लिए नहीं।

जहाँदार शाह : *(चौकन्ना हो जाता है)* मतलब?

ज़ुल्फ़िक़ार ख़ाँ : कल रात आयी वाक़यानवीस की तहरीर का मुलाहिज़ा फ़र्माया आपने?

लाल कुँवर : *(मानीभरे ढंग से जहाँदार शाह को देखते हुए हल्की अँगड़ाई के साथ हँसती है)* कल सारी रात तो—

(जहाँदार शाह भी लाल कुँवर को देखते हुए हँसता है; कोकलताश भी जहाँदार शाह की देखा-देखी हँसता है।)

ज़ुल्फ़िक़ार ख़ाँ : *(सन्तुलित खीझ से)* अगर आप लोग हँस चुके हों, तो हम अपना बयान जारी रक्खें?

लाल कुँवर : *(जहाँदार शाह को देखते हुए अर्थभरी अश्लीलता से)* कुछ-न-कुछ तो जारी होवे ही है! किसी का बयान, तो किसी का—

(जहाँदार शाह को चुटकी काटती है; जहाँदार शाह भी हँसता हुआ लाल कुँवर को चुटकी काटने को होता है; वह किलकारी मारते हुए दूर हट जाती है; जहाँदार शाह उसकी ओर बढ़ता है।)

ज़ुल्फ़िक़ार ख़ाँ : *(नाराज़गी से)* ये वो मसला है, जिस पर आपकी हुकूमत, आपकी ज़िन्दगानी मुन्हसिर करती है।

(बाक़ी तीनों जहाँ के तहाँ ठिठक जाते हैं।)

ज़ुल्फ़िक़ार ख़ाँ : आपके भतीजे फ़र्रुख़सियर ने बग़ावत कर दी है। ख़बर मिली है कि इलाहाबाद के नायब सूबेदार अब्दुल्ला ख़ाँ और बिहार के नायब सूबेदार हुसैन अली—दोनों उसके साथ हैं।

कोकलताश ख़ाँ : *(सन्जीदगी से)* लाहे-अमल[31] में अब्दुल्ला और मैदाने-जंग में हुसैन-सैयद बिरादरान की ये जोड़ी बहुत ख़तरनाक है।

जहाँदार शाह : फ़र्रुख़सियर को कुचलने के वास्ते फ़ौज रवाना कर दी जाय। अज़ीमुश्शान के सर का तोहफ़ा आपने हमें अपने नेजे की नोक पर दिया था। हमें उम्मीद है, उसके बेटे के सर का भी यही अन्जाम होगा।

लाल कुँवर : फ़ौज की कमान गुल्लू मियाँ को पकड़ाय दो। मुझे फूफी बोलते-बोलते बेचारे की जीभ नहीं सूखती।

कोकलताश ख़ाँ : गुल्लू मियाँ के साथ इख़्तियार को भेज दिया जाय। हमारे

वफ़ादार को जंग का तजुर्बा भी नहीं हुआ।

ज़ुल्फ़िक़ार ख़ाँ : इस मुहिम के लिए सिपहसालार का चुनाव हम करेंगे। अपने वफ़ादार को आप किसी छोटी मुहिम पर भेज सकते हैं।

कोकलताश ख़ाँ : हम यह कहने के लिए मजबूर हैं जनाबे-आली कि आप हमेशा ऐसे लोगों को अपना जौहर दिखाने का मौक़ा देते हैं, जिन पर आपकी नज़रे-इनायत है।

ज़ुल्फ़िक़ार ख़ाँ : *(बौखला कर)* वो ऐसी मुहिम पर जा रहे हैं, जिसके अन्जाम पर यह हुकूमत मुन्हसिर करती है।

जहाँदार शाह : *(नाटकीय ढंग से)* क्या आप लोगों को एहसास है कि जिनकी यह हुकूमत है, उनको इतनी देर से मुँह खोलने का मौक़ा नहीं मिला?

(सन्जीदा भाव से ज़ुल्फ़िक़ार वा कोकलताश को देखता है।)

जहाँदार शाह : *(हाव-भाव से)* लड़ाई पै जइबै मोरा सैंया बेदर्दी—मोरे गौने की मेंहदी तो उतरी भी नाहीं—

लाल कुंवर : *(हाव-भाव से)* मोरे गौने की मेंहदी तो उतरी भी नाहीं—लड़ाई पै जइबै मोरा बलमा बेदर्दी—

जहाँदार शाह : *(हाव-भाव से)* मोरे माथे की टिकुली तो उतरी भी नाहीं—

लाल कुँवर/
कोकलताश ख़ाँ : *(साथ-साथ)* लड़ाई पै जइबै हाय रसिया बेदर्दी—

जहाँदार शाह : मोरे नैनन का कजरा तो उतरो भी नाहीं—

(ज़ुल्फ़िक़ार ख़ाँ का खीझ कर प्रस्थान।)

जहाँदार शाह/
कोकलताश ख़ाँ : लड़ाई पै जइबै मोरा छैला बेदर्दी—

लाल कुँवर : *(नखरे से)* मोरे—

(दोनों को देखते हुए ठिठक जाती है।)

जहाँदार शाह : *(लाल कुँवर को उकसाते हुए)* हाँ-हाँ—

लाल कुँवर : *(कामुक हाव-भाव से अपनी छाती की ओर इशारे के साथ)* मोरे जोबन का उबटन तो उतरो भी नाहीं—

(जहाँदार लाल कुँवर के साथ नाचने लगता है।)

तीनों : *(साथ-साथ)* लड़ाई पै जइबै मोरा सैंया बेदर्दी—मोरे गौने की मेंहदी तो उतरी भी नाहीं—

(अँधेरा)

दृश्य-2

पटना। हुसैन अली का दीवानख़ाना।

(अब्दुल्ला ख़ाँ और हुसैन अली साथ।)

अब्दुल्ला ख़ाँ : तुम्हें याद है हुसैन, बचपन में गाँव बारहा में हम शाम को भाग कर चश्मे तक पहुँच जाते थे। सैयदी मकबरों के पीछे, दूर उफ़क़ पर पीलापन छा रहा होता। ख़ामोशी में सिर्फ़ पानी की रवानी; और दरख्तों के बीच मद्धिम सरसराहट। हम लाल, सोंधी मिट्टी के घरौंदे बनाते रहते। मुलायम मिट्टी की नमी मेरे हाथों की जिल्द ज़ज्ब करती जाती—*(अपने में डूबने लगता है)* और मेरे भीतर लगाव वा अपनापे के लतीफ़[32] बगूले-से फूटने लगते। दो हाथ के फ़ासले पर हमारी तमाम पुश्तें सुकून से सो रही थीं। इस अजनबी मिट्टी से घर बना कर अपनी जड़ें हासिल की थीं उन्होंने; और उनके ज़ज्बात जैसे रिस-रिस कर इस ज़मीन के ज़र्रे-ज़र्रे में ज़ज्ब हो गये थे। इस लम्हें मैं अपने हाथों में उसी मिट्टी की नमी महसूस कर रहा हूँ और अपने सीने में उन्हीं बगूलों की सिहरन—

हुसैन अली : *(हल्की मुस्कान से)* हम मिल कर बनाते घरौंदा। उसमें बड़ा हिस्सा आपका होता; मेरा छोटा। लेकिन हवा के रुख़ से उल्टी तरफ़, ताकि अगर दीवारें गिरें तो पहले आपकी।

अब्दुल्ला ख़ाँ : वही हसरते-तामीर पारे-सी थिरक रही है भीतर; और मक़सद है सल्तनत की वो सूरत, जिसका तसव्वुर अकबरे-आज़म ने किया था। उसका नक़्शा उन्होंने हासिल कर लिया; अब इस मिट्टी का क़र्ज उतारते हुए उसमें साँस हमें फूँकना है।

हुसैन अली : जिसमें हमेशा की तरह हिस्सा होगा?

अब्दुल्ला ख़ाँ : ख़ानदाने-मुग़लिया के बरअक्स हमारे यहाँ सगे भाइयों के बीच ऐसा ही होता है।

हुसैन अली : पर दिल्ली दरबार ईरानियों की जेब में है। उस खेमे के सिरमौर असद ख़ाँ—नूरजहाँ के भाई आसफ़ ख़ाँ के दामाद; शाहजहाँ वा औरंगज़ेब दोनों के पसन्दीदा उमरा। बारह हज़ारी मनसब के साथ वकीले-मुत्लक़[33] और गुजरात के नामौजूद[34] सूबेदार। उनके बेटे ज़ुल्फ़िक़ार ख़ाँ औरंगज़ेब के मामा शाइस्ता ख़ाँ के दामाद; और बेमिसाली दस हज़ार ज़ात, दस हज़ार सवार दुअस्पा सेहअस्पा[35] के साथ यारे-वफ़ादार ख़िताब से सरफ़राज़[36] दकन के ग़ैरमौजूद सूबेदार।

अब्दुल्ला ख़ाँ : निज़ाम के सबसे ऊँचे तीन ओहदे एक ही कुटुम्ब में! तभी तूरानी उमरा के कलेजे से धुआँ निकल रहा है। वो तभी थमेगा, जब तब्दीलि-ए-बादशाहत होगी।

हुसैन अली : तूरानी सरगना भी ज़्यादा पीछे नहीं। यह सच है कि ग़ाज़ीउद्दीन फ़ीरोज़जंग का शजरा[37] बुखारा पीर शिहाबुद्दीन सुहरावर्दी तक जाता है?

अब्दुल्ला ख़ाँ : औरंगज़ेब मानते थे। उन्होंने बीजापुर फ़तेह का सेहरा फ़ीरोज़जंग के सर पर रखते हुए सात हज़ारी मनसब के साथ बेरार की सूबेदारी अता फ़र्मायी थी। बेटे चीऩकुलीच ने भी वाकिनखेड़ा की जंग में अपने जौहर से औरंगज़ेब को मुतास्सिर कर लिया था। पर खानदेश के सूबेदार तक रह चुके चीऩकुलीच ख़ाँ ख़ाने-दौराँ और सिपहसालार अमीन ख़ाँ को ज़ुल्फ़िक़ार ने छोटे-छोटे ओहदे दे हाशिए पर फेंक दिया। दोनों इस्तीफ़ा दे अपने घरों में बैठे ऐसे ही मौके का इन्तिज़ार कर रहे हैं। ख़ानज़ाद[38] उमरा भी मौजूद निज़ाम से पशेमान हैं।

हुसैन अली : चाँदनी चौक में ये नाग़्मा मक़बूल है—घोंसले में कोयल के कौआ उल्लू बाज की डाली पर—

अब्दुल्ला ख़ाँ : सबकी ज़िन्दगी में बेहद अहम फ़ैसले का एक लम्हा आता है, जो उसका सब कुछ हमेशा के लिए बदल देता है। हमारे वास्ते यह फ़ैसला और भी अहम इसलिए है, चूँकि इसका असर पूरी सल्तनत पर होगा। आज हम तवारीख़ के बहुत नाज़ुक मोड़ पर खड़े हैं।

हुसैन अली : लेकिन क्या फ़ैसले की क़ीमत चुकाते हुए हमने लोगों को अपनी आँखों नहीं देखा?

अब्दुल्ला ख़ाँ : हो सकता है, क़ीमत हमें भी चुकानी पड़े, लेकिन बिरादर, वो सही फ़ैसले की ग़लत क़ीमत होगी।

हुसैन अली : लेकिन क़ीमत तो होगी, और दौरे-मौजूदा में क़ीमत का एक ही मतलब होता है।

अब्दुल्ला ख़ाँ : *(हुसैन अली को देखते हुए)* तुम्हें इतना प्यार है ज़िन्दगानी से?

हुसैन अली : हर दिन जैसे एक सौग़ात, हर लम्हा जैसे मसर्रत का मुँहबन्द ग़ुंचा—कि खिला, और गिर्दो-पेश उसकी ख़ुशबू से मुअत्तर[39] हो उठा—*(आस-पास देखते हुए)* यह मेरी ख़ुदी का फैलाव है—सूबे के एक कोने से दूसरे कोने तक हर नज़र मेरे रूबरू पांपोश की तरह बिछी हुई, हर तबस्सुम मेरी इजाज़त की मुन्तज़िर[40]—

अब्दुल्ला ख़ाँ : यह दायरा और भी वसीह[41] होगा—कच्छ से कन्धार और कोंकण से कोहिमा तक।

हुसैन अली : और अगर यह वसाहत सिमट कर फाँसी के तख़्ते में तब्दील हो गयी, तो?

अब्दुल्ला ख़ाँ : तो इत्मीनान होगा इस बात का कि ख़ुद से बड़ा अपना एक ख़्वाब था, जिसे हक़ीक़त में बदलने की कोशिशे-बुलन्द क़ुर्बानी ले गयी।

हुसैन अली : क़ुर्बानी से पेश्तर अगर कुछ मुहलत मिल भी गयी, तो भी दिल्ली दरबार में घुसते हुए हमारी हैसियत क्या होगी?

अब्दुल्ला ख़ाँ : बुख़ारा से तूरानी और इस्फ़हान से ईरानी हिन्दुकुश पार कर जब अकबराबाद पहुँचे थे, तो उनके पास *(अपने सीने की तरफ़ इशारे के साथ)* यहाँ वलवला और *(अपने दिमाग़ की तरफ़ इशारे के साथ)* यहाँ क़ाब्लियत के सिवा और कुछ नहीं था।

हुसैन अली : पर उनके पास कुटुम्ब का बुलन्द शजरा भी था, जो हमारे पास नहीं।

अब्दुल्ला ख़ाँ : कुछ लोग अपना शजरा ख़ुद बनाते हैं।

हुसैन अली : फ़र्रुख़सियर के ऊपर अपने को दाँव पर लगाएँगे हम? वो झूठे और धोखेबाज़ हैं। रोहतास क़िलेदार से सलामती का वादा कर क़िले पर क़ब्जा कर लिया; फिर अपने क़ौल से मुकर गये।

अब्दुल्ला ख़ाँ : तवारीख़े-मुग़लिया में औरंगज़ेब से बड़ा झूठा और फ़रेबी दूसरा हुआ है?

हुसैन अली : *(नाही में सिर हिलाते हुए)* नहीं।

अब्दुल्ला ख़ाँ : अज़ीमुश्शान का क़त्ल हो चुका। उनका मातहत होने के नाते मुझसे इलाहाबाद की नायब सूबेदारी छीन ली गयी। *(हुसैन अली की तरफ़ इशारा करते हुए)* पटना के दूसरे मातहत नायब सूबेदार की बर्ख़ास्तगी का फ़र्मान अभी तक नहीं आया।

हुसैन अली : आ जाएगा।

अब्दुल्ला ख़ाँ : हो सकता है, न आये। जांबाज़ सिपहसालार की हिमायत कमज़ोर शहंशाह को चाहिए।

हुसैन अली : रेश्मो-कमख़्वाब में पला ख़ूने-शाही पतला होता है, जो रिश्ते को नहीं पहचानाता, पर गर्म हवाओं में पनपा ख़ूने-सैयद ऐसा नहीं।

(ख़ादिम का प्रवेश। आदेशपत्र देता है, जाता है। अब्दुल्ला पढ़ कर हुसैन अली को देता है; दोनों की नज़र मिलती है; दोनों मुस्कुराते हैं। फ़र्रुख़सियर, साहिबा निस्वाँ, और बादशाह बेगम का प्रवेश।)

अब्दुल्ला ख़ाँ : ख़ुशाम्दीद शहज़ादे फ़र्रुख़सियर—

(दोनों तरफ़ से अभिवादन)

फ़र्रुख़सियर : बादशाह बेटी की तबीयत नासाज़ है, पर सियासती माहौल के मद्देनज़र हरम में छोड़ना मुनासिब नहीं समझा।

हुसैन अली : *(बादशाह बेगम से भीतर की तरफ़ इशारे के साथ)* आराम फ़र्माएँ।

(बादशाह बेगम भीतर जाती है।)

साहिबा निस्वाँ : फ़ैसले की घड़ी आन पहुँची सैयद बिरादरान! शाहजहाँ और आलमगीर की जिस विरासत को बहादुर शाह ने चार बरस सँभाले रखा, जहाँदार शाह ने महज़ तेरह माह में उसके परखचे उड़ा दिये!

फ़र्रुख़सियर : हमने फ़ौज को तैयारी का हुक्म दे दिया है। मनसबदारों को पैग़ाम भेजा है कि हमारा साथ देने के मानी हैं मुल्क़ को बदहाली से बचाना। जहाँदार ने शहज़ादे अज़ीउद्दीन को अपनी फ़ौज के हरावल[42] में रक्खा है।

साहिबा निस्वां : और ज़ुल्फ़िक़ार ख़ाँ की हिदायत ठुकराते हुए कोकलताश के साले को जंगी ज़िम्मेदारी सौंपी है।

हुसैन अली : लेकिन पैदल वा घुड़सवारों की तादाद एक लाख है।

अब्दुल्ला ख़ाँ : ज़ुल्फ़िक़ार ख़ाँ ने चीनकुलीच को सात हज़ारी मनसब देकर निज़ाम के साथ जोड़ लिया है। बन्दा बैरागी से जूझते तूरानी खेमे के नायब अमीन ख़ाँ भी वापस बुला लिए गये हैं।

फ़र्रुख़सियर : हमें उम्मीद थी कि तूरानी इस जंगे-विरासत से दूर रहेंगे।

अब्दुल्ला ख़ाँ : वो दूर रहें, इसका रास्ता हमें निकालना होगा।

हुसैन अली : हमारी फ़ेहरिस्त में कौन है?

साहिबा निस्वाँ : ढाका के क़ाज़ी मीर जुमला, लाहौर के फ़ौजदार ख़्वाज़ा आसिम, और कोरा जहाँनाबाद के छबेलाराम नागर—

अब्दुल्ला ख़ाँ : जिन पर अज़ीमुश्शान की नज़रे-करम रही है, वो इटावा के फ़ौजदार अली असग़र?

हुसैन अली : उड़ीसा के सूबेदार ख़ानजहाँ बहादुर वा नायब मुहम्मद रज़ा और बंगाल के दीवान मुर्शिदकुली ख़ाँ?

फ़र्रुख़सियर : सब एहसानफ़रामोश निकले।

अब्दुल्ला ख़ाँ : ईरानी, तूरानी, और ख़ानज़ाद—इन सबका मुक़ाबला करना है हमें?

साहिबा निस्वाँ : हमने सबसे पेशतर तूरानियों को ही पैग़ाम भेजा था, पर जवाब मिला कि हम आपके ख़िलाफ़ शाही फ़ौज की कमान सँभालने को हामी भर चुके।

अब्दुल्ला ख़ाँ : *(फ़र्रुख़सियर से)* वो आपको ख़तरों का खिलाड़ी मानते हैं; सन्जीदगी से नहीं लेते।

हुसैन अली : *(अपनी और अब्दुल्ला की तरफ इशारे के साथ)* हम दो सूबाई कारकुन दिल्ली पर छायी इन हस्तियों को ललकारेंगे?

फ़र्रुख़सियर : बड़े सैयद की सियासी सूझबूझ और छोटे की हिक्मते-जंग[43] यही हमारा सरमाया है।

अब्दुल्ला ख़ाँ : आप बग़ावत कर चुके शहज़ादे फ़र्रुख़सियर! बहादुर शाह का इन्तिक़ाल होते ही अज़ीमुश्शान ने तख़्त पर दावेदारी के साथ जैसे ही दिल्ली की जानिब कूच किया, फ़र्माबरदार बेटे की तरह आपने वालिद के नाम का ख़ुत्बा पढ़वा दिया, पर जंगे-विरासत में अज़ीमुश्शान ने वो पी लिया, जिसे जामे-शहादत कहते हैं।

हुसैन अली : तब तक आप यहाँ जहाँदार के हिमायती दीवान मुशिरश़कुली ख़ाँ को जन्नतमुकामी बना चुके थे। अब भड़के जहाँदार ने आपको दिल्ली तलब कर रक्खा है।

अब्दुल्ला ख़ाँ : वहाँ आपके साथ कैसा सुलूक होगा, आप जानते हैं।

फ़र्रुख़सियर : पर दिल्ली जाने की बजाय हमने अपनी दावेदारी का परचम लहरा दिया।

हुसैन अली : मुग़ल शहज़ादे का ऐसा परचम उसकी पैदाइश के साथ ही लहराने लगता है! मुश्किल हमारी है, जो फ़ैसले की ख़तरनाक रहगुज़र के उस मोड़ पर आन पहुँचे, जहाँ सब कुछ दाँव पर लग जाता है।

अब्दुल्ला ख़ाँ : जो छोटे-से घर में पैदा हुए और पुश्तों की जद्दोजेहद के बाद छोटे-से मनसब तक पहुँचे, उनका आसमान छोटा और नीचा ज़रूर होता है, लेकिन साथ ही महफ़ूज भी।

साहिबा निस्वाँ : आप महफ़ूज़ नहीं हैं जनाबे-आली!

फ़र्रुख़सियर : जहाँदार ने आपकी जगह राजी मुहम्मद ख़ान को नायब सूबेदार मुक़र्रर करते हुए अब्दुल गफ़्फ़ार को बतौर नुमाइन्दा बना कर फ़ौज के साथ भेज दिया है।

अब्दुल्ला ख़ाँ : आपकी इत्तिला पुरानी है। नुमाइन्दे को हम शिकस्त दे चुके।

हुसैन अली : *(आदेशपत्र दिखाते हुए)* दिल्ली से शाही हुक्मनामा भी आ चुका कि भाईजान का मनसब बढ़ा कर छह हज़ार करते हुए उन्हें इलाहाबाद का सूबेदार मुक़र्रर किया जाता है।

अब्दुल्ला ख़ाँ : नयी बादशाहत को सूबों में अपनी मन्ज़ूरी चाहिए। कोई वजह नहीं कि शेख़ज़ाद[44] खेमे के सरगना हुसैन अली को पटना की सूबेदारी न दी जाय।

साहिबा निस्वाँ : फ़र्रुख़सियर की बादशाहत के साथ आप सूबाई पगडंडी से उठेंगे और दारुल-मुल्क[45] की शाहराह[46] पर रवाँ[47] होंगे।

हुसैन अली : अभी आपकी फ़ौज में पैदल, घुड़सवार, बरक़न्दाज़[48], बन्दूकची, और तोपख़ाना—इनकी तफ़सील क्या है?

(फ़र्रुख़सियर और साहिबा निस्वाँ की नज़र मिलती है।)

फ़र्रुख़सियर ख़ाँ : *(कमज़ोर सुर में)* पिछड़े हुए सूबे में जैसी हो सकती है।

अब्दुल्ला ख़ाँ : मुकामी रंगरूटों की न क़ाब्लियत पर एतबार किया जा सकता है, न उनके हौसले पर। अपने बारहा से दस्ते जुटाने होंगे हमें।

हुसैन अली : अभी आपके पास कितनी दौलत है?

फ़र्रुख़सियर ख़ाँ: हम मुश्किल से पाँच सौ घुड़सवारों की पेशगी दे सकते हैं।

हुसैन अली : अज़ीमुश्शान के ख़ज़ाने का क्या हुआ?

साहिबा निस्वाँ : इसका जवाब तो उनके क़ातिल ही दे सकते हैं।

अब्दुल्ला ख़ाँ : *(हुसैन अली से)* पैसा भी हम दोनों को ही जुटाना होगा।

फ़र्रुख़सियर : तब तक तो जहाँदार की फ़ौज आ जाएगी।

हुसैन अली : ऐसा है शहज़ादे कि बंगाल का महसूल लेकर शुजाउद्दीन ख़ाँ दिल्ली जाते हुए इलाहाबाद पहुँचे, तो जंगे-विरासत की हवा-ए-गर्म के चलते, उन्होंने हमारी सलाह मानी और महफ़ूज़ी के वास्ते सारा पैसा इलाहाबाद क़िले में रखवा दिया।

अब्दुल्ला ख़ाँ : अगर हम दोनों भाई जहाँदार के तईं वफ़ादारी के तमग़े के साथ शाही महसूल भी बचा दें, तो जागीर तो छोड़िए, माही-मरातिब[49] ख़िताब तक हासिल कर सकते हैं।

हुसैन अली : और आपके परचम तले आएँ, तो बग़ावती बनने के साथ-साथ हम पर शाही ख़जाने की लूट का भी इल्ज़ाम आयद होता है।

साहिबा निस्वाँ : *(हामी के साथ)* अगर आप इस ख़तरे के लिए राज़ी होते हैं, तो आज की तारीख़ में आपके साथ और कौन-कौन शामिल हो सकते हैं?

अब्दुल्ला ख़ाँ : सबसे पहले अहमद बेग; फिर भोजपुर राजा सिदिश्त नारायन—

फ़र्रुख़सियर : ग़ाज़ीउद्दीन ख़ाँ ग़ालिबजंग? नारायन उनके अज़ीज़ हैं।

साहिबा निस्वाँ : दस हज़ार घुड़सवारों और तीन हज़ार तीरन्दाज़ों का उनका हरावल दस्ता फ़तेह का बिगुल माना जाता है।

हुसैन अली : हमारी गुज़ारिश इन सबने मन्ज़ूर कर ली। अब हासिल भी हमारे दाँव के मुताबिक़ होना चाहिए।

साहिबा निस्वाँ : ज़्यादा पुरानी बात नहीं है बड़े सैयद, जब निज़ामे-दिल्ली ने आपसे मन्सबो—रुतबा छीन लिया था। शाही नाराज़गी और भी ख़ौफ़नाक ढंग से आप पै नाज़िल हो सकती थी, तब मेरे सरताज ने ही आपको नयी ज़िन्दगी दी थी।

अब्दुल्ला ख़ाँ : अज़ीमुश्शान की नवाज़िश रोज़े-क़यामत तक याद रहेगी शाहबानो!

हुसैन अली : लेकिन मत भूलिए कि आलमगीरी मनसबदार पै नज़रे-करम के साथ अपने तीनों भाइयों के ख़िलाफ़ अपनी ताक़त भी बढ़ाई गयी थी।

फ़र्रुख़सियर : नज़रे-करम के तलबगार तमाम थे।

अब्दुल्ला ख़ाँ : तो ज़िन्दगी और मौत के इस मोड़ पर वो पेश-पेश क्यों नहीं आते?

हुसैन अली : क्या सैयद बिरादरान अपने मौजूदा से बेज़ार दिखाई देते हैं?

साहिबा निस्वाँ : आप दोनों को सात-सात हज़ार ज़ातो-सवार का मनसब; साथ इलाहाबाद वा पटना की नामौजूद सूबेदारी।

(अब्दुल्ला वा हुसैन अली की नज़र मिलती है।)

अब्दुल्ला ख़ाँ : *(बोली बढ़ाने के लिए जैसे ललकारते हुए)* हम दोनों भाई जौहर में कूदने जा रहे हैं!

फ़र्रुख़सियर : छोटे सैयद को बख़्शि-ए-वालाशाही[50] और आप वज़ीर के ख़ास सलाहकार—

अब्दुल्ला ख़ाँ : क्यों हुसैन, दहकती सलाखों से आँखें फोड़ी जाने के बाद *(फ़र्रुख़सियर की तरफ़ इशारे के साथ)* शहज़ादे चन्द दिन सलीमगढ़ में होंगे या बिना तकल्लुफ़ सीधे हाथी के पाँव के नीचे?

फ़र्रुख़सियर : *(नाराज़गी से)* ज़ुबान पर क़ाबू रहे सैयद मियाँ!

अब्दुल्ला ख़ाँ : *(फूट पड़ता है)* बेहतर होगा कि उससे पेश्तर सल्तनते-मुग़लिया के नवें शहंशाह अपनी परवाज़ पर क़ाबू रक्खें!

हुसैन अली : *(वैसे ही)* ख़ुत्बा ख़त्म होने से पहले ही आपका सर धड़ से जुदा हो हुमायूँ मक़बरे में वहीं दफ़्न होगा, जहाँ अज़ीमुश्शान के कटे सर का ख़ून अभी सूखा भी नहीं।

साहिबा निस्वाँ : *(बीच-बचाव के सुर में)* ये तर्जे-तक़रीर[51] हमें कहीं नहीं ले जाएगी।

फ़र्रुख़सियर : *(नर्म पड़ जाता है)* हम समझे नहीं कि आपको एतराज़ क्या है?

हुसैन अली : आप समझेंगे भी नहीं!

अब्दुल्ला ख़ाँ : आपकी आँखों में तख़्ते-ताऊस की सिर्फ़ शानो-शौक़त है, उसका जलाल नहीं। आपने विरासत में जलालुद्दीन मुहम्मद अकबर का सिर्फ़ ख़ून पाया है, उनके ख़्वाब नहीं। लेकिन मेरे लिए हुकूमत बज़ाते-ख़ुद मुद्दआ[52] नहीं; वो सिर्फ़ वसीला[53] है—अपने ख़्वाब को हक़ीक़त में तब्दील करने का।

साहिबा निस्वाँ : वसीले को नाम दीजिए जनाबे-आली!

अब्दुल्ला ख़ाँ : हुसैन अली के लिए बख़्शी[54] का ओहदा और मेरे वास्ते वज़ीर का!

फ़र्रुख़सियर : *(खारिज करने के सुर में)* बहुत ऊँची है आपकी परवाज़—

(साहिबा निस्वाँ अब्दुल्ला की तरफ़ देखती हुई फ़र्रुख़सियर को चुप रहने का संकेत करती है।)

साहिबा निस्वाँ : आपकी विज़ारत निज़ामे-दिल्ली को किस तरह देखेगी?

अब्दुल्ला ख़ाँ : आलमगीर के बाद निज़ामे-मुग़लिया में बादशाहत की ताक़त और जलाल तेज़ी से गिरते हुए बदहाली का एक पड़ाव पार कर गया। जागीरदारी संकट गहराते हुए बेहद संगीन हो चुका। जयसिंह और अजीत सिंह का दिल्ली के ख़िलाफ़ राझा मोर्चा, चूड़ामन जाट वा बन्दा बैरागी का हमलावर रवैया, और शाहूजी वा ताराबाई का एक-दूसरे के और दिल्ली के तईं रुख़ इस बात की सनद है कि दिल्ली की कमज़ोरी से उभरते इलाक़ाई राजा महज़ नज़राना देते हुए ख़ुदमुख़्तारी[55] के रास्ते पर आमादा हैं।

हुसैन अली : इतनी लड़ाइयाँ एक साथ लड़ने और उनमें कामयाबी भी हासिल करने के लिए हमें मक़सद के जैसे ही बुलन्द ओहदे दरकार हैं।

साहिबा निस्वाँ : *(फ़र्रुख़सियर को देखते हुए)* तजवीज़ मुनासिब है।

फ़र्रुख़सियर : *(एतराज़ के सुर में)* लेकिन वक़्त की पहनाई[56] में एक तरफ़ बादशाहत ऐसे ताक़तवर वज़ीर पर एतबार नहीं कर पाएगी और दूसरी तरफ़ उमरा भी उससे जल कर धुआँ देते रहेंगे।

अब्दुल्ला ख़ाँ : हम निज़ाम में हर तबक़े और खेमे की नुमाइन्दगी के क़ायल हैं शहज़ादे!

हुसैन अली : चुनाँचे अन्देशे की वजह न आपको देंगे, न उमरा को।

फ़र्रुख़सियर : लेकिन मीर बख़्शी और वज़ीर के ये दोनों ओहदे तो हम ख़्वाज़ा आसिम और मीर जुमला के लिए मन्ज़ूर कर चुके हैं।

अब्दुल्ला ख़ाँ : *(नाराज़गी से)* तो फिर फ़रियाद कीजिए आसिम और जुमला से कि आपके वास्ते तख़्तो-ताज हासिल करें। हमें छोड़ दीजे अपने इस गोशे में ख़ानदाने-तैमूर का मर्सिया पढ़ने के लिए—

हुसैन अली : उन अबाबीलों के काले डैनों की फड़फड़ाहट सुनने के लिए, जो क़िला-ए-मुअल्ला पर शबो-रोज़ मँडलाया करेंगी।

साहिबा निस्वाँ : आज़म और मुअज़्ज़म के बीच की जंगे-विरासत याद कीजिए सैयद बिरादरान, जिसकी ख़ातिर आप दोनों जान की बाज़ी लगा, ज़ख़्मी हो बेहोश पड़े थे। उसी फ़तेहयाब मुअज़्ज़म ने न सिर्फ़ इस जाँच में दो लम्हें गँवाना मन्ज़ूर नहीं किया कि आप दोनों की साँस चल रही है या नहीं, बल्कि ताजपोशी के साथ बहादुर शाह बनते हुए मनसबदारों की फ़ेहरिस्त में आपका नाम जोड़ना भी भूल गये। तब मरहूम अज़ीमुश्शान ही थे, जिन्होंने आप दोनों को दीवाने-ख़ास में पेश करते हुए आपका हक़ दिलवाया था।

अब्दुल्ला ख़ाँ : हमें याद है शाह बानो!

हुसैन अली : एहसानफ़रामोशी सैयदों के खून में नहीं।

फ़र्रुख़सियर : पर हम उन्हीं से घिरे हैं। जो कल तक हमारा दायाँ हाथ होने का दम भरते थे, आज हमारे साये को भी ज़िन्दा नहीं छोड़ना चाहते। उठते-बैठते, सोते-जागते—हर आहट पर ऐसा महसूस होता है कि बस, किसी का ख़ंजर हमारा कलेजा बाहर निकाला ही चाहता है! रात का हौलनाक अँधेरा; अँधेरे की ख़ौफ़नाक़ ख़ामोशी—जैसे हमारे वजूद को परत-दर-परत छीलती जाती है—*(फूट कर)* ख़ुदकुशी की कोशिश की थी हमने, लेकिन—

साहिबा निस्वाँ : *(फ़र्रुख़सियर के कन्धे पर हाथ रखते हुए दिलासे के सुर में)* फ़र्रुख़—

(फ़र्रुख़सियर अपने को सँभालता है।)

साहिबा निस्वाँ : आपकी पेशकश हमें मन्ज़ूर है बड़े सैयद!

अब्दुल्ला ख़ाँ : *(हल्की मुस्कान से)* हमारे मक़सद की सबसे ऊपर से एक कम पायदान पर नामुमकिन इसलिए लिखा होगा, चूँकि उससे नीचे की पायदान होगी—पागलपन।

(साहिबा निस्वाँ उसके हास्य-बोध पर मुस्कुराती है।)

साहिबा निस्वाँ : हम मानते हैं, आप दोनों सर पर कफ़न बाँध रहे हैं।

हुसैन अली : *(फ़र्रुख़सियर से)* मरहूम के ख़िलाफ़ मुँह बन्द रखने का रिवाज़ है, लेकिन आज आपकी बदहाली की वजह कोई हैं, तो आपके वालिद!

अब्दुल्ला ख़ाँ : बहादुर शाह के इन्तिक़ाल के साथ तीन और भाइयों के बावजूद, शहज़ादे अज़ीमुश्शान की ताजपोशी बिल्कुल तय थी। वज़ीरुल्मुल्क ज़ुल्फ़िक़ार उसी तरह उनके हिमायती थे, जिस तरह शाहजहाँ बनने से पेश्तर ख़ुर्रम के आसफ़ ख़ाँ। हिन्दू माँ और एक हिन्दू रानी की वजह से आमेर और मारवाड़ दोनों अज़ीमुश्शान के पीछे थे, लेकिन उनकी ख़ुदएतमादी उनको ले डूबी। ज़ुल्फ़िक़ार के साथ हम सब बार-बार इसरार करते रहे कि तीनों भाइयों पर हमला करो, लेकिन वो मुसलसल क्या दुहराते रहे?

हुसैन अली : *(व्यंग्य से)* अंगद बाशिद; थोड़ा इन्तिज़ार करो!

अब्दुल्ला ख़ाँ : अपनी रगों में ख़ूने-तैमूरी के बावजूद वो नहीं समझे कि तख़्ते-ताऊस इन्तिज़ार नहीं करता!

फ़र्रुख़सियर : उस तल्ख़ हक़ीक़त की याद दिलाने की ज़रूरत नहीं।

हुसैन अली : ज़रूरत इसलिए पड़ी कि वही ज़ुल्फ़िक़ार आज भी दिल्ली दरबार के सबसे ताक़तवर उमरा हैं।

अब्दुल्ला ख़ाँ : और हमारी पहली मुहिम यही है कि उनके होते हुए किस तरह अपना रास्ता बनाएँ।

हुसैन अली : और अगर हम कामयाब हुए, तो आपको अपना ज़ज्बा क़ाबू में रखना होगा।

साहिबा निस्वाँ : *(हामी में सर हिलाते हुए)* अगर फ़र्रुख़सियर के सर पर ताज आया, तो हम *(अपनी छाती की तरफ़ इशारे के साथ)* यहाँ लगे उस ज़ख्म के दर्द को पी लेंगे, जो ज़ुल्फ़िक़ार ने अज़ीमुश्शान के कटे हुए सर का तोहफ़ा जहाँदार शाह को देकर लगाया है। **(साहिबा निस्वाँ एवं फ़र्रुख़सियर और अब्दुल्ला एवं हुसैन अली की नज़र पल भर मिली रहती है; साहिबा निस्वाँ तथा फ़र्रुख़सियर का प्रस्थान। अब्दुल्ला उन्हें बाहर छोड़ने जाता है। बादशाह बेगम एवं बानो का प्रवेश। बादशाह बेगम हुसैन अली एवं बानो को सलाम करती हुई बाहर जाती है।)**

हुसैन अली : बहारे-जंग आ गयी बेगम!

बानो : जहाँदार जैसे नाकारा की हुकूमत सत्रह माह चल गयी—ज़ुल्फ़िक़ार की बदौलत। अगर जहाँदार कोकलताश और लाल कुँवर पर लगाम लगाते हुए सब ज़ुल्फ़िक़ार पर छोड़ देते, तो फ़र्रुख़सियर को सर उठाने का मौक़ा नहीं मिलता। इस छोटे अहद से यह साबित हो गया कि बादशाह के हल्के-फुल्के होने पर भी अगर वज़ीर दानिशमन्द, तजुर्बेकार, और हिक्मते-अमली में माहिर हो, कानूनो-तरतीब[57] बनाये रखे, दरबार के मुख़्तलिफ़ खेमों को क़ाबू में रख सकने की हैसियत वाला अपना ज़ाती खेमा बना ले और राजपूतों-मराठों जैसे ग़ैर-मुस्लिम अनासिर[58] की हिमायत हासिल कर सके, तो हुकूमत बख़ूबी चल सकती है।

हुसैन अली : दुरुस्त है।

बानो : लेकिन ऐसे वज़ीर पर एक तरफ़ बादशाह एतबार नहीं कर पाया और दूसरी तरफ़ उमरा उससे जले-कटे रहे। अपने ख़ानदानी बक़ार[59] के मद्देनज़र ज़ुल्फ़िक़ार उससे भी निपट लेते, पर बादशाह को चुनौती जल्दी ही मिल गयी। अगर बड़े सैयद वज़ीर बन गये, तो दिल्ली दरबार की हसद कितनी तीखी होगी, इसका अन्दाज़ लगाने के लिए तख़ैयुल दरकार नहीं।

हुसैन अली : तीन सौ अड़तालीस बरसों की तवारीखे़-मुग़लिया में पहली बार हिन्दुस्तानी मुसलमान ओहदा-ए-विज़ारत की ज़ीनत दोबाला करेगा।

बानो : पुश्तों के ईरानी, तूरानी, और अफ़गान उमरा शेख़जादों को दूसरे दर्जे का इन्सान मानते हैं। उनकी काट की ख़ातिर क्या करेंगे वज़ीरे-आला? अपने मुख़ालिफ़ीन के मुक़ाबिल अपने हिमायती उमरा का गुट बनाएँगे।

हुसैन अली : चार सौ छयासी मनसबदारों में हिन्दुस्तानी मुसलमान दस हैं और उनमें भी दकनी मुसलमानों का दबदबा ज़्यादा है।

बानो : नयी तैनादियों में देखना होगा कि आलम अली और दिलवार अली जैसे हमारे अपने हिमायती ऊँचे मनसबों से सरफ़राज़ हों।

हुसैन अली : भाईजान ने मेरी पसन्द और भलाई का हमेशा ख़याल रखा है। उनकी तैनादी पटना में हुई थी, पर चूँकि हैदर बेग की वजह से मैं वहाँ जाना चाहता था, तो वो इलाहाबाद चले गये, जिसकी सियासी अहमियत पटना से कमतर है।

बानो : अब हम दिल्ली में होंगे मेरे सरताज़, जिसकी हवाओं में भी सियासी सरगोशियाँ हैं।

(दोनों की नज़र मिली है। हाथ में छोटा-सा बर्तन लिये हैदर बेग का प्रवेश। उसे देख दोनों की बाँछें खिल जाती है।)

बानो : लीजे, हज करके आ गये हैदर बेग!

(हैदर बेग एवं हुसैन अली गले मिलते हैं। फिर हैदर बेग बानो को सम्बोधित करता है।)

हैदर बेग : *(बर्तन बढ़ाते हुए)* लीजे आबे-ज़मज़म[60]

(बानो होंठों से छुआती है, हुसैन अली को देती है, वह भी ऐसा ही करता है।)

हैदर बेग : सौ बरस की उम्र पाएँ ख़ुदारा—

(हुसैन अली भीतर से पिघल कर हैदर बेग को देखता है।)

बानो : *(भावुक हो)* शेर के सामने कूदते हुए अपनी जान पर खेल जिसने अपने दोस्त को नयी ज़िन्दगी दी हो, उसकी दुआ ज़रूर क़ुबूल होगी! *(अपनी और हुसैन अली की ओर इशारे के साथ)* और हम दोनों की ऐसी ही दुआ तुम्हारे लिए भी—

(तीनों दुआ में हाथ उठाते हैं। अँधेरा।)

दृश्य–3

चाँदनी चौक। दिन।

(भाँड, नक़्क़ाल, और बहुरूपिए का गाते हुए प्रवेश।)

भाँड/नक़्क़ाल/ बहुरूपिया : घोंसले में कोयल के कौआ, उल्लू, बाज की डाली पर, जिस बगिया का हो ये आलम, क्या बीतेगी माली पर। माली को मालूम नहीं है क्या गुलाब है क्या गोभी, भिंडी में जूही की कलियाँ बैंगन में चम्पा बो दी, हालत पर उट्ठे उँगली या हो इल्ज़ाम सवाली पर, घोंसले में कोयल के कौआ, उल्लू, बाज की डाली पर

(शायर एवं दिमाग़ी का प्रवेश। अगले संवाद के बीच भाँड, नक़्क़ाल, और बहुरूपिया जाते हैं।)

दिमाग़ी : क्यों भई शायर, क्या हाल है?

शायर : बदहाल है दिमाग़ी भाई!

दिमाग़ी : क्यों? ग़ज़ल कहना मुश्किल हो रहा है क्या?

शायर : वो तो आसान है बिरादर, पर उसकी ऐवज़ में कुछ पाना बहुत मुश्किल हो रहा है!

दिमाग़ी : ऐसा क्यों यार? तुम्हारा वो क़सीदा तो सोने की खान है—ये जश्ने-तमन्ना मुबारक मुबारक। हर शंहशाह ने कम अज़ कम सौ अशर्फियाँ तो दीं हैं।

शायर : पर जहाँदार ने नहीं।

दिमाग़ी : *(चौंक कर)* क्या कह रहे हो?

शायर : क़सीदा सुन, अपनी गर्दन पर उनका दायाँ हाथ गया, लेकिन सोने की ज़ंजीर वहाँ नहीं थी; तबलची को दे दी थी। फिर बायाँ हाथ गया दाएँ की उँगली की तरफ़। तो अँगूठी नहीं थी।

क़िमाम पान पेश करने वाला तमोली ले गया था। फिर दायाँ हाथ गया जेब के अन्दर, तो जेब कटी निकली!

दिमाग़ी : *(मुस्कान से)* वो लाल कुँवर की कारिस्तानी होगी!

(दोनों ठहाके के साथ हाथ मिलाते हैं।)

शायर : फिर शहंशाहे-हिन्दुस्तान ने मुझसे आहिस्ता से कान में कहा, यार शायर, तुम्हारा इनाम मुझ पर उधार रहा!

(दोनों फिर ठहाके के साथ हाथ मिलाते हैं।)

शायर : अपनी सुनाओ।

दिमाग़ी : बस, अदबो-फ़न के समुन्दर में ग़ोते लगा रहा हूँ; कहवा पी-पीकर सुबहो-शाम बहसें कर रहा हूँ।

शायर : क़िला-ए-मुअल्ला गये थे?

दिमाग़ी : हाँ। अपनी नयी किताब पेश की, जहाँदार ने पन्ने पलटे, एक जगह ठिठके। मैंने सोचा, किसी तनक़ीद[61] की दाद देंगे। पर पता है, क्या कहा?

शायर : क्या?

दिमाग़ी : कहा, भई, दिमाग़ी, कल से जश्ने-नौरोज़ शुरू हो रहा है और कल अलस्सुबह हमें लाल कुँवर के पाँवों में मेंहदी लगाना है। कुछ नायाब बेल-बूटे फ़ौरन सोचो, लेकिन हाँ, ये दूसरा इनाम भी उधार रहेगा!

(दोनों फिर ठहाके के साथ हाथ मिलाते हैं।)

शायर : यार दिमाग़ी, एक दरख़्वास्त है।

दिमाग़ी : हुक्म करो।

शायर : बीस-पच्चीस शाहरुख़ी[62] उधार दे दो।

दिमाग़ी : *(तपाक से)* यार शायर, तुमने मेरे मुँह की बात छीन ली!

(पालकी में जहाँदार तथा लाल कुँवर का प्रवेश। पीछे भाँड, नक़्क़ाल और बहरूपिया आते हैं। शायर, दिमाग़ी वा भाँड इत्यादि के बीच अभिवादन।)

शायर : शाही जोड़ी कहाँ तशरीफ़ ले जा रही है?

भाँड : चिराग़े-दिल्ली—

शायर : क्यों?

बहुरूपिया : आज इक्कीसवाँ इतवार है।

दिमाग़ी : मतलब?

नक़्क़ाल : अभी उन्नीस और हैं।

दिमाग़ी : क्या पहेलियाँ बुझा रहे हो?

भाँड : चालीस के साथ पूरी होगी मन की मुराद—

शायर : कैसी मुराद?

(नक़्क़ाल लाल कुँवर बन कर राजमाता के रुत्बे की अदा दिखाता है।)

नक़्क़ाल : सल्तनते-मुग़लिया का वली-अहद पैदा करने की—

(बहुरूपिया राजमाता की चाल से चलता है।)

भाँड : *(बहुरूपिए की तरफ़ इशारे के साथ)* अहदे-जहाँदार की मरियम मकानी[63] लाल कुँवर—

बहुरूपिया : *(ज़ोर देते हुए)* लेकिन मन्नत पूरी हाने के लिए लगातार, रोज़ाना, चालीस दरकार हैं। इक्कीस के बाद एक नागा हो गया था, तो फिर एक से शुरू करना पड़ा।

दिमाग़ी : *(झुँझलाकर)* पर क्या शुरू करना पड़ा?

नक़्क़ाल : *(घूँघट का माइम करते हुए)* शरम आती है हमें—

बहुरूपिया : *(छेड़ से कुहनी मारते हुए)* हमतकिए से कैसी शरम—

नक़्क़ाल : *(शर्माते हुए)* शेख़ नसीरूद्दीन अवधी के हौज में नहाना—

शायर : तो नहाने में कैसी शर्म? सब नहाते हैं।

नक़्क़ाल : पर उन दोनों को साथ-साथ नहाना होता है।

बहुरूपिया : तो मियाँ-बीवी साथ-साथ नहा सकते हैं। ये कौन-सी बड़ी बात है!

नक़्क़ाल : *(शर्माते हुए)* पैदायशी लिबास में बड़ी बात नहीं?

भाँड/बहुरूपिया
शायर/दिमाग़ी : *(तारीफ़ के सुर में)* माशा अल्लाह! माशा अल्लाह!

नक़्क़ाल : *(वैसे ही सुर में) इंशा अल्लाह! इंशा अल्लाह!*

भाँड/बहुरूपिया/
नक़्क़ाल : *(साथ-साथ)* इंशा अल्ला गोद भरे अब
लाल क़िले झूले पलना
दूध गिरा कर पी ले दारू
होनहार ऐसा ललना
शहंशाह की चली सवारी
देख रही है दिल्ली सारी।

(अँधेरा)

दृश्य–4

दिल्ली में सुनसान मज़ार। रात।

(रौशनी होती है। अब्दुल्ला ख़ाँ और रतन चन्द आते हैं।)

अब्दुल्ला ख़ाँ : कितने दिन बाद दिल्ली आये हो रतन चन्द?

रतन चन्द : *(हल्की मुस्कान से)* जहाँदार वाली जंगे-विरासत के बाद आया हूँ, जब आप दोनों भाई ज़ख़्मी पड़े थे।

अब्दुल्ला ख़ाँ : हम पहली बार कच्ची उम्र में आये थे वालिद के साथ, जब उन्हें पाँच सौ का मनसब अता किया जा रहा था। लाहौरी दरवाज़े से आँखें फाड़े भीतर घुसे थे। बाहर से क़िला-ए-मुअल्ला देख कर पसीना छूट गया था; नौबत और तोपों की सलामी का गवाह बनते हुए रौंगटे खड़े हो गये थे।

रतन चन्द : वो जलवाअफ़रोज़ी देखते हुए कितनों को एहसास होता है कि उसके पीछे रिश्तों के एक से एक संगीन मक़तल[64] हैं।

अब्दुल्ला ख़ाँ : अगर आपका मुद्दआ जलवे के ऊपर है, तो सब जायज़ है।

रतन चन्द : *(आशंका से)* हम अपना सब कुछ दाँव पर लगाने जा रहे हैं सैयद मियाँ!

अब्दुल्ला ख़ाँ : *(हामी में सर हिलाते हुए)* सामूगढ़ जंग के लिए निकलते हुए बुलन्द इक़बाल[65] दारा शिकोह ने ललकारा था—या तख़्त या ताबूत!

(अब्दुल्ला एवं रतन चन्द के प्रस्थान के साथ दूसरी जगह प्रकाश होता है, चीनकुलीच ख़ाँ और अमीन ख़ाँ का प्रवेश।)

चीनकुलीच : यही जगह है अमीन ख़ाँ?

अमीन ख़ाँ : हाँ जनाबे-आली!

चीनकुलीच ख़ाँ : कितनी पुश्तों से वज़ीर ईरानी फ़िरक़े का चल रहा है। हालाँकि ज़ातो—सवार के लिहाज से हम तूरानियों के साथ फ़र्क़ ज़्यादा

नहीं, लेकिन मनसबो-रुत्बे और वक़ार में वो हम पर बहुत भारी पड़ते हैं।

अमीन ख़ाँ : लेकिन निज़ामुल्मुल्क[66], आपके बाद विज़ारत किसी तूरानी के पास तो आएगी नहीं। अब्दुल्ला ख़ाँ का नाम पेश-पेश है।

चीनकुलीच ख़ाँ : नस्ल की बिना पै उनका ज़ाती गुट बराए नाम होगा।

अमीन ख़ाँ : दिल्ली दरबार में शेख़ज़ादे आटे में नमक के बराबर हैं।

चीनकुलीच ख़ाँ : ईरानी समझेंगे कि उनका सैयदों के साथ हाथ मिलाना उनके वास्ते घाटे का सौदा होगा। चुनाँचे अगर अभी हम सैयदों का साथ देंगे, तो नये निज़ाम में ईरानियों पर भारी पड़ सकते हैं। **(अमीन ख़ाँ हामी में सर हिलाता है। ज़ुल्फ़िक़ार ख़ाँ वा दाऊद ख़ाँ पन्नी का प्रवेश। दोनों ओर से अभिवादन। ज़ुल्फ़िक़ार जगह का जायज़ा लेता है। अगले संवाद के दौरान चीनकुलीच वा अमीन ख़ाँ बाचतीच का माइम करते रहते हैं।)**

दाऊद ख़ाँ : आपने बड़े सैयद का बुलावा क्यों मन्ज़ूर किया?

ज़ुल्फ़िक़ार ख़ाँ : जहाँदार कठपुतली बादशाह बनने के भी लायक़ नहीं। हमने शाहजहाँ वा औरंगज़ेब जैसे अज़ीमों के साथ काम कर उनसे एहतराम हासिल किया है। इस बरबादि-ए-हाल का ठीकरा अज़ीमुश्शान के सर पर फूटता है। नायाब कठपुतली बनने की सभी ख़ूबियाँ थीं उनमें। उन्हें हम तख़्ते-ताऊस पर बिठाते; बाक़ी तीन बिरादरान को दूर-दूर सूबों का खुदमुख्तार बनाते और पूरा निज़ाम ईरानी मुट्ठी में होता। बादशाहत बदलती रहती; मरक़ज़े[67] ताक़त नहीं।

दाऊद ख़ाँ : लेकिन अब मरक़ज़े-ताक़त तो अब्दुल्ला होंगे।

ज़ुल्फ़िक़ार ख़ाँ : पर उन्हें समझना होगा कि दिल्ली दरबार में सबसे ज़्यादा ताक़तवर और क़ाबिल ईरानी गुट की हैसियत बरक़रार रहना चाहिए।

दाऊद ख़ाँ : अज़ीमुश्शान के क़त्ल की ज़िम्मेदारी आपके ऊपर है। फ़र्रुख़सियर गद्दीनशीं हुए, तो इन्तिक़ाम के वास्ते तड़प सकते हैं।

ज़ुल्फ़िक़ार ख़ाँ : अगर वो अपने खै़रख़्वाह हैं, तो उन्हें समझना होगा कि तूरानियों, अफ़गानों, और शेख़ज़ादों से निज़ाम नहीं चल सकता।

दाऊद ख़ाँ : फ़र्रुख़सियर अपने बाप से भी ज़्यादा बददिमाग़ हैं। हो सकता है, तख़्तनशीं होने के बाद अब्दुल्ला को भाव न दें, पर यह इस पर मुन्हसिर करता है कि उनके हिमायती कौन होंगे?

ज़ुल्फ़िक़ार ख़ाँ : अगर कुछ होंगे भी, तो दिल्ली दरबार के बाहर; भीतर घुसने को बेक़रार। भीतर घुस भी गये, तो उनकी हैसियत क्या होगी? सिफ़र। ईरानी हिमायत के बग़ैर कोई बादशाहत दवामी नहीं हो सकती।

दाऊद ख़ाँ : फ़र्रुख़सियर वालिद की मौत को आसानी से दरगुज़र करने वाले नहीं।

ज़ुल्फ़िक़ार ख़ाँ : अगर फ़र्रुख़सियर में सियासी समझ है, तो इन्तिक़ाम भूल कर वो पहले दरबार में अपनी ज़ड़ें गहरी जमाएँगे। वो न समझें, तो अब्दुल्ला को समझना होगा कि ईरानी खेमे के पर कतरने से दरबार का सारा तवाज़ुन चौपट हो जाएगा। हक़ीक़त ये है कि बादशाहत और विज़ारत—दोनों हमारी हिमायत के तलबगार होंगे।

(अब्दुल्ला ख़ाँ और रतन चन्द का प्रवेश। दोनों की सबसे नज़र मिलती है।)

चीनकुलीच ख़ाँ : कितना बड़ा ख़तरा मोल ले रहे हैं आप? ऐन तख़्ते-शाही के नीच अगले निज़ाम की पेशकश?

अब्दुल्ला ख़ाँ : दूरदराज़ सूबेदारी की छाँव में हम दोनों भाई सुकून से रह सकते थे, पर मुल्क के मुक़द्दर से ख़ुद को काटे रखना मिट्टी के साथ नमकहलाली नहीं होगी। हमारा मौजूदा भी वही होना चाहिए निज़ामुल्मुल्क, जो अक्सरियत का है—वैसा ही तारीक[68] और जांशिकस्ता[69]। इस मौजूदा को बदलने के लिए इस निज़ाम को ही बदलना होगा। इसके लिए पहले हम लोगों का हमख़याल होना लाज़िमी है और फिर एकजुट।

अमीन ख़ाँ : दुरुस्त है।

अब्दुल्ला ख़ाँ : वो दीवाने-ख़ास, जो टोडर मल, आसफ़ ख़ाँ, और असद ख़ाँ की ज़हनियत से जगमगाया करता था, आज सारंगिए की तानों वा तबलची की थापों से गूँज रहा है। हम कलावंतों का एहतराम[70] करते हैं, लेकिन उनके हुनर का सियासतो-हुकूमत से क्या तअल्लुक़?

ज़ुल्फ़िक़ार ख़ाँ : आप हमसे मुत्तफ़िक़ हैं, यह जान कर इत्मीनान हुआ, लेकिन हम तो मौजूदा निज़ाम का हिस्सा हैं।

अब्दुल्ला ख़ाँ : आपने आलमगीर के तौर-तरीक़ों को दरकिनार कर, राजपूतों और मराठों के साथ जैसे रिश्ते सुधारे हैं, सल्तनत की बहबूदी[71] का

वही रास्ता है। मुनीम ख़ाँ के इन्तिक़ाल के बाद अगर आपको विज़ारत मिल जाती, तो इस मुलाक़ात की ज़रूरत ही नहीं होती।

ज़ुल्फ़िक़ार ख़ाँ : अज़ीमुश्शान ने शर्त रख दी कि मीर बख़्शी ओहदा और दक्न सूबेदारी छोड़नी होगी। हम इसे भी मंज़ूर कर लते, अगर हमारे उम्मीदवारों को मुकर्रर किया जाता, लेकिन मरहूम वज़ीर के दो बेटों को नवाज़ना हमारे पर कतरने का दूसरा नाम था। अब हमसे ये तवक़्क़ो कैसे की जा सकती है कि हम उन्हीं अज़ीमुश्शान के फ़र्ज़न्द[72] की हिमायत करें?

अब्दुल्ला ख़ाँ : इस मिट्टी का क़र्ज़ है आप पर। ईरान में तबाहो-बरबाद होकर आपके पुरखे हिन्दुकुश पार कर नयी ज़िन्दगी की तलाश में हिन्दुस्तान आये थे। गंगो-जमन ने आपको नाउम्मीद नहीं किया। *(एक नज़र सबको देखता है)* उमरा-ए-आलिया, तवारीख़े-मुग़लिया में अकबर, जहाँगीर और शाहजहाँ के साथ शहंशाहे-अज़ीम का दौर चला गया। मेंहदी ख़्वाज़ा, बैरम ख़ाँ, और महाबत ख़ाँ के साथ अज़ीम विज़ारत भी ख़त्म हो गयी। दरबारे—दिल्ली में अब अज़ीमुश्शान उमरा का दौर है। इस मुहिम पर अगर हम कामयाब हुए, तो हमारा पहला फ़र्ज़ होगा वज़ादार उमरा को वो मर्तबा-ओ-इज़्ज़त देना, ज़िस पर इस अहद में धूल पड़ रही है।

अमीन ख़ाँ : हमसे क्या तवक़्क़ो है आपको?

अब्दुल्ला ख़ाँ : आप सबका यक़ीन।

चीनकुलीच ख़ाँ : बरसों की बेरुख़ी के बाद ऐलाने-जंग से चार रोज़ पहले हमें सात हज़ारी मनसब अता किया गया है, ताकि मैदाने-जंग में फ़ौरन हम उसकी क़ीमत अदा कर दें, पर बड़े सैयद, हमारा वादा रहा कि हम अपनी फ़ौज के साथ दूर अकबराबाद में पड़ाव डाले रहेंगे।

अमीन ख़ाँ : तूरानी फ़िरक़ा कभी भूल सकता है कि सब्ज़ीफ़रोश ज़ोहरा ने *(चीनकुलीच ख़ाँ की तरफ़ इशारे के साथ)* हमारे मुअज़्ज़िज़ की सरे-आम बेहुरमती की थी और उस जहाँदार ने हँस कर उड़ा दिया, जो अपनी नसों में ख़ूने-तैमूरी का दावा करता है?

ज़ुल्फ़िक़ार ख़ाँ : वो तो हम भी नहीं भूल सकते।

चीनकुलीच ख़ाँ : तूरानी फ़िरक़े की सिर्फ़ एक तमन्ना है—दौरे-जहाँदार का ख़ात्मा।

ज़ुल्फ़िक़ार ख़ाँ : दौर का ख़ात्मा तो ईरानी खेमा भी चाहता है, पर जहाँदार का नहीं।

अब्दुल्ला ख़ाँ : ये सच है कि बादशाह अब जो भी होगा, बराए नाम ही होगा। पर हमारे तईं बादशाहत की निशानी फ़र्रुख़सियर हैं।

ज़ुल्फ़िक़ार ख़ाँ : हम आप दोनों भाइयों की दिलेरी के मुरीद हैं।

अब्दुल्ला ख़ाँ : मराठा सरदार हनुमंत वाली जंग के बाद आपने हम दोनों भाइयों के ज़ातो-सवार में इज़ाफ़े की सिफ़ारिश की थी, पर कंजूस औरंगज़ेब ने महज़ ख़िलअत[73] और कटार देकर काम चला लिया। तब आपने फ़र्माया था, ज़िन्दगी ने मौक़ा दिया, तो इसका ख़मियाज़ा अता करेंगे। उस वादे की ख़ातिर आप ये कर सकते हैं कि आने वाली जंग में तमाशबीन बने रहें।

ज़ुल्फ़िक़ार ख़ाँ : दिल्ली दरबार के उमरा की ख़ातिर हम सोचेंगे ज़रूर, पर कोई वादा नहीं कर सकते।

अब्दुल्ला ख़ाँ : *(सबको एक नज़र देखते हुए)* तो अगली मुलाक़ात नये निज़ाम में होगी!

(ज़ुल्फ़िक़ार वा दाऊद ख़ाँ चुप रहते हैं।)

चीनकुलीच ख़ाँ : इंशा अल्लाह—

(सब एक-दूसरे को शक से देख रहे हैं। अँधेरा।)

दृश्य–5

सलीमगढ़ का एक कमरा। दिन।

(बन्दी राजकुमार जहाँ-तहाँ बैठे हैं।)

रफ़ीउद्दौला : जुम्मन मियाँ नहीं आये अब तक। कितनी देर हो गयी।

हुमायूँ बख़्त : *(हल्की मुस्कान से)* बेचारे को अफ़ीम की तलब लग रही है।

रफ़ीउद्दर्जातः : बेगम से मुलाक़ात की मेरी दरख़्वास्त का फ़ैसला होना है। न जाने क्या हो!

रौशन अख़्तर : जुम्मन मियाँ आएँ, तो सियासत के मोड़ का इल्म हो।

अज़ीउद्दीन : ख़बर है कि सामूगढ़ की जंग में भाईजान का पलड़ा भारी हो गया है।

रफ़ीउद्दीन : फ़र्रुख़सियर के सर पै ताज आते ही *(इशारे के साथ)* हुमायूँ बख़्त और अज़ीउद्दीन को सलीमगढ़ से निजात मिल जाएगी।

हुमायूँ बख़्त : और बादशाह बेगम के मंगेतर *(इशारे के साथ)* रौशन अख़्तर को भी।

(ठुमरी गाता हुआ रौशन अख़्तर पल भर ठिठकता है, फिर गाने लगता है।)

परवेज़ : *(ठंडी साँस के साथ)* तीनों लाल क़िले में रहेंगे शान से!

रौशन अख़्तर : इब्राहीम बेग, सुना तुमने?

इब्राहीम बेग : *(किताब से नज़र हटा कर फ़लसफ़ी भाव से)* जहाँ जिसकी क़िस्मत ले जाय—

(अजान)

परवेज़ : *(हसरत के सुर में)* शाम हो रही है।

रौशन अख़्तर : कैसी रौनक़ होगी अभी चाँदनी चौक में—

हुमायूँ बख़्त : मेरी तो इस घड़ी बाज़ी लगी होती थी। एक-एक शहज़ोर बटेर के छक्के छुड़ाया करता था मेरा दिलपिजीर—

अज़ीउद्दीन : और मैं पहुचँता था मामूजान की छत पै—*(पतंग उड़ाने के मूकाभिनय के साथ)* अजमेरी दरवाज़े के उस्मान से पचास मुहरों पर शर्त बदती थी।

परवेज़ : *(चषक थामने के मूकाभिनय के साथ लड़खड़ाने का अभिनय करते हुए)* मैं तो मुअज़्ज़न की पुकार के साथ ही—*(घूँट भरने का मूकाभिनय करता है।)* ऐसी दीनपरस्ती भी दिखाई नहीं देगी आपको कि वहाँ एक आयत ख़त्म और यहाँ एक जाम!

रफ़ीउद्दर्जात : अब इस बात पै रौशनी डाल दी जाय कि जनाब रौशन अख़्तर उर्फ़ रंगीले पिया की हर शाम में किस कूचे की कौन-सी हसीना के पैराहन[74] का रंग भरा रहता था?

रौशन अख़्तर : हमारे रियाज़ का वक़्त था यह—

(गुनगुनाता है।)

निसार : हम घुड़सवारी करते थे इस बेला—क़िला-ए-मुअल्ला से कुतुब मीनार तक।

रफ़ीउद्दौला : *(जैसे मोहित हो जाता है)* घोड़ा? घुड़सवारी?

परवेज़ : *(रफ़ीउद्दौला को देखता है)* बेचारा रफ़ीउद्दौला—

हुमायूँ बख़्त : एक सौ तीन दिन की उम्र से क़ैद है यहाँ। ग़रीब ने घोड़ा कभी देखा ही नहीं!

(जुम्मन का प्रवेश। कई शहज़ादे उसका नाम पुकारते हैं।)

जुम्मन : किस क़दर भीड़ थी चाँदनी चौक में। कन्धे से कन्धा छिलता था।

(शहज़ादे उसे घेर लेते हैं।)

जुम्मन : *(चीज़ बाँटते हुए)* शहज़ादे रफ़ीउद्दौला के लिए नफ़ीस अफ़ीम; शहज़ादे हुमायूँ बख़्श के वास्ते चौसर; शहज़ादे अज़ीउद्दीन के लिए मटरू चाट वाले के चटपटे कचालू; शहज़ादे इब्राहीम बेग के लिए बोस्ताँ—और शहज़ादे रफ़ीउद्दर्जात के वास्ते बुरी ख़बर कि बेगम से मुलाक़ात की उनकी दर्ख़्वास्त पै फ़ैसला नहीं हो पाया।

रफ़ीउद्दर्जात : क्यों?

जुम्मन : क्योंकि कोई फ़ैसला करने वाला नहीं।

कई शहज़ादे : *(चौंक कर एक साथ)* क्या?

जुम्मन : सैयद बिरादरान के साथ शहंशाह फ़र्रुख़सियर लाल क़िले पहुँच चुके हैं!

(शहज़ादों में प्रतिक्रिया होती है।)

हुमायूँ बख़्त : *(उत्तेजित हो)* बादशाह हो गये भाईजान!

अज़ीउद्दीन : *(वैसे ही)* अब हमें सलीमगढ़ से छुटकारा मिल जाएगा!

(दोनों हँसते हुए रौशन अख़्तर के पास आते हैं; वह दोनों को अपनी बाँहों में ले लेता है। हुमायूँ बख़्त और अज़ीउद्दीन हँसते-हँसते यकायक रोने लगते हैं। आशंका के आँसू। मुकुट पाने के बाद व्यक्ति कुछ ही दिन जी पाता है। इब्राहीम बेग आस-पास से निर्लिप्त अपनी किताब पढ़ रहा है। अँधेरा।)

दृश्य-6

क़िला-ए-मुअल्ला। दिन।

(दरबार लगा हुआ है। फ़र्रुख़सियर तख़्त पर।)

शायर : ये जश्ने-तमन्ना मुबारक-मुबारक
ये फ़तेह का लमहा मुबारक-मुबारक
ये तख़्ते-मुग़लिया सलामत-सलामत
ये एहसासे-शादाँ[79] मुबारक-मुबारक
ये रौशन दरीचे ये दिलशाद कूचे
हरेक सिम्त ये रंगो-बू के बग़ीचे
फ़िज़ाओं में नग़्में, हवाओं में नौबत
गुलों में नज़ाक़त औ' गुचों में रंगत
ये दिल्ली की गलियाँ सलामत-सलामत
हसीं रंगरलियाँ मुबारक-मुबारक

(फ़र्रुख़सियर गले की माला उतार कर फेंकता है; शायर लपकता है; अभिवादन के साथ पीछे हटता है। नाज़िर सिक्कों भरा थाल लिये मीर जुमला के पास आता है।)

मीर जुमला : *(एक सिक्का ऊपर उठाते हुए)* सिक्का ज़द अज़ फ़ज़्ले-हक़ बरसिम-ओ—ज़र/पादशाहे-बहरोबर[80] फ़र्रुख़सियर—

दरबारी : *(एक साथ)* बादशाह सलामत! बादशाह सलामत!

एक बूढ़ा अमीर : यतो इज़्ज़ो मन तशाओ वा तो ज़िल्लो मन तशा[81]—

दरबारी : *(एक साथ)* बादशाह सलामत! बादशाह सलामत!

फ़र्रुख़सियर : मैदाने-जंग में पंच शम्बा[82] का दिन हमारे वास्ते कामयाबी का दिन साबित हुआ। चुनाँचे आज से वो मुबारक शम्बा के नाम से जाना जाएगा।

दरबारी : *(एक साथ)* मरहबा-मरहबा—

फ़र्रुख़सियर : इस हक़ीक़त को अन्जाम देने में जिन दो जांबाज़ों का अहम हिस्सा है, उनमें से पहले सैयद अब्दुल्ला ख़ाँ सातहज़ारी मनसब के साथ सल्तनते मुग़लिया के वज़ीर-उल्मुल्क़ तैनाद किये जाते हैं—खिताब क़ुत्ब-उल-मुल्क़[83]; मुल्तान के गै़रमौजूद सूबेदार—

नक़ीब : *(पुकारता है)* नवाबुल्मुल्क़, यमीनुद्दौला, सैयद अब्दुल्ला ख़ाँ बहादुर, ज़फरजंग[84], सिपहसालहार, यारे-वफ़ादार—

(नक़ीब की पुकार शुरू होते ही अब्दुल्ला ख़ाँ आगे आता है; नाज़िर थाल की ख़िलअत फ़र्रुख़सियर की ओर बढ़ाता है; फ़र्रुख़सियर ऊपर से ख़िलअत छू देता है; नाज़िर थाल अब्दुल्ला की ओर बढ़ाता है; अब्दुल्ला थाल नीचे से छू देता है।)

दरबारी : *(एक साथ)* आफ़रीं सद आफ़रीं—

(अब्दुल्ला ख़ाँ अपनी जगह पर आता है।)

नक़ीब : *(पुकारता है)* उम्दतउल्मुल्क़, अमीरुल्उमरा, सैयद हुसैन अली बहादुर, बख़्शी—उल्मुमालिक़ फीरोज़जंग, सिपहसालार, सातहज़ारी मनसब के साथ बिहार के नामौजूद सूबेदार—

(हुसैन अली आगे आता है; ख़िलअत वाला चलन दुहराया जाता है।)

दरबारी : *(एक साथ)* मरहबा-मरहबा—

(हुसैन अली अपनी जगह आता है।)

फ़र्रुख़सियर : लम्हा-ए-मौजूद में हमारे दो अज़ीज़ दोस्त सबसे पहले याद आते हैं—मीर जुमला; सातहज़ारी मनसब के साथ—

(अब्दुल्ला ख़ाँ चौंकता है; अगले संवाद के बीच फ़र्रुखसियर वा हुसैन अली को देखता है।)

फ़र्रुख़सियर : दारोग़ा-ए-ख़्वासान वा दारोग़ा-ए-गुस्लख़ाना[85] मुक़र्रर किये जाते हैं और ख़्वाज़ा आसिम सातहज़ारी मनसब के साथ दारोग़ा-ए-दीवाने-ख़ास वा बख्शि-ए-वालाशाही[86]—

(अब्दुल्ला ख़ाँ यकायक अपनी जगह से फ़र्रुख़सियर के पास आ जाता है।)

अब्दुल्ला ख़ाँ : *(रुत्बे के रुआब के साथ)* सात हज़ार नहीं, ढाई हज़ार ज़ातो-सवार; *(सूची दिखाते हुए)* फ़ेहरिस्त जहाँपनाह को दी जा चुकी है।

(फ़र्रुख़सियर को ग़ुस्सा आ जाता है।)

फ़र्रुख़सियर : लेकिन—

(दरबारी बिल्कुल ख़ामोश। हुसैन अली जैसे बल देने के लिए अब्दुल्ला के पास आ जाता है।)

हुसैन अली : *(फ़र्रुख़सियर से)* जो मनसब तय हुआ था, वही रहेगा।

अब्दुल्ला ख़ाँ : आज का यह लम्हा-ए-मसर्रत दो दानिशमन्द उमरा के बग़ैर हासिल नहीं हो सकता था—निज़ामुल्मुल्क़ चीनकुलीच ख़ाँ और मुहम्मद अमीन ख़ाँ! वो बादशाह सलामत के सामने पहले पेश किये जाने के मुस्तहक़ हैं।

(फ़र्रुख़सियर की नज़र मीर जुमला और ख्वाज़ा आसिम से मिलती है। हुसैन अली जता कर अपनी तलवार की मूठ पर हाथ रखता है। सहमा हुआ नक़ीब फ़र्रुख़सियर को देखता है, जो उसे कोई इशारा नहीं करता।)

हुसैन अली : *(डपट कर)* नक़ीब—

नक़ीब : *(पुकार लगाता है)* चीनकुलीच ख़ाँ निज़ामुल्मुल्क़; सल्तनते-मुग़लिया के सबसे अज़ीम सूबे दकन के सूबेदार-मुहम्मद अमीन ख़ाँ एतमादुद्दौला, नुसरतजंग; फ़ौज के नायब बख़्शी—

(चीनकुलीच ख़ाँ और अमीन ख़ाँ आगे आते हैं। मीर जुमला और ख्वाज़ा आसिम की आपसी कानाफूसी के बीच ख़िलअत की रस्म पूरी होती है।)

कुछ दरबारी : मरहबा-मरहबा—

(अब्दुल्ला आस-पास देखता है।)

अब्दुल्ला ख़ाँ : यारे-वफ़ादार ज़ुल्फ़िक़ार ख़ाँ दिखाई नहीं देते। कोई ईरानी मनसबदार उनके नाम की ख़िलअत बराए मेहरबानी क़ुबूल फ़र्माएँ।

(फ़र्रुख़सियर यकायक खड़ा हो जाता है।)

फ़र्रुख़सियर : माँबदौलत के सर में दर्द महसूस हो रहा है। बक़ाया कार्रवाई मुल्तवी की जाती है।

(जाता है। पीछे-पीछे मीर जुमला वा ख्वाज़ा आसिम। अँधेरे के साथ सबका प्रस्थान। फिर प्रकाश के साथ डौंडी पीटते हुए एलानी का प्रवेश।)

एलानी : ख़ल्क़[87] खुदा का, अहद बादशाह का, हुक्म वज़ीरे-आज़म का! दशहरे के मुक़द्दस मौक़े पर हिन्दुओं को नयी सौग़ात! तवारीख़े

मुग़लिया में आज तैंतीस बरस के बाद जजिया और तीर्थयात्रा महसूल ख़त्म किया जाता है। हिन्दुओं पर लगी दूसरी पाबन्दियाँ भी उठा ली गयी हैं। अब वे पालकी में सवार हो सकते हैं; अरबी वा ईरानी घोड़े रख सकते हैं; जैसे चाहें वैसे दाढ़ी कतर सकते हैं; कानों में हीरे-मोती पहन सकते हैं; दीवानी मुकदमों में उनकी गवाही भी मानी जाएगी। ख़ल्क़ ख़ुदा का, अहद बादशाह का, हुक्म वज़ीरे-आज़म का—

(भाँड, नक़्क़ाल, और बहुरूपिया नाचते-गाते आते हैं।)

भाँड/नक़्क़ाल/ बहुरूपिया : अब्दुल्ला और हुसैन अली/मुल्क़ में उनकी ख़ूब चली/ लाल क़िले की शाह बुर्ज़ से दूर दकन की गली-गली/ गूँज रही है जै-जैकार/ इत्तिहाद[88] की नर्म फुहार/ अब्दुल्लाआआआ हुसैन अलीईई—

(अँधेरा।)

दृश्य-7

हुसैन अली का दीवानख़ाना। शाम।

(बानो आईने के सामने अपने सिंगार की जाँच कर रही है। हुसैन अली का प्रवेश।)

बानो : हमारे ज़ेवरात आ गये?

हुसैन अली : आलम और दिलावर ला रहे हैं। *(उसे देखता है)* चश्मे-बद्दूर; क्या खिल रहा है जोड़ा—

बानो : *(एक सिलवट निकालते हुए)* सिला भी उम्दा है।

हुसैन अली : *(मुस्कान से)* आज मजलिस में तुम्हीं तुम होगी!

(आलम अली और दिलावर ख़ाँ का प्रवेश; अभिवादन करते हैं।)

हुसैन अली : लो, आ गये ज़ेवरात भी—

(दिलावर ख़ाँ आभूषण मंजूषा देता है; बानो मंजूषा खोल कर देखती है।)

बानो : *(एक-एक उठाते हुए)* मोर भँवर, बाजूबन्द, गजरा—*(एक पहनने लगती है)* हैं तो नफ़ीस, लेकिन कल बेगम साहिब ने जो बिन्दूली पहन रक्खी थी, उसकी नक़्क़ाशी और पीपलपट्टी की बनावट लाजवाब थी। ख़ुदा क़सम; दिल्ली में तो ऐसी कारीगरी देखी नहीं—

आलम अली : बड़े सैयद की चहेती बेगम के लिए कुछ ज़ेवरात राजपूताना से लाये गये हैं और कुछ गोलकुंडा से।

दिलावर अली : क़िस्म-क़िस्म के रेशमी लिबास, सिंगार की चीज़ें, सलीमशाही जूतियाँ; पचासेक गाड़ियाँ तो होंगी ही।

आलम अली : लाहौर में नूरजहाँ का जो शाही कारखाना था, उसकी चाबियाँ बड़े सैयद के हाथ में हैं।

(बानो दूसरा ज़ेवर पहनने लगती है।)

बानो : यकायक ख़िताबयाफ़्ता मीर जुमला कहाँ से पैदा हो गये?

दिलावर अली : शरिअत उल्ला ख़ाँ नाम के तुर्क हैं। ढाका क़ाज़ी की हैसियत से उन्होंने फ़र्रुख़सियर को मुतास्सिर कर रखा है।

बानो : और ख़ाने-दौराँ?

दिलावर अली : ख़्वाज़ा आसिम हिन्दुस्तानी मुसलमान हैं। जंगे-विरासत में अज़ीमुश्शान के साथ थे।

बानो : पर पिछली जंगे-विरासत से दूर रहने वालों और हमारी मुख़ालिफ़त तक करने वालों को मनसबो-रुत्बा क्यों अता किया गया?

हुसैन अली : हमने भी एतराज़ किया था, पर भाईजान ने फ़र्माया कि यही दस्तूर है। बारहा सैयद दारा शिकोह के हिमायती थे, पर औरंगज़ेब ने बरसों नाराज़ रहने के बाद समझा कि शेख़ज़ादों के बीच अपनी जड़ें गहरी करने के लिए उन्हें सैयदों की जानिब हाथ बढ़ाना होगा।

आलिम अली : ज़रूरी नहीं कि हम औरंगज़ेब के नक़्शे-क़दम पर चलें।

हुसैन अली : भाईजान ने दिल्ली दरबार में हमारे बिल्कुल नये होने की दलील दी। कहा कि दरबार की बुनियादी बनावट में छेड़छाड़ करने से पेश्तर हमें अपना खेमा मज़बूत करना होगा।

बानो : इसीलिए मामा मुज़फ़्फ़र ख़ाँ को अजमेर का सूबेदार बनाया गया, दामाद ग़ैरत ख़ाँ को नरनौल का फ़ौजदार मुक़र्रर किया गया, लेकिन बड़े ओहदों के लिए आलम और दिलावर नज़र नहीं आये उन्हें?

हुसैन अली : जब हम दोनों फ़ेहरिस्त बना रहे थे, तो मैंने सोचा, वो ख़ुद आलम-दिलावर का नाम लेंगे। दो से सात हज़ारी मनसबदारों के नाम तय हो गये, तभी अमीन ख़ाँ मुबारकबाद देने आ गये। फिर मुलाक़ातियों का ताँता लग गया। पता ही नहीं चला कि शाम कब हो गयी।

बानो : आप घर आ गये; भाईजान ने बाक़ी फ़ेहरिस्त ख़ुद पूरी कर क़िला-ए-मुअल्ला भेज दी?

(हुसैन अली हामी में सर हिलाता है।)

बानो : *(अपनी तरफ़ इशारे के साथ)* वो अपना जाती खेमा मज़बूत

कर रहे हैं—*(हुसैन अली की तरफ़ इशारे के साथ)* आपको बाहर रखते हुए!

हुसैन अली : *(चौंकता है)* क्या कह रही हो बानो?

बानो : मनसबी इस्लाह को लेकर आप दोनों के बीच क्या तय हुआ?

हुसैन अली : बहादुर शाह ने तीन हज़ार और उसके ऊपर जो भी तैनादियाँ की हैं, उनकी जाँच हो रही है।

बानो : यानी रतन चन्द फ़ेहरिस्त बना रहे हैं। जिस उमरा की वफ़ादारी पर इत्मीनान होगा, उसके नाम पर सही का निशान लगा देंगे?

हुसैन अली : वो वफ़ादारी साझी के अलावा और क्या हो सकती है?

बानो : बड़े सैयद ने हवेली के साथ उस दौलत पर भी क़ब्ज़ा कर लिया, जो वहाँ रहने वाले कोकलताश ने निज़ाम से चुरायी थी। उसमें हमारे साथ साझा किया?

आलम अली : रतन चन्द इजारा[89] पर ज़मीन देकर चाँदी काट रहे हैं; ख़ालिसा[90] भी नहीं छोड़ी।

दिलावर अली : वो जैसे ही आमिल मुक़र्रर करते हैं, महाजन को पट्टा दिखा कर भुगतान ले लेते हैं। उसमें हमें साझे के लायक़ क्यों नहीं समझा गया?

(हुसैन अली चुप है।)

बानो : आप ऐसा कीजिए कि बुरहानपुर से नूरे इलाही को तलब कर रतन चन्द का नायब बना दीजिए।

आलम अली : दफ़्तरे-विज़ारत पर हमारी नज़र रहनी चाहिए।

हुसैन अली : ठीक है।

बानो : *(आपत्ति के सुर में)* यकायक आपके तीसरे भाई भी पैदा हो गये? और वो भी सबसे बड़े?

दिलावर अली : चीनकुलीच को बड़े सैयद ने सात हज़ारी मनसब के साथ दकन की सूबेदारी नहीं, बादशाहत दे दी!

बानो : शाहजहाँ बनने से पहले ख़ुर्रम और आलमगीर बनने से पहले औरंगज़ेब दोनों दकन के सूबेदार थे, पर क्या जहाँगीर और शाहजहाँ ने दोनों को अपनी और अपने हिमायतियों की जागीर ख़ुद चुनने का इख़्तियार दिया था? हाँ या ना?

हुसैन अली : ना।

बानो : दकन सूबेदार की हैसियत से औरंगज़ेब की शाहजहाँ से आखिरी झड़प किस मुद्दे पर हुई थी?

हुसैन अली : औरंगज़ेब ने निज़ाम के ग्यारह ओहदों पर जिनको नामज़द किया था और जिन मुकामी[91] ज़मींदारों के मनसब की सिफ़ारिश की थी, वो सब शाहजहाँ ने खारिज कर दिये थे।

बानो : क्यों?

हुसैन अली : जंगे-विरासत के स्याह बादल उमड़ रहे थे; औरंगज़ेब मुसलसल अपने हिमायतियों की भर्ती कर अपने खेमे में इज़ाफा करना चाहते थे।

बानो : जबकि शाहजहाँ दिल्ली और दकन के ऐसे लोगों को घुसाने के चक्कर में थे, जिनकी वफ़ादारी दारा शिकोह के साथ हो।

(हुसैन अली हामी में सर हिलाता है।)

आनो : तो जो इख्तियारात शाहजहाँ ने औरंगज़ेब को नहीं दिये, वही बड़े सैयद ने अपने छोटे सगे भाई को न देकर अपने मुँहबोले तूरानी बड़े भाई को दे दिये!

आलम अली : ग़ौरतलब है कि तूरानी झंडाबरदार पूरी सल्तनत में फैले हुए हैं।

दिलावर अली : और अब उनका पलड़ा ईरानियों से ऊपर जाएगा, चूँकि आज की तारीख़ में चीनकुलीच ख़ाँ दिल्ली दरबार के सबसे क़द्दावर उमरा हैं।

(हुसैन अली सोच रहा है।)

बानो : मराठों को तो बड़े सैयद ने पहले ही गले लगा लिया था। अब राणा संग्राम सिंह को सात हज़ारी मनसब के साथ आठ करोड़ इनाम दे दिया। जयसिंह और अजीत सिंह में हालाँकि पुरानी लाग-डाँट है, जिसे गोड़वार परगने पर क़ब्ज़े को लेकर और हवा मिल गयी, पर बड़े सैयद के साथ दोनों की दोस्ती परवान चढ़ रही है।

आलम अली : जय सिंह के बहनोई बुध सिंह बड़े सैयद के इशारे पर बूँदी से बेदख़ल कर दिये गये हैं। अगर आप भीम सिंह को हटवा कर बुध सिंह को गद्दी दिलवा दें—जैसा कि फ़र्रुख़सियर चाहते हैं—तो एक तीर से दो शिकार हो सकते हैं।

दिलावर अली : जय सिंह और फ़र्रुख़सियर दोनों आपको क़रीबी मान लेंगे—बड़े सैयद की बनिस्पत।

हुसैन अली : ख़याल क़ाबिले-ग़ौर हो सकता है, पर फ़र्रुख़सियर को हम सख़्त नापसन्द करते हैं।

बानो : अपने पाँवों के नीचे अपनी ज़ाती ज़मीन मज़बूत कीजिए, जैसे बड़े सैयद कर रहे हैं—चूड़ामन जाट को शह देकर।

आलम अली : आमेर के सरहदी इलाक़े पर चूड़ामन की भी नज़र है और जय सिंह की भी।

दिलावर अली : नर्मदा के पार मराठों के ऊपर जब से जय सिंह ने फ़तेह पायी है, उनका हौसला बढ़ गया है।

आलम अली : वो विज़ारत को दरकिनार कर बादशाह से सीधे कलाम करना चाहते हैं।

बानो : फ़र्रुख़सियर चूड़ामन को कुचलने के लिए बेताब हैं। अगर आप चूड़ामन के ख़िलाफ़ कार्रवाई की कमान जय सिंह को दिलवा दें—

हुसैन अली : भाईजान ये नहीं चाहते।

बानो : तभी तो हमें चाहना चाहिए।

हुसैन अली : यह क़दम सीधे भाईजान के ख़िलाफ़ होगा।

बानो : वो आपके ख़िलाफ़ क़दम पहले उठा चुके हैं।

हुसैन अली : जैसे ही हमने फ़र्रुख़सियर के सामने इस मुद्दे पर मुँह खोला, दिल्ली दरबार के सामने यह वाज़ै[92] हो जाएगा कि हम दोनों भाइयों के बीच दरार पड़ चुकी।

बानो : इब्तिदा का सेहरा बड़े सैयद के सर है। आप महज रद्दे-अमल[93] अन्जाम दे रहे हैं।

हुसैन अली : जी घबराता है बेगम!

(बानो समझ जाती है कि अभी हुसैन अली के ऊपर और काम करना पड़ेगा।)

बानो : हमने कहा था, रावी किनारे लाहौर में जागीर ले लीजिए। दिल्ली नहीं सुहाती हमें। हम तो लाहौर पर फ़िदा हैं।

हुसैन अली : जीते-जी जन्नत मिल सकती है, पर लाहौर में जागीर नहीं! अकबरे-आज़म के समझौते के बावजूद शाहजहाँ ने दकन पर हमला क्यों किया था? चूँकि नर्मदा के इस पार पूरी सल्तनत बेजागीर हो चुकी थी!

बानो : मुखलिसपुर[94] की पनाहगाह ख़ाली पड़ी है। आलिम को भेज कर वहाँ अपने ख़ादिम तैनाद कर दीजिए।

हुसैन अली : *(चौंक कर)* गर्मियों की रिहाइश है—शाहों के शाह शाहजहाँ की!

बानो : शाहों के शाह सैयद हैं अब!

हुसैन अली : शाहजहाँ के बाद कोई शहंशाह नहीं गया वहाँ।

बानो : हम जाया करेंगे।

हुसैन अली : *(आपत्ति से)* क्या ग़ज़ब ढा रही हैं बेगम!

बानो : कभी-कभार चन्द दिन हमारे रहने से कौन-सा आसमान टूट पड़ेगा?

आलम अली : भाभीजान बजा फ़र्माती हैं जनाबे-आली!

दिलावर अली : दिल्ली में अब वो दौर है, *(बँधी मुट्ठी दिखाते हुए)* जिसमें जब तक क़ब्ज़ा नहीं होता, हक़ तस्लीम नहीं किया जाता।

(अब्दुल्ला ख़ाँ का प्रवेश।)

अब्दुल्ला ख़ाँ : ज़ुल्फ़िक़ार की हवेली से अपने सिपाही हटा लो।

हुसैन अली : वो माले-ग़नीमत[95] है।

अब्दुल्ला ख़ाँ : सही-सलामत हैं ज़ुल्फ़िक़ार! उनको उनका मनसबे-रुत्बा मिलना चाहिए।

हुसैन अली : वो कभी पसन्द नहीं आये हमें। हिक़ारत की नज़र से सबको देखते हुए सारी ताक़त अपनी मुट्ठी में ले रखी थी।

अब्दुल्ला ख़ाँ : याद करो, मराठा सरदार हनुमंत के ख़िलाफ़ हम दोनों दिलेरी से लड़े थे। ज़ुल्फ़िक़ार ने ज़ातो-सवार में इज़ाफ़े की सिफ़ारिश की थी, पर औरंगज़ेब ने महज़ ख़िलअत और कटार देकर काम चला लिया। ज़ुल्फ़िक़ार शर्मिन्दगी से हमसे नज़र नहीं मिला सके। एहसान भूलना नहीं चाहिए हुसैन!

बानो : एहसान तब होता, जब वो जहाँदार के ख़िलाफ़ हमसे हाथ मिला लेते।

अब्दुल्ला ख़ाँ : जंग में हमारी जीत से पहले वो हमारी मातहती मन्ज़ूर नहीं कर सकते थे।

बानो : अब उनके साथ दरियादिली दिखाने में हमारा क्या फ़ायदा है?

अब्दुल्ला ख़ाँ : हमें ईरानी खेमे की हिमायत चाहिए; साथ ही वो तूरानी चीनकुलीच पर भी दबाव बनाये रखेंगे।

हुसैन अली : अमीन ख़ाँ को आपने मेरा नायब बख़्शी बना दिया? वो चीनकुलीच के चचेरे भाई हैं।

अब्दुल्ला ख़ाँ : आगरे की उस लड़ाई में फ़तेहमन्द नहीं होते हम, अगर अमीन ख़ाँ हमारी फ़ौज की अनदेखी नहीं करते। हम एक तीर से तीन शिकार कर रहे हैं। चीनकुलीच हमारे आज के मुकाम से भीतर-

ही-भीतर कुछ तो बदगुमाँ होंगे। मनसबो-ख़िताब देकर हमने अमीन ख़ाँ को अपने निज़ाम के साथ जोड़ते हुए उन पर यह बारीक़ ज़िम्मेदारी सौंप दी कि वो हमारी बहबूदी की ख़ातिर चौकन्ने रहें; साथ ही हमने उनके और अमीन के बीच क़द का फ़र्क़ कुछ कम कर दिया। तूरानी खेमे में कुछ लोगों को इससे तकलीफ़ हुई होगी—चीनकुलीच को मिला कर—पर कोई मुँह नहीं खोल सकता।

आलम अली : तीसरा शिकार?

अब्दुल्ला ख़ाँ : ईरानी तबक़ा हमारे ख़िलाफ़ कुछ पकाने से पेश्तर ये सोचने को मजबूर होगा कि हिन्दुओं वा हिन्दुस्तानी मुसलमानों के साथ तूरानी खेमा भी हमारे पीछे है।

हुसैन अली : चीनकुलीच की सूबेदारिए-ए-दकन चुभ रही है हमें।

दिलावर अली : दकन अपने-आप में एक सल्तनत मानी जाती है। शाहजहाँ और औरंगज़ेब वहीं से तख़्ते-दिल्ली पर क़ाबिज़ हुए थे और चीनकुलीच तो दौरे-जहाँदार में ही दकन के छह सूबों पर ख़ुदमुख़्तारी का ज़ज्बा बना चुके थे।

अब्दुल्ला ख़ाँ : दूरन्देशी तो ये होगी कि हममें से एक दकन का सूबेदार बने। तभी एक तरफ़ दिल्ली दरबार में अपनी ताक़त एकदम दस गुना बढ़ जाएगी और दूसरी तरफ़ मराठों से ख़ास रिश्ता जोड़ते हुए बीजापुर और गोलकुंडा को अपने मुआफ़िक़ बनाने की उम्मीद की जा सकेगी। दूसरा क़दम होगा वहाँ वैसी ही बड़ी जागीर बनाना, जैसी औरंगज़ेब के ज़ज्बाती वालिद मीर जुमला की थी।

हुसैन अली : आप तो ख़ैर क्या जाएँगे! आपकी जगह जो विज़ारत हासिल करेगा, बादशाह के साथ साज़िश कर पहला मौक़ा मिलते ही हमें दूध की मक्खी की तरह निकाल फेंकेगा। बाक़ी हम बचते हैं।

अब्दुल्ला ख़ाँ : अभी तुम भी दिल्ली नहीं छोड़ सकते। जब तक हमारे नुमाइंदे *(दक्खिन की तरफ़ इशारे के साथ)* औरंगाबाद, अहमदाबाद और उज्जैन; *(पूरब की तरफ़ इशारे के साथ)* पटना, राजसमंद, और ढाका; *(पच्छिम की जानिब इशारे के साथ)* और लाहौर, मुल्तान, वा अमरूद में नहीं जम जाते, तब तक दिल्ली दरबार में हमारी जड़ें मज़बूत नहीं होंगी।

हुसैन अली : इसीलिए हमने अपने एक दर्ज़न हिमायतियों की फ़ेहरिस्त फ़ौजदार बनाने की सिफ़ारिश के साथ भेजी थी, पर उनको आप कानूनगो, चौधरी और देशमुख बना कर भेज रहे हैं?

अब्दुल्ला ख़ाँ : मालगुज़ारी का तख़्मीना[76] और वसूली इन्हीं कारकुनों की ज़िम्मेदारी है। जो मनसबदार दिल्ली का हिस्सा देने में हेराफेरी करेगा, रंगे हाथों पकड़ा जाएगा। जागीरदार बदलते रहते हैं, लेकिन क़ानूनगो वा चौधरी का राज पुश्तैनी चलता है।

हुसैन अली : पर सैयद बिरादरी के ये लोग सिपाही हैं। हिसाब-किताब नहीं जानते।

अब्दुल्ला ख़ाँ : इसीलिए उनके साथ तजुर्बेकार कायस्थ नायब भेजे जा रहे हैं।

हुसैन अली : दिल्ली से बादशाह ऐसे कारकुनों को भेजता है।

अब्दुल्ला ख़ाँ : हम आहिस्ता-आहिस्ता अपने उम्मीदवार भर रहे हैं। आलम और दिलावर को भी जल्दी ही सूबों में जमाना है। नायब मनसबदारी से शुरू करेंगे, जैसा हम दोनों ने किया था।

हुसैन अली : *(अन्देशे से)* दिल्ली से दूर?

अब्दुल्ला ख़ाँ : दूर की सोचो हुसैन! उसूलन बादशाह सारी ताक़त का मरक़ज़ हैं, लेकिन वो अपने ऐसे उमरा और मनसबदारों के ज़रिए हुकूमत करता है, जिनमें नस्ल, जात, मज़हब, और ख़ुदगर्जी—इन चार वजहों से गुटबन्दी होती रहती है। इसे घटाने के लिए तबादला-ए-जागीर वो अंकुश है, जिससे बादशाह मनसबदार को फ़र्माबरदार बनाये रखने की कोशिश करता है। रैयत की बदहाली की एक बड़ी वजह मनसबदार के सर पर सदाबहार लटकी तबादले की ये तलवार है, जिसकी वजह से वो खेती और दूसरे सुधारों पर पैसा लगाने से बचता है—यह सोच कर कि क्या फ़ायदा; मैं तो दो-चार साल बाद यहाँ से हटाया जाऊँगा।

बानो : दिल्ली दरबार में खलबली मच रही है।

अब्दुल्ला ख़ाँ : वो तो होगा ही; खेमों के बीच ताक़ते-तवाज़ुन जो बदल रहा है।

हुसैन अली : चीनकुलीच को दकन से हटाना होगा।

अब्दुल्ला ख़ाँ : हमारी हैसियत उनको चुनौती देने के लायक़ नहीं। अहदे-आलमगीर में जैसे ज़ुल्फ़िक़ार के वालिद असद ख़ाँ दिल्ली दरबार के सिरमौर थे, वैसे ही निज़ामुल्मुल्क़ के वालिद ग़ाज़ीउद्दीन ख़ाँ फ़ीरोज़जंग भी।

आलम अली : उमरा की जागीर का तबादला होता है, आपने अभी फ़र्माया।

अब्दुल्ला ख़ाँ : पिछली जंग में अगर उन्होंने हमारा साथ नहीं दिया होता, तो आज हम दोनों दिल्ली पर क़ाबिज नहीं हो सकते थे।

दिलावर अली : दकन के छह सूबों पर जैसे ही उन्हें ख़ुदमुख़्तारी हासिल हुई, उनका अगला क़दम दिल्ली पर क़ाबिज़ हाने के अलावा और क्या होगा?

हुसैन अली : *(अब्दुल्ला को देखते हुए)* इस मुद्दे पर और बहस दरकार नहीं।

(अब्दुल्ला बानो को देखता है, फिर हुसैन अली को।)

अब्दुल्ला ख़ाँ : उनको रखेंगे कहाँ?

हुसैन अली : मालवा। बहादुर शाह ने तख़्तनशीनी के साथ उनको सूबेदारि-ए-मालवा ही सौंपी थी।

आलम अली : दकन घाटे का सूबा है; मालवा में मुनाफ़ा होता है।

अब्दुल्ला ख़ाँ : चीनकुलीच अभी दिल्ली के पास न आने पाएँ, इसी में हमारी भलाई है। दकन में चीनकुलीच को बीजापुर, गोलकुंडा और अहमद नगर को भी झेलना होता है और मराठों को भी। वो मालवा में जैसे ही चैन की बंसी बजाना शुरू करेंगे, फ़र्रुख़सियर और उनके तार फ़ौरन जुड़ जाएँगे। दिल्ली में चीनकुलीच के लायक़ एक ही ओहदा है—वज़ीर और उनमें इतना माद्दा है कि वहाँ तक पहुँचने से पेशतर वो मुझको ही नहीं, तुमको भी रास्ते से हटा सकते हैं।

हुसैन अली : हम उन्हें मुल्तान भेज देते हैं।

अब्दुल्ला ख़ाँ : कोई बड़ा उमरा इसलिए इसकी हिमायत नहीं करेगा कि कल के दिन कहीं उसे भी चटगाँव न भेज दिया जाय!

(अब्दुल्ला ख़ाँ, बानो, एवं हुसैन अली की नज़र मिली है। हैदर बेग आता है।)

हुसैन अली : *(बड़ी मुस्कान से हाथ फैलाते हुए)* हैदर बेग!

(दोनों गले मिलते हैं; बानो भी मुस्कुरा रही है।)

बानो : हमने तो उम्मीद छोड़ दी थी।

हैदर बेग : *(मुस्कान से)* हिन्दुस्तान में रहें और ईद पर हुसैन भाई से गले न मिलें, ऐसा हो सकता है!

(हैदर बेग अब्दुल्ला को सलाम करता है; अब्दुल्ला जवाब देता है।)

अब्दुल्ला ख़ाँ : *(हल्की मुस्कान से)* तुम दोनों मिले हो, तो शिकार पर ज़रूर जाओगे।

(हुसैन अली हामी में सर हिलाता है।)

अब्दुल्ला ख़ाँ : शाही शिकारगाह में मत जाना।

(जाता है।)

हुसैन अली : *(हैदर बेग से)* हम कल ही शिकार पर जाएँगे।

हैदर बेग : अलवर का जंगल मुनासिब रहेगा, नीलगाय, सांबर और चीते हैं वहाँ।

हुसैन अली : हम शकरपुर जाएँगे।

हैदर बेग : *(चौंकता है)* शाही शिकारगाह है हुसैन भाई!

बानो : आधी सदी के अहद में औरंगज़ेब ने सिर्फ़ एक बार अपने ससुर शाहनवाज़ ख़ाँ को शेर के शिकार की इजाज़त दी थी। दिल्ली में हमारी हुकूमत के बावजूद हमारे अज़ीज़ का ज़िन्दगी भर का अरमान पूरा न हो, ये हो सकता है?

(हुसैन अली हैदर बेग को देखते हुए मुस्कुराता है; बानो भी। हैदर बेग भी मुस्कुराने लगता है। दिलावर और आलम अली भी।

(अँधेरा।)

दृश्य-8

लाल क़िला। रात।

(फ़र्रुख़सियर चषक से घूँट लेता है; मीर जुमला और ख़्वाज़ा आसिम साथ।)

मीर जुमला : आलमपनाह, ज़ुल्फ़िक़ार ख़ाँ को तलब किया जाय और— **(गर्दन काटने का इशारा करता है।)**

फ़र्रुख़सियर : सैयद बिरादरान से मश्विरा नहीं किया।

ख़्वाज़ा आसिम : यह ज़ाहिर करना बहुत ज़रूरी है कि हुकूमत आपकी है और वे दोनों आपके मातहत हैं।

मीर जुमला : अब्दुल्ला की तेज़तर्रारी जहाँपनाह को ख़ुद नागवार गुज़री है।

ख़्वाज़ा आसिम : आप मश्विरा करेंगे, वो इसे इजाज़त समझेंगे। **(फ़र्रुख़सियर सोचते हुए घूँट लेता है।)**

मीर जुमला : सैयदों ने अपनी रविश तय कर ली है—बाअसर उमरा की तरफ़दारी। हिन्दुस्तानी मुसलमानों के सरगना दोनों ख़ुद हैं ही। अपनों में से एक को पहली बार विज़ारत जैसे ओहद पर देख कर काम्बूस मुसलमान भी सैयदों के पीछे एकजुट हो गये हैं।

ख़्वाज़ा आसिम : तूरानी चीनकुलीच को बड़े सैयद अपना बड़ा भाई तस्लीम करते हैं और ईरानी ज़ुल्फ़िक़ार को सबसे अमीर गुजरात की नामौजूद सूबेदारी और ओहदा-ए-दीवान सौंपने के लिए बेक़रार हैं और वो भी माही-मरातिब ख़िताब के साथ!

फ़र्रुख़सियर : *(भड़क उठता है)* माही-मरातिब? अपने अहद के इक्कीसवें बरस में औरंगज़ेब ने एक दिया था!

मीर जुमला : ये मुअज़्ज़िज़ उमरा की कतार से तख़्ते-ताऊस का घिराव कर

बादशाहत का क़द छोटा करने की साज़िश नहीं, तो और क्या है जहाँपनाह?

ख़्वाज़ा आसिम : ये वही ज़ुल्फ़िक़ार है ज़िल्ले-सुब्हानी, जिसने आपके वालिद का कटा हुआ सर जहाँदार शाह को पेश किया था!

(फ़र्रुख़सियर ताली बजाता है। दो सिपाहियों से घिरे ज़ुल्फ़िक़ार और दो बन्दियों को प्रवेश। एक का मुँह कपड़े से छिपा; दूसरी बुर्के में।)

ज़ुल्फ़िक़ार ख़ाँ : आलमपनाह, बड़े सैयद ने हमसे आपके नुमाइन्दे की हैसियत से मुलाक़ात की थी, कहाँ हैं वो?

फ़र्रुख़सियर : और उस मुलाक़ात से पहले?

(ज़ुल्फ़िकार चुप है।)

फ़र्रुख़सियर : बहादुर शाह की ख़्वाहिश थी कि उनके बाद अज़ीमुश्शान तख़्तनशीं हों, पर अज़ीमुश्शान ओहदा-ए-विज़ारत पर तुमको नहीं चाहते थे। तो तुमने तीनों भाइयों को अज़ीमुश्शन के ख़िलाफ़ एकजुट कर दिया, चूँकि तुमको एक शहंशाह और तीन सूबेदार भाइयों का इकट्ठा, तारीख़ी वज़ीर बनना था! अब तक जंगे-विरासत शहज़ादों के बीच होती थी, पर तुमने बीच में कूद जंगे-विरासत के पैमाने ही नहीं—*(ज़ुल्फ़िक़ार की ओर संकेत के साथ)* हमारी दुनिया ही बदल दी नामुराद! बाप और भाई की सरपरस्ती में ऐशो-इशरत के दिन गुज़ारने वाले हम—यकायक तनो-तन्हाँ, बेसहारा। तूने जाम छीन कर हमारे लरज़ते हाथ में ज़बर्दस्ती शमशीर थमा दी बदज़ात! महज़ मुकद्दर है कि फ़तेह ने हमारी थकी-टूटी साँसों का बोसा लिया, वर्ना हम तो अपना फ़ातिहा ख़ुद ही पढ़ चुके थे!

ज़ुल्फ़िक़ार ख़ाँ : हमारी ख़ता का कुछ ख़मियाज़ा ये मान लिया जाय—

(एक-एक कर दोनों बन्दियों का मुँह खोलता है—जहाँदार शाह वा लाल कुँवर हैं।)

ख़्वाज़ा आसिम : *(मुस्कान से)* आज चालीसवाँ इतवार है जहाँपनाह!

मीर जुमला : *(लाल कुँवर की ओर संकेत के साथ व्यंग्य की मुस्कान से)* वली-अहद से हामला[97] हैं इम्तियाज़ महल! *(फ़र्रुख़सियर से)* जश्ने-मुबारक में क़िला-ए-मुअल्ला चिराग़ाँ किया जाय!

ज़ुल्फ़िक़ार ख़ाँ : मैदाने-जंग से भाग कर जहाँदार ने मेरे घर पनाह ली थी। इनको यहाँ पेश करना आपके तईं हमारी वफ़ादारी की सनद मान ली जाय।

जहाँदार शाह : *(हाथ फैलाते हुए)* फ़र्रुख़; मेरे भतीजे—

(फ़र्रुख़सियर जहाँदार की तरफ़ देखता है; चेहरे पर करुण मुस्कान आ जाती है; जहाँदार का एक हाथ अपने हाथ में लेता है।)

फ़र्रुख़सियर : ये चारों हाथ नस्ले-बाबर के हैं। एक ही ख़ून रवाँ है इनकी रगों में, लेकिन कैसी तासीर है इस ख़ून की कि इसमें अपने ही ख़िलाफ़ वलवले फूटने लगते हैं—*(जहाँदार का हाथ झटक देता है)* बहुत ग़लीज़ है यह ख़ून! यह ख़ून नहीं, मवाद है—इसकी ग़लाज़त से ज़ज्बाते-इन्सानी से यक़ीन उठ जाता है! ओह, ख़ुद से नफ़रत की ऐसी शिद्दद—गोया मेरे ग़ुस्से की चिंगारियाँ इस ख़ून को जला कर राख कर देना चाहती हों—*(जहाँदार की तरफ़ इशारे के साथ)* ले जाओ इस ख़ून को और ज़हरीले पानी की तरह बहाओ—

ज़ुल्फ़िक़ार ख़ाँ : बड़े सैयद ने कहा था कि अब इन्तिक़ामे-रिवायत ख़त्म हो जायगी।

फ़र्रुख़सियर : *(भड़कते हुए ज़ुल्फ़िक़ार की ओर संकेत के साथ)* ले जाओ इसे भी और जहाँदार के कटे सर की चलती-फिरती नुमाइश का हिस्सा बनाओ; लेकिन बेजान—

(सिपाही ज़ुल्फ़िक़ार, जहाँदार, और लाल कुँवर को ले जाते हैं। मीर जुमला फ़र्रुख़सियर को जाम देता है; वह घूँट भरता है। साहिबा निस्वाँ तेज़ी से आती है।)

साहिबा निस्वाँ : *(तेज़ी से)* फ़र्रुख़, यह क्या नादानी कर बैठे तुम?

फ़र्रुख़सियर : *(चौंक कर)* अम्मी हुज़ूर!

साहिबा निस्वाँ : आधी सदी में दरबारे-दिल्ली ने ज़ुल्फ़िक़ार से बड़ा उमरा नहीं देखा। आख़िरी हिचकी के साथ औरंगज़ेब ने क्या कहा था? कि चार में से बेटा कोई भी बादशाह बने, लेकिन वज़ीर ज़ुल्फ़िक़ार ही रहेंगे।

मीर जुमला : आपको तो मुत्मइन[98] होना चाहिए कि आपके मरहूम शौहर का इन्तिक़ाम ले लिया गया।

साहिबा निस्वाँ : हमने सैयदों को क़ौल दिया था।

फ़र्रुख़सियर : मेरे वालिद के ख़ून से रंगे थे ज़ुल्फ़िक़ार के हाथ—

साहिबा निस्वाँ : इन्तिक़ाम बाद में लिया जा सकता था।

ख्वाज़ा आसिम : बाद में नहीं लिया जा सकता था। बड़े सैयद ने ज़ुल्फ़िक़ार

से वादा किया था कि उनका मनसबो-रुत्बा बरक़रार रहेगा।

साहिबा निस्वां : अभी हमें ज़ुल्फ़िक़ार की सख़्त ज़रूरत थी। सर पै ताज बनाये रखना ज़्यादा अहम है या इन्तिक़ाम? आज की तारीख़ में दरबार का अव्वल कुटुम्ब अब्दुल्ला का है। उन्होंने सोच-समझ कर चीनकुलीच को सूबेदारे-दकन बनाया, ताकि वो उनके दोस्त भी रहें और दिल्ली से दूर भी। ऐसे में हमारी तरक़ीब क्या होना चाहिए थी? कि ताक़ती तवाज़ुन बनाये रखने के लिए सैयदों और चीनकुलीच के रू-ब-रू क़द्दावर ख़ानदानी उमरा को रखें। इसके लिए दरबारे-दिल्ली में ज़ुल्फ़िक़ार के बाद दूसरा नाम बता सकते हो?

फ़र्रुख़सियर : हमसे भूल हो गयी।

साहिबा निस्वाँ : उसके सिवा तुमसे और होता क्या है!

फ़र्रुख़सियर : हमने सोचा कि उनकी जागीर *(आसिम वा जुमला की तरफ़ इशारे के साथ)* इन दोनों के बीच बाँट देंगे।

साहिबा निस्वाँ : तुमने मुसाहिब भी चुनें, तो दिल्ली दरबार में बेपेंदी के लोटे!

फ़र्रुख़सियर : *(नापसन्दगी से)* अम्मीजान!

(मीर जुमला और ख़्वाज़ा आसिम को ग़ुस्सा तो बहुत आता है, लेकिन दबाने को मजबूर हैं।)

साहिबा निस्वाँ : तुम्हारे गले में लटका ढोल हैं दोनों, जिसे तुम जैसे-जैसे बजाते जाओगे, ज़मीन में धँसते जाओगे।

मीर जुमला : *(ग़ुस्सा बर्दाश्त करते हुए)* ज़ुल्फ़िक़ार को आप क्या ओहदा देतीं?

साहिबा निस्वाँ : उनका मनसब बरक़रार रखते हुए हम उन्हें सिन्ध की नामौजूद सूबेदारी वा दीवान बनाने के साथ-साथ ख़ालिसा शरीफ़ वा ख़ाने-सामाँ[99] की ज़िम्मेदारियाँ भी देते।

फ़र्रुख़सियर : यानी रोज़ाना ज़ुल्फ़िक़ार को क़िला-ए-मुअल्ला आकर हमारे साथ मश्विरा करना होता?

साहिबा निस्वाँ : उनकी नज़दीक़ी हमें उनकी हिमायत तक ले जाती।

ख़्याज़ा आसिम : न ले जाती, तो?

साहिबा निस्वाँ : वो सैयदों की मातहती ख़ुशी से किये जाते? इसी तरह सैयद ज़ुल्फ़िक़ार की तरक़्क़ी बर्दाश्त करते जाते? इस कशमकश का सीधा फ़ायदा बादशाहत को मिलता।

मीर जुमला : आपकी तजवीज़ आस्तीन में एक और साँप पालने की थी।

साहिबा निस्वाँ : साँप और सियासत का चोली-दामन का साथ है मीर जुमला! *(फ़र्रुख़सियर से)* ज़ुल्फ़िक़ार के साथ सादुल्ला, हिदायत, और क़ासिम को भी तुमने फाँसी पर लटका दिया। क्यों? मीर बख़्शी और वज़ीर के ओहदों तक *(मीर जुमला वा ख़्वाज़ा आसिम की तरफ़ इशारे के साथ)* इन दोनों का रास्ता साफ़ करने के लिए ही न?

फ़र्रुख़सियर : वो हमारे वफ़ादार नहीं थे, जबकि ये हमारी ख़ातिर जान की बाज़ी लगा चुके हैं।

साहिबा निस्वाँ : फ़र्रुख़, इनके पास हुकूमत चलाने की न क़ाब्लियत है, न तजुर्बा।

फ़र्रुख़सियर : *(नापसन्दगी से)* अब आप निज़ाम में दख़ल देंगीं?

साहिबा निस्वाँ : तुम अपने सर का ताज नहीं सँभाल सकते, तो हम क्या करें?

फ़र्रुख़सियर : यह कहिए कि नाबालिग़ अकबर की बादशाहत में ताज अपनी मुट्ठी में रखने की माँ माहम अंगा की तारीख़ी तमन्ना फिर करवट ले रही है।

साहिबा निस्वाँ : हमें डर यही है कि तुम कहीं देखते-देखते तवारीख़ का हिस्सा न बन जाओ।

(ऊपरी संवाद के बीच अब्दुल्ला ख़ाँ एवं हुसैन अली का प्रवेश।)

अब्दुल्ला ख़ाँ : *(नाराज़गी से)* सर पर ताज पाने के बाद जो पहला काम आपने अन्जाम दिया है, वो वादाख़िलाफ़ी का दर्जा रखता है—आपकी मेरे तईं और मेरी उमरा-ए-दिल्ली के तईं।

हुसैन अली : आपके साथ हम भी गेंहूँ वाले घुन की तरह पिस गये।

अब्दुल्ला ख़ाँ : आपका मुस्तक़बिल अगर कुछ था, तो वो चौपट हो गया; लगे हाथों आपने दिल्ली से हमारा बोरिया-बिस्तर उठाने की इनायत भी फ़र्मा दी।

फ़र्रुख़सियर : हम समझे नहीं।

अब्दुल्ला ख़ाँ : *(व्यंग्य से)* आलमपनाह समझे नहीं हुसैन!

हुसैन अली : कौन ईरानी अमीर मान लेगा कि ज़ुल्फ़िक़ार के क़त्ल में हमारी हिमायत तो दूर की बात, हमें उसका गुमान भी नहीं था?

ख़्वाज़ा आसिम : जहाँपनाह ने ये क़दम आप दोनों की बहबूदी के ख़याल से भी उठाया है।

मीर जुमला : ज़ुल्फ़िक़ार आपकी विज़ारत में दिल्ली दरबार का हिस्सा बनने की ज़िल्लत बर्दाश्त कर सकते थे?

साहिबा निस्वाँ : *(फ़र्रुख़सियर, मीर जुमला वा ख़्वाजा आसिम की ओर संकेत के साथ)* तुम लोगों ने सैयद बिरादरान के ऊपर जितने ख़ुफ़िया तैनाद कर रक्खे हैं, उनको बर्ख़ास्त कर निज़ाम का पैसा बचा लो। *(फ़र्रुख़सियर से)* तुम्हारी ताजपोशी से पेश्तर बारह पुल में ज़ुल्फ़िक़ार ख़ाँ से बड़े सैयद की मुलाक़ात हो गयी थी।

अब्दुल्ला ख़ाँ : उन्होंने बड़प्पन दिखाते हुए हमारी विज़ारत में मनसबदारी मन्ज़ूर कर ली थी।

(झेंपा फ़र्रुख़सियर मीर जुमला एवं ख़्वाज़ा आसिम को देखता है।)

साहिबा निस्वाँ : *(फ़र्रुख़सियर, मीर जुमला वा ख़्वाजा आसिम की तरफ़ इशारे के साथ अब्दुल्ला से)* दरबारे-शाही में ऐसी नादानियों के गवाह नहीं बन सकते हम!

(सैयद बन्धुओं को अभिवादन करते हुए प्रस्थान।)

फ़र्रुख़सियर : दरअसल ज़ुल्फ़िक़ार को देख कर हम ज़ज्बात की रौ में बह गये थे।

हुसैन अली : आम रद्दे-अमल से बादशाहत नहीं चलती। तख़्त फ़ौलाद की नसों का तक़ाज़ा करता है।

अब्दुल्ला ख़ाँ : अभी ईरानी उमरा हम पर वादाशिकनी का इल्ज़ाम लगाएँगे, तो क्या जवाब देंगे हम?

(दुल्हिन के रूप में बादशाह बेगम और एक सिपाही का प्रवेश।)

बादशाह बेगम : दारोग़ा ने कहा, मीर बख़्शी के हुक्म के बिना मैं कुछ नहीं कर सकता।

अब्दुल्ला ख़ाँ : *(नाराज़गी से)* यह क्या है?

फ़र्रुख़सियर : सलीमगढ़ में हमारे दोनों छोटे भाई हुमायूँ बख़्त वा अज़ीउद्दीन क़ैद हैं और बादशाह बेटी के मंगेतर नन्हें मियाँ भी। *(बादशाह बेगम की ओर संकेत के साथ)* दोनों का निकाह है आज।

अब्दुल्ला ख़ाँ : नन्हें मियाँ खुजिस्ता अख़्तर के साहबज़ादे?

ख़्वाज़ा आसिम : जहाँदार ने उन्हें सलीमगढ़ भेज दिया था।

(अब्दुल्ला और हुसैन अली की नज़र मिलती है।)

अब्दुल्ला ख़ाँ : दिल्ली का माहौल अभी शादी और ख़ानाआबादी के वास्ते मौज़ूँ नहीं।

हुसैन अली : पहले हमें हालात पर अपनी गिरफ़्त मज़बूत करना है।

फ़र्रुख़सियर : इस्तिख़ार[100] और इमाम ज़ामिन[101] रस्में हो चुकी हैं। अब मंझा[102] और मेंहदी की बारी है।

हुसैन अली : *(दोटूक भाव से)* नहीं।

फ़र्रुख़सियर : आपको इत्तिला नहीं दी, चूँकि यह ज़ाती मामला है।

अब्दुल्ला ख़ाँ : यह सियासी मामला है। आप एक तरफ़ मीर बुज़ुर्ग के रुत्बे वाले अपने ससुर के मराशी कुनबे को हमारे मुक़ाबिल खड़ा कर रहे हैं और दूसरी तरफ़ नन्हें मियाँ के वालिद जहाँशाह के हिमायती अनासिर को!

फ़र्रुख़सियर : क्या फ़र्मा रहे हैं आप? सियासी रंगत देकर बेटी के मुस्तक़बिल को—

अब्दुल्ला ख़ाँ : *(हुसैन अली वा अपनी ओर संकेत के साथ)* हमें अभी जिस मुद्दे पर तज़्किरा करना है, उसका तअल्लुक़ हिन्दुस्तान के मुस्तक़बिल से है।

हुसैन अली : *(ऊँची आवाज़ में)* तख़लिया!

(बादशाह बेगम घुटे ग़ुस्से से अब्दुल्ला वा हुसैन अली को देखती है; जाती है।)

अब्दुल्ला ख़ाँ : हिन्दुस्तान जैसे कई क़ौमों, ज़ुबानों, और मज़हबों वाले मुल्क़ को आप इस्लामी निज़ाम की हैसियत से मज़बूत नहीं रख सकते। अगर आप अपना तख़्तो-ताज सलामत रखना चाहते हैं, तो आपके सामने सिर्फ़ एक रास्ता है—दिल्ली दरबार में सभी नस्लों की नुमाइन्दगी और मुग़लिया मिज़ाज में रवादारी—

(फ़र्रुख़सियर की नज़र मीर जुमला वा ख़्वाज़ा आसिम से मिलती है।)

अब्दुल्ला ख़ाँ : इसी नुक़्ता-ए-नज़र के तहत वो रवैया होगा, जिसे हिन्दुस्तानी क़ौमों से वाबस्ता बर्ताव में इख़्तियार किया जाएगा।

मीर जुमला : *(व्यंग्य से)* और शाही हुक्म की नाफ़र्मानी को आप कौन-से नुक़्ता-ए-नज़र के तहत देखेंगे?

ख़्वाज़ा आसिम : आमेर के जय सिंह और मारवाड़ के अजीत सिंह को *(फ़र्रुख़सियर की ओर संकेत के साथ)* ताजपोशी पर हाज़िर होना था, लेकिन वो सिर्फ़ मुबारकबाद भेज कर रह गये?

मीर जुमला : क्यों न माना जाय कि उनमें ज़ज्बा-ए-वफ़ादारी नहीं?

ख़्वाज़ा आसिम : जयसिंह सूबेदारि-ए-मालवा सँभालने से पेश्तर दिल्ली दरबार में आने से आनाकानी किये जा रहे हैं?

मीर जुमला : अजीत सिंह ने मुग़ल मनसबदार इन्द्र सिंह के दो बेटों को हलाक़ कर दिया।

ख़्वाज़ा आसिम : फिर थट्टा की सूबेदारी भी .कुबूल नहीं की।

मीर जुमला : अजीत सिंह की नाफ़र्मानी उनके स्याह इरादे की सनद क्यों न मानी जाय?

फ़र्रुख़सियर : *(नाराज़गी से)* इन राजपूतों ने दिल्ली को ललकारा है!

ख़्वाज़ा आसिम : उनको सबक़ सिखाना ही होगा।

अब्दुल्ला ख़ाँ : *(उखड़ जाता है)* औरंगज़ेब की ज़ुबान मत बोलिए जहाँपनाह! उन्होंने अपने पाँवों पर कुल्हाड़ी कैसे मारी? जब बोदा दलील देकर जोधपुर वा चित्तौड़ पर हमला कर बैठे और शहज़ादे अकबर को बग़ावत के लिए मजबूर कर दिया। अकबर तो बरबाद हुआ ही, ख़ुद औरंगज़ेब को छब्बीस बरस दकन में ख़ून के आँसू रोते हुए वहीं आख़िरी हिचकी लेनी पड़ी! औरंगज़ेब जो भूल गये, वो हम आपको नहीं भूलने देंगे।

फ़र्रुख़सियर : क्या?

अब्दुल्ला ख़ाँ : अकबरे-आज़म ने अट्ठारह बरस की हस्सास तर्जे-अमल[103] से राजपूत क़ौम को सल्तनते-मुग़लिया का तलवार थामने वाला जो दायाँ हाथ बनाया था, आपकी पूरी कोशिश है कि वो तलवार हमारे खिलाफ़ उठ जाय, पर जहाँपनाह, हम ऐसा नहीं होने देंगे।

ख़्वाज़ा आसिम : *(घबराया-सा फ़र्रुख़सियर से)* ज़िल्ले-सुब्हानी की तौहीन हुई है!

मीर जुमला : *(सैयदों से)* जहाँ शाही मुहर दरकार है, वहाँ हम दस्तख़त करेंगे—

ख़्वाज़ा आसिम : जैसा कि जहाँपनाह चाहते हैं।

(ख़्वाज़ा आसिम आर मीर जुमला फ़र्रुख़सियर को इस भाव से देख रहे हैं कि अब आप बोलिए।)

फ़र्रुख़सियर : हम चाहते हैं कि बड़े सैयद आसफ़ ख़ाँ की तरह वकीले-मुत्लक़[104] बनें। ज़िम्मेदारि-ए-विज़ारत अहमद बेग को सौंपी जा रही है।

(अब्दुल्ला और हुसैन अली फ़र्रुख़सियर को देखते हैं; फिर एक-दूसरे को। कुढ़ा हुआ अब्दुल्ला ऊपर देखता है।)

अब्दुल्ला ख़ाँ : अकबरे-आज़म, इसी फ़िज़ा में साँस ली है तुमने! मैं तुम्हारे वजूद की हरारत महसूस कर रहा हूँ। तुम्हारे इर्द-गिर्द तुम्हारे ही जैसे रौशनख़याल थे—मेरे साथ अन्धे और बहरे हैं। उनसे मुख़ातिब होना गोया दीवारों से सर टकराना है। चलो हुसैन, हमें अपना रास्ता ख़ुद ही बनाना होगा।

(अब्दुल्ला व हुसैन अली का प्रस्थान। भाँड, नक़्क़ाल और बहुरूपिए का गाते हुए प्रवेश। फ़र्रुख़सियर, मीर जुमला और ख़्वाज़ा आसिम जाते हैं।)

भाँड/नक़्क़ाल/ बहुरूपिया : हाथों को नहिं सूझे हाथ
लम्बा रास्ता है
अन्धें और बहरों का साथ
लम्बा रास्ता है
दूर कहीं चमके एक सपना
लम्बा रास्ता है
आगे-पीछे कोई न अपना
लम्बा रास्ता है
पाँवों में पक आये छाले
लम्बा रास्ता है
कोई मन की पीर सँभाले
लम्बा रास्ता है
हाथों को नहिं सूझे हाथ
लम्बा रास्ता है
लूलों और लँगड़ों का साथ
लम्बा रास्ता है
(अँधेरा।)

अंक-2

दृश्य-9

दिल्ली की गलियाँ। आधी रात।

(अब्दुल्ला ख़ाँ और रतन चन्द का टहलते हुए प्रवेश।)

अब्दुल्ला ख़ाँ : आधी रात की ख़ामोशी में शहर कैसा पुरअमन लगता है—

रतन चन्द : हाँ सैयद मियाँ!

अब्दुल्ला ख़ाँ : तुम्हें कैसी लग रही है दिल्ली?

रतन चन्द : *(मुस्कान से)* अच्छी तो लगेगी ही। सल्तनत के वज़ीर का नायब हूँ—बड़े-बड़े मेरे आगे-पीछे घूमते हैं।

अब्दुल्ला ख़ाँ : शुकराना तो काफ़ी मिलता होगा?

रतन चन्द : सब आपका ही है जनाब!

अब्दुल्ला ख़ाँ : रैयत की भलाई हमेशा सामने रहे।

(रतन चन्द हामी में सर हिलाता है। अचानक दो सिपाही आकर घेर लेते हैं।)

पहला सिपाही : ठहरो।

दूसरा सिपाही : कौन हो? इतनी रात गये कहाँ से आ रहे हो?

अब्दुल्ला ख़ाँ : बाइज़्ज़त शहरी हैं जनाब! दावत के बाद घर वापस लौट रहे हैं।

रतन चन्द : पैदल घूमने का ख़याल आया, इसलिए पालकी घर भेज दी।

पहला सिपाही : होशियार रहिए।

दूसरा सिपाही : बन्दा बैरागी के तमाम जासूस दिल्ली में घूम रहे हैं।

(दोनों सिपाही जाते हैं। अब्दुल्ला और रतन चन्द आगे बढ़ते हैं।)

अब्दुल्ला ख़ाँ : बन्दा बैरागी की ताज़ा ख़बर क्या है?

रतन चन्द : आज़ाद सिक्ख सूबे की ख़ातिर उन्होंने गुरदासपुर के पूरबी क़िले

में मोर्चा बनाया है। दिल्ली की समझ में नहीं आता कि मुट्ठी भर सिक्ख एक ज़माने से अपना सर कैसे उठाये हैं।

अब्दुल्ला ख़ाँ : कल सुबह बन्दा बैरागी के पास मेरा ज़ाती पैग़ाम भेजो।

रतन चन्द : दुरुस्त है।

अब्दुल्ला ख़ाँ : गुरु गोविन्द सिंह ने जाजौ की जंग में शाह आलम का साथ दिया था। नयी विज़ारत उसी पुरानी दोस्ती की तलबगार है, लेकिन बादशाहत की मज़बूती के लिए नहीं, बल्कि हिन्दुस्तान की बहबूदी के लिए। इस सिलसिले में आपसे मुलाक़ात दरकार है—जब और जहाँ आप कहें।

(अचानक हथियारबन्द चार-पाँच आदमी दोनों को घेर लेते हैं; चूड़ामन जाट तलवार की नोक अब्दुल्ला के सीने से लगा देता है; रतन चन्द के साथ भी यही किया जाता है।)

चूड़ामन जाट : जो कुच्छै पास हो, चुप्पैचाप निकालो।

अब्दुला ख़ाँ : *(हल्की मुस्कान से)* बहुत खूब! दारूल-सल्तनत में कानून की यह हालत—

चूड़ामन जाट : चूड़ामन जाट के संग जो हुकूमत छल-कपट करे सै, तो नतीजा येई हो सै।

अब्दुल्ला ख़ाँ : *(गले की ज़ंजीर उतार कर देते हुए)* छल-कपट हुकूमत कर रही है कि आप? दिल्ली से अकबराबाद तक की शाहराह आपके सुपुर्द है। आप वहाँ न सिर्फ़ क़ानूनी और ग़ैरक़ानूनी राहदारी[105] वसूल करते हैं, बल्कि दिल्ली शहर तक को अपनी लूटमार से लुत्फ़अन्दोज़ करवाते हैं!

चूड़ामन जाट : *(हँस कर)* थारी जानकारी तो अच्छी सै। तो नेक ये और बता दो कि म्हारी खोपड़ी पै जैसिंह को क्यों करके बिठाया जा रहा सै? आमेर के सिपाही नाक की सीध में म्हारे थून की तरफ़ क्यों करके बढ़े चले आ रहे सैं?

अब्दुल्ला ख़ाँ : *(अँगूठी उतार कर देते हुए ताज्जुब से)* अच्छा?

चूड़ामन जाट : हाँ। यही जवाब तलब करे खातिर तो मैं दिल्ली आया सूँ—

(पल भर की असावधानी में अब्दुल्ला ख़ाँ उसके तलवार वाले हाथ पर घूँसा मारता है; तलवार छिटक जाती है; चूड़ामन के सँभलने से पहले अब्दुल्ला ख़ाँ तलवार उठा उसकी नोक चूड़ामन के सीने पर लगा देता है; साथ ही रतन चन्द के इशारे पर चूड़ामन के साथी अपनी तलवारें नीची कर लेते हैं।)

अब्दुल्ला ख़ाँ : जवाब तलब करेंगे किससे? बादशाह से?

चूड़ामन जाट : नहीं। फ़र्रुख़सियर ढुलमुल सै।

अब्दुल्ला ख़ाँ : इसीलिए सामूगढ़ की जंग में आपने जहाँदार का साथ दिया था, लेकिन जब वो हारने लगा, तो आपने बिला तकल्लुफ़ उसी की फ़ौज को लूटा और फ़र्रुख़सियर की जो मग़रिबी टुकड़ियाँ कमज़ोर पड़ीं, उनको लूटना तो लाज़िमी था ही।

चूड़ामन जाट : *(मजबूर मुस्कान से)* सोना म्हारी कमज़ोरी सै।

अब्दुल्ला ख़ाँ : और अपनी ज़ुबान पै क़ायम न रहना भी।

चूड़ामन जाट : *(उत्तेजित हो)* वज़ीर से येई पूछे खात्तिर तो दिल्ली आया सूँ।

अब्दुल्ला ख़ाँ : क्यों? वज़ीर ने क्या किया?

चूड़ामन जाट : हिन्दुअन को इत्ती छूटें दीं सै। हिन्दू-मुसलमानन में भाईचारा बढ़ावै से, पर हिन्दुअन-हिन्दुअन को आपस में लड़ावे क्यूँ?

अब्दुल्ला ख़ाँ : वज़ीर ने ऐसा कुछ नहीं किया।

चूड़ामन जाट : जय सिंह को अब्दुल्ला की शह नहीं सै?

अब्दुल्ला ख़ाँ : मैंने ऐसा कुछ नहीं किया।

(चूड़ामन चौंक कर उसे देखता है; अब्दुल्ला तलवार चूड़ामन को थमा देता है।)

अब्दुल्ला ख़ाँ : *(हँस कर)* चूड़ामन, बादशाहे-हिन्द तुम्हें बाग़ी समझता है, लेकिन वज़ीर तुम्हारी तरफ़ दोस्ती का हाथ बढ़ाता है। तुम्हारे साथ एक बहादुर क़ौम है। अगर तुम नये निज़ाम का साथ दोगे, तो मुल्क़ की बहबूदी में अहम किरदार निभाओगे।

चूड़ामन जाट : मन्ज़ूर सै।

अब्दुल्ला ख़ाँ : मैं तुम्हें तुम्हारे इख़्तियारात वापस देता हूँ। राहदारी का तुम्हारा दायरा बढ़ाता हूँ—दिल्ली से अकबराबाद और वहाँ से चम्बल तक।

चूड़ामन जाट : *(अब्दुल्ला का हाथ थामते हुए भावुक होकर)* बड़े सैयद, सोना म्हारी कमज़ोरी सै, तो दोस्ती भी म्हारी कमज़ोरी सै।

(अँधेरा।)

दृश्य-10

जोधपुर राजमहल। दिन।

(अब्दुल्ला ख़ाँ, जय सिंह और अजीत सिंह साथ हैं।)

अब्दुल्ला ख़ाँ : कई जातियों, धर्मों और भाषाओं वाले देश में पहली ज़रूरत है अपनी मिट्टी, अपने हवा-पानी में विश्वास। यही हमें एक-दूसरे के पास लाता है, साथ जोड़ता है, एक बनाता है। यही भावना है, जो अँधेरे-उजाले में हमारे हाथ मिलाये रखती है। हर हाथ बराबर है—न कोई ऊँचा है, न नीचा।

जय सिंह : पंचोली ने आपका सन्देश दिया था; दिल्ली दरबार का हालचाल भी बताया था।

अजीत सिंह : फ़र्रुख़सियर जब गद्दी पर बैठे, तो आना तो हम भी चाहते थे, लेकिन—

(अर्थभरे ढंग से बात अधूरी छोड़ देता है।)

जय सिंह : सबने यही सलाह दी कि अभी दिल्ली से दूर रहो।

(शंख और घड़ियाल बजते हैं। अब्दुल्ला ज़रा-सा सर झुकाता है। जय सिंह और अजीत सिंह की नज़र मिलती है।)

अजीत सिंह : *(जेब से शाही फ़र्मान निकाल कर दिखाते हुए)* जिस दिन आप दिल्ली से चले, उसी दिन ये भेजा गया।

अब्दुल्ला ख़ाँ : *(पढ़ता है)* अब्दुल्ला ख़ाँ के सर की क़ीमत सूबा-ए-गुजरात है। दस्तख़तो—मुहर फ़र्रुख़सियर—*(पत्र वापस करते हुए मुस्कान से)* तो ठीक है। मैं यहाँ अकेला। मेरे मुट्ठी भर सिपाही क़िले के बाहर आपके पराक्रमी सिपाहियों से घिरे।

अजीत सिंह : अगर यहाँ पराक्रम होता, तो मुट्ठीभर मुग़ल देश में आते और पेड़ों की तरह जम जाते? और इसी धरती पर जन्म लेने वाले

हम अपने जनम का महसूल देते? अपने हवा-पानी का हिसाब भरते?

अब्दुल्ला ख़ाँ : मुग़ल देश में आये और पेड़ों की तरह जम गये। जड़ों ने मिट्टी को पकड़ा है, तो उसका मूल्य देना होगा। अकबर ने दिया था। औरंगज़ेब के दौर में जो सिलसिला जोधपुर से ही टूटा था, मैं उसे जोड़ने के लिए आया हूँ। लेकिन राजपूतों को भी समझना है कि उनका और मुग़लों का भाग्य एक साथ जुड़ा है, क्योंकि यहाँ व्यापार कुछ नहीं; सिर्फ़ ज़मीन और वो भी उपजाऊ नहीं। और पेशा सिर्फ़ तलवार। मुग़ल साम्राज्य का पतन राजपूताना के पतन की शुरुआत होगी। उत्तर में जैसे ही कानूनो-तरतीब टूटेगी, उस राजनीतिक शून्य को भरने के लिए बेचैन हो उठेंगे दक्खिन के मराठे। हम दिल्ली दरबार में मराठों की हिस्सेदारी चाहते हैं, लेकिन उत्तर में उनकी हुकूमत नहीं।
(जय सिंह और अजीत सिंह की नज़र मिलती है; दोनों हामी में सर हिलाते हैं।)

जय सिंह : हम दोनों के लिए क्या पेशकश है?

अब्दुल्ला ख़ाँ : सात-सात हज़ार के मनसब; *(जय सिंह से)* आपको मालवा और महाराजा अजीत सिंह को थट्टा की सूबेदारी—

अजीत सिंह : थट्टा की सूबेदारी हमारी शान से मेल नहीं खाती।

जय सिंह : महाराजा को गुजरात क्यों नहीं?

अब्दुल्ला ख़ाँ : दिल्ली दरबार में इस अन्देशे की परम्परा चली आ रही है कि पास-पास लगे ये दो अमीर सूबे अगर दो दोस्तों के पास हुए, तो सल्तनत के लिए ख़तरा हो सकता है। अन्देशा गहरा इसलिए हो गया है, क्योंकि आप दोनों हिन्दू हैं।

अजीत सिंह : बादशाह को हमारी नीयत पर शक है?

अब्दुल्ला ख़ाँ : *(झिझकते हुए)* दिल्ली दरबार को राजा जय सिंह पर एतबार है, पर महाराजा अजीत सिंह पर नहीं। उनके ऊपर दो मुग़ल मनसबदारों की हत्या की संगीन छाया भी है।

अजीत सिंह : तो एतबार लाने के लिए मैं क्या कर सकता हूँ?

अब्दुल्ला ख़ाँ : राजकुमारी इन्द्र कुँवर का डोला फ़र्रुख़सियर के लिए दे दीजिए।

अजीत सिंह : मैं पाँच लाख की पेशकश देता हूँ।
(अब्दुल्ला ख़ाँ इन्कार में सर हिलाता है।)

अजीत सिंह : कुँवर अभय सिंह को दिल्ली में बन्धक रख लीजिए।

अब्दुल्ला ख़ाँ : *(नर्मी से)* यह दबाव बाहरी होगा महाराजा!

(अजीत सिंह सोच रहा है।)

अब्दुल्ला ख़ाँ : आप सौ कोस थूट की तरफ़ बढ़िए। एक सौ एक कोस पूरे होने से पहले आपको गुजरात की सूबेदारी का फ़र्मान मिल जाएगा।

(अजीत सिंह चुप है।)

अब्दुल्ला ख़ाँ : मारवाड़ को ख़ुदमुख़्तार माना जाएगा और दिल्ली दरबार में आपकी हैसियत राजपूतों के अगुवा की होगी।

(जय सिंह को यह बात चुभती है।)

जय सिंह : *(वैसे ही सुर में)* मान लीजिए महाराजा! दिल्ली दरबार में मारवाड़ का ऐसा मान पहले नहीं हुआ।

(हाथ में पूजा की थली लिये इन्द्र कुँवर आती है; पीछे अभय सिंह।)

इन्द्र कुँवर : *(अजीत सिंह से)* बाबा, यहाँ हो तुम! चौमुंडा माता का प्रसाद देने मैंने तुम्हें बारादरी में ढूँढ़ा, रंगमहल में खोजा, चित्रशाला में देखा—

(अब्दुल्ला को देख कर ठिठक जाती है।)

अजीत सिंह : बेटी इन्द्र कुँवर, दिल्ली से बड़े सैयद आये हैं।

(इन्द्र कुँवर अब्दुल्ला ख़ाँ को प्रसाद देती है; वह माथे से लगाता है; अभय सिंह ध्यान से अब्दुल्ला को देख रहा है; अगले संवाद के दौरान इन्द्र कुँवर जय सिंह वा अजीत सिंह को प्रसाद देती है।)

अभय सिंह : *(अब्दुल्ला से)* बड़े नसीब वाले हैं आप, जो दिल्ली में रहते हैं। लाल क़िले का ठाठ-बाट, रंगमहल में आये दिन नाच-गाना, सिउली में शेर का शिकार, नित नये मेले नित नये त्योहार—

अजीत सिंह : *(रुखाई से)* दिल्ली में बस, रागरंग ही नहीं होता, कट्टर अनुशासन वाले सैनिक जीवन की शिक्षा भी दी जाती है।

अभय सिंह : *(अवज्ञा से)* मारवाड़ से तो सरल ही होगी!

जय सिंह : कुँवर, तुम जाना चाहते हो दिल्ली?

अभय सिंह : *(गिरे सुर में)* क्यों ठिठोली करते हैं काका! मेरे नसीब में पहाड़ी झाड़-झंखाड़ के सिवा और क्या लिखा है?

अब्दुल्ला ख़ाँ : नहीं कुँवर, तुम मेरे साथ दिल्ली चलोगे—और राजकुमारी भी!

अभय सिंह : *(ताज्जुब से)* बहन भी? क्यों?

जय सिंह : बहन का ब्याह होगा।

(इन्द्र कुँवर चौंक कर जय सिंह को देखती है।)

अभय सिंह : *(चौंक कर)* ब्याह? किससे?

अब्दुल्ला ख़ाँ : भारत के सम्राट से!

अभय सिंह : *(खिल उठता है)* सच? *(इन्द्र कुँवर को देखता है)* पूरे देश की मलिका! *(झुक कर अभिवादन करता है)* घणी खम्मा—

(इन्द्र कुँवर बेआवाज़ सिसकी लेते हुए अब्दुल्ला को देखती है। इस मंच-क्षेत्र में अँधेरे के साथ दूसरी जगह प्रकाश होता है, जहाँ भाँड, नक़्क़ाल, और बहुरूपिया छोटी-सी डोली लिये गाते हुए आते हैं।)

भाँड/नक़्क़ाल/
बहुरूपिया : *(साथ-साथ)* अल्हड़ दुल्हनियाँ की आयी डोली आयी डोली
लाज भरे माथे पै उमंगों की रोली
आयी डोली
देस-दिसावर की फाँकी है धूल
तब खोजा बाबुल ने ये बाँका फूल
मरुधर तक नेह की डोरी बाँधी
गोट लगे घूँघट में आये न आँधी
लाल क़िले अगवानी करेंगे बलमा
जहाँ आ के इन्द्र कुँवर बन गयी सलमा
किरनों का मंडप आस की रंगोली
आयी डोली।
(अँधेरा।)

दृश्य-11

लाल क़िला। दिन।

(फ़र्रुख़सियर के साथ मीर जुमला और ख़्वाज़ा आसिम।)

मीर जुमला : *(मानीभरी मुस्कान से फ़र्रुख़सियर से)* आपकी रंगीन तबियत का क्या कहना—

फ़र्रुख़सियर : *(रसिक मुस्कान से)* सलमा बेगम को हरमसरा कैसा लगा?

ख़्वाज़ा आसिम : *(वैसे ही)* यह तो आप पूछिएगा जहाँपनाह!

फ़र्रुख़सियर : कुँवर अभय सिंह ख़ुश हैं?

मीर जुमला : *(मुस्कान से)* पहली ही नज़र में दिल्ली को दिल दे बैठे!

फ़र्रुख़सियर : दकन से वज़ीरे-आज़म की क्या ख़बर है?

ख़्वाज़ा आसिम : आजकल शाहूजी और बालाजी विश्वनाथ के साथ गुल खिलाये जा रहे हैं।

मीर जुमला : उन्होंने दिल्ली में क़ैद मरहठा रानी राजसबाई के साथ पंढरपुर और त्रयम्बक भी शाहू को सौंप दिये हैं।

ख़्वाज़ा आसिम : कर्नाटक पर मरहठों की जीत मान ली है और दकन में चौथ के साथ सरदेशमुखी मन्ज़ूर कर ली है।

मीर जुमला : सुना है, चूड़ामन जाट तो हर माह मुलाक़ात के लिए आता है।

ख़्वाज़ा आसिम : हिन्दुओं के साथ मिल-जुल कर कुछ ख़तरनाक क़िस्म की खिचड़ी पकायी जा रही है आलमपनाह!

मीर जुमला : *(मुस्कान से)* चौकड़ी का चौथा हिस्सा था बन्दा बैरागी, सो बरसों की जद्दोजेहद के बाद उसका हिसाब तो आपने चुका दिया।

फ़र्रुख़सियर : *(अपने-आप पर फ़िदा होने के अन्दाज़ में)* अब किसका हिसाब चुकाना बाक़ी है?

(अब्दुल्ला ख़ाँ का प्रवेश। तीनों उसे देख कर आशंकित हो जाते हैं।)

फ़र्रुख़सियर : *(गर्मजोशी के अभिनय से)* ख़ुशाम्दीद—*(मीर जुमला वा ख़्वाज़ा आसिम को देखता है)* यकायक ही? *(फिर अब्दुल्ला को देखते हुए फीकी हँसी से)* हाँ तो, कैसा रहा आपका सफ़र?

अब्दुल्ला ख़ाँ : कड़ी धूप, टेढ़े रास्ते, उल्टी हवाएँ। वो महज़ हमारा जुनून था, जो मंज़िल तक पहुँचाता रहा।

मीर जुमला : *(कमज़ोर मुस्कान से)* जुनून भी बड़ी दिलचस्प शै है।

ख़्वाज़ा आसिम : *(वैसे ही)* मंज़िल तक पहुँचा ही देती है।

अब्दुल्ला ख़ाँ : *(स्थिर दृष्टि से तीनों को देखते हुए)* बेशक। वो जुनून ही था, जिसने बन्दा बैरागी को उसकी मंज़िले-मक़सूद तक पहुँचाया।

(फ़र्रुख़सियर सिटपिटा जाता है; मीर जुमला वा ख़्वाज़ा आसिम नीचे देखने लगते हैं।)

अब्दुल्ला ख़ाँ : *(सख़्ती से)* जाने से पेश्तर अर्ज़ किया था कि मेरी ग़ैरहाज़िरी में सियासत से वाबस्ता कोई अहम फ़ैसला नहीं किया जाएगा।

फ़र्रुख़सियर : *(बनावटी ताज्जुब से)* यह कौन-सा अहम फ़ैसला था?

अब्दुल्ला ख़ाँ : सिक्खों के मज़हबी रहनुमा का क़त्ल मामूली कारगुज़ारी है?

फ़र्रुख़सियर : सिक्खों ने मुग़लों के साथ लम्बी लड़ाई लड़ी है।

मीर जुमला : तमाम अमीरों की भी यही राय थी।

अब्दुल्ला ख़ाँ : *(तीनों को तीखी नज़र से देखता है)* इन्द्र कुँवर को कलमा पढ़वाने की सलाह किसने दी?

ख़्वाज़ा आसिम : *(कमज़ोर सुर में)* यही तो दस्तूर है।

अब्दुल्ला ख़ाँ : *(नाराज़गी से)* जोधाबाई ने इस्लाम क़ुबूल किया था?

(पल भर को तीनों सिटपिटा जाते हैं।)

मीर जुमला : अजीत सिंह जब निकाह के वास्ते राज़ी हो गये थे, तो मज़हब की तब्दीली उनके लिए क्या मानी रखती है?

अब्दुल्ला ख़ाँ : वो मेरे लिए मानी रखती है ख़्वाज़ा आसिम, जिसके वो मासूम सुपुर्द की गयी थी। मैं अजीत सिंह के सामने जवाबदेह हूँ; मैं उस कमसिन के सामने क़ुसूरवार हूँ।

फ़र्रुख़सियर : जिस मज़हब की हुकूमत होती है, वो उसकी अफ़ज़ायश की कोशिश करता है।

अब्दुल्ला ख़ाँ : हमने हुकूमत सल्तनत को पुख़्ता और ख़ुशहाल बनाने के लिए सँभाली है, इस्लाम की अफ़ज़ायश के लिए नहीं।

फ़र्रुख़सियर : इस्लाम की अफ़ज़ायश सल्तनत की पुख़्तगी का बाइस[106] होगी।

अब्दुल्ला ख़ाँ : *(सख़्ती से)* नहीं, सल्तनत की पुख़्तगी का बाइस होगी मज़हबी रवादारी। *(फ़र्रुख़सियर को ख़ूनी नज़र से देखता है)* आपने जज़िया फिर से लागू क्यों किया?

फ़र्रुख़सियर : हमारे दीवाने-तनो-ख़ालिसा इनायत ख़ाँ काश्मीरी मक्काशरीफ़ का ख़त लाये, जिसमें कहा गया था कि काफ़िरों पर जज़िया लगाना लाज़िमी है।

अब्दुल्ला ख़ाँ : *(भड़क जाता है)* औरंगज़ेब के ख़ून से सरफ़राज़ हैं आप और हर मोर्चे पर उनकी शिकस्त से आपने सीखा कुछ नहीं? आधी सदी की बादशाहत में सल्तनत की सरहदें बढ़ा लेने के बावजूद मुल्क़ को दहकती भट्टी में झोंक कर और ख़ुद भी सरापा[107] झुलसते हुए किस तरह गये आलमगीर ज़िन्दा पीर? छब्बीस बरस मराठों से बेख़ात्मा जंग लड़ते हुए तवारीख़ का लतीफ़ा बन कर!

ख़्वाज़ा आसिम : *(शिकायत के सुर में फ़र्रुख़सियर से)* तवारीख़े-मुग़लिया की बेहुरमती हुई है ज़िल्ले-सुब्हानी!

अब्दुल्ला ख़ाँ : *(अफ़सोस के सुर में)* न औरंगज़ेब ने तवारीख़ से कुछ सीखा; न आपने। दारा शिकोह ने सीखा था। तभी उनका हिमायती था हमारा ख़ानदान! उस सबक़ का एहतराम बुलन्द इक़बाल ने अपनी कटी गर्दन से किया और हरावल की पहली क़तार वाले सैयदों ने अपने ख़ून की गंगो-जमन से!

(फ़र्रुख़सियर अब्दुल्ला के तेवर देख रहा है।)

मीर जुमला : तब फिर औरंगज़ेब की मुलाज़िमत क्यों मन्ज़ूर की आपने?

अब्दुल्ला ख़ाँ : बरसों की नाराज़गी के बाद उन्होंने झक मार कर जब दूसरी बार हमसे मनसब .कुबूल करने का इसरार किया, तब दरबारे-दिल्ली की जानिब देखा था हमने।

फ़र्रुख़सियर : हम मज़हबी रवादारी के क़ायल नहीं। .कुरानो-हदीस[108] के मुताबिक़ हमारा यह फ़र्ज़ है कि अल्लाह के कलाम को जहाँ तक मुमकिन है, वुसअत[109] दें।

अब्दुल्ला ख़ाँ : यह मज़हब का फ़र्ज़ है, हुकूमत का नहीं।

(बादशाह बेगम का संवाद बोलते हुए प्रवेश।)

बादशाह बेगम : निज़ामे-शरिया[110] इनमें फ़र्क़ नहीं करता।

अब्दुल्ला ख़ाँ : निजामे-हिन्दुस्तान करता है।

बादशाह बेगम : आप कहना चाहते हैं कि आप कलामे-पाक के पाबन्द नहीं?

अब्दुल्ला ख़ाँ : उससे पेशतर हम अपने अक़ीदे[111] के पाबन्द हैं, अपने ख़्वाब के।

बादशाह बेगम : आपका ख़्वाब ख़ून को दावतनामा है।

अब्दुल्ला ख़ाँ : अब देखना ये है कि वो ख़ून हमारा होगा या आपका—

(अब्दुल्ला का प्रस्थान। बादशाह बेगम उस ओर देख रही है।)

बादशाह बेगम : ख़्वाब जिसका है, ख़ून भी उसी का ही होना चाहिए।

(फ़र्रुख़सियर, मीर जुमला एवं ख़्वाजा आसिम बादशाह बेगम की तरफ़ देखते हैं।)

(अँधेरा।)

दृश्य–12

अब्दुल्ला की हवेली। दिन।

(अब्दुल्ला, हुसैन अली और बानो साथ हैं।)

अब्दुल्ला ख़ाँ : फ़र्रुख़सियर ने दग़ा किया। अजीत सिंह के सामने हम शर्मिन्दा हो गये।

हुसैन अली : इन्द्र कुँवर की तब्दीलि–ए–मज़हब को अब हमें दरगुज़र कर देना चाहिए।

बानो : मुसलमानों की हिमायत दरकार है हमें।

अब्दुल्ला ख़ाँ : हम अकबरे–आज़म की रविश पर चलेंगे; सियासतो–निज़ाम में मज़हब के इस्तेमाल से गुरेज़ करेंगे।

हुसैन अली : वो बादशाह थे; हम नहीं। उन्हें चुनौती देने के लिए दरबार में मुख़्तलिफ़ खेमे भी नहीं थे।

अब्दुल्ला ख़ाँ : हम इतना अहम समझौता नहीं करेंगे।

हुसैन अली : अपनी हैसियत बचाने के लिए लोग क्या नहीं करते?

अब्दुल्ला ख़ाँ : अगर हम वही करेंगे, तो और भी जल्दी तबाह होंगे।

बानो : दिल्ली आने से पेश्तर हम पिछड़े सूबों में निज़ाम के छोटे–छोटे झंडाबरदार थे; आज तख़्तगाह[112] में मरक़ज़े–निज़ाम[113] हैं।

अब्दुल्ला ख़ाँ : ताक़त का इस्तेमाल बड़े मक़सद के लिए कर रहे हैं हम। तभी सल्तनत के मुख़्तलिफ़ हिस्सों से हमें हिमायत मिल रही है।

हुसैन अली : जब हम सलामत रहेंगे, तभी तो पूरा होगा बड़ा मक़सद!

बानो : और सलामती की ख़ातिर समझौते करने पड़ते हैं।

अब्दुल्ला ख़ाँ : यह निहायत बुनियादी समझौता है। मत भूलो कि हमें औरंगज़ेब के ज़रिए आधी सदी सताई गयी अक्सरियत को साथ लेकर चलना है।

बानो : हम वैसा कर सकें, इसके लिए हमें दिल्ली दरबार में अपने पाँवों के नीचे ज़मीन चाहिए।

हुसैन अली : बुनियादी से वाबस्ता आपकी ये ज़िद हमारे पाँवों के नीचे से ज़मीन खिसका रही है।

बानो : हमारे खेमे का कोई बड़ा उमरा बुतपरस्तों[114] की ख़ातिर इतना बड़ा ख़तरा उठाने को राज़ी नहीं।

हुसैन अली : अकबरे-आज़म अपने वक़्त से चन्द सदियाँ आगे थे। हमको हमसफ़र ऐसे मिले हैं, जो हमें चन्द सदियाँ पीछे घसीटे जा रहे हैं।

अब्दुल्ला ख़ाँ : तुम दोनों मनसबो-ओहदे से चिपकने वालों की ज़ुबान बोल रहे हो।

हुसैन अली : हमें दिल्ली दरबार में अपनी ताक़त बढ़ाना है, घटाना नहीं।

अब्दुल्ला ख़ाँ : *(नाराज़गी से)* तुम पर ताक़त की ख़ुमारी चढ़ गयी है हुसैन! सड़क पर तुम्हारी सवारी के आगे नक़्क़ारा गूँजता है; दीवाने-ख़ास में तुम्हारी आमद पर नौबत बजती है; बहूबेगम शाही पनाहगाह में जाती हैं; तुम डंके की चोट शाही किरमिजी रंग का तम्बू लगाते हो और अपने मुसाहिबों के साथ शेर का शिकार करते हो[115]!

हुसैन अली : *(मुस्कुराता है)* बजाय इसके कि हम बादशाह से शेर के शिकार की इजाज़त लें, हमने उनके शिकार करने पर पाबन्दी लगा दी!

अब्दुल्ला ख़ाँ : *(कुढ़ जाता है)* तुम्हारी अदाएँ देख कर उमरा के कलेजों से धुआँ निकल रहा है।

हुसैन अली : जो चूँ-चपड़ करेगा, उसे उसकी औक़ात दिखा देंगे।

अब्दुल्ला ख़ाँ : ज़्यादा मत उड़ो हुसैन! दिल्ली दरबार पलक झपकते हमें हमारी औक़ात दिखा देगा।

हुसैन अली : दिल्ली दरबार दिखाये या नहीं, पर आप मुझे मेरी औक़ात ज़रूर दिखा रहे हैं।

बानो : मीर जाफ़र की इस हवेली को आपने अपनी रिहाइश क्यों बनाया, जबकि आपको मालूम था कि ये हमारी पहली पसन्द है?

(अब्दुल्ला ख़ाँ चौंकता है।)

अब्दुल्ला ख़ाँ : *(पुकारता है)* रतन चन्द!

(रतन चन्द का प्रवेश)

रतन चन्द : *(बानो से)* आपकी पसन्द मैंने सैयद मियाँ से छिपा ली थी—इस हवेली में छिपे ख़ज़ाने की अफ़वाह सुन कर—

अब्दुल्ला ख़ाँ : *(रतन चन्द से भर्त्सना के सुर में)* रतन चन्द!

(रतन चन्द सर झुका लेता है।)

अब्दुल्ला ख़ाँ : *(बानो से)* तुम ये हवेली ले लो।

बानो : अब नहीं।

हुसैन अली : इजारे पर ख़ालिसा तक की ज़मीन देकर रतन चन्द के साथ आप ख़ूब चाँदी काट रहे हैं।

अब्दुल्ला ख़ाँ : *(रतन चन्द को आरोपी दृष्टि से देखता है)* ये क्या हो रहा है रतन चन्द?

रतन चन्द : कुछ दिन किया था। फिर बन्द कर दिया।

अब्दुल्ला ख़ाँ : कुछ दिन क्यों किया था?

रतन चन्द : पैसे के लालच में—और किसलिए?

हुसैन अली : बन्द नहीं किया है।

रतन चन्द : कर दिया है। नूरे इलाही को आपके कान भरने के सिवा और कोई काम नहीं।

हुसैन अली : आप पर निगाह रखने के लिए ही हमने बुलाया है उसे—

अब्दुल्ला ख़ाँ : हम एक-दूसरे के ऊपर ऐसी निगहबानी करेंगे, तो बड़ी मुश्किल हो जाएगी।

हुसैन अली : और मुझे मेरा हिस्सा नहीं मिलेगा, तो कोई मुश्किल नहीं?

बानो : थून क़िले की लम्बी घेराबन्दी के बाद चूड़ामन जाट ने मुग़ल सिपहसालार जय सिंह को किनारे कर सीधे आपसे क़रार किया, तो घेराबन्दी हट गयी।

हुसैन अली : चूड़ामन ने निज़ाम को तीस और वज़ीरे-आला को बीस लाख पेशकश दी।

अब्दुल्ला ख़ाँ : वो सब हमने बेहतरतीन हथियारों में लगा दिया।

हुसैन अली : सब नहीं लग सकता। हमने हथियार देखे हैं।

अब्दुल्ला ख़ाँ : रतन चन्द, बीस लाख लाकर दे दो।

हुसैन अली : अब तो उसका दोगुना भी नहीं लूँगा।

रतन चन्द : क्या बोले जा रहे हैं छोटे सैयद?

बानो : अपनी हिक्मते-अमली का ख़ुलासा करते हुए आपने फ़र्माया था कि जब बादशाहत कमज़ोर है और विज़ारत मज़बूत, तो

दरबार के मुख़्तलिफ़ खेमों के बीच अपनी हैसियत पुख़्ता करना लाज़िमी है।

हुसैन अली : हमको दरकिनार करते हुए आप यही कारनामा अन्जाम दे रहे हैं।

अब्दुल्ला ख़ाँ : तुम्हारी क़ीमत पर कुछ नहीं किया।

हुसैन अली : हमें आपकी बारीक़ निगाही का एहसास तब हुआ, जब इस दायरा-ए-दोस्ती ने तूरानियों वा ईरानियों के आगे फैलते हुए मराठों, राजपूतों और जाटों को भी बाँहों में भर लिया। अपने उमरा बनाने के बाद अब अगली पायदान आपका अपना दरबार होगा।

रतन चन्द : कौन-से दरबार का रोना रो रहे हैं छोटे सैयद? जयसिंह को सूबेदारी आप दोनों ने इनायत की थी, लेकिन वो आप दोनों से किनारा कर रहे हैं। अतीत सिंह कटे-कटे हैं, क्योंकि इन्द्र कुँवर की डोली कोई रँग नहीं दिखा पायी। आमेर की सरहद पर अपनी जागीर बढ़ाने को बेताब चूड़ामन जाट कभी भी हमारी तरफ से मुँह फेर सकते हैं।

अब्दुल्ला ख़ाँ : बाजीराव के साथ आलम अली के ज़रिए तुम अलबत्ता अपनी अलग खिचड़ी पका रहे हो।

हुसैन अली : मराठों से राब्ते[118] का एक ही मक़सद है—चीनकुलीच की लगाम कसे रखना।

अब्दुल्ला ख़ाँ : अपनी कच्ची साज़िशों से तुमने महज़ इतना हासिल किया कि उस दाना को हमसे बदगुमाँ कर दिया। आलम और दिलावर तुम्हारे कानों में क्या कुफ्र फूँकते रहते हैं, या तो ख़ुदा जानता है या तुम।

हुसैन अली : *(नाराज़ होकर)* हमारे वफ़ादारों पर इल्ज़ाम मत लगाइए खुदारा—

अब्दुल्ला ख़ाँ : उन पर इतना यक़ीन मत करो।

बानो : *(तिनक कर)* आप रतन चन्द पर नहीं करते?

रतन चन्द : *(आवेग से)* रतन चन्द की मंशा आप दोनों के बीच दरार पैदा करने की नहीं। चूँकि वो जानता है कि दुश्मन आप दोनों को बाद में छुएँगे, पहले उसकी गर्दन काट दी जाएगी।

(सब चौंक कर उसे देख रहे हैं।)

रतन चन्द : सैयद बिरादरान, ज़ुल्फ़िक़ार के क़त्ल की वजह से ईरानी खेमा हमसे कटा-कटा है, जबकि तूरानी मानते हैं कि खेमा-ए-अव्वल बनने के उनके रास्ते में *(अब्दुल्ला और हुसैन अली*

की तरफ़ इशारे के साथ) दो शेख़जाद घुसपैठियों की रुकावट है, जिन्हें कुचले बग़ैर वो दरबारे-मुग़लिया की नयी तवारीख़ नहीं लिख सकते। आज की तारीख़ में दिल्ली दरबार में ताक़त के सभी हत्थों पर आप दोनों के हाथ हैं और आप दोनों एक साथ हैं; इसीलिए दुश्मन के हाथ का ख़ंजर *(हवा में थमे ख़ंजर का मूकाभिनय करते हुए)* हवा में थमा हुआ है। अब फ़ैसला आप दोनों कर लें।

(अब्दुल्ला और हुसैन अली की नज़र मिली है। बानो एवं रतन चन्द दोनों को देख रहे हैं। अँधेरा।)

दृश्य–13

लाल क़िला। रात।

(इन्द्र कुँवर सर पर गगरी रखे गणगौर का गाना गा रही है। फ़र्रुख़सियर का प्रवेश। कुछ पल देखता है।)

फ़र्रुख़सियर : (नापसन्दगी से) ये क्या हो रहा है?

इन्द्र कुँवर : गनगौर की पूजा—

फ़र्रुख़सियर : अभी भी?

इन्द्र कुँवर : अगर हमें ये बताया जाता कि हमारा नाम बदला जाएगा, तो दिल्ली कभी नहीं आते हम।

(एक पल दोनों की नज़र मिली रहती है; इन्द्र कुँवर जाती है। फ़र्रुख़सियर उस ओर देख रहा है। बादशाह बेगम का प्रवेश।)

बादशाह बेगम : दादी अम्माँ की सैयदों के साथ कुछ साठ–गाँठ चल रही है।

फ़र्रुख़सियर : *(चौंकता है)* अच्छा?

बादशाह बेगम : सलीमगढ़ में जो शहज़ादे क़ैद हैं, उनका जायज़ा लिया जा रहा है।

फ़र्रुख़सियर : जंगे–विरासत में सैयदों से मदद माँगना बहुत महँगा पड़ा हमें।

बादशाह बेगम : औरंगज़ेब तक विज़ारत काबिल, तजुर्बेकार, और बादशाह के भरोसेमंद को दी जाती थी। बहादुर शाह अव्वल के दौर से माली वा फ़ौजी ताक़त वाले जिस अमीर ने जंगे–विरासत में शहज़ादे की सबसे ज़्यादा मदद की, तख़्तो–ताज हासिल होने पर अपने हक़ की मानिन्द विज़ारत पर दावेदारी दिखा दी। मुनईम ख़ाँ, ज़ुल्फ़िक़ार, और अब्दुल्ला इसी तरह बादशाहत के इख़्तियार पर दबाव बनाते हुए विज़ारत तक पहुँचे। जो ओहदा

पहले दीवानी वा निज़ामी ज़िम्मेदारियों तक महदूद था, अब सियासी वा फ़ौजी सूरत ले चुका।

फ़र्रुख़सियर : हुसैन अली दकन की नामौजूद सूबेदारी चाहते हैं।

बादशाह बेगम : मीर जुमला को आप बंगाल में ऐसी ही छूट दे चुके हैं। अब हुसैन अली को अगर आप इन्कार करेंगे भी, तो वो मानेंगे क्यों?

फ़र्रुख़सियर : तवारीख़ फिर अपने को दुहरा रही है। विज़ारत, मीर बख़्शी और सूबेदारे-दकन—निज़ाम के सबसे बुलन्द तीन ओहदे असद-ज़ुल्फ़िक़ार बाप-बेटे के हाथ में आने पर जैसे बहादुर शाह की नींद उड़ गयी थी, अब हमारा भी वही हाल हो रहा है।

बादशाह बेगम : हमने चौथ वा सरदेशमुखी के एकमुश्त भुगतान की पेशकश के साथ मराठों की जानिब दोस्ती का हाथ बढ़ाया था; हुसैन अली ने नामन्ज़ूर कर दिया।

फ़र्रुख़सियर : हुसैन अली नहीं रहेंगे, तो अब्दुल्ला की ताक़त आधी रह जाएगी।

बादशाह बेगम : हमने इसी मक़सद से शाहू वा मराठा ज़मींदारों को ख़त लिखे; बीजापुर, हैदराबाद, और कर्नाटक के दीवानों तक से मुख़ातिब हुए, पर मुराद पूरी नहीं हुई। *(बेचैनी से)* हुसैन अली पर हमला करें, तो कहाँ? और कैसे?

फ़र्रुख़सियर : क़िला-ए-मुअल्ला में ख़ूंरेज़ी[118] मुनासिब नहीं।

बादशाह बेगम : मुमकिन भी नहीं। पहरेदार से क़िलेदार तक सब बारहा सैयद भरे हुए हैं। दाऊद ख़ाँ पन्नी को हुसैन अली के क़त्ल का लालच दिया, पर वो कुछ कर नहीं सके। अमीन ख़ाँ कहते कुछ और हैं; करते कुछ और हैं। सैयदों को ठिकाने लगाने के लिए अब मुहम्मद मुराद काश्मीरी और सरबुलन्द ख़ाँ का सहारा ले रहे हैं, गो कि दिल बुरी तरह धड़क रहा है।

फ़र्रुख़सियर : कहीं ऐसा न हो कि सैयदों से पीछा छूटे, तो इनके शिकंजे में फँस जाएँ।

(मीर जुमला औ ख़्वाज़ा आसिम का प्रवेश।)

मीर जुमला : ग़ज़ब की ख़बर है शहज़ादी साहिबा!

ख़्वाज़ा आसिम : इससे पहले कि कोतवाल भी सैयद ही बनाया जाय, कल देर रात हमने नूरे इलाही की साँस तोड़ने में कामयाबी पा ही ली।

बादशाह बेगम : बहुत ख़ूब—

मीर जुमला : अपने कोतवाल ने लाश को रतन चन्द के साथ जोड़ने के लिए नायाब तरक़ीब सोची है—

(फुसफुसा कर बताता है। बादशाह बेगम और फ़र्रुख़सियर मुस्कुराते हैं। अज़ीउद्दीन और हुमायूँ बख़्त का बेताबी से भाईजान! भाईजान! पुकारते हुए प्रवेश।)

फ़र्रुख़सियर : *(ख़ुश हो जाता है।)* अरे, तुम दोनों कैसे छूटे सलीमगढ़ से?

(साहिबा निस्वां सामने आती है।)

साहिबा निस्वाँ : सैयदों से हमने रिहाई की मन्ज़ूरी ले ली।

(फ़र्रुख़सियर बहुत चिन्तित हो जाता है; बादशाह बेगम से नज़र मिलती है।)

अज़ीउद्दीन : *(उमंग से)* आइए भाईजान, आँखमिचोली खेलें!

हुमायूँ बख़्त : *(वैसे ही)* ताज़ा कर लें बचपन की यादें—

(फ़र्रुख़सियर संजीदा ढँग से हामी में सर हिलाता है।)

अज़ीउद्दीन : पतंग उड़ाएँगे हुमायूँ बख़्त!

हुमायूँ बख़्त : फिर चौसर खेलेंगे।

अज़ीउद्दीन : पहले आँखमिचोली। चलो, पट्टी बाँधें—

हुमायूँ बख़्त : आइए-आइए—

(दोनों अन्दर जाते हैं। फ़र्रुख़सियर मीर जुमला एवं ख़्वाज़ा आसिम को संकेत करता है; दोनों शहज़ादों के पीछे जाते हैं।)

बादशाह बेगम : तो अज़ीउद्दीन और हुमायूँ बख़्त के घोड़े दौड़ा कर आपने बादशाह को शह दे दी?

साहिबा निस्वां : तुम एक घर चल कर बचा लो।

बादशाह बेगम : आपका वज़ीर कैसे चलेगा? सीधा या टेढ़ा?

साहिबा निस्वाँ : कैसे भी चले, मात तो बादशाह की होगी ही।

बादशाह बेगम : पर अगली पारी में फिर बादशाह चाहिए।

साहिबा निस्वाँ : मुहरा कोई-न-कोई मिल ही जाएगा।

बादशाह बेगम : अगर आप हमारे उम्मीदवार की ख़ातिर हाथ मिला लें, तो हम दोनों की परेशानी बचेगी।

साहिबा निस्वाँ : तुम्हारी जद्दोजेहद रौशन अख़्तर के लिए है?

बादशाह बेगम : हाँ।

साहिबा निस्वाँ : हम ग़ौर करेंगे।

(फ़र्रुख़सियर से नज़र मिलती है; दोनों का भाव सख़्त।

साहिबा निस्वाँ जाती है। शहज़ादों की पुकारें सुनाई दे रही हैं।—छिप जाओ, भागो, हम यहाँआँआँ हैंऐंऐंऐं। हुमायूँ बख़्त आँखों पर पट्टी बाँधे और अज़ीउद्दीन उससे बचते हुए आता है।)

हुमायूँ बख़्त : *(बाँहें फैलाए टटोलता हुआ)* भाईजान, कहाँ हैं आप?

फ़र्रुख़सियर : *(सधी आवाज़ में)* यहाँ—

हुमायूँ बख़्त : *(ग़लत दिशा में कुछ क़दम चलते हुए)* अज़ीउद्दीन, कहाँ हो तुम?

अज़ीउद्दीन : *(बाँहे फैलाए दौड़ कर पास आते हुए)* तुम्हारे पास—*(फ़ौरन दूर भाग जाता है)* और बहुत दूर—*(एक चक्कर खाता है)* कितनी खुली है ये जगह। यहाँ नज़र को रोकने वाली कोई दीवार नहीं। इस वुसअत में परिन्दों की तरह उड़ो, मछलियों की तरह तैरो—

(हुमायूँ बख़्त फ़र्रुख़सियर को छू लेता है; फ़ौरन पट्टी हटाता है।)

हुमायूँ बख़्त : *(उमंग से)* पकड़े गये! भाईजान पकड़े गये!

(हुमायूँ बख़्त अपनी पट्टी उतार कर फ़र्रुख़सियर की आँखों पर बाँधता है।)

अज़ीउद्दीन : अब आपकी बारी है भाईजान!

हुमायूँ बख़्त : छूकर दिखाइए ज़रा!

(फ़र्रुख़सियर एकाध क़दम चलता है। अज़ीउद्दीन और हुमायूँ बख़्त खम्भे या किसी दीवार के पीछे छिपते हैं। दो पल बाद उनकी ऊँची चीख़ सुनाई देती है।)

हुमायूँ बख़्त : भाईजान!

अज़ीउद्दीन : मेरी आँखें—

(छिपने वाली जगह के पीछे से जलती सलाखें लिये मीर जुमला वा ख़्वाज़ा आसिम निकलते हैं। अगले संवाद के बीच दोनों का प्रस्थान। बादशाह बेगम भावहीन देख रही है। फ़र्रुख़सियर आगे बढ़ हुमायूँ बख़्त और अज़ीउद्दीन को एक-एक बाँह में ले लेता है।)

फ़र्रुख़सियर : *(रुँधी आवाज़ में)* हुमायूँ बख़्त! अज़ीउद्दीन! यक़ीन कर सकते हो तो करो कि इस लम्हें मेरे दिल की गहराइयों की हक़ीक़त नुमायाँ है। एहसास है मुझे कि कितना दवामी है वो रिश्ता,

जो एक ही माँ-बाप की औलाद होने पर वजूद में आता
बरहमेश ये ख़्वाब देखा है मैंने कि ख़ानदाने-बाबर की रिवाय
के ख़िलाफ़ ये रिश्ता मेरे सर-आँखों पर रहे, लेकिन मैं ये बर्दाश
नहीं कर सकता कि तुम नादानों में से कोई दुश्मन के हा
का नामुराद मुहरा बन जाय। *(ऊँची आवाज़ में)* अपने ख़्वा
का ढोल पीटने वाले सैयद! तुमने भी एक मासूम ख़्वाब तो
है। अगर मेरे दिल में सैयदों के वास्ते समुन्दर जैसी बेपना
नफ़रत सच्ची हो, तो मेरी बद्दुआ कुबूल हो यारब! जैसे आ
नस्ले-तैमूरी का भाई-भाई से जुदा हुआ है, वैसे ही सैयद
हों!

(अँधेरा।)

दृश्य–14

दिल्ली में एक खंडहर। रात।

(प्रकाश होता है। अब्दुल्ला ख़ाँ और साहिबा निस्वाँ साथ हैं। साहिबा के चेहरे पर छोटा-सा नक़ाब। अब्दुल्ला के साथ प्रेम-लीला के बीच नक़ाब हाथ में ले लेती है।)

साहिबा निस्वाँ : बादशाह ने पहले यह साज़िश रची कि हुसैन अली को नामौजूद कर दिया जाय। कारगर नहीं हुई। तो अब साज़िश यह है कि जश्ने-नौरोज़ पर नये ख़िताब के साथ आपको ख़िलअत पेश की जाय, जो ज़हर में बुझी होगी।

अब्दुल्ला ख़ाँ : *(हल्की मुस्कान से)* जो सियासते-दिल्ली के ज़हर का मारा है, उस पर ख़िलअत का ज़हर क्या असर करेगा?

साहिबा निस्वाँ : हुकूमत का ये कैसा नशा है, जो आदमी के ख़ून में ज़ज्ब होकर उसकी तासीर ही बदल देता है। *(अब्दुल्ला को मीठी नज़र से देखती है)* आपके ख़ून ने अपनी फ़ितरत क्यों नहीं बदली?

अब्दुल्ला ख़ाँ : बदली तो है। *(पादशाह की ओर इशारे के साथ मुस्कान से)* ख़तरे झेलने का हौसला और बढ़ गया है। पर हमारी सलामती से आपका सरोकार कैसे हो गया?

साहिबा निस्वाँ : हम आपके हौसले के मुरीद हैं। छोटी-सी मनसबदारी से विज़ारत तक की परवाज़—और वो भी अपने पसमंज़र की मजबूरी और दिल्ली दरबार में मुख़ालिफ़ नस्ली खेमों के बावजूद। *(मुस्कान से)* ऐसा जुनून कहाँ देखने में आता है! और फिर आपका नज़रे-शौक़—*(हाथ बढ़ाती है)* हम अर्से से आपके तलबगार हैं।

अब्दुल्ला ख़ाँ : *(अपने हाथ बढ़ाता है)* हम अपने लिए कम, अपने ख़्वाब के लिए ज़्यादा जीते हैं।

साहिबा निस्वाँ : *(उसके हाथ थाम लेती है)* हमें हमख़्वाब समझो।

अब्दुल्ला ख़ाँ : नींद से भरी आपकी आँखें हमारे ख़्वाब की ताब नहीं ला सकतीं।

साहिबा निस्वाँ : नींद नसीब किसको है? वैसे भी आपके ख़्वाब की ताब लाना हुसैन अली के लिए भी दुश्वार होता जा रहा है और बादशाह के लिए भी।

अब्दुल्ला ख़ाँ : दोनों की अपनी हदें हैं।

साहिबा निस्वाँ : पर वो तुम्हारी हदें बनती जा रही हैं।

अब्दुल्ला ख़ाँ : इन्हीं मुश्किलों से रास्ता निकालना होगा। जुमला और आसिम को दिल्ली से दूर भेज दिया जाय, तो फ़र्रुख़सियर की छिछली जालसाज़ियों से भी निजात मिल जाएगी।

साहिबा निस्वाँ : दरबारे-दिल्ली की फ़िज़ा ऐसी है कि जुमला-आसिम का दूसरा जोड़ा नमूदार होने में देर नहीं लगेगी। अगर बादशाहत की क़ुदरत बदलना है, तो बादशाह को ही बदलना होगा। जहाँमुराद शाह के बारे में क्या ख़याल है?

अब्दुल्ला ख़ाँ : समझदार शहज़ादे हैं, लेकिन हर चीज़ के बारे में अपनी राय रखते हैं।

साहिबा निस्वाँ : शहज़ादे रौशन अख़्तर से क्यों बदगुमाँ हो?

अब्दुल्ला ख़ाँ : बिक्रमजीत हज़रत से वाक़िफ़ हैं?

साहिबा निस्वाँ : दारा शिकोह के क़रीबी?

अब्दुल्ला ख़ाँ : *(हामी में सर हिलाते हुए)* उन्होंने मेरी जनमकुंडली देख कर कहा था, किसी भी रौशन ग्रह से दूर रहना। जलता हुआ सूरज वैसे भी बुरा सगुन माना जाता है। साथ ही यह भी तल्ख़ हक़ीक़त है कि हर नया बादशाह अपने साथ मुश्किलों का नया ताम-झाम लेकर आता है। हमें सिर्फ़ मुहर दरकार है। तो जो बादशाह नसीब है अभी, उसी से काम चलाना होगा।

साहिबा निस्वाँ : रिश्ता-ए-ख़ून को भी झेलेंगे?

अब्दुल्ला ख़ाँ : *(मज़बूती से)* बेशक। हमारा ख़ानदान तैमूरी नहीं।

साहिबा निस्वाँ : *(चुनौती के सुर में)* जानते हो, हुसैन अली अपना ज़ाती खेमा बनाने में जुटे हैं?

अब्दुल्ला ख़ाँ : हाँ।

साहिबा निस्वाँ : साथ ही बेनकेल साँड जैसा तौर-तरीक़ा इख़्तियार कर अपने मुख़ालिफ़ों में लगातार इज़ाफ़ा कर रहे हैं?

अब्दुल्ला ख़ाँ : हम दोनों भाइयों को एक-दूसरे की कमियों का नुक़सान झेलना होगा, लेकिन हरमसरा में रहते हुए अब आपको हुकूमत से किस चीज़ की तलब है?

साहिबा निस्वाँ : *(मुस्कान से)* हिस्सेदारी बज़ाते-ख़ुद नशा है—

(हुसैन अली का संवाद बोलते हुए प्रवेश। वह रतन चन्द को दबोचे साथ लाया है।)

हुसैन अली : *(मानीभरी मुस्कान से)* लेकिन ज़हरीला—

अब्दुल्ला ख़ाँ : *(चौंक कर)* यहाँ कैसे पहुँचे तुम?

हुसैन अली : नूरे इलाही की लाश बेज़ुबान थी, *(रतन चन्द की कटार दिखाते हुए)* लेकिन इस कटार की पहचान ज़ुबान बन गयी।

रतन चन्द : मेरा ईश्वर जानता है, मैं बेगुनाह हूँ। अगर मुझे ऐसा करना होता, तो दूसरी कटार जुटाने में क्या मुश्किल थी?

हुसैन अली : मैंने किसी क़ातिल को गुनाह क़ुबूल करते नहीं देखा।

अब्दुल्ला ख़ाँ : इस क़त्ल के पीछे अगर किसी की साज़िश हो सकती है, तो वो हैं फ़र्रुख़सियर—

(आलम अली और दिलावर फ़र्रुख़सियर को लिये आते हैं। उसके मुँह पर पट्टी बँधी है।)

साहिबा निस्वाँ : *(फ़र्रुख़सियर से)* तुम्हारा यही अन्जाम होना था।

(जाती है।)

हुसैन अली : जहाँपनाह ने मेरा क़त्ल करने के लिए पहले दाऊद ख़ाँ पन्नी को तैनाद किया। वो नाकामयाब रहे, तो अमीन ख़ाँ को ठेका दिया कि दोनों भाइयों की नामौजूदी का सिला विज़ारत है!

अब्दुल्ला ख़ाँ : हमें मालूम है।

हुसैन अली : *(नाराज़गी से)* तो हमें बताया क्यों नहीं?

अब्दुल्ला ख़ाँ : हमें तख़्त पर एक बादशाह चाहिए।

हुसैन अली : बेशक; पर अब वो दूसरा होगा।

अब्दुल्ला ख़ाँ : नहीं।

हुसैन अली : एक और ताजपोशी का मुहूरत आ गया!

अब्दुल्ला ख़ाँ : *(और ज़ोर देते हुए)* नहीं हुसैन!

हुसैन अली : *(सख़्ती से)* लाल क़िले पर बतौर मातम काले पर्दे लटकाने की घड़ी भी आ गयी![119]

अब्दुल्ला ख़ाँ : पूरी सल्तनत ग़ैरवफ़ादार मानेगी हमें—

हुसैन अली : वफ़ादारी के साथ ख़ुद अपने-आप को भी निसार कर दिया

था हमने, *(फ़र्रुख़सियर की ओर इशारे के साथ)* पर ये इस क़ाबिल ही नहीं थे।

अब्दुल्ला ख़ाँ : *(समझाने के सुर में)* एक बार माफ़ कर दो। अब ये महज़ शाही मुहर बन कर जिएँगे। क्यों जहाँपनाह?

(बोलने से विवश फ़र्रुख़सियर गहन तनाव से बार-बार हामी में सिर हिलाता है।)

हुसैन अली : *(ज़ोर देते हुए)* मुझे दूसरी मुहर चाहिए। *(एक-एक उँगली पर गिनाते हुए)* पहले इन्होंने मीर जुमला को शाही फ़रमानों पर दस्तख़त का इख़्तियार दिया, फिर जुमला और आसिम की फ़ौजी ताक़त बढ़ाते गये, फिर जय सिंह को हमसे फोड़ कर अपने साथ जोड़ लिया, फिर हमारी मर्ज़ी के ख़िलाफ़ इनायतुल्ला काश्मीरी को दीवानो-तनो-ख़ालिसा जैसे नाज़ुक ओहदे पर तैनाद कर आलमगीरी उमरा को हमसे बदगुमाँ किया, फिर शाहूजी को अपनी हिमायत देकर न सिर्फ़ मराठी इलाक़ों में, बल्कि बीजापुर, हैदराबाद, और कर्नाटक तक में हुसैन अली की हैसियत मिट्टी में मिला दी! *(फ़र्रुख़सियर की तरफ़ इशारे के साथ तड़प कर)* मरहूम बनाना ही होगा बादशाह सलामत को!

अब्दुल्ला ख़ाँ : अब तक हमें दिलेर वा जाँबाज़ माना जाता है। *(फ़र्रुख़सियर की ओर संकेत के साथ)* इनके क़त्ल के बाद हम दग़ाबाज़ और ज़ालिम कहलाए जाएँगे।

हुसैन अली : बर्दाश्त की हद होती है।

अब्दुल्ला ख़ाँ : हम बहुत छोटे हैं, दिल्ली बहुत बड़ी है। और बड़ा बनने के लिए और बर्दाश्त करना होगा।

हुसैन अली : हम इनको बर्दाश्त किये बग़ैर बड़े बन सकते हैं—और हम उतने छोटे भी नहीं, जितना आप समझते हैं। मुश्किल ये है कि आपकी आँखों पर बरहमेश बारहा गाँव का चश्मा लगा रहता है।

अब्दुल्ला ख़ाँ : अपनी जड़ों से जुड़े रहो, तो बड़ी तस्वीर सामने रहती है।

हुसैन अली : दिल्ली का तख़्तो-ताज हमारी मुट्ठी में है और आपको बारहा गाँव की मिट्टी सता रही है!

अब्दुल्ला ख़ाँ : हर्गिज़ मुट्ठी में नहीं! अगर हमें ये ग़लतफ़हमी हो गयी, तो और जल्दी मातम का सबब बनेंगे।

हुसैन अली : *(दर्प से)* तारीख़ गवाह रहे कि हुसैन अली बख़ुशी अपने ऊपर

पूरी ज़िम्मेदारी लेता है—अबुल मुज़फ़्फ़र मुईनुद्दीन मुहम्मद शाह फ़र्रुख़सियर की मौत की!

अब्दुल्ला ख़ाँ : नहीं—

रतन चन्द : अब छोटे सैयद को मत रोकिए—

(रतन चन्द अब्दुल्ला को पकड़ लेता है; आलम अली फ़र्रुख़सियर को पीछे से जकड़ता है; दिलावर एवं हुसैन अली ख़िलअत खोलते हुए फ़र्रुख़सियर की तरफ़ बढ़ते और उसे ख़िलअत में लपेट देते हैं। फ़र्रुख़सियर तड़पता हुआ मरता है।)

(अँधेरा।)

दृश्य–15

लाल क़िला। दिन।

(अब्दुल्ला ख़ाँ, हुसैन अली, जय सिंह, बालाजी विश्वनाथ, चूड़ामन, चीनकुलीच ख़ाँ, और अजीत सिंह साथ हैं।)

अमीन ख़ाँ : *(तनाव से)* चाँदनी चौक से आ रहा हूँ। बहुम गर्म है माहौल—

जय सिंह : सच्चाई यह है कि लोग साफ़–साफ़ सैयद बिरादरान को नमकहराम कह रहे हैं।

अब्दुल्ला ख़ाँ : आप लोग यक़ीन कीजिए ख़ुदारा; फ़र्रुख़सियर ने हमें मजबूर कर दिया था।

अजीत सिंह : उनकी एक ही कोशिश थी—पूरी सत्ता अपनी मुट्ठी में करना।

बालाजी : उन्हें देश के इतने हिस्सों से सहयोग मिला, लेकिन वे इसका लाभ नहीं उठा सके।

हुसैन अली : वो बिल्कुल भूल गये कि उनकी ख़ातिर हमने जान की बाज़ी लगा दी थी।

चीनकुलीच ख़ाँ : *(सन्तुलित आपत्ति के सुर में)* इसीलिए उनकी जान लेने का हक़ भी आपको मिल गया?

हुसैन अली : *(बचाव की मुद्रा में आ जाता है।)* वो हमारे लाहे–अमल में हर तरह के रोड़े अटकाते थे।

चीनकुलीच ख़ाँ : बादशाह की अपनी राय होती है। उसे अपना हमख़याल बनाना वज़ीर की ज़िम्मेदारी है।

हुसैन अली : वो भाईजान को इस ओहदे पर चाहते ही नहीं थे।

चीनकुलीच ख़ाँ : वो उनका हक़ था, चूँकि उनमें मुग़ल ख़ून था, जिससे *(सबकी ओर संकेत के साथ)* हम सब महरूम हैं।

अब्दुल्ला ख़ाँ : लेकिन अब ताक़त बादशाह के बजाय उमरा के पास है, इसलिए वज़ीर नहीं, बादशाह को बदलना होगा।

चीनकुलीच ख़ाँ : ताक़त आपके पास है।

अब्दुल्ला ख़ाँ : मेरे मनसूबों को आप सबकी मन्ज़ूरी मिली हुई है निज़ामुल्मुल्क़, इसलिए—

चीनकुलीच ख़ाँ : हुसैन अली के तौर-तरीक़ों पर सख़्त एतराज़ है हमें।

चूड़ामन : सेर का सिकार, साही रंग का तम्बू, नक्कारा—

जय सिंह : सिर पर ताज के सिवा सब नाटक पूरा—

हुसैन अली : *(चीनकुलीच से)* हम दकन के सूबेदार बन कर जाते हैं। आप दिल्ली आ जाइए।

चीनकुलीच ख़ाँ : कौन-से ओहदे पर?

अब्दुल्ला ख़ाँ : वकीले-मुत्लक़—

चीनकुलीच ख़ाँ : *(नापसन्दी से)* मौत के इन्तिज़ार का दूसरा नाम है।

जय सिंह : आसफ़ जाह जैसे लोग उसकी शोभा बढ़ा चुके हैं।

चीनकुलीच ख़ाँ : तो बड़े सैयद ने क्यों मन्ज़ूर नहीं किया? फ़र्रुख़सियर ज़िन्दा-जावेद होते अभी।

हुसैन अली : तो आप मालवा चले जाइए।

चीनकुलीच ख़ाँ : *(जैसे अपमानित हो गया हो)* दकन के बाद मालवा?

अब्दुल्ला ख़ाँ : *(विनीत सुर में)* औरंगज़ेब दकन के बाद गुजरात गये थे।

अजीत सिंह : दकन में आप बहुत रह लिए।

बालाजी : दकन में सदा जंगी नगाड़े गूँजते हैं निज़ामुल्मुल्क़, मालवा में चैन की बँसी फूँकिए अब।

हुसैन अली : *(दोटूक भाव से)* दकन से आपको हटना है—मालवा या मुल्तान?

चीनकुलीच ख़ाँ : मालवा—

(ज़रा-सा विराम)

बालाजी : अब सवाल यह है कि आगे क्या करना है?

जय सिंह : करना क्या है! सल्तनत को बादशाह तो चाहिए ही!

अब्दुल्ला ख़ाँ : राजा रतन चन्द रफ़ीउद्दर्जात को लाने सलीमगढ़ गये हैं।

अमीन ख़ाँ : आज़म का बेटा?

अब्दुल्ला ख़ाँ : हाँ, और उनकी बीवी इनायत बानो। अब आप सबका जैसा फ़ैसला हो।

अजीत सिंह : ठीक है। रफ़ीउद्दर्जात माँ और बाप—दोनों तरफ़ से औरंगज़ेब के सगे हैं।

अब्दुल्ला ख़ाँ : क्यों बालाजी?

बालाजी : *(हिचकिचाहट से)* मुझे तो ठीक ही लगता है। फिर उनके साथ काम तो आपको ही करना है।

अब्दुल्ला ख़ाँ : *(चीनकुलीच ख़ाँ से)* क्या राय है आपकी?

चीनकुलीच ख़ाँ : दुरुस्त है। *(एक नज़र हुसैन अली को देखते हुए)* देखें, ये बादशाह कितने दिन चलते हैं!

जय सिंह : रफ़ीउद्दर्जात को ही आपने क्यों चुना?

अब्दुल्ला ख़ाँ : वो नज़दीक़ है। दो-चार बार का देखा हुआ है, बस। कोई और है आपकी नज़र में?

जय सिंह : नेकूसियर है—मुहम्मद अकबर का बेटा—

बालाजी : पर वो तो अकबराबाद में है।

अजीत सिंह : लाने में समय लग जाएगा।

चूड़ामन : ख़ून के लेक्खे सूँ और भी ऊँच्चो जरूर है।

हुसैन अली : *(गुरुर की अदा से)* वो सर अहम नहीं, जिस पर ताज रखा जाता है—*(अपने हाथ दिखाते हुए)* अहम हैं वो हाथ, जो उसे रखते हैं—

(दूसरों की नज़र मिलती है—ख़ास कर बालाजी और जय सिंह की। अब्दुल्ला नापसन्दी से हुसैन अली को देख रहा है। चीनकुलीच सैयद बन्धुओं की नज़र की अदला-बदली लक्ष्य करता है। रफ़ीउद्दर्जात का प्रवेश। पीछे रतन चन्द आदि। हुसैन अली रफ़ीउद्दर्जात के कन्धे पर हाथ रखने को होता है, पर अब्दुल्ला ख़ाँ उससे पहले ही रफ़ीउद्दर्जात के कन्धे पर हाथ रख उसे सिंहासन तक ले आता है। हुसैन अली क्रोध में। आत्मसजग रफ़ीउद्दर्जात सिंहासन पर बैठता है; मुग्ध भाव से तख़्त के हत्थे सहलाता है, छतरी देखता है, ताज छूता है।)

नक़ीब : अबुल बर्कात, सुल्तान शम्सुद्दीन, मुहम्मद रफ़ीउद्दर्जात, बादशाह ग़ाज़ी—

उमरा : *(चहार तस्लीम के साथ)* बादशाह सलामत! बादशाह सलामत!

नक़ीब : *(सिक्का दिखाते हुए)* ज़द सिक्का बहिन्द बहज़ाराँ बर्कात[120],/ शहंशाहे-बहरो-बर रफ़ीउद्दर्जात—

उमरा : *(दो बार तस्लीम के साथ)* बादशाह सलामत! बादशाह सलामत!

शायर : ये जश्ने-तमन्ना मुबारक-मुबारक
ये फ़तेह का लम्हा मुबारक-मुबारक

ये तख़्ते-मुग़लिया सलामत-सलामत
ये एहसासे-शादाँ मुबारक-मुबारक
ये रौशन दरीचे ये दिलशाद कूचे
हरेक सिम्त ये रंगो-बू के बग़ीचे
फ़िज़ाओं में नग्मे, हवाओं में—

(हुसैन अली यकायक तेज़ी से जाने लगता है, शायर अन्देशे से चुप हो जाता है। अब्दुल्ला चौंक कर हुसैन की ओर देखता है। आलम एवं दिलावर की नज़र मिलती है। उमरा सन्न हो गये हैं। अब्दुल्ला शायर को इशारा करता है; मंगलमयी काव्य-पंक्तियों के बीच हुसैन अली जा रहा है।)

शायर : फ़िज़ाओं में नग़्मे हवाओं में नौबत
गुलों में नज़ाक़त औ गुचों में रंगत
ये दिल्ली की गलियाँ सलामत-सलामत
हसीं रंगरलियाँ मुबारक-मुबारक।

(अँधेरा होता है।)

दृश्य-16

लाल क़िला। दिन।

(रफ़ीउद्दर्जात और इनायत बानो एक नक़्शा देख रहे हैं।)

इनायत बानो : *(तारीफ़ के सुर में)* चाँदनी रात में दौलताबाद की चाँद मीनार का जलवा देखते ही बनता है!

रफ़ीउद्दर्जात : दिल्ली में कहीं से देखो, कुतुब मीनार परवाज़ में थम गये परिन्दे की मानिन्द नज़र आती है।

(चादर में मुँह छिपाए बादशाह बेगम का प्रवेश। मुँह,उजागर करती है।)

इनायत बानो : *(चौंक कर)* आपा!

बादशाह बेगम : *(मुस्कान से)* ताज मुबारक—

रफ़ीउद्दर्जात : *(मुस्कुराता है)* ख़्वाब में भी नहीं सोचा था कभी—

इनायत बानो : *(वैसे ही)* सलीमगढ़ से निकल के कहाँ आ गये!

बादशाह बेगम : *(नक़्शे की तरफ़ इशारा करती है)* ये क्या नक़्शा है?

इनायत बानो : *(नक़्शा दिखाते हुस)* बताइए, इस मेहराब में कोई नुक़्स नज़र आता है?

रफ़ीउद्दर्जात : अब्बा हुज़ूर क़ाबुल में तामीर करवाना चाहते थे, पर ज़िन्दगी ने उन्हें इतनी मुहलत नहीं दी।

बादशाह बेगम : *(नक़्शा देखते हुए)* ये कंगूरे कुछ ज़्यादा बड़े लगते हैं—और ये जो नक़्क़ाशी है न, तामीर की शख़्सियत से मेल नहीं खाती।

रफ़ीउद्दर्जात : अगर दूसरी मंज़िल से सबसे ऊँची पाँचवीं तक सामने की तरफ़ तीन-तीन दरीचे[121] भी हों, तो खुलेपन का एहसास होगा।

इनायत बानो : और रंग भी सुफेद होना चाहिए—संगेमरमर इस्तेमाल करके, ताकि असर पाकीज़गी का हो।

बादशाह बेगम : तो आप लोग खुद ऐसी मेहराब क्यों नहीं बनवाते?

रफ़ीउद्दर्जात : *(कुछ नासमझी से)* हम?

बादशाह बेगम : तख़्तनशींनी के बाद ऐसी तामीर की रिवायत है।

इनायत बानो : *(हल्की मुस्कान से)* दुरुस्त तो है, ताकि हमारे अहद की सनद रहे!

(हुसैन अली, आलम अली, और दिलावर ख़ाँ का प्रवेश। बादशाह बेगम चादर में मुँह छिपाते हुए भीतर चली जाती है। इनायत बानो को हुसैन अली की बेफ़िक्र एंट्री आपत्तिजनक लगती है।)

इनायत बानो : आप यहाँ कैसे?

(हुसैन अली अपनी ताक़त के जोम में है; रस्म अदायगी के लिए कोर्निश जैसी कुछ आधी-अधूरी हरकत करता है।)

हुसैन अली : हमें मालूम हुआ है कि फ़र्रुख़सियर ने यहाँ बिहार से लाये हीरे-जवाहिरात छिपाये थे। *(आलम अली, और दिलावर ख़ाँ से)* देखिए अन्दर—

इनायत बानो : हमारी ख़्वाबगाह में जाएँगे ये?

हुसैन अली : *(हामी में सर हिलाते हुए)* फ़र्रुख़सियर को यह ग़लतफ़हमी कैसे हो गयी कि उनकी ख़्वाबगाह हमसे महफ़ूज़ रहेगी? काश, उनके जीते-जी मालूम हो जाता हमें—

रफ़ीउद्दर्जात : पर ख़्वाबगाह में कुछ नहीं।

हुसैन अली : शाहजहाँ ने बिस्तरबाज़ी की मस्ती दोबाला करने के लिए दीवारों वा छत पर जो आईने लगा रक्खे हैं, वो निकाले आपने?

इनायत बानो : आईने दीवार से सटा कर लगाये गये हैं। कुछ रखने की गुंजाइश वहाँ नहीं।

हुसैन अली : *(चिढ़ जाता है)* वक़्त ज़ाया न करें। क़िला-ए-मुअल्ला में कहाँ क्या है, हमें इल्म है।

इनायत बानो : *(अधिकार के गर्व से)* वहाँ के रिहाइशपिज़ीरों से ज़्यादा?

हुसैन अली : *(अहंकारी सुर में)* रिहाइशपिज़ीरों को चार दिन से वो सबा-ए-शाही नसीब हुई है, जो हमारे इशारे पर रवाँ होती है।

(उसकी बदतमीज़ी से सनाका खा गये रफ़ीउद्दर्जात एवं इनायत बानो की नज़र मिलती है; हुसैन अली नक़्शा देख लेता है।)

हुसैन अली : *(नक़्शे की तरफ़ इशारा करते हुए)* ये क्या है?

रफ़ीउद्दर्जात : *(कुछ भोलेपन से)* ख़ानदाने-मुग़लिया अपनी इमारतों के लिए मशहूर है—अकबर का बुलन्द दरवाज़ा और फ़तेहपुर सीकरी, शाहजहाँ का शाहजहाँनाबाद और ताज महल, औरंगज़ेब की मोती मस्जिद और बीवी का मक़बरा। हम लाल क़िले और फ़तेहपुरी मस्जिद के बीचोंबीच चाँदनी चौक में महराबे-फ़तेह की तामीर करवाना चाहते हैं—मरकाना के उसी संगेमरमर से, जिसने ताजमहल को अजूबा बना दिया।

हुसैन अली : *(बड़ी शान्ति से)* आपने किस पर फ़तेह पायी है?

(रफ़ीउद्दर्जात तथा इनायत बानो चुप हैं।)

हुसैन अली : संगेमरमर के एक सेर टुकड़े की क़ीमत जानते हैं?

(चुप्पी)

हुसैन अली : आपका ताज हम अपने सर पर रख लें, तो आप हमारा क्या उखाड़ लेंगे?

इनायत बानो : *(अब भड़क जाती है)* बग़ावत कर देगी रैयत! सल्तनत हमारी है।

हुसैन अली : *(भी तैश खा जाता है)* लेकिन हुकूमत हमारी!

रफ़ीउद्दर्जात : ताज हमारे सर पर है।

हुसैन अली : *(हाथ दिखाते हुए)* पर रक्खा इन हाथों ने—

इनायत बानो : *हक़ हमारा है।*

हुसैन अली : *(ऊँची आवाज़ में)* जब तक हमें मन्ज़ूर है।

इनायत बानो : *(ग़ुस्से से)* हुसैन अली, तुमने शहंशाहे-हिन्दुस्तान की बेहुरमती की है।

हुसैन अली : *(डपट कर)* अदब से काम लें बेगम! मुअज़्ज़िज़ हुसैन अली इस तरह मुख़ातिब होने के आदी नहीं।

इनायत बानो : गोया कि नस्ले-तैमूर इस तरह मुख़ातिब होने की आदी है?

हुसैन अली : नस्ले-तैमूर अपनी हद के बाहर चली गयी थी।

इनायत बानो : तुम्हारी तो पैदाइश ही हद के बाहर हुई है—अदबो-लिहाज़ के।

हुसैन अली : *(तलवार की मूँठ पर हाथ रख दाँत पीसते हुए)* बख़ुदा अगर आप ख़ातून न होतीं, तो—

इनायत बानो : *(पुकारती है)* दारोग़ा-ए-हरम!

(दारोग़ा-ए-हरम का प्रवेश।)

इनायत बानो : *(हुसैन अली की तरफ़ इशारे के साथ)* गिरफ़्तार कर लो इस गुस्ताख़ को, जिसने मलिका-ए-आली की तौहीन की है—

(दारोग़ा-ए-हरम नीचे देखने लगता है; हुसैन अली मुस्कान से इनायत बानो को देख रहा है।)

इनायत बानो : *(नपुंसक गुस्से से)* हुक्मे-शाही दोहराया नहीं जाता!

(एक पल आदेश पूरा होने का इन्तिज़ार करती है; नहीं होता। हुसैन अली दारोग़ा-ए-हरम को जाने का संकेत करता है; वह जाता है।)

हुसैन अली : *(रफ़ीउद्दर्जात से)* शहंशाहे-हिन्द का मर्तबा अब वो हासिल करते हैं, जिनके सर पर *(अपनी जूती की तरफ़ इशारे के साथ)* सोने के काम वाली इस मुबारक जूती का साया होता है!

(रफ़ीउद्दर्जात इनायत बानो को देखता है; वह लपक कर दो कटारें उठाती है; एक रफ़ीउद्दर्जात की जानिब फेंकती है; दूसरी अपने सीने में घोंप लेती है; गिरती है; आलम एवं दिलावर आते हैं।)

आलम अली : ख़्वाबगाह में कुछ नहीं मिला।

(हुसैन अली रफ़ीउद्दर्जात की तरफ़ देख रहा है, जो हाथ में कटार लिये इनायत बानो को देख रहा है; उसकी नज़र हुसैन अली से मिलती है। हुसैन अली बाहर जाने को बढ़ता है; पीछे आलम अली और दिलावर ख़ाँ। तीनों का प्रस्थान। रफ़ीउद्दर्जात इनायत बानो को देखता है; फिर अपने हाथ की कटार को; कटार वाला हाथ ऊपर उठाता है। अँधेरा। फिर रौशनी होने के साथ भाँड, नक़्क़ाल, और बहुरूपिया गाते हुए आते हैं।)

भाँड/नक़्क़ाल/ बहुरूपिया :

भोले-से सुल्तान को मारा
अपने दीन-ईमान को मारा
मासूम मलिका क़त्ल करायी
ख़ूने-बाबर देवे दुहाई
शाही गोदी करी निपूती
तख़्ते-ताऊस पै धर दी जूती
अब्दुल्लाआआआ हुसैएएन अलीईई
शाह बनाआएएए कठपुतली।

(अँधेरा।)

अंक-3

दृश्य-17

हुसैन अली की हवेली। दिन।

(अब्दुल्ला और हुसैन अली साथ हैं।)

अब्दुल्ला ख़ाँ : *(बौखलाया हुआ)* तुम दकन सूबेदार हो, तो आये दिन दिल्ली क्यों आते हो?

हुसैन अली : दिल्ली पर नज़र रखने के लिए—

अब्दुल्ला ख़ाँ : तुम्हें हम पर एतबार नहीं?

हुसैन अली : औरंगज़ेब ने कहा था, ताक़तवर को अपने साए से भी हसद हो जाती है।

अब्दुल्ला ख़ाँ : वो शहंशाह पर लागू होता है।

हुसैन अली : *(अपनी ओर संकेत करते हुए मुस्कान से)* ताज के सिवा और क्या कमी है?

अब्दुल्ला ख़ाँ : तुम बहक गये हो हुसैन! तुम पर ताक़त का नशा चढ़ गया है। *(याचना के सुर में)* अपने पर ज़ब्त करो मेरे भाई! *(गहन परेशानी से)* अब फिर ताजपोशी होगी! अब फिर नया बादशाह बनेगा! *(विवशता से रुआँसा हो)* हमारे निज़ाम को लतीफ़ा बना दिया तुमने!

हुसैन अली : *(तेज़ी से)* सलीमगढ़ के सभी शहज़ादे अफ़ीमची हैं। ज़रा ज़्यादा हो गयी, तो टें बोल गया। अब इसमें हम क्या करें।

अब्दुल्ला ख़ाँ : अवाम महज़ तब्दीलिए-ए-शाह देखता है और हर तब्दीली से हमारी हैसियत को झटका लगता है। उमरा तब्दीली में मानी निकलाते हुए अन्देशे से लरजने लगते हैं। शहरी हैरानो-परेशान हो जाता है कि ये क्या तमाशा हो रहा है? पहले भी कहा था तुमसे; बेवजह क़िला-ए-मुअल्ला जाने की ज़रूरत नहीं।

हुसैन अली : *(तल्ख़ी से)* फ़र्रुख़सियर की मौत के बाद आप बेवजह गये थे वहाँ? अगर हाँ, तो हीरे-जवाहिरात के साथ बाहर कैसे निकले?

अब्दुल्ला ख़ाँ : तुम अफ़वाहों पर कान देना बन्द करो, जैसे हमने ये सुनकर किया कि आगरा क़िले से तुमको दो-तीन करोड़ मिला।

हुसैन अली : हमको मिला।

अब्दुल्ला ख़ाँ : सँभाल कर रखो।

हुसैन अली : आपको हिस्सा नहीं चाहिए?

अब्दुल्ला ख़ाँ : नहीं।

हुसैन अली : हमारे पास पक्की ख़बर थी कि अज़ीमुश्शान का ख़ज़ाना हरमसरा में छिपा है।

अब्दुल्ला ख़ाँ : *(कुढ़ कर)* दक्खिन में औरंगज़ेब ने छब्बीस बरस जो जंगी होली खेली, उसमें पाँच पुश्तों का ख़ज़ाना राख हो गया। बचा-खुचा बहादुर शाह ने ठिकाने लगा दिया। इसके बाद फिर दो जंगे-विरासत और एक दर्ज़न जंगों के बराबर लाल कुँवर और उसके कुटुम्ब को तोहफ़े। ताले के अलावा और कुछ नहीं बचा होगा। तुमको ये ख़बर आलम और दिलावर ने दी न?

हुसैन अली : *(नापसन्दगी से देखते हुए)* आप कहना क्या चाहते हैं?

(आलम अली, दिलावर, और रतन चन्द का प्रवेश।)

आलम अली : चीनकुलीच अपने फ़ौजी दस्ते और हथियार बढ़ाते जा रहे हैं।

दिलावर अली : उन्होंने तोपख़ाने में भी इज़ाफ़ा किया है और मालवा जंगल में उनके जंगी हाथियों की तालीम भी चल रही है।

रतन चन्द : *(अन्देशे से)* कुछ बहुत संगीन होने वाला है।

हुसैन अली : *(नापसन्दगी से)* चीनकुलीच! चीनकुलीच हमारे गले की ऐसी काँटेदार हड्डी बन गये हैं, जिन्हें न उगलते बनता है, न निगलते!

अब्दुल्ला ख़ाँ : फ़र्रुख़सियर के क़त्ल का अन्जाम चीनकुलीच की मुँहज़ोरी है।

हुसैन अली : नहीं, हमारे तईं पुराने उमरा की इकट्ठी हसद का नतीजा।

अब्दुल्ला ख़ाँ : *(आवेग से)* जिसको बेवजह हवा देने की ज़िम्मेदारी तुम्हारे ऊपर है। चीनकुलीच दिल्ली दरबार में हमारे मुख़ालिफ़ीन के ऐसे सरगना बन रहे हैं, जिन्हें हमारे बाद के दिल्ली दरबार में मन्ज़ूरी अभी से हासिल होने लगी। अपना पुश्तों का हासिल

दाँव पर लगाने वाले उमरा ने मान लिया कि हमारी छोड़ी जगह को भरेगा कौन? चीनकुलीच!

रतन चन्द : हिन्दुस्तानी मुसलमान खेमे की हैसियत कुछ नहीं, चुनाँचे हमारी मुख़ालिफ़त किसी भी सतह तक जाकर की जा सकती है, लेकिन तूरानी फ़िरक़े को आँख उठा क देखने से पेश्तर भी सौ बार सोचना होगा।

(बानो का प्रवेश।)

बानो : इसीलिए चीनकुलीच जानबूझ कर चुनौती दिये जा रहे हैं हमें। जिस मरहमत ख़ाँ को हमने माँडू की क़िलेदारी से बर्ख़ास्त किया था, उसे उन्होंने मुलाज़िमत दे दी।

अब्दुल्ला ख़ाँ : हमें मामूली क़िलेदार पर सर नहीं खपाना चाहिए।

हुसैन अली : उन्होंने हमारी अना[122] को ललकारा है।

बानो : इतनी बड़ी सल्तनत में और कोई क़िलेदार नहीं मिला?

अब्दुल्ला ख़ाँ : चीनकुलीच का कहना है कि मालवा में मरहमत का काम क़ाबिले-तारीफ़ रहा। आइन्दा सैयदों के किसी पुराने मुलाज़िम को तैनाद करने से पेश्तर वो हमारी रज़ामन्दी लेना नहीं भूलेंगे। अब इस मुद्दे को छोड़ो।

हुसैन अली : हम छोड़ देते, अगर उन्होंने हमारी दूसरी माँग पर तवज्जो दी होती—कि नीलम परगना के ज़मींदार का न तबादला न किया जाय और न वहाँ के गाँवों में लूटमार हो।

बानो : इससे छोटी और जायज़ माँग दूसरी नहीं हो सकती।

आलम अली : वो बार-बार छोटे सैयद को छेड़ रहे हैं—यह सोच कर कि बड़े सैयद बार-बार उनको रोकेंगे और एक ऐसा मुकाम आएगा, जब रोकना मुमकिन नहीं होगा।

हुसैन अली : तल्ख़ी का ये घूँट भी पीकर हम आगे बढ़ जाते, पर तभी ये ख़बर मिली कि चीनकुलीच के बेटे मुग़ल ख़ाँ जय सिंह के दरबार में ख़ास गुफ़्तगू के लिए पहुँचे और तारा बाई के एलची चीनकुलीच से मिलने।

बानो : सैयदों के घर में जैसी आग सुलग रही है, वैसी ही सतारा में भी।

अब्दुल्ला ख़ाँ : *(एक नज़र बानो को देखते हुए)* बालाजी विश्वनाथ का इसरार है कि दौलताबाद और चन्दा क़िलों पर उन्हें क़ब्ज़ा दे दिया जाय; बरार में पर्सोजी भोंसले की फ़ौजी कामयाबी को दिल्ली

तस्लीम करे और मालवा वा गुजरात में लागू की गयी मराठों की चौथ को भी।

हुसैन अली : चौथ को तस्लीम करने का मतलब यह हुआ कि हमने मालवा वा गुजरात में मराठों की हुकूमत तस्लीम कर ली!

अब्दुल्ला ख़ाँ : बालाजी का कहना है कि अपने सरदारों की नकेल वो तभी कसे रख सकते हैं, जब ये शर्तें मान ली जाएँ।

दिलावर अली : बालाजी ने इसरार तभी किया है, जब ताराबाई के मराठी दस्ते निज़ामुल्मुल्क की उस फ़ौज का हिस्सा बनते देखे गये हैं, जिसका मक़सद कमाने-दिल्ली सैयदों के हाथों से छीनना है।

अब्दुल्ला ख़ाँ : दकन के सुलगते सवाल की लपटें फिर बहाना बना कर दिल्ली को घेरने लगीं।

रतन चन्द : पर इस बार सैयदों का घर बारूद से भरा है और पलीता चीनकुलीच के हाथ में!

बानो : बेहतर ये है कि आप दोनों भाई अपने बीच सल्तनत तक़सीम करते हुए बारूद पर पानी छिड़क दें।

अब्दुल्ला ख़ाँ : *(दर्द से)* या ख़ुदा, क़िला-ए-मुअल्ला की स्याह रिवायत ने आशियाने-सैयद को भी अपनी ज़द में ले लिया!

रतन चन्द : ये इख़्तियार की तासीर है सैयद मियाँ, ख़ून की नहीं।

आलम अली : इससे हुकूमत भी बेहतर बनेगी; आप दोनों अपने-अपने इलाक़ों पर पूरी तवज्जो दे सकेंगे।

हुसैन अली : नर्मदा के इस पार जो है वो आपका; उस पार हमारा।

(अब्दुल्ला और रतन चन्द की नज़र मिलती है।)

अब्दुल्ला ख़ाँ : जैसा तुम चाहो।

हुसैन अली : पर इस तक़सीम की शर्त ये है कि चीनकुलीच को मालवा से हटाया जाय।

अब्दुल्ला ख़ाँ : *(चौंकता है)* उन्होंने मालवा की सूबेदारी हमसे यह भरोसा पाने के बाद ही मन्ज़ूर की थी कि जल्दी उनका तबादला नहीं होगा।

हुसैन अली : वो हमसे बेहतर जानते हैं कि दिल्ली की हवा-ए-सियासत कभी भी बदल सकती है।

अब्दुल्ला ख़ाँ : तक़सीम की ये शर्त क्यों है?

हुसैन अली : हम दकन की हुकूमत मालवा से सँभालेंगे; बतौर नायब आलम अली औरंगाबाद में रहेंगे।

बानो : चीनकुलीच को इलाहाबाद भेज दीजिए।

अब्दुल्ला ख़ाँ : हमारे इलाक़े में?

हुसैन अली : *(व्यंग्य से)* बड़े भाई हैं आपके!

अब्दुल्ला ख़ाँ : उनके लिए लगाव है मुझमें, लेकिन इतना नहीं।

हुसैन अली : तो दूर मुल्तान ठीक है।

अब्दुल्ला ख़ाँ : तुम्हारे दकन में क्यों नहीं?

हुसैन अली : दकन से ही तो उनको हटाया था।

अब्दुल्ला ख़ाँ : बहुत बड़ा है दकन। औरंगाबाद के सिवा हुकूमत के और भी मरक़ज़ हैं।

हुसैन अली : खानदेश का बुरहानपुर। लिख दीजिए, तीनों में से कोई एक जगह चुन लें।

अब्दुल्ला ख़ाँ : *(आजिज़ी से)* चीनकुलीच को जानते हैं हम। मालवा से उनको हटाने की शर्त छोड़ दो ख़ुदारा; ये साँड को भड़काने वाला लाल कपड़ा है।

हुसैन अली : जो हाथ लाल कपड़ा थामते हैं, वो साँड को क़ाबू करना भी जानते हैं।

अब्दुल्ला ख़ाँ : *(चेतावनी के सुर में)* सोच लो, अन्जाम बहुत ख़ौफ़नाक हो सकता है।

हुसैन अली : *(दुआ में हाथ उठाते हुए)* अब तो सजदे में सर झुका दिया। **(अँधेरा।)**

दृश्य–18

सलीमगढ़। रात।

(शहज़ादे जहाँ-तहाँ बैठे हैं।)

रौशन अख़्तर : सुना है, रफ़ीउद्दर्जात का भी ख़ात्मा हो गया?

निसार : कैसे?

परवेज़ : *(करुण मुस्कान से)* खुद मरे या मारे गये?

इब्राहीम बेग : *(हल्की मुस्कान से)* मुग़ल शहज़ादों को क़ुदरती मौत नसीब नहीं होती।

(अफ़ीम की पिनक में आये रफ़ीउद्दौला के दिमाग़ में सुनने के कुछ पल बाद उसके मानी की घंटी बजती है।)

रफ़ीउद्दौला : *(तनाव से)* सुना है, रफ़ीउद्दर्जात का भी ख़ात्मा हो गया?

(शहज़ादे उसकी तरफ़ ध्यान नहीं देते।)

निसार : तो अब?

रौशन अख़्तर : अब सलीमगढ़ से एक और रिहाई होगी—क़ैदखाने के अँधेरों के बाद तख़्ते-ताऊस का कोहेनूर—

इब्राहीम बेग : हमारे वास्ते मौत का रास्ता तख़्ते-ताऊस से होकर जाता है।

(अब्दुल्ला और रतन चन्द का प्रवेश। रतन चन्द के हाथ के पात्र में ताज। पीछे जुम्मन। अब्दुल्ला बन्दियों को देखता है; एक-दो डर कर पीछे हटने लगते हैं। अब्दुल्ला एक राजकुमार के पास आता है।)

जुम्मन : *(इशारे के साथ परिचय देता है)* इनायत बेग—अख़्तर बेग के बेटे—

(अब्दुल्ला पल भर उसकी ओर देख कर आगे बढ़ता है; रौशन अख़्तर को देखता है।)

जुम्मन : *(इशारे के साथ)* रौशन अख़्तर—

रतन चन्द : खुजिस्ता अख़्तर के फ़र्ज़न्द—

अब्दुल्ला ख़ाँ : *(रौशन अख़्तर को देखते हुए)* आप ही से बादशाह बेगम की मँगनी हुई है?

रौशन अख़्तर : हाँ जनाबे-आली!

(अब्दुल्ला और रतन चन्द की निगाह मिलती है। यकायक रफ़ीउद्दौला उठ खड़ा होता है।)

रफ़ीउद्दौला : *(भोलेपन से)* क्या हमारी एक गुज़ारिश क़ुबूल होगी?

(अब्दुल्ला जुम्मन को सवालिया नज़र से देखता है।)

जुम्मन : रफ़ीउश्शान के बेटे रफ़ीउद्दौला; क़रीब सवा तीन माह के थे, जब यहाँ लाये गये। ज़िन्दगी में कभी सलीमगढ़ के बाहर नहीं निकले।

अब्दुल्ला ख़ाँ : *(रफ़ीउद्दौला से)* फ़र्माइए।

(एक बन्दी रफ़ीउद्दौला की तरफ़ देख रहा है।)

रफ़ीउद्दौला : हमने घोड़े के बारे में पढ़ा है, सुना है, लेकिन कभी देखा नहीं। क्या हमें एक बार बाहर जाकर दौड़ता हुआ घोड़ा देखने की इजाज़त मिल सकती है?

अब्दुल्ला ख़ाँ : ज़रूर—

(ताज उठा कर रफ़ीउद्दौला के सर पर रखता है; पहले रेखांकित किया गया बन्दी तनाव से रफ़ीउद्दौला को देख रहा है।)

नक़ीब : *(नेपथ्य से)* अबुल बरकात, मुहम्मद रफ़ीउद्दौला सुल्तान शाहजहाँने-सानी[123] पादशाह ग़ाज़ी—

सब : *(चहार तस्लीम करते हुए)* बादशाह सलामत बादशाह सलामत—

(अब्दुल्ला रफ़ीउद्दौला को बाहर चलने का इशारा करता है; उसके पीछे अब्दुल्ला और रतन चन्द जाते हैं; रेखांकित बन्दी दो-चार क़दम उस तरफ़ जाता है, फिर भय की चीख़ मारता है। अँधेरा।)

दृश्य–19

लाल क़िला। दिन।

(रफ़ीउद्दौला झरोखा-दर्शन दे रहा है। नेपथ्य में बादशाह सलामत! बादशाह सलामत! रफ़ीउद्दौला भावविभोर है। शायर एक तरफ़ खड़ा है।)

शायर : *(ऊबा हुआ)* ये जश्ने-तमन्ना मुबारक-मुबारक
ये फ़तेह का लम्हा मुबारक-मुबारक
ये तख़्ते-मुग़लिया सलामत-सलामत
(शायर रफ़ीउद्दौला के सामने इनाम के लिए हथेली फैलाते हुए मिसरा पढ़ता है।)
ये एहसासे-शादाँ मुबारक-मुबारक
(रफ़ीउद्दौला अपनी ख़ाली जेबें दिखाते हुए नाहीं में सिर हिलाता है; उसके पास इनाम देने के लिए कुछ नहीं। शायर फ़ौरन मुँह फेर कर अगला मिसरा लापरवाही से बोलते हुए जाने लगता है।)

शायर : ये रौशन दरीचे ये दिलशाद कूचे
अरे होंगे कहीं रंगो-बू के बग़ीचे
(प्रस्थान। रफ़ीउद्दौला आसमान की तरफ़ देख रहा है। अगले संवाद के बीच बादशाह बेगम का प्रवेश।)

रफ़ीउद्दौला : *(ऊपर देखते हुए धीरे-धीरे)* तो ऐसा होता है आसमान; धुएँ की मानिन्द—और बादल, जैसे धुनी हुई रुई; और बीच-बीच में हवा में ज़डी परिन्दों की बेताबी—
(अगले संवाद के बीच रफ़ीउद्दौला अपना एकालाप बोलता

रहता है। साहिबा निस्वाँ का प्रवेश। बादशाह बेगम के पास आती है।)

साहिबा निस्वाँ : हम तुम्हारी जानिब दोस्ती का हाथ बढ़ाते हैं।

बादशाह बेगम : बड़े सैयद के साथ आपकी तारीख़ बनाने वाली हिस्सेदारी का क्या हुआ?

साहिबा निस्वाँ : हमारा ख़्वाब उनके ख़्वाब से मुख़्तलिफ़ निकला।

बादशाह बेगम : किस तरह?

साहिबा निस्वाँ : *(हल्की मुस्कान से)* हमारे ख़्वाब में छोटे सैयद के लिए जगह नहीं थी। रिश्ते में दो होते हैं। तीसरे के साथ भीड़ हो जाती है।

बादशाह बेगम : *(मुस्कुराती है)* दुरुस्त है।

साहिबा निस्वाँ : यहाँ सबके अपने-अपने ख़्वाब हैं। तुम्हारा क्या है?

बादशाह बेगम : हमने भी रौशन अख़्तर के साथ दो का रिश्ता बना रखा है। उनकी तख़्तनशींनी चाहिए हमें।

(साहिबा निस्वाँ रफ़ीउद्दौला को देखती है।)

साहिबा निस्वाँ : इनका अहद ख़त्म करना होगा।

(रफ़ीउद्दौला इधर-उधर देखता है।)

रफ़ीउद्दौला : ख़ादिम कहाँ है?

बादशाह बेगम : क्या चाहिए ज़िल्ले-सुब्हानी?

रफ़ीउद्दौला : *(मुस्कुराता है)* जिसके सहारे दिन गुज़रता है—

(बादशाह बेगम उसे अफ़ीम देती है; रफ़ीउद्दौला मुँह में रखता है; चुभलाता है।)

रफ़ीउद्दौला : ज़ायक़ा कुछ फ़र्क़ है।

बादशाह बेगम : इस्फ़हान से आयी है।

रफ़ीउद्दौला : *(चुभलाता है)* तीखी भी है। सलीमगढ़ में बस, कन्धार वाली मिलती है। जुम्मन मियाँ फ़तेहपुरी के आगे जाते ही नहीं। (यकायक याद आता है) हाँ, एक बार बग़दाद की मिली थी। किसी शहज़ादे का निकाह था।

साहिबा निस्वाँ : आपको अपनी माँ की याद है?

(इन्कार में सर हिलाता है।)

बादशाह बेगम : उन्होंने आपकी मँगनी की थी।

रफ़ीउद्दौला : *(हँसता है)* हम और निकाह? कोई तुक नहीं! क्या है कि सलीमगढ़ में ख़ानदाने-शाही की तरफ़, ज़िन्दगी की तरफ़ देखने की नज़र ही बदल जाती है। आपके वालिद, छोटे-बड़े

चचा, छोटे-बड़े भाई सब क़ैद में आपके साथ हैं। जिसकी पलकें सिली हैं, वो ज़ज्बे के साथ उन्हीं दिनों को याद करता रहता है, जब वो कायनात के नज़ारे देख सकता था। वो हसरत से उस दिन का इन्तिज़ार कर रहा है, जब उसकी पलकों की सिलाई खुलेगी और वो—*(बादशाह बेगम से)* क्या सिली हुई पलकें खुलने पर आँखों की रौशनी सौ फ़ी सदी वापस मिल जाती है?

बादशाह बेगम : सिलाई की क़िस्म के ऊपर मुन्हसिर है।

साहिबा निस्वाँ : वैसे पूरी नहीं लौटती।

रफ़ीउद्दौला : हमारी शर्त लगी थी रफ़ीउद्दार्जात के साथ। वो कहता था, कामरान की आँखें सिल दी गयीं थीं। हमने कहा था, फोड़ी गयीं थीं।

साहिबा निस्वाँ : जो आपने फ़र्माया, सही था। खुसरो की पलकें सिली गयीं थीं।

रफ़ीउद्दौला : बीवी के साथ लगाव की उनकी कहानियाँ सलीमगढ़ में मशहूर हैं। मुश्किल क्या है कि सलीमगढ़ में तवरीख़ या तो मिलती नहीं, और मिलती है तो निज़ाम की मन्ज़ूर की हुई, जिसके ऊपर यक़ीन कर ही नहीं सकते।

साहिबा निस्वाँ : वो कहानियाँ सच हैं।

रफ़ीउद्दौला : नूरजहाँ ने सचमुच खुसरो के सामने पेशकश रखी थी कि अगर तुम हमारे दामाद बनने को राज़ी हो जाओ, तो ताज तुम्हारे सर पर होगा?

साहिबा निस्वाँ : सच है। खुसरो की बेगम ने कहा, शर्त मान लो; क़ैद से निजात मिल जाएगी, पर ख़ुसरो ने इन्कार कर दिया।

रफ़ीउद्दौला : क्यों?

साहिबा निस्वाँ : कहा कि मैं ताज की इतनी ऊँची क़ीमत नहीं चुका सकता।

रफ़ीउद्दौला : *(आश्चर्य से)* अच्छा? कमाल है! कौन थीं बेगम साहिब?

साहिबा निस्वाँ : इफ़्फ़त जहाँ बानो—

रफ़ीउद्दौला : *(हल्की शर्मिन्दगी से)* क्या है कि हमें प्यार का कोई तजुर्बा नहीं!

बादशाह बेगम : चाहें, तो आपका निकाह हो सकता है।

(रफ़ीउद्दौला चौंक जाता है; ज़रा-सा चुप्पी।)

रफ़ीउद्दौला : हमारी मँगेतर का नाम क्या है?

साहिबा निस्वाँ : नाज़ूर[124] जाने-माने ईरानी गोलन्दाज़ की बेटी हैं। वो बहादुर शाह वाली जंगे-विरासत में इनामो-इकराम[125] से फ़ैज़याब[126] हो चुके हैं।

रफ़ीउद्दौला : *(अपने ख़यालों में खोया नाम दुहराता है)* नाज़ूर—

बादशाह बेगम : जब मीना बाज़ार लगता है, तो उनकी बनायी कुर्तियाँ देखते-देखते बिक जाती हैं। नूरजहाँ की बुनियादी तर्ज़ में उन्होंने दिलकश इज़ाफ़ा किया है।

रफ़ीउद्दौला : *(हल्की शर्म से)* उनसे मुलाक़ात हो सकती है?

बादशाह बेगम : कल हो जाएगी।

रफ़ीउद्दौला : *(झेंप की मुस्कान से)* दो-चार दिन बाद, हमें अपने को तैयार करना पड़ेगा।

बादशाह बेगम : दुरुस्त है।

रफ़ीउद्दौला : रफ़ीउद्दौला के साथ एक और शर्त लगी थी। वो कहता था, हमारी आँखें चूँकि फोड़ी नहीं गयीं, चुनाँचे हमारा क़त्ल किया जाएगा। पर हम दोनों ज़िन्दा भी रहे और शहंशाह भी बने। वो दोनों शर्तें हारा था हमसे, पर पैसा नहीं दे सका। पाँच सौ रुपये रोज़ाना हमारा भत्ता है, पर मिलता ही नहीं। *(आजिज़ी से)* शहज़ादों को बेकार ज़िन्दा क्यों रखा जाता है? जैसे जहाँगीर के अहद में छह से तीन माह के बीच शहज़ादियों को गला घोंट कर मार दिया जाता था, वैसा ही शहज़ादों के साथ भी करना चाहिए। कोई हमें बताये, हमारे जीने का मतलब क्या है?

(बोलते-बोलते जैसे नशे में बेहोश हो जाता है। बादशाह बेगम उसके सीने पर हथेली रख दिल की धड़कन जाँचती है।)

बादशाह बेगम : एक और ताजपोशी का मौक़ा-ए-मुबारक आ गया!

साहिबा निस्वाँ : रौशन अख़्तर को तख़्त तक ले आने की कोशिश हम करेंगे—रतन चन्द के ज़रिए; लेकिन बड़े सैयद का क्या होगा?

बादशाह बेगम : आपकी अपने लिए क्या माँग है?

साहिबा निस्वाँ : कुछ नहीं। अब हम शाही आरामगाह में जाकर रहेंगे।

बादशाह बेगम : तब बड़े सैयद को लेकर फ़िक्रमन्द क्यों हो रही हैं?

साहिबा निस्वाँ : उनके इरादे नेक थे।

बादशाह बेगम : वो तो हमारे भी हैं। पर पहले रौशन अख़्तर की तख़्तनशींनी तो हो।

साहिबा निस्वाँ : तुम क़त्ल की सियासत में यक़ीन रखती हो?

बादशाह बेगम : दिल्ली दरबार का यही चलन है।

साहिबा निस्वाँ : *(दुआ में हाथ उठाते हुए)* ख़ुदा होने वाले मरहूम की रूह को सुकून बख़्शे—*(मंच के इस हिस्से में अँधेरा होने के साथ भाँड, नक़्क़ाल, और बहुरूपिए का गाते हुए प्रवेश।)*

भाँड/नक़्क़ाल/ बहुरूपिया : *(साथ-साथ)*

अब्दुल्ला और अली हुसैन; लूटा हिन्दोस्तान का चैन
काँख दबाया तख़्ते-ताऊस; जेब में रक्खा लाल क़िला
दारुल-मुल्क़ हथेली पर है; शाह ज़ेरे[127] जूती क़िब्ला
कल का क़ैदी आज शहंशाह; शहंशाह को किया हलाल
तख़्ते से ले आये तख़्त पर; वापस भेजा बिना मलाल
शाह बनाये शाह मिटाये; सुबू उठाये शाम गिराये
सज्दे को सर पर बिठलाया; परचम झुके सलाम बनाये
आया शाह और गया शाह का कब तक और तमाशा बोलो
कठपुतली-से शहज़ादों के लम्बे धागे खोलो-खोलो
हाये रूहे-तैमूरी अब मार दुहत्थड़ करती बैन
अब्दुल्ला और अली हुसैन लूटा हिन्दोस्तान का चैन।

(अँधेरा।)

दृश्य-20

लाल क़िला। दिन।

(अब्दुल्ला ख़ाँ चिन्तामग्न है। गाने की पंक्ति सुनाई देती है, अब्दुल्ला और अली हुसैन/लूटा हिन्दोस्तान का चैन। फिर नेपथ्य से पुकारें: दस दिन से झरोखा-दर्शन नहीं हुआ! कहाँ हैं बादशाह सलामत? रतन चन्द का प्रवेश।)

रतन चन्द : *(परेशानी से)* भीड़ बेताब हो रही है जनाबे-आली!

अब्दुल्ला ख़ाँ : *(वैसे ही)* दसवाँ दिन है। सल्तनत बादशाह के बग़ैर चल रही है।

रतन चन्द : लोग समझते जा रहे हैं कि बादशाह हैं ही नहीं।

(हुसैन अली का प्रवेश। पीछे आलम अली और दिलावर।)

हुसैन अली : *(तनाव में)* मजमा इकट्ठा हो गया है दरवाज़े पर!

आलम अली : *(अब्दुल्ला से)* हालात पर फ़ौरन क़ाबू कीजिए, वर्ना तबाही हो जाएगी।

अब्दुल्ला ख़ाँ : *(रतन चन्द से)* तुम फ़ौरन सलीमगढ़ जाओ; किसी शहज़ादे को ले आओ।

रतन चन्द : आप साथ चलें।

हुसैन अली : मैं चलता हूँ।

अब्दुल्ला ख़ाँ : *(हाथ के इशारे के साथ)* तुम रुको। फ़ौजी दरकार हैं यहाँ।

हुसैन अली : आलम—दिलावर जाते हैं रतन चन्द के साथ।

अब्दुल्ला ख़ाँ : *(आलम और दिलावर से)* तुम दोनों नीचे जाओ; लोगों को नर्मी से समझाओ; बादशाह सलामत झरोखे पर आने ही वाले हैं।

हुसैन अली : *(आपत्ति के सुर में)* इनमें से एक रतन चन्द के साथ क्यों नहीं जा सकता?

(हुसैन अली अब्दुल्ला की नज़र मिली है।)

अब्दुल्ला ख़ाँ : *(आलम और दिलावर की ओर संकेत सहित)* इन दोनों को सलीमगढ़ भेज दो। भीड़ सँभालेंगे रतन चन्द—

(आलम अली और दिलावर हुसैन को देखते हैं।)

हुसैन अली : तुम दोनों क़िले के दरवाज़े पर रहो। रतन चन्द अकेले जाएँगे।

(आलम, दिलावर, और रतन चन्द का प्रस्थान।)

अब्दुल्ला ख़ाँ : *(भरा हुआ)* रफ़ीउद्दार्जात चार माह चले, रफ़ीउद्दौला तीन माह। ताक़ते—तब्दीली का ऐसा वहशी नज़ारा दिखाने के लिए हमने हुकूमत सँभाली थी?

हुसैन अली : *(सच्चे ताज्जुब से)* मैंने तो जब से एहसास किया है इसका, *(अपने सीने की ओर इशारे के साथ)* भीतर जैसे एक नये किरदार को पाता हूँ। नया वलवला है मेरे ख़ून में! रात को यकायक नींद टूट जाती है—ये ताक़त मुँह तक भरे प्याले की तरह छलकने लगती हैं; क़दम बेइख़्तियार लाल क़िले तक ले जाते हैं; जी चाहता है कि फ़सील से चीख़ कर कहूँ कि देखो, ये हैं वो हाथ, जो किसी भी माथे पर ताज आरास्ता कर सकते हैं—

अब्दुल्ला ख़ाँ : *(जैसे यक़ीन न आ रहा हो)* क्या?

हुसैन अली : *(जैसे सम्मोहित हो, तख़्त छूता है)* बारहा में पैदा अदना सिपाही की औलाद हिन्दोस्तान की तवारीख़ बना रही है! *(तख़्त पर बैठ जाता है)* तो ऐसी होती है तख़्तनशींनी! सब कुछ नीचा और छोटा मालूम होता है; जैसे नशे की हिलोर है, जो भीतर बढ़ रही है; मीठी सिहरन, जैसे मोरपंख से खुदी को सहला रही है—*(नक़ीब के सुर में)* अल-सुल्तान अल-आज़म वल ख़ाक़ान[128] अल-मुकर्रम[129], जामे-सल्तनते-हक़ीक़ी, सैयद अल-सलातीन[130] हुसैन अली पादशाह ग़ाज़ी ज़िल्लुल्लाह—

अब्दुल्ला ख़ाँ : *(डपट कर)* होश खो बैठे हो हुसैन!

हुसैन अली : *(नाराज़गी से)* आप अपनी अक़्ल खो बैठे हैं! एक सौ तेरानबे बरस की तवारीख़े-मुग़लिया में और कौन-सा उमरा है, जिसकी मुट्ठी में तख़्ते-ताऊस हो!

अब्दुल्ला ख़ाँ : तख़्ते-ताऊस को अपना तख़्ते-ताबूत बना दोगे नामुराद!

हुसैन अली : निज़ाम के हर दस्ते पर हमारा क़ब्ज़ा है।

अब्दुल्ला ख़ाँ : रैयत हमें मन्ज़ूर नहीं करेगी—हमारी रगों में ख़ूने-शाही नहीं।

हुसैन अली : जब हाथ में शमशीर होती है, तो हर ख़ून शाही हो जाता है।

अब्दुल्ला ख़ाँ : निहत्थे अवाम के ज़ज्बात की धार ज़्यादा तेज़ होती है ज़िल्ले-सुब्हानी!

हुसैन अली : दरीबाँ कला के नजूमी की बाबत नहीं सुना आपने? पेशीनगोई की है कि अगली सल्तनत सैयदों की होगी!

(अगले संवाद के साथ अब्दुल्ला हुसैन अली को तख़्त से हटाता है।)

अब्दुल्ला ख़ाँ : अपने साथ उस नजूमी की गर्दन भी कटवा दोगे तुम!

(रौशन अख़्तर और रतन चन्द आते हैं। हुसैन अली रौशन अख़्तर को भत्सर्ना से देखता है।)

हुसैन अली : *(नापसन्दगी से)* ये नमूना बैठेगा तख़्त पर, तो रैयत जै-जैकार करेगी?

(अब्दुल्ला रौशन अख़्तर को देखता है।)

अब्दुल्ला ख़ाँ : *(चौंक कर)* तुम रौशन अख़्तर तो नहीं? बादशाह बेगम के मँगेतर?

रौशन अख़्तर : हाँ जनाबे-आली!

अब्दुल्ला ख़ाँ : यह तुम क्या कर बैठे रतन चन्द? मेरी जनम-कुंडली नागिन की तरह डस लेगी मुझे!

(नेपथ्य के ऊँचे नारों के साथ आलम अली का तेज़ी से प्रवेश।)

आलम अली : अगर इसी लम्हें झरोखे में बादशाह दिखाई नहीं दिया, तो क़यामत आ जाएगी!

अब्दुल्ला ख़ाँ : या ख़ुदा, क्या ख़ुद सलीमगढ़ न जाकर मैं ज़िन्दगी की सबसे बड़ी ग़ल्ती कर बैठा?

(दिलावर अली तेज़ी से आता है।)

दिलावर अली : सबसे बड़ी ग़ल्ती अब हो रही है बड़े सैयद!

(आलम और दिलावर रौशन अख़्तर को झरोखे की ओर खींचते हैं।)

अब्दुल्ला ख़ाँ : रुक जाओ; इस तख़्तनशींनी में अपनी तबाही दिखाई दे रही है मुझे—

आलम अली : आपका अन्देशा हक़ीक़त में बदल जाएगा, अगर—

अब्दुल्ला ख़ाँ : *(आलम वा दिलावर को रोकने की कोशिश करते हुए)* आलम! दिलावर!

रतन चन्द : क़िले का दरवाज़ा पीट रहे हैं लोग—

(रौशन अख़्तर एक झटके में अपने को छुड़ा झरोखे के पास पहुँच जाता है; मुस्कान से हाथ उठाता है।)

नक़ीब : साहिबे-क़िरान[131], पादशाहे-ज़मन[132], तैमूरे-सानी[133], अबुल मुज़फ़्फ़र[134] नसीरुद्दीन मुहम्मद शाह बादशाह ग़ाज़ी—

आलम अली/
दिलावर अली/
रतन चन्द : *(साथ-साथ)* बादशाह सलामत! बादशाह सलामत!

(शायर मिसरा बोलते हथेली फैलाए आता है—इनाम मिलने की आशा में।)

शायर : ये जश्ने-तमन्ना मुबारक
ये फ़तेह का लम्हा मुबारक-मुबारक—

(मुनादीनवाज़ का डौंडी पीटते हुए प्रवेश।)

मुनादीनवाज़ : ख़ल्क़ ख़ुदा का, अहद बादशाह का, हुक्म भी बादशाह का!

(शायर को परे झटकते हुए अपने संवाद से उस पर हावी हो जाता है; हताश शायर चुप हो जाता है।)

मुनादीनवाज़ : ख़ालिसा ज़मीन इजारे में नहीं दी जाएगी, जैसा कि निज़ामे-सैयद में हो रहा था।

(बादशाह बेगम का प्रवेश। अब्दुल्ला से नज़र मिलती है। बादशाह बेगम भावहीन है।)

मुनादीनावाज़ : जो जागीरदार ख़ालिसा ज़मीन पर क़ब्ज़ा किये बैठे हैं, फ़ौरन सनद वापस कर दें। सैरहासिल[135] जागीरों पर बुरी नज़र रखने वाले होशियार! अवाम को इत्तिला दी जाती है कि किसी भी जायज़ काम के वास्ते किसी भी हाकिम को शुक्राना न दिया जाय—चाहे ओहदा कोई भी हो। कोई भी शहरी दफ़्तरे-वालाशाही में निज़ाम के खिलाफ़ शिकायत दर्ज कर सकता है। ख़ल्क़ ख़ुदा का, अहद बादशाह का, हुक्म भी बादशाह का!

(अँधेरा)

दृश्य-21

लाल क़िला। दिन।

(प्रकाश होता है। मुहम्मद शाह (रौशन अख़्तर) और बादशाह बेगम एक-दूसरे को देख रहे हैं। मुहम्मद शाह बादशाह बेगम का हाथ थामता है; होठों से छुआता है; फिर उसके गालों पर हाथ रख उसका चेहरा ऊपर उठाता है; यकायक बादशाह बेगम अलग हो जाती है।)

बादशाह बेगम : *(सख़्ती से)* नहीं, यह जिस्म बेहिस्सो-हरकत है; ठंडा। इसे तराशो, तो ज़ज्बात से तपता ख़ून नहीं, इन्तिक़ाम का सर्द ज़हर निकलेगा। सैयदों की आख़िरी हिचकी मुझे बख़्शेगी तमन्नाओं की रअनाई, ख़यालों की शोख़ी—

(चीनकुलीच और अमीन ख़ाँ का प्रवेश। दोनों कोर्निश करते हैं।)

चीनकुलीच ख़ाँ : सल्तनते-मुग़लिया की बारहवीं बादशाहत मुबारक!

बादशाह बेगम : ख़ुशामदीद निज़ामुल्मुल्क़!

अमीन ख़ाँ : *(हल्की मुस्कान से)* तज़्किरा-ए-सियासत के वास्ते हम फिर हाज़िर होंगे। ये रंगारंग ख़ुशबु-ओ-ख़याल का मौसम है!

बादशाह बेगम : *(सन्जीदगी से)* ख़ुशबु-ओ-ख़याल बर्फ़ में जमे हैं *(अपने वक्ष की ओर संकेत के साथ)* यहाँ! मौसमे-बहार काबुली दरवाज़े पर ठिठका हुआ है; सदा-ए-बुलबुल फ़िज़ाँ में थमी है। जिस सल्तनते-मुग़लिया की ख़ुद्दार सरहदें कोंकण, कोहिमा, कन्धार, और कच्छ को छूती हैं, उसके बादशाह को क़िला-ए-मुअल्ला में पाँचवाँ क़दम उठाने से पहले हुसैन अली की इजाज़त चाहिए?

मुहम्मद शाह : तामीर की पुख़्तगी के वास्ते क़िला-ए-मुअल्ला की बुनियाद क़ैदियों के ख़ून से सींची गयी थी। बादशाह को उसकी बादशाहत वापस दिलाने के लिए अब सैयदों का ख़ून दरकार है।

चीनकुलीच ख़ाँ : तो ये पहला मुद्दा है, जिसकी ख़ातिर हम एकजुट होंगे।

अमीन ख़ाँ : और हमें अवाम की हिमायत भी मिलेगी।

बादशाह बेगम : दिल्ली दरबार को अपनी मुहिम के साथ जोड़ने की ख़ातिर दूसरा मुद्दा होगा बाहर से आयी नस्लों का हिन्दुस्तान में मुस्तक़बिल।

मुहम्मद शाह : हम शुरू से ही हिन्दुस्तान के बाशिन्दों के ख़िलाफ़ हो जाएँगे?

चीनकुलीच ख़ाँ : हिन्दुओं और हिन्दुस्तानी मुसलमानों की ताक़त मामूली है। अपनी रोज़ी—ओ-मनसब के सवाल पर सारे ईरानी, तूरानी, अफ़गान, और दकन से आये शिया उमरा हमारे परचम तले आ जाएँगे।

बादशाह बेगम : निज़ामुल्मुल्क को उनके क़द के बरख़िलाफ़ मामूली जागीर दिये जाने से दिल्ली दरबार थर्रा गया है।

अमीन ख़ाँ : पाँच सौ से लेकर दस हज़ार ज़ात-ओ-सवार वाले दिल्ली दरबार के तक़रीबन नब्बे फ़ी सदी उमरा एक तरफ़ और गंगा-जमुनी तहज़ीब का रोना-रोने वाले अब्दुल्ला दूसरी तरफ़!

बादशाह बेगम : इस्लाम की हिफ़ाज़त और अफ़ज़ायश का तीसरा मुद्दा जोड़ कर हमें अपने मोर्चे को धार देनी होगी।

मुहम्मद शाह : फिर सल्तनत की बहबूदी का चौथा मुद्दा ख़ुद-ब-ख़ुद जुड़ जाता है।

बादशाह बेगम : अब नया निज़ाम आएगा—सैयदों के बाद और उनके बग़ैर।

सब : *(एक साथ)* इन्शा अल्लाह!

चीनकुलीच ख़ाँ : हमारी पहली शर्त ये है कि बग़ैर पुश्तैनी पसमन्ज़र[136] के जिन नये, नाक़ाबिल लोगों को मनसबो-रुत्बा अता किया गया है, उन्हें फ़ौरन बर्ख़ास्त किया जाएगा।

मुहम्मद शाह : मन्ज़ूर।

चीनकुलीच ख़ाँ : जिन जागीरों का लगान आसानी से वसूल हो जाता है, वे नये वा छोटे उमरा को दी जाएँगी और जिनमें धमकी वा ताक़त का इस्तेमाल ज़रूरी है, वज़ादार उमरा के हिस्से में आएँगी।

बादशाह बेगम : दुरुस्त है।

अमीन ख़ाँ : सैयदों का तख़्ता पलटने के बाद उनके खेमे के सारे मनसबो-रुत्बे आलमगीरी उमरा के बीच तक़सीम होंगे।

बादशाह बेगम : *(हामी में सर हिलाते हुए)* हिन्दुस्तानी मुसलमानों के हाथों में कमाने-हुकूमत चार दिन की चाँदनी थी।

(जय सिंह का प्रवेश।)

जय सिंह : बड़े सैयद ने सभी अमीरों को रामलीला देखने का न्यौता दिया था। तभी मुझे यह *(दिखाते हुए)* चिट्ठी मिली। *(सबको देखते हुए)* अकबराबाद में मित्रसेन ने नेकूसियर की बादशाहत का एलान कर दिया। मित्रसेन ने मुझसे पचास हज़ार अशर्फियों की माँग की है, ताकि वो कुछ दस्ते जुटा सकें।

(अमीन ख़ाँ मुस्कुराता है।)

अमीन ख़ाँ : ख़ुदा जब मेहरबान होता है, तो मुराद बिना माँगे पूरी होने लगती है। *(सबको देखते हुए)* दो दिन पहले क़ाज़ी[137] ने फ़ैसला दिया है कि एक हिन्दू लड़की सावित्री मुसलमान मानी जानी चाहिए, क्योंकि अपने बाप के इस्लाम क़ुबूल करते वक़्त वो नाबालिग़ थी, लेकिन सर्दुल्सद्र[138] का कहना है कि माहवारी बालिग़ होने की अकेली निशानी नहीं, जबकि मुहत्सिब[139] कह रहे हैं कि लड़की की मर्ज़ी पूछना मुनासिब होगा। राय एक न हो पाने की वजह से लड़की को फ़िलहाल गली भैरोंवाली के सेठ जीवनदास के यहाँ भेज दिया गया है।

चीनकुलीच ख़ाँ : सेठ के यहाँ भेजने की तजवीज़ किसकी थी?

अमीन ख़ाँ : बड़े सैयद की।

मुहम्मद शाह : तो?

अमीन ख़ाँ : लड़की को ग़ायब करके सेठ से पचास हज़ार अशर्फियों की फिरौती माँगी जाय और वो मिले या ना मिले, पर लड़की की लाश किसी मस्जिद से बरामद कर ली जाय।

(सब चीनकुलीच की तरफ़ देखते हैं।)

चीनकुलीच ख़ाँ : तो दुरुस्त है हाज़रीन! सैयद बिरादरान के ख़िलाफ़ पहली मुहिम खोल दी जाय!

(अँधेरा।)

दृश्य–22

अब्दुल्ला ख़ाँ का घर। दिन।

(अब्दुल्ला और हुसैन अली साथ हैं। मुहम्मद शाह और बादशाह बेगम का प्रवेश। पीछे अमीन ख़ाँ।)

बादशाह बेगम : निकाह के बाद सलाम के लिए हाज़िर हुए हैं।

अब्दुल्ला ख़ाँ : *(जेब से थैली निकाल कर बढ़ाता है)* सलामी पेश है।

(बादशाह बेगम भेंट लेती है।)

मुहम्मद शाह : सुना है, सबा–ए–अकबराबाद से बग़ावत की बू आ रही है?

बादशाह बेगम : मित्रसेन को आरामदेह हकीमी छोड़ काँटेदार विज़ारत इख़्तियार करने की क्यों सूझी?

हुसैन अली : *(हल्की मुस्कान से)* लगता है, उन्हें काँटों की चुभन का एहसास नहीं।

अमीन ख़ाँ : *(मुस्कान से)* और सात हज़ारी मनसब के साथ लक़ब[140] भी रखा है—राजा बीरबल!

मुहम्मद शाह : जैसे बीरबल नाम के साथ उनकी ज़हानत भी नसीब हो जाएगी!

बादशाह बेगम : मित्रसेन की इतनी हिम्मत कैसे हो गयी?

हुसैन अली : *(हल्की मुस्कान से)* हुकूमत की पहली क़तार के इर्द–गिर्द रहने वालों में अपना नसीब बदलने की वहशत पायी ही जाती है।

(हैदर बेग का प्रवेश। उसे देख हुसैन अली परम प्रफुल्लित हो जाता है; बड़ी मुस्कान से बाँहें फैलाता है; हैदर गले मिलता है।)

हुसैन अली : *(हैदर का परिचय करवाते हुए)* मेरे वास्ते सरापा यक़ीन जनाब हैदर बेग—*(हैदर बेग अभिवादन करता है; बादशाह बेगम उत्तर देती है।)*

बादशाह बेगम : *(मुस्कुराती है)* ख़ुशनसीब हैं आप, जो आपको दौरे-हाज़िर में यक़ीन नसीब है!

हुसैन अली : *(हैदर बेग से)* कल सुबह इलाहाबाद के लिए कूच करना है।

हैदर बेग : *(आपत्ति के सुर में)* ये हो क्या रहा है? छबेलाराम नागर के बाद गिरधर बहादुर भी हमारे ख़िलाफ़ हो गये?

अब्दुल्ला ख़ाँ : उन्हें फ़र्रुख़ाबाद के मुहम्मद ख़ाँ बंगश के साथ हमारी दोस्ती पसन्द नहीं आयी।

हैदर बेग : अवध-फैज़ाबाद की फ़ौजदारी तो दी है उन्हें। सीधे इलाहाबाद क़िले पर क़ब्ज़ा कर लिया कि हम तो चचा छबेलाराम की जगह सूबेदार बनेंगे! ये कोई तरीक़ा हुआ?

अब्दुल्ला ख़ाँ : हमारा असली मोर्चा दकन है। उत्तर में भरसक अमन बनाये रखना है।

हैदर बेग : अमन बनाये रखने का मतलब ये है कि हिन्दुओं को सर चढ़ा लिया जाय? इलाहाबाद क़िला ख़ाली करने के लिए गिरधर बहादुर हमसे तीस लाख ख़र्च माँग रहे हैं? *(बादशाह बेगम की तरफ़ देखता है)* बग़ावत भी करेंगे और उसका फ़ौजी ख़र्च भी हमसे लेंगे!

अब्दुल्ला ख़ाँ : जब कई मुश्किलें दरपेश हों, तो निज़ाम को देखना होता है कि पहले कौन-सी मुश्किल का हल निकाला जाय।

हैदर बेग : हल बज़ाते-ख़ुद मुश्किल में तब्दील होता जा रहा है कुत्बुल्मुल्क़! जय सिंह को उसी गुजरात के ज़िले सोरठ का फ़ौजदार बनाया गया, जिसके सूबेदार वो बज़ाते-ख़ुद हैं? ख़्वाज़ा ग़रीबनवाज़ के अजमेर की सूबेदारी किसी शहज़ादे को दिये जाने की रिवायत है। वो बुतपरस्त अजीत सिंह को सौंप दी गयी? कितने सन्जीदा हैं इसके अन्जाम? दिल्ली के दक्खिन में, साठ मील बाद का पूरा इलाक़ा, सूरत के अरब समुन्दर तक, हिन्दुओं के हाथ में चला गया? तभी तो उनके हौसले आसमान छूने लगे हैं! *(जैसे अनहोनी हो रही हो, इस सुर में)* राजपूताना में गोवध बन्द हो रहा है; चन्द ऐसे मन्दिरों में काफ़िरों के घड़ियाल बजने लगे हैं, जिन्हें मस्जिद में तब्दील कर दिया गया था!

अब्दुल्ला ख़ाँ : *(समझाने के सुर में)* अपनी सलामती की ख़ातिर सल्तनते-मुग़लिया के रंग बदल रहे हैं हैदर बेग!

हैदर बेग : *(सख़्ती से)* निज़ामे-शरिआ[141] के रंग कभी नहीं बदलते।

अब्दुल्ला ख़ाँ : तब्दीली ज़िन्दगी की बुनियादी शर्त है।

हैदर बेग : अक़ीदा पत्थर की लकीर है; वो तब्दील नहीं होगा—ज़िन्दगी या सल्तनते-मुग़लिया रहे या जाय!

(इन्द्र कुँवर का प्रवेश। पीछे गोली।)

इन्द्र कुँवर : *(अब्दुल्ला ख़ाँ से दर्द के सुर में)* मेरी याद है आपको?

अब्दुल्ला ख़ाँ : बेटी इन्द्र कुँवर!

इन्द्र कुँवर : मेरे पिता तो मुझे भूल ही गये। सोचती थी, शायद आपको याद आ जाय कि रनिवास में एक अभागी ऐसी है, जो— *(सिसकी लेती है।)*

अब्दुल्ला ख़ाँ : तुमको दिल्ली लाना बेकार गया। मैं तुम्हारा दोषी हूँ।

इन्द्र कुँवर : मैं वापस जोधपुर जाना चाहती हूँ—शुद्धि के बाद अपने पुराने नाम इन्द्र कुँवर के साथ।

(अब्दुल्ला उसके सर पर हाथ रखता है; नेपथ्य से शुद्धि का संस्कृत मन्त्र सुनाई देता है।)

हैदर बेग : *(चौंक कर हुसैन अली को देखता है)* क्या हो रहा है ये?

हुसैन अली : *(उत्तेजित हो)* भाईजान, ये अनहोनी रोकिए।

अब्दुल्ला ख़ाँ : *(तीखे सुर में)* तुमसे कितनी इल्तिजा की थी कि फ़र्रुख़सियर को तख़्त पर रहने दो। तुमने मानी?

हुसैन अली : हमारी ग़लती का जवाब आप और भी बड़ी ग़लती से देंगे?

अब्दुल्ला ख़ाँ : हम वही कर रहे हैं, जो मुनासिब है।

हुसैन अली : हम दोनों जिस शाख़ पर खड़े हैं, आप उसे ही काटने पर तुले हैं।

अब्दुल्ला ख़ाँ : *(हाथ उठाते हुए)* अब तो सिजदे में सर झुका दिया।

(हुसैन अली के पास जवाब नहीं। बादशाह बेगम देख रही है। अँधेरा।)

दृश्य-23

लाल क़िला। दिन।

(प्रकाश होता है। बादशाह बेगम, मुहम्मद शाह, चीनकुलीच ख़ाँ, अमीन ख़ाँ, और जय सिंह साथ हैं।)

बादशाह बेगम : *(हाथ का ख़ंजर देख रही है)* ये ख़ंजर सौग़ात में मिला था हमें, कहा गया था, किसी नेक काम में इस्तेमाल करना।

(ख़ँजर चीनकुलीच को देती है।)

मुहम्मद शाह : *(मानीभरे ढंग से)* वो मुबारक घड़ी अब आयी है।

चीनकुलीच ख़ाँ : *(धार परखते हुए)* धार तेज़ है मलिका-ए-आली, लेकिन उन दो सीनों के वास्ते एक साथ फिर भी काफ़ी नहीं।

(ख़ंजर जय सिंह को देता है।)

जय सिंह : *(धार परखते हुए)* तो बार दो हिस्सों में बाँट दें?

(अगले संवाद के बीच ख़ंजर अमीन ख़ाँ को देता है।)

मुहम्मद शाह : पहले छोटा सीना—

अमीन ख़ाँ : *(धार परखते हुए)* आलम और दिलावर साए की तरह साथ रहते हैं। शक्की इतना है कि यार-दोस्तों से गले भी नहीं मिलता।

चीनकुलीच ख़ाँ : ईद के मौके पर भी नहीं?

अमीन ख़ाँ : *(ख़ंजर बादशह बेगम को देते हुए)* अपनी बीवी के सिवा और किसी से नहीं।

बादशाह बेगम : एक है जिससे मिलेगा—हैदर बेग! *(ख़ंजर दिखाती हुई)* सिर्फ़ एक जुमला काफ़ी होगा—इस्लाम ख़तरे में है!

मुहम्मद शाह : अब यह तय कर लिया जाय कि हमारा तर्जे-अमल क्या होगा?

चीनकुलीच ख़ाँ : मैं मालवा के लिए रवाना होता हूँ। जय सिंह अपनी फ़ौज के

साथ ग्वालियर पहुँचें। बादशाह सलामत और मलिका-ए-आली शिकार के बहाने सिउली के लिए निकलें और अकबराबाद पहुँच जाएँ। ईद के एक दिन बाद अमीन ख़ाँ हसनपुर का नाम लेकर चलें और शाही फ़ौज की कमान सँभाल लें।

बादशाह बेगम : *(ख़ंजर दिखाते हुए)* इसके सुर्ख़रू होने के बाद बड़े सैयद का रद्दे-अमल क्या होगा?

चीनकुलीच ख़ाँ : अब्दुल्ला सबसे पहले किसी शहज़ादे को तख़्त पर बिठाएँगे, चूँकि अब तक वो दरबारी नुमाइन्दा मालवा से दिल्ली अकेला वापस लौट चुका होगा, जो नयी सूबेदारी सँभालने से पेश्तर हमें दिल्ली दरबार में सलामी के वास्ते लाने भेजा गया था।[142] अब्दुल्ला समझ जाएँगे कि हमने बग़ावत कर दी और वो नर्मदा के उस पार ही रंग दिखा सकती है। चुनाँचे वो आलम अली को दकन भेजेंगे और दिलावर को मालवा। साथ वो दिल्ली में नये सिपाहियों की भर्ती करेंगे।

बादशाह बेगम : मराठों का रुख़ क्या होगा?

चीनकुलीच ख़ाँ : बालाजी का हिन्दू पदपादशाही का ख़्वाब है। वो दकन में अब्दुल्ला की मदद करने की सोचेंगे भी, तो छापामार लड़ाई के आगे नहीं जा सकते। आलम अली को हम पर हमला करना ही पड़ेगा।

अमीन ख़ाँ : आलम अली की फ़ौज आप पर भारी पड़ेगी।

चीनकुलीच ख़ाँ : जंग में एक की शिकस्त तो होती है। सब जानते हैं कि आलम अली दिलेर होने के साथ-साथ तरतीबे-जंग में भी माहिर हैं। अगर वो मुझे धूल चटा देते हैं, तो इसे अल्लाह की मर्ज़ी मानने के अलावा और क्या रास्ता है!

मुहम्मद शाह : तो हमारा लाहे-अमल क्या होगा?

चीनकुलीच ख़ाँ : उज्जैन से निकल कर हम नर्मदा पार करेंगे। उसके बाद फ़ौरन हम सबके नसीब का फ़ैसला हो जाएगा। आलम अली से टक्कर तो बाद में होगी—पहले असीरगढ़, बरार, और खानदेश के तीनों सूबेदार हमें ललकारेंगे।

जय सिंह : *(परेशानी से)* वो तो ललकारेंगे ही! तीनों सैयद हैं और अब्दुल्ला के फ़र्माबरदार—

बादशाह बेगम : अगर उनमें हवा-ए-वक़्त की तहरीर पढ़ने की सिफ़त है, तो आपका इस्तक़बाल भी कर सकते हैं।

मुहम्मद शाह : ताहिर ख़ाँ, नूरुल्लाह ख़ाँ, और अनवरुल्लाह ख़ाँ—इन तीन सैयदों के ऊपर तवारीख़ का अगला मोड़ मुन्हसिर करता है।

चीनकुलीच ख़ाँ : देखेंगे, उनकी सियासी समझ क्या है?

अमीन ख़ाँ : गेवाड़ हमारे छक्के छुड़ा देगा।

जय सिंह : महाराणा संग्राम सिंह को इनामो-इकराम से सरफ़राज़ करने के बाद सैयद ने उन्हें रामपुर भी दे दिया। अच्छी-ख़ासी फ़ौज है उनके पास।

चीनकुलीच ख़ाँ : मारवाड़-मेवाड़ की सरहद के गोड़वाड़ परगने पर हक़ का झगड़ा और अजीत सिंह की बढ़ती हुई ताक़त—इन दो मुद्दों ने सैयदों के साथ महाराणा के रिश्ते को कच्चा कर दिया। अजीत सिंह के साथ अपनी पुरानी होड़ के चलते जय सिंह ने होशियारी दिखाते हुए महाराणा से शादी का रिश्ता भी जोड़ लिया और महाराणा से वादा किया कि अगर दिल्ली में हुकूमत बदली, तो मेवाड़ को उसके खोये हुए ईडर और सिरोही परगने मिल कर रहेंगे। *(सबको देखते हुए हल्की मुस्कान से)* दोस्तों, महाराणा बड़ी रक़म के साथ-साथ पंचोली बिहारीदास की कमान में हमारी मदद के लिए फ़ौज भेज रहे हैं।

मुहम्मद शाह : अजीत सिंह?

चीनकुलीच ख़ाँ : इस पूरे मंसूबे में एक ही पेच है—और वो है अजीत सिंह। अब्दुल्ला अजीत सिंह से क्या करने को कहेंगे? अगर मारवाड़ी फ़ौज सैयदों के साथ होगी, तो मुझ पर भारी पड़ेगी। वो अजमेर से निकल कर जय सिंह के छक्के छुड़ाती हुई अकबराबाद आ सकती है या नर्मदा पार कर दकन भेजी गयी सैयदी फ़ौज के साथ मिल कर मेरी जान साँसत में डाल सकती है।

जय सिंह : *(सोचते हुए)* अजीत सिंह—

अमीन ख़ाँ : अजीत सिंह को सैयदों से काटना जितना ज़रूरी है, उतना ही मुश्किल।

(बादशाह बेगम ताली बजाती है; सहमे हुए अभय सिंह का प्रवेश।)

बादशाह बेगम : कुँवर साहेब, जहाँपनाह आपको यह क़ौल देते हैं कि आपके वालिद के बाद आपको जोधपुर का महाराज तस्लीम किया जाएगा और सात हज़ार ज़ातो-सवार के मनसब के साथ गुज़रात की सूबेदारी अता की जाएगी। उसे आपका नुमाइन्दा सँभालेगा

और आप हमारे जाँनवाज़ दोस्त की हैसियत से दरबारे दिल्ली की ज़ीनत दोबाला करेंगे।

अभय सिंह : *(उत्तेजित हो जाता है)* सचमुच ऐसा हो सकता है?

मुहम्मद शाह : बिला शक।

बादशाह बेगम : *(चाँदी की डिब्बी दिखाते हुए)* ख़ानदाने-मुग़लिया की ये भी एक शाहकार है—तख़्ते-ताऊस और कोहेनूर की मानिन्द। खाने-पीने की किसी चीज़ में बस, एक चुटकी—

(अभय सिंह अन्देशे से डिब्बी को देखता है; फिर झपट कर डिब्बी ले लेता है। अँधकार।)

दृश्य–24

अब्दुल्ला ख़ाँ का घर। दिन।

(प्रकाश होता है। चिन्तित अब्दुल्ला ख़ाँ। नेपथ्य से नाराज़ स्वर सुनाई देते हैं; ज़िन्दा सावित्री वापस लाओ!; लड़की मस्जिद कैसे पहुँची?; किसने उसका गला दबाया?; जीवन दास को फाँसी दो!; अब्दुल्ला! हाय-हाय!; हुसैन अली! हाय-हाय! हुसैन अली का प्रवेश।)

हुसैन अली : *(तैश में आया हुआ)* मुसलमान तो आपसे जले–भुने थे ही, अब हिन्दू भी आपके ख़िलाफ़ हो गये!

(अब्दुल्ला ख़ाँ चुप है।)

हुसैन अली : हर चार दिन बाद आप अपने दुश्मनों की तादाद बढ़ा देते हैं—और मेरे भी!

(अब्दुल्ला चौंकता है।)

अब्दुल्ला ख़ाँ : क्या कहा तुमने?

हुसैन अली : सही कहा मैंने। हमारे निज़ाम में दरार पड़ चुकी।

अब्दुल्ला ख़ाँ : *(शान्ति से)* तो ठीक है। अपना ख़्वाब पूरा करने की जो भी क़ीमत है, हम चुकाएँगे।

हुसैन अली : पर ये आपका ख़्वाब है, मेरा नहीं।

अब्दुल्ला ख़ाँ : *(सनाका खा जाता है)* हुसैन!

हुसैन अली : *(आवेग से)* बहुत छोटा है मेरा ख़्वाब और कई गुना ज़्यादा पूरा हो चुका। हक़ीक़त ये है कि मुझसे मेरा मौजूदा ही नहीं सँभलता। आधी सल्तनत की मिल्कियत, इतनी बड़ी जागीर, मालो–ज़र। बहुत सख़्ती से बन्द की है मुट्ठी, पर बार-बार लगता है कि दरार से कुछ फिसल रहा है—मेरी हैसियत बेशक

कुछ कम हो जाय, पर ख़ुदारा, मेरा मौजूदा बना रहे। मुझे बेहद प्यार है अपने घर से, अपने कुटुम्ब से—

अब्दुल्ला ख़ाँ : तुम्हारा घर और कुटुम्ब तुमसे कोई नहीं छीन रहा।

हुसैन अली : छीन रहा है—आपका ये ख़तरनाक ख़्वाब, जिसकी ताबीर है फाँसी का फन्दा।

अब्दुल्ला ख़ाँ : जब ख़्वाब देखा है, तो उसकी हर ताबीर भी क़ुबूल करनी होगी।

हुसैन अली : मुझे क़ुबूल नहीं, इसलिए आपको ये ख़्वाब मन्सूख़ करना होगा।

अब्दुल्ला ख़ाँ : हुसैन!

हुसैन अली : बहुत ज़ब्त किया है मैंने। मुझे ख़्वाज़ानवाज़ के शहर की[143] सूबेदारी लेने से रोका आपने; मुझे वतनजागीर[144] लेने से रोका आपने; मुझे माही-मरातिब[145] ख़िताब लेने से रोका आपने; बानो को हाथियों की लड़ाई का खेल करवाने से रोका आपने[146]—

अब्दुल्ला ख़ाँ : वो सब हेकड़ी के करतब थे; बादशाह और दरबार को बिला वजह ललकारना था।

हुसैन अली : और आपने क्या किया? नेकूसियर की बग़ावत के बाद अकबराबाद की दौलत हथियाई; दूसरों से छीने मन्सबो-ओहदे अपने फ़र्माबरदारों में बाँटे; हिन्दुओं के साथ सर जोड़ सारे फ़ैसले ख़ुद किये—

अब्दुल्ला ख़ाँ : तुम अपने आपे में नहीं।

हुसैन अली : लेकिन बर्दाश्त की हद होती है और वो आन पहुँची आज!

अब्दुल्ला ख़ाँ : तुम दुश्मनों की साज़िश का शिकार बन गये हो। हमारे दिलों में आयी ख़राश उनके हाथ की शमशीर है।

हुसैन अली : अब शमशीर हो चाहे तोप, ख़राश तो आ चुकी।

अब्दुल्ला ख़ाँ : *(कातर होकर)* हम ग़रीब घर के हैं हुसैन! माँ-बाप ने हमें अपने मुँह का निवाला देकर पाला है। हमने तंगदस्ती साथ-साथ देखी है। हमने दर्दो-ग़म के थपेड़े एक साथ खाये हैं। हमारे ख़ानदान की रिवायत में तख़्तो-ताज का ख़ूंरेज़ क़ब्ज़ा नहीं, सूखी रोटी बाँटने की तसल्ली है।

हुसैन अली : मैं उसी सूखी रोटी का वास्ता देता हूँ आपको! गंगा-जमुनी तहज़ीब के अपने इस ख़्वाब को गंगो-जमुन में दफ़्न कर इस्लाम का परचम थामिए।

अब्दुल्ला ख़ाँ : मैं और तुम दफ़्न हो सकते हैं, ये ख़्वाब नहीं।

हुसैन अली : *(तलवार निकालते हुए)* तो फिर आइए, बजाय इसके कि दुश्मनों को हमें कुत्तों की मानिन्द मारने की मसर्रत मिले, हम एक-दूसरे के हाथों ही—

अब्दुल्ला ख़ाँ : *(तलवार निकालते हुए)* तुम हमेशा के नादान हो हुसैन! लेकिन नादानी की भी हद होती है—

(हुसैन अली अब्दुल्ला पर वार करता है; अब्दुल्ला रोकता है; बदहवास रतन चन्द दोनों के बीच आ जाता है।)

रतन चन्द : आप दोनों पागल हो गये हैं क्या?

हुसैन अली : बीच में मत बोल बदज़ात हिन्दू—

(रतन चन्द पर वार साधता है।)

रतन चन्द : मार डालो छोटे सैयद! तीस बरस जिस घर का नमक खाया है, उसी के एक नासमझ के हाथों दुनिया छोड़ने दो—

(हुसैन अली स्वयं पर नियन्त्रण करता है।)

हुसैन अली : *(अब्दुल्ला की तरफ़ इशारे के साथ)* नासमझ मैं हूँ या ये?

रतन चन्द : आप दोनों हैं! अगर कोई ख़ंजर अभी तक आपके सीने में पैबस्त नहीं हुआ, तो वजह सिर्फ़ एक है—आप दोनों का इत्तिहाद। चलिए, दोनों भाई गले मिलिए—

(अब्दुल्ला और हुसैन अली की नज़र मिलती है। एक पल का विराम। अब्दुल्ला बाँहें फैलाता है; मुस्कुराते हैदर बेग का बाँहें फैलाए प्रवेश। हुसैन अली अब्दुल्ला की अनदेखी करते हुए मुस्कान से गले मिलने हैदर बेग की ओर बढ़ता है; हैदर बेग गले मिलते हुए हुसैन अली के सीने में ख़ंजर घोंप देता है; फिर तुरन्त अब्दुल्ला की ओर झपटता है। अब्दुल्ला और रतन चन्द उस पर क़ाबू कर लेते हैं। सिपाही मदद को आ जाते हैं। अब्दुल्ला हुसैन अली को थामता है; हुसैन अली अब्दुल्ला की बाँहों में दम तोड़ देता है। अब्दुल्ला अवसाद से सुन्न। अँधेरा। मंच के दूसरे हिस्से में भाँड, नक़्क़ाल, और बहुरूपिए का प्रवेश।)

भाँड/नक़्क़ाल/
बहुरूपिया : *(साथ-साथ)*

मेहताबो-आफताब है दिल्ली मेरी दिल्ली
टूटा हुआ-सा ख़्वाब है दिल्ली मेरी दिल्ली
एक धूल भरा ज़ख़्म है सिजदे में झुका सर
ठहरी हुई सी चीख़ है दिल्ली मेरी दिल्ली
अश्कों की तरह आये-गये कितने ही ग़मख़्वार
वैसी ही महवे-सोग़[147] है दिल्ली मेरी दिल्ली।

दृश्य–25

अब्दुल्ला ख़ाँ का घर। दिन।

(प्रकाश होता है। अब्दुल्ला टूट गया है। बानो का प्रवेश। आलम अली और दिलावर अली साथ।)

बानो : *(अब्दुल्ला से बिफर कर)* अब कलेजा ठंडा हो गया आपका?

अब्दुल्ला ख़ाँ : बारहा जाओ बहू बेगम!

बानो : अब तो वहीं जाएँगे, जहाँ हमारे सरताज गये हैं।

अब्दुल्ला ख़ाँ : तुम आपे में नहीं।

बानो : कैसे रहूँ, जब भाई का ख़ून पीने वाला जीता-जागता सामने खड़ा हो!

अब्दुल्ला ख़ाँ : होश खो बैठी है नादान!

बानो : होश खो बैठे थे आपके भाई! भोले-भाले ने हमेशा एतबार किया। उन्हें क्या इल्म था कि दौलते-रुत्बे में उनका आधा हक़ देने के बजाय आपकी काली नज़र उनकी ज़िन्दगानी पर है—

अब्दुल्ला ख़ाँ : *(चिढ़ कर)* ख़ुदा के वास्ते जाओ यहाँ से। मैं बारहा ख़ानदान को ग़र्क होने से बचाने की आख़िरी कोशिश में मुब्तिला हूँ।

बानो : *(बौखलाई हुई)* ग़र्क़ हो चुका बारहा ख़ानदान! जिस लम्हें मेरे सरताज के सीने में ख़ंजर घोंपा गया, ख़ाक़ पड़ गयी बारहा ख़ानदान के ऊपर—

(जाती है।)

अब्दुल्ला ख़ाँ : *(आजिज़ी से)* आलम! दिलावर! आख़िरी कोशिश में मेरा साथ दोगे?

आलम अली : *(ठंडे सुर में)* हुसैन अली की खातिर—

दिलावर अली : *(वैसे ही)* हमें क्या करना है?

अब्दुल्ला ख़ाँ : तख़्त पर एक बादशाह तो चाहिए।

आलम अली : इन चोंचलों में हमारी दिलचस्पी नहीं।

दिलावर अली : बस, ये बता दें कि हिक्मते-अमली क्या है?

अब्दुल्ला ख़ाँ : चीनकुलीच ने पैग़ाम भेजा है कि उनको तक़ावी मिल चुकी। लिहाज़ा वो मालवा छोड़ रहे हैं।

आलम अली : सूबेदारी कहाँ की मंज़ूर की है?

अब्दुल्ला ख़ाँ : दिल्ली दरबार में पेश होकर बताएँगे। पहली पसन्द इलाहाबाद है।

दिलावर अली : *(चौंक कर)* ये तो ग़ज़ब हो गया। दकन हमारे लिए छोड़ दिया?

अब्दुल्ला ख़ाँ : देखते हैं। तुम बूँदी को कूच करो और भीमसिंह हाड़ा का झगड़ा सुलझाते हुए मालवा सरहद पर नज़र रखो।

आलम अली : और मैं?

अब्दुल्ला ख़ाँ : तुम जब तक औरंगाबाद पहुँचोगे, मालूम हो जाएगा कि चीनकुलीच की मंशा क्या है?

आलम अली : अगर टकराव की है, तो मराठों से हम कितनी मदद की उम्मीद रक्खें?

अब्दुल्ला ख़ाँ : बालाजी विश्वनाथ और शाहूजी को ख़त भेज दिये हैं।

आलम अली : अगर तारा बाई ने चीनकुलीच का साथ दिया, तो शाहूजी का रुख़ क्या होगा?

अब्दुल्ला ख़ाँ : चीनकुलीच शाहूजी से ज़्यादा रियायतों का वादा करके उन्हें अपनी जानिब खेंच सकते हैं, लेकिन हमें बालाजी विश्वनाथ की दूरन्देशी पर अभी तक तो यक़ीन है।

दिलावर अली : अगर चीनकुलीच मालवा में ही मँडराते रहते हैं, तो?

अब्दुल्ला ख़ाँ : तो तुम्हें और आलम को उन्हें दो पाटों के बीच कुचलना है।

आलम अली : जय सिंह की फ़ौज चीनकुलीच की मदद के लिए आमेर से चल चुकी है या नहीं?

अब्दुल्ला ख़ाँ : चल चुकी है। जय सिंह ने तलवार थाम केसरिया बाना पहन, आमेर ब्राह्मणों को दान में देते हुए, एलान किया है कि उनको या जीत गले लगाएगी या मौत!

दिलावर अली : मुझे फ़ौजी मदद की ज़रूरत पड़ सकती है। गिरधर बहादुर से उम्मीद रखें?

अब्दुल्ला ख़ाँ : वो हमारे दुश्मनों के साथ हैं।

आलम अली : *(तेज़ से)* आपने उनकी बेजा बग़ावत बर्दाश्त की, उनको सूबेदार बनाया, फिर भी?

अब्दुल्ला ख़ाँ : *(फ़लसफ़ी सुर में)* उन्होंने कहा, तुम्हारी डूबती नाव में क्यों बैठें?

दिलावर अली : सिर्फ़ अपने बूते पर हम क्या कर पाएँगे?

अब्दुल्ला ख़ाँ : अजीत सिंह का नुमाइन्दा रास्ते में होगा। बरार, खानदेश, और असीरगढ़—तीनों के सूबेदारों को फ़ौरन परवाना भेजता हूँ और एहतियात के लिए चन्द दस्ते चम्बल के पार तैनाद करवाता हूँ।

(आगे तीनों के सुर तेज़ और कड़वे हैं।)

आलम अली : यहाँ अमीन ख़ाँ हमारी क़ब्र खोदने में लगे हैं।

दिलावर अली : हमारे एक-एक क़दम की ख़बर है उनको।

आलम अली : जो चीनकुलीच तक पहुँचती है।

दिलावर अली : उनके क़त्ल की छोटे सैयद की तरक़ीब अगर आपने मान ली होती, तो आज कम-से-कम दिल्ली में तो हम खुल कर साँस ले सकते होते।

अब्दुल्ला ख़ाँ : फ़ौज के नायब बख़्शी हैं अमीन ख़ाँ! डेढ़ सौ ज़ातो-सवार के कोई छुटभैए मनसबदार नहीं! तूरानी खेमे के नायब सरगना भी हैं। उन पर वार करते, तो दरबार के सारे आलमगीरी उमरा हम पर टूट पड़ते। वज़ादार उमरा के क़त्ल की सियासत हमारे काम नहीं आ सकती थी।

आलम अली : पर हुसैन ख़ुद उसी सियासत के शिकार हुए न?

अब्दुल्ला ख़ाँ : नहीं, अपने ग़ुरूर के—

दिलावर अली : नहीं, आपकी नाकामयाब मज़हबी रवादारी के—

अब्दुल्ला ख़ाँ : *(सधे सुर में)* यह फ़ैसला तवारीख़ पर छोड़ो और एक बात याद रखो। निज़ामुल्मुल्क तजुर्बेकार और तपे हुए सिपहसालार हैं। उनकी हिक्मते-अमली बहुत गहरी होगी। वो मैदाने-जंग का शातिर चुनाव करते हुए, मुकामी ख़ासियत[148] का असरदार इस्तेमाल करेंगे। तैनादी तरतीब में वो एक सिपाही से तीन का काम लेंगे। वो तभी जंग में उतरेंगे, जब उसके बिना गुज़ारा नहीं होगा। वो फ़तेह के लिए लड़ेंगे, शुहरत और शहादत के लिए नहीं।

(आलम और दिलावर अब्दुल्ला को देख रहे हैं।)

आलम अली : इस जंग का अन्जाम क्या होगा?

अब्दुल्ला ख़ाँ : *(बिना किसी भाव के)* हमने आज ही नजूमी से पूछा था। उसने जनमपत्री के बग़ैर, सवाल के हर्फ़ ग़ैन, लाम, बे, आईन, दाल, वाउ, और क़ाफ़ चुन कर उन्हें जोड़ा, तो अरबी अल्फ़ाज़ बने—ग़लब अदूका।

दिलावर अली : *(दोनों को देखते हुए)* यानी हमारे दुश्मन क़ाबिज़ होंगे?

(अब्दुल्ला हामी में सर हिलाता है। दिलावर और आलम की नज़र मिलती है; दोनों अब्दुल्ला को तस्लीम करते हैं; जाते हैं। अब्दुल्ला खड़ा है। अँधेरा।)

दृश्य–26

सलीमगढ़। दिन।

(प्रकाश होता है। राजकुमार पासा और गंजीफ़ा खेल रहे हैं। इब्राहीम बेग किताब पढ़ रहा है।)

इब्राहीम बेग : हज़रत अबूहर इराह कहते हैं, एक शख़्स ने हुज़ूरे–अनवर अलस्साम की ख़िदमत में हाज़िर हो अर्ज़ किया कि या रसूल्लुल्लाह, मुझे कोई ऐसा काम बता दीजे, जो मर्तबे में जिहाद के बराबर हो। हुज़ूरे–अनवर ने फ़र्माया कि जब मुजाहिद जिहाद के वास्ते चलें, तो मस्जिद में जाके नमाज़ शुरू कर दो।

(अब्दुल्ला ख़ाँ का प्रवेश। इब्राहीम चुप हो जाता है। शहज़ादे आतंकित हो रहे हैं।)

निसार : *(पीछे हटते हुए)* नहीं—

परवेज़ : मुझे बख़्श दीजे!

शौक़त : बादशाहत नहीं चाहिए हमें!

अब्दुल्ला ख़ाँ : *(याचना के सुर में)* रहम शहज़ादों, रहम—

(अब्दुल्ला ख़ाँ घुटनों के बल बैठ जाता है।)

शौक़त : *(व्यंग्य से)* तमाम मौतों के बाइस .कुत्बुल्मुल्क़, ख़ुद अपनी साँस के लिए इतना ख़ौफ़ कि अपने ही मज़्लूमों के रू–ब–रू सरापा कोर्निश बन गये!

अब्दुल्ला ख़ाँ : ख़ौफ अपने ख़्वाब के टूटने का है; साँस तो रूहानी तौर पर टूट ही चुकी है। भाई चला गया, जो दायाँ हाथ था। वो बेताबी न रही, जो नस्लो–मज़हब से परे क़द्रे–इन्सानी तलाश करती थी। हौसला, अक़ीदा—सब शर्मसार; सब शिकस्ता। बस, एक ज़ख़्मी ज़िद है, जो इस मिट्टी का हवाला दिये जाती है—

(इब्राहीम बेग खड़ा हो जाता है।)

इब्राहीम बेग : हम आपके साथ चलने को राज़ी हैं। दस बरस के बच्चे थे, जब यहाँ भेजे गये। तीस बरस के बूढ़े हैं, जब बाहर जा रहे हैं। उम्र भर के जो तजुर्बात लोग बाहरी दुनिया में हासिल करते हैं, हमें अपनी कायनाते-तन्हाई में नसीब हुए हैं। एक एक दिन और एक-एक रात का गुज़रना—तनो-तन्हाँ; जब सिर्फ़, मुसलसल, अपनी ही धड़कनों की आवाज़ सुनते हुए, और एक के बाद एक तमाम शहज़ादों की मौत का गवाह बनते हुए, ज़िन्दगानि-ए-इन्सानी, और वो भी शाही, के मानी ही बदलते गये हैं। ज़ाहिरो-बातिन[149] में अब सिर्फ़ बियाबाँ है—तर्के-दुनिया[150] की गहरी ख़ामोशी—और ऐसे में आपने अपने ख़्वाब का वास्ता दिया—मुझे, जिसने सारी ज़िन्दगी कोई ख़्वाब नहीं देखा। रूहानी तौर पर टूटी साँस वाले मेरे मुर्दा बदन, मेरे नाम की दरकार? तो दुरुस्त है। अब तो किसी भी चीज़ से फ़र्क़ नहीं पड़ता—न गर्दन पर तौक़[151] से, न माथे पर कोहेनूर से—

(ज़ख़्मी आलम अली और दिलावर अली का प्रवेश। आलम सिपाही का सहारा लिये हो सकता है।)

दिलावर अली : चीनकुलीच ने चालाकी से काम लिया। आपका फ़रमान पाते ही उन्होंने दिल्ली का रास्ता पकड़ उज्जैन छोड़ दिया। खुफ़िया ने बताया कि उनके सिपाही दिल्ली लौटने से बहुत ख़ुश हैं। वे दोराहा तक पहुँचे, जहाँ रात हो गयी। पड़ाव डाल कर दिल्ली की जानिब कूच करने के बजाय उन्होंने पलट कर रातों-रात नर्मदा पार की। उस इलाक़े के सबसे मज़बूत क़िले असीरगढ़ के सैयद सूबेदार ने उन्हें ललकारने के बजाय उनका ख़ैरमक़दम किया। देखते-देखते बरार और खानदेश के दोनों सैयद सूबेदार भी उनसे मिल गये।

आलम अली : चीनकुलीच के नारे काम कर गये—बादशाहत ख़तरे में है! सैयद बिरादरान नमकहराम हैं!

अब्दुल्ला ख़ाँ : फ़र्रुख़सियर का क़त्ल हमारे पाँवों की कुल्हाड़ी बन गया।

दिलावर अली : खंडवा के मैदान में चीनकुलीच का मुक़ाबला करते हुए हमने महसूस किया कि बादशाहत की ख़ातिर लड़ते हुए उनकी फ़ौज का हौसला किस तरह बुलन्द है।

आलम अली : दिलावर की शिकस्त की ख़बर जब सुनी, तब बालाजी ने सलाह दी कि अभी हम चीनकुलीच का मुक़ाबला नहीं कर पाएँगे। तुम दौलताबाद क़िले में रहो; हम छापामार हमले करेंगे।

लेकिन हमें अपनी ताक़त पर कुछ ज़्यादा ही नाज़ था। लिहाज़ा अपनी और मराठा फ़ौज के साथ शकरखेड़ा के मैदान में चीनकुलीच को ललकारा—

दिलावर अली : चीनकुलीच की तरक़ीबे-जंग की बाबत आपने जो फ़र्माया था, सच साबित हुआ। हमने तीन-चौथाई फ़ौज के साथ भीम सिंह हाड़ा और अपने ऐसे अठारह सिपहसालार खोये, जो हाथी सवारी के मुस्तहक़[152] थे।

आलम अली : जबकि चीनकुलीच और उनकी फ़ौज को जैसे मामूली खरोंचें लगीं।

अब्दुल्ला ख़ाँ : सैयद हिन्दुओं से साठ-गाँठ करके ईरानी-तूरानी उमरा के पर कतर रहे हैं और सल्तनते-मुग़लिया वा इस्लाम ख़तरे में हैं—चीनकुलीच के बाक़ी नारे भी काम कर गये।

आलम अली : इन नारों की आँधी में मज़हबी रवादारी के हमारे बालू के महल पलक झपकते ऐसे उड़े कि—

(सिपाही का प्रवेश।)

सिपाही : निज़ामुल्मुल्क़ की फ़ौज चम्बल तक आन पहुँची।

अब्दुल्ला ख़ाँ : अब हमें अजीत सिंह का सहारा है। वो अजमेर से अपनी फ़ौज के साथ निकल चुके होंगे।

(रतन चन्द आता है।)

रतन चन्द : अजीत सिंह को धोखे से ज़हर दे दिया गया।

(अब्दुल्ला ख़ाँ करुण मुस्कान देता है; इब्राहीम बेग के पास आता है।)

अब्दुल्ला ख़ाँ : *(हाथ की तलवार के साथ इब्राहीम बेग के सामने झुकते हुए)* पादशाहे-जहाँन, अबुलफ़त्हेग़ाज़ी इब्राहीम बेग—

(इब्राहीम बेग चलने लगता है; पीछे अब्दुल्ला, रतन चन्द, आलम अली, दिलावर और सिपाही कोर्निश के साथ पीछे चलते हैं।)

रतन चन्द/दिलावर/
आलम अली/
सिपाही : *(साथ-साथ)* बादशाह सलामत! बादशाह सलामत!

(सब जा रहे हैं।)

शायर : *(आधे मन से)* ये जश्ने-तमन्ना मुबारक-मुबारक
ये फ़तेह का लम्हा मुबारक-मुबारक—

(उसकी तरफ़ ध्यान दिये बिना सब चले जाते हैं। शायर भी अरे छोड़ो के भाव से हाथ झटक कर जाता है। अँधेरा।)

दृश्य-27

लाल क़िला। दिन।

(दरबार लगा है। मुहम्मद शाह तख़्त पर।)

शायर : *(उत्साह से) फ़िज़ाओं में ये कैसी ख़ुशबू रची है*
हसीं दिल्ली तो नाज़नीं-सी सजी है
ये क़िल-ए-मुअल्ला की ऊँची फ़सीलें
ये मुग़लिया अज़्मत की पुख़्ता दलीलें
अहा तख़्ते-ताऊस अहा कोहेनूर
मुबारक हो दारुल-वतन का सुरूर
बहुत हो चुके हैं सियासत के सामाँ
कि लब चूमने का मचलते हैं पैमाँ
अजी दिल्ली वालों का धड़के जिया है
कि शाह हमारा रंगीले पिया हैं

(मुहम्मद शाह माला उतार कर देता है; शायर कोर्निश के साथ लेता है; पीछे हटता है।)

मुहम्मद शाह : आज सल्तनते-मुग़लिया की तवारीख़ का नया बाब[153] शुरू हो रहा है। ये दौरे-मसर्रत जिनके बिना हक़ीक़त में तब्दील नहीं हो सकता था, वो—

(नक़ीब फ़ौरन अपना क्यू पकड़ता है।)

नक़ीब : आसफ जाह, चीनकुलीच ख़ाँ, ग़ाज़ीउद्दीन ख़ाँ, फ़ीरोज़ जंग, निज़ामुल्मुल्क़ सिपहसालार, यारे-वफ़ादार—

(नक़ीब की पुकार शुरू होते ही चीनकुलीच आगे आता है; नाज़िर ख़िलअत वाले थाल को मुहम्मद शाह की तरफ़ बढ़ाता है; वो ऊपर से ख़िलअत छू देता है; नाज़िर थाल चीनकुलीच

की ओर बढ़ाता है; वह थाल नीचे से छू कर बादशाह को कोर्निश करता है।)

दरबारी : मरहबा! मरहबा!

मुहम्मद शाह : दौरे-जद्दोजेहद में मुहम्मद अमीन ख़ाँ ने हमारे ऊपर ख़ुद को दाँव पर लगा दिया। उन्हें इतिमाद-उद्-दौला ख़िताब के साथ सद्रो-कुल का ओहदा बख़्शा जाता है।

(अमीन ख़ाँ कोर्निश करता है।)

दरबारी : आफ़रीं! सद आफ़रीं!

मुहम्मद शाह : राजा जय सिंह को सात हज़ारी मनसब के साथ मालवा की सूबेदारी से सरफ़राज़ किया जाता है।

(जय सिंह कोर्निश करता है।)

दरबारी : मरहबा! मरहबा!

मुहम्मद शाह : कुँवर अभय सिंह ने ज़ाती ज़ज्बात के ऊपर उठ तख़्ते-दिल्ली को तरजीह दी। उन्हें पाँच हज़ारी मनसब के साथ सूबेदारि-ए-गुजरात अता करते हुए हम सचमुच मश्कूर[154] हैं। *(मुस्कान से)* चूँकि वो हमारी दिल्ली-ए-रंगीं पर हमारी तरह फ़िदा हैं, इसलिए वो अहमदाबाद में नायब रखते हुए दरबारे-दिल्ली की रौनक़ दोबाला करते रहेंगे।

(अभय सिंह कोर्निश करता है।)

दरबारी : *(मुस्कान से)* आफ़रीं! सद आफ़रीं!

मुहम्मद शाह : सिपहसालार हैदर बेग पर लगा क़त्ल का इल्ज़ाम उठा लिया जाता है; उन्हें तीनहज़ारी ज़ातो-सवार मनसब के साथ वालाशाही में मुक़र्रर किया जाता है; दरवाज़े पर हाथी बाँधने के इख़्तियार के साथ हम उन्हें ज़ीनते-निज़ाम के ख़िताब से नवाज़ते हुए एहसासे-फ़ख्र से लबरेज़ हो रहे हैं।

(हैदर बेग कोर्निश करता है।)

नक़ीब : ज़ीनते-निज़ाम!

दरबारी : ज़िन्दाबाद!

(सिपाही बन्दियों को लेकर आते हैं—हथकड़ी में अब्दुल्ला, रतन चन्द, इब्राहीम बेग, चूड़ामन जाट, भाँड, नक़्क़ाल एवं बहुरूपिया।)

मुहम्मद शाह : हाँ तो इब्राहीम बेग, आप यहाँ कैसे आये?

इब्राहीम बेग : उसी रास्ते से आलमपनाह, जिससे आप तशरीफ़ लाये।

(मुहम्मद शाह हँसता है।)

मुहम्मद शाह : बिरादर इब्राहीम बेग, आपके वालिद रफ़ीउश्शान ताजपोशी के ख़्वाब के साथ ही चले गये, पर अपने दोनों भाइयों रफ़ीउद्दर्जात और रफ़ीउद्दौला के बाद आपको भी ये नियाज़ हासिल हो गया—चन्द दिन के लिए ही सही, पर तवारीख में नाम तो आ गया!

(इब्राहीम बेग हल्की मुस्कान से हामी में सिर हिलाता है।)

अमीन ख़ाँ : इब्राहीम बेग को सूली पर चढ़ाया जाय या इनकी आँखों में दहकती सलाखें घुसेड़ी जाएँ?

मुहम्मद शाह : बिरादर को बाइज़्ज़त सलीमगढ़ ले जाया जाय। चालीस रुपये रोज़ाना इनका भत्ता मुक़र्रर किया जाता है।

(इब्राहीम बेग कोर्निश करता है; सिपाही उसे ले जाते हैं।)

मुहम्मद शाह : चूड़ामन जाट, अब आपके साथ क्या सुलूक किया जाय?

चूड़ामन जाट : आलमपनाह! बादसाहे-जहान! लड़ाई के शुरू में मेरे सूँ अब्दुल्ला के साथ रहने की भूल बेसक हुई सै, पर गवाह सै म्हारो भगवान कि ज्यूँ ही मैंने देख्यो कि *(अब्दुल्ला की तरफ़ इशारे के साथ)* इनकी फ़ौज हार रई सै, मैंने मछली निशान का अजीम साही झंडा सँभाल के इन्हीं की फ़ौज को लूट्यो और फिर साही फ़ौज को भी—

(मुस्कुराता है; दरबारी हँसते हैं।)

मुहम्मद शाह : चूड़ामन जाट को बाइज़्ज़त रिहा किया जाता है और उन्हें उनके राहदारी इख़्तियारात वापस किए जाते हैं।

दरबारी : आफ़रीं! सद आफ़रीं!

(सिपाही चूड़ामन जाट की हथकड़ी खोलते हैं। वह कोर्निश करता है। मुम्मद शाह भाँड, नक़्क़ाल, और बहुरूपिए को देखता है।)

मुहम्मद शाह : ये लोग कौन हैं?

अमीन ख़ाँ : ये तीन मसख़रे मुद्दत से निज़ाम का मखौल उड़ाते रहे हैं, पर सैयद मियाँ ने इनकी अनदेखी की, चूँकि इनका अजीबोग़रीब ख़याल था कि नुक़्ताचीं[155] करने वाली ज़ुबानें भी अपने-अपने मुँह में सही-सलामत रहनी चाहिए।

मुहम्मद शाह : इन तीनों की ज़ुबानें काट दी जाएँ और चाँदनी चौक में उनकी नुमाइश हो।

भाँड : *(मुस्कान से)* क्या रंग-बिरंगा इन्साफ़ किया है रंगीले पिया!

नक़्क़ाल : *(मुस्कान से)* न बाँस रहे न बाँसुरी बजे!

बहुरूपिया : *(गाना शुरू करता है)* ज़ुबाँ निज़ामों का इम्तिहाँ है—

(भाँड और नक़्क़ाल साथ गाते हैं।)

भाँड/नक़्क़ाल/बहुरूपिया : ज़ुबाँ न हो तो ख़मोशी हरसूँ
सुकूने-मैयत वतन पै तारी
गिले न शिकवे न क़स्में-वादे
न वादाशिकनी का दर्द भारी—

मुहम्मद शाह : गला तो सुरीला है कमबख़्तों का। तीनों को नौबतख़ाने में ओहदा-ए-गुलूकार[156] पर मुक़र्रर किया जाता है।

भाँड : *(मुस्कान से)* पर हमारे होंठ नहीं सिलेंगे।

नक़्क़ाल : *(मुस्कान से)* दिल की बात कह के रहेंगे।

(मुहम्मद शाह मुस्कुराता है।)

दरबारी : आफ़रीं! सद आफ़रीं!

मुहम्मद शाह : हाँ तो राजा रतन चन्द—

अमीन ख़ाँ : ज़िल्ले-सुब्हानी फ़राख़दिल हैं रतन चन्द! माफ़ी माँग कर जानो-माल बचा लो।

(अब्दुल्ला भावहीन है।)

मुहम्मद शाह : आख़िर कैसे भूल सकते हैं कि हमें सलीमगढ़ के तख़्ते से क़िला-ए-मुअल्ला के तख़्त तक ले आने का सेहरा राजा रतन चन्द के सर पर है।

(सब रतन चन्द को देख रहे हैं; रतन चन्द अब्दुल्ला को देखता है, जिसकी नज़र कहीं शून्य में है।)

रतन चन्द : सारी ज़िन्दगी बड़े सैयद का साया रहा हूँ—फ़ैसला उनका, अमल मेरा।

मुहम्मद शाह : रतन चन्द की दौलतो-जायदाद ज़ब्त कर ली जाय और नूर के तड़के के साथ इन्हें फाँसी दे दी जाय।

(सिपाही रतन चन्द को लेकर चलने लगते हैं; वह ठिठक कर अब्दुल्ला ख़ाँ को देखता है; जाता है।)

मुहम्मद शाह : *(अब्दुल्ला को देखते हुए)* इस लम्हा-ए-मौजूदा की वजह क्या है सैयद मियाँ?

अब्दुल्ला ख़ाँ : नाक़ाबिल बादशाह के चलते सारी ताक़त अपने हाथों में समेटने के साथ हमने-सल्तनते-मुग़लिया को बिखरने से रोकने की

कोशिश की थी। कुछ वक़्त और मिलता, तो नस्लो-मज़हब के परे गंगा-जमुनी हुकूमती तबक़ा अपनी शक्ल ले लेता, जिसमें मुख़्तलिफ़ खेमों के आलमगीरी उमरा के साथ-साथ राजपूत वा मराठे भी शामिल होते। मुग़लों के ज़रिए, जो सियासी ढाँचा ढल कर आया है, वो ऐसे ही हुकूमती तबक़े के हाथों में महफ़ूज रह सकता था। मुश्किल यह हुई कि दिल्ली दरबार के भीतर और बाहर कोई गुट इस मुश्तरका[157] तस्वीर का हम-फ़नकार नहीं था। ईरानी-तूरानी उमरा की तादाद बराबर घट रही थी, पर फिर भी वो किसी के भी साथ ताक़त बाँटने को राज़ी नहीं थे। मराठों का मक़सद था आलमगीरी तर्जे-निज़ाम को बदलना, आलमगीरी उमरा के पर कतरना, और हमारी मदद से दकन वा उसके आस-पास के इलाक़ों पर अपनी पकड़ मज़बूत करना। ऐसा हो जाने पर उन्होंने हमको छोड़ दिया, चूँकि वो अपने आज़ाद राज का सपना नहीं छोड़ सकते थे। राजपूतों को सैयदों के साथ एकजुट हो जाना चाहिए था, चूँकि सल्तनत की बहबूदी से उनके वास्ते रोज़गार वा तरक़्क़ी के नये रास्ते खुलते जाते। हमारा ख़्वाब राजपूतों के अरमानों का अक्स था। अजीत सिंह, जय सिंह, और संग्राम सिंह तीनों के साथ सैयदों ने भला किया था, लेकिन इन मुश्किल लम्हों में दिल्ली की जानिब देखने के बजाय राजपूत अपनी मुकामी गुत्थियों में उलझ कर रह गये। हम नाकामयाब हुए, चूँकि आलमगीरी उमरा में न चन्द बरस आगे देखने की दूरन्देशी है, न आपसी तालमेल का मुनासिब ज़ज्बा, न अपनी ज़ाती ख़ुदगर्ज़ी के आगे कुछ बड़ा देख पाने की सलाहियत[158]।

चीनकुलीच ख़ाँ : आलमगीरी उमरा हमेशा बेजागीरी से डरे रहते हैं।

अब्दुल्ला ख़ाँ : जागीरदारी, मनसबदारी, और मुग़ल तोपख़ाना—इनके बीच गहरा रिश्ता था। जैसे ही मराठों ने छापामार तरीक़ा-ए-जंग ढूँढ निकाला, बेहद सख़्त मरक़ज़ी[159] निज़ाम की चूलें ढीली होने लगीं। औरंगज़ेब के दकनी दलदल में फँसने के साथ बीजापुरी, हैदराबादी, और मराठे मनसबदारों की बाढ़ आ गयी, पर बेजागीरी तो दौरे-शाहजहाँ से ही चुभने लगी थी। लतीफ़ा यहाँ तक खिंचा कि मनसब तो मिल गया, पर जागीर के दूर-दूर तक आसार नहीं। नतीजा यह हुआ कि घटी[160] फ़ौजी ताक़त में घुन लगने लगा,

बग़ावत का हौसला बढ़ गया और उमरा अपने आज़ाद राज बनाने लगे। उमरा ने नये हालात में अपने को ढालने की रत्ती भर कोशिश न करके सल्तनत का नमक अदा नहीं किया। औरंगज़ेब को तब्दीली की ज़रूरत समझ में आ गयी, लेकिन ज़िन्दगी के समूचे नज़रिये की समझ न होने से उन्होंने डूबते के तिनके की तरह मज़हब पकड़ लिया, जबकि ज़रूरत थी निज़ाम की मुकम्मल मरम्मत, मुख़्तलिफ़ खेमों के बीच ताने-बाने जोड़ना, और अपने तरीक़ा-ए-निज़ामी की तरमीम[161]। *(चीनकुलीच से)* अब विज़ारत आपके काँधे पर आ रही है। देखें, आप क्या करते हैं?

चीनकुलीच ख़ाँ : *(इन्कार में सिर हिलाता है)* हम दिल्ली दरबार में सदियों से क़ाबिज़ एक फ़िरक़े के सरगना हैं। चुनाँचे हमें दीगर खेमों की वैसी बेलाग हिमायत नहीं मिलेगी, जो आपने हासिल की, चूँकि आपका खेमा दरबार में पहली बार आपके ज़रिए ऊपर आया। *(हल्की बुझी मुस्कान से)* फिर उमरा किस तरह रंग बदलते हैं, वो नज़ारा एक बार फिर देख लिया। *(मुहम्मद शाह से)* माफ़ करें ज़िल्ले-सुब्हानी, मुझे दकन जाने की इजाज़त दे दी जाय। मैं ऐसी ज़िम्मेदारी नहीं लेना चाहता, जो नाकामयाब होने के अलावा और कुछ हो ही नहीं हो सकती।

मुहम्मद शाह : *(ताज्जुब से)* निज़ामुल्मुल्क!

(दरबारियों में कानाफूसी होती है।)

चीनकुलीच ख़ाँ : विज़ारत की ज़िम्मेदारी मुहम्मद अमीन ख़ाँ को सौंप दीजिए। उनमें क़ाब्लियत के साथ-साथ हौसला भी है।

मुहम्मद शाह : आपका हौसला हमने मैदाने-जंग में देखा है निज़ामुल्मुल्क! आपके बग़ैर आज का ये दिन नामुमकिन था। ज़मीनों-आसमान जैसी ये तब्दीली—

चीनकुलीच ख़ाँ : *(फूट पड़ता है)* कुछ भी नहीं बदला यहाँ—*(आस-पास देखते हुए करुणा से)* कुछ भी नहीं—

(तेज़ी से जाता है, मुहम्मद शाह उस तरफ़ देखता है।)

मुहम्मद शाह : निज़ामुल्मुल्क, आपके तईं कोई तब्दीली नहीं आयी और हमारे वास्ते गोया सारी कायनात ही बदल गयी—जैसे मुद्दत से धूल खाते, जंग लगे सितार को किसी ने एकबारगी ही छेड़ दिया हो! *(अपनी तलवार अमीन ख़ाँ को देते हुए)* अमीन ख़ाँ, यह

ख़ूनी तलवार अब ताक़यामत म्यान में बन्द की जाये। हमारी रंगभरी आँखें अब तलवार की लहूलुहान धार नहीं, कत्थक के दिलफ़रेब हाव-भाव देखना चाहती हैं। हमारे कान अब जंग की आहो-फ़ुगाँ[162] नहीं, घुँघरू की छमक और सारंगी की तान सुनना चाहते हैं। शायरों-फ़नकार, मुँहबन्द गुचों की तरह अपने नग़्मा-ए-शीरीं के दहन[163] खोल दो; फ़िज़ा-ए-दिल्ली में गूँजा दो मछलियों की मानिन्द थिरकती उन राग-रागिनियों को, जिन्हें औरंगज़ेब की बेजा ज़िद ने ज़मींदोज़ कर दिया था। आज से अड़तीस बरस पहले दिल्ली के कूचों में जिस मूसिक़ी का जनाज़ा निकला था, उसे नयी-नवेली दुल्हिन की तरह आरास्ता किया जाआआय। आज से क़िला-ए-मुअल्ला की हर रात उस माहे-ज़बीं[164] की सुहागरात होगी!

(अँधेरा।)

दृश्य-28

सलीमगढ़। रात।

(धीरे-धीरे प्रकाश होता है। अब्दुल्ला ख़ाँ अकेला।)

अब्दुल्ला ख़ाँ : सलीमगढ़ के अँधेरे सायों में कितना कुछ छिपा है—कितनी आहें, सिसकियाँ, नाउम्मीदियाँ। लेकिन किसी ख़्वाब की ताबीर यहाँ पहली बार दफ़्न होगी। *(आस-पास देखते हुए)* कैसी ख़ामोश, कैसी अँधेरी है रात। सिर्फ़ दो बरस पहले ऐसी ही एक रात थी, जब चुपचाप दिल्ली में दाख़िल हुआ था; जैसे एक तूफ़ान था दिलो-दिमाग़ में; एक वहशत। फिर कामयाबी और वहशत का दूसरा दौर। मुसलसल गहरी होती हुई वहशत की धुन्ध। अब वहशत नहीं रही; सिर्फ़ धुन्ध बाक़ी बची है—नासमझी की, सवालों की। इस लम्हा-ए-मौजूद के पीछे क्या है? सैयदों की समाजी बुनियाद तंग वा कच्ची थी और दिल्ली दरबार के मुख्तलिफ़ खेमों के बीच की खाइयाँ गहरी। हमारे जो गिने-चुने हिमायती थे, वो उन्हें और अपनी जाती ख़ुदगर्ज़ी को लाँघ नहीं पाये। इस नीम पर करेला इस तरह चढ़ा कि वज़ादार उमरा, जो ख़ुद को बादशाहत का पैरोकार और सल्तनत का मुहाफ़िज़ मानते थे, ये बर्दाश्त नहीं कर सके कि सारी ताक़त हिन्दुस्तानी मुसलमान के हाथ में चली गयी है।

(बादशाह बेगम का प्रवेश। पीछे मुहम्मद शाह।)

बादशाह बेगम : *(हल्की मुस्कान से)* सलीमगढ़ में चन्द लम्हों के बाद ही अपने-आप से गुफ़्तगू की नौबत आन पहुँची!

अब्दुल्ला ख़ाँ : हमारा रोज़े-क़यामत है ये। अपने आमालनामे[165] से आख़िरी मुठभेड़—

बादशाह बेगम : पहले हमने अब्बा हुज़ूर का रोज़े-क़यामत देखा और दर्द की हद को छू लिया। फिर हुसैन अली के रोज़े-क़यामत के गवाह बने और मसर्रते-इन्तिक़ाम से लबरेज़ हो उठे। अब आपकी बारी है।

अब्दुल्ला ख़ाँ : हमारी वफ़ात[166] का जश्न शुरू कर दिया जाय।

बादशाह बेगम : इसी एहसास की गिरफ़्त थी, जिसने नींद पर पाबन्दी लगा दी। जब ख़ून का एक-एक क़तरा बेताबी का बेपनाह समुन्दर बन गया हो, तो—

अब्दुल्ला ख़ाँ : अब किस बात की बेताबी है?

बादशाह बेगम : यकायक हासिल हुए इस एहसासे-ख़ुदी की। इस बदन की वुसअत इस एहसास के लिए काफ़ी नहीं। *(मुहम्मद शाह की ओर संकेत के साथ)* ये दूसरा बदन भी पूरा नहीं पड़ता। एहसास है कि पारे की मानिन्द थरथराये जा रहा है। हमें गुमान नहीं था कि ज़ज्बा-ए-इन्तिक़ाम ज़ज्बा-ए-शौक़[167] की जगह भी ले सकता है; जिस्म की एक-एक नस ख़्वाबे-तमन्ना की मुँहबन्द कली नहीं, दहकती चिंगारी भी बन सकती है—

अब्दुल्ला ख़ाँ : ये चिंगारी जल्द ही शोला बन कर भड़केगी और तख़्ते-ताऊस को अपनी ज़द में ले लेगी।

बादशाह बेगम : तख़्ते-ताऊस तो आपकी मुट्ठी में था। फिर क्यों हाथ से जाने दिया?

अब्दुल्ला ख़ाँ : आपकी तंगनज़र जाती ख़ुदगर्ज़ी के परे नहीं जा सकती, लेकिन उस अँधेरी रात दिल्ली में दाख़िल होने के बाद मेरा वजूद मेरा अपना कब था? *(अजान और शंख सुनाई देने लगते हैं)* मैं पिघल कर बन रहा था क़िला-ए-मुअल्ला की बुनियाद, रैयत की मुस्कान, गंगो-जमुन की मौज कि हुसैन अली की जूती की ठोकर से पूरा तिलिस्म टूटने लगा। उस तबाही के शिकंजे में पहले हम ज़रूर आ गये, पर दिल्ली दरबार के ग़र्क़ होने में ज़्यादा देर नहीं। शुतुरमुर्ग़ की तरह बालू में मुँह छिपाये इन आलमगीरी उमरा को मेरे ज़रिए जैसे आख़िरी मौक़ा मिला था। उनका, आपका, और सल्तनत का नसीब खोटा था, जो किसी ने हवाओं की सरगोशियों में आने वाले तूफ़ान की गड़गड़ाहट नहीं सुनी।

मुहम्मद शाह : आपने क्या सुना?

अब्दुल्ला ख़ाँ : ईरानी, तूरानी, और अफ़गानी उमरा ने हिन्दुस्तान को हमेशा के लिए अपना घर बना लिया, लेकिन उनकी मज़हबी ज़ुबान अरबी रही और तहज़ीबी ज़ुबान ईरानी। वो हिन्दुस्तान में हैं, लेकिन हिन्दुस्तान के नहीं। उन्हें सिखाया गया है कि अगर उन्हें अपनी रूह बचाये रखना है, तो देसी ज़मीन में अपनी जड़ें मत जमने दो। साँस हिन्दुस्तानी हवा में लो, पर अन्दाज़े-ज़िन्दगी के लिए सरहद के पार देखो—यहाँ तक कि उनके क़ानून भी बग़दाद और काहिरा से निकले हैं। आपने माहौल में रचना-बसना उन्हें मन्ज़ूर नहीं। वो जानबूझ कर ग़ैर-मुल्क़ी[168] अजूबा बने हुए हैं और इसी तरह दुनिया-ए-फ़ानी से अलविदा कहेंगे।

बादशाह बेगम : उमरा के अलावा और कौन ख़तावार है?

अब्दुल्ला ख़ाँ : फ़ौजी और ग़ैर-फ़ौजी इदारों[169] में घुन लगने और बादशाहत वा उमरा की कमज़ोरियों के साथ आज की संगीन माली वा सियासी हालत की सीधी या घुमा-फिरा कर ज़िम्मेदारी औरंगज़ेब के मज़हबी लाहे-अमल की है। फिर इसके बाद चौथाई सदी की जंगे-दकन और उत्तर की बग़ावतों से उपजी बेक़ानूनी ने खेती, कारखानों, और तिजारत को बरबाद कर दिया। नयी तकनीकें ढूँढ़ने और पैदावार वा तिजारत बढ़ाने के बजाय हम अपनी ज़ाती ख़ुदगर्ज़ी तक महदूद रह गये। इस तरह मुग़ल सल्तनत की तबाही का सेहरा निज़ाम से वाबस्ता हरएक अनासिर[170] पर है।

(अजान की आवाज़।)

अब्दुल्ला ख़ाँ : रात ख़त्म होने को है—जिस तरह मुग़ल सल्तनत।

बादशाह बेगम : पर आपका नाम रहेगा। आपके ख़्वाब के ज़रिए मुल्क़ ने पहली बार राष्ट्रीय हुकूमत का नक़्शा देखा।

अब्दुल्ला ख़ाँ : *(हल्की मुस्कान से)* अजीब है कि हिन्दुओं के लिए पाक तुलसी और मुसलमानों के लिए पाक सब्ज़ा साथ-साथ हरे-भरे कहाँ दिखाई देते हैं? औरंगज़ेब की क़ब्र पर—

(दोनों की नज़र मिली है। सिपाही का प्रवेश। हाथ की तश्तरी में कटोरा, जिसके पेय में ज़हर। बादशाह बेगम तश्तरी ले लेती है। सिपाही का प्रस्थान। बादशाह बेगम अब्दुल्ला की ओर देखती है; अब्दुल्ला हाथ बढ़ाता है; कटोरा ले लेता है;

घूँट भरता है; आलोक-परिधि अब्दुल्ला पर सीमित होने लगती है। बादशाह बेगम एवं मुहम्मद शाह का प्रस्थान। कटोरा ख़ाली कर अब्दुल्ला नीचे बैठता है; उसके काँपते हाथ मिट्टी छूते हैं।)

अब्दुल्ला ख़ाँ : *(फुसफुसाता है)* सौंधी मुलायम मिट्टी—इसकी नमी मेरी जिल्द में ज़ज्ब हो रही है—

(वैसे ही हाथ फैलाये निर्जीव हो जाता है। अँधेरा।)

सन्दर्भ

1. स्थायी
2. राजस्व का चौथा भाग
3. मराठा सरदार को दिया जाने वाला राजस्व का दसवाँ भाग। ये दो शर्तें मानने का अर्थ था कि दक्षिण में दो सत्ताएँ हैं—मुग़ल और मराठे।
4. उदारता
5. ईरानी राजवंश का नाम
6. एक माँ का दूध पीने वाले
7. मुअज़्ज़म हिन्दू माँ औरंगाबादी महल की सन्तान था, इसलिए मुग़ल पिता और सफ़ाविद माँ के दो दुहरे राजसी रक्त से सम्पन्न आज़म उसकी हँसी उड़ाया करता था।
8. ईश कृपा से मुद्रा जारी चाँदी-सोना बरसाती; समुद्र से मरुभूमि तक के सम्राट जो हमारी आँखों का प्रकाश हैं।
9. अज़ मस्त हमह फ़साद बाक़ी; अन्तिम बरसों में औरंगज़ेब का नियमित शोकोद्गार।
10. युग-स्वामी आलमगीर द्वितीय।
11. धर्मयोद्धा।
12. विराम।
13. सुसज्जित कर देना।
14. सीमित।
15. पृथ्वी पर ईश्वर की छाया।
16. नाड़ा डाला जाने वाला शलवार का छेद।
17. विशालहृदयता।
18. निस्पृह न्यायप्रियता।
19. प्रतिष्ठा और विवेक।
20. मीठी।
21. नाड़ा।
22. वेतन।
23. भोज्य भंडार।
24. उपजाऊ।
25. पश्चिम।
26. शाही भूमि का अधीक्षक।
27. लेखांकन।
28. मनसब की सवार संख्या के अनुसार कुलीन को घोड़े और घुड़सवार सिपाही रखने होते थे, जैसे तीन हज़ारी मनसबदार को इसी संख्या के, जिन्हें युद्ध या किसी और अवसर पर सम्राट के सामने प्रस्तुत करना होता था। केन्द्रीय अधिकारियों द्वारा घोड़ों की नियमित रूप से जाँच की जाती थी। कुलीन विशेष और क्षेत्र विशेष की पहचान घोड़े पर दाग़ दी जाती थी। एक ज़िले का कुलीन दूसरे ज़िले का घोड़ा लाकर धोखाधड़ी नहीं कर

सकता था। *(कुछ इसी तरह की व्यवस्था मुम्बई के डिब्बे वाले करते हैं।),* पर जागीरदारी व्यवस्था के चरमरा जाने से, विशेषत: शाहजहाँ के युग में, कुलीन निर्धरित अश्व संख्या कम करन लगे थे; तीन हज़ारी कुलीन तीन सौ घोड़ों के अनुपात पर उतर आया था, हालाँकि वेतन और भोजन भुगतान तीन हज़ार सैनिकों के हिसाब से लेता था।

29-30. दोनों का अर्थ चन्द्रमुखी; अनुपम सुन्दरी

31. नीति-निर्धरण।
32. नाज़ुक।
33. प्रतिशासक; रीजेंट।
34. सम्राट दिल्ली दरबार के किसी विशिष्ट अमीर को किसी प्रदेश का राज्यपाल नियुक्त कर देता था। वह अमीर रहता दिल्ली में था और प्रदेश की राजधानी में रहने वाले अपने प्रतिनिधि के द्वारा राज्यपालिक दायित्व निभाता था।
35. एक तकनीकी युक्ति, जिससे सामन्त की श्रेणी बढ़ाए बिना उससे दोगुने अश्वारोही सैनिक रखवाए जाते थे। विस्तार के लिए देखें परिशिष्ट।
36. सम्पन्न।
37. वंशवृक्ष।
38. कई पीढ़ियों वाले सम्मानित, बाहर से आकर बसे अभारतीय मनसबदार की सन्तान।
39. सुगन्धित।
40. प्रतीक्षित।
41. विस्तृत।
42. सेना का सबसे अगला दस्ता।
43. रणनीति।
44. हिन्दुस्तानी मुसलमान।
45. राजधानी।
46. राजमार्ग।
47. गतिशील।
48. बहुत तीव्र गति से चलने वाले सैनिक, जैसे आज का Flying Squad
49. शब्दश: मछली श्रेणी। मछली मुग़ल राजवंश का एक प्रतीक-चिह्न थी। साम्राज्य की यह सर्वश्रेष्ठ उपाधि पाया हुआ अमीर मछली अंकित पताका के साथ सम्राट की सवारी से आगे हाथी पर चलता था।
50. सम्राट की अंगरक्षक टुकड़ी का प्रमुख।
51. संवाद-शैली।
52. लक्ष्य।
53. माध्यम।
54. सेना का वेतनाध्यक्ष; Pay Master of the Army.
55. स्वयं का शासन।
56. कालान्तर में।

57. विधि व शान्ति व्यवस्था।
58. तत्त्व।
59. प्रतिष्ठा।
60. मक्का के पवित्र कुएँ का पानी।
61. समीक्षा।
62. बादशाह का मुँह दिखाने वाला सिक्का।
63. अकबरे-आज़म ने अपनी माँ को यह उपाधि दी थी।
64. वध-स्थल।
65. परम सौभाग्यशाली उपाधि; The Prince of Exalted Fortune.
66. देश प्रशासन धुरी उपाधि।
67. शक्ति-केन्द्र।
68. अँधेरा।
69. दिल तोड़ने वाला।
70. सम्मान।
71. भलाई।
72. बेटे।
73. सम्मानसूचक अंगरखा; Ceremonial robe.
74. पोशाक।
75. हर्षानुभूति।
76. ईश कृपा से मुद्रा जारी चाँदी-सोना बरसाती; समुद्र से मरुभूमि तक के सम्राट।
77. जो ईश्वर की मर्ज़ी, वही इन्सान की मर्ज़ी।
78. शुभ शुक्रवार।
79. देश का ध्रुव तारा उपाधि।
80. युद्ध-विजयी।
81. सम्राट का निजी सचिव, जो कुलीन को सम्राट के साथ स्नानघर से लगे मन्त्रणा कक्ष में अकेले मिलन का समय देता था।
82. सम्राट की अंगरक्षक टुकड़ी का अधीक्षक।
83. सृष्टि।
84. हिन्दू-मुस्लिम समन्वय।
85. अधिकतम बोली लगाने वाले को राजस्व वसूली अधिकार दे देना—भले ही किसानों का दमन होता रहे।
86. सम्राट स्वामित्व।
87. स्थानीय।
88. स्पष्ट।
89. प्रतिक्रिया।
90. दिल्ली से 160 किलोमीटर उत्तर में जमुना के किनारे सिरमूर पहाड़ियों के नीचे बादशाह

का ग्रीष्म निवास।

91. युद्ध में पराजित की सम्पत्ति।
92. अनुमान।
93. गर्भवती।
94. सन्तुष्ट।
95. राजकोष एवं राजस्व मन्त्री के साथ राजकीय भूमि नियन्त्रक और राजकीय गृह-व्यवस्था का प्रमुख प्रबन्धक।
96. मुल्ला ईश्वर से निकाह करवाने की इजाज़त लेता है।
97. चाँदी या सोने का सिक्का रेशमी कपड़े में लपेट कर लड़की की बाँह पर बाँह दिया जाता है।
98. लड़की को पीले कपड़े पहना कर हल्दी का लेप लगाया जाता है।
99. संवेदनशील व्यवहार-शैली।
100. सामान्य सलाहकार; शोभा पद।
101. पथ पर।
102. कारण।
103. सर से पाँव तक
104. क़ुरान शरीफ़ और उसकी व्याख्या।
105. फैलाव।
106. इस्लामी विधि-विधान का प्रशासन।
107. आस्था।
108. राजधानी।
109. शासन-केन्द्र।
110. मूर्तिपूजक; हिन्दू।
111. केवल सम्राट के विशेषाधिकार।
112. मेलजोल।
113. नयी फ़सल लगाने से पहले किसानों को बीज आदि के लिए दिया जाने वाला अग्रिम, जो कटाई के बाद वापस किया जाता था।
114. ख़ून बहाना।
115. सम्राट के देहान्त पर रस्म। संकेत फ़र्रुख़सियर के प्रस्तावित वध की ओर है।
116. कल्याण प्राचुर्य कारक सिक्का जारी हुआ।
117. गवाक्ष।
118. अहं।
119. द्वितीय।
120. मालिनी; प्रेमिका।
121. पुरस्कार-सम्मान।
122. यश-प्राप्त।
123. जूते के नीचे।

124. सम्राट।
125. पूज्यनीय।
126. सच्चे सम्राट श्रेष्ठ।
127. युग स्वामी।
128. संसार स्वामी।
129. द्वितीय।
130. विजेता।
131. विशाल एवं विशिष्ट जागीर।
132. पृष्ठभूमि।
133. धर्मविधान का न्यायाधीश।
134. धर्मदाय प्रबन्धक।
135. प्रजा की नैतिकता का नियन्त्रक।
136. उपाधि।
137. इस्लामी धर्मशास्त्र प्रशासन।
138. प्रथा के अनुसार स्थानान्तरण या पदोन्नति पर नये शहर जाकर पदभार सँभालने से पहले कुलीन राजधानी आकर सम्राट की सेवा में उपस्थित होता था।
139. दरगाह के कारण अजमेर की सूबेदारी बहुत प्रतिष्ठित मानी जाती थी। राजकुमार या बहुत वरिष्ठ कुलीन को दी जाती थी।
140. किसी नरेश को तबादले वाले प्रकार से भिन्न, हमेशा के लिए मिलने वाली जागीर, जो प्रायः पुश्तैनी हो जाती थी। परम्परा थी कि सम्राट उसमें छेड़छाड़ नहीं करता था। मारवाड़ के राजा जसवंत सिंह के देहान्त के बाद औरंगज़ेब ने यह हिमाक़त की थी। परिणामस्वरूप पूरा राजपूताना सुलग उठा था। ग़ैर-नरेश सामन्त को ऐसी जागीर दिये जाने का प्रमाण नहीं।
141. प्रशासन की सर्वोच्च उपाधि।
142. हाथी ख़रीदने और द्वार पर बाँधने तक के लिए शाही अनुमति अनिवार्य थी। कोई भी ऐरा ग़ैर नत्थू ख़ैरा नवधनाढ्य बनने पर हाथी ले ले, यह नहीं हो सकता था। उसकी पारिवारिक पृष्ठभूमि और समाज में जगह जाँचने के बाद ही अनुमति दी जाती थी। हाथियों का खेलावोजन केवल सम्राट का मनोरंजनाधिकार था।
143. शोक में डूबी।
144. स्थानीय भौगोलिक विशिष्टता; Topography
145. बाहर-भीतर।
146. संसार-त्याग।
147. लौह हँसली, जो बन्दी के गले में डाली जाती थी।
148. अधिकारी अर्थात् ऊँची श्रेणी के।
149. अध्याय।
150. आभारी।
151. अलोचना।

152. गायक पद।
153. साक्षी।
154. गुण।
155. केन्द्रीयकृत।
156. जितने सवारों का ओहदा था, उतने घोड़े रखना सम्भव नहीं था, चूँकि अनुमानित आय वास्तविक आय से बहुत घट चुकी थी।
157. शासन-पद्धति में सुधार।
158. चीत्कार।
159. मुँह।
160. चन्द्रमुखी।
161. कर्मपोथी।
162. मृत्यु।
163. प्रेमानुभूति।
164. Exotic
165. संस्थान।
166. तत्त्व।

भाग-4

ज़ेबुन्निसा बनाम औरंगज़ेब

मुझे सही पथ से भटकों की उपत्यिका में नंगे सिर के साथ दफ़्नाया जाये, क्योंकि विनष्ट हो चुका हर पापी जब अन्तिम सम्राट के सामने इस तरह ले जाया जाता है, तो आवश्यक रूप से अनुकम्पा का पात्र बनता है।

—अहकामे-आलमगीरी

में मिली औरंगज़ेब की दूसरी वसीयत से

पात्र

ज़ेबुन्निसा
औरंगज़ेब

विविध स्थल
विविध समय

अंक-1

दृश्य-1

(सलीमगढ़। ज़ेबुन्निसा पर प्रकाश होता है।)

ज़ेबुन्निसा : अज़ीज़ अम्मीजान। क़िला-ए-दौलताबाद, दकन सूबेदार औरंगज़ेब की दारुल-हुकूमत, के वो बरस हमारे भीतर महकते हैं, जब हम तीनों साथ थे। हमारी सुबह अब्बू की रुद्रवीणा रागिनी से होती थी, रात आपकी फ़ारसी लोरी से! फिर वो दिन भी आया, जब हमने पहली ग़जल कही,

मजनूं की राह पै चलती हूँ मैं/
बंज़र ज़मीन मेरा बिस्तर है/
-या रेशमी तकिए सिरहाना/
एक ही बात है मेरे लिए

मैं जब भी रंगों, किलकारियों, वा उम्मीदों से लबरेज़ अपने आग़ाज़े-नौजवानी का तसव्वुर करती हूँ, तो आपकी मुस्कान यहाँ *(अपने वक्ष पर हथेली रखते हुए)* सुगबुगाती महसूस होती है। आँखों में थिरकते हैं अकबराबाद वा शाहजहाँनाबाद के रँगारंग वो दिन-जहाँ ज़ेब, गुलरुख़ बानो, वा दोस्तदार बानो के साथ। दारा शिकोह, शाह शुजा वा मुराद बख़्श की बेटियाँ, जो तख़्ते-ताऊस के वास्ते औरंगज़ेब के मुख़ालिफ़ थे। (मुस्कान से) चार का हमारा गिरोह। इसके कई नाम थे। एकाध कोई कहता था, क़िला-ए-मुअल्ला की रौनक़। ज़्यादातर कहते थे, क़िला-ए-मुअल्ला का सिरदर्द। नौजवानी की शहनाई हम चारों ने साथ-साथ सुनी थी, ख़्वाबे-रअनाई[1] भी साथ-साथ बुने थे। हिना की गुलकारियाँ, कशीदाकारी के नमूने, ज़ेवरात की बनावट, मीना बाज़ार, पतंगबाज़ी, कबूतरों के पैंतरे, जंगल में धींगामुश्ती, जमुना में देर रात नौका-विहार। न हमारी चे मे गोइयाँ[2] थमतीं

थीं, न हमारे रक़्स-ओ-नग़्में। दिन में चौबीस घंटे काफ़ी नहीं थे हमारे वास्ते! हम ज़िन्दगी के नशे में मदहोश थे। औरंगज़ेब एक के बाद एक जंगी मुहिमों पर भेजे जा रहे थे, चुनांचे अकबराबाद में दारा की बेगम नादिरा बानो की गोद में बड़ी हुई थी मैं। मेरी अम्मी की मानिन्द ईरानी। दोनों वैसे ही क़रीब थीं, जैसे जहाँ ज़ेब और मैं। एक स्याह मुद्दे पर आकर दोनों दोनों बार-बार रुक जाती थीं-इन दोशीज़ाओं का क्या होगा? जब अकबरे-आज़म के दामाद शाहरुख़ मिर्ज़ा दरबार में दीगर मरक़ज़े-ताक़त हो, जहाँगीर के वास्ते ख़तरा बन गये, तो वालिद के भीतर के बादशाह ने फ़रमान जारी कर दिया कि अब मुग़ल शहज़ादी का निकाह नहीं होगा। अकबरे-आज़म की दो छोटी बेटियाँ, जहाँगीर की चौदह बेटियाँ और शाहजहाँ की तीन बेटियाँ इसी आतिशे-पाबंदी से भीतर ही भीतर जलते हुए कंवारी मरीं। मौजे-शबाब के बीच इस हक़ीक़त के साथ भी तालमेल बैठाने की जद्दोजेहद करते थे हम सब। जहाँ आरा बेगम से हमने समझा था, कैसा होता है मुग़ल शहज़ादी की नाक़ाबिले-बर्दाश्त तन्हाई का शिंकजा। तब्दीलि-ए-बादशाह से वाबस्ता तशद्दुद[3] हमारे ख़ानदान में किस तरह लाज़िमी है, हरम से जाना था। तभी बारादरी में हमने बिला वजह सहमते हुए देखा, छुट्टी पर आये औरंगज़ेब रौशन आरा के साथ फुसफुसा रहे है। पसमंज़र में जंगे-विरासत की तोप का गोला छूटा, दिल डूबने लगा। उसी रात गज़ल कही, पी लो मेरा ख़ून/मैं तड़प रही हूँ इसे बहाने को,/ताकि तुम्हें रोक सकूँ आगे बढ़ने से। जहाँ आरा ने ये आशआर चचा दारा को दिखाये। अगली पायदान उन दोनों के नक्शे-क़दम पर चल सूफ़ियों की क़ादरी बिरादरी में शामिल होना था। तब हम तीनों को इल्म नहीं था कि हमारी इस सतर में उस ख़ूँआमेज़ी[4] की पेशीनगोई[5] है, जैसी ख़ानदाने-मुग़लिया में न कभी पहले हुई, न बाद में। उसके बावजूद अगर मैं साँस लेते रहने के क़ाबिल बनी रही, तो सिर्फ़ इसलिए, चूँकि मैंने ये जान लिया कि जब इल्मी[6] पहलू के बरअक्स अमली[7] पहलू को लागू कर दिया जाता है, तभी हक़ीक़त[8] जज़्ब करने की जानिब बढ़ा जा सकता है। इंसान के कुल जोड़[9] को नयी शक्ल के साथ पार करने का यही तरीक़ा है, पर उस पुरपेच को हासिल

करने के वास्ते उस बारीक़ ताने-बाने की चीरफाड़ लाज़िमी है, जो इंसान के बदन और उसके ख़ालिस रूहानी हिस्से को जोड़ता है। इस तरह राहे-रूहानियत पर दारा, जहाँ आरा और सरमद के साथ चलते हुए हम भी गुनगुनाने लगे, *जिसने ये समझ लिया सही राह पकड़ी! जब ख़ुद को खोया तो पा लिया उसी को- (करुण मुस्कान से)* पर हुआ कुछ इस तरह कि हम चारों को खोया हुआ समझ कर औरंगज़ेब ने अपने चँगुल में कस लिया और इस क़ब्ज़े के ज़रिये हासिल किया *(ऊपर की ओर संकेत के साथ)* उसको- *(क्षणिक विराम)* अम्मीजान, आज आपसे जुदाई की उनचासवीं सालगिरह है। आपके आख़िरी लम्हात मेरे दिल पर नक़्श हैं। साँस लेना आपके वास्ते मुसल्सल दुश्वार होता जा रहा था। ख़तरे के स्याह बादल मँडराने लगे हैं ज़ेबुन्निसा! आपने कहा, आपका इशारा शंहशाह शाहजहाँ की बीमारी की तरफ़ था, जिससे सल्तनत में अफ़रातफ़री मची हुई थी। सरापा मेहर[10], जैसा सितारों को मंज़ूर था, जब जंगे-विरासत का क़हर टूटा, तब आप दुनियाँ में नहीं थी। मालिके-दोजहाँन ने ख़ानदाने मुग़लिया को ज़्यादातर नज़रे-बद से देखा है, पर भूले-भटके कभी रहमत भी दिखा दी है। आप जानती हैं, कायनात में आप ही हैं मेरे दिल के सबसे नज़दीक़ इसलिए आप समझ लेंगी, जब मैं कहूँगी कि हालाँकि हम मुग़लों में बर्दाश्त-दर्द का नाकाबिले-एतबार माद्दा है, लेकिन फिर भी आप दो बरस चलनेवाले मुग़लिया महाभारत को झेल नहीं पातीं। दरवेश अल्लीमा मुल्तानी की याद है? वीराने में था उनका ख़ाक़ाना[11]। जहाँ आरा वा दारा के साथ हम जाते थे वहाँ। जंगे-विरासत के दौरे इब्तिदा में एक दिन उदास मुस्कान से गुनगुना रही थीं-*भिखारी का ठीक है ये कहते हुए इतराना कि आज बादशाह हूँ मैं/बादल का साया है उसका शाही तम्बू, बोआ गया खेत है उसका तख़्त।* जब उन्हें दारा के क़त्ल की ख़बर मिली, तो उन्होंने अपने मुरीदों के सामने कहा, हमें इस तशद्दुद के साथ तालमेल दरकार है। चुनांचे हमारा ये जानना लाज़िमी है कि दारा का सरासर बेजा क़त्ल क्यों किया गया, जबकि वो आलमगीर की बादशाहत मंज़ूर कर चुके थे? याद है, क़ैदी मुर्शिद[12] को सलाम करने आप नादिरा बेगम के साथ

सलीमगढ. गयी थीं। वापस लौटते हुए आपने नादिरा बेगम से फुसफुसा कर कहा था, अगर क़िला-ए-मुअल्ला ज़मीन पर जन्नत है, तो उसी के साये में सलीमगढ़ दोज़ख़। आपको कैसा लगेगा ये सुन कर कि आलमगीर के तशद्दुद के साथ अमन हासिल करने की जद्दोजेहद में हम भी सलीमगढ़ पहुँचे और शाही जिन्दान में मुक़ीम होने वाली पहली और आख़िरी शहज़ादी बन तहरीरे-तवारीख़ कर दी? मुग़लों के तख़ैयुल का जवाब नहीं। शाही क़ैदी को पोस्ता दिया जाता है। अफ़ीम के फूलों को रात भर पानी में भिगो कर बनाया जाने वाला शर्बत, जिसे पीने वाला दिन पर दिन जिस्मानी वा दिमाग़ी तौर पर लुंज-पुंज होते हुए साँस तोड़ देता है। शाहजहाँ ने अपनी जंगे-विरासत में इसका अच्छा इस्तेमाल किया था। औरंगज़ेब ने रिवायत में चार चाँद लगाये। हम बेशक बग़ावती हैं, पर हमें नहीं दिया जाता। बाप-बेटी के बीच बहुत प्यार है न! (प्रकाश-व्यवस्था बदलती है।) बहरहाल, इक्कीस बरस बाद क़ैदे-सलीमगढ़ और पैंसठ बरस बाद क़ैदे-ज़िन्दगानी से आज़ाद हो रहे है हम। सीधे आपके पास आ रहे है। सब मिलेंगे वहाँ-दारा, जहाँ आरा, सरमद, नादिरो बानो, जहाँ ज़ेब, गुलरुख़ बानो और हमारा अज़ीज़ बिरादर अकबर-हम सब मिल कर दुआ ज़रूर करेंगे कि आलमगीर की रूह को सुकून मिले-ये जानते हुए भी कि न तो वो इस लायक़ है और न ऐसा एजाज़[13] मुमकिन है।

दृश्य–2

(बुरहानपुर। मंच के दूसरे भाग में टोपी सिलते हुए औरंगज़ेब का प्रवेश। अगली पंक्तियों के बीच ज़ेबुन्निसा का प्रस्थान।)

औरंगज़ेब : चार दिन की चाँदनी है, फ़रेबी दुनियाँ की ख़ुशनसीबी!/
पलक झपकने में, एक लम्हें, में एक साँस में/
बदल जाते हैं दुनियाँ के नुकूश/
ख़ानदाने–मुग़लिया का पहला क़ानूने–लाज़िमी।बादशाह बाप वो हड्डी है, जिस पर मुग़ल शहज़ादा अपने बग़ावत के दाँत पैने करता है। अकबरे–आज़म पर जहाँगीर ने किये, जहाँगीर पर शाहजहाँ ने। *(इतिहास पुस्तक दिखाते हुए पूरी गम्भीरता से) बतौर तवारीख़, ख़ानदान में एक और अकेले फ़र्जंद औरंगजेब हुए, जिनके दिल में बाप का प्यार छलछला रहा था। तभी तो उन्होंने बूढ़े, थके शाहजहाँ को तख़्ते–ताऊस से बड़े प्यार से उठाया और मुसम्मन बुर्ज में उनके बिस्तर पर लिटा दिया।* (दर्शकों को गम्भीर भाव से देखता है।) हँसी किसको आ रही है? जान प्यारी है कि नहीं? *(मौन)* दैट्स गुड! हमारे बेटे शहज़ादे अकबर ने भी हमारे साथ यही करना चाहा। बोला, बाबा, हम तेतीस बरस के हैं, आप छ्यासठ के। बिल्कुल वही उम्र, जब आपने शाहजहाँ को रिटायर किया था! हमें पसीना आ गया। फ़ौरन हकीम की *(रपट दिखाते हुए)* रपट दिखायी, *(बड़ी नमी। से)* बरख़ुरदार, भले–चंगे है हम। शाहजहाँ मीना बाज़ार में जो *(जैसे यह विषय उसके लिए लज्जाभरा हो।)* नैनमटक्का वग़ैरह करते है, वो हमारा शेवा[14] नहीं। सारे Vital Organs ठीक काम रहे है हमारे। शाहजहाँ जो रोज़ाना लेते थे– *(शर्म एवं तिरस्कार के भाव से)* Viagra–उसका तो हमने नाम

भी नहीं सुना, पर वो नहीं माना, तीस हज़ार राजपूतों की फ़ौज ले, गाता हुआ आ गया, *(तलवार दिखाते हुए लय से) ख़ुशनसीबी की दुल्हिन को वही बाँध सकता है आग़ोश में! जो बोसा ले सकता है तेज़ धार की शमीर का। (तलवार का चुम्बन लेता है।) ये* Theme Song है हमारे ख़ानदान का, पर मुश्किल ये हुई कि हमारा भी Vision Statement है, जिसका पहला क़ायदा ही यही है-अगर जंग फ़रेब से जीती जा सकती हो, तो हथियार उठाने की क्या ज़रूरत? इसके चलते बेचारे अकबर, ख़ुशनसीबी की दुल्हिन को आग़ोश में नहीं ले पाये, पर उन्होंने इतना ज़रूर किया कि हमसे दिल्ली छुड़वा दी। हमारा शिकस्ता बाग़ी सपूत पनाह और मदद लेने कहाँ पहुँचा? मराठों के पास कोंकण। हमें उसका पीछा करना पड़ा। ये दकन है-सल्तनत के इक्कीस सूबों में सबसे अहम। आठवाँ बरस चल रहा है यहाँ। अकबर ने हमारे ख़िलाफ़ मोर्चा फैलाने की कोशिश की, आगे नहीं बढ़ सका। हम भी उसे चँगुल में नहीं ले पाये। वक़्त बहुत होता है हमारे पास। शायरी, मूसिक़ी, रक़्स, जामो-मीना, ज़ोहराज़बीं[15] की उलझी ज़ुल्फें सुलझाना-ये सब तो हम करते नहीं। तो अब टाइपमास के लिए जंग के अलावा और क्या बचा? चुनांचे जिन अहमद नगर, बीजापुर और गोलकुंडा सुल्तानों के ताज सदियों से दिल्ली के दिल में काँटे-से चुभे हुए थे, हमने छीनते हुए ऐसे नक़्शे की तामीर कर दी, जो न सम्राट अशोक या समुद्रगुप्त कर पाए थे और न हर्षवर्धन! आज *(हाथ से दिशा का संकेत करते हुए)* ग़ज़नी से चटगाँव और काश्मीर से कर्नाटक तक पूरा हिन्दोस्तान आफ़्ताब निशान के परचमे-मुग़लिया को सलाम करता है। शिवा का इंतिक़ाल को चुका। मराठा तहरीक[16] के मरक़ज़ रायगढ़ पर क़ब्ज़ा कर, हमने शंभू को *(क़ीमा काटने के मूकाभिनय के साथ)* छोटे-छोटे महीने टुकड़ों में तब्दील कर दिया। शाहू हमारी क़ैद में है। अब राजा राम बचा-मराठा मुख़ालिफ़त का झंडाबरदार बन कर। कब तक बचेगा? दो-चार माह में कुचल देंगे उसे भी। हमारी शमशीर बल्ख़-बदख़्शां तक झंडे गाड़ चुकी। पहाड़ी चूहे[17] कितनी देर टिकेंगे? फिर दकन में काम ख़त्म। अकबर तो हुमायूँ के नक़्शे-क़दम पर चलते हुए ईरान भाग गया। हम अपनी

दिल्ली वापस लौटेंगे। *(मोबाइल बजता है, निकालता है।)* बोलो शाही बावर्ची? *(सुनता है।)* अभी दूसरी टोपी सिल रहे हैं। *(सुनता है।)* कल इस वक़्त तक पाँच इसलिए हो गयी थीं, चूँकि मराठा क़िले मानिकगढ़ की घेराबंदी शुरू ही हुई थी। आज मराठे गोली का जवाब दे रहे हैं। चुनांचे हमें हिदायतें देना होंगीं कि नहीं? हम बंदूकचियों को आगे बढ़ायें कि टोपी सिलें? *(सुनता है।)* खाना पकाना शुरू करना है? थोड़ा रुक जाओ।अगर तीन हो गयीं, तो एक कटोरा शोरवा गोश्त बन जायेगा। मुट्ठी भर चावल के साथ खा लेंगे। *(हल्की नाराज़गी से)* कल हमने कहा था, स्वीट डिश मत दो। वो आज के हिसाब में एडजस्ट हो जाती! *(सुनता है।) होल्ड करो- (बटन दबाता है।)* सिपहसालार यूनुस ख़ाँ, बोलो- *(सुनता है।) बीवी-बच्चों की याद सता रही है? हमको इल्म है, .फौज कोआठ बरस हो गये दिल्ली छोड़े। (सुनता है।)* अगर हम आपको एक साल दिल्ली जाने की छुट्टी दे दें, तो आप हमें एक लाख रुपये की पेशकश देंगे? *(शांति से)* मंज़ूर। एकदम तशरीफ़ ले आयें। हम पहले गधे की खाल खिंचवायेंगे, फिर आपको नंगा करके उसके साथ सिलवायेंगे। फिर दूसरे गधे पर ऐसे बिठायेंगे कि दुम की तरफ़ आपका मुँह हो। फिर एक लाख सत्तर हज़ार की शाही फ़ौज के तम्बुओं का एक चक्कर लगवायेंगे, जिसमें तेज़ ईराक़ी घोड़े को क़रीब दस घंटे लगते हैं। इस दौरान तेज़ धूप में मरे गधे की खाल सिकुड़ जाने से आपको साँस के लिए हवा नहीं मिलेगी। अफ़सोस, आप इंतिक़ाल फ़र्मा जायेंगे, पर ये भी हो सकता है कि जान थोड़ी-सी बची रह जाये। दोनों ही सूरतों में आपकी ख़्वाहिशें-आख़िर का एहतराम करते हुए हम आपको उसी गधे पर दिल्ली रवाना कर देंगे। तशरीफ़ ले आयें-फ़ौरन। *(दूसरा बटन दबाता है।?)* हाँ बावर्ची- *(सुनता है। झुँझलाकर)* कुरानशीफ़ की नक़ल सिर्फ़ रात को कर सकते है। आधी की थी कल। आधी आज करेंगे। *(सुनता है।)* तीन टोपियों की क़ीमत हमारे रात के खाने के बराबर है। पूरी हो जायेंगी, तो खाना खायेंगे, वर्ना पानी पीकर सो जायेंगे। (सुनता है।) तुमसे कितनी बार कहें कि हम शाहजहाँ नहीं। शाही ख़ज़ाने से चोरी कर न दस्तरख़्वान सजाते है, न बेगम की याद

में मक़बरा बनवाते है। *(मोबाइल बन्द करता है। विचारलीन भाव से)* भूल नहीं सकता कुम्हार की बात/जिसने बनाया नाज़ुक़ कटोरा/फिर कहने लगा उससे/नहीं जानता कि मुक़द्दर के हाथ से फेंका पत्थर/ पहले तुमको तोड़ेगा। या मुझको- *(मोबाइल बजता है।)* बोलो काबुल महलदार? *(सुनता है।)* शहज़ादे बिदर बख़्त को दो। *(क्षणिक विराम) नामाकूल शहज़ादे, बहू बेगम के पास जाओ-.फ़ौरन। उनसे माफ़ी माँगो। (सुनता है।)* वो तुम्हारी बात काटती हैं, हमें मालूम है। तुम कहाँ के दाना[11] हो? ज़रा-से ख़त में हिज्जे की दस ग़ल्तियाँ करते हो। कान खोल कर सुनो। दस बरस बहू को एक्सट्रा प्यार दो। तुम अफ़गानिस्तान में हो, हम बुरहानपुर में, लेकिन तुम्हारी ख़्वाबगाह, हरम या बाहर कहीं भी बहू की एक सिसकी भी सुनायी दी हमें, तो-*(शान्ति से)* सलीमगढ़, का नाम सुना है बेटा? *(सुनता है।)* नीलम कँगन के तोह्फे के साथ माफ़ी माँगना बेहतर है। याद रखो, कायनात के ड्रामे में औरत-मर्द बराबर के किरदार है। *(मोबाइल बंद करता है।)* क्या-क्या करें हम? कमाने-निज़ाम सँभाले, बेटों की बग़ावत झेलें, जंग लड़ें और बेवक़ूफ़ शहज़ादों का फ़ैमिली कोर्ट बनें! *(मोबाइल बजता है।)* डैकन टीवी? कौन-सा फ़ुटेज? *(सुनता है।)* हाँ, genuine है, fabricate नहीं किया। *(सुनता है।) हुआ ये था कि बल्ख़-बदख़्शां की जंग में नमाज़े-ज़ुहर[18] का वक़्त हुआ, तो सनसनाते तीरों, दनदनाती गोलियों और फटते गोलों के बीच हम इत्मीनान से चटाई बिछा नमाज़ अदा करने लगे। हमारे पास न ढाल थी, न जिरह बख़्तर। बुख़ारा फ़ौज सन्न हो हमें देखती रह गयी। सुल्तान के हाथ-पाँव फूल गये। उसने कहा, ऐसे आदमी से लड़ना आपनी तबाही को दावत देना है और ख़ात्मा-ए-जंग का बिगुल बजा दिया। (सुनता है।)* मराठों के ख़िलाफ़ ख़ात्मा-ए-जंग का बिगुल? बजेगा-इंशा अल्लाह, जल्दी ही बजेगा। *(सुनता है।)* नमाज़े-शुक्राना कहाँ अदा करेंगे? लाल क़िले में मोती मस्जिद बनवायी, पर जब तैयार हुई, हम राजपूताना जंग पर थे। फिर वहीं से दकन को कूच करना पड़ा। बस, राजाराम का हिसाब चुका कर अपनी दिल्ली जायेंगे और मोती मस्जिद में महवे-इबादत[19]— *(सुनता है।)* You are most welcome! *(सुनता है।*

मुस्कान से) हम शुरू से ही modest और accessible हैं- *(सख़्ती से) चूँकि दारा शिकोह नहीं है हम! (सुनता है।)* दिल्ली पर हमले का मंसूबे बनाने वाले अकबर पर कमेंट? बेस्ट ऑफ़ लक टु हिम! *(मोबाइल बन्द करता है। सोच रहा है।)* अकबर, दिलरस बेगम की निशानी! *(लय से) ओह, जो तुम कभी हमल में नन्हीं साँस थे, फिर दिलकश बचपन/ फिर नौजवानी में सरू का तना हुआ दरख़्त-चाँदनी सूरत/फिर मैदाने-जंग के मशहूरो-मारूफ़ सरगना, शमशीर के करामाती- (करुणी से)* उस बाप को ललकारा तुमने, जो पाँचों बेटों में सबसे ज़्यादा प्यार तुम्हीं को करता था? तुम बग़ावती न होते, अगर दिलरस बेगम होतीं। हमारी ये हालत न होती, अगर दिलरस बेगम होतीं। हम ज़िन्दगी और बज़ाते-ख़ुद से इतने नाराज़ न होते, अगर दिलरस बेगम होतीं। (मोबाइल बजता है, उठाता है। कौन? *(सुनता है।)* अकबअअर, ठीक तो हो बरख़ुरदार?? कैसा मौसम है इस्फ़हान का? *(सुनता है।)* तो शाह-ईरान तुमको दस हज़ार घुड़सवारों की फ़ौज देंगे, ताकि दिल्ली फ़तेह की जा सके, लेकिन हमारे इंतिक़ाल के बाद- *(सुनता है।)* तो तुम हमारे इंतिक़ाल का इंतिज़ार कर रहे हो? अज़ीज़ अकबर, हम हरचंद चाहते है कि ऐसा हो जाये, पर हम जानते हैं, नहीं होगा। *(सुनता है।)* अभी हमारी उम्र चौहत्तर है और तुम्हारी इकतालिस, इसलिए होकर रहेगा? *(स्नेह से)* हमारे कलेजे के टुकड़े, हमारी आँखों के तारे, हमारे बुढ़ापे के सहारे, तुम हमारा ख़ून हो, पर हमें जानते नहीं। होल्ड करो- *(बटन दबाता है।)* मालिके-दोजहाँन, हम पाक जुमे के दिन साँस तोड़ेंगे, चूँकि हमने ऐसा ठान लिया है। आपके कान में बात डाल दी। *(बटन दबा कर अकबर को सम्बोधित करता है।)* अकबर,जब जंगे-विरासत हुई, तो मुराद और शुजा के मुक़ाबिल हमारी हैसियत क्या थी? एक मालवा का सूबेदार, दूसरा बँगाल-बिहार का। महसूल के नज़रिए से दोनों surplus सूबे, जबकि हमको मुल्तान-दकन के घाटे वाले दलदल में बार-बार फँसाया गया। इन दो के बाद तीसरा मोर्चा बज़ाते-ख़ुद दारा-शाहजहाँ के मुक़ाबिल। साठ हज़ार ज़ातो-सवार के मर्तबे वाले बुलंद इक़बाल वली-अहद और उनके बाप शाहों

के शाह, तब की दुनियाँ के सबसे अमीर बादशाहों में एक। पर जो हुआ, वो इसलिए हुआ, चूँकि बहुत मज़बूत होता है हमारा अज़्म[20]। चुनांचे गवाह है, ये लम्हा-ए-मौजूदा! हमारी ऐसी पेशीनगोई गोया पत्थर पर नक़्श हो रही है, जैसी कायनात में किसी बाप ने बेटे के वास्ते नहीं की होगी। अकबर हमारे इंतिक़ाल की ख़बर नहीं सुनेगा, हम उसके इंतिक़ाल की ख़बर सुनेंगे। ग़रीब मर्ग मगरूर मुआफ़[21]! *(मोबाइल बन्द कर देता है। गिलास देखता है, ख़ाली है। ऊँचे स्वर में)* पानी-*(रस्सी से बँधा पात्र ऊपर से नीचे आता है। औरंगज़ेब घूँट लेता है।)* रिवायत है कि मुग़ल बादशाह गँगाा का पानी पीता है। शाही सवारी कहीं भी हो, पानी उत्तर से भेजा जाता है। *(हल्की मुस्कान से)* यादों के इतने पुराने दरीचे खुल रहे हैं भीतर। जँगे-विरासत में पानी का नाज़ुक़ किरदार था। *(हाव-भाव एवं लय से)* कल थे नब्बे हज़ार की फ़ौज के आक़ा! शाहों के शाह शाहजहाँ/आज तलबगार हैं एक गगरी पानी के। फ़क़त तख़्मीना-ए-ख़ज़ाना को जिनके दरकार थे चौदह बरस! हलक़ में उनके आज चुभ रहे है काँटे-*(कातर शाहजहाँ की नक़ल करते हुए) एक गगरी पानी दे दो औरंगज़ेब! मेरे कलेजे का टुकड़ा, मेरी आँखों का तारा, मेरे बुढ़ापे का सहारा! (अपनी भूमिका में सख़्ती के साथ) नहीं, हम नहीं देंगे पानी। प्यासे रहेंगे शाहजहाँ-(बलपूर्वक ज़ोर से)* हवा का रुख़ कहीं भी हो। हमने डाल दी नाव धारा में

(अँधेरा होता है।)

अंक-2

दृश्य-3

(दौलताबाद क़िला। लगभग पचास वर्ष पहले। प्रकाश होता है। नवयुवती ज़ेबुन्निसा अपनी बयाज़ (काव्य-पुस्तिका) लिए विचारलीन है।)

ज़ेबुन्निसा : ऐ रूह, फिक्र बहुत करती हो तुम/
तुम कहती हो कि मेरी वजह से/
तुमको चक्कर आने लगते हैं/
थोड़ा सिरदर्द ही हो जायेगा न, बस/
क्यों करती हो फिक्र?/
तुम कहती हो कि तुम मेरा हिरन हो/
आसपास गूँज रही है शेर की दहाड़/
तो क्या हुआ ऐ रूह/
तुम चरती रही हरी पत्तियाँ/
दहाड़ने दो उसे/
ज्यादा फ़िक्र करती हो तुम-

(औरंगज़ेब का प्रवेश।)

औरंगज़ेब : ज़ेबी!

ज़ेबुन्निसा : *(तनाव से)* बाबा, एक हफ़्ता कहाँ थे आप?

औरंगज़ेब : तुम्हारे नाम ख़त छोड़ा था।

(औरंगज़ेब ज़ेबुन्निसा के पास है, तो उसके सिर पर हाथ रखता है।)

ज़ेबुन्निसा : *(सरोकार से)* ख़िलवत[22] दरकार थी?

औरंगज़ेब : *(हामी में सर हिलाते हुए)* एलोरा गुफाओं में था।

ज़ेबुन्निसा : क्यों?

औरंगज़ेब : ग़ौरो-फ़िक्र, मताक़बह[23]-शाहजहाँ बीमार है न!

ज़ेबुन्निसा : *(आपत्ति के सुर में)* पर अकबराबाद से उनके दस्तख़त के साथ ख़त आ गया। वो सेहतमंद हो चुके।

औरंगज़ेब : दरबार के खेल बहुत पेचीदा होते हैं।

ज़ेबुन्निसा : शाहजहाँ की तहरीर पहचानते हैं हम।

औरंगज़ेब : हम अभी उनके या तुम्हारे दस्तख़त करके दिखाएँ? न वो पकड़ सकेंगे, न तुम–

ज़ेबुन्निसा : मुहर भी बन्द थी।

औरंगज़ेब : ये सियासत है ज़ेबुन्निसा! शाही दरबार में हमारे एलची[24] की रपट कब से नहीं आयी?

ज़ेबुन्निसा : पर जहाँ आरा बेगम ने खुलासा कर दिया कि तीनों शहज़ादों के एलची किसी ग़लतफ़हमी से अपने-अपने घर में नज़रबंद कर दिये गये थे। ग़लती दुरुस्त कर ली गयी।

औरंगज़ेब : देर हो चुकी। एलोरा गुफाओं में *(ऊपर उँगली उठाते हुए)* हिदायत मिल गयी हमें।

ज़ेबुन्निसा : *(आशंका से)* क्या हिदायत?

औरंगज़ेब : फ़ौज को हुक़्म जारी कर दिया।

ज़ेबुन्निसा : कैसा हुक़्म?

औरंगज़ेब : सात दिन के बाद अकराबाद की जानिब कूच करना है।

ज़ेबुन्निसा : *(आशंका से)* चचा मुराद ने भी गुजरात छोड़ दिया न?

औरंगज़ेब : *(हामी में सिर हिलाते हुए)* मालवा में मिलेंगे।

ज़ेबुन्निसा : ये सच है कि अपनी बादशाहत का एलान कर शाह शुजा बनारस तक आन पहुँचे हैं?

औरंगज़ेब : हाँ।

ज़ेबुन्निसा : ये भी सच है कि मुराद को बुरहानपुर का सूबेदार मुक़र्रर कर दिया गया?

औरंगज़ेब : *(बिना किसी भावना के)* हाँ।

ज़ेबुन्निसा : लेकिन वो तो हमारे दकन का हिस्सा है।

औरंगज़ेब : दारा चाहते हैं कि दोनों छोटे भाई आपस में लड़ मरें।

ज़ेबुन्निसा : लेकिन क्यों? दारा तो पहले से ही वली-अहद हैं।

औरंगज़ेब : शुजा और मुराद नहीं मानते।

ज़ेबुन्निसा : लेकिन शाहजहाँ ने बज़ाते-ख़ुद दारा को नामज़द किया है, *बुलंद इक़बाल* ख़िताब दिया है, तख़्ते-ताऊस के बग़ल में सोने की कुर्सी रखवाई है उनके वास्ते!

औरंगज़ेब : इन चोचलों से बादशाहत पक्की नहीं होती।

ज़ेबुन्निसा : शुजा और मुराद पर बग़ावत का इल्ज़ाम आयद होगा।

औरंगज़ेब : शाहजहाँ ने बज़ाते-ख़ुद जहाँगीर के ख़िलाफ़ बग़ावत-फ़माई थी और जहाँगीर ने अकबर के ख़िलाफ़!

ज़ेबुन्निसा : *(आशंका से)* आप तख़्त के तीसरे उम्मीदवार हैं?

औरंगज़ेब : *(कानों को छूते हुए आतंक से)* तौबा तौबा-

ज़ेबुन्निसा : *(गम्भीर भाव से उसे देखते हुए)* फिर जा क्यों रहे हैं?

औरंगज़ेब : *(भावविभोर)* अपनी आँखों वालिदे-मुक़द्दस[25] को देख लूँ, उनके पाँवों की धूल माथे से लगा लूँ, फिर इत्मीनान से दौलताबाद लौट आऊँगा।

ज़ेबुन्निसा : तो चचा मुराद के साथ क़रार क्यों किया आपने?

औरंगज़ेब : अपने कुटुम्ब की हिफ़ाज़त के लिए।

ज़ेबुन्निसा : पर कहा जा रहा है कि आप दोनों के बीच तक़सीमे-सल्तनत भी तय हो चुकी।

औरंगज़ेब : सल्तनत बहुत बड़ी है ज़ेबी! शाहजहाँ दुनियाँ के सबसे अमीर बादशाहों में से हैं। ऐसी सूरते-हाल में अफ़वाहों का बाज़ार तो गर्म होगा ही।

ज़ेबुन्निसा : क़ाबिले-एतबार ज़ुबान से सुना है कि आपकी नज़र तख़्तो-ताज पर है।

औरंगज़ेब : जहाँ ज़ेब दारा शिकोह की बेटी है। वो हमारे ख़िलाफ़ नहीं बोलेगी, तो कौन बोलेगा?

ज़ेबुन्निसा : दोस्तदार बानो ने भी इसकी ताईद की।

औरंगज़ेब : (मुस्कान से) उसके बाप मुराद को तो हमारे ऊपर एतबार है, पर उसकी बेटी और हमारी बेटी को नहीं! *(हँसता है।)* चलो, लड़कियों के साथ तज़्किरा-ए-सियासत बहुत हो गया। *(स्नेह से)* हमारी ग़ैरहाज़िरी में हरम की ज़िम्मेदारी तुम्हारी। मश्विरे के लिए अक़ीले ख़ाँ हैं ही।

ज़ेबुन्निसा : आप हमें सच-सच बता दीजिए।

(औरंगज़ेब गम्भीर हो जाता है।)

औरंगज़ेब : क्या बता दें?

ज़ेबुन्निसा : हमें अंदेशा है कि शाही फ़ौज के ख़िलाफ़ आप और मुराद एकजुट हो रहे हैं।

औरंगज़ेब : ज़ेबी, हमारे वा शाह शुजा के बीच क़रार की ख़बर पर गुलरुख़ बानो ने क्या कहा?

ज़ेबुन्निसा : सच नहीं।

औरंगज़ेब : देखा?

ज़ेबुन्निसा : पर चचा शुजा के साथ आपने ऐसे क़रार की कोशिश की तो थी?

औरंगज़ेब : हमें अपने कुटुम्ब की हिफ़ाज़त करना है या नहीं?

ज़ेबुन्निसा : शुजा आपके कुटुम्ब को–हमको–चोट पहुँचायेंगे?

औरंगज़ेब : शाहजहाँ ने अपने भाइयों–भतीजों का सिर उनकी गर्दन के बोझ से हल्का किया था या नहीं? बेवा बेगमों को सुहागपुरा[26] भेजा था या नहीं?

(ज़ेबुन्निसा हामी में सिर हिलाती है।)

औरंगज़ेब : तुमने देखा है सुहागपुरा?

(ज़ेबुन्निसा फिर हामी में सिर हिलाती है।)

औरंगज़ेब : कैसा लगा?

ज़ेबुन्निसा : शिकस्ता शहज़ादों का ज़िन्दान[27] सलीमगढ़ *बग़ैर वापसी का* जज़ीरा[28] कहा जाता है। सुहागपुरा जीते–जी दोज़ख़ है।

औरंगज़ेब : *(सख़्ती से)* ख़ुदा न करे, पर अगर तुम्हें वहाँ अपनी छोटी बहनों के साथ रहना पड़े, तो?

ज़ेबुन्निसा : *(हथेली दिखाते हुए)* अगर हाथ की लकीरों में लिखा है, तो होकर रहेगा।

औरंगज़ेब : बाप होने के नाते हमारा ये फ़र्ज़ है कि अगर हाथ की लकीरों में लिखा भी है, तो मिटा दें। तभी हमने बारहा कोशिश की कि मुराद के जैसा ही क़रारा शुजा के साथ हो जाये कि पूरबी हिन्दुस्तान में तुम जो मर्ज़ी हो, करो, दकन हमारे वास्ते छोड़ दो।

ज़ेबुन्निसा : चचा शुजा को आपके ऊपर रत्ती भर यक़ीन नहीं।

औरंगज़ेब : अफ़सोस–

ज़ेबुन्निसा : आपने गुलरुख़ वा सुल्तान भाई की मँगनी क्यों तोड़ी? आप नहीं जानते, कितना मज़बूत है उनका जज़्बा–

औरंगज़ेब : मँगनी ठंडी बस्ते में डाल कर शुजा भूल गये। अब इसमें हम क्या कर सकते हैं?

ज़ेबुन्निसा : आपने मँगनी इसलिए तोड़ी, चूँकि शुजा समझ गये कि आप

उन्हें अपने मंसूबा-ए-ताज में इस्तेमाल करना चाहते हैं।

औरंगज़ेब : ये गुलरुख़ ने कहा?

ज़ेबुन्निसा : जो कहा, वो अहम है। किसने कहा, ये नहीं।

औरंगज़ेब : तो एक और अहम को तवज्जो दे दो। शुजा बख़ुशी शाहजहाँ के बाद तख़्ते-ताऊस पर जलवाअफ़रोज़ हों, हमें कोई तकलीफ़ नहीं।

ज़ेबुन्निसा : *(चौंक कर)* आपको इल्म है, आप क्या कह रहे हैं?

औरंगज़ेब : *(भावविहवल)* तुम्हारी अम्मी के जाने के बाद *(अपने वक्ष की ओर संकेत के साथ)* सब बुझ गया है। हमारी सबसे क़रीबी दोस्त, हमारी सिपहसालार, हमारी फ़ल्सफ़ी,हमारी रहबर चली गयीं...तनो-तन्हां छोड़ कर-

ज़ेबुन्निसा : हमारी ज़िंदगी की रौशनी चली गयी।

औरंगज़ेब : उनकी कमी रूह को कुतरती रहती है-पर जीना है न, तुम सबकी ख़ातिर जीना है।

(ज़ेबुन्निसा उससे स्नेहभरे ढँग से सट सकती है।)

ज़ेबुन्निसा : मुग़लिया ताजपोशी ज़ालिम और खूँआमेज़[29] क्यों होती है?

औरंगज़ेब : हुमायूँ के भाइयों-कामरान, अस्करी और हिन्दाल-ने ख़ूँआमेज़ी शुरू की। फिर हर नस्ल के साथ वो परवान चढ़ती गयी।

ज़ेबुन्निसा : जहाँ ज़ेब का ख़त आया। चची नादिरा ने ऐसा दहशतनाक ख़्वाब देखा-रोज़े-क़यामत भी ग़नीमत होगा उसके मुकाबिल। दोनों चादर चढ़ाने अजमेर शरीफ़ गयी है।

(औरंगज़ेब भावहीन है।)

ज़ेबुन्निसा : चचा दारा को लेकर इतनी फ़िक्र है हमें-

(अगर दोनों के बीच स्पर्श है, तो औरंगज़ेब तुरन्त अलग हो जाता है।)

औरंगज़ेब : *(ठंडे भाव से)* फ़िक्र करना है, तो हमको लेकर करो। वो ग़ैरहाज़िर सूबेदार बन शाहजहाँ के बग़ल में रेशम के गद्दे पर बैठे रहे, जबकि हमें दूर दराज़ मुँहज़ोर सूबे की लगाम कसने भेजा गया या वतन और उसके बाहर की ख़ूँख़ार मुहिम पर मुग़लों का सिक्का जमाने। आगरा वा दिल्ली में दादा भाईजू के आलीशान महल बनते रहे, जबकि हमें सही आमदनी देने वाली जागीर भी नहीं मिली। हथियारों की ख़रीद की हमारी मुनासिब माँग तक पूरी नहीं हुई, जबकि उन्हें साठ हज़ार ज़ातो-सवार का मंसब देकर शाहजहाँ ने साबित कर दिया कि तराज़ू

के पलड़े पर दारा *(ऊपर संकेत के साथ)* वहाँ हैं और औरंगज़ेब *(नीचे संकेत के साथ)* यहाँ- *(उत्तेजना सँभालते हुए)* फ़िक्र हमको लेकर करो ज़ेबी।

ज़ेबुन्निसा : आप ये नहीं भूल सकते कि जब जहाँ आरा ने आपको छीना हुआ ओहदा-ओ-जागीर देकर नई ज़िन्दगी अता की,तो दाराने एतराज़ नहीं किया।

औरंगज़ेब : हमारा तअल्लुक़ सिर्फ़ उससे है, जो हमारे वा जहाँ आरा के दरम्यान है। जो जहाँ आरा-दारा के दरम्यान है, उससे हमारा क्या लेना-देना?

ज़ेबुन्निसा : लेकिन मुद्दा आप थे।

औरंगज़ेब : हमने जहाँ आरा से नहीं कहा कि वो शाहजहाँ के हुज़ूर में हमारी वकालत करें।

ज़ेबुन्निसा : वो आपकी अज़ीज़ रौशन आरा नहीं, जिन्हें सिफ़ारिशो-नज़राना दरकार है। वो ज़मीरे-रौशन से दमकती अपनी राहे-फ़र्ज़ पर चलती है।

औरंगज़ेब : तो हम एहतराम करते है उनका।

ज़ेबुन्निसा : लेकिन दारा का एहसान नहीं मान सकते?

औरंगज़ेब : उन्हीं की ख़ातिर तो हम बेदख़्ल हुए।

ज़ेबुन्निसा : बेदख़्ल शाहजहाँ ने किया।

औरंगज़ेब : दिल्ली दरबार में वही होता है, जो दारा चाहते है।

ज़ेबुन्निसा : बहस के लिए मान लिया कि आप सही है, लेकिन आपकी बहाली पर अगर दारा एतराज़ करते, तो वो नहीं होती न?

औरंगज़ेब : हम किसी गिनती में नहीं आते। उन्होंने एतराज़ नहीं किया, तो जहाँ आरा की ख़ातिर-

ज़ेबुन्निसा : लेकिन अगर करते, तो आपकी राहे-ज़िन्दगी बिल्कुल बदल जाती न?

औरंगज़ेब : तो कर देते! हम उनकी ख़िदमत में हाथ जोड़ कर गये थे क्या? *(हाथ जोड़ कर भिखारी की तरह)* दादा भाईजू, आप चुप रहें मेहरबानी कर-

ज़ेबुन्निसा : पर अगर वो मुँह खोल देते, तो-

औरंगज़ेब : *(बीच में ही)* क्या ज़िद्दी लड़की है। दारा के एहसान का बोझ ज़बर्दस्ती हमारे सिर मँढने पर तुली है?

ज़ेबुन्निसा : दलील की बिना पर आपको ये मानना होगा कि शाहजहाँ की

मर्ज़ी के ख़िलाफ़ आपकी बहाली हर्गिज़ नहीं होती, अगरा दारा भी जहाँपनाह की ही ताईद करते।

औरंगज़ेब : *(बात काट कर)* तो तुम जाकर दारा को बोलो कि वक़्त को उल्टा चला दें, ताकि औरंगज़ेब को फ़ौरन सलीमगढ़ भेजा जा सके।

ज़ेबुन्निसा : (स्थिर स्वर में) आप दलील देने के बजाय हक़्के-वालिद का बेजा इस्तेमाल करते हुए गुस्सा दिखा रहे है, ताकि हमारी बोलती बन्द हो जाये। ये इख़्लाक़[30] के ख़िलाफ़ है।

(औरंगज़ेब उसे एक पल देखता है, फिर मुस्कुरा पड़ता है।)

औरंगज़ेब : *(नर्मी से)* हम सिर्फ़ ये कह रहे है कि जहाँ आरा ने जो किया, वो अपना फ़र्ज समझ कर। हमारे लिए बात यहीं ख़त्म हो गयी।

ज़ेबुन्निसा : पूरे हरम के लिए नहीं, जो मातम कर रहा है कि दारा की ताजपोशी में सिर्फ़ एक रोड़ा है-औरंगज़ेब।

औरंगज़ेब : शुजा ने बँगाल में अपनी बादशाहत का एलान किया, अपने नाम का ख़ुत्बा पढ़वाया, सिक्का जारी किया और बनारस तक आन पहुँचे। मुराद ने भी गुजरात में अपनी बादशाहत का एलान किया, अपने नाम का ख़ुत्बा पढ़वाया और सिक्का ढलवाया। चूँकि उन्हें तख़्ते-ताऊस पसन्द नहीं, इसलिए अपना ख़ुद का तख़्त लेकर अकबराबाद की जानिब बढ़ रहे हैं। हमने अपनी बादशाहत का एलान किया? ख़ुत्बा पढ़वाया? सिक्का ढलवाया?

ज़ेबुन्निसा : नहीं।

औरंगज़ेब : और हमारे कूच करते वक़्त तुम ख़ुद तसल्ली कर लेना, हमारे साथ कोई तख़्त नहीं जा रहा।

ज़ेबुन्निसा : सवाल ये है कि आपके दिल में क्या है?

औरंगज़ेब : क्या है?

ज़ेबुन्निसा : हमें क्या इल्म, क्या है? क्यों जा रहे हैं आप?

औरंगज़ेब : जवाब दे दिया तुमको।

ज़ेबुन्निसा : अभी सियासी उथलपुथल है। आपकी रवानगी की ख़बर से ही तेज़ी पकड़ लेगी और आपके वहाँ पहुँचने से हालात ख़तरनाक हो जायेंगे। माहौल कुछ सँभल जाये, तब जाइए।

(औरंगज़ेब पल भी सोचता है।)

औरंगज़ेब : हम उस ख़तरे को मिटाने के लिए ही जा रहे हैं।

ज़ेबुन्निसा : यानी?

औरंगज़ेब : हमने क्या कहा था,जब *(अपनी वा ज़ेबुन्निसा की ओर संकेत के साथ)* हम दोनों साथ-साथ एलोरा गुफाओं में गये थे?

ज़ेबुन्निसा : जो आगे[31] की फ़िक्र करते हैं, उनको यहाँ जैसे आगाही[32] मिलती है।

औरंगज़ेब : हमको चार दिन पहले वहाँ पक्की तौर पर मिल गयी।

ज़ेबुन्निसा : अच्छा?

(औरंगज़ेब हमी से सिर हिलाता है।)

ज़ेबुन्निसा : ख़तरा मिटायेंगे कैसे?

औरंगज़ेब : याद है, जब हमारे बीच *(अपने सीने की ओर संकेत के साथ)* यहाँ की पुकार की बात हुई थी?

ज़ेबुन्निसा : जब हम दोनों बिहार के इंतिहाई अंदरूनी हिस्से में थे?

औरंगज़ेब : *(हामी में सिर हिलाते हुए)* बेगूसराय ज़िले में नदी-नालों से घिरी झोपड़ों की बस्ती छप्पनटोला। वहीं काई लगी ईंटों वाला टूटा-फूटा मदरसा-उसे देख क्या कहा था तुमने?

ज़ेबुन्निसा : इसे बनाने के बाद गोया अल्लाह ने भी भुला दिया।

औरंगज़ेब : हम शाहजहाँ को ज़मींबोस करेंगे। फिर जहाँ आरा की ख़िदमत में गुज़ारिश-ज़ेबुन्निसा वा उसके भाई-बहनों को अपने पास रख लें और औरंगज़ेब को उस गुमनामा मदरसे में जाने की इजाज़त मिले।

(ज़ेबुनिसा पहले स्तब्ध रह जाती है, फिर भावान्तर होता है।)

ज़ेबुन्निसा : *(पुलकित एवं भावविभोर हो)* बाबा!

औरंगज़ेब : अंदरूनी पुकार समझ में आ ही गयी आख़िरकार। दीनी वाअज़[33], कलामे पाक का मुताला[34], सब्जियाँ उगाना, सादे कमरे में चटाई पर सोना-ऐसी ज़िन्दगी के महज़ तसव्वुर से ही वो सुकून मिल रहा है ज़ेबी, जो न शाहजहाँनाबाद के लाल किले में मिला, न दौलता बाद के चाँद महल मे।

ज़ेबुन्निसा : *(प्रमुदित हो)* क़ादिरे-मुतलक़[35] की मेहर, अब जंगे-विरासत नहीं होगी। मुराद आसानी से मान जायेंगे। शुजा के पास जहाँ आरा की सदारत में महाबत ख़ाँ, दिलेर ख़ाँ और मिर्ज़ा राजा जय सिंह जैसे सिपहसालार जायेंगे, तो उनकी समझ में आ जायेगा कि समूची बरबादी से अपनी सूबेदारी बचाये रखना बेहतर है। *(विभोर होकर)* अब्बू, आज आपने हमें जो मसर्रत दी, वो अल्फ़ाज़ में बया नहीं हो सकती-

(आँखें पोंछती है।)

औरंगज़ेब : हमसे मिलने आओगी?

ज़ेबुन्निसा : *(उगंग से)* सब भाई-बहनों को लेकर-कभी ईद पर, कभी आपकी सालगिरह पर—

औरंगज़ेब : *(हामी से सर हिलाते हुए)* बारी-बारी से सबको लाना, तो हम मिल लेंगे, वर्ना मदरसा पहुँच जाने के बाद हम कभी लाल क़िले में पैर नहीं रखेंगे।

ज़ेबुन्निसा : *(बदहवास हो)* नहीं अब्बू, ऐसा इंतिहाई फ़ैसला मत कीजिए।

औरंगज़ेब : बस ज़ेबी, अभी तक हम साया-ए-शहंशाह पर इतराये हुए थे। अब चल दिये उनके दरबार में, जिनके साये के लिए शहंशाह सिज्दे करते हैं।

ज़ेबुन्निसा : *(मुस्कान से)* दारा वा औरंगज़ेब दोनों नई तवारीख़ लिख रहे हैं-पहला सूफी शहंशाह और पहला मौलवी शहज़ादा!

(औरंगज़ेब मुस्कुराता है। प्रफुल्लित संगीत के साथ अन्धकार होता है।)

दृश्य-4

(लाल क़िला। प्रकाश होता है। औरंगज़ेब दफ़्तरी काग़ज़ात देख रहा है। संजीदा ज़ेबुन्निसा का प्रवेश। औरंगज़ेब मुस्कान से खड़ा होता है।)

औरंगज़ेब : *(सलाम करते हुए मुस्कान के साथ)* तवारीख़े-सल्तनत में सबसे कमउम्र पादशाह बेगम[36]!

(ज़ेबुन्निसा उसे स्थिर दृष्टि से देखती है।)

औरंगज़ेब : नये अहद का शाहजहाँनाबाद कैसा लग रहा है?

ज़ेबुन्निसा : *(व्यंग से)* तो दौलताबाद से आप अकबराबाद गये, ताकि शाहजहाँ को भला-चंगा देख लें?

औरंगज़ेब : दुरुस्त।

ज़ेबुन्निसा : अपनी आँखों तसल्ली कर लें?

औरंगज़ेब : *(परम विश्वास से) बेशक-*

ज़ेबुन्निसा : और उन्हें दिल से लगा लें?

औरंगज़ेब : (सफ़ेद झूठ बोलने की रत्ती भर लज्जा के बिना) उनके पाँवों की धूल सिर पर रख लें।

ज़ेबुन्निसा : एक और मक़सद था आपका-

औरंगज़ेब : *(याद करने के नाटक के साथ) कौन-सा?*

ज़ेबुन्निसा : आपके अंदरूनी की पुकार-

औरंगज़ेब : किसकी पुकार?

ज़ेबुन्निसा : *(अपने वक्ष परा हथेली रखते हुए)* यहाँ की।

औरंगज़ेब : *(स्वर लम्बा खींचते हुए)* अच्छा वोओओओ-छप्पन टोला मदरसा,जिसे बनाने के बाद गोया अल्लाह ने भी भुला दिया।

ज़ेबुन्निसा : शुक्र है, याद तो आया।

औरंगज़ेब : हुआ कुछ इस तरह कि फ़र्माबरदार बेटे के फ़र्ज से मजबूर हो गये हम।

ज़ेबुन्निसा : *(आरोप के सुर में)* आपने उन्हें गुसम्मन बुर्ज में क़ैद करके रखा है।

औरंगज़ेब : *(विवश भाव से)* उनके भले के लिए। उम्र हो चुकी। कितने थक गये हैं-तीस बरस से हुकूमत का बोझ ढोते हुए। फ़र्ज़न्द[37] को और क्या ज़ेब[38] देता है? बाप के सिर से फ़ौरन बोझ हटा लो।

ज़ेबुन्निसा : शाहजहाँ ये बोझ दारा को देना चाहते है।

औरंगज़ेब : हमारे एहसासे-फ़र्ज में भी उतनी ही शिद्दत है, जितनी दादा भाईजू के-

ज़ेबुन्निसा : सवाल शिद्दत का नहीं, बोझ देने के हक़ का है।

औरंगज़ेब : शुजा और मुराद भी अपनी-अपनी शिद्दत का ढोल बजा रहे हैं। वो ये भी नहीं मानते कि शाहजहाँ की दिमाग़ी हालत इस लायक़ है, जो बोझ दिये जाने का सही फ़ैसला कर सके।

ज़ेबुन्निसा : चचा मुराद को अपने क़ैद में डाल रखा है।

औरंगज़ेब : क्या बताएँ ज़ेबी! धर्माट की पहली फ़तह के बाद शोलासिफ़त[39] बिरादर बदलने लगे। उनकी बड़बोली वा हेकड़ी में चार चाँद लग गये। सामूगढ़ की दूसरी फ़तह के बाद उनका गुरूर सिर चढ़ कर बोलने लगा। नाज़ुक़ ओहदों पर निकम्मों को तैनाद करने लगे। अब तुम्हीं बताओ, तख़्तो-ताज का मक़सद क्या है? सल्तनत का भला और अवाम की ख़ुशहाली। जब ये पैमाने पूरे नहीं होते, तो रिश्ता-ए-ख़ून नहीं देखा जाता। हमारी छह नस्ल पहले बर्फ़ानी रातों में हिन्दुकुश पार कर बाबर ने जिस सल्तनत की बुनियाद रखी, क्या हम उसके जाहो-ज़लाल[40] पर दाग़ लग जाने देंगे? तभी हाथ वो नामुराद ख़त आ गया, जो मुराद के नाम शाहजहाँ ने अपने दस्ते-मुबारक से तहरीर किया था।

ज़ेबुन्निसा : लेकिन मुराद उन शाहजहाँ को आपकी क़ैद से निजात क्यों दिलाएँगे, जो ताज दारा के सिर पर चाहते हैं?

औरंगज़ेब : तुम मुराद से पूछ लो, जो हमें गिरफ़्तार करने की साज़िश में मुब्तिला थे।

ज़ेबुन्निसा : क्या बात कर रहे है आप?

औरंगज़ेब : पहले हमने सोचा, ग़रीब को कामयाब हो जाने दो, पर फिर तुम लोगों की हिफ़ाज़त के ख़्याल से इरादा बदलना पड़ा।

ज़ेबुन्निसा : आप वाक़ई मानते हैं कि हम आप पर यक़ीन कर लेंगे?

औरंगज़ेब : मुख़बिरों का हमारा जाल बेहद मुस्तैद है।

ज़ेबुन्निसा : चुनांचे आपने दग़ाबाज़ी कर चचा मुराद को सलीमगढ़ में क़ैद कर दिया?

औरंगज़ेब : मुराद हमारी बेटियों को सुहागपुरा भेज देते, तो? सनकी हैं वो-

ज़ेबुन्निसा : भोले हैं, जो आपका दावतनामा कुबूल कर लिया। बशारत शाहबाज़ ने ख़बरदार किया था उन्हें। (उद्धरण देती है) दावतनामे की पुरउल्फ़त शीरींबयानी के पीछे साँप की फुँकार सुनाई दे रही है, पर मुराद ने उस पर एतबार कर लिया, जिस पर दुनियाँ में कोई नहीं करता-मुग़ल ख़ून के गाढ़ेपन पर!

औरंगज़ेब : *(नापसंदगी से)* तुम दिल्ली आकर बदलती जा रही हो।

ज़ेबुन्निसा : आपके मुक़ाबिल कुछ भी नहीं।

औरंगज़ेब : दिल पर हाथ रख कर कहो, क्या मुराद में ज़िम्मेदारि-ए-ताज सँभालने की सलाहियत है?

ज़ेबुन्निसा : ये मुद्दा है ही नहीं। मुद्दा ये है कि उनके साथ आपका *(अनुबंध-पत्र दिखाते हुए)* बाकायदा क़रारा था, जिसकी आपने बेहुरमती कर दी।

औरंगज़ेब : हमारा मुद्दआ[41] देखो-ख़ानदानो-सल्तनत को तबाही से बचाना। चुनांचे मक़सद की अज़मियत के मद्दे-नज़र ये बात *(ऊपर संकेत के साथ)* वहाँ नज़रअंदाज़ कर दी जायेगी।

ज़ेबुन्निसा : *(सख़्ती से)* नहीं।

(औरंगज़ेब का मोबाइल बजता है, चालू करता है।)

औरंगज़ेब : *(स्नेह से)* अच्छा तुम? बोलो- *(सुनता है, मोबाइल बंद करता है, ज़ेबुन्निसा को देखता है।) तो तुम तीन दिन से पोशीदा भूख हड़ताल पर हो?*

ज़ेबुन्निसा : *(चौंकती है)* अक़ील ख़ाँ ने बताया?

औरंगज़ेब : मुद्दा ये नहीं। तुम्हारी तकलीफ़ क्या है?

ज़ेबुन्निसा : आपकी समझ और नज़र-दोनों खंजर की मानिन्द पैनी हैं।

औरंगज़ेब : *(सोचते हुए)* ज़बर्दस्ती की भूख हड़ताल-हम भूखे रह कर तुम्हारे ज़मीर पर हथौड़ा मारेंगे। हम तुम्हें मजबूर कर देंगे कि तुम सब कुछ छोड़ हमारी शिकायत पर तवज्जो दो। वो करो,

जो हम चाहते हैं, वर्ना हम तुम्हें जज़्बाती तौर पर सताएँगे। दिलचस्प तरक़ीब-कहाँ से मिली?

ज़ेबुन्निसा : हिन्दू धर्म-ग्रन्थों से-अहिंसात्मक आन्दोलन का हिस्सा है।

औरंगज़ेब : *(प्रमुदित हो) आन्दोलन लेकिन अहिंसात्मक?* (हँसता है) सरासर उल्टा ख़्याल-शाहजहाँ बेवकूफ़ थे, जो उन्होंने कंधार पर तीन नाकामयाब हमलों में तीस लाख रुपए बरबाद किये। उन्हें कंधार क़िले के दरवाज़े पर भूख हड़ताल के साथ धरना देना चाहिए था। चौबीस घंटे बाद शाहे-ईरान भीगी आँखों के साथ बाहर निकलते और क़िले की चाबियाँ शाहजहाँ के क़दमों में रख देते।

ज़ेबुन्निसा : ये मिसाल ही ग़लत है। कंधार अहसानमंद हुमायूँ ने ईरान को बतौर सौग़ात दे दिया था, चूँकि दूसरी बार अपनी बादशाहत उन्होंने ईरानी फ़ौज के ज़रिए ही हासिल की थी। वो क्या इंसान होता है, जो दी गयी सौग़ात वापस माँगता है? अहिंसात्मक भूख हड़ताल ऊँची इख़्लाक़ी ज़मीन से ही की जा सकती है।

औरंगज़ेब : *(मुस्कान से)* यानी High moral ground से? *(हँसता है)* तुम सूफ़ियों का भी जवाब नहीं। *(गम्भीर हो बलपूर्वक)* शाहनवाज़ खाँ को सूबेदारी से बर्ख़ास्त कर क़ैद में डालने के सिवा और कोई रास्ता नहीं था। सूबेदारे-गुजरात की हैसियत से उन्होंने वहाँ की फ़ौज, ख़ज़ाना और अपनी वफ़ादारी दाराके हवाले कर दी-किसके ख़िलाफ़? *(अपनी ओर संकेत के साथ)* अपने दामाद के। अपनी सबसे बड़ी वा दुलारी बेटी दिलरस बानो के शौहर के, जो अपनी बेगम की यादें कलेजे से लगाये रहता है।

ज़ेबुन्निसा : मुग़ल महाभरत का रौशन पहलू है नानाजान का ये अमल! शाहजहाँ के तईं अपनी बुनियादी वफ़ादारी उन्होंने क़ुदरतन दारा की जानिब बढ़ा दी-अपने ज़मीर की पुकार का रद्दे-अमल-

औरंगज़ेब : हमारे ज़मीर की पुकार का रद्दे-अमल ये हुआ कि वो सलाख़ों के पीछे पहुँच गये। हिसाब बराबर-

(ज़ेबुन्निसा एक काग़ज़ औरंगज़ेब की ओर बढ़ाती है; अभिवादन के साथ जाने लगती है। औरंगज़ेब सरसरी नज़र से काग़ज़ देखता है।)

औरंगज़ेब : ठहरो।

(ज़ेबुन्निसा ठहरती है।)

औरंगज़ेब : तुम पादशाह बेगम के ओहदे से इस्तीफ़ा दे रही हो?

(ज़ेबुन्निसा हामी में सिर हिलाती है।)

औरंगज़ेब : रिश्ता-ए-ख़ून की हिमायत कर रही हो?

ज़ेबुन्निसा : *(नाहीं में सिर हिलाते हुए)* नहीं। उन्होंने बादशाह बदल जाने से अपना रँग नहीं बदला, जैसा दीगर उमरा कर रहे हैं।

औरंगज़ेब : वो मजबूरी क़ानूने-विरासत की है। जागीरदारी विरासती हक़ नहीं; वो बादशाह की मनमर्ज़ी पर मुन्हस्सिर है।

ज़ेबुन्निसा : ये नानाजन पर लागू नहीं होता, इसलिए शिकस्ता से हाथ मिलाना उनकी क़द्रो-क़ीमत[42] में और भी इज़ाफ़ा करता है।

औरंगज़ेब : तो दुरुस्त हो गया न! सलाखों के पीछे वो क़ीमते-क़द्र चुका रहे हैं।

ज़ेबुन्निसा : *(त्यागपत्र की ओर संकेत के साथ)* तो हमने भी चुका दी! *(औरंगज़ेब के सुर में)* दुरुस्त हो गया न!

(सलाम के साथ फिर जाने लगती है। औरंगज़ेब कुढ़ जाता है।)

औरंगज़ेब : दुरुस्त नहीं हुआ।

(ज़ेबुन्निसा को रुकने का संकेत करता है, मोबाइल चालू करता है।)

औरंगज़ेब : *(मोबाइल में)* शाहनवाज़ ख़ाँ को रिहा कर दिया जाये।

ज़ेबुन्निसा : सूबेदारी पर बहाल करना होगा।

औरंगज़ेब : नहीं करेंगे, तो क्या करोगी?

ज़ेबुन्निसा : अभी से क्यों बतायें?

औरंगज़ेब : हमारे बीच रिश्ता-ए-ख़ून है, इसलिए-

ज़ेबुन्निसा : जिनके साथ आपका रिश्ता-ए-ख़ून है, उनके सामने जंगे-विरासत शुरू होने से पहले ही अपने सारे पत्ते खोल दिये थे आपने?

औरंगज़ेब : वो रिश्ते के पर्दे के पीछे हमारे मुख़ालिफ़ी थे।

ज़ेबुन्निसा : आप हमें वही बनाये जा रहे हैं।

(औरंगज़ेब उसे घूर कर देखता है।)

औरंगज़ेब : *(मोबाइल में)* शाहनवाज़ ख़ाँ को उनकी सूबेदारी पर बहाल किया जाता है।

(मोबाइल बन्द करता है।)

औरंगज़ेब : अक़ील ख़ाँ ने तुम्हारी भूख हड़ताल की ख़बर हमें देना मुनासिब क्यों समझा?

ज़ेबुन्निसा : जवाब वही दे सकते हैं, पर उन्होंने ग़लत किया।

औरंगज़ेब : *(आहत भाव से)* तुमने हमारे ख़िलाफ़ भूख हड़ताल की?

ज़ेबुन्निसा : *(आवेग से)* आपके दरबार में बहुत दुखी हैं हम–

औरंगज़ेब : अपने वालिद के सिर पर ताज देख तुम्हें भला एहसास नहीं होता?

ज़ेबुन्निसा : उसके हक़दार दारा थे–आप नहीं।

औरंगज़ेब : कितनी बार कहें कि हमारे ख़ानदान में उम्र का लिहाज़ तस्लीम नहीं किया जाता। ख़ुसरो शाहजहाँ से बड़े थे।

ज़ेबुन्निसा : पर ख़ुसरो बग़ावत के बाद अंधे बना दिये गये थे। शाहजहाँ ने शमशीर और हुकूमत–दोनों में अपना लोहा मनवा लिया था। छोटे तीनों भाइयों में क़ाब्लियत नहीं थी।

औरंगज़ेब : यहाँ भी तीनों भाइयों में क़ाब्लियत नहीं–चाहे छोटे हों, चाहे बड़े। शाहजहाँ ख़ुद दीवाने-ख़ास में तस्लीम कर चुके थे–चुभन के साथ ही क्यों न सही!

ज़ेबुन्निसा : हमें सिर्फ आपसे सरोकार है।

औरंगज़ेब : बाप बेटी को सफ़ाई दे, ऐसी कोई रिवायत, ख़ानदाने-मुग़लिया में नहीं, पर फिर भी हम तुम्हें दे रहे हैं।

ज़ेबुन्निसा : वो क़ाबिले-एतबार नहीं।

औरंगज़ेब : उसे शमशीर की पंचाट ने क़ाबिले-एतबार ही नहीं, जायज़ भी बना दिया।

ज़ेबुन्निसा : नहीं। बादशाहत की बाहरी निशानियाँ आपके पास ज़रूर हैं, लेकिन रूह नहीं।

औरंगज़ेब : ज़िन्दगी की नंगी हक़ीक़त बयान करते हुए तुम शायरी बोल रही हो।

ज़ेबुन्निसा : नंगी हक़ीक़त ये है कि मस्जिद के क़ाज़ी ने आपके नाम का ख़ुत्बा पढ़ने से इंकार कर दिया, चूँकि असली बादशाह ज़िंदा-जावेद हैं।

औरंगज़ेब : तो दरबार के क़ाज़ी ने हमारे नाम का ख़ुतबा पढ़ दिया। ताजपोशी की शर्त पूरी हो गयी।

ज़ेबुन्निसा : आप ये मंज़ूर कर लीजिए कि आपके निज़ाम के पीछे या तो झूठ-फ़रेब है या शमशीर-इंसाफ़ो-तक़वा[43] नहीं, जैसा कि आप

दावा करते हैं।

औरंगज़ेब : सवाल रस्म का था। वो निभा दी गयी। किसकी आवाज़ में- इससे कोई फ़र्क नहीं पड़ता।

ज़ेबुन्निसा : मक्का शरीफ़ को पड़ता है, जिन्होंने आपका नज़राना नामंज़ूर कर दिया। अब आप ऐसे बादशाह बन कर रह गये, जो फ़र्मान जारी नहीं कर सकता।

औरंगज़ेब : *(कड़वाहट से)* शाहजहाँ हमारी ख़ातिर तर्के-ए-तख़्त[44] को राज़ी नहीं। किस बात का इंतिज़ार है उन्हें? दारा के हाथों हमारी शिकस्त का? महाबत ख़ाँ वा जसवंत सिंह के हाथों अपनी रिहाई का? या हमारे ख़िलाफ़ अवाम की बग़ावत का?

ज़ेबुन्निसा : काश, तीनों में से कुछ तो हो जाता!

औरंगज़ेब : *(आहत हो)* तुम अपने अब्बू के ख़िलाफ़ बोल रही हो?

ज़ेबुन्निसा : हकीम भी अजीबोग़रीब हैं। आपके मुलाज़िम होते हुए भी उन्होंने शाहजहाँ को दवा में ज़हर मिला कर देने से इंकार कर दिया।

औरंगज़ेब : अब तुम अफ़वाहों पर भी एतबार करने लगीं?

ज़ेबुन्निसा : हम आपको जानने लगे हैं, इसलिए अफ़वाह और हक़ीक़त के बीच फ़र्क सीखते जा रहे हैं।

औरंगज़ेब : जैसे-जैसे शाहजहाँ हमको बेबसो-बदनाम करते जा रहे हैं, हमारा गुस्सा भड़कता जा रहा है।

ज़ेबुन्निसा : उन्होंने नयी चप्पलें माँगी थीं। आपने कहा, *(औरंगज़ेब की नक़ल करते हुए)* आठ रुपए की? इतनी महँगी? *(अपने सहज स्वर में)* और नामंज़ूर कर दिया। फिर उनका तीसरा जाम भी बन्द कर दिया। मय ईरानी है। मुग़ल रुपया आपके दुश्मन शाहे-ईरान के खाते में चला जाता है, इसलिए?

औरंगज़ेब : इस उम्र में दो जाम काफ़ी हैं, इसलिए भी। लेकिन फिर भी बाज़ नहीं आ रहे हैं शाहों के शाह! *(पत्र दिखाते हुए)* महाबत ख़ाँ के बाद मुराद के नाम ख़त भेजा। इस बार हमें तब ख़बर मिली, जब ख़त ग्वालियर क़ैदखाने पहुँच चुका था। अब एक सालन के साथ एक रोटी दूँगा, तब अक़्ल ठिकाने आयेगी शाहों के शाह की!

ज़ेबुन्निसा : हमें ग्वालियर जाना होगा चचा मुराद से बात करने-

औरंगज़ेब : *(चौंक कर)* किस बारे में?

ज़ेबुन्निसा : दोस्तदार बानो चचेरी बहन के अलावा गहरी सहेली भी है।

औरंगज़ेब : सुहागपुरा से तुम उसको ले आईं, इतना काफ़ी है। उसके वालिद से अब क्या गुफ़्तगू करना है तुम्हें?

ज़ेबुन्निसा : आप ताजपोशी के साथ ही भूल गये कि चची प्यारी बेगग मेरी सगी मौसी हैं। क़ैद में उनके शौहर कैसे हैं, ये जानने को बेक़रार नहीं होंगी वो?

औरंगज़ेब : क़ैद में गुनहगार कैसा होता है, ख़ानदाने-मुग़लिया की हर बेगम जानती है।

ज़ेबुन्निसा : अच्छा? अब मुराद गुनहगार भी हो गये? क्या गुनाह है? आपके साथ इक़रार करने का?

औरंगज़ेब : अहमदाबाद में दिल्ली के एलची के क़त्ल का।

ज़ेबुन्निसा : तब तो मौसी का चचा मुराद से मिलना और भी ज़रूरी है।

औरंगज़ेब : *(कठोर सुर में)* हर्गिज़ नहीं।

ज़ेबुन्निसा : अगर मुराद ने दग़ा दे आपको क़ैद किया होता और हमें आपसे मिलने की इज़ाज़त नहीं देते, तो कैसा लगता आपको?

औरंगज़ेब : *(कुढ़ा कर)* तसव्वुरी मंज़र मत देखा करो।

ज़ेबुन्निसा : ये तस्वीर का दूसरा पहलू है। जंगे-विरासत से पेश्तर मुग़ल शहज़ादा यही नारा लगाता है न-या तख़्त या ताबूत!

औरंगज़ेब : सिर पर ताज आने के बाद सब भुला दिया जाता है।

ज़ेबुन्निसा : *(बलपूर्वक)* हम नहीं भुला सकते। मौसी ने हमें दिलखराश[45] पैग़ाम भेजा है।

औरंगज़ेब : हम उन दोनों को नहीं मिला सकते। मुराद की पूरी फ़ौज ज़मींबोस कर हमारे पाले में आ चुकी। वो उलझन में पड़ जायेगी कि ये हो क्या रहा है? दस तरह की अफ़वाहें फैलेंगीं। मौजूदा में बहुत हलचल है अभी। दारा और शुजा आज़ाद हैं। शाहजहाँ के हिमायतियों को कम मत समझो। ताक़तवर उमरा का एक गुट महाबत ख़ाँ की सरपरस्ती में एकजुट हो रहा है- शाहजहाँ की वापसी के लिए।

ज़ेबुन्निसा : *(दु:ख से)* शाहजहाँ का जाहो-जलाल देखा है हमने! पर अगर नहीं भी देखा होता, तो महाबत, ख़ाँ के नाम उनका ख़त पढ़ कर आँखें भीग जातीं।

औरंगज़ेब : तुम्हारी आँखें कैसे भीगीं? हम तो गुस्से से सुलग उठे।

ज़ेबुन्निसा : *(पोस्टर जैसा दिखाते हुए)* ये तस्वीर देखी आपने?

(औरंगज़ेब देखता है।)

औरंगज़ेब : *(पोस्टर की इबारत पढ़ता है।)* ताज महल की जानिब खुले मुसम्मन बुर्ज के पिंजरे में पँख फड़फड़ाता ख़ानदाने-मुग़लिया का शाहीं[46]!

ज़ेबुन्निसा : *(करुणा से)* ये उन्वान है।

औरंगज़ेब : *(आगे पढ़ता है।)* बाहरी दुनियाँ के साथ कोई रब्त-ज़ब्त नहीं। न रहमत, न ज़मानत। ईसा बेग को बनाया दारोग़ा-ए-ज़िन्दान। आलमगीर दो सूत सताने को कहते हैं वो पच्चीस गज़ सताता है! *(ज़ेबुन्निसा से)* ये कहाँ से मिला तुम्हें?

ज़ेबुन्निसा : चाँदनी चौक में नहर के किनारे एक पेड़ पर चिपका पाया गया- आज सुबह।

औरंगज़ेब : यहाँ कौन लाया?

ज़ेबुन्निसा : एक बाँदी।

औरंगज़ेब : और भी होंगे?

ज़ेबुन्निसा : क्यों नहीं।

औरंगज़ेब : ये किसकी हरकत है?

ज़ेबुन्निसा : आपके पास तो जासूसों का इतना बड़ा जाल है।

औरंगज़ेब : ये उसी मसख़रे की कारिस्तानी है।

ज़ेबुन्निसा : *(हामी में सिर हिलाते हुए)* वो मसख़रे नहीं, फ़ल्सफ़ी हैं, पर कुछ दीवाने-से।

औरंगज़ेब : तुम्हें कैसे मालूम?

ज़ेबुन्निसा : हम मिल चुके हैं उनसे।

औरंगज़ेब : *(चौंकता है।)* कहाँ?

ज़ेबुन्निसा : कई जगह। दारा-जहाँ आरा के महल में। सरमद के डेरे पर।

औरंगज़ेब : *(क्रोध से)* उस काफ़िर का नाम मत लेना हमारे सामने।

ज़ेबुन्निसा : वो काफ़िर नहीं।

औरंगज़ेब : अब तुम हमें ये मत सिखाओ कि कुफ्र क्या होता है?

ज़ेबुन्निसा : गुस्ताफ़ी माफ़, पर आप भी हमें ये मत सिखाइए।

(एक पल दोनों की दृष्टि मिलती है।)

औरंगज़ेब : यही दीवाना फ़ल्सफ़ी शहर में मुकालमा बोलते हुए घूमता है?

ज़ेबुन्निसा : हाँ। हरम में सबको याद है। *(मज़ा लेते हुए)* सुनायें?

(औरंगज़ेब उसे घूर कर देखता है।)

औरंगज़ेब : सुनाओ।

ज़ेबुन्निसा : शाहजहाँ की बाबत यादे-अवाम में सिर्फ़ दो बातें रह जायेंगीं- कि उन्हों ताज महल बनवाया और बदबख़्त[47] बेटे ने तख़्त से उठा कर आराम फ़र्माने भेज दिया।

(औरंगज़ेब तैश में आकर अपनी इतिहास पोथी उठा कर दिखाता है।)

औरंगज़ेब : ये हमारी तवारीख़ पर तंज़[48] है।

ज़ेबुन्निसा : आपकी तवारीख़ ठिठोली का दूसरा नाम है। *(एक पृष्ठ दिखाते हुए)* शाहजहाँ के नाकामयाब अहद का एक और सुबूत ताज महल है-अवाम के पैसे की गुनाहभरी बरबादी के साथ निहायत जाती जज़्बे की भौंड़ी नुमाइश-

औरंगज़ेब : अगर वहाँ हमारी अम्मी दफ़्न न होतीं, तो हम कब के उसे मलबे में तब्दील कर चुके होते।

ज़ेबुन्निसा : मुग़ल सल्तनत बिखर जायेगी, समूचा ख़ानदान ग़र्क़े-ख़ाक हो जायेगा, पर रौज़ा-ए-मुनव्वर[49] कायनात की आँखों का काजल बन कर रहेगा।

औरंगज़ेब : *(नापसंदगी से)* क्या मज़ाकपसंद है मौला भी! औरंगज़ेब के घर शायर औलाद भेज दी-और वो भी सूफ़ी।

ज़ेबुन्निसा : ये अनहोनी पहले शाहजहाँ के साथ हो चुकी-बसूरत दारा।

औरंगज़ेब : बहुत महँगी पड़ी उन दोनों को। हम दोनों को भी चौकन्ना हो जाना चाहिए अब।

ज़ेबुन्निसा : हम तो हो चुके-आपकी ताजपोशी के साथ!

औरंगज़ेब : बेटी से होना पड़ेगा-और वो भी तुमसे-कभी सोचा नहीं था।

ज़ेबुन्निसा : हमारे ख़ानदान में सबको अनहोनी के लिए मुस्तैद रहना चाहिए।

औरंगज़ेब : तभी जलसे में तुम्हारी शक्ल ऐसी थी, जैसे मातम में आयी हो?

ज़ेबुन्निसा : *(आपत्ति के सुर में)* आपने जानबूझ कर वही जगह चुनी, जिससे दारा का नाम वाबस्ता था?

औरंगज़ेब : *(सख़्त हामी में सिर हिलाते हुए)* बदनसीबी से लाहौर के लोगों के दिल में दारा के लिए ख़ास जगह है।

ज़ेबुन्निसा : शाह दारा कहते थे उन्हें-तख़्ते-ताऊस के सही वारिस।

औरंगज़ेब : तवारीख़ ने ग़लत साबित कर दिया, पर रावी किनारे की बस्ती उन्हीं के नाम पर है। उसकी नक़ल बाद में दिल्ली में की गयी। लेकिन ये भी हक़ीक़त है कि रस्म के दौरान हमें दारा का ख़्याल आया। तसव्वुर किया, ये ख़बर सुनते हुए उनका जज़्बा क्या

रहा होगा कि शाह दारा में औरंगज़ेब की ताजपोशी हुई!

ज़ेबुन्निसा : जल्दबाज़ी में कामचलाऊ ताजपोशी आपने इसलिए की, चूँकि आप भगोड़े दारा का पीछा बतौर बादशाह करना चाहते है–बतौर बाग़ी शहज़ादा नहीं?

औरंगज़ेब : *(प्रशंसा की मुस्कान से)* दिल्ली आते ही तुम्हारी सियासी समझ में धार आने लगी! तब मंज़र ये था कि बड़ी तादाद में उमरा दोनों खेमों के बीच की लकीर पर खड़े थे। ताजपोशी से कुछ को हमारी तरफ आने का फैसला करने में मदद मिली। ये ज़रूर है कि हम दिल्ली ख़ास से बचना चाहते थे। मक़सद था बिल्कुल सादा रस्म के ज़रिए पैग़ामा पहुँचाना–इस तरह एक पत्थर से दो शिकार हो गये।

(विराम)

ज़ेबुन्निसा : आपकी ताजपोशी पर मातमी शक्ल की एक और वजह है।

औरंगज़ेब : बग़ल के तख़्त पर मलिका हमारे नसीब में नहीं थीं।

ज़ेबुन्निसा : अगर होतीं, तो आपकी मुश्किलें हज़ार गुना बढ़ जातीं। प्यारी बेगम के होते हुए आप चचा मुराद को गिरफ्तार नहीं कर पाते।

औरंगज़ेब : हम ख़ानदानी रिवायत आगे बढ़ा रहे हैं। मुमताज़ महल नूरजहाँ की सगी भाँजी थीं, लेकिन शाहजहाँ की बग़ावत जहाँगीर के बजाय नूरजहाँ के ख़िलाफ़ थी।

ज़ेबुन्निसा : अम्मी होतीं, तो नादिरा बेगम से मिलने की ज़िद करतीं।

औरंगज़ेब : नादिरा बज़ाते–ख़ुद परवेज़ की बेटी थीं–शाहजहाँ के सगे भाई लेकिन संगीन मुख़ालिफ़। बाद में शाहजहाँ की ही हिदायत पर क़त्ल किये गये। नादिरा ने बाप के मुकद्दर को अपने मुक़द्दर से जुदा करते हुए मंज़ूर कर लिया। दारा उनकी रूह के संगी बने। कोई वजह नहीं कि दिलरस बानो मौजूदा को मंज़ूर न कर लेतीं।

ज़ेबुन्निसा : नादिरा बेगम को भुलाते हुए?

औरंगज़ेब : हमारे कुटुम्ब में हर कोई चुनिंदा यादें भुला देने में माहिर है। इसे कहते हैं Selective amnesia! बड़ी हैरतअंगेज़ है मुग़लों की याददाश्त! तुम अकेली हो, जो भुलाने क़ाबिल यादों को दिल से लगाए हुए हो।

ज़ेबुन्निसा : जो यादें साँसों में रची–बसी हैं, कभी साथ नहीं छोड़तीं। चचा दारा को कल ख़्वाब में देखा। वो हैं कहाँ?

औरंगज़ेब : कच्छ रेगिस्तान में कहीं–

ज़ेबुन्निसा : वो राजपूताना गये थे–जसवंत सिंह से मदद की इल्जिता करने?

औरंगज़ेब : हमने जोधपुर राजा को माफ़ी का वादा कर अपने साथ मिला लिया। फिर दारा ने अहमदाबाद पहुँचने की कोशिश की, लेकिन पाया कि हमारे मुकामी फ़ौजदार उन्हें गिरफ़्तार करने को मचल रहे हैं। आज की तारीख़ में शाहजहाँ की आँखों के तारे का नज़ारा कुछ ज़्यादा ही ट्रैजिक पाया जा रहा है–मैला–कुचला लिबास, सिर्फ़ एक घोड़ा, एक बैल गाड़ी और ख़ातूनों के लिए गिने–चुने ऊँट–

ज़ेबुन्निसा : *(चिन्ता से)* बहुत नाज़ुक़ हैं नादिरा बेगम–

औरंगज़ेब : ताज़ा ख़बर के मुताबिक़ बीमार भी।

ज़ेबुन्निसा : या ख़ुदा, अब दारा कच्छ रेगिस्तान से सिन्ध के दक्खिनी किनारे की तरफ़ जायेंगे?

औरंगज़ेब : ख़लीलुल्लाह ख़ाँ उस रास्ते को बन्द करने के वास्ते आगे बढ़ रहे हैं।

ज़ेबुन्निसा : आपके दस्ते बराबर दारा का पीछा कर रहे होंगे?

औरंगज़ेब : *(हामी में सर हिलाते हुए)* पर हमें शक है कि राजा जय सिंह जानबूझ कर दारा के साथ चार–छह दिन की दूरी बनाए हुए हैं। उनकी मंशा दारा की गिरफ़्तारी नहीं, उन्हें सल्तनत से बाहर खदेड़ना है।

ज़ेबुन्निसा : दारा को यही करना चाहिए–सिविस्तान की सरहद पर सिन्धु नदी पहुँचते हुए–

औरंगज़ेब : हम दारा को ज़िन्दा गिरफ़्तार करना चाहते हैं।

ज़ेबुन्निसा : *(बलपूर्वक) उन्हें ईरान भाग जाने दीजिए।*

औरंगज़ेब : क्या दारा में इतना हौसला है कि वो वीरान बोलन दर्रे से होते हुए बेहद बीहड़ इलाक़े का सफर तय कर सकें, जो खूँख़ार क़बाइलियों की रिहाइश भी है?

ज़ेबुन्निसा : *(हाथ उठाते हुए)* हम उनके लिए दुआ करेंगे।

औरंगज़ेब : *(हाथ उठाता है)* आमीन!

ज़ेबुन्निसा : सुलेमान शिकोह कहाँ हैं?

औरंगज़ेब : गंगा किनारे हरद्वार के पास तेज़ी से अपनी बची–खुची फ़ौज के साथ जा रहे थे– दारा के साथ मिल कर नया मोर्चा बनाने के लिए। पर हमारे दस्तों ने पूरब, पच्छिम और दक्खिन–तीनों

रास्ते बन्द कर दिये।

ज़ेबुन्निसा : *(आशा से)* राजा जयसिंह ने तो पाला बदल लिया, पर सिपहसालार दिलेर ख़ाँ तो उनके साथ हैं न?

औरंगज़ेब : बदक़िस्मती से दिलेर ख़ाँ ने भी इलाहाबाद में सुलेमान का साथ छोड़ दिया। हमारे परचम-तले दिल्ली की जानिब बढ़ रहे हैं।

ज़ेबुन्निसा : अब सुलेमान के सामने एक ही रास्ता खुला है-गढ़वाल पहाड़ों पर पनाह।

औरंगज़ेब : इंशा अल्लाह-

(क्षणिक विराम)

ज़ेबुन्निसा : आँखों में मुसल्सल जहाँ ज़ेब का चेहरा रहता है-

औरंगज़ेब : *(कुछ नर्मी से)* पता नहीं, क्यों, आज सुबह हमारे भीतर उस मंज़र की तस्वीरें कौंध गयीं, जब बदहवास जहाँ आरा को तुम्हारा वा जहाँ ज़ेब का कोई अता-पता नहीं मिल रहा था। फिर उनके महल में तीस हज़ार दरख़्तों वाले बाग़ में तुम दोनों सोई हुई पाई गयीं-झरे हुए पत्तों के नीचे।

ज़ेबुन्निसा : हम ज़िन्दा हैं तो उन दिनों की यादों के ही सहारे-

औरंगज़ेब : हमने सुना है, तुम बेगम साहिब के महल में जाती हो?

ज़ेबुन्निसा : कुतुबख़ाना, दूरबीनें, बुत वा तस्वीरों की सफ़ाई वा देखरेख के लिए। हम ख़ुशी-ख़ुशी वहाँ रह सकते हैं, पर उनके बग़ैर एक-एक लम्हा काटने को दौड़ता है।

औरंगज़ेब : तुम्हारे वा रौशन आरा के बीच क्या हुआ?

ज़ेबुन्निसा : उनकी नज़र बेगम साहिब के महल पर थी। बात शुरू होते ही हमने काट दी। उनके तेवर मुलाहिज़ा हों। फ़र्माती हैं, अब तो ये दुश्मन की जायदाद है। हमारी लाश पर पाँव रख कर ही आप दाख़िल हो सकती हैं यहाँ, हमने कह दिया। हम पहरेदार हैं-जब तक बेगम साहिब नहीं आ जातीं, तब तक- *(अचानक आशा से)* आप दादाजान को उसी महल में क्यों नहीं रख देते? जहाँ आरा भी यहीं आ जायेंगीं।

औरंगज़ेब : *(बौखला कर)* होश खो बैठी हो? तख़्ते-ताऊस के साए में शाहजहाँ को रख ख़तरा दोबाला कर लें? दरअसल ग्वालियर का शाही ज़िन्दान उनके लिए बेहतर होता, पर सफ़र में ख़तरा बहुत है, जब एक मीर-सफ़र[50] हम ख़ुद न हों-पर हमको उनकी

सूरत तक देखना गवारा नहीं!

(मोबाइल की घंटी बजती है, औरंगज़ेब बटन दबाता है।)

औरंगज़ेब : बोलो-*(सुनता है। संजीदा हो जाता है।)* दुरुस्त-*(मोबाइल बन्द करते हुए सख़्ती से ज़ेबुन्निसा को देखता है।)* तुमको इल्म नहीं, शाहजहाँ से मुलाक़ात पर पाबंदी है?

ज़ेबुन्निसा : हम बेगम साहिब को सलाम करने गये थे। घड़ी भर शाहजहाँ के पास बैठ गये।

औरंगज़ेब : तुम्हारे ज़रिए शाहजहाँ ने पैग़ाम भेजा है। किसको और क्या?

ज़ेबुन्निसा : वाही-तबाही मत बोलिए।

औरंगज़ेब : किसके नाम मदद की गुहार की?

ज़ेबुन्निसा : काश, हम शाहजहाँ के पैग़ामरसां बन सकते।

औरंगज़ेब : बाज़ीमीर एतराज़ी होने के नाते ज़रूर बन सकती हो तुम!

ज़ेबुन्निसा : ऐसा बिल्कुल हो सकता है, पर उनका साया ज़्यादा दिन हमारे सिर पर रहेगा नहीं।

औरंगज़ेब : ज़हे नसीब-क़िले पर सोग़ के पर्दे[51] लगाने को बेक़रार हैं हम।

ज़ेबुन्निसा : *(परम भर्त्स्ना से)* तौबा-तौबा-कितना पिघला शीशा उड़ेलेंगे आप हमारे कानों में-

औरंगज़ेब : *(सख़्ती से)* अब तुम जहाँ आरा से मिलने नहीं जाओगी। नाफ़र्मानी की सज़ा अभी हम तुमको तो नहीं दे सकते, लेकिन-

ज़ेबुन्निसा : *(बहुत घबरा कर)* या ख़ुदा, क़िलेदार को सज़ा मत दीजिए। छोटे-छोटे बच्चे हैं उनके।

औरंगज़ेब : उसकी गर्दन उसके सिर के बोझ से हल्की कर दी गयी।

ज़ेबुन्निसा : *(बौखला कर)* अब और बर्दाश्त नहीं कर सकते हम-

औरंगज़ेब : (कुढ़ कर) तुम अपनी ज़िन्दगी की कुल हक़ीक़त मंज़ूर कर लो, अपने मौजूदा के साथ तालमेल बैठा लो। कुबूल कर लो कि तुम फ़तेहयाब हो-शाहजहाँ, दारा और जहाँ ज़ेब शिकस्ता हो चुके।

ज़ेबुन्निसा : *(कानों के ढँकते हुए)* कुफ्ऱ मत बोलिए।

औरंगज़ेब : जांशिकनी के बहाने ढूँढ रही हो तुम।

ज़ेबुन्निसा : नहीं। हमारे ख़्यालों-अरमान आम ही थे, पर नसीब ने हम पर ऐसे हैरतअंगेज़ तजुर्बात थोपे-

औरंगज़ेब : *(बीच में ही)* तुम आम नहीं, चुनांचे तुम्हारे तजुर्बात भी आम नहीं होंगे। दो-दो शाही ख़ूनों से फ़ैयाज़ होने के नाते तुम्हारे

ऊपर ये ज़िम्मेदारी आयद होती है कि जो भी हैरतअंगेज़ तजुर्बात तुम्हारे ऊपर थोपे जायें, उनसे अपनी रूह के मुसल्सल ख़ून बहते जाने के बावजूद तुम्हारे चेहरे पर मुस्कान रहे।

ज़ेबुन्निसा : हालते-मौजूदा में आपको मुस्कान भी चाहिए?

औरंगज़ेब : जो हुआ, वही ख़ुदा को मंज़ूर था।

ज़ेबुन्निसा : इसके पीछे ख़ुदा की मंज़ूरी नहीं हो सकती।

औरंगज़ेब : तो कैसे हुआ?

ज़ेबुन्निसा : कायनात में बहुत कुछ उनकी मंज़ूरी के बग़ैर होता है।

औरंगज़ेब : ये कैसे हो सकता है?

ज़ेबुन्निसा : हम ऊपर जायेंगे, तो पहला सवाल यही पूछेंगे।

(ज़ेबुन्निसा पर क्रोधित दृष्टि डालते हुए औरंगज़ेब का प्रस्थान। प्रकाश-व्यवस्था बदलती है।)

ज़ेबुन्निसा : जहाँ ज़ेब, सब्र की भी हद होती है और इंसानी बर्दाश्त की भी। ख़ून की ऐसी हरारत नाज़ुक रगें कब तक झेल सकती हैं, जिनमें चिंगारियाँ छूटती हों? हम दो बदन, एक जान थे। हमारी बातें बेख़ात्मा होती थीं, लेकिन अब समझ नहीं आ रहा कि क्या कहें। पर ख़ानदाने-मुग़लिया में कुछ भी हो सकता है! मुल्क के एक से दूसरे कोने तक तुम्हारे चक्करों ने हमें छलनी कर दिया है। हमने सुना है, चची नादिरा ईरान/नहीं जाना चाहतीं। बराए मेहरबानी उनको राज़ी करो-हदूदे-हिन्दुस्तान जल्दी से जल्दी छोड़ दो। चचा दारा के सामने यही एक रास्ता है। हमें रिवायते-हुमायूँ की जानिब लौटना होगा। शेरशाह से शिकस्त खाने के बाद हुमायूँ इस्फ़हान पहुँच गये। वहाँ पन्द्रह बरस बहुत कुछ झेला, पर आख़िर में दस हज़ार घुड़सवारों की ईरानी फ़ौज मिल ही गयी। उन्होंने फिर खोया ताज हासिल कर लिया। चचा दारा को झेलना नहीं पड़ेगा। ईरानी दरबार में उनके मुरीदों की कमी नहीं। फिर नादिरा बेगम बज़ाते-ख़ुद सफ़ाविद ख़ानदान से हैं। हमारी सिर्फ़ एक तमन्ना है, चचा दारा ईरानी फ़ौज लेकर लौटें, आलमगीर को चुनौती और शिकस्त दें। *(थोड़ा रुकती है।)* हम अपनी तमन्ना की क़ीमत चुकाने को राज़ी हैं। आलमगीर और उनके कुटुम्ब के दूसरे लोगों का क्या होगा, हम अन्दाज़ नहीं लगाना चाहते। हमारी फ़िक्र सिर्फ़ एक है-शहज़ादा अकबर। एक वही है, जो हमारे वीरान दिल

में समाया है। *(क्षणिक विराम),* आलमगीर की दूसरी ताजपोशी पर हफ़्ते भर चलने वाला जश्न मनाया गया। हम तनो-तन्हां मुख़्लिसपुर चले गये। शाही पनाहगाह सुनी पड़ी थी। शाहजहाँ की बीमारी से पेश्तर हम चार के गिरोह की पिकनिक याद है वहाँ? दोस्तदार बानो को हम सुहागपुरा से ले आये हैं। बेगम बाग़ की हवेली में उसकी रिहाइश का बंदोबस्त किया है। सब चोरी छिपे किया। फ़तेहयाब और शिकस्ता की मुलाक़ात पर पांबदी है न! दोस्तदार के आँसू थमने का नाम नहीं ले रहे थे। कुदरतन हमारे भी आँसू टपके। कहते तो क्या? कभी सोचा नहीं था कि ज़िन्दगानी ऐसे मुकाम पर लाकर छोड़ देगी, जब हमारे पास अल्फ़ाज़ ही नहीं होंगे! मुराद बख़्श व इज़्ज़त बख़्श को सलीमगढ़ से ग्वालियर के शाही ज़िन्दान में भेज दिया गया है। शाह शुजा पूरब में गहरे भाग गये हैं। मीर जुमला, औरंगज़ेब के वली[52] उनके पीछे हैं। बिरादर सुल्तान उनके नायब है। अपनी महबूब गुलरुख़ के वालिद शुजा का पीछा करते हुए सुल्तान के दिल का क्या हाल है, ये हमें उसके ख़त में मालूम हुआ। अगर दारा और शुजा एकजुट हो जायें, तो औरंगज़ेब के ख़िलाफ़ मज़बूत मोर्चा खुल सकता है। जानी आपा, काश, मेरी ज़िंदगी में वो दिन आये, जब आप पादशाह बेगम बनें और मैं आपको सिज्दा करूँ! *(विराम)* कोई कितना रो सकता है? हमारे भीतर आँसुओं की गगरी है, जमुना नहीं। शाही मुग़लों के वास्ते कोई छूट नहीं दी गयी। ऐसा नहीं कि हैरतअंगेज़ तजुर्बात हों, तो आँसुओं के घड़ों की हैरतअंगेज़ तादाद ले लो। हुआ कुछ इस तरह कि जैसे ही हमें औरंगज़ेब की पहली ताजपोशी के लिए तलब किया गया, तो दौलताबाद से शाहजहाँनाबाद तक के तेतीस दिन के सफ़र में हमने अपनी गगरी तक़रीबन ख़ाली कर दी!

(सिसकती हुई फ्रीज़ हो जाती है।)

नेपथ्य से ऊँचा, सख़्त पुरुष-स्वर: दारा शिकोह गिरफ़्तार-दिल्ली ले आये गये!

(प्रकाश-व्यवस्था बदलती है। औरंगज़ेब का प्रवेश। ज़ेबुन्निसा का दुपट्टा उसकी आँखों पर। सिसकी से पीठ हिलती है। औरंगज़ेब देख रहा है।)

औरंगज़ेब : ज़ेबी, हम तुम्हारी आँखों में आँसू नहीं देख सकते।

ज़ेबुन्निसा : दारा शिकोह को बादशाह मंज़ूर कर लीजिए।

(क्षणिक विराम)

औरंगज़ेब : क्यों?

ज़ेबुन्निसा : सियासत बाहरी ताक़त है, रूहानियत अंदरूनी रानाई। अगर दोनों घुलमिल जायें, तो ज़िन्दगी मुकम्मल हो सकती है।

औरंगज़ेब : हमारी सियासत में रानाई सही मानों में अंदरूनी है-कुफ्राना तहरीरों, सनकी दरवेशों और भड़काने वाली तक़रीरों से जुदा।

ज़ेबुन्निसा : सल्तनत की ख़ुशहाली समाजी मेलजोल में है-नस्ल, इलाक़े और मज़हब के परे। आप दारुल-हुकूमत को अलविदा कह बेगूसराय के मदरसे का रुख़ करते हुए उस अंदरूनी पुकार का एहतराम कर सकते हैं, जो आपने एलोरा गुफाओं के सन्नाटे में सुनी थी।

औरंगज़ेब : उसी पुकार ने हमें तख़्ते-ताऊस तक पहुँचाया है-भले ही मजबूरी में सही।

ज़ेबुन्निसा : तो पुकार न सिर्फ सल्तनतो-मुल्क़, बल्कि आपके गले की भी फाँसी बन जायेगी-अगर आप तख़्ते-ताऊस पर क़ाबिज़ रहेंगे तो। आप में वो इम्तियाज़[53] है, जो ख़ुद को राहे-तबाही से हटा सके।

(औरंगज़ेब एक पल सोचता है।)

औरंगज़ेब : दारा को कमाने-हुकूमत सँभालने का कोई तजुर्बा नहीं।

ज़ेबुन्निसा : जहाँ आरा उस मरक़ज़ी मजलिस की सद्र होंगीं, जो लाहे अमल[54] तय करेगी। उसमें शाहनवाज़ ख़ाँ, शायस्ता ख़ाँ और मिर्ज़ा राजा जयसिंह होंगे। आप बस, मदरसे के रुख़ की इनायत करें।

(औरंगज़ेब सोचते हुए खाँसता है।)

औरंगज़ेब : तुम चाहती हो कि हम बेगूसराय में जँगल और नदी-नालों से घिरे उस मदरसे में चले जायें, जहाँ तक पहुँचने का न कोई पुल है, न पगडंडी। मदरसे की इमारत ऐसी कि बारिश का पानी छत सोख लेती है, फिर इत्मीनान से बूँद-बूँद कर साल भर टपकाती है। एक नाव होली-दीवाली अगर दिखती भी है, तो नदी में चलती कम है, डूबती ज़्यादा है। छप्पन झोपड़ों की आबादी। जहाँ से ख़ुदा का नाम लेकर बरसात में दिल्ली को ख़त डालो, तो अगर नसीब वाले हो, तो शायद अगली पाँचवीं बरसात तक पहुँच जाये, पर ये तै है कि दिल्ली से

भेजा ख़त क़यामत के बाद ही आयेगा।

ज़ेबुन्निसा : आपकी सही मुकाम वही है अब्बू!

(औरंगज़ेब उसे घूर कर देखता है।)

ज़ेबुन्निसा : मदरसा हम दोनों ने देखा था और इसी नतीजे पर पहुँचे थे।

औरंगज़ेब : यहाँ अमीरो-उमरा हमें ज़मींबोस करते हैं। हमारी आमद पर नगाड़े बजते हैं, तोपों की सलामी दी जाती है।

ज़ेबुन्निसा : आपकी संगत भीड़भाड़ वा शोरो-गुल के साथ नहीं, तन्हाई-ओ-ख़ामोशी के साथ है। हम समझते हैं आपकी फ़ितरत-

औरंगज़ेब : अब हमें ताजो-तख़्त की आदत हो गयी हैं

ज़ेबुन्निसा : बाहरी तौर पर। आपकी अंदरूनी बनावट बैराग की है। लकड़ी के सादा तख़्त पर सोते हैं आप। मख़मली गद्दों के बिना शाहजहाँ का तसव्वुर कर सकता है कोई? जब कोई शहरी आपको प्यार से बैंगनी जामे में दरवेश कहता है, तो अल्ला क़सम, निहाल हो जाते हैं हम!

औरंगज़ेब : *(मुग्ध हो)* रैयत प्यार करती है हमें?

ज़ेबुन्निसा : वो तो नहीं हो सकता, पर *(विभोर)* आपकी सादगी-ओ-ईमानदारी पर अश अश[55] करते हैं सब! ऐसा शहंशाह हुआ है कहीं, जो ख़ुद को ख़ज़ाने-शाही का अमीन[56] मानता हो? जो अपनी जाती ज़रूरियात टोपियों की सिलाई वा कुरान की नक़लों से पूरी करता हो? जो निज़ाम के मालिया[57] का एक-एक पैसा रैयत की बेहतरी के लिए सर्फ़[58] करता हो?

औरंगज़ेब : तब तो रैयत की बेहतरी के लिए हमारी बादशाहत चालू रहना चाहिए।

ज़ेबुन्निसा : आपकी इमेज उरूज़[59] तक पहुँच चुकी। जब माँग बनी हो, तभी रिटायर हो जाने से मक़बूलियत प्यार में तब्दील हो सकती है।

(क्षणिक विराम)

औरंगज़ेब : *(विवशता से)* लेकिन अब हम बादशाहत की रूटीन में ढल चुके हैं।

ज़ेबुन्निसा : *(डाँट के सुर में)* चौबीस साल से सूबेदार के साँचे में ढले हुए थे आप, पर तख़्ते-ताऊस की नयी रूटीन में चार दिन में ढल गये?

औरंगज़ेब : *(अपराध भाव से)* सॉरी-पर अब तो हो चुका।

ज़ेबुन्निसा : *(सहज भाव में)* हम जानते हैं, क्यों और कैसे हुआ...क्योंकि

शिद्दते-ख़्वाहिश कूट-कूट कर भरी है आप में! हम लिख कर दे सकते हैं, मदरसे की रूटीन में दो दिन में ढल जायेंगे आप, चूँकि वो आपके अंदरूनी की पुकार है।

(क्षणिक विराम)

औरंगज़ेब : तुम कुछ भूल रही हो।

(ज़ेबुन्निसा सोच रही है।)

औरंगज़ेब : हमारी एक ही तो कमज़ोरी है।

ज़ेबुन्निसा : आपकी पसंदीदा गोश्त खिचड़ी मदरसे में पक जायेगी।

औरंगज़ेब : मदरसे में मौलवी अपना रूखा-सूखा अपने हाथ से पकाते हैं। बावर्ची नहीं होता।

ज़ेबुन्निसा : कई मदरसों में होता है।

औरंगज़ेब : वहाँ नहीं था।

ज़ेबुन्निसा : था, लेकिन छुट्टी पर गया था।

औरंगज़ेब : छुट्टी पर गया बावर्ची आम तौर से वापस नहीं लौटता।

ज़ेबुन्निसा : मदरसे का लौट आता है।

औरंगज़ेब : *(हँसते हुए)* छप्पन टोले वाला दस जनम नहीं लौटेगा।

ज़ेबुन्निसा : उसे दो माह बाद लौटना था। पक्की नौकरी में उसे तनख़्वाह के साथ छुट्टी मिली थी। मुंशी ने बताया, अट्ठारह बरस की सर्विस का प्रोवीडेंट फंड जमा है। खिड़की से झाँक कर देखा था हमने। घर में सारा सामान रखा था।

औरंगज़ेब : *(मायूसी से)* तब हम कहाँ थे?

ज़ेबुन्निसा : चीफ़ मौलवी के साथ बगीचे में-*(दोनों हथेलियों से बड़े आकार का संकेत करते हुए)* इतना बड़ा कद्दू देख कर निहाल हो रहे थे!

(औरंगज़ेब उदास हो जाता है।)

औरंगज़ेब : मान लो, लौट चुका, पर उसे शाही मिर्च-मसालों का क्या इल्म होगा?

ज़ेबुन्निसा : एक शाही बावर्ची आपके साथ चला जायेगा।

औरंगज़ेब : उसकी एक माह की उजरत मदरसे में हमारी सौ साल की आमदनी से भी ज़्यादा होगी।

ज़ेबुन्निसा : हम ऐसा बावर्ची ढूँढ देंगे, जो आप जैसा बेनियाज़[60] हो, दिल्ली की भीड़भाड़ से बेज़ार, महज़ सुकून का तलबगार-

औरंगज़ेब : *(आपत्ति के सुर में)* मदरसे का मौलवी दिल्ली से बावर्ची लेकर आ गया! हम तवारीख़ के लिए हस्सास[61] हैं और तुम उसी में बदनाम करने पर तुली हो हमें!

ज़ेबुन्निसा : हम दो दिन में आपको खिचड़ी पकाना सिखा देंगे।

औरंगज़ेब : *(बदहवास हो) हम खिचड़ी पकाएँगे, या दीनी तालीम देंगे?*

(ज़ेबुन्निसा फ़िल्म निर्देशक के समान दोनों हथेलियों के जुड़े अँगूठों के बीच कैमरा फ्रेंमिंग का माइम करती है।)

ज़ेबुन्निसा : *(मोहित भाव से जैसे दृश्य देख रही हो।)* चूल्हे के बग़ल में बैठे अल्सुल्तान अल्आज़म वल ख़ाक़ान अल्मुकर्रम दाल-चावल धो रहे हैं, उनको देखने के लिए हज़ारों की भीड़ उमड़ रही है।

(औरंगज़ेब दृश्य की कल्पना करते हुए विभोर हो जाता है।)

औरंगज़ेब : अच्छा?

ज़ेबुन्निसा : *(टीवी एंकर की तरह वैसे ही)* उनकी दिलफ़रेब सादगी ने देखते-देखते उनको living legend बना दिया। रैयत ने नये ख़िताब से नवाज़ा है उन्हें-शाही दरवेश-

औरंगज़ेब : *(विभोर) सचमुच?*

ज़ेबुन्निसा : सचमुच।

औरंगज़ेब : सफ़र के वास्ते कौन से दिन का मुहूरत निकला है?

ज़ेबुन्निसा : आज का-*(पोटली उठाती है।)* सब तैयार है, आइए

(चलती है, औरंगज़ेब दो क़दम चल कर ठिठक जाता है, ज़ेबुन्निसा मुड़ कर देखती है।)

ज़ेबुन्निसा : *(नापसंदगी से) अब क्या हुआ?*

औरंगज़ेब : बेटियों के बग़ैर हमारा दिल नहीं लगेगा।

ज़ेबुन्निसा : **(कुढ़ कर)** बाबुल के घर से चली जाती हैं बेटियाँ-

औरंगज़ेब : अपने ख़ानदान में बाबुल के घर में ही बूढ़ी होती हैं।

ज़ेबुन्निसा : दारा की ताजपोशी हुई और फ़ौरन वो फ़रमान रद्द। आपकी पाँचों बेटियाँ दुल्हिन बनने के पहले भी आपसे मिलने आयेंगी और दुल्हिन बनने के बाद भी। अब चलिए-

(औरंगज़ेब विवश भाव से इंकार में सर हिलाता है।)

औरंगज़ेब : हमें हुक्मनामें पर दस्तख़त करना अच्छा लगने लगा।

ज़ेबुन्निसा : *(धिक्कार के सुर में)* मैं नहीं छूते आप, पर हुकूमत का नशा

आप पर चढ़ गया।

(औरंगज़ेब शर्म से चुप है।)

ज़ेबुन्निसा : आप बिगड़ गये हैं अब्बू।

औरंगज़ेब : हमें हुकूमत से अलहदा मत करो।

ज़ेबुन्निसा : ठीक है। आपको दकन की पुरानी सूबेदारी पर वापस भेज देते हैं।

औरंगज़ेब : *(इंकार में सर हिलाते हुए तनाव से)* नहीं, हमारी पलक तक नहीं झपकेगी निज़ामे-दारा में!

ज़ेबुन्निसा : निज़ामे-दारा की ख़ासियत हिन्दुस्तान के मुक़द्दर में होगी, एक शख़्स की बेख़्वाबी में नहीं। *(प्रार्थना के सुर में)* दिल्ली छाते के नीचे आप ख़ुदमुख़्तार होंगे। सिर्फ़ सिक्का-ओ-ख़ुत्बा दारा के नाम का। इक्कीस सूबों में दकन बेजोड़ है।

औरंगज़ेब : मंसब?

ज़ेबुन्निसा : साठ हज़ार का जातो-सवार और हुकूमत का अव्वल ख़िताब-*माहे-मरातिब*[62]

औरंगज़ेब : *(सोचते हुए) निज़ामे-दारा में हमारी बेटियाँ तो ख़ुशहाल रहेंगी, पर हमारे बेटों का क्या होगा?*

ज़ेबुन्निसा : सब वैसे ही ऊँचे मंसब हासिल करेंगे, जैसे सुलेमान वा सिपिर शिकोह। ये मेरी ज़िम्मेदारी नहीं, तो और किसकी होगी?

औरंगज़ेब : दारा फ़िरक़ा सुल्तान को मंज़ूर कर लेगा, चूँकि उसने हमारे ख़िलाफ़ बग़ावत की, पर आज़म हमारे तर्के-तख़्त का एहतराम नहीं करेगा। अपने दुहरे शाही ख़ून पर बहुत नाज़ है उसे! पुरज़ोर आरज़ू मुअज़्ज़म और गर्म मिज़ाज अकबर-ये दोनों भी मानने वाले नहीं।

ज़ेबुन्निसा : अकबर हमारी बात नहीं टाल सकता। बड़ी बहन हिदायत देगी, तो आज़म भी राह पर आ जायेगा। दोनों सगे भाई है आख़िर। मुअज़्ज़म बदलते वक़्त की नब्ज़ पहचानता है। सबके साथ वो भी सिर झुका देगा।

औरंगज़ेब : सुलेमान वा सिपिर शिकोह हमें ज़िन्दा नहीं देख सकते।

ज़ेबुन्निसा : क्या बात कर रहे हैं आप? दारा वा जहाँ आरा के सामने मुँह नहीं खोल सकते दोनों।

औरंगज़ेब : ये चार दिन का अमन होगा। पहला मौक़ा मिलते ही दोनों तरफ़ अरमानों के वलवले फूटेंगे।

ज़ेबुन्निसा : अगर हम दारा की ताजपोशी तक पहुँच जायें, तो दरबारो-हरम

ही नहीं, समूची सल्तनत की फ़िज़ा में ज़मीनो-आसमान की तब्दीली आ जायेगी।

औरंगज़ेब : सुलेमान की लगाम नहीं कसी जा सकती।

ज़ेबुन्निसा : सुलेमान को सूबेदारे-काबुल बना कर दूर भेज सकते हैं।

औरंगज़ेब : सुलेमान क़ाबिल होने के साथ-साथ तेज़, तूफ़ानी वा ख़ूँखार है।

ज़ेबुन्निसा : सफ़ीर[63] बनाकर इस्ताम्बूल भेज देते हैं, बस?

औरंगज़ेब : *(इंकार में सिर हिलाते हुए)* हम ये मानने को तैयार नहीं कि सुलेमान से हमें नुकसान नहीं पहुँचेगा।

ज़ेबुन्निसा : अभी वो हैं कहाँ?

औरंगज़ेब : गढ़वाल राजा ने उसे श्रीनगर में पनाह दे रखी है। दकन जा रहा है। इसका मतलब है-हमारी बरबादी की पहली पायदान। दकन की तीनों शिया सल्तनतों और मराठों को दिल्ली के ख़िलाफ़ एकजुट होने के वास्ते क्या चाहिए? सुलेमान जैसी पक्की मुग़लाई गोंद।

ज़ेबुन्निसा : हम सुलेमान के साथ निकाह कर लेंगे और आपके तईं उनकी वफ़ादारी के ज़ामिन बन कर रहेंगे।

(औरंगज़ेब एक पल सोचता है।)

औरंगज़ेब : दारा का निज़ाम मुराद वा शुजा के साथ क्या सुलूक करेगा?

ज़ेबुन्निसा : दोनों अपनी-अपनी पुरानी सूबेदारी पर भेज दिये जायेंगे। दारा वा जहाँ आरा ख़ूनी ताजपोशी की मुग़लिया रिवायत ख़त्म करने को बेताब हैं।

औरंगज़ेब : मुराद वा शुजा किसी भी क़ीमत पर दारा की ताजपोशी मंज़ूर नहीं करेंगे। दोनों को ख़ौफ़े-मौत नहीं। तख़्त या ताबूत उनका नारा है। तुम सूफ़ी क़िला-ए-मुअल्ला में जिन गलबहियों का ख़्वाब देख रहे हो, उसके पूरे होने का कोई रास्ता नहीं।

ज़ेबुन्निसा : हम रास्ता निकाल लेंगे। आप दिल्ली से अलविदा तो कहिए।

औरंगज़ेब : शाहजहाँ का कुटुम्ब बरबाद हो चुका ज़ेबी। बहुत देर हो गयी।

ज़ेबुन्निसा : इतनी नहीं कि हिन्दुस्तान का मुक़द्दर उस पर मुन्हसिर न करे।

औरंगज़ेब : यही वो मुद्दा है, जिससे हम एलोरा गुफाओं में मुठभेड़ कर रहे थे। हमें अन्दाज़ था कि होने वाली जंगे-विरासत में आब्शारे-ख़ून खुल कर बहेगा, कुटुम्ब टुकड़ा-टुकड़ा हो बिखर जायेगा-सलीमगढ़ के बन्द होते दरवाज़े, फाँसी की कसती हुई रस्सी,

गर्दन काटते नेजे, फोड़ा जाती हुई आँखें, सुहागपुरा में बहनों, बेटियों वा भाभियों की ज़ारो-क़तार दहाड़ें-हम सिज्दे में थे कि या ख़ुदा, हमें रास्ता दिखाओ। जहाँ आरा मुख़ालिफ़ पाले में हैं। हमारे मुख़ालिफ़ी उनके दिल के बरअक्स हैं। बेगम साहिब को चोट पहुँचाते हुए दिल लरज़ता है। शाहजहाँ ने हमारे साथ बेहद बेइंसाफ़ी की है, पर फिर भी वो वालिद हैं। जिस दारा की ख़ातिर हमें बलि का बकरा बनाया गया, वो हमारी अम्मी जान की ही औलाद हैं। अगर हम वालिद और दारा से हिसाब बराबर करेंगे, तो अम्मी जान की रूह वा जहाँ आरा का दिल दुखाएँगे। पर मुश्किल ये है कि सिर्फ़ वली-अहद होते हुए दारा ने अपने तरकस का कौन-सा तीर हम पर नहीं चलाया? अगर हम कुछ नहीं करेंगे, तो सिर पर ताज आने के बाद दारा की सीनाज़ोरी दोबाला हो जायेगी। कोई वजह नहीं कि न हो। क्या हममें इतनी कुव्वते-बर्दाश्त है कि अब तीस बरस फिर अपनी रूह से लहू की एक-एक बूँद पल-पल टपकाते रहें? सुबह ढल कर शाम बन गयी, शाम शब में तब्दील हो गयी। इर्द-गिर्द सन्नाटा। ऐसा गहरा, जैसे ख़ामोशी की बर्फ़। हमारा अंदरूनी बवंडर आहिस्ता-आहिस्ता थमा, फिर धुँध जैसा छँटने लगा। फिर जैसे बादलों के बीच से रौशनी निकलती है, हमारे भीतर आवाज़ उठी-जंगे-विरासत का मक़सद ये नहीं कि तख़्त पर कौन बैठेगा, बल्कि ये है कि हिन्दुस्तान कैसा बनेगा?

ज़ेबुन्निसा : *(आशंका से)* कैसा बनेगा हिन्दुस्तान?

औरंगज़ेब : वैसा नहीं, जैसा दारा चाहते हैं।

ज़ेबुन्निसा : इस लम्हा ख़ानदान, सल्तनत और मुल्क़-तीनों तावारीख़ के बेहद संगीन मोड़ पर खड़े हैं। अगर आप दारा को मंज़ूर कर लेते हैं, तो न सिर्फ़ कुटुम्ब की इकट्ठी नज़र में ऊपर उठ सकते हैं, बल्कि तवारीख़ में अपनी सच्ची वा दवामी[65] जगह भी बना सकते हैं। सुल्तनते-मुग़लिया के सबसे सुनहरे जुज़[65] में पहला नाम आपका होगा, दारा का दूसरा।

औरंगज़ेब : सबसे सुनहरा जुज़ बेशक होगा, (अपनी ओर संकेत के साथ) लेकिन नाम सिर्फ़ एक-

ज़ेबुन्निसा : आपकी हुकूमत सब तबाह कर देगी। आप तरक़्क़ि-ए-रूहानी के सबसे निचले पायदान पर भी नहीं। आपकी सतही रूह

की लगाम गुस्सा-ओ-गुरूर जैसे बुनियादी जज़्बात के हाथ है।

औरंगज़ेब : और दारा?

ज़ेबुन्निसा : दारा रूहानी तौर पर कब के आबाद हो चुके। उनकी ग़ौरे-फ़िक्र का मरक़ज़ वहाँ है, जहाँ इस दुनियाँ की सरहद धुँधली हो जाती है।

औरंगज़ेब : मजलिसे-उलेमा[66] इस बात का फ़ैसला कर रही है कि दारा धुँधले में रहेंगे या रौशनी में-

(मोबाइल बजता है, औरंगज़ेब चालू करता है।)

औरंगज़ेब : सलीमगढ़ दारोग़ा? बोलो-*(सुनता है।)* हाँ, सिपिर शिकोह वा इज़्ज़त बख़्श को दी जाने वाली अफ़ीम की मिक़दार बढ़ा दो।

(औरंगज़ेब के मोबाइल बन्द करने के साथ ज़ेबुन्निसा रेखाचित्र उठा लेती है।)

ज़ेबुन्निसा : *(आरोप के सुर में)* सिपिर शिकोह वा इज़्ज़त बख़्श को अफ़ीम क्यों दिये जा रहे हैं आप?

औरंगज़ेब : हर साँस लेने वाला शहज़ादा ख़तरा होता है।

ज़ेबुन्निसा : अब नहीं। *(रेखाचित्रों की ओर संकेत के साथ)* हड्डियों का ढाँचा बन गये हैं दोनों। दिमाग़ तेज़ी से लुंज पुंज हो रहा है।

औरंगज़ेब : *(रेखाचित्रों की ओर संकेत एवं क्रोध से)* सिर्फ़ शहंशाह की आँखों के लिए हैं ये। तुम्हें दिखाने की हिम्मत किसने की?

ज़ेबुन्निसा : पहरे कितने ही ठोस हों, कहीं दरार बन ही जाती है।

औरंगज़ेब : *(सख़्ती से)* हमें नाम चाहिए।

ज़ेबुन्निसा : *(वैसे ही)* नहीं।

औरंगज़ेब : तुम नाफ़र्मानी कर रही हो।

ज़ेबुन्निसा : आपने मजबूर किया।

औरंगज़ेब : तुम अपने नस्तालीक़[67], अदबी तज़्किरे और सूफ़ी संगत तक महदूद रहो। याद रखो, तुम्हारे पोशीदा मुशायरे तक हम नज़रअन्दाज़ कर रहे हैं। बस, हमारे निज़ाम से दूर रहो।

ज़ेबुन्निसा : *(हल्की मुस्कान से)* दुरुस्त है बाबा! हम आपका हुक़्म बजायेंगे।

(औरंगज़ेब उसकी ओर देखता है।)

औरंगज़ेब : *(आशंका से)* ये उल्टी गँगा कैसे बहने लगी?

ज़ेबुन्निसा : बेटी को फ़र्माबरदार होना चाहिए। हमसे ख़ता हुई

औरंगज़ेब : *(प्रसन्न हो जाता है।)* देर आयद दुरुस्त आयद। चलो, जामा मस्जिद चल कर ख़ैरात बाँटेंगे।

ज़ेबुन्निसा : बस,पहले आप हमारा ज़रा-सा काम कर दें।

औरंगज़ेब : भत्ता बढ़वाना है? नयी जागीर चाहिए?

ज़ेबुन्निसा : बस, छोटी-सी गुज़ारिश-

ज़ेबुन्निसा : बोलो।

औरंगज़ेब : चचा दारा आपकी क़ैद में हैं

(औरंगज़ेब तत्काल कुढ़ जाता है।)

औरंगज़ेब : फिर वही ढाक के तीन पात-

ज़ेबुन्निसा : उन्होंने आपकी बादशाहत का एहतराम कर लिया।

औरंगज़ेब : हम आख़िरी हिचकी तक उनका एहसान याद रखेंगे।

ज़ेबुन्निसा : बदहाली से टूटी नादिरा बेगम को खो चुके दारा! जिस्मानी, जज़्बाती, दिमाग़ी-हर तरह की शिकस्त खा चुके। भीतर से मर चुके। बस, साँस चल रही है। अब उन्हें माफ़ी दे दुश्मनी भूल जायेंगे, तो आपकी रूह को निजात मिल जायेगी।

औरंगज़ेब : हमारी निजात का दारा से कोई तअल्लुक़ नहीं।

ज़ेबुन्निसा : दारा उस जगह रहेंगे, जो आप तय करेंगे। अब उनके जीने का सहारा सिर्फ़ उनकी रूहानी खोज़ होगी। *(बढ़ाते हुए)* आपके लिए उनका ख़त।

औरंगज़ेब : *(पत्र नहीं लेता।)* मजलिस के पास भेज दो।

ज़ेबुन्निसा : दारा के साथ सुलह का सिलसिला आपको शुरू करना है, मजलिस को नहीं।

औरंगज़ेब : *(भौंहें टेढ़ी कर)* फिर वही बात? उनके साथ सुलह चाहता कौन है?

ज़ेबुन्निसा : मुमताज़ महल का क़र्ज़ है आपके ऊपर-आप दोनों ने एक ही कोख बाँटी है।

औरंगज़ेब : ये हमारी ख़ता है?

ज़ेबुन्निसा : तो जहाँ आरा का क़र्ज़ मान लें। ऐसी कोई तराज़ू नहीं,जो आपके ऊपर किये गये उनके एहसान तौल सके। आपको पैदा न करने के सिवा उन्होंने आपके लिए वो सब किया, जो माँ ही कर सकती है-और वो भी आपकी हर नज़र से नाक़ाबिले-मंजूर शख़्सियत के बावजूद!

औरंगज़ेब : (चौकन्ना हो) ये उनका बयान है?

ज़ेबुन्निसा : अल्फ़ाज़ हमारे हैं।

औरंगज़ेब : जिससे तुम मुत्तफ़िक़ हो?

(ज़ेबुन्निसा फिर हामी में सिर हिलाती है।)

औरंगज़ेब : तुम्हारे बेबाक रिपोर्ट कार्ड के लिए शुक्रिया। हमें ये कहने की इजाज़त दे दो कि बहुत कुछ होने के बावजूद भी हम एहसानफ़रामोश नहीं। लेकिन दारा के साथ हमारा रिश्ता मुस्तसनवी है–exclusive।

ज़ेबुन्निसा : बेगम साहिब ने दारा के साथ अपना रिश्ता ऐसा नहीं रहने दिया, उसमें आपको दख़लंदाज़ी करने दी–और वो भी दारा की क़ीमत पर। अगर दारा जहाँ आरा की ज़िद के सामने नहीं झुकते, तो आज कहाँ होते आप?

औरंगज़ेब : सलीमगढ़ में अफ़ीम से लुंज-पुंज हो चलता-फिरता इंसानी चुटकुला बन चुके होते।

ज़ेबुन्निसा : पर दारा ने बेगम साहिब के आगे सिर झुका दिया। बदला चुकाने की बारी अब आपकी है!

औरंगज़ेब : *(कृत्रिम विवशता से) काश, हम तुम्हारी ज़रा-सी ख़्वाहिश पूरी कर सकते।*

ज़ेबुन्निसा : कौन-सी मुश्किल है?

औरंगज़ेब : दारा के ऊपर कुफ्र का इल्ज़ाम है।

ज़ेबुन्निसा : बेबुनियाद।

औरंगज़ेब : दफ़्तरी इल्ज़ामनामे के मुताबिक़ दारा शिकोह रिवायती तसव्वुफ़ तक महदूद नहीं रहे, बल्कि वो हिन्दुओं वा उनके मज़हब की तरफ़ मुड़े। हिन्दू धर्मगुरुओं वा साधुओं की संगत की और उनके धर्मग्रन्थों को लाफ़्ज़े-ख़ुदा माना। फ़ारसी में उनका तर्जुमा किया और प्रभु लिखी अँगूठी पहनी।

ज़ेबुन्निसा : हम अभी इसका जवाब लिखते हैं।

औरंगज़ेब : मजलिस की बैठक चल रही है अभी।

ज़ेबुन्निसा : हम मजलिस के सामने सफ़ाई देते हैं।

औरंगज़ेब : ये अदालत नहीं, जिसमें वकीले-सफ़ाई हो।

ज़ेबुन्निसा : निज़ामे-आलमगीर में क़ानूनो-इंसाफ़ है या अँधेरगर्दी?

औरंगज़ेब : *(बुरा मान कर)* जहाँ अँधेरागर्दी होती है, वहाँ मजलिस बनती है?

ज़ेबुन्निसा : ऐसी मजलिस का क्या मानी, जहाँ न सिर्फ़ बचाव का बयान नहीं, बल्कि जो जल्लाद है, वहीं मुंसिफ़ भी।

औरंगज़ेब : *(आक्रोश से)* ज़ुबान को लगाम दो।

ज़ेबुन्निसा : इल्ज़ाम साबित हुए बग़ैर सज़ा लाज़िमी हो, तो निज़ामे-आलमगीर

की बुनियाद इंसाफ़ नहीं, तानाशाही है।

(औरंगज़ेब का मोबाइल बजता है, चालू करता है।)

औरंगज़ेब : मजलिस ने क्या फ़ैसला दिया?

(सुनता है, मोबाइल बन्द करता है, परम शोक के भाव से ऊपर देखते हुए आँखें बन्द करता है।)

औरंगज़ेब : इना लिल्लाह[68]

ज़ेबुन्निसा : ड्रामा छोड़िए। क्या हुआ?

औरंगज़ेब : कुफ्राना कारनामों के लिए दारा शिकोह को सज़ा-ए-मौत दी जाती है-जल्लाद के हाथों तलवार के एक वार से उनकी गर्दन धड़ से काट दी जाये।

(क्षणिक विराम)

ज़ेबुन्निसा : काफ़िर को ख़मियाज़े के वास्ते मक्का शरीफ़ भेज दीजिए।

(औरंगज़ेब ठंडी दृष्टि से उसे देखता है।)

ज़ेबुन्निसा : चलिए, जलावतन[69] कर दीजिए।

औरंगज़ेब : मजलिस एलाने-सज़ा कर चुकी।

ज़ेबुन्निसा : मजलिस आपकी जेब में है।

औरंगज़ेब : *(चेतावनी के सुर में)* तुम बार बार निज़ाम की तौहीन कर रही हो और वो भी हमारे रूबरू—

ज़ेबुन्निसा : बयाने-हक़ीक़त कर रहे हैं जहाँपनाह!

औरंगज़ेब : *(समझाने के सुर में)* शाहजहाँ की मानिन्द बर्ताव मत करो ज़ेबी। मौजूदा को तस्लीम कर लो। ये बदलने वाला नहीं।

ज़ेबुन्निसा : तो आप भी अपनी बेगुनाही के ढोल बजाना बन्द कर दीजिए।

औरंगज़ेब : *(सुलगते आक्रोश से)* तुम्हारी ज़ुबानदराज़ी हद पार कर चुकी।

ज़ेबुन्निसा : हम धूप को चाँदनी नहीं कह सकते।

औरंगज़ेब : तुम्हें मौजूदा मंज़ूर नहीं, तो हम भी कुछ नहीं कर सकते।

ज़ेबुन्निसा : जो आपने बनाया है, उसकी तरमीम तो कर सकते हैं।

औरंगज़ेब : वही हुआ, जो मंज़ूरे-ख़ुदा था। वही होगा, जो मंज़ूरे-ख़ुदा होगा।

ज़ेबुन्निसा : जो हुआ, वो मंज़ूरे-ख़ुदा नहीं था, पर अब हो चुका, इसलिए उसका मातम मुलतवी किया जा सकता है, लेकिन जो होने वाला है-

औरंगज़ेब : *(सख़्ती से बात काटते हुए)* अपने ही घर में ज़मीरी एतराज़ी[70] हमें मंज़ूर नहीं।

ज़ेबुन्निसा : हम वही चाहते हैं, जिसमें खानदानो-सल्तनत की भलाई है।

औरंगज़ेब : हम भी वही कर रहे हैं।

ज़ेबुन्निसा : बिल्कुल उल्टा कर रहे हैं आप।

औरंगज़ेब : ये मुकालमा यहीं ख़त्म किया जाता है।

ज़ेबुन्निसा : मोहतरम वालिद, जंगे-विरासत के इन दो बरसों में आपने दिल खोल कर अपनी खूँखारी और ख़ूँआशामी[71] की नुमाइश लगायी है। आज आपको मौक़ा मिल रहा है कि आप अपनी ही नज़र में कुछ ऊँचे उठ जायें।

(औरंगज़ेब भावहीन सुन रहा है।)

ज़ेबुन्निसा : जंग में पक्का इरादा, शिकस्त में न टूटना और फ़तेह में मेहर-अज़ीम बादशाह की ये सिफ़तें हैं। पहली दो में बेशक आपका यक़ीन है, लेकिन जब फ़तेह में मेहर की बात आती है, तो आप बेहद संगदिल और टुच्चे हो जाते हैं।

औरंगज़ेब : *(गम्भीरता से)* तो तुम्हारी नज़र में उठने के लिए हमें क्या करना चाहिए?

ज़ेबुन्निसा : दारा को श्रीनगर जाने दीजिए। वो अपने परी महल में रहेंगे-इबादत वा सूफ़ी संगत करेंगे।

औरंगज़ेब : हमारे ख़िलाफ़ हर क़िस्म के अनासिर-जिनकी कमी नहीं-उनके छाते-तले एकजुट हो जायेंगे।

ज़ेबुन्निसा : हम वहीं क़याम करेंगे-बतौर शाही मुख़बिर। ज़ुबान दे दी, तज़्किरा-ए-सियासत नहीं होगा।

औरंगज़ेब : ख़तरा क़द्दावर उमरा से भी होता है, जो अवाम को बहलाने के लिए शहज़ादे का इस्तेमाल करते हैं।

ज़ेबुन्निसा : एक-एक क़द्दावर उमरा आपको ज़मींबोस कर चुका।

औरंगज़ेब : दिल में वलवले कभी भी फूट सकते हैं। दारा का जुलूसे-ज़िल्लत और मलिक जीवां को देख चाँदनी चौक में जो उथलपुथल मची, वो अवाम में दारा की मक़बूलियत की सनद है। उमरा को ऐसे ही मौके और शहज़ादे की तलाश होती है।

ज़ेबुन्निसा : हम चचा दारा को ईरान छोड़ कर आयेंगे।

(औरंगज़ेब स्तब्ध रह जाता है।)

औरंगज़ेब : *(बौखला कर ऊपर देखते हुए)* दिलरस बानो, *(ज़ेबुन्निसा की ओर संकेत के साथ)* ये है हमारी पहली औलाद। इसके दिल में बाप के लिए कोई जज़्बा नहीं। तुम हमें छोड़ कर चली

गयीं और अब ये भी उड़ने के वास्ते पँख तौल रही है। किसकी ख़ातिर? हमारे अव्वल दुश्मन की! *(भर्त्सना एवं पीड़ा से ज़ेबुन्निसा को देखता है।)* कितना नाज़ था हमें तुम्हारे ऊपर- जब तुम कच्चे बचपन में हाफ़िज़[72] बन गयीं, नस्तालीक़ की माहिर को गयीं। कितने क़रीब थे हम! फिर हम फ़ौजी मुहिमों पर निकले, तुम अकबराबाद गयीं और दारा ने हमारे ख़िलाफ़ तुम्हारे भीतर ज़हर घोल दिया।

ज़ेबुन्निसा : *(घने अवसाद से)* आप नहीं समझ सकते।

औरंगज़ेब : *(नापसंदगी से)* क्या नहीं समझ सकते?

ज़ेबुन्निसा : *(उसकी एवं अपनी ओर संकेत के साथ)* हम दोनों में ख़ून के अलावा और कुछ भी एक जैसा नहीं।

औरंगज़ेब : *(आरोप के सुर में)* हम जानते थे-

ज़ेबुन्निसा : दारा शिकोह आपकी सतह पर नहीं जीते। आपकी दुनियाँ में दग़ा-फ़रेब, तब्दीलिए-ए-मज़हब और ख़ून टपकाती तेग़ के सिवा कुछ नहीं, पर दारा अंदरूनी वजूद, फ़िक्रो-वज़्द[73] और आख़िरी सच्चाई में मुब्तिला हैं।

औरंगज़ेब : आख़िरी सच्चाई क्या है, इसका इल्म उन्हें कल हो जायेगा।

ज़ेबुन्निसा : *(दुःखी स्वर में)* आपकी ख़ुदी पर कसाफ़त[74] का क़ब्ज़ा है। चुनांचे आपके पास सिर्फ़ बदन है-उनके पास न सिर्फ़ रूह है, बल्कि उसमें रूहे-आज़म[75] का अक्स भी दिखायी देता है।

(औरंगज़ेब का प्रस्थान। ज़ेबुन्निसा उसके जाने का नोटिस लिए बिना अपना संवाद बोलती रहती है।)

ज़ेबुन्निसा : आप नहीं जानते। सूफ़ी, दिमाग़ी सच्चाई नहीं, एक जागा हुआ अंदरूनी वजूद है। उसे इल्म है कि तसव्वुफ़ के तरीक़े से सच्चाई को असलियत में तब्दील[76] किया जा सकता है। असल की मुकम्मली को समझने के लिए अपने अंदरूनी वजूद की आँख दरकार होती है। ऐसा तभी मुमकिन होता है, जब आप ख़ालिस बनते हुए अपने टुकड़ा वजूद को मुकम्मल में जज़्ब कर देने में कामयाब हो जाते हैं। अगर मुकम्मल समुन्दर है और टुकड़ा बूँद, तो समुंदर को टुकड़े की आँख से नहीं देखा जा सकता, लेकिन जब बूँद समुन्दर में घुल जाती है, तो वो समुंदर को समुंदर की आँख से देख सकती है-जैसा दारा के साथ हुआ। जब उनकी गर्दन को उनके सिर के बोझ से हल्का

कर दिया गया, तो सरमद ने कहा, दारा को बेख़ात्मा, ख़ुदमुख़्तारी मिल गयी। *(क्षणिक विराम)* जहाँ आरा बेगम साहिब, जिस दिन ये हुआ, रौशन आरा ने जश्न का सरअंजाम किया। फ़तेहयाब फ़िर्के में एक और अकेले हम थे, जो नामौजूद पाए गये। आलमगीर ने भी अपनी मौजूदगी दर्ज करवाई और हमारी नामौजूदगी पर भवें टेढ़ी कीं। बरसों बाद आपसे हमने पूछा, दारा का कटा सिर देखने के बाद आप कैसे साँस लेती रहीं? ग़म बर्दाश्त करने की एक हद होती है, आपने कहा, जैसे-जैसे कुव्वते-बर्दाश्त खिंचती जाती है, तुम्हारा अंदरूनी अपने-आप सुन्न होता जाता है, याददाश्त तुम्हारी ही दिमाग़ी सलामती के लिए भूलना शुरू कर देती है। उसने कटे सिर की तस्वीर नीचे खिसका दी और दीगर यादें ऊपर बिखराने लगी-सिर्फ़ उजली वा ख़ुशगवार तस्वीरें-जैसे मुग़ल महाभारत पर धुँध छाने लगी। ये सूरते-हाल आप मंज़ूर करने लगते हैं, चूँकि और कोई रास्ता नहीं होता। भूलने का उसूल, the doctrine of forgetting, ज़िन्दा बनाए रखने में मदद करता है। *(कुछ ठहर कर)* लेकिन आलमगीर की सबसे बड़ी बेटी के वास्ते ये इतना आसान नहीं था-सदमे के ज़िम्मेदार तो उसके वालिद थे। जुल्मत से लड़ते हुए यादें एक ताक़त की सूरत इख़्तियार कर लेती हैं। यादें तजुर्बात वा हादसात से बनती हैं और फिर किसी की भी यादें भीतरी तौर पर उसकी पहचान से जुड़ी हैं। इस तरह मैं शख़्सियत की गड़बड़, multiple personality disorder, का शिकार बनी। मेरा बदन तो फ़तेहमंद के तम्बू में था, लेकिन मेरी ज़ख़्मी रूह बचे-खुचे शिकस्ताज़नों के साथ फड़फड़ा रही थी। अगर तुम ऐसी ज़बर्दस्त इख़्लाक़ी उलझन में हो, दारा की बेटी जहाँ ज़ेब ने ताना मारा, तो पादशाह बेगम का ताजा सिर पर क्यों सजा रखा है? मैंने दलील दी, मैं आलमगीर की बेटी हूँ। उनका ताज उनको लौटाना खुले आम बग़ावत नहीं, तो और क्या मानी जायेगी? तो ज़ुबान बन्द रखो, उन्होंने डाँट दिया। काश, उन्हें पता होता, कितना मुश्किल है ज़ुबान बन्द रखना-*(दूसरे सुर में)* अगला पड़ाव है सदमे की यादें। दिलो-दिमाग़ो-रूह पर लगाई गयीं बेहद दर्दनाक, ज़ालिम चोटें। नाक़ाबिले-बर्दाश्त की भी हद को पार करने वाली, अपनी ख़ुदी को बींधने वाली।

ये समूची सूरते-हाल इतनी पेचीदा-ओ-संगीन इसलिए हो जाती है कि इसके पीछे मेरे वालिद हैं। सदमें की यादों की कुदरत ऐसी है कि हादसा होने के बहुत बाद तक उनकी कुव्वते-एहसासे-दर्द भी बनी रहती है और ज़ख़्मों का हरापन भी। मरहूम की कोई भी याद ख़ंजर की नोक बन सकती है। हम कह सकते हैं कि एक लिहाज़ से हमारे लिए वक़्त थम गया, जब दारा का सिर उनकी गर्दन से जुदा हुआ। अपने सदमे को जायज़ वा बाइज़्ज़त बनाये रखने के लिए मेरे वास्ते ये लाज़िमी हो गया कि मैं अपनी ज़िन्दगी की नये सिरे से तशरीर[77] करूँ। यादें तब अपनी सूरत इख़्तियार करती हैं, जब सदमा माज़ी बन जाता है, अपने और सदमे के बीच वक़्त की धुँध भर जाती है। तब आहिस्ता-आहिस्ता याद ख़ानक़ाह भी बन जाती है और मैदाने-जंग भी। जब मैं कहती हूँ, मुझे याद है, तो यह एक सीधा-सादा जुमला नहीं-यह गवाही है, मर्सिया है, इल्ज़ाम है।

(औरंगज़ेब का उमंग से प्रवेश।)

औरंगज़ेब : *(मुस्कान से)* ऐसा ख़्याल, जिसका वक़्त आ चुका। हम बिरादरान के बीच जो हुआ, उसे भुला देना चाहिए। फ़तेहमंद होते हुए भी शिकस्ता के साथ सुलह करने को हम पहला क़दम उठा रहे हैं। लाल क़िले में बजेंगी निकाह की शहनाइयाँ-

(ज़ेबुन्निसा चौंक जाती है।)

औरंगज़ेब : मेहरुन्निसा का दूल्हा इज़्ज़त बख़्श, दोस्तदार बानो का सुल्तान, ज़ुब्तुन्निसा का सिपिर शिकोह और जहाँ ज़ेब का आज़म-

ज़ेबुन्निसा : *(आतंक से)* आप अपने होने वाले दोनों दामादों और दोनों बहू बेगमों के वालिदों का क़त्ल कर चुके हैं।

औरंगज़ेब : *(सीने पर हाथ रखते हुए)* वो हमारे अंदरूनी की आवाज़ थी, *(नब्ज़ पर उँगली रखते हुए)* ये हमारे ख़ून की पुकार है।

ज़ेबुन्निसा : *(आहत हो)* अपने मरहूम भाइयों की औलाद के रंज की बेहुरमती मत कीजिए।

औरंगज़ेब : तुम ख़ुश नहीं कि तुम्हारी दोनों बहनें आख़िर दुल्हिन बन रही हैं?

ज़ेबुन्निसा : इज़्ज़त बख़्श और सिपिर शिकोह को आज़ाद कर रहे हैं आप?

औरंगज़ेब : *(तेज़ी से)* होश खो बैठी हो? दोनों क़ैद में रहेंगे-अपनी-अपनी

बीवी के साथ।

ज़ेबुन्निसा : मेहरुन्निसा और ज़ुब्तुन्निसा मान गयीं?

औरंगज़ेब : क्यों नहीं? ईद वा शहंशाह की सालगिरह पर बाहर खुली हवा में साँस ले सकती हैं न! हम भी बाप हैं आख़िर।

ज़ेबुन्निसा : सुल्तान का क्या होगा?

औरंगज़ेब : जो बोया है, वो काटता रहेगा।

ज़ेबुन्निसा : दस बरस हो गये सलीमगढ़ में।

औरंगज़ेब : बग़ावत से पेश्तर सोचा क्यों नहीं?

ज़ेबुन्निसा : उसने बग़ावत आपके ताज के लिए नहीं, अपनी दिलरुबा के लिए की थी।

औरंगज़ेब : अगर ताज के लिए की होती, तो हम समझ लेते, लेकिन महज़ एक फ़ालूत से जज़्बे के लिए अपने बाप के ख़िलाफ़ शमशीर उठा ली?

ज़ेबुन्निसा : उस फ़ालतू से जज़्बे की .कुदरत ऐसी ही है।

औरंगज़ेब : वो जज़्बा और ताज एक साथ नहीं जाते।

ज़ेबुन्निसा : अकबर ने जहाँगीर की बग़ावत माफ़ की और जहाँगीर ने शाहजहाँ की। शाहजहाँ भी धर्माट की लड़ाई से पहले ही आपको माफ़ करने के लिए राज़ी थे।

औरंगज़ेब : माफ़ी चाहिए किसे थी?

ज़ेबुन्निसा : आप मानें या न मानें, पर बाप का दिल आपके सीने में भी वैसे ही धड़क रहा है, जैसे उनके-

(क्षणिका विराम)

औरंगज़ेब : सही है। *(दिल पर हथेली रखते हुए)* हम अंदरूनी तौर पर ख़ून के आँसू बहाते हैं। सुल्तान के वास्ते। उसकी क़ैद की दूसरी बरसी थी। देर रात हमारी नींद टूट गयी। हमारी ख़्वाबगाह से हवा के एक के बाद एक पाँच झोंकों के बाद ही तो है सलाखों के पीछे हथकड़ी में सुल्तान-हमारी पहली मर्द औलाद। हमें पैदाइश के साथ उसका पहला रोना याद आया और उसे कलेजे से लगाना-वो लम्हा, जब बेटा महज़ एक लफ़्ज़ नहीं, धड़कता जज़्बा था-चेहरे के साथ। हम फ़ौरन बाहर निकले कि ख़ुद सलीमगढ़ जाकर अपने हाथों से उसके ताले खोलें, पर दहलीज़ पार करने से पेश्तर ही ख़्याल आया, अगर शुजा के सिपहसालार सुलतान ने बँगाल में मीर जुमला को हरा दिया

होता, तो? हमारे तमाम मुख़ालिफ़ अनासिर उनके साथ मिल गये होते, शाहजहाँ के हिमायतियों के साथ मिल कर शुजा आगरा की घेराबंदी कर देते, महाबत ख़ाँ और जसवंत सिंह हम पर भारी पड़ जाते, तो? सलीमगढ़ में हमारी ख़ुद की क़ैद तब कोई परवाज़े-तख़ैयुल नहीं, मज़े में तब्दीलि-ए-हक़ीक़त हो सकती थी। *(अपने सिर की ओर संकेत के साथ)* यहाँ फ़ौरन लाल बत्ती जली। हम वालिद ज़रूर हैं, पर बदनसीबी से बादशाह भी हैं।

ज़ेबुन्निसा : *(व्यंग से)* बदनसीबी से?

औरंगज़ेब : *(हामी में सिर हिलाते हुए)* चूँकि अपना जज़्बा हमें हमेशा कुचलना होगा। ताजो-तख़्त हम पर यह फ़र्ज़ आयद करते हैं कि हमारे भीतर का वालिद ख़ून के ख़ामोश आँसू पिए। सुल्तान सलीमगढ़ से आज़ाद ज़रूर होगा, लेकिन सिर्फ़ लाश के तौर पर-

ज़ेबुन्निसा : तो आप सुलतान के दर्द की तलाफ़ी[78] उसे एक नयी दुल्हिन देकर कर रहे हैं?

औरंगज़ेब : *(हल्की मुस्कान से)* तुम ये देखो कि बादशाहत के फ़ौलादी शिकंजे के बीच हमने कैसी होशियारी से अपना जज़्बा भी निभा लिया।

ज़ेबुन्निसा : दोस्तदार बानो आपकी होशियारी से मुतास्सिर नहीं होंगी। आपने न सिर्फ़ उनके वालिद के साथ दग़ा किया, बल्कि उनका क़त्ल करने के साथ-साथ उन पर दग़ाबाज़ की मुहर लगा उन्हें रोज़े-क़यामत तक के लिए बदनाम भी कर दिया।

औरंगज़ेब : *(हल्की मुस्कान से)* वो शहज़ादी ज़िन्दगी से प्यार करती है। उसने हाँ कर दी।

ज़ेबुन्निसा : *(उसे अविश्वास से देखती है।)* अच्छा?

औरंगज़ेब : मुराद की बेटी का हमारा बहू बेगम बनना एक तरह से मुराद के नाम हमारा माफ़ीनामा है।

ज़ेबुन्निसा : लेकिन जहाँ ज़ेब आपका माफ़ीनामा हज़ार बरस मंज़ूर नहीं करेंगीं। दारा शिकोह के क़ातिल के बेटे से निकाह? भाई सुलेमान का ख़ून तो अभी आपके जल्लाद के फरसे से सूखा भी नहीं होगा। पैग़ामरसां की आँखें नोंच लेंगीं वो!

औरंगज़ेब : *(चकित हो)* जहाँ ज़ेब ने तुम्हें नहीं बताया?

ज़ेबुन्निसा : *(चौंक कर)* क्या नहीं बताया? आपकी वजह से हमारा रिश्ता बुझ गया है।

औरंगज़ेब : फिर पहले जैसा हो जायेगा, जैसे ही वो तुम्हारी भाभी बनेगी।

ज़ेबुन्निसा : *(आतंक)* सूरज पच्छिम से निकल सकता है-ये नहीं हो सकता।

औरंगज़ेब : शुरू में वो बिफर गयी। तोड़-फोड़ करने लगी। दीवार से सिर मार दिया। फिर सबकी तरह मंज़ूर कर लिया-निज़ामे-आलमगीर की बुनियाद क़ानूनो-इंसाफ़ है। दारा शिकोह का वही हश्र हुआ, जिसके वो मुस्तहक़[79] थे।

(ज़ेबुन्निसा कानों को हथेलियों से बन्द कर लेती है।)

औरंगज़ेब : *(नाराज़गी से) ये क्या हो रहा है?*

(ज़ेबुन्निसा हथेलियाँ हटालेती है।)

ज़ेबुन्निसा : आपके जैसा बेइंसाफ़ और स्याह निज़ाम दूसरा नहीं हुआ।

औरंगज़ेब : सारी हदें पार कर चुकीं तुम। अब सज़ा के बग़ैर गुज़ारा नहीं।

ज़ेबुन्निसा : मौत बुरी नहीं कही जायेगी, अगर किसी को पता हो कि सच्चाई से मरना क्या होता है, ऐसा गुरु नानक ने फ़र्माया।

औरंगज़ेब : तुम हमें भड़काने की कोशिश कर रही हो, लेकिन हमने कुछ और सोच रखा है। तुम्हारा दूल्हा कौन होगा?

ज़ेबुन्निसा : कोई नहीं।

औरंगज़ेब : हम ईरानी शहज़ादे पर ग़ौर करने के लिए तैयार हैं।

ज़ेबुन्निसा : उनके साथ हमारी रस्मी ख़तो-किताबत थी। उन्होंने हमें तरह का शेर[80] भेजा। हमने जवाब दिया, बस।

औरंगज़ेब : अक़ील ख़ाँ?

ज़ेबुन्निसा : अच्छे दोस्त हैं, बस।

औरंगज़ेब : ख़ज़ाना-ए-शाही की चाबियाँ, जो शाहजहाँ ने रोते-रोते हमें सौंपी थीं, हमने बख़ुशी अक़ील ख़ाँ के हवाले कर दीं।

ज़ेबुन्निसा : *(आश्चर्य से)* चाबियाँ अक़ील के हवाले कर दीं?

औरंगज़ेब : हमें एतबार है उन पर।

ज़ेबुन्निसा : दुनियाँ का पहला ताज्जुब कि आपको किसी पर एतबार हुआ।

औरंगज़ेब : वो हमारे कुटुम्ब का हिस्सा बन जायेंगे, तो हमारे दिल पर बोझ नहीं पड़ेगा।

ज़ेबुन्निसा : आपके बोझ को हल्का करने का हमारा कोई इरादा नहीं।

औरंगज़ेब : *(बुरी तरह खीज कर)* निकाह कर लो ज़ेबुन्निसा।

ज़ेबुन्निसा : *(दृढ़ता से)* नहीं। पर आप हमें क़िला-ए-मुअल्ला के बाहर

रहने की इजाज़त दे दें। हमारे बीच बात-बात पर शोले भड़कते हैं।

औरंगज़ेब : तुम अपनी मजबूरि-ए-इख़्लाक़ से छुटकारा पा लो।

ज़ेबुन्निसा : वो साँस टूटने से पेश्तर नहीं हो सकता। इसलिए छिंदवाड़ा, जैसलमेर, सुंदरबन आप जहाँ कहें, हम झोपड़ी बना लेंगे।

औरंगज़ेब : हमारे दुश्मन शेर की माँद में भी घेर लेंगे तुम्हें!

ज़ेबुन्निसा : *(लिखने का मुकाभिनय करते हुए)* हम अपने ख़ून से तहरीरे-क़सम करते हैं-सियासत से तौबा-

औरंगज़ेब : अफ़सोस की बात ये है कि तुम्हारे पास न सिर्फ़ तेज़ दिमाग़ है, बल्कि नीम चढ़े करेले की तरह ज़मीर भी! हमारी औलाद होने के बावजूद न सिर्फ़ तुम सूफ़ी हो, बल्कि शेर भी कहती हो। सिर्फ़ इतना ही नहीं, तुम्हारे पास निहायत तेज़ ज़ौक़े-तंज़[81] भी है।

ज़ेबुन्निसा : अफ़सोस, आपकी औलाद होने के लिए जो शर्तें दरकार हैं, हम उन्हें पूरा नहीं कर पाए।

(औरंगज़ेब उसे देखता है।)

औरंगज़ेब : ख़ुदा गवाह, हमें बहद-अज़ीज़ थीं तुम।

ज़ेबुन्निसा : मेरी ज़िन्दगी दो हिस्सों में तक़सीम हो गयी। जंगे-विरासत से पेश्तर बहुत कुछ हरा-भरा, उजला और चमकदार था। पर उसके बाद-

(ठंडी साँस लेती है।)

औरंगज़ेब : *(झुँझला कर)* जंगे-विरासत कब की हो चुकी। अब हमें मजबूर हो ये मंज़ूर करना पड़ेगा कि तुम फ़िलहाल कँवारी रहोगी, पर दीगर निकाहों को काले झंडे दिखाने पर क्यों तुली हो?

ज़ेबुन्निसा : हर निकाह भुलाने का दरवाज़ा है। ये दूल्हे वा दुल्हिनें अपने-अपने वालिद वा कुटुम्ब के अन्जाम पर ख़ाक़ कैसे डाल सकते हैं?

औरंगज़ेब : सब जवान हैं-पूरी ज़िन्दगी पड़ी है उनके सामने। वो समझौता कर ज़िन्दगी को गले लगाना चाहते हैं-जैसा कि करना चाहिए।

ज़ेबुन्निसा : उन्हें अपनी चलती साँसों और उनके चलते रहने की आरज़ू पर शर्मिन्दा होना चाहिए। उनकी साँस इसलिए चल रही है, चूँकि उनके वालिद की साँस तोड़ दी गयी। अपनी हर साँस के साथ

उन्हें एहसासे-गुनाह होना चाहिए।

औरंगज़ेब : उससे क्या हासिल होगा?

ज़ेबुन्निसा : मरहूम के तईं ये उनकी इख़्लाक़ी ज़िम्मेदारी है। अगर जहाँ ज़ेब की जगह हम होते, तो आपका क़त्ल तस्लीम कर सुलेमान शिकोह के साथ निकाह? ताक़यामत नहीं करते!

औरंगज़ेब : तुम्हारे जज़्बे ने हमारा दिल छू लिया। पर समझ लो कि हम दारा वा मुराद की रूह की जानिब दस्ते-दोस्ती बढ़ा रहे हैं।

ज़ेबुन्निसा : आपने उनके साथ जो सुलूक किया, उसके मद्दे-नज़र इसका सवाल ही नहीं उठता। चूँकि मरहूमों की रूह आपकी पेशकश की मुख़ालिफ़त नहीं कर सकती, चुनांचे दोनों की औलाद पर ये ज़िम्मेदारी आयद होती है।

औरंगज़ेब : *(कुढ़ कर)* फिर वही बात-इससे हासिल क्या होगा?

ज़ेबुन्निसा : आपकी फ़तेह के ख़ूँआलूदा नक़्शे-पा[83] तवारीख़ का हिस्सा बनेंगे।

औरंगज़ेब : अगली नस्लें हमारे क़त्लों का हिसाब लगाएँगीं, तो तुम्हें बड़ा सुकून मिलेगा?

ज़ेबुन्निसा : उनमें कई ग़ैर-ज़रूरी थे-ख़ास कर दारा का। इसलिए सवाल अगली नस्लों तक हक़ीक़त पहुँचाने का है, सुकूनो-बेचैनी का नहीं।

औरंगज़ेब : निकाहों की बदौलत हम अगली जंगे-विरासत की ख़ूँआमेज़ी घटाना चाहते हैं।

ज़ेबुन्निसा : उसके लिए सबसे मुनासिब ख़ुद आपकी जंगे-विरासत थी, जब शमशीर टकराते चारों बिरादरान एक ही माँ की औलाद थे। पर क्या उससे ख़ूँआमेज़ी कम हुई? नहीं, बल्कि तारीख़े-मुग़लिया में उसने ख़ूँआमेज़ी के नये मैयार बनाये। आपके पाँच बेटे तीन बेगमों की औलाद हैं। दुनियाँ की कोई ताक़त नहीं-आपको मिला कर-जो उनके दरम्यान होनेवाली अगली जंगे-विरासत की चीख़ो-फुगां कुछ घटा सके। अपने ख़ानदान में लागू क़ानूने लाज़िमी का ये एक और पहलू है।

(विराम)

औरंगज़ेब : तुम रँगमहल जाओ। जहाँ ज़ेब के वास्ते ज़ेवरात पसन्द कर लो।

ज़ेबुन्निसा : नहीं।

औरंगज़ेब : उसका होने वाला दूल्हा तुम्हारा सगा भई है।

ज़ेबुन्निसा : *(क्रोधित हो)* वो निकाह का दाँव-पेची इस्तेमाल अफ़ीम की तरह भुलाने के लिए कर रही हैं।

औरंगज़ेब : उसकी हथेलियों पर मेंहदी लगाई जा रही थी-नग्मासरा ख़तूनों के बीच। तब उसने कहा, यकायक हमें ज़िन्दगी में कुछ मानी दिखाई देने लगा है।

ज़ेबुन्निसा : इख़्लाक़ी बुज़दिल हैं वो। अपने वालिद के साथ वफ़ादारी दिखाते हुए उन्हें निकाह से इंकार करना था।

औरंगज़ेब : उससे ग़रीब को क्या हासिल होता?

ज़ेबुन्निसा : आपके ग़ैर इंसाफ़ी कारनामों की लम्बी फ़ेहरिस्त अवाम की नज़र में रहती-जहाँ ज़ेब के कँवारे रहने से और भी ज़्यादा।

औरंगज़ेब : शाहजहाँ ने ख़ुसरो, परवेज़ अैर शहयार का क़त्ल किया था।

ज़ेबुन्निसा : न शाहजहाँ औरंगज़ेब थे, न उन तीनों में से कोई दारा शिकोह। क़ुदरते-सल्तनत में किसी बुनियादी तब्दीली का सवाल नहीं था। इसलिए दारा शिकोह वा तवारीख़ के तईं जहाँ ज़ेब का फ़र्ज़ इंकार था। उन्होंने आपकी औलाद के साथ इक़रार कर दारा के क़त्ल की इख़्लाक़ी धार भोथरी बना दी।

औरंगज़ेब : तो अब तुम कँवारी रह कर वो काम पूरा करोगी, जो जहाँ ज़ेब ने जाती ख़ुशी के लिए छोड़ दिया?

ज़ेबुन्निसा : बेशक। लेकिन आपकी बेटी होने के नाते उसका असर बहुत कम होगा।

औरंगज़ेब : *(बलपूर्वक)* नहींईंईं, बहुत ज़्यादा होगा-हमारी ही बेटी होने के नाते। लेकिन सवाल ये है कि जहाँ ज़ेब की इतनी क़रीबी होने के बावजूद तुम उसकी ज़ाती ख़ुशी की पैरोकार क्यों नहीं? तुम हरम में अपनी पुरदर्द यादों की जुगाली करते हुए सुबह को शाम और शाम को रात में तब्दील करने के सितम से गुज़री हो?

ज़ेबुन्निसा : नहीं।

औरंगज़ेब : अब उसकी ज़िन्दगी रँगारँग धनुक[83] की सूरत इख़्तियार कर रही है, जहाँ उसे पता भी नहीं चलेगा कि दिन कैसे गुज़र गया। हाथों में मेंहदी लगवाते हुए वो बतौर औरत अपनी नयी वज़ाहत[84] बना रही है।

ज़ेबुन्निसा : बेशक, ये अमली, फ़ैसला है। जहाँ आराने यही दलील दी। कहा कि उन्होंने औरंगज़ेब की मुख़ालिफ़त की, पर उससे कुछ

नहीं हुआ।

औरंगज़ेब : सही कहा। ज़िन्दगी से हाँ करना चाहिए।

ज़ेबुन्निसा : और आपके बेजा फ़र्मानों पर मुहर लगाते रहना चाहिए?

औरंगज़ेब : नहीं लगाओगी, तो अपना ही नुक़सान करोगी-जैसे कि आज़म भी करेगा।

ज़ेबुन्निसा : क्या मतलब?

औरंगज़ेब : *(क्रोध से)* तुम लोगों की समझ में नहीं आता कि शाही ख़ानदान में पैदायश का दूसरा नाम है दिल पर लगातार ज़बत! *(डाँट के सुर में)* उसके बोलो, सिर पीटना बन्द कर चुपचाप सेहरा बाँध ले।

ज़ेबुन्निसा : हम जानते हैं, वो क्या कहेगा।

औरंगज़ेब : क्या कहेगा?

ज़ेबुन्निसा : जहाँपनाह का हुक्म होगा, तो हम भेड़ से भी निकाह कर लेंगे। हुक्मे-आलमगीरी पर सवाल करें, इससे पेश्तर आतिशे-दोज़ख़ में ख़ाक़ न हो जायें, लेकिन ख़ुदारा, जहाँ ज़ेब से निकाह कैसे कर सकते है हम? हमारे वालिद ने सारी ज़िन्दगी दारा शिकोह को जानी दुश्मन माना, सरे बाज़ार उनका जुलूसे-ज़िल्लत निकाला, फिर उनके कटे सिर की नुमाइश आरास्ता की। अब वो चाहते हैं कि दारा की बेटी उनके अपने बेटे की जायज़ औलाद पैदा करे? उस सितमज़दा पर और कितना सितम ढायेंगे हम? ख़ुदा गवाह, हममें हिम्मत नहीं कि जहाँ ज़ेब की आँखों में देख सकें और उनका हुक़्म है कि वो दुश्मन के साथ ताउम्र हमबिस्तरी करे?

औरंगज़ेब : दुश्मन के साथ हमबिस्तरी करना गुनाह है, सुहागसेज पर क़ानूनी शरीके-हयात का घूँघट हटाना सबाब। बेहद ज़लील है ज़िन्दगी नाम की शै! अफ़सोस, ख़ूने-मुग़लिया होते हुए भी ये बुनियादी हक़ीक़त न वो समझता है, न तुम।

ज़ेबुन्निसा : आप उसे तलब करें, उसके भेजे में हक़ीक़त नक़्श कर दें। आँसू पोंछ लेगा, सेहरा बाँध लेगा।

औरंगज़ेब : *(ठंडे आक्रोश से)* लेकिन तुम जंगे-विरासत का सोग़ मनाती रहोगी?

ज़ेबुन्निसा : रोज़े-इंसाफ़ सिर्फ़ ये देखा जाता है कि तुमने अपना धर्म निभाया या नहीं-

औरंगज़ेब : *(सुर में संकट की छाया के साथ)* देखें, कब तक हम दोनों एक छत के नीचे अपना-अपना मुख़्तलिफ़ धर्म निभा पाते हैं। **(औरंगज़ेब का प्रस्थान। ज़ेबुन्निसा के संवाद के साथ प्रकाश-व्यवस्था बदलती है।)**

ज़ेबुन्निसा : चचा दारा, हमने जहाँ ज़ेब से पूछा, क्या तुम अपने शौहर की आँखों में अपने वालिद के क़ातिल का अक्स देख सकती हो? हमने अपनी आँखें बन्द रखना सीख लिया है, उन्होंने कहा। हर शाम डूबता सूरज हमारे स्याह माज़ी का एक सफ़ा अपने साथ ले जाता है। अब हम माँ बन चुके हैं-और माज़ी के बोझ से बड़ी हद तक आज़ाद भी। उनको बचपन वा कच्ची नौजवानी का दौर याद है, जंगे-विरासत मिटा चुकी हैं। जहाँ तक चार के गिरोह का सवाल है, उनहें सिर्फ़ दोस्तदार व गुलरुख़ की याद है—ज़ेबुन्निसा का एकाध मटमैला निशान बचा है। हमसे क्या कुसूर हुआ, हमने पूछा। तुम्हारे नुकूश से हमें औरंगज़ेब की याद आती है, जवाब मिला। आज़म के नुकूश भी औरंगज़ेब से मिलते हैं, हमने एतराज़ किया। उनकी बात दूसरी है, वो हमारे शौहर, हमारे बेटे के बाप हैं, जहाँ ज़ेब बोलीं। लेकिन ये तो इंसाफ़ नहीं, हमने कहा। देखो, औरंगज़ेब की बेटी इंसाफ़ की दुहाई दे रही है, जहाँ ज़ेब ने मुँह बनाया। *(दूसरे सुर में)* चचाजान, जहाँ ज़ेब ने औरंगज़ेब के साथ सुलह कर ली है, लेकिन अपनी भड़ास निकालने के लिए उनके नाम का ज़हर हमारे खाते में डाल दिया है! जंगे-विरासत बिल्कुल भूल चुकी हैं आप, हमने तड़प कर पूछा। आहिस्ता-आहिस्ता सारा लहू धुलता जा रहा है, वो बोलीं। याद रखने से दिल ही सुलगेगा न। अहम बस, मौजूदा है। हमें ज़िन्दा रहना है या नहीं? रहना है। जंगे-विरासत के जिन दो स्याह बरसों को हमने अश्के-ख़ून से सींचा था, उन्हें ख़ुद नोंच-नोंच कर जमुना के हवाले कर दिया। *(हल्की मुस्कान से)* कुछ और दिलचस्प हो रहा है चचा दारा! जहाँ ज़ेब औरंगज़ेब को पसन्द करने लगी हैं। वो ससुरजी की सबसे पसंदीदी बहू बेगम जो हैं! बादशाह सलामत की सालगिरह पर जहाँ ज़ेब बँगाल से दिल्ली आयीं। रस्म सादा होना थी-जैसा बैंगनी जामे के दरवेश करते आ रहे हैं-पर दुलारी बहू बेगम ने उसे बड़ा ज़श्न बना दिया। हमने

उन्हें तंज़ की मुस्कान दी। मजबूर थे, ज़ब्त नहीं कर सके। जहाँ ज़ेब भड़क गयीं, तुम्हारे भेजे को हुआ क्या है ज़ेबी? बस,यही हुआ है कि भुलाने, माफ करने और आगे बढ़ जाने में यक़ीन नहीं करते। तुम ज़िन्दगी की दुश्मन हो, जहाँ ज़ेब ने डाँटा। *(निश्छल प्रश्न)* क्या सचमुच ऐसा है? ये इस बात पर मुन्हसिर करता है कि ज़िन्दगी से तुम्हारे तक़ाज़े क्या हैं? बेशक मैं ख़ुशी चाहती थी। ग़मो-ग़ुस्से की परचमबर्दार बन कर दुनियाँ में नहीं आयी थी मैं, लेकिन ख़्यालों-जज़्बात कुचलने के साथ समझौते की ऐसी ख़ुशी? नहीं, दिल को मंजूर ही नहीं। वैसे भी इतना कुछ देख लिया कि अब ख़ुशी के मायने ही बदल गये। जहाँ आरा बेगम का कहना है कि मेरा नसीब उनसे बदतर है, दरअसल सारी मुग़ल शहज़ादियों से बदतर है-चूँकि मैं ज़ेबुन्निसा होते हुए औरंगज़ेब की बेटी हूँ-

(अन्धकार)

दृश्य-5

(अवसाद में डूबी ज़ेबुन्निसा फ़रमानों की फ़ाइल के पन्ने पलट रही है। औरंगज़ेब का प्रवेश)

औरंगज़ेब : कैसा रहा लाहौर का क़याम?

ज़ेबुन्निसा : *(फ़ाइल दिखाते हुए)* आपने हमारी छुट्टी बरबाद कर दी।

(औरंगज़ेब चौंक जाता है।)

ज़ेबुन्निसा : *(आरोप के सुर में)* पहले आपने उमरा के लिबास में रेशम छीन लिया। फिर उनके पायजामे का नाप मुक़र्रर कर दिया। मातहत राजा के माथे पर शहंशाह के हाथ से तिलक बन्द किया। होली-दीवाली वा पारसी नये साल पर रोक लगायी। फ़नकारों से रँग की कूचियाँ छीन लीं; *(आवेग से)* मूसिक़ी तक को दफ़्ना दिया?

औरंगज़ेब : हमारा निज़ाम हमारे अक़ीदे[85] का आइना है।

ज़ेबुन्निसा : इसीलिए आपने हिन्दुओं के तमाम मदरसे बन्द किये और थोक के भाव मन्दिर तोड़ने लगे। आप रवादार[86] इस्लामी रिवायात के बरअक्स अव्वल दर्जे की तंगनज़री दिखा रहे हैं। सिर्फ़ मुस्लिम सौदागरों के वास्ते आमद[87] महसूल घटा कर आपने फ़र्क़े-मज़हब गहरा किया और दबाव व ज़बर्दस्ती की सियासत पर आमादा हुए-तब्दीलिए-मज़हब की ख़ातिर?

(औरंगज़ेब हामी में सिर हिलाता है।)

ज़ेबुन्निसा : तअद्दुद[88] में वहदत[89] हिन्दुस्तान की ख़ूबी है।

औरंगज़ेब : हमें यकसानियत[90] चाहिए।

ज़ेबुन्निसा : जब नस्लें वा मज़हब जुदा हों, तो मुतफ़र्रिक़ियत[91] होना लाज़िमी है।

औरंगज़ेब : हमें एका चाहिए।

ज़ेबुन्निसा : एका का मतलब एक जैसा नहीं होता। मुख़्तलिफ़ नज़रियों के साथ भी लोग बिरादराना तरीके से रह सकते हैं। अकबर, जहाँगीर और शाहजहाँ के निज़ामों में यही दस्तूर रहा है।

औरंगज़ेब : बादशाह बदलने से निज़ाम बदल जाता है।

ज़ेबुन्निसा : एक मंज़िल पर पहुँचने के रास्ते अलग-अलग क्यों नहीं हो सकते? बोहरा कुत्बुद्दीन, शाह मुहम्मद ताहिर, गुरु तेग़ बहादुर, भाई मति दास, भाई दयाल, भाई सति दास-अपने इनको मौत के घाट उतारा और वो भी ऐसी शक़ावत[92] के साथ?

औरंगज़ेब : हमारी सज़ा किसको ऐसी लगती है?

ज़ेबुन्निसा : हमको-

औरंगज़ेब : कब से?

ज़ेबुन्निसा : जब से आपने सरमद का क़त्ल किया।

औरंगज़ेब : *(उत्तेजित हो)* ये नाम हमारे सामने नहीं आ सकता।

ज़ेबुन्निसा : वो किसी के रास्ते में न आने वाले रूहानी खोजी थे।

औरंगज़ेब : बाक़ायदा दफ़्तरी इल्ज़ामनामा था।

ज़ेबुन्निसा : *(करुण मुस्कान से)* इल्ज़ामनामा आपके नाम पर लगा दाग़ बन कर रह गया, पर आपके जल्लाद वा सरमद की मुठभेड़ तवारीख़ बन चुकी। *(लय से)* आइए, कब्ज़ा कर लीजिए मेरे बदन पर/ *(औरंगज़ेब की ओर उँगली उठाते हुए)* आपमें- *(समझाते हुए)* यानी जल्लाद में *(ऊपर संकेत के साथ)* उसकी रूह देखता हूँ जनाबे-आली!

औरंगज़ेब : *(कान बंद करते हुए)* ख़ामोश।

ज़ेबुन्निसा : *(लय से)* मेरे हमदम हैं आप! मेरे निजातफ़र्मा-

औरंगज़ेब : *(क्रोध से)* अगर तुम शहज़ादा होतीं, तो हम तुम्हें ज़िंदा-जावेद आरे से दो हिस्सों में तक़सीम करवा देते, या रुई बाँध कर चिंगारी दिखा देते, या मरी भेड़ के साथ सिलवा देते।

(ज़ेबुनिसा उसे देखती है, मुस्कुरा देती है।)

ज़ेबुन्निसा : *(लय से)* छोड़ दी अपनी ज़िन्दगी और वजूद/भलाई वा बुराई यकसां हो गयी अब न मैं अपना नाम ले सकता हूँ न उसका/ जो भी नाम लूँगा मैं वो नाराज़ हो जायेगा।

औरंगज़ेब : दारा का अशआर सुना कर तुम हमारी कुव्वते-बर्दाश्त को ललकार रही हो? हमसे बेहतर जानती हो तुम हमें। हम तुम्हारे होंठ सिलवा कर ख़ानदाने-मुग़लिया में सज़ा की नयी रिवायत शुरू कर सकते हैं।

ज़ेबुन्निसा : हमारी होंठ सिलने से पेश्तर आख़िरी सवाल-आपकी रुद्रवीणा कहाँ है?

(औरंगज़ेब स्तब्ध उसे देखता है।)

ज़ेबुन्निसा : कभी बजाया करते थे आप। हमारे बचपन की सबसे ख़ुशगवार यादें उन्हीं रागिनियों के साथ वाबस्ता हैं।

औरंगज़ेब : *(सख़्ती से)* जंगे-विरासत से पेश्तर बहुत कुछ ऐसा था, जो उस रुद्रवीणा की तरह दौलताबाद क़िले के किसी भूले-बिसरे कमरे में धूल खा रहा होगा।

ज़ेबुन्निसा : हम आपको यक़ीन दिलाते हैं, पहनाई-ए-वक़्त[93] चाहे थोक के भाव से आपके क़त्लों का बेख़ात्मा सिलसिला भले ही भूल जाये, पर आपका एक बेनज़ीर हासिल आपके नाम का मुरादिफ़[94] बन कर रोज़े-क़यामत तक रहेगा-दरबार और जाती रिहाइशों में मूसिक़ी-ओ-रक़्स पर पाबंदी-

औरंगज़ेब : तुम ये जोड़ना भूल गयीं कि जहाँ कहीं से भी सुर-ताल सुनायी दे, अफ़सरान को हक़ है कि वहाँ घुस, साज़ पर हथौड़ा मार उसे टुकड़े-टुकड़े कर दें।

ज़ेबुन्निसा : और गुलूकार के गले की नसें काट चील-कव्वों को खिला दें।

औरंगज़ेब : *(व्यंग से)* हुक्मनाम में अभी जोड़ दिया जायेगा।

ज़ेबुन्निसा : *(आवेग से)* आप समझ रहें हैं कि आपने हमें हवा-पानी के बग़ैर जीने का हुक़्म दे दिया?

औरंगज़ेब : *(आसपास देख)* आहिस्ता-मुहत्सिब[95] गिरफ़्तार कर लेगा तुम्हें।

ज़ेबुन्निसा : ये नामुराद ओहदा जमुना के हवाले कीजिए। बाहर मुँह नहीं दिखा पाते हम-

औरंगज़ेब : हम पर यह फ़र्ज आयाद होता है कि अवाम की ज़िन्दगी भरसक सादा-ओ-पाक बनाएँ।

ज़ेबुन्निसा : मूसिक़ी रूह की रौशनी है।

औरंगज़ेब : सुर और ताल शैतान के फन्दे हैं।

ज़ेबुन्निसा : आलाप आसमान से जोड़ता है, लय क़ुदरत की गुलकारी है।

औरंगज़ेब : आलाप गले में घोंट दिया जायेगा, लय गले की फाँसी बना दी जायेगी।

ज़ेबुन्निसा : *(ज़ोर से)* अब और बर्दाश्त नहीं कर सकते हम।

(औरंगज़ेब उसे नाराजगी से देखता है।)

औरंगज़ेब : (दाँत पीसते हुए लय के साथ) अनजान कोयल, साँस रोक

लो अपने गले में/शहंशाह का नाज़ुक मिज़ाज/बर्दाश्त नहीं कर सकता तुम्हारी तब्अशायरी[96]

(ज़ेबुन्निसा स्तब्ध रह जाती है।)

ज़ेबुन्निसा : हमारे ऊपर भी मुख़बिर लगा रखे हैं आपने?

औरंगज़ेब : तुम्हारे हाफ़िज़ बनने पर सौग़ात दी थी तुम्हें–नीलाम–पुखराज से जड़ा क़लमो–दवात। अब तुम ऐसे अशआर से नापाक करती हो उसे? क्या कहते होंगे बाहर के लोग? कि शाही हरम पर ही शहंशाह का क़ाबू नहीं!

ज़ेबुन्निसा : इल्ज़ाम किस पर होगा, अगर आप शहद की जगह नीम का काढ़ा देंगे?

औरंगज़ेब : *(सख़्ती से)* शहद के बग़ैर जीना सीखो।

ज़ेबुन्निसा : *(बिलख पड़ती है)* ज़िन्दगी जिनसे मानी पाती है, मुकम्मली इख़्तियार करती है, उनको मंसूख करके पाकीज़गी की ये कैसी छटा दिखा रहे हैं आप? अपनी सल्तनत नमरूद की बदतरीन ख़ुदाई में तब्दील कर दी आपने। सिर पीटें, दीवार से माथा टकरायें, जमुना में छलाँग लगा दें–क्या करें अब्बा कि आपके निज़ाम से निजात मिल जाये?

औरंगज़ेब : पहले तुम एतराज़ी थीं, फिर मुख़ालिफ़ी बनी। दुश्मन बनने में कितनी देर लगेगी?

ज़ेबुन्निसा : आपका तर्जे–अमल देखते हुए लगता है कि ज़्यादा नहीं।

औरंगज़ेब : समझो कि हम तुम्हें सबसे सख़्त आगाही दे रहे हैं।

ज़ेबुन्निसा : *(आजिज़ी से)* लाहौर में रहने की इजाज़त दे दें उसके साथ–

औरंगज़ेब : *(सोचते हुए)* सल्तनत का दूसरा सबसे अहम शहर। पंजाब की राजधानी, बड़ा ख़ज़ाना, बड़ी फ़ौज, पास ख़ैबर दर्रा। किसी दग़ाबाज़ ने तुम्हारा सहारा ले लाहौर पर क़ब्ज़ा कर लिया, तो मुश्किल हो जायेगी।

ज़ेबुन्निसा : दौलताबाद?

औरंगज़ेब : हो सकता है, दकन हमेशा के लिए हाथ से निकल जाये।

ज़ेबुन्निसा : *(बलपूर्वक)* कितनी बार कहें कि हमारा कोई सियासी अरमान नहीं।

औरंगज़ेब : लेकिन अपनी समझ में निज़ाम का जुदा खाक़ा तो है।

ज़ेबुन्निसा : *(कुढ़ कर) जुदा, मुनासिब, सही–सब कुछ है। (माथे पर उँगली मारते हुए)* दिमाग़ मिला है, तो सोचेंगे नहीं?

औरंगज़ेब : जिससे तुम्हारे दुलारे भाई अकबर मुत्तफ़िक़ हैं?

ज़ेबुन्निसा : जो मुत्तफ़िक़ नहीं होगा, वो खानदानो-सल्तनत का ख़ैरख़्वाह नहीं।

औरंगज़ेब : *(नाहीं में सर हिलाते हुए)* हम तुमको दौलताबाद में भी रहने की इजाज़त नहीं दे सकते। गोलकुंडा वज़ीर हिन्दू मदन्ना वा अखन्ना दकन में दिल्ली के मुख़्तलिफ़ अनासिर को जोड़ पाने में कामयाब हो गये थे। तुम्हारे ज़रिए तवारीख़ अपने-आपको कारगर तरीक़े से दुहरा सकती है, चूँकि मंज़र पर अकबर मौजूद हैं-सातवीं बादशाहत के मुनासिब उम्मीदवार!

ज़ेबुन्निसा : मुनासिब होने से क्या होता है? दारा से ज़्यादा मुनासिब न कभी कोई हुआ है, न होगा। पर दारा हारे किससे? जो हर नज़रिए से ग़ैर-मुनासिब था-और दिन-ब-दिन ज़्यादा होता जा रहा है, चूँकि जो मुनासिब होता है, उसके पास ताक़त नहीं होती।

औरंगज़ेब : तीनों शिया सल्तनतों और मराठों के पास ताक़त है।

ज़ेबुन्निसा : अव्वल तो वो एकजुट हो ही नहीं सकते, और हो भी जायें, तो ताक़त इतनी नहीं हो सकती कि आपको चुनौती दी जा सके। चुनांचे जहाँपनाह, पादशाह बेगम के ओहदे से हमारा इस्तीफ़ा मंज़ूर करने की इनायत फ़र्मायें।

आलमगीर : *(इंकार में सिर हिलाते हुए)* इनायत निज़ाम के लिए शर्मनाक होगी। दस तरह की अफ़वाहें फैलेंगीं। इस्तीफ़ा दिया, तो क्यों?

ज़ेबुन्निसा : कह दें कि पागल हो गयी। रह-रह कर दौरे पड़ते हैं।

औरंगज़ेब : औरंगज़ेब की बेटी पागल? हम तवारीख़ में बदनाम हो जायेंगे।

ज़ेबुन्निसा : तो मक्का जाने दीजिए। आपकी इस दिल्ली से निकलना है, बस-

औरंगज़ेब : सचमुच निकलना चाहती हो?

ज़ेबुन्निसा : तहे-दिल से।

औरंगज़ेब : दो दिन में हो सकता है।

ज़ेबुन्निसा : कैसे?

औरंगज़ेब : लौटने की भी शर्त नहीं।

ज़ेबुन्निसा : कैसे?

औरंगज़ेब : डोली में बैठ कर निकल जाओ।

ज़ेबुन्निसा : *(झुँझला कर)* डोली में बैठने के लिए जज़्बा चाहिए। यहाँ एक-एक दिन जैसे कटता है, हमारे कलेजे से पूछे कोई।

(विराम)

औरंगज़ेब : *(बेबसी से)* हम दोनों अँधे मोड़ तक आ पहुँचे ज़ेबुन्निसा!

ज़ेबुन्निसा : परीमहल में पनाह ले लें?

(औरंगज़ेब चौंक जाता है।)

औरंगज़ेब : श्रीनगर क्यों?

ज़ेबुन्निसा : उस दौर को फिर से जिएँगे, जब दारा, जहाँ आरा वा सरमद के साथ थे।

औरंगज़ेब : हम सब समझते हैं?

ज़ेबुन्निसा : क्या समझते हैं।

औरंगज़ेब : वे नाम लेकर तुम हमें भड़काने की कोशिश कर रही हो, ताकि बाहर कर दें हम तुम्हें।

ज़ेबुन्निसा : आपने एक से एक हवाई बहाने पर सज़ा दी है।

औरंगज़ेब : वैसे शायरी का संगीन इल्ज़ाम है तुम्हारे ऊपर। सज़ा फ़िलहाल यही है कि अब तुम मुशायरे का सरंजाम नहीं करोगी।

ज़ेबुन्निसा : मूसिक़ी के साथ-साथ शायरी को भी ज़मींदोज़ करवा दें।

औरंगज़ेब : इब्तिदा तुमको मिला कर दिल्ली के तमाम शायरों की कटी ज़ुबानें दफ़्नाने से हो सकती है, ताकि बाग़ी अशआर को हवा मिले ही नहीं।

ज़ेबुन्निसा : अशआर से तब्दीलिए-ताज हो जाता, तो रोना किस बात का था।

औरंगज़ेब : क्यों किसी बदनसीब को मरवाने पर तुली हो?

ज़ेबुन्निसा : समरकंद जाने दीजिए। बाबर के पुश्तैनी घर में रहेंगे।

औरंगज़ेब : अब कोई पुश्तैनी घर नहीं।

ज़ेबुन्निसा : हम बनवा लेंगे।

औरंगज़ेब : ख़ून ख़राबा चल रहा है वहाँ

ज़ेबुन्निसा : दिल्ली से तो कम ही होगा, जहाँ एक-एक का ख़ून सर्द हो रहा है कि या ख़ुदा, क्या होने वाला है इस सल्तनत का!

औरंगज़ेब : *(चिढ़ कर)* क्या होने वाला है? ज़लज़ला आ रहा है हमारे अहद में?

ज़ेबुन्निसा : आ चुका, पर आपको इल्म नहीं। एक सौ पन्द्रह बरस के बाद आपने अकबरे-आज़म का लाहे-अमल[97] बदल दिया।

औरंगज़ेब : हिन्दुओं पर जज़िया शरिआ के मुताबिक़ है।

ज़ेबुन्निसा : यहाँ अक्सरियत उन्हीं की है।

औरंगज़ेब : बादशाह का घेराव और छिटपुट नारेबाज़ी से कुछ नहीं होता।

ज़ेबुन्निसा : शिवाजी ने आपको नश्तर-जैसा ख़त भेजा।

औरंगज़ेब : फाड़ कर फेंक दिया हमने।

ज़ेबुन्निसा : चाँदनी चौक में खुले आम उसकी नक़ल पढ़ी जाती है।

औरंगज़ेब : हम उनको ज़िन्दा-जावेद मरी भेड़ के साथ सिलवा देंगे।

ज़ेबुन्निसा : हज़ारों की तादाद में नये ओहदे बनाने होंगे आपको-ख़ास कर दकन में, जहाँ मुख़ालिफ़त आग की तरह फैलती जा रही है।

औरंगज़ेब : दकन बहुत दूर है।

ज़ेबुन्निसा : पर बंदरगाहों की वजह से बहुत अहम। तीनों शिया सल्तनतें मराठों के साथ दिल्ली की नींद उड़ाए हुए हैं। आपके निज़ाम की बुनियाद मज़हबी तक़सीम बन गयी है। ग़ैर मुसलमानों के साथ ज़्यादती और हमअक़ीदत की हिमायत में लगातार इज़ाफ़े से पूरा माहौल ही चौपट हो गया। *(टूट कर)* ज़िन्दगी में कोई रस ही नहीं रहा अब्बू!

औरंगज़ेब : *(सख़्ती से)* जीने को रोटी और अक़ीदा चाहिए, बस-

ज़ेबुन्निसा : रूह को भी ग़िज़ा दरकार है। आप सबकी ज़िन्दगी के बारे में फ़ैसला नहीं कर सकते।

औरंगज़ेब : निज़ाम कर सकता है।

ज़ेबुन्निसा : आपके निज़ाम में कम अज़ कम तीन-चौपाई उमरा की ज़िन्दगी धुँयें की लकीर बन कर रह गयी।

औरंगज़ेब : हमारे रूबरू एक ने मुँह नहीं खोला।

ज़ेबुन्निसा : सब जानते हैं कि जिसने ऐसा किया, कोल्हू में पेल दिया जायेगा।

औरंगज़ेब : हम भी अपने उमरा को पहचानते हैं। वो समझते हैं कि निजात मतला, रबाब, रेशमो-कमख़्वाब वा संदल ख़ुशबू से नहीं मिलती, इबादत वा सादगी-ओ-पाकीज़गी से मिलती है।

ज़ेबुन्निसा : आप बेदलीली की हद तक ज़िद्दी हैं।

औरंगज़ेब : साफ़ कह दो, अड़ियल टट्टू हैं हम-

ज़ेबुन्निसा : इंतिहा ये है कि आप शियाओं तक के ख़िलाफ़ हैं-जबकि आपकी और मेरी अम्मी शिया थीं। आपके भाई शुजा शिया थे, आपका बेटा आज़म शिया है। आपने मुकालमा तो बोल दिया कि तुम्हारा सरोकार तुम्हारा मज़हब है और हमारा सरोकार हमारा, पर इसे अमल में क्यों नहीं लाते आप?

औरंगज़ेब : चन्द मुकालमे सिर्फ़ बोलने के लिए होते हैं।

ज़ेबुन्निसा : ये मुल्क तभी ख़ुशहाल हो सकता है, जब मुख़्तलिफ़ नस्लों, अक़ीदों वा ज़ुबानों के बीच इत्तिहाद[98] हो। दौरे-अकबर में जिस गँगा-जमुनी तहज़ीब ने अपनी सूरत इख़्तियार कर ली थी, उसे नया ख़ून, नयी रवानी दारा शिकोह से मिली, लेकिन आप आये और वक़्त का रुख़ पीछे मोड़ दिया।

औरंगज़ेब : वक़्त का रुख़ सही कर दिया।

ज़ेबुन्निसा : फिर उससे भी बड़ी तारीख़ी ग़लती की-अपने ही सीने में ख़ंजर घोंपते हुए जोधपुर को ख़लीसा[99] में शामिल कर लिया।

औरंगज़ेब : *(नाराज़गी से)* राजा जसवंत सिंह पर दिल्ली का क़र्ज़ था। उन्होंने वारिस नहीं छोड़ा।

ज़ेबुन्निसा : उनकी दो रानियाँ हामला थीं। दोनों ने वारिस पैदा किये। नया राजा आपका हिसाब चुकता कर देता।

औरंगज़ेब : हमें क़र्ज़ नहीं, जोधपुर चाहिए था। हिन्दुओं में सबसे ऊँचे यही दो राजपूत मंसबदार थे। मिर्ज़ा राजा जयसिंह कुदरती मौत मर गये। फिर जसवंत सिंह की बारी आ गयी।

ज़ेबुन्निसा : ये मंसब मुसलमान उमरा को देंगे आप?

औरंगज़ेब : बेशक।

ज़ेबुन्निसा : एक से एक ख़ौफ़नाक ग़ल्तियाँ की हैं आपने, लेकिन सफ़ा-ए-वक़्त पर तहरीर हो ये हमेशा के लिए आपकी हिक्मत[100] पर सवालिया निशानी बनी रहेगी। मुग़लों के तलवार थामने वाले दायें हाथ राजपूतों पर हमला? सल्तनत, तवारीख़ और ख़ुद आपके उमरा-सब आपका नाम ले माथा पीट रहे हैं।

औरंगज़ेब : कोई कुछ करता रहे, पर हम समझते हैं कि हम निजात के दावेदार तभी बनेंगे, जब अदा-ए-फ़र्ज़ में कोताही नहीं होगी।

ज़ेबुन्निसा : *(चकित होकर)* या ख़ुदा, आप वाक़ई समझते हैं कि आपको निजात मिलेगी?

(दोनों की दृष्टि मिली है। औरंगज़ेब का मोबाइल बजता है।)

औरंगज़ेब : (मोबाइल चालू कर) बोलो-

(सुनता है, स्तब्ध रह जाता है।)

औरंगज़ेब : क्याआआ? शहज़ादे अकबर ने बग़ावत कर दी?

(ज़ेबुन्निसा भी स्तब्ध रह जाती है। अंधकार होता है।)

दृश्य-6

(प्रकाश होता है। ज़ेबुन्निसा का प्रवेश)

ज़ेबुन्निसा : ये अजमेर शरीफ़ है-मुग़ल ख़ानदान के सरपरस्त, ख़्वाज़ा चिश्ती का आस्ताना। देवराई यहाँ से महज़ चालीस मील दूर है, जहाँ दारा शिकोह औरंगज़ेब से जंगे-विरासत की तीसरी वा आख़िरी लड़ाई हारे थे। यहीं शहज़ादे अकबर भी ज़ेबुन्निसा के साथ औरंगज़ेब से हार गये-लड़ाई शुरू होने से पहले ही। दोनों बार ग़लत की फ़तेह क्यों हुई? सही के माथे पर शिकस्त क्यों लिखी है? कहा जाता है कि जब तवारीख़ अपने को दुहराती है, तो लतीफ़ा बन जाती है, पर यहाँ लतीफ़ा पहले पूरी सल्तनत में गूँजने वाले ठहाकों में ज़रूर फैला, पर फिर छब्बीस बरसों की वुसअत में आहिस्ता-आहिस्ता ट्रैजिडी में तब्दील होता गया।

(बहुत चिन्तित औरंगज़ेब का प्रवेश। ज़ेबुन्निसा को ध्यान से देखता है।)

औरंगज़ेब : एक बार तुमने पूछा था, पहली ताजपोशी के बाद एक हफ़्ते के लिए हम कहाँ ग़ायब हो गये थे?

ज़ेबुन्निसा : *(हामी में सिर हिलाते हुए)* पूछा था।

औरंगज़ेब : हम हुलिया बदल कर दिल्ली से पैदल गये थे।

ज़ेबुन्निसा : कहाँ?

औरंगज़ेब : अजमेर शरीफ़-

ज़ेबुन्निसा : क्यों?

औरंगज़ेब : हमारी पहली ताजपोशी के हालात याद हैं?

ज़ेबुन्निसा : शाहजहाँ आपको हटाने के लिए तड़प रहे थे। दारा आपके ख़िलाफ़ मदद जुटाने पंजाब गये थे। जसवंत सिंह ने दारा की

जानिब दस्ते-दोस्ती बढ़ा दिया था। सुल्तान ने आपको छोड़ शुजा का दामन थाम लिया था। जीत का नशा रौशन आरा के सिर चढ़ कर बोल रहा था और आपको लेकर हज़ार शिकवों से छलनी हुए मुराद अभी भी आपके साथ थे।

औरंगज़ेब : हमने मुराद को दग़ा देने का फ़ैसला कर लिया था, रौशन आरा के पँख कतरने की तरक़ीब सोच ली थी और शाहजहाँ को ज़हर देने की कोशिश में मुब्तिला थे। इन सबके बीच सोते-जागते ये तनाव काँटे-सा चुभ रहा था कि अगर शुजा वा दारा हमारे चंगुल में फँस जायेंगे, तो उनको सूली पर लटकाने के सिवा और क्या चारा होगा हमारे पास? दोनों के जवान बेटै भी हैं, जिनको दुश्मन बनाने के बाद ज़िन्दा छोड़े जाने का एक ही मतलब होगा-अपनी मौत के बेतारीख़ फ़रमान पर बज़ाते-ख़ुद मुहर लगाना। ज़ाहिर था, हमारा दरबार मक़्तल[101] की सूरत इख़्तियार करने जा रहा था। फिर एक ख़्वाब में अम्मी जान को रोते हुए देखा, दूसरे में तख़्ते-ताऊस पर टप् टप् टपकती ख़ून की बूँदें। इसी सूरते-हाल में हुलिया बदल कर शाहजहाँनाबाद से पैदल अजमेर गये—एडवांस पछतावे की तर्ज पर। ग़रीबनवाज़ के दर पर सिजदा किया और दुआ माँगी कि हमें अन्दरूनी ताक़त अता फ़र्माओ। *(ज़ेबुन्निसा को देखता है।)* उससे कहीं ज़्यादा ताक़त आज फिर दरकार है हमें-

(ज़ेबुन्निसा सुनती है, प्रतिक्रिया नहीं दिखाती।)

औरंगज़ेब : अब तक तुम्हारी ज़िन्दगी का सबसे दुखी दिन कौन-सा है?

ज़ेबुन्निसा : जब दारा शिकोह सामूगढ़ की लड़ाई में हार गये।

(औरंगज़ेब चौंकता है।)

औरंगज़ेब : हम सोचते थे तुम कहोगी, जब दिलरस बेगम हमें छोड़ कर चली गयीं।

ज़ेबुन्निसा : वो आपकी भी ज़िन्दगी का सबसे दुखी दिन है। हमारे बीच कुछ भी एक जैसा नहीं हो सकता न!

औरंगज़ेब : तुमने कहा, राजपूताना पर हमारा हमला ग़लत है।

ज़ेबुन्निसा : *(हामी में सिर हिलाते हुए)* शहज़ादे अकबर आपकी ग़लती सुधारने की कोशिश कर रहे हैं। अकबरे-आज़म ने मज़हबी रवादारी, हिन्दू-मुस्लिम इत्तिहाद, गंगा-जमुनी तहज़ीब और जज़्बाती एकता के जो नक़्शे-क़दम छोड़े हैं, हुकूमते-मुग़लिया

को वहीं लौटना चाहिए। इसीलिए आपकी फ़ौजी कार्रवाई के शिकार जोधपुर वा उदयपुर ही नहीं, दूसरे कई राज भी अकबर के साथ हैं।

औरंगज़ेब : आज का दिन तारीख़ी है, इसलिए रूमी का नाम लेकर हम तुम्हें ख़ुश कर देते हैं। सोचने से धुआँ निकलता है-ये साबित करने के लिए कि आग का वजूद है। सूफ़ी लपट के भीतर बैठता है। ऊपर उठते धुँए में दिलफ़रेब शक्लें बनती हैं, लेकिन आगे को महज़ सुहानी शुक्ल समझ कर छोड़ देना ग़लत है।

ज़ेबुन्निसा : ये ग़लत को सही करने की जंग है।

औरंगज़ेब : तुम और तुम्हारे भाई-दोनों का तौर-तरीक़ा हम देख रहे थे। हमें लपट की जड़ तक पहुँचना चाहिए था। हमसे नादानी ये हुई कि आग को सुहानी शक्ल समझ कर छोड़ दिया हमने, इसलिए ज़रा-सा झुलस गये-बस, पर आग बुझा दी।

ज़ेबुन्निसा : *(चौंक कर)* अभी तो जंग शुरू भी नहीं हुई

औरंगज़ेब : अगर जंग एक ख़त से जीती जा सकती हो, तो तोपें चलाने की क्या ज़रूरात?

ज़ेबुन्निसा : *(चौंक कर)* क्या मतलब?

(औरंगज़ेब एक काग़ज़ बढ़ाता है, ज़ेबुन्निसा लेकर पढ़ती है।

औरंगज़ेब : अज़ीज़ अकबर, बहुत ख़ूब-तुमने सारे काफ़िरों को एक जगह इकट्ठा कर लिया। अब हम-तुम इन्हें दोनों तरफ़ से कुचल देंगे। *(पल भर सोच कर)* आपने राठौर सेनापति दुर्गादास के तम्बू तक ये ख़त पहुँचा दिया?

(औरंगज़ेब हामी में सिर हिलाता है।)

ज़ेबुन्निसा : दुर्गादास अपनी फ़ौज लेकर चले गये?

(औरंगज़ेब फिर हामी में सिर हिलाता है।)

ज़ेबुन्निसा : *(आशंका से)* अकबर गिरफ़्तार हो गया?

औरंगज़ेब : *(हामी में सिर हिलाते हुए)* उसके तम्बू में *(बंडल दिखाते हुए)* ये ख़ुतूत मिले- *(दिखाता है।)*

ज़ेबुन्निसा : *(छुटकारे के भाव से)* शुक्र ख़ुद का-आज फ़ैसला हो गया।

औरंगज़ेब : *(दूसरे सुर में)* तो तुम शुरू से अकबर के साथ बग़ावत में शरीक थीं?

ज़ेबुन्निसा : *(हामी में सिर हिलाते हुए)* अपने ख़ानदान में ये पहली बग़ावत थी, जिसका मक़सद ताज के वास्ते सिर की तब्दीली नहीं,

सल्तनत के वास्ते सही मुस्तक़बिल था।

औरंगज़ेब : जो हमने दारा को नहीं करने दिया, वो तुम दोनों ने करना चाहा?

ज़ेबुन्निसा : तवारीख़ में आपके नाम का दाग़ कुछ तो बच जाता!

औरंगज़ेब : काश, तुमने अकबर को राहे-तबाही पर जाने की सलाह न दी होती।

ज़ेबुन्निसा : वही राह आपकी बीमार रूह को बचा सकती थी। हमने उसे सलाह दी थी, तो थोड़ा सब्र करने की।

औरंगज़ेब : पर वालिद के वास्ते छलकते प्यार से मजबूर वो हमारी बीमार रूह बचाने को बेताब था?

ज़ेबुन्निसा : *(बीच में ही)* जैसे कभी आप बेताब थे-शाहजहाँ की सेहतमंद रूह बचाने के लिए।

औरंगज़ेब : *(मुस्कान से)* अकबर ने तख़्तापलट की जो दिलफ़रेब दलील दी, उसके पीछे तुम्हारा ज़ौक़े-तंज़ हमने पकड़ लिया-निज़ामे-आलमगीर शरिअत के मुताबिक़ नहीं था!

(ज़ेबुन्निसा आभार का सलाम करती है।)

ज़ेबुन्निसा : पर सबसे स्याह क़िस्म का फ़तेहयाब होने के नाते आपने वही किया, जो आपकी औक़ात है। अब मेहरबानी कीजिए, ख़ुदारा, मजलिस बनाने में वक़्त ज़ाया मत कीजिए। क़िला-ए-मुअल्ला के लाहौरी दरवाज़े के सामने उसी खम्भे पर हमें वा अकबर को सूली पर चढ़ा दीजिए, जहाँ आपने दारा के कटे सिर की नुमाइश आरास्ता की थी।

औरंगज़ेब : काश, हम तुम्हारी ख़्वाहिश पूरी कर पाते। अकबर भाग निकलने में कामयाब हो गया।

ज़ेबुन्निसा : *(पुलकित हो)* हमारी जान का सदक़ा-कहाँ भागा?

औरंगज़ेब : कौन है हिन्दुस्तान में, जिसके पास आलमगीर के बग़ावती फ़र्ज़न्द को पनाह देने की हिम्मत हो?

ज़ेबुन्निसा : *(तनाव से)* ख़ुदा ख़ैर करे-शम्भूजी के पास चला गया?

औरंगज़ेब : *(हामी में सर हिलाते हुए)* इसका अंजाम समझती हो?

ज़ेबुन्निसा : *(आशा से)* अब दिल्ली को आँखें दिखाने वाले गोलकुंडा, बीजापुर वा अहमद नगर मराठों वा राजपूतों के साथ एकजुट हो जायेंगे।

औरंगज़ेब : *(असहाय आक्रोश के साथ ऊपर देख हाथ उठाते हुए)* या इलाहुल्आल्मीन[102], अकबर नाम का तीर हमारे दुश्मनों की

कमान में क्यों लग गया।

ज़ेबुन्निसा : *(मुस्कान से)* नाकामयाब बग़ावत नस्लो-मज़हब के परे जा मुल्क़ की हदूद को छूने वाले बवंडर में तब्दील हो सकती है। या ख़ुदा, ये शोले समूची सल्तनत में भड़क उट्ठें!

औरंगज़ेब : इससे पहले कि तुम्हारी स्याह ज़ुबान अपना रँग दिखाना शुरू करे, हमें बज़ाते-ख़ुद दकन जाकर इन शोलों को बुझाना होगा। ये संगीनो-नाज़ुक़ मुहिम किसी सिपहसालार के बस की नहीं।

(औरंगज़ेब उसे देख रहा है।)

औरंगज़ेब : हमारा क्या अंजाम सोचा था तुम दोनों ने-सलीमगढ़ या सूली?

ज़ेबुन्निसा : वैसे हम क़त्ल की सियासत के ख़िलाफ़ हैं।

औरंगज़ेब : अकबर इससे मुत्तफ़िक़ नहीं हो सकता।

ज़ेबुन्निसा : उसने कहा था, चलती साँस के साथ-भले ही सलाखों के पीछे सही-औरंगज़ेब किस क़दर ख़तरनाक होंगे, इसे अल्फ़ाज़ बयान नहीं कर सकते।

औरंगज़ेब : फिर क्या तय हुआ था?

ज़ेबुन्निसा : आप अन्दाज़ लगा लें।

औरंगज़ेब : लाहौरी दरवाज़े के सामने उसी खम्भे पर हमको सूली पर चढ़ाया जाना था, जहाँ हमने दारा के कटे सिर की नुमाइश आरास्ता की थी?

ज़ेबुन्निसा : *(हल्की मुस्कान से)* बाप-बेटी एक-दूसरे को बख़ूबी समझते हैं।

(क्षणिक विराम)

औरंगज़ेब : अब सवाल ये है कि *(ज़ेबुन्निसा की ओर संकेत के साथ)* इस बग़ावती के साथ क्या सुलूक किया जाये?

ज़ेबुन्निसा : *(भावहीन)* नाकामयाब बग़ावत का अंजाम सिर्फ़ एक होता है-सज़ा-ए-मौत!

(औरंगज़ेब उसे देख रहा है।)

औरंगज़ेब : *(नर्मी से)* हमने किसी औलाद को उतना प्यार नहीं किया, जितना तुम्हें—

ज़ेबुन्निसा : दौलताबाद में एक दौर था, जब हमारे भीतर भी इसी जज़्बे का अक्स था, पर अब्बू, आज हमारा अंदरूनी सचमुच बेहद हल्का हो गया।

औरंगज़ेब : हम दोनों के बीच तेइस बरस चलने वाली इस मुसल्सल जंग

से हम भी आजिज़ आ चुके थे।

ज़ेबुन्निसा : *(हल्की मुस्कान से)* उजला पहलू ये है कि हम दोनों को ही लम्हा ए-मौजूदा से ताज्जुब नहीं हो रहा-हम दोनों कहीं न कहीं इसके इंतिज़ार में थे।

औरंगज़ेब : पर हमें *(अपना सीना छूते हुए)* यहाँ दिलरस बेगम की भीगी आँखों का एहसास हो रहा है। हम दोनों की पहली औलाद हो तुम। तुम्हारी पैदाइश पर जब हम तुम्हें देखने गये, तो दिलरस कुछ माफ़ी के सुर में बोलीं, लड़की है। तुम्हारा माथा चूमते हुए हमने कहा, कोई मुज़ायक़ा[103] नहीं। तुम बड़ी होने लगीं। जहाँ आरा ने कहा, ख़ानदान की छह पुश्तों की शहज़ादियों में ज़ेबुनिसा बेनज़ीर[104]है। अफ़सोस, तुमने तमग़ा-ए-बग़ावत हासिल करते हुए क़ानूने- लाज़िमी को नया और शर्मनाक मानी दे दिया।

ज़ेबुन्निसा : हमारी गर्दन को हमारे सिर के बोझ से हल्का करने में बहा ख़ून ही ये शर्म धो सकता है, पर अफ़सोस ये है कि दारा का ख़ून बहाने पर जो शर्मिन्दगी-ओ-ज़िल्लत आपके नाम रक़म हो चुकी, उसकी तलाफ़ी आपके ख़ून से भी नहीं हो सकती। अपने नाम के साथ आज़म जोड़ने के वास्ते आप जो ख़ूँआमेज़ संरजाम कर रहे हैं, वो कारगर नहीं होगा। कहा जाता है कि अज़ीम दो बार मरता है। पहले उसकी अज़्मत, फिर इंसानी चोला। जंगों में आपकी अज़्मते-फ़तेह उसी दिन धुएँ की मानिन्द उड़ गयी, जब आपने अपनी ताजपोशी की।

औरंगज़ेब : और जिस दिन दारा का सिर काटा?

ज़ेबुन्निसा : दीवाने-पशेमानी[104] में आपकी स्याह रूह चौखटे में जड़ दी गयी।

औरंगज़ेब : हमारी अज़्मत जुदा नज़रिए से भी आँकी जायेगी। अभी निज़ाम भी बाक़ी है और तवारीख़ भी।

ज़ेबुन्निसा : दोनों आपको मुबारक! *(आवेग से)* बस, हमारी गर्दन को हमारे सिर के बोझ से हल्का करने की इनायत करें।

औरंगज़ेब : चाहते बहुत हैं, पर मजबूर हैं। अकबर ने अभी-अभी हमारी पीठ में ख़ंजर भौंका और भागने में कामयाब भी हो गया। उसके पाँवों की उड़ती धूल के बीच निहायत जायज़ होने के बाद भी पादशाह बेगम को सूली शर्मनाक होगी।

ज़ेबुन्निसा : रिआया आपकी इंसाफ़पंसदी पर निसार हो जायेगी और निज़ामे-क़ानूनी का स्वांग भरने के लिए किराए के चंद दस्तख़त भी दरकार नहीं होंगे।

औरंगज़ेब : *(आवगे से)* लेकिन हम बज़ाते-ख़ुद कटघरे में खड़े कर दिये जायेंगे-कि औरंगज़ेब ने या तो अपनी औलाद ग़लत ढँग से पाली है या उसके निज़ााम में कुछ ऐसा सड़ा-गला है, जो पाँच में से चार बेटे तमग़ा-ए-बग़ावत से .फैयाज़ हो चुके और अब ख़ातूने-अव्वल ने भी वालिद के मुँह पर थूकते हुए तवारीख़ बना दी-मुग़ल शहज़ादी ने पहली बार! लोगों ने अपनी समझ में हमारे स्याह कारनामों की जो .फेहरिस्त बनाई है, तुम्हारी मौत उसमें सबसे ऊपर होगी। शाहजहाँ वा दारा के तईं हमारे बर्ताव से अवाम के भीतर भरा ग़मो-गुस्सा तुम्हारे बहाने बाहर निकल सकता है। तुम हमारी वा हमारे निज़ाम की सबसे संगीन, सबसे नुमायां ग़लती बनते हुए हमारे मुख़ालिफ़ी अनासिर को एकजुट करने का बहाना बन सकती हो। नहीं ज़ेबुन्निसा, चाहते हुए भी हम तुम्हें सूली पर नहीं चढ़ा सकते-सलीमगढ़ नाम के उस जज़ीरे में ज़रूर ज़िंदा-जावेद दफ़्न कर सकते हैं, जहाँ से वापसी नहीं होती।

ज़ेबुन्निसा : *(तड़प कर)* साँस हराम है आपके निज़ाम में!

औरंगज़ेब : तुम आख़िरी बार हमारे रूबरू इज़्हिारे-ख़्याल कर रही हो।

ज़ेबुन्निसा : हम दिल्ली से निकलने को बेक़रार थे। अब दुनियाँ से ही निकलने का बहाना मिल गया। आख़िरी मुराद पूरी कर दें, ख़ुदारा-

औरंगज़ेब : तब तो और भी माकूल सज़ा यही होगी कि तुम्हें तुम्हारी मर्ज़ी के ख़िलाफ़ ज़िन्दा रखा जाये-और वो भी दिल्ली में।

ज़ेबुन्निसा : आप हमारी दुश्मनी इंतिहा तक ले जाये बग़ैर मानेंगे नहीं?

औरंगज़ेब : तुम हमारी फ़ितरते-जुल्म समझती हो। हम तुम्हारा नाम दफ़्तरी तहरीरों से ही मिटा देंगे। हम तुम्हें भुला देने के क़ानून की सबसे बड़ी शिकार बनाएँगे। हमारी मौजूदगी में तुम्हारा नाम हराम होगा। आख़िरी हिचकी के साथ ही तुम ज़िन्दाने-शाही से निजात पाओगी-और वो भी इसलिए कि बेइंतिहाई ताक़त के बावजूद आलमगीर तुम्हारी रूह को बेड़ी नहीं पहना सकता।

ज़ेबुन्निसा : *(अपने वक्ष पर हथेली रखते हुए)* आज हमारी रूह हमें वापस

मिल गयी, जो दारा के लम्हा-ए-शहादत पर खो गयी थी।

औरंगज़ेब : इस आखिरी लम्हें में भी तुमने दारा का नाम लेकर हमारे रिश्ते की हक़ीक़त नुमायां कर दी।

ज़ेबुन्निसा : हमें आख़िरी बार दारा वा औरंगज़ेब का फ़र्क बताने की इजाज़त दी जाये। एक अपने ख़्याल की ख़ातिर साँस लेता है, दूसरा शमशीर के ज़ोर पर अज़्मत की तलाश में हर एक की साँस तोड़ने पर आमाद। पहला अपनी ही सूरते-क़त्ल में पूरी मुकम्मली के साथ अपना इज़्हारे-ख़्याल करता है और दूसरा अपनी फ़तेह का मातम-

औरंगज़ेब : *(भड़क कर)* हम मातम मना रहे हैं?

ज़ेबुन्निसा : *(हल्की मुस्कान से)* दकन का रुख़ कीजिए। फिर देखेंगे।
(एक पल दोनों की दृष्टि मिली रहती है। ज़ेबुन्निसा कोर्निश करती है; जाती है। औरंगज़ेब देख रहा है। अंधकार)

दृश्य–7

(सलीमगढ़। ज़ेबुन्निसा पर प्रकाश होता है।)

औरंगज़ेब : अज़ीज़ बिरादर अकबर, मुकद्दर का मैदाने–चौगान है सलीमगढ़–बेबाक और पुरतंज़ इंसाफ़ करने वाला। सिपिर शिकोह वा इज़्ज़त बख़्श अभी भी यहीं हैं। ख़ुसरो, मुराद बख़्श, दारा और सुलेमान शिकोह–यहाँ का .फैज़े-रिहाश चारों को मिल चुका है। जहाँ आरा की तामीर चाँदनी चौक का ज़रा-सा हिस्सा यहाँ से नज़र आता है–दोनों तरफ़ दरख़्तों की क़तार वाली शाहराह, ऊपर बीचोंबीच ऊँचे फव्वारों की भाप। मस्जिदे–जामा हमारे बाएँ जानिब है, जहाँ जज़िया लागू करने पर औरंगज़ेब को मुखालिफ़त करनेवाली भीड़ ने घेर लिया था। दाएँ कोने में जहाँ आरा महल का तीस हज़ार दरख़्तों वाला बाग़ भी दिखाई देता है, जो एक तरह से मेरा रूहानी आशियाना था। यहाँ कितना कुछ चार शहज़ादियों की चौकड़ी की थमाचौकड़ी से जुड़ा है–रंगारंग मीना बाज़ार जहाँ हम भरे हुए बटुवे लेकर जाया करते थे; शाह बुर्ज, जहाँ से हम हाथियों की लड़ाई देखा करते थे। बग़ल में जमुना की बेचैन मौजें क़िले की दीवार से टकराती हुई–याद आती है चाँदनी रात में किलकिलाहटों के साथ नाव की सैर। *(कुछ ठहर कर)* चार की चौकड़ी। गुलरुख़ मरहूम बन गयी। औरंगज़ेब के चँगुल से बचने के लिए चचा शुजा ने पूरे कुटुम्ब के साथ अराकान राजा के यहाँ पनाह ली। टर्की भागने का इरारा था, पर शुजा के ख़ज़ाने से पनाह देनेवाले की आँखें चौंधिया गयी। पूरे कुटुम्ब का फ़ातिहा पढ़ा गया। दोस्तदार बानो से निकाह के चंद बरस बाद बिरादर सुल्तान सलीमगढ़ वा क़ैदे–ज़िन्दगानी से निजात पा गये। बतौर शाही बेवा दोस्तदार

ने कुछ वक़्त अपनी हवेली में काटा, फिर दूसरा निकाह कर लिया। हमसे मिलने आयी थी। बोलीं, हमने अपने ख़ून की शाही रंगत मिटा दी। उसने दर्दो-ग़म के सिवा कुछ नहीं दिया हमें। इस ख़ानदान को किसी का शाप लगा है ज़ेबी! जहाँ ज़ेब भी आयी थीं घड़ी भर को। तुम नादान हो ज़ेबी, उन्होंने आते ही फटकार लगाई, जमुना में फेंक दो अपना ज़मीर और मौजूदा के साथ समझौता कर लो। ज़िन्दगी जीने के लिए है, बूँद-बूँद कर आँख से लहू टपकाने के लिए नहीं। कोई बग़ावती आलमगीर का तख़्ता नहीं पलट सकता; हमारे अज़ीज़ ससुर को लफ़्ज़ शिकस्ता के मानी नहीं समझा सकता। वो फ़तेहमंद होने के लिए ही बने हैं-और तुम उनकी सबसे दिलपिजीर दुख़्तर हो। हाँ, अभी भी। तुम्हारा नाम आने पर हमने बज़ाते-ख़ुद औरंगज़ेब की आँख में आँसू देखा है-गोया चीते को नग्मासरा देखा है। और तुम फ़ालतू इख़्लाक़ी उसूल के नाम पर यहाँ शहीद बन रही हो! तुम multiple disorder का सबसे स्याह, सबसे ग़लत, और सबसे दर्दनाक नमूना हो। तुम फ़तेहयाब हो, लेकिन जंगे-विरासत की survivor का चोला पहने बरबाद हो रही हो। दर्द तुमसे दूर-दूर था, तुमने उसका पीछा कर उसे ज़बर्दस्ती गले लगा लिया। तुम आगरा क़िले में शाहजहाँ की नज़रबंदी के दौरान मुझसे मिलने आयी थीं, लेकिन आज मैं तुमसे मिलने सल्तनत के ख़ूनी ज़िन्दान में आयी हूँ। हमारे हैरतअंगेज़ ख़ानदान को बनाते हुए सचमुच ख़ुदा का सारा तख़ैयुल ख़त्म हो गया होगा! *(कुछ ठहर कर, लय से)* एक बार भीतर से भीगा मैं रौशनी की सच्चाई में/तो छोड़ दिया बनाना इरादे-मंसूबे-ये सरमद की तहरीर है, लेकिन नहीं, यहाँ से जामा मस्जिद का दक्खिनी दरवाज़ा दिखाई नहीं देता, जहाँ औरंगज़ेब ने सरमद को दफ़्नाया था। इस घड़ी, पता नहीं क्यों, अलग-अलग जगहें हमारी आँखों में कौंध रही हैं-दारा का परी महल, हुमायूँ का मक़बरा, आगरा क़िले की मुसम्मन बुर्ज; धर्माट, सामूगढ़. वा देवराई के मैदाने-जंग। ये जगहें खानदान से जुड़े होने की हैं, दर्द और कराहों की हैं, ख़ौफ़नाक और दिलफ़िगारी की हैं। मेरी याद एक जगह, एक हवाला[106], एक बस्ती है। मेरा हलफ़नामा है। *(कुछ ठहर कर)* वक़्त उड़ता है-सलीमगढ़

में भी। हमारे दस बरस पूरे हो रहे हैं यहाँ। ये जान कर तसल्ली हुई कि तुम आख़िरकार ईरान पहुँचने में कामयाब हो गये। शंभूजी जंज़ीरा के सिद्धियों, मैसूर के चिकदेव राय और गोवा के पुर्तगालियों में उलझे हुए थे। आलमगीर से उन्हें सिर्फ़ बच कर रहना था। मुग़लों के मुतल्लिक़ उनका मंसूबा अपने इलाक़े तक महदूद था। तीनों शिया सल्तनतें भी मुग़लों के ख़िलाफ़ एकजुट नहीं हो पाईं। इसलिए औरंगज़ेब को चुनौती देने का सवाल ही नहीं था। *(कुछ रुक कर)* अकबर, तुम्हारी याद बहुत आती है हमें, पर ठीक है। बिरादर, हमारी ख़ातिर मातम मत करो। अपने-आप को इल्ज़ाम मत दो। ये होना ही था। हमारे ख़ानदान का ये क़ानूने लाज़िमी है। औरंगज़ेब के अमल पर ज़ेबुन्निसा का रद्दे-अमल कब तक न होता? क्यों न होता? कैसे न होता? रद्दे-अमल का फ़ैसला करना बज़ाते-ख़ुद ताक़त है। हम जैसे हैं, वैसे होना हमारा हक़ है, फ़र्ज़ है, मजबूरी है। जिस लम्हा हम सलीमगढ़ में घुसे, दुहरी शख़्सियत की हमारी केंचुल अपने-आप उतर गयी। सही है, रूह से मुसल्सल लहू टपकने का दूसरा नाम है सलीमगढ़। शाही हरम वाले रंगमहल में शहज़ादी ज़ेबुन्निसा की ख़्वाबगाह सलीमगढ़ की हमारी खिड़की से नज़र आती है। अपने बेताज सिर के साथ तालमेल बैठाने में हमें बरसों लग गये। अपनी पुरानी ख़ुशी-ओ-आसाइश[107] का ख़मियाज़ा हमने सलीमगढ़ के अँधेरों में साँस लेते जाने से किया और अपने अज़ीज वालिद के गुनाहों का पछतावा अपने दुख से। अब हमारी ज़िन्दगी में कुछ कार्मिक तवाज़ुन[108] आ गया है, हम सुबह का सामना हल्की मुस्कान से कर सकते हैं। *(लय से)* बदलते जज़्बात की तस्वीरें ही तो है कायनात/ अभी नाउम्मीदी, अभी उम्मीद/अभी ख़िज़ां, अभी बहार/भूल जाओ चढ़ाव-उतार/ख़ुद को छेदो मत/दर्द की महज़ एक दवा है/और ज़्यादा दर्द-

(अन्धकार)

अंक-3

दृश्य-8

(प्रकाश होता है। बुरहानपुर क़िला। छब्बीस वर्ष बाद। टोपी सिलते हुए औरंगज़ेब का प्रवेश।)

औरंगज़ेब : *(लय से)* चार दिन की चाँदनी है, फ़रेबी दुनियाँ की ख़ुशनसीबी !/
पलक झपकने में, एक लम्हे में, एक साँस में/
बदल जाते हैं दुनियाँ के नुकूश/
(अपनी ओर संकेत सहित) जब आप पहुँचते हैं नब्बे की उम्र तक/
खा चुके होते हैं वक़्त के तमाम थपेड़े-
बाबर के वालिद अड़तीस की उम्र में गये। बाबर के मामा युनुस ख़ाँ का चालीस पार करना सरासर एजाज़ माना गया, चूँकि उनसे पहले कोई भी चग़ताई ख़ाँ चार के साथ सिफ़र को नहीं जोड़ पाया था। बाबर और हुमायूँ ने तरक़्क़ी कर सैंतालिस को छू लिया। फिर कहीं कुछ हुआ। जिस मनहूस क़लम से मुग़लों की जनम-पतरी लिखी जाती थी, वो टूट गयी। नयी आ गयी। अकबर त्रेसठ, जहाँगीर अट्ठावन और शाहजहाँ चौहत्तर तक पहुँचे। *(मोबाइल बजता है। निकालता है)* बोलिए वज़ीर- हमारा जश्ने-सालगिरह? *(आश्चर्य से)* नब्बे तक पहुँचे और आधी सदी हुकूमत करने में बस एक बरस रह गया? कमाल है! *(पल भर सोचता है। बलपूर्वक)* नहीं, अभी नहीं। जिस दिन हम मराठों को पूरी तरह कुचल देंगे, उसी दिन होगा जश्न! *(मोबाइल बन्द करता है।)* रायगढ़ तो हमारी मुट्ठी में आ चुका, पर प्रहलाद निकंजी माहिरे-हिक्मत निकला। राजा राम को बचा कर दूर कर्नाकट में जिंजी ले गया। इस तरह जायज़ मराठा मरक़ज़ बरक़रार रहा। जिंजी की घेराबंदी कर रखी है हमने,

पर अभी तक तो मराठा परचम लहरा रहा है वहाँ। कब तक लहरायेगा? उखाड़ फेंकेगे उसे भी। *(गहरी साँस के साथ)* शाहजहाँनाबाद छोड़े छब्बीस बरस हो चुके, यानी उत्तर में तेइस, पर दकन में उससे तीन ज़्यादा-लख़्ते-जिगर अकबर की वजह से। *(तनाव से)* अकबर के चेहरे में शाहजहाँ के नुकूश देखते हैं हम। भूले-भटके कभी नींद मयस्सर हो जाती है, तो ख़्वाब में शाहजहाँ की आवाज़ सुतने है, शाबास अकबर! हमें उस दिन का इंतिज़ार है, जब तुम औरंगज़ेब को सलीमगढ़ के अँधेरे में ग़र्क कर दोगे, न उसकी घिसी-टूटी चप्पल नयी जोड़ी से बदलोगे और न उसकी पसंदीदा ईरानी मय का तीसरा जाम उसे दोगे। क्या? उसे मय से गुरेज़ है? तो उसकी पसंदीदा गोश्त खिचड़ी मत देना उसे। जैसे भी सता सकते हो, सताओ। *(विराम। हल्के क्रोध से)* नींद नहीं आती। आलमगीर को नींद नहीं आती। एतबार किसी पर कर नहीं सकते-ख़ास कर अपने बेटों पर। *(मोबाइल बजता है।)* बोलो सदरे-ख़ुफ़िया- *(सुनता है, तनाव से)* मुल्तान में सिपहसालार दिलेर ख़ाँ से मिला आज़म? तुमने क्यों आज़म को तन्हां छोड़ा? *(सुनता है। डाँट के सुर में)* गुस्लख़ाने में भी उसके साथ जाओ। थोड़ी ओट दे दो, बस। उसकी ख़्वाबगाह से तभी बाहर निकलो, जब बहू बेगग आ जाये और दरवाजे पर खड़े रहो-जब तक दूसरा ड्यूटी पर नहीं आता! दफ़्तरी दस्तावेज़ के साथ उसको क़लमो-दवात दो, अपने सामने दस्तख़त करवाओ, क़लमो-दवात वापस ले ताले में बन्द करो। आज़म के पास कभी अपनी क़लम-दवात नहीं होगी। *(सुनता है)* जब वो हरम से दूर है और बेगम से दर्दे-जुदाई बयाँ करना चाहता है, तो? *(सख़्ती से)* नहीं, औरंगज़ेब का बेटा सिर्फ़ शौहर होगा, आशिक़ नहीं। *(मोबाइल बन्द करता है।)* पाँच बेटों में आज़म अकेला है, जिसमें बग़ावत नहीं किया। सलाखों के पीछे कितने हैं? तीन। मस्कट में अकबर हमारे चँगुल में फँस रहा था। शाहे-ईरान ने बचा लिया। बतौर तोहफ़ा ईराक़ी घोड़ा भेजा था अकबर ने। उस पर सवारी करते हुए आँखें नम हो गयीं हमारी। *(लय के साथ करुणा से)* भले ही बेटा हो राख का ढेर/माँ-बाप के लिए रहता है आँखों का अँजन- *(ऊपर लटका हुआ पत्र नीचे आता है।*

औरंगज़ेब उठा कर देखता है।) शहज़ादे अकबर का ख़त। कहते हैं–तख़्त छोड़ दीजिए। हुकूमत हम करेंगे–जैसा कि होना चाहिए। *(दर्शकों को देखते हुए)* क्यों होना चाहिए?

(पत्र से पढ़ता है।)

ऐसी है हुकूमत बादशाह आलमगीर ग़ाज़ी की!
जिसमें साबुन बेचने वाले बन गये सद्र और क़ाज़ी!/
शेख़ी मार रहे हैं बुनकर और जुलाहे!
कि इस दावत में शहंशाह हैं उनका हमनिवाला/
इतनी ताक़त आ गयी छोटे लोगों के पास/
बेव़कूफ़ों ने पा लिया ऐसा मंसब जो दानिशों को नसीब नहीं/
ख़ुदा बचाये ऐसे बदबख़्त दौर से/
जिसमें गधा मारता है दुलत्ती अरबी घोड़े को–

(दर्शकों को देखते हुए) हमारी वजह से हमारे फ़र्जन्द शायर बन गये, जैसे हमारे बाप को भी बनना पड़ा। तवारीख़े-अदब में इसी नाते हमारा तज़्किरा हो जाना चाहिए। *(फिर पढ़ता है)* मक्का चले जाइए। अब तक आप शानो-शौक़त के साथ मनमानी करते रहे। अब जब साये अँधेरे होने लगे हैं, तो छुट्टी ले लीजिए और अपनी रूह की फ़िक्र कीजिए। *(दर्शकों को देखते हुए क्रोध से)* हम पर ये तुहमत? हमने फ़िक्रे-रूह के सिवा और किया क्या है?

(पढ़ता है।)

बीत चुके अस्सी बरस और अभी भी सोये हुए हैं आप/
क्या भला किया आपने अपने वालिद के साथ/
जो आपकी तवक़्क़ो अपने बेटे से है?/
जो सबक़ सिखा रहे हैं आप दूसरे को!
वही ख़ुद को दें सबसे पहले/
अपनी तरमीम[110] *नहीं कर रहे हैं आप–*

(दर्शकों को देखते हुए क्रोधपूर्वक) तो यह मानकर आलमगीर कौन-सी ग़लती कर रहे हैं कि अकबरा और उसके भाई भी हमारी तरमीम करने के लिए बेक़रार हैं? तब फिर उन्हें शिकायत क्यों होती है, जब हम उन्हें हवाले ज़िन्दान कर उनकी तरमीम में मुब्तिला हो जाते हैं? हम ऐसा नहीं करेंगे, तो किसी बेटे के हाथों नज़रबन्द होंगे और मजबूरी से छटपटाते हुए उसे वैसे

ही ख़ुतूत लिखेंगे, जैसे शाहजहाँ ने हमको लिखे थे- *(शाहजहाँ की नक़ल करते हुए)* हम आगरा किले की चाबियाँ नहीं देंगे। हम उस ख़ज़ाने की भी चाबियाँ नहीं देंगे, जिसकी क़ीमत कोई नहीं आँक पाया। हमने सोलह की उम्र में तुम्हें दस हज़ार ज़ातो-सवार का सूबेदार बनाया था और तुमने हमारे साथ इतना गलीज़ सुलूक किया? हम दुनियाँ के सबसे अमीर शहंशाहों में थे और तुमने हमें आठ रुपए की चप्पलें देने से इंकार कर दिया? *(कुछ ठहर कर)* पर हमारा कोई बेटा वैसे अदबी ख़ुतूत नहीं लिख सकता, जैसे हमने शाहजहाँ को लिखे हैं।

(फ़ाइल का पत्र दिखाता है। व्यंग्य भरे सुर में) शाहों के शाह शाहजहाँ की ज़ुबाने-मुबारक से ऐसा इल्ज़ाम? जहाँपनाह का फ़र्माबरदार, खादिम आलमगीर उनकी हुक़्मउदूली से पेश्तर हीरा नहीं चाट लेगा? सद हैफ़, हमारा जज़्बा-ए-ख़िदमत, अक़ीदा-ए-वफ़ादारी बेकार हो गया? किस क़दर गर्दिश में हैं मेरे सितारे, जो ज़िन्दगी भर की तामीले-हुक़्मे-शाही के बाद भी मुझे ये सुनने को मिल रहा है? हमारी समझ में नहीं आता कि आपकी तकलीफ़ क्या है? अगर आप तुहमतो-नाराज़गी जैसे जज़्बों को झटक कर ठंडे दिल से सोचेंगे, तो आपको ये मानने में मुश्किल नहीं होगी कि हमने आपके कांधों से इतना भारी बोझ न सिर्फ़ हटा लिया, बल्कि ख़ुद अपने कांधों पर रख अपना फ़र्ज़े-फ़र्ज़न्द भी निभाया और परिन्दे की तरह आज़ाद अपने दिमाग़ को हज़ार परेशानियों वा मुसीबतों का शिकार बना लिया। ऐसे ज़िम्मेदार वा पुरउल्फ़त बेटे के बाप होने के नाते अपनी ख़ुशनसीबी पर इतराने के बजाय- *(मोबाइल की घंटी बजती है, चालू करता है।)* हैलो? *(सुनता है।)* दरियागंज के उर्दू पब्लिशर? शाहजहाँ के नाम हमने जो ख़ुतूत लिखे, उनका मजमूआ[111] छापना चाहते हैं? *(सुनता है।)* साहबे-शमशीर के साथ-साथ साहबे-क़लम भी हैं हम? *(प्रमुदित हो हँसता है।)* ज़र्रानवज़ी-हमने ये सोच कर थोड़े ही वर्क़े ख़ामी[112] की थी कि एक दिन उसे अदब मान लिया जायेगा। *(गम्भीर हो)* रॉयल्टी कितनी देंगे? *(सख़्ती से)* पच्चीस फ़ीसदी से कम नहीं। *(सुनता है।)* उर्दू किताबें नहीं बिकतीं? हमारी किताब बेस्टसैलर बनेगी जनाब! *(सुनता है।)* ठीक है। कांट्रैक्ट भेज दें। *(सुनता है।)* दीबाया[113]? लिख

दें, ख़ानदाने मुग़लिय में कानूने लाज़िमी चलता है यानी शहंशाह बाप वो हड्डी है, जिस पर मुग़ल शहज़ादा अपने दाँत पैने करता है। अकबरे-आज़म के ख़िलाफ़ अपने दाँत पैने करते हुए सलीम यानी जहाँगीर ने फ़र्माया था, बादशाह का कोई वालिद या बिरादर नहीं होता। फिर ख़ुर्रम यानी शाहजहाँ ने भी जहाँगीर का ऐसा ही इस्तेमाल करते हुए वही मुकालमा दुहराया। *(बनावटी भोलेपन से)* पर जब हमने भी शाहजहाँ के साथ यही किया,तो शाहजहाँ ज़ारो-कतार रोने लगे! *(रोने का नमूना दिखाता है।)* पर हम नहीं रोयेंगे। हम अपने बेटों को रुलाएँगे। तभी हमने जहाँगीर का बयान अपडेट कर दिया-बादशाह का ना वालिदो-बिरादर होता है और न बेटा। *(मोबाइल बन्द करता है। पाँच उँगलियाँ दिखाते हुए)* पाँच बेटे-*(एक उँगली बन्द करता है।)* चार बग़ावत कर चुके। क़ैद में हों या बाहर, हमारे सिर से ताज छीनने का कीड़ा कुलबुलाता रहता है उनके भेजे में। क़ानूने-लाज़िमी के साये में आलमगीर जिएँ तो कैसे? हमारे निज़ाम के मुतल्लिक़ हर तवारीख़निगार की राय मुख़्तलिफ़ हो सकती है, पर हमको लेकर सब यकराय[114] हैं-निहायत रूखे-सूखे, ज़बर्दस्त बोर हैं आलमगीर! हक़ीक़त ये है कि हमारा ज़ौके-मज़ाक[115] समझने की सिफ़त किसी के पास है ही नहीं। हम अपने बेटों के साथ खेलते हैं, चूँकि वो इसी लायक़ हैं। सुल्तान को सलीमगढ़ क़ैद में दस बरस हो गये, तो फ़रियाद करने लगा, *(बच्चे की तरह)* अब्बा अब्बा, हम ख़तावार ज़रूर हैं, पर आपके बरख़ुदार हैं-वली-अहद थे आपके। हमें मुआफ़ कर आज़ाद कर दीजिए न! *(अपे स्वाभाविक स्वर में)* हमने उसे एक अदद बीवी अता फ़र्मा दी। अगले बरस बदमाश फिर फ़रियाद करने लगा। समझता है, क़ैद से निजात तो नहीं, पर एक और बीवी अलबत्ता मिल जायेगी। उसकी चालाकी पर हमारी भवें तो टेढ़ी हुई, पर दरगुज़र कर उसके माथे पर फिर सेहरा रख दिया। साल में दो बार-हमारी सालगिरह वा ईद मुबारक पर-ज़ुहर की नमाज़[116] के बाद और इशा की नमाज़[117] से पहले अपनी बीवियों के साथ बाहर की खुली हवा खा सकता है। फ़र्ज़े-वालिद पूरा हो गया न? फिर हमें ख़बर मिली कि उम्र के हिसाब से नम्बर दो मुअज़्मम ने दौलताबाद में दरबार

लगाते हुए चार नगाड़े बजवाये–बादशाह की तरह। हमने उसे शाह आलम ख़िताब से नवाज़ दिया। सबसे बड़े सुलतान तो मौत के साथ ही क़ैद से आज़ाद होंगे, चुनांचे ये ख़िताब हमारे वली अहद बनने की सनद है, ऐसा सोच मुअज़्ज़म *(वैसे ही चलते हुए)* कलगी वाले मुर्ग़े की तरह फुदक–फुदक कर चलने लगा। फिर हमने गोलकुंडा पर हमले का फ़ैसला किया, तो उसके कलेजे से हूक उट्ठी। कहता है, *(मुअज़्ज़म के सुर का अनुकरण करते हुए)* हमने अबुल हसन के सामने क़सम खायी है कि मुग़ल हथियार गोलकुंडा के ख़िलाफ़ नहीं उठेंगे। *(अपने सहज स्वर में)* हमें अफ़सोस हुआ, इसको अपने वालिदे–मुक़र्रम के विज़न स्टेटमेंट का कोई अंदाज़ ही नहीं, जिसका सुनहरा क़ायदा क्या है? ऐसी कोई क़सम नहीं होती, जिसे खाकर थूका नहीं जा सकता। गोलकुंडा सुल्तान को हम वैसे ही नापसंद करते हैं। शाहजहाँ की मानिन्द रागरँग में न सिर्फ़ डूबा रहता था, बल्कि ब्राह्मण वैष्णव वज़ीर मदन्ना और उसके भाई अखन्ना के हाथ में हुकूमत भी छोड़ रखी थी। जब देखो, हँस रहा है। हमने पूछा, ये बत्तीसी किसलिए? तो कहता है, हम आपके जैसे नहीं। हम तो ज़िन्दगी से लुत्फ़ उठाते हैं। हम सुलग उट्ठे। जो ज़िन्दगी से लुत्फ़ उठाता है, उसे देख आग लग जाती है हमें! हमने तय कर लिया, मौक़ा मिलते ही अबुल हसन को ज़िन्दगी का ऐसा लुत्फ़ मुहैया करवायेंगे, जो उसकी पाँच पुश्तों में किसी को नसीब नहीं हुआ। *(मुस्कान से)* मौक़ा मिल गया–आलमगीर को और न मिले, ऐसा हो ही नहीं सकता। आज़म ने ख़बर दी, *(मुँह से हथेली लगा गोपान भाव से)* मुअज़्ज़म की बेगम आधी रात भेस बदल कर गोलकुंडा क़िले में सुल्तान से मिलने गयीं। *(अपने स्वाभाविक स्वर में)* हमने दुतरफ़ा वार किया। मुअज़्ज़म और उसके चार बेटों को भी हथकड़ी लगा दी और अबुल हसन को भी। फिर मुअज़्ज़म वा अबुल हसन को दौलताबाद क़िले में क़ैद कर अगल–बग़ल रखा। फिर ईद मुबारक पर दोनों को मिलने पर मजबूर किया–क़िलेदार की मौजूदगी में। उसने रपट भेजी, अबुल हसन हँस रहा था। हमसे बर्दाश्त नहीं हुआ। क़िलेदार ने फिर जाकर पूछा, *(डपट के सुर में)* जहाँपनाह जानना चाहते हैं, अभी भी आप

क्यों हँसते हैं? तो कहता है, हमें दफ़्तरी काग़ज़ात पर दस्तख़त नहीं करने पड़ते! *(छत से चिपका पत्र डोरी से नीचे खींचा जाता है। औरंगज़ेब पत्र निकाल लेता है।)* आह, अज़ीज़ बेटे मुअज़्ज़म का ख़त! *(पढ़ता है)* यह ख़ौफ़नाक क़ैदख़ाना पाँच बरस से मेरा घर है। न मुझे नाख़ून काटने की इज़ाज़त है और न बाल। जो खाना मुझे दिया जाता है, उसे सूँघ कर कुत्ते भी मुँह फेर लेते हैं। दिन वा रात के सभी पहरों में तन्हाई मेरी साथी है और उल्लुओं के नग्में अकेला दिल बहलाव। जो हकीम मेरा इलाज करने आता है, मुझे ठीक करने से हिचकिचाता है कि कहीं जहाँपनाह उसे कैदी का हमदर्द मान सज़ा न दे दें! *(दर्शकों को देखते हुए गम्भीर भाव से)* क्या बन गयी हमारी इमेज! *(फिर पढ़ने लगता है।)* कितनी बार दुआ करता हूँ कि मौत मिल जाये और ख़ुदा मुझे भूल जाये। *(दर्शकों को देखते हुए गम्भीर भाव से)* जब तक आलगमीर नहीं भूलेंगे तुम्हें, ख़ुदा नहीं भूल सकते मुअज़्ज़म! *(फिर पढ़ने लगता है।)* ऐ बादशाह वालिद, कोई ख़ुशी, कोई त्यौहार नहीं है मेरी ज़िन्दगी में! इंसानी बर्दाश्त को भी हद होती है। *(दर्शकों को देखते हुए नाराज़गी से)* हम इंसान नहीं? हमारे बर्दाश्त की हद नहीं? पाँच में से चार बग़ावत कर चुके और ये नामुराद हमारे ऊपर ज़ुल्म ढाने का इल्जाम लगा रहा है? हमारी कुव्वते-बर्दाश्त इंसान से बहुत ज़्यादा है। *(पत्र पढ़ते हुए)* जहाँपनाह से मेरी इल्जिता है कि वो फ़रिश्ता-ए-मौत को हुक़्म दें, ताकि मुझे उस दरवाजे के बाहर ले जाया जा सके, जो वजूद को मौजूदगी से अलहदा करता है। *(दर्शकों को देखते हुए गम्भीर भाव से)* दिल छोटा मत करो मुअज़्ज़म, जब हम ज़रूरी समझेंगे, तुम्हारे वजूद को मौजूदगी से अलहदा कर देंगे। *(पत्र पढ़ने लगता है।)* मेरा ख़ुदा गवाह है, मैं सिर्फ़ ये चाहता था कि हम बिना ख़ून बहाये जीत जाये। मैंने दग़ाबाज़ी का गुनाह नहीं किया। जो भी हो, मैं बादशाहा सलामत के फ़ैसले के सामने सिर झुकाता हूँ। *(दशकों को देखते हुए गम्भीर भाव से)* और तुम कर भी क्या सकते हो? जानते हो, अगर सिर नहीं झुकाओगे, तो तुम्हारी आँखों में दहकती सलाखों की नोक घुसेड़ देंगे हम। अभी तक नहीं किया, तो ये इस बात की सनद नहीं कि

औरंगज़ेब के भीतर वालिद का दिल कितना नर्मो-नाज़ुक है। *(हल्की मुस्कान से)* हमने ख़िताब की ठिठोली फिर दुहरायी। मुअज़्ज़म क़ैद में है, आज़म को शाहे आलीजाह की ख़िलअत-ए-ख़िताब पहना दी, लेकिन उसकी चाल में फ़र्क़ नहीं आया। दिल में क्या आया, थाह नहीं लगने देता-
(मोबाइल बजता है, चालू करता है, डाँट के सुर में) काम बख़्श, तुम क़ैद में हो! फ़ोन नहीं कर सकते। क़ैद क़ैद होती है—भले ही शाही तम्बू की हो। तुम इतने बेवकूफ़ हो कि कई बार हमें शक होता है कि तुम हमारी औलाद हो भी या नहीं! हमने तुम्हारा डीएनए इसलिए नहीं कराया, चूँकि तुम्हारी शकल हमारी नक़ल है—*(सुनता है। डाँट कर)* नहीं, अम्मी को फ़ोन मत दो। तुम्हारी अम्मी वहाँ कैसे घुस गयीं? क़ैद क़ैद होती है, हरम का एक्सटेंशन नहीं! अम्मी को बोलो, फ़ौरन बाहर जायें। *(सुनता है।)* हम बज़ाते-ख़ुद उनसे नहीं कह सकते! अकेली वही बेगम हैं, जो बुढ़ापे में साथ दे रही है हमारा! *(मोबाइल बन्द कर देता है।)* बुढ़ापे की औलाद आदमी को तमाशा बना देती है-भले ही वो औरंगज़ेब ही क्यों न हो! *(आवेग से)* हमारी ये हालत न होती, अगर दिलरस बेगम होतीं। हम दकन में न होते, अगर दिलरस बेगम होतीं। हम ज़िन्दगी और बज़ाते-ख़ुद से इतने नाराज़ न होते, अगर दिलरस बेगम होतीं।

(मंच के दूसरे भाग में चश्मा वा सफ़ेद कोट पहने ज़ेबुन्निसा का प्रवेश)

ज़ेबुन्निसा : *(पुकारती है)* अल-सुल्तान अल-आज़म वल ख़ाक़ान अल-मुक़र्रम अबुल मुज़फ़्फ़र-*(हल्की मुस्कान से स्वगत)* व्हाट ए नेम!-मुहीउद्दीन मुहम्मद औरंगज़ेब बहादुर आलमगीर पादशाह ग़ाज़ी-

औरंगज़ेब : आ गये डॉक्टर ज़ुबेदा, पर थके हैं। मराठों के तीन सौ बासठ क़िले-पहाड़ियों पर, बीहड़ों में, समुन्दर को छूते हुए। उनको जीतने की मुहिम जारी है। एक पर आफ़ताब निशान का अपना परचम फहराते हैं, फिर दूसरे की घेराबंदी के लिए कूच कर देते हैं। कितने बरसों से चल रहा है सिलसिला। जोड़-जोड़ दुखता रहता है। *(आरोप के सुर में)* तुम ऐसी एक वजह बता

सकती हो, जिसने हमारी नींद लूट ली?

ज़ेबुन्निसा : नहीं।

औरंगज़ेब : *(आवेग से)* फिर ये ज़ुल्म क्यों हो रहा है और कौन कर रहा है?

ज़ेबुन्निसा : हम पता लेंगे।

औरंगज़ेब : और तुम उसकी अदा देखो। भूले-बिसरे आँख झपक भी जाती है, तो हम ख़्वाब में देखते हैं तस्वीरनुमा पहेलियाँ-

ज़ेबुन्निसा : यानी?

औरंगज़ेब : गीली बालू पर तड़पती सोनमछली, किसी क़िले के दरवाज़े पर काग़ज़ीछाल पौदा-

(ज़ेबुन्निसा डायरी में नोट कर रही है।)

औरंगज़ेब : हमारी जो दिमाग़ी हालत है, उसमें हमें ख्वाब कैसे चोहए?

ज़ेबुन्निसा : जिनमें आपके पसंदीदा लोग हों।

औरंगज़ेब : बिल्कुल दुरुस्त। *(आवेग से)* दिलरस बानो को देखना चाहते हैं। हमारी जज़्बाती लंगर। हमारी अम्मी मुमताज़ महल, वो कड़ी जिसने हमें हमारे कुटुम्ब से जोड़ रखा-और जहाँ आरा बेगम-आज हमारो सिर पर ताज है, तो उन्हीं की मेहर से। हमारी करमफ़र्मा, हमारी मरबी[118]। उन्होंने हमें तब नयी ज़िन्दगी अता फ़र्माई, जब शाहजहाँ वा दारा शिकोह हमें ज़िन्दा दफ़्ना चुके थे और मुस्कान के साथ हमारी तहरीरे-संग[119] लिख रहे थे। *(बलपूर्वक)* लेकिन नहीं, उनको ख़्वाब में एक बार भी देखना मयस्सर नहीं। हम देखते क्या हैं? शाहजहाँ के कसे हुए जबड़े। और सुनते क्या है? उनकी बद्दुआ! *(आरोप की उँगली उठाते हुए शाहजहाँ की नक़ल में)* अल्लाह करे, तुम्हारा कोई बेटा तुम्हारे साथ वही सुलूक करे, जो तुमने हमारे साथ किया।

ज़ेबुन्निसा : *(आश्चर्य से)* अच्छा?

औरंगज़ेब : बड़ी काली ज़ुबान है शाहजहाँ की! जंगे-विरासत की पहली पायदान पर ही आधी कारगर हो गयी, जब हमारे सबसे बड़े बेटे सुल्तान शुजा के साथ मिले गये-और यह ख़बर सुनकर नज़रबंद शाहजहाँ ने मिठाई तक़सीम की।

ज़ेबुन्निसा : कहा जाता है, शाहजहाँ हँसे भी बहुत, चूँकि प्यासे शाहजहाँ से आगरा क़िले की चाबियाँ छीनने आपने सुल्तान को ही भेजा था।

औरंगज़ेब : ग़नीमत ये हुई कि हमने शुजा को भी शिकस्त दे दी और सुल्तान को भी चँगुल में जकड़ लिया। हाँ, एक बार ये ख़्वाब देखा था-सलाखों के पीछे रोता हुआ सुल्तान—
(सुल्तान की फ़रियाद की नक़ल करते हुए) बाबा, हमें माफ़ कर दीजिए।

ज़ेबुन्निसा : फिर?

औरंगज़ेब : हमने ख़्वाब में ही उसको जवाब भी दे दिया, *(कठोरता से)* माफ़ी ऐसे मिल जाती, तो ज़िन्दगी कितनी आसान हो जाती।

ज़ेबुन्निसा : *(डायरी में नोट्स लेते हुए)* आगे?

औरंगज़ेब : अगले ख़्वाब में देखते हैं, ख़ून से सना लेकिन मुस्कुराता चेहरा दारा शिकोह का। *(नाराज़गी से)* दाँत क्यों दिखा रहे हो काफ़िर? *(दारा के सहज दार्शनिक भाव से)* बूँद समुन्दर में तब्दील हो गयी, जबाव मिला। फिर सरमद का चेहरा आता है बेजज़्बा, पुरअमन। *(क्रोध से)* ओ नँगे फ़क़ीर, हमें कोसो। जामा मस्जिद की सीढ़ियों-तले दफ़्ना दिया हमने तुम्हें! वो दीवाना भी मुस्कुराता है, तुमने मुझे बचा लिया आलमगीर। तुम मेरे निजातदिहंदा[120] हो! *(अचानक रुक जाता है। एक ओर देखते हुए अपनी तलवार/खंजर की मूठ पर हाथ रख)* कौन है वहाँ?

ज़ेबुन्निसा : *(दिलासे के सुर में)* कोई नहीं।

औरंगज़ेब : *(रहस्य के धीमे सुर में हथेली की ओट देते हुए)* आज़म तख़्तापलट की साज़िश में मुब्तिला है।

ज़ेबुन्निसा : बेकार इल्ज़ाम लगा रहे हैं आप।

औरंगज़ेब : एक-एक बेटे पर चौबीस घंटे पहरा देने के लिए जासूसों के एक के बाद एक सात घेरे लगा रखे हैं हमने। पक्की ख़बर। रिवायत भी है और उसकी फ़ितरत भी।

ज़ेबुन्निसा : ज़बर्दस्ती फ़ितरत है? क्या किया उसने?

औरंगज़ेब : जादू-टोना किया ताज की ख़ातिर। बाक़ायदा इलाज हुआ। हमारे हाथों में हथकड़ी लगा देगा जब, तब उसके जज़्बा-ए-बग़ावत पर यक़ीनन करना चाहिए?

ज़ेबुन्निसा : आपके ख़िलाफ़ बग़ावत कोई ठिठोली नहीं।

औरंगज़ेब : शाहजहाँ के ख़िलाफ़ तो तख़ैयुल के भी परे थी। पर हुई न- और वो भी कामयाब! *(अपने सीने की ओर इशारे के साथ)* यहाँ साँस लेता वालिद भी जानता है और शहंशाह भी कि

हमारा एक-एक बेटा हमारा ताज छीनने को तड़प रहा है। अकबर ईरान से फ़ौजी मदद लेकर आयेगा। काम बख़्श को दूसरी बार क़ैद में डाला है-मुलायम क़ैद ही सही।

ज़ेबुन्निसा : *(मुस्कान से)!* ख़ानदाने-शाही में ये नयी ईजाद मानी जायेगी-शाही तम्बू में क़ैद।

औरंगज़ेब : क्या करें! सलीमगढ़ भेजते हैं, तो उदयपुरी बेगम टेसुए बहाने लगती हैं। समझती नहीं, बग़ावती बग़ावती होता है। ख़तरे से लरज़ते रहते हैं हम। गिन कर अट्ठाइस बार ये ख़्वाब देख चुके हैं कि हमको गिरफ़्त में लेते हुए शाहजहाँ की कोठरी के बग़ल में लोहे का दरवाज़ा ज़न्नाटे में बन्द हो रहा है।

ज़ेबुन्निसा : *(चकित हो)* अच्छा? शाहजहाँ के बग़ल में आप?

औरंगज़ेब : और दोनों कोठरियों के बीच खिड़की भी है, जिसके सामने खड़े शाहजहाँ ज़हरीली मुस्कान से हमारा इस्तक़बाल करते हैं, *(नाटकीय सुर में)* तुम्हारा कब से इंतिज़ार था लख़्ते-जिगर!

(ज़ेबुनिसा हँसती है। औरंगज़ेब नापसंदी से देख रहा है। ज़ेबुन्निसा लक्ष्य करती है, संजीदा हो जाती है।)

ज़ेबुन्निसा : सॉरी-

औरंगज़ेब : *(गहरी साँस के साथ)* शाहजहाँ की आह लग गयी हमें-

(ज़ेबुनिसा उसे गोली देती है।)

ज़ेबुन्निसा : *(गोली देते हुए)* तनाव से राहत मिलेगी।

(औरंगज़ेब पानी के घूँट से गोली गटक जाता है।)

औरंगज़ेब : शाहजहाँ के छोटे-बड़े तमाम क्लोज़-अप अलग-अलग एंगिल से, सारी रात हमें चुभते रहे-और थे भी रंगीन!

ज़ेबुन्निसा : *(चौंक कर)* अच्छा?

औरंगज़ेब : *(आवेग से)* एक तो सरासर कुफ़्र था! देखते क्या हैं कि मीना बाज़ार में बित्ते भर की चोली पहने एक चुलबुली साक़ी की सुराही से अपना जाम भर रहा है-कौन?

ज़ेबुन्निसा : कौन?

औरंगज़ेब : *(अपनी ओर इशारे के साथ)* आलमगीर ज़िन्दा पीर! और नौबतख़ाने के पास खड़े हुए शाहजहाँ शरारती मुस्कान से हमें आँख मारते हैं।

ज़ेबुन्निसा : पर मीना बाज़ार तो आप कब का बन्द कर चुके।

औरंगज़ेब : तो ऐसे बेतुके ख़्वाब क्यों सता रहे हैं हमें?

ज़ेबुन्निसा : *(डायरी देखते हुए)* आपने फ़र्माया कि आपकी नींद तक़रीबन चार घंटे की होती थी।

औरंगज़ेब : गहरी, बग़ैर किसी रुकावट के। तंज़ ये है कि गड़बड़ शुरू हुई, तो शिवा की मौत के बाद! *(मोबाइल बजता है) (सुनता है।) (हताशा से)* मराठों ने विशालगढ़ क़िला हमसे फिर छीन लिया! *(सुनता है।)* अब क्या हुक़्म है? *(नाराज़गी से)* हम फिर घेराबंदी करेंगे, फिर जीतेंगे। और क्या हुक़्म है! *(मोबाइल बन्द करता है।)* क्या फ़ित्ना[121] हैं ये मराठे! हमने शंभू को क़त्ल किया, तो मराठा ताक़त की बुनियाद नहीं रही, मरक़ज़ भी धीरे-धीरे धुँधला होता गया। बस, बतौर मराठा निशाने-ख़ुद्दारी राजा राम बचा, पर देखते-देखते मराठों के तमाम गिरोह बन गये और उनकी कमान है बेफ़िक्र लुटेरों के हाथ में! उनके बीच न रिश्ता है, न तालमेल। बस, लूटते रहते है-रैयत को भी और हमको भी।

ज़ेबुन्निसा : आपने वज़ीरे-आज़म की सलाह क्यों नहीं सुनी?

औरंगज़ेब : *(नापसंदगी से)* असद ख़ाँ जैसा दानिशमंद पीछे हटने की बात सोच भी कैसे सकता है?

ज़ेबुन्निसा : वो दूरंदेश हैं, इसलिए-

औरंगज़ेब : हम मक़सद अधूरा छोड़ दिल्ली वापस नहीं लौट सकते।

ज़ेबुन्निसा : कौन-सा मक़सद? अकबर तो कब का ईरान भाग चुका।

औरंगज़ेब : हमको पूरे दकन पर परचमे-मुग़लिया लहराना है।

ज़ेबुन्निसा : लहरा चुका। तीनों शिया सल्तनतें आपकी जेब में हैं।

औरंगज़ेब : *(बौखला कर)* मराठे हमको अपनी जेब में रखने को बेताब हैं!

ज़ेबुन्निसा : आप तीन-चौथाई उनकी जेब में है। पूरे आकर रहेंगे-अगर दकन से नहीं निकलेंगे, तो-

औरंगज़ेब : *(व्यंग से)* तो उनको सरदेशमुखी[122] और चौथ[123] दे दें और मुस्कान के साथ बिगुल बजाते हुए दिल्ली वापस लौट जायें?

ज़ेबुन्निसा : क्यों नहीं? आपका दारुल-वतन दिल्ली है, बुरहानपुर नहीं।

औरंगज़ेब : *(आपत्ति से)* लेकिन ये इस बात की सनद होगी कि दकन में दो हाकिम हैं-मराठे और मुग़ल।

ज़ेबुन्निसा : मराठे साबित कर चुके कि मुग़लों के ऊपर हुकूमत कर रहे हैं वो।

औरंगज़ेब : (गर्व से) हमने सल्हिर, त्रियम्बक, सिंहगढ़, रायगढ़ और

पन्हाला क़िले उनसे छीन लिए।

ज़ेबुन्निसा : पर उन्होंने बदले में प्रतापगढ़, रोहिरा, ताजगढ़ और तोमा आपसे छीन लिए।

औरंगज़ेब : *(बलपूर्वक)* हम फिर छीन लेंगे उनसे।

ज़ेबुन्निसा : *(करुणा से)* पर कैसे? आप महीनों की घेराबंदी करते हैं। वो बेअसर रहती है, तो आपके निहायत थके वा ऊबे सिपहसालार मराठा सरदार से रिश्वत के आँकड़े पर मोलभाव करते हैं। आप बज़ाते-ख़ुद उस पर मंज़ूरी की मुहर लगतो हैं। मराठा सरदार क़िला ख़ाली कर निकल जाता है। आप कब्ज़ा कर अपना परचम लहरा देते हैं। चंद दिन जब आप अगला क़िला जीतने को कूच करते हैं, तो छिपे मराठे फिर निकलते हैं और आपके क़िले पर क़ब्जा कर लेते हैं। आपकी समझ में क्यों नहीं आता कि आपकी फ़तेह महज़ हवा-हवाई है?

औरंगज़ेब : अब ज़्यादा फ़ौजी दस्ते तैनाद करेंगे हम। क़िले पर क़ब्ज़ा नहीं होने देंगे।

ज़ेबुन्निसा : वो दिन कभी न आये, इसीलिए मराठा तहरीक का मरक़ज़ दूर कर्नाटक के जिंजी क़िले में बनाया गया। हिक्मती[124] रामचंद्र निकंठा ने उसे और पुख़्तगी दी।

औरंगज़ेब : जिंजी की घेराबंदी कर रखी है हमने।

ज़ेबुन्निसा : कमान किसके हाथ?

औरंगज़ेब : सिपहसालर शायस्ता ख़ाँ के!

ज़ेबुन्निसा : आप उन्हें वफ़ादार मानते हैं या नहीं?

औरंगज़ेब : *(क्रोध में आ जाता है।)* तुम कहना क्या चाहती हो?

ज़ेबुन्निसा : असद ख़ाँ का बेटा आठ बरस से घेरा क्यों खींचे जा रहा है? चूँकि जब तक घेराबंदी चलेगी, न सिर्फ़ उनकी जब भरेगी, बल्कि वो ऐसी ही किसी फ़ालतू मुहिम पर भेजे जाने से भी बचे रहेंगे।

औरंगज़ेब : *(सख़्ती से)* तुम समझती हो, हम ये नहीं समझते?

ज़ेबुन्निसा : *(चकित हो)* समझते हैं, तो कुछ करते क्यों नहीं?

औरंगज़ेब : शुजात, मुराद, तरबियत और फ़तुल्लाह-हर सिपहसालार का तर्जे-अमल यही है। इसीलिए हमने एक-एक क़िले की घेराबंदी की कमान बज़ाते-ख़ुद सँभालना शुरू कर दिया।

ज़ेबुन्निसा : क़िले बहुत हैं। आप हर जगह नहीं जा सकते।

औरंगज़ेब : हमारे बेटे निकम्मे निकले, वर्ना जिंजी जैसे अहम क़िले पर उनमें से किसी को तैनाद करते। वो सिपहसालारों जैसी बदमाशी तो नहीं दिखाते।

ज़ेबुन्निसा : वो बदमाशी सिपहसालारों की मजबूरी है।

औरंगज़ेब : *(क्रुद्ध कर)* मराठा गुर्रिलाओं को कुचलना उनकी मजबूरी नहीं?

ज़ेबुन्निसा : उन गुर्रिलाओं ने न सिर्फ़ आपके सिपहसालारों की रूह सर्द कर रखी है, बल्कि उनमें से दो-क़ासिम ख़ाँ वा हिम्मत ख़ाँ- को हरा कर उनका क़त्ल भी कर चुके हैं। तीसरे रुस्तम ख़ाँ हज पर जाने को तड़प रहे हैं-

औरंगज़ेब : जंग से बचने के लिए हज का बहाना है।

ज़ेबुन्निसा : बहाना नहीं। इन गुर्रिलाओं ने फ़िरौती लेने के बाद न सिर्फ़ उन्हें, बल्कि उनकी बेगमों को भी रिहा कर दिया-और वो भी बाइज़्ज़त।

औरंगज़ेब : तो नमाज़े-शुक्राना यहीं अदा कर दें, खैरात यहीं दे दें। सबाब बराबर मिलता है।

ज़ेबुन्निसा : वो आपकी ख़िदमत से आजिज़ आ चुके। चाहते है कि दो-चार लाख की पेशकश ले आप उन्हें आज़ाद कर दें, पर आपसे सीधे गुज़ारिश करने से डरते है।

औरंगज़ेब : क्यों?

ज़ेबुन्निसा : आप गधे की खाल के साथ सिलवा कर गधे पर बिठा कर दिल्ली भेज देंगे।

(औरंगज़ेब मुस्कुराता है।)

औरंगज़ेब : मानती हो, इन सिपहसालारों का भेजा सही रखने के लिए हमने क्या काँटे की तरक़ीब सोची!

ज़ेबुन्निसा : स्याह तख़ैयुल[125] में आप लासानी हैं, लेकिन अगर अपने बारी-बारी से इनको दिल्ली जाने की छुट्टी नहीं दी, तो ये थोक के भाव पागल हो जायेंगे।

औरंगज़ेब : *(सख़्ती से)* कल होते हों, तो आज हो जायें, लेकिन छुट्टी हर्गिज़ नहीं मिलेगी।

(ज़ेबुन्निसा उसे ध्यान से देखती है।)

ज़ेबुन्निसा : आपको सचमुच एहसास नहीं कि आपकी दकन मुहिम की हिमायत आपके निज़ाम में आपके सिवा और कोई नहीं करता?

औरंगज़ेब : *(भौंहें टेढ़ी कर)* यानी?

ज़ेबुन्निसा : क्या हिन्दुस्तान के शहंशाह को ये ज़ेब देता है कि सरासर

मामूली बासवपट्टन गढ़ी पर घेरा डालने वाले दस्तों की कमान हाथ में नंगी शमशीर लिए बज़ाते-ख़ुद अबुल मुज़फ़्फ़र मुहीउद्दीन मुहम्मद आलमगीर पादशाह करें?

औरंगज़ेब : तुमसे कहा, हमें किसी सिपहसालार पर एतबार नहीं।

ज़ेबुन्निसा : आपके किसी उमरा में आपके रूबरू बयाने-हक़ीक़त की हिम्मत नहीं।

औरंगज़ेब : कौन-सी हक़ीक़त?

ज़ेबुन्निसा : कि आप अपना दिमाग़ी तवाज़ुन खो चुके।

औरंगज़ेब : *(शांति से)* हम पागल हो चुके?

(ज़ेबुन्निसा हामी में सिर हिलाती है।)

औरंगज़ेब : *(वैसे ही)* उनको तकलीफ़ क्या है?

ज़ेबुन्निसा : उनको अपना घर छोड़े *(बलपूर्वक)* दस नहीं, बीस नहीं-पूरे छब्बीस बरस हो चुके। जब चले थे, तब बीवियाँ हामला थीं। अब बच्चे कब के बालिग़ बन चुके, उनके अपने बच्चे हो चुके, पर आपके मुलाज़िमों ने न औलाद की शक्ल देखी, न औलाद की औलाद की-

औरंगज़ेब : *(क्रोध से)* तो क्या हुआ? हम भी छब्बीस बरस से दिल्ली से दूर हैं। लाल क़िले में कितने अरमानों से मोती मस्जिद बनवाई, पर एक बार भी इबादत कर पाये वहाँ? नहीं।

ज़ेबुन्निसा : आपका हरम तो आपके साथ है। इबादत आप जहाँ हैं, वहाँ भी कर सकते हैं। मुकाम बदलने से सवाब कम नहीं होता। अपने उमरा के साथ अपनी तकलीफ़ की बराबरी कर आप सिर्फ़ ये साबित कर रहे हैं कि आपकी हालते-ज़ेहन में कुछ गड़बड़ है।

औरंगज़ेब : तुम न सिर्फ़ हमें पागलपन की सनद दे रही हो, बल्कि उस पर हकीमी मुहर भी लगा रही हो। क्यों? क्योंकि हमने सिपहसालारों को उनकी ज़िम्मेदारी निभाने की ताक़ीद की। उन्हें अपना अज़्म मज़बूत करना होगा। हम इसलिए तो साथ रहते हैं उनके। फ़तेह की कुंजी अज़्म है। जब हम जंगे-विरासत के लिए चले, तो शाहजहाँ की अज़ीममुश्शान ताक़त के मुक़ाबिल क्या था हमारे पास? सिर्फ़ फ़ौलाद जैसा अज़्म। हम अपने इन नीम-मुर्दा उमरा में जोशो-जुनूं की नयी साँस फूँक कर रहेंगे। हम मराठों को तोड़ देंगे, उनकी नाक में ऐसी नकेल कस देंगे, जिसकी डोर दिल्ली से भी कारगर रहेगी।

ज़ेबुन्निसा : आप अपने वजूद को सिर्फ़ शमशीर के ज़रिए वाजिब ठहरा सकते हैं-भले ही सल्तनत तबाह हो जाये। शाहजहाँ को आपने फटकार लगायी थी, हर अज़ीम फ़तेहयाब अज़ीम बादशाह नहीं होता। तवारीख़ साबित कर रही है कि ये आप पर ज़्यादा लागू होता है।

औरंगज़ेब : *(बलपूर्वक)* अभी हमारा अहद[126] जारी है। जब ख़त्म हो जायेगा, तभी तो तहरीर होगी तवारीख़।

ज़ेबुन्निसा : *(सहमति से सिर हिलाते हुए)* दुरुस्त-*(डायरी के अपने नोट्स पर एक नज़र डालती है।)* पिछली बैठक में हमने आपकी उस तकलीफ़ की चीरफाड़ की, जिसे कहते हैं वालिद की गाँठ-

औरंगज़ेब : Father Complex !

(ज़ेबुन्निसा हामी में सिर हिलाती है।)

ज़ेबुन्निसा : हम कौन सी बातों पर मुत्तफ़िक़ थे?

औरंगज़ेब : *(स्कूली बालक की तरह उत्साह)* वालिद उसूले हक़ीक़त है। उसके साथ हमारे तालमेल से बना ढाँचा ये तय करता है कि बालिग़ की हैसियत से हम ज़िन्दगी में हक़ीक़त के साथ कैसे बरतेंगे।

ज़ेबुन्निसा : दुरुस्त।

औरंगज़ेब : ज़िन्दगी में सबसे ज़्यादा नफ़रत हमने जिससे की, वो हमारे वालिद ही हैं और जिनके सबब से की, वो हैं दारा शिकोह! इस हक़ीक़त को इस तरह भी रखा जा सकता है कि ज़िन्दगी में सबसे ज़्यादा नफ़रत हमने दारा शिकोह से की और जिसके सबब से की, वो हैं शाहजहाँ!

ज़ेबुन्निसा : गोया सिक्का-ए-नफ़रत के दो पहलू हैं।

औरंगज़ेब : *(हामी में सर हिलाते हुए)* चेहरा कोई हो, शिद्दते-जज़्बा वही है।

ज़ेबुन्निसा : पर शाहजहाँ ने कई बार आपकी तारीफ़ की। जब आपने लड़कपन में बोरा गये दो हाथियों का बहादुरी से मुक़ाबिला किया।

औरंगज़ेब : *(उपहास से)* तारीफ़ कैसे न करते? आसपास भीड़ जो थी।

ज़ेबुन्निसा : तब भीड़ नहीं थी, जब उन्होंने कहा कि उनके फ़र्ज़न्दों में औरंगज़ेब अकेले हैं, जो कमाने-हुकूमत सँभाल सकते हैं।

औरंगज़ेब : वो हक़ीक़त थी, जिसे ज़्यादातर उमरा ने नस्लो-मज़हब को दरकिनार करते हुए तस्लीम कर लिया था। पर शाहजहाँ ने फिर भी हमें वली-अहद बनाने के बजाय तख़्ते-ताऊस के बग़ल में दारा के वास्ते सोने की कुर्सी रखवा दी।

ज़ेबुन्निसा : दारा शिकोह सबसे बड़े थे।

औरंगज़ेब : ख़ानदाने मुग़ालिया में उम्र का हक़ नहीं माना जाता। शाहजहाँ बज़ाते-ख़ुद ख़ुसरो से छोटे थे, जिनको उन्होंने तख़्तनशीं होते हुए बेकार हलाक़ कर दिया।

ज़ेबुन्निसा : बेकार कैसे?

औरंगज़ेब : ख़ुसरो न सिर्फ़ शाहजहाँ की क़ैद में थे, पर जहाँगीर पन्द्रह बरस पहले उनकी आँखों में सलाइयाँ फिरवा चुके थे। फिर हमारे नानाजी अपने दामाद के वास्ते तब तक तख़्त को महफ़ूज़ रखे हुए थे, जब तक पाँचवे शहंशाह बुरहानपुर से अकबराबाद नहीं पहुँच जाते।

ज़ेबुन्निसा : आपने बेकार क़त्ल नहीं किये?

औरंगज़ेब : *(आपत्ति के सुर में)* क्या बात कर रही हो डॉक्टर! निज़ामे-आलमगीर की बुनियाद क़ानूनो-इंसाफ़ है।

ज़ेबुन्निसा : उसकी चीरफाड़ बाद में होगी। अभी शुरू से शुरू करते है। शाहजहाँ के ख़िलाफ़ आपकी सदाबहार शिकायतें क्या थीं?

औरंगज़ेब : *(व्यंगभरे दार्शनिक भाव से)* ये फ़साना शुरू तो हमारी पैदाइश से ही होता है, पर फ़िलहाल हम नौजवानी पर आ जाते है। उन्होंने हमें उस वसीह[127] दकन में दो बार मुक़र्रर किया, जहाँ निज़ामी ढाँचा बुनियादी भी नहीं था। जो सियासी नज़रिए से तो निहायत पेचीदा वा अहम था, लेकिन महसूल के लिहाज़ से हमेशा घाटे में चलने वाला। हम लगातार परेशान रहें, हुकूमती नज़रिए से नाकामयाब साबित हों और दिल्ली से दूर सड़ते रहें, ये दारा की तीन धारी चाल थी।

ज़ेबुन्निसा : पर सल्तनत के इक्कीस सूबेदारों में सूबेदारे-दकन सिरमौर माना जाता है।

औरंगज़ेब : इसीलिए हमारी दुश्मन जोड़ी ने हमारा क़द काटने के वास्ते ज़्यादा मालगुज़ारी कमाने वाले गुजरात से हमारे घाटे का ख़मियाज़ा बन्द कर दिया, जैसा अब तक दस्तूर था—यानी हमारे ऊपर एक वार के भीतर भी दूसरे की गुंजाइश ढूँढ ली।

ज़ेबुन्निसा : क्यों?

औरंगज़ेब : शमशीर का जौहर तो कई मुहिमों पर साबित कर चुके थे। फिर मुल्तान, सिन्ध, थट्टा, गुजरात और दकन में क़ाब्लियते-हुकूमत भी साबित कर दी। दारा की नींद उड़ गयी कि हमारे नाम

पर कालिख कैसे पोतें?

ज़ेबुन्निसा : तो अपना गुस्सा निकालने के लिए आपने गोलकुंडा वा बीजापुर को बेरहमी से लूटा?

औरंगज़ेब : उसके लिए भी दिल्ली ने मजबूर किया। फ़ौज का बक़ाया गले की फाँस बन चुका था। समझौते के मुताबिक़ दिल्ली ने ख़िराज़[128] में से भी हमारा हिस्सा नहीं दिया। हमने सोचा, लो, गोलकुंडा, बीजापुर और दिल्ली-तीनों को इकट्ठा सबक़ सिखा देते हैं।

ज़ेबुन्निसा : *(नोट्स देखते हुए)* इसके बाद तेज़ हुई ज़हर-बुझे तीरों की तरह शिकायतों की बौछार?

औरंगज़ेब : *(हामी में सर हिलाते हुए)* बीजापुर वा गोलकुंडा को दिल्ली के शाही मुहर वाले ख़त दफ़्तरे-सूबेदार से होकर क्यों नहीं जा रहे हैं? दौलताबाद के लिए कुछ नाज़ुक ओहदों पर सूबेदार के ही उम्मीदवारों को वली-अहद ने क्यों रद्द कर दिया? उनमें दारा ने अपने चंद दरबारियों के नाम कैसे जोड़ दिये? *(उत्तेजित होता जाता है।)* जिस सूबे में हमें तैनाद किया गया, हमारी जागीर का तबादला भी उसी में क्यों नहीं किया? निज़ाम को चाक-चौबंद करने के लिए ज़्यादा फ़ौजी भर्ती और ज़्यादा पैसे की हमारी माँग ज़्यादातर ठुकराई क्यों गयी? कभी बेहद घटी पर क़ुबूल करते हुए हमारी तौहीन क्यों की गयी? कभी तिलमिला देने वाली ऊलजुलूल दलीलों के साथ हमारे ज़ख्मों पर नमक क्यों छिड़का गया?

(शीशी उठा कर पाँच-छह गोलियाँ हथेली पर लेता है। ज़ेबुन्निसा तुरन्त लपकती है।

ज़ेबुन्निसा : **(उसका हाथ पकड़ते हुए)** क्या कर रहे हैं आप?

औरंगज़ेब : हमारी नसें फट जायेगी तनाव से—

ज़ेबुन्निसा : जो ली है, उसका असर होने दीजिए।

(गोली ले शीशी में डाल देती है।)

औरंगज़ेब : *(सोचते हुए)* शहंशाह के हाथ से गोली छीन ली।

ज़ेबुन्निसा : *(नोट करते हुए)* आधी सदी बीत जाने के बाद भी आपके भीतर ऐसी शिद्दत है। *(अधिकार के सुर में)* आगे बोलिए।

औरंगज़ेब : ये वो दौर था, जब तख़्ते-ताऊस के साए में पलने वाले शाहे

बुलंद इक़बाल सातवें आसमान पर थे। इंतिहा की भी इंतिहा उन्हें करना ही थी, जो उन्होंने कर दी। ग़लत हिसाब कर उन्होंने हम पर इल्ज़ाम लगाया, दकन के कुल महसूल तीन करोड़ बीस लाख में से दो करोड़ साठ लाख तुम और तुम्हारे कुटुम्ब पर ख़र्च होता है फिर भी मस्जिद के सामने बैठने वाले भिखारी की मानिन्द तुम दिल्ली दरबार में बार-बार अपना टूटा कटोरा क्यों फैलाते हो? ख़ुदा गवाह है, शर्मो-गुस्से से तिलमिलाते हुए रात भर पलक नहीं झपकी। कब तक फ़क़त एक ही हक़ीक़त के तीरों से कलेजा छलनी करवाता रहूँगा कि दूरदराज़ दौलताबाद के सूबेदार, तुम कुछ नहीं। तुम्हारी नाक की नकेल क़िला-ए-मुअल्ला पर क़ाबिज़ वली-अहद के हाथ है।

ज़ेबुन्निसा : उसी रात की याद में आपने क़ैदी दारा शिकोह को क़िला-ए-मुअल्ला के लाहौरी दरवाज़े के सामने कड़कती धूप में पहरों खड़ा रखा-ये बताने से पेश्तर कि उनका क्या अंजाम होने वाला है?

औरंगज़ेब : हम *(ऊपर संकेत करते हुए)* हम उनसे मश्विरा कर रहे थे।

ज़ेबुन्निसा : *(ऊपर संकेत करते हुए) उनसे?*

औरंगज़ेब : *(हामी में सिर हिलाते हुए)* लम्हा-ए-नाज़ुक़ में वो हमारे कान में हिदायत फुसफुसा देते है।

ज़ेबुन्निसा : सच्चाई बयान कर दीजिए।

औरंगज़ेब : वही कर रहे हैं डॉक्टर! तवारीख़ उठा कर देख लीजिए। औरंगज़ेब जिस दिन झूठ बोलेंगे, हिन्दुकुश अपने मुकाम से फिसल कर गोवा आ जायेगा।

ज़ेबुन्निसा : *(हल्की मुस्कान से)* ये किसका गुहरे[129] ज़ुबान है?

औरंगज़ेब : अल्लीमा मुल्तानी का-सामूगढ़ में अपनी शिकस्त के बाद दारा गये थे उनकी दहलीज़ पर। अल्लीमा ने अगली लड़ाई के ख़ातिर उनके लिए दुआ भी माँगी थी। बाद में उनकी ख़ानक़ाह के लिए हमने सौग़ात भेजी, तो उन्होंने ये कह कर वापस कर दी, दारा शिकोह के क़ातिल के हाथ से जन्नत की चाबियाँ भी मंज़ूर नहीं।

ज़ेबुन्निसा : आपको ज़ुल्मत का शायर कहा जाता है। दरवेश भी आपके क़हर से नहीं बचे। अल्लीमा कैसे बच गयीं?

औरंगज़ेब : ख़ातून थीं इसलिए। पर हमें शायरे-ज़ुल्मत बनाया शाहजहाँ वा

दारा की जोड़ी ने। तुम ये समझ लो कि कुव्वते-इंसानी जितना ज़ुल्म बर्दाश्त कर सकती है, उसकी हद पार कर लेने के बाद भी अगर हम पागल नहीं हुए, तो इसका सेहरा जहाँ आरा के सिर है।

ज़ेबुन्निसा : पर कहा जाता है, दारा वा जहाँ आरा बहुत क़रीब थे?

औरंगज़ेब : *(कुछ ठहर कर बुरा मुँह बनाते हुए)* दो बदन एक जान-

ज़ेबुन्निसा : ये कुबूल करते हुए आपको दिली तकलीफ़ होती है?

(औरंगज़ेब हामी में सर हिलाता है।)

ज़ेबुन्निसा : फिर भी जहाँ आरा ने आपको नई ज़िन्दगी दी?

(नोट्स लेने के लिए तैयार हो जाती है।)

औरंगज़ेब : आगरा क़िले में देर रात जहाँ आरा कमरे से निकलीं, तो उनकी मलमली पोशाक का एक हिस्सा मशाल से छू गया। वो बुरी तरह झुलस गयीं। हम, शुजा और मुराद-अपने-अपने सूबों में तैनाद तीनों बिरादर हमशीरा को देखने आ गये।

ज़ेबुन्निसा : और दारा?

औरंगज़ेब : शाहजहाँ उनको हमेशा ग़ैर-हाज़िर सूबेदार बना कर ख़ुद से चिपका कर रखते थे-नायब सूबेदार मुल्तान या लाहौर में हुकूमत सँभालता था। तो बेगम साहिब बेहोश थीं। छह हफ़्ते गुज़र गये। यकायक हमसे सब छीन लिया गया-भत्ता, जागीर, सूबेदारी।

ज़ेबुन्निसा : क्यों?

औरंगज़ेब : शाहजहाँ वा दारा मौके का पूरा फ़ायदा उठाते हुए रास्ते का सबसे बड़ा काँटा दूर कर रहे थे। आठ महीने जहाँ आरा ज़िन्दगी और मौत के बीच झूलती रहीं। हकीमों ने कहा, अब दवा नहीं, दुआ की ज़रूरत है। पूरी रैयत ने दुआ की होगी-हमको मिला कर-जो बेगम साहिब ने आँखें खोल दीं। गुस्ले-सेहत किया। जश्न शुरू हो गया। फिर उन्होंने वो किया, जिससे शाही बाप-बेटे की ज़िन्दगी में क़यामत आ गयी।

ज़ेबुन्निसा : अच्छा?

औरंगज़ेब : यकायक हमें क़िले में तलब किया गया। वक़्त का मारा औरंगज़ेब शीश महल के बाहर इंतिज़ार कर रहा था-कि यहाँ से या सलीमगढ़ भेज जायेगा या सूली पर चढ़ा दिया जायेगा। पर हुआ ये कि हमारी .फ़ैज़रसाँ[130] ने हमें फिर .फ़ैज़याब[131] किया, हमारी पनाहे-बेकसां[132] ने हमें फिर पनाह दी।

ज़ेबुन्निसा : शाहजहाँ का रुख़ क्या था?

औरंगज़ेब : ज़ाहिर है, मुख़ालिफ़त में ज़मीनो-आस्मान एक कर दिया उन्होंने, पर बेगम साहिब टस से मस नहीं हुईं। फ़र्माया कि अम्मीजान की आख़िरी साँसों के बीच उन्होंने वादा किया था कि भाइयों के साथ एक जैसा बर्ताव किया जायेगा-चाहे उनके बीच आपस में कैसा भी मनमुटाव चलता रहे। शाहजहाँ ने समझाया, औरंगज़ेब के दरकिनार हो जाने से दारा एक तरह से शहंशाह बन चुके। अपनी ख़ुदकुशी जैसी माँग में क्या तुम्हें आने वाले कल की तहरीर दिखायी नहीं दे रही? तुम दारा के ख़ात्मे पर शाही मुहर क्यों लगा रही हो? अब जो ख़ुदा को मंज़ूर हो, जहाँ आरा बोलीं। हमको वही करना होगा, जो हमारा फ़र्ज़ है।

ज़ेबुन्निसा : दारा का रद्दे-अमल?

औरंगज़ेब : *(सोचते हुए)* पूरा मंज़र हमारे भीतर साँस ले रहा है, जैसे कल की बात हो। अब सारा दारोमदार दारा पर था। अगर वो इंकार करते, तो हमको फिर ज़मींदोज़ हो जाना था। शाहजहाँ दारा के इंकार के लिए तड़प रहे थे। पर हमारे जानी दुश्मन ने फ़ौरन इक़रार में सिर हिला दिया-बेगम साहिब की ख़्वाहिश हमारे सिर-माथे पर। हमको हुक़्मनामा थमा दिया गया, बहैसियत सूबेदारे-गुजरात फ़ौरन अहमदाबाद के लिए कूच करो-

ज़ेबुन्निसा : फिर?

औरंगज़ेब : शाहजहाँ ने हमको जिस तिलमिलाती, सुलगती, अदावती नज़र से देखा, (उस पल का प्रदर्शन करते हुए) वो तवारीख़े-सुलूके-इंसानी में लाफ़ानी[133] रहेगी। उस नज़र को हमने भीतर उतार लिया, महफ़ूज़ कर लिया। ख़ुद से कहा, क्या हमारी ज़िन्दगी में कभी वो दिन आयेगा, जब हम इस नज़र का बदला वैसी ही ख़िदमत से देंगे, जैसी कभी श्रवण कुमार ने अपने बाप को दी थी?

ज़ेबुन्निसा : *(आश्चर्य से)* तो शाहजहाँ से ताज छीन कर आपने वही किया?

(औरंगज़ेब इतिहास पोथी उठाता है।)

औरंगज़ेब : *(एक पृष्ठ दिखाते हुए)* तावरीख़ पढ़ लो।

ज़ेबुन्निसा : *(पढ़ती है)* शाहजहाँ के निज़ाम में बदहाली छा गयी थी। बल्ख़-बदख़्शाँ वा कंधार पर लगातार तीन हमलों और ताजमहल

जैसी फ़ालतू-फ़िज़लख़र्ची से अवाम की ख़ुशहाली के मंसूबे खटाई में पड़े हुए थे। फिर बादशाह सलामत की सेहत ने भी *(इतिहास औरंगज़ेब की ओर बढ़ाती है।)* आप पढ़िए।

औरंगज़ेब : *(चौंक कर)* हम?

ज़ेबुन्निसा : (हामी में सिर हिलाते हुए) इमोशन आपको पता है न!

औरंगज़ेब : *(नापसंदगी से)* इमोशन? ये हक़ीक़त है।

ज़ेबुन्निसा : हक़ीक़त में इमोशन डालने का हुनर है आपके पास! *(अधिकार के सुर में)* पढ़िए

औरंगज़ेब : *(हाव-भाव से)* फिर बादशाह सलामत की सेहत ने भी जवाब दे दिया। छ्यासठ की उम्र तक पहली बार मुग़ल बादशाह पहुँचा था। करेले पर नीम चढ़ा ये कि काफ़िर दारा की वजह से इस्लाम कब का ख़तरे में पड़ा हुआ था। मुराद बख़्श पर क़त्ल का इल्ज़ाम सावित हुआ, तो उनको फाँसी होना ही थी। शाह शुजा को अराकान में वफ़ात मिल चुकी थी। जब दारा शिकोह को उलेमा की मजलिस ने सज़ा-ए-मौत का हुक़्म सुनाया-

(ज़ेबुन्निसा हँसती है)

ज़ेबुन्निसा : Wonderful!

औरंगज़ेब : *(नापसंदगी से)* क्या हुआ?

ज़ेबुन्निसा : कमाल का फ़नकार है आपका तवारीख़निगार!

(औरंगज़ेब की नापसंदगी गहरा जाती है।)

औरंगज़ेब : क्या मतलब?

ज़ेबुन्निसा : उसने बेदलीली के नीमरस के साथ आज की तारीख़ में आगे के वाक़यात डाल कर fantasy का ऐसा मुरब्बा बनाया है कि- (औरंगज़ेब का भाव देख कर चुप हो जाती है। कॉलेज जाने वाली लड़की की चंचल मुस्कान से) सॉरी-

औरंगज़ेब : *(नापसंदगी से)* तुमको दिमाग़ी हिक्मत की डिग्री कहाँ से मिली? पेशे का पहला क़ायदा नहीं मालूम? तुम फ़ैसला नहीं दे सकतीं-You can not be judgemental!

(ज़ेबुन्निसा कान पकड़ कर एक बार उठक-बैठक करती है। फिर पहले की पोज़ीशन में आ जाती है।)

ज़ेबुन्निसा : *(अधिकार के सुर में) पढ़िए-*

औरंगज़ेब : *(पढ़ने लगता है।)* जब दारा शिकोह को उलेमा की मजलिस

ने सज़ा-ए-मौत का हुक्म सुनाया, तब औरंगज़ेब अपने दो जामे पोटली में बाँध बेगूसराय के छप्पनटोला मदरसे में बतौर मौलवी जाने से पेश्तर नजूमी के साथ बैठे थे कि अगले तीन दिन में कौन-सी साअते-नेक[134] है। तभी देखते क्या हैं कि अमीरो-उमरा के नुमाइंदे सफ़बंद[136] हो, फ़रियाद कर रहे हैं, *(नाटकीय के साथ)* रहम आलमगीर, रहम। आप टोपियाँ सिल कर सुबह से शाम करने लगेंगे, तो तख़्ते-ताऊस पर जलवाअफ़रोज़ हो कमाने-हुकूमत कौन सँभालेगा? आप मौलवी का सुफेद जामा इख़्तिार कर लेंगे, तो शाही बैंगनी जामा कौन पहनेगा? आप- **(ज़ेबुन्निसा चुप हो जाने का संकेत करती है। औरंगज़ेब चुप हो जाता है।)**

ज़ेबुन्निसा : शाही जामा शाहजहाँ न सिर्फ़ पहले से ही पहने थे, बल्कि तख़्ते-ताऊस पर जलवाअफ़रोज़ भी थे। आपको मदरसे जाने से किसी ने नहीं रोका था।

औरंगज़ेब : *(गहन दुख से)* फ़र्ज़ डॉक्टर ज़ुबेदा, फ़र्ज-उम्ररसीदा शाहजहाँ इस लायक़ होते, तो रोना किस बात का था।

ज़ेबुन्निसा : बिल्कुल थे। साढ़े सात बरस क़ैद में रहे। चौहत्तर की उम्र में साँस तोड़ी।

औरंगज़ेब : *(इतिहास दिखाता है।)* यहाँ क्या लिखा है? *(पढ़ते हुए)* लगातार चक्कर आते रहने की वजह से बेहद कमज़ोर शाहजहाँ ख़्वाबगाह से बाहर निकलने के लायक़ नहीं रहे। उनकी दिमाग़ी हालत भी गड़बड़ होने लगी। मत्लूब[136] था मालवा, पर बोल दिया मुल्तान। बादशाहत की रूटीन तक भूल गये। इतवार को छज्जे पर जाकर बोले, हाथियों का खेल क्यों नहीं हो रहा? लाचारो-मजबूर औरंगज़ेब क्या करते? अपनी रूह की पुकार अनसुनी कर, काँटों का ताज सिर पर रखना पड़ा गरीब को। **(ज़ेबुन्निसा स्थिर दृष्टि से औरंगज़ेब को देखती है, फिर उसकी बाँह पर तारों से जुड़ी, घंटी-लगी पट्टी बाँधने लगती है।)**

औरंगज़ेब : *(चौंक कर)* ये क्या है?

ज़ेबुन्निसा : आपके ख़ून के दबाव को क़ाबू में रखने के लिए-

औरंगज़ेब : *(हामी में सर हिलाते हुए)* बहुत ऊपर-नीचे जाता है। **(ज़ेुबिन्नसा पट्टी बाँध देती है।)**

ज़ेबुन्निसा : आपकी ज़िन्दगी में मरक़ज़ी जज़्बा क्या है?

औरंगज़ेब : रहमो-करम-उल्फ़त-

(तारों से जुड़ी ज़रा-सी घंटी बजती है। औरंगज़ेब चौंक कर घंटी की तरफ़ देखता है।)

ज़ेबुन्निसा : आप झूठ बोलेंगे, घंटी बजेगी।

औरंगज़ेब : (चिढ़ कर) इसका हमारी उड़ी हुई नींद से क्या तअल्लुक़?

ज़ेबुन्निसा : आपके जज़्बातो-एहसास का अंदरूनी नक़्शा क्या है, ये जानने के बाद ही हम बता सकते हैं कि नींद उड़ने की वजूहात क्या हैं और उसे कैसे वापस लाया जा सकता है?

औरंगज़ेब : *(पट्टी खोलते हुए)* हमको नहीं चाहिए ऐसी नींद-

(औरंगज़ेब उठता है, दरवाज़े तक जाता है, ठिठकता है, मुड़ता है।)

औरंगज़ेब : तुम हमारे अंदरूनी का नक़्शा चाँदनी चौंक में बेच दोगी। सारी कायनात थू-थू करेगी हम पर।

ज़ेबुन्निसा : हम पेशेवर इख़्लाक़[137] के पाबंद हैं।

औरंगज़ेब : यहाँ जो कहा जायेगा, यहीं तक महदूद रहेगा?

(ज़ेबुन्निसा हामी में सिर हिलाती है। औरंगज़ेब फिर आकर बैठता है। ज़ेबुन्निसा पट्टी उठाती है।)

औरंगज़ेब : अब इसकी ज़रूरत नहीं। *(प्रार्थना में हाथ उठाते हुए)* ख़ुदा ख़ैर करे, ओखली में सिर दे रहे हैं हम-

ज़ेबुन्निसा : *(डायरी में देखते हुए)* शाहजहाँ ने हमको जिस तिलमिलाती, सुलगती, अदावती नज़र से देखा, वो तवारीख़े-सुलूके-इंसानी में लाफ़ानी रहेगी। आगे?

औरंगज़ेब : *(उस पल का सच्चा प्रदर्शन करते हुए)* हम उन्हीं को देख रहे थे-उस नज़र को हमने भीतर उतार, महफ़ूज़ करते हुए दुआ माँगी, मालिके-दोजहाँन, कभी हमें इस क़ाबिल बनाओगे कि हम इस नज़र का इंतिक़ाम ले सकें?

ज़ेबुन्निसा : तब दारा से नज़र मिली आपकी?

औरंगज़ेब : मिली। कोई वजह नहीं कि उन्होंने हमारी आँखों में अपना अंजाम न देखा हो, पर उनके चेहरे पर महज़ इत्मीनान की मुस्कान थी-कि ख़ुदा का करम, हमारी हमशीरा[138] को नई ज़िन्दगी मिल गयी। बाक़ी सब बेमानी है।

(ज़ेबुन्निसा डायरी देखती है।)

ज़ेबुन्निसा : शाहजहाँ से आपकी आख़िरी मुलाक़ात कब और कहाँ हुई थी?

औरंगज़ेब : लाहौर में, जब हम कंधार मुहिम पर जा रहे थे। दूसरी बार भी हारे। शाहजहाँ बेहद नाराज़ हुए। वो ये दलील सुनने को तैयार नहीं थे कि कंधार क़िले को सिर्फ़ दग़ाबाज़ी से जीता जा सकता है, हथियारों से नहीं। हालांकि वो ये हक़ीक़त अच्छी तरह जानते थे–उनकी जीत के पीछे भी दग़ाबाज़ी ही थे। लौटने पर हमने दरख़्वास्ते–मुलाक़ात की, उन्होंने इंकार कर दिया। पूरा दरबार हमारी ज़िल्लत का गवाह बना।

ज़ेबुन्निसा : फिर?

औरंगज़ेब : दकन की दूसरी बार सूबेदारी का दौर। छह बरसों में हम दोनों का घमासान अपने उरूज़[138] तक पहुँच गया, लेकिन बाहर से हम उनके तलवे चाटते रहे। *(पत्रों की अपनी फ़ाइल से उद्धरण देते हुए)* मैंने कभी ख़ुद को ज़िल्ले–सुब्हानी के पसंदीदा मुरीदों या ख़ादिमों में से एक नहीं माना और महज़ एक गुलाम के लिए माकूल तवज्जो का मुतालबा किया। जहाँपनाह मेरे साथ कैसा सुलूक करें, ये फैसला उनके ऊपर छोड़ रखा है।

ज़ेबुन्निसा : *(चौंक कर)* आप ऐसे ख़त लिखा करते थे?

औरंगज़ेब : *(चिढ़कर)* तुमने कभी बग़ावत की है?

(ज़ेबुन्निसा इंकार में सिर हिलाती है।)

औरंगज़ेब : *(शान्ति से)* बेहद मुनासिब लम्हा दरकार होता है उसके लिए, जिसके इंतिज़ार में कसे हुए जबड़ों के साथ ख़ून के आँसू पीते हुए कहना उल्टा पड़ता है–*(अति नाटकीय विनम्रता से फिर पढ़ते हुए)* मैं नहीं कहता कि मुझे इज़्हारे–फ़राख़दिली के साथ गुलदस्ता–ए–सौग़ात सौंपा जाये। मैं गुलाम हूँ, मेरे साथ जो मर्ज़ी हो, बर्ताव किया जाये।

(बड़ी मुस्कान देता है।)

ज़ेबुन्निसा : *(डायरी पर नज़र के साथ)* सामूगढ़ फ़तेह के बाद गुलामी का बेहतरीन नमूना आपने कैसे दिखाया?

औरंगज़ेब : हमने सुल्तान को शाहजहाँ के पास भेजा, क़िले की चाबियाँ दे दीजिए। शाहजहाँ अकड़ने लगे, *(लय एवं सख़्ती से)* जैसे ख़ुदा तनो–तन्हाँ करता है रहमफ़र्माई/वैसे ही कोई हिस्सेदार नहीं होता बादशाहत का।/किसी ग़ैर की उँगली में है शाही मुहर, तो वो है ज़बर्दस्ती का नुमाइंदा।! बादशाह के पास हैं चाबियाँ

दरवाज़ा-ए-फ़तेह और ख़जाने की/कोई नहीं खोल पाया उन्हें महज़ अपने बाज़ुओं के सहारे- *(मुस्कान से)* हमने बाज़ुओं का सहारा लिए बग़ैर दरवाज़ा-ए-फ़तेह खोल दिया।

ज़ेबुन्निसा : कैसे?

औरंगज़ेब : क़िले में जितने कुएँ हैं, उनमें पानी का सोता बाहर एक जगह जमुना किनारे है। हम शीरे-लुआब[139] का शर्बत पीते हुए ख़रामा-ख़रामा गये और मुहानी बन्द कर दी। *(मुस्कान से)* तीसरे दिन शाहों के शाह प्यास से ऐसे टूटे कि शायरी करने लगे।

ज़ेबुन्निसा : *(मुस्कान से)* माना जाता है कि जुदाई से तड़पता महबूब दुनियाँ का पहला शायर था। आपने वालिद को शायर बना कर तारीख़ी काम अंजाम दिया।

औरंगज़ेब : *(विनीत भाव से)* जो करता है, *(ऊपर संकेत सहित)* वो करता है। हम तो फ़क़त मुहरे हैं।

ज़ेबुन्निसा : कहा जाता है, आपने इसका एक Dramatic Version बना रखा है, जिसे आप आइने के सामने पेश करते हैं।

(औरंगज़ेब नाटकीय ढँग एवं लय से अदाकारी दिखाता है।)

औरंगज़ेब : मेरा बेटा, मेरा हीरो।
कैसे करूँ अपनी बदनसीबी की शिकायत
ये जानते हुए कि एक पत्ती भी नहीं गिरती मर्ज़ि-ए-ख़ुदा के बग़ैर
कल थे मेरी फ़ौज में नब्बे हज़ार सिपाही
आज तलबगार हूँ एक गगरी पानी का-
(शाहजहाँ की नक़ल में बच्चे के सामन रोते हुए आरोप लगाता है।) मत करो गुरूर/झूठी है इस जहाँ की ख़ुशनसीबी-

ज़ेबुन्निसा : तवारीख़े-मुग़लिया में पहली बार तख़्तनशीं शहंशाह का तख़्तापलट हुआ।

औरंगज़ेब : जहाँगीर के लाहौर में होने पर शाहजहाँ भी अब्दुर्रहीम के साथ अकबराबाद पर झपटे थे, ताकि शाही ख़ज़ाने पर क़ब्ज़ा कर जहाँगीर का तख़्ता पलट दे, पर महाबत ख़ाँ ने उनका मंसूबा तोड़ दिया।

ज़ेबुन्निसा : ये सही है कि जिस शाहजहाँ ने पंद्रह बरस पहले आपकी दरख़्वास्ते-मुलाक़ात ठुकराई थी, बाद में वही आगरें में अपने

दर पर आपके पाँवों की धूल की ख़ातिर गिड़गिड़ाने लगे?

औरंगज़ेब : *(मुस्कान से)* उन्होंने तार्तार ख़ातून हिफ़ाज़ती दस्ते से हमारे क़त्ल का ख़्याली पुलाव पकाया था। हमने सोचा कि जायें, मज़ा लें, पर वक़्त नाज़ुक़ था। दारा दिल्ली भाग चुके थे। शुजा ताज पर अपना दावा छोड़ने को राज़ी नहीं थे। हमने तय कर लिया था कि अगले दो दिन में अपने शरीके-जंग मुराद को गिरफ़्तार कर लेंगे। पर पेचीदगी ये थी कि जहाँ आरा बेगम शाहजहाँ के साथ मुसम्मन बुर्ज में थीं। उनके होते हुए हम शाहजहाँ का ज़्यादा तमाशा नहीं बना सकते थे।

(आत्मलीन हो जाता है। ज़ेबुन्निसा चुप देख रही है।)

औरंगज़ेब : सच्ची बात ये है कि शाहजहाँ को सताने का लुत्फ़ उतना गहरा नहीं था, जितना जहाँ आरा की दर्ख़्वास्त कुबूल न करने का अफ़सोस-

(ज़ेबुन्निसा नोट्स ले रही है।)

ज़ेबुन्निसा : कैसी दर्ख़्वास्त?

औरंगज़ेब : हमने तक़सीमे-सल्तनत की उनकी पेशकश नहीं मानी, दारा की जान नहीं बख़्शी। पिछले तीस बरसों में किसी न किसी अर्ज़ के साथ हम मुसल्सल उनके आस्ताने पर सिज्दा करते रहे, जबकि वो पहली बार हाथ फैलाए हमारे दर पर आयी थीं। कुदरतन तब हमें वो दिन भी याद आया, जब उन्होंने हमें नयी ज़िन्दगी दी थी। हम उनकी बात न रखने के लिए भीतर बेहद ज़ख़्मी हुए। तब और उसके बाद कितनी बार हमने देखा कि दर्द का आख़िरी संगे-मील पार करने के बाद भी जहाँ आरा ने अपनी हरमत[140] नहीं खोई-इस हक़ीक़त के बावजूद कि अगर हमारे बजाय दारा छठवें शहंशाह बनते, तो उनकी सूरते-ज़िन्दगानी बिल्कुल मुख़्तलिफ़ होती। देर से ही सही, पर शायद उनका निकाह भी हो जाता। *(वर्जना संकेत के साथ)* ये टॉपिक छोड़ो। *(मुस्कान से)* शाहजहाँ के बारे में पूछो। बड़ा मज़ा आता है।

ज़ेबुन्निसा : नज़रबंद शाहजहाँ से आपकी मुलाक़ात कब हुई?

औरंगज़ेब : *(बड़ी मुस्कान से)* कभी नहीं।

ज़ेबुन्निसा : क्या मतलब?

औरंगज़ेब : दकन की अपनी दूसरी सूबेदारी के छह साल, जंग-विरासत के दो साल, उनकी क़ैद के साढ़े सात साल और फिर उनका

इंतिक़ाल मुबारक–हमने कभी उनके दर्शन नहीं किये।

ज़ेबुन्निसा : *(नासमझी से)* दारा के चँगुल से जिन वालिदे–मुक़र्रम को छुड़ाने के लिए आप इतनी दूर दौलताबाद से अकबराबाद आये थे, उनसे मिलने का टाइम आपको नहीं मिला?

औरंगज़ेब : *(सख़्ती से)* नहीं। बहुत बिज़ी थे।

ज़ेबुन्निसा : जब शाहजहाँ इंतिक़ाल फ़र्मा गये, तो ताज़ियत[141] में आपने क्या कहा?

औरंगज़ेब : मैयत में शामिल होते, तभी तो कहते।

ज़ेबुन्निसा : *(स्तब्ध हो)* आप वालिद की मैयत में शामिल ही नहीं हुए?

औरंगज़ेब : *(चिढ़ कर)* दिल्ली से आगरा कितनी दूर है, तुम्हें नहीं मालूम?

ज़ेबुन्निसा : शाही ख़ानदान तो नाव से सफ़र करता था। सर्दी का मौसम। जमुना ने बाढ़ से कूल–किनारे नहीं तोड़े थे।

औरंगज़ेब : *(सख़्ती से)* शिरकत से हमारी नफ़रत बेइज़्ज़त नहीं हो जाती?

ज़ेबुन्निसा : *(जैसे समझने की कोशिश कर रही हो)* अच्छा?

औरंगज़ेब : जानती हो, बहैसियत शहंशाह उन्होंने आख़िरी हुक़्म किसको और क्या दिया था?

ज़ेबुन्निसा : किसको?

औरंगज़ेब : हमको–

ज़ेबुन्निसा : क्या?

औरंगज़ेब : *(अपनी मुट्ठी दिखाते हुए)* चँगुल में आ चुके बीजापुर से अपनी फ़ौज हटा लो, चूँकि तुम्हारी फ़तेह देख हमारी आँखों के तारे की नींद उड़ चुकी। *(मुस्कान से)* बस, इसके बाद फ़्रीज़ हो गयी ज़ुबाने–शाहजहाँ! वो बीमार हुए और सियासी पहल की गेंद शहज़ादों ने लपक ली। बादशाहत का पहला एलान किया शाह शुजा ने और बाक़ी एलानियों का ख़ात्मा कर आख़िरी हमने!

ज़ेबुन्निसा : बेटे की हैसियत से अगर आप शाहजहाँ का रिपोर्ट कार्ड बनायेंगे, तो एक से दस के स्केल पर उनको कहाँ रखेंगे?

औरंगज़ेब : माइनस ज़ीरो–

ज़ेबुन्निसा : क्यों?

औरंगज़ेब : वालिदाना उसूल के मुताबिक़ सब बेटे बराबर होते हैं, पर उनके जज़्बात पर हमेशा दारा का शिकंजा रहा। उन्होंने शुजा को नज़रअंदाज़, मुराद को बर्दाश्त और मुझसे मुसल्सल नफ़रत की–

(बलपूर्वक) बेपनाह-

ज़ेबुन्निसा : पर आप भी अपने सब बेटों को एक जैसा प्यार नहीं करते।

औरंगज़ेब : *(चिढ़ कर)* तुमको मेहनताना शाहजहाँ दे रहे हैं या हम?

ज़ेबुन्निसा : आप, बतौर ऐसी हुंडी, जो कभी भुनाये जाने क़ाबिल नहीं बनेगी।

औरंगज़ेब : फ़ौज का बक़ाया तो चुका दें पहले—

ज़ेबुन्निसा : इलाज में आगे बढ़ने के लिए हमें इस बात को मद्दे-नज़र रखना होगा कि एक ही मुद्दे पर आप मुख़्तलिफ़ लोगों के वास्ते मुख़्तलिफ़ पैमाने का इस्तेमाल करते हैं।

औरंगज़ेब : *(और चिढ़ कर)* सबसे पहले तुम ये संगीन हक़ीक़त मद्दे-नज़र रखो कि शाहों के शाह ने हमारी ज़िन्दगी सरासर दोज़ख़ से भी बदतर बनायी। उन्होंने बतौर सूबेदार हमारी हर माँग ठुकराई-निज़ामी और माली। उन्होंने किसी भी तरह हमारी साख नहीं बढ़ने दी-ना फ़ौज़ी, ना निज़ामी। उन्होंने बार बार, लगातार, सरे दरबार हमको ज़लील किया। हमारा क़द घटाने का न सिर्फ़ कोई मौक़ा ज़िल्ले-सुब्हानी ने हाथ से नहीं जाने दिया, बल्कि फ़नकार की तरह नये-नये तरीक़ों की तामीर जारी रखी। सिर्फ़ हम पर जुल्म ढाने के लिए वो अपने तख़ैयुल के हाशिए खेंचते गये। डॉक्टर ज़ुबैदा, तवारीख़े-नस्ले इंसानी में किसी वालिद ने अपने बेटे पर उतने ज़ुल्म नहीं ढाए होंगे, जितने साहिबे-क़िराने-सानी फ़िरदौस-आशियानी[142] ने हमारे ऊपर दाग़े-किसी भी पैमाने से इंसानी कुव्वते-बर्दाश्त के बाहर-

(भावातिरेक में पानी का घूँट भर सकता है।)

ज़ेबुन्निसा : क्यों?

औरंगज़ेब : नफ़रत थी हमसे।

ज़ेबुन्निसा : क्यों?

औरंगज़ेब : *(चिड़चिड़ेपन से)* हम रूखे, बेरंग, दक़ियानूस और मनहूस है। हम साथ होते हैं, तो उन्हें एक के बाद एक जमुहाइयाँ आने लगती हैं, पर हक़ीक़त ये है कि उन्होंने अपना सब कुछ उस सूफ़ी के ऊपर कुर्बान कर रखा था। *(व्यंग से)* रूह तर हो जाती थी उनकी दारा की संगत में।

ज़ेबुन्निसा : दारा ख़ूबयान[143] थे। उनकी ज़ुबान गुल कतरती थी।

औरंगज़ेब : *(मुस्कान से)* तभी हमने उनकी ज़ुबान ही कतर दी। राज़ की

बात बता रहे हैं तुम्हें। इंतिक़ाम के कई तरीक़ों पर हमने ग़ौर किया था। दारा की ज़ुबान से शुरू कर हाथ, पाँव और गर्दन काटना; अपनी मौजूदगी में शाहजहाँ के साथ उनकी मुलाक़ात करवाना या दहकती सलाखों की नोक दारा की आँखों में घुसेड़ना और वो भी शाहजहाँ के सामने, या दोनों को अंधा बना कर एक साथ क़ैद कर देना, या अंधे दारा को रौशन आरा के सुपुर्द कर देना, या चाँदनी चौक में शाहजहाँ के सामने दारा को सूली पर चढ़ाना–पर ऐसा नहीं कर सके।

ज़ेबुन्निसा : क्यों?

औरंगज़ेब : जब हमने सरे बाज़ार दारा का जुलूसे–ज़िल्लत निकाला, तो लोग नाराज़ हो गये। मलिक जीवां पर गोबर और पेशाब की थैलियाँ फेंकी गयीं। फिर जहाँ आरा भी मंज़र पर थीं। *(करुण मुस्कान एवं लय से)* दिल के अरमां दिल में ही रह गये।

(ज़ेबुन्निसा औरंगज़ेब की टाँग खींचती है।)

ज़ेबुन्निसा : आप सचमुच नफ़रतो–इंतिक़ाम के फ़नकार हैं।

औरंगज़ेब : *(प्रसन्न होता है)* संस्कृत पोयटिक्स में नौ रसों की रानी है नफ़रत–

ज़ेबुन्निसा : वो दर्जा उल्फ़त को हासिल है।

(औरंगज़ेब इंकार में सर हिलाते हुए परम प्रसन्न भाव से चालू रहता है।)

औरंगज़ेब : नहीं, नफ़रत में सारे जज़्बात समाये हुए हैं–बेरग़बती[144], किराहत[145], बरग़श्तगी[146], तनफ़्फ़ुर[147], रक़ाबत[148], अदावत[149], मक्रूह[150], मलऊनियत[151],

(ज़ेबुन्निसा हथेली उठा कर चुप रहने का संकेत करती है।)

औरंगज़ेब : *(चिढ़ कर)* अभी और है।

ज़ेबुन्निसा : *(कुढ़ जाती है।)* हमें शिद्दत का अंदाज़ हो गया न!

औरंगज़ेब : *(बलपूर्वक)* नहीं हुआ।

ज़ेबुन्निसा : कमी रह गयी?

औरंगज़ेब : हाँ। हम चाहते थे कि शाहजहाँ ढक्कन खोलें और दारा का कटा हुआ सिर पहले वही देखें। हमारा लुत्फ़ बहुत घट गया, चूँकि ढक्कन जहाँ आरा ने खोल लिया।

ज़ेबुन्निसा : तो क्या हुआ?

औरंगज़ेब : *(आरोप के सुर में)* कैसी साइकाइट्रिस्ट[152] हो तुम? जहाँ आरा

ने चीख़ मार दी, तो शाहजहाँ के वास्ते धक्का, दहशत और सदमे की धार का पैनापन कम हो गया कि नहीं?

(ज़ेबुन्निसा समर्थन में सर हिलाती है।)

ज़ेबुन्निसा : दारा आपकी बादशाहत का एहतराम कर चुके थे। उन्हें ज़िन्दा क्यों नहीं छोड़ा?

औरंगज़ेब : *(चिढ़ कर)* तवारीख़ दिखायी थी अभी। मजलिस ने दारा को कुफ्र का गुनहगार पाया।

(ज़ेबुन्निसा एक गोली निकालती है, औरंगज़ेब को दिखाती है।)

औरंगज़ेब : ये क्या है?

ज़ेबुन्निसा : हमारे दिमाग़ में एक सेफ़्टी वाल्व होता है, जो हमारी मर्ज़ी से या हमारे जाने बग़ैर हक़ीक़त को छिपाता या तोड़ता-मरोड़ता है। कई बार हमको इसका एहसास भी नहीं होता। आप ये गोली खा लेंगे, तो वो नस कुछ वक़्त के लिए काम करना बन्द कर देगी।

औरंगज़ेब : हम सच-सच उगल देंगे?

ज़ेबुन्निसा : *(हामी में सिर हिलाते हुए)* हमारे भीतर बहुत कुछ होशमंदी के परे है। अगर हमें आपकी खोई हुई नींद जुटाना है, तो आपके भीतर के अँधेरे कोनों, जालों और गाँठों की चीरफ़ाड़ लाज़िमी है।

औरंगज़ेब : हमारी खोयी नींद वापस लाना इतना मुश्किल है?

ज़ेबुन्निसा : बेहद पेचीदा है आपका अंदरूनी।

औरंगज़ेब : Highly Complicated?

(ज़ेबुन्निसा हामी में सिर हिलाती है। औरंगज़ेब सोच रहा है, बैठा है तो खड़ा हो जाता है, मोबाइल में नम्बर डायल करता है।)

औरंगज़ेब : *(बड़े विनीत भाव से)* मालिके दोजहाँन, दिमाग़ी हकीम को अपने अंदरूनी में झाँकने दिया जाये? *(सुनता है।)* बहुत बेहतर-

(मोबाइल बन्द कर ज़ेबुन्निसा के सामने हथेली फैलाता है, वह गोली हथेली पर रखती है, औरंगज़ेब गोली मुँह में डाल पानी का घूँट पीता है।)

ज़ेबुन्निसा : हमने सुना है, जिस दिन आपकी दूसरी, पक्की ताजपोशी हुई,

उससे पिछली रात की तन्हाई में आपने तख़्ते-ताऊस पर बैठ बाक़ायदा रिहर्सल की थी और अपना फ़ल्सफ़ा-ए-निज़ाम सूने दीवाने-ख़ास को सुना दिया था?

औरंगज़ेब : *(हामी में सिर हिला उँगलियों पर गिनते हुए)* ताज की आँखें नहीं होतीं-वो रिश्ता-ए-ख़ून नहीं पहचानता। सिर पर ताज चाहिए-वो कैसे आया, इससे कोई फ़र्क़ नहीं पड़ता। बादशाह की दुनियाँ सूनी होती है। शहज़ादों पर हर्गिज़ यक़ीन मत करो, उनके साथ घुलमिल कर बर्ताव मत करो। बादशाह को अपने साए से भी होशियार रहना चाहए। पानी और बादशाह को देर तक एक जगह नहीं ठहरना चाहिए। सच्चा, ईमानदार मुलाज़िम निज़ाम के काम का नहीं। फ़रेब के बग़ैर हुकूमत नहीं की जा सकती। अगर दुश्मन न होना मुमकिन न हो, तो मुर्दा दुश्मन बेहतर है। सज़ा-ए-मौत सबसे कारगर है, चूँकि कटा हुआ सिर कोई अफ़साना नहीं सुनाता। गुनाह कैसा भी हो, सज़ा सबसे सख़्त होना चाहिए। चोरी के लिए चोर के हाथ काटने के बजाय अगर गर्दन काट दी जाये, तो देखते-देखते चोरी सिर्फ़ किताबों में रह जायेगी। सही और ग़लत को जाँचने का सिर्फ़ एक पैमाना है-कामयबाी। ऐसा कोई वादा नहीं होत, जिसे तोड़ा नहीं जा सकता। ऐसी कोई क़सम नहीं होती, जिसे खा कर थूका नहीं जा सकता।

ज़ेबुन्निसा : इसीलिए आपने शुजा और मुराद की तरह बादशाहत का एलान नहीं किया?

(औरंगज़ेब हामी में सिर हिलाता है।)

ज़ेबुन्निसा : पर धर्माट की लड़ाई से पेश्तर आपकी असलियत सामने आ गयी, जब आपने वापस दकन लौटने से इंकार कर दिया। शिकस्त खा जाते, तो?

औरंगज़ेब : मुराद के ऊपर इल्ज़ाम डाल देते।

ज़ेबुन्निसा : शाहजहाँ मान जाते?

औरंगज़ेब : तीन-तीन बेटे बग़ावती थे। शुजा, मुराद और औरंगज़ेब-तीनों को एक साथ फाँसी पर चढ़ाते या एक साथ तीनों को सलीमगढ़ भेजते? या तीनों की आँखों में एक साथ सलाइयाँ फिरवाते? फिर तीन अहम सूबेदारियाँ कौन सँभालता? और अगर सज़ा मिलती, तो भुगतते। ओखली में सिर तो दे ही चुके थे।

ज़ेबुन्निसा : दारा के चँगुल से शाहजहाँ को छुड़ाने का ड्रामा आपने कब बदला?

औरंगज़ेब : सामूगढ़ फ़तेह के बाद लाज़िमी था।

ज़ेबुन्निसा : *(ताज्जुब से)* इतना drastic change?

औरंगज़ेब : *(मुस्कान से)* पूरा शो हमारा था-हमीं ड्रामानिगार, हमीं हिदायतकार, हमीं हीरो, तो स्क्रिप्ट बदलने में क्या प्रॉब्लम थी।

ज़ेबुन्निसा : शाहजहाँ क़ैदख़ाने का दारोगा बनने के बाद आपका इसरार कि बज़ाते-ख़ुद ताज उतार कर हमें दे दीजिए-मज़ेदार है।

(औरंगज़ेब हँसता है।)

औरंगज़ेब : Highly sadistic-

ज़ेबुन्निसा : उनकी नज़रबंदी ख़तरनाक नहीं थी?

औरंगज़ेब : क़त्ल उससे भी ज़्यादा। फिर हमारे तीन-तीन भाई मंज़र पर थे और आधा दर्ज़न भतीजे। थोक के भाव इतने क़त्ल कैसे मैनेज करते? फिर आख़िरकार—

ज़ेबुन्निसा : बाप तो वो थे ही।

औरंगज़ेब : *(इंकार में सिर हिलाते हुए सही करता है।)* अम्मीजान के शौहर तो वो थे ही। बख़ुदा, तमन्ना तो सलीमगढ़ भेजने की थी। शाही ज़िन्दान तो उन्हीं ने बनाया था उसे! पर हिम्मत नहीं हुई। अभी तीनों बिरादरान मंज़र पर थे। मक्का शरीफ़ ने हमारी पेशकश नामंज़ूर कर दी थी। बाप के साथ बेटे के सुलूक से फ़िज़ूल के इख़्लाक़ी सवालात खड़े हो रहे थे।

ज़ेबुन्निसा : आपकी ज़िन्दगी का सबसे ख़ुशगवार, सबसे मानीखे़ज़ हिस्सा कौन-सा है?

औरंगज़ेब : *(मुस्कान से)* छोटा-सा, जब मुसम्मन बुर्ज में शाहजहाँ छटपटा रहे थे, हम बाग़ी शहज़ादे से शहंशाह बन उनको काँटेदार ख़ुतूत लिख रहे थे और उनकी चुभन से वो किस क़दर बिलबिला रहे होंगे, इस बात का तसव्वुर कर अपने कमरे में वहशतभरी ख़ुशी से उछला करते थे। *(फ़ाइल दिखाता है)* इत्मीनान से पढ़ना।

ज़ेबुन्निसा : *(चकित हो)* अभी तक सँभाल कर रखे हैं आप?

औरंगज़ेब : *(बड़ी मुस्कान से)* अपनी क्रिएटिव राइटिंग पर हम ख़ुद फ़िदा हुसैन हैं। जब नींद नहीं आती, तो औराक़ पलट लेते हैं, कुछ लम्हात के लिए अपनी ज़िन्दगी से हमारी सदाबहार नाराज़गी

ग़ायब हो जाती है।

(ज़ेबुन्निसा नोट्स लेती है।)

औरंगज़ेब : वैसे हमें ज़्यादा पसंद वो है, जिसमें हमने शाहजहाँ को डाँट पिलायी।

ज़ेबुन्निसा : किस ख़ता पर?

औरंगज़ेब : हमारी क़ैद से निजात पाने के लिए उन्होंने टेसुए बहाते हुए महाबत ख़ाँ को मदद की पुकार लगायी, *(फ़ाइल से अभिनेता की तरह हाव-भाव से पढ़ता है।)* क्या ऐसा हो सकता है कि जांबाज़ी वा क़ाबिले-एतबारी में पेशरौ महाबत ख़ाँ दग़ाबाज़ों की गिरफ़्त में छपपटाते अपने बादशाह को तारीकि-ए-ज़िन्दान से रिहाई और नाफ़र्मान औरंगज़ेब को सज़ा न दें? *(सतायी जा रही अबला की तरह सिसकी लेता है।)* छुड़ा लो, अल्ला भला करेगा छुड़ा लो-सीधे जन्नत मिलेगी छुड़ा लो-

(गम्भीर भाव से ज़ेबुन्निसा को देखता है।)

ज़ेबुन्निसा : फिर?

औरंगज़ेब : हमारे सुराग़रसाओं[152] का जाल ऐसा है कि वो ख़त महाबत ख़ाँ के बजाय हमारे पास आ गया। *(मुस्कानसहित)* फिर शाहजहाँ को *(लिखने के मूकाभिनय के साथ)* कठघरे में खड़ा करते हुए हमें इतना मज़ा आया, जितना हाफ़िज़ को पूरा दीवान लिखते हुए भी नहीं आया होगा-और उस रात मुद्दत के बाद ख़ूब गहरी नींद-अब पढ़ें?

(ज़ेबुन्निसा संकेत करती है, पढ़िए।)

ज़ेबुन्निसा : *(नाटकीय ढँग से पढ़ता है।)* हमने आफ़ताब जैसे रौशनदिमाग़ जहाँपनाह से बार-बार दरख़्वास्त की है कि वो फ़साद भड़का सकने वाले ख़त लिखना बन्द कर दें, लेकिन हमें सुनाया गया कि हम उनसे ऐसी रियायत के लायक़ नहीं हैं। चुनांचे हमने इस फ़साद का ज़रिया बने सियासी डाकिये वफ़ा को वफ़ात अता फ़र्मा दी। अब शाहों के शाह कान खोल कर सुन लें। अगर उन्होंने सबसे बड़े शहज़ादे की आँखें बन्द कर हिमायत न कीहोती, उन्हें सबसे बुलन्द मंसब और बेख़ात्मा एतबार से नवाज़ा न होता, उनका निहायत ग़ैर-वाजिब लाड़ न किया होता, औरंगज़ेब को बेहुरमत न किया होता, तो न दरबारियों के गुट बने होते और न दरीचा-ए-उम्मीद बन्द हुआ होता।

न घर में लगी आग इतनी बुलंदी तक भड़कती और न सबके जीते-जी ऐसी क़यामत आयी होती।

(जैसे बालक शिक्षक से प्रोत्साहन चाहता हो, वैसे सवालिया इशारे से पूछता है, कैसा है? ज़ेबुन्निसा सिर हिला कर बताती है कि अच्छा है। औरंगज़ेब फिर उत्साह से पढ़ने लगता है।)

औरंगज़ेब : *(ज़ेबुन्निसा की ओर बदमाश मुस्कान से शुरू कर गम्भीर हो जाता है।)* आपके हक़ीर मुरीद ने आपकी इन्तिहा-ए-ताज़ीमी[153] ख़िदमत में बार-बार एलान किया है कि आगरा की जानिब उसके बढ़ने का मक़सद बग़ावत नहीं, न जहाँपनाह का तख़्तापलट है। मेरा गवाह है सबके राजों का राज़दां कि ऐसा ग़ैर-मुनासिब, ग़ैरक़ानूनी ख़्याल मेरे आइना-ए-दिल में कभी नहीं झाँका।

ज़ेबुन्निसा : इतना सुफेद झूठ आपने कैसे लिखा?

औरंगज़ेब : *(बड़ी मुस्कान से)* तड़पाने के लिए-आगे सुनो। *(पढ़ता है)* पर बादशाह सलामत की बीमारी के दौरान कमाने-हुकूमत आपके हाथों से छूट कर बड़े शहज़ादे की गिरफ़्त में आ गयी, जो मुसलमान जैसे दिखायी तक नहीं देते। फिर शाही मुहर की मनमानी चलने लगी, जिसमें वुसअते-ताक़त पर कोई हद नहीं थी। पूरी सल्तनत में कुफ़्र और इल्हाद[154] के चलन दिखायी देने लगे। शहज़ादे के लाहे-अमल[155] को ख़त्म करना क़ानूनी, बाइंसाफ़ और सियासती नज़रिए से मुनासिब है, यह मानते हुए मैंने इस तरफ़ कूच किया। चूँकि मेरा इरादा नेक था, इसलिए कम फ़ौजी ताक़त के बावजूद धर्माट और फिर सामूगढ़ में भी मुझे कामयाबी मिली। मुझे कमाने-हुकूमत सँभालनी पड़ी, तो इंसाफ़ो-सच्चाई के नाम पर-

ज़ेबुन्निसा : आपका ये वार महीन है।

(औरंगज़ेब परम प्रमुदित हो जाता है।)

औरंगज़ेब : आख़िरी पैराग्राफ़ मास्टरपीस-

ज़ेबुन्निसा : अच्छा?

औरंगज़ेब : इसमें हमने तंज़ को फ़ल्सफ़ाई रँग देते हुए अपने गुस्से और उनके ग़म को दर्जा-ए-इबादत दे दिया है। *(पढ़ता है)* सारे दानिशवर[156] और पारसा[157] मानेंगे कि यह मक़सद सबसे मुक़द्दस और इस जहाँन में और उससे भी आगे ख़ुशी-ओ-खुशहाली की शाहराह[158] है। दानिशवरी और ज़हानत में बादशाह सलामत

अव्वलीं हैं। फिर जो दूरंदेशी और अलूही[159] वाक़यात पेश आये, उनके ग़ैबी[160] सोतों को नज़रअन्दाज़ कर बाहरी वजूहात की तलाश क्यों करते हैं? आप समझते क्यों नहीं कि इलाहुल्आल्मीन[161] की जो मर्ज़ी होती है, वही होता है और उनकी मर्ज़ वाक़ये में तब्दील हो जाती है। चुनांचे ऐसी मर्ज़ी के सामने सिर झुकाते हुए अगर जहाँपनाह यह ग़ैर-मुनासिब राहे-शिकायत छोड़ देंगे, तो ग़मो-मातम की जगह सुकूनो-मुत्मइनी हासिल हो जायेगी, सब्र और जज़्बा-ए-इस्तीफ़ा से रिश्ता बन जायेगा-*(बड़ी मुस्कान से)* चूँकि अज़ीज़ बाबा हज़रत, आपके हालात अब बदलेंगे नहीं।

(ज़ेबुन्निसा की ओर देखता है।) काश, तुम एक हक़ीक़त पकड़ सकतीं।

ज़ेबुन्निसा : आपने ज़िन्दगी में पहली और आख़िरी बार शाहजहाँ को बाबा कहा।

(औरंगज़ेब संकेत से बताता है कि तुम सचमुच कुशाग्र बुद्धि हो।)

औरंगज़ेब : चुनांचे ख़ामख़्याली से गुरेज कीजिए। अब आपकी जहाँ रिहायश है, उसकी बेइंतिहा वुसअत के लिए आपका मशहूर जज़्बा-ए-बर्दाश्त ही मेरी तरफ़ से माफ़ी माँग सकता है।

ज़ेबुन्निसा : *(करुण मुस्कान से)* एक से एक आलीशान इमारतों पर जिनका नाम दर्ज है, उन शायरे-तामीर को आपने मुम्बई चाल की खोली में बन्द करके कहा, तुम्हारी रिहाइश को सौ स्क्वायर फ़ुट—

औरंगज़ेब : *(मुस्कान से)* इसी को तो कहते हैं पंच लाइन।

ज़ेबुन्निसा : आपके भीतर वालिद की जगह हमेशा, ख़ाली रही?

औरंगज़ेब : *(बलपूर्वक)* नहींईंईं, मीर जुमला ने भरी। हमारे जज़्बाती वालिद अकेले थे इस दुनियाँ में, जिनके रू ब रू हमारा सिर ख़ुद-ब-ख़ुद झुक जाता था। हमारी ख़्वाहिशों के क़िब्ला[162], हमारे मंसूबों के काबा[163]। जंगे-विरासत के दौरान अपना सब कुछ दाँव पर लगा दिया हमारी ख़ातिर! हमारा सौ फ़ी सदी एतबार अगर किसी ने जीता, तो बस, वही थे।

ज़ेबुन्निसा : उन्होंने आपके जज़्बा-ए-इंतिक़ाम की हिमायत की?

औरंगेजब : नहीं। उन्होंने कहा था, स्याह जज़्बे के सहारे कोई कितनी दूर जा सकता है!

ज़ेबुन्निसा : *(करुण मुस्कान से)* आपने तो हुकूमत की आधी सदी पूरी कर ली।

औरंगज़ेब : हमारी जिन्दंगी में जो भी मानी है, उसी स्याह जज़्बे ने भरा। *(सोचते हुए)* एक बात बताओ डॉक्टर ज़ुबेदा, जिसने तुम्हें दिल खोल कर सताया हो, रुलाया हो, जलाया हो, तड़पाया हो, काटा हो, रगड़ा हो, कुचला हो, मसला हो, बींधा हो, चींथा हो- **(ज़ेबुन्निसा संकेत करती है कि बहुत हो गया।)**

औरंगज़ेब : उसे अपनी कुव्वत के आख़िरी नुक़्ते तक तड़पाने से ऐसी गहरी मसर्रत क्यों मिलती है?

ज़ेबुन्निसा : उल्फ़त की मानिन्द नफ़रत भी बेहद गहरा, दवामी और एकदम दबोचने वाला जज़्बा है। नफ़रत हमारे primitive neural system में साँस फूँक देती है। इसमें दिलो-दिमाग़ पर पूरी तरह छा जाने की तौफ़ीक़[164] हैं। मुख़ालिफ़त की जितनी भी क़िस्मे हैं, उनमें ये जज़्बा सबसे दूर तक जाता है। ये दलील का दामन छोड़ सकता है, सरासर अंधा और दीवाना हो सकता है।

औरंगज़ेब : किसी ने सच कहा है कि मर्द मुग़लों के बीच अगर अमन हो सकता है, तो सिर्फ़ कब्र का। जब शाहजहाँ ने जहाँगीर के ख़िलाफ़ बग़ावत की, तो उस कच्ची उम्र में हमारी समझ में धुँधला-सा आने लगा कि हमारा ख़ानदान दूसरों से मुख़्तलिफ़ क्यों है? हरम में बाँदियों के ज़रिए जाना कि कामरान, असकरी व हिन्दाल ने भाई हुमायूँ के साथ बार-बार फ़रेब की कैसी दिलफ़रेब नक़्क़ाशी की। हमने सुलेमान शिकोह को क़त्ल किया, तो लोग हमें ख़ूँखारो-ज़ालिम कहने लगे। जनाबे आली, कामरान के सामने हमें एमेच्योर ही कहा जायेगा, जो तसव्वुर की सरहद ही पार कर गये।

ज़ेबुन्निसा : कैसे?

औरंगज़ेब : जब हुमायूँ ने उनकी ज़लीलतरीन दग़ाबाज़ियों से आजिज़ आ काबुल क़िले पर हमला किया, तो कामरान ने तोप के मुँह पर ढाई बरस के अकबर को बाँध कर हुमायूँ को अल्टीमेट दे दिया कि छोड़ा गया तीर और दाग़ी गयी गोली हवा में रोक लो, वर्ना तुम्हारा बेटा- *(क्षणिक विराम)* फिर उन्हीं अकबर ने बाद में अपने बिरादर हकीम को हलाक़ किया। फिर आगे चल कर हमारे वालिदे-मुक़र्रम ने भाइयों-भतीजों की ख़ूँरेज़ी के नये

मैयार बनाये।

ज़ेबुन्निसा : जिनको आप बड़े शौक से तोड़ते हुए और भी बुलंदियों तक ले गये।

औरंगज़ेब : मुराद और सुलेमान की गर्दन को उनके सिर के बोझ से हल्का करने के सिवा और चारा क्या था? दारा की ख़ुदएतमादी[165] को बुरी तरह कुचलना था। चुनांचे उनका जुलूसे-ज़िल्लत निकाला। फिर बेरहमी से न सिर्फ़ हलाक़ किया, बल्कि उनका कटा सिर शाहजहाँ को बतौर तोहफ़ा भेजा। अपने ही बाप की शिद्दते-दर्द से लुत्फ़अंदोज़ होने के वैसे ही नये मैयार बनाए, जैसे उन्होंने *(अपनी ओर संकेत के साथ)* अपने ही बेटे की शिद्दते-दर्द से लुत्फ़अंदाज होने के बनाए थे। इंतिहाई तसल्ली मिली-चूँकि वो क़ातिल के भी वालिद थे और मक़्तूल[166] के भी। फिर अपनी ख़्वाबहगाह में मज़े की मुस्कान से तसव्वुर किया कि दारा का कटा सिर देखने के बाद अज़ीज़ वालिद ने कैसी दर्दअंगेज़ चीख़ मारी होगी-

(चीख़ का नमूना दिखाता है, ज़ेबुन्निसा को देख मुस्कुराता है।)

ज़ेबुन्निसा : जैसे बन्द कमरे में धुआँ भर जाता है, वैसे ही आपके भीतर इतनी तशद्दुद कैसे भरी?

औरंगज़ेब : कच्चे बचपन में ही मुग़ल जज़्बे से हमारी मुठभेड़ जो हो गयी थी।

ज़ेबुन्निसा : किस तरह?

औरंगज़ेब : लाहौर क़िले का घेरा डाले बाग़ी शाहजहाँ। लड़ाई जारी। शाहजहाँ का पलड़ा भारी। जंगी हाथी क़िले के दरवाज़े तोड़ने में कामयाबी की पहली पायदान पर। बुर्ज पर बदहवास जहाँगीर की नज़र नूरजहाँ से मिलती है। अगले लम्हें नीचे से शाहजहाँ देखते हैं-

ज़ेबुन्निसा : क्या देखते हैं?

औरंगज़ेब : नूरुद्दीन मुहम्मद जहाँगीर ने सात बरस के औरंगज़ेब को तोप के मुँह पर बाँधते हुए चेतावनी दी, छोड़ा गया तीर और दाग़ी गयी गोली हवा में रोक लो, वर्ना-

ज़ेबुन्निसा : लाहौर क़िले में आप क्या कर रहे थे?

औरंगज़ेब : तीन बरस शाहजहाँ का दौरे-बग़ावत चला। पूरा कुटुम्ब साथ। कच्ची उम्र में तमन्ना-ए-ताज के स्याह पहलू का कभी न भूलने वाला सबक़। हमने हाँपते हुए सल्तनत के दो चक्कर लगाए।

नूरजहाँ के हुक़्म से चचा परवेज़ हमारे पीछे थे। हम उनके चँगुल में तो नहीं फँसे, पर महाबत ख़ाँ ने शाहजहाँ को बार-बार शिकस्त दी। बाग़ी शहज़ादे ने वफ़ादारी की क़सम के साथ कानों में गुलामी की बालियाँ पहन लीं। जहाँगीर ने मुआफ़ी अता फ़र्माई, लेकिन दारा व हमें बँधक बनाकर।

(दोनों की दृष्टि मिलती है।)

औरंगज़ेब : *(बलपूर्वक)* समझ रही हो? बेटे को ज़बर्दस्ती वफ़ादार बनाये रखने के लिए दादा ने पोतों को ज़ामिन रख लिया। ख़ानदाने मुग़लिया के सिवा और कहीं ये एजाज़ देखने में आता है?

ज़ेबुन्निसा : लफ़्ज़ बँधक इस्तेमाल किया गया?

औरंगज़ेब : बार-बार।

ज़ेबुन्निसा : *(नोट करते हुए)* जहाँगीर ने तोप के मुँह पर आपको बाँधा, ये ख़्वाब आपने दौरे-ज़मानत में देखा?

औरंगज़ेब : *(हामी में सिर हिलाते हुए)* इस बँधक सीरीज़ में कई ख़्वाब थे। अगला ये कि जहाँगीर की आगाही का शाहजहाँ पर कोई असर नहीं हुआ।

ज़ेबुन्निसा : *(तनाव से)* हमला बरक़रार रहा?

औरंगज़ेब : *(हामी में सिर हिलाते हुए)* शाहजहाँ के तोपची ने निशान लगाया, तो बुर्ज का वो हिस्सा उड़ गया, जहाँ नूरजहाँ अपनी बंदूक दाग़ रही थीं। दीवार के पत्थर टूट कर बिखरे। अगले पल नूरजहाँ के माथे पर ख़ून की मोटी लकीर दिखायी दी। जहाँगीर ने बज़ाते-ख़ुद तोप में पलीता लगाया, गोला फटा- औरंगज़ेब के चिथड़े उड़ गये।

(क्षणिक विराम)

ज़ेबुन्निसा : अगले ख़्वाब में शाहजहाँ ने घेराबंदी हटा ली?

औरंगज़ेब : हटाते नहीं, तो क्या करते? जहाँगीर ने इस बार तोप के मुँह पर दारा को जो बाँध दिया था!

(विराम)

ज़ेबुन्निसा : ये सच है कि बँधक दौर में जहाँ आरा की ताक़ीद से आपके वास्ते रुद्रवीणा उस्ताद मुक़र्रर हुए थे?

औरंगज़ेब : पहली रुद्रवीणा बेगम साहिब ने ही तोहफ़े में दी थी।

ज़ेबुन्निसा : अब हम आपकी ज़िन्दगी में आयी ख़ातूनों का तज़्किरा करेंगे।

औरंगज़ेब : *(नापसदंगी से)* ज़रूरी है?

ज़ेबुन्निसा : अगर ये रिश्ता समझ लिया जाये, तो शख़्स को मानिन्दे-किताब खुला समझिए।

औरंगज़ेब : जहाँगीर वा शाहजहाँ के ऊपर लागू होता है ये।

ज़ेबुन्निसा : आपके ऊपर इसका लागू न होना भी आपको समझने का नज़रिया है। आपके दिल और हरम में पेश-पेश कौन?

औरंगज़ेब : दिलरस बेगम-जंगे-विरासत से ऐन पहले चली गयीं। काश, मुमताज़ महल की रिवायत आगे बढ़ती, वो हमारे साथ बतौर मलिका तख़्तनशीं होतीं। पर मुक़द्दर में नहीं था।

ज़ेबुन्निसा : दिलरस की मुबारक मौजूदगी का आपके ऊपर क्या असर होता?

औरंगज़ेब : हमारा तर्जे-अमल कुछ भोथरा हो जाता। ख़ूँआमेज़ फ़ैसले से पेश्तर हम कुछ सोचते। जहाँ आरा को दिलरस पसन्द थीं-और ताज्जुब की बात है कि शाहजहाँ को भी। क्यों? शायद इसलिए कि उनकी लताफ़त[167] में नेकी, शफ़क़त[168] और रहमत घुलीमिली थी। *(पल भर आत्मलीन होकर)* दिलरस के दायें गाल पर *(अपने गाल पर इशारे के साथ)* यहाँ तिल था, जबकि ज़ेबुन्निसा के बायें गाल पर भी बिल्कुल यहीं-*(आवेग से)* हम एक के बारे में नहीं सोच पाते-दूसरे के बारे में सोचे बग़ैर। आधी सदी की जुदाई के बाद अब हम क़ुबूल कर सकते हैं कि कितने रंगीन लम्हों के दौरान बिना नींद की रातों में निहायत मजबूरी के साथ हमने फ़रियाद की है कि काश, दिलरस हमारे साथ होतीं-*(रूमाल आँखों पर रखते हुए दूसरे सूर में)* ये मौज़ूं छोड़ो।

ज़ेबुन्निसा : बस, एक सवाल-दिलरस बानो की कौन-सी सिफ़त थी, जो आपको और कहीं नहीं मिली?

औरंगज़ेब : हमें उनके ऊपर वैसा ही एतबार था, जैसा अपने ऊपर है। उनके साथ होते हुए ज़ुबानो-दिल की पहरेदारी दरकार नहीं थी। *(उत्साह से)* अब हम माँ का तज़्किरा करें? ज़िन्दगी के अंदरूनी और मुकम्मल पहलू की नुमाइंदगी माँ करती है, तुमने सही कहा था।

ज़ेबुन्निसा : *(हामी में सिर हिलाते हुए)* उनको लेकर सबसे नुमायाँ बात क्या है?

औरंगज़ेब : इतनी मुख़्तलिफ़ .क़ुदरत वा मिज़ाज के थे उनके बच्चे। एक हद पर रौशन आरा-औरंगज़ेब और दूसरी पर जहाँ आरा-दारा! शुजा वा मुराद एक-दूसरे से भी अलग थे और कुटुम्ब से भी। गौहर ने कुछ अनासिर अपनी दोनों बहनों से लिए थे, पर उसकी अपनी शख़्सियत थी।

ज़ेबुन्निसा : अगर मुमताज़ महल जीती रहतीं, तो मंज़रे-जंगे विरासत कुछ मुख़्तलिफ़ होता?

औरंगज़ेब : *(सोचते हुए)* हम काफ़ी बदले हुए शख़्स होते। कुटुम्ब में आपसी ताने-बाने मज़बूत रहते। हम ज़्यादती के शिकार कम बनते। शाहजहाँ-दारा के साथ हमारा टकराव कम काँटेदार होता। दारा तख़्त पर बैठते।

ज़ेबुन्निसा : उसूलन माँ हर बेटे को एक जैसा प्यार करती है। मुमताज़ महल का अमल कैसा था?

औरंगज़ेब : तहरीर की जाये ये हक़ीक़त। उनका सबसे दुलारा बेटा औरंगज़ेब था। जहाँ आरा को बहुत जल्दी इसका एहसास हो गया था। अम्मी हमें प्यार के नाम से जिस तरह पुकारती थीं-

ज़ेबुन्निसा : कौन-सा?

औरंगज़ेब : *(बहुत कोमलता से)* सफेद साँप-*(कुछ शर्मा कर)* बहुत गोरे थे न हम!

ज़ेबुन्निसा : (हामी में सिर हिलाते हुए गम्भीर भाव से) .फेयर एंड लवली क्रीम के बग़ैर-तवारीख़ में पढ़ा है।

औरंगज़ेब : अम्मी जब पुकारती थीं हमें, तो उनकी आवाज़ की लहर जज़्बा नुमायां कर देती थी। *(एक पल को आत्मलीन हो जाता है। नेपथ्य से स्वर में लोरी। माला निकाल कर दिखाते हुए)* अम्मीजान की तस्बीह-*(माथे से लगाता है, चूमता है, विभोर है।)* वो ताक़त, जिसने हर तरह के रौशनो-स्याह हालात में हम सबको जोड़ कर रखा-जब नूर जहाँ मेहरबान थीं, जब वो नाराज़ थीं, जब शाहजहाँ बग़ावती थे, और ख़ासकर वो तेरह बरस, जब शाहजहाँ शहंशाह थे। *(कुछ ठहर कर)* उन्होंने साँस तोड़ी और उनकी औलाद के बीच ताने-बाने टूटने लगे। जहाँ बराए नाम थे, दूरियाँ बढ़ने लगीं। जब उन्हें दफ़्नाया जा रहा था-बुरहानपुर में, तब अपने हमख़ूनों के बीच, *(माला दिखाते हुए)* उनकी निशानी थामे, अपने-आपको निहायत अजनबी

महसूस करते हुए, इंतिहाई अंदरूनी तन्हाई के डंक से बिलबिला उट्ठे हम। फिर कुटुम्ब में होते हुए भी उससे जुड़े न होने का तो स्याह दौर एक नहीं, दो नहीं, पूरे अट्ठाइस बरस चलता रहा।

ज़ेबुन्निसा : जो जंगे-विरासत की तीसरी लड़ाई में दारा की दूसरी शिकस्त के साथ ख़त्म हुआ?

औरंगज़ेब : *(आरोप के सुर में)* हो जाता, तो हम सुकून की नींद न सोते? दौरे-स्याह की पहली पायदान ख़त्म हुई, पर दारा की आख़िरी साँस के साथ दूसरी शुरू भी हो गयी।

ज़ेबुन्निसा : तभी दारा से अलविदा के बाद आपकी नज़र फ़ौरन उनके हरम पर पड़ी?

औरंगज़ेब : उदयपुरी बेगम से पहले से पहचान थी। हमने पेशकश रखी।वो मान गयीं। अभी तक साथ निभा रही हैं।

ज़ेबुन्निसा : उन्होंने हालात के साथ समझौता कर लिया।

औरंगज़ेब : यही तो सनद है ज़िन्दगी की-

ज़ेबुन्निसा : हरएक के लिए नहीं।

औरंगज़ेब : *(नापसदंगी से)* ये मौज़ूं हमारी उड़ी हुई नींद से वाबस्ता है?

ज़ेबुन्निसा : *(हामी में सिर हिलाते हुए)* राना दिल उर्फ़ गुल सफ़ा दारा के हरम में ख़ास थीं। आप इसीलिए उनके आस्ताने पर पैग़ामे-तमन्ना लेकर गये?

औरंगज़ेब : क्या गड़े मुर्दे उखाड़ रही हो!

ज़ेबुन्निसा : ज़रूरी है।

औरंगज़ेब : *(ऊबे ढँग से)* हमने उनकी ज़ुल्फ़ों की तारीफ़ की। उन्होंने संजीदगी से एक लट काटी और हमारे सामने रख दी। फिर हमने उनके रुख़्सार के गड्ढे पर क़सीदा पढ़ा, तो वो चाकू की नोक गड्ढे पर रख उसे तराशने लगीं। हवा में जम गया वो लम्हा-ख़ून से सना दारा का सवालिया चेहरा भीतर उभरा, अब क्या करोगे औरंगजेब?

ज़ेबुन्निसा : क्या किया आपने?

औरंगज़ेब : हम फ़ौरन बाहर निकल गये।

ज़ेबुन्निसा : *(बलपूर्व)* आप राना दिल के पास गये क्यों?

औरंगज़ेब : तख़ैयुल से परे की कामयाबी हमारे सिर चढ़ गयी थी। बतौर सूबेदार हमारी नकेल हमेशा दिल्ली के हाथ रही। ताजपोशी के साथ बहैसियत आलमगीर जैसे नया अवतार हुआ। तोपों

की सलामी, उमरा-ओ-मंसबदार के झुके हुए सिर, रैयत की जै जैकार गोया बग़ैर मय के कभी न उतरने वाले नशे में आ गये हम।

ज़ेबुन्निसा : जंगे-विरासत के बाद शहंशाह बनने वाले और किसी शहजादे ने ऐसी नाज़नीं पर नज़रे-तमन्ना नहीं डाली, जो उसके हाथों मरहूम बने बिरादर से वाबस्ता रही हो। शाहजहाँ ने परवेज़ या शहरयार की किसी बेगम, परस्तार या महल[169] को पान का बीड़ा भेजा?

औरंगज़ेब : *(कुछ अपराध भाव से)* हुआ कुछ इस तरह कि हमने एक ख़्वाब देखा। फ़ीरोज़ी जामे में दारा घोड़े पर सवार। उनका सिर अपनी जगह, लेकिन गर्दन पर जहाँ से कटा था,वहाँ मोटी लकीरे-ख़ून। उनके आगे चिपक कर बैठी राना दिल, चंचल मुस्कान से कुछ कहती हुई-फिर अपनी ही आवाज़ मे ंये सुनते हुए मेरी नींद टूट गयी-ये मुस्कान हमें अपने लिए चाहिए।

ज़ेबुन्निसा : ये ख़ुद-आशिक़ी का भौंडा नमूना है।

औरंगज़ेब : क्या?

ज़ेबुन्निसा : आपने ख़्वाबगाह को मैदाने-जंग का एक्सटेंशन बना दिया।

औरंगज़ेब : कैसे?

ज़ेबुन्निसा : रिश्ते में हिस्सेदारी ढूँढने के बजाय आप यहाँ ऐसे शख़्स बन जाते हैं, जो कामयाबि-ए-शामशीर से बज़ाते-ख़ुद पर फ़िदा हुसैन है। दारा का क़त्ल कर, उनका सिर काटकर भी आपको तसल्ली नहीं मिलती। अब इंतिक़ाम की सबसे ज़लील पायदान पर आकर आप एक पत्थर से दो निशाने लगा रहे है-मरहूम दारा की रुह को ठेस पहुँचाने के लिए एक मजबूर, मुर्झायी औरत का इस्तेमाल और उसका दिल नहीं, सिर्फ़ जिस्म चंगुल में ले, ठेस महसूस करते हुए दारा के तसव्वुर के साथ अपने-आप पर गुरूर करना—

औरंगज़ेब : *(तड़प कर)* दारा हमार पीछा क्यों नहीं छोड़ते?

ज़ेबुन्निसा : उन्होंने कब का छोड़ दिया। आप ही उनसे चिपके हुए हैं।

औरंगज़ेब : *(नाराज़गी से)* हमने उनको दावतनामा भेज रखा है कि आओ और हमारी नींद उड़ाओ?

ज़ेबुन्निसा : दारा को याद बने आधी सदी बीत चुकी। वो आपका

Persecutory Complex हैं, जो आपकी नींद उड़ा रहा है।

औरंगज़ेब : *(सीने पर हथेली रखते हुए)* तुम सिर्फ़ ये बता दो, हमारे ज़ख़्म अभी तक हरे है। क्यों?

ज़ेबुन्निसा : आप उनको मुसलसल चाटे जा रहे हैं। क्यों? ऐसी शिद्दत से माज़ी के चंगुल में रहेंगे, तो नींद कैसे मिलेगी?

औरंगज़ेब : पर उस माज़ी से कैसे बचेंगे, जो हमारे मौजूदा में तब्दील हुआ है?

ज़ेबुन्निसा : इसके दो पहलू हैं। दारा वा शाहजहाँ के वास्ते आपकी नफ़रत की जड़ें बेशक गहरी हैं, लेकिन उन दोनों के दर्दनाक इंतिक़ाल के बाद आपके इस जज़्बे को बुझ जाना चाहिए। कहीं ऐसा तो नहीं कि जैसे-जैसे आपके निज़ाम में मुख़्तलिफ़ क़िस्म की दरारें पड़ती हैं, आप अपने इस जज़्बा-ए-नफ़रत में घी डाल लेते हैं?

औरंगज़ेब : *(चिढ़ कर)* तुम बताओ। नर्सरी के बच्चे की तरह आलमगीर की क्लास ले रही हो।

ज़ेबुन्निसा : चूँकि आप बुरे फ़तेहयाब हैं-A bad winner

औरंगज़ेब : *(नापसदंगी से)* ऐसा कोई फ़िक़रा नहीं होता।

ज़ेबुन्निसा : आपने बनाया है। आप ख़ुद को कितना ही ख़ूँख़ार मानें पर फिर भी शाहजहाँ वा दारा के साथ आपने जो बर्ताव किया है, उसको लेकर आप मन ही मन कहीं गुनहगार महसूस करते हैं। और ये एहसास-ए-गुनाह भी बज़ाते ख़ुद नहीं उभरा-गिर्दो-पेश ने मजबूर किया है उसे।

औरंगज़ेब : कैसे?

ज़ेबुन्निसा : सल्तनत में अभी तक वो पुरदर्द नग्में साँस ले रहे हैं, जो क़त्ले-दारा का रद्दे-अमल थे।

औरंगज़ेब : पहला जहाँ आरा ने तहरीर किया था-रंजो-ग़म से लरज़ती हूँ मैं सरकंडे की तरह—

ज़ेबुन्निसा : दिल्ली वा लाहौर में उनकी वफ़ात का मातम जज़्बा-ए-अवाम की सनद है। हुमायूँ मक़बरे के अहाते की उस कब्र पर आपने संगे-निशां नहीं लगाया, जहाँ दारा का धड़ दफ़्नाया गया था, ताकि वो कहीं आपके मुख़ालिफ़ी अनासिर को एकजुट करने का मरक़ज़ न बन जाये, पर आप ख़ुद दारा की गिरफ़्त से नहीं बच सके।

(औरंगज़ेब पल भर सोचता है।)

औरंगज़ेब : *(कुछ नाराज़गी से)* और दूसरा पहलू क्या है?

ज़ेबुन्निसा : अपनी ज़िन्दगी के आख़िरी बरस आपको कहीं शाहजहाँ की तरह न गुज़ारने पड़ें, इसलिए एक तरफ़ आप उनके साथ किये गये अपने सुलूक को अभी भी मुनासिब ठहराये जा रहे हैं और दूसरी तरफ़ अपने बेटों के साथ रवैए को सख़्ततर—

औरंगज़ेब : बोलती जाओ। *(अपनी ओर संकेत के साथ) अपने को ज़लील करने के लिए ही तो हम तुम्हें मुँहमाँगी उजरत दे रहे हैं।*

ज़ेबुन्निसा : सुल्तान की बग़ावत से आप भीतर ही भीतर हिल गये।

औरंगज़ेब : *(क्रोधपूर्वक)* हमारे पाँवों के नीचे से ज़मीन ही खिसका दी नामुराद ने! शुजा, मुराद और दारा–तीनों ज़िंदा थे अभी। हमारी सही ताजपोशी भी नहीं हुई थी। मस्जिद का क़ाज़ी हमारे नाम का ख़ुतबा पढ़ने को राज़ी नहीं था। बेवक़ूफ़ों के उस सरताज पर हमारा ग़ुस्सा घनघोर है। हमारी कोशिश से उसका नसीब तारीख़ी बन चुका था–मुग़ल और क़ुत्बशाही दोनों सल्तनतों का वली–अहद! उसने ख़ुद अपने पाँवों पर कुल्हाड़ी मार ली। हमने जो दारा के लिए कहा, वो दरअसल उस नामाक़ूल पर लागू होता है–अगर किसी का नसीब काले कम्बल से बुना गया हो, तो ज़मज़म वा क़ौसर[170] का पानी भी उसे धो नहीं सकता।

ज़ेबुन्निसा : आज़म ने न आपको ख़ंजर घोंपा, न अपने पाँवों पर कुल्हाड़ी मारी, फिर भी आपके दिल का काँटा बना हुआ है?

औरंगज़ेब : नाक़ाबिले–बर्दाश्त हो चुका है आज़म। हमने दारा को तीस बरस झेला। वो मुअज़्ज़म वा काम बख़्श को तीस लम्हें नहीं झेल सकता। दोनों वास्ते ताज उसके मुक़ाबिल बनने के लायक़ तो ख़ैर हैं ही नहीं, हिन्दू माँ की औलाद होने से पास बैठने लायक़ भी नहीं!

ज़ेबुन्निसा : आपका ख़ून है। तासीर तो होगी।

औरंगज़ेब : हमसे तासीर ले, तो नफ़ासते–अमल भी दिखाये न! महज़ ख़ुराफ़ात करता है। न खुले आम परचमे–बग़ावत फहराता है, न हमें चैन की साँस लेने देता है। साफ़ पूछते हैं, तो अपनी तलवार निकाल हमारे सामने रख देता है कि लीजिए, मेरी गर्दन उड़ा दीजिए। कैसे उड़ा दें? दिलरस की निशानी है! कितने

बरस बीत गये इस तनाव में साँस लेते-

ज़ेबुन्निसा : फिर अकबर ने आपके दिल पर हथौड़ा मारा।

औरंगज़ेब : दिल के बीचोंबीच सबसे नर्मो-नाज़ुक मुकाम पर-फिर ईरान में पनाहगुज़ीर बनने के साथ वो हमेशा के लिए कलेजे में चुभने वाले काँटे में तब्दील हो गया।

(औरंगज़ेब का मोबाइल बजता है, चालू करता है।)

औरंगज़ेब : हाँ अकबर? *(सुनता है)* हमें तसल्ली हुई कि तुम अपनी बग़ावत पर शर्मिन्दा हो। कानों में निशाने-ख़िदमत की बालियाँ पहन बुरहानपुर दरबार में हाज़िर हो जाओ, भरे दरबार हमारे हुज़ूर में माफ़ी की दरख़्वास्त करो। *(सुनता है।)* तहे-दिल से अपनी ख़ता पर पशेमान होगे, तो माफ़ी क्यों नहीं मिलेगी? नवाज़िशे-सूबेदारी क्यों नहीं होगी? ख़िलअतो-ख़िताब क्यों नहीं पाओगे?

(मोबाइल बन्द कर देता है।)

ज़ेबुन्निसा : बग़ावती बेटे को आपने कभी माफ़ी दी?

औरंगज़ेब : नहीं।

ज़ेबुन्निसा : फिर उसे बुरहानपुर दरबार में हाज़िर होने का हुक़्म क्यों दिया?

औरंगज़ेब : देखना चाहते है कि जो अपनी ग़लती पर पशेमान हो, उसके रूबरू आने पर हमें कैसा एहसास होता है?

ज़ेबुन्निसा : इस एहसास के बाद आप दरबार में किसे तलब करेंगे-सलीमगढ़ दारोग़ा को, आँख फोड़ने वाले को या जल्लाद को?

औरंगज़ेब : तुम ये क्यों जानना चाहती हो?

ज़ेबुन्निसा : आपकी खोयी नींद का रिश्ता है इससे।

औरंगज़ेब : उसको सामने ज़मींबोस करता देख हमारे भीतर क्या रद्दे -अमल होता है-पहले ये तै हो जाये।

ज़ेबुन्निसा : उसको वहीं माफ़ कर सकते हैं आप?

औरंगज़ेब : आज़म और काम बख़्श चौबीस घंटे के भीतर बग़ावत कर देंगे।

ज़ेबुन्निसा : यानी कुछ न कुछ सज़ा उसे मिलेगी।

औरंगज़ेब : सज़ा पछतावे की इब्तिदा है।

ज़ेबुन्निसा : और इंतिहा? सारी ज़िन्दगी की क़ैद?

औरंगज़ेब : क्या मुज़ायक़ा है? तपने के बाद ही सोना खरा होता है।

ज़ेबुन्निसा : आपके सब बेटे आपको ज़ालिब और दराज़दस्त[171] कहते हैं-जो खरा सोना बन चुके, वो भी और जिन्हें ये ख़ुशनसीबी हासिल नहीं हुई, वो भी।

औरंगज़ेब : कुसूर हमारा नहीं, ताज का है।

ज़ेबुन्निसा : *(मुदित भाव से)* अच्छा?

औरंगज़ेब : उसी ने हमें ऐसे फ़ैसले लेने को मजबूर किया, जो बहैसियत वालिद हम कभी नहीं लेते। ट्रेजिडी ये है कि बेटे ये नुक़्ता नहीं समझते।

ज़ेबुन्निसा : किसकी ट्रेजिडी-बेटों की या आपकी?

औरंगज़ेब : *(बलपूर्वक)* हमारी। सौ फ़ीसदी हमारीं। बेटों के भेजे में ये नहीं घुसता कि आलमगीर का दिल वालिदाना जज़्बे से लबरेज़ है।

ज़ेबुन्निसा : जज़्बे का एहसास तब होगा, जब आप उन्हें पास आने देंगे।

आलमगीर : वो पास आने देने लायक़ है ही नहीं। तालीम नहीं, इज़्हार नहीं, तरक़ीब नहीं, तदबीर नहीं।

औरंगज़ेब : बहादुरी में किसी से पीछे नहीं वे।

आलमगीर : बहादुरी तब सलाहियत बनती है, जब मक़सद से जुड़ी, ज़हानत से वाबस्ता और शातिरी से मुदल्लल[172] होती है। ये नामुराद सिर्फ़ ताज के तलबगार है। अभी इनसे पूछो कि ताज किसलिए, तो बग़लें झाँकने लगेंगे।

ज़ेबुन्निसा : आपको ताज किस लिए चाहिए था, आप जानते थे?

औरंगज़ेब : शाहजहाँ-दारा से इंतिक़ाम लेने के लिए।

ज़ेबुन्निसा : आपसे इंतिक़ाम लेने के लिए कोई बेटा आपको ललकारे, तो?

औरंगज़ेब : गुस्सा-ओ-अफ़सोस के साथ हमें कहीं बारीक़-सी तसल्ली होगी कि हाँ, ये है हमारा ख़ून!

ज़ेबुन्निसा : वो अकबर के साथ हुआ?

औरंगज़ेब : अगर उसने हमारा ताज छीन हमको सलीमगढ़ में मुक़फ़्फ़ल[173] कर दिया होता, तब होता। हमको सूली पर चढ़ा देता, तो और भी ज़्यादा होता।

ज़ेबुन्निसा : *(स्तब्ध देख रही है।)* अच्छा?

औरंगज़ेब : बग़ावत कामयाब होना चाहिए। सबसे अव्वल, सबसे अहम, सबसे अज़ीम, सबसे दवामी, सबसे मुक़द्दस, सबसे लासानी क्या है? कामयाबी।

ज़ेबुन्निसा : कैसे हासिल की गयी?

औरंगज़ेब : कौन देखता है? कौन पूछता है? कौन याद रखता है?

ज़ेबुन्निसा : सुल्तान की बग़ावत पर आपका कमेंट?

औरंगज़ेब : बेवक़ूफ़ी की ऐसी कसौटी, जो हज़ार साल हमारे ख़ानदान में कोई नहीं तोड़ पायेगा।

ज़ेबुन्निसा : उसे आपका ताज नहीं, अपनी महबूब चाहिए थी।

औरंगज़ेब : ताज की तड़प हम समझ लेते हैं, महबूब से प्रॉब्लम हो जाती है।

ज़ेबुन्निसा : ज़ैनाब्दी की याद है?

(औरंगज़ेब उसे ध्यान से देखता है।)

औरंगज़ेब : *(लापरवाही से)* ज़रा-सी कमज़ोरी थी।

ज़ेबुन्निसा : आप मै का घूँट लेने वाले थे।

औरंगज़ेब : ले भी लेते, तो अपनी ही नज़र में गिरते, बस? निज़ाम से कोई सरोकार नहीं था। सल्तनत पर कोई असर नहीं पड़ता। सुल्तान के साथ उसका मुक़ाबला कैसे हो सकता है?

ज़ेबुन्निसा : अब मुसम्मन बुर्ज में आठ बरस घुट-घुट कर साँस लेने वाले शाहजहाँ की आह का असर ही कहा जायेगा कि इस हादसे के महज़ पन्द्रह दिन बाद गोलकुंडा सुल्तान के साथ इल्ज़ामे-साज़िश में मुअज़्ज़म और उसके चार बेटे भी गिरफ़्तार हो गये।

औरंगज़ेब : *(पीड़ा से)* अपने वजूद के आख़िरी कील-कब्ज़े तक थरथरा उट्ठे हम। तीन रात एक पल पलक नहीं झपकी कि ये हो क्या रहा है? बेटे को बुढ़ापे का सहारा कहते हैं। हमें सहारा देने के बजाय हरएक ठोकर क्यों मार रहा है?

ज़ेबुन्निसा : ख़ानदाने-मुग़लिया में किसी बेटे ने बाप को वो ठोकर नहीं मारी, जो शाहजहाँ को आपने-

औरंगज़ेब : *(क्रोधपूर्वक)* लेकिन हमने एक बेटे की क़ीमत पर दूसरे का ख़ून नहीं पिया, सबके साथ एक जैसा बर्ताव किया। सूबेदारी, मंसब, जागीर, ख़िताब-कुछ भी देख लो। किसी को ग़ैरमौजूद सूबेदार बना अपने कलेजे से चिपका कर दिल्ली में नहीं रखा, न तख़्ते-ताऊस से दस सूत के फ़ासले पर किसी के लिए सोने की कुर्सी रखवायी। तभी मुअज़्ज़म की दग़ाबाज़ी पर बिलबिला उट्ठे हम-दिमाग़ की एक-एक नस फुलझड़ी बन चिंगारियाँ बिखेरने लगी।

ज़ेबुन्निसा : अब बचे काम बख़्श-

औरंगज़ेब : नादान है। बेवक़ूफ़ी के नमूने दिखा हमें शर्मिन्दा करता है।

ज़ेबुन्निसा : शाही तम्बू को शाही ज़िन्दान में बदलवा कर तवारीख़ तो बना

दी उसने।

औरंगज़ेब : पर काम बख़्श ख़तरा नहीं बन सकता। आज़म बन सकता है।

(औरंगज़ेब का मोबाइल बजता है, चालू करता है।)

औरंगज़ेब : बोलो–*(सुनता है।)* अच्छा? ठीक है। दर्जी को बँगाल ले जाकर पूछताछ करो। *(मोबाइल बन्द करता है। चिन्ता से)* तवारीख़ बन रही है। पाँच में एक आज़म बचा था, वो भी बग़ावत पर उतर आया है।

ज़ेबुन्निसा : *(कुछ मज़ा लेने के भाव से)* लाल क़िले की घेराबंदी कर दी उसने?

(औरंगज़ेब आसपास देखता है।)

औरंगज़ेब : *(धीमे सुर में)* मुर्शिदाबाद बाज़ार से गुज़रते हुए आज़म ने बैंगनी कपड़ा देखा, ठिठक गया। उसके पूरे मुहाफ़िज़ी दस्ते ने गवाही दे दी। ख़ुफ़िया को ख़बर क्या मिली? कि पटना के दर्जी ने गुपचुप एक बैंगनी जामा सिला। *(ज़ेबुन्निसा को देखते हुए)* नाप बिल्कुल आज़म का। दर्जी को उल्टा लटका कर नीचे से धुँआ दिखाते हुए पूछताछ की गयी। एक सिपाही कपड़ा लेकर आया था, दर्जी को तीन गुना ज़्यादा मेहनताना मिला। शाही ख़िदमत में तैनाद बिहार के तक़रीबन ढाई हज़ार सिपाहियों की शिनाख़्त हो चुकी। जामा सिलवाने वाला पकड़ में नहीं आया। अब दर्जी को बँगाल ले जाया जा रहा है।

ज़ेबुन्निसा : सिपाही पकड़ में आ जाने के बाद क्या करेंगे?

औरंगज़ेब : आज़म फ़ौरन सलीमगढ़ में–

ज़ेबुन्निसा : आज़म के हरम में बैंगनी जामा नहीं मिला?

औरंगज़ेब : महलदार ने कब का आज़म को हथकड़ी–बेड़ी लगा हमारी ख़िदमत में भेज दिया होता। बिदर बख़्त अभी काबुल में है। इसी माह सुबूत जुटाने के लिए बँगाल–बिहार को कूच करेगा।

ज़ेबुन्निसा : *(आतंक से)* बिदर बख़्त अपने बाप के ख़िलाफ़ सुबूत जुटा कर अपने दादा को देगा?

औरंगज़ेब : नहीं देगा, तो हम बज़ाते–ख़ुद उसकी आँखें निकाल, डीप फ्राइ कर उसी को खिलायेंगे।

(ज़ेबुन्निसा हामी में सिर हिलाती है।)

ज़ेबुन्निसा : महज़ बैंगनी जामा सिलवाने से आज़म बाग़ी हो गया?

औरंगज़ेब : *(आक्रोश से)* शाही रँग शहंशाह के सिवा कोई इस्तेमाल नहीं

कर सकता। सिलवाया क्यों? क्योंकि दिल में काला है।

ज़ेबुन्निसा : बैंगनी जामा पहन आइने के सामने खड़े हो जाने से आज़म बाग़ी हो गया?

औरंगज़ेब : *(आवेग से)* उसका दिल बग़ावती हो चुका। पहन कर आइने के सामने खड़ा है। ये बग़ावत नहीं, तो और क्या है? वैसे हम दिल्ली में रँगे हाथों पकड़ चुके हैं उसे-आधी रात की तन्हाई में तख़्ते-ताऊस को घूर रहा था। तभी भेज देना था सलीमगढ़-ब्लंडर हो गया!

(ज़ेबुन्निसा मुस्कुराती है।)

औरंगज़ेब : *(चिढ़ कर)* दाँत क्यों दिखा रही हो?

ज़ेबुन्निसा : सॉरी-

(पर फिर हँस पड़ती है, अपने को नियंत्रित करती है।)

ज़ेबुन्निसा : वैसे कहा ये जाता है कि जब आपका ख़त आज़म के पास आता है, तो वो सौ कोस चल कर ख़त का इस्तक़बाल करता है, घुटनों पर बैठ ख़त लेता है, माथे से छुआता है, चूमता है और आँधी के पत्ते की तरह तब तक काँपता रहता है,जब तक उसका मज़्मून पढ़ नहीं लेता।

औरंगज़ेब : *(लापरवाही से)* ड्रामेबाज़ है। *(विचारलीन भाव से)* हमें वो क़दम उठाना ही होगा।

ज़ेबुन्निसा : आँखों में दहकती सलाखों की नोक?

(औरंगज़ेब हामी में सिर हिलाता है।)

ज़ेबुन्निसा : अब तक किसी बेटे को ये एजाज़[174] दिया है आपने?

औरंगज़ेब : सुल्तान को देने वाले थे। पेशेवर आँखें फोड़ने वाले को बुलाया। बहुत सस्ता है-चवन्नी में दो आँख। आठ आँखें हों, तो एक जोड़ी आँखों पर पाँच पैसे की छूट। पाँच में से तीन को हमने हवाले-ज़िन्दां किया है, पर ख़तरा तो बना ही रहता है। चुनांचे हमने तीनों को इकट्ठा कर हमेशा के लिए सुकून हासिल करने का फैसला किया, पर उनकी अम्मियाँ ज़ारो-क़तार रोने लगीं।

ज़ेबुन्निसा : *(सहमति में सिर हिलाते हुए)* अम्मियों के साथ यही तो प्रॉब्लम है।

औरंगज़ेब : *(उँगली के इशारे के साथ)* राइट—

ज़ेबुन्निसा : एक वालिद के हैसियत से एक से दस के स्केल पर आप

अपने को कैसे आँकेंगे?

औरंगज़ेब : हर बेटे के साथ मुख़्तलिफ़ होगा। पर साढ़े नौ का औसत निकलेगा।

ज़ेबुन्निसा : *(आश्चर्य से)* आपको इल्म है, आपने क्या कहा?

औरंगज़ेब : बेशक।

ज़ेबुन्निसा : *(आश्चर्य से)* तीन को आपने क़ैद में डाला है, चौथा चँगुल में फँस गया, तो उसका भी वहीं अंजाम होगा।

औरंगज़ेब : *(पूरी गम्भीरता से)* आलमगीर ने डाला, औरंगज़ेब ने नहीं।

(ज़ेबुन्निसा स्तब्ध हो देखती है। औरंगज़ेब का मोबाइल बजता है, निकालता है।)

औरंगज़ेब : बोलो–*(सुनता है। मोबाइल बन्द करता है, गहन चिन्ता में है। ज़ेबुन्निसा से)* अकबर ने शाहे-ईरान से कहा कि हमारा इंतिक़ाल हो चुका और दिल्ली पर हमले के लिए फ़ौजी मदद की इल्तिजा की। ईरानी जासूसों ने शाह को बताया, आलमगीर सही-सलामत हैं। शर्मिन्दा अकबर ने इस्फ़हान छोड़ दिया, गर्मसिर में रहने आ गया—*(बलपूर्वक)* कंधार के पास, मुग़ल सरहद के बग़ल में! *(बेचैन हो जाता है।)* ख़तरनाक है ये सूरते-हाल! बलूचिस्तान नाराज़ है। सिन्ध का डोंगर क़बीला भी गुर्रा रहा है। *(मोबाइल का नम्बर मिलाता है।)* शहज़ादे मुअज़्ज़म को तलब करो–

(ज़ेबुन्निसा देख रही है।)

औरंगज़ेब : *(मोबाइल में)* हाँ मुअज़्ज़म, हमने तुम्हें आज़ाद कर दिया–*(सुनता है।)* नहीं, तुम्हारे कानों में हवा नहीं भर गयी। सही सुन रहे हो तुम! फ़ौरन मुल्तान को कूच करो। हाँ, बतौर सूबेदार, और क्या चोबदार? कान खोल कर सुन लो, फ़क़त एक ज़िम्मदारी है तुम्हारी। अकबर हिन्दुस्तान में दाख़िल नहीं होना चाहिए। अगर हो गया, तो हम तुम्हारा क्या हश्र करेंगे, ये अन्दाज़ लगाने में तुमको ज़्यादा मुश्किल होगी? *(सुनता है।)* नहीं, आसानी से लगा सकते हो? बहुत ख़ूब। हम सिर्फ़ इतना जोड़ रहे हैं, पिछली क़ैद में हमने तुम्हारे साथ जो किया, उसको महज ट्रेलर समझो। *(सुनता है। डाँट कर)* काँपो मत। याद रखो, तुम्हारे वालिद ने तुमको माफ़ नहीं किया, शहंशाह को मजबूरी में करना पड़ा। पूछो क्यों? क्योंकि सिपहसालारों में ऐसा कोई नहीं, जिसे

हम ये संगीनो-नाज़ुक़ ज़िम्मेदारी दे सकें। तुम भी बग़ावती हो, लेकिन नामुराद मुग़ल ख़ून हो। समझे आलमगीर की ट्रेजिडी? एक बग़ावती सपूत के वजह से दूसरे बग़ावती सपूत की ज़िन्दगी बन गयी, पर कुल मिला कर हैं सबके सब नालायक़-बोलो, बजा फ़र्माया। *(सुनता है।)* ग़ौर से सुनो, तुम्हारे चारों बेटे एक तरह से बँधक माने जायेंगे। एक-एक लम्हा तुम्हारे ऊपर आलमगीर की नज़र है। *(जब से एक काग़ज निकाल एक नज़र देखता है।)* चलते-चलते ख़ुशख़बरी सुनते जाओ। आज ही नजूमी ने तहरीर भेजी है। मेरी जनम-कुंडली के मुताबिक़ मेरे बाद जो सातवाँ शहंशाह बनेगा, वो तंगदिमाग़ और अधकचरे मंसूबों वाला निहायत बेवक़ूफ़ होगा। ताजपोशी की एडवांस मुबारकबाद—*(मोबाइल बन्द करता है। पस्त-सा सीने पर हाथ रखते हुए)* बेटे की रिहा करते हुए बड़ा ज़ोर पड़ता है दिल पर-

(पानी पी सकता है। ज़ेबुन्निसा लम्बी फ़ेहरिस्त निकालती है, जो फ़र्मान की तरह लकड़ी के दो गोलाकार टुकड़ों से जुड़ी है।)

औरंगज़ेब : ये क्या?

ज़ेबुन्निसा : आपके मक़्तूलों की फ़ेहरिस्त-

औरंगज़ेब : *(आश्चर्य से)* हमने इतने क़त्ल किये?

ज़ेबुन्निसा : तादाद जितनी दिलफ़रेब है, मारने का तरीक़ा उतना ही दिलकश-

औरंगज़ेब : *(वैसे ही मुस्कान से)* सचमुच?

ज़ेबुन्निसा : आप तड़पा-तड़पा कर मारते हैं और मजबूर जितना तड़पता है, आपको उतना ही लुत्फ़ आता है। आप एक्सट्रा दरिन्दगी दिखाते हैं और ये भी नज़रअन्दाज़ कर देते हैं कि मजबूर आपका शिकार बनने लायक़ है भी या नहीं-

औरंगज़ेब : *(गम्भीर हो जाता है।)* जैसे?

ज़ेबुन्निसा : शाह मुहम्मद ताहिर-रिवायती दरवेश थे।

औरंगज़ेब : *(सोचते हुए)* तो अब ये मुद्दा ग़ौरतलब है कि हम इतने ख़ूँख़ार क्यों हैं?

(औरंगज़ेब अगर खड़ा है, तो बैठ सकता है, पीछे टिकता है; आँखें बन्द कर लेता है। आलोक-व्यवस्था बदलती है)

औरंगज़ेब : आसपास धुँध छा रही है।

ज़ेबुन्निसा : क्या दिखायी दे रहा है?

औरंगज़ेब : गहरी ख़ामोशी। घना जँगल।

ज़ेबुन्निसा : कहाँ?

औरंगज़ेब : बुरहानपुर के पास छिपे हैं हम। शाहजहाँ का दौरे-बग़ावत। पत्तों और टहनियों से ढँके हमारे तम्बू से भी कोई आवाज़ नहीं आ रही। मैं अपनी गुलेल लिए बैठा हूँ-नीम के पेड़ की शाख पर।

(क्षणिक विराम)

औरंगज़ेब : यकायक दस्तों की आहट सुनायी देती है।

ज़ेबुन्निसा : किसके?

औरंगज़ेब : चचा परवेज़ के। जहाँगीर ने उन्हें शाहजहाँ को गिरफ़्तार करने का हुक़्म दिया है। परवेज़ की तमन्ना ये है कि अगर शाहजहाँ का गला ही काट दें, तो उनका अपना रास्ता साफ़ हो जायेगा। बाँदी ने थोड़ा अनाज सूखने को फैलाया है। एक जँगली कबूतर मुँह मारने को नीचे उड़ा, तो दारा ने शुऊऊऊ कर भगा दिया। पलाश के फूलों के पास एक बुलबुल नग्मासरा होने लगी। फिर एक तोते ने पँख फड़फड़ाए। तभी बन्दूक चली। आसपास ही। कुछ पलों बाद जहाँ आरा गगरी लिए भागती आयीं और हमें छिपने का इशारा किया। पीछे दो-चार भीगे कपड़े लिए अम्मी। तभी कई बंदूकें एक साथ चलीं। मैं कूद कर नीचे उतरा और झाड़ियों में छिप गया। दारा भी। हमारे बग़ल के दरख़्तों में गोलियाँ लगीं। जहाँ आरा वा अम्मी झाड़ियों के पीछे दुबक गयीं। दो-चार घोड़ों की टापें कुछ नज़दीक़ आयीं। फिर दूर से बुलंद हुक़्म की भनभनाहट-सी हुई। घोड़े मुड़े और टापें जाती हुई सुनायी दीं। अम्मी ओट लेते वा हाँपते हुए हमारी जानिब दौड़ी। फिर तेज़ साँसों के साथ उन्होंने दारा को बाँहों में भर लिया-हालाँकि मैं उनके ज़्यादा नजदीक़ था।

(क्षणिक विराम)

ज़ेबुन्निसा : फिर?

औरंगज़ेब : *(तनाव से)* अम्मी मुझे स्लो मोशन में थप्पड़ मार रही हैं- ज़िन्दगी में पहली बार। ज़मीन पर पड़ी बुलबुल आख़िरी साँस पूरी करने की नाकामयाब कोशिश के साथ, अपने पँख फड़फड़ा रही है और जहाँ आरा मेरी बाँह झकझोरते हुए पूछ रही हैं, क्यों मारा उसे?

ज़ेबुन्निसा : आपने कहा था, चारों बेटों में मुमताज़ को सबसे अज़ीज़ आप थे?

(औरंगज़ेब आँखें खोल देता है।)

औरंगज़ेब : हमने कहा था?

ज़ेबुन्निसा : *(डायरी दिखाते हुए)* हाँ।

(विराम)

औरंगज़ेब : *(गहरी साँस के साथ)* फिर ज़िक्रे-दारा-*(विचारलीन)* हमारे दिल में हर साँस के साथ चुभने वाले काँटे की तरह मौजूद हैं दारा! सवाल है कि क्यों?

(आँखें बन्द कर लेता है।)

ज़ेबुन्निसा : एक-दो-तीन-चार-पाँच-

(औरंगज़ेब की आँखें बन्द हैं।)

औरंगज़ेब : *(उलझन से)* ये क्या हुआ?

ज़ेबुन्निसा : क्या देख रहे हैं?

औरंगज़ेब : गीली बालू पर सोनमछली-

ज़ेबुन्निसा : अब?

औरंगज़ेब : तड़प रही है-साँस के लिए-

ज़ेबुन्निसा : अब?

औरंगज़ेब : टेढ़ी पगड़ी के साथ ख़लीलुल्लाह का मुस्कुराता चेहरा-

ज़ेबुन्निसा : अपनी ताजपोशी के साथ आपने उन्हें पँजाब की सूबेदारी इनायत फ़र्मायी।

औरंगज़ेब : क़ाबिल और भरोसेमंद थे।

ज़ेबुन्निसा : सामूगढ़ लड़ाई तक दारा के साथ थे।

औरंगज़ेब : धर्माट के बाद ही हमारे पाले में आना चाहते थे, पर हमने सोचा, दारा खेमे में ज़्यादा फ़ायदेमंद होंगे। सामूगढ़ में लड़ाई के बेहद संगीन मोड़ पर, जब मौत बज़ाते-ख़ुद हमें शिकंजे में कसने को थी, ख़लीलुललाह ने दारा को सलाह दी कि वो हाथी से उतर घोड़े पर बैठ जायें। ऐसा ही हुआ। अगले लम्हें हमारा सिपाही चिल्लाया, दारा शिकोह मारे गये।

ज़ेबुन्निसा : दारा की फ़ौज ने देखा, उनके हाथी का हौदा ख़ाली था।

(औरंगज़ेब आँखें बन्द कर लेता है।)

औरंगज़ेब : चारों तरफ़ ग़र्दो-गुबार-दूर दारा के साथी उनको घेर कर बचाते हुए ले जा रहे हैं। लाशों के बीच फँसे अपने हाथी को आगे बढ़ाने की कोशिश के साथ हम सोच रहे हैं, शाम ढलने से

पहले ही काफ़ी उमरा हमारे पाले में आ सकते हैं। अब अगल क़दम शाहजहाँ को बेदख़ल करना है।

ज़ेबुन्निसा : आप दारा को गिरफ़्तार क्यों नहीं करते?

औरंगज़ेब : ताज शाहजहाँ के सिर पर है। तख़्तनशीं बादशाह को हटान मुग़ल तवारीख़ में पहली बार-दरबारो-अवाम का रद्दे-अमल क्या होगा, मालूम नहीं। वली-अहद को भी गिरफ़्तार क लिया, तो पहले से ही इतनी संगीन सूरते-हाल कैसे सँभालेंगे फिर ऐसे कच्चे हालात में गिरफ़्तार दारा का करेंगे क्या? उनक चप्पलें तख़्ते-ताऊस पर रख औरंगज़ेब हुकूमत करेंगे?

ज़ेबुन्निसा : *(नोट्स लेते हुए)* Sharp sense of humour

औरंगज़ेब : अब हमें जीत के नगाड़े बजाये जाने का हुक़्म देना है, पर इस पेश्तर हमें *(हाथ आगे बढ़ाते हुए)* ख़ुशनसीबी की अलमबरद सोनमछली वाले चाँदी के लोटे का बोसा लेना है। *(हाथ बढ़ा हुए)* लोटा उठाने को हाथ बढ़ाया हमने लेकिन-

ज़ेबुन्निसा : लेकिन?

औरंगज़ेब : ख़ून के थक्कों के बीच गीली बालू पर पड़ा है लोटा-आख़ि साँस के लिए छटपटती सोनमछली-

ज़ेबुन्निसा : छटपटाती सोनमछली आपने पहली बार ख़्वाब में कब देखी
(औरंगज़ेब आँखें खोलता है।)

औरंगज़ेब : जब अकबर के पीछे दकन के रास्ते नर्मदा पार कर रहे थे। फि बाद में इन बरसों में कई बार, जब ग़ैर-शाही तवारीख़ें ऐलानि कह रही है, दकन नासूर औरंगज़ेब की कब्र बन चुका और ह ये सोचने को मजबूर कर रही हैं, अगर ताज हमारे बजाय दा के सिर पर होता, तो?

ज़ेबुन्निसा : तो क्या होता?

औरंगज़ेब : दारा राजा जय सिंह को बिचौलिया बना शिवाजी के साथ कि न किसी तरह का समझौता कर मराठा अस्मिता को मुत्मइ कर लेते। अगर तब स्वराज की वजह से पूरी कामयाबी मिलती, तो शम्भूजी के अहद में मिल जाती। दकन की ती शिया सल्तनतों के साथ शाहजहाँ के पुराने क़रार को नयी सू दे दी जाती-सिक्का, ख़ुत्बा और ख़िराज़ मुग़ल शहंशाह के न का, बाक़ी ख़ुदमुख़्तारी।

ज़ेबुन्निसा : जोधपुर पर हमला होता?

औरंगज़ेब : *(इंकार में सिर हिलाते हुए)* राजा जसवंत सिंह के मसंबो-ओहदे में बहुत पहले इज़ाफ़ा हो जाता। वो जमरूद के थानेदार नहीं, काबुल के सूबेदार होते। उनकी किसी हामला रानी का राजतिलक दिल्ली तस्लीम कर लेती।

ज़ेबुन्निसा : मेवाड़?

औरंगज़ेब : जज़िया लागू ही नहीं होता, तो चित्तौड़-उदयपुर के ख़िलाफ़ मोर्चा खुलता ही क्यों?

ज़ेबुन्निसा : खालसा पंथ?

औरंगज़ेब : हिन्दुओं पर ज़ुल्म और तब्दीलि-ए-मज़हब की लाचारी होती ही नहीं। गुरु हर राय ने दारा की बीमारी में जड़ी-बूटी भेजी थी। सामूगढ़ शिकस्त के बाद दारा गुरु के दरबार में माथा टेकने गये थे। गुरु ने अगली लड़ाई में फ़तेह का आशीर्वाद दिया था।

ज़ेबुन्निसा : अगर आप दावेदारी छोड़ देते, तो दारा जंग के बग़ैर शहंशाह बन जाते?

औरंगज़ेब : शुजा शायद न मानते, पर वो दिल्ली से जीत नहीं पाते। अगर हम मैदान से बज़ाते-खुद हट जाते, तो दारा की ताजपोशी यक़ीनी थी। हरम की फ़िज़ा बिल्कुल बदल जाती।

(ज़ेबुन्निसा हामी में सिर हिलाती है।)

ज़ेबुन्निसा : उसूले-लाज़िमी दारा की औलाद पर लागू होता ?

औरंगज़ेब : *(नाहीं में सिर हिलाते हुए)* उन बाप बेटे के रिश्ते वैसे ही थे, जैसे बाबर-हुमायूँ के।

ज़ेबुन्निसा : ख़ानदान में अमन बनाये रखने के लिए तैनातियाँ किस तरह होतीं?

औरंगज़ेब : मुराद को दकन की सूबेदारी दे दी जाती और मुअज़्ज़म वा आज़म को भरे ख़ज़ाने वाले मालवा वा गुजरात की। सुलेमान बँगालो-बिहार भेजे जा सकते थे और सिपिर शिकोह पँजाब। *(करुण मुस्कान से)* एक और अकेले हम हैं, जिसने ख़ानदानो-सल्तन की तवारीख़ बदल दी-बरबाद कर दी।

(ज़ेबुन्निसा नोट्स लेती है।)

ज़ेबुन्निसा : आपने शुरू से माना, बज़रिए शमशीर जो हासिल किया जाता है, वही अपना रहता है।

औरंगज़ेब : आधी सदी के बाद ख़ून टपकाती शमशीर हाथ में थामे सबक़

सीख लिया कि नहीं- *(निढाल।)* अब नींद नहीं आयेगी। आख़िरी हिचकी के बाद ही नींद आयेगी अब-

ज़ेबुन्निसा : *(हल्की मुस्कान से)* और आख़िरी हिचकी भी आयेगी पाक जुमे के दिन-

औरंगज़ेब : *(हामी में सिर हिलाते हुए)* ज़बर्दस्त डिप्रैशन है।

ज़ेबुन्निसा : एक गोली दूँ?

औरंगज़ेब : *(ऊपर उँगली उठाते हुए) अब वहीं होगा इलाज-*

(औरंगज़ेब आँखें बन्द कर लेता है।)

औरंगज़ेब : अस्सी बरस पुराना हादसा। बुरहानपुर के पास के जँगल में भटक रहा हूँ। शाहजहाँ का दौरे-बग़ावत। शाम ढल रही है। आसपास ही है पेड़ों के झुरमुट में छिपा हमारा तम्बू, पर मैं वो पगडंडी नहीं ढूँढ पा रहा, जहाँ से आया था। आहिस्ता-आहिस्ता बुझ रही है रौशनी। आसपास कीड़े बोलने लगे। अँधेरे की पहली पायदान के साथ जँगल की ख़ास तरह की ख़ुशबू आने लगी, यकलख़्त डूबने लगा दिल कि मैं खो गया, बहाना मिल गया शाहजहाँ को-वो मुझे छोड़ कर चले गये।

ज़ेबुन्निसा : आप बादशाह हैं अब। दूसरों को छोड़ कर आप जा सकते हैं-आपको छोड़ कर कोई नहीं जा सकता।

औरंगज़ेब : सबने दामन झाड़ लिया हमसे। दस्तूर के मुताबिक़ हर सूबे से हमें सालाना महसूल वा रपट मिलना चाहिए, पर बँगाल के सिवा और कोई ज़िल्ले-सुब्हानी को घास नहीं डालता।

ज़ेबुन्निसा : *(उदास मुस्कान से)* क्या रपट आयेगी जहाँपनाह! सनअत[175], तिजारत, फ़ौजी ढाँचा, समाजी इदारे[176]-सबमें घुन लग गया। जिसे तहज़ीबे-इंसानी कहा जाता है, वो आपने मिट्टी में मिला दी। जिसे ज़िन्दगानि-ए-इंसानी कहा जाता है, उसे आपकी तीस बरस की जंग खा गयी। एक लाख सत्तर हज़ार की आपकी फ़ौज, इसका दस गुना ग़ैर-जंगी अमला और चालीस चलते-फिरते बाज़ार। जहाँ से आपका तबाहि-ए-कारवां गुज़रता है, पीछे सिर्फ़ आहो-फ़ुग़ां छोड़ जाता है। हर बरस क़रीब एक लाख सिपाही और इसके तीन गुना जानवर हलाक़ होते है। अब आलम ये है कि बाहर सब्ज़ा, फूल, परिन्दे दिखायी नहीं देते। उनकी जगह भरपूर हैं तो कव्वे, चील, और गिद्ध। हद्दे-नज़र तक हड्डियों और खोपड़ियों से भरी बंजर ज़मीन। हरसूँ[177]

मक़तल का मातमी सन्नाटा। छोटे-से बच्चे की आँखों में झाँके, तो बचपन की उमंग नहीं, उम्ररसीदा की वीरानी है। दकन से आपने दुश्मनी निकाल ली, लेकिन दकन की आपसे दुश्मनी बहुत महँगी साबित हुई। आपके मंसबदार वा अफ़सरान अपनी कुर्सी वा ज़िन्दगी के लिए मराठों को झुक कर सलाम के साथ महसूल अदा करते हैं और बची-खुची रैयत मराठों को भी महसूल देती है और मुग़लों को भी। दकन पर मुग़लों की हुकूमत है, मुग़लों पर मराठों की। अगर फ़तेह में ही शिकस्त होती है-

औरंगज़ेब : *(बीच में ही)* तो यहीं है, यहीं है, यहीं है।

(ज़ेबुनिसा हामी में सिर हिलाती है।)

औरंगज़ेब : दिल्ली-आगरा?

ज़ेबुन्निसा : शहरी इलाक़ों में लूटमार के साथ-साथ शाहराहों पर जाटों का क़ब्ज़ा है, जो मनमानी राहदारी,[178] वसूल करते है। बिहार, मालवा, पँजाब, मेवाड़-हर जगह बाग़ियों का बोलबाला है। क़िलेदार, फ़ौजदार, सूबेदार-न किसी की चलती है, न कोई अपनी जान जोखिम में डालना चाहता है। सब जानते हैं, जैसे ही आलमगीर की साँस टूटेगी, चरमराता निज़ाम ढहने लगेगा।

औरंगज़ेब : कहा जाता है कि जंगो-अमन की असली सूरत बढ़ा-चढ़ा कर पेश की जाती है, पर वो सख़्त हक़ीक़त बन जाती है, जब एक का तख़्मीना हम बतौर नाउम्मीदी लगाते हैं और दूसरे का बतौर उम्मीद।

ज़ेबुन्निसा : जँगे-विरासत में दारा का खेमा वाबस्ता-ए-उम्मीद माना जायेगा।

औरंगज़ेब : *(हामी में सिर हिलाते हुए)* ख़ुद हमारी ज़ुबान से इस बयान की नक़्क़ाशी हो चुकी कि पानी और बादशाह को देर तक एक जगह नहीं ठहरना चाहिए। पर हम दकन में ठहरे रहे और इसका नतीजा देख लिया। आगरा क़िले से प्यासे शाहजहाँ ने जब हमें अपनी नज़्म भेजी, तो हमने ये लिख कर वापस कर दी-जो बोया है, वो काटिए। वही हो रहा है अब हमारे साथ-*(क्षणिक विराम)* ख़्वाब में तख़्ते-ताऊस देखा था, फिर काग़जीछाल दरख़्त उसके ऊपर नक़्श हो गया-औरत की लम्बी चीख़ के साथ। हमारी आँख खुल गयी। इस ख़्वाब का मतलब क्या है, मैंने अपने-आप से पूछा। इतने बरसों तक अपनी

रोज़मर्रा ज़िन्दगी जीते हुए दिल के किसी कोने में ये सवाल हमें कुरेदता रहा और अब यकायक आवाज़ पहचान में आ रही है।-

(चीख़ सुनायी देती है।)

औरंगज़ेब : अल्लीमा मुल्तानी, जिन्होंने जँगे-विरासत की तीसरी लड़ाई के बाद कहा था- औरंगज़ेब को ताज मिल गया, पर तवारीख़ में जगह पर सवालिया निशान रहेगा। *(ज़ेबुन्निसा से)* क्या मतलब?

ज़ेबुन्निसा : अकबर और शाहजहाँ के बाद आप आख़िरी अज़ीम शहंशाह ज़रूर हैं, लेकिन उन दोनों के मुक़ाबिल छोटे और हल्के।

औरंगज़ेब : हिन्दुस्तान को सल्तनत में तब्दील तो हमीं ने किया।

ज़ेबुन्निसा : पर अकबरे-आज़म जितनी लड़ाइयाँ जीतने के बाद भी स्याह नाकामयाबी-ओ-तबाही के परचमबरदार भी तो बने। क्यों?

औरंगज़ेब : निज़ाम के उसूल सही नहीं थे। *(आँखें बन्द कर लेता है। कुछ आवेश से)* देख रहा हूँ वो काग़ज़ीखाल दरख़्त-जान, पहचाना है, पर है कहाँ?

ज़ेबुन्निसा : *(यथातथ्य भाव से)* दौलताबाद क़िले का दरवाज़ा याद कीजिए। दायीं तरफ़ झाड़ियों के पास-

(औरंगज़ेब सतर्क हो जाता है।)

औरंगज़ेब : जंगे-विरासत के लिए हमारी रवानगी हो रही है-ज़ेबुनिसा बाहर आयी है-अलविदा कहने। उसका दुपट्टा एक टहनी में उलझ गया।

ज़ेबुन्निसा : ख़ूबसूरत होता है दरख़्त, पर अपने इर्द-गिर्द का सारा पानी पी जाता है। हर क़िस्म के सब्ज़े का एक ही अंजाम है-मौत।

(औरंगज़ेब आँखें खोलता है।)

औरंगज़ेब : *(स्तब्ध)* या ख़ुदा,तुम ज़ेबुन्निसा हो।

(ज़ेबुन्निसा हामी में सिर हिलाती है।)

ज़ेबुन्निसा : लेकिन तुम्हारा इंतिक़ाल हो चुका पाँच बरस पहले।

औरंगज़ेब : रूह यहीं चक्कर काटती रही अब्बू! आपकी खोयी नींद लौटाने की कोशिश कर बेटी का फ़र्ज़ चुकाना था न!

(औरंगज़ेब स्नेह से उसका स्पर्श कर सकता है।)

औरंगज़ेब : हमारे तर्जे-अमल ने औरंगज़ेब में से शख़्स, शहंशाह और वालिद के साथ-साथ वो सब निचोड़ लिया, जिसे जज़्बात की नर्मो-नाज़ुकी कहते हैं। तनो-तन्हां, टूटे आलमगीर ने बारहा शिकवा किया कि उनका सफ़रे-दर्द उनकी साँस टूटने के साथ ही ख़त्म

होगा।

ज़ेबुन्निसा : उन्हें एहसास नहीं था कि उनके सारे दर्द की ज़िम्मेदारी बज़ाते-ख़ुद उन पर थी।

औरंगज़ेब : वो समझ रहे हैं।

ज़ेबुन्निसा : उन्हें सुकून नहीं मिला, चूँकि वो दूसरों को सताने, फिर उनके ज़रिए सताये जाने के लिए ही दुनियाँ में भेजे गये थे।

औरंगज़ेब : *(हामी में सिर हिलाते हुए)* वो समझ रहे हैं कि सुकून के हक़दार नहीं। सही कहा था शहज़ादे अकबर ने। हमने अपनी सारी ज़िन्दगी उन चीज़ों की खोज में गँवा दी, जो ख़्वाब से ज़्यादा झूठी और साये से कम दवामी थीं। शाहजहाँ ने आगाह किया था हमें, गुरूर मत करो/चार दिन की चाँदनी है, फ़रेबी दुनियाँ की ख़ुशनसीबी/पर गुरूर किया हमने। इसलिए चार दिन की चाँदनी ख़त्म होने पर ज़ारो-क़तार तड़पने के सिवा और क्या चारा है? अब ज़ख़्मी पाँवों से पुरदर्द रँगोली बनाते हुए अपने अंजाम तक पहुँच रहे हैं आलमगीर ज़िन्दा पीर! क्या होगा हमारे बाद?

ज़ेबुन्निसा : वही, जो होता है।

औरंगज़ेब : *(बलपूर्वक)* हम ख़ूँआलूदी नहीं चाहते। अपनी ग़लती समझने में आधी सदी लग गयी हमें। अगली नस्ल उसे नहीं दुहराएगी। *(वसीयत दिखाते हुए)* मुअज़्ज़म, आज़म और काम बख़्श के बीच हमने सल्तनत तक़सीम कर दी।

ज़ेबुन्निसा : देर से ही सही, पर ये मासूमियत शाहजहाँ ने भी दिखायी थी। आपने मंजूर किया?

औरंगज़ेब : *(इंकार में सिर हिलाते हुए करुण स्वर में)* दारा के तईं अपनी हसदो-नफ़रत की आग में हम ख़ुद ही ख़ाक हो गये। आधी सदी लग गयी अपनी ख़ता समझने में। हम नहीं चाहते कि हमारे बेटे उसे दुहराएँ।

ज़ेबुन्निसा : दूसरे की ख़ता से कोई नहीं सीखता-मुग़ल शहज़ादा तो बिल्कुल नहीं। उन्हें भी आपकी ख़ता दुहरा कर इसी तरह पछताना होगा।

औरंगज़ेब : पछताने का कोई सबब होगा ही नहीं। वो इतने निकम्मे हैं कि सही ढँग से तबाही तक नहीं कर पायेंगे।

ज़ेबुन्निसा : ताजपोशी के बाद आपने पहली ऐसी बात कहीं, जिससे हम मुत्तफ़िक़ हैं।

औरंगज़ेब : जंगे-विरासत के दौरान जब दारा हमारे चंगुल से भाग रहे थे,

तुमने कहा था, दारा की ख़ातिर तर्के-तख़्त करके मदरसे चले जाओ। काश, हमने तुम्हारी बात पर अमल करते हुए सही तवारीख़ बना दी होती, पर हमें अपनी शमशीर पर ग़ुरूर हो चुका था। हमें यक़ीन था कि ऐसी कोई वजह नहीं कि हम अपनी तस्वीरे-ज़ीस्त रैयत पर न थोप सकें, एक-एक शहर को सबाब नगर न बना सकें। हमें पूरा एतबार था कि हम तो निजात पायेंगे ही, अपने साथ-साथ रैयत की निजात के भी बाइस बनेंगे, पर भटक गये आलमगीर- *(विह्वल स्वर में)* हम ख़ुद नहीं जानते कि हम कौन हैं और अब तक क्या करते रहे हैं! सामूगढ़ लड़ाई के वास्ते अकबराबाद से निकलते हुए दारा ने कहा था, ग़रीब मुआफ़ मग़रूर मर्ग[179] *(ऊपर संकेत के साथ)* आज ये सुन कर सुकून मिलेगा उन्हें कि *(अपनी ओर संकेत के साथ)* मग़रूर को सचमुच शर्मिन्दगि-ओ-ज़लालत से छलकती ऐसी बदतरीन मौत मिल रही है, जो किसी मुग़ल शहंशाह को नहीं मिली। *(कुछ ठहर कर)* इस दुनियाँ में कुछ लेकर नहीं आया था और अपनी नाकामयाबी के बोझ के सिवा कुछ लेकर नहीं जा रहा हूँ। *(चौंकता है, जेब से पैसा निकालता है।)* टोपियाँ सिलने की कमाई चार रुपये दो आने। *(ज़ेबुन्निसा को देता है।)* ये हमारे क़फ़न पर ख़र्च किया जाये-मोटा कपड़ा ग़ाज़ी नाम का। *(बटुआ देते हुए)* तीन सौ पाँच रूपये कुरान की नक़लों की आमदनी-फ़क़ीरों में बाँट दी जाये।

(ज़ेबुन्निसा ले लेती है।)

औरंगज़ेब : क्यों याद करता हूँ दारा को मुसल्सल?

ज़ेबुन्निसा : दारा में ही आपकी निजात छिपी थी।

औरंगज़ेब : *(हामी में सिर हिलाते हुए)* शहज़ादे अकबर ने मशिवरा दिया था। अपनी अगली ज़िन्दगी का ऐसा ख़ाक़ा बनाइए, जो आपके उन गुनाहों की तलाफ़ी कर सके, जो आपने अपने वालिद, बिरादरान और रैयत के ख़िलाफ़ किये हैं। ऐसा ख़ाक़ा तैयार तो है, लेकिन हमारे बग़ैर वो तब्दीलि-ए-अमल कैसे होगा? काश, हम सबको ये छूट मिली होती कि अपनी ज़िन्दगी का एक कच्चा मसविदा जियें और दूसरी बार उसके ग़लत हिस्सों को सही करते चलें-यानी पुराने मोड़ से नयी इब्तिदा- *(उमंग से)* फ़र्ज़ करो, ऐसा हो गया। दौर जंगे-विरासत से पेश्तर। *(फुर्ती से मंच का चक्कर लगाते हुए)* हम दौलताबाद क़िले

से एक हफ़्ते के लिए ग़ायब–

(ज़ेबुन्निसा के सामने आता है।)

ज़ेबुन्निसा : *(आशंका से)* आप कहाँ थे अब्बू?

औरंगज़ेब : एलोरा गुफाओं में–हमें वो राहे–रौशन मिल गयी, जिसे हमारी रूह बेसाख़्ता[180] ढूँढ रही थी।

ज़ेबुन्निसा : *(वैसी ही)* अच्छा?

ज़ेबुन्निसा : तुम सब भाई–बहन तैयार हो जाओ। कल अलस्सुबह अकबराबाद रवानगी–

ज़ेबुन्निसा : *(उमंग से)* अकबराबाद?

औरंगज़ेब : ख़ुदा की मेहर, शाहजहाँ की सेहत सुधर गयी। तुम सबको जहाँ आरा बेगम के महल में रहना है।

ज़ेबुन्निसा : *(प्रसन्न हो)* सचमुच?

औरंगज़ेब : *(उसके सिर पर हाथ रखते हुए)* हमारे रास्ते जुदा हो रहे हैं ज़ेबी!

ज़ेबुन्निसा : क्या मतलब?

औरंगज़ेब : नदी–नालों से घिरा छप्पनटोला। काई लगी ईंटों वाला टूटा–फूटा मदरसा–

ज़ेबुन्निसा : जिसे बनाने के बाद गोया अल्लाह ने भी भुला दिया?

औरंगज़ेब : *(हामी में सिर हिलाते हुए)* हमारी पोटली कहाँ है?

(ज़ेबुन्निसा पोटली देती है। औरंगज़ेब कन्धे पर लटका लेता है।)

ज़ेबुन्निसा : हम सब ईद पर मदरसे आयेंगे।

(औरंगज़ेब हामी में सिर हिलाता है।)

औरंगज़ेब : दादा भाईजू को हमारा सलाम। कहना–ताजपोशी मुबारक।

(ज़ेबुन्निसा हामी में सर हिलाती है। औरंगज़ेब उसके सिर पर हाथ रखता है, जाने लगता है, जा रहा है। दोनों फ्रीज़ हो जाते हैं। प्रकाश मन्द होने लगता है।

नेपथ्य से अल्लीमा मुल्तानी का स्वर :

भिखारी का ठीक है ये कहते हुए इतराना कि आज बादशाह हूँ मैं/ बादल का साया है उसका शाही तम्बू, बोआ गया खेत है उसका तख़्त

(अन्धकार)

सन्दर्भ

1. सुंदर सपने
2. गप्पें
3. हिंसा
4. रक्तपात
5. भविष्यवाणी
6. इल्मी, Speculative
7. अमली, Operative
8. हक़ीक़त, Absolute truth
9. Aggregate
10. साक्षात कृपा
11. आश्रम
12. मुग़ल वंशज, जिसे शाहजहाँ बन्दी बनाने के बाद भूल गये थे।
13. चमत्कार
14. चलन
15. चन्द्रमुखी
16. आन्दोलन
17. शिवाजी के लिए औरंगज़ेब की संज्ञा
18. दोपहर की नमाज़
19. प्रार्थनालीन
20. इरादा
21. विनीत को मृत्यु दम्भी को क्षमा
22. एकान्त
23. ध्यान
24. प्रतिनिधि
25. पुनीतात्मा
26. आगरा के निकट युद्ध में पराजित शहज़ादे के परिवार की स्त्रियों का बन्दीगृह
27. बंदीगृह
28. द्वीप
29. रक्तरंजित
30. नैतिकता
31. भविष्य
32. चेतावनी
33. धर्मोपदेश
34. पाठन
35. ईश्वर
36. साम्राज्य की प्रथम महिला
37. बेटा

38. शोभा
39. तेज़-तर्रार
40. शानोशौक़त
41. लक्ष्य
42. मूल्य
43. सदाचार
44. सिंहासन-त्याग
45. हृदयविदारक
46. बाज़
47. अभागे
48. व्यंग
49. प्रकाशमान महल, ताज महल की संज्ञा
50. यात्रा-संचालक
51. मुग़लों की शोकसूचक रस्म
52. सहायक
53. विवेक
54. नीति
55. वाह वाह
56. ट्रस्टी
57. राजस्व
58. ख़र्च
59. उत्कर्ष
60. निस्पृह
61. संवेदनशील
62. पदवियों का चन्द्रमा
63. राजदूत
64. स्थायी
65. अध्याय
66. धर्मवेत्ता समिति
67. ख़ुशनवीसी
68. अफ़सोस
69. देशनिष्कासन
70. अन्तःकरणीय आपत्तिकर्ता
71. निर्दयता
72. कुरानशरीफ़ कंठस्थ कर दुहराने की रस्म
73. ईश्वर का नाम जपते हुए असीम आनन्द की स्थिति में जाना
74. मलिनता
75. परमात्मा

76. Actualise
77. व्याख्या
78. क्षतिपूर्त्ति
79. अधिकारी
80. समस्या-पूर्त्ति
81. व्यंग बोध
82. पद-चिह्न
83. इन्द्रधनुष
84. परिभाषा
85. आस्था
86. उदार
87. आयात
88. अनेकता
89. एकता
90. एकरूपता
91. विविधता
92. निर्दयता
93. समय का विस्तार
94. पर्याय
95. नैतिकता संरक्षक
96. काव्य-वृत्ति
97. नीति
98. सद्भव
99. साम्राज्याधीन
100. रणनीति
101. वध-स्थल
102. ईश्वर
103. आपत्ति
104. अनुपम
105. The Hall of Shame
106. संदर्भ
107. समृद्धि
108. सन्तुलन
109. प्रतिद्वन्द्वी
110. सुधार
111. संग्रह
112. अन्तर्व्यथा अभिव्यक्ति
113. भूमिका

114. एकमत
115. हास्य-बोध
116. दोपहर की नगाज़
117. रात की नमाज़
118. हितैषी
119. समाधि-लेख
120. मुक्तिदाता
121. राजस्व का दसवाँ भाग-मराठा राजा के लिए
122. राजस्व का दसवाँ भाग-मराठा राज्य के लिए
124. रणनीतिकार
125. Dark Imagination
126. प्रशासन
127. विशाल
128. अधीनस्थ द्वारा क्षतिपूर्त्ति
129. सुभाषित
130. उपकारी
131. उपकृत
132. आश्रयहीन का आश्रय
133. अमर
134. शुभ मूहूर्त्त
135. पंक्तिबद्ध
136. अभिप्रेत
137. व्यावसायिक नैतिकता
138. सहदुग्धपायी (बहन)
139. शहद
140. गरिमा
141. शोक
142. दो ग्रहों के योग पर जन्म लेने वाले द्वितीय सौभाग्यशाली (पहले तैमूर थे।) स्वर्गवासी
143. मधुर वक्ता
144. दूरी
145. विमुखता
146. वितृष्णा
147. विद्वेष
148. प्रतिद्वंद्विता
149. शत्रुता
150. घृणित
151. तिरस्कार
152. जासूस

153. अत्यधिक सम्मानित
154. विधर्म
155. कार्य-शैली
156. बुद्धिमान
157. संयमी
158. राजमार्ग
159. दैवी
160. दैवी
161. ईवर
162-163. मनोकांक्षा पूरी करने के दैवी स्रोत
164. शक्ति
165. आत्मविश्वास
166. वधित
167. लावण्य
168. स्नेह
169. बादशाह की पत्नियों की श्रेणियाँ
170. स्वर्ग की नदियाँ
171. अत्याचारी
172. युक्त
173. बंद
174. सम्मान
175. उद्योग
176. संस्थाएँ
177. तरफ़
178. पथ-कर
179. विनीत को क्षमा दंभी को मृत्यु
180. गहराई से

खंड-दो

ऐतिहासिक परिप्रेक्ष्य

जितना पीछे देखने की सामर्थ्य तुममें है, उतना ही तुम आगे देख सकते हो।

—चर्चिल

नाटय-चतुष्टय में वर्णित मुग़ल वंशवृक्ष

सम्राट का कोई पिता, भाई नहीं होता। जो तुम्हारे और सिंहासन के बीच आता है, वह तुम्हारा शत्रु है।

—जहाँगीर

बाबर

↓

हुमायूँ

↓

अकबर

↓

जहाँगीर

↓

शाहजहाँ

↓

औरंगज़ेब

↓

शाह आलम बहादुर शाह

↓

जहाँदार शाह

↓

फ़र्रुख़सियर

↓

रफ़ीउद्दर्जात

↓

रफ़ीउद्दौला

↓

इब्राहीम बेग

↓

मुहम्मद शाह

अनुभाग–1

मुग़ल राजवंश और आलमगीर साम्राज्य

जो न देखा हो मैंने?/ एक चक्कर है भाग्य के पहिये का?
ऐसी है एक हूक, एक विषाद?/ जो न भुगता हो मेरे ज़ख़्मी दिल ने?

—बाबर

बाबर की यह काव्य-पंक्ति नाटय-चतुष्टय के हर नायक, हर नायिका पर लागू होती है।

आलमगीर की मृत्यु के समय 1707 में साम्राज्य 21 प्रदेशों में विभाजित था— 14 हिन्दुस्तान अर्थात् उत्तर भारत में थे, 6 दक्षिण में और 1 काबूल, जो अब अफ़गानिस्तान में है।

उत्तर भारत : आगरा, अजमेर, इलाहाबाद, बंगाल, बिहार, दिल्ली, गुजरात, काश्मीर, लाहौर, मालवा, मुल्तान, उड़ीसा, अवध और थट्टा *(सिंध)*।

दक्षिण : खानदेश, बरार, औरंगाबाद *(पुराना अहमद नगर)*, बिदर *(पुराना तैलंगाना)*, बीजापुर और हैदराबाद।

एक शताब्दी पहले अकबरे-आज़म के देहान्त पर 1605 में साम्राज्य में उत्तर भारत के सभी 14 प्रदेश सम्मिलित थे, पर दक्षिण के सिर्फ़ पहले दो। अकबर ने अहमद नगर को अनुबद्ध नाम के लिए किया था। कन्धार अर्थात दक्षिण अफ़गानिस्तान मुग़ल साम्राज्य के राजपत्रों में एक प्रदेश के रूप में अंकित ज़रूर किया जाता रहा, पर यह सिर्फ़ ख़ानापूरी थी, क्योंकि इस्फ़हान और दिल्ली के बीच कन्धार स्वामित्व *(पन्द्रह वर्ष के ईरान प्रवास और ईरानी सैन्य सहायता से दिल्ली को फिर जीतने योग्य बनाने के लिए हुमायूँ ने कृतज्ञ भाव से कन्धार ईरान को उपहार में दे दिया था। बाद में शाहजहाँ ने 'कृतज्ञता बहुत दिखा दी।' कहते हुए ईरानी सूबेदार को*

रिश्वत देकर कन्धार पर कब्ज़ा कर लिया।) बदलता रहा, पर 1649 में मुग़ल उससे हमेशा के लिए हाथ धो बैठे।

वैसे कन्धार को 'बंजर स्वामित्व' माना जाता था। वहाँ न उपज थी, न राजस्व। प्रशासन व्यय स्वामी को जेब से देना होता था। दुर्जेयता में क़िला अवश्य दौलताबाद एवं गोलकुंडा के बराबर गिना जाता था। काबुल या उत्तरी अफ़गानिस्तान हालाँकि 1739 के नादिर शाही आक्रमण तक मुग़ल नियन्त्रण में रहा, लेकिन औरंगज़ेब काल में उसका वार्षिक राजस्व सिर्फ़ 40 लाख था, जिसका अधिकांश वसूल नहीं हो पाता था।

आलमगीर साम्राज्य में उत्तर काश्मीर और हिन्दुकुश के दक्षिण में सारा अफ़गानिस्तान था; दक्षिण-पश्चिम में 36 मील की रेखा ग़ज़नी के दक्षिण में उसे ईरान से अलग करती थी। पश्चिमी सीमा-तट पर यह गोवा के उत्तरी सीमान्त, अन्तःस्थली बेलगाँव *(मुम्बई कर्नाटक या कैनरा)* एवं तुंगभद्रा नदी तक फैली हुई थी। उसके आगे पश्चिम से पूर्व को विवादित और बराबर बदलती हुई सीमा रेखा मैसूर केन्द्र के बीच से उत्तर-पूर्व को मुड़ते हुए तँजोर के उत्तर में कोलरन नदी तक जाती थी। धुर उत्तर-पूर्व में गौहाटी के पश्चिम में मानस नदी साम्राज्य को आसाम के स्वतन्त्र राज्य से विभाजित कर देती थी, लेकिन ध्यातव्य यह है कि दक्षिण-पश्चिम, दक्षिण और दक्षिण-उत्तर में अर्थात् सम्पूर्ण महाराष्ट्र, कैनरा, मैसूर और पूर्वी कर्नाटक में आलमगीर का स्वामित्व विवादग्रस्त था और अधिकांश क्षेत्रों में 'दोअमली' यानी दुहरे प्रशासन चलते थे।

अफ़गानिस्तान को छोड़ समूचे साम्राजय का भूमि राजस्व 33 करोड़ 25 लाख था, पर वसूली इससे बहुत कम होती थी। ज़कात एवं जज़िया जैसे करों का योग अलग था। विविध स्रोतों से हुई आय का स्वरूप गुजरात के राजस्व से समझा जा सकता है; भूमि राजस्व 113 लाख; जज़िया 5 लाख;सूरत बन्दरगाह सीमा-शुल्क 12 लाख वार्षिक; सैन्य जागीर 27.64 करोड़ तथा राजगत भूमि 5.81 करोड़।

प्रशासन व्यवस्था : मुस्लिम राज्य मूलतः सैन्य सरकार होती थी, जिसका मूलाधर सम्राट का निरंकुश स्वामित्व था। यह सेना का सर्वोच्च सेनापति था। सम्राट के बाद सबसे ऊँचा अधिकारी वज़ीर था और उससे भी नीचे अन्य मन्त्री।

प्रशासन के मुख्य विभाग ये थे :

1. दीवान: राजकोष तथा राजस्व
2. ख़ानेसामाँ: शाही गृहस्थी
3. बख़्शी: वेतन एवं लेखा
4. धर्मविधान: क़ाज़ी
5. धर्मस्व तथा दान: सद्रउलसद्र

6. प्रजा आचरण नियन्त्रक: मुहत्सिब
7. तोपख़ाना: मीरे-आतिश
8. संचार: दारोगा-ए-डाकचौकी

सामन्त संगठन

भर्ती: सिद्धान्तत: हर सामन्त की नियुक्ति सीधे सम्राट के द्वारा होती थी और जहाँ तक सम्भव होता था, बख़्शी हर उम्मीदवार सम्राट के सामने प्रस्तुत करता था। "सम्राट की सूक्ष्म बेधक दृष्टि व्यक्ति की योग्यता या उसका अभाव पकड़ लेती थी।" उमरा *(ऊँचे सामन्त)* और राज्यपाल भी सम्राट की सेवा में सन्स्तुति भेजते थे, जिन्हें सम्राट गम्भीरता से लेता था। सन्स्तुति का स्वीकार एक प्रकार से सामन्त विशेष के राजसी मूल्यांकन पर भी मुहर थी। दकन में औरंगज़ेब की दूसरी सूबेदारी के दौरान उनके मनोनयन का शाहजहाँ *(और अप्रत्यक्ष रूप से दारा शिकोह)* द्वारा तिरस्कार दोनों के साथ औरंगज़ेब के सम्वन्धों को कड़वे से ज़हरीला और फिर प्रतिशोधत्मक बनाता गया था। राजपरिवार के सदस्य भी नामांकन भेजते थे।

नियुक्ति-पत्र : सम्राट की स्वीकृति दीवान, बख़्शी और सैन्य लेखपाल *(साहिबे-तौजीक)* के पास जाँच के लिए भेजी जाती थी। उनसे स्वीकृति पाकर पत्र फिर सम्राट के पास आता था, जो दूसरी बार अपनी स्वीकृति देते थे। फिर औपचारिक नियुक्ति-पत्र *(फ़रमान)* तैयार होता था, जिस पर पहले उपरोक्त दोनों अधिकारियों के बाद अन्त में दीवान के हस्ताक्षर के साथ मुहर लगती थी।

मनसब के हर प्रत्याशी को प्रत्याभूत *(ज़ामिन)* देना होता था। इस नियम का सख़्ती से पालन होता था। प्रशासन प्रतिष्ठित साहूकार को प्रतिभू स्वीकार कर लेता था। ज़ामिन नव-नियुक्त के व्यवहार तथा कालान्तर में उस पर प्रशासन के सम्भावित दावों के लिए ज़िम्मेदार होता था। प्रत्याभूत की ख़रीद ज़्यादा चलती थी।

पदोन्नति : यह पद्धति भी नियुक्ति के जैसी ही थी। इसके लिए संस्तुति *(तजवीज़)* वह अधिकारी करता था, जिसके अन्तर्गत सामन्त विशेष कार्यशील हो, जैसे राजकुमार, सिपहसालार या सूबेदार। उत्सव, त्योहार, नववर्ष या वर्षगाँठ जैसे अवसर पर पदोन्नति प्राय: मिल जाती थी; सैन्याभियान के प्रारम्भ या अन्त पर भी ऐसा होता था।

पदोन्नति के कारण विविध होते थे; सामान्य गुणशीलता तथा सैन्य सेवा में शौर्य प्रदर्शन सर्वप्रमुख थे। सामन्त द्वारा अनूठा उपहार *(पेशकश)* मिलने पर भी कभी-कभी पदोन्नति हो जाती थी। पदोन्नति सामान्यत: पूर्ववर्ती श्रेणी के साथ आनुपातिक होती थी; पूर्ववर्ती श्रेणी से 50 प्रतिशत से अधिक की पदोन्नति बहुत

कम होती थी—जैसा आलमगीर ने ख़ाने-जहाँ बहादुर ज़फर जंग के लिए 700 ज़ात से एकदम 5,000 की वृद्धि करके पूरे दरबार को स्तम्भित कर दिया था।

7,000/7,000 और उससे ऊँचे ज़ात-सवार वाले मनसब राजकुमारों के लिए अभिरक्षित थे।

ज़ात-सवार श्रेणी : मुग़ल मनसब दुहरा था; उसमें दो संख्याएँ होती थीं—ज़ात *(व्यक्तिगत)*, सवार *(रिसाला)*।

पहली लागू वेतन-क्रम के अनुसार वेतन इंगित करने के साथ-साथ पदीय अनुक्रम में सामन्त विशेष की स्थिति का परिचायक थी और दूसरी अश्वों एवं अश्वारोही सैनिकों की वह संख्या निर्धरित करती थी, जो कुलीन विशेष को रखने होते थे।

आलमगीर के परवर्ती शासन-काल में प्रायः सवार संख्या ज़ात संख्या से अधिक हो जाती थी। ऐसा योग्य एवं अनुभवी कप्तानों के अभाव के कारण भी होता था और मितव्ययता के भी।

शर्त के साथ श्रेणी : विशेष अभिप्राय एवं अनुमानित अवधि के साथ सप्रतिबन्धित (मशरूत) श्रेणी दी जाती थी, जैसे किसी सामन्त को किसी अशान्त क्षेत्र का फ़ौजदार बना कर भेजा जा रहा है और लगा कि अगर उसे 100 सवारों की अतिरिक्त श्रेणी दे दी जाये, तो वह अपना दायित्व बेहतर ढंग से सँभाल सकता है, तो ऐसा कर दिया जाता था। सौ अश्वारोहियों के वेतन के लिए उपयुक्त जागीर भी दे दी जाती थी। उस जगह से मनसबदार का तबादला होने पर शर्त वाला अतिरि्क्त मनसब स्वभावतः रद्द हो जाता था और जागीर वापस ले ली जाती थी।

दुह अस्पा सह अस्पा श्रेणी : अगर किसी मनसबदार के नियुक्ति-पत्र में यह लिखा है: 4,000 ज़ात सवार सब दुह-अस्पा सह-अस्पा। तो सिद्धान्ततः सवार श्रेणी के इस भाग का अर्थ होगा: 4,000/4,000+4,000; या 4,000 ज़ात 4,000 सवार, जिनमें 1,000 दुह-अस्पा सह-अस्पा, 4,000 सवारों में 1,000 दुह-अस्पा सह-अस्पा; शेष 3,000 बारावर्दी *(सामान्य)*। दुह-अस्पा सह-अस्पा का सैन्य दायित्व भी दोगुना होता था और वेतन भी। सम्राट यह तभी करते थे, जब उन्हें किसी सामन्त की ज़ात बढ़ाये बिना उस पर अनुग्रह करना होता था या सिर्फ़ अश्वारोही सैनिकों की संख्या बढ़ानी होती थी।

श्रेणी वेतन :

(1) सामन्त के परिवार एवं गृहस्थी के लिए जात वेतन निजी *(खासा)* खाते से दिया जाता था और रिसाले का वेतन अश्वारोही टुकड़ी *(ताबीनन)* से।

(2) ज़ात की हर श्रेणी का वेतन अलग से स्पष्ट किया जाता था, क्योंकि ज़ात श्रेणी की एक संख्या का दूसरी से कोई गणितीय अनुपात नहीं था। पाँच हज़ार से नीचे की ज़ात श्रेणी के वेतन निर्धारण की पद्धतियाँ भी अलग-अलग थीं।

(3) सवारों की हर श्रेणी का वेतन अलग-अलग नहीं, वरन् *एक इकाई के हिसाब से लगाया जाता था, क्योंकि यह अनुबन्ध दर थी।*

मासिक क्रम: अनुमानित आय *(जमा)* और वास्तविक वसूली *(हासिल)* में अन्तर क्षेत्र के हिसाब से होता था। यह अन्तर उत्तर की अपेक्षा दक्षिण में ज़्यादा था। इस अन्तर के कारण वेतन के लिए मासिक-क्रम अर्थात् अनुपात निकाला जाता था। वेतन बारहमासी और उससे नीचे दो मासी के लिए भी होता था।

इस तालिका द्वारा सवार श्रेणी में प्रति इकाई 8,000 दाम की दर से हिसाब इस तरह बनता है—

1	2	3	4
12 माह	रु. 21,120		रु. 20,000
11	18,000		18,333
10	15,120		16,666
9	12,480		15,000
8	10,440	10,440	13,333
7	8,250	9,000	11,666
6	6,600	7,920	10,000
5	5,400	6,240	8,333
4	3,840	4,992	6,666
3	2,520	2,880	5,000
2	1,440	1,920	3,333
1	600	—	1,666

सैन्य दायित्व : अकबरे-आज़म के समय में नियमानुसार घोड़े सैनिक संख्या से दोगुने अपेक्षित थे। शाहजहाँ ने इसको एक-तिहाई नियम बना दिया था अर्थात् 33 सैनिकों के लिए 66 घोड़े। निर्धारित संख्यानुसार सवार और घोड़े रखने में बेईमानी की रोकथाम के लिए अकबरे-आज़म ने घोड़ों के लिए 'दाग़' और सिपाहियों के लिए 'चेहरा' *(विवरण पंजिका; हुलिया)* की व्यवस्था की थी।

सम्पत्ति का राजगमन Escheat सिद्धान्त : अकबर एवं शाहजहाँ के समय सामन्त की मृत्यु के बाद सम्राट पहले मृतक की सारी चल-अचल सम्पत्ति अपने नियन्त्रण में ले लेता था। फिर इच्छानुसार कुछ भाग अपने पास रख कर शेष मृतक के उत्तराधिकारी को अपने निर्धारणानुसार दे देता था। 1575 में मुनीम ख़ाँ की सारी सम्पत्ति राजगत *(ज़ब्त)* हो गयी थी, चूँकि उन्होंने अपने जीवन-काल में अपने एकमात्र पुत्र का परित्याग कर दिया था, लेकिन जब कई पुत्र वाले अबुल फ़ज़ल की हत्या हो गयी, तो मृतक परिवार के प्रति विशेष अनुग्रह के प्रतीकस्वरूप अकबरे-आज़म ने सम्पत्ति किरीटाधीन करने से इन्कार कर दिया।

1657 में राजकोष के ऋणी अली मर्दान ख़ाँ के देहान्त के बाद उनकी कुल सम्पत्ति बाक़ायदा ज़ब्त कर ली गयी। फिर शाहों के शाह शाहजहाँ ने परम उदारता दिखाते हुए मृतक के एक पुत्र इब्राहीम ख़ाँ को तीस लाख और शेष तीन पुत्रों एवं दस पुत्रियों को बीस लाख देते हुए ऋणस्वरूप *(मुतालिबा)* पचास लाख राजकोष में डाल दिये। यहाँ रोचक यह है कि राजसी ऋण वसूल कर लेने के साथ सम्राट ने उत्तराधिकार की मुस्लिम विधि बिल्कुल नज़रअन्दाज़ करते हुए सम्पूर्ण सम्पत्ति का मनमाना फ़ैसला बज़ाते-ख़ुद कर दिया। विधि के अनुसार हर भाई को समान भाग और हर बहन को उसका आधा मिलना चाहिए, लेकिन इस विवाद में एक बेटे को, जो सबसे बड़ा नहीं था, बड़ा भाग मिला और शेष सबको छोटी राशि के बँटवारे से सन्तोष करना पड़ा। इसी तरह सामन्त बिट्ठुल दास के विवाद में शाहजहाँ ने विरासत के हिन्दू विधान की अनदेखी करते हुए फिर मनमाने ढंग से दाय निधारण किया। ऐसे विवाद क़ाज़ी के अधिकार-क्षेत्र से बाहर होते थे। आलमगीर ने 1666 एवं 1691 में दो फ़रमान जारी करके राजगमन पद्धति को स्पष्ट किया था;

(1) दिवंगत सामन्त की सम्पत्ति पर साम्राज्य ऋण का दावा पहला होगा; और

(2) शेष सम्पत्ति का निपटारा करने में निर्णायक सम्राट होंगे, शरिअत नहीं। प्रशासन को शरिअत का प्रतिबिम्ब बनाने वाले मुद्रा चमक देख कर विचलित हो गये!

सामन्त तथा जागीरदारी व्यवस्था : मनसबदार को वेतन या नक़्द मिलता था या जागीर के रूप में, जिस पर राजस्व तथा अन्य लागू करों की वसूली के वह अधिकारी थे। इसी आधार पर उन्हें 'नक़्दी' अथवा 'जागीरे-तनख़्वाह' कहा जाता था। राजकिरीट की आय के लिए सुरक्षित भूमि 'ख़ालिसा' या 'ख़ालिसा-ए-शरीफ़ा' थी और वह क्षेत्र जिनका आवंटन होना था, पर फ़िलहाल राजसी अधिकारियों के प्रबन्धन में थे, 'पायबाक़ी' कहे जाते थे। 'मशरूत' जागीर बशर्ते थी—अगर पद विशेष पर नियुक्ति हो गयी, तो।

चूँकि जागीर नक़द वेतन के बदले में दी जाती थी, इसलिए स्वभावतः यह आवश्यक था कि उससे महसूल उतने वेतन के बराबर मिले, जितने का जागीरदार अधिकारी था। अगर महसूल उगाही कम हो जाती थी, तो जागीरदार अपनी श्रेणी द्वारा निर्धारित अश्वारोही सैनिक संख्या नहीं रख सकता था। 'जमादामी' वह पद्धति थी, जिसके आधार पर जागीर मूल्यांकित करते हुए ग्रामसमूह या परगने की राजस्व राशि *(पिछले दस वर्ष ध्यान में रखते हुए)* अनुमानित की जाती थी। पर कठिनाई यह थी कि अकबरे-आज़म के समय से 'जमा' *(Assessed)* और 'हासिल' *(Realised)* की दूरी 17वीं शताब्दी में और भयंकर हो गयी। दक्षिण की अपनी सूबेदारी के दौरान औरंगज़ेब तथा शाहजहाँ के बीच बेहद कड़वा पत्र-व्यवहार इसी कारण हुआ था। स्वभावतः 'अनुमानित' तथा 'उपलब्ध' का यह अन्तर क्षेत्रविशेष एवं वहाँ की विधि-व्यवस्था के हिसाब से बदल जाता था। अपेक्षाकृत शान्त बंगाल में राजस्व वसूली अधिक होती थी। आलमगीर ने दशकों तक दक्षिण सैन्याभियान सिर्फ़ बंगाल राजस्व के सहारे चलाया था, लेकिन सम्पूर्ण प्रायः कहीं वसूल नहीं होता था। अपेक्षा से ज़्यादा कम हासिल होने पर कभी-कभी क्षतिपूर्ति भी कर दी जाती थी—राजकोष से नक़द भुगतान अथवा घटी राशि के बराबर की अतिरिक्त जागीर देकर। हासिल 'जमादामी' से ज़्यादा हो जाने पर अन्तर जागीरदार से वसूल कर लिया जाता था। छोटी जागीर में कभी हासिल जमा से ज़्यादा हो जाता था। ऐसे भी उदाहरण हैं, जब ईमानदार जागीर ने स्वयं रपट दे दी कि उसका हासिल 'जमादामी' से ज़्यादा हो गया। ऐसी स्थिति में जागीरदार की श्रेणी-वृद्धि करके *(मसलन तीनहज़ारी को साढ़े तीन हज़ारी कर देने से घुड़सवार सैनिक संख्या बढ़ गयी)* हिसाब बराबर कर लिया जाता था।

तबादला-ए-जागीर : जागीर अपनी प्रकृति में ही परिवर्तनीय थी *(जैसे प्रजातन्त्र में मन्त्रालय होते हैं।)*। अबुल फ़ज़ल इसकी उपमा माली के प्रतिरोपण से देते हैं। हर तीसरे-चौथे साल जागीर का तबादला हो जाता था। भीमसेन ने एक जागीरदार के वसूली करने वाले प्रतिनिधि की पीड़ा लेखांकित करते हुए कहा है, 'हा हंत, अगले वर्ष बहाली की कोई आशा नहीं!' तबादला जागीरदार के लिए पेचीदा होता था। चूँकि रबी एवं ख़रीफ़ फ़सलों का मूल्यांकन विभिन्न प्रदेशों में असमान होता था, इसलिए वर्षमध्य में स्थानान्तरण के कारण जागीरदार को भारी हानि उठानी पड़ती थी। कभी अभ्यर्पिती (Assignee) पर यह अतिरिक्त दाय डाल दिया जाता था कि वह पिछले बरस का बक़ाया वसूल कर राजकोष में भेजे। स्थानान्तरण से सामन्त विशेष के प्रति सम्राट के रुख़ पर मुहर भी लग जाती थी। यूपीए-2 सरकार में प्रधानमन्त्री मनमोहन सिंह ने पी. चिदम्बरम को वित्त से हटा कर गृह मन्त्रालय उनकी योग्यता के कारण ही भेजा था, पर प्रधान मन्त्री नरसिंह

राव द्वारा शरद पवार को दिल्ली मन्त्रालय से चौथी बार महाराष्ट्र के मुख्य मंत्री निवास ''सह्याद्रि'' में रोपने के कारण दूसरे थे। स्थानान्तरण के साथ सिद्धान्त के सिवा एक और जटिलता संलग्न थी। औरंगज़ेब ने अपनी दक्षिण सूबेदारी में पिताश्री से कई बार शिकायत की थी कि उनके साथ तैनाद किये गये उनके कुछ दिल्ली-अकबराबाद के सहयोगियों की जागीर समृद्ध उत्तर से दरिद्र दक्षिण में स्थानान्तरित कर उनके साथ अन्याय किया गया है। स्वयं औरंगज़ेब के साथ भी यही हुआ था। पर 1694 में आलमगीर ने स्वयं यह आज्ञा-पत्र निकाला कि जो दक्षिण मैं तैनाद हैं, उन्हें जागीर उसी प्रदेश में दी जाएगी।

जागीर देने या तबादले से पहले व्यक्तिविशेष की उगाही क्षमता पर गम्भीर विचार किया जाता था।

जागीर देने के लिए प्रशासनिक निर्देशावली भी थी:

(1) राज्यपाल की एक-चौथाई जागीर राजद्रोही *(ज़ोरतलब)* क्षेत्रों में होनी चाहिए और शेष सामान्य *(औसत)* में। *(अफ़सोस; शाहजहाँ के समय यह नियम-सारिणी तैयार नहीं हुई थी, अन्यथा दक्षिण के राज्यपालित्त्व में जब औरंगज़ेब जागीर से आयहीन हुए और उन्होंने शाहजहाँ से दाँत पीस कर पूछा, ''पिताश्री, अपने खीसे से कब तक सैनिकों को वेतन देता रहूँगा?'' तो आरोपित आहत भाव से पिताश्री बोले, ''चारों हृदयांशों— (दारा, शाह शुजा, औरंगज़ेब और मुराद बख़्श)* में सर्वप्रिय, मैं नियमाली का ही तो पालन कर रहा हूँ। तुम्हारा कहना है कि तुम न केवल दारा, वरन् दो अन्य भ्राताओं से भी अधिक योग्य हो। तभी तो तुम्हें राज-द्रोहव्यापी दक्षिण में भेजा और वहीं जागीर दे दी—तुम्हारी अपूर्व क्षमता के अनुरूप एक-चौथाई से अधिक! अब उद्धत मराठों से जूझते हुए पूरा राजस्व उगा कर दिखाओ और अपनी क्षमता प्रमाणित करते हुए मुझे और दारा शिकोह को लज्जित कर दो परमप्रिय वत्स!''

(2) दीवान, बख़्शी और उच्च सामन्तों की आधी जागीरें सामान्य क्षेत्रों होनी चाहिए और आधी राजस्व भुगतान *(रैयती)* वाले।

(3) छोटे कुलीनों की जागीरें पूरी तरह रैयती क्षेत्रों में होनी चाहिए। स्थानान्तरण साम्राज्य की एकता और संसक्ति के लिए आवश्यक था। इससे सामन्तों एवं सैनिक अधिकारियों के स्थानीय सम्बन्ध विकसित करने और क्षेत्रीय अधिपति बनने पर रोक लगी रहती थी। इस व्यवस्था के कारण सामन्त साम्राज्य के किसी भाग को अपना नहीं कह सकता था और सर्वथा सम्राट की-इच्छा पर निर्भर रहता था।

इस व्यवस्था का एकमात्र अपवाद वतनजागीर थी।

वतनजागीर : ज़मींदारों के मुग़ल सेवा में आने के बाद वतनजागीर का चलन शुरू हुआ। ज़मींदारों को मनसब दिया गया, जिसका वेतन उनके अधिराज्य की 'जमा' जितना था, पर क्योंकि उनका राज्य स्वायत्त था, इसलिए उनका हिसाब मनमाना होता था। उनका अधिराज्य ही उनका 'देश' होता था, इसलिए यह नामकरण हुआ।

सिद्धान्ततः सम्राट को अधिकार था कि वह वतनज़ागीर का उत्तराधिकार निर्धारित करे, पर चलन यह बन गया था कि सम्राट प्रशासक घराने से समूची वतनजागीर या उसका भाग राजगत नहीं करता था; स्वामित्व घराने में ही रहता था। इसीलिए 1679 में राजा जसवंत सिंह के देहान्त पर जब आलमगीर ने विचित्र राजनीतिमत्ता का परिचय देते हुए *(वस्तुतः हिन्दू नरेशों को उनकी औक़ात दिखाते हुए उनका प्रभाव एवं मंसब घटाने के लिए)* जोधपुर को किरीटाधीन *(ख़ालिसा)* करने का सर्वविनाशकारी निर्णय लिया, तो दरबार, सत्ता वीथियों और साम्राज्य शक्ति केन्द्रों में हाहाकार मच गया। यह राजपूताना आक्रमण का पहला चरण बन गया, जिसने शहज़ादे अकबर को विद्रोह के लिए प्रेरित किया, जिससे विवश हो विराट बली को बग़ावती बेटे के पीछे दक्षिण भागना पड़ा, जहाँ छब्बीस बरस मराठों से अन्तहीन युद्ध करते हुए ज़िल्ले-सुब्हानी का महा पीड़ादायक लेकिन हास्यास्पद पतन हुआ, जो अन्ततः साम्राज्य के पतन का पहला चरण साबित हुआ। इसकी चर्चा आगे विस्तार से की गयी है।

सामन्त पर राजसी नियन्त्रण : जागीरदार की सतत जाँच करते रहने के लिए समानान्तर प्रशासन व्यवस्था थी, जिसकी कमान मन्त्रियों तथा सम्राट तक पहुँचती थी। जहाँ तक राजस्व वसूली का प्रश्न है, सम्राट की हित रक्षा के लिए हर परगने में दो अधिकारी—क़ानूनगों एवं चौधरी *(दक्षिण में देशमुख)*—होते थे। पहला आम तौर से लेखाकार होता था और दूसरा ज़मींदार। ये अधिकारी सामान्यतः पुश्तैनी होते थे, पर उनकी नियुक्ति सदा राजसी आदेशपत्र *(सनद)* के द्वारा ही की जाती थी। स्वभावतः सम्राट के पास उन्हें पदविमुक्त करने का अधिकार था, पर प्रथानुसार वह आजीवन रह सकते थे। इस प्रकार जागीरदार आते-जाते थे, पर क़ानूनगों एवं चौधरी पदासीन रहते थे। राजस्व तय करने और उसे उगाने के लिए जागीरदार एवं उसके गुमाश्ते स्वभावतः इन कर्मचारियों पर बहुत निर्भर रहते थे। उनको सहायता देना जहाँ एक ओर इन कर्मचारियों का दायित्व था, वहीं दूसरी ओर वसूली के हिसाब की जाँच के साथ ये इस बात पर भी ध्यान रखते थे कि कृषक समुदाय से कोई अनियत कर तो वसूल नहीं किया गया है। दक्षिण में भू-सतह पर औरंगज़ेब के पतन का प्रारम्भिक कारण इस व्यवस्था में परिवर्तन था। इसकी चर्चा आगे विस्तार से की गयी है।

जागीरदारी संकट उर्फ़ आलमगीर उद्गारः 'एक अनार सौ बीमार!'

यह संकट शाहजहाँ युग से ही गहराने लगा था। आलमगीरी प्रशासन के 23 वर्षीय प्रथम भाग के अन्त तक उसने दारुण रूप ले लिया। जब आलमगीर ने राजपूताना पर हमले किये, तो कट्टर सहधर्मियों में अपनी समर्थन परिधि बढ़ाने के साथ राजपूतों से छीने जाने वाले ढेर सारे मनसब सुलभ होने की आश्वस्ति भी थी। अजमेर से ही विराट बली बग़ावती शहज़ादे अकबर का पीछा करने के लिए दक्षिण जाने को बाध्य हुए। फिर पूरे 26 वर्ष अनवरत चलने वाले युद्ध में साम्राज्य के सारे स्रोतों का भस्मीकरण, उत्तर भारत दरबार से सम्राट की परम दीर्घ अनुपस्थित के कारण प्रशासन क्षय और परिणामस्वरूप जागीरदारी आवंटित करने वाली प्रणाली का निरन्तर क्षतिग्रस्त होते जाना था।

मामूरी का डायलॉग हर इतिहासकार ने दुहराया है, "सारा ज़माना बेजागीर हो गया! पायबाक़ी *(जागीर स्वरूप देने के लिए क्षेत्र)* बची ही नहीं! *(यह है आलमगीर प्रशासन का बाक़ी इतिहास!)*

दक्षिण में निरन्तर सैन्याभियान चल रहा था। कूटनीतिक आवश्यकता के अनुसार थोक के भाव से शत्रु पक्ष *(मराठे, बीजापुर, गोलकुंडा और अहमद नगर)* के कुलीन मुग़ल प्रशासन में भर्ती किये जा रहे थे; नये-पुराने अधिकारी नियमित रूप से विविध मुहिमों पर भेजे जा रहे थे, पर जाने से पहले उनकी श्रेणी एवं वेतन निश्चित करना अनिवार्य था। सम्राट ने परगनों की राजस्व पंजीपत्रिकाएँ उठायीं और बड़ी संख्या में पुराने सामन्तगण की जागीरें घटाने और रद्द करने लगे। परिणामस्वरूप हाहाकार मचना स्वाभाविक था। इनायतुल्लाह ख़ाँ ने खीज कर जहाँपनाह से कहा, "आपके सामने रोज़ाना जितने अधिकारी क़वायद करते हैं, उनकी सूची असीमित है, जबकि दी जा सकने वाली जागारों की भूमि सीमित। सीमित मात्रा असीमित की बराबरी कैसे कर सकती है?"

नये मनसबदार को जागीर मिलने में चार-चार, पाँच-पाँच वर्ष लग जाते थे। चाँदनी चौक कहवाख़ाने में *(अब मैट्रो स्टेशन को जाने वाली पतली-सी गली के कोने पर स्थित जेबी संस्करण-जैसी दही भल्ले की लोकप्रिय दूकान के पास)* अड्डा लगाने वाले मसख़रे ने दरबार में आये नये युवा अधिकारी से कहा था, "जब तक मनसब पाओगे ऐ काली ज़ुल्फ़ों वाले, सिर पै सुफैदी छा जाएगी ओ मनसबदार मतवाले!"

स्वभावतः जागीर आवंटन में रसूख़ वा रिश्वत अहम होते गये। "जागीर पाने के लिए तीन चीज़ें अनिवार्य थीं—संरक्षक *(मुरब्बी),* अथक परिश्रमी एवं निष्ठावान एजेंट *(वकीले-दिलसोज़)* और फ़ाइल आगे बढ़ाने के लिए प्रचुर उत्कोच *(सख़्ते-रिश्वत)!'''*

जागीरदारी संकट के कारण सबसे निकृष्ट प्रकार की दरबारी गुटबन्दी फलती-फूलती गयी। स्थायी दक्षिण युद्ध के प्रति नकारात्मक रुख़, महामहिम के प्रति सद्भावना क्षय और पुश्तैनी सामन्त *(खानज़ाद)* का नव सामन्तों के प्रति छिपा रोष इसकी स्वाभाविक प्रतिक्रियाएँ थीं। परिणाम यह हुआ कि 'दकन नासूर' को लेकर सामन्तों की निजी कार्यसूचियाँ बन गयीं, जो ज़िल्ले-सुब्हानी की सूची से बिल्कुल अलग थीं। विराट बली के अन्तिम वर्षों में स्थिति इतनी दारुण हो गयी कि सामन्तों ने स्थानान्तरण आज्ञा-पत्र को सम्मानित करना ही बन्द कर दिया! बेशक इसके पीछे ज़ज्बा-ए-बग़ावत नहीं, सिर्फ़ काले सत्य का रेखांकन था—अगर उन्होंने यह जागीर छोड़ दी, तो दूसरी नहीं मिलेगी। वह ग़लत साबित नहीं हुए। नाट्य-चतुर्थी के तीसरे भाग के पात्र, आलमगीर के बाद तीसरे सम्राट *(वैसे 9वें)* ''फर्रुख़सियर *(शासन-काल 1713-19)* के सनदे-तबादला का मूल्य सिर्फ़ वह काग़ज रह गया, जिस पर उन्होंने मुग़लों के कभी न डूबने वाले सूर्य राज-चिह्न की मुहर लगायी थी!''

अनुभाग 2

मुग़ल शासक वर्ग का उद्भव और मंसबदारी व्यवस्था

प्रशासन क्रम में सम्राट के बाद सामन्त वर्ग का गठन, उनकी परम्पराएँ और दुविधाएँ लगभग उतनी ही महत्त्वपूर्ण हैं, जितना व्यक्ति सम्राट का चरित्र तथा नीतियाँ।

—The Mughal Nobility Under Aurangzeb में डॉ. अतहर अली

मुग़ल स्टील फ्रेम : निम्नलिखित तालिका से मुग़ल शासक वर्ग का विकास और विस्तार स्पष्ट है। सन् 1595 का चुनाव इसलिए किया गया है, क्योंकि आइने-अकबरी में इसी वर्ष तक की सूचनाएँ संकलित हैं।

तालिका : 500 और इससे ऊपर की ज़ात—

	1595	%	1621	%	1647–48	%	1656	%
शहज़ादे	4	3.25	4	1.65	4	0.90	8	1.54
ईरानी	27	21.95	68	28.10	126	28.44	139	26.83
तूरानी	46	3.39	48	19.83	103	23.25	123	23.75
	77	**62.60**	**120**	**49.58**	**233**	**52.59**	**270**	**52.12**
अफ़गान	4	3.25	15	6.20	26	5.87	34	6.56
हिन्दुस्तानी मुसलमान	14	11.35	35	14.46	65	14.67	59	11.39
दूसरे मुसलमान	6	4.87	31	12.81	29	6.55	49	9.46
	24	**19.51**	**81**	**33.47**	**12**	**27.9**	**142**	**27.41**

राजपूत	20	16.26	34	14.05	73	16.48	87	16.80
मराठा	0	0	1	0.41	10	2.26	12	2.32
दूसरे हिन्दू	2	1.26	6	2.48	7	1.58	7	1.34
	22	**17.88**	**41**	**16.94**	**90**	**20.32**	**106**	**20.46**
कुल जोड़	**123**	**100**	**242**	**197**	**443**	**360**	**518**	**421**

स्पष्ट है कि 17वीं शताब्दी के पूर्वार्द्ध में ईरानियों एवं तूरानियों का अनुपात 62.60 से घट कर 52.12 प्रतिशत हो गया, जबकि अफ़गानों और हिन्दुस्तानी मुसलमानों का 19.51 से बढ़ कर 27.41 तक जा पहुँचा। इन 'दूसरे मुसलमानों' का उद्गम हम नहीं जानते—वे ईरान एवं तूरान *(आमू दरिया, Oxus River, का उत्तरी भाग)* के अलावा और दूसरे देशों के हो सकते हैं या हिन्दुस्तान में बसे हुओं के वंशज। हिन्दुओं का अनुपात 17.88 से ज़रा-सा बढ़ कर 20.46 हो गया।

जहाँ तक पुराने प्रतिद्वन्द्वी ईरानियों और तूरानियों का प्रश्न है, प्रथम ने शाहजहाँ युग में भी अपनी प्राथमिक स्थित बनाये रखी। अकबर के समय की यह धारणा कि ईरानी बेहतर प्रशासक होते हैं, दृढ़ होती गयी। राजधानी में सर्वाधिक महत्त्वपूर्ण पद *(दीवान, मीर बख़्शी, मीर सामाँ)* तो उनके हाथ में रहो ही, प्रादेशिक राज्यपाल पद भी वे तेज़ी से उपलब्ध करते रहे। अकबर के समय से ही अफ़गानों के साथ भेदभाव किया जाता रहा। उन्हें सामान्यत: ऊँचे प्रशासनिक पद नहीं दिये गये। जहाँगीर के युग से उनकी स्थिति बेहतर होने लगी। हिन्दुस्तानी मुसलमान *(शेख़ज़ाद)* भी लगातार आगे बढ़ते रहे। हिन्दू सामन्तों में राजपूत सर्वप्रमुख थे। शाहजहाँ ने जय सिंह, जसवंत सिंह, और राजा बिठल दास गौड़ को सूबेदारी प्रदान की। बाद में दक्षिण के हब्शी, दकनी, और मराठों को भी दरबार में लाकर दिल्ली ने अकबर की संग्रंथित प्रशासकीय अवधारणा को आगे बढ़ाने का प्रयास किया। इससे औरंगज़ेब के परवर्ती काल में 'बेजागीरी' के कारण जागीरदारी संकट सघन होता गया। जहाँगीर के समय में सम्राट की उदारता के कारण मनसबदारों की संख्या लगभग दोगुनी हो गयी। "मनसब प्रतिष्ठा का प्रतीक बन गया और हकीम से लेकर पहलवान तक सब उसके तलबगार बन गये"—जैसा आज राज्य सभा के मनोनयन में देखा जाता है। नियुक्तियों में बीस प्रतिशत से चार सौ प्रतिशत के इस उछाल के पीछे जहाँगीर की रणनीति भी थी। वह अकबर के समय के वरिष्ठ सामन्तों पर विश्वास नहीं करते थे और अपना स्वयं का समर्थक वर्ग बनाना चाहते थे। इसलिए सिंहासनारोहण पर उन्होंने राजकोष में सात करोड़ पाये थे, पर जब शाहजहाँ गद्दी पर आये, तब कोष में सिर्फ़ एक करोड़ बचा था।

बचत की इस विवशता से जहाँगीर ने ज़ात वा सवार वेतन घटाने शुरू किये। सामन्तों की पद श्रेणी के हिसाब से घटाने की यह व्यवस्था कई बार की गयी; कुछ का ज़ात वेतन घटा कर सीधा 37 प्रतिशत कर दिया गया। 1500 से 7000 के मनसबदार के हाथ में 26 से 42 प्रतिशत आता था और जो उनसे नीचे थे, उनके हाथ में 32 से 60 प्रतिशत। इस तरह निचली श्रेणी के सामन्तों की कटौती ऊँची थी। इसी तरह सवार वेतन भी घटाया गया। पहले 8800 दाम *(220 रुपये प्रति वर्ष),* फिर 8000 दाम *(200 रुपये प्रति वर्ष)*। यह सवार व्यक्तियों का वेतन नहीं, अनुबन्ध दर थी, अर्थात् वह दर, जिस पर सामन्त को सवार का भुगतान करना था। सवार को जो मिलता था, वह उसके निजी गुण, नस्ल, और उसके घोड़े की कोटि पर आधरित था। सवार वेतन कटौती का एक और तरीक़ा जहाँगीर युग से प्रारम्भ हुआ—दुह-अस्पा, सह-अस्पा; शब्दतः दो-तीन अश्व कोटि। इसका अभिप्राय यह था कि मनसबदार सामान्य कोटि में दोगुने सवार रखेगा, यानी 2000 ज़ात सवार दुह-अस्पा सह-अस्पा श्रेणी का सामन्त 4,000 सवार रखेगा—दो हज़ार सवार वेतन से दोगुने। इस तरीके का लाभ यह था कि कुशल सामन्त की ज़ात श्रेणी बढ़ाये बिना सैनिक टुकड़ी संख्या बढ़ जाती थी।

शाहजहाँ ने इस तरीक़े में कई तरह के संशोधन किये, क्योंकि उनके समय में अनुमानित आय *(जमा)* और वास्तविक आय *(हासिल)* का अन्तर लगातार बढ़ता गया। राजनीतिक कारणों से सामन्त संख्या में जितनी वृद्धि हुई, आय में उतनी बढ़त नहीं हुई। इसलिए ज़ात वा सवार श्रेणी में आगे निरन्तर कटौती होती रही। स्थिति यह आ गयी कि सात हज़ारी मनसबदार सात सौ घुड़सवार रखने लगा।

दुह-अस्पा सह-अस्पा के साथ सवार संख्या घटाने का एक और पुराना ढंग शाहजहाँ ने पद्धति-बद्ध कर दिया। जिस सामन्त की जागीर उसी प्रदेश में थी, जिसमें वह नियुक्त था, तो उसे अपनी सवार संख्या का एक-तिहाई रखना होता था और जिनकी जागीर नियुक्ति के सूबे के बाहर थी, उन्हें एक-चौथाई। आगे चल कर जब सामन्तों को बल्ख़ और बदख़्शाँ के सैनिक अभियान में भेजा गया, तो यह संख्या और घटा कर एक-पाँचवीं कर दी गयी। इस प्रकार 2000/2000 *(1000 दुह-अस्पा सह-अस्पा)* श्रेणी के मनसबदार की जागीर नियुक्ति के प्रदेश के बाहर है, तो वह 1000 ×¼ = 250 सवार रखेगा; और अगर 1000 दुह-अस्पा सह-अस्पा श्रेणी का है, तो इसका दुगुना यानी 500; कुल जोड़ 750।

सामन्तों के साथ यह वस्तुतः रियायत नहीं थी, क्योंकि अनुमानित एवं वास्तविक आय के हिसाब से जागीरें 12 के माप-क्रम में श्रेणीबद्ध की हुई थीं। इस हिसाब से जागीर दस मासी *(10/12)*, आठ मासी *(8/12),* या छह मासी *(6/12)* हो सकती थी। ऐतिहासिक साक्ष्य के अनुसार केवल राजकुमारों और दो

विशिष्ट सामन्तों को दस मासी जागीर मिली थी। अधिकतर सामन्त आठ मासी जागीर पाते थे, लेकिन चार मासी से कम कोई नहीं। यह स्थिति उत्तर की थी; दक्षिण में इससे भी बदतर। अकबर के रागय से ही वहाँ की वास्तविक आय बढ़ा-चढ़ा कर बतायी जाती थी। इससे वहाँ नियुक्त सामन्त न्यूनतम अवधि की जागीर पाता था।

1595 से 1656-57 *(जब उत्तराधिकार युद्ध शुरू हुआ)* के बीच वास्तविक आय में सीमित वृद्धि हुई। वह 176 प्रतिशत बढ़ कर आज की राशि में रु. 22.80 करोड़ हो गयी, लेकिन मनसब संख्या वास्तविक आय वृद्धि से अधिक थी। इसी से निपटने के लिए ज़ात वा सवार वेतन लगातार घटाया जाता रहा। इसके साथ सवार एवं अश्व संख्या भी घटायी गयी। उत्तर भारत में अपेक्षाकृत राजनीतिक शान्ति होने से सैन्यशक्ति की यह कमी ख़ास महसूस नहीं की गयी, लेकिन दक्षिण में दिल्ली की खटिया खड़ी हो गयी, जहाँ क़ानून व्यवस्था और भू राजस्व विधि अभी लागू होनी थी और मराठों ने छापामार लड़ाई और लूटमार का बेहद प्रभावी ढंग ढूँढ निकला था। बाद में जब शाहजहाँ ने 'दकन सवाल' फिर से खोलते हुए गोलकुंडा और बीजापुर पर आक्रमण किये और मराठों ने अपने क्षेत्र में समानान्तर छापामार लड़ाई का बेहद प्रभावी ढंग ढूँढ निकाला, तो स्थिति तेज़ी से दुरूह होने लगी। आगे चल कर मराठा शक्ति के सघनीकरण के साथ जब औरंगज़ेब विद्रोही शहज़ादे अकबर का पीछा करते हुए दकन पहुँचे, तो स्थिति भयानक रूप लेती हुई ऐसी संकट-सम्पन्नता में बदल गयी, जिसकी केवल एक परिणति थी—विनाश।

श्री औरंगज़ेब अपने को हमेशा सही मानते थे, इसलिए। वह समझौता कर ही नहीं सकते थे, इसलिए।

सामन्त और राजनीति : सिद्धान्ततः सम्राट की शक्ति असीम थी, लेकिन वह अपने सामन्तों के माध्यम से ही शासन कर सकता था, जो जाति, धर्म, और पृष्ठभूमि के कारण विविध खेमों में बँटे हुए थे। इनकी लगाम कसे रखने के लिए सम्राट के पास सबसे प्रभावी तरीक़ा जागीर का तबादला था। लेकिन दो-चार बरस के बाद होने वाली इस नियमित रस्म का दुष्प्रभाव यह हुआ कि सामान्य रूप से सामन्त ने अपनी जागीर में तरह-तरह के धनापक्षी सुधार या विकास कार्यक्रमों में यह सोच कर दिलचस्पी नहीं ली कि मुझे तो यहाँ से जाना होगा। खेमेबन्दी को संचालित करने वाली सामन्तों की स्वार्थ भावना मुख्य थी। खेमे विशेष के मुखिया से सम्राट का सम्बन्ध पूरे खेमे का रुख़ वा गतिविधि निर्धरित करता था।

सामन्तों की राजनीतिक सरगर्मी स्पष्टतः सम्राट की स्थिति से जुड़ी थी। शाहजहाँनी दरबार लम्बे समय तक अपेक्षाकृत शान्त रहा, लेकिन उसके परवर्ती भाग में साफ़ होने लगा कि दारा शिकोह के भाई सिंहासन के उनके दावे को शाहजहाँ

के सामने ही सांकेतिक चुनौती देने लगे हैं। तभी शेष तीनों राजकुमार प्रत्यक्ष या अप्रत्यक्ष रूप से अपनी समर्थक संख्या बढ़ाने में संलग्न हो गये। ऐसी गुटबाज़ी का जातीय और धार्मिक सीमाओं में रहना ज़रूरी नहीं था। राजकुमार विशिष्ट के साथ सामन्त विशिष्ट का रिश्ता और उससे श्रेणी एवं पद से सम्बद्ध वादे-मुख्य तत्त्व यही थे।

मुग़ल और दक्षिण : जहाँगीर का मुख्य लक्ष्य अकबर की सन् 1600 सन्धि बनाये रखना था। शाहजहाँ ने भी सत्ता सँभालने के बाद 1636 में दक्षिण सल्तनतों के साथ सन्धि कर ली, पर धीरे-धीरे स्पष्ट होता गया कि यह सन्धि मुग़लों की अपेक्षा सल्तनतों के लिए अधिक लाभकारी रही। उत्तर में मुग़लों से निश्चिन्त होकर बीजापुर और गालकुंडा ने दक्षिण में सैन्याभियान चलाये, जहाँ विविध राज्य आपस में झगड़ते रहते थे। उन्होंने कृष्णा नदी से तंजौर तक विजय पाते हुए अपना-अपना क्षेत्र लगभग दुगुना कर लिया। पहले दिल्ली बीजापुर वा गोलकुंडा के बीच मध्यस्थ बना, फिर तटस्थ। लेकिन आदिल शाह ने 1649 में जब सन्धि का उल्लंघन किया, तो मुग़ल नीति तेज़ी से बदलने लगी।

"उस दिन से—जब सम्राट अकबर ने विन्ध्याचल के दक्षिण में विस्तारवादी नीति आरम्भ की थी—94 साल बाद उस दिन तक, जब विजय पताका फहराता औरंगज़ेब दलित बीजापुर और गोलकुंडा राजधानियों में घुसा, ये दोनों सुल्तान एक पल के लिए भी नहीं भूल पाये कि मुग़ल सम्राट का निद्राहीन लक्ष्य उनकी सल्तनतों का अपने साम्राज्य में विलयीकरण है।"

डॉ. जदुनाथ सरकार की विख्यात टिप्पणी।

दक्षिण समस्या और सामन्त : औरंगज़ेब ने अपने शासन के परवर्ती लगभग 26 बरस दक्षिण में बिताये। इस दौर के पहले चरण में उन्होंने एक-एक कर विरोधी शक्ति के तीनों केन्द्र मिटा दिये—बीजापुर वा गोलकुंडा को जीत लिया और मराठा शंभाजी का वध कर दिया। पर जल्दी ही स्पष्ट हो गया कि अधिपति के बिना भी मराठा प्रतिरोध जारी है और रहेगा। जब मुग़ल सेना राजाराम की तलाश में कर्नाटक पहुँच गयी, तो मराठा सरदारों ने अपनी क़िस्म-क़िस्म की तमाम गढ़ियों से निकल कर पूरे दक्षिण में लूटमार तेज़ कर दी। औरंगज़ेब ने अपने श्रेष्ठ सैन्य स्रोत झोंकते हुए मराठा-विरोधी अभियान को 'जिहाद' घोषित कर दिया। औरंगज़ेब ने सोचा था कि दक्षिण में उनकी ख़ुद की उपस्थिति से मुग़ल सेना और अधिकारी लक्ष्य के प्रति एकाग्र हो अपने को झोंकते रहेंगे और सफलता जल्दी मिल जाएगी, पर ऐसा नहीं हुआ। राजधानी दिल्ली से बहुत दूर, बहुत लम्बी अवधि तक चलने वाले युद्ध की आशंका और फिर भी उसके अनिश्चित परिणाम का आतंक—इससे तीखा राजनीतिक संकट पैदा हो गया और सामन्तों में खलबली मच गयी।

इस समस्या को लेकर सामन्तों के विभिन्न समूहों का अलग-अलग रुख़ था। पुराने प्रतिष्ठित परिवारों के सामन्तों *(खानज़ाद)* को दरबार में बारिश के मेंढकों की तरह घुस आये नये दक्षिणी सामन्तों से बदबू आती थी और वे अपनी पुरानी, निर्धारक भूमिका फिर पाने के लिए लालायित थे। जो सामन्त गम्भीर रूप से युद्ध में भागीदार थे, उनका मानना था कि पहाड़ियों से उतर कर छापा मारने और पलक झपकते फिर पहाड़ियों में ग़ायब हो जाने वाले मराठों से लड़ाई बेकार है; उनके साथ सह-अस्तित्व का कोई समझौता हो जाना चाहिए, ताकि दोनों पक्ष दक्षिण में शान्ति से रह सकें। फिर सम्राट को नीची श्रेणी के कुछ सैनिक अधिकारियों को यहाँ छोड़ कर ऊँचे अधिकारियों के साथ उत्तर को लौट जाना चाहिए। प्रधान मन्त्री असद ख़ाँ का यही विचार था। "जब तक सम्राट अपनी निजी प्रतिष्ठा दाँव पर लगाये हुए हैं, मराठों के साथ समझौता नहीं हो सकता। चूँकि दक्षिण आने के सम्राट के सारे उद्देश्य पूरे हो चुके हैं *(ईरान पलायन कर चुके शहज़ादे अकबर के साथ सम्राट-विरोधी तत्वों के एकजुट होने का अब प्रश्न नहीं; बीजापुर वा गोलकुंडा को अधिग्रहित कर लिया गया; शम्भाजी का देहान्त हो चुका और राजाराम भगोड़ा है)*, इसलिए सम्राट को प्रत्यावर्तन कर देना चाहिए।"

सम्राट ने उन्हें डाँट पिलाते हुए सुचिन्तित वक्तव्य दिया *(वह जो तात्कालिक भी कहते थे, वह सचमुच सुचिन्तित ही लगता था, महामान्य की यही ख़ासियत थी।)*, जिसका सार यह था कि वह अपना दायित्व निभाने के लिए प्रतिबद्ध हैं।

सता रही है अपने घर दिल्ली की याद!

स्थिति ऐसी थी कि शायद ही कोई कुलीन दिल्ली वापस लौटने के लिए व्याकुल न हो। बहरमन्द ख़ाँ ने सम्राट को एक लाख की भेंट के साथ प्रस्ताव रखा कि उन्हें सिर्फ़ एक साल के लिए दिल्ली जाने की अनुमति दे दी जाय। अनुमति नहीं मिली। अधिकांश ने गिरे मनोबल से राजाज्ञा स्वीकार की; साथ ही मराठा सरदारों के साथ मिलीभगत करके अपनी सुरक्षा का गुप्त बन्दोबस्त भी कर लिया। औरंगज़ेब की यह स्वीकारोक्ति ग़लत नहीं थी कि अगर वह स्वयं दक्षिण छोड़ देंगे, तो उनके सिपहसालार उनके आदेशों का पालन नहीं करेंगे।

दाऊद ख़ाँ पन्नी जैसे अनेक श्रेष्ठ सामन्तों ने मराठों से अनौपचारिक अनुबन्ध कर रखा था। उधर दक्षिणी सामन्तों की वफ़ादारी भी अस्थिर होने से विश्वासयोग्य नहीं थी। 1689 में हैदराबाद कुलीनों ने खुल्लखुल्ला विद्रोह कर दिया। बाद में जिंजी की घेराबन्दी के दौरान कितने ही दक्षिणी कुलीन मराठा नरेश राजाराम से मिल गये।

ऐसी स्थितियों में दरबार के वातावरण की कल्पना करना कठिन नहीं। होड़,

ईर्ष्या, एक-दूसरे को नीचा दिखाने की प्रवृत्ति, दूसरे को उसका सही दाय पाने से रोकने के षड्यन्त्र—नयी दिल्ली के विविध मन्त्रालय भवनों जैसे ही थे। सम्राट, राजकुमार, चोटी के उमरा, सूबेदार और सिपहसालार—दक्षिण को लेकर सबका अपना निजी कार्यक्रम था।

ईरानी बनाम तूरानी : दरबार के विभिन्न खेमों में ईरानी एवं तूरानी सबसे प्रमुख थे। इनमें प्रतिस्पर्धा भी सनातन थी। ये मुख्यतः परिवार/जाति गुट थे और कुल सदस्यों की ज़ात-सवार श्रेणी संख्या से शक्ति-निर्धारण होता था। इस हिसाब से ईरानी आम तौर से बीस रहते थे। औरंगज़ेब के परवर्ती युग में इन दोनों खेमों में विशिष्ट समानता यह थी कि दोनों के नेताओं का दक्षिण से गहरा जुड़ाव था। ज़ुल्फ़िक़ार ख़ाँ और ग़ाज़ीउद्दीन ख़ाँ ने दक्षिण में लम्बे समय तक सैन्य संचालन किया था और औंरगज़ेब के बाद दोनों दक्षिण के राज्यपाल भी बने, पर औरंगज़ेब के परवर्ती युग में दोनों की दक्षिण नीति अलग थी। बाप-बेटे असद-ज़ुल्फ़िक़ार चाहते थे कि दक्षिण में मुग़ल सत्ता बचाने के लिए मराठों को ख़ुश करना/रखना ज़रूरी है, इसलिए चौथ व सरदेशमुखी की शर्तों के साथ समझौता कर लेना चाहिए। इसीलिए 1698 में जिंजी घेराबन्दी के बीच ज़ुल्फ़िक़ार ने जब जीत हासिल की, तो कथित रूप से राजाराम को भाग जाने दिया—जैसा औरंगज़ेब के विचारानुसार मिर्ज़ा राजा जय सिंह के बेटे राम सिंह ने, जिन पर बन्दीगृह की ज़िम्मेदारी थी, अकबराबाद में शिवाजी के साथ किया था। जब शाहूजी ज़ुल्फ़िक़ार के सुपुर्द किये गये, तो ज़ुल्फ़िक़ार ने उन्हें सात-सात हज़ार के ज़ातो-मनसब के साथ 'राजा' उपाधि दिलवाते हुए मराठों सरदारों को मैत्री भरे पत्र लिखे कि वे शाहूजी के साथ आ जाएँ। यह स्पष्टतः अपनी निजी शक्ति बढ़ाने का क़दम था। औरंगज़ेब ने अपने अन्तिम दिनों में जैसे आई.एस.आई. का प्रमाण-पत्र दे दिया, जब उन्होंने बलपूर्वक यह कहा कि उनके बाद तीन बेटों—मुअज़्ज़म, आज़म, तथा काम बख़्श—में से बादशाह कोई भी बने, पर वज़ीर ज़ुल्फ़िक़ार ही रहेंगे। बहादुर शाह *(मुअज़्ज़म)* के शासन काल में अभूतपूर्व स्थिति देखी गयी, जब एक ही परिवार—असद ख़ाँ और बेटे ज़ुल्फ़िक़ार—के हाथ में प्रशासन के तीन सर्वोच्च, सर्वशक्तिशाली पद आ गये—दक्षिण की सूबेदारी, मीर बख़्शी, और दीवान। फ़र्रुख़सियर के समय में ज़ुल्फ़िक़ार के वध के साथ दरबार में सामन्तों के बीच यह शक्ति-व्यवस्था गड़बड़ा गयी। अब तूरानी निज़ामुल्मुल्क़ चीनकुलीच ख़ाँ सबसे प्रमुख सामन्त के रूप में उभर कर सामने आये।

'दकन नासूर' का ज़हर—मराठों के प्रति तूरानी खेमे के ग़ाज़ीउद्दीन ख़ाँ का विचार बिल्कुल विरोधी था। वह मराठों के साथ 'शस्त्रों की भाषा' के समर्थक थे। ईश्वर दास ने प्रमाण प्रस्तुत किया है कि ग़ाज़ीउद्दीन ख़ाँ औरंगज़ेब के बाद

अपनी सैनिक सफलता के आधार पर दक्षिण में अपना राज बना कर स्वतन्त्र हो जाना चाहते थे। औरंगज़ेब को उन पर शक था, इसके प्रमाण मिलते हैं। बाद में जिस हकीम के कारण इस तूरानी सामन्त ने अपनी आँखों की ज्योति खोयी, उसे, कहा जाता है, औरंगज़ेब ने भेजा था।

औरंगज़ेब के अन्तिम वर्षों में सम्राट एवं सामन्त-समूह के बीच सीधे एवं पारस्परिक अन्तर्संबन्धों की ऐसी जटिल रेखाओं से इस बात का अनुमान लगाना कठिन नहीं कि आगे चल कर साम्राज्य को किस तरह के संकट से जूझना होगा। अगर सम्राट के सामन्त आपसी भेदभाव भुला कर मराठा दमन के लक्ष्य के प्रति एकाग्र एवं एकजुट हो जाते, तो क्या 'दकन नासूर' का सफ़ाया हो सकता था? इतिहासकारों को संदेह है। भेदभाव पैदा ही इसलिए हुआ कि चोटी के लगभग सभी उमरा को सम्राट की मराठा नीति पर विश्वास नहीं था—ग़ाज़ीउद्दीन ख़ाँ के बेटे चीनकुलीच ख़ाँ स्वयं मराठों के साथ सह-अस्तित्व के हामी थे, जो उत्तर—औरंगज़ेब युग में वर्षों दकन सूबेदार रहे। ग़ाज़ीउद्दीन ख़ाँ के अलावा लगभग पूरा तूरानी शिविर 'दक्षिण सैन्याभियान को अवश्यम्भावी असफलता' मानता था। वे ग़लत साबित नहीं हुए।

अनुभाग 3

शाहजहाँ और उनका परिवार

तुमने जैसे मृत्यु की अवहेलना की, वह हमारे लिए गर्व का विषय है। बाबर और अकबर तुम्हारे भीतर फिर जीवित हो उठे। ईश्वर तुम्हें लम्बी आयु दें।

—बौरा गये हाथी सुधाकर के यकायक आक्रमण से बिना रत्ती भर व्यग्र हुए किशोर औरंगज़ेब द्वारा उसका मुँह मोड़ देने पर शाहजहाँ।

अपने पिता और बहन (जहाँ आरा) को प्यासा रखना स्वधर्म-त्याग का सबसे निकृष्ट रूप है।

—आगरा क़िले की घेराबन्दी में औरंगज़ेब द्वारा जल-स्त्रोत बन्द कर देने पर शाहजहाँ

शाहजहाँ : शाहजहाँ योग्य व्यक्ति थे—मध्यकालीन मुस्लिम प्रशासक के सभी गुणों से सम्पन्न। वह साहसी, कुशल सेनापति, अपने कर्मचारियों को उचित सम्मान देने वाले विशालहृदय अधिपति, दूरन्देशी, और न्याय भावना विश्वासी थे।

जो सनसनाती, कोलहाली तुर्क-मंगोल संस्कृति, *(जिसके बीज हुमायूँ के पन्द्रह वर्षीय ईरान प्रवास और उससे पहले बाबर के नाना युनूस ख़ाँ के ईरान प्रवास में देखे जा सकते हैं।)* ईरानी रूपवाद और दरबारी नज़ाक़त में ढलते हुए और फिर नूरजहाँ-जहाँगीर के माध्यम से अपना स्वरूप सन्धान, परिष्कण एवं चमक पाते हुए मुग़ल संस्कृति संज्ञा से अपना विशिष्ट चरित्र निर्धारित कर रही थी, शाहजहाँ एक प्रकार से उसी की सौष्ठवयुक्त परिणति थे। सम्राटों की ईरानी पत्नियों के प्रभाव से यह प्रक्रिया और तेज़ हुई। माहम अंगा, *(हुमायूँ की माँ)* हमीदा बानो बेगम, नूरजहाँ, और मुमताज़ महल ईरानी थीं। इसी तरह दारा की पत्नी नादिरा और औरंगज़ेब की पत्नी दिलरस बानो भी। उत्तराधिकार युद्ध की तीसरी एवं अन्तिम लड़ाई के

बाद विजयी देवर के शिकंजे से भागते हुए नादिरा ने साँस तोड़ दी। दिलरस इस किरीट-संघर्ष की शुरुआत से पहले ही संसार से विदा ले गयीं। अगर दारा तख़्ते-ताऊस पर बैठते और नादिरा बेगम मलिका होतीं, तो निःसन्देह इसका गुणात्मक प्रभाव होता। पर अगर दिलरस बेगम होतीं, तो शहंशाह आलमगीर का प्रशासन कुछ सांस्कृतिक आभा पाता, यह सिर्फ़ कल्पना का विषय है।

मुग़ल दरबार में संख्या, श्रेणी और प्रभाव की दृष्टि से ईरानी सर्वोपरि थे। बैरम ख़ाँ, अब्दुर्रहीम, इतिमादुद्दौला, और आसफ़ ख़ाँ की गिनती अत्यन्त कुशल प्रधान मन्त्रियों में होती है। ईरानी सांस्कृतिक भाषा भी थी और राजभाषा भी। बाबर ने मातृभाषा तुर्की में लिखा, जबकि जहाँगीर ने ईरानी में और वह इस बात पर चकित पाये गये कि वह तुर्की में लिख लेते हैं। शाहजहाँ ने 'फूहड़ तुर्की' सीखना ही स्वीकार नहीं किया।

शाहजहाँ कट्टर मुसलमान थे, पर तपस्वी नहीं। उनके भोग-विलास की अनेकानेक जनश्रुतियाँ प्रचलित हैं। एक इतिहासकार ने उनकी शैया-सखियों की संख्या 75 गिनवायी है। शिल्प-कलाप्रेमी आयु बढ़ने के साथ-साथ काम क्रीड़ा-केलि की ख़ातिर दुराग्रही हो प्रकृति नियमों के विरुद्ध जा उत्तेजक औषधि-संख्या तथा मात्रा बढ़ाते गये—सही क़िस्म की चरम सीमा की ख़ातिर। वह दो बार अस्वस्थ इसीलिए हुए—1637 में और 1657 में, जिस कारण उत्तराधिकार युद्ध शुरू हुआ। अगर मानुची की मानें तो जनवरी 22, 1666 में उनका निधन भी इसीलिए हुआ। औरंगाबादी *(एक समय शाहजहाँ की प्रिय नर्तकी)* ने 'मुँहबन्द कलियाँ-जैसी अगनी दो नव-शिष्याओं' आफ़ताब तथा मेहताब को भूतपूर्व सम्राट की सेवा में भेज दिया। इस ऐतिहासिक चुनौती का सामना करने के लिए शाहजहाँ ने शीशियाँ और कटोरियाँ ख़ाली कर दीं, पर असर उल्टा हुआ। उनकी पेशाब बन्द हो गयी। अपनी प्राणेश्वरी की याद में संसार के एक आश्चर्य के जनक सफ़ा-ए-हस्ती से अपना नाम मिटा गये।

मुग़ल शहज़ादे की विद्रोही-परम्परा : हुमायूँ के भाईयों, अकबर के भाईयों और ख़ुद जहाँगीर ने सलीम के रूप में पिता बादशाह के विरुद्ध विद्रोह किया था। ख़ुर्रम ने भक्ति भाव से वंश-परम्परा का सम्मान रखा, हालाँकि वह युवराज अवधि में ही 'शाहजहाँ' उपाधि से अलंकृत किये जा चुके थे। शाहजहाँ तीन बरस विद्रोह-अलख जगाते फिरे—उत्तर से दक्षिण तक; फिर पूर्व में बिहार-बंगाल तक और फिर दक्षिण तक। हुमायूँ के पद-चिह्नों पर चलते हुए उन्होंने भी शाहे-ईरान को सहायता के लिए पुकारा, पर शाह ने परामर्श दिया, 'आज्ञाकारी बनो; पिता के प्रति निष्ठावान रहो!' जहाँगीर ने शाहजहाँ के पीछे गयी शाही सेना के सेनापति छोटे बेटे परवेज़ को यही आदेश दिया, ''शाहजहाँ को ज़िन्दा गिरफ़्तार करो या सल्तनत के बाहर खदेड़ दो।''

महाबत ख़ाँ के हाथों बार-बार शिकस्त खाने के बाद शाहजहाँ ने पिता को क्षमा-याचना पत्र लिखा। जहाँगीर ने अपने दस्ते-मुबारक से जवाब दिया, सौ फ़ी सदी क्षमा का वादा किया, शर्त सिर्फ़ यह रखी कि दारा एवं औरंगज़ेब को बन्धक स्वरूप भेज दो और बालाघाट के सूबेदार बन जाओ।

कोई शक नहीं कि यह स्नेहशील पिता का क्षमा-दान था। विद्रोही ख़ुसरो को भी जहाँगीर ने क्षमा किया था, पर प्रकार बहुत सख़्त और आँखों में अँधेरा भरने वाला था। शाहजहाँ को न हथकड़ी लगी, न क़ैद हुए, न आँखें फोड़ी गयीं।

बाद में अपने बेटों के विद्रोह करने पर शाहजहाँ ने भी नर्मी बरती, पर धोखा खा गये। जब उन्होंने उलाहना दिया, तो सिंहासन-झपटू आलमगीर ने बोली मारी, 'परमपूज्य पिताश्री, तिलमिला क्यों गये? हम वही तो कर रहे हैं, जो आपने अपने बाप के साथ किया था!' पर अपने सपूतों के सिर उठाने पर औरंगज़ेब ने पितृ भावना का ज़ोर नहीं चलने दिया। एक-एक को वह सज़ा दी कि थर्रा गयी पितृ भावना!

शाहजहाँ बनाम सन्तान : एक ही पत्नी मुमताज़ महल के छत्तीस के आँकड़े जैसे चारों बेटे और वैसी ही दो बेटियाँ। शाहजहाँ को ईश्वर ने ऐसी चुनौती झेलने के लिए क्यों चुना? विधि का विधान था या पिता-सन्तान सम्बन्ध की प्रकृति पर टिप्पणी? तख़्तो-ताज की महत्त्वाकांक्षा या जीवन-दर्शन से जुड़ी विषभरी फुँकार? या औरंगज़ेब के कान में 'ईश्वर की फुसफुसाहट'?

मुग़ल राजकुमार सामान्यतः मदिरा व्याधि से पीड़ित पाये जाते थे *(सलीम यानी जहाँगीर का सिंहासनारोहण इसलिए आसान हो गया था, क्योंकि उनके दो प्रतिद्वन्द्वी, चषकी भाई दनियाल और दावर समय से पहले ही महत्त्वाकांक्षा और काया से मुक्ति पा चुके थे।)*।

औरंगज़ेब सिर्फ़ शर्बत पीते थे; शेष तीनों भाई संयम के साथ मदिरा भी। तीनों को कच्चे यौवन के साथ ही प्रशासनिक ज़िम्मेदारियाँ दे दी गयीं—दारा शिकोह को पिता ने सदा अनुपस्थित सूबेदार पदवी दी, ताकि पिता की आँखों का तारा उनके सामने सदा अकबराबाद और शाहजहाँनाबाद में ही रहे। दारा के बाद दूसरे शाह शुजा 1637 में बंगाल के राज्यपाल नियुक्त हुए, बाद में बिहार भी जोड़ा गया और वह अगले दो दशकों तक इसी पद की शोभा बढ़ाते रहे। सबसे छोटे मुराद बख़्श को गुजरात भेजा गया, जिसमें आगे मालवा भी जोड़ दिया गया। औरंगज़ेब को 1636 में अठारह की आयु में साम्राज्य के 21 प्रदेशों में से सबसे कठिन दक्षिण को रवाना किया गया—यानी दो बरस बड़े शुजा से एक साल पहले! यह औरंगज़ेब की सामरिक तेजस्विता की स्वीकृति थी।

उत्तराधिकार युद्ध के समय दारा, शुजा, औरंगज़ेब और मुराद की आयु क्रमशः 42, 41, 39 और 33 थी।

जब कच्चे कैशौर्य में औरंगज़ेब ने सुधाकर नाम के बौरा गये हाथी की समक्षता ठोस साहस से की, तो शाहजहाँ पुलकायमान हो गये, 'तुमने जैसे मृत्यु की अवहेलना की, वह हमारे लिए गर्व का विषय है। बाबर और अकबर तुम्हारे भीतर फिर जीवित हो उठे। ईश्वर तुम्हें लम्बी आयु दे।'

शाहजहाँ को बाद में मुसम्मन बुर्ज में बन्दी जीवन काटते हुए बहुत अफ़सोस हुआ कि उनका आशीष सच साबित हुआ! मुराद 37 और दनियाल 32 की उम्र में मरे, अकबर के भाई मुहम्मद हकीम 31 की उम्र में गये। बाबर के माना युनूस ख़ाँ जब 40 पार कर गये, तो जैसे चमत्कार हो गया, क्योंकि उनसे पहले कोई भी चग़ताई ख़ाँ 40 को नहीं छू पाया था! बाबर 47 साल जिए, हुमायूँ 48, अकबर 63, जहाँगीर 58 और शाहजहाँ ख़ुद 74, जबकि आलमगीर नब्बे छूने में सिर्फ़ एक बरस ही चूक कर गये—और वह भी श्रवण शक्ति के किंचित क्षय के सिवा लगभग पूरी शारीरिक सामर्थ्य के साथ!

शाहजहाँ औरंगज़ेब रिश्ते में अवरोही मोड़ : कन्धार पर दूसरे आक्रमण की कमान औरंगज़ेब को सौंपी गयी थी। मुराद बख़्श पहले नाकामयाब हो चुके थे। जब बची-खुची मुग़ल सेना काबुल वापस लौटी, तो शाहजहाँ वा दरबार जैसे सोग़ मना रहा था। औरंगज़ेब ने दर्शन की प्रार्थना भेजी। वह स्वीकार नहीं हुई। परिणामस्वरूप दोनों के बीच बेहद कड़वा पत्र-व्यवहार शुरू हुआ, तो धीरे-धीरे और कारण जोड़ते हुए ज़हरीला बनता गया।

शाहजहाँ ने औरंगज़ेब पर 'सैन्याभियान में अक्षम्य कोताही' का आरोप लगाया, जबकि औरंगज़ेब को शिकायत थी कि 'जब समान श्रेणी के अनेक सेनापति हों और तथाकथित सर्वप्रमुख सेनापति *(यानी औरंगज़ेब)* को छोटी-से-छोटी सामरिक पहल के लिए भी सम्राट के निर्देशों का इन्तिज़ार करना पड़े, तो तो दुर्भाग्यशाली घटनाएँ लाज़िमी हैं।' लेकिन यह आकलन सही है कि कन्धार की दूसरी असफलता के बाद पिता-पुत्र सम्बन्ध ने गहरी अधोगामी छलाँग भरी। शाहजहाँ ने भड़क कर औरंगज़ेब को सुदूर दक्षिण भेज दिया। कन्धार अभियान पर जाते समय अप्रैल, 1652 में काबुल में दोनों की आख़िरी भेंट हुई; अगस्त में जब असफल प्रत्यावर्तन के बाद औरंगज़ेब वापस लौटे, तो पिताश्री ने उनका मिलन-निवेदन स्वीकार नहीं किया। प्रतिशोधस्वरूप औरंगज़ेब ने 14 बरस फिर कभी शाहजहाँ का मुँह नहीं देखा—न दक्षिण की अपनी दूसरी सूबेदारी में; न उत्तराधिकार युद्ध के दौरान; न सात बरस की पिता की नज़रबन्दी में ओर न उनके अन्तिम संस्कार के समय।

वस्तुतः यह नयी नियुक्ति दंड के कलेवर में दोहरा पुरस्कार साबित हुई। औरंगज़ेब को मीर जुमला का नैकट्य तथा अन्तरंगता मिली। उनमें एक व्यक्ति के लिए वह विश्वास जागा, जो कभी किसी और के लिए प्रस्फुटित नहीं हुआ—

रौशन आरा को मिला कर। अपनी सूक्ति 'जो तुम्हारा नमक, ख़तरे और सफ़र बाँटता है, वही तुम्हारा दोस्त है', को चरितार्थ करते हुए औरंगज़ेब ने जल्दी ही जुमला को 'बाबाजी' सम्बोधित करते हुए अपने हृदय में रिक्त पिता कक्ष में प्रतिष्ठित कर दिया। उत्तराधिकार युद्ध में जुमला ने प्रमाणित किया कि वह इस रिश्ते की कसौटी पर पूरी तरह खरे उतरे।

दूसरे, बीहड़ सूबे के प्रशासन में औरंगज़ेब ने अनुभव अर्जित करते हुए ख़ासी कुशलता दिखाई और अपनी नेतृत्व क्षमता विकसित की। 'गुण हर जगह अपना आदर करा लेता है,' यह कालिदान की सूक्ति है। औरंगज़ेब को किसी से आदर नहीं, नेतृत्व पद चाहिए था। कोई प्रमाण तो नहीं कि इस समय औरंगज़ेब के मन में ताज की ललक सुगबुगा उठी थी *(ललक का प्रत्यक्ष प्रमाण तो उन्होंने बहुत देर से दिया—उत्तराधिकार युद्ध [War] की तीन में से पहली लड़ाई [Battle] जीतने के बाद)*, पर ''अग्नि जहाँ होती है, प्रज्वलन क्षमता समाये रखती है 'और' 'महत्त्वाकांक्षा प्रतिकूल परिस्थितियों में ही धार पाती है', कालिदास औरंगज़ेब को जानते होते, तो विशेषत: उनके लिए ये दो सूक्तियाँ और रचते।

शाहजहाँ का कन्धार मोह उर्फ़ 'दिवस का अवसान समीप था!'

कन्धार इस योग्य नहीं था कि उसकी ख़ातिर युद्ध हो। पहले भारत तथा मध्य पूर्व के प्रमुख व्यवसाय पथ में पड़ने के कारण उसका आर्थिक महत्त्व था, पर फिर सागर-पथ तेज़ी से पसन्दीदा होते चले गये और यहाँ छिटपुट सौदागर ही शेष रहे। हिन्दुस्तान से अरब की तीर्थ-यात्रा भी सागरोन्मुख हो गयी। मुग़लों के लिए कन्धार की कोई रणनीतिक महत्ता भी नहीं थी, क्योंकि उस दिशा से उन पर कोई सैन्याभियान नहीं हुआ। वास्तविकता यह थी कि मुग़लों और ईरानियों दोनों की प्राथमिकता सूची में कन्धार बहुत नीचे थे। शाहे-ईरान ने उसे 'छुटका देश' कहा था और जहाँगीर ने 'छुटका गाँव', पर फिर भी कन्धार दोनों के बीच प्रतिस्पर्धा का सदाबहार बीज बना रहा।

हिन्दुकुश के उस पार दो-दो विफल सैन्यअभियानों के बाद भी शाहजहाँ नहीं माने। दारा शिकोह पता नहीं, कौन-सी मन:स्थिति में थे, जो उन्होंने तीसरी बार आक्रमण की कमान ख़ुद सँभालने का प्रस्ताव रखा। रण कौशल में औरंगज़ेब के सामने दारा कहीं नहीं टिकते, दरबार की यह मान्यता 'बुलन्द इक़बाल' की ग्रन्थि बन चुकी थी। जहाँ आरा ने दारा के जाने का समर्थन किया, क्योंकि 17वीं शताब्दी में राजकुमार अपना लोहा तलवार भाँजने के सिवा और कैसे मनवा सकता था! इस तीसरे प्रयास की भी वही परिणति हुई। अकारथ ऊँचे व्यय के साथ-साथ अपनी जग हेठी के संताप से शाहजहाँ परम सन्त्रस्त होते गये। बढ़ती आयु

और विविध रोगों के मारे, कामोत्तेजक औषधियों से लुंज-पुंज, उनकी काली मन:स्थिति धीरे-धीरे पूरे परिवार, राजधानी, प्रादेशिक केन्द्रों, और साम्राज्य को भी अपनी छाया से ग्रस्त करती गयी। हवाएँ सनसनाने लगीं। यह कालिमा वातावरण में छितरायी; स्वरूप बदलते हुए मेघ-गुच्छों में ढली और उत्तराधिकार के आसन्न युद्ध के गर्जन वितानों में रूपान्तरित होने लगी...

'दिवस का अवसान समीप था/गगन भी कुछ लोहित हो चला...'

दकन सूबेदारी की औरंगज़ेब की दूसरी अवधि : जहाँ तक शाहजहाँ और दारा शिकोह के साथ औरंगज़ेब के रिश्ते का प्रश्न है, दक्षिण में महामहिम की दूसरी राज्यपाल अवधि *(1953-58)* ऐतिहासिक के सिवा कुछ नहीं मानी जा सकती। इन पाँच वर्षों में सम्राट एवं उनके लाड़ले युवराज ने औरंगज़ेब के सीने पर इतनी और ऐसी मूँग दली, चुन-चुन की वो ज़ख्म दिये, *(जितने फाहे बेगम साहिब रख सकती थीं, उन्होंने रखे।)* उन पर ऐसा नींबू निचोड़ा कि अन्ततः जहाँपनाह और वली-अहद का जो हश्र हुआ, उसके मद्देनज़र यह कहा जा सकता है कि 17वीं सदी में ऐसा न होता—और वह भी औरंगज़ेब के हाथों—तो और क्या होता?

दक्षिण में मुग़ल हितों के विस्तार और उन्हें दृढ़ बनाने के लिए राज्यपाल ने दिल्ली से जो-जो देने की प्रार्थना की—प्रमुखतः अधिक वित्तीय तथा सैन्य सहायता—दारा शिकोह ने हरएक ठुकरायी। कभी मानी तो निम्नतम स्तर पर लाते हुए, ताकि प्रार्थी विशाल प्रशासनिक तन्त्र के और स्वयं अपने सामने हास्यास्पद एवं दीन बनता जाय, 'देखो, ये है तुम्हारी औक़ात!' एक पत्र में दारा शिकोह औरंगज़ेब को याद दिलाते हैं, 'दक्षिण के कुल राजस्व 3 करोड़ 20 लाख में से लगभग 2 करोड़ 60 लाख तुम्हारे और तुम्हारे पुत्रों के लिए निर्धारित किये गये हैं।' औरंगज़ेब भड़क उठे, 'मैं कुरान शरीफ़ पर हाथ रख कर क़सम खाता हूँ—राजकोष से कभी एक पैसा नहीं माँगूगा।'

फिर दिल्ली ने सचमुच इन्तिहा कर दी—गोलकुंडा और बीजापुर को मुग़ल राजदूत सीधे दिल्ली से भेज दिये गये और दक्षिण राज्यपाल से परामर्श तो दूर, उसे भनक भी नहीं लगी। ऐसे अनेकानेक कारनामे अन्जाम दिये गये। औरंगज़ेब का शोला बन जाना स्वाभाविक था। फिर उन्हें घाटा भी पूरा करना था *(दक्षिण राजस्व दृष्टि से घाटे वाला प्रदेश था; गुजरात लाभ वाला।)* उन्होंने पहले गोलकुंडा और फिर बीजापुर पर मुग़ल आक्रमण बर्बरता का ऐसा लूटाभियान चलाया कि देखने वालों के कलेजे काँप गये और झेलने वालों की साँस अलविदा कह गयी। महामहिम ने जैसे ठान लिया था कि इन शिया सल्तनतों को मुग़ल नक़्शे में ज़ब्ब करना है।

पर शाहजहाँ ने फिर गुड़ गोबर कर दिया। अविजेय गोलकुंडा क़िले पर मुग़ल ध्वजा लहराने से ऐन पहले सम्राट का सख़्त आदेश आ गया कि छोड़ा गया तीर

और चलाया गया गोला तुरन्त रोक कर वापस ले लिया जाय *(आदेश फ़िल्मांकन को रिवर्स मोड में देखना मनोरंजक होगा।)*। औरंगज़ेब को जीवन में सबसे अधिक क्रोध जब आया, वह यही घड़ी थी। वह दिल्ली की अवमानना के लिए तैयार थे। पर गम्भीर इतिहासकारों का मानना है कि गोलकुंडा पर ज़बर्दस्ती सैन्य विजय के राजनीतिक परिणाम संगीन होते। दिल्ली को सदा दक्षिण में सतर्क, रणकुशल राजकुमार को रखना होता और दिल्ली पर जैसे ही कोई संकट आता, ज़ंजीरों में जकड़ा शिया सुल्तान कसमसा कर उन्हें तोड़ने में संलग्न हो जाता। ध्यातव्य यह है कि औरंगज़ेब बज़ाते-ख़ुद यह सच्चाई समझते थे। जनवरी, 1658 में जब उन्होंने उत्तराधिकार युद्ध के लिए उत्तर की ओर कूच करने का निर्णय लिया, तब स्वभावतः उन्हें अपनी अनुपस्थिति में औरंगाबाद क्षेत्र में शान्ति व्यवस्था चाहिए थी। इसीलिए गोलकुंडा सुल्तान को युद्ध क्षतिपूर्ति के शेष भुगतान के लिए उनके दफ़्तर से जो पत्र भेजा गया, वह हमेशा के विपरीत शिष्ट एवं नम्र था—दोटूक, दबंग, और हेकड़ी भरा नहीं। गोलकुंडा दरबार में अपने राजदूत को भी महामहिम ने निर्देश दिये कि सूबेदार की अनुपस्थिति में वह सुल्तान से नर्मी से पेश आएँ और उन्हें भरसक मुग़ल हित रक्षा में लगाये रखें। इसी तरह बीजापुर राजमाता को विविध उपहारों के साथ महाबली ने बज़ाते-ख़ुद काव्य-पत्र *(Epistle)* लिखते हुए अनुरोध किया कि राज्यपाल की अनुपस्थिति में 'मैत्रीभरी शान्ति' बनाये रखें! 17वीं सदी का चमत्कार! बन गया शिया सुल्तान सुन्नी औरंगज़ेब का मित्र! *(शियाओं के लिए आलमगीर की सच्ची भावना आगे देखें।)*

बग़ावत के मूड में औरंगज़ेब!

पहले मामा शायस्ता ख़ाँ ने औरंगज़ेब को समझाया, राजाज्ञा-उल्लंघन विद्रोह के समकक्ष नहीं, तो और क्या है? "बेहद महत्त्वपूर्ण सैन्याभियान का सेहरा मेरे खाते में जाने से दारा शिकोह तिलमिला उठे हैं," औरंगज़ेब का आक्रोश तमतमा रहा था। तब मुहम्मद सुल्तान मुग़ल राजवंश के अनेकानेक राजकुमारों का हवाला देते हुए पिता को समझाने लगे। *(तब पिता-पुत्र को गुमान नहीं था कि महज़ ढाई बरस बाद छठवें सम्राट आलमगीर के वली-अहद बज़ाते-ख़ुद अपने बाप के विरुद्ध बग़ावत कर देंगे!)*

राजमाता ने माँगा क्षमा-दान!

अन्ततः औरंगज़ेब को ज़हर का घूँट पीना पड़ा—हैदराबाद में मुग़ल राजदूत द्वारा बनाये गये सन्धि पत्र पर हस्ताक्षर करने पड़े। पर उससे पहले जब औरंगज़ेब के आदेश पर विनाश और मृत्यु का राक्षस दल 'दक्षिण के मुक्ता' पर अग्नि-वर्षा कर

रहा था, तब क़ुत्ब शाह की वयोवृद्ध माँ काला शाल ओढ़े औरंगज़ेब शिविर में हाथ बाँधे आ गयीं। औरंगज़ेब ने क्षमा-दान की भरपूर क़ीमत ली—युद्ध क्षतिपूर्ति एक करोड़ रुपये और किंवदंती बने कुत्ब शाही कोष का बड़ा हिस्सा, जिसमें गोलकुंडा खान के कई बहुमूल्य हीरे थे।

बीजापुर : इस हमले के लिए औरंगज़ेब छटपटा रहे थे। नवंबर, 1656 में आदिल शाह के निधन और उनके अठारह वर्षीय बेटे अली आदिल शाह दोयम के राज्याभिषेक से वंचक को बहाना मिल गया—उन्होंने कृत्रिम साक्ष्य दिखाते हुए दावा किया कि यह सुल्तान का वैध पुत्र नहीं, 1639 में लिया गया दत्तक है। शाहजहाँ ने आक्रमण की अनुमति दे दी। बीजापुर आत्म-समर्पण के बाद महाबली ने वहाँ लूट के जो मार्मिक दृश्य मंचित किये, वह चंगेज़ और तैमूर की कीर्ति-परम्परा में आते हैं। बीजापुर की मलिका बड़ी साहिबा ने आगरा दरबार में व्यथा-पत्र भेजा; दारा शिकोह तथा बेगम साहिब से फ़रियाद की। शाहजहाँ का आदेश-पत्र *(बीजापुर से निकटवर्ती क्षेत्रों के साथ बिदर, कल्यानी और परेन्दा दुर्ग तथा 1 करोड़ क्षतिपूर्ति लेकर तुरन्त दौलताबाद वापस लौटो।)* पाकर औरंगज़ेब की क्रोधग्नि 101 करोड़ दुर्वासाओं की तरह भड़की, पर विवश थे। उन्होंने लूट पूरी कर ली, मलिका से दस लाख मूल्य के हीरे-जवाहर लिये, फिर बीजापुर विजय-किरीट माथे से हटा कर ज़मीन पर फेंका, उसे जूते-तले मसलते हुए कसे जबड़ों के साथ कहा, 'शाहजहाँ और दारा! अगर नसीब बदला, तो इस लम्हें की तुम दोनों से वो क़ीमत वसूल करूँगा कि ज़माना थरथरा उट्ठेगा!'

दिल्ली बनाम औरंगज़ेब : राज्यपाल ने केन्द्र को रपट भेज दी, युद्ध क्षतिपूर्ति युद्ध व्यय से कम है। इस बार शाहजहाँ और दारा शिकोह तिलमिला उठे। फिर वही हुआ, जो होना था। दोनों सदाबहार संघर्षी पक्षों का द्वन्द्व पारस्परिक अविश्वास एवं दोषारोपण के निम्नतम आयाम अन्ततः छू ही गया। ''तुम दोनों युद्धों में धन प्राप्ति के पूरे विवरण के साथ उन सभी उपहारों की सूची भी दरबार को भेजो, जो दोनों सुल्तानों से तुमको और तुम्हारे बेटों को मिले हैं,'' शाहजहाँ के इस आदेश का उत्तर औरंगज़ेब ने 'परम रोष की स्याही में लेखनी डुबाते हुए' दे दिया—''जहाँपनाह के पत्र में स्पष्ट संकेत हैं कि दोनों युद्धों में मिले धन का महत्त्वपूर्ण भाग अथवा सम्पूर्ण मैंने और मेरे बेटों ने हड़प लिया है। मेरी यह मान्यता है कि जहाँपनाह की विशालहृदयता ऐसे टुच्चे विचार को प्रश्रय नहीं दे सकती। स्पष्ट है कि यह आरोप ऐसे व्यक्तियों के कहने पर लगाया गया है, जो मेरी प्रतिष्ठा का नाश करने और मेरे विरुद्ध जहाँपनाह के मन में ज़हर भरने के लिए कटिबद्ध हैं। परम सम्मानित जनक, मुझे आत्म-स्वीकार करते हुए कहने दें कि मैं धर्मानुसार ईमानदारी के पारम्पिक मानकों को निष्ठापूर्वक निभाने के लिए ईश्वर तथा साम्राज्य

के प्रति प्रतिबद्ध हूँ। ऐसे कोई लाभ नहीं, जो बेईमानी दे सकती है—ऐसे अलबत्ता हैं, जो वह ले सकती है।

बीजापुर एवं गोलकुंडा सुल्तानों से मुझे जो उपहार मिले, उनका कोई बड़ा मूल्य नहीं। उन्हें मैं जहाँपनाह के सामने रख दूँगा—जब मुझे राजसी कक्ष की ड्योढ़ी का चुम्बन लेने का सौभाग्य मिलगा। तब तक उपयुक्त होगा कि राजपरिवार की उन वाचाल स्त्रियों और धाराप्रवाह वाकपटु पुरुषों पर अंकुश लगा दिया जाय, जो बादशाह सलामत के कान बेरोग़न झूठ से भरते रहते हैं। ऐसा लगता है कि दरबार में ईमानदार रपट वैसे ही दुर्लभ है जैसे धान्य में चोकर।''

शाहे-जहाँ की अन्तिम राज्याज्ञा : औरंगज़ेब को बीजापुर से बलात् वापस बुलाने का अन्तिम आदेश था, जो शाहजहाँ ने सम्राट की हैसियत से दिया। इसके बाद साम्राज्य और इतिहास के सारे निर्णय उनके सपूतों ने किये। प्रारम्भ अपनी बादशाहत की घोषणा करके शुजा ने किया और सभी वैध-सम्भावित दावेदारों एवं वालिद हुजूर को निरस्त करके हुए समापन आलमगीर ने।

क्योंकि शाहजहाँ तथा दारा के कारण वह 'शमशीर की पंचाट' के लिए विवश हो गये थे!

अनुभाग 4

उत्तराधिकार दृष्टि से बँटी शाहजहाँ सन्तति

कभी-कभी मुझे लगता है कि दारा शिकोह भले लोगों के शत्रु बन गये हैं। मुराद बख़्श मदिरा तरंग में रहता है। शुजा को बस राग-रंग से सन्तोष है, पर औरंगज़ेब की संकल्प शक्ति और बुद्धिमत्ता देखते हुए लगता है कि (हिन्दुस्तान प्रशासन सँभालने का) कठिन कार्य वही कर सकता है।

—शाहजहाँ

मैं अन्तिम दिनों तक उनकी (शाहजहाँ की) सेवा करूँगा।

—औरंगज़ेब

मुग़ल भाइयों के बीच अगर शान्ति हो सकती है, तो सिर्फ़ कब्र की!

—ख़ाफ़ी ख़ाँ

दारा शिकोह : 'अनुभवातीत चन्द्रिका'—*(Transcendental Moonshine)* विहारी दारा शिकोह मुग़ल राजकुमारों में अनन्य हैं। मुग़ल राजवंश में उनके जैसा न कभी पहले हुआ, न बाद में। वह ऐसा चमत्कार थे, जो शताब्दियों में एकाध बार होता है। त्रासदी की नयी व्याख्या करने के लिए ही सम्भवत: ईश्वर ने उनकी रचना की थी।

किसी मुग़ल राजकुमार के समान दारा शिकोह की प्रारम्भिक शिक्षा शाही दरबार से सम्बद्ध मौलवियों के सुपुर्द कर दी गयी, जिन्होंने उन्हें कुरान शरीफ़, ईरानी काव्य, और इतिहास पढ़ाया। उनके प्रमुख शिक्षक मुल्ला लतीफ़ सहारनपुरी की प्रेरणा थी, जिससे दारा के भीतर ज्ञान और सूफ़ीवाद को मिला कर मीमांसात्मक विज्ञानों *(Speculative Sciences)* के लिए अशमनीय प्यास जाग गयी। क़ादरी सूफ़ी सम्प्रदाय *('दैवी तक पहुँचने का सर्वश्रेष्ठ पथ', रिसाला-ए-हक़नुमा में दारा शिकोह की स्वीकारोक्ति)* में दीक्षित हो जाने के बाद वह अपने समय के श्रेष्ठ

रहस्यवादियों *(Mystic)* के सम्पर्क में आये, जिनमें हिन्दू भी थे और मुसलमान भी; जैसे शाह मुहीबुल्लाह, शह दिलरुबा, शाह मुहम्मद लिसनुल्लाह, और बाबा लाल दास बैरागी। उनके साथ दारा के घनिष्ठ और मैत्रीपूर्ण विचार-विमर्श ने दारा का प्रेरित किया कि वह सूफ़ीवाद और हिन्दू रहस्यवाद के बीच पारस्परिक समझ के सेतु बनाने का प्रयास करें।

हिन्दू धार्मिक व्यवस्थाओं के बारे में और जानने के लिए दारा शिकोह ने संस्कृत का अध्ययन किया, बनारस के पंडितों की सहायता से उपनिषदों के अनुवाद किये, फिर गीता और योग वशिष्ठ का फ़ारसी अनुवाद किया। इस कार्यकलाप में दारा का प्रमुख सरोकार ईश्वर की एकता *(तौहीद)* की खोज थी—वह हिन्दू और मुस्लिम धर्म-ग्रन्थों में समानता के सूत्र ढूँढ़ने के आकांक्षी थे। उपनिषदों के अपने अनुवाद 'सिर्र उल-अकबर' *(महत् गोपनीय)* में दारा कहते हैं, ''मैं वर्षों से हर सम्प्रदाय के गूढ़ज्ञानवादी धर्म-सिद्धान्त (Gnostic Doctrine), एकेश्वरवाद (Monotheism) की उदात्त अभिव्यक्ति, और विविध ब्रह्मवैज्ञानिक (Theological) ग्रन्थों के प्रति जिज्ञासु रहा हूँ। ईश्वर की एकता के प्रति मेरा भावातिरेक सघन हो गया है।''

दार्शनिक युवराज : दारा शिकोह की विविध रचनाएँ केवल फ़ारसी में हैं। इन्हें दो श्रेणियों में बाँटा जा सकता है। पहली के विषय सूफ़ी और मुस्लिम सन्त हैं। इनमें प्रमुख हैं सक़ीनत अल-औलिया, *(विविध सम्प्रदायों के सूफ़ी सन्तों की जीवनी),* रिसाला-ए-हकनुमा, तरीक़त अल-हक़ीक़त, हसनत अल-अरीफ़ी और इक्सिरे आज़म। दूसरी कोटि में हैं मजमा अल-बहरीन, मुकालमा-ए-बाबा लाल दास वा दारा शिकोह, सिर्रे-अकबर, और योग वशिष्ठ एवं गीता के उनके अनुवाद।

सक़ीनत अल-औलिया में दारा पथ-प्रदर्शक के रूप में सन्त की महत्ता पर बल देते हैं, क्योंकि रहस्यवादी पथ का ज्ञान आध्यात्मिक निर्देशक की सहायता से ही हो सकता है। ईश्वर अपने लोगों का मार्गदर्शन सन्तों के निर्देश के बिना कभी नहीं छोड़ता, इसलिए पैग़म्बर के बाद सर्वशक्तिमान ईश्वर की उपस्थिति में सन्तों से निकट और कोई नहीं होता। सच्चा सन्त 'सम्पूर्ण निर्देशक' *(पीरे-कामिल)* होता है, क्योंकि ''संतों के इस क्रम *(Hierarchy)* से अधिक करुणामय और विशालहृदय, पांडित्यपूर्ण और व्यावहारिक, नम्र और शिष्ट, नायकोचित और उदारमना कोई नहीं होता।''

क़ादरी सूफ़ी : इस रचना में देश के केवल क़ादरी सूफ़ियों का विवेचन है। दारा स्वयं क़ादरी थे। ''जितना क़ादरी संघ मुझे आकर्षित करता है, उतना और कोई नहीं। इसी ने मेरी आध्यात्मिक उच्चाकांक्षाएँ पूरी की हैं।'' क़ादरी संघ—सर्वाधिक लोकप्रिय और व्यापक सूफ़ी संघों में से एक—अपना उद्‌गम बारहवीं शताब्दी के

यशस्वी, सूफ़ी और इस्लामी, बग़दाद निवासी विद्वान शेख़ अब्दुल क़ादिर जिलानी के माध्यम से पैग़म्बर तक मानता है। सकीनत अल-औलिया 28 वर्ष की उम्र में लिखी गयी थी—सूफ़ी सन्त मुल्ला शाह बदख़्शानी के सम्पर्क में आने के तीन वर्ष बाद। दारा मियाँ मीर के समान मुल्ला शाह से भी बहुत प्रभावित रहे। हसनत अल-अरीफ़ीं *(The Aphorisms of the Gnostics)* विविध सूफ़ी सम्प्रदायों के 107 सन्तों का सूक्ति संग्रह है। परिचय में दारा शिकोह लिखते हैं, ''*(आध्यात्मिक)* पथ पर गतिशील लोगों के प्रति आकर्षण के साथ मैं लम्बे समय से ईश्वर की एकता को समझना चाहता हूँ। इससे पहले उत्साह और आनन्द की अवस्था में उदात्त ज्ञान से सम्बन्धित कुछ शब्द मैंने बोले थे। परिणाम यह हुआ कि कुछ संकीर्ण एवं धर्मांध ने मुझ पर विधर्मी और स्वधर्मत्यागी हो जाने का आरोप लगा दिया। तब मैंने यह समझा कि ईश्वर की एकता के महान समर्थकों और सत्य का ज्ञान प्राप्त करने वालों की सूक्तियों का संकलन बनाना महत्त्वपूर्ण है, ताकि उन लोगों की बात का खंडन किया जा सके, जो सचमुच पाखंडी हैं।'' इस पुस्तक में दारा शिकोह स्वयं-नियुक्त उलमा की कड़ी आलोचना करते हैं, जो आस्था के आन्तरिक आयामों से कट कर सिर्फ़ बाहरी कर्मकांड अलंकृत करते हैं। उनकी आलोचना भीतरी आध्यात्मिक विषय-वस्तु से विहीन, बेदिमाग़ रस्मनिभायी पर केन्द्रित है और वह उन उलमा के दावों को चुनौती देते हैं, जो मज़े से दुनियावी नेमतों से अपनी आस्था की अदला-बदली के लिए लालायित पाये जाते हैं—

''मुल्ला के शोर से बचाओ संसार को / कान मत दो कोई उनके फ़तवे पर''

ये ''उलमा *(धर्मतत्त्वज्ञ)* धार्मिक अधिकारी होने का दावा करते हैं, लेकिन धर्म की सच्ची आत्मा की कोई जानकारी नहीं रखते। वे अपने तईं ज्ञानशून्य और अज्ञानी के लिए विद्वान'' होते हैं।

''हर सन्त और पैगम्बर ने सहा है मनस्ताप और यातना / मुल्ला के विद्वेषी और अधम बर्ताव से।''

गद्य एवं पद्य वाली तरीक़त अल-हक़ीक़त का प्रारम्भ पूर्वालेख से होता है, जिसमें ईश्वर की महिमा, उसकी सर्वोपस्थिति, और सर्वव्यापकता का रेखांकन है—
''तुम काबा में भी रहते हो और सोमनाथ में भी और प्रेमियों के मन में भी''

आगे सूफ़ी पथ की तीस मंज़िलों का विवेचन किया गया है, जिसमें प्रारम्भ भौतिक संसार से असम्बद्धता और समापन सत्य की अनुभूति से होता है। मोटे रूप में रिसाला-ए-हक़नुमा में भी यही विषय-वस्तु है। यहाँ सन्धानी *(सालिक; Seekar)* आलमे-नसूत *(शारीरिक सतह)* से आरम्भ कर, उनके सोपानों से गुज़रते हुए, अन्ततः आलमे-लाहूत *(अन्तिम सत्य की सतह)* तक पहुँचता है। यहाँ सूफ़ियों द्वारा व्यवहत कुछ शारीरिक अभ्यास क्रियाएँ वैसी ही हैं, जैसे हिन्दू योगी और

तान्त्रिक करते हैं, जैसे नक्षत्रिय उपचार (Astral Healing) और ध्यान केन्द्रों के रूप में हृदय एवं मस्तिष्क का केन्द्रांकन। आगे वह कहते हैं कि सूफ़ी सन्धानी की यात्रा उसे जिन नसूत, जबरूत, मलकूत, और लाहूत के सोपानों से ले जाती है, वे हिन्दू अवस्थानम अवधरणा की चार अवस्थाओं—जाग्रत, स्वप्न, सुषुप्ति और तूरीय—के समकक्ष हैं। दारा शिकोह का कविता-संकलन 'इक्सिरे आज़म' उनकी विचार-शृंखला का विकास समझने के लिए विशिष्ट माना जाता है।

एकेश्वरवाद :

"जहाँ देख सकते हो, सब कुछ वही है
तुम्हारे समक्ष है ईश्वर का चेहरा।

उसके सिवा तुम मानते हो जिसे भी विषय है तुम्हारी कल्पना का
उसके सिवा जिनका अस्तित्त्व है वे हैं मरीचिका
ईश्वर का अस्तित्त्व जैसे असीम सागर
बुदबुद वा तरंग समान हैं।

मैं अपने को उससे अलग नहीं मानता
फिर भी स्वयं को ईश्वर नहीं मानता मैं
बूँद का समुद्र से जो भी सम्बन्ध हो
वही मेरी आस्था है और उससे आगे कुछ नहीं।

दैवी प्रेम :

तुम्हारे नाम से वर्षा होती है प्रेम की
तुम्हारे सन्देशों से बरसता है प्रेम
अनुभूति होती है तुम्हारी गली से निकलने वाले को
तुम्हारे द्वार से लेकर तुम्हारी छत तक
वर्षा होती है प्रेम की।

रहस्यवादी पथ :

किसी की ओर मत मुड़ो ईश्वर के सिवा
माला और जनेऊ सिर्फ़ लक्ष्य के माध्यम हैं।

सरल है बादशाहत, पहचान करो ग़रीबी से

क्यों बनना चाहिए एक बूँद को मोती
जबकि वो बन सकती है समूचा समुन्दर।

बदबू देने लगते हैं स्वर्ण को बरतने वाले हाथ
भयंकर है स्वर्ग से मैली हुई आत्मा की दुर्दशा
दिन-रात सुनते हो लोगों के मरने की ख़बर
मरना है तुम्हें भी
कैसा विचित्र है तुम्हारा व्यवहार!

संस्कृत विद्वान : मुस्लिम रहस्यवादियों और विद्वानों की परम्परा का अनुसरण करते हुए दारा शिकोह ने हिन्दू धार्मिक व्यवस्थाओं पर विस्तार से लिखा है। अपने पूर्ववर्ती और परवर्ती सूफ़ियों के समान उन्होंने यह सम्भव माना कि हिन्दुओं के कुछ अवतार वस्तुतः ईश-दूत हैं और कुछ हिन्दू धर्म-ग्रन्थों का उद्‌गम दैवी। वेदों में एकेश्वरवाद का प्रबल झुकाव देखा जा सकता है और उपनिषदों का एकेश्वर दर्शन पवित्र कुरान का अनुमोदन हो सकता है। हिन्दू धर्म-व्यवस्था की गहरी समझ के लिए दारा शिकोह ने बरसों संस्कृत का अध्ययन किया और इसके लिए बड़ी संख्या में बनारस के पंडित नियुक्त किये। तत्कालीन कई संस्कृत विद्वानों ने इस भाषा के उदार संरक्षण के लिए उनकी प्रशंसा की है। इनमें पंडित जगन्नाथ मिश्र प्रमुख थे, जिन्हें किंवदंती के अनुसार शाहजहाँ के आदेश पर रजत मुद्राओं से तौला गया और मुद्राएँ पंडित को ही अर्पित कर दी गयीं। उन्होंने दारा की अनुशंसा में जगत सिंह नामक रचना की। हिन्दू धर्म-व्यवस्था से सम्बान्धित दारा शिकोह की सर्वप्रमुख कृति 'मजमा अल-बहरीन' *(दो समुद्रों का संगम)* है। बयालीस वर्ष की आयु में लिखित इस ग्रन्थ को दारा ने ''सत्य जानने वाले दो समुदायों के सत्य और विवेक का संकलन'' कहा है। बाईस भागों में विभाजित इस ग्रन्थ में दारा हिन्दू और सूफ़ी अवधरणाओं एवं शिक्षण की समानताएँ खोजते हैं, जैसे मुक्ति का हिन्दू विचार सूफ़ियों के समान है, जहाँ आत्मा फ़ना होकर ईश्वर में मिल जाती है, या सूफ़ी ''इश्क़'' हिन्दू एकेश्वरवाद की ''माया'' के सदृश है। दारा कहते हैं कि प्रेम से ''महान आत्मा'' का जन्म हुआ, जिसे वैकल्पिक रूप से सूफ़ियों में मुहम्मद की आत्मा के नाम से जाना गया और हिन्दुओं में महात्मन या हिरण्यगर्भ संज्ञा से।

विविध पृष्ठभूमि के रहस्यवादियों के साथ दारा ने घनिष्ठ, सौहाद्रपूर्ण सम्बन्ध बनाये, जिनमें कई योगी और साधु थे। इनमें से एक बाबा लाल ने, जो कबीर के अनुयायी थे, अपने छोटे-से सम्प्रदाय की स्थापना कर डाली। इस सम्प्रदाय की कई शिक्षाओं का स्रोत सूफ़ी प्रभाव है।

मकालमा बाबा लाल वा दारा शिकोह के सात लम्बे विमर्श में इन शिक्षाओं का सारांश दिया गया है। यह संवाद लाहौर में 1653 में हुआ था।

पुराण अनुवाद : हिन्दू दर्शन में एकेश्वरवाद की खोज अन्ततः दारा शिकोह को 52 पुराणों के फ़ारसी अनुवाद की ओर ले गयी। यह पाठ 'सिर उल-अकबर' *(महत् गोपनीय)* 1657 में सम्पूर्ण हुआ। इसके उद्देश्य पर प्रकाश डालते हुए दारा शिकोह लिखते हैं कि काश्मीर में उनकी भेंट हज़रत मुल्ला शाह से हुई, जो "गूढ़ज्ञानवाद के पुष्प, शिक्षकों के शिक्षक, सन्तों के सन्त, और मार्गदर्शकों के मार्गदर्शक" हैं। दारा शिकोह ने हिन्दूवाद के आगे जाकर विविध धर्म-ग्रन्थों में एकेश्वरवाद के लिए शोध की—यहूदी तोराह, ईसाई धर्म-सिद्धान्त, और डेविड के स्तोत्र तक गये। उन्होंने आश्वस्ति प्रकट की कि "हिन्दू पंडित और रहस्यवादियों का" वस्तुतः एक ईश्वर में विश्वास है, पर फिर शिकायत की कि "वर्तमान युग के अनभिज्ञों" ने, जो धर्म पर अधिकार होने का दावा करते हैं, यह बुनियादी सत्य विकृत कर दिया है। उनके अनुसार हिन्दुओं की धार्मिक व्यवस्थाओं में एकेश्वरवाद के चिह्न ढूँढ़ने का उनकी खोज का मूल कुरान में उनकी आस्था है, जहाँ कहा गया है कि ईश्वर ने एक की पूजा की शिक्षा देने के लिए समय-समय पर सभी लोगों के पास पैग़म्बर भेजे।

दारा शिकोह का अपना परिवार : दारा शिकोह का पहला विवाह 11 फरवरी, 1633 को नादिरा बानो बेगम साहिबा से हुआ था, जो शाहजहाँ के भाई सुल्तान परवेज़ मिर्ज़ा की पुत्री थीं। वह युवराज की हृदयेश्वरी थीं। दारा की पराजय के बाद औरंगज़ेब की सेना से बचने के प्रयास में यहाँ-वहाँ भागते हुए यात्रा-क्लान्ति से दादर, बलोचिस्तान में 16 जून, 1659 का उनका देहान्त हुआ। वह मियाँ मीर मज़ार, लाहौर में दफ़्नाई गयीं। सुलेमान शिकोह, सिपिर शिकोह और जहाँ ज़ेब *(जानी बेगम)* उन्हीं की सन्तान थीं। जानी जहाँ आरा को विशेष प्रिय थीं। दारा शिकोह के वध के बाद जहाँ आरा के अनुरोध पर औरंगज़ेब ने अनुमति दे दी कि जानी को जहाँ आरा अपने पास मुसम्मन बुर्ज़ में रख लें, जहाँ वह *(जहाँ आरा)* शाहजहाँ के साथ नज़रबन्दी बाँट रही थीं। दारा का दूसरा विवाह राना दिल बेगम साहिबा के साथ हुआ था।

औरंगज़ेब का परिवार : दिलरस बानो : औरंगज़ेब की पहली पत्नी दिलरस बानो। उनके पिता शाहनवाज़ ख़ाँ; जिनके पितामह ईरान नरेश शाह इस्माइल प्रथम सफ़ावी के छोटे पुत्र थे। दिलरस बानो औरंगज़ेब के हृदय में प्रतिष्ठित थीं और रहीं। "हमने सबसे अज़ीज़ दोस्त, साथी, और सिपहसालार खो दिया। उनके जाने से हमारी अन्दरुनी ज़िन्दगी में शक्ति का सदाबहार सोता हमेशा के लिए सूख गया", महामहिम जैसे पाषाण हृदय ने दिलरस बानो के देहान्त पर टिप्पणी करते हुए आपा

जहाँ आरा को लिखा। उत्तराधिकार युद्ध शुरू होने से सिर्फ़ चार माह पहले "राबिया-उल-दौआनी" *(आधुनिक सन्त राबिया)* ने साँस तोड़ दी। ज़ेबुन्निसा का मानना था कि अगर माँ होतीं, तो सिर पर ताज रखने के बाद आलमगीर उतना रक्तपात नहीं कर सकते थे, जितना उन्होंने किया। आगे इस पर चर्चा की गयी है।

नवाब बाई : दूसरी रहमतुन्निसा उर्फ़ नवाब बाई; राजौरी, काश्मीर नरेश राजू की पुत्री। बेचारी नवाब बाई सचमुच दुर्भाग्यशाली थीं। बड़े पुत्र मुहम्मद सुल्तान के युवराज होने से उन्हें राजमाता बनना चाहिए था, लेकिन सपूत ने विद्रोही बन कर आयु का लगभग एक-तिहाई राजसी बन्दीगृह में काटा और वहीं से मृत्यु-पथ पर चले गये। अब छोटे बेटे मुअज़्ज़म 'शाह आलम' भी वली-अहद पद के प्रत्याशी बनते हुए सही रास्ते पर जा रहे थे, पर अपनी एक महाभूल और पिता की परम ख़तरा-भाँपी घ्राण शक्ति के कारण राजसी बन्दीगृह चले जाने को अभिशप्त हुए। सात बरस बाद मुक्त हुए, पर माँ के हिन्दू रक्त की हीनता-ग्रन्थि के मारे निकले। उन्होंने माँ के लिए एक वंशवृक्ष गढ़ लिया, ताकि महामहिम के देहान्त के बाद मुग़ल साम्राज्य के आठवें सम्राट बने बहादुर शाह स्वयं को 'सैयद' कह सकें। नवाब बाई राजमाता ज़रूर बनीं, पर अपने देहान्त के बाद। नवाब बाई में महामहिम की रुचि बहुत जल्दी छीज गयी। नज़रअन्दाज़ बेगम ने अपने अन्तिम वर्ष दिल्ली में एकान्त में गुज़ारे। कहा जाता है कि नवाब बाई के साथ राजनीतिक विवाह को औरंगज़ेब ने मन-ही-मन स्वीकार नहीं किया; औरंगाबादी रखैल से उपपत्नी ज़रूर बन गयीं, लेकिन गृह-स्वामिनी नहीं बन पायीं। इस तरह मुमताज़ महल के जैसी आलमगीर की मलिका कोई नहीं रही।

उदयपुरी महल : दारा शिकोह के हरम से महा बली ने दो चन्द्रमुखियों का चुनाव किया। एक जॉर्जियन या आर्मेनियन दास उदयपुरी महल ने उत्तराधिकार युद्ध के परिणाम को नमन कर नये बादशाह की उपपत्नी बनते हुए जीवन के इस मोड़ को स्वीकार कर लिया। सन्तान काम बख़्श। आलमगीर के "लाड़ के लड़ैत, जिगर के टुकड़े, आँखों के तारे!" शाहजहाँ के हृदय में दारा को लेकर गहनतायुक्त वैसा भावालोड़न नहीं होता होगा, जैसा महामहिम के अन्तरतम में इस जड़बुद्धि को लेकर हुआ करता था। काम बख़्श की तुलना बड़ी आसानी से दिल्ली-मुम्बई के नव-धनाढ्य के बिगड़ैल नौजवान सपूत से की जा सकती है, जो देर रात सात सतारा बार से निकल कर नयी Bugtti Rolale Keliner Coupe से फुटपाथ पर सोते पाँच मज़दूरों को कुचलता है और फिर बाप प्रति पेशी एक करोड़ लेने वाले वकील के सहारे बेटे को ज़मानत पर छुड़वा कर दर्ज़नों टी.वी. कैमरों के सामने भीगी आँखों से उसे हृदय से लगाते हुए टिप्पणी करता है, "मैं अपने निर्दोष बेटे को सुप्रीम कोर्ट से भी छुड़वा लूँगा!" काम बख़्श पर आगे विस्तार से चर्चा की गयी है,

जिनकी मयनोशी तक के लिए महाबली द्वारा सतत क्षमा-दान मुद्रा अपनाये रहने के पीछे इस राजसी विदूषक की अम्मीजान का प्रमुख योगदान है।

प्रातः स्मरणीय के अन्तिम वर्षों में भी उन्होंने सपूत के अब्बा हुज़ूर के हृदय में अपने लिए स्निग्धता एवं प्रभावशीलता बनाये रखी। वह अन्तिम वर्षों में महामान्य की एकमात्र संगिनी रहीं—चाँदनी चौक के मसख़रे के अनुसार "वृद्ध गिद्ध की चारु कपोती!"

राना दिल : लेकिन दारा हरम की दूसरी लावण्यवती राना दिल *(वास्तविक नाम गुल सफ़ा)* आलमगीर की नज़रे-शौक़ पर भुनभुना उठीं। जब आलमगीर ने राना की ज़ुल्फ़े-पुरपेच पर शेर पढ़ा *(मंज़र की कल्पना ही प्रमुदित कर देती है—महामहिम और शेर!),* तो राना दिल ने अपनी लट काट कर आलमगीर को थमा दी! जब आलमगीर ने उनके रुख़सार के गड्ढे की तारीफ़ की, तो राना ने कटार निकाल कर गड्ढा काट कर देने की कोशिश में ख़ून बहा दिया। तब आलमगीर ने वहाँ से इस टिप्पणी के साथ रवानगी डाल दी, "अब मुझे चुप रहना चाहिए, क्योंकि अगर मैंने पैमानों से पीने की बात की, तो ये अपनी आँखें निकाल देंगीं!"

औरंगज़ेब ने उदयपुरी तथा राना दिल का चुनाव क्यों किया? क्या वह "दारा ग्रन्थि" से पीड़ित थे? आगे देखें, औरंगज़ेब का विखंडन अनुभाग।

औरंगाबादी महल : बीजापुर के ईरानी सामन्त की बेटी। दकन सूबेदारी के दौरान जश्ने-नौरोज़ पर अनुपम रूपसी को देखते ही औरंगज़ेब के दिल पर सिसलियन मुहावरे वाली "बिजली टूट पड़ी" जैसा दि गॉडफ़ादर में अपोलोनिया को देख कर माइकेल कॉर्लियौन के साथ हुआ था।

अपने भावी ससुर के सामने अल पचीनो का संवाद याद करें, "आपका या आपकी बेटी का अपमान मेरा मन्तव्य नहीं था। मेरा नाम माइकेल है। मैं अमेरिकन हूँ; सिसली में छिपा हूँ। ऐसे कुछ लोग हैं, जो इस सूचना के लिए ढेर सारा धन दे सकते हैं, लेकिन तब आपकी बेटी पिता खो देगी—पति पाने के बजाय। मैं आपकी बेटी से मिलना चाहता हूँ—आपकी अनुमति और आपके परिवार की निगहबानी के साथ।"

कुछ दिन माइकेल और अपोलोनिया का घूमना-फिरना हुआ। फिर शादी हो गयी। शाही दूत उमरा के पास आया और विनीत भाव से बोला, "सूबेदारे-दकन हालाँकि मक़बूल नहीं, पर आपकी दोशीज़ा पर फ़िदा हुसैन अलबत्ता हो गये हैं। अगर आपको एतराज़ न हो, तो वो मोहतरिमा से मिलना चाहते हैं। उन्हें रात के खाने का दावतनामा भेजा है", आगे संकोच से जोड़ा, "वो दरअसल उन्हीं के लिए है। आपका पुछल्ले की तरह आना पसन्द नहीं"

—"हमें अपनी बेटी के साथ शहज़ादे के मिलने पर सख़्त एतराज़ है", उमरा के जबड़े कस गये, "पर यह बाद की बात है।"

संवाददाता परेशान हो गया, "पहली बात क्या हो सकती है, हम समझे नहीं।"

"दोशीज़ा की मँगनी हो चुकी है।"

अगर अपोलोनिया की मँगनी हो चुकी होती, तो माइकेल उदास होकर वापस लौट आते। यह प्रसंग यहीं ख़त्म हो जाता, लेकिन औरंगज़ेब दिल्ली के किसी डॉन के सपूत नहीं, शहंशाहे-हिन्दुस्तान के कुल-दीपक थे। उनकी आँखों में रात भर दोशीज़ा का मुखड़ा झिलमिलाता रहा।

"सूबेदारे-दकन और वो भी माशा अल्लाह औरंगज़ेब!" चाँदनी चौक के मसख़रे ने पान-रंगे दाँतों की मुस्कान दिखाई, "उनके पास कहाँ .फुर्सत थी बैठे रहें तसव्वुरे-जानाँ वग़ैरह-सो मंज़र क्या बनता है कि मिलने के अगले दिन हम देखते हैं कि शाही चोबदार घोड़े से उतरता है, खट्-खट् करता हुआ उमरा के पास पहुँचता है और कड़कदार आवाज़ में पैग़ाम सुना देता है, "सूबेदारे-दकन की ख़्वाहिश है कि आपकी दुख़्तर एक हफ़्ते के भीतर उनकी शरीके-हयात बन कर उनके हरम में तशरीफ़ ले आएँ!"

दोशीज़ा किसी की मँगेतर थीं, पर यह शहज़ादे का पैग़ाम था। उसका कार्यान्वयन होना ही था। हो गया। एक बेटी मेहरुन्निसा हुई।

इस बेगम की नियति पर मसख़रे की उदास टिप्पणी है, "क्या होता है कभी-कभी कि जो नौजवानी में बला की ख़ूबसूरत होती है, वो बुढ़ापे में उतनी ही तन्हाई झेलती है!"

ज़ैनाब्दी उर्फ़ दूसरी बिजली : माइकेल कौर्लियौन के दिल पर तो बिजली एक ही बार टूटी थी, पर अपने मौसा मीर ख़लील के बाग़ में हीरा बाई को गुनगुनाहट के साथ आम तोड़ते देख कर औरंगज़ेब के दिल के साथ यह चमत्कार दूसरी बार हुआ!

"क्या कह रहे हो बेटा!" मौसी आतंकित हो गयीं, "हीरा बाई बेहतरीन गुलूकार है। तुम्हारे मौसा रोज़ रात उसकी तानें सुनने के बाद ही ख़्वाबगाह में आते हैं। वो हर्गिज़ राज़ी नहीं होंगे कि हीरा को तुम्हारे हरम में भेज दिया जाय!"

"हमारे यहाँ छत्तर बाई हैं", औरंगज़ेब ने सुझाव दिया, "मौसाजी को सुलाने के लिए उन्हें भेज देता हूँ।"

"नामुमकिन!" मीर ख़लील तन गये, "जो लचक हीरा की बन्दिश में है, वो किसी और गले में नहीं हो सकती।"

रात को जब ख़लील मियाँ हीरा को सुनते हुए झपकी ले रहे थे, तो ऊँची खट्-खट् से आँखें खुल गयीं। देखा, औरंगज़ेब का प्रिय किन्नर सामने खड़ा है।

"ओए मौसा!" सख़्त स्वर सुनाई दिया, "हीरा बाई को भेजना है कि कभी न टूटने वाली नींद सोना है?"

ज़ैनाबाद नगर निवासिनी होने के कारण औरंगज़ेब ने हीरा बाई को नया नाम दिया। मेरे शौहर के दिल पर मेरी गिरफ़्त कितनी मज़बूत है, इसकी आज़माइश के लिए ज़ैनाब्दी ने जो जाम पेश किया, वह जनश्रुति बन चुका है। ''जब कभी शाही दरवेश *(आगे चल कर आलमगीर को ''ज़िन्दा पीर'' बनना था)* की नज़रे-शौक़ अँगड़ाई लेती है, ''चाँदनी चौक के मसख़रे न कहा, ''तो हमारे जैसे रंगीन तबीयत इत्मीनान की साँस लेने लगते हैं!''

मसख़रे को इत्मीनान की साँस ज़ैनाब्दी न दी ज़रूर, पर फिर सिर्फ़ पच्चीस की आयु में वह दौलताबाद हरम और संसार छोड़ गयीं।

दिल-आराम : औरंगज़ेब जब मुल्तान के सूबेदार थे, तो 17 वर्षीय अल्हड़ दिल-आराम उनके अन्तःपुर में कनिष्ठ सेविका के रूप में आयी थीं। योग्य साबित हुईं, तो औरंगज़ेब के कन्धार अभियान पर जाने से पहले दिलरस बेगम की निजी परिचारिका बन कर सेवक समाज के सर्वोच्च पद तक पहुँच गयीं। उन्होंने स्निग्ध भाव से समझ लिया—जैसे कि स्त्री जाति के साथ होता है—कि राज्यपाल के मन में उसके लिए कोमल भावनाकुंर फूटता जा रहा है। कन्धार से प्रत्यागमन के बाद अचानक औरंगज़ेब ने दिल-आराम के सामने प्रस्ताव रखा, ''मैं चाहता हूँ कि तुम मेरे दुखों और कुछ गिनी-चुनी ख़ुशियों की सहभागी बनो।''

ऐसा ही हुआ। यह रिश्ता देर तक चला—शायद इसलिए कि औरंगज़ेब को सचमुच ख़ुशियाँ गिनी-चुनी मिलीं और दुख तमाम! अपने सहभागी की तरह दिल-आराम ने भी लम्बी ज़िन्दगी पायी। आलमगीर से सात बरस पहले 1700 में उनका निधन हुआ। दिल-आराम के मज़ार पर गये महामहिम और उनकी आत्मा की शान्ति के लिए प्रार्थना की।

आलमगीर और प्रेम!

''बाक़ी'' इतिहास के विशेषज्ञ एक ग़ैर-दरबारी तवारीख़निगार के अनुसार ''आलमगीर और ज़ौके-नज़र—यह शब्दावली ही बिल्कुल विरोधभासी है!''

यह टिप्पणी उस स्त्री नाज़ी अधिकारी के जैसी है, जिसने हिटलर एवं इवा ब्रॉन को दूर बाग़ में प्रेम-संवादलीन देखते हुए कहा था, ''फ़्यूहरर और प्रेम—ये दो बातें साथ नहीं जातीं!''

शुजा और मुराद : शाह शुजा का लालन-पालन मुख्यतः नूरजहाँ के द्वारा हुआ था। ऐसे प्रमाण नहीं, जिनसे मालूम हो कि शुजा एवं शाहजहाँ के बीच कोई ख़ास स्नेह था। शुजा ने लगभग दो दशक बंगाल सूबेदार का पद ठीकठाक सँभाला। वह कुशल सेनानी थे, पर युद्ध-स्थल की ओर तभी मुड़ना चाहते थे, जब उसके

सिवा कोई चारा न हो, अन्यथा राग-रंग में मस्त थे और अपने पराक्रम का लेकर आश्वस्त।

मुराद बख़्श भी शस्त्र-संचालन में माहिर थे। मुखर और मुँहफट। जो दिल में; वही ज़ुबान पर। सत्ता-वीथि षड्यन्त्र-चक्र को समझने में अयोग्य। बिल्कुल बुनियादी बुद्धिमत्ता। आदमी के संवाद के परे जा उसको पहचानने की दृष्टि नहीं। तभी इतनी सहजता से औरंगज़ेब के चँगुल में फँस गये। शुजा नहीं फँसे—उन्होंने महामान्य को समझ लिया था!

महत्त्वाकांक्षा के पीछे शुजा और मुराद का लक्ष्य केवल मुकुट एवं सत्ता थी; उसके पीछे कोई बृहत्तर लक्ष्य नहीं था। इसीलिए आश्चर्य नहीं कि इन दोनों ने अपना-अपना दावा सबसे पहले घोषित किया। लेकिन मुख्य संघर्ष तो दारा शिकोह एवं औरंगज़ेब के बीच था, जिससे इन दोनों की महत्त्वाकांक्षा और जीवन नहीं, सम्पूर्ण उप-महाद्वीप से अधिक का भी भाग्य जुड़ा था।

आश्चर्य नहीं कि इस संघर्षाग्नि ने अन्त:पुर तक को भस्म कर दिया!

क़िला-ए-मुअल्ला की दीपशिखा : जहाँ आरा मृदु स्वभावी, प्रखर बुद्धि, कलात्मक और अध्ययनशील थीं।

अगर यह सच है कि कुछ मूलभूत संस्कार हर व्यक्ति का आधार बनते हैं, फिर परिस्थितियाँ उसके विस्तार निर्धारित करते हुए उसे रूपाकार देती जाती हैं, तो जहाँ आरा का वयस्क व्यक्तित्व ढालने में शाहजहाँ के तीन वर्षीय विद्रोह युग का योगदान अप्रतिम माना जाएगा।

अपने राजकुमार युग में ही ख़ुर्रम *(पिता के विशेष स्नेह-पात्र होने के नाते उनको शाहजहाँ उपाधि राज्याभिषेक से पहले ही मिल गयी थी।)* और उनके निजी परिवार ने ''ऐश्वर्य का एक मानदंड, सम्मान का एक शिखर ''अभोगा नहीं छोड़ा था और फिर वह अवस्था आ गयी, जब बाबर के समान'' एक हूक, एक विषाद नि:शेष'' नहीं रहा! अधेगति शब्द-क्रम के जितने सोपान हो सकते हैं, परिवार ने सब झेले—शाहजहाँ के तीन वर्षीय विद्रोह की असफलता से अर्जित अपमान, सेनापति महाबत ख़ाँ के हाथों तीन बार पराजय, शत्रु भाई परवेज़ के चंगुल में फँसते-फँसते बच जाना, जान बचाने के लिए पूरे उप-महाद्वीप के दो चक्कर, टुच्चे-से-टुच्चे सरदारों द्वारा तिरस्कार और हुमायूँ के पद-चिह्नों पर चलते हुए ईरान-पलायन विचार पर शाहे-ईरान की फटकार। इस अवरोही अन्धकार युग में परिवार की संचालक जहाँ आरा थीं। मुमताज़ महल या बीमार होती थीं या गर्भवती! पति के विद्रोह को लेकर उनका क्या रुख़ था, मालूम नहीं, पर जहाँ आरा उसकी घोर समर्थक थीं। उन्हें अपनी सौतेली माँ के रूप में नूरजहाँ की बेटी लाडली स्वीकार नहीं थीं! बेगम के रूप में शाहजहाँ को भी नहीं! फिर बचाने का हर सम्भव उपाय करने

के बावजूद पूरे परिवार का विनाश भी जहाँ आरा ने देखा और अपने साथ-साथ पिता को भी सँभाला।

जहाँ तक चिरकुमारी के रूप में कब्र तक जाने की नियति का प्रश्न है, रौशन आरा ने जैसे प्रतिशोधात्मक होकर अपकीर्ति को दावत दी, गौहर आरा ने भीतर के आक्रोश से झुलसते हुए उसकी दाहक आँच से पारिवारिक सदस्यों को भरसक सताया, पर बेगम साहिब ने अपनी आध्यात्मिक बुनियाद के सहारे अपनी स्त्री-पीड़ा अपने कल्याणकारी तथा कलात्मक कार्य-कलाप में नियोजित करने में सफलता पा ली।

कच्चे बचपन से लेकर झुर्रियोंवाली पिघलती उम्र तक जहाँ आरा बेगम साहिबा जहाँगीर, शाहजहाँ, और आलमगीर युग तक की हर भावना को मसलने और मूल्य को कुचलने की ऐसी दाह-संस्कारी शोभायात्रा की विवश भागीदार एवं दुर्भाग्यशाली साक्षी रहीं, जिसे रोकने और घटाने की उन्होंने अन्तिम पल तक सदा जी-तोड़ कोशिश की। बेगम साहिब ने राजवंश की राजसी और व्यक्तिगत त्रासदी के बुने जाते ताने-बाने और अपनी रक्त धमनियों के साथ उनका सिला जाना न सिर्फ़ गरिमा से भोगा, बल्कि नीलकंठ के समान इतनी विषैली पीड़ा आत्मसात करते हुए भी वह अपने को पागल बनने से रोके रख सकीं; शाहजहाँ *(जहाँ आरा की शादी के विरुद्ध थे।)* तथा औरंगज़ेब जैसे दोषी को क्षमा कर सकीं, क्योंकि उनके भीतर गहन आन्तरिक शक्ति थी, जो उन्हें अपनी सूफ़ी आस्था से मिली।

आश्चर्य नहीं कि बेगम साहिब के निधन की सूचना मिलने पर औरंगज़ेब ने श्रद्धा भाव से उनकी स्मृति को नमन किया और आदेश दिया कि अब राजकीय आलेख में उनका उल्लेख ''मलिका-उज़्ज़मानी'' *(अपने युग की सम्राज्ञी)* उपाधि-स्वरूप होगा।

कृतित्व : जहाँ आरा भी दारा के समान क़ादरी सम्प्रदाय में दीक्षित हुई थीं; मुल्ला बदख़्शी उनके भी गुरु थे। आध्यात्मिक सन्धान में जहाँ आरा की प्रगति और उसके साथ उनका तादात्म्य देखते हुए मुल्ला शाह जहाँ आरा को अपना उत्तराधिकारी बनाना चाहते थे, पर विवश रह गये। सम्प्रदाय स्त्री को ऐसी अनुमति नहीं देता था।

जहाँ आरा ने 'मूनिस-अल-अरवा' नाम से चिश्तिया सम्प्रदाय के मुईनुद्दीन चिश्ती का जीवन-चरित लिखा, जो साहित्यिक गुणवत्ता एवं आध्यात्मिक सन्धान मार्ग के विश्लेषण के लिए विशिष्ट माना जाता है। जहाँ आरा मानती हैं कि चिश्ती ने अपने निधन की चार शताब्दियों बाद आध्यात्मिक सन्धान में उनको *(जहाँ आरा को)* दीक्षित किया। उन्होंने अजमेर की तीर्थयात्रा का विवरण दिया और सूफ़ी ''फ़क़ीरा'' के रूप में अपनी भावभूमि की पड़ताल की। अन्य पुस्तक 'रिसाला-

ए–साहिबिया' मुल्ला शाह की आध्यात्मिक सन्धान मार्गदर्शकता *(पीरे–कामिली)* पर प्रकाश डालती है।

बेगम साहिबा बताती हैं कि तैमूर के वंशजों में वह और दारा अकेले सूफ़ी सन्धानी हैं। *(ज़ेबुन्निसा बाद में मंज़र पर आयीं। शायद वह विधिवत दीक्षित नहीं हुई थीं।)*। सूफ़ी साहित्य की संरक्षक होने के नाते जहाँ आरा ने अनेक अनुवाद तथा टीकाएँ सुलभ करवायीं।

दो चेहरे : राजसी और शायराना सूफ़ी : तैमूरी तथा सफ़ाविद युग की मस्जिद में काव्य–पंक्तियाँ उत्कीर्ण करने की प्रथा *(जो Thuluth लिपि में सुपरिभाषित हाशिओं के साथ प्रमुख अवलोकन स्थलों पर संयोजित की जाती थीं।)* शाहजहाँ के समय में विशिष्ट साहित्यिक एवं सौन्दर्यबोधीय ऊँचाइयाँ छूने लगीं। काव्य–स्थापत्य की यह द्वन्द्वात्मक अभिव्यक्ति विविध विचारधरात्मक एवं राजनैतिक सन्देश देने के लिए राजसी औज़ार बन गयी। मुल्ला शाह की श्रीनगर स्थित मस्जिद में जहाँ आरा की औपचारिक स्वीकृति से उकेरे गये वृत्तों का साहिबिया के अंशों के साथ विवेचन किया गया है :

फलक: भटके दिलों के रहबर आन पहुँचे।

रिसाला–ए–साहिबिया: मुल्ला शाह, जो आये हैं, रहबर हैं मेरे दिल के!

फलक: उनके हाथ में दिलों की जीत है। महबूब पैमाना भरने के लिए आ पहुँचा।

रिसाला–ए–साहिबिया: ओ मुल्ला शाह, आप महबूब हैं; जीतते है। और भर देते हैं ख़ाली पैमाने की तरह।

मुल्ला शाह मस्जिद पर उत्कीर्ण फ़ारसी कविता अपनी निर्धारित भूमिका में जहाँ आरा की श्रद्धा के जीवन–दर्शन को सूफ़ी काव्य तथा विचारधारा के तर्कमूलक क्षेत्र में भावानुवाद और बेगम साहिब के आध्यात्मिक तथा राजसी प्राधिकार का उनके अत्यन्त महत्त्वपूर्ण संरक्षण के द्वारा अवस्थापन कर देती है। प्रेम की अमूर्त भाषा का यह पद्य मुल्ला शाह के साथ जहाँ आरा के "महबूब" तथा पीर सम्बन्ध को गहनता से जोड़ देता है; साथ ही ये अभिलेख जहाँ आरा की आध्यात्मिक पहचान का मूर्त प्रतिनिधित्व भी करते हैं। मस्जिद की पुनीतता में मुल्ला शाह के साथ अन्तर्सबन्धयुक्त जहाँ आरा एक समर्पित शिष्य की तरह खड़ी होती हैं और अपने द्विमुखी स्वरूप को अपने काव्य के अन्तर्निहित पाठ से वयक्त कर देती हैं।

मुग़ल इतिहास में राजवंशी महिला द्वारा बनाया गया मानदंड!

चाँदनी चौक वा उन्नीस अन्य इमारतों के साथ आगरा और श्रीनगर की इन दो मस्जिदों की रचना तथा उपरोक्त दो पुस्तकों के द्वारा जहाँ आरा मुग़ल साम्राज्य के सामाजिक–

धार्मिक परिवेश में अपनी आवरणविहीन, मुखर एवं महत्त्वपूर्ण भूमिका रेखांकित करती हैं।

सूफ़ी मान्यता के साथ जहाँ आरा का रिश्ता रहस्यवादी इस्लाम की और अधिक अर्थछटायुक्त एवं बहुमुखर *(polyvocal)* समझ की ओर अग्रसर करता है और उसमें स्त्री की भूमिका प्रकट कता है। इतिहास विश्लेषकों ने इस दुहरे दृढ़कथन में "तैमूरी परम्परा की शमा जला कर आगे ले जाने के साथ व्यावहारिक राजनीति का समश्रिण" देखा है।

'रिसाला-ए-साहिबिया' के विश्लेषण से कुछ रोचक प्रेक्षण किये गये हैं—सूफ़ी सन्त-चरित-लेखन में स्त्रीजातीय धुँधलका देखा गया है, जबकि यह प्रार्थना-पद्धति प्रतीयमानतः स्त्री-केन्द्रित मानी गयी है। ऐसे में इस्लामी प्रतिमानों की सीमाओं के बीच और वह भी घोर पितृतन्त्र में एक राजसी महिला ने अपने दुहरे चेहरों का परिष्करण, अभिशक्तियन और वैधीकरण सम्पन्न कर लिया, इस उपलब्धि का रेखांकन होना चाहिए।

जहाँ आरा और दारा : संवेदना और सौन्दर्य बोध की समानता के बाद रहस्यवाद, साहित्य, और दर्शन में जहाँ आरा एवं दारा की समान रुचि थी। जहाँ आरा द्वारा लिखित 'चिश्ती जीवन-चरित' के दारा विशेषतः प्रशंसक थे।

"मैं दारा को अत्यधिक स्नेह करती हूँ—स्वरूप और प्रकृति दोनों दृष्टियों से," बेगम साहिब ने एक बार कहा था, "वस्तुतः हम दोनों दो देह एक प्राण हैं।"

उत्तराधिकार युद्ध के साथ जहाँ आरा ने दारा का क्रमशः पतन और विनाश देखा। सामूगढ़ की लड़ाई हारने के बाद दारा अकबराबाद लौटे, तो जहाँ आरा के महल में गये—पिता के पास क़िले में नहीं। फिर बाहर-बाहर से ही दिल्ली की ओर कूच कर गये।

भाई-बहन की यह अन्तिम भेंट थी।

देवराई की तीसरी लड़ाई हारने के बाद दारा भगोड़े बने, तो जहाँ आरा मुसम्मन बुर्ज में शाहजहाँ के साथ नज़रबन्दी बाँट रही थीं। फिर दिल्ली में निकाली गयी दारा की अपमान यात्रा और अन्ततः वध—जहाँ आरा ने इनका आँखों-देखा हाल सुना, सहन किया, अपना मानसिक सन्तुलन बनाये रखा। लगभग डेढ़ बरस बाद आलमगीर से सम्पर्क किया—जहाँ ज़ेब उर्फ़ जानी को मेरे पास रहने की अनुमति दे कृतार्थ करो। अनुमति मिल गयी।

अगर दारा सम्राट बन जाते, तो? क्या किया जाय! मनुष्य दुर्बलताओं का भंडार है। उल्टा-सीधा सोचे बिना मानता नहीं।

जहाँ आरा संवाद : "मुझे ज़िक्र की वो रात याद है। नीम रौशनी और नीम अँधेरे के बीच के ताने-बाने, लोबान और अगरबत्तियों की ख़ुशबू, धुएँ की लकीरें

ऊपर गुच्छे—से बनाती हुई—सरमद और दारा ऐसे थिरक रहे थे जैसे साज़ की तेज़ रागिनी अपने खात्मे के मोड़ तक हो। झुरझुरी के साथ कुछ अनोखा-सा महसूस हुआ मुझे। धड़कन बढ़ी हुई, पसीने की तपिश, पलकें सुर्ख़ अैर भारी—जिन्हें ख़ोलने की कोशिश करो तो ज़ोर लगाना पड़े—भीतर कुछ अजीब-सी हिलोर-ख़ामोशी और सुकून का मीठा-मीठा नशा—आस-पास धुन्ध के बादल उड़ते हुए—लगा कि बहुत हल्की हो गयी हूँ यकायक—बिना हिले ऊपर उठी हूँ और हवा की लहरों पर ऐसे फिसल रही हूँ जैसे पाँवों के नीचे बर्फ़ानी सतह हो—उफ़क़ तक फैली मद्धिम नीली रौशनी—और बेइख़्तियार मैं देखती क्या हूँ कि मैं बज़ाते ख़ुद अपने-आप को दूर फिसल कर जाते हुए देख रही हूँ—हवा को नर्मी से काटने वाली रफ़्तार की सनसनाहट भी मुझे महसूस हो रही है और मैं ऊपर भी उड़ती जा रही हूँ—पँख बन गयी हैं मेरी बाँहें—बादलों की परतें पार करते हुए—बादल जैसे सिकुड़ते हुए मुझे अपने बीच से निकलने की जगह बनाते जा रहे हैं—नीचे देखती हूँ तो चाँदनी चौक के फव्वारे हैं, क़िला-ए-मुअल्ला है और फ़सील पर आफ़ताब परचम हवा में लहरा रहा है—उफ़, ये क्या? परचम पर यकायक ख़ून के छींटे।''

अनुभाग 5

औरंगज़ेब-जहाँ आरा : सहोदरों का आत्यन्तिक जटिल सम्बन्ध

मेरे सिर का हरेक बाल भी अगर ज़ुबाँ होता, तब भी मैं उन उपकारों का वर्णन नहीं कर पाता, जो आपने मेरे ऊपर किए हैं।

—जहाँ आरा के नाम एक पत्र में औरंगज़ेब

4 अप्रैल, 1644 : 4 अप्रैल, 1644 को अकबराबाद क़िले में देर रात अपनी युवती प्रेमिका के कक्ष से निकलते हुए बेगम साहिब का रेशमी परिधान गलियारे की मशाल से सुलग उठा था। *(दरबारी इतिहासकार भी नहीं बता पाये कि तीन में से कौन-सी क़िस्म पहने थीं वह—''आबे-रवाँ'' (बहता पानी), ''बुनी हवा'' या ''शबनम''!)* आठ माह उनके एवं यमदूतों के बीच द्वन्द्व चलता रहा। इस बीच औरंगज़ेब पद, जागीरविहीन होकर पिता की कोपदृष्टि से भस्मायमान हो रहे थे। औरंगज़ेब एवं शाहजहाँ सम्बन्ध तिक्त से ज़हरीले तो पहले ही बन चुके थे, अन्तिम ठेस का कारण अनुमानतः दारा के नये महल में पूरे परिवार का मिलन-आयोजन था, जब औरंगज़ेब ड्योढ़ी में ही बैठ गये; भीतर जाने से इन्कार कर दिया, जबकि शाहजहाँ सहित परिवार के अन्य सदस्य भीतर थे। कहा जाता है कि यह हरकत औरंगज़ेब के प्रति शाहजहाँ के क्रोध की चरम सीमा साबित हुई। उन्होंने औरंगज़ेब को बर्ख़ास्त करते हुए जागीर ज़ब्त कर ली। दरबार में दारा के विरुद्ध उनका गुट धुआँ बन कर उड़ता जा रहा था। सिर्फ़ यथस्थिति बनाये रखनी थी—दारा के सिंहासनारोहण की प्रमुख बाधा विलुप्त हो रही थी। फिर आरिफ़ छेला की बूटी से बेगम साहिब सचमुच मौत के मुँह से वापस लौटीं और सप्ताहव्यापी पुनःजीवनप्राप्ति समारोह में उन्होंने पिता से अनहोनी, परम अभिशापी माँग पूरी करवा ली—औरंगज़ेब के

लिए राज्यपाल पद, *(''मेरे सिर का हर बाल भी अगर ज़ुबाँ होता, तब भी मैं आपके उन एहसानों का बयान नहीं कर सकता था, जो आपने मेरे ऊपर किये हैं, ''औरंगज़ेब एक पत्र में लिखते हैं।)*, जिससे स्वयं उनके, दारा के, शाहजहाँ के, राजवंश के और साम्राज्य के जीवन में ज़हर घुल कर रहा। लेकिन बेगम साहिब विवश थीं। माँ ने अपने अन्तिम क्षणों में सौगन्ध दी थी, एक भाई के मूल्य पर दूसरे के साथ अन्याय मत होने देना। अन्तःकरण की आवाज़ भी थी। फरवरी 14, 1645 को औरंगज़ेब गुजरात के सूबेदार बन कर अहमदाबाद के लिए चले। उत्तराधिकार युद्ध के काले बादल मँडराने में अभी पूरे तेरह बरस थे, पर इस दिन मुग़ल राजवंश, साम्राज्य और देश की नियति निर्धरित हो गयी।

यह ग्रीक त्रासदी का भारतीय स्वरूप है।

कुछ इतिहासकारों का मानना है कि दकन से औरंगज़ेब को हटाने के पीछे दारा शिकोह महल में औरंगज़ेब का आपत्तियोग्य बर्ताव ही अकेला कारण नहीं था। शाहजहाँ की समझ में आ गया था कि मुख्यतः शिया दक्षिण में *(गोलकुंडा, बीजापुर, और अहमद नगर—तीनों सल्तनतें शिया थीं। तभी शिया ईरान उन तीनों के कल्याण को लेकर दिल्ली को आँखें दिखाता रहता था।)* औरंगज़ेब ने जैसी सख़्ती दिखाई थी, उससे क्षेत्रीय राष्ट्रीयताग्नि फैलने लगी थी। आठ साल की औरंगज़ेबी सूबेदारी राजनीतिक-सामाजिक स्थिति का ऐसा निर्णायक मोड़ बनी, जिससे अन्ततः दक्षिण में मराठा आरोहण होकर रहा। इस अवधि में औरंगज़ेब ने दक्षिण में अनेक लड़ाइयाँ जीतीं, पर दक्षिण में मुग़ल प्रभुत्व का युद्ध वह तभी से हारने लगे।

आत्यन्तिक जटिल सम्बन्ध : जहाँ आरा तथा औरंगज़ेब का अन्तर्संबन्ध इस महागाथा की सबसे जटिल एवं उदात्त गुत्थी है। औरंगज़ेब के मन में दीदी के प्रति बहुत सघन स्नेह, परम सम्मान, एवं छलकती कृतज्ञता है। वस्तुतः यही एक तथ्य है, जो अनेकानेक निजी गुणों से सम्पन्न लेकिन दूसरी दृष्टि से बिल्कुल निकृष्ट व्यक्ति को गरिमा देता है *(ज़ेबुन्निसा का पिता होना महज़ संयोग था—उसमें औरंगज़ेब ने कुछ नहीं किया)*। दिलचस्प यह है कि जहाँ आरा इस कृतज्ञता से बिल्कुल उदासीन हैं। मुसम्मन बुर्ज में पिता की नज़रबन्दी बाँटते हुए उन्हें 26 नवम्बर, 1644 को इतिहास बदलने वाली घटना कभी याद भी नहीं आयी, जबकि शाहजहाँ ने हर तीसरे दिन उनको उलाहना दिया, ''मैंने कहा था तुमसे! दारा के रास्ते में काँटे बो रही हो। नहीं सुना तुमने! अपनी ज़िद पर अड़ी रहीं। देख लिया अन्जाम? पूरा ख़ानदान तबाह हो गया।''

''हम कितनी बार कहें आपसे?'' जहाँ आरा ने तिनक कर कहा, ''औरंगज़ेब महज़ एक ज़रिया था। हमने जो किया अम्मीजान की ख़ातिर! और माज़ी कभी

अपने को दुहराता नहीं, पर अगर वो घड़ी फिर आयी, तो आगे होने वाली सारी तबाही के बावजूद हम वही करेंगे, जो उस दिन किया था, चूँकि साँस टूटने के बाद हमें अम्मी को जवाब देना है—दारा या आपको नहीं!''

औरंगज़ेब के व्यक्तित्व का एक महत सकारात्मक पक्ष दीदी के लिए अगाध स्नेह एवं सम्मान है। भाई औरंगज़ेब के लिए जहाँ आरा की दायित्व भावना दारा थोड़ी समझे, पर शाहजहाँ लगभग नहीं, लेकिन दोनों ने परम आत्मीयता के चलते उसे दरगुज़र कर दिया।

औरंगज़ेब का पत्र जहाँ आरा के नाम

औरंगज़ेब अत्यन्त श्रेष्ठ पत्र-लेखक थे। उनका विशाल अध्ययन, तीखी मनीषा और अन्तर्दृष्टि इन पत्रों में प्रतिबिम्बित होती है। हालाँकि काव्य को ''हवा'' कहते और सख़्त नापसन्द करते थे, लेकिन जगह-जगह अशआर का सटीक उद्धरण भी देते थे।

जहाँ आरा के सौजन्य से पुनर्जीवन पाने के बाद औरंगज़ेब गुजरात के बाद मुल्तान के राज्यपाल बना दिये गये थे, पर पिता-पुत्र के बीच भयंकर तनाव रहता था। शाहजहाँ को औरंगज़ेब से लगभग रोगात्मक वितृष्णा थी। दोनों के बीच का पत्राचार *(ख़ास कर उस दौर का, जब महामहिम दूसरी बार दकन के राज्यपाल बने थे)*। दोनों के बीच की कटुता का जैसे फ़िल्मांकन करता है। तभी शाहजहाँ भरे दरबार में औरंगज़ेब की आलोचना करते देखे गये। पर विडम्बना यह थी कि वह मन-ही-मन दारा की तुलना में औरंगज़ेब की सैन्य एवं प्रशासन क्षमता तो स्वीकार करते थे, लेकिन औरंगज़ेब के धार्मिक दृष्टिकोण तथा बेहद मज़बूत आक्रमणशील व्यक्तित्व के कारण उनसे आशंकित भी रहते थे। एक भावुक इतिहासकार का मानना है कि शाहजहाँ ने अपने पिछले जीवन में ज़रूर कोई महापाप किया होगा, जिसके कारण उनके घर में औरंगज़ेब ने जन्म लिया।

''आपके ख़ते-मेहरबाँ ने वक़्ते-हासिल को लम्हा-ए-मुबारक बना दिया। मालूम हुआ कि आपने बादशाह सलामत को इत्तिला दे दी है कि बाढ़ वा मौसमे-तूफ़ानी की वजह से मैंने थट्टा और भक्खड़ के सफ़र का इरादा तर्क कर दिया है। हमशीरा-ए-गिरामी *(परम सम्मानित बहन)*, शिकारी टोली के साथ मैं भक्खड़ जाकर वहाँ के हालात का मुआयना करना चाहता था, लेकिन मैंने सुना कि वहाँ अनाज की बड़ी कमी है। ऐसी मुश्किल में मेरे संगियों वा मेवशियों को बेइन्तिहा गर्मी भी झेलनी पड़ेगी। पानी से जाने में भी क़िस्म-क़िस्म के ख़तरे थे, यह सोच कर मैंने सफ़र का इरादा मुल्तवी कर दिया।

आपकी तहरीरे-मेहर *(कृपा-पत्र)* से ज़िल्ले-सुब्हानी *(पृथ्वी पर ईश्वर की छाया; सम्राट के लिए सम्बोधन)* का बयान वाज़ हुआ कि जो वो मुझे अता फ़र्माना

चाहते थे, अता फ़र्मा चुके हैं। उसमें से अगर मैं कुछ महफ़ूज नहीं रख पाया, तो वो क्या कर सकते हैं। साथ ही उन्होंने जुमलुत अल्मुल्क़ *(सैन्य विवरणाधिकारी)* को हिदायत दी है कि वो उन्हें जहाँपनाह की तख़्तनशींनी से अब तक मुझे अता की गयी सौग़ातों की फेहरिस्त बना कर दें!

सेहत सलामत रहे मेरी मरबी *(हितैषी)* की! रहमते-जन्नत की तरह हिमायते-शाही वा इनामात बेशुमार हैं। अगर मेरा हर बाल ज़ुबाँ होता, तब भी मैं मुश्किल से उनकी हिमायतो-रहमत का बयाँ कर पाता। *(शाहजहाँ के लिए औरंगज़ेब ने अपनी वास्तविक भावना का काइयाँ प्रदर्शन कर दिया! इसी रूपक से औरंगज़ेब ने बेगम साहिब के प्रति आभार व्यक्त किया था, पर उसकी शब्दावली यह थी—मेरे सिर का हर बाल भी अगर ज़ुबाँ होता, इत्यादि।)*

पर ख़ुदा के फ़ज़ल से दूसरे फ़ैज़याबों की तरह मुझे न कमख़्वाब ख़रीदने का शौक़ है, न हीरे-जवाहिरात। ज़िल्ले-सुब्हानी ने जो कुछ मुझे करम फ़र्माया, मैंने अपनी फ़ौज में लगा दिया। कन्धार मुहिम से पेश्तर और उसके बाद हुक्मे-शाही के मुताबिक़ मैंने पाँचहज़ारी घुड़सवारों को पेशगी उजरत दे दी थी और बक़ाया की शिकायत भरसक शाही कानों तक पहुँचने से बचाता रहा। पर अब मेरे फ़ौजियों की हालत दर्दनाक हो जाने की वजह यह है कि पहले मुझे दस माह की तनख़्वाह नक़द मिला करती थी, पर अब जो जागीर मुझे अता फ़र्माई गयी है, मुश्किल से सात माही आँकड़े तक पहुँचती है। फिर इस पर पिछली तीन फ़सलें बरबाद हो गयीं। पिछली फ़सले-बहार को टिड्डियाँ चाट गयीं और पतझड़ में सूखा पड़ गया। बहार की मौजूदा फ़सल बारिश वा बाढ़ से तबाह हो गयी, लेकिन मेरे दस्ते उसी तादाद में हर मुकाम पर जैसे के तैसे तैनाद हैं।

लेकिन चूँकि सहूलियत या मुसीबत दोनों ही हालतों में मुलाज़िमों को अपने आक़ा का ही सहारा होता है, चुनाँचे अब मैं क़िब्लाहे-फ़ानी *(नश्वरों के ईश्वर)* के रू-ब-रू फ़रियाद न करूँ, तो क्या करूँ? मुझे इशारा दिया गया था कि मैं अपने सिपाहियों को बतौर बक़ाया अशर्फ़ियाँ क्यों नहीं दे देता? मेरी पनाहगाह, अपना ज़ाती क़र्ज़ अदा कर देने के बाद मेरे पास कुछ नहीं बचा।

नाक़ाबिले-बर्दाश्त हो गया है इस तरह से जीना। अब मेरी निजात के तीन तरीक़े हैं और अगर आपके बीच में पड़ने से किसी भी एक को अपना लिया जाय, तो मेरी फ़ौज वा ख़ादिमों की उजरतअदायगी हो सकती है, उन्हें तसल्ली पहुँच सकती है, वर्ना रोज़ाना उनकी बदहाली में इज़ाफ़ा होगा और मेरे दुख में।

पहला यह कि सिऔस्तान *(बलूचिस्तान प्रदेश में)* के बदले मुझे मुल्तान बतौर जागीर इनायत फ़र्मा दिया जाय और मेरे भत्ते के बक़ाया का भुगतान नक़द हो। तब मैं तकरीबन तीन हजार घुड़सवार लेकर कन्धार जा सकता हूँ *(शाहजहाँ*

के कन्धार आक्रमण में औरंगज़ेब सेनापति थे)। दूसरा तरीक़ा यह हो सकता है कि वो थट्टा वा मुल्तान का महसूल दो करोड़ दाम ले लें और मुझे नक़द भुगतान कर दें। तीसरा तरीक़ा; वो थट्टा का महसूल ले लें—महल जायदाद वा हुक्करल्ला परगना के सिवा, जो नये बन्दरगाह के रख-रखाव के लिए ज़रूरी है—और मुझे नक़द भुगतान कर दें। इस आख़िरी तरीके का ज़िक्र जहाँपनाह ने बज़ाते-ख़ुद देहली में किया था, लेकिन चूँकि हाल में उन्होंने थट्टा किसी और को बतौर जागीर इनायत फ़र्मा दिया है, मैंने बन्दोबस्त यकायक बदलने की तजवीज़ देना इसलिए मुनासिब नहीं समझा कि कुछ लोग असली वजह जाने बग़ैर मेरी इस गुज़ारिश को गड़बड़ी फैलाने का पसमंज़र न मान बैठें।

मेरी फ़ैज़रसाँ *(भला करने वाली)*, मैंने अपना ये शिकायतनामा इसलिए पेश किया, ताकि मेरी फ़ौज टूटे नहीं और हमारे वालिद को परेशानी न हो। ज़ाती तौर पर मुझे इस बात से फ़र्क नहीं पड़ता कि मेरी फ़ौज बड़ी रहती है या छोटी। मुझे आपकी नेकनियती पर एतबार है। तभी मैंने यह सोच कर आपके रू-ब-रू हक़ीक़तबयानी की कि जो तक़ाज़ा-ए-इन्साफ है, वो अमल में लाया जाएगा।''

औरंगज़ेब का ख़त जहाँ आरा बेगम के नाम : (2)

1652 की बात। औरंगज़ेब का मुल्तान से फिर दक्षिण तबादला हो गया था, जहाँ उन्होंने 6 बरस बेहद धैर्य, चातुर्य और रणनीतिक दाँव-पेंच से अनिवार्य उत्तराधिकार युद्ध की तैयारी की।

''आपका सच्चा पुरजज्बा दोस्त अपने लगाव का भरोसा देता हुआ अर्ज़ करता है कि तवील वक़्फ़े और बेसब्र इन्तिज़ार के बाद आपका ख़ते-मेहरबाँ शाबान *(इस्लामी पंचांग का 7वाँ-8वाँ महीना)* की 25 तारीख़ को बेहद ख़ुशी-ओ-मसर्रत का बाइस *(क़ारण)* बन आन पहुँचा।

सारी दुनियाँ में तामील किया जाने वाला हुक्म तहरीरबन्द हुआ था कि ज़िल्ले-सुब्हानी के रू-ब-रू हाज़िरी से फ़ैज़याब होने के बाद वो मुझे दकन रवाना कर देंगे। चुनाँचे मैं अपना कुटुम्ब मुल्तान से लाहौर भेज दूँ। ऐसा नहीं हो सकता कि आपके जैसी ज़हीन ये न जाने कि हुक्मे-शाही के सामने सिर झुकाना मेरे लिए बेख़ात्मा इज़्ज़त है। मैं हुक्मे-शाही को अपने से जुदा करके उसकी चीरफाड़ नहीं करता, बल्कि उसकी तामील अपनी बहबूदी *(भलाई)* का सबब मानता हूँ। मेरा अमल मुकद्दर के चापलूसों से ठीक उल्टा है, जो हुक्मे-शाही अपनी ख़ुदगर्ज़ी के नज़रिए से आँकते हैं।

फिर भी उस हुक्मे-शाही को देख कर मैं ताज्जुबो-ग़म से लबरेज़ हो उठा हूँ, जिसके मुताबिक़ दकन में मुझे जागीर अता फ़र्माई गयी है और जो वज़ीरे-

आलिया के पास भेज दिया गया है। अगर शाही नज़रिया यही है कि मुझे बतौर मुस्तकिल जागीर अता फ़र्माया गया बगलाना मेरे गुज़ारे के वास्ते काफ़ी है और मुझे वहाँ की ख़िलवत में ज़िन्दगी काटना है, तो दुरुस्त है। लेकिन अगर अपने मुन्हसिर पर मेहर करते हुए जहाँपनाह मुझे किसी अहम सूबे की जागीर अता फ़र्माते हैं, तो उन्हें मेरे गुज़ारे की ज़िम्मेदारी लेना होगी, ताकि अपने बराबर वालों और दकन के हुक्मरानों के सामने न मुझे दूसरी बार पशेमाँ होना पड़े और न अपने अदायगि-ए-फ़र्ज में कोताही का गुनहगार बनने पर लानतो-मलामत का शिकार बनना पड़े।''

''मैं नहीं कहता कि मुझे इज़्हिरे-फ़राख़दिली के साथ गुलदस्ता-ए-सौग़ात सौंपा जाय। मैं ग़ुलाम हूँ; मेरे साथ जो मर्ज़ी हो बर्ताव किया जाय।

मेरी हमदर्द फ़ैज़रसाँ, एक शेर यहाँ मौजूँ है, ''ऐ गुलाब, अगर तुम्हारी सारी तवज्जो बुलबुल के सुर पर *(दारा पर कटाक्ष)* रहेगी, तो बाग़ के दीगर बाशिन्दों का क्या होगा?'' मेरी हमदर्द करमफ़र्मा, सूबा-ए-दकन अभी तक वही है और मैं भी वही शख़्श हूँ, जो वहाँ ज़िम्मेदारि-ए-सूबेदारी निभा चुका है। मुझे उम्मीद है कि जहाँपनाह के सामने यह पैरवी करके आप जितनी जल्दी हो सके, मुझे जवाब देंगीं, ताकि मैं अपने कुटुम्ब को तलब कर सकूँ।''

औरंगज़ेब का ख़त जहाँ आरा के नाम : (3)

शाहजहाँ और दारा शिकोह सचमुच औरंगज़ेब के साथ ज़्यादती कर रहे थे।

''आपका सादिक़ो-साक़िब *(सच्चा उज्ज्वल)* दोस्त अपना शिकायतनामा पेश करते हुए अर्ज़ करता है कि जबसे जहाँपनाह ने मुझे सौग़ाते-मुलाज़िमत से नवाज़ा है, मैंने दरबारे-शाही के हर हुक्म की अपनी समूची क़ाब्लियत के साथ तामील की है। मैं अन्दाज़ नहीं लगा सकता कि मुझसे कौन-सी ग़लती या गुनाह हुआ है, जो मेरे साथ ऐसा सुलूक किया गया है, जो न सिर्फ़ मेरी सच्ची वफ़ादारी और लगाव के लायक़ नहीं, बल्कि दूरो-पास के सभी लोगों की नज़र में मेरी बेहुरमती है। असीरगढ़ पहले मुझे अता किया गया था, फिर मेरे भाई मुराद बख़्श को, और बाद में फिर मुझे। पर अब, जब सारा ज़माना मुझे मिली इस सौग़ात से वाक़िफ़ है, यकायक हुक्मे-शाही के मुताबिक़ मुझ पर पाबन्दी आयद कर दी गयी है कि मैं वहाँ अपना सिपाहसालार तैनाद नहीं करूँ। इसकी क्या वजह है, मैं नहीं समझ सकता।

मैंने जहाँपनाह की कहाँ और कौन-सी हुक्मउदूली की? सद हैफ़ *(हा हन्त)*, मेरा ज़ज्बा-ए-ख़िदमत, अक़ीदा *(आस्था)*-ए-वफ़ादारी रायगाँ *(व्यर्थ)* हो गया! किस क़दर गर्दिश में हैं मेरे सितारे, जो बीस बरस की तामीले-हुक्मे-शाही के

बाद भी मुझे ज़िल्ले-सुब्हानी का वो एतबार हासिल नहीं, जो मेरे भाई के फ़र्ज़न्द *(दारा के बेटे सुलेमान शिकोह, जिनका बाद में औरंगज़ेब ने वध करवाया।)* को है। इस ज़िल्लत के पीछे मेरी जो ख़ताएँ हैं, अगर मुझे उनका पता हो जाय, तो मैं दस्तबस्ता उनको मन्ज़ूर कर तलबगारे-माफ़ी बनते हुए उनको कभी दुहराऊँगा नहीं। हाल में ही मेरे बिरादर दारा ने, जिनके मेरे लिए ज़ज्बा-ए-रफ़ाक़ात से जहाँपनाह बख़ूबी वाक़िफ़ हैं, अपना एक एतबारी कुछेक मुबारकाना दिलासों और मंज़ूरि-ए-गुज़ारिशों के साथ बीजापुर सुल्तान के पास भेजा है, जिससे सुल्तान और उन जैसे दूसरों की बददिमाग़ी में सरासर इज़ाफ़ा होगा।

मेरी .फैज़रसाँ, मैंने कभी ख़ुद को ज़िल्ले-सुब्हानी के पसन्दीदा मुरीदों या ख़ादिमों में से एक नहीं माना और महज़ एक ग़ुलाम के लिए माकूल तवज्जो का मुतालबा किया है। मैं हर हाल में मुत्मइन रहूँगा। जहाँपनाह मेरे साथ कैसा सुलूक करें, इस फैसले का इन्तिख़ाब उनके ऊपर छोड़ रखा है।

उनकी फ़राख़दिली से अभी तक मैंने अपनी ज़िन्दगी इज़्ज़तो-एहतराम के साथ बसर की है। चुनाँचे हालते-मौजूदा का उनका ये सुलूक वैसा नहीं, जैसा भरोसेमन्द ख़ादिमों के साथ किया जाता है और रैयत के सामने उसकी बेहुरमती का बाइस बनाया जाता है। मैं क़यास के गिर्दाब *(दलदल)* में फँसा हूँ और नहीं समझ पा रहा हूँ कि ऐसे फ़रमाबरदार मातहत के तईं उस दिमाग़े-पाक का इरादा क्या है, जिसकी पनाहगाह वालिदे-मोहतरम हैं—रब्बुलअर्बाब *(सारे स्वामियों के स्वामी)* के सिवा। अगर किसी और शख़्स की तरफ़दारी या किसी लाचारी से ख़्वाहिशे-शाही यही है कि दीगर तमाम मातहतों में से मैं अकेला बेहुरमत किया जाऊँ फिर दग़ाबाज़ी से मेरी तबाही अन्जाम दी जाय, तो अपने मुकद्दर से दो-दो हाथ करने की औक़ात न होने से उसके रू-ब-रू सिर झुका देने के अलावा मेरे सामने और कोई चारा नहीं। जो मेरे नसीब में है, उनको मन्ज़ूर है, चुनाँचे बाइन्साफ़ है।

फिर भी हालते-मौजूदा में पूरी ज़िन्दगी बसर करना मुश्किल वा तकलीफ़देह है; मुसलसल ज़्यादतियाँ वा ज़ुल्मत झेलना दानिशमन्दी नहीं, इसलिए मैं ख़ुद को दूसरे की मर्ज़ी पर नहीं छोड़ सकता, चुनाँचे ज़िल्ले-सुब्हानी के लिए, जिनकी ख़ुशी के वास्ते मुन्हसिरों *(आश्रित)* की .कुर्बानें-ज़ीस्त माक़ूल है, अब यही मुनासिब होगा कि वो बराए मेहरबानी मुझे फ़ौरन हस्ति-ए-बेहुरमती से आज़ाद कर दें। तब लाहे-अमल *(नीति)* नाउम्मीद नहीं होगा और कई दिल अन्देशे से निजात पा जाएँगे।

पूरे दस बरस पहले उन लोगों की साज़िशबंदियाँ समझ कर उनकी शाहराह में बज़ाते-ख़ुद के पत्थर होने का एहतराम करते हुए मैंने माफ़ी के साथ मुलाज़िमत नामन्ज़ूर कर दी थी। तब अगर वो मुझे किसी गुमनाम गोशे में बसर करने की इजाज़त दे देते, तो न मेरे सबब से किसी के सुकूने-दिल को ठेस पहुँचती और

न मुझे बेहुरमती का शिकार होना पड़ता। अभी भी हल जहाँपनाह के रौशनदिमाग़ में ही है। बराए मेहरबानी वो बता दें कि मेरे मुकद्दर में क्या तहरीर है और मैं फ़ौरन सिर झुका के उसकी तालीम करूँगा—सिर्फ़ अपने वालिद को ख़ुश करने के लिए, जो हमेशा से मेरी ख़्वाहिशे-अव्वल रही है।

मुझ पर थोपी गयी सबसे ताज़ी ज़िल्लत यह है कि मेरे मातहत ख़ान जहाँ को दिल्ली दरबार में न सिर्फ़ तलब कर लिया गया, बल्कि मेरे यहाँ से ऊँचे मनसब की नवाज़िश *(अनुकम्पा)* भी हासिल हुई है। यह सही है कि वो जहाँपनाह के भी मुलाज़िम हैं और मेरे साथ होने पर भी उन्हीं की ख़िदमत करते हैं, पर यह हक़ीक़त भी तस्लीम की जानी चाहिए कि अगर मेरे मातहत बग़ैर मेरी इजाज़त शाही ख़िदमत से सुर्खरू हो दिल्ली जाते रहेंगे और पहले से ऊँचे मनसब पाते रहेंगे, तो मेरे पास कौन रह जाएगा! जो दस्ते मैं बीस बरस से बना रहा हूँ, अगर ऐसे ही बिखरते रहेंगे, तो मैं अपना फर्ज़ कैसे अन्जाम दूँगा?

अगर इसके पीछे कोई मक़सद है, तो मुनासिब यही है कि फ़ौरन हुक्मे-शाही जारी किया जाय और मेरे सभी मुलाज़िम दिल्ली दरबार को कूच करते हुए मेरे दुश्मनों की साज़िशें कामयाब बना दें। लेकिन अगर मैं एतबारे-शाही से पूरी तरह महरूम नहीं और इतने बरसों की ख़िदमत के मद्देनज़र ज़िल्ले-सुब्हानी अभी भी मुझे अपने ग़ुलामों में शुमार करते हैं, तब फिर वो ऐसे हथकंडे क्यों अपनाते हैं? उनके लिए मुनासिब यह है कि वो अपने मुरीद के ज़ख़्मों पर मरहम लगाएँ और उसके टूटे दिल को दुरुस्त फ़र्माएँ और उसे ज़िल्लत से महफ़ूज़ रखें। मुतबर्रिक *(पावन)*, रब्बुआलमीन *(ब्रह्मांड स्वामी)* के ख़िदमतगारों को कुछ नहीं झेलना होता, तो इस सरज़मीन पर उनके नुमाइन्दे *(प्रतिनिधि)* के दरबार में ऐसा क्यों हो रहा है? वो मेरे तईं अपने रवैये को कैसे जायज़ ठहराएँगे?

मेरी हिमायतगाह, मुझे उम्मीद है कि आप यह जहाँपनाह तक पहुँचा देंगी और ज़ुबाने-निजात *(मुक्ति-जिह्वा)* से जो तारी होगा, मुझे इत्तिला कर देंगीं, ताकि बहरे-बेक़रारी *(अधीरता सागर)* से मुझे निजात मिल जाय।

अल्लाह करे, आपके दिन आपकी मर्ज़ी के हिसाब से गुज़रें।''

जहाँ आरा का पत्र औरंगज़ेब के नाम :

सितम्बर, 1657 में शाहजहाँ अस्वस्थ हो गये। पूरे साम्राज्य में अफ़वाह फैल गयी कि बादशाह सलामत इन्तिक़ाल फ़र्मा गये और उनके नाम पर दारा शिकोह हुकूमत चला रहे हैं। तीनों सूबेदार राजकुमारों *(शाह शुजा, औरंगज़ेब और मुराद बख़्श)* के ख़बरनवासी दरबार में थे, पर दारा ने महाभूल यह कर दी कि उन्हें अपने-अपने घर में नज़रबन्द कर दिया। अफ़वाहों को कल्पना-पंख लग गये।

उत्तराधिकार युद्ध की पहली लड़ाई धर्माट में *(अप्रैल 15, 1658)* औरंगज़ेब-मुराद की सम्मिलित सेना विजयी हुई। इसमें दारा की भागीदारी नहीं थी। शाही सेना की कमान राजा जसवंत सिंह के हाथ में थी।

विजेता राजकुमार मालवा से आगरा-दिल्ली के लिए चले।

संकट की इस घड़ी में 2 मई, 1658 को जहाँ आरा ने औरंगज़ेब के नाम यह पत्र लिखा—

"सल्तनत की हिफ़ाज़त के लिए ज़िम्मेदार अज़ीम बादशाहों पर यह फ़र्ज़ आयद होता है कि उनसे रैयत को पालने में कोई कमी न रह जाय। यह परवरदिगार और बादशाह के बीच अहद *(सन्धि)* है। अल्लाह का शुक्र है कि शहंशाह शाहजहाँ अपने मज़हबी और हुकूमती फ़राइज़ पूरी ईमानदारी से निभा रहे हैं। उनकी मुसलसल कोशिश है कि सूबों में क़ानूनी निज़ाम बना रहे और शहरी ख़ुशहाल हों। अब तक वो बतर्जे शरिआ चले हैं। और किसी भी शख़्स के ग़लत या बुरे चलन आचरण को मंज़ूर नहीं किया है—ख़ास कर अपने बेटों का। इस वक़्त कुछ फ़सादी लोगों के हाथों किये गये ख़ून-ख़राबे से, जो इस दौर की ख़ासियत है, पास और दूर बेअमनी और उथल-पुथल फैल गयी है, हुकूमत में रुकावट आयी है, और किसान कमज़ोर वा बरबाद हो रहे हैं। बादशाह सलामत का यह मक़सद है कि दुष्टों का दुराचरण सही किया जाय और मज़लूम-ओ-ग़मज़दा को रहम मिले।

ऐसे नौजवान लोगों की सलाह पर, जिनके पास न तजुर्बे से हासिल अक़्लमन्दी है, न सीखने की लगन, बेअमनी और बग़ावत को जनम देने की चाहत पालना और उन सिपाहियों और किसानों का मालो-ज़र, ख़ानदानी इज़्ज़त, और ज़िन्दगी की बरबादी करना, जो दिल, ज़ुबान, और अमल से सच्चे मुसलमान हैं, सच्चे मज़हब को सबसे बुलन्द मानने और सही तरीक़े से उस पर चलने के रास्ते से बहुत दूर है। जो सही चलन होना चाहिए, उससे आँखें मूँद कर फ़ौजी टुकड़ियाँ इकट्ठी करना और अपने बड़े भाई, शाहजहाँ के वारिस, के ख़िलाफ़ जंग के लिए मुस्तैद होना बाहरी और भीतरी दोनों नज़रों से अपने वालिद के ख़िलाफ़ जंग छेड़ने के बराबर है।

मुनासिब यह होगा कि यह बहादुर भाई ख़ुद को आक़ापरस्ती और ख़िदमत के रास्ते पर लाये, हुक्मे-शाही की अपने मन की गहराई और अपनी ज़िन्दगी के साथ तामील करे और वफ़ादार राहे-अमल में हिचकिचाये नहीं। उसे समझना चाहिए कि उसके लिए रमज़ान के मुक़द्दस माह में अपने वालिद के साथ जंग करने और मुसलमानों को मौत के घाट उतारने से बचना सही है। तुम जहाँ भी पहुँच चुके हो, वहीं रुक जाओ और अपने दिल की बात मुझे बताओ, ताकि मैं उसे बादशाह सलामत तक पहुँचा सकूँ।"

आपा के सामने नज़र न उठा पाने की शर्म की करनी होगी तारीफ़!

एक ग़ैर-दरबारी इतिहासकार के अनुसार औरंगज़ेब ने पहले यह मसविदा बनाया था—''जमुना में उतनी लहरें नहीं होगीं, जितने ज़ख्म जहाँपनाह और उनके वली-अहद ने मेरे दिल पर दाग़े हैं। आप हमशीरा, मेरी एक-एक ज़िल्लत की गवाह रही हैं। शमशीर की पंचाट से आधा फ़ैसला हो चुका; आधा मेरे और बुलन्द इक़बाल (परम सौभाग्यशाली: दारा शिकोह की उपाधि) के बीच जल्दी ही होने वाला है। मैंने ख़ून के आँसू बहाते हुए बरसों इन्तिज़ार किया है; धड़कते दिल से थोड़ा आप और शाहों के शाह शाहजहाँ भी कर लें। अल्ला हाफ़िज''—

फिर विचार करने के बाद इसे खारिज कर दिया और निम्नलिखित पत्र भेजा। वस्तुत: यह दारा और शाहजहाँ के लिए ही अभिप्रेत है—

''शाहजहाँ असली हुकूमत और क़ब्ज़ा खो चुके हैं। सब कुछ दारा के हाथ में है, जो दोनों भाइयों *(मुराद और औरंगज़ेब)* की तबाही पर तुले हैं। शुजा को उन्होंने कुचल दिया है। दारा ने बीजापुर पर मेरे हमले के दौरान तब अड़ंगा डाला था, जब पूरी कामयाबी मेरी मुट्ठी में थी *(28 बरस बाद विराट बली ने बीजापुर पूरी तरह अपनी मुट्ठी में कर लिया, पर फिर अपने दम्भ में ऐतिहासिक रणनीति-सूत्र— दक्षिण पर पूरा स्वामित्व समस्याएँ बढ़ाता ज़्यादा, घटाता कम है'' भूल जाने के कारण वह कैसे अनवरत क्रंदनलीनता के लिए विवश पाये गये, परिशिष्ट में देखें।)*; साथ ही उन्होंने बीजापुरियों को भी मेरी अवहेलना करने के लिए बरगलाया। उन्होंने अपने दोनों छोटे भाइयों के ख़िलाफ़ जहाँपनाह के भीतर ज़हर घोल रखा है और कोई चूक हुए बिना मुझसे बेरार छीन लिया है *(शाहजहाँ की अस्वस्थता के बीच दारा ने बेरार मुराद को देकर अपने प्रतिस्पर्धी दोनों भाइयों को लड़ाने की कोशिश की थी, पर औरंगज़ेब-मुराद के बीच दारा के विरुद्ध पहले ही एकजुट हो जाने के कारण कोशिश बेकार गयी।)* ऐसे विद्वेष के चलते अपनी हिफ़ाज़त के लिए मुझे हथियार उठाने पड़े।

(अगली पंक्ति जहाँ आरा के प्रति विनम्रता भी हो सकती है और अगली लड़ाई के सम्भावित परिणाम की रणनीति भी।) मेरी ख़्वाहिश बस, यही है कि शाहजहाँ के रू-ब-रू मौजूद हो जाऊँ और ज़ाती तौर पर उन्हें सब बता दूँ *(अगली पंक्ति शत्रु-युग्म को सम्बोधित है अर्थात् पत्राचार बेमानी है; अब जो होगा, मैदाने-जंग में होगा।)*। अपने इस इरादे में मैं कोई रुकावट मन्ज़ूर नहीं करूँगा। जसवंत ने ऐसा किया था। उनका क्या अन्जाम हुआ, सब जानते हैं। इसलिए दारा को उनकी सूबेदारी पंजाब में भेज दिया जाना चाहिए, ताकि वह शरारत न कर सकें।''

यह माँग महाबली के हास्य-व्यंग्य बोध की परिचायक है। तीनों भाई भीतर

से भन्नाये रहते थे, क्योंकि शाहजहाँ ग़ैरमौजूदा सूबेदारी से दारा को निहाल करते हुए अपने कलेजे से चिपका कर रहते थे। यह पंक्ति एक प्रकार से अगली लड़ाई की दुन्दुभि है, जिसमें महाबली ने दारा को बज़ाते-ख़ुद हथियार उठाने के लिए ललकारा है।

मुमताज़ के पार्श्व में चिरनिद्रालीन शाहजहाँ : साढ़े सात बरस की नज़रबन्दी के बाद शाहजहाँ स्वर्ग-निवासी *(फ़िरदौसी-आशियानी)* हो गये। तब आलमगीर ने जहाँ आरा को यह शोक-पत्र लिखा—

"दुर्भाग्य की इस घड़ी में ईश्वर आपको सब्र दे *(मैं तो उल्लास से थिरक रहा हूँ!)* मैं क्या लिखूँ इस घटना को लेकर, जिसे होना ही था *(अनिवार्यता किसकी है? शाहजहाँ की क़ैद की या साथ-साथ मौत की भी?)* मेरे दुखभरे *(दुख और आपको? 1652 से 1666 तक—चौदह बरस आपने शाहजहाँ का मुँह नहीं देखा। अपनी ताजपोशी के बाद हकीम के ज़रिए शाहजहाँ की दवा में ज़हर मिला कर देने की कोशिश की। हकीम राज़ी नहीं हुए।)* दिमाग़ में जो चल रहा है, उसकी अभिव्यक्ति किस तरह करना पर्याप्त हो सकता है! क्या क़लम में इतनी शक्ति है कि दिल को तोड़ने वाली व्यथा का एक शब्द भी लिख सके? क्या जीभ में इतनी सामर्थ्य है कि धीरज को लूटने वाली वेदना व्यक्त कर सके? *(शर्म तुमको मगर नहीं आती!)* आपके दुख ओर मातम की कल्पना मेरे शक्तिहीन हृदय को और भी रोदन और आन्दोलन में डाल देती है, लेकिन दैवी निर्णय के सामने विवशता से सिर झुका देने के अलावा हम और क्या कर सकते हैं! *(यह सही है।)*

परवरदिगार ने चाहा तो दिल में दर्द बसाये यह शर्मिन्दा प्राणी *(प्राणी के दिल में कोई दर्द नहीं; और प्राणी इतनी आसानी से शर्मिन्दा हो जाता, तो रोना किस बात का था!)* जल्दी ही आपसे मिलेगा। प्रिय बहन, दिवंगत सम्राट के लिए सबस उपयोगी यह होगा कि उनकी आत्मा को यह बतला दिया जाय कि कुरान पढ़ने और भिखारियों को दान देने की धार्मिक महत्ताा कितनी है। इस सिलसिले में जितना हो सकता हो, करें, और पुण्य दिवंगत सम्राट की दैदीप्यमान आत्मा को भेंट कर दें। यह पापी भी इसी काम में लगा है और आशा करता है कि उसकी कोशिश परमात्मा स्वीकार करेंगे *(परमात्मा बेशक कर लें, पर शाहजहाँ नहीं करेंगे!)*।"

मेरी सहनशक्ति से अधिक है मेरे विषाद का घनत्व...

इस पत्र का जवाब जहाँ आरा ने यह दिया—"ईश्वर सम्राट आलमगीर पर अनुकम्पा छाया बनाये रखें। लेखनी में इतनी शक्ति कहाँ कि ऐसे मर्मबेधी महाविपत्ति का विवरण दे सके और इस अँधेरे दिन की अवस्था बता सके? यह सच है कि ऐसे में आत्म-नियन्त्रण एवं धैर्य ही उपचार हैं और स्वीकार्य तथा शान्ति के लिए दैवी

ईश-ग्रन्थ का ही सहारा है, पर मेरे विषाद का घनत्व मेरी सहनशक्ति से अधिक है। जब मैं सन्ताप-सागर में डूबी हुई थी, तभी विषादाग्नि की ज्वालाओं पर मेरे स्नेहशील भाई द्वारा जीवन-जल के छींटे पड़े।''

आलमगीर को आशा नहीं थी कि बेगम साहिब उनके प्रति ग्रहणशील होंगीं। 'शर्मिन्दा प्राणी' अकबराबाद आये और साग्रह जहाँ आरा को शाहजहाँनाबाद ले गये। बेगम साहिब ने अन्तिम 15 वर्ष वहीं गुज़ारे।

बलात् राजसी कौमार्य अभिशाप से विमुक्ति अर्थात् 'मरणोपरान्त सामंजस्य'—औरंगज़ेब, दारा और मुराद की अनेक बेटियाँ जहाँ-तहाँ थीं। अपनी बहनों का सूना जीवन महामहिम ने देखा था। रौशन आरा के प्रेम-प्रसंगों से विचलित, सन्तप्त और क्रोधित भी हुए थे। ज़ेबुन्निसा के कारण महामहिम ने कन्यादान का विचार शुरू किया। फिर बेगम साहिब के आग्रह से यह विचार निर्णय में बदलने लगा। दारा की बेटी जहाँ ज़ेब के साथ-साथ ज़ेबुन्निसा भी बेगम साहिब को विशेषतः प्रिय थीं। इस तरह महाबली तथा दोनों स्मृति-शेष भाइयों की सन्तान के बीच विवाह सम्पन्न हुए, जिन्हें इतिहासकारों ने विजेता के साथ दोनों मृतक पराजितों का एक प्रकार से 'मरणोपरान्त सामंजस्य' (Posthumous Reconciliation) माना है।

फिर मतभेद और चरम निद्रा—सबकी तरह जहाँ आरा भी मानती थीं कि आलमगीर के चरित्र का सबसे विलक्षण तत्त्व निजी जीवन-शैली में चकित एवं स्तब्ध करने वाली उनकी सादगी है। शाहजहाँ के चकाचौंधी ऐश्वर्य-प्रदर्शन के बाद यह तथ्य और भी ध्यानाकर्षी हो जाता है। उनकी इस्लामी हुकूमत में साम्राज्य कल्याण व्यय अपनी जगह था, पर व्यक्ति सम्राट कहीं नहीं आता था। वह सामान्य रूप से भोजन में एक व्यंजन, और वह भी सादा, खाते थे। वह बिना पॉलिश के सस्ते, लकड़ी के तख़्ते पर सोते थे; हाथ के बने सूती कपड़े पहनते थे; अपने मोज़े ख़ुद रफ़ू करते थे और पालकी ढोने वालों का अतिरिक्त भुगतान बचाने के लिए ऊबड़खाबड़ मीलों क्षेत्र पैदल चलते थे। *(कहारों का वेतन किस तरह निर्धारित होता था, स्पष्ट नहीं हो पाया।)*।

निजी आराम को नज़रअन्दाज़ करने वाले अपने शुद्धतावाद का उन्होंने जहाँ आरा के नाम एक पत्र में खुलासा किया, ''जो सादा ढंग से जीता है, ईश्वर के साथ संवाद-लीन रहता है।''

बेगम साहिब ने सहमति जताई, पर रंगारंग शाहजहाँ युग की विभूति होने के नाते जोड़ दिया, ''जो अपने कपड़े ख़ुद नहीं सिलते, उनमें भी रचयिता के साथ संवाद-लीनता की अपूर्व शक्ति होती है।'' यह निःसन्देह सूक्ष्म कटाक्ष था। विराट बली समझ भी गये। बात यहीं ख़त्म हो गयी। बाद में दिलरस बेगम *(अपनी सर्वप्रिय पत्नी; ज़ेबुन्निसा की माँ)* के मज़ार पर अपने नियमित भावना-सुमन चढ़ाते

हुए उन्होंने भावहीन टिप्पणी की, ''स्त्रियों के साथ गम्भीर चर्चा बेकार है!''

शाहजहाँ के देहान्त के कुछ समय बाद आलमगीर अकबराबाद आये *(साढ़े सात बरस के बन्दी जीवन में पिता का मुँह नहीं देखा, न उनके अन्तिम संस्कार समारोह में शामिल हुए।)* और ''मुअज़्ज़िज़ हमशीरा'' *(सम्मानीय सहदुग्धपायी)* को अपने साथ शाहजहाँनाबाद ले गये; फिर पादशाह बेगम के पद पर सुशोभित किया। फिर आया जज़िया (Poll Tax)! सिर्फ़ ग़ैर-मुसलमानों पर लगाये जाने वाले इस व्यक्ति-कर की तारीख़ सिन्ध पर अरबों की विजय से पहले तक जाती है। इसका लक्ष्य आर्थिक के साथ विभेदन भी था। अकबर ने 1554 में इसे समाप्त कर दिया था। शाहजहाँ ने भी दुबारा लागू नहीं किया, हालाँकि उन्होंने हिन्दुओं का विभेद करने वाली वस्त्रों एवं मादक पदार्थों से सम्बन्धित दूसरी युक्तियाँ अपनायीं। हमारे प्रातः स्मरणीय ने 115 बरस बाद अप्रैल 12, 1679 को जज़िया फिर से लागू कर दिया। जहाँ आरा ने तड़प कर सम्राट को लिखा *(उन्हें मालूम नहीं था कि यह विराट बली के नये कट्टरता कार्यक्रम का अंग है।)*—

''हिन्दुस्तान भूमि विशाल समुद्र की तरह है; तत्रभवान् *(His Excellency)* के साथ हमारे राजपरिवार के सदस्य इसकी लहरों पर चलने वाले पोत हैं। इसमें तूफान लाने का उपक्रम मत कीजिए।'' जहाँ आरा का अनुरोध व्यर्थ रहा।

उसी वर्ष दूसरा प्रभंजन आया, जहाँ से इतिहास ने एक नया, नकारात्मक मोड़ लेना शुरू कर दिया, जिसमें एक के बाद एक त्रासद घटनाएँ जुड़ते हुए उसे पतन के कगार तक ले जाने लगीं। बिना कोई उत्तराधिकारी छोड़े जसवंत सिंह का देहान्त हो गया। क्योंकि उन पर प्रशासन का ऋण निकलता था, इसलिए आलमगीर ने जोधपुर को राजगत *(Escheat)* कर लिया—हालाँकि राजा की दो रानियाँ गर्भवती थीं। वह स्वयं बड़ी सेना लेकर राजपूताना के वाच-टावर अजमेर पहुँच गये। फिर मेवाड़ पर भी हमले के साथ कट्टरता कार्यक्रम जगज़ाहिर हो गया।

राजपूतों के प्रति आलमगीर के इस नीति-परिवर्तन की इतिहासकारों ने कई तरह से व्याख्या की है, जैसे अपने इस्लामी समर्थकों में कट्टर तत्त्वों की बढ़ोत्तरी की आकांक्षा, बेजागीरी से निपटने के लिए ग़ैर-इस्लामी सामन्तों से मनसब लेकर मुसलमानों को देने की रणनीति और उत्तर भारत तक में शिवाजी की लोकनायक छवि के निरन्तर निखरते जाने और मुग़लों के छक्के छुड़ाने वाले मराठों के दबंग तेवर की लोकप्रियता के चलते हिन्दुओं का उनकी औक़ात दिखाना।

और क्या देखने को बाक़ी है!

बेगम साहिब 66 की हो रही थीं। राजवंश की एक-से-एक उदात्त और एक-से-एक गर्हित छवियाँ देख चुकी थीं, नवरस की सभी मुख्य और सहायक भाव-

छायाएँ भोग ली थीं, पर अभी एक महाप्रहार शेष था—ज़ेबुन्निसा के सलीमगढ़ में बन्दी बनने का साक्षी होना था उन्हें! थरथरा गयीं; करुण मुस्कान से सूर्य राजप्रतीक-चिह्न को प्रणाम किया और हमेशा के लिए आँखें मूँद लीं।

तब एक अर्थ में औरंगज़ेब भी अपनी अन्तिम यात्रा पर थे—उत्तर छोड़ कर दक्षिण दिशा में विद्रोही राजकुमार अकबर का पीछा करते हुए।

इन दोनों क्षेत्रों को विभाजित करने वाली विन्ध्य पर्वतमाला औरंगज़ेब के जीवन का प्रतीकात्मक आलम्ब है, जिसने उन्हें उत्तराधिकार युद्ध के लिए उत्तर की ओर अग्रसर किया और फिर 23 बरस बाद तराज़ू के पलड़े की तरह झुकते हुए वापस दक्षिण दिशा में हमेशा लिए खींचा लिया—26 बरस बाद आने वाली अन्तिम हिचकी तक। यह भी उपयुक्त ही है कि औरंगज़ेब का जन्म इसी पर्वत-श्रेणी के दोहाद में हुआ था—अहमदाबाद तथा उज्जैन के बीचोंबीच।

बेगम साहिब के देहान्त का समाचार सुन कर आलमगीर ने उत्तर दिशा में दिल्ली की ओर देखते हुए प्रणाम किया, ''मलिका-उज़्ज़मानी'' *(अपने युग की स्वामिनी)* के नाम पर श्रद्धा-सुमन बिखरे और नर्मदा पार करने लगे—कभी वापस न लौटने के लिए...

अनुभाग 6

अदम्य पिपासाः रौशन आरा!

यहाँ सो रही है—जन्म-जन्मान्तर की प्यासी...

—रौशन आरा के लिए आदर्श समाधि-लेख

परम प्रतिरूपी—दारा और औरंगज़ेब जैसी ही प्रतिरूपी जहाँ आरा एवं रौशन आरा थीं। दोनों बहनें अपने-अपने प्रिय भाइयों के कितने अनुकूल दिखाई देती हैं! जहाँ आरा दारा के समानान्तर कवि, आध्यात्मिक, एवं ललित कला पारंगत थीं; रौशन आरा रूखी, कुटिल कपटी, और कुरूप। कोई आश्चर्य नहीं, अगर रौशन आरा ने औरंगज़ेब का समर्थन सिर्फ़ इसलिए किया हो, क्योंकि जहाँ आरा के हाथों में दारा की समर्थन-ध्वजा आने के बाद उन्हें जहाँ आरा के विरुद्ध जाना ही था! जैसे उनका मुख्य उत्प्रेरक पहले जहाँ आरा से विद्वेष था, बाद में औरंगज़ेब का समर्थन। औरंगज़ेब के हाथ में सत्ता आने के बाद काफ़ी जल्दी रौशन आरा के साथ उनका मनमुटाव होना भी वैसा ही अनिवार्य मालूम होता है, जैसे उत्तराधिकार युद्ध में दारा की पराजय!

इस मनोमालिन्य के पीछे पहले रौशन आरा की महत्त्वाकांक्षा थी। शाहजहाँ युग में लम्बे समय शाही मुहर जहाँ आरा के पास रही। मई, 1662 में जब आलमगीर बीमार हो गये, तो रौशन आरा ने मुहर हथिया ली और दौलताबादी बेगम का अपमान भी कर दिया। तब एक स्थिति ऐसी भी आयी कि ईश्वर न करे, पर अगर ज़िल्ले-सुब्हानी दुनिया-ए-फ़ानी से कूच कर गये, तो तख़्ते-ताऊस पर कौन जलवा-अफ़रोज होगा? रौशन आरा के प्रत्याशी आज़म शाह *(दिवंगत दिलरस बानो के सबसे बड़े बेटे; ज़ेबुन्निसा के छोटे भाई)* थे, पर इसकी नौबत नहीं आयी। महामहिम ने जल्दी ही स्वास्थ्य-स्नान *(ग़ुस्ले-सेहत)* कर लिया, फिर विश्रान्ति एवं दृश्य-परिवर्तन के लिए काश्मीर चले गये।

"रत्यानुरागी प्रवीणा"

वहाँ रौशन आरा का एक सघन प्रेम-प्रसंग सम्पन्न हुआ। "जब वह मेरे पास होता है, तो बुलबुल की सदा सुहानी नहीं होती।" प्रेमी पीड़न की विशिष्ट कामोत्तेजक पद्धति प्रवीण, परितृप्त राजसी केलि-चंचला ने जैसे ही चरम सीमा सीत्कार किया, तो ज़ालिम ज़माने की रीति के अनुसर इस आत्म-स्वीकार ने तुरन्त लोकोपवाद का दर्जा पा लिया। दीदी के विरुद्ध औरंगज़ेब का आक्रोशालेख यहीं से क्रमश: गहन होने लगता है। इसके पहले और इसके बाद राजधानी में मोहतरिमा के भाव पक्ष ने विविध, बहुवर्णी, एवं बहुकोणीय प्रेमाचारों की शोभा-यात्रा संचालित की। दो या तीन प्रेमियों के साथ संयुक्त महारास में यह मुग़ल काम-विकल नायिका विशेष पारंगत थी। अगर अकबरे-आज़म और दारा शिकोह अपनी धार्मिक मान्यताओं में अपने समय से बहुत आगे थे, तो भाव पक्ष में मोहतरिमा भी दबे-कसे मुग़ल अन्त:पुर में *(जहाँ महलदार की तेज़ नज़र के चलते बैंगन, खीरा भी नहीं ले जाया जा सकता था।)* अनूठी राजकन्या प्रमाणित हुईं। अगर अकबर और दारा "धार्मिक सत्य" जानने के लिए लालायित रहे, तो हमारी रसीली नायिका "प्रेम-सत्य" के हेतु सदाव्यग्रा पायी गयी। बीसवीं सदी के "फ्री लव" की यह मध्ययुगीन ध्वजा-धरिणी सही मानों में परम भावनाउद्यमी एवं विलक्षण प्रेम-सैलानी थीं। नीड़ का निर्माण निषिद्ध था, इसलिए बुलन्द दरवाज़े पर अंकित नीति-वचन के अनुरूप *("संसार एक पुल है। इस पर से गुज़र जाओ; यहाँ घर मत बनाओ!")* हमारी सदावसंत राजस अभिसारिका रंगारंग प्रेम-पथ पर हाथ में लीला-कमल लिये रति-नृत्य की गतियों एवं भाव-भंगिमाओं के साथ केलि सखा बदलते हुए सतत चलायमान रहीं। मानुची ने उन्हें उचित ही परम श्रद्धा भाव से "रत्यानुरागी प्रवीणा" ("Libidinous propensities") कहा था।

कुछ समय तक वह सम्राट विश्वासपात्र सूची में शिखर पर थीं। एक साल की टाल-मटोल के बाद जब भूतपूर्व सम्राट अन्ततोगत्वा राजकोष की चाबियाँ वर्तमान सम्राट को देने के लिए विवश हुए, तो दो हज़ार मालगाड़ियों में सर्वोच्च श्रेणी के पैंतीस हज़ार सैनिकों की सुरक्षा में अकबराबाद से शाहजहाँनाबाद तक लाये जाने वाले "पाँच पीढ़ियों के वैभव" की संरक्षक रौशन आरा बेगम थीं। उन्होंने तीखी जाँच की, ताकि "एक मुक्ता, स्वर्ण का एक अल्पांश" विलुप्त न हो पाये। फिर प्रत्येक सूची पर हस्ताक्षर किये।

पर उनकी एक भौतिक लालसा अतृप्त रह गयी—पत्नी बनने की स्त्रीसुलभ लालसा के अलावा।

जहाँ आरा शाहजहाँ युग में साम्राज्य की प्रथम महिला थीं—पादशाह बेगम।

प्रथानुसार सम्राट की सबसे बड़ी बेटी इस पद पर सुशोभित होती थी। आलमगीर के आने पर स्वभावत: ज़ेबुन्निासा बनीं, पर 1666 में शाहजहाँ के देहान्त के बाद आलमगीर के आग्रह पर जहाँ आरा बेगम साहिब अन्ततः शाहजहाँनाबाद रहने आ गयीं और पादशाह बगम भी बनायी गयीं।

बेचारी बाजी!

दुलारे बादशाह भाई ने रौशन आरा बाजी को इस पद के योग्य नहीं पाया!

उत्तराधिकार युद्ध में रौशन आरा ने औरंगज़ेब की ख़ातिर ख़ुद को होम दिया था—अपना सब कुछ दाँव पर लगा दिया था। यह कहना सही होगा कि यह युद्ध औरंगज़ेब का बाद में था, रौशन आरा का पहले। पर फिर भी आलमगीर ने रौशन आरा के सिर पर इस पद का ताज रखने का विचार न सिंहासनारोहण के बाद किया, न शाहजहाँ के देहान्त के बाद।

आलमगीर ने अपने सुदीर्घ शासन-काल में मुक्त भाव से रक्त-वर्षा की थी। देहान्त के बाद रौशन आरा का बदन फूला हुआ एवं विकृत पाया गया था। रौशन आरा पर उनका रोष गोपन नहीं था। वह बहुत पहले प्रशासन शक्ति केन्द्र से बहुत दूर कर दी गयी थीं—अन्तिम वर्षों में अकबराबाद में रहती थीं, जहाँ उन्होंने जीवन-क्लान्ति से सदा के लिए आँखें मूँद लीं।

बक़ौल मानुची माना जा सकता है कि आलमगीर ने उन्हें विष दिया था।

अनुभाग 7

दारा शिकोह और औरंगज़ेब

जब तक दारा शिकोह का सिर उनकी गर्दन पर है, साम्राज्य में अशान्ति होती रहेगी।

—धर्माट लड़ाई में विजय के बाद शाहजहाँ के समझौता प्रस्ताव पर औरंगज़ेब

उस विधर्मी का मुँह मैंने कभी जीते-जी नहीं देखना चाहा। अब उसके मरने के बाद तो हर्गिज़ नहीं देखूँगा।

—आदेशानुसार दारा का सिर काट कर लाये सेवक से औरंगज़ेब

वैषम्य-विद्वेष का अन्तिम सोपान—इतिहास में शायद ही ऐसे दो भाई मिलें, जो इतने प्रतिरूप हों।

दारा मिलनसार व हँसमुख। बुद्धिमान, भाषाधनी, लोकप्रिय, उदार, कलाप्रिय, विशद अध्ययनी। औरंगज़ेब रूखे, कठोर, धर्माग्रही, धर्महठी, मतहठी, दुराग्रही, संकीर्णताशिखर, परम मिथ्यावादी, स्वार्थान्ध। अपनी विशिष्टता का दृढ़ एहसास दारा की दुर्बलता थी। उनका मानना था कि उनके जैसा कोई हुआ ही नहीं। व्यंग्योक्ति कुशल। अपने लक्ष्य का पद एवं सम्मान भी नहीं देखते थे। इसकी क़ीमत उन्हें ऊँची चुकानी पड़ी। सन्तों, धर्मवेत्ताओं, और दार्शनिकों से घिरे दारा दरबार के लिए पहेली बने रहे। सत्ता एवं शक्ति के बजाय धर्म और दर्शन में दारा की आसक्ति सामन्त वर्ग की समझ में नहीं आयी।

सामन्त राजनीति, सत्ता वीथि जुगाड़ और शस्त्र की भाषा जानते थे, आत्मा-परमात्मा और वज़्द की नहीं। दारा को सिर्फ़ एक युद्ध का अनुभव था—कन्धार

की तीसरी घेराबन्दी, जिसमें दारा को वैसी ही असफलता मिली, जैसी औरंगज़ेब को, पर औरंगज़ेब के सीने पर अब तक दूसरे तमाम युद्धों की सूची स्वर्ण-पदकों की तरह शोभित थी—बुंदेलखण्ड का सफल सैन्याभियान *(1635)*, बल्ख युद्ध और विजय *(1648)*, कन्धार आक्रमण के मुख्य सेनापति *(1649)*, दूसरे कन्धार आक्रमण के प्रमुख सेनापति *(1652)* और बीजापुर आक्रमण *(1657)*, जिसे शाहजहाँ ने सफल होते-होते रोक दिया था। इस उपलब्धि वंचन के लिए औरंगज़ेब ने मुख्यतः दारा को दोषी माना, पर इस दोष का कोई ऐतिहासिक साक्ष्य नहीं।

दारा शिकोह की संवेदना, व्यक्तित्व और जीवन-दृष्टि 17वीं शती से बहुत आगे की थी।

उनका प्रशासन सर्वधर्म समभाव, बहुजन हिताय और बहुजन सुखाय होता। 17वीं शताब्दी के मध्य में दोराहे पर हिन्दुस्तान "बुलन्द इक़बाल" के साथ समन्वय, प्रगति और सच्चे मानव-मूल्यों के रास्ते पर जा सकता था, पर हिन्दुस्तान का ऐतिहासिक दुर्भाग्य कि उसे दोराहा में जन्मे औरंगज़ेब के हाथ की नकेल में बँध कर अन्धकार और विनाश के गर्त में गिरना था। "अन्धा रहबर ठोकर के साथ गिराने के सिवा और क्या कर सकता है!"

प्रतिकूल, प्रतिस्पर्धी—यह समझने के लिए ख़ास कल्पना की ज़रूरत नहीं कि दारा शिकोह और औरंगज़ेब एक-दूसरे को बर्दाश्त कर ही नहीं सकते थे। औरंगज़ेब की प्रतिक्रिया बेलौस घृणा थी, सौन्दर्य-संवेदी दारा की वितृष्णाभरी। दारा औरंगज़ेब को "नमाज़ी" कहते थे, औरंगेज़ब दारा को 'विधर्मी"। जहाँ तक दोनों की विचारधारा का सवाल है, डॉ. अज़ीज़ अहमद ने अपनी पुस्तक Islam In Indian Environment में दारा के Speculative Syncretism और औरंगज़ेब के Theocratic Particularism की सूक्ष्म विवेचना की है।

दारा में नागर आभिजात्य और ध्यानाकर्षी आकर्षण था—ज़ेबुन्निसा उन पर विमुग्ध थीं। औरंगज़ेब की उपस्थिति में उनकी मेधा एवं प्रखरता स्पष्ट ज़रूर होती थी, लेकिन वह सामने वाले को असहज बनाते थे। औरंगज़ेब हमेशा स्वार्थ से प्रेरित, उद्वेलित और संचालित रहते थे। उनकी कुटिल बुद्धि का बटन हमेशा ऑन रहता था। अगर वह दकन में अपनी नियुक्ति के साथ ही आगामी संघर्ष की रूपरेखा और अपनी रणनीति तैयार करने लगे हों, तो आश्चर्य नहीं होना चाहिए। उत्तराधिकार संघर्ष की भूमिका बन जाने के बाद किसी सामन्त के सामने पड़ने पर उनके मानसिक रडार पर शीर्षक आ जाता होगा—यह मेरे मतलब का नहीं। ऐसा हो ही नहीं सकता कि उनके साथ यह अनिवार्यता न हो कि या उनके पक्षधर बनो या शत्रु। किसी मध्य मार्ग का सवाल ही नहीं। विंध्वसक की प्रकृति आत्यन्तिक के अतिरिक्त कुछ हो ही नहीं सकती।

"मुझे डर था कि दारा के सिंहासनारोहण से इस्लाम का हिन्दुस्तान में दमन हो जाएगा और शाहजहाँ का कुशासन और चला, तो साम्राज्य का विनाश। इन्हीं कारणों से मैंने इन सबका विरोध किया, जो मुझे उखाड़ फेंकना चाहते थे।"

औरंगज़ेब ने बाद में दावा किया कि उन्होंने जो क़दम उठाये हैं, वे निजी महत्वाकांक्षा के लिए नहीं, बल्कि धर्म एवं साम्राज्य की सुरक्षा के लिए थे अर्थात् उदात्त लक्ष्य-सिद्धि के लिए स्नेहशील एवं आज्ञाकारी पुत्र को पिता के घर को बन्दीगृह में बदलना और भाइयों-भतीजों के क़त्ले-आम के लिए विवश होना पड़ा! दरबार में सामन्त आम तौर से सम्राट की आँख से आँख नहीं मिलाते थे, इसलिए महामान्य को ऐसी उद्घोषण करने में कौन-सी कठिनाई थी! वैसे भी महामहिम पहले दर्जे के कटपगुरु और मिथ्याभाषी होने के साथ-साथ मोटी त्वचासम्पन्न भी थे। अगर वह यह जानते हों कि सामने वाला उनका झूठ समझ रहा है, तब भी वह अपने संवाद को बिना शिकन जारी रख सकते थे। यह बिल्कुल हो सकता है कि वह मन-ही-मन अपने को सच्चा वा सही मानते हों, क्योंकि उनके अनुसार उनके जैसा सदाचारी कोई हुआ ही नहीं। पर इतिहासकारों का मानना है कि इस मुखौटे के पीछे प्रेम-घृणा जैसी बुनियादी भावनाएँ थीं। शाहजहाँ को औरंगज़ेब से लगभग रोगात्मक वितृष्णा थी। दोनों के बीच का पत्राचार *(ख़ास कर उस दौर का, जब महामहिम दूसरी बार दकन के राज्यपाल बने थे।)* दोनों के बीच की कटुता का जैसे फ़िल्मांकन करता है। तभी शाहजहाँ भरे दरबार में औरंगज़ेब की आलोचना करते देखे गये। पर विडम्बना यह थी कि वह मन-ही-मन दारा की तुलना में औरंगज़ेब की सैन्य एवं प्रशासन क्षमता तो स्वीकार करते थे, लेकिन औरंगज़ेब के धार्मिक दृष्टिकोण तथा बेहद मज़बूत आक्रमणशील व्यक्तित्व के कारण उनसे आशंकित भी रहते थे। एक भावुक इतिहासकार का मानना है कि शाहजहाँ ने अपने पिछले जीवन में ज़रूर कोई महापाप किया होगा, जिसके कारण उनके घर में औरंगज़ेब ने जन्म लिया।

दारा अकबरे-आज़म के पद-चिह्नों पर चले रहे थे। वह अकबरे-आज़म के रोल-मॉडेल की अगली कड़ी थे। कठिनाई यह थी कि अकबर ऐसे सम्राट थे, जिनकी धर्म में भी दिलचस्पी थी, जबकि दारा मूलतः वह सूफ़ी दार्शनिक थे, जो संयोग से युवराज भी था। "बादशाहत आसान है; दरिद्रता से मेलजोल करो," मुग़ल साम्राज्य का युवराज कह रहा था, "ओ मित्रो, बुद्धिमत्ता, ज्ञान, एवं सत्य के पथ पर चलो। सांसारिक साम्राज्य का त्याग करो।" अन्ततः ऐसे साम्राज्य का त्याग कर दिया युवराज ने!

अनुभाग 8

मुग़लों की धार्मिक और दक्षिण नीति

अब तक मुग़ल साम्राज्य को तीन तत्त्व सँभालते आये थे—सेना, कोष और अन्त:पुर। हमारे प्रशासन में धर्म सर्वोपरि होगा।

—औरंगज़ेब

शाहजहाँ की धार्मिक नीति—इतिहासकारों में विवाद है कि क्या शाहजहाँ ने अकबर की उदार नीति किंचित स्वरूप बदलते हुए जारी रखी या वह ''अपनी आस्था एवं आचरण में कट्टर थे और उन्होंने कुछ निर्णय यह दिखाने के वास्ते लिए कि अब सत्ता कट्टरता के हाथों में आ गयी।'' इस प्रकार उन्होंने उलेमा को ''सिजदा'' *(सम्राट के सामने झुकना)* या ''ज़मींबोस'' *(दोनों हाथ धरती पर रख उसे अपने माथे से छूना)* से मुक्त कर दिया। सिजदे को लेकर जहाँगीर भी ऐसा क़दम उठा चुके थे। शाहजहाँ ने काश्मीर में हिन्दुओं वा मुसलमानों के बीच मिश्रित शादी निषिद्ध कर दी, क्योंकि मुस्लिम वधू अपने पति का धर्म स्वीकार कर लेती थी और इसके विपरीत भी होता था। जहाँगीर भी ऐसा निषेध लगा चुके थे, लेकिन यह चलन रोक नहीं पाये थे।

शाहजहाँ का सबसे महत्त्वपूर्ण निर्णय यह था कि जहाँगीर के युग में जिस मन्दिर की नींव डाल दी गयी है, लेकिन जो पूरा बन नहीं पाया है, उसका निर्माण नहीं हो सकता। इस प्रकार बनारस में 76 निर्माणाधीन मन्दिर विनष्ट कर दिये गये। युद्ध के बीच तो मन्दिर और गिरजाघर तोड़े ही जाते थे। बुंदेला विद्रोह के दौरान ओरछा में बीर सिंह देव का ओरछा मन्दिर नष्ट किया गया; उस जगह मस्जिद बनी। पुर्तगालियों के साथ झड़प के दौरान हुगली के ईसाई गिरजाघर तोड़ दिये गये, पर ऐसा नहीं लगता कि शाहजहाँ ने नये मन्दिर न बनाने की नीति का गम्भीरता से पालन किया। 1629 में उन्होंनें अहमदाबाद के प्रमुख जैन जौहरी और साहूकार

शान्तिदास को जैन मुनियों के लिए विश्रामगृह बनाने की अनुमति दी।

शान्तिदास ने अहमदाबाद में एक सुन्दर जैन मन्दिर भी बनवाया, जिस पर आपत्ति नहीं की गयी। 1651 में, जब श्री औरंगज़ेब गुजरात के राज्यपाल थे, उन्होंने इस मन्दिर के भीतर नमाज़ पढ़ने के लिए एक मेहराब (Niche) बनवा कर उसे मस्जिद में परिवर्तित कर दिया। यह गुजरात में नये बने मन्दिर तोड़ने की औरंगज़ेब की नीति का हिस्सा था, पर हुआ ऐसा कि शान्तिदास की शिकायत पर विख्यात विद्वान मुल्ला अब्दुल हमी ने निर्णय दिया कि शान्तिदास की सम्पत्ति हड़प कर ओरंगज़ेब ने शरिआ का उल्लंघन किया है, जिसके परिणामस्वरूप मस्जिद पवित्र नहीं रही। तब शाहजहाँ के आदेश से मेहराब बन्द कर दी गयी और मन्दिर शान्तिदास को सौंप दिया गया। शाही फ़रमान में आगे कहा गया कि मन्दिर से जो सामग्री उठायी गयी हो, उसे वापस दे दिया जाये ओर जो खो गयी हो, उसकी क्षतिपूर्ति कर दी जाय।

इतिहासकारों का एक वर्ग यह मानता है कि नये मन्दिरों पर रोक ''इस्लाम की प्रमुख धर्म के रूप में प्रभावी घोषणा थी, हिन्दू धर्म का दमन नहीं।'' इसी तर्क के समर्थन में आगे कहा जाता है कि अनेक आलीशान मस्जिदों का निर्माण, दिल्ली की जामा मस्जिद को मिला कर, और ताज महल, जो एक प्रकार से ''स्वर्ग के मुस्लिम विचार का रूपायन'' है, यह दर्शाता है कि शाहजहाँ इस्लाम की शक्ति तथा प्रताप पर बल दे रहे थे। हिन्दू धर्मस्थलों के प्रति यह सामान्य सहनशीलता चलती रही। वृंदावन के वैष्णव मन्दिरों को दिये जाने वाले अनुदान का पुष्टीकरण हुआ। इससे भी महत्त्वपूर्ण यह राजकीय आदेश है कि ''मन्दिर का घड़ियाल बजने दिया जाय, क्योंकि बड़ी संख्या में हिन्दू आराधक और भिक्षुक अपने चलन के अनुसार दैवी प्रार्थना में लीन होते हैं।''

मुस्लिम कट्टर पक्ष शेख़ अब्दुल हक़ और शेख़ अहमद सिरहिन्दी के नेतृत्व में एकजुट हो गया था, जो इस्लामी विधिशास्त्र (Jurisprudence) और धर्मतत्व (Theology) के प्रकांड पंडित थे और शरिआ के सख़्त अनुपालन पर सख़्त बल देते थे। दोनों की राजनीतिक कार्यावली थी, जिसे वे दरबार के प्रमुख सामन्तों को अपने समर्थन चक्र में लाते हुए व्यवहार में परिणत करना चाहते थे। उनकी प्रमुख माँगें यह थीं—

1. हिन्दुओं का अपमान तथा दमन, जिसका अभिप्राय मन्दिर विनष्टि है। हिन्दुओं का सामाजिक बहिष्कार, राज सेवा में उनका निषेध और यदि ऐसा न हो सके, तो उन पर अविश्वास किये जाना;
2. मुसलमानों की श्रेष्ठता के प्रतीक जज़िया की पुनर्व्यवस्था, ताकि विधर्मियों का शर्मभरा अपमान हो सके;

3. उन सभी प्रथाओं एवं चलनों की समाप्ति, जो शरिआ की परिधि में नहीं आतीं; भले ही उनका सम्बन्ध संस्कृति *(संगीत एवं चित्र-रचना पर निषेध)*, नैतिकता *(मदिरा निषेध)* या सामाजिक प्रथाओं *(तुलादान, झरोखा दर्शन आदि)* से हो।

जहाँगीर की तरह शाहजहाँ ने भी ये लगभग सभी माँगें अस्वीकृत कर दीं। उदार तत्त्व एकत्ववाद *(वहदत-अल-वजूद;* Monoism) के छत्र तले एकत्रित हो गये। इस प्रवृत्ति के संचालक चिश्ती संत तथा क़ादरी सन्त मियाँ मीर थे, जिनके साथ दारा शिकोह और जहाँ आरा की सशक्त उपस्थिति थी। मोटे रूप में शाहजहाँ इनमें से किसी एक की ओर उन्मुख नहीं हुए। शाहजहाँ ने एक प्रकार से समझौते का रास्ता अपनाया। अपने साम्राज्य को इस्लामी घोषित किया, शरिआ के प्रति श्रद्धा दिखाई, और अपनी निजी ज़िन्दगी में उसका पालन किया, पर अकबर द्वारा अपनाये तुला-दान, झरोखा-दर्शन जैसी उदार प्रथाओं का भी निषेध नहीं किया। शाहजहाँ का यह समझौता सिद्धान्त पर नहीं, अपनी कार्यसाधकता पर आधारित था। इससे कोई पक्ष सन्तुष्ट नहीं हुआ।

शाहजहाँ की दक्षिण नीति—इस बेहद पेचीदा एवं आधारभूत विषय को लेकर इतिहासकार शुरू से अभिभूत रहे हैं।

डॉक्टर जदुनाथ सरकार के अनुसार दक्षिणी राज्यों की अन्तर्भुक्ति 'मुग़ल नीति का निद्राहीन लक्ष्य' रही है, जो कालान्तर में 'मुग़ल साम्राज्य का स्पैनिश नासूर' बन गयी।

यह नीति विविध प्रशासनिक, आर्थिक, एवं रणनीतिक तत्त्वों द्वारा निर्धारित हुई, जिनका लक्ष्य मुख्यतः साम्राज्य की जड़ें और गहरे जमाना था। इसके लिए दक्षिण के विविध समुदायों के साथ अर्थभरे सम्बन्ध बनाने के प्रयास किये गये, जिस प्रक्रिया के प्रमुख अंग मुग़ल सामन्तों की व्यवहार प्रणाली, उनके निजी हित सरोकार तथा तीनों सुल्तानों *(गोलकुंडा, बीजापुर और अहमद नगर)* की अपनी व्यवहार शैली रही।

अकबरे-आज़म का सूत्रपात—इन सल्तनतों के साथ अकबर की कूटनीतिक प्रक्रिया मुख्यतः पूर्वेक्षण जैसी थी। उनका लक्ष्य व्यवसाय मार्ग पर पड़ने वाले गुजरात बन्दरगाहों की सुरक्षा थी। इतिहासकारों की मान्यता है कि अकबर का लक्ष्य दक्षिणव्यापी मुग़ल प्रभुत्व पर बल देना और अगर हो सके तो विधि सल्तनतों पर विजय पाना था, जिसका शुभ प्रारम्भ वह अहमद नगर से करना चाहते थे। अहमद नगर में राजनीतिक-धार्मिक कलह से मुग़लों को हस्तक्षेप का बहाना हिमल गया। परिणामस्वरूप 1596 की सन्धि से चाँद बीबी ने बरार सत्तान्तरित कर दिया और नये मान्य सुल्तान बुरहान निज़ाम शाह ने मुग़ल अधीनता स्वीकार कर ली, पर

विवाद चलते रहे। अन्ततः ख़ाने-ख़ाना के नेतृत्व में मलिक अम्बर को दो बार हराने के बाद 1601 में फिर एक सन्धि हुई। अकबर का लक्ष्य अहमद नगर को मुग़ल साम्राज्य का हिस्सा बनाना नहीं था। अहमद नगर के पतन के बाद मलिक अम्बर और राजू दकनी की साझा चुनौती के साथ दकन में मुग़लों की सैनिक और कूटनीतिक अवस्था की कमज़ोरी स्पष्ट हो गयी, जिनका कारण प्रमुखतः मुग़ल सामन्तों की पारस्परिक ईर्ष्या थी। अकबर समझ गये, पर उनके ख़ुद दकन आये बिना कुछ हो नहीं सकता था, जिस उपाय के लिए उस समय वह प्रस्तुत नहीं थे।

तभी सलीम का विद्रोह हो गया और अकबर ने कूटनीतिक कौशल से स्थिति सँभालने की कोशिश की। मध्य युग में राजनीतिक विवाह बहुत कारगर माना जाता था।

इतिहास दुहराता है स्वयं को उर्फ़ राजनीतिक विवाह की कूटनीति!

ठीक दो सौ बरस बाद बिल्कुल यही समस्या घटना-क्रम के अन्तर के साथ औरंगज़ेब के सामने आयी, जब शहज़ादे अकबर असफल बग़ावत के बाद मराठों के शरणार्थी हो दकन भाग गये। अपने अनुभव से तत्रभवान् जानते थे कि अगर वह ख़ुद दक्षिण नहीं गये, तो मुग़ल सिपहसालार युद्ध की अतिरिक्त आय के आकर्षण तथा निष्ठान्यूनता से दिल्ली का लक्ष्य पूरा करने में बराबर कोताही बरतेंगे। इसलिए वह स्वयं दक्षिण गये और 26 बरस बाद जब चले, तो दिल्ली लौटने के लिए नहीं, बल्कि ऊपर जाने के लिए!

अकबरे-आज़म ने समझ लिया था कि बीजापुर दक्षिण राजनीति की कुंजी है। इसलिए उन्होंने इब्राहीम आदिल शाह द्वितीय और गोलकुंडा के क़ुत्ब शाह को भी आश्वासन दिया कि मुग़ल छत्र को सम्पूर्ण आधित्पय में बदलने का उनका विचार नहीं और इस नेक मंशा के विस्तार के रूप में उन्होंने इब्राहीम आदिल शाह की पुत्री का हाथ राजकुमार दनियाल के लिए माँगा। यह विवाह हुआ पर दनियाल का जल्दी ही देहान्त हो गया और दुर्भाग्य से अकबर का भी, इसलिए इस विवाह का राजनीतिक लाभ नहीं मिल सका।

राजनीतिक विवाह से सम्बन्धित दुर्भाग्य ने औरंगज़ेब को भी नहीं बख़्शा। उन्होंने भी दकन समस्या का एक निदान दो राजवंशों के गठबन्धन में ढूँढ़ लिया। महामहिम ने भीगी आँखों वाले ज़बर्दस्ती बनाये गये समधी गोलकुंडा सुल्तान अब्दुल्ला क़ुत्ब शाह की सिसकती बेटी पादशाह बीबी साहिबा का हिना-लगा हाथ अपने बेटे सुल्तान के हाथ में दे दिया, पर दो बरस बाद क़ुत्ब राजवंश के विद्रोही दामाद सलीमगढ़ के अँधेरों में पहुँच गये। दिल्ली और गोलकुंडा के दो-दो राजसिंहासनों पर अपने युवराज को देखने का आलमगीरी ख़्वाब चाँदनी चौक का लतीफ़ा बन कर रह गया।

"तुमने सुना मसख़रे मियाँ?" ख़ैराती ने पुकार लगायी।

"क्या?"

"वली-अहद कहाँ पहुँच गये?"

"कहाँ?"

"ताज के ख़्वाब की कब्रगाह में"

"सुल्तान तो शुजा की बेटी पर निसार थे। ताज-वाज का कोई ख़्वाब नहीं था उनकी आँखों में"—

"जो भी हो। नतीजा तो सिफ़र रहा। गुलरुख़ *(शाह शुजा की बेटी, जिनसे सुल्तान का अगाध प्रेम था।)* भी गयी और नगीना-ए-दकन भी!"

जहाँगीर की बारी—इतिहास बार-बार साबित करता है कि जब-जब मुग़ल सम्राट उत्तर भारत में प्रतिकूल परिस्थितियों से घिरने लगता है, दक्षिण की तीनों सल्तनतों के तेवर बदलने लगते हैं।

इसलिए अपनी ताजपोशी के साथ ही जहाँगीर को अन्दरूनी आपदाओं से सन्त्रस्त, मुग़ल शस्त्र की दक्षिण में असफलता और मलिक अम्बर की सफलता से तीनों दक्षिणी सल्तनतों में सबसे विशाल और सबसे सुप्रशासित बीजापुर स्वभावतः अपने मुग़ल रुख़ में संशोधन करने लगा। इब्राहीम आदिल शाह ने मलिक अम्बर से गठजोड़ कर लिया, ताकि मुग़लों को अहमद नगर के उन क्षेत्रों से खदेड़ा जा सके, जिन पर उन्होंने क़ब्ज़ा जमा लिया था। इन दोनों ने क़ुत्ब शाह को भी युद्ध कोष में सोलह लाख हूण देने के लिए राज़ी कर लिया। इस तरह मुग़लों के ख़िलाफ़ साझा मोर्चा खुल गया, जिसकी अत्यन्त महत्त्वपूर्ण विशेषता यह थी कि बड़ी संख्या में मराठे सैनिक भी शामिल हो गये। यह ऐतहासिक सेहरा अम्बर के सिर पर है। इसी तरह दक्षिण में मराठों की महत्ता समझने और उसे रेखांकित करने का श्रेय जहाँगीर को जाता है, जिन्होंने घोषणा की कि "उस देश में प्रतिरोध का केन्द्र मराठा सरदार हैं।" तदनुसार जहाँगीर ने मराठों को अपने शिविर में लाने के प्रयास किये, जिनमें उन्हें आंशिक सफलता मिली। कुछ वर्षों की अवधि में दो युद्धों में मुग़लों को विजय मिली, पर जहाँगीर ने 'दक्षिणी यथार्थ' का ध्यान रखते हुए अकबरे-आज़म के 'मुग़ल छत्र' वाली 1600 की सन्धि को ही अपनी दक्षिण नीति का आधार बनाये रखा।

मलिक अम्बर—मलिक अम्बर सुलझे हुए राजनीतिक विचारक और रणनीतिक सूझ-बूझ वाले पराक्रमी थे। दक्षिण की स्वतन्त्रता और निज़ाम शाही राजवंश की प्रभुसत्ता के इस प्रबल परोकार ने पेचीदा राजनीतिक स्थिति का उपयोग ऐसे किया कि वह दक्षिणी राजनीतिक मंच पर केन्द्रीय आलोक-वृत्त में आ गये। अपनी दुर्दम्य महत्त्वाकांक्षा के कारण बीजापुर के साथ उनका टकराव हुआ, जो मुग़लों के विरुद्ध

दकनी सल्तनतों के साझा मोर्चे के अन्ततः विघटन का कारण बनी। उन्होंने 1600 की सन्धि का सम्मान और पालन करने से साफ़ इन्कार करते हुए निरन्तर लड़ाइयाँ लड़ीं। इसी कारण वह सल्तनत विलुप्त हो गयी, जिसकी सुरक्षा एवं संवर्द्धन उनका लक्ष्य था। मलिक अम्बर की प्रमुख देन दूसरी और ऐतिहासिक थी। मराठे साहस तथा गर्व के धनी तो जन्मजात थे। अब मलिक अम्बर ने उनकी सेनाओं को रणकौशल की बारीक़ियों का प्रशिक्षण देते हुए उन्हें आत्म-विश्वास से परिचित करवाया, जो अनुभव से कालान्तर में दिन दूना रात चौगुना ऐसे फला-फूला कि उन्होंने अक्षौहिणी मुग़ल सेना के छक्के छुड़ा दिये।

मंच पर शाहजहाँ का प्रवेश—सिंहासनारोहण के साथ ही शाहजहाँ मुग़लों की दक्षिण नीति पर पुनर्विचार करते हुए पाये गये। बालाघाट और अहमद नगर तक के क्षेत्र का छिनना, मुग़ल द्रोही ख़ाने-जहाँ लोदी को दक्षिण में शरण मिलना और अम्बर के बेटे के नेतृत्व में निज़ाम शाही आक्रामकता में तेज़ी—ऐसी सूरते-हाल की वजह से ज़िल्ले-सुब्हानी ख़ासे उद्वेलित हो गये और इस निष्कर्ष पर पहुँचे कि अहमद नगर समस्या का दो टूक हल निकाले बिना दक्षिण में उन्हें शान्ति नहीं मिल सकती।

1636 की ऐतिहासिक सन्धि—बीजापुर के हस्तक्षेप के बावजूद अहमद नगर के विरुद्ध मुग़ल सैन्याभियान सफल रहा और दौलताबाद का पतन हो गया। बीजापुर दरबार ने जैसे ही मुग़ल सेना की पास आती हुई आहट सुनी, मुग़लविरोधी दल को मुग़ल समर्थक तत्त्वों ने उखाड़ फेंका और मुरारी पंडित वा उनके संरक्षक, ख़वास ख़ाँ की तुरन्त हत्या कर दी गयी। अब बीजापुर को मुग़लों द्वारा प्रस्तावित सुरक्षा सन्धि मन्ज़ूर करनी ही थी, जिसके अनुसार बीजापुर एवं अकबराबाद के बीच अहमद नगर का बँटवारा हो गया। तदनुसार बीजापुर ने बड़ी हद तक दक्षिण में मुग़ल उपस्थिति मन्ज़ूर कर ली। उसने यह मान लिया कि वह गोलकुंडा के साथ छेड़छाड़ नहीं करेगा, जो मुग़लों का गठबन्धी बनते हुए सालाना ख़िराज का भुगतान और ख़ुत्बे वा सिक्के में मुग़ल सम्राट का नामोल्लेख स्वीकार कर चुका था। इस तरह इस सन्धि से दक्षिण में मुग़लों की राजनीतिक स्थिति मज़बूत हुई। इससे जहाँ एक ओर विविध दक्षिणी सल्तनतों के बीच और इन सल्तनतों वा मुग़लों के बीच शान्ति की आशा बनी, वहीं अब दक्षिण में मुग़ल विस्तार पर भी रोक लग गयी। कालान्तर में यह सिद्ध हो गया कि 1636 की यह सन्धि मुग़लों के लिए उतनी लाभकारी नहीं रही, जितनी इन सल्तनतों के लिए। कैसे और क्यों, नाट्यचतुर्थी के प्रथम भाग में यह विवेचित हो गया है और गोलकुंडा एवं बीजापुर पर 1656 और 1657 में मुग़ल आक्रमण तथा 1657 की बीजापुर सन्धि भी। वस्तुतः इन दो संघर्षों को लेकर इतिहासकारों ने यथेष्ट चिन्तन किया है कि आख़िर शाहजहाँ

और दारा शिकोह चाहते क्या थे? निष्कर्ष कुछ ऐसा निकलता है कि दोनों सल्तनतों को लेकर शाहजहाँ के लक्ष्य अपेक्षाकृत सीमित रहे। पूरे स्वामित्व पर विचार किया ज़रूर था, औरंगज़ेब को अनुमति भी दे दी थी, पर फिर विचार बदल दिया। क्या औरंगज़ेब की शक्ति बहुत बढ़ जाने के डर से? अगर इस निर्णय-परिवर्तन में दारा की कोई भूमिका थी और अगर थी तो कितनी, इसका साक्ष्य नहीं मिलता।

औरंगज़ेब—दकन सूबेदार की हैसियत से औरंगज़ेब दक्षिण में 'आक्रमण नीति' के हिमायती रहे थे। बीजापुर के अली आदिल शाह के देहान्त के बाद औरंगज़ेब के सामने तीन विकल्प थे—

(1) दक्षिण में बिल्कुल तटस्थता—चाहे शिवाजी अकेले या गोलकुंडा के सहयोग से बीजापुर पर क़ब्ज़ा कर लें, या

(2) मराठा छापों के विरुद्ध बीजापुर को सहारा देना—अगर उसे मुग़ल सहारे से परहेज़ हो, तब भी—और इसके लिए बीजापुर दरबार में ग्रहणशील गुट ढूँढ़ना या बनाना और इस अभियान में गोलकुंडा की मदद लेना, या

(3) बीजापुर और गोलकुंडा पर पूरा क़ब्ज़ा

औरंगज़ेब ने दूसरा विकल्प चुना। कालान्तर में जब वह पूरी तरह समझ गये कि मराठों को कुचलने में उन्हें किसी दक्षिणी सल्तनत का सहयोग नहीं मिलेगा, तो उन्होंने तीसरा विकल्प अपना लिया। इसके पीछे चरमराती हुई जागीरदारी व्यवस्था थी, पर जल्दी ही स्पष्ट हो गया कि दोनों सल्तनतों का विलयन जितनी समस्याएँ सुलझाता है, उनसे ज़्यादा खड़ी कर देता है। डॉक्टर सतीश चन्द्र ने इसकी गहन विवेचना करते हुए दो महत्त्वपूर्ण सवाल उठाये हैं—बीजापुर और गोलकुंडा के विवादग्रस्त क्षेत्रों पर मुग़ल क़ब्ज़ा और मराठा दमन में उनके पक्के सहयोग के साथ क्या दोनों को मुग़ल अधीनता वाली कमतर हैसियत में छोड़ देना बेहतर होता? दूसरे; क्या इससे मराठा विस्तार में कमी या उस पर रोक लग जाती?

वली-अहद मुअज़्ज़म शाह आलम की यही मान्यता थी कि दोनों सुल्तानों को कर्नाटक के पुराने क्षेत्रों के प्रशासन के साथ उनके सिर पर रखे छोटे ताज छोड़ देना चाहिए, पर इस पर भड़क कर आलमगीर ने शाह आलम को द्रोही घोषित कर जेल में डाल दिया। महामहिम के अपने तर्क थे। 1656 से ही कोरोमंडल की पूर्व तटीय पट्टी विदेशी व्यापार की और पूरा दक्षिण सूत उत्पादन का केन्द्र बन चुका था। साथ ही ज़िल्ले-सुब्हानी यह नहीं चाहते थे कि इस क्षेत्र में सक्रिय यूरोपीय व्यावसायिक मंडलियाँ अपनी शक्ति बढ़ाने के लिए छुट्टा छोड़ दी जाएँ, लेकिन दोनों सल्तनतों के सम्पूर्ण आधिपत्य के विचार से दरबार स्तब्ध रह गया। असद ख़ाँ एवं ज़ुल्फ़िक़ार ख़ाँ जैसे सर्वप्रमुख सामन्त सम्राट की बुद्धिमत्ता पर शंका करते पाये गये। अकबराबाद और शाहजहाँनाबाद की पुश्तैनी आलीशान हवेलियों

में रहने वाले सामन्तों की दृष्टि में, जो दक्षिण की द्रौपदी-चीर समान अनन्त युद्ध-शृंखला से परम सन्त्रस्त हो चुके थे, कर्नाटक की ऐसी महत्ता क्यों होती? सबकी मान्यता थी कि सब कुछ जीतने की महामहिम की विस्तारवादी नीति उनके अपने शिविर में ही सवालों से बिंधते हुए छलनी हो रही है। जिंजी पर घेरा डाले ज़ुल्फ़िक़ार तत्काल स्लो मोशन की स्थिति में आ गये। ऐसे वातावरण में अफ़वाहों का बाज़ार गर्म होना स्वाभाविक था, जैसे मराठे जल्दी ही बीजापुर वा गोलकुंडा को जीत लेंगे और औरंगज़ेब की आख़िरी हिचकी के साथ उन्हें दोनों अपदस्थ सुल्तानों को सौंप देंगे। सामन्त वर्ग का मानना था कि तत्रभवान् की ऐसी सर्वव्यापक प्रभुसत्ता की आकांक्षा असंगत है और इस कारण जो संगत प्रभुसत्ता अभी सुलभ है, वह उसे भी खतरे में डालते जा रहे हैं। स्थिति पर उनका नियन्त्रण नहीं रहा, न वह सामन्त वर्ग का पावना दे रहे हैं और न कृषक समुदाय की सुरक्षा कर पा रहे हैं।

दक्षिण में औरंगज़ेब के अपनी हैसियत पुख़्ता न कर पाने के पीछे एक बड़ा कारण है कि वह मराठा आन्दोलन की प्रकृति नहीं समझ सके। वह शिवाजी को 'ऊपर उठने की आकांक्षा वाला मामूली सरदार' (Upstart) मानते थे और उनके वंशजों को दबा कर रखना ही उपयुक्त समझते थे। शिवाजी का परिवार राजपूतों के समान पीढ़ियों से मुकुटधारी नहीं था; औरंगज़ेब के अनुसार शिवाजी ''ऊँची जाति के राजपूत'' भी नहीं थे! *(कैसा हास्यास्पद तर्क है!)* इस पूर्वाग्रह के कारण महामहिम ने शिवाजी के साथ गठबन्धन को बिल्कुल अप्रतिष्ठित माना। इसीलिए अकबराबाद में शिवाजी के आगमन पर परम विनाशकारी *(महामहिम के लिए—हालाँकि तब वह यह नहीं समझे थे।)* महानाटक घटित हुआ।

फिर महाभूल—1689 में जब शम्भाजी महामहिम के हत्थे चढ़ गये, तब ''सदा सही होने वाले'' आलमगीर ने दूसरी बार साबित किया कि दक्षिण में लम्बा अर्सा गुजारने के बावजूद वह मराठा चरित्र का क, ख, ग भी नहीं जानते। शम्भाजी का क्रूर वध करते हुए महामहिम परम प्रमुदित पाये गये। उन्हें पूरा विश्वास था कि उनकी नृशंसता देख कर मराठों के दिल ऐसे दहल जाएँगे कि रोज़े-क़यामत तक उनकी मुग़लों के सामने चूँ करने की हिम्मत नहीं होगी। किसी स्वीकारयोग्य कप्तान के बिना मराठा आन्दोलन बालू के महल की तरह धसक जाएगा और वह संत्रस्त बन्दी शाहू पर धड़ल्ले से अपनी शर्त थोप सकेंगे। शमशीर की पैनी धार के पैरोकार ने नहीं समझा कि दूर तक व्यापक आन्दोलन जन-मानस में अपना दृढ़ाधार बना चुका है। इसीलिए 1700 में वह राजाराम की विधवा ताराबाई के साथ सन्धि करने से हिचकिचाते रहे और शाहू के साथ 1703 में। *(अगर कर लेते तो तत्रभवान् शाहजहाँनाबाद लौट कर क़िला-ए-मुबारक में अपने द्वारा बनवायी गयी मोती मस्जिद में एक बार इबादत कर अपने मन की पहली मुराद पूरी कर लेते*

और तब की प्रदूषणहीन वायु में साँस लेते हुए कालान्तर में दूसरी भी—जुमे के पाक दिन आख़िरी हिचकी लेकर!)।

सबसे ख़तरनाक-आलमगीर हठ!

चाँदनी चौक में मसालेदार चाट खाते हुए मसख़रे दोस्त ने टिप्पणी की, ''लोक-विख्यात त्रिया हठ, प्रिया हठ और राज हठ के बाद आलमगीर हठ कोटि भी बनना चाहिए, जो राजहठ के साथ संयुक्त होते हुए दुहरी गहनता उपलब्ध कर लेती है!'' समुद्रगुप्त के बाद देश के सबसे बड़े साम्राज्य का सम्राट अपनी आयु के पूरे नवें दशक में मराठों के एक-एक क़िले पर मुग़ल ध्वजा फहराने के लिए एक लाख से अधिक की सेना का नेतृत्व बज़ाते-ख़ुद करते हुए हास्यास्पद बन रहा था—और वह भी करुण रूप से!

दोषी प्रशासनिक व्यवस्था—डॉक्टर सतीश चन्द्र ने अपने शोधलेख में कहा है कि औरंगज़ेब भारतीय भूसम्पदा-विषयक सम्बन्ध समझने में असमर्थ रहे, विशेषत: ज़मींदारों और भूस्वामित्व वर्गों *(ख़ुदकाश्त; फ़ारसी प्रलेखों में 'रिआया', महाराष्ट्र में 'मिरासदार')* के बीच। मराठा भूस्वामित्व वर्गों और ज़मींदारों के अपने क्षेत्र में ग़ैर-मराठा ज़मींदारों *(रेड्डी, बेराड, वेलमा आदि)* के साथ आत्मीय सम्बन्ध थे। ये महत्त्वपूर्ण तत्त्व मुग़लों को शुरू से ही दक्षिण में बाहरी समझते थे; फिर नीम-चढ़े करेले की तरह जब मुग़लों ने इनकी उपेक्षा भी की, तो इनके लिए मुग़लों के विरोधियों के साथ संलग्न होने का रास्ता सहज खुल गया।

औरंगज़ेब ने दक्षिण में उत्तर का प्रशासनिक ढाँचा लागू करने का प्रयास किया था, जिसमें देशमुख, ज़मींदार, मुनीवर, मुकद्दम जैसे अनुलाभ घटा दिये गये थे। इससे ग्रामीण क्षेत्रों में स्वभावत: प्रशासनिक पकड़ कमज़ोर हो गयी। जागीरदारों और फ़ौजदारों के बीच राजस्व एवं प्रशासनिक दायित्व बाँट दिये गये। इससे अपनी जागीर से आवंटित पावना वसूल करने की जागीरदार की क्षमता घट गयी—उसके पास शस्त्र-शक्ति तो थी ही नहीं।

ऐसा तब हुआ जब विविध कारणों से मनसबदार के लिए घटे हुए मासिक वेतन-मान पर निर्धरित अश्वारोही सैनिक-संख्या बनाये रखना सम्भव नहीं था। फलस्वरूप विधिहीनता ख़ूब फली-फूली और केन्द्रीय सत्ता कृषक समुदाय को उनके स्थनीय दमनकर्ताओं और भ्रष्ट अधिकारियों से बचाने में अक्षम हो गयी। सिर्फ़ इतना ही नहीं, शाही कारकून *(मुतसी)* जागीरदारों, विशेषत: छोटे, पर मनमाने उपकर *(अबवाब; Cess)* लगाने और फ़ालतू संगीन जगहों पर उन्हें तबादले में फेंकने लगे; बिना पूर्वसूचना के दाग़ लगाने के लिए आकर अश्वों की कमी पकड़ने लगे; आदि।

इस तरह जागीरदारी व्यवस्था का बेहद गहन संकट मराठा गतिविधियों और बीजापुर—गोलकुंडा जीतने के दक्षिण अभियान के साथ घुलमिल गया। औरंगज़ेब के जीवन का अन्तिम भाग और उनके परवर्तियों का पूरा शासन-काल इन गहन संकटों का समिश्रण है। मराठा शक्ति के आक्रामक विकास *(राजपूतों के समान न तो उनका समावेशीकरण हो सका और न उन्हें पराजित किया जा सका।)* और जागीरदारी व्यवस्था की समस्या ने प्रशासन के सभी पक्षों को क्षयग्रस्त करते हुए साम्राज्य को जर्जर बना दिया।

अब यह स्पष्ट था कि परिणति होगी खंड-खंड पाखंड पर्व! प्रश्न सिर्फ़ यह था—कितना समय और लगेगा?

अनुभाग 9

सत्ता-संघर्ष में राजसी और निजी अन्तर का विलोपन

कल मेरे पास नब्बे हज़ार की सेना थी
आज तलबगार हूँ एक गगरी पानी का

—आगरा क़िले की घेराबन्दी में औरंगज़ेब द्वारा जल-स्त्रोत बन्द कर देने पर प्यासे शाहजहाँ

जो बोया है, वह काटिए।

—औरंगज़ेब

उत्तराधिकार समर की संघर्ष भेरी—शाहजहाँ दारा शिकोह को औपचारिक रूप से अपना उत्तराधिकारी घोषित कर चुके थे और सामन्तों को इस निर्देशपालन की आज्ञा दे चुके थे। फिर भी शाहजहाँ ने यह कैसे समझ लिया कि दारा का सिंहासनारोहण बाक़ी तीनों बेटे स्वीकार कर लेंगे, जिनके पास अपने-अपने प्रदेश में सेना और दरबार में सामन्तो का प्रत्यक्ष-अप्रत्यक्ष समर्थन था? दारा-औरंगज़ेब के बीच का तनाव पिछले कुछ वर्षों से दरबार और चाँदनी चौक में चर्चा का विषय बना हुआ था। शाहजहाँ शायद इसलिए बेबस रहे कि करते भी तो क्या? बाक़ी तीनों बेटों को ख़तरा बनने से किस तरह रोकते? बन्दी बनाना और उनकी हत्या करवाने का विकल्प नहीं अपना सकते थे, इसलिए पितारूप में अपने आदेश का सहारा लिया। पिता की यह तुरुप चाल उन्होंने आख़िर तक चली। इसीलिए उत्तराधिकार युद्ध की पहली कड़ी धर्माट के वास्ते मनानीत सेनापति जसवंत सिंह को उन्होंने आदेश दिया कि दोनों विद्रोही बेटों—औरंगज़ेब एवं मुराद—के साथ नर्मी बरती जाय, क्योंकि शाहजहाँ को विश्वास था कि मुग़ल सेना देख कर दोनों भटके महत्त्वाकांक्षी दिल्ली की ओर दंडवत करते हुए अपने-अपने प्रदेशों को प्रत्यार्पण कर देंगे! ख़ुर्रम ने यह नहीं सोचा था कि जहाँगीर की तुरुप चाल को क्या उन्होंने (ख़ुर्रम यानी शाहजहाँ

ने) मान्यता दी थी? महाबत ख़ाँ की सेना देखकर क्या ख़ुर्रम ने जहाँगीर की दिशा में दण्डवत करते हुए शस्त्र-समर्पण कर दिया था? इतिहास जब अपने को दुहराता है, तो करुण एवं हास्यास्पद हो जाता है, हालाँकि यहाँ स्थिति थोड़ी भिन्न थी। ख़ुसरो को अन्धा कर दिए जाने के बाद ख़ुर्रम के सामने कोई भाई चुनौती देने योग्य नहीं बचा था।

परवेज़ ने दकन में यहाँ-वहाँ उनका पीछा कने का स्वांग ज़रूर दिखाया, क्योंकि विद्रोही भाई *(ख़ुर्रम)* के पास सैनिक-शक्ति नाम के लिए थी, लेकिन निजी गुणों में परवेज़ ख़ुर्रम के सामने कहीं नहीं टिकते थे। ख़ुर्रम का विद्रोह एक तरह से नूर जहाँ के प्रति था और औरंगज़ेब का एक तरह से दारा शिकोह के प्रति। दक्षिण से उत्तर तक की यात्रा औरंगज़ेब एवं मुराद ने यह कहते हुए की कि शाहजहाँ चल बसे और दारा उनके नाम पर राजदंड हड़प बैठे हैं, पर दारा स्वयं सम्राट द्वारा औपचाकि उत्तराधिकारी बना दिये गये थे, इसलिए अगर दारा शाहजहाँ की मुहर का व्यवहार कर भी रहे थे, तो युवराज होने के नाते यह वैध था। तभी गुजरात के राज्यपाल, स्वयं औरंगज़ेब के ससुर, शाहनवाज़ ख़ाँ ने कहा कि वह दारा को ही अगला सम्राट मानते हैं। अगर तर्क के लिए यह मान भी लिया जाय कि औरंगज़ेब का मानना सही था—शाहजहाँ का देहान्त हो चुका था—तो धर्माट की लड़ाई से पहले ही शाही सेना के सेनापति को देख और सुनकर उनका यह भ्रम दूर हो जाना चाहिए था। मान लें, भ्रम अभी तक बना हो, तो उत्तराधिकार युद्ध की दूसरी कड़ी सामूगढ़ थी। तब हर तरह से स्पष्ट था कि शाहजहाँ सही-सलामत हैं। अगर दारा को कोई चुनौती देना ही चाहता है, तो ऐसा अभी नहीं, शाहजहाँ के देहान्त के बाद ही होगा। तभी स्वयं जहाँ आरा ने औरंगज़ेब को पत्र लिख कर वापस लौटने का निर्देश दिया था। औरंगज़ेब ने इसे अनसुना कर दिया। सिंहासनारोहण के बाद जब महामान्य ने यह देखा कि उनका तर्क काम नहीं कर रहा है, तो उन्होंने धर्म-सुरक्षा की चाल चली, पर शाहजहाँ युग में धर्म पर कोई आँच नहीं आयी थी और सब मानते हैं—और इस बात के प्रमाण हैं—कि दारा सौ फ़ी सदी मुसलमान थे, हालाँकि कर्मकांड के पक्षधर नहीं थे।

संकट की चरम सीमा—शाहजहाँ की बीमारी के दौरान जब शहज़ादों में सत्ता-संघर्ष तेज़ हुआ, तब स्वभावतः चारों दावेदारों—दारा शिकोह, शाह शुजा, औरंगज़ेब, और मुराद बख़्श—की रणनीति यही थी कि विभिन्न खेमों के अधिकाधिक सामन्तों को अपने पक्ष में कर लिया जाय। अतिरिक्त दूरदर्शी होने के कारण औरंगज़ेब की रणनीति यह थी कि दारा के ख़िलाफ़ तीनों भाई एकजुट हो जाएँ। मुराद के साथ उनकी सन्धि हो गयी।

मुराद बख़्श के नाम औरंगज़ेब का पत्र—''इस मुकाम पर ख़ुशहाल अन्जाम

नज़दीक़ है और दौरे—ख़ुशनसीबी का आग़ाज़ हो रहा है, कामयाबि-ओ-कामरानी *(समृद्धि)* का आफ़ताब निकल रहा है, हुकूमत पर छाए स्याह अब्र छँटने लगे हैं, चूँकि सच्चे अक़ीदे के परचमबरदार आन पहुँचे, जो इस्लाम के लगातार खिलते हुए गुलशन से ख़ारे-तहरियत *(नास्तिकता)* उखाड़ फेंकेंगे और मुलहिदों *(विधर्मी)* के सरगना *(दारा)* का अपने संगियों के साथ ख़ात्मा कर दिया जाएगा। यह कलह की ग़र्द भी छँट जाएगी और हमारे अज़ीम पुरखों की जंगजनी-ए-पाक से तामीर हुई यह सल्तनत, जो कुफ्र की पनाहगाह बन गयी थी, अब फिर से जन्नत में तब्दील हो जाएगी और अक़ीदतमन्द उन पुरखों की यादों को सिजदे करेंगे।

ज़िन्दगी जैसे अज़ीज़, निहायत दानिशमन्द, ख़ुशनसीब हमारे बिरादर ने हमारी इस मुहिम में शिरकत के हलफ़नामे पर क़समे-पाक से मुहरबन्दी की है, जो एक तरह से उनके तईं ग़ैबी हिमायत का अन्जाम है। वो मानते हैं कि हमारे मज़हब वा हुकूमत के दुश्मन को उखाड़ फेंकने औ क़ानूनो-तरतीब की बहाली के बाद हमारे तईं उनका लगाव वा ज़ज्बा जैसे का तैसा बरक़रार रहेगा और वो हमेशा हमारे रफ़ीक़ वा हमक़दम बने रहेंगे, हमारे दोस्तों के दोस्त रहेंगे और दुश्मनों के दुश्मन। वो कभी हमारी मर्ज़ी के ख़िलाफ़ नहीं जाएँगे और अभी हमने ख़ुशी-ख़ुशी उनके साथ सल्तनत के जिन हिस्सों की तक़सीम का फ़ैसला किया है, उससे मुत्मइन रहेंगे और कभी ज़्यादा की दरख्वास्त नहीं करेंगे।

इस तरह अपने नेक बिरादर के लिए बेपनाह ख़ुलूसो-रहमत के साथ हमारी क़लमे-मुबारक से यह तहरीरबन्द हुआ कि जब तक हमारा भाई हमारे फ़ायदे को अपना फ़ायदा और हमारे नुक़सान को अपना नुक़सान तस्लीम करेगा; ऐसी कोई हरकत अन्जाम नहीं देगा, जो हमारी दोस्ती वा क़रार के ख़िलाफ़ जाती हो, तब तक हमारे दिल में उसकी ख़ातिर मुहब्बत का रोज़ाना इज़ाफ़ा होता जाएगा। जिस ख़ुलूसो-रहमत का अभी हम ऐलान कर रहे हैं, वो क़ाबिले-नफ़रत मुलहिद की बरबादी के बाद न सिर्फ़ बरक़रार रहेगी, बल्कि उसमें इज़ाफ़ा भी हो सकता है। हम अपने अज़ीज़ भाई को लाहौर, काबुल, काश्मीर, मुल्तान, भक्खड़, थट्टा और ईरानी खाड़ी तक का हिस्सा बग़ैर किसी झिझक के बख़ुशी अता फ़र्माते हैं और जैसे ही गुलशन-ए-सल्तनत से कलह वा फूट के काँटे उखाड़ दिये जाएँगे, हमारे अज़ीज़ बिरादर अपनी हुकूमत सँभालने के लिए भेज दिये जाएँगे। हम एक लम्हा भी उन्हें बेकार नहीं रोकेंगे।

हमारे दस्ते-मुबारक के छापे के साथ हमारा करार मुहरबन्द किया जाता है; परवरदिगार उसके गवाह हैं।

यह जान कर कि तुम्हारा मक़सद क्या है, मुझे बेइन्तिहा सुकून मिला। अपने दिल में रत्ती भर शक को जगह न दो। इंशा अल्लाह, हमारा क़रार जैसे का तैसा तब्दील-ए-अमल होगा।''

यह बेहद शातिर पत्र है—कुटिल शरारत, दम्भ और विनाशकारी बड़प्पन से भरा। अगर मुराद में पंक्तियों के बीच पढ़ने की सामर्थ्य होती, तो वह अपने आगामी विनाश की छवि देख सकते थे—पर अगर ऐसी सामर्थ्य होती, तो वह परम प्रिय भ्राता के साथ सन्धि करते ही क्यों!

शाह शुजा के नाम औरंगज़ेब का पत्र—औरंगज़ेब ने लम्बे समय तक शाह शुजा को पटाने की जी-तोड़ कोशिश की। शुजा उनसे आयु में बड़े थे, इसलिए अगर काई सन्धि होती भी, तो उसमें राजधानी और किरीट तो शुजा के ही हिस्से में आता। मुराद जैसी शर्तें तो वह स्वीकार नहीं कर सकते थे। औरंगज़ेब का लक्ष्य यह था कि किसी तरह पहले दारा को दरकिनार कर दो। ताज अगर शुजा के सिर पर आ जाता है, तो यह भी मन्ज़ूर है। शुजा के सिर से ताज छीनने को सारी ज़िन्दगी पड़ी है। किसी तरह छीन ही लेंगे।

"ज़िन्दगी जैसे अज़ीज बिरादर, हालते-मौजूदा को लेकर मुराद भाई और मेरे दरम्यान जो ख़तो-किताबत हुई है, उसके कुछेक अहम पहलू इस तरह हैं।

मुराद का कहना है कि हमें अपने दुश्मन *(दारा)* को तैयारी की मुहलत नहीं देना चाहिए, चूँकि अगर रैयत को उनसे लगाव हो गया, तो उनको उखाड़ना मुश्किल हो जाएगा। चुनाँचे हमें एक दिन तय करना चाहिए, जब हम तीनों आगरे को कूच कर दें और तयशुदा मुकाम पर अपनी इकट्ठी फ़ौज के साथ मिलें।

ऐसी हिक्मते-अमली मुनासिब है, लेकिन हुआ ये कि उस न टाले जा सकने वाले वाक़ये *(शाहजहाँ का इन्तिक़ाल)* की ख़बर तो नहीं ही आयी, उल्टे उनकी सेहत सुधरने की ख़बर आ गयी। इस सूरते-हाल में मुराद को सूरत में फ़ौज भेज कर क़िले की घेराबन्दी नहीं करना चाहिए थी। अब उन्हें वहाँ से अपने सिपाही फ़ौरन हटा लेने चाहिए। मैं जब कूच का अपना लाहे-क़दम तय कर लूँगा, उनको इत्तिला दे दूँगा।

मुराद ने लिखा है कि दरबार में उनके नुमाइन्दे के मुताबिक़ दुश्मन हमारे ख़िलाफ़ फ़ौरन हथियार नहीं उठाना चाहता, बल्कि दोस्ती का हाथ बढ़ाना चाहता है। अगर ऐसा होता है, तो मुराद क्या जवाब दें? मेरे हिसाब से दुश्मन के ऐसे क़दम पर एतबार नहीं करना चाहिए, लेकिन जब ऐसा पैग़ाम आये, तो नेकनीयती और भलमनसाहत के साथ दुश्मन को एहसासे-हिफ़ाज़त दे देना चाहिए, ताकि वो सुकून की नींद ले ले। यही दुनियाँदार वा सियासी चलन होगा और इससे हमारे बुनियादी मक़सद को कोई ठेस नहीं पहुँचेगी।

मुराद का तीसरा नुक़्ता यह है कि अगर दुश्मन हम तीन में से किसी पर भी हमला करता है, तो बाक़ी दोनों भी मिल कर दुश्मन का मुक़ाबला करेंगे। अगर हमला होता है, तो मदद का तौर-तरीक़ा क्या और कैसे होगा? मैंने मुराद को जवाब

दिया कि अगर उन पर हमला होता है, तो मैं फ़ौरन बुरहानपुर से अहमदाबाद की जानिब बढ़ूँगा और आप बिरादर शुजा, पटना से कूच कीजिए, ताकि दुश्मन अपनी पूरी फ़ौज एक ही मोर्चे पर तैनाद न कर सके। अगर दुश्मन किसी और जानिब रुख़ करता है, तब भी उसके एहसासे-हिफ़ाज़त और ख़ुदएतमादी को इसी तरह तोड़ना होगा। मुराद और मेरे दरम्यान इन सवालो-जवाब के मद्देनज़र आप हालते-मौजूदा पर ग़ौर करेंगे और मुझे जल्दी बताएँगे कि आपने क्या फ़ैसला किया है।''

पर समान माँ सन्तान होने के बावजूद शुजा मुराद जैसी मिट्टी के नहीं बने थे। उन्होंने औरंगज़ेब पर विश्वास नहीं किया; टालू जवाब दे दिया। दुर्भाग्य से उनका उत्तर मिलता नहीं।

निर्णय का क्षण—सितम्बर 6, 1657 को शाहजहाँ बीमार हुए और उनकी अवस्था गम्भीर होती गयी। दारा शिकोह ने जहाँ आरा के साथ उनकी तन्मय सेवा की; साथ ही अपने सिंहासनारोहण के लिए आवश्यक क़दम उठा लिये। उन्होंने हर प्रकार के समाचार वाहकों पर पाबन्दी लगा दी और हर राजकुमार के राजधानी स्थित समाचारदाता को घर में नज़रबन्द कर दिया। बाद में प्रमाणित हुआ कि यह बहुत बड़ी भूल थी, क्योंकि इससे आगरा-दिल्ली और फिर पूरे साम्राज्य में अफ़वाहों का बाज़ार गर्म हो गया। यह समझा गया कि शाहजहाँ चल बसे और दारा शिकोह उनके नाम पर राज कर रहे हैं। ख़बरबन्दी को लेकर दारा के मंतव्य दो थे—विधि एवं व्यवस्था बनाये रखना और भाइयों को किसी संकट का सूत्रपात करने से कुछ समय रोकना, ताकि वह स्वयं *(दारा)* उससे निबटने की स्थिति में आ जाएँ। कुछ समय बाद यह स्पष्ट होने लगा कि स्थिति घरेलू युद्ध की ओर जा रही है, तो दारा ने स्थानान्तरण के बहाने औरंगज़ेब तथा मुराद को आपस में अगर लड़ाने की नहीं, तो अपने विरुद्ध दोनों को एकजुट होने से रोकने की कोशिश की। यह रणनीति सही थी, पर मुश्किल यह थी कि विरोधी दोनों भाई पहले ही दारा के विरुद्ध साथ खड़े होने की समझ विकसित कर चुके थे।

उसी शाम ''स्वप्न में मिला उपचार'' शुरू हुआ और बारह घंटे के भीतर शाहजहाँ की स्थिति में सुधर दिखाई देने लगा। छह दिन बाद उन्होंने महल उपवन में घूमते हुए चक्कर लगाया। 29 नवम्बर, 1657 को शामे-सेहत मनायी गयी और तुरन्त तीनों राजकुमारों, सभी राज्यपालों, ईरानी वा तुर्की नरेशों, और अन्य विदेशी केन्द्रों को सूचना भेज दी गयी कि ''ईश्वर की अनुकम्पा से हमारे प्रिय सम्राट को जीवन का पट्टा फिर मिल गया!''

बेहद यन्त्रणामय पट्टा!

औरंगज़ेब के सेनाध्यक्ष मीर जुमला थे और सर्वप्रमुख सामन्तों में से अक़्री ख़ाँ, शाह मीर,

ख़ानेख़ाना, क़ाबी ख़ाँ, वज़ीर ख़ाँ, मुहम्मद तारीक़, नजाबत ख़ाँ, और शमसुद्दीन—सबके सब साहसी, ईमानदार, निष्ठावान, समरसिद्ध और परम धार्मिक कट्टरतासम्पन्न। दारा तख़्ते-ताऊस पर आसीन न हो पाएँ, उनको एक सूत्र में बाँधने वाला संकल्प यही था।

युद्ध समानों के बीच सम्मानजनक माना जाता था। राजकुमार-राजकुमार के साथ भिड़ता था; सामन्त *(मनसब में भले ही अन्तर हो)* सामन्त के साथ। इसलिए दो राजकुमारों के साथ शास्त्रिक संघर्ष राजा जसवंत सिंह को अनुपयुक्त एवं लज्जाजनक लगा। उन्होंने मुग़ल राजवंश के प्रति अपनी "अनन्त स्वाभिभक्ति" प्रकट करते हुए औरंगज़ेब को लिखा कि "कर्तव्य मुझे एक और खींच रहा है और अन्तःकरण दूसरी ओर।" तुरन्त उत्तर आ गया, "अपने अन्तःकण की सुनिए। मेरे पक्ष में सम्मानजनक पद आपकी प्रतीक्षा में है।" जसवंत सिंह ने ध्यान लगा कर अन्तःकरण की सुनी। फिर इसी निष्कर्ष पर पहुँचे, "जिस संघर्ष को टाला नहीं जा सकता, वह उपयुक्त है।"

पहली लड़ाई धर्माट की—धर्माट के मैदान में शाही सेना की विशाल संख्या के बावजूद आठ घंटों में सात हज़ार राजपूत सैनिक खेत रहे। औरंगज़ेब और मुराद बख़्श ने परम शौर्य से अपने-अपने दस्तों की अगुवाई की। पर्यवेक्षकों का कहना है कि शाही सेना की पराजय एक सीमा तक अपेक्षित थी, क्योंकि मुग़ल, अफ़गान, और राजपूत जिन संकल्पों से लड़ रहे थे, वे अलग-अलग थे। युद्ध क्षेत्र में अपना जंगी चेहरा दिखाते हुए 'इस्लाम के शत्रुओं के पतन के बाद' औरंगज़ेब ने वहीं नमाज़ में घुटने टेकते हुए अपना सन्त स्वरूप दिखाया और जीत का सेहरा 'मेरे शेरदिल बिरादर मुराद बख़्श' के सिर पर बाँधते हुए घोषणा की कि "विजय का उपहार उन सबके बीच बाँटा जाएगा, जिन्होंने उसे सम्भव बनाया।"

शाह शुजा: तख़्ते-ताऊस के पहले दावेदार!

बंगाल-बिहार के राज्यपाल प्रखर बुद्धि, परिष्कृत अभिरुचि, और मृदु स्वभाव के थे, पर अपने प्रदेश के 17 वर्षीय कठिनाईहीन प्रशासन और आनन्दमार्गी जीवन-शैली ने उन्हें कुन्द बना दिया था।

शाहजहाँ की बीमारी की नमक-मिर्च लगी ख़बरें सुनते ही शुजा ने अपनी बादशाहत घोषित कर दी और विशाल सेना, प्रभावी तोपख़ाना, और नव्वारा *(लड़ाकू नावें, जो संघर्षलीन राजकुमारों में सिर्फ़ शुजा के पास थीं। पूर्वी भारत में वे अनिवार्य थीं।)* लेकर जनवरी 24, 1658 को बनारस आ पहुँचे। उनके ख़ुत्बा पढ़वा लेने की सूचना मिलते ही दारा शिकोह ने अपने बड़े बेटे सुलेमान शिकोह, रण-शिरोमणि मिर्ज़ा राजा जय सिंह, और दिलेर ख़ाँ की कमान में 22,000 हज़ार की शक्तिशाली सेना रवाना कर दी।

14 फरवरी की सुबह सुलेमान ने बनारस से पाँच मील उत्तर-पूर्व बहादुरपुर में स्थित शुजा के शिविर पर अचानक आक्रमण किया। "आश्चर्य ऐसा सम्पूर्ण था कि शुजा के सैनिकों को जामा पहनने का भी समय नहीं मिला।" वे सब कुछ छोड़ जैसे सो रहे थे, वैसे ही उठ कर भागे। शुजा किसी तरह हाथी पर सवार हुए और शत्रु परिधियाँ पार करते हुए अपनी नावों तक पहुँचने में सफल हो गये, जिनकी गोलियों की बौछार से शत्रु-पंक्तियाँ रुकने के लिए विवश हो गयी थीं। शुजा का शस्त्र-भंडार और पचास लाख का कोष विजेताओं के हाथ लगा।

रास्ते में ग्रामजनों से लुटते हुए शुजा और उनकी सन्त्रस्त सेना सासाराम से पटना को भागी, पर शाही सेना उनके पीछे लगी थी। शुजा ने मुँगेर का रुख़ किया और सड़क, खाइयों वा तोपख़ाने के सहारे बन्द कर दी। इस हदबन्दी से सुलेमान शिकोह को मुँगेर के दक्षिण-पश्चिम से 15 मील स्थित सूरजगढ़ में रुक जाना पड़ा। यहाँ रुके हुए उन्होंने मूल्यवान समय बरबाद किया। जब उनको सूचना मिली कि धर्माट की लड़ाई भी हार कर दारा भगोड़े हो गये हैं, तो सुलेमान तुरन्त शुजा के साथ सन्धि करके आगरा की ओर लौटे।

विडम्बना यह है कि इस ऐतिहासिक नकारात्मक मोड़ का सेहरा शाहजहाँ के सिर पर है। उन्होंने मिर्ज़ा राजा जय सिंह को निर्देश दिया कि शुजा के साथ नर्मी बरती जाय। तभी जय सिंह ने शुजा को बनारस से भाग जाने दिया, जबकि वहीं शुजा को बन्दी बनाया जा सकता था। दूसरी उतनी ही बड़ी भूल सुलेमान शिकोह ने की, जब जय सिंह के मना करने पर भी उन्होंने *(सुलेमान ने)* शुजा का पीछा करने और करते जाने का निर्णय लिया और क़ीमती ढाई महीने बरबाद कर दिये।

हो गया उत्तराधिकारी का निर्णय—21 जुलाई, 1658 को जब औरंगज़ेब ने पहला राज्याभिषेक कर लिया, तो उन्होंने शुजा को मैत्रीभरा पत्र लिखते हुए बंगाल-बिहार की सूबेदारी का प्रस्ताव रखा। अगर शुजा ने उत्तर दिया, तो वह मिलता नहीं। बाद में जब शुजा ने सुना कि औरंगज़ेब सुदूर पंजाब में दारा का पीछा करते जा रहे हैं, तो उनकी महत्त्वाकांक्षा की लौ फिर भड़क उट्ठी।

शुजा की योजना कुछ इस तरह थी कि अब वह उत्तर में अकबराबाद तक का क्षेत्र अपने नियन्त्रण में लेकर शाहजहाँ को स्वतन्त्र कर सकते थे। शाहजहाँ को उनके सिंहासन पर वापस बैठाने के बाद तमाम वरिष्ठ सामन्त उनके *(शुजा के)* सामने कोर्निश में एकजुट हो जाएँगे। सबकी सहयोगी शक्ति से फिर औरंगज़ेब का दमन हो सकेगा। रणक्षेत्र कसौटी पर दारा की अक्षमता प्रमाणित हो चुकी। औरंगज़ेब के पतन के बाद सम्भवतः शाहजहाँ स्वयं ही शुजा के लिए सिंहासन छोड़ दें। अगर तत्काल नहीं भी छोड़ा, तो निकट भविष्य में होने वाले उनके देहान्त तक प्रतीक्षा कर लूँगा।

इस तरह शुजा सेना, तोपख़ाना और नावों का बेड़ा लेकर 30 दिसम्बर, 1658 को इलाहाबाद के पास खजवा पहुँच गये। यहाँ मुहम्मद सुल्तान ने उनका रास्ता रोका। दारा का पीछा करते औरंगज़ेब को मुल्तान में जैसे ही शुजा के नये पैंतरे की ख़बर मिली, वह उत्तर को वापस लौटे और इलाहाबाद के निकट आगरा को जाने वाले शुजा के सम्भावित सौभाग्य पथ को अवरुद्ध कर दिया। औरंगज़ेब शुजा से सिर्फ़ 13 मील दूर कोरा में बेटे सुल्तान के पड़ाव के साथ सम्मिलित हो गये, जहाँ उसी दिन दक्षिण से मीर जुमला भी आ पहुँचे।

खजवा की लड़ाई—जनवरी 5, 1659 को सुबह आठ बजे लड़ाई शुरू हुई। अपनी लघु सेना के चलते शुजा ने नयी रणनीति बनायी। शत्रु सेना के हर खंड के सामने वह अपना खंड नहीं रख सकते थे, इसलिए उन्होंने अपने सारे सैनिकों की एक लम्बी पंक्ति बनायी और इसे तोपख़ाने की सुरक्षा दी। उत्कृष्ट रणनीति दिखाते हुए शुजा ने बचाव के बजाय पहल एवं आक्रमण का मनोवैज्ञानिक लाभ उठाने की सोची। देखते-देखते चारों ओर बन्दूकों, अग्निबाणों, और तोपों का धुआँ भर गया। ''शाही सैनिकों ने काले बादलों की तरह शुजा को घेर लिया।'' उनके अधिकतर सैनिक उनको मृत समझ कर भाग निकले। शुजा किसी तरह हाथी से कूदे और घोड़े पर बैठ कर भागे। उनके साथ उनके बेटे, सेनापति सैयद आलम और गिने-चुने सिपाही थे।

किरीट-महत्त्वाकांक्षा का त्रासद अन्त—फिर ''घड़ियाल और चीते की लड़ाई'' चली। मालडा में शुजा के पास लगभग पाँच हज़ार सैनिक थे और मीर जुमला के पास इसके पाँच गुना। भूमि पर शुजा की सामर्थ्य नगण्य थी, पर छोटी-बड़ी नदियों के जाल वाले बंगाल में मीर जुमला अकिंचन हो गये थे। उनके पास प्रारम्भ में एक नाव नहीं थी, जबकि शुजा के पास यूरोपीय तोपचियों की कमान में विविध आकार की समर नौकाएँ थीं। पर मीर जुमला ने बहुत जल्दी अपनी यह कमी पूरी कर ली। 6 अप्रैल, 1658 की सुबह। शुजा ने टाँडा में अपनी बेगमों को निर्देश दिया, ''लिबास बदलने तक की ज़रूरत नहीं। फ़ौरन नाव में बैठिए।'' चार बड़ी नावों में परिवार और उनका कोष था और तीन सौ नावों में सैनिक।

12 अप्रैल को शुजा ढाका पहुँच गये, पर औरंगज़ेब के डर से ज़मींदारों ने उनको आश्रय देने से इन्कार कर दिया। मीर जुमला उनका पीछा कर ही रहे थे। इसलिए शुजा 6 मई को ढाका छोड़ समुद्र में उतर गये। हर पड़ाव पर उनके सैनिक और नाविक घटते गये। उन्होंने अराकान नरेश से मदद की गुहार की थी। दो दिन बाद नरेश के चटगाँव राज्यपाल ने 51 जहाज़ों का बेड़ा भेज दिया।

बर्बर माघों के नृशंस डाके किंवदंती बने हुए थे। नोआखली और बक़ारगंज जैसे ज़िले उनके अत्याचारों से बरबाद हो चुके थे। पर मुराद बख़्श और दारा शिकोह

की नियति से बचने की आशा में शुजा ने उन्हीं की शरण में जाने का विकल्प चुना। 12 मई को वह अपने परिवार के साथ अराकान के लिए निकले। उनके संगियों की संख्या चालीस से कम थी, जिनमें से दस परम स्वाभिक्त बारहा सैयद थे।

शुजा और उनके परिवार का अन्त बहुत त्रासद हुआ। देखें नाट्य-चतुर्थी का दूसरा भाग।

मुराद बख़्शः महाबली का मुहरा!

आमने-सामने की भेंटों में औरंगज़ेब मुराद बख़्श को 'पादशाहजी' सम्बोधित करते थे और मुराद औरंगज़ेब को 'पीरजी'। औरंगज़ेब पत्राचार में उसी सम्बोधन से शुरू कर 'तुम्हारा वफ़ादार समर्थक और शुभाकांक्षी' से अन्त करते थे।

मार्च 14, 1658 को जब मुराद बख़्श उज्जैन के पास औरंगज़ेब से गले मिले, तब उन्हें गुमान नहीं था कि वह अपने सिंहासनारोहण में अपने परम सहायक समर्थक के साथ नहीं, वरन् यमराज से आलिंगनबद्ध हो रहे हैं!

अनुभाग 10

दारा-संहार अर्थात् "मुक्ता बन जाना बूँद का..."

अगर व्यक्ति के भाग्य का कम्बल काले रंग से बुना गया हो, तो ज़मज़म और कौसर का पानी भी उसे धोकर सफ़ेद नहीं कर सकता।

—दिवंगत दारा के बारे में औरंगज़ेब की टिप्पणी

धर्माट पराजय के बाद—औरंगज़ेब ने शाहजहाँ के पत्र का उत्तर देते हुए 'शमशीर पंचाट की विवशता' के कारण दोटूक भाव से गिना दिये—

"इस सेवक के दिमाग़ को तभी शान्ति मिल सकती है, जब दोनों ख़ुराफ़ाती *(दारा शिकोह तथा शाह शुजा)* साम्राज्य की सुरक्षा के बाहर खदेड़ दिये जाएँ। जब तक वली-अहद का सिर उनके कन्धे पर है, साम्राज्य में गड़बड़ियों की लहरें फैलती रहेंगी। मैं शान्ति चाहता हूँ, अराजकता नहीं। मेरा ईश्वर साक्षी है, मैं मिथ्या नहीं बोल रहा। मेरा एकमात्र सरोकार इस्लाम और साम्राज्य को बचाना है। जहाँपनाह को चाहिए कि मेरे कुख्यात बड़े भाई की कमान में भेजी जा रही सेना को वापस बुला लें। मेरे और मेरे सुरक्षा अधिकारी *(यानी ईश्वर)* के विरुद्ध वह कुछ कर पाएँगे, इसकी सम्भावना नहीं। मैं बादशाह सलामत को यह भी बताना चाहता हूँ कि लगभग आधी शाही सेना मेरे लिए लड़ेगी। यह दम्भ नहीं, ईमानदार का आत्म-स्वीकार है। मेरी कमान में जिन मुजहद्दीनों की फ़ौज है, सौ दारा शिकोह भी उसे खरोंच नहीं पहुँचा सकते।"

शाही सेना की कमान दारा शिकोह ने सँभाली। चूँकि उत्तराधिकार निर्णय शमशीर से होना था, इसलिए इसके सिवा और क्या विकल्प था? 66 वर्ष के शाहजहाँ स्वयं सेना की कमान सँभालना चाहते थे, पर जहाँ आरा बेगम इसके विरुद्ध थीं। यह अवश्य हो सकता था कि शुजा के विरुद्ध बनारस की ओर भेजी जा रही दूसरी सेना की कमान सिर्फ़ सुलमान शिकोह सँभालें और वरिष्ठ एवं समरानुभवधनी

मिर्ज़ा राजा जय सिंह को दारा के साथ भेजा जाय, पर ऐसा नहीं हुआ। इसके पीछे स्वयं दारा रहे हों, तो विस्मय नहीं होना चाहिए। वह 'कल्पना विलासी और आत्मिक शान्ति-सन्धानी' व्यंग्योक्तियों से तंग आ चुके थे। हालाँकि दारा के व्यक्तित्व के लिए यह योद्धा-भूमिका अनुकूल नहीं थी, पर उन्होंने पूरी निष्ठा से शस्त्र झंकार कसौटी के लिए अपने को प्रस्तुत कर दिया।

सुलेमान का दोहरा अभिशाप—मई 28, 1658 को दारा सेनापति के रूप में आगरा से चले। कुछ ही दिनों में सुलेमान को दारा का निर्देश मिला कि अगली लड़ाई के लिए तुरन्त वापस लौटो। शुजा के साथ तुरन्त सन्धि करके सुलेमान ने ऐसा ही किया, पर तब तक देर हो चुकी थी। औरंगज़ेब ने शुरू में अपनी रफ़्तार धीमी रखी थी। औरंगाबाद से उज्जैन तक लगभग 400 किलोमीटर की दूरी तय करने में उन्होंने दस सप्ताह लगाये थे, लेकिन उज्जैन से आगरा के दक्षिण में चम्बल नदी तक का अधिक अन्तर किरीट-व्यग्र ने इसके आधे समय में पूरा कर लिया। सुलेमान समय पर आकर न पिता एवं पितामह को बचा सके और न स्वयं अपने को!

पिता की दुर्बलता—धर्माट के बाद भी शाहजहाँ सौहाद्रपूर्ण समझौते का सपना देखते रहे! उन्होंने दारा के सामने सुझाव रखा कि दोनों विजेता राजकुमारों को आगरा क़िले में उनसे बातचीत के लिए आने दिया जाय। शाहजहाँ—औरंगज़ेब का पत्र-व्यवहार साक्षी है कि औरंगज़ेब के दिल में पिता के लिए कैसा और कितना ज़हर भरा है। शाहजहाँ को पुत्र की नकारात्मक भाव-गहनता का अनुमान नहीं था? पूरा दरबार जानता था कि औरंगज़ेब सार्वजनिक रूप से मीर जुमला को 'भावात्मक पिता' घोषित कर चुके हैं। फिर भी आश्चर्य है कि शाहजहाँ ने ऐसी उम्मीद का दामन थामे रखा। वह यह भी समझने में असमर्थ थे कि दोनों विद्रोही राजकुमार अपनी सेनाओं के बिना अकबराबाद नहीं आएँगे। सेना के साथ आने देने में क्या और कैसा ख़तरा है, दारा शिकोह समझ गये, इसलिए उनके सहमत होने का प्रश्न ही नहीं था। दारा ग़लत नहीं थे, यह सामूगढ़ में दारा की पराजय के बाद प्रमाणित हो गया, जब शाहजहाँ ने विजयी औरंगज़ेब को उपहार भेजते हुए क़िले में आने का आमन्त्रण दिया। औरंगज़ेब सहमत हुए; फिर इन्कार कर दिया। तब शाहजहाँ ने 'नूर महल' में ठहरे दोनों बग़ावती राजकुमारों के शिविर में स्वयं जाकर 'युद्धाग्नि बुझाने' का विचार किया। उन्हें आशा थी कि "उनके दबाव और शब्दों से शान्ति वापस लौट आएगी।" क्या ऐसा हो सकता था? शाहजहाँ को मालूम नहीं था कि पिछले कई वर्षों से औरंगज़ेब के जीवन का एक ही लक्ष्य है—दारा की सदा के लिए शारीरिक अनुपस्थिति।

आना बेगम साहिब का शान्ति-दूत बन कर—औरंगज़ेब जब आगरा की ओर बढ़ रहे थे, तब उन्हें बेगम साहिब का पत्र मिला—

''जहाँपनाह का स्वास्थ्य सुधर गया है। वह स्वयं प्रशासन व्यवस्था सँभाल रहे हैं, इसलिए सशस्त्र आगे बढ़ना अपने पिता के प्रति विद्रोह है। अगर यह दारा के भी प्रति हो, तब भी कम आपराधिक नहीं हो जाता, क्योंकि बड़ा भाई विधि और व्यवहार—दोनों दृष्टियों से अपने पिता की जगह ले लेता है।''

अपने उत्तर में औरंगज़ेब ने दारा पर सत्ता हड़पने और अपने भाइयों का विनाशाभियान चलाने का आरोप लगाया, ऐसे ''नंगे विद्वेष के चलते मुझे आत्म-रक्षा के लिए हथियार उठाने को विवश होना पड़ा।'' आगे अपनी परम कुटिल चतुराई का नमूना दिखाते हुए औरंगज़ेब ने जोड़ा, ''मैं सिर्फ़ यह चाहता हूँ कि जहाँपनाह के सामने जाऊँ और यह सब ख़ुद उन्हें बता दूँ। इस स्नेहभरी योजना में मैं कोई रुकावट सहन नहीं करूँगा, इसलिए बेहतर होगा कि संघर्ष से बचने के लिए दारा को पंजाब भेज दिया जाय।''

औरंगज़ेब ने जानबूझ कर ऐसी असंगत माँग रखी। उन्हें उत्तराधिकार युद्ध की अगली कड़ी चाहिए थी और वह जानते थे, शाहजहाँ दारा को अपने से दूर नहीं भेज सकते। दूसरी ओर शाहजहाँ के अन्तर का एक भाग भी घोर अयथार्थवादी था। वह चाहते थे, औरंगज़ेब ने तलवार के ज़ोर पर धर्माट में जो उपलब्ध किया है, वह शान्ति वार्ता में गँवा कर चुपचाप औरंगाबाद वापस लौट जाय—लेकिन साथ ही उनके *(शाहजहाँ के)* अवचेतन को अपनी इच्छा की असलियत का ज़रा-सा एहसास था, तभी उन्होंने जहाँ आरा को बीच में डाल कर औरंगज़ेब पर भावात्मक दबाव डालने का सहारा लिया, पर सहदुग्धपायी का भावात्मक दबाव दारा के लिए औरंगज़ेब की आजीवन दहकती घृणा और सत्ता की दुर्दम्य महत्त्वाकांक्षा की जगह नहीं ले सका। साम्राज्य विभाजन के जहाँ आरा प्रस्ताव पर औरंगज़ेब ने स्पष्ट कह दिया, ''दो दरवेश एक मकान में रह सकते हैं; दो बादशाह एक सल्तनत में नहीं रह सकते।''

बेगम साहिब को स्पष्टता की ज़रूरत नहीं थी। वह औरंगज़ेब के ख़ून की बूँद-बूँद समझती थीं। उनका अवचेतन जानता था, यह दिन आएगा।

''विनीत को क्षमा; दम्भी को मृत्यु!''

मई 28 को एक शुभ घड़ी में दीवाने-आम में शाहजहाँ ने दारा को विदाई देते हुए गले से लगा लिया। उन्हें मालूम नहीं था कि अब वह अपने कलेजे के टुकड़े को समूचा नहीं, सिर्फ़ उसका कटा हुआ सिर देखेंगे।

दीवाने-आम की सीढ़ियाँ उतरते हुए दारा शिकोह रथ में बैठ गये—सैन्याभियान में दक्षिण दिशा में जाते हुए यही भारतीय प्रथा थी—और नगाड़ों की सामूहिक गर्जना

के बीच सेना की अगुवाई करते हुए उन्होंने पुकार लगायी, "ग़रीब मुआफ़; मग़रूर मर्ग *(मृत्यु-प्राप्त)*!"

सैनिकों ने सामूहिक उत्तर दिया, "इंशा अल्लाह!"

चार दिन में सेना चम्बल के उत्तर में धौलपुर पहुँच गयी। दारा यहाँ औरंगज़ेब को सुलेमान शिकोह के बिहार से लौट आने तक रोकना चाहते थे। योजना सही थी। दारा ने चम्बल के सभी ज्ञात घाटों पर सख़्त पहरा लगाते हुए अपना मज़बूत मोर्चा बना लिया। इन अवरोधों को पार करना विपक्ष के लिए बहुत ही कठिन होता।

लेकिन औरंगज़ेब की रणनीति बहुत परिष्कृत थी। इस चरण में उनका लक्ष्य अकबराबाद पहुँचना, राजधानी पर नियन्त्रण और सम्राट शाहजहाँ का निर्णय करना था—दारा का दमन नहीं। वह बाद में हो सकता था, इसलिए वह धौलपुर को दरकिनार कर ग्वालियर से उत्तर की ओर बढ़े और एक स्थानीय बुँदेला सरदार की मदद से 65 किलोमीटर आगे उन्होंने एक पुराना, निर्जन घाट ढूँढ़ लिया, जो दारा की सुरक्षा-दृष्टि से बच गया था। दारा की सुचिन्तित, व्यापक सुरक्षा-व्यवस्था को धता बताते हुए जून 1 को औरंगज़ेब ने बिना एक तीर, एक गोली के विरोध के नदी पार कर ली। यह दूसरी बात है कि क्षेत्र बहुत बीहड़ होने के नाते औरंगज़ेब ने अनेक सैनिक खो दिये। दारा ने तुरन्त भूमि बचावों (Bulwark) और खाइयों से अपनी सेना निकाली और अकबराबाद से 13 किलोमीटर पूर्व सामूगढ़ के चौड़े रेतीले मैदान में अवरोधक बना दिये।

दार्शनिक के हाथ में शमशीर—चम्बल पार कर उत्तर-पश्चिम दिशा में 7 जून को औरंगज़ेब सामूगढ़ आ पहुँचे। जैसा कि होता है, विजय के बाद दहलीज़ पर भीड़ लग जाती है; पराजय के बाद सन्नाटा छा जाता है। तो धर्माट विजय के बाद अब औरंगज़ेब की सेना बढ़ कर लगभग 50,000 हो गयी थी। जैसे ही दारा ने विपक्ष को देखा, वह ऐसे आगे बढ़े, जैसे तत्काल शत्रु को ललकारने वाले हों। यह सर्वथा सही निर्णय होता। विपक्षी सेना लम्बी दूरी तय करने के बाद थकी हुई थी; उनकी अधिकतर तोपें अभी लायी जा रही थीं और जो गिनी-चुनी थीं, हमलावर स्थिति में लगायी नहीं गयी थीं, पर दारा बीच में ही रुक गये। उनके ज्योतिषियों ने कहा, अभी आक्रमण का शुभ मुहूर्त्त नहीं है। एक इतिहासकार इसका श्रेय दारा शिविर में औरंगज़ेब के गुप्त समर्थकों को देते हैं, पर मुग़ल वंश की परम्परानुसार दारा का भी ज्योतिष में दृढ़ विश्वास था। कन्धार आक्रमण के दौरान ज्योतिषियों की सलाह पर चलते हुए दारा ने स्वयं को हास्यास्पद बना लिया था। औरंगज़ेब भी इस मान्यता में पीछे नहीं थे। युद्ध स्थल पर हाथी पर सवार कोई नया आदेश देने से पहले वह कटोरे के पानी में तैरती मछली को छू लेते थे, जो शुभ शकुन माना जाता था। *(मछली मुग़ल राजवंश का एक शुभंकर भी थी।)*,

पर दारा के विपरीत औरंगज़ेब के पास षड्यन्त्र पकड़ने की कुव्वत ज़रूर थी।

दारा के पास रण अनुभव नहीं था—उन्होंने ज़ख़्म नहीं खाये थे; सनसनाते तीरों के बीच आगे बढ़ने का ख़तरा नहीं झेला था; सामने जो पल आ गया है, उसके अनुसार तुरन्त निर्णय लेने की सामर्थ्य उनके पास नहीं थी। उन्होंने सुरक्षा व्यवस्था बना ली, पर स्थिति के अनुसार उसे तत्काल आक्रमण में ढालने का प्रत्युन्मतित्त्व एवं पहल की मनौवैज्ञानिक क्षमता से वह विहीन थे। इसी समय दारा को शाहजहाँ का सन्देश भी मिला कि अकबराबाद लौट कर तब तक क़िले में सरुक्षित रहो, जब तक सुलेमान वापस नहीं आ जाता। दारा वापस तो नहीं लौटे, पर यह तय किया कि जब उनके ऊपर आक्रमण होगा, तभी वह लड़ेंगे।

"सफलता के जबड़ों से मिली पराजय!"

दारा ने प्रतीक्षा की, औरंगज़ेब ने भी। दिन भर दोनों सेनाएँ तपते सूरज के नीचे आमने-सामने खड़ी रहीं। सुलेमान आगरा से लगभग 400 किलोमीटर दूर थे, जब 8 जून को सामूगढ़ की पारिभाषिक लड़ाई छिड़ गयी। जून 8 की अगली सुबह जैसे ही औरंगज़ेब दिखाई दिये, अन्ततः दारा ने गोले बरसाये। शुरू के लगभग ढाई घंटों में दारा का पलड़ा भारी रहा। फिर एक ऐतिहासिक विश्वासघात घटित हुआ।

दारा हाथी पर सवार थे। उनके हौदे में अग्निबाण लगे, तो सेनापति ख़लीलुल्लाह ख़ाँ ने दारा को घोड़े पर बैठने का परामर्श दिया। यह बिल्कुल सामान्य बात थी। हर सेनापति ख़तरा कम करने या गतिशीलता बढ़ाने के लिए सवारी बदलता था, पर उत्तराधिकार युद्ध होने के कारण यहाँ स्थिति दूसरी और बहुत नाज़ुक थी। दारा दुनियादार नहीं थे, इसलिए इसका परिणाम नहीं समझ पाये। अपने सेनापति की असलियत दारा को मालूम नहीं थी। (ख़लीलुल्लाह ख़ाँ औरंगज़ेब से मिल चुके थे।) युद्ध की निर्णायकता के कारण शाही सेना में पहले ही बेहद तनावभरी सनसनी फैली हुई थी। दो पल में हौदा ख़ाली देख कर शाही सेना का दिल दहल जाना स्वाभाविक था। औरंगज़ेब और मुराद बख़्श अपने-अपने हौदे पर दिखाई दे रहे थे, पर दारा का अता-पता नहीं था। निष्कर्ष यही निकलता था कि दारा ने 'जामे-शहादत पी लिया!' तभी अक़ील ख़ाँ राज़ी के शब्दों में "औरंगज़ेब की तरफ़ से गर्म आँधी उठी और उसने दारा की सेना के मुँह पर प्रहार किया। फिर शाही सेना ऐसे भागी, जैसे काले बादल तीखी हवा से उड़ जाते हैं।"

दारा बिल्कुल किंकर्तव्यविमूढ़ थे। उनकी प्राणाहुति होने को थी, तभी एक सेवक ने उनके घोड़े की लगाम थाम कर रुख़ युद्ध क्षेत्र के विपरीत कर दिया।

लड़ाई लगभग तीन घंटे चली। नौ के आस-पास शुरू हुई और पूर्वाह्न तक निर्णयकारी बन गयी। दारा ने लगभग 10,000 सैनिक खोये।

"दारा के नसीब में लिखा था कि उन्हें सफलता के जबड़ों से पराजय पाना है!"

"शहंशाह मुराद बख़्श के प्रशासन का पहला दिन!" : "मैंने हमेशा कहा है कि विधर्मी भाई के विरुद्ध मेरा संघर्ष-कारण सत्य मार्गी है। यह विजय मेरा दावा प्रमाणित करने वाली दैवी मुहर है," सामूगढ़ विजय के बाद औरंगज़ेब ने घोषणा की। इस लड़ाई में मुराद ने परम पराक्रम दिखाया। बड़े भाई औरंगज़ेब ने सबके सामने घोषणा की, "आज मुराद बख़्श के प्रशासन का पहला दिन है।"

मुराद फूल कर कुप्पा हो गये।

"हारी कौरव सेना कब लौटेगी, यह बात चल रही थी..." : रणक्षेत्र से दारा अकबराबाद की ओर भागे। रास्ते में थोड़ा विश्राम करते हुए रात के नौ के लगभग वह नगर पहुँचे। तब तक दावाग्नि की तरह यह सूचना नगर और उसके बाहर फैलती जा रही थी। "मृत सैनिकों के नाम पर मर्सिया पढ़ा जा रहा था। पूरे वातावरण में क्रंदन और हाहाकार भरा था। शाही हरम और दारा के महल में स्त्रियाँ विलाप कर रही थीं।"

शर्मिन्दा दारा शाहजहाँ के पास क़िले में नहीं गये। तो कहाँ गये?

बेगम साहिब के सादा महल में—अकादमिक इतिहासकार प्रायः सिर्फ़ यह कहते हैं कि दारा पराजय के बाद आगरा गये, लेकिन क़िले में नहीं और फिर दिल्ली को रवाना हो गये। कुछ शाहजहाँ और दारा के पत्रों का उल्लेख भी कर देते हैं। ग़ैर-अकादमिक इतिहासकार कहते हैं, दारा कुछ देर के लिए अपने महल में गये।

जहाँ आरा का ज़िक्र कोई नहीं करता।

ऐसा हो सकता है कि हमेशा के लिए बदलने वाली ज़िन्दगी के मोड़ पर दारा जहाँ आरा से न मिलें? लम्बे समय तक परेशान रहने के बाद अन्ततः इस माउस-संचालक को मालूम हो गया कि दारा सबसे पहले जमुना किनारे स्थित बेगम साहिब के निवास पर गये थे। वहाँ भाई-बहन के बीच कैसा करुण विदा-दृश्य मंचित हुआ, यह कल्पना का विषय है।

"नियति आदेश-पत्र से तुम इस अवस्था पर पहुँचे हो," शाहजहाँ ने तुरन्त दारा को लिखा, "बेहतर होगा कि तुम क़िले में आकर मुझसे मिलो। मेरी बात सुन लो; फिर तुम वहाँ का रुख़ कर सकते हो, जिसका निर्धारण प्रारब्ध ने अन्ततः तुम्हारे लिए कर रखा है। वैसे तुम कहीं भी रहो, नियति-लेख कारगर होगा ही।"

लड़ाई में पराजय दारा के लिए इतनी जुगुप्साभरी क्यों हो गयी? उन्हें औरंगज़ेब के प्रति अपना व्यवहार याद आया?

"अपनी इस दर्दनाक हालत में मैं आपको मुँह कैसे दिखाऊँ!" दारा ने उत्तर दिया, "आपकी पावन दृष्टि मेरा अनर्थजनक रूपाकार देख कर झुलस उठेगी। हमारे

ऊपर जो महाविपत्ति टूटी है, उसके लिए मैं उत्तरदायी हूँ। असीम है मेरी आत्म-घृणा! अगर ऐसा किया भी, तो मृत्यु-सैनिक घेर कर मेरा वध कर देंगे। मेरी आपसे यही प्रार्थना है कि आप इस भ्रमित और अर्द्ध मृत व्यक्ति से विदा कहने का अनुग्रह कर दें, जिसे अब बहुत लम्बी यात्रा पर निकलना है।''

'नियति आदेश-पत्र' के कारगर होने की प्रक्रिया—दारा ने तुरन्त अपना परिवार इकट्ठा किया और गिने-चुने साथियों के साथ दिल्ली की ओर कूच कर दिया। शाहजहाँ ने दारा के वास्ते सोने की बोरियों से लदे खच्चर भेजने के साथ दिल्ली राज्यपाल को अपनी हस्तलिपि में आदेश-पत्र भेजा कि दिल्ली कोषागार दारा के लिए खोल दिया जाय। ''उनके साथ वैसा ही व्यवहार किया जाये, जो आप मेरे साथ करते हैं।'' अधिकतर इतिहासकारों के अनुसार दारा कुछ घंटों के लिए ही आगरा में ठहरे; एक यह अवधि छह दिन बताते हैं। कुछ के अनुसार सामूगढ़ से दारा के पलायन के साथ ही विपक्षी सैन्य टुकड़ी उनका पीछा करने लगी थी। औरंगज़ेब अगर चाहते, तो तुरन्त दारा को बन्दी और स्मृति शेष बनाना कठिन नहीं था—आगरा दुर्ग में दारा के घुस पाने से पहले ही वह दारा को क़ब्ज़े में कर सकते थे। पर अभी उन्होंने तय नहीं किया था कि सिंहासनाधीन पिता का क्या करना है? मुग़ल राजवंश के इतिहास मे किरीटधारी पिता से सपूत पहली बार किरीट छीनने जा रहा था। राजसभा और प्रजा की प्रतिक्रिया क्या होगी, औरंगज़ेब नहीं कह सकते थे। फिर अभी बेगम साहिब थीं; उनका लिहाज़ औरंगज़ेब को करना ही था। पहले शाहजहाँ का हिसाब कर लूँ, फिर मुराद बख़्श का। इसके बाद दारा से निपटाता रहूँगा, महाबली का फ़ैसला कुछ इस तरह रहा।

विजेता औरंगज़ेब—अन्ततः औरंगज़ेब आगरा सीमा पर आ पहुँचे। सदा खरा-खरा आदेश देने वाले शाहजहाँ ने अब सन्धि वार्ताकार की भंगिमा अपना ली! *('अपने-अपने अजनबी' वाला क्षण होने के नाते नाटक में यह अभिनेता के लिए बड़ी चुनौती होगी!)*

''मेरे साहसी और दूरन्देशी पुत्र!'' जैसे आह्वान के साथ शाहजहाँ ने निर्देश दिया कि ''जिसे तुम प्रेम करते हो, उसकी आज्ञा मानो।'' औरंगज़ेब ने एतराज़ किया, क्योंकि ''दारा ने जितने अपराध किये, वह आपके लिए उतने ही दुलारे होते गये।'' औरंगज़ेब का यह कटाक्ष कटार की तरह शाहजहाँ के सीने में लगा, ''तुम मुसलमान होने का दावा करते हो। मत भूलो कि पैग़म्बर के अनुसार सबसे बड़ी बुराई और सबसे बड़ा अपराध हृदयहीनता है। हालाँकि देर हो चुकी है, पर तुम अब भी अपनी मूढ़ता पर पछतावा करके सही रास्ते पर आ सकते हो। दरबार में ऊँचा सम्मान तुम्हारी प्रतीक्षा कर रहा है।''

दूरन्देशी सपूत ने इसका जवाब नहीं दिया, क्योंकि उसका लक्ष्य दूरगामी

था। उन्हें पिता के दरबार में कोई जगह नहीं चाहिए थी—अपना ख़ुद का दरबार बनाना था!

फिर बेगम साहिब—अब शाहजहाँ के पास एक ही चाल बची थी, चौथे दिन उन्होंने वही चली। बेगम साहिब को औरंगज़ेब के पास भेजा। औरंगज़ेब ने परम शिष्टाचार से उनकी अगवानी की; अपने शिविर में ले गये, पर अपना दो-टूक निर्णय बता दिया—

''सम्राट के साथ मेरा कोई विवाद नहीं—सिवा इसके कि वह मेरे सर्वथा अयोग्य भाई के अपराधों में सहायक रहे। भाई का वध कर दिया जाय या उन्हें आत्मा-सन्धान के लिए मक्का भेद दिया जाय, तो मैं अपने पिता के चरणों में अपना सिर रख दूँगा। इस मुद्दे पर कोई समझौता नहीं हो सकता। पहले कितनी ही बार मैं उस कुख्यात विधर्मी के पाप गिना चुका हूँ। शान्ति नहीं हो सकती, जब तक वह जीवित हैं। जो मैंने अर्जित कर लिया, कोई पुरुष मुझसे छीन नहीं सकता। ईश्वर स्वयं इसका ध्यान रखेंगे। इस्लाम मेरे जीवन की साँस है। उस धर्म को लेकर कोई मुझसे नहीं कह सकता कि क्या करो और क्या नहीं। हिन्दुस्तान में उस धर्म का सरंक्षक बना कर ईश्वर ने मुझे भेजा है। मेरे पास जितने भी स्रोत हैं, उनके सहारे मैं अपने इस कर्तव्य का पालन करूँगा। कुफ्र मेरा पहला शत्रु है। मैं इस्लाम को विलीन नहीं होने दूँगा। यह मेरी शपथ है। यह रचयिता के प्रति मेरा प्रण है। अब आप क़िले में जाएँ और जहाँपनाह को बता दें कि मैं उस जगह को विधर्मियों की शरण-स्थली नहीं बनने दूँगा। ख़ुदा हाफ़िज!''

डूबते जलयान से चूहों की भगदड़—शाहजहाँ पक्ष से शाइस्ता ख़ाँ और मुहम्मद अमीन ख़ाँ *(मीर जुमला के बेटे)* सर्वप्रथम सामन्त थे, जिन्होंने औरंगज़ेब की सेवा में उपस्थित हो 'उनके जामे के छोर पर वफ़ादारी का बोसा अंकित किया।'

अस्तमान सूर्य से मुँह फेरना मध्यकाल का सामान्य चलन था। सामन्त वर्ग की इस रीढ़हीनता के पीछे साम्राज्य की राजगत नीति थी। सामन्त के देहान्त के बाद सम्राट उसकी जागीर का कितना भाग अपने लिए लेता है और कितना सामन्त के उत्तराधिकारियों के बीच स्वयं बाँटता है, यह पूरी तरह ज़िल्ले-सुब्हानी की मर्ज़ी पर था। वैसे भी दरबार के अधिकतर उमरा का मानना था कि अब दारा की वापसी नहीं हो सकती। सामूगढ़ का परिणाम इतना निर्णायक हो चुका कि उसने भगोड़े वली-अहद के लिए कोई सम्भावना नहीं छोड़ी। उनका विचार था कि 'देर-सबेर जहाँपनाह विजेता औरंगज़ेब के पक्ष में स्वेच्छा या विवशता से सिंहासन त्याग देंगे।'

अन्ततः उतरा मुखौटा—औरंगज़ेब ने अब तक कर्त्तव्यनिष्ठ पुत्र का मुखौटा लगा रखा था। वह 'क्रूर दारा के चंगुल में फँसे शाहजहाँ को मुक्त करने के लिए' औरंगाबाद से आये थे, पर जब शहजहाँ ने अपने श्रवण कुमार की ख़ातिर सिंहासन-

त्याग नहीं किया,तो महाबली ने पुराना मुखौटा उतार फेंकते हुए सम्राट को दोटूक निर्देश दिया कि वह क़िला विजेता के हवाले कर दें। अकबर के समय से संचित किया गया राजकोष वहीं था; उत्तराधिकार युद्ध की अगली कड़ियों में उसकी ज़रूरत थी। शाहजहाँ ने इन्कार कर दिया।

औरंगज़ेब ने लिखा अफ़साना-उनवान ''वालिद''!

आगरा क़िले की घेराबन्दी मुहम्मद सुल्तान की कमान में की गयी। शाहजहाँ के लगभग दो सहस्त्र विदेशी दासों ने सख़्त प्रतिरोध किया, पर जब औरंगज़ेब ने पानी की आपूर्त्ति बन्द कर दी, तो सम्राट असहाय हो गये। ''तुम विचित्र मुसलमान हो'', उन्होंने सपूत की भर्त्सना की, ''अपने पिता और बहन को प्यासा रखना स्वधर्म-त्याग का सबसे निकृष्ट रूप है।'' पर औरंगज़ेब निर्विकार रहे। घेराबन्दी के तीसरे दिन क़िले के द्वार खुल गये। शाहजहाँ ने सन्देश भेजा कि ''अनावश्यक रक्तपात रोकने के लिए'' उन्होंने यह क़दम उठाया है। उन्होंने पिता के सन्देशवाहक को अपना खरा उत्तर दे दिया—

''जहाँपनाह को जाकर बताओ कि व्यक्तिगत स्वार्थ के लिए मिथ्याभाषण अमानवीयता का सार है। प्रतिरोध बहाना था, ताकि भगोड़े वली-अहद को कुछ समय और मिल जाय। यह आत्मसमर्पण संघर्षरत सैनिकों पर दया नहीं। सम्राट अपने शत्रुओं को किसी भी सीमा तक गुमराह कर सकते हैं; मुझे इस बात को लेकर कोई भ्रान्ति नहीं। मुहम्मद सुल्तान को अपनी ओर खींचने की उनकी सारी कोशिश बेकार गयी। हमारे पक्ष में कोई असन्तुष्ट नहीं *(तब आगामी ज़िल्ले-सुब्हानी से कोई कहता कि सिर्फ़ सात माह बाद आपका सबसे बड़ा बेटा सुल्तान आपका साथ छोड़ कर शाह शुजा से मिल जाएगा, तो वह उसका क़ीमा बनवा कर अपने कुत्तों को खिलवा देते!)* हम सब इस संकल्प के लिए एकजुट हैं कि साम्राज्य को इस्लाम और सही मार्ग पर चलने वालों के लिए सुरक्षित बनाया जाय।''

रणनीति के अनुसार दारा शिकोह का पीछा करने से पहले वृद्ध सिंह को नख-दन्त-विहीन करना अनिवार्य था। तभी सामन्त एक सिरे से स्वीकार कर सकते थे कि अब मुग़ल आकाश पर एकमात्र सूर्य *(मुग़ल राजवंश का प्रमुख प्रतीक-चिह्न)* औरंगज़ेब ही हैं!

महाशिल्पी होने के साथ-साथ कवि भी थे शाहजहाँ!

वियोगी कालिदास के साथ-साथ व्यथित पिता भी तत्काल पद्य-प्रस्फुटीकरण में प्रवृत्त हो सकता है, शाहजहाँ ने तुरन्त इसका प्रमाण दे दिया! उन्होंने सपूत की करनी पर कविता लिखी :

"मेरा बेटा, मेरा नायक!
क्यों करूँ मैं अपने दुर्भाग्य की शिकायत
यह जानते हुए कि एक पत्ती भी नहीं गिरती ईश-इच्छा के बिना
कल नब्बे हज़ार सैनिक थे मेरी सेना में
आज तलबगार हूँ एक गगरी पानी का
अभिमान मत करो
पाखंड है इस संसार का सौभाग्य!"

औरंगज़ेब ने ध्यान से काव्य-पाठ किया, फिर कविता के बग़ल में महाबली ने अपने दस्ते-मुबारक से टिप्पणी लिख कर सन्देश वापस भेज दिया, "कर्दा-ए-ख़्वेश आयेद पेश।" *(जैसा बोते हैं; वैसा काटते हैं!)*

आलमगीर भूल गये कि 1644 में जब औरंगज़ेब सिर्फ़ पदहीन एवं जागीर-हीन ही नहीं, बल्कि सम्राट के आक्रोश-पात्र भी थे, तब उन्होंने बेगम साहिब को लिखा था, "मेरा यह कर्म *(दारा के महल में घुसने के बजाय ड्योढ़ी पर बैठे रहना)* ईशादेश पालन और अपने पिता जहाँपनाह की सेवा के उच्चतम लक्ष्य से प्रेरित हुआ था। मैं अन्तिम दिनों तक उनकी सेवा करूँगा।"

सही कहा गया है, असली शहंशाह समय है।

शाहजहाँ के नक़्शे-पा पर औरंगज़ेब—औरंगज़ेब के भीतर शाहजहाँ के लिए इतनी कठोरता क्यों थी? क्योंकि वह शाहजहाँ के ही पद-चिह्नों पर चल रहे थे। ख़ुर्रम जहाँगीर के भी प्रिय थे और नूरजहाँ के भी। उन्हें वली-अहद घोषित किया जा चुका था। इस पदाधिकारी के लिए आरक्षित हिसार फ़ीरोज़ की जागीर उनके नाम थी, सम्राट सिंहासन के बग़ल में उनके वास्ते-मुग़ल इतिहास में पहली बार—सोने की कुर्सी रखवा दी गयी थी और राज्याभिषेक से पहले उन्हें "शाहजहाँ" उपाधि से विभूषित किया जा चुका था। फिर तीन घटनाएँ क्रम से हुईं—जहाँगीर बीमार हुए, नूरजहाँ ने बेटी लाडली की मँगनी राजकुमार शहरयार से कर दी और शाहजहाँ ने क़व्वालि-ए-बग़ावत छेड़ दी। नूरजहाँ को कठपुतली दामाद चाहिए था; शाहजहाँ इसके लिए राज़ी नहीं थे।

औरंगज़ेब ने शाहजहाँ से आगरा क़िले की चाबियाँ छीन लीं, तो शाहजहाँ बिलख उठे। तब उन्हें याद नहीं आया कि छत्तीस वर्ष पहले जब उन्होंने जहाँगीर के विरुद्ध विद्रोह किया था, तब जहाँगीर के लाहौर में होने पर मौक़ा अच्छा समझ वह भी अब्दुर्रहीम के साथ अकबराबाद पर झपटे थे, ताकि राजकोष पर क़ब्ज़ा कर बड़ी सेना खड़ी की जा सके, पर दिग्गज सेनापति महाबत ख़ाँ जब उनके बग़ावती बोल बन्द करने के लिए मथुरा तक आ पहुँचे, तो उन्हें अपना इरादा बदलना पड़ा।

तीन बरस का संघर्ष-पथ बंजर साबित हुआ। कच्चे किशोर औरंगज़ेब एवं दारा इसके सहयात्री थे। फिर पितृ स्नेह पर दारा के एकाधिकार से औरंगज़ेब एक बरस, दो बरस नहीं, पूरे तेईस बरस पीड़ित हुए थे। रौशन आरा को ऐसी ही पीड़ा जहाँ आरा को लेकर थी, इसलिए राजवंश में दमित-तिरस्कृत के विरोध पक्ष का उद्भव स्वाभाविक रहा।

शाहाँ के शाह का बनना दयनीय!

आगरा क़िले में नज़रबन्द होने के बाद स्वाभाविक है कि तत्कालीन संसार के सबसे सम्पन्न सम्राट, अन्यतम शिल्पी और अकबरे-आज़म के बाद उनके क़द के आस-पास पहुँचने वाले पहले राजवंशी बौखला उठे। अपने ही घर के बन्दीगृह से उन्हें निकाल पाने की सामर्थ्य केवल एक सेनापति में थी—शाहजहाँ उन्हीं के प्रति सम्बोधित हुए। औरंगज़ेब ने उन्हें अपने स्वामिभक्तों द्वारा घेर रखा था। शाहजहाँ के प्रिय किन्नर वफ़ा ने बीड़ा उठाया कि वह पत्र क़िले के बाहर ले जाकर महाबत ख़ाँ की सेवा में पहुँचा देगा।

महाबत ख़ाँ के नाम शाहजहाँ का पत्र—"जाँबाज़ी में अवल्ली, अमीरुल्उमरा, क़ाबिले-एतबारों में पेशरौ महाबत ख़ाँ को मालूम हो कि सितारों की गर्दिश और बाग़ियों की दग़ाबाज़ी से हमारे शानो-जलाल पर अँधेरे घिर आये हैं। हमारे मज़्लूम फ़र्जन्द दारा शिकोह अपनी शिकस्त के बाद लाहौर की जानिब चले गये हैं और इस खोखले जहाँन में आपके सिवा और कोई नहीं, जो ज़ाती ख़ुदगर्ज़ी से बेपरवाह इख़्लास को *(सच्चा प्रेम)* ही अपनी इज़्ज़त तस्लीम करता हो। चुनाँचे आपके सामने हम अपना दर्दो-ग़म नुमायाँ करते हैं और उसके इलाज की तवक़्क़ो।

जब खुरासानियों ने हमारे वालिद जहाँगीर को *(जो अब जन्नतनशीं हैं)* घेर कर बेताक़त बना दिया था, तब कितनी दूरी से आकर कितनी तेज़ी से महाबत ख़ाँ ने उन्हें उनके अन्दरूनी दुश्मनों से निजात दिलवाई थी। कुछ दिन अपने साए में रखा ज़रूर था, पर फिर ताज उनके सिर पर आरास्ता कर दिया था। फिर वही महाबत ख़ाँ थे, जो हमारे वालिद की वफ़ात के बाद हमें दारुलसल्तनत तक, तख़्तो-ताज तक लेकर गये थे।

मौजूदा मुसीबत ज़्यादा मुश्किल है और तजुर्बो-हौसले के नज़रिए से आपके जैसा उमरा और दूसरा नहीं, जिसे ऐसी अहम ज़िम्मेदारी सौंपी जा सके। मेरे अज़ीज़ दारा लाहौर में रुकेंगे, जहाँ पैसे, सिपाही और घोड़ों की कमी नहीं। क्या ऐसा हो सकता है कि महाबत ख़ाँ, जिनके नाम से लोग काँप जाते हैं, दारा की मदद के लिए उड़ कर वहाँ न पहुँचें—ऐसे नाज़ुक लम्हात में, जब उनका बादशाह दग़ाबाज़ों की गिरफ़्त में है—और दोनों नाफ़र्माबरदार बग़ावतियों को माक़ूल सज़ा दें और अपने

बादशाह को क़ैद से आज़ादी। बेशक वो मानेंगे कि अदाएगि-ए-फ़र्ज़ इस दुनियाँ-ए-फ़ानी के सभी एज़ाज़ों और ख़जाना-ए-कारूँ से ऊपर है। मुझे आपसे ऐसी ही तवक़्क़ो है, चूँकि साहिबे-शमशीर ऐसा ही करते हैं।

मैंने दारा को लिखा है कि आप पर पूरा एतबार करे और मेरे निजातदिहंदा *(मुक्ति देने वाले)*, ये दुनिया आनी-जानी है; किसी के लिए दवामी नहीं, लेकिन हर्फ़े-नेकनामी सफ़ह-ए-वक़्त पर नक़्श हो जाता है। ये कैसे हो सकता है कि महाबत ख़ाँ अपने बादशाह की तारीक़ि-ए-क़ैद देखें और ख़ुद पर ज़ब्त कर लें और वो बदअमल, जिसने फ़रेब के फन्दे फैलाए हों, तख़्ते-शाही पर जलवाआराई करे। क्या ऐसा मुमकिन हो सकता है कि आपके जैसा इन्साफ़ पसन्द सल्तनत के ख़िलाफ़ साज़िशे-दग़ाबाज़ी में शामिल हो जाय? याद रहे, रोज़े-इन्साफ़ दूर नहीं, जब मैं आप पर इल्ज़ाम आयद करूँगा।''

पत्र क़िले के बाहर पहुँच गया, लेकिन जिन हाथों में पहुँचा, वे महाबत के नहीं, औरंगज़ेब के थे। नहीं, वफ़ा ने अपने आक़ा के साथ जान देकर वफ़ा निभायी। उसे पत्र के साथ नये सत्ताधारी के पास लेकर जाने वाले शाहजहाँ बन्दीगृह के अधीक्षक श्री ईसा बेग थे। फिर पिताश्री को परम प्रिय पुत्र से डाँट सुनना पड़ी।

औरंगज़ेब का ख़ते-तम्बीह (भत्सर्ना पत्र) शाहजहाँ के नाम—''हस्बे-दस्तूर *(प्रथानुसार)* सलामो-नियाज़ पेश करने के बाद मैं दस्तबस्ता ख़िदमते-शाही में अर्ज़ करना चाहता हूँ कि बज़ाते-ख़ुद ज़िल्ले-सुब्हानी की क़लमे-मुबारक से तहरीरबन्द ख़ते-पाक मतिमूद ख़ान के ज़रिए बतौर मेरी इज़्ज़तअफ़ज़ाई हासिल हुआ। उसका मज़्मूँ जान कर मैं शर्मआलूदा के सिवा और क्या हो सकता हूँ! अब तक तरह-तरह की अन्दाज़बयानी और अफ़वाहें सुनते रहने के बावजूद ख़त लिखने की जिस मुश्किल से मैं बचता रहा था, अब मुझे वही करने को मजबूर होना पड़ रहा है, ताकि अपने ऊपर लगाये गये तमाम इल्ज़ामों का जवाब देते हुए सूरते-हक़ीक़त बयान कर सकूँ और ये मुद्दा हमेशा के लिए ख़त्म हो जाय।

मैंने मानिन्दे-आफ़ताब रौशनदिमाग़ जहाँपनाह से बार-बार दरख़्वास्त की है कि वो दंगा भड़का सकने वाले ख़ुतूत लिखना बन्द कर दें, लेकिन मेरी सरासर मुनासिब अर्ज़ पर मुझे जवाब मिला कि मैं उनसे ऐसी रियायत के लायक़ नहीं। चुनाँचे मैंने इस फ़साद का ज़रिया बने सियासती डाकिये वफ़ा नाम के उस हिजड़े को राहे-वफ़ात पर रवाना कर दिया। झगड़े की शुरुआत होते ही अगर जहाँपनाह ने बड़े शहज़ादे—जिनका ख़याल-ए-इज़्ज़त, क़ाब्लियत, और मज़हबपरस्ती अब तक आपके सामने नुमायाँ हो चुकी है—की हिमायत न की होती, उन्हें सबसे बुलन्द मनसब और बेख़ात्मा एतबार से नवाज़ा न होता, और उनको ख़ुश रखने के लिए उनका निहायत ग़ैर-वाजिब लाड़ न किया होता, अपने दूसरे बेटों को बेहुरमत न

करने का इन्तख़ाब नहीं किया होता, तो दरबारियों के गुट नहीं बने होते और दरीचा-ए-उम्मीद बन्द नहीं हुआ होता। अगर ऐसा होता, तो न आतिशे-कलह इतनी बुलन्दी तक भड़की होती और न सबके जीते-जी ऐसी क़यामत आयी होती।

हैफ़ *(हा हन्त)*, अब मेरे ऊपर अपने पिछले ख़ूतूत में बादशाह सलामत की शान में ग़ैर-मुनासिब और बेइज़्ज़त इज़्हार की तुहमत लगाई जा रही है। ख़ुदा गवाह है जो जहाँपनाह के ख़िलाफ मेरे दिमाग़ में कोई बेहुरमत ख़याल आया हो। हाँ, यह अलबत्ता हो सकता है कि अपने बिरादर का ज़िक्र करते हुए मैंने कोई सख़्त फ़िक़रा कस डाला हो, लेकिन बादशाह सलामत को उससे तकलीफ़ क्यों होनी चाहिए? ख़ुसरो वा परवेज़ को जहाँपनाह ने किस नाम से नहीं पुकारा, जो आपकी गद्दीनशीनी से पहले ही मुकामे-गै़रवजूदी को कूच कर चुके थे और जिनकी आपने कोई चुनौती, कोई चोट नहीं पायी थी। कुछ ऐसे शख़्स, जिनकी दुश्मनी सारी हदें पार कर चुकी हों, जिन्होंने बार-बार मैदाने-शमशीर में मेरी मुख़ालिफ़त की हो, मुझसे शिकस्त खा मुझे पीठ दिखाने का दाग़ अपने माथे पर लगा लिया हो और जिनके ज़रर रसाँ *(कुटिल)* इरादे अभी साँस ले रहे हों, अगर उनका ज़िक मैं बइज़्ज़तो-तौक़ीर *(शान)* लेना बन्द कर दूँ, तो मेरे ऊपर कौन-सा गुनाह आयद होता है? रब्बुइज़्ज़त *(ईश्वर)* ने जिसकी हिमायत की हो, उस पर उँगली नहीं उठाई जा सकती। सही मानो में अज़ीम वो है, जिस पर इलाहुल्आल्मीन *(परमात्मा)* का करम होता है और जिसे अपने संगियों और बराबरी वालों से ऊपर बुलन्दी अता फ़र्मायी जाती है।

आपके हक़ीर मुरीद ने आपकी इन्तिहा-ए-ताज़ीमी *(अत्यधिक सम्मानित)* ख़िदमत में बार-बार ऐलान किया है कि आगरा की जानिब बढ़ने का मक़सद बग़ावत नहीं, न जहाँपनाह का तख़्तापलट है। मेरा गवाह है सबके राज़ों का राज़दाँ कि ऐसा ग़ैर-मुनासिब, ग़ैरक़ानूनी ख़याल मेरे आईना-ए-दिल में कभी नहीं झाँका। पर बादशाह सलामत की बीमारी के दौरान कमाने-हुकूमत आपके हाथों से छूट कर बड़े शहज़ादे की गिरफ़्त में आयी, जो मुसलमान जैसे दिखाई तक नहीं देते। फिर शाही मुहर की मनमानी चलने लगी, जिसमें वुसअते-ताक़त *(शक्ति-विस्तार)* पर कोई हद नहीं थी। पूरी सल्तनत में कुफ्र और इल्हाद *(विधर्म)* के चलन फिर चलने लगे। शहज़ादे के लाहे-अमल को ख़त्म करना क़ानूनी, बाइन्साफ़ और सियासती नज़रिए से मुनासिब है, यह मानते हुए मैंने इस तरफ़ कूच किया। मेरी पहली लड़ाई बिल क़सद *(कुटिल)* काफ़िरों के साथ है, जिन्होंने मस्जिदें मिटा कर अपने बुतों के वास्ते वहाँ मन्दिर बना दिये। मेरी दूसरी मुहिम शैतानी दहरियतपसन्दों *(विधर्मियों)* के ख़िलाफ़ थी, और चूँकि मेरा इरादा नेक था, इसलिए कम फ़ौजी ताक़त के बावजूद धर्माट में मुझे कामयाबी मिली और मैं बग़ैर एक ज़ख़्म खाये महफ़ूज रहा।

फिर बादशाह सलामत ने मुझे गुनहगार मानते हुए चाहा कि उनके पसन्दीदा शहज़ादे के ज़रिए दहरियत की लौ नये सिरे से रोशन की जाय। उस कुफ्रआश्ना की फ़तेह से रैयत और सल्तनत बरबाद हो जाती, इसलिए सामूगढ़ की लड़ाई में भी मुझे फ़तेह मिली और इन्साफ़ो-सच्चाई के नाम पर मुझे कमाने-हुकूमत सँभालनी पड़ी, ताकि रैयत की देखभाल और अक़ीदे की हिफ़ाज़त की जा सके। सारे दानिशवर और पारसा मुत्तफ़िक़ होंगे कि यह मक़सद सबसे मुक़द्दस और इस जहाँन में और उससे भी आगे ख़ुशी-ओ-ख़ुशहाली की शाहराह है। जहाँपनाह ने लिखा है कि दूसरे की मिल्कियत पर क़ब्ज़ा करना मज़हब के ख़िलाफ़ है। आपके समुन्दर जैसे वसीह दिमाग़ में यह जानकारी न होने का सवाल ही नहीं कि बादशाहों के ख़ज़ाने सल्तनतो-मज़हब की भलाई के लिए होते हैं; वे किसी की ज़ाती जायदाद नहीं। दरअसल तख़्तनशीं एक तरह का अमीन *(ट्रस्टी)* होता है, जो इख़लाक़बुलन्द *(निष्ठावान)*, बेहिमायत और बाइन्साफ़ तरीक़े से अपना फ़र्ज़ अन्जाम देता है।

दानिशवरी और ज़हानत में बादशाह सलामत अव्वलीं हैं। फिर जो दूरन्देशी और अलूही *(दैवी)* वाक़यात पेश आये, उनके ग़ैबी सोतों को नज़रअन्दाज़ कर बाहरी वजूहात की तलाश क्यों करते हैं? आप यह समझते क्यों नहीं कि इलाहुल्आल्मीन *(ईश्वर)* की जो मर्ज़ी होती है, वही होता है और उनकी मर्ज़ी वाक़ये में तब्दील हो जाती है। चुनाँचे ऐसी मर्ज़ी के सामने सिर झुकाते हुए अगर जहाँपनाह यह ग़ैर-मुनासिब राहे-शिकायत छोड़ देंगे, तो ग़मो-मातम की जगह सुकूनो-मुत्मइनी हासिल हो जाएगी, सब्र और ज़ज्बा-ए-इस्तीफ़ा से रिश्ता बन जाएगा—चूँकि अज़ीज़ अब्बा हुज़ूर, आपके हालात अब बदलेंगे नहीं। चुनाँचे ख़ामख़याली से गुरेज़ कीजिए। अब आपकी जहाँ रिहायश है, उसकी बेइन्तिहा वुसअत के लिए आपका मशहूर ज़ज्बा-ए-बर्दाश्त ही मेरी तरफ़ से माफ़ी माँग सकता है।''

शाहजहाँ का ख़त—इतिहास विजेता लिखता है, पराजित नहीं। इसलिए शाहजहाँ को औरंगज़ेब के लिखे लगभग सारे पत्र मिलते हैं, पर शाहजहाँ का एक भी नहीं। निम्नलिखित का पुर्नसमायोजन औरंगज़ेब के पत्रों से किया गया है—''जैसे ख़ुदा तनो-तन्हाँ करता है रहमफ़र्मायी/वैसे ही कोई हिस्सेदार नहीं होता बादशाहत का।/किसी ग़ैर की उँगली में है शाही मुहर, तो वो ज़बर्दस्ती का नुमाइन्दा।/बादशाह के पास हैं चाबियाँ दरवाज़ा-ए-फ़तेह और ख़ज़ाने की/कोई नहीं खोल पाया उन्हें महज़ अपने बाज़ुओं के सहारे/क्या सही मानो में दानावबीना हो तुम/ज़माना-ए-आइन्दा की सुनो, ख़िजांरसीदा दुनियाँवी शै की नहीं।/पानी पर बहती है यह दुनियाँ/और जानता है दाना/कि चश्मे में कीलें नहीं ज़डी हैं/ओह, जो तुम कभी हमल में नन्हीं-सी साँस थे और दिलकश बचपन/फिर नौजवानी में सरू का तना हुआ दरख़्त थे/चाँदनी सूरत/फिर भी वो गुज़र चुका, जो देखा है तुमने और

जो दबोचे हो वो रहेगा नहीं/वक़्त का फेर छीन लेगा तुम्हारे हाथों से कमान/शुक्रगुज़र रहना चूँकि ख़ुदा पसन्द करता है इसे।''

शाहजहाँ-औरंगज़ेब के बीच तब्दीलिए-मुकालमा (संवाद)—निम्नलिखित को भी विविध ऐतिहासिक स्रोतों से पुनर्गठित किया गया है—

''शाहजहाँ—क्या मैं तुम्हारा बेटा हूँ जो तुम्हारा हुक्म बजा लाऊँगा? मैं हर्गिज़ ऐसा नहीं करूँगा।

औरंगज़ेब—वफ़ा की वफ़ात हो गयी। *(शाहजहाँ का पत्र महाबत ख़ाँ के पास ले जाने वाले हिजड़े वफ़ा को औरंगज़ेब ने मौत के घाट उतार दिया।)* जो वफ़ा की तरह बर्ताव करेगा, उसका अन्जाम वफ़ात होगा। अगर आप चश्मे-इन्साफ़ से देखेंगे तो आपको ये मानने में मुश्किल नहीं होगी कि मैंने आपके काँधें से इतना भारी बोझ हटा कर अपने काँधें पर रख लिया है और अपने दिमाग़ को जो परिन्दे की तरह आज़ाद था, हज़ार परेशानियों और मुसीबतों का शिकार बना लिया है।

शाहजहाँ—तुमने मेरे मालो-ज़र पर क़ब्ज़ा किया है, जो अपने मज़हब के ख़िलाफ़ है।

औरंगज़ेब—शाही जायदाद और ख़जाना विरासत वाली ज़ाती मिल्कियत नहीं। राजा सिर्फ़ ख़ुदा के ज़रिए चुना गया नाज़िमे-औक़ाफ़ *(ट्रस्टी)* है, जो अल्ला की दौलत रैयत की ख़ातिर ख़र्च करता है।''

''अब तुम्हारा क्या होगा मुराद?''

इसके बाद शाहजहाँ ने षड्यन्त्र रचा, जिसका लक्ष्य था मुराद को अपने पक्ष में लाना, पर क़िले की एक स्त्री की ईर्ष्या से औरंगज़ेब तक सूचना पहुँच गयी। हालाँकि औरंगज़ेब के प्रति मुराद के विश्वासघाती इरादे का कोई साक्ष्य नहीं *(वह शाहजहाँ के पक्षधर होकर दारा के लिए संघर्ष क्यों करते? उन्हें तो ख़ुद तख़्ते-ताऊस पर बैठना था!),* पर औरंगज़ेब ने अपनी रणनीति तय कर ली।

सामूगढ़ विजय के बाद औरंगज़ेब ने सार्वजनिक रूप से कहा था, ''आज का दिन शहंशाह मुराद बख़्श के अहद का पहला दिन है।'' शुरू से ही औरंगज़ेब ने सत्ता के प्रति उदासीनता और धर्म के लिए संघर्ष का जो स्वाँग भरा था, मुराद उसे सच मान बैठे थे। साक्ष्य स्वरूप औरंगज़ेब का एक पत्र था, ''इस अस्थायी पाखंडी संसार का प्रशासन चलाने की मेरी रत्ती भर इच्छा नहीं। *(धर्म का बचाने के बाद)* मैं किसी गुमनाम कोने में चला जाऊँगा और दिन-रात सर्वशक्तिमान की आराधना करूँगा, जिनका आशीर्वाद ही एकमात्र सच्ची ख़ुशी है। लेकिन इससे पहले मुझे अपने प्रिय भाई मुराद को सिंहासन पर बिठाना है।'' दोनों के बीच एक सन्धि-पत्र भी था, जिसमें दोनों विजेता भाइयों के बीच साम्राज्य-विभाजन के विस्तार

थे, पर सामूगढ़ विजय के बाद मुराद बख़्श अपने को निरन्तर उपेक्षित महसूस कर रहे थे—सारे निर्णय औरंगज़ेब ले रहे थे; सारी नियुक्तियाँ औरंगज़ेब कर रहे थे। एक पखवारे के पड़ाव के बाद दारा की तलाश के लिए दोनों भाई दिल्ली की ओर चले। मुराद बहुत भन्नाये हुए थे। उन्हें उनका दाय नहीं मिल रहा था।

वध की सिसलियन माफ़िया प्रथा—सिसली की महान् माफ़िया परम्परा के अनुसार जब डॉन या उनसे नीचे किसी वरिष्ठ कार्यकर्ता को अपने किसी दीर्घकालीन सहयोगी एवं आत्मीय का वध करना होता है, तो होने वाले दिवंगत को वांछित सम्मान देने के लिए भोज आयोजित किया जाता है।

दीर्घकालीन तस्करी, अपहरण, एवं विविध प्रकारी वधों में सहभागिता के उनके साथ की यह माँग है कि अन्तिम गिनी-चुनी साँसें लेने वाले को सम्मान के साथ असार संसार से विदा किया जाय। मदिरायुक्त खान-पान के बाद दोनों गले मिलते हैं; फिर डॉन आत्मीय के गाल पर 'मृत्यु-चुम्बन' लेता है। श्री औरंगज़ेब में न माफ़िया डॉन जैसी सिद्धान्त-पालन कट्टरता थी और न पेशे के प्रति—और उसके बावजूद—आन्तरिक निष्ठा, पर परम व्यावहारिक होने के नाते माफ़िया की यह रस्म उन्होंने अपना ली। भन्नाये हुए मुराद को महाबली ने दो सौ चालीस ईरानी घोड़े, सीलोन के चुनिन्दा युद्ध हाथी और दस्यु सुन्दरी-गुच्छ उपहार में देते हुए 'अपने शौर्यवान भाई को' रात्रि-भोज के लिए अपने शिविर में आमन्त्रित किया, "जिसे साथ भविष्य में बेहद रचनात्मक भूमिका निभानी है।" *(अद्‌भुत था महाबली का हास्य-बोध! मुराद को नहीं पता था कि मुग़ल साम्राज्य में अब उनकी रचनात्मक भूमिका है चौबीस घंटे के भीतर बन्दी बनना और तीसरे वर्ष में मौत!)* मुराद के स्वामिभक्त किन्नर बशारत ने आक़ा को चेतावनी के साथ सलाह दी, "दिल्ली पहुँचने से पहले ऐसी भेंट सम्पन्न नहीं होनी चाहिए, क्योंकि प्रशंसायुक्त उद्‌गारों और स्नेह-प्रदर्शन के पीछे मैं एक साँप की फुफकार सुन रहा हूँ।"

मुराद नहीं माने। नियति औरंगज़ेब की समर्थक थी, जिन्होंने "प्राणप्रिय भाई के लिए किसी को मदिरा प्रस्तुत न करने का अपनी सौगन्ध भी तोड़ दी।" मुराद ने ईरान की विख्यात 'आबे-नाब' के एक के बाद एक पैमाने ख़ाली किये। फिर महाबली नेपथ्य में चले गये और पाजेब बजाती, बल खाती आरज़ू नामक दस्यु चन्द्रमुखी ने एंट्री ली...

स्वर्णिम हथकड़ी-बेड़ी में जकड़े मुराद उर्फ़ औरंगज़ेब का परिष्कृत हास्य बोध!

'रूखा एवं नीरस' की चिप्पी लगा कर इतिहासकारों ने महाबली को ख़ामख़ाँ बदनाम कर रखा है! उत्तराधिकार युद्ध शुरू होते ही मुराद बख़्श जब अहमदाबाद से अकबराबाद

को चले थे, तो अपना तख़्त वा ताज लेकर! समस्या यह थी कि तख़्ते-ताऊस तो शाहजहाँनाबाद में था। शाहजहाँ तब अकबराबाद में थे। वहाँ के दरबार में जो सिंहासन था, वह मुराद को पसन्द नहीं था और अपने नाम का ख़ुत्बा पढ़वाने से पहले सिंहासन पर आरूढ़ होना लाज़िमी था, इसलिए मुग़ल साम्राज्य के होने वाले छठवें बादशाह मुराद बख़्श ने यह काम अन्जाम दिया। भ्रातृ स्नेह से छलकते औरंगज़ेब ने मुराद की एप्रोच का कुछ सम्मान तो रखा! मुराद बख़्श जब होश में आये तो उन्होंने पाया कि वह हथकड़ी-बेड़ी में जकड़े हुए हैं—लेकिन वह हैं स्वर्णिम!

मुराद ने आरोप लगाया, ''भाईजान, आपने क़ुरान शरीफ़ पर हाथ रख कर सन्धि सम्मान की क़सम खायी थी।''

महाबली बोले, ''हमने जो किया है, उसी में तुम्हारा और साम्राज्य का हित है!''

''कृपया प्रकाश डालें कि बन्दी बनाये जाने में मेरा क्या हित है?'' मुराद ने पूछा।

''साम्राज्य के बारे में सोचो मुराद! मुग़ल राजवंश का ख़ून हो और अपनी चिन्ता में पड़े हो! छी-छी''—

''नहीं, मुझे जानना है'',मुराद मचल गये।

''हम तुम्हारे नहीं, इतिहास के प्रति उत्तरदायी हैं। कुछ सोच लेंगे।''

मुराद अड़े रहे, ''हमने दो लड़ाइयाँ साथ जीती हैं। उसी सहभागिता का तक़ाज़ा है कि आप मेरे सवाल का जवाब दें।''

''कह देंगे, मुराद विधर्मी था'', महाबली ने सन्जीदा टिप्पणी की।

मुराद हँसे, ''कोई नहीं मानेगा।''

''मेरे सामने बोलने की किसी की हिम्मत नहीं होगी। इतना काफ़ी है।''

मुराद ने पल भर उन्हें देखा, ''ठीक है। साम्राज्य का हित बता दें।''

''प्रशासन एक ही व्यक्ति का हो, तो उसके वैचारिक आधार में समग्रता और कार्यान्वयन में एकरूपता होती है।''

''वैचारिक आधार मेरा होगा। आप मक्का शरीफ़ जा टोपियाँ सिल कर बेंचे।''

''क्या है मुराद कि हमारी आँखों में एक बिम्ब है—'' महाबली ने स्वप्निल भाव से कहा, ''हम तख़्ते-ताऊस पर बैठे याचिका सुनते हुए टोपियाँ सिल रहे हैं। प्रजा की सेवा भी कर रहे हैं और दो रोटियाँ राजकोष से लेने के बजाय अपनी मेहनत की कमाई से पापी पेट भर रहे हैं। इतिहास जय-जयकार कर रहा है!''

''ठीक है; आप अपना बिम्ब पूरा करो, पर समझौते के हिसाब से मेरा हिस्सा मुझे दे दो।''

महाबली विह्वल हो उठे, ''दिल तोड़ने वाली बात मत करो''—

"मेरा भी एक बिम्ब है"—

"इज़्ज़त से जाओ मुराद, मुहब्बत से जाओ," महाबली ने सच्चे आवेग से याचना की, "आख़िर हम सगे भाई हैं!"

"इसीलिए हमने आपसे दग़ाबाज़ी का ख़याल नहीं किया।"

"ग़लती की, महाबली के जबड़े सख़्त हो गये, "अब उसकी क़ीमत चुकाओ!"

"आप आईने में अपना चेहरा कैसे देख पाते हैं?"

महाबली हँसे, "ऐसा विलास दारा शिकोह करते होंगे, हम नहीं।"

मुग़ल राजवंश के छठवें सम्राट आलमगीर!

सुबह होने से पहले मुराद को आवरण-सम्पन्न हौदे में, जैसे राजसी महिलाएँ यात्रा करती थीं, लाल क़िले के गौरव सलीमगढ़ में भेज दिया गया। मुराद के सैन्याधिकारी और टुकड़ियाँ औरंगज़ेब के साथ मिल गयीं। बाद में 'बनते-बनते न बनने वाले छटवें सम्राट मुराद बख़्श' ग्वालियर क़िले भेज दिये गये, जहाँ उनके कारा-संगी मुहम्मद सुल्तान भी बने और सुलेमान एवं सिपिर शिकोह तथा बेटे इज़्ज़त बख़्श भी। तीन बरस बाद मुराद का वध कर दिया गया।

उत्तराधिकार युद्ध के लिए दक्षिण से औरंगज़ेब को निकले साढ़े छह महीने हुए थे। तख़्ते-ताऊस अब ख़ाली था, पर उस पर आसीन होने में महाबली को जल्दी नहीं थी। सत्ता का सार उनकी मुट्ठी में था—स्वरूप प्रतीक्षा कर सकता था। शुजा और दारा पराजित हो चुके थे, विनष्ट नहीं और उनकी अमंगलकारी छायाएँ पृष्ठभूमि में आन्दोलित हो रही थीं। जब तक दोनों की साँस न टूटे, प्रातः स्मरणीय चैन से कैसे सो सकते थे! फिर पदच्युत शाहजहाँ भी एक लज्जाजनक सवाल बन कर वातावरण में मँडरा रहे थे। दिल्ली और अकबराबाद में जब-तब अफ़वाह उड़ती थी कि फलाँ-फलाँ सामन्त अपदस्थ सम्राट की पुनर्प्रतिष्ठा के लिए ऐसा-ऐसा षड्यन्त्र कर रहे हैं।

एक देर रात महाबली ने तख़्ते-ताऊस को ध्यान से देखा, जहाँ-तहाँ उँगली फिरायी, फिर बैठ गये। भला लगा। दीवाने-ख़ास में सन्नाटा था। मशालों की रौशनियों में प्रकाश एवं छाया के विविध आकार कँपकँपा रहे थे।

जुलाई 10, 1658 को महाबली शाहदरा के दिलशाद बाग़ में सादे, प्रतीकात्मक समारोह में आलमगीर बन गये। 'शाहजहाँ जीवित हैं' तर्क के साथ मक्का शरीफ़ ने आलमगीर के नाम का ख़ुत्बा पढ़ने से इन्कार कर दिया, इसलिए नये सम्राट के नाम पर अभी सिक्के नहीं ढाले जा सके। महामहिम ने चिन्ता की, पर ज़्यादा नहीं। उनका लक्ष्य किरीट को लेकर अनिश्चय का कुहासा छाँटना था—मुग़ल

साम्राज्य का नया अध्याय शुरू हो गया, ऐसी औपचारिक उद्घोषणा करना था। वह दारा का पीछा बग़ावती एवं प्रतियोगी राजकुमार के रूप में नहीं, बल्कि सम्राट के रूप में करना चाहते थे। अब छोटे-बड़े किसी भी सामन्त द्वारा उनके आदेश का उल्लंघन साफ़ राजद्रोह था। एक माह के दिल्ली निवास में वह दारा विनाशाभियान पर केन्द्रित रहे। फिर लाहौर के लिए निकल पड़े, जहाँ दारा नयी सेना जुटाने में संलग्न थे।

जाएँ तो जाएँ कहाँ उर्फ़ दार्शनिक वली-अहद की परिणति—सामूगढ़ परिणाम के बाद दारा पूर्व जा सकते थे। वहाँ सुलेमान शिकोह की सेना के साथ बाप-बेटे औरंगज़ेब के विरुद्ध प्रबल मोर्चा खोल सकते थे। इस विकल्प में नकारात्मक यह था कि अगर औरंगज़ेब शाह शुजा को अपने साथ मिला लेने में सफल हो जाते *(औरंगज़ेब ने देर तक ऐसा प्रयत्न एवं आशा नहीं छोड़ी। शुजा दारा की तुलना में कम ख़तरनाक थे। दारा की स्थायी शारीरिक अनुपस्थित के बाद औरंगज़ेब को साँस लेने का समय मिल जाता। फिर इत्मीनान से शुजा-विनाश कार्यक्रम वैसे ही चलाया जा सकता था, जैसा मुराद बख़्श के साथ हुआ था।)*, तो दारा को बीच में पीसा जा सकता था।

अगर दारा पश्चिम की ओर जाते और शुजा के साथ गठबन्धन भी कर लेते, तो दोनों मिल कर इसी तरह औरंगज़ेब-दमन कार्यक्रम चला सकते थे। पश्चिम दिशा में दिल्ली तथा लाहौर के विपुल कोष भी थे, जिनसे सैनिक संख्या बढ़ायी जा सकती थी; साथ ही लाहौर में वह विशाल शस्त्र भंडार भी था, जो शाहजहाँ ने कन्धार सैन्याभियान के लिए इकट्ठा किया था। सुलेमान चक्कर लगाते हुए औरंगज़ेब से बचाव करके पंजाब में दारा से मिल सकते थे। अगर दोनों ही विकल्प कारगर नहीं होते, तब भी दारा के सामने कई रास्ते खुले थे—काबुल, सिन्ध, राजस्थान, गुजरात या दकन तक जाकर वह संघर्ष जारी रख सकते थे, जबकि पूर्व में अगर उनकी पराजय हो जाती, तो वह सरलता से घेर कर विनाश को प्राप्त कर दिये जाते।

इसलिए दारा लाहौर ही गये। पश्चिम में दारा की सेना स्वभावत: औरंगज़ेब से काफ़ी छोटी थी। ऐसे में रणनीति वही होनी चाहिए थी, जो अकबरे-आज़म ने साम्राज्य विस्तार के लिए डेढ़ दशक अपनायी थी—शत्रु के ऊपर एकदम विकराल प्रहार; तोपख़ाने की सुरक्षा के साथ एक के बाद एक सैन्यपंक्तियों का निरन्तर आगे बढ़ते जाना। पर शिष्ट, सौजन्य, और दार्शनिक दारा न रौद्र मुद्रा अपना सकते थे, न उनके पास औरंगज़ेब के जैसा सबसे निकृष्ट स्तर का नैतिकताविहीन आक्रामक संकल्प था।

गोडो के इन्तिज़ार में—शुरू में दारा ने दिल्ली में सुलेमान की प्रतीक्षा की,

पर सपूत नहीं आये। तब दारा भरसक अपने और औरंगज़ेब के बीच का व्यवधान बढ़ाते हुए पश्चिम को भागे। जून 21 को औरंगज़ेब आगरा से चले, यह ख़बर सुन कर अगले दिन दारा ने लाहौर गंतव्य के लिए दिल्ली छोड़ दी और सतलज पार करने पर तमाम नावें नष्ट कर दीं, ताकि उनका पीछा न किया जा सके। दारा को आशा थी कि दक्षिण से उत्तर की लम्बी यात्रा, उत्तराधिकार युद्ध का अनेकानेक वर्षव्यापी तनाव, फिर धर्माट एवं सामूगढ़ की लड़ाइयाँ, आगरा क़िले की घेराबन्दी और शाहजहाँ की नज़रबन्दी—इन सबके भावात्मक दबाव से औरंगज़ेब थक गये होंगे और दारा-विनाश-कार्यक्रम शिथिल पड़ जाएगा। पर दारा को मालूम नहीं था कि औरंगज़ेब जो कार्यक्रम बनाते हैं तो विधाता-सन्देश पाने के बाद ही! औरंगज़ेब ने पंजाब पहुँचने में देर नहीं लगायी और दारा को फिर भागना पड़ा। यद्यपि दारा की सैनिक संख्या सम्मानजनक 20,000 थी, पर उन्होंने अपने को संघर्ष के लिए और व्यवस्थित करने के इरादे से थोड़ी साँस लेने का निर्णय लिया—तुरन्त आर-पार का नहीं।

पर नहीं मिली सुस्ताने की फुर्सत—दारा जैसे ही दक्षिण में मुल्तान के लिए भागे, औरंगज़ेब दाँत पीसते हुए छाया की तरह पीछे लग गये। "विधर्मी को, अगर ज़रूरत पड़े, तो नरक गह्वरों से बाहर निकालो और मेरे सामने प्रस्तुत करो, ताकि वह जवाब दे कि उसने इस्लाम और साम्राज्य के प्रति युद्ध क्यों छेड़ा?", अपने धुरन्धर सेनानी बहादुर ख़ाँ को महाबली ने आदेश दिया। दारा और औरंगज़ेब के बीच का अन्तर निरन्तर घटता जा रहा था। वैसे भी पराजित की चाल से विजेता की चाल अलग होती है। दारा शिविर में हताशा घनी होने लगी। बुलंद इक़बाल का सौभाग्यादित्य अब निरन्तर घने मेघों में ढँकता जा रहा था। हर सुबह पाया जाने लगा कि इतने-इतने सैनिक रात के अँधेरे में भाग निकले। औरंगज़ेब ने अपने हस्ताक्षर के साथ दारा के सेनापति दाऊद ख़ाँ के नाम मिथ्या पत्र दारा के शिविर में गिरवा दिया।

इतने पुराने और विश्वस्त साथी को दारा ने तुरन्त बर्ख़ास्त कर दिया। आदमी को समझने की दारा की सामर्थ्य बहुत कच्ची थी। दारा ने यह भी नहीं सोचा कि अब वह डूबती हुई नाव हैं और इतना कुशल सेनानी बजाय दूसरे तमाम सेनापतियों के समान 'औरंगज़ेब के जामे के छोर का बोसा-ए-वफ़ादार लेने के बजाय दारा के अपने विनाश भँवर में स्वेच्छा से कूदने के लिए प्रस्तुत है।'

दारा जब तक मुल्तान पहुँचे, उनकी सेना घट कर तीन-चौथाई रह गयी और औरंगज़ेब को देख कर दारा ने जब फिर द्रुत पलायन कार्यक्रम सम्पन्न किया तो शेष की भी आधी।

फिर एक उबाल—तभी सूचना मिली कि शाह शुजा राजमहल, बंगाल से

निकल कर पटना की ओर बढ़ रहे हैं। उनका लक्ष्य है शाहजहाँ की मुक्ति। पिता और शुजा में सन्धि की सम्भावना के ख़तरे का महामान्य को पहले से एहसास था। सैनिक दृष्टि से दारा के विपरीत शुजा निःसन्देह सबल प्रतियोगी थे। तभी सामूगढ़ विजय के बाद भी औरंगज़ेब ने उन्हें समूचा पूर्व—साम्राज्य का लगभग एक-तिहाई—देने का प्रस्ताव रखा था, पर शुजा मुराद नहीं थे। कठिनाई यह थी कि महामहिम भी यह जानते थे! शुजा ने सही समझा कि अपनी स्थिति मज़बूत करने के लिए औरंगज़ेब को कुछ समय चाहिए, इसलिए बिरादराना ज़ज्बे की झलक दिखाई जा रही है। उन्होंने इन्कार कर दिया। 'मुग़ल राजवंश में परम्परा थी कि ज़ख़्म खाकर जो मैदाने-जंग में हासिल किया जाता है, वही अपने पास रहता है।' शुजा की आशंका सच साबित हो गयी, जब उन्होंने जाना कि मुराद सोने की हथकड़ी-बेड़ी से अलंकृत हो गये।

इलाहाबाद के निकट खजवा के मैदान में जनवरी 4, 1659 को रण क्षेत्र निर्णयों में अगली कड़ी जुड़ गयी। शुजा को हाथी-हौदा छोड़ घोड़े पर बैठ भागना पड़ा—किसी के विश्वासघात से नहीं, बल्कि अपना पासा पलट जाने पर जान बचाने के लिए।

ओह दारा!

जब महामहिम खजवा में शुजा से जूझ रहे थे, तब दारा शिकोह गुजरात में थे। वह सितम्बर, 1658 में मुल्तान से दक्षिण सिन्ध में थट्टा भाग गये थे। उनकी सैनिक संख्या घट कर अब लगभग 3,000 रह गयी थी। रास्ते में उन्होंने कन्धार जाने की सोची, जहाँ से ईरान जाकर शरण ली जा सकती थी, पर इसके लिए बर्बर बलूची प्रदेश से गुज़रना होता, जो हरम की स्त्रियों को स्वीकार नहीं था। फिर सर्वप्रिय नादिरा बेगम ईरानी होते हुए भी ईरान नहीं जाना चाहती थीं।

गुर्जरी प्रदेश—इसलिए मध्य नवम्बर में दारा ने थट्टा में सिन्धु का दायाँ किनारा पार किया और दक्षिण-पूर्व में बीहड़, जलहीन कच्छ रन में बढ़ने लगे। तब उन्हें 15 बरस पहले की वह ऐतिहासिक शाम याद आयी, जब जहाँ आरा बेगम ने शाहजहाँ से औरंगज़ेब को क्षमा और पद-दान का उपहार माँगा, बहन की ख़ातिर दारा को सहमत होना पड़ा और आज नवम्बर 12, 1659 के इस दिन की नियति तय हो गयी।

आलमगीर श्वसुर पर दारा सहायक—जहाँ आरा बेगम ने ही दोनों भाइयों के विवाह के लिए ये ईरानी युवतियाँ पसन्द की थीं—नादिरा दारा के लिए और दिलरस औरंगज़ेब के वास्ते। जनवरी 1659 में दारा अहमदाबाद पहुँच गये। राज्यपाल शाह नवाज़ ख़ाँ, दिलरस के पिता, शाही सफ़ाविद वंशज होने के साथ धीर-गम्भीर,

सक्षम प्रशासक तथा युद्धवेत्ता भी थे। वह मुग़ल दरबार में अत्यन्त गुणवान ईरानी सामन्त परम्परा में आते थे। अपने दामाद का चरित्र, स्वभाव, और प्रकृति—सब समझते थे शाह नवाज़! आलमगीर की प्रशासन प्रणाली क्या स्वरूप लेगी, वह जानते थे। प्रबुद्ध, विवेकमान सामन्तों का बड़ा वर्ग समझता था कि औरंगज़ेब के सिर पर ताज अन्ततः साम्राज्य के हित में नहीं होगा, पर विवश थे, क्योंकि समर-विजय-किरीट ने दारा का सिर नहीं चुना था।

न्यायप्रिय—टॉमस किनीली के उपन्यास 'शिन्डलर्स आर्क' पर आधरित स्टीवन शिन्डलर की फ़िल्म शिन्डलर्स लिस्ट याद करें। यहूदी नरसंहार (Holocaust) को ग़लत मानने वाले विवेकमान जर्मन व्यवसायी ऑस्कर शिन्डलर ने एक हज़ार से अधिक यहूदी बन्दियों को अपनी फ़ैक्टरी में व्यर्थ के उत्पादन कामों में लगवा कर उन्हें तब तक गैस चैम्बर से बचाए रखा था, जब तक विजयी लाल सेना वहाँ नहीं आ जाती। 1993 में फ़िल्म की रिलीज़ के समय इन भूतपूर्व बन्दियों की विविध देशों में फैली सन्तति संख्या चार हज़ार से अधिक थी। इन्हें इतिहास में (Schindler's Jews) संज्ञा से जाना गया। बाद में इज़रायल देश ने शिन्डलर को आमन्त्रित कर (Righeous) स्वीकार करते हुए उन्हें सम्मानित किया।

17वीं सदी में भी एक शिन्डलर—उत्तराधिकार युद्ध महागाथा किसी भी महान् ग्रीक त्रासदी के बराबर है। इसमें पात्र-प्रकृति, घात-प्रतिघात और चरित्र-परिवर्तन की दृष्टि से भावना शब्दक्रम के उच्चतम आरोह एवं निम्नतम अवरोह देखे जाते हैं। यहाँ अगर हवा के हर झोंके के साथ पाला बदलने वाले सामन्त थे, तो हर झंझावात में सतत स्थिर निष्ठा सम्पन्न और न्याय पथ के एक पथिक शाहनवाज़ ख़ाँ भी थे। उन्होंने गुजरात कोष दारा के लिए खोल दिया; 22,000 सैनिकों की भर्ती सुलभ की, और सूरत से तोपें भी मँगवा कर दीं। बाद में शाह नवाज़ ने अपने निर्णय की क़ीमत चुकायी, जब औरंगज़ेब ने उन्हें क़ैद कर दिया। नवरस से छलछलाती उत्तराधिकार युद्ध महागाथा के इस मार्मिक प्रसंग की अगली कड़ी यह है कि दिलरस की बेटी पादशाह बेगम ज़ेबुन्निसा ने इस क़ैद के विरुद्ध भूख हड़ताल कर दी। उत्तराधिकार युद्ध से बाप-बेटी के बीच द्वन्द्व धीरे-धीरे तीखे संघर्ष में बदल रहा था। तीन दिन बाद औरंगज़ेब ने विवश होकर शाह नवाज़ को न सिर्फ़ मुक्त कर दिया, बल्कि गुजरात का सूबेदार भी बनाया।

उत्तराधिकार युद्ध की विडम्बना : दारा और शुजा का अगठबन्धन!

दारा और शुजा समय के साथ नहीं थे। अगर शुजा तब उत्तर की ओर बढ़े होते, जब दारा दिल्ली में थे, या दारा तब दिल्ली की ओर बढ़ते, जब औरंगज़ेब शुजा के विरुद्ध कूच कर रहे थे, तो महामहिम सचमुच मुश्किल में आ जाते, पर खजवा

में शुजा के हाशिये पर चले जाने के एक माह बाद ही दारा गुजरात से आगरा के लिए चले। दारा और शुजा ने हाथ मिलाने की क्यों नहीं सोची? दोनों के भीतर कौन-सी ग्रन्थि थी?

लिए जाती है कहीं एक तवक़्क़ो दारा—अभी दारा ने आशा की डोर छोड़ी नहीं थी। औरंगज़ेब से सम्बन्ध तोड़ चुके राजा जसवंत सिंह ने दारा से सहायता का वादा किया। दारा खिल उठे। 15 से 20 हज़ार की राजपूत सेना के साथ औरंगज़ेब को चुनौती दी जा सकती है, इस योजना के साथ वह मारवाड़ के लिए चल पड़े। जसवंत सिंह भी दारा से मिलने के लिए आगे बढ़े। तभी उन्हें राजा जय सिंह का पत्र मिला, जिसममें आश्वासन दिया गया था कि वह जसवंत को औरंगज़ेब से क्षमादान एवं पहले जैसा पद-सम्मान दिलवा देंगे—साथ ही चेतावनी थी कि औरंगज़ेब का पक्षधर न बनने पर जसवंत सिंह का विनाश निश्चित है। जय सिंह ख़ुद पाला बदल चुके थे। शाह शुजा को रोकने के लिए जो शाही सेना सुलेमान शिकोह लेकर चले थे, उसके दूसरे सेनापति हिन्दुओं में सबसे ऊँचे यही विशिष्ट सामन्त थे। सामूगढ़ में दारा की पराजय के बाद उन्होंने ही सुलेमान को परामर्श दिया था, ''तुम गढ़वाल पर्वतों पर भाग कर जान बचा लो। मैं आलमगीर के वस्त्र-छोर पर स्वामिभक्ति का चुम्बन लेने अकबराबाद चला।'' इस तह जसवंत सिंह को फिर स्वामिभक्ति आलम्बन बदलना पड़ा।

''ज़रूरत सिंह को लोमड़ी बना देती है,'' ख़ाफ़ी ख़ाँ ने टिप्पणी की। दारा ने सिपिर शिकोह को जसवंत सिंह के पास अपने निर्णय पर पुनर्विचार की प्रार्थना के साथ भेजा, पर कोई लाभ नहीं हुआ।

'आया राम गया राम' का कारण साम्राज्याधीन नियम—यह रेखांकित करने की ज़रूरत नहीं कि सामन्त की आजीविका ही नहीं, बल्कि ज़िन्दगी भी सम्राट—कृपा पर निर्भर थी। जोधपुर राजा जसवंत सिंह की ''वतनजागीर'' थी, जिस कोटि का सामान्यत: तबादला नहीं होता था, पर सम्राट चाहने पर कर सकता था और विविध सम्राटों ने ऐसा किया था। जसवंत सिंह दो बार पाला बदल चुके थे। सामूगढ़ में औरंगज़ेब—मुराद के साझे मार्चे के ख़िलाफ़ दारा-शाहजहाँ सेना के सिपहसालार थे। फिर क्षमा माँग कर औरंगज़ेब शिविर में आ गये थे। खजवा लड़ाई में जसवंत सिंह औरंगज़ेब सेना के दाएँ भाग के सिपहससालार थे, पर किसी कारण दूसरे सिपहसालार एवं औरंगज़ेब के 'भावात्मक पिता' मीर जुमला से द्वेष हो जाने के नाते शत्रु शाह शुजा को सन्देश भेज दिया कि मैं आज की रात औरंगज़ेब सेना के पिछले भाग पर हमला करूँगा; जब औरंगज़ेब उसका प्रतिरोध करने के लिए मुड़ कर मेरी ओर आएँ, आप अगले भाग पर आक्रमण कर दें। पर शुजा इसे षड्यन्त्र समझ कर हिचक गये। जसवंत सिंह अपने 14,000 राजपूत सैनिकों के साथ

औरंगज़ेब सेना भरसक लूट कर जोधपुर लौट गये, पर ताजपोशी के बाद आलमगीर ने उन्हें क्षमा कर दिया। वह जय सिंह के बाद दूसरे प्रमुख राजपूत सामन्त थे—नये सम्राट को तब साम्राज्य—एवं प्रजाति-व्यापी समर्थन चाहिए था।

'नियति आदेश-पत्र' का बदला शिकार!

तब जसवंत सिंह को मालूम नहीं था कि 19 वर्ष बाद जब उनका देहान्त होगा, तो उनकी दो रानियों के गर्भवती होने के बावजूद आलमगीर जोधपुर को अधिकृत कर दशकों चलने वाले संघर्ष को जन्म दे देंगे; न आलमगीर ने सपने में भी सोचा था कि जोधपुर पर आक्रमण घात-प्रतिघात के साथ उनके विनाश का कारण बनेगा। आलमगीर को गर्व था कि 'न्याय पथ का पथिक' होने के नाते वह बहुत क्रूर भी बन सकते हैं, पर उन्हें गुमान नहीं था कि समय सबसे क्रूर होता है और अपने रंग बदलने पर 'नियति आदेश-पत्र' पलट कर शिकारी का शिकार करने लगता है!

अन्तिम मोर्चा—शुजा को 'भूतपूर्व दावेदार' बना देने के बाद भ्राता स्नेह के मारे महामहिम, दारा को हृदय से लगाने के लिए तेज़ी से निकट आते जा रहे थे। ऐसी सुविधा नहीं थी कि दारा गुजरात में पीछे हट सुरक्षित हो जाएँ। दारा के दार्शनिक ने सोचा, छोड़ो, बहुत भाग लिए। अब आख़िरी मोर्चे की घड़ी आ ही गयी। चुनाँचे अजमेर की ओर बढ़ते हुए 7 किलोमीटर दक्षिण में उन्होंने देवराई मैदान का चुनाव किया और अरावली की दो पहाड़ियों के बीच अपना मोर्चा बनाया, जिसके आगे बाँध (Embankment) और खाइयाँ थीं। उन्होंने अपनी तोपें बाँध के पीछे और मैदान की ओर उन्मुख पहाड़ी पर लगायीं।

सामूगढ़ की लड़ाई तीन घंटे चली थी; देवराई की तीन दिन चली, पर तीसरे दिन की शाम जब अँधेरे में बदल रही थी, औरंगज़ेब दारा का एक अवरोधक बाँध तोड़ने में सफल हो गये। जैसे क़िले की दीवार टूट जाने पर सर्वथा असुरक्षणीय हो जाता है, वैसे ही स्थिति अब दारा के मोर्चे की थी।

अन्तिम पलायन—सिपिर शिकोह और गिने-चुने साथियों के साथ दारा फिर भाग निकले। हरम की स्त्रियाँ कोष के साथ आना सागर झील के किनारे हाथियों पर सवार प्रतीक्षा कर रही थीं।

आस-पास के हाहाकार और दारा की ओर से कोई सन्देश न आते देख उन्हीं राजपूत सैनिकों ने कोष लूट लिया, जिनको दारा ने सुरक्षा दायित्व सौंपा था। स्त्रियों ने जो आभूषण पहन रखे थे, वह भी खसोट लिये गये। सौभाग्य यह हुआ कि दारा के विश्वस्त हिज़ड़े ख़्वाज़ा माक़ूल की कमान में हरम उसी दिशा में धावक बना, जहाँ दारा का पलायनीकरण सम्पन्न हुआ था। अगली शाम दोनों दलों का नाटकीय मिलन भी हो गया। तब तक जैसे माँस सूँघ कर गिद्ध मँडराने लगते हैं,

वैसे ही पेशेवर लुटेरे क़बीले कुली के सदस्य यहाँ-वहाँ से टिड्डी दल की तरह छाने लगे। भगोड़ा राजसी पक्ष लुटता-पिटता गुजरात की ओर बढ़ रहा था। इस स्थिति पर ख़ाफ़ी ख़ाँ की टिप्पणी का किंचित काव्य रूपान्तर कुछ ऐसा होगा—

"असहाय भगोड़े दारा
विपद्ग्रस्त, व्यथित, दयनीय
हतभाग्य, निरवलम्ब"—

आलमगीरी क्षोभ उर्फ़ मिर्ज़ा राजा जय सिंह की विवशता—दूसरी बार रण क्षेत्र से पराजित दारा का पलायन ज़िल्ले-सुब्हानी को सख़्त नागवार गुज़रा। उन्होंने उन्हीं जय सिंह एवं बहादुर ख़ाँ और फिर जसवंत सिंह को दारा के पीछे भेजा, जो सिर्फ़ डेढ़ बरस पहले 'बुलन्द इक़बाल' की नज़रे-इनायत के लिए प्रतीक्षित रहते थे। दारा के रास्ते में आने वाले स्थानीय फ़ौजदारों को सतर्क कर दिया गया। दारा किसी तरह गुजरात पहुँच तो गये, पर उन्होंने पाया कि आलमगीर के वफ़ादार अधिकारियों ने उनके वास्ते अहमद नगर क़िला बन्द कर रखा है।

अब 'दारा की दयनीयता शब्दों के परे थी।' पतली लिनन का कुर्ता और घिसे जूते पहने दारा दीन-हीनता की नयी साकार परिभाषा बन गये थे। उनके हरम की स्त्रियों को एकांत तक मयस्सर नहीं था। 'दारा मुर्दा ज़्यादा थे, जीवित कम।' भगोड़ों को विश्राम-विलास सुलभ नहीं था। शत्रु पक्ष के घोड़ों की टापें सुनाई दे रही थीं। तो दारा एक बार फिर कच्छ रेगिस्तान में घुसे और जय सिंह के छाया समान पीछे लगे रहने के बावजूद सिन्ध पहुँच गये। मानुची का विचार तर्कसंगत लगता है कि जय सिंह का लक्ष्य दारा को बन्दी बनाना नहीं, सिर्फ़ साम्राज्य से बाहर खदेड़ना था। औरंगज़ेब के सैनिक भले ही बला की चुस्ती दिखाएँ, लेकिन जय सिंह हमेशा 'दुर्भाग्यशाली, अप्रतिष्ठित राजकुमार को दो-तीन दिन के अन्तर का लाभ' देते गये। सहवान में जब अन्ततः दारा ने सिन्धु नदी पार करते हुए साम्राज्य सीमा छोड़ दी, तो जय सिंह ने सन्तोष की साँस लेते हुए दिल्ली की जानिब रवानगी डाल दी।

लेना लघुतम रूप सिकुड़ते दारा-लक्ष्य का—अब दारा का संघर्ष सिंहासन पाना नहीं, अपना और अपने परिवार का विनाश बचाना था। विकल्प एक ही था—ईरान भाग जाओ। इसलिए वह कन्धार जाने के इरादे से बोलन दर्रे की ओर बढ़े। हृदयेश्वरी नादिरा बेगम चूँकि ईरान नहीं जाना चाहती थीं, चुनाँचे दारा ने यह विकल्प भी खुला रखा—जो एक तरह का दिलबहलाव था—कि अगर भाग्य ने उनका साथ दिया, तो वह कन्धार से काबुल जाएँगे और दिल्ली पर क़ाबिज होने के मन्सूबे को अमली जामा पहनाएँगे!

आह, नियति!

पर नियति ने कुछ और सोच रखा था। दारा पर जीवन भर मुस्कुराने वाली सौभाग्यश्री निरन्तर विकराल, रौद्र रूपों की विविध छटा दिखाने के बाद अब अन्तिम दंश के लिए व्याकुल थी। बोलन दर्रा पार करते हुए गहनतम व्यथा-शर दारा का कलेजा पार कर गया—'दस्त और सन्ताप' से नादिरा बेगम ने साँस तोड़ दी। इस प्रहार ने संघर्ष संकल्प तो दरकिनार, दारा की जीवन-इच्छा तक को कुन्द कर दिया। "एक के बाद एक आपत्तियों के पर्वत दारा के हृदय पर आच्छादित होते गये। विपत्ति पर विपत्ति, दुःख पर दुःख—वह मानसिक सन्तुलन खो बैठे।"

नादिरा बेगम की अन्तिम इच्छा मियाँ मीर के मज़ार में दफ़्नाये जाने की थी। विश्वस्त गुल मुहम्मद की अगुआई और 70 सैनिकों की सुरक्षा में दारा ने आत्मा-संगी के शव को लाहौर भेज दिया। बचे हुए साथियों के सामने दारा ने विकल्प रखा, "अपने-अपने घर लौट जाओ या मेरे साथ अज्ञात के अँधेरे में खो जाओ।"

दारा के साथ सिर्फ़ उनका परिवार और कुछ सेवक रह गये।

मलिक जीवाँ: 'नियति आदेश-पत्र' का वाहक!

चौदह किलोमीटर दूर दादर में मलिक जीवाँ नामक अफ़गान क़बीला सरदार था। कुछ वर्ष पहले जब शाहजहाँ ने साम्राज्य के प्रति अपराध पर उसे हाथी के पाँव-तले कुचलने का दंड दिया था, तब दारा उसे नया जीवन दे चुके थे। दारा ने स्वभावतः उससे मदद की उम्मीद की। यात्रा का अगला चरण शुरू करने से पहले दारा कुछ दिन विश्राम करना चाहते थे। 'दारा को एहसास नहीं था कि उनकी त्रासदी पर अन्तिम पर्दा डालने के लिए नियति ने मलिक जीवाँ का चुनाव किया है।'

लोकातिहास है दारा का अन्त!

तीन माह बाद 2 सितम्बर को बहादुर ख़ाँ बंदियों को लेकर दिल्ली आ गये। एक सप्ताह बाद 8 सितम्बर को महामहिम की विशेष आज्ञानुसार दारा और सिपिर शिकोह की दयनीयता की शोभा यात्रा निकाली गयी—बूढ़ी, रोगी हथिनी की पीठ पर बँधे खुले हौदे में बेड़ी जकड़े, "मसली पत्ती की तरह थके-टूटे," पादशाहज़ादा-ए-बुज़ुर्ग मर्तबा, जलालुल्क़ादिर, सुल्तान मुहम्मद दारा शिकोह, शाहे-बुलन्द इक़बाल चिथड़े पहने सिमटे बैठे थे। सिर पर फटी-पुरानी पगड़ी। बग़ल में सिपिर शिकोह। पीछे कठोर मुद्रा के साथ नंगी तलवार लिये बैठा दास नज़र बेग। पूरी तरह लैस सशस्त्र टुकड़ियों से घिरी यह सचल अहंकार लीला लाहौरी दरवाज़े से शुरू होकर चाँदनी चौक होते हुए खिजराबाद तक गयी। पूरे रास्ते में दर्शनार्थियों के बीच विविध क़िस्मों का क्रंदन चलता रहा। विराट बली के आदेशानुसार इसके बाद दारा को

ज़ंजीरों में जकड़ कर घसीटते हुए उनके सामने हाज़िर करना था, लेकिन जब शायस्ता ख़ाँ ने कहा, ''दिल्ली के लोग घृणित व्यवहार के इस आत्यन्तिक स्वरूप से नाराज़ हो प्रशासन के विरुद्ध खड़े हो सकते हैं'', तो महामहिम ने आदेश वापस ले लिया।

दारा के वध के लिए अपेक्षित है ईश्वरादेश!

इसके बाद ज़िल्ले-सुब्हानी ख़िलवत में चले गये—दारा झुलसती धूप में नंगी तलवारों वाले सैनिकों से घिरे प्रतीक्षा करते रहे कि उनके भाग्य को लेकर परम प्रिय भ्राता एवं ईश्वर के संवाद में क्या निर्णय लिया जाता है! महामहिम सब कुछ धर्म के नाम पर करते थे, इसलिए उन्होंने क़ाज़ियों की एक समिति बना दी, जिसे 'पैग़म्बर और साम्राज्य के विरुद्ध किये गये दारा के अनगिनत पापों पर विचार' करना था।

मनसबदार बख़्तियार ख़ाँ!

अगले दिन राजधानी में दंगा हो गया, जब मलिक जीवाँ एक हज़ारी सामन्त बख़्तियार ख़ाँ के रूप में अफ़गान साथियों के साथ दरबार में हाज़िरी के लिए निकले। जनता ने विश्वासघाती को गालियाँ दीं, थूका। कूड़ा, ढेले, पत्थर, ओर विविध क़िस्म की गन्दगी फेंकते हुए लोगों ने आपा खो दिया। स्त्रियों ने राख और मूत्रभरे बर्तन छज्जों से अफ़गानों पर फेंके। ''शान्ति-व्यवस्था का संकट ऐसा बढ़ा, जैसे लगभग विद्रोह की स्थिति आ पहुँची हो।''

एक इतिहासकार का कहना है कि कि ''दारा के प्रति लोगों के ऐसे सार्वजनिक लगाव से दारा के अन्त पर मुहर लग गयी। आलमगीर के सामने स्पष्ट हो गया कि अगर दारा जीवित रहेंगे, तो लोग हमेशा उनकी मुक्ति की कोशिश और कामना करते रहेंगे; सम्राट के विरुद्ध षड्यन्त्र जाल बुने जाते रहेंगे।''

शोभा यात्रा की शाम को ही दीवाने-ख़ास में दारा की नियति पर विचार करने के लिए केबिनेट बैठी। दानिशमंद ख़ाँ अकेले सामन्त थे, जिन्होंने दुर्भाग्यशाली राजकुमार के प्रति दया दिखाने पर बल दिया। दारा के मामा शायस्ता ख़ाँ और 'पृथ्वी पर दारा की परम शत्रु उनकी बहन रौशन आरा दारा के रक्त के प्यासे' थे। उनका मानना था कि अगर दारा को जीवित छोड़ा जाना है, तो उत्तराधिकार युद्ध की ज़रूरत ही नहीं थी—साम्राज्य की चूलें हिलाने वाला और राजपरिवार को छिन्न-भिन्न तथा क्षति-विक्षत करने वाला यह रक्तानुष्ठान बिल्कुल व्यर्थ था! वह जहाँ भी जीवित रहेंगे, आलमगीर-विरोधी राजनीति का केन्द्र बन जाएँगे। सत्ताच्युत पिता के बाद भूतपूर्व युवराज का भी बन्दीकरण? यह आलमगीर का अपने ही पाँवों में कुल्हाड़ी मारना होगा। निर्णय सम्राट को ही करना था और उनकी भावात्मक-मनोवैज्ञानिक बनावट अपनी सार्थकता तभी पा सकती थी, जब ''दारा के सिर का बोझ उनकी

गर्दन से सदा के लिए हटा दिया जाय *(प्रातः स्मरणीय की प्रिय अभिव्यक्ति!)*।'' लगभग पन्द्रह बरस से औरंगज़ेब ने और क्या सपना देखा था!

उलेमा ने निर्णय दे दिया। औरंगज़ेब के औपचारिक आरोप-पत्र के अनुसार दारा पारम्परिक सूफ़ीवाद तक सीमित नहीं रहे, बल्कि हिन्दुओं एवं उनके धर्म की ओर उन्मुख हुए, निरन्तर हिन्दू योगियों तथा संन्यासियों के सान्निध्य में रहे, उनके धर्म-ग्रन्थों को ईश-वचन माना, उनका अनुवाद करवाया और 'प्रभु' अंकित अँगूठी पहनी। दारा के वध का कारण विधर्मी होना दिया गया।

दयनीय हो गये दारा!

पाकिस्तान के ज़ुल्फ़िक़ार भुट्टो को जब बराये-नाम अदालत ने एक फ़ालतू अभियोग में मृत्यु दंड दे दिया, तो उन्होंने देश के आक़ा ज़िया-उल्हक़ से गिड़गिड़ा कर जीवन-दान नहीं माँगा। गरिमा के साथ फाँसी के तख़्ते पर झूल गये। जब अप्रैल, 1945 के तीसरे सप्ताह में लाल सेना बर्लिन को घेरती जा रही थी, तो अपने बंकर से हिटलर ने सहबद्ध देशों के सामने प्रस्ताव नहीं रखा कि मैं आत्मसमर्पण करता हूँ—अगर मुझे चौबीस घंटे पहले ब्याही पत्नी इवा ब्रौन के साथ अपनी रिट्रीट में छह लाखी जन-संहार का वाइन सहित संगीत सुनते हुए शेष जीवन पश्चाताप करने की अनुमति दे दी जाय। फ़्यूहरर ने साइनाइड खाने के साथ माथे पर ख़ुद गोली भी मारी—20वीं सदी के सबसे बड़े खलनायक ने स्वेच्छा से मृत्यु का वरण कर अपने अन्दरूनी राक्षसों की गरिमा बनाये रखी।

अन्दरूनी राक्षसों से ग्रस्त औरंगज़ेब थे, दारा शिकोह नहीं। औरंगज़ेब के प्रति निरन्तर बेहद अन्यायभरा व्यवहार करने के अलावा दारा में कोई चरित्रगत दोष दिखाई नहीं देता। अगर व्यक्ति की मनःस्थिति ख़राब हो, तो उस व्यवहार का ज़रा-सा औचित्य भी ठहराया जा सकता है—यह कहते हुए कि भई, आदमी आख़िरकार कमज़ोरियों का पुतला है। इस सच्चाई में कोई सन्देह नहीं कि दारा युवराज होने के नाते नहीं, अपने व्यक्तिगत गुणों के कारण छठवें सम्राट बनने के न सिर्फ़ सर्वथा योग्य थे, वरन् इससे देश का भी ढेर उपकार होता *(प्रशासन चलाने के लिए शाहजहाँ के पास आधा दर्जन बहुत सक्षम सामन्त थे। आधार नीति-निर्धारण होता है, विस्तार के साथ कार्यान्वयन वे कर लेते। मदद के लिए बेगम साहिब थीं।)*, पर पितृसंरक्षण में सदा जीने के कारण दारा को मानवीय चरित्र समझने की सचमुच कोई समझ नहीं थी। दारा ने अब भी यह नहीं समझा कि दो-दो सिंहासनारोहण समारोह, ख़ुत्बा पाठ, और अपने नाम का मुद्रा-प्रचलन करने के बाद भी औरंगज़ेब अपने को पादशाह तब तक नहीं मानेंगे, जब तक उनके भीतर बैठा प्यासा, फुँकारता कोबरा अपने पैने विष-दन्त दारा की गर्दन में गहरे नहीं उतार देता!

क्षमा-दान और जीवन-याचना करना दारा को शोभा नहीं देता। उनका आभा मंडल थोड़ा धुँधला हो जाता है। अगर वह आत्महत्या कर लेते, तब उनका तेज और बढ़ जाता। बन्दी रूप में बोलन दर्रे से शाहजहाँनाबाद आने में तीन महीने लगे थे। इतनी लम्बी यात्रा में एक कटार सुलभ करना कठिन नहीं था *(दिल्ली बन्दीगृह में दारा के पास कटार थी।)* दारा को मालूम नहीं था कि अपने विद्रोह संगी मुराद के साथ विश्वासघात करके औरंगज़ेब ने उन्हें ग्वालियर में बन्दी बना रखा है? अपनी ऐतिहासिक शोभा-यात्रा के बावजूद वह स्वयं को लेकर अपने सम्राट बन्धु का मंतव्य नहीं समझे?

"मेरे सम्राट बन्धु, राजा बनने की कोई इच्छा मेरे मन में नहीं। यह तुमको और तुम्हारे बेटों को मुबारक हो। मेरे वध की जो योजना संजोये हो, अन्याय है।"

शब्द 'अन्याय' का बेहद सार्थक इस्तेमाल—दारा ने अपने याचना-पत्र में 'ग़लत' क्यों नहीं कहा? क्योंकि ज़िक्र *(ईशाराधना में उन्मत्त स्थिति में किया जाने वाला जाप)* का नियमित अभ्यासी सही-ग़लत की अवधारणा से ऊपर की सतह पर जीता था। न्याय अन्त:करण है—व्यक्ति का निजी अन्त:करण भी और समाज एवं प्रशासन का भी। जो अपने अन्त:करण की आवाज़ पहचानते हैं, वे न्याय का चेहरा भी पहचानते हैं।

"अगर तुम मेरे निवास के योग्य कोई मकान और मेरी सेविकाओं में से एक देने का अनुग्रह कर दो, तो क्षमा-दान प्राप्त व्यक्ति के रूप में मैं तुम्हारे कल्याण के लिए प्रार्थना करूँगा।"

आलमगीर को दारा के प्राण चाहिए थे—उनकी कल्याण कामना नहीं। महामहिम ने दारा की याचिका पर स्वयं टिप्पणी लिखी, "पहले आप सब कुछ हड़प रहे थे; फिर शरारती बने।"

हम दारा को शोधन स्थान (purgatory) के पश्चाताप (peritence) कक्ष में भेजने के लिए कटिबद्ध हैं : आलमगीर—सितम्बर 9, 1659 का ऐतिहासिक दिन। क्रंदन करते सिपिर शिकोह पिता से चिपक गये। सैनिक उनको दूसरे कमरे में ले गये। अब जल्लाद थे और बुलन्द इक़बाल!

"औरंगज़ेब के पास हमारा सन्देश ले जाओ", दारा बोले।

"हम संवाददाता नहीं। हम राजकर्मचारी जिस काम के लिए आये हैं, वह करेंगे", उत्तर मिला।

दारा ने छोटी-सी कटार निकाल कर *(जो इन्होंने अपने तकिए में छिपा रखी थी)* राजकर्मचारियों पर हमला किया। उन्हें दबोच कर निष्ठावान राजकर्मचारियों ने अपना कर्तव्य पूरा किया; फिर निर्देशानुसार सिर काट कर साक्ष्यस्वरूप विराट बली के पास ले गये। उनकी प्रतिक्रिया ऐतिहासिक रही, "जैसे मैंने जीवन भर

उस विधर्मी का मुँह नहीं देखना चाहा, वैसे ही अब भी नहीं देखूँगा।''

आलमगीर ने दारा का मुँह नहीं देखा, पर उनका निर्जीव धड़ एक बार हाथी पर रख कर उसकी शोभा-यात्रा निकाली। हुमायूँ मकबरे में बिना सफ़ाई के दफ़्ना दिया।

''बूँद क्यों बने मोती जबकि वो स्वरूप ले सकता है समुन्दर का?
जितना हल्का चलता है मुसाफ़िर उतनी ही कम फ़िक्र सताती है उसे सफ़र में
तुम भी मुसाफ़िर हो जहान में चौकस हो तो मान लो
दूर भगाओं ख़ुदी को
हेकड़ी औरं फ़ालतू ग़ुरूर की तरह बोझ है ये भी
जब तक दुनिया में रहो आज़ाद रहो
क़ादरी ने दे दी है चेतावनी!''

—दारा शिकोह

घृणा का आत्यन्तिक स्वरूप क्या घृणा का कारक बन जाता है?

दारा के वध की रात रौशन आरा ने महाभोज आयोजित किया।

दारा की शोभा यात्रा और वध से भी महामहिम सन्तुष्ट नहीं हुए। उन्होंने कटा सिर धुलवाया, बुलन्द इक़बाल के आभूषणों से सज्जित करवाया और विशेष दूत के द्वारा शाहजहाँ को भिजवाया। इस रजत मंजूषा पर लिखा था, ''सम्राट की ओर से पिता को उपहार!'' मंजूषा पहले बेगम साहिब ने खोली; चीख़ते हुए पछाड़ खाकर गिर पड़ीं। शाहजहाँ फूट-फूट कर राये; ''न्याय के नाम पर तुमने अक्षम्य ईश-निन्दा की है'', उन्होंने बारम्बार औरंगज़ेब की भत्सर्ना की।

क़िले में सुबह तक रोदन चलता रहा। कुछ समय के लिए शाहजहाँ जैसे होशोहवास खो बैठे; उनकी स्मृति जाती रही। नवें दिन उन्होंने जहाँ आरा से पूछा, ''अपने भाई के सिर का तुमने क्या किया?'' बेगम साहिब चुप रहीं। सम्राट ने 'युद्ध का विजयोपहार' क़िले के बाहर एक खम्भे पर लटका दिया। उर्दू कवि उस्ताद करीमुल्ला ने इस प्रसंग पर छह छन्दों की एक कविता लिखी, जिसमें उन्होंने 'युद्ध को नरक-पुत्र और विजय को नियति की शव-पेटिका निर्मात्री' कहा। महामहिम ने तुरन्त उन्हें मुल्तान ज़िला बन्दीगृह के हवाले कर दिया! एक इतिहासकार पीड़ा से टिप्पणी करते हैं, ''औरंगज़ेब युद्ध ज़रूर जीते गये, लेकिन साम्राज्य हार गये!''

''इतिहास विजयी लिखता है, पराजित नहीं।''

आलमगीर के दरबारी इतिहासकारों ने स्वभावतः घरेलू युद्ध का ठीकरा दारा के सिर

फोड़ा। शाहजहाँ की बीमारी के साथ 'प्रशासन में हर तरह की अनियमितताएँ होने लगीं और हिन्दुस्तान के विशाल क्षेत्र में बहुत अशान्ति छा गयी। असमर्थ, असार दारा ने स्वयं को युवराज समझा और 'सम्राट पद के सर्वथा अयोग्य होते हुए भी उन्होंने लोभ की क़ैंची से राजसी वेश-भूषा को अपनी निकम्मी काया के अनुरूप काट लिया।'

इस आरोप में कोई सार नहीं। दारा ने सत्ता हड़पी नहीं, वह उन्हें वैध रूप से दी गयी थी। उन्होंने घरेलू युद्ध छेड़ा नहीं, वह उन पर थोपा गया था। उत्तराधिकार युद्ध के दौरान दारा का व्यवहार विवेकवान और सैन्य रणनीति मोटे रूप में सही थी। इस संकट में संयोग एवं सौभाग्य ने उनका साथ नहीं दिया। दारा की भूलें दो थीं। उन्होंने शाहजहाँ के राजा जसवंत सिंह को दिये गये इस आदेश का विरोध नहीं किया कि विद्रोही राजकुमारों के साथ नर्मी बरती जाय। फिर मिर्ज़ा राजा जय सिंह एवं सुलेमान शिकोह के नेतृत्व वाली अधिक शक्तिशाली सेना शाह शुजा को रोकने के लिए जाने दी, जबकि उसे औरंगज़ेब-मुराद युग्म के विरुद्ध भेजा जाना चाहिए था। दारा के विनाश में तीसरे कारण का श्रेय राजा जय सिंह को जाता है, जिन्होंने पूरा अवसर होते हुए भी शुजा को बन्दी बनाने के बजाय भाग जाने दिया *(जैसा बाद में उन्होंने भगोड़े दारा के साथ भी किया था। यह मिर्ज़ा राजा की अपने लिए सुरक्षा पद्धति थी। बाद में कभी शुजा सम्राट बन जाते, तो?)* और सुलेमान सामूगढ़ जाने के बजाय शुजा का पीछा करते रहे।

अगर शुजा बन्दी बन जाते, तो शुजा वा दारा के बीच गठबन्धन की सम्भावना हो सकती थी। दारा के व्यक्तिगत गुणों के कारण, विशेषत: धार्मिक उदारता के नाते, सामान्यत: प्रजा और विशेषत: हिन्दुओं के बीच दारा सचमुच लोकप्रिय थे। दारा तो ख़ैर सम्राट बने ही नहीं, इसलिए उनकी प्रशासन सामर्थ्य पर बहस व्यर्थ है, लेकिन जो महाबली बने, जिन्होंने यह इतिहास लिखवाया, समय ने उन्हीं के जीवन-काल में साबित कर दिया कि वह राजसी वेश-भूषा कितनी सर्वनाशक निकली, जिसे उन्होंने अपनी काया के अनुरूप काटा था!

अनुभाग 11

ले लेना ग़लत मोड़ साम्राज्य और देश की नियति का

अहदे-आलमगीर में अजान अकेली सुरीली आवाज़ है और तलवारबाज़ी अकेला हुनर!

—चाँदनी चौक का मसख़रा

इतिहास बनाने वाली राजनीतिक इकाई—औरंगज़ेब का पचास साल का इतिहास एक प्रकार से भारत का इतिहास है। देश में इतनी बड़ी एक राजनीतिक इकाई पहली बार बनी—अशोक, समुद्रगुप्त, और हर्षवर्धन से भी बढ़ी। ग़ज़नी से चटगाँव और काश्मीर से कर्नाटक तक भारत में एक राजदंड चला, लेकिन औरंगज़ेब की आँखें हमेशा के लिए बन्द होने से पहले ही प्रशासन भ्रष्टाचार में ग्रस्त और अप्रभावी हो गया, कोष ख़ाली हो गया, मराठों ने मुग़ल शक्ति के छक्के छुड़ा दिये और साम्राज्य में क़ानून और व्यवस्था चरमरा गयी।

विशिष्ट प्रशासन पद्धति से नियन्त्रित जीवन प्रकृति जैसे कुन्द हो गयी और यह जड़ता रिस-रिस कर समाज के विभिन्न वर्गों और जीवन के विभिन्न पक्षों में घुन लगाती गयी। रचनात्मक संवेदना का जैसा ह्वास हुआ, पिछले डेढ़ सौ वर्षों के परिपार्श्व में अकल्पनीय था। हर क्षेत्र के कलाकार अप्रासंगिक और व्यर्थ होते चले गये। ज़िन्दगी पर लगाम कसने की स्थिति यहाँ तक पहुँची कि इतिहासकारों को आदेश दिया गया कि वे 'क्षणभंगुर वर्तमान का लेखांकन बन्द करें और मृत्य मनुष्य की कुटिल कर्म-कथा को स्थायी मत बनाएँ।'' रचना और विचार-शक्ति के ऐसे अपक्षय से अज्ञान, पूर्वाग्रह, संशयशीलता, धार्मिक मतान्धता और अन्धविश्वास का बोलबाला होना स्वाभाविक था। ज्ञानात्मक शोध और सृजनात्मक उद्यम केन्द्रों में सहरा की साँय-साँय होते देर नहीं लगी। ''जब ऐन्द्रिय चांचल्य हो, तभी धर्म-ज्वाला शुद्धितत्परा हो अनुप्रेरित तथा उत्थापित कर सकती है, शून्य में वह जलाने

के सिवा और क्या करेगी! औरंगज़ेब सद् और कुटिल का अन्तर ही नहीं समझे। परिणामस्वरूप *(तथाकथित)* सद् स्वत: कालान्तर में कुटिल हो गया। सम्राट एवं साम्राज्य के विनाश-बीज धर्म की जड़ शुद्धि में समाहित थे।''

औरंगज़ेब के ही काल में मराठी राष्ट्रीयता का विकास हुआ, सिख पंथ खालसा योद्धाओं के रूप में उभरा, जिसका लक्ष्य मुग़ल शासन का सशस्त्र विरोध था। इस तरह 18वीं और 19वीं सदी का प्रारम्भ औरंगज़ेब प्रशासन और उसकी नीतियों से संचालित होता है। 17वीं सदी का अन्त यह पाता है कि मुग़ल साम्राज्य घुन से क्षत-विक्षत हो चुका है। कोष तो ख़ाली था ही, सेना भी पिटी हुई थी; अपकेन्द्री (Centrifugal) शक्तियाँ ज़ोर लगाये जा रही थीं। साम्राज्य की चूलें बिखरने ही वाली थीं। भौतिक पतन से ज़्यादा महत्त्वपूर्ण और बुनियादी नैतिक ह्रास था। प्रशासन प्रजा के बीच सम्मान खो चुका था। अधिकारियों में न निष्ठा थी, न कुशलता। राजकुमार और मन्त्रीगण में न राजनीतिक समझ थी, न कोई सामर्थ्य। शक्ति प्रतीक के रूप में सेना कुछ नहीं थी।

''वह दूसरों को सन्तप्त करने के लिए ही संसार में भेजे गये थे!''

''ऐसा क्यों हुआ? सम्राट न मूर्ख था, न अकुशल, न भोग-विलासी। उनकी स्मरण शक्ति तीव्र, बुद्धि प्रखर, और मेधा दुर्जेय थी। वह प्रशासनिक कार्य को लेकर उतने ही गम्भीर थे, जितने अपनी धार्मिक मान्यता के लिए। दफ़्तरशाही के लिए उनमें अपूर्व सब्र और अध्यवसाय था। मामूली से मामूली पत्र का जवाब वह स्वयं देना पसन्द करते थे। अन्तिम उत्तरदायी मैं हूँ मुहावरे की मध्यकालीन मिसाल थे आलमगीर! अनुशासन और तरतीब के कट्टर पक्षधर। उन्हें न कोई भय सताता था, न वह दया से पिघलते थे। औरंगज़ेब का अध्ययन ख़ासा व्यापक था और वह नि:सन्देह विशिष्ट शैलीकार थे। उनकी निजी ज़िन्दगी सादगी और सात्त्विकता का दूसरा नाम थी। तत्कालीन परम्परा के अनुसार उन्होंने शिक्षा पूरे अनुशासन के साथ विधिवत अपने-अपने क्षेत्र के महारथियों के द्वारा पायी थी—अकादमिक और सैनिक दोनों।''

फिर भी अन्तिम वर्षों में सम्राट और व्यक्ति—दोनों बिल्कुल टूटे, साकार खंड-खंड पाखंड पर्व बने हुए थे। तब उनके मुँह से यही उद्‌गार निकलता था, ''अज़ मस्त हमा फ़साद बाक़ी''—*(मेरे बाद सिर्फ़ फ़साद!)*

जज़िया अर्थात् कातर अनुरोध—''नहीं महामहिम!''

सिर्फ़ ग़ैर-मुसलमानों पर लगाये जाने वाले इस व्यक्ति-कर की तारीख़ सिन्ध पर अरबों की विजय से पहले तक जाती है। इसका लक्ष्य आर्थिक के साथ विभेदन भी था। अकबर ने 1564 में इसे समाप्त कर दिया था। शाहजहाँ ने भी दुबारा

लागू नहीं किया, हालाँकि उन्होंने हिन्दुओं का विभेद करने वाली वस्त्रों एवं मादक पदार्थों से सम्बन्धित दूसरी युक्तियाँ अपनायीं। हमारे प्रातः स्मरणीय ने 115 बरस बाद अप्रैल 12, 1679 को जज़िया फिर से लागू कर दिया।

"हिन्दुस्तान भूमि विशाल समुद्र की तरह है; आप तत्रभवान् के साथ हमारे राजपरिवार के सदस्य इसकी लहरों पर चलने वाले पोत हैं। इसलिए इसमें तूफ़ान लाने का सरन्जाम मत कीजिए।" जहाँ आरा का अनुरोध व्यर्थ रहा।

अपने प्रशासन के प्रारम्भिक काल में औरंगज़ेब ने मुस्लिम प्रजा पर सामग्री शुल्क घटा दिया था। इसका उद्देश्य सहधर्मियों का बोझ घटाने के साथ-साथ धर्म-परिवर्तन को प्रोत्साहन देना भी था। हिन्दू समुदाय को उसकी औक़ात दिखा दी गयी—उनका शुल्क 5 प्रतिशत था, मुसलमानों का आधा। दोनों समुदायों के चतुर व्यापारी मिलीभगत करके धड़ल्ले से अतिरिक्त लाभ कमा रहे थे। तब जहाँपनाह की समझ में आया कि मुनष्य जीवन में सर्वोपरि धर्म नहीं, मुद्रा है। इतिहासकार नहीं बताते कि ज्ञान चक्षु खुलने के इस पल में ज़िल्ले-सुब्हानी ने कौन-सी सूक्तियों के मोती बिखेरे; सिर्फ़ इतना कहते हैं कि अल्लाह के बन्दों को दी जाने वाली यह रियायत ख़त्म कर दी गयी। इसके प्रतिक्रियास्वरूप तत्रभवान् ने जज़िया लगाया। उससे पहले हमेशा की तरह उनके ईश्वर उनके कान में फुसफुसाये होंगे! मानुची इस पर प्रकाश डालते हुए कहते हैं कि इसका लक्ष्य सैन्याभियान व्यय का भुगतान और धर्मांतरण को बढ़ावा देना था। समृद्ध हिन्दू व्यापारी वर्ष में तीस, मध्यम वर्ग छह, औ दरिद्र तीन रुपये का भुगतान करते थे। स्त्रियाँ और चौदह से कम आयु के बालक को छूट मिली हुई थी। जब इसे लागू किया गया, तो हिन्दू समुदाय ने बड़ा विरोध किया। शहजहाँनाबाद में दंगा तक भड़क उठा और भीड़ ने शुक्रवार नमाज़ के लिए सम्राट के हाथी को मस्जिद जाने से रोक दिया।

सम्राट ने हर प्रकार के दबाव वा प्रर्थाना पर कोई ध्यान नहीं दिया। "यह हिन्दुओं पर बड़ा बोझ है" दलील के जवाब में महामहिम की प्रतिक्रिया थी, "तो होने दो।" आगे फ़र्माया, "मैं जहाँगीर की तरह नहीं, जो काव्य, खेलकूद, और संगीत में लिप्त रहते थे और साम्राज्य का पैसा अपने ऊपर लुटाते थे। करदाताओं की कठिनाइयों का आकलन करने के बाद ही हमने कर लगाया है।"

कर राजस्व का बड़ा स्रोत था। अकेले गुजरात में यह प्रदेश की आय का 4.4 प्रतिशत था।

जहाँ आरा बेगम ने कहा, "यह कर साम्राज्य के राष्ट्रीय हित में नहीं। हिन्दुस्तान एक विशाल समुद्र की तरह है, जिसमें सम्राट और राजपरिवार ने बीहड़ रास्ता तय कर लिया है। इस प्रावधान से भयंकर लहरें उठ सकती हैं और सब डूब सकता है। इससे पहले कि साम्राज्य में विद्रोह हो जाय और दरिद्र एवं दलित विनाश को प्राप्त हो जाएँ, यह कर हटा दीजिए।"

''मूर्तिपूजकों के विरुद्ध यह मेरा धार्मिक दायित्व है'', महामहिम बोले।

आगे चल कर प्रमाणित हुआ कि कर लगाने का समय संगीन था—महामहिम की काली योजना का साक्ष्य। तब वह राजपूतों के साथ सन्धि के बावजूद ललचायी नज़रों से जोधुपर को देख रहे थे। पर तब उन्हें मालूम नहीं था कि वस्तुतः वह आधी सदी के अपने प्रशासन की महान् असफलता को देख रहे हैं।

दूसरे धर्मों के प्रति असहनशीलता—''जो सच्चाई के साथ जीवन-यापन करता है, स्वर्ग द्वार में घुसने का अधिकारी है,'' ऐसे विचार-मुक्ता की चमक से संसार को चकाचौंध करने वाले ज़िल्ले-सुब्हानी की वे युक्तियाँ अबोध्य हो जाती हैं, जिनके सहारे उन्होंने इस्लाम के अलावा हर धर्म की निन्दा की। ऐसे ही उनका एक और सूत्र-मुक्ता है—''जहाँ इस्लाम नहीं, वहाँ पाप है।'' उन्होंने थोक के भाव से मन्दिर तोड़े, उनकी जगह मस्जिद बनायी, मूर्तियाँ कुचलीं और मस्जिद की सीढ़ियों में चुनवायीं, संगीत के हर रूप को निषिद्ध किया, अभिवादन की हिन्दू पद्धति पर पाबन्दी लगायी, ज्योतिष तथा सम्बद्ध विज्ञानों को निरीश्वरवादी घोषित किया, दरबार में नज़राना देने वाले हिन्दू राजाओं का तिलक लगाना बन्द किया, झरोखा-दर्शन और होली-दिवाली रोकी, जज़िया लागने के साथ अनेकानेक हिन्दू शिक्षा केन्द्र बन्द किये, सिख गुरुओं के उत्पीड़न को नये प्रतिशोधात्मक आयाम दिये, पारसी-ईसाई प्रार्थनागृहों को राजसी सेना की अश्वशाला बना दिया, मुस्लिम सामन्तों के घर में हिज़ड़े के रूप में काम करने के लिए हिन्दू बालकों का बधियाकण सम्पन्न किया और विदेशी सौदागरों को हिन्दू लड़कियाँ ख़रीदने के लिए प्रोत्साहित किया, ताकि ''घृणित विधर्मियों से सल्तनत को छुटकारा मिल जाय।''

हिन्दू सरदारों एवं नरेशों को आदेश दिये गये कि उनके अन्तःपुर में मुस्लिम स्त्रियाँ नहीं होंगीं और फिर उन्होंने ऐसे शिया, बोहरा और सूफ़ी सन्तों को 'दोज़ख़ में भेजने' का प्रबन्ध किया, जो कट्टर सुन्नी शैली अपनाने के लिए सहमत नहीं हुए।

इस क्षेत्र में औरंगज़ेब का सबसे महत्त्वपूर्ण हासिल फ़तवा-ए-आलमगीरी *(धार्मिक आज्ञाप्तियों का संकलन)* है।

फिर भी विडम्बना यह है कि औरंगज़ेब की शुद्धतानुरागी प्रवृत्ति उन्हीं के जैसे अपेक्षाकृत लघु कट्टर वर्ग तक सीमित रही। व्यापक सामन्त वर्ग की प्रबल जातीय भावना हस्बे-मामूल ऐन्द्रिय एवं विविधदर्शनग्राही बनी रही। इन उमरा ने उदारमना सूफ़ियों की भी हिमायत की और काव्य की विभिन्न धाराओं के प्रति भी उत्सुक रहे।

धर्म क्रोधग्नि—तत्रभवान् की क्रोधग्नि परिधि में केवल विधर्मी ही नहीं, इस्लामी धर्म-सिद्धान्त की किंचित उदारता से व्याख्या करने वाले भी झुलसे। फिर

भी एक इतिहासकार के अनुसार उन्होंने आधी सदी राजदंड थामे रखा, क्योंकि उनकी असहनशीलता की भरपाई उनकी अतिनैतिकता से हो गयी। हिन्दुस्तान में तापस नरेश को प्रजा ने सदा समर्थन दिया है। सिर्फ़ इसी एक दृष्टि से सम्भवत: अनजाने ही आलमगीर प्राचीन हिन्दू समाज के उच्चतम मानकों पर किसी सीमा तक खरे उतरते पाये गये। इतिहास भिन्न हो सकता था, अगर वह मूर्तिभंजक होने के साथ-साथ अपने निजी जीवन में परम सादगी का व्यवहार नहीं करते। बोहरा गुरु .कुत्बुद्दीन और उनके दो शिष्यों का वध ज़िन्दा पीर की प्रशासन शैली पर 'न धुलने वाला दाग़' है। बोहरा समाज के शिया-सुन्नी धड़ों के विवाद ने घरेलू आशान्ति का रूप ले लिया था। स्वयं विवाद का कारण समझने और उसका सही निर्णय करने अथवा प्रशासनिक या धर्माधिकारियों की जाँच समिति बनाने की बजाय ज़िल्ले-सुब्हानी ने तुरन्त शिया विवादकारों का वध करवा दिया। ''जिस तलवार ने .कुत्बुद्दीन का सिर उनके धड़ से अलग किया, वह दया के लिए चिल्ला उठी,'' शिया इतिहासकार आबू तालिब ने लिखा। .कुत्बुद्दीन ने न सिर्फ़ आन्दोलन में हिस्सेदारी नहीं की थी, बल्कि तब वह कन्धार के एक पवित्र मक़बरे को जा रहे थे। दुर्भाग्यशाली को अन्यायभरा दंड इसलिए मिला, क्योंकि ''उन्होंने सामूगढ़ पराजय के बाद मुल्तान को भागते हुए दारा शिकोह को आशीर्वाद दिया था।''

''न हिन्दू हूँ न मुसलमाँ'' गाने वाले सरमद—आध्यात्मिक सन्धान में दारा के परम संगी मुहम्मद सईद उर्फ़ सरमद किंवदंती बन चुके हैं। यह ईरानी यहूदी शाहजहाँ के परवर्ती काल में आत्मिक शान्ति की खोज में हिन्दुस्तान आये। सिन्ध में उन्होंने कलमा पढ़ लिया; फिर आन्तरिक आलोक के लिए सूफ़ीवाद की ओर मुड़े। 'सार्वजनीन आत्मा' (Universal spirit) के साथ समिश्रण उनका पैशन था, जो उनके गीतों में रूपायित होकर ऐसा मर्मस्पर्शी बना कि दारा शिकोह तक इसकी सूचना पहुँची। सरमद की भावात्मक समृद्धि से दारा बहुत प्रभावित हुए। वली-अहद ने सरमद को क़िला-ए-मुअल्ला में दो कमरों का निवास सुलभ करवा दिया। दोनों विशेष रूप से पूर्णमासी की रात को आध्यात्मिक चर्चा मे डूबे रहते थे। कट्टर समुदाय ने औरंगज़ेब के पास जा गुहार लगायी। तब औरंगज़ेब विवश थे, पर अपने दूसरे राज्याभिषेक के बाद 1659 में आलमगीर ने सरमद को नग्नता *(वह वस्त्रहीन रहते थे। जहाँ आरा आदि के सामने जाने पर कमर पर पटका लपेट लेते थे।)* और हिन्दुस्तान भर में घूम-घूम कर धर्मविरोधी गतिविधियों के आरोप में मृत्यु-दंड दे दिया।

सरमद ने दारा के समान जीवन-दान नहीं माँगा। जैसा दुस्साहस रण-क्षेत्र में औरंगज़ेब दिखाते थे, सरमद ने योद्धा न होते हुए भी मृत्यु के प्रति वैसी ही उदासनीता दिखाई। नंगी तलवार थामे भावहीन जल्लाद को सम्बोधित कर सरमद ने कहा—

"परम सम्मानीय, मैं आपमें देखता हूँ सांसारिक आत्मा! क़ब्ज़ा कर लें मेरे शरीर पर। इतना ही तो कर सकते हैं आप। मैं आपको हेय नहीं समझता। आपकी तलवार की धार में सार्वजनीन आत्मा प्रतिबिम्बित जो हो रही है। मेरे हितैषी हैं आप, मेरे मुक्तिदाता!"

शाह मुहम्मद ताहिर—कवि, दार्शनिक, और जीते-जी किंवदंती बन जाने वाले ताहिर प्रेम को सार्वजनीन आत्मा के समकक्ष मानते थे और शेष सब उनके लिए "अज्ञान, गर्व तथा अहं का मालबा" था। आलमगीर ने 1671 में दरबार में तलब कर उनकी "ऐसी अनुश्रुतियों के लिए भत्सर्ना की, जिनमें पाक नबी और भले-बुरे तथा यथार्थ-अयथार्थ के बारे में उनके निरूपण के प्रति विद्रोह है।"

ताहिर ने आरोप अस्वीकार कर दिया, "नबी के लिए मेरे मन में महा सम्मान है, पर उन मूल्यों के प्रति मेरे मन में और भी श्रद्धा है, जो उन्हें महा सम्मान देते हैं।"

आलमगीर ने उत्तर पर विचार किया। फिर जैसी उनकी शैली थी, निर्णय के लिए सात कट्टर उलेमा की एक समिति बना दी। समिति ने तीन दिन विचार किया, फिर निर्णय दे दिया, "कोई भी सिद्धान्त, नीतिवचन, या अनुभवातीत मूल्य उन नबी के ऊपर नहीं हो सकता, जो सभी गुणों, सभी सत्यों, और श्रेष्ठता के सभी स्वरूपों का सारतत्त्व हैं।" लेकिन समिति ने दंड-निर्णय महामहिम के ऊपर छोड़ते हुए आगे जोड़ा, "अगर अपराधी विधर्मी पछतावे के साथ समिति के दृष्टिकोण के अनुसार भविष्य में लिखने की शपथ ले ले, तो उसके प्रति दया दिखाई जा सकती है।"

ताहिर ने इसका उत्तर देने के लिए समय माँगा। उन्हें सरहिन्द में अपनी कुटी में जाकर "अपने अन्तःकरण, अपनी आत्मा, और अपने परमेश्वर के साथ परामर्श करने की अनुमति" मिल गयी।

दो माह बाद ताहिर ने महामहिम के पास एक कविता भिजवा दी, जिसमें "सभी चेतन-अचेतन रचनाओं के रंग, रूप और लालित्य" का गुण-गान करते हुए कहा गया था कि "प्रकृति के प्रति जिस व्यक्ति का अनुराग गहनता सीमान्त को नहीं छूता, उसने जैसे शूकरी स्तन-पान किया है।"

1672 में 'सरहिन्द के संत' का सार्वजनिक रूप से वध कर दिया गया। ताहिर ने दंड का स्वागत करते हुए इसे 'मुक्त तथा सर्वव्यापी यथार्थ के साथ विलयन' माना। उनके अन्तिम शब्द 'ईश्वर प्रेम है' से प्रेरित हो कई कवियों-दार्शनिकों ने इस्लाम परिधि से बाहर जा इस कथासूत्र का और प्रचार-प्रसार किया।

संगति के परे—जैसा कि एक इतिहासकार ने कहा है, "आलमगीर के कृत्यों को तर्क की कसौटी पर कसने का प्रयास अपनी तर्कशक्ति खोना होगा। अगर स्वयं

उनसे पूछा जाय, तो वह अपने अनेकानेक निर्णयों का औचित्य नहीं बता पाएँगे।'' 1675 में दिल्ली में नवें सिख गुरु की हत्या ऐसा ही बर्बर उदाहरण है। जैसी जंघन्य यन्त्रणा के साथ मृत्यु गुरु के समर्थकों, विशेषतः भाई मतिदास *(उन्हें जीते-जी आरे से दो भागों में काटा गया)*, भाई दयाल *(उबलते तेल में बलात् बैठाये गये।)*, और भाई सतीदास को दी गयी। *(रुई से बाँध कर जीते-जी जला दिये गये।)*, उसे देख कर 'आश्चर्य, दुःख और लज्जा' के साथ न्यूरेम्बर्ग मुक़दमें में आँश्विट्ज़ यातना शिविर से जीवित बचे एक वृद्ध यहूदी बन्दी का साक्ष्य याद आता है, जिसने बन्दियों की आयु तथा शारीरिक स्थिति के बावजूद निहायत मनमानी यातना महागाथा की तफ़्सील देते हुए निहायत ग़ैर-भावनाविह्वल स्वर में कहा था, ''एक मनुष्य दूसरे को ऐसी यन्त्रणा कैसे दे सकता है?''

हिटलर की यन्त्रणा नस्ल के नाम पर थी; महामहिम की धर्म के।

उपरोक्त धर्मगुरुओं पर अभियोग यह था कि इन्होंने इस्लाम स्वीकार करने से इन्कार कर दिया। ये सब बुनियादी रूप से शान्ति और सद्भावना के दूत थे। इन्होंने ऐसा कुछ नहीं किया था, जिससे साम्राज्य की शान्ति में रत्ती भर ख़लल पड़ा हो। उल्टे गुरु के समझाने से ही आसाम नरेश ने मुग़लों के साथ शान्ति सन्धि पर हस्ताक्षर किये थे। बादशाह ने धर्मगुरु के प्रति आभार प्रकट किया और उनके लिए दरबार में 'सम्मान की जगह' का प्रस्ताव रखा। गुरु ने यह कहते हुए बड़ी नर्मी से क्षमा माँगी कि आठवें गुरु हर किशन ने उन्हें पद सिख समाज की सेवा के लिए सौंपा है।

बात यहीं समाप्त हो गयी, पर आनन्दपुर सिख स्वायत्तता का अघोषित केन्द्र बन चुका था, इसलिए महामहिम गुरु तेग़ बहादुर को वहाँ से निकालना चाहते थे।

फिर याद दिला दी दारा शिकोह की!

विराट बली भूल नहीं पाते थे कि सामूगढ़ पराजय के बाद जब दारा ने पंजाब को पलायन किया था, तो सातवें गुरु हर राय ने उन्हें आशीर्वाद दिया था। कालान्तर में अपने अन्तिम पलों में गुरु हर राय ने बड़े पुत्र राम राय की अपेक्षा छोटे हर किशन को अपना उत्तराधिकारी मनोनीत कर दिया। यह सम्राट को अप्रत्यक्ष फटकार थी। राम राय सत्तालोलुप अवसरवादी थे, जिन्हें उसी धार्मिक असहनशील शक्ति के साथ संलग्न होने में कोई झिझक नहीं थी, जिसके प्रतिरोध के लिए सिख नेतृत्व संकल्पशील था। 1664 में गुरु हर किशन के देहान्त के बाद महामहिम ने पंजाब नरेशों के माध्यम से पूरी कोशिश की कि पद राम राय को मिल जाय, पर तेग़ बहादुर आसीन हुए और आलमगीर के क्रोध-लक्ष्य बन गये।

सम्मान की अवधारणा उर्फ़ ख़ालसा का उद्भव—गुरु तेग़ बहादुर ने सम्मान

पर सारगर्भित टिप्पणियाँ लिखी हैं। जब एक पहाड़ी नरेश ने टिप्पणी की कि सम्मान की अवधारणा शासन-तन्त्र के प्रति असहयोग तथा द्रोह का बहाना है, तो गुरु ने उत्तर दिया, ''जो सम्मानित नहीं होते, वही सम्मान की अवज्ञा करते हैं।'' जब काश्मीर सूबेदार द्वारा संचालित विशद सामूहिक धर्मान्तरण अभियान में काश्मीरी ब्राह्मणों का पीड़ाभरा पददलन अमानवीयता को छूने लगा, तो गुरु ने ''जो सम्मान नहीं पाते, कुछ नहीं पाते'' कहते हुए ग़ैर-मुसलमानों की धार्मिक स्वातन्त्र्य ध्वजा थाम ली। सम्राट ने उनके लिए 'द्रोही तथा इस्लाम-शत्रु' का फ़तवा सुलभ कर लिया—जल्लाद जलालुद्दीन ने शेष दायित्व सम्पन्न किया। गुरु तेग़ बहादुर जनश्रुति और सिख सैन्यीकरण के एकत्रीकरण बिन्दु बन गये। ख़ालसा का जन्म हुआ।

ज़फरनामा—गुरु गोबिन्द सिंह ने एक-एक सिख को सैनिक बना दिया और आनन्दपुर तथा नौ गुरुओं से सम्बन्धित सभी स्थानों को आलमगीर की चुनौती के ख़िलाफ़ 'प्रतिरोध दुर्ग' में रूपान्तरित कर दिया। महामहिम ने एक के बाद एक बड़े-बड़े सेनापतियों को ख़ालसा केन्द्रों के दमन के लिए भेजा, लेकिन वे अपने लक्ष्य में आंशिक सफलता ही पा सके। राणा प्रताप के समान सिख अपनी आस्था, सम्मान और विरासत की सुरक्षा के लिए बलिदान-पथ पर डटे रहे।

औरंगज़ेब को लिखे अपने पत्र में, जो सिख इतिहास में ''ज़फरनामा'' संज्ञा से जाना जाता है, गुरु गोबिन्द सिंह ने दो टूक भाव से वे सारे पाप गिना दिये, जो ज़िल्ले-सुब्हानी ने मनुष्य एवं ईश्वर के प्रति सम्पन्न किये थे। उन्होंने वह परिणति भी बता दी, जो ''होठों से प्रार्थना और मन में कपट'' रखने वाले की अवश्यम्भावी रूप से होती है। गुरु ने चेतावनी दी कि आप ''ज़िन्दगी और मौत के आधारभूतों को नज़रअन्दाज़'' करते हैं।

इसके बाद गुरु के विरुद्ध अभियान रोक दिया गया। क्यों, इतिहास कुछ नहीं बताता। कुछ माह बाद सम्राट का निधन हो गया।

अनुभाग 12

"शिवाजी कीर्तिरूपेन"

अच्छा मराठा सिर्फ़ वही होता है, जो मृत होता है। मराठे चिता पर ही प्रतापी लगते हैं।

—औरंगज़ेब

ईश्वर ने हिन्दुस्तान के साम्राज्य को अगर मूल्यवान माना होता, तो औरंगज़ेब जैसे कुटिल को नहीं दिया होता!

—शिवाजी

विस्फोटक समक्षता: औरंगज़ेब तथा शिवाजी!!

शिवाजी ने जो किया, उसका काफ़ी बड़ा भाग, कम-से-कम प्रारम्भिक वर्षों में, लूटमार से कम भिन्न है, लेकिन जैसे-जैसे उनकी शक्ति बढ़ती गयी, वैसे ही उनकी जीवन-दृष्टि का भी उद्भव होता गया। मराठा अस्मिता, नयी प्रशासन पद्धति और स्वराज जैसी संकल्पनाएँ निःसन्देह अपने समय से बहुत आगे की थीं, जिन्होंने एक 'War Lord' को महान् नरेश की गरिमा एवं आभा से परिष्कृत किया। "कीर्त्तिमान शिवाजी" सही समय और सही स्थान पर सही शक्ति थे। उन्होंने मराठा ऊर्जा को संयोजित, केन्द्रित, और प्रज्ज्वलित किया; अपने व्यक्तित्व तथा आचरण से उसे प्रतिष्ठा एवं गरिमा दी और अपनी विलक्षण राजनीतिक-सामाजिक सूझ-बूझ से उन्होंने राजनीतिक अवसरों का ऐसे इस्तेमाल किया, जिससे मराठा महत्त्व उभरता चला गया। अपने रणनीतिक पैनेपन से उन्होंने परिस्थितियों को इस तरह ढाला और फिर उनका ऐसे संक्रमण किया कि न सिर्फ़ दक्षिण, बल्कि पूरे हिन्दुस्तान में मराठों की ऐतिहासिकर भूमिका निरन्तर रेखांकित एवं गहन होती गयी। अपनी उपलब्धियों और विशेषत: अपने व्यक्तिगत उदाहरण से शिवाजी ने ऐसे कृतित्त्व सूत्र बुने, जिसे

उनकी पृष्ठभूमि देखते हुए विलक्षण से नीचे कुछ कहना कठिन है। जो किरीट उन्होंने माथे पर रखा, वह धीरे-धीरे "देवी भवानी की इच्छा" का प्रतीक बन गया और महाराष्ट्र इतिहास का गौरवाधार, जिससे दिल्ली निरन्तर थरथराती रही।

भीमकाय प्रतिस्पर्धी—चतुर, सद्‌दुश्येय प्रवंचना में शिवाजी औरंगज़ेब से पीछे नहीं थे। दोनों का मानना था कि वह वादा ग़लत है, जिसे तोड़ा नहीं जा सकता। दोनों एक-दूसरे की कमज़ोरियाँ भी जानते थे और गुण भी। दोनों अपनी धार्मिक आस्था के नाम पर साँस लेते और तलवार थामते थे। दोनों के लिए अन्तिम सत्य लक्ष्य था, साधन नहीं और दोनों के लिए सच्चाई ऐसी अवधारणा थी, जो दिक्काल से अनुकूलित हो जाती है।

औरंगज़ेब ने शिवाजी में वही विशेषताएँ देखीं, जिनसे वे ख़ुद सम्पन्न थे और जिन्होंने उनके लिए ताज सुलभ किया। औरंगज़ेब आदेश देने के लिए पैदा हुए थे, उसके पालन के लिए नहीं। वही सिफ़त शिवाजी की थी। तेईस बरस महामहिम उत्तर में रहे, पर उनके अवचेतन में यह तथ्य बराबर चुभता रहा कि साम्राज्य में एक काफ़िर है, जो उनके सामने नहीं झुकाता। विराट बली ने दक्षिण में जो-जो राज्यपाल मनोनीत किये, वह सक्षम, प्रतिभाशाली, और विश्वस्त थे। शहज़ादे शाह आलम ग्यारह, बहादुर ख़ाँ छह, शायस्ता ख़ाँ चार और जय सिंह दो बरस मराठा रण बाँकुरे से जूझते रहे। उनके प्रमुख सहायक तक जहाँपनाह ख़ुद चुनते थे; दक्षिण से आयी सामरिक रपटों पर मनन कर अपने दस्ते-मुबारक से निर्देश भेजते थे। "इस रिमोट कंट्रोल से स्पष्ट है कि इस संघर्ष विशेष की सम्राट के लिए कैसी प्राथमिकता थी," एक ग़ैर-अकादमिक इतिहासकार की टिप्पणी सही है। महामहिम के लिए दक्षिण का महत्त्व सिर्फ़ इसलिए नहीं था कि साम्राज्य विस्तार की सम्भावना सिर्फ़ उसी दिशा में थी, बल्कि हिन्दुओं-शियाओं के इस केन्द्र को पद-दलित करके विधर्मियों के हाथ से राजदंड भी उन्हें छीनना था।

शिवाजी और औरंगज़ेब—दोनों को एक-दूसरे से एक-जैसी वितृष्णा थी। औरंगज़ेब ने जब उत्तराधिकार युद्ध के लिए उत्तर का कूच किया, तो कोंकण-तिलक ने अवसर का लाभ उठाते हुए कोंकण में हर आकार के दुर्ग अधिकृत करते हुए वह आधार बना लिया, जिस पर स्थापित राज्य तत्रभवान (His Excellency) के कलेजे में तब तक चुभता रहा, जब तक वह अन्तिम हिचकी से लाभान्वित नहीं हुए।

मराठा सम्मान मोलभाव के लिए नहीं!

"बन्धु जय सिंह, आपका आमन्त्रण स्वीकार करने के सिवा मेरे सामने और कोई विकल्प नहीं। आपकी सेना शक्तिशाली और मनोबल सम्पन्न है; मेरी अपेक्षाकृत कमज़ोर और थकी हुई। आगे प्रतिरोध करना मेरे लिए आत्महत्या समान होगा। आपके

शस्त्रों की श्रेष्ठता मैं बोझिल मन से स्वीकार करता हूँ। मुझे यह आत्मस्वीकार करने दीजिए कि मैं अपनी दुर्बलता के कारण सन्धि का अपमान झेलने के लिए सहमत हुआ हूँ, अपनी इच्छा-शक्ति के कारण नहीं। पर ध्यातव्य रहे, मराठा सम्मान मोलभाव के लिए नहीं। दुर्गों तथा क्षेत्रों की बात दूसरी है। हम उन पर बात कर सकते हैं, पर व्यक्तिगत और राष्ट्रीय प्रतिष्ठा के मुद्दों पर लेन-देन नहीं होगा। राजस्थान की पवित्र भूमि के पुत्र होने के नाते आप मेरी प्राथमिकताएँ और मूल्य समझ सकते हैं।

मैंने आपके दूत को बता दिया है कि मैंने आपके साथ व्यक्तिगत रूप से स्थायी सन्धि की शर्तों पर विचार करने का निर्णय इस धारणा के साथ ले लिया है कि सम्राट मेरे ऊपर वैसी शर्तें मानने पर बल नहीं देंगे, जैसी उदयपुर राणा को अस्वीकार थीं। हम मानते हैं कि लड़ाई में हमें झटके लगे, लेकिन इसका अर्थ यह नहीं कि हमारा जीवट टूट गया। आत्मा के समर्पण से मृत्यु वरेण्य है।

मैं शस्त्रों तथा अंगरक्षकों के बिना आऊँगा। मेरा जीवन और मेरा सम्मान आपके हाथों में होगा। मैं एक राजपूत पर विश्वास कर सकता हूँ।''

आगरा दरबार में शिवाजी—सभी हानियों एवं लाभों का आकलन करते हुए मराठा परामर्श समिति ने निर्णय कर दिया कि शिवाजी को आगरा जाना चाहिए। मुग़ल शस्त्र की सहायता से दक्षिण की तीनों सल्तनतों का विनाश करने के जिस विचार को शिवाजी ने सदा संशय से आँका था, उस संशय का औचित्य उन्हें इस समय अतिरंजित लगा। शिवाजी के राजनीतिक जीवन का यह महत् मिथ्यानुमान था। औरंगज़ेब जैसे धूर्त्त सम्राट विशाल दक्षिण को सिर्फ़ एक नरेश—और वह भी विधर्मी—के लिए क्यों छोड़ देते? शिवाजी उनके लिए अल्पकालिक उद्देश्य का एक मुहरा थे; बस। शिवाजी की परम प्रभावी लूटमार शैली से आक्रान्त औरंगज़ेब शिया सल्तनतों पर हमला करने से पहले शिवाजी को अपने शिया संघर्ष से तटस्थ करना चाहते थे। शिवाजी को एक सीमा तक औरंगज़ेब का ऐसा मंतव्य होने का संदेह था, पर जय सिंह की मध्यस्थता से सन्देह धार कम हो गयी। आगरा-आमन्त्रण स्वीकार करना जुआ था, जिसमें जीत भी हो सकती थी।

छियासठ दिन की यात्रा के बाद—9 मई, 1666 को शिवाजी छियासठ दिन की यात्रा के बाद आगरा पहुँचे। कुँवर राम सिंह के नेतृत्व में कनिष्ठ सामन्त मंडली ने उनकी अगवानी की। इस निम्न स्तर के स्वागत से शिवाजी चौकन्ने हो गये। क्या यह आगामी की पूर्वसूचना है? उन्होंने वापस जाने की सोची, पर परामर्शदाताओं का विचार उल्टा था। इसलिए कुछ सप्ताह बाद सम्राट की पचासवीं चान्द्र (Lunar) सालगिरह पर दरबार में शिवाजी की उपस्थिति का निर्णय हुआ।

शिवाजी वा उनकी टोली को एक राजपूत राजकुमार की अट्टालिका में ठहराया

गया। कोई मुग़ल शहज़ादा या प्रथम श्रेणी का सामन्त शिवाजी से मिलने नहीं आया। शिवाजी के सामने यह साफ़ हो गया कि उदयपुर राणा को दिये जाने वाले सम्मान एवं विशेषाधिकार उनके हिस्से में नहीं आएँगे।

अन्ततः एक उमसभरे दिन कंचुकी ने ''आत्म-उत्कर्ष के लिए आये मराठा सरदार शिवाजी'' को आलमगीर के सामने प्रस्तुत कर दिया। आहत गरिमा भाव से छत्रपति ने प्रथानुसार तीन सलाम ऐसे किये, जिसमें उनका आन्तरिक विक्षोभ ज़्यादा, बादशाह के लिए सम्मान कम प्रतिबिम्बित हो रहा था। सम्राट ने ''दक्षिण के शैतान'' (उन्हीं की संज्ञा) को बेधक दृष्टि से देखा, ''हम आपके अधीनता-स्वीकार से ख़ुश हुए'', कह कर हाथ से ज़रा-सा संकेत किया यानी उपहार एवं नज़राना पेश किया जाय। दो मराठा चाँदी के थाल लिये आगे आये। इसके बाद कंचुकी ने शिवाजी को राजसिंहासन के दायीं ओर की तीसरी पंक्ति में पाँचहज़ारी मनसबदारों के बीच खड़ा कर दिया। आगरा आने के बाद शिवाजी एक के बाद एक जो अपमान झेलते जा रहे थे, यह उसकी चरम सीमा थी। उन्होंने राम सिंह से पूछा कि उनके आगे खड़ा सामन्त कौन है? ''राजा जसवंत सिंह''—उत्तर मिला। शिवाजी क्रोध एवं उपहास से हँसे, ''अच्छा, उनकी पीठ मेरे सैनिकों ने कई बार देखी है।'' छत्रपति का स्वर ऊँचा एवं सबल था।

दरबार में खलबली मच गयी। सामन्त आश्चर्य, आशंका और अविश्वास से उस दिशा में देखने लगे। सामूहिक उत्तेजना की ओर तत्रभवान् का ध्यान जाना स्वाभाविक था। उन्होंने राम सिंह से कोलाहल का कारण पूछा। राजकुँवर बोले, ''जहाँपनाह, एक वन्य पशु इस सभ्य समाज में असहज महसूस कर रहा है। जल्दी ही उसे अभ्यास हो जाएगा।''

तभी शिवाजी ने मूर्च्छा का स्वाँग भरा। वह नीचे गिरे, तो कुछ सामन्त उन्हें उठा कर बग़ल के कक्ष में उपचार के लिए ले गये। बादशाह सलामत ने तुरन्त सभा बर्ख़ास्त कर दी। ''उनके पास सतह के नीचे देख सकने वाली दृष्टि थी और कारण तथा परिणति को तुरन्त जोड़ सकने वाला सतर्क मस्तिष्क भी।''

बन्दी छत्रपति—शहर से बाहर एक उपनगरीय निवास में शिवाजी शम्भू जी तथा सात परामर्शदाताओं के साथ बन्दी बना लिये गये। नायब कोतवाल बाहर तैनाद था। हर तरह का बाहरी संचार बन्द, मुलाक़ाती निषिद्ध। शिवजी बहुत कसमसाये, बौखलाये, पर विवश थे।

फिर शिवाजी ने ''ऐ हिन्दुस्तान के पादशाह, आज मेरी गति, मेरे जीवन पर आपका नियन्त्रण है। पर याद रखें कि सत्य का क़ानून साम्राज्य के क़ानून से शक्तिशाली होता है।'' से शुरू करके सम्राट को पत्र लिखते हुए सुझाव दिया कि उनके (शिवाजी के) नेतृत्व में मुग़ल-मराठा सेना ''दोनों के समान घोर शत्रु बीजापुर

पर हमला कर सत्य और सही की विजय उपलब्ध करेगी।" "आप बहुत कम के लिए बहुत ज़्यादा माँग रहे हैं", महामहिम ने उत्तर भेजा।

बन्दीगृह में शिवाजी ने आपा नहीं खोया; स्थिर मति एक के बाद एक प्रयास किये—सम्राट से भेंट का निवेदन, प्रधान मन्त्री ज़फर ख़ाँ से भेंट, रौशन आरा के ज़रिए महामहिम पर दबाव, पर ज़िल्ले-सुब्हानी (पृथ्वी पर ईश-छाया) ने टका-सा जवाब थमा दिया, "मैं विधर्मी पर विश्वास नहीं कर सकता।"

ऑपरेशन थंडरबोल्ट—4 जुलाई, 1976 को युगांडा की राजधानी कम्पाला के ईनटीबी हवाई अड्डे पर इज़रायल सुरक्षा बल द्वारा सम्पन्न विलक्षण ऑपरेशन थंडरबोल्ट उन यहूदी बन्धकों को छुड़ाने के लिए किया गया था, जिन्हें एक सप्ताह पहले एयर फ्रांस की उड़ान में फिलिस्तीनी आतंकवादियों ने अपहृत कर लिया था। उन्होंने धमकी दी थी कि अगर इज़रायल में बन्दी उनके अमुक साथियों को मुक्त नहीं किया जाएगा, तो वे अपहृतों का वध कर देंगे।

यह अद्‌भुत बचाव अभियान रात के अँधेरे में हुआ। 100 कमांडो से भरे इज़रायली जहाज़ रडार से बचने के लिए 400 किलोमीटर नीचे-नीचे उड़ते हुए युगांडा पहुँचे, हवाई अड्डे पर 90 मिनट दोनों पक्षों में संघर्ष चला और कमांडो अपने 103 बन्धकों को मुक्त कर अपने साथ ले गये। पाँच कमांडो ज़ख़्मी हुए, एक की मृत्यु हो गयी। चार बन्धक, सभी अपहरक और 45 युगांडी सैनिक मार दिये गये।

शिवाजी को भाग्य से ज़्यादा विश्वास अपने दु:साहस पर!

यहूदी गुप्तचर संस्था मोसाद ने इतनी लम्बी यात्रा और हवाई अड्डे की एक-एक इमारत का मानचित्र सामने रख पूरे एक सप्ताह तक इस योजना के पल-पल की चीर-फाड़ की थी।

1666 में अकबराबाद के बन्दीगृह पलायन में शिवाजी की रणनीति इससे कम विलक्षण नहीं थी, हालाँकि उनके पास गुप्तचर संस्था जैसे स्रोत नहीं थे, न तब कोई विकसित तकनीक थी। निर्धारित स्थान पर कहारों का संकेत मिला, शिवाजी टोकरी से निकले और योजनानुसार पेड़ से बँधे घोड़ों पर शम्भू जी के साथ बैठ हवा से बातें करने लगे। घोड़े जानते थे कि उनकी गति पर मराठा अस्मिता का भाग्य टिका था!

मथुरा पहुँच कर ही शिवाजी ने साँस ली। तुरन्त दाढ़ी मुँडवा कर साधु वेष धारण किया, शम्भू जी को तीन दक्षिण ब्राह्मणों के हवाले किया, फिर काफ़ी उल्टी पूर्व दिशा में इलाहाबाद, बनारस, और पटना का रुख़ किया। जब आलमगीर के सतर्क सैनिक मालवा का एक-एक घाट छान रहे थे, शिवाजी दक्षिण-पश्चिम की

ओर मुड़े और गोंडवाड-गोलकुंडा जा पहुँचे। 19 अगस्त को कारा-बन्धन तोड़ने के बाद 20 नवम्बर को रायगढ़ पहुँच कर दिल्ली की ओर देखते हुए सह्याद्रि सिंह ने फिर गर्जना की। जैसे बन्धक यहूदियों के सुरक्षित टेल अवीव वापस पहुँच जाने पर इदी अमीन नपुंसक ग़ुस्से से तड़पे थे, आलमगीर ने उससे ज़्यादा व्यथा-विह्वल चीत्कार किया। यह पराजय उन्हें ज़िन्दगी भर छेदती रही। ''कमबख़्त शिवा का पलायन लापरवाही से हुआ और इस भूल के लिए मुझे अपने जीवन के अन्त तक लड़ना पड़ा'', महामहिम की यह विवश टिप्पणी जीवनान्त की है।

शिवाजी का पत्र औरंगज़ेब के नाम—जज़िया लागू करने पर शिवाजी ने सम्राट को जो पत्र लिखा, वह निःसन्देह ऐतिहासिक है—महामहिम के ज़ख़्मों पर नमक छिड़कने के साथ-साथ दोनों के सम्बन्धों की प्रकृति का विद्रूपी रेखांकन—''यह पक्का और पुराना ख़ैरख़्वाह शिवाजी, ईश्वर की रहमत और शहंशाह की हिमायत के लिए, जो आफ़ताब से भी ज़्यादा रौशन है, शुक्रगुज़ारी के बाद, बादशाह सलामत की ख़िदमत में अर्ज़ करना चाहता है कि हालाँकि वह आगरा में आपकी शाही मौजूदगी में अपनी बदनसीबी से अलविदा कहे बिना ले जाया गया था, पर फिर भी वह हमेशा अपनी पूरी क़ुव्वत के साथ वह करने के लिए मुस्तैद है, जो शुक्रगुज़ार ख़ादिम को बतौर फ़र्ज, करना चाहिए।

मुग़ल सल्तनत की ख़िदमत और भलाई के लिए मेरी आलीशान खिदमत और अक़ीदत हिन्दुस्तान के शहज़ादे, ख़ान, अमीर, और राजा; ईरान, मरक़ज़ी एशिया, टर्की, और सीरिया के बादशाह, दुनियाँ के बाशिन्दे, ज़मीनो-बहर के मुसाफ़िर तो जानते ही हैं और बिल्कुल हो सकता है कि उनकी रौशनी जहाँपनाह के दिमाग़ पर चमकी हो। इसलिए ख़िदमत का एक काम करने और शाही हिमायत हासिल करने के इरादे से मैं कुछ अर्ज़ करना चाहता हूँ, जिसमें रैयत की भलाई है। हाल में मैंने सुना कि मेरे साथ चल रही जंग की वजह से शाही ख़ज़ाना ख़ाली हो जाने पर आपने हुक्म जारी किया है कि हिन्दुओं से जज़िया वसूल किया जाय और शाही ज़रूरतें पूरी की जाएँ। बादशाह सलामत को यह जान कर ख़ुशी होगी कि मुग़ल सल्तनत के वास्तुकार अकबर पादशाह ने पूरे 50 बरस हुकूमत की। उन्होंने मुख़्तलिफ़ समुदायों—जैसे ईसाई, यहूदी, मुसलमान, दादू मुरीदों, आकाश-पूजकों, मलकिया, भौतिकवादी, निरीश्वरवादी, ब्राह्मणों एवं जैन पुजारियों—के बीच सुलहे-कुल के दुनियावी सामंजस्य का लाहे-अमल इख़्तियार किया।

इस उदारवादी दिल का मक़सद था सभी लोगों की हिफ़ाज़त और उनको फलने-फूलने देना। इसलिए अकबर को जगत् गुरु नाम दिया गया। फिर बादशाह जहाँगीर और शाहजहाँ आये, जिन्हें जज़िया लगाने का हक़ था, लेकिन उनके दिल में धर्मान्धता के लिए जगह नहीं थी, क्योंकि वे छोटे-बड़े सभी इन्सानों को ईश्वर

की रचना मानते थे, जो प्रकृति के अलग-अलग पंथ और स्वभाव के जीते-जागते उदाहरण थे। ख़ुशहाली आदमी के काम का फल है, इसलिए उनकी समृद्धि और सौभाग्य बढ़ता रहा, लेकिन आपकी हुकूमत में आपके तमाम क़िले वा ज़िले आपके हाथ से निकल गये हैं और बाक़ी भी जल्दी ही निकल जाएँगे, क्योंकि उनको नुक़सान पहुँचाने और बरबाद करने में मैं कोई सुस्ती नहीं दिखाऊँगा।

आपके किसान बदहाली से कुचले हुए हैं। खेती की उपज घट गयी है। यह ऐसी हुकूमत है, जिसमें फ़ौज में विक्षोभ है, व्यापारी शिकायतों का अम्बार है, मुसलमान रो रहे हैं और हिन्दुओं को भूना जा रहा है। रात ज़्यादातर को रोटी नसीब नहीं होती और दिन को वे ग़ुस्से से अपने ही गालों को थप्पड़ मार-मार कर लाल कर लेते हैं। आपकी शाही अन्तरात्मा ने आपको कैसे इजाज़त दी कि आप पहले से ही ग़मज़दा लोगों पर जज़िया थोप दें? यह कलंक-कथा जल्दी ही पश्चिम से पूर्व पहुँच जाएगी और इतिहास में अंकित हो जाएगा कि हिन्दुस्तान का शहंशाह भिखारियों के कटोरे पर लालच की नज़र डालते हुए ब्राह्मण वा जैन भिक्षुओं, योगियों, संन्यासियों, बैरागियों, भिखमंगों, सड़क-छापों और अकालपीड़ितों से जज़िया वसूल करता है।

मैं जहाँपनाह की सेवा में निवेदन करना चाहता हूँ कि पाक .कुरान शरीफ़ के मुताबिक़ अल्लाह रब्ब-उल-अलामीन, सभी मनुष्यों का संरक्षक, है—रब्ब-उल-मुसलमीन, सिर्फ़ मुसलमानों का संरक्षक, नहीं। दरअसल इस्लाम और हिन्दू धर्म एक ही सिक्के के दो पहलू हैं। दैवी चित्रकार ने संसार का अपना चित्र बनाने के लिए इन अलग-अलग रंगद्रव्यों को आपस में घुलाया-मिलाया है। अगर मस्जिद है तो अजान उनकी याद में होती है; अगर मन्दिर है तो घंटी उनकी ख़ातिर बजायी जाती है। किसी के पंथ या व्यवहार के लिए कट्टरता दिखाना पाक किताब के अल्फ़ाज़ को बदलना है। इन्साफ़ के नज़रिए से जज़िया बिल्कुल क़ानूनी नहीं। नाइन्साफ़ी के अलावा इसका लागू किया जाना अविवेकपूर्ण (Inexpendient) भी है। मुझे आपके अफ़सरान की अजीब वफ़ादारी पर ताज्जुब है, जो वे हालात की सच्चाई आपको बताने से उदासीन रहे और धधकती हुई आग को तिनके से ढाँकते रहे। इस शुभ कामना के साथ कि अज़्मत के उफ़क़ पर आपका शाही आफ़ताब ऐसे ही चमकता रहे!''

अद्‌भुत लोकनायक—आँखें बन्द कर शिवाजी की कल्पना करें तो एक तेजस्वी बिम्ब दिखाई देता है—परम सतर्क, अत्यधिक चौकन्ना; बेधक दृष्टि। सामने वाले से संभाषण के बीच भी नज़र का एक हिस्सा आस-पास की एक-एक झाड़ी, पेड़ की छाया पर। प्रखर हास्य-बोध, तीखा व्यंग्य-प्रहार। ''एक घोड़ा ख़रीदते

हुए या बुराई के विरुद्ध हथियार उठाते हुए मैं आँखें बन्द कर स्वयं को ईश्वर की दया पर छोड़ देता हूँ।''

जब शिवाजी का निधन हुआ, तब वह पश्चिमी प्रायद्वीपीय तट के नीचे फैले दमन दक्षिण से अंकोला (यूरोपीय ठिकानों को छोड़ कर) और पूर्व में आधुनिक महाराष्ट्र के बृहत भाग के आगे कर्नाटक एवं तमिलनाडु तक में फैले विशाल राज्य के नियन्ता थे। ''शिवाजी बुद्धिमान तथा उदार थे,'' टेवर्नियर ने लिखा। ''काफ़िर बाजहन्नुम रफ़्त!'' (विधर्मी नरक हवाले) ख़ाफ़ी ख़ाँ ने तिथिबन्ध अंकित किया। ''मेरी सेनाएँ उन्नीस बरस उसके विरुद्ध जुटी रहीं, पर उसका राज्य हमेशा बढ़ता रहा'', महामहिम ने टिप्पणी की।

अनुभाग 13

आलमगीर तथा ज़ेबुन्निसा : जीवनव्यापी संघर्ष का अभिशाप

मिट्टी में मिली और ज़िल्लत में डूबी मेरी इ़ज़्ज़त पड़ी है सारी दुनिया का नज़ारा बनी

—ज़ेबुन्निसा ''मख़्फ़ी''

आत्म रक्त-सिंचित वर्तिका से जलती सलीमगढ़ शमाः ज़ेबुन्निसा

सौन्दर्यबोधीय घृणा के धनी आलमगीर के घर में परम संवेदनशील, विद्या-व्यसनी, रूपसी, कवयित्री—और इस पर सूफ़ी भी!—बेटी पैदा करके ईश्वर ने साबित किया कि वह भी सूक्ष्म हास्य-बोध के स्वामी हैं!

किशोरावस्था तक ज़ेबुन्निसा औरंगज़ेब को अत्यधिक प्रिय रहीं। फिर जैसे-जैसे ज़ेबी की आयु बढ़ी, वह पिता को धीरे-धीरे समझने लगीं और द्विपक्षीय तनाव बढ़ने लगा।

उत्तराधिकार युद्ध गहरा हुआ और समापन के साथ पैना। आलमगीर के किरीट-धरण के बाद दोनों पक्ष मतभेद से लहुलुहान होने लगे।

तब हिन्दुस्तान में मुग़लों के सामाजिक, राजनीतिक और सांस्कृतिक जीवन में महत्त्वपूर्ण भूमिका निभाने वाले पाँच सूफ़ी अनुवर्ग थे—क़ादरी, चिश्ती, नक़्शबन्दी, शट्टारी और सुहरावर्दी। अन्तिम को छोड़ कर ज़िन्दगी के विविध सोपानों पर विविध कारणों से ज़ेबुन्निसा का सबसे सम्बन्ध रहा।

''बुतपरस्त हूँ मुसलमाँ नहीं हूँ मैं/ झुकाती हूँ सिर अपनी उल्फ़त के आगे/ पूजा करती हूँ उसकी/ बिरहमन नहीं हूँ मैं/ फेंक दिया है मैंने अपना पाक जनेऊ/

छू लेती हूँ उसके बालों की लट'' आलमगीर ने बेटी की ये पंक्तियाँ निश्चित रूप से नहीं पढ़ीं, वर्ना दिल का ज़बर्दस्त दौरा पड़े बिना नहीं रहता!

पिता-पुत्री के बीच सनातन तनाव की स्थायी रागिनी—जेबुन्निसा और पिता के सम्बन्ध की प्रकृति यह घटना प्रकट कर देती है।

लाहौर क़िले के बाग़ में टहलती युवती ज़ेबुन्निसा गुनगुना रही थीं, ''मुझे ख़ुश रखने को चार चीज़ें चाहिए—फूल, फव्वारा, मय और महबूब का चेहरा!'' अचनाक गुलाबों के पीछे आलमगीर दिखाई दिये, तो ज़ेबुन्निसा ने फ़ौरन मिसरे में सुधार कर दिया, ''मुझे ख़ुश रखने को चार चीज़ें चाहिए—नमाज़, रोज़ा, गुनाहों पर आँसू और प्रायश्चित!''

दूसरी घटना भी इसी क़िस्म की है। काफ़ी पारदर्शी लिबास में ज़ेबुन्निसा को देख आलमगीर ने नाक-भौं सिकोड़ कर नज़र घुमा ली, ''इससे कम कपड़े नहीं पहन सकती थीं?''

''हमने मलमल के एक के ऊपर एक सात लिबास पहन रखे हैं!'' उत्तर मिला।

विरोधी शिविर में शुरू से पाँव—बचपन में जहाँ आरा एवं दारा से विशेष लगाव था। उन्नीस की आयु में पादशाह बेगम बनीं—जहाँ आरा की जगह। यह कितना पीड़ादायक रहा होगा, समझने के लिए कल्पना की ज़रूरत नहीं। उत्तराधिकार युद्ध की एक-एक करवट, एक-एक मोड़, एक-एक क़ैद, और एक-एक क़त्ल की साक्षी बनने को विवश। एक छत के नीचे बाप-बेटी का रहना कठिन होता गया। सगी और चचेरी बहनों की शादी हो गयी। आलमगीर चाहते थे, बिटिया दुल्हिन का जोड़ा पहन ले। बिटिया ने नहीं पहना। ज़ेबी को 'लाल हवेली' (पता नहीं क्यों, मुग़ल वंशियों की लाल क़िले के लिए यही संज्ञा थी।) से मुक्ति का यह रास्ता स्वीकार नहीं था—वह विवाह के लिए भावात्मक रूप से तैयार नहीं थीं। फिर आलमगीर ने चाहा, ज़ेबी समझौता कर लें; उनकी प्रशासन शैली को मान्यता दे दें। ज़ेबी विवश थीं। एक-एक वर्ष बीतने के साथ द्वन्द्व घनत्व बढ़ता गया। दोनों गहनता के साथ जीते थे। दोनों प्रकृति से अपरिवर्तनीय थे।

''जैसे बच्चा आता है अपने टूटे खिलौने के साथ/ आँसूभरी आँखों से उसे जोड़ने का इसरार लिए/ वैसे ही मौला के सामने पहुँची मैं फ़र्यादी/ वो उसे दुरुस्त करते रहे और मैं मुसलसल सुबकती रही/ ''नहीं जी सकती मैं इसके बिना''/ उन्होंने मुझे देखा/ नहीं समझी मैं ज़ुबाने-नज़र/ कि तुम जाओ, मुझे सुकून से काम करने दो/ अपने ही ग़म में डूबी मैं वहाँ से हिली नहीं/ उल्टे अपने हिसाब से उनकी मदद करती रही/ और फिर छीनते हुए खिलौना बिलख पड़ी बेइख़्तियार, ''कितनी देर लगा रहें हैं बन्दापरवर''/—''क्या करूँ? तुमने इसे छोड़ा ही नहीं''/—मेरा ज़ज्बा

शिद्दत का होता है—मुझसे छोड़ा नहीं जाता।''

पीड़ा तथा सहनशीलता का अन्तर्संबन्ध—बाबर ने हकीम से अनुरोध किया कि कनवाहा में उन्होंने जो ज़ख़्म खाये हैं, उन्हें नमक मिले पानी से धोया जाय। हुमायूँ के आदेश पर जब कामरान की दोनों आँखों में दहकती हुए कीलें घुसेड़ी गयीं, तो वह जबड़े कस कर चीत्कार दबाने में कामयाब होते देखे गये। काबुल की लड़ाई के बाद जब हिन्दाल की टूटी हड्डियाँ जोड़ी जा रही थीं, तो उन्होंने चीख़ने के बजाय कहा, ''ओ पीड़ा, कहाँ है तुम्हारा दंश?'' अकबर ने अपनी सहनशीलता जाँचने के लिए ख़ुद तलवार से अपने ऊपर गहरा ज़ख़्म लगाया। जब पिता जहाँगीर के आदेश से ख़ुसरो की आँखों में लाल सुर्ख सलाख़ें भौंकी गयीं, तो वह यह अनिवार्य पारिवारिक रस्म शुरू होने के साथ-साथ नात का पाठ तब तक करते रहे, जब तक रक्तस्राव से अचेत नहीं हो गये।

पीड़ा, उसकी गहनता तथा उस पर नियन्त्रण क्षमता मुग़ल जीवन-शैली और आत्म-मूल्यांकन का अनिवार्य हिस्सा थी।

ओ पीड़ा, कहाँ है तुम्हारा दंश?

जो पीड़ा राजवंश स्त्रियों के खाते में आती थी, उसकी क़िस्म दूसरी थी। ज़ेबी साढ़े बीस बरस साम्राज्य की प्रथम महिला थीं, फिर इक्कीस बरस सलीमगढ़ बन्दी। राजदुहिता और स्त्री ने कितना सहा होगा, इसका अनुमान ज़्यादा कठिन नहीं। शाहजहाँ के निधन पर जहाँ आरा बेगम ने लिखा, ''मेरे विषाद का घनत्व मेरी सहनशीलता सामर्थ्य से अधिक है।'' ज़ेबुन्निसा ने उसी क़िला-ए-मुअल्ला परिसर के राजसी बन्दीगृह में इक्कीस बरस काटे, जहाँ उन्हें ग्यारह तोपों की सलामी दी जाती थी। अगर उनके ''विषाद का घनत्व उनकी सहनशीलता सामर्थ्य'' से कम था, तो उन्होंने ख़ून के घूँट पीते हुए सामर्थ्य बढ़ायी। कोई चारा नहीं था। जीना तो था न! समान रक्त, समान जीवन-दृष्टि और समान मूल्यों के साथ-साथ समान पीड़ा भी ज़ेबी और जहाँ आरा के बीच की आत्मीयता सघन करती दिखाई देती है। ज़ेबुन्निसा जब सलीमगढ़ गयीं, तो जहाँ आरा चन्द आख़िरी दिन काट रही थीं। बेगम साहिब समझती थीं कि वह आलमगीर प्रशासन का भयंकरतम, वीभत्सतम देख चुकी हैं, पर इस सूचना से स्तब्ध रह गयीं, ''अभी यह भी होना था!''

उन्होंने आलमगीर को कुछ लिखा, इसका साक्ष्य नहीं। जज़िया लागू करने पर सम्भवतः उन्होंने आख़िरी बार आलमगीर से गम्भीर आपत्ति जतायी थी। उनके न मानने पर भ्राता को 'होपलैस केस' समझ कर किनारा कर लिया था (जैसा महादेव भाई ने वर्षा वशिष्ठ के साथ किया था।)। एक ज़िन्दगी में ऐसी-ऐसी महाविपत्तियाँ

देख ली थीं, जो एक दर्जन ज़िन्दगानियों के लिए भी भारी पड़ेंगी। "अब उठा लो परवरदिगार!" गहरी साँस के साथ फुसफुसायीं, "बड़ी इनायत फ़र्मायी ख़ानदाने-मुग़लिया में पैदा करके।"

राजनीतिक औज़ार के रूप में भूख हड़ताल के प्रथम प्रयोक्ता महात्मा गाँधी नहीं!

पिता के आलमगीर बनने के परवर्ती वर्षों में उनकी नीतियों तथा प्रशासन पद्धति के कारण एक समय की लाडली बेटी के साथ संवाद निरन्तर कम होता गया। कवियत्री न्यूनतम कर्म से प्रतिरोध प्रकट करती थीं, जैसे दारा शिकोह का समर्थन करने के कारण नाना शाहनवाज़ ख़ाँ की भड़के सम्राट के द्वारा गिरफ़्तारी के बाद उन्होंने चुपचाप अनशन शुरू कर दिया। उनके आदेशानुसार अन्त:पुर की परिचारिकाओं एवं महलसरा तक ने अपनी ज़ुबान बन्द रखी। अक़ील ख़ाँ के स्रोत से यह सच्चाई सामने आ गयी। सम्राट को शाहनवाज़ ख़ाँ को मुक्त करना पड़ा।

पिता के साथ छत्तीस का आँकड़ा—पिता के सिंहासनारोहण के समय ज़ेबुन्निसा सत्रह वर्ष की कच्ची युवती थीं। परम संवेदनशील, अन्तर्मुखी और पिता की प्रकृति से सर्वथा प्रतिकूल होने की चुभती सच्चाई से चिन्तित और विक्षत। उत्तराधिकार युद्ध के परिवारविनाशी प्रभाव से आक्रान्त एवं अत्यन्त व्यथित। दिल बुझ गया था। पिता ने तभी समझ लिया था कि पादशाह बेगम के साथ निरन्तर बढ़ते तनाव से मुक्ति सम्भवत: वधू रूप में बेटी की विदाई के साथ ही होगी, पर पादशाह बेगम की यौवनसुलभ आकांक्षाएँ निस्पन्द थीं।

ज़ेबुन्निसा ज़ीनतुन्निसा के विशेष निकट इसीलिए आयीं, क्योंकि वह भी पिता से बहुत रुष्ट थीं (हालाँकि, ज़ीनतुन्निसा के रोष का कारण राजनीतिक-नैतिक नहीं, निजी था—विवाह निषेध। पर जब निषेध हट गया, तो अन्य बहनों—मेहरुन्निसा, ज़ुत्बुन्निसा और बदरुन्निसा की तरह ज़ीनत निकाह की मेंहदी लगाने को प्रस्तुत नहीं हुईं। कोई था, जिसके साथ जीवन बिताने की आकांक्षा ज़रूर थी, पर जब आकांक्षा-पूर्ति का समय आया, तब तक—जैसा कि जीवन में होता है—जो बेचते थे दवा-ए-दिल, वो दुकान अपनी उठा गये! जीनततुन्निसा ने अपनी सम्पत्ति से कुमारी मस्जिद बनवा ली। पर समय के साथ—जैसा कि होता है—उनके ज़ख़्म कुछ भर गये। बाद में पादशाह बेगम का पद भी स्वीकार कर लिया और पिता के अन्तिम वर्षों में उनकी देखभाल भी कर दी। ज़ेबुन्निसा के नक़्शे-क़दम पर चलते हुए इस असार संसार से चिरकुमारी स्वरूप ही गयीं।)

समय बीतने के साथ ज़ेबुन्निसा तथा औरंगज़ेब के बीच का संघर्ष तीखा होता गया। फिर राजपूताना आक्रमण और भाई अकबर का विद्रोह सम्पन्न हुआ और

सलीमगढ़ निवासिनी होकर ज़ेबुन्निसा का जीवन सदा के लिए बदल गया।

इसका नाट्य-रूपान्तर कुछ ऐसा हो सकता है—

(ज़ेबुन्निसा अपनी बयाज़ पर झुकी है। औरंगज़ेब का प्रवेश।)

औरंगज़ेब : कैसी हो?

ज़ेबुन्निसा : *(भावहीन-सी)* अल्लाह का शुक्र है।

औरंगज़ेब : किस चीज़ के लिए?

ज़ेबुन्निसा : अल्लाह को बताऊँगी।

(औरंगज़ेब चक्कर में आ जाता है। एक पल की चुप्पी।)

औरंगज़ेब : कुछ चाहिए?

ज़ेबुन्निसा : नहीं।

(फिर ज़रा-सी चुप्पी।)

औरंगज़ेब : तुम्हारा पानदान भत्ता बहाल कर दिया है—लेकिन सज़ा के तौर पर दस हज़ार घटाते हुए। पहली तारीख़ से बीस हज़ार महीना मिलेगा।

ज़ेबुन्निसा : ज़रूरत नहीं।

औरंगज़ेब : क्यों?

ज़ेबुन्निसा : हमने पानदान ख़ैरात में दे दिया है।

औरंगज़ेब : दूसरी हज़ार चीज़ों की ज़रूरत होती है।

ज़ेबुन्निसा : ज़रूरतें घटाना सीख लिया है।

(औरंगज़ेब समझ जाता है कि इसीलिए अल्लाह का शुक्र अदा किया था।)

औरंगज़ेब : कल से रोज़ाना पाँच सिल्ली बर्फ़ भी मिला करेगी।

ज़ेबुन्निसा : उसके बिना सुबह को शाम करने की आदत डाल ली है।

औरंगज़ेब : तीसहज़ारी बाग़ में जहाँ आरा बेगम का महल ख़ाली पड़ा है।

ज़ेबुन्निसा : ख़लीसा में ले लीजिए।

औरंगज़ेब : *(चिढ़ जाता है)* लेना होता, तो तुम्हारी इजाज़त की ज़रूरत नहीं थी।

(फिर छोटा विराम)

औरंगज़ेब : ऐसा कायनात में कुछ नहीं, जो तुम्हारे पास नहीं, पर मिले तो इस्तेमाल कर सकती हो?

ज़ेबुन्निसा : देंगे?

औरंगज़ेब : *(घुन्ना कर)* तभी तो पूछ रहे हैं।

ज़ेबुन्निसा : मन का सुकून अता फ़र्माइए।

औरंगज़ेब : *(नाराज़गी से)* वो तो हमारे पास भी नहीं।

ज़ेबुन्निसा : क्यों नहीं?

औरंगज़ेब : हमारी औलादें ग़लत निकलीं।

ज़ेबुन्निसा : अगर वालिद ही ग़लत हो, तो?

औरंगज़ेब : *(सामान्य सुर में)* दूसरी बार बग़ावत कर रही हो।

ज़ेबुन्निसा : दूसरी बार क़ैद फ़र्माइए।

औरंगज़ेब : *(सब्र से)* हमने सोचा है इस बारे में। शेख़ मुनीर से हम इतने नाराज़ थे कि उसे दो फाँसी देना चाहते थे। दिलरस बानो हँसने लगीं। बोलीं, सूबेदार को फ़िलहाल इतना इख़्तियार नहीं होता।

ज़ेबुन्निसा : हम होते, तो कहते, पहले किसी को दो बार माफ़ी देकर देखिए, तो शायद दो बार फाँसी देने का इख़्तियार मिल जाय।

(औरंगज़ेब सन्नाटे में आ जाता है।)

औरंगज़ेब : सुल्तान सलीम के बारे में जानती हो तुम?

ज़ेबुन्निसा : औटोमन तवारीख़ हर कुतुबख़ाने में मिलती है।

(दोनों की दृष्टि मिली रहती है।)

औरंगज़ेब : अम्मीजान के इन्तिक़ाल के बाद जब हमारे ऊपर काली घटाएँ छायी हुईं थीं, कच्ची उम्र में दहकते आफ़ताब की आँखों में चकाचौंध की तरह यह साफ़ हो गया था कि बाप की आँखों का तारा दारा है और सुफ़ेद साँप काँटा। तभी पढ़ा कि सुल्तान सलीम ने अपने वालिद बायज़िद दोयम को तख़्त से हटाया था। उसके वालिद और चाचा कैम की भी वैसी ही दुश्मनी थी, जैसी सलीम की अपने भाई अहमद से। तख़्तनशीनी के बाद सलीम ने भी आपने भाइयों-भतीजों को ग़मे-ज़िन्दगानी से निजात दिलवाई थी। तो यकायक हम सकते में आ गये—कि यह तो एकदम ख़ानदाने-मुग़लिया की कहानी है।

ज़ेबुन्निसा : हमने सुल्तान सलीम की बाबत उस दिन पढ़ा, जब जंगे-विरासत की इब्तिदा पर आपने हमारे अज़ीज़ नानाजान को गिरफ़्तार कर लिया था, चूँकि उन्होंने दारा शिकोह को तख़्त का जायज़ दावेदार मानते हुए अहमदाबाद क़िला उनके हवाले

कर दिया था। हम दौलताबाद क़िले की छत पर जाकर खड़े हो गये—घनगरज तोप के पास। दकन की तेज़ बारिश, तीखी हवा के साथ, जो कई दिन चलते हुए अन्धड़ बन जाती है—उत्तर की रिमझिम फुहार नहीं, जो सहलाती है, गुनगुनाती है, जैसे दारा शिकोह की तहरीर—आपकी ताजपोशी पर उमरा की जै जैकार सुनते हुए मेरे भीतर दकन के उसी अन्धड़ का दिल डुबोने वाला एहसास चुभने लगा और मेरे भीतर बेइख़्तियार अपनी ही आवाज़ गूँजी कि सलीम सुल्तान तवारीख़ में बतौर अँधेरे के फ़रिश्ते दर्ज होंगे।

औरंगज़ेब : ज़बर्दस्ती दर्ज होंगे। उन्होंने ईरान जीता; फिर सीरिया, फिलिस्तीन, वा ईजिप्ट पर फ़तेह हासिल की और सल्तनत की हदें मक्का-मदीना तक बढ़ा दीं।

ज़ेबुन्निसा : पर उनकी तस्वीर दीवाने-पशेमानी की ज़ेबा बढ़ाएगी। हमेशा खौलता रहता था उनका ख़ून! वो दिल खोल कर बिना तकल्लुफ़ क़त्ल करते थे। अपने वज़ीर भी नहीं छोड़े। उसका तख़ल्लुस था महलस—

औरंगज़ेब : *(नाराज़गी से)* वो शायरी भी फ़र्माते थे?

ज़ेबुन्निसा : *(लय से)* जब गर्म होती है मेरे ख़ून की फ़क़त एक बूँद/ तो उबलने लगता है समुन्दर/फ़िज़ा तपने लगती है/सहरा में रेत का हर ज़र्रा/बन जाता है तन्दूर/पानी की बूँद/तोप के गोले-सी फटती है—

औरंगज़ेब : *(सुर बदल जाता है)* तुम भी हमें अपने उबलते ख़ून का शिकार बनाओ।

ज़ेबुन्निसा : क्या क़ुव्वत है हमारी, गो कि यह कहे बिना नहीं रहा जाता कि सुल्तान सलीम आपके हुनरे-सज़ा पर निहाल हो जाते! जैसे शायर एक के बाद एक शेर कहता है, वैसे ही आप एक के बाद एक को क़ैद फ़र्माते हैं। सुल्तान साँस तोड़ गये, तो उनकी ख़ाली जगह आपने मुअज़्ज़म से भर दी। कामबख़्श का भी वही अन्जाम हुआ। गोलकुंडा वा बीजापुर के दोनों सुल्तान दौलताबाद क़िले में क़ैद हैं। सलीमगढ़ वा ग्वालियर क़िले के क़ैदी तो ख़ैर अब फ़साना बन गये हैं। अकबर आपके हत्थे लग गया, तो उसकी सज़ा में आप नयी ज़मीन तोड़ेंगे। चाँदनी चौक में ऊँचा खम्भा—*(क्रॉस बनाने के*

माइम के साथ) उसके ऊपर आड़ी शहतीर पर दोनों हाथ फैलाए बग़ावती; पाँवों और हथेलियों पर कीलें-ठुकीं; मुँह लाल क़िले की तरफ़। चीखेगा, तो हम तक तो आवाज़ पहुँचेगी नहीं आप ज़रूर आख़िरी लम्हों में उसे देखने जाएँगे। क्या कहेंगे?

औरंगज़ेब : *(गिरी आवाज़ में)* दिल पर बहुत बोझ है ज़ेबी!

ग़म के साथ क़रार—ऐसे ही बोझ के साथ 21 वर्ष बाद 26, मई, 1702 को ज़ेबुन्निसा को सलीमगढ़ से ही नहीं, भूलोक से भी शाश्वत मुक्ति मिल गयी। जब यह सूचना मिली, तो परम स्नेहशील पिता खेलना क़िले की घेराबन्दी के बीच सिर पर तपता लौह टोपा लगाये खाई से अकड़ी हड्डियों के साथ उठ रहे थे। एक साक्षी की मानें, तो महामहिम की आँखों में एक आँसू आते देखा गया। फिर अस्फुट स्वर में जैसे स्वयं से ही बोले, "जैसी ईश्वर की इच्छा—"

"और मज़बूत बनेगा मेरा ज़ज्बा/ ग़म के साथ जो क़रार हुआ है उसकी ख़ातिर/ और बेसब्र, और खुद्दार बनेगा मेरा दिल/ क़ैदी बनायी गयी उस बुलबुल की मानिन्द/ जो कोशिश में मुब्तिला रहती है/ क़फ़स को ही अपना बाग़ बनाने की/ यह जानते हुए भी कि वो अब कभी ले नहीं पाएगी परवाज़।"

आलमगीर की सबसे विशिष्ट उपलब्धि—ज़ेबुन्निसा की मान्यता थी कि आलमगीर की सबसे महान् उपलब्धि साम्राज्य का अभूतपूर्व विस्तार नहीं, चिरकुमारी रूप में राजकुमारियों को तिल-तिल जलाने वाले अकबरे-आज़म के घोर अमानवीय आदेश का निरस्तीकरण है—भले ही इसकी प्रेरणा उन्हें अपने घर से मिली हो, जहाँ "पाँच बेटियाँ सहमते-सहमते जवान हो रही थीं।" निःसन्देह इसके पीछे जहाँ आरा का प्रबल योगदान था, जिन्हें "नैतिक छत्र की तरह" अपने सिर पर लगा कर आधी सदी के अँधेरे शासन में विराट बली ने अपने जीवन में ज़रा-सी आलोक-रेखा चमकायी थी।

ज़ेबुन्निसा के रूप में जो नैतिक छत्र आलमगीर को सहज सुलभ हुआ था, उसका मूल्यांकन न करने पर उन्होंने क्या खोया, यह सम्भवतः विराट बली को संसार पलायन के बाद मालूम हुआ होगा।

अनुभाग 14

औरंगज़ेब और उनके सपूत

मानवीय सहनशीलता की भी सीमा होती है। ए महामना पिता, कोई उल्लास, कोई त्योहार नहीं है मेरी ज़िन्दगी में।

—दौलताबाद में बन्दी मुअज़्ज़म शाह आलम के पत्र से

अब आपके लिए उपयुक्त समय है कि आप अपने अगले जीवन की ऐसी रूपरेखा बनायें, जिससे आपके उन पुराने कर्मों का पश्चाताप हो सके, जो आपने इस नश्वर संसार के लालच में अपने सम्मान्य पिता और कुलीन भाइयों के प्रति किये हैं।

—विद्रोही राजकुमार अकबर के पत्र से

अपने, बेटों पर कभी विश्वास मत करो।

—औरंगज़ेब

औरंगज़ेब का पितृ पक्ष—महामान्य अपने बेटों को लेकर उदास रहे। बेटे न कुटिल थे, न कायर। उनकी वीरता असंदिग्ध थी। दो ने रण क्षेत्र में संसार छोड़ा और चार ने शमशीर उठा कर बाप को ही ललकारा। सपूतों के हरम का आकार और क़िस्में भी सामान्य रहीं और वंश परम्परानुसार कोई विशेष रूप से मदिरा-विमुग्ध भी नहीं पाया गया। लेकिन निःसन्देह वे 'सिंह शावक' होने योग्य नहीं थे। उनका साहस असार्थक रहा—वे नितांत अव्यवहारिक, राजनीतिक तथा रणनीतिक समझ में कच्चे और अनुशासन-न्यून थे। उनके सामने लक्ष्य ज़रूर था—सिंहासन, लेकिन वहाँ कैसे पहुँचें, इसकी दूरंदेशी योजना की रूपरेखा बनाने, उसे अपेक्षित विस्तारों के साथ साधने, क़िस्म-क़िस्म के संशोधन सतत करते जाने, और आवश्यकता पड़ने पर

तत्काल एक पल में सही निर्णय लेने की क्षमता का प्रश्न ही नहीं था—जो सारे गुण पिताश्री में कूट-कूट कर भरे थे। साथ ही नग्न महत्त्वाकांक्षा के लिए स्वकर्म की नैतिक मूल्य-दृष्टि से रहित जैसा शक्तिशाली व्यक्तित्व अपेक्षित होता है, वैसा विद्रोह-पताका लहराने वाले उनके किसी राजकुमार में नहीं था। इसलिए सबने मुँह की खायी।

ये कैसा ख़ला पा गयी ज़िन्दगी!/कहाँ-से-कहाँ आ गयी ज़िन्दगी!!

माँ की पृष्ठभूमि, अपने व्यक्तित्व और अपने-अपने क्षमता वैविध्य के बावजूद तत्रभवान् के पाँच में से चार पुत्रों—सुल्तान, मुअज़्ज़म, अकबर और काम बख़्श—ने उपरोक्त शेर विविध भावनाओं के साथ गुनगुनाया—अवसन्न हो, सिसकते हुए, ख़ून के आँसू बहाते हुए। इन चारों में सिर्फ़ एक अन्तर है। अकबर ने हिन्दुस्तान से भाग कर ईरान में गुनगुनाया और शेष तीनों ने प्रिय पिताश्री के कारागार में!

हर पल आशंकित, हर छाया से ख़तरा—दूसरे सिंहासनारोहण के लगभग तीन वर्ष बाद 12 मई, 1662 को महामान्य बीमार हो गये। पिता-भाई के साथ का अनवरत तनाव, उत्तराधिकार युद्ध की बहुवर्णी, दशकव्यापी रणनीति, और फिर पाँच वर्षों के अन्तराल में बिखरे युद्ध एवं हत्याओं के तान-बाने; साथ ही अपनी विजय-दुन्दुभि के बीचोंबीच अपने सबसे बड़े सपूत तथा उत्तराधिकारी मुहम्मद सुल्तान के आत्म-विनाशक विद्रोह का सदमा—तन-मन का थक कर पस्त हो जाना स्वाभाविक माना जाना चाहिए। ऐसा होते ही जैसी कि मुग़ल वंश की परम्परा है, दूसरे नम्बर के बेटे मुअज़्ज़म और उसके भाई फ़ौरन ताज हथियाने के वास्ते पैंतरे बदलने लगे। तुरन्त दूसरा उत्तराधिकार युद्ध इसलिए बच गया, क्योंकि आलमगीर ने अगले महीने ही ग़ुस्ले-सेहत फ़र्मा लिया। जब उन्हें ताज को लेकर अपने बेटों की बेसब्री मालूम हुई, तो उन्होंने मुअज़्ज़म (जो औरंगज़ेब के बाद 53 वर्ष की आयु में बहादुर शाह प्रथम के नाम से चार वर्ष के लिए सिंहासन पर बैठे।) को पत्र लिखा—"मुझे दर्दभरा एहसास हुआ कि भौतिक सम्पदा और सांसारिक ऐश्वर्य के लिए तुम और तुम्हारे भाई साम्राज्य को घरेलू युद्ध में झोंक रहे थे। (औरंगज़ेब ने भी साम्राज्य के साथ-साथ राजपरिवार को भी घरेलू युद्ध में झोंका था, पर धर्म को बचाने के लिए! ऐश्वर्य उन्होंने नहीं भोगा—वह विलासी नहीं।) चूँकि अब तक मैं दुनिया से परे नहीं गया हूँ, इसलिए तुम लोगों का हथियार उठाना और भी निन्दनीय है। (उन पर बिल्कुल यही आरोप जहाँ आरा एवं शाहजहाँ ने लगाया था, पर उन्होंने धर्म रामबाण का तर्क देकर अपनी समझ में सबकी बोलती बन्द कर दी। वही पैंतरा उन्होंने फिर दिखाया।) मैं तुम्हें यह बताना चाहता हूँ कि जो युद्ध मुझे सिंहासन तक लाया, वह अन्याय एवं विधर्मिता के विरुद्ध अभियान था।

ईश्वर मेरे कान में फुसफुसाये (अद्‌भुत दलील! इसका प्रमाण न माँगा जा सकता है, न दिया जा सकता है!), तुम्हें अपने भाई दारा शिकोह की अधार्मिक शक्तियों के विरुद्ध लड़ना होगा। मेरा ऐसा मंतव्य कभी नहीं था कि विधर्मी शक्तियों के दमन के बाद मैं स्वयं सिंहासन पर क़ब्ज़ा कर लूँ। (तो मुराद को बन्दी क्यों बनाया? उनका ख़ात्मा क्यों किया?) दारा शिकोह शाहजहाँ के लाड़ के लड़ैते थे, इसलिए उन्होंने न विधर्मिता देखी, न इस्लाम के विरुद्ध अपराध। अन्ततः मेरे सामने सिर्फ़ यही चारा रहा कि मैं सत्ता अपने हाथ में लेकर अपनी उस आस्था का अपवित्रीकरण बचा लूँ, जो मेरी ज़िन्दगी का आरम्भ और अन्त है।

मैं कहना यह चाहता हूँ कि तुमको मेरे और अपने भाइयों के साथ वही करने का अधिकार होगा, अगर तुमको पता चले कि मैं तुम्हारे भाइयों के साथ सहापराधी बन कर अपने धर्म, अपनी परम्पराओं, और अपनी संस्कृति (आपका संस्कृति से भी कुछ लेना-देना है, आपके बेटों को अभी पता चला!) की जड़ें उखाड़ कर फेंक रहा हूँ (यानी तुमको हमारे ख़िलाफ़ विद्रोह का औपचारिक औचित्य कभी मिल ही नहीं सकता!) इस्लाम के सिद्धान्त न्याय एवं समानता के सिद्धान्त हैं। अगर ज़रूरत पड़े, तो उनकी रक्षा के लिए एक नहीं, हज़ार युद्ध लड़ने के लिए तैयार रहना चाहिए।

अगर कोई मेरे ऊपर आरोप लगा दे कि मैंने एक बार भी इस्लाम के नीतिवचनों का उल्लंघन किया है, तो निःसन्देह मेरे ऊपर बाध्यता होगी कि मैं सिंहासन त्याग दूँ। मेरे लिए सिंहासन ईश्वर के नाम पर पवित्र न्यास है। परम परमात्मा के प्रति मेरा जो आबन्ध है, उसके ऊपर न सन्तान के स्नेह को प्राथमिकता दी जा सकती है, न माता-पिता के प्रति सम्मान को।

मेरी चेतावनी पर ध्यान दो। आइन्दा कभी आज्ञाकारिता पथ से मत भटकना। अपने और ईश्वर के बीच मैं किसी को नहीं आने दूँगा।''

मुहम्मद सुल्तान तब ग्वालियर क़िले के शाही बन्दीगृह में थे। यह चेतावनी पा कर मुअज़्ज़म के होश फ़ाख़्ता हो गये। दरअसल यह चेतावनी पाँचों बेटों को सम्बोधित थी।

अपने हर बेटे पर उन्होंने अनवरत सन्देह किया, यह अकारण नहीं था। आज़म के अलावा तीन बेटों के सीने पर 'विद्रोही' का पदक लगा। सुल्तान सत्रह वर्ष की क़ैद के बाद सलीमगढ़ में मृत्यु द्वारा स्वतन्त्र हुए। अकबर असफल विद्रोह के बाद ईरान पलायन कर गये। मुअज़्ज़म अपने चार बेटों के साथ लगभग सात वर्ष बन्दी रहे। बाप के परम लाड़ले काम बख़्श पहले घर में नज़रबन्द हुए; फिर दक्षिण में सेनापति ज़ुल्फ़िक़ार के और फिर सम्राट के शिविर में। काम बख़्श को पूरा दरबार विदूषक मानता था।

हर धड़कन अविश्वासी—बेटों में सिर्फ़ रक्त सम्बन्ध—और रक्त प्रकृति—के कारण महत्त्वाकांक्षा थी, पर उन्हें अपने शासन-स्वरूप का कुछ अता-पता नहीं था। वे सिर पर ताज सजाये सम्राट बनने को लालायित थे; कुशल प्रशासक बनने की सामर्थ्य उनमें नहीं थी। औरंगज़ेब जैसे लक्ष्य-प्रेमी, लक्ष्य-साधक, कर्मयोगी, और अनुशासन-सम्मानी व्यक्ति ने इन बेटों को कैसे बर्दाश्त और प्यार किया, यह समझना कठिन है। औरंगज़ेब जैसे पिता का हृदय सचमुच कुछ नुमाइशी चीज़ रहा होगा! समय के लम्बे विस्तार में औरंगज़ेब ने अपने बेटों को शिक्षा दी, समझाया, डाँटा, फटकारा, भर्त्सना की, क़ैद में डाला, किसी को वहीं मरने दिया, किसी को बाहर निकाल कर कलेजे से लगाया, पर उनके और बेटों की बीच व्यवधान बना रहा। सबसे बड़े की बग़ावत से उन्हें जो आघात लगा था, उसने उनके और बेटों की बीच अविश्वास की बारूदी सुरंग का काम किया। क़िला-ए-मुअल्ला के हरम से लेकर सुदूर प्रदेशों की राजधानी एवं रण क्षेत्रों तक में उन्होंने बेटों पर अनेकानेक परतों वाले जैसे विविधवर्णी पहरे लगाये, वे अपनी कसावट और प्रभावपूर्णता में आधुनिक युग के किसी बन्द समाज की गुप्तचर सेवा को सबक़ सिखा सकते हैं। काम बख़्श जैसे जड़बुद्धि के सिवा शायद ही किसी और बेटे ने उनके साथ नैकट्य अनुभव किया होगा। तीन बच्चों के बाप सूबेदार आज़म, शहंशाह वालिद का ख़त पाकर काँपने लगते थे; पच्चीस बार ईश्वर का नाम लेने के बाद लिफ़ाफ़ा खोलते थे।

आलमगीर का निजी पितृ पक्ष बुनियादी तौर पर अपने व्यक्तित्व तथा पुत्र रूप में अपने अनुभव से बुना गया होगा, पर फिर अपने सपूतों के आचरण द्वारा उसका ठोस संयोजन हुआ और होता रहा।

कैसे रंग बदलती है नियति कौतुक-क्रीड़ा उर्फ़ मुहम्मद सुल्तान!

नियति कौतुक-क्रीड़ा कैसे रंग बदलती है, सुल्तान इसका रंगारंग प्रमाण हैं। नाम तो सुल्तान था ही; सबसे बड़े बेटे भी थे; औरंगज़ेब के वली-अहद थे। गोलकुंडा सुल्तान अब्दुल्ला क़ुत्ब शाह की एक बेटी से पहला निकाह हुआ। साला कोई था नहीं, तो ससुर दामाद को वली-अहद घोषित न करता, तो क्या करता! उत्तराधिकार रणनीति के प्रारम्भिक दौर में औरंगज़ेब ने दारा शिकोह के विरुद्ध साझा मोर्चा बनाने के अभिप्राय से जैसे मुराद बख़्श से पत्र-व्यवहार किया था, वैसे ही शाह शुजा के साथ भी। इसी रणनीति की अगली कड़ी के रूप में शुजा की बेटी गुलरुख़ बानो से सुल्तान की मँगनी कर दी थी, पर शाह शुजा को व्यक्ति की समझ मुराद से बेहतर थी। उन्होंने समझ लिया कि उत्तराधिकार युद्ध के बाद किरीट नाम की जो वस्तु होती है, वह अगर मिलेगी, तो औरंगज़ेब झपट कर अपने सिर पर रख

लेगा। अगर शुजा अपना सिर आगे बढ़ाएँगे, तो औरंगज़ेब उसे काटने के लिए तलवार लेकर झपटेगा। चुनाँचे उन्होंने मुकुट विमर्श में कोई ख़ास ऊष्मा नहीं दिखाई। औरंगज़ेब भी समझ गये कि यह हमारा मुहरा नहीं बन सकता। जब शुजा किसी काम के नहीं थे, तो उनको ससुर बनाने की क्या ज़रूरत थी? इसलिए सुल्तान और गुलरुख़ बानो की तथाकथित मँगनी ठंडे बस्ते में पड़ी रही। मुश्किल यह हुई कि महाबली को सम्बद्ध दोनों युवा भाव पक्षों के पारस्परिक विलोड़न का गुमान नहीं था!

दायाँ हाथ—सुल्तान निःसन्देह पिताश्री का दायाँ हाथ थे; सच्चे सपूत थे। दकन सूबेदार औरंगज़ेब ने जब गोलकुंडा हमले के दौरान 29 मार्च, 1657 को तोपें बरसायीं, तो सिपहसालार सुल्तान थे। इस विजय का सेहरा पिता-पुत्र के हिस्से में गया। अब्दुल्ला ने बाप-बेटे की तमाम शर्तें मान लीं—रामगिरि ज़िला मुग़लों को दे दिया, एक करोड़ युद्ध क्षतिपूर्ति का भुगतान स्वीकार किया, शेष ख़िराज की शीघ्र अदायगी का वादा किया और बेटी पादशाह बीबी साहिबा को औरंगज़ेब की बहू बेगम बनाते हुए समधी के कान में फुसफुसाने को मजबूर हुए, ''मेरे ये दामाद ही गोलकुंडा के अगले सुल्तान बनेंगे!''

तुम पर निगाह रक्खी जा रही है!

उत्तराधिकार युद्ध की तीन लड़ाइयों में से पहली धर्माट की लड़ाई औरंगज़ेब और मुराद बख़्श की साझा जोड़ी जीत गयी। सामूगढ़ की दूसरी लड़ाई में दारा शिकोह सेनापति बन कर सम्मिलित हुए। पराजित दारा के दिल्ली पलायन के बाद अकबराबाद क़िले की घेराबन्दी और पानीबन्दी के बाद शाहजहाँ को दुर्ग-द्वार खोलने पड़े, तो पौत्र मुहम्मद सुल्तान ही विवश पितामह के सामने गये। पिता के निर्देश चार थे—''क़िले पर स्वामित्व, कोष तथा शस्त्रागार पर स्वामित्व, निजी निवास के भीतर सिंहासनच्युत सम्राट की नज़रबन्दी, और बाहरी संसार के साथ उनकी सम्पूर्ण संवादहीनता!''

सुल्तान विविध उपहार और विकल क्षमायाचना के साथ शाहजहाँ के सामने प्रस्तुत हुए। शाहजहाँ का संयम टूट गया; उनकी आँखों से आँसू बहने लगे। ख़ाफ़ी ख़ाँ, भीमसेन, मानुची, डॉक्टर जदुनाथ सरकार—कोई नहीं बताता, क्या सुल्तान ने दादाजान को धीरज बँधाया? सान्त्वना में कुछ कहा? अगर हाँ, तो क्या? ठीक 18 माह बाद (8 फरवरी, 1659 को) जब सुल्तान बज़ाते-ख़ुद पिता के आदेशानुसार सलीमगढ़ में भेजे गये, तो क्या उन्हें 15 जून, 1658 का वह दिन याद आया? सन्तप्त शाहजहाँ की भीगी आँखों का बिम्ब भीतर झिलमिलाया? (सुल्तान के राजबन्दी बनने की खबर सुन कर नज़रबन्द शाहजहाँ ने ज़रूर औरंगज़ेब के सन्ताप

पर ऐसा अट्टहास किया कि ताज के गुम्बद पर बैठी कपोत मंडली पँख फ़फड़ा कर उड़ गयी!)

दिले-नादाँ तुझे हुआ क्या है?

शुजा बनारस से हार कर भागे तो सुल्तान और मीर जुमला की कमान में 30,000 की सेना ने उनका पीछा किया। शुजा के पास मुश्किल से 10,000 सिपाही थे। शुजा ने बंगाल में घुसने की कई बार कोशिश की, पर हर बार शत्रु पक्ष ने उन्हें पीछे हटने के लिए मजबूर कर दिया। सुल्तान और मीर जुमला के बीच तनाव बहुत बढ़ा हुआ था। सुल्तान के साथ अहं के सिवा और भी समस्याएँ थीं। औरंगज़ेब के लिए मीर जुमला 'भावात्मक पिता' बन कर कब से दिल्ली दरबार की मसालेदार खबर बने हुए थे, पर सुल्तान उन्हें 'सच्चा दादाजान' मानने को राज़ी नहीं थे। दूसरी समस्या का सम्बन्ध सुल्तान के भाव पक्ष से था। गुलरुख़ बानो की साँस की ख़ुशबू उस हवा में थी, जिसमें सुल्तान गतिशील थे। गोलकुंडा दोशीज़ा से सुल्तान का मन नहीं मिला; वह राजनीतिक विवाह था। सुल्तान के ख़्वाबो-ख़याल में गुलरुख़ के दाएँ रुख़्सार का गड्ढा बसा हुआ था। यहाँ इतिहासकारों ने वही भूल दुहरायी, जिसके लिए वे अभिशप्त हैं। इसी मुकाम पर दोनों भूतपूर्व मँगेतरों की भेंट हुई। कैसे? दोनों के बीच क्या गिले-शिकवे हुए? सुल्तान के भीतर कैसी कशमकश चली? कोई नहीं बताता। बस, तुरन्त उसका परिणाम बता देता है। 8 जून, 1658 की देर रात सुल्तान दोगाची के शाही पड़ाव से निकल गये। सुबह मीर जुमला को सूचना मिली कि अपने कुछ विश्वस्त सैनिकों के साथ सुल्तान शुजा के साथ मिल गये हैं।

सुल्तान को मिल ही गयी दवा-ए-दर्दे-दिल!

वह तत्काल शुजा के सेनाध्यक्ष और प्रमुख परामर्शदाता बन गये। शुजा बहुत भागे, लेकिन मीर जुमला ने उन्हें तीन तरफ़ से घेर लिया। विनाश शुजा से कुछ ही पल दूर था। 8 फरवरी, 1659 का दिन। संकटभरे घिराव के बीच राजमहल के पास सुल्तान शुजा खेमे से अलग हो गये। शुजा को बंगाल से बाहर खदेड़ दिया गया; सुल्तान शाही क़ब्ज़े में आ गये।

क़ैदे-ज़ुल्फ़े-पुरपेच के बाद क़ैदे-सलीमगढ़!

ज़िन्दगी के अगले 17 बरस सुल्तान ने सलीमगढ़ और ग्वालियर के शाही क़ैदख़ाने में काटे। विश्वासघात औरंगज़ेब की नज़र में सबसे संगीन अपराध था। सुल्तान ने भरसक खुलासा करने की कोशिश की, "अब्बा हुज़ूर, हम तख़्ते-ताऊस पर

जलवाअफ़रोज़ हो क़तारबन्द उमरा की कोर्निश की ललक से नहीं, गुलरुख़ की नाक की लौंग के लिश्कारे से मजबूर हुए थे,'' पर हृदय पक्ष से सम्बन्धित दलील महामहिम के लिए बोधसुलभ थी ही नहीं। जो काव्य को ''हवा'' कहता हो, वह ''उमड़ कर आँखों से चुपचाप/बही होगी कविता अनजान'' का पक्षधर कैसे हो सकता है!

नियति का क्रूर उपहास—ग्वालियर बन्दीगृह में कुछ समय सुल्तान, मुराद बख़्श, सुलेमान शिकोह और सिपिर शिकोह का नैकट्य नियति-क्रूरता और नियति-कारुण्य के साथ-साथ मुग़ल राजवंश विडम्बना भी है। औरंगज़ेब के साथ हुई सन्धि के अनुसार मुराद को आधे साम्राज्य का शहंशाह होना चाहिए था। अगर दारा शिकोह सम्राट बनते, तो सुलेमान साम्राज्य के सबसे महत्त्वपूर्ण प्रदेश दक्षिण का राज्यपाल पद सुशोभित करते, पर यहाँ महामहिम वध का मुहूर्त्त बार-बार टालते हुए उसके साथ चूहे-बिल्ली का खेल खेल रहे थे। (छोटे सिपिर शिकोह को अलबत्ता प्रथानुसार रोज़ाना अफ़ीम दी जा रही थी।) पाँचों (मुराद बख़्श के सुपुत्र इज़्ज़त बख़्श भी साथ थे) की सम्मिलित क़ैद वस्तुतः मुग़ल वंश पर दर्दभरी टिप्पणी है।

परम नाटकीय जीवन—सुल्तान की नियति शब्दक्रम के उच्चतम एवं निम्नतम—दोनों छोर छू लेती है। उनको गोलकुंडा का घरजमाई सुल्तान बनना था। दिल्ली सिंहासन तो था ही। पर सब मृग-मरीचिका साबित हुआ और वह ऊँची दीवारों के पीछे 'ये कैसा ख़ला पा गयी ज़िन्दगी/कहाँ से कहाँ आ गयी ज़िन्दगी' गुनगुनाते हुए रह गये। बारह बरस बाद महामहिम के भीतर का पिता स्पंदित हुआ। दिसम्बर, 1672 से सुल्तान पर राजसी कृपा फुहार बरसने लगी। उन्हें उपाधि भी मिली और उपहार भी। एक बरस बीता। फिर एक आषाढ़ की रात जब क़िला-ए-मुबारक पर गजपंक्ति-जैसी मेघमाला गर्जन-नर्तन करती हुई रिमझिम फुहार गिराने लगी, तो शयनकक्ष में ज़िल्ले-सुब्हानी की आँखों में दिलरस बानो का बिम्ब झिलमिला गया, जो गुनगुनाते हुए भीगी लटों के साथ चाँद मीनार की बारादरी पार कर रही थीं। ज़िन्दा पीर तड़प कर रह गये। एकदम विचार आया, जब मेरे-जैसे सन्त सम्राट का आध्यात्मिक अन्तर्मन ऐसा चंचल हो उठा, तो चन्द दीवारों के पार बेचारा सुल्तान कितना व्यथा-विह्वल होगा! उन्होंने तुरन्त मुराद बख़्श की बेटी दोस्तदार बानो से दिल्ली में सुल्तान का (तीसरा) निकाह करवा दिया। फिर दो बरस और बीत गये। महामहिम नमाज़ पढ़ने के लिए हाथी पर सवार हो मस्जिदे जामा को जा रहे थे कि रास्ते में चाँदनी चौक के मसख़रे (जो अपने मित्र के साथ दूसरी दिशा में जा रहा था।) का डायलॉग उनके कान में पड़ गया, ''मित्र हर बसन्त में नयी स्त्री से विवाह करो। पुराना पंचाग किसी काम का नहीं रहता!'' ज़िल्ले-सुब्हानी ने तुरन्त सुल्तान का चौथा निकाह काश्मीर पहाड़ियों के राजा

किश्तावर की बेटी भूत देवी से करवा दिया। कुछ समय तक पिताश्री सन्तुष्ट रहे। सोचा, धर्मसम्मत चार निकाह मैंने किये हैं, पर मेरी पितृ भावना देखो कि विद्रोही बेटे को भी उतनी ही पत्नियाँ सुलभ करवा दीं! फिर साल भर बाद आलमगीर ने एक आभूषण पेटिका में पुखराज का बाजूबन्द देख लिया। कलेजे से हूक ऐसे उट्ठी कि तड़प कर रह गये! हीराबाई उर्फ़ ज़ैनाब्दी के स्पर्श स्पंदित हो उठे। सोचा, जब मेरे जैसे 'राजसी संन्यासी' ने पाँचवाँ वैवाहिक सम्बन्ध बनाया था, तो सुल्तान तो सांसारिक प्राणी है। तुरन्त सुल्तान का पाँचवाँ विवाह अगस्त, 1676 में दौलताबादी महल की भतीजी फ़ातिमा से सम्पन्न करवाते हुए पितृ भावना से आलोड़ित देखे गये।

कुछ समय और बीता। प्रातः स्मरणीय थोड़े उदास चल रहे थे। सिर पर ताज रखे हुए पौने दो दशक हो चुके थे, पर जैसा महान् प्रशासन लाने के लक्ष्य से वह सत्ता संघर्ष के लिए ''विवश'' (हा हा! हा हा!!) हुए थे, उसका आभास-चित्र भी दूर-दूर तक दिखाई नहीं दे रहा था। इसका एक कारण कुशल बेटों की कमी थी। सुल्तान कर्मठ और उत्तरदायी था, पर बहक गया था। बन्दीगृह में उसका 17 वाँ बरस चल रहा था। जहाँपनाह उसे ग्वालियर क़िले से सलीमगढ़ ले आये। उसके लिए 'क्षमादान और उन्मुक्त पवन' का विचार कर रहे थे। कृपा के एक और प्रतीकस्वरूप सलीमगढ़ में ही उनका छठवाँ विवाह करवा दिया—मुनव्वर ख़ानम से। अभी वह इसी पुत्र-मुक्ति योजना को लेकर आन्दोलित थे (मसला बेहद नाज़ुक था। छोटे चार बेटे और थे। विद्रोही बड़े भाई को क्षमादान पा जाने से उनके भीतर ज़ज्बा-ए-ताज आन्दोलित हो सकता था।) कि 14 जनवरी, 1660 से निरन्तर बन्दीगृह शोभा बढ़ाते रहने के बाद 3 दिसम्बर, 1677 को सलीमगढ़ में ही 37 वर्ष की आयु में सुल्तान का देहान्त सम्पन्न हो गया।

''हे ईश्वर, उसे क्षमा करो,'' महामहिम ने उदास टिप्पणी की, ''एक पुत्र का देहान्त ऐसा समापक है जिससे हर जनक का हृदय विदीर्ण हो जाता है। वह मेरे शरीर और मेरी आत्मा का भाग था।''

खिल उठे गुलदाउदी-से दूसरे सपूत मुअज़्ज़म!

उत्तराधिकार युद्ध के दूसरे चरण में ही सुल्तान की क़ैद से मुअज़्ज़म का गुलदाउदी की तरह खिल जाना स्वाभाविक था। तख़्ते-ताऊस पर अब उन्हीं का हक़ बनता था।

मुअज़्ज़म के ऊपर दो बार गाज गिरी। 1670 में सम्राट को गुप्त सूचना मिली कि राज्यपाल मुअज़्ज़म दक्षिण में स्वतन्त्र हो जाने की दिशा में कार्यरत हैं। मुअज़्ज़म की माँ नवाब बाई को दिल्ली से भेजा गया कि वह बेटे का दिमाग़ सही करें।

बाद में मालूम हुआ कि आरोप निराधार था। जो इतिहासकार आलमगीर की कपट बुद्धि समझते हैं, उनका मानना है कि यह सम्राट की चाल थी, जिसमें मुअज़्ज़म भागीदार था। आलमगीर को उम्मीद थी कि ऐसी सूचना से प्रेरित होकर शिवाजी मुअज़्ज़म के शिविर में साझा मोर्चा बनाने के विचार से भेंट के लिए आ जाएँगे और दिल्ली का सिरदर्द बनी मराठा समस्या का निदान हो जाएगा। पर ऐसा हुआ नहीं।

मुअज़्ज़म को जानने वाले एक दरबारी इतिहासकार का मानना है कि उनमें 'विद्रोही की आत्मा' थी ही नहीं, जिसका आधार दुःसाहस है। वह बचपन में चूहे को देख कर डर जाते थे। राजनीतिक समझ, निर्णय कार्यान्वयन, और लगन को लेकर उनके बारे में आलमगीर की राय नीची थी। वह मंद, सुस्त, और किसी तरह काम चलाने वाले थे। व्यसन करते थे, पर छिपा कर। उनका स्वभाव अच्छा था। वह उदारहृदय और अपने पिता के विपरीत ज़ुबान के पक्के थे।

1676 के अन्त तक मुअज़्ज़म पर घिरे अविश्वास के बादल छँट गये—उन्होंने आलमगीर का पूरा विश्वास पुनर्अर्जित कर लिया। उन्हें एक स्वतन्त्र सेना की कमान सौंप दी गयी; साथ शाह आलम उपाधि भी मिली। एक दशक अच्छा बीता। पर फिर उनकी नियति ने नया मोड़ ले लिया।

गोलकुंडा आक्रमण—गोलकुंडा आक्रमण के दौरान मुग़ल सेना में अच्छी-ख़ासी भ्राँति थी। मुअज़्ज़म और सेनापति फ़ीरोज जंग के बीच जैसे प्रतियोगिता चल रही थी। बीजापुर के समान यहाँ भी अपनी रणनीति बनाते हुए मुअज़्ज़म की आँख दिल्ली के तख़्त पर थी और दूसरी अपने प्रमुख प्रतियोगी भाई आज़म पर। आलमगीर का निर्देश था, गोलकुंडा को धूल में मिला दो, ताकि अपना घिनौना सिर वह फिर न उठा सके। 'युद्ध-सिद्ध मुग़ल सेनापति फ़ीरोज़ जंग ने प्रहारों की अनवरतत लहरों' की रणनीति बनायी थी। मुअज़्ज़म इस आशंका से मलिन हो गये कि अगर यह रणनीति प्रभावी पायी गयी तो गोलकुंडा विजय का टीका फ़ीरोज़ जंग के माथे पर लगेगा, जिससे उनकी अपनी प्रतिष्ठा को भी आघात लगेगा और उत्तराधिकार होड़ में उनकी दावेदारी को भी। उनके लिए आलमगीर का समर्थन धूमिल पड़ जाएगा। आज़म आस-पास ही मँडरा रहे थे। इसलिए मुअज़्ज़म ने अबुल हसन को निम्नलिखित पत्र लिखा। लक्ष्य था सुल्तान को समर्पण के लिए प्रेरित करना, ताकि सम्राट और दरबार उन्हें एक 'कुशल वार्ताकार' स्वीकार करते हुए मुकुटधारी बन सकने की उनकी पात्रता स्वीकार कर लें—"फ़ीरोज़ जंग की तोपें गरजने के लिए तैयार हैं। बादशाह सलामत ने उन्हें क़िले पर क़ब्ज़े का परचम बदल देने का आदेश दिया है। धर्म का सर्वश्रेष्ठ सुरक्षित रखने के लिए पचास हज़ार दिलेरों की फ़ौज अपनी .कुर्बानी के लिए तैयार है। गोलकुंडा की सुरक्षा

नि:सन्देह अभेद्य है, पर आप उस घेराबन्दी से उबर नहीं पाएँगे, जो ज़रूरत हो तो सौ बरस जारी रखी जाएगी। बादशाह सलामत ने सैनिक, धन और सामग्री किसी भी क़ीमत पर यह दुर्ग जीतने का निर्णय ले लिया है। ऐसी हालत में मेरी सलाह मानते हुए अगर आप बिना लड़ाई के समर्पण नहीं करेंगे, तो अपने कल्याण के प्रति लापरवाही ही प्रकट करेंगे। मुझे विश्वास है, बादशाह सलामत आपके इस निर्णय की प्रशंसा करेंगे और आपको क्षमा करने की मेरी सिफ़ारिश स्वीकार कर लेंगे। वफ़ादारी की सौगन्ध पर आपको आपकी सल्तनत वापस मिल सकती है। मुझे अपना दोस्त मानिए, दुश्मन नहीं। आपका हित मेरा सरोकार है। मैं आपके भरोसे का निर्वाह करूँगा। मेरे सामने आत्मसमर्पण कर दीजिए; गोलकुंडा सुल्तान बने रहिए। चुनौती दीजिए; दौलताबाद में क़ैदी बनिए। विश्वासपात्र गौहर सुल्तान आपका मौखिक सन्देश ला सकती है।''

फिर एक विडम्बना—वही हुआ, जो महामहिम के साथ प्राय: होता था। जिस पत्र के लिए चाहा जाता था कि सौ साल औरंगज़ेब को उसकी भनक भी न लगे, वह उन्हीं के पास पहुँच जाता था! आलमगीर ने तुरन्त कार्यवाही नहीं की; मुअज़्ज़म की सिर्फ़ निगरानी कस दी। वह ऐसे क्रूर शिकारी थे, जो शिकार को खिला-खिला कर उसे उसकी नियति तक पहुँचाता है, फिर अपनी शक्ति एवं सही स्थिति पर सन्तोष की साँस के साथ नमाज़ पढ़ने लगता है।

प्रमाण मिलने में देर नहीं लगी। सूचना आ गयी कि नूरुन्निसा, मुअज़्ज़म की प्रिय बेगम, मछुआरिन के वेष में आधी रात के अँधेरे में गोलकुंडा क़िले में गयी थीं। मुग़ल सैनिकों ने अलक्षित रहते हुए, जानबूझ कर बेगम को बन्दी नहीं बनाया। कुछ दिन बाद ही मुअज़्ज़म के नाम सुल्तान का एक पत्र भी पकड़ लिया गया, जिसमें 'बेगम के लालित्य एवं बुद्धिमत्ता' के उल्लेख के साथ कहा गया था कि वह फ़ीरोज़ जंग के सामने आत्मसमर्पण नहीं करेंगे, लेकिन अगर आपको ''पाँच सौ बरसों से हमारे स्वामित्व में चले आ रहे भूक्षेत्रों पर हमारा अधिकार स्वीकार हो, तो आपके साथ सन्धि की सम्भावना'' है।

फिर एक ऐतिहासिक तिथि—21 फरवरी, 1687। सम्राट शिविर में नाट्य-प्रदर्शन जैसा हुआ। मुअज़्ज़म और उनके चार बेटे (मुईज़ुद्दीन, अज़ीमुश्शान, रफ़ीउश्शान और जहाँ शाह) ''रात्रि भोजन और समर विमर्श'' के लिए सम्राट शिविर में पहुँच गये। राजकुमारों को पता नहीं चला कि बहुत थोड़े समय में मुअज़्ज़म की सैनिक टुकड़ियाँ मुख्य मुग़ल सेना से अलग-थलग कर दी गयीं हैं और ज़रूरत पड़े तो फ़ीरोज़ जंग शक्ति-प्रदर्शन के लिए तैयार हैं। शिविर में राजकुमार प्रमुख सेनापतियों के साथ जैसे ही बैठे, कंचुकी भावहीन आया और उसने राजकीय आदेश सुना दिया—''जहाँपनाह ने अपनी दानिशमन्दी और हर क़दम के रहबर अल्लाह की

आवाज़ पर एतबार करते हुए अफ़सोस के साथ फैसला किया है कि शहज़ादे शाह आलम और उनके चार बेटों की चलने-फिरने की आज़ादी पर पाबन्दी लगा दी जाय।''

राजकुमारों को दौलताबाद में बन्दी बना दिया गया। इस विश्वासघात से सम्राट टूट गये। जो सदा के दृढ़प्रतिज्ञ, भावनाअंकुशी, और किसी के सम्मुख आत्म-निवेदन न करने वाले थे, वही ज़िल्ले-सुब्हानी बेहद विचलित हो उठे, ''चालीस बरसों से मैं जो बना रहा था, आज मैंने ख़ुद उसे मिट्टी में मिला दिया,'' औरंगाबादी बेगम के सामने प्रातः स्मरणीय ने क्रन्दन किया।

सीमा होती है मानवीय सहनशीलता की!

मुअज़्ज़म ने सात बरस बिल्कुल तनो-तन्हाँ काटे। हफ़्ते में एक मुलाक़ाती। क़िलेदार की मौजूदगी में। उनके नाम आये ख़तो की जाँच हुकूमत तीन पायदानों पर करती थी। उनके लिखे गये पत्रों की भी ऐसी ही निगरानी। इन पत्रों की प्रतिलिपि जहाँपनाह को भेजी जाती थी। शुरू के दो बरसों में निगरानी ऐसी सख्त कि शाही तवारीख़निगार के अल्फ़ाज़ उधर लें, तो ''हवा का झोंका भी शाही जाँच के बिना क़ैदी को नहीं छू सकता।''

आलमगीर के गुलग—बाल काटने की भी अनुमति नहीं। मय का कोई सवाल ही नहीं। और खाना? ख़ुद शाह आलम के अल्फ़ाज़ में, ''ऐसा है, जिसे देख कर कुत्ते भी मुँह फेर लेते हैं। न बाल काटने की इजाज़त है, न नाख़ून। दिन वा रात के सभी पहरों में तन्हाई मेरी साथी है और उल्लुओं के नग़्में अकेला दिलबहलाव। कितनी बार मैं दुआ करता हूँ कि मुझे मौत मिले जाय और ख़ुदा मुझे भूल जाय। मेरे बेटे मुझसे उसी दिन मिल सकते हैं, जिसे त्योहार कहा जाता है। ए महामना पिता, कोई ख़ुशी, कोई त्योहार नहीं है मेरी ज़िन्दगी में! ग़म दिन-रात मुझे घेरे रहता है। मेरा दिमाग़ मेरी खोपड़ी में जम गया है। इन्सानी बर्दाश्त की भी हद होती है।

जहाँपनाह से मेरी इल्तिजा है कि वो मौत के फ़रिश्ते को हुक्म दें, ताकि मुझे उस दरवाज़े के बाहर ले जाया जा सके, जो वजूद को मौजूदगी से अलहदा करता है। जो बात मेरी विपत्ति को शब्दों के परे ले जाती है, वह यह है कि अभी तक मुझे उस गुनाह की जानकारी भी नहीं दी गयी, जिसके लिए मुझे सज़ा दी गयी है। मैंने अबुल हसन की जीत के लिए साज़िश नहीं की। मैं चाहता था कि हम बिना ख़ून बहाये जीत जाएँ। जो भी हो, मैं बादशाह सलामत के फैसले के सामने सिर झुकाता हूँ। अल्लाह जानता है, मैंने दग़ाबाज़ी का गुनाह नहीं किया।'' इस पत्र से महामान्य बहुत विचलित हुए। फिर बेगम औरंगाबादी के पास गये और वह करने लगे, जो उन्होंने पहले कभी नहीं किया था—विलाप! ''मैं न्याय के

नाम पर रो रहा हूँ। नियति ने मेरे साथ बड़ी क्रूरता दिखायी! सम्राट की हैसियत से मुझे ऐसे निर्णय लेने के लिए मजबूर किया गया, जो पिता रूप में मैं कभी नहीं लेता!"

भावालोड़न से उनका गला रुँध गया। पहली सन्तान ज़ेबुन्निसा छह बरस से सलीमगढ़ में क़ैद थीं। सत्रह वर्ष के बन्दी जीवन के बाद मुहम्मद सुल्तान का देहान्त हो चुका था और विद्रोही बेटे अकबर राजसी विरोधियों की मदद से तख़्तापलट में संलग्न थे।

सन्तानहीन औरंगाबादी महल ने सादी की पंक्तियाँ सुना कर महामान्य को ढाँढस बँधाया, "सम्राट के बेटे-बेटियाँ नहीं होते/प्रजा ही होती है उसकी सन्तान।" विराट बली को बल मिला। उन्होंने मुअज़्ज़म का पत्र फाड़ कर फेंक दिया, ईश-वन्दना की, फिर घोषित किया कि "शाह आलम वहीं रहेंगे, जहाँ हैं—जब तक ईश्वर उनकी मुक्ति का आदेश मेरे कान में नहीं फुसफुसाता!"

नियति ने किया आलमगीर से क्रूर मज़ाक़!

विद्रोही शहज़ादे अकबर (उनका प्रसंग आगे है) हुमायूँ के पद-चिह्नों पर चलते हुए भाग कर ईरान पहुँचे, तो आलमगीर सन्त्रस्त हो गये। अब पश्चिमी सीमा सुरक्षा का दृढ़ होना अनिवार्य था। शिया ईरान आलमगीर को हमेशा नापसन्द रहा। कन्धार के कारण ईरान से वैसे ही सतत तनाव रहता था। विश्वस्त अधिकारी उँगलियों पर गिने जाने तक के लिए नहीं थे। विवश हो मुअज़्ज़म को मुक्त कर पश्चिम में नियुक्त करना पड़ा, ताकि ईरानी सेना के साथ अकबर गतिशील दिखाई दें, तो उनकी वहीं रोकथाम कर दी जाय।

आज़म शाह—अकबर के विद्रोह के बाद आज़म पिता के विशेष दुलारे इसलिए बने कि अब विशुद्ध रक्त के अकेले सपूत वही थे—मुअज़्ज़म और काम बख़्श हिन्दू माताओं की सन्तान थे। काम बख़्श को आज़म अपनी नज़र के भी योग्य नहीं मानते थे; गुप्तचर जाल वाले अन्त:पुर तनाव के कारण क्रोध में रहते और घोड़ा बहुत तेज़ भगाते थे। इस बात पर पिता से डाँट भी खायी थी। किसी भी ख़तरे में स्वयं को झोंकने के लिए हमेशा प्रस्तुत।

बचपन से फूफीजान रौशन आरा के दुलारे थे। आगे चल कर जहाँ आरा के भी प्रिय बन गये, जब बेगम साहिब की दुलारी जहाँ ज़ेब, दारा शिकोह की बेटी, से उनका निकाह हो गया। आलमगीर की बीमारी के दौरान रौशन आरा ने अगली बादशाहत के लिए आज़म को ही अपना उम्मीदवार चुना था। आगे चल कर आमलमगीर भी आज़म और उसके परिवार के चहेते बन गये।

बाइस बरस की उम्र से आज़म की सैनिक एवं प्रशासनिक दीक्षा सन्जीदा

हो गयी, जब उन्हें क्रमशः मुल्तान, बिहार, और बंगाल का राज्यपाल बनाया गया। आज़म पिता से लगभग आतंकित रहते थे। राजसी बन्दीगृह ग्वालियर और सलीमगढ़ में मुहम्मद सुल्तान की दुर्दशा चाँदनी चौक में चर्चा का केन्द्र थी। हरम में बाग़ी शहज़ादे का नाम लेना वर्जित था। बाद में मुअज़्ज़म भी इसी नियति को प्राप्त हुए। बीजापुर सुल्तान से मुअज़्ज़म की साठ-गाँठ की सूचना आज़म ने ही सम्राट को दी थी। सात बरस मुअज़्ज़म की क़ैद से आज़म मन-ही-मन परम प्रमुदित रहे। अब उनकी ताजपोशी तय थी। विदूषक काम बख़्श क्या खाकर उनका मुकाबला करता! पर आज़म के सगे भाई अकबर की वजह से सब गुण गोबर हो गया। अकबर की स्वघोषित ताजपोशी पर उन्हें कसक के साथ सन्तोष हुआ कि सगा भाई ही सही, पर एक प्रतिद्वन्द्वी तो कम हुआ।

अब हम बनेंगे शहंशाह!

राजपूताना आक्रमण के बीच जब सम्राट ने आज़म को तलब किया, तो उन्होंने न्यूनतम समय में लम्बी यात्रा के तमाम कीर्तिमान तोड़ दिये। वह दिन भर तेज़ घोड़ा चलाते थे; रात भर तेज़ भागते कहारों वाली पालकी में निद्राप्रयासी रहते थे। ऐसी गति के कारण उनके प्रमुख सेवक बदलते रहते थे। गति और बढ़ाने के लिए उन्होंने अपना असबाब, भंडार गृह, और हरम भी पटना में छोड़ दिया। प्रिय पत्नी जहाँ ज़ेब ने पटना से बनारस तक उनका साथ दिया, जो दूरी उन्होंने सात दिन में पूरी कर ली। फिर जहाँ ज़ेब को दिल्ली की ओर रवाना कर आज़म बेटे बिदर बख़्श और गिने-चुने सुरक्षाकर्मियों के साथ मंडल की ओर मुड़े और बनारस से मेवाड़ नगर की दूरी सिर्फ़ बारह दिन में पूरी कर ली—आख़िरी दिन 16 दिसम्बर, 1679 को पूरे 140 मील का लम्बा सफ़र पूरा किया! आलमगीर ने अचरज से अजमेर में उनकी अगवानी की, तो आज़म का जीवन सफल हो गया! राजपूताना अभियान में वह आलमगीर के दाएँ हाथ रहे। आज़म अतिरिक्त प्रफुल्लित इसलिए रहे, क्योंकि वहाँ मुअज़्ज़म अपनी ज़िम्मेदारियों में कारगर नहीं हो पाये। आज़म को शीघ्र ही शाहे-आलीजाह (The King of Exalted Dignity) उपाधि मिली।

1687 में मुअज़्ज़म के पतन के बाद आज़म स्वभावतः इस आशा मे द्रुत गति से चंचल सुरों समान थिरकते रहे कि अब उन्हें औपचारिक रूप में वली-अहद घोषित कर दिया जाएगा। पर लगभग सात वर्ष बाद मुअज़्ज़म को क्षमादान मिल गया—जमरूद का सेनानायक पद उन्हें सौंप दिया गया। विडम्बना यह है कि मुअज़्ज़म के उत्थान का कारण आज़म के सगे छोटे भाई विद्रोही अकबर थे! सम्राट की मृत्यु की अफ़वाह को सच्चा मान अकबर ने ईरानी सेना जुटाते हुए अपनी रणनीति बना ली, पर कूच से पहले ही सूचना आ गयी कि आलमगीर सही-

सलामत हैं। अकबर बहुत शर्मिन्दा हुए। उन्होंने ईरान शाह से कहा कि अब वह बेहतर जलवायु की वजह से गर्मसिर में रहेंगे। यह जगह हिन्दुस्तान सीमा के निकट थी। अकबर की उपस्थिति अफ़गानों में खलबली पैदा कर सकती थी। इसलिए सीमा पर निगरानी रखने के लिए आलमगीर ने क़दम उठाया। स्वभावत: इस विकास से आज़म बौखला उठे।

ऐसी अटकलें लगने लगीं कि आज़म या तो मुअज़्ज़म पर आक्रमण करेंगे या सम्राट के विरुद्ध सीधे विद्रोह ध्वजा लहरा देंगे। सेनापति दिलेर ख़ाँ के साथ आज़म की कथित गुप्त भेंट की चर्चा तो इतिहास में है, लेकिन विद्रोह साक्ष्य जैसी चीज़ नहीं मिलती। स्थिति ऐसी हो गयी कि अगर आज़म और मुअज़्ज़म सामने-सामने पड़ते, तो वातावरण में चिंगारियाँ सुलगने लगतीं। वह सिर्फ़ आलमगीर का राजसी प्रभुत्व और शक्तिशाली व्यक्तित्व था, जिसने उन चिंगारियों को शोला नहीं बनने दिया और दोनों की समक्षता के अवसर लगभग रोक दिये।

बेताबि-ए-ताज ने दुश्वार किया जीना!

आज़म ने बदख़्शा के शेख़ ख़्वाज़ा ताहिर नक़्शबन्दी को नौ सो हज़ार शाहरुख़ी देते हुए गुज़ारिश की, ''आप जहाँपनाह से कहें, मैंने ख़्वाह देखा है कि मुअज़्ज़म का साया तख़्तेताऊस के पास आते हुए पर हावी हो जाता है।''

शेख़ ने प्रमुदित हो उत्कोच खीसे में रखा और तत्रभवान् के सामने डायलॉग बोल दिया। आज़म ने सोचा था, यह सुनकर बादशाह सलामत तुरन्त मुअज़्ज़म को सलीमगढ़ में डाल देंगे। पर दरबारी दाँव-पेंच में आलमगीर जैसे महारथी ने तुरन्त समझ लिया कि मन्तव्य क्या है, इसके पीछे प्रेरणा किसकी है। उन्होंने भावहीन कहा, ''पीरो-मुर्शिद, एक बार ख़्वाब और देखें, ताकि इसकी तज़दीक़ हो जाये!''

पर गोलकुंडा आक्रमण के बीच आज़म को ऐसा उपाय मिल गया, जिससे मुअज़्ज़म नाम का रोड़ा उनके रास्ते से हट जाये। इसका नाट्य-रूपान्तर कुछ ऐसा हो सकता है :

हर साँस वफ़ादारी की सनद!

(सलीमगढ़। मंच पर प्रकाश होता है। ज़ेबुन्निसा बयाज़ पर झुकी है। आज़म का प्रवेश। उद्विग्न है।)

आज़म : कुछ समझ नहीं आता बाजी!

(ज़ेबुन्निसा उसकी ओर देखती है।)

ज़ेबुन्निसा : क्या हुआ?

आज़म : सुल्तान भाई सलीमगढ़ की ज़ीनत दोबाला करने लगे, तो

हम भीतर-ही-भीतर ज़रा से मुस्कुराए। फिर जहाँपनाह ने फ़र्माया, मुअज़्ज़म काहिल और कुन्दज़ेहन है। तो हमारी मुस्कान बढ़ गयी। फिर अकबर मराठों की मदद से गोवा भाग गया, फिर दीवाने ख़ास में हमारी आमद पर नगाड़े बजाये जाने का हुक्म हुआ—

(अर्थभरे ढंग से ज़ेबुन्निसा को देखते हुए चुप हो जाता है।)

ज़ेबुन्निसा : अब तुम्हें तख़्ते-ताऊस पर बैठना है?

आज़म : ख़ाली होने पर किसी-न-किसी को तो बैठना होगा!

ज़ेबुन्निसा : ख़ाली कैसे होगा?

आज़म : ज़िन्दगी का कोई भरोसा है बाजी?

ज़ेबुन्निसा : हूँ ऊँ ऊँ ये तो है।

(ज़रा-सा विराम)

आज़म : क़ैदी पर मालो-ज़र की मुमानियत है या नहीं?

ज़ेबुन्निसा : है।

आज़म : *(इल्ज़ाम के सुर में)* अब यकायक सुल्तान को जहाँपनाह ने जागीर अता फ़र्मा दी। यह इस बात का इशारा नहीं तो और क्या है कि अब माफ़ी के आसार हैं?

ज़ेबुन्निसा : हो सकता है।

आज़म : पर वो कैसे नाज़ुक मौक़े पर जहाँपनाह को दग़ा दे गये थे।

ज़ेबुन्निसा : वक़्त के साथ आहिस्ता-आहिस्ता नाराज़गी का डंक भोथरा होता गया होगा।

आज़म : किसी और को तो माफ़ी नहीं दी। अकबर बरसों से अपनी जान बचाता भाग रहा है।

ज़ेबुन्निसा : जहाँपनाह कुछ भी कर सकते हैं।

आज़म : अब उसी काहिल और कुन्दज़ेहन मुअज़्ज़म को न सिर्फ़ आज़ाद फ़ौज की कमान सौंप दी, बल्कि शाह आलम के ख़िताब से भी नवाज़ दिया!

ज़ेबुन्निसा : ख़िताब का मसला सन्जीदा है। वो आगे मिलने वाले ऊँचे ओहदे का बिगुल होता है।

आज़म : दारा को बुलन्द इक़बाल का ख़िताब कब मिला था? तख़्त के बग़ल में उनके वास्ते सोने की कुर्सी रखवाई जाने के पहले या बाद में?

ज़ेबुन्निसा : साथ-साथ। वो उम्र में सबसे बड़े थे, इसलिए वली-अहद से वाबस्ता किसी इशारे की ज़रूरत नहीं थी।

आज़म : ख़ानदाने-मुग़लिया में उम्र का पैमाना नहीं माना जाता।

ज़ेबुन्निसा : सही है।

आज़म : *(रुआँसा हो जाता है)* क्या ख़ता हुई हमसे? मुलतान, बिहार, और बंगाल की सूबेदारी हमने सही तौर पर नहीं सँभाली? हमारे अहद में आमदनी कम हुई? दिल्ली दरबार में हमारी कोई शिकायत आयी?

ज़ेबुन्निसा : जहाँपनाह तुमको जाँच रहे हैं या मुअज़्ज़म को, कुछ कहा नहीं जा सकता।

आज़म : तो हम क्या करें?

ज़ेबुन्निसा : *(बिना मुस्कान के मज़ाक़ करती है)* बग़ावत कर दो।

(सनाका खाया हुआ आज़म कानों को हाथ लगाते हुए तौबा करता है। प्रकाश-व्यवस्था बदलने के साथ मंच के दूसरे हिस्से में मुअज़्ज़म एवं औरंगज़ेब का प्रवेश। ज़ेबुन्निसा वाले हिस्से में अँधेरा। आज़म और ज़ेबुन्निसा फ्रीज़ हो जाते हैं।)

मुअज़्ज़म : आपने गोलकुंडा की घेराबन्दी का हुक्म क्यों दिया?

औरंगज़ेब : हमें मराठी और अफ़गानी बग़ावत दबाये रखने के लिए और फ़ौज चाहिए। शाहे-ईरान ने कन्धार पर क़ब्ज़ा कर फ़तेह का ख़ून चाट लिया है। इसलिए उत्तर में हमारी हथियारबन्द मौजूदगी हल्की नहीं हो सकती। शाहजहाँ ने ज़िन्दगी भर हमारा दिल तोड़ा और आख़िरी चोट की तरह ख़जाना भी ख़ाली छोड़ा। ताक़तवर उमरा के बीच अपनी हैसियत मज़बूत करने के लिए नयी जागीर भी अता नहीं कर सकते—

ज़ेबुन्निसा : *(हल्की मुस्कान से)* सारा ज़माना बेजागीर जो हो गया!

औरंगज़ेब : माली हालत सुधारने के लिए अब सिर्फ़ दकन को खँगाल सकते हैं।

मुअज़्ज़म : बंगाल?

औरंगज़ेब : उसी से किसी तरह शाही फ़ौज चल रही है। *(बलपूर्वक)* नहीं, मालो-ज़र और सियासी—दोनों वजहों से हमें दकन पर सौ फ़ीसदी मुग़ल क़ब्ज़ा चाहिए।

मुअज़्ज़म : *(आरोपी सुर में)* आपके हुक्म पर मैंने कुतुबशाह के साथ अमन क़रार किया था। जहाँपनाह उसे मन्ज़ूर कर चुके हैं।

औरंगज़ेब : *(सख़्ती से)* हालात बदलते है। तो क़रार टूट जाता है। यह ज़िन्दगी की भी हक़ीक़त है और हुकूमत की भी।

मुअज़्ज़म : ज़बान भी कोई चीज़ है जहाँपनाह! *(अपनी तरफ़ इशारे के साथ)* आपका वली-अहद दस्तख़त करके सुल्तान से गले मिला है।

औरंगज़ेब : शिवाजी ने गले मिलते हुए ही बघनखे के एक वार से अफ़ज़ल ख़ाँ की अँतड़ियाँ बाहर निकाल दी थीं। सियासत की क़ुदरत ही ऐसी है।

मुअज़्ज़म : आपने सुल्तान की अम्मी से वादा किया था।

औरंगज़ेब : *(कुछ झुँझला जाता है)* हम कई बार तोड़ने के लिए ही वादा करते हैं। अभी तक यह भी नहीं समझे तुम? हम तवारीख़ में ऐसे शहंशाह के नाम से भी जाएँगे, जिसने महज़ जाली ख़त से जंग जीती है!

मुअज़्ज़म : *(कातर हो)* हम दस्तबस्ता गुज़ारिश कर रहे हैं आपसे—यह घेराबन्दी उठा दीजिए।

(आज़म औरंगज़ेब के पास जाता है।)

आज़म : जहाँपनाह , जान की अमान पाऊँ तो कुछ अर्ज़ करूँ।

(औरंगज़ेब बोलेने का इशारा करता है।)

आज़म : गोलकुंडा सुल्तान का ऐलची *(मुअज़्ज़म की ओर इशारे के साथ)* शाह आलम के खेमे में देखा गया है।

मुअज़्ज़म : *(आवेश से)* तो क्या हुआ?

(औरंगज़ेब मुअज़्ज़म की ओर देखे बिना उसे चुप रहने का इशारा करता है।)

आज़म : भाभी नूरनुन्निसा गोलकुंडा क़िले में सुल्तान से मिली हैं।

मुअज़्ज़म : *(औरंगज़ेब से)* सुल्तान समझौते के लिए राज़ी हो सकते हैं जहाँपनाह! *(आज़म से सख़्त स्वर में)* जबसे तुम्हारी आमद पर दीवाने-ख़ास में नगाड़े बजाये जाने का हुक्म हुआ है, तुम ख़ुद को वली-अहद मानते हुए हमें रास्ते का रोड़ा समझने लगे हो!

(आज़म एक ख़त की नक़ल दिखाता है।)

औरंगज़ेब : *(पढ़ते हुए)* अगर बादशाह सलामत ने घेराबन्दी नहीं उठायी, तो शाह आलम गोलकुंडा सुल्तान से हाथ मिला लेंगे।

मुअज़्ज़म : *(भड़क कर औरंगज़ेब से)* जाली है जहाँपनाह!

औरंगज़ेब : *(आत्मलीन आर्त्तनाद करता है)* यह क्या हो रहा है? ख़ुदारा, कोई बता दे हमें कि यह क्या हो रहा है? हमारा सबसे बड़ा बग़ावती बेटा सलीमगढ़ में एड़ियाँ रगड़ रहा है; दूसरा बग़ावती बेटा मुल्क़ से भागने की जी-तोड़ कोशिश में लगा है। उसने गोवा में बड़ी मुश्किल से जो जहाज़ी बेड़ा बनवाया था; हमारे सिपाही उसे जलाने में कामयाब हो गये। पर इससे उसके पंख कट जाएँगे क्या? सबसे बड़ी और सबसे अज़ीज़ बेटी ने सलीमगढ़ जाकर तवारीख़ बना दी। *(मुअज़्ज़म को ग़ुस्से से देखता है)* अब जिसको हमने वली-अहद सोचा था, वो कुदरती तौर पर हमारी साँस टूटने का भी इन्तिज़ार नहीं कर सकता! अकबर ने हमारे एक दुश्मन मराठों से हाथ मिलाया, और तुमने दूसरे दुश्मन बीजापुर सुल्तान से! *(फिर आर्त्तनाद करता है)* शआआहजहाँआँ, जब हमने सुल्तान को अकबराबाद क़िले की चाबियाँ लेने भेजा था, तो आपके दिल में जो हूक उठी होगी, आज उसकी तीखी चुभन का ज़रा-सा एहसास हो गया हमें! *(यकायक आज़म को देखते हुए ठिठक जाता है)* तुम हमारे कौन-से दुश्मन से हाथ मिलाओगे आज़म? अफ़गानों से?

आज़म : *(रुआँसा हो जाता है)* तौबा जहाँपनाह! मेरी हर साँस वफ़ादारी की सनद है।

औरंगज़ेब : *(करुण सुर में)* जैसी हमने शाहजहाँ के तईं दिखाई थी? **(दोनों की नज़र मिली है। ज़ेबुन्निसा मुस्कुराती है, फिर हँसती जाती है। अँधेरा होता है।)**

काम बख़्श—अन्तिम और बुढ़ापे की सन्तान होने के कारण काम बख़्श वस्तुतः एक और अकेले पुत्र रहे, जिसको माँ उदयपुरी महल के साथ-साथ पिता ने भी जी भर लाड़ किया। काम बख़्श की न विधिवत् अकादमिक शिक्षा हुई, न सैनिक। हर प्रकार के अध्यापक थे, पर शहज़ादा कक्षा तक पहुँचता ही नहीं था। उसको कोई दंड न मिले, माँ इसके लिए कटिबद्ध रहती थीं।

परम्परा थी कि सोलह-सत्रह वर्ष के राजकुमार को सेना का कप्तान बना कर सर्चोच्च मनसब के किसी योद्धा अभिभावक (अतालीक़) के साथ युद्ध-क्षेत्र

में भेज दिया जाता था, पर काम बख़्श माँ के आँचल की छाया से तभी पहली बार निकले, जब 24वीं सालगिरह मना चुके थे, पर निकाह 14 की उम्र में ही हो गया—फिर जल्दी से दूसरा भी!

17 की आयु में बने पिता? ओह, इतनी देर से!

दारा के लाड़ में उनको हमेशा अनुपस्थित राज्यपाल बना कर जैसे शाहजहाँ ने कीर्तिमान बनाया था, काम बख़्श के लाड़ में आलमगीर ने उसे पीछे छोड़ दिया। दारा शिकोह मेधावी, ज्ञानवान, और कला संस्कारशील थे; काम बख़्श अहंकार एवं मूर्खता का प्रतिमान थे।

इसलिए पिता उन्हें दरबारी तथा सामाजिक समारोहों में अपने प्रतिनिधि से ऊपर और कुछ नहीं बना पाये, जिसका दायित्व था किसी विशिष्ट मुलाक़ाती की अगवानी या किसी सामन्त के यहाँ शोक पर राजसी प्रतिनिधित्व। ताज्जुब नहीं, दरबार उसे 'क़ालीनी सूरमा' कहा करता था।

अपनी बहुआयामी मूर्खताओं के कारण वह कई बार महामहिम के क्रोध के शिकार हुए।

शस्त्रीय यज्ञोपवीत—अन्ततः बड़े विलम्ब से आयुष्मान का शस्त्रीय यज्ञोपवीत हुआ। सिपहसालार ज़ुल्फ़िक़ार ख़ाँ की कमान में दक्षिण अर्काट के उत्तर में स्थित जिंजी क़िले की घेराबन्दी चल रही थी, जहाँ भगोड़े मराठा नरेश राजाराम शरणार्थी थे, पर क़िले के बाहर मँडराते मराठी दस्तों ने छापामार तरीक़े से शाही सेना का जीना हराम कर रखा था। उसका सबसे कारगर हथियार रसद आपूर्ति मार्ग पर गिद्ध हमले थे। पौष्टिक भोजन की जो सामग्री मुग़ल सैनिकों के लिए अभिप्रेत थी, पांडु जन हँसते हुए डकार लेते थे और आलमगीर की लम्बी आयु की कामना करते थे! तब बौखलाये हुए आलमगीर ने वज़ीर असद ख़ाँ के नेतृत्व में भारी कुमुक के साथ शहज़ादे काम बख़्श को भी भेज दिया, ताकि दरबार के सर्वश्रेष्ठ दो रत्नों—पिता-पुत्र की जोड़ी असद ख़ाँ तथा ज़ुल्फ़िक़ार—की संगत में दुलारा कुछ सीख लेगा।

यह युग्म गुणों की खान था। एक दशक बाद जब आलमगीर की "अब गये कि तब गये" की उल्टी गिनती शुरू हो गयी, तो विराट बली ने खुलेआम घोषणा कर दी कि उनके बाद बादशाह कोई भी बने, पर वज़ीर ज़ुल्फ़िक़ार ही बनेंगे।

तासीर ख़ूने-मुग़लिया की!

काम बख़्श बाहर की खुली हवा में तो आ गये, पर वज़ीर ने उन्हें दीक्षा के लिए स्वभावतः सख़्त अनुशासन में रखा हुआ था। इस पर हास्यास्पद असन्तोष और

मुग़ल राजकुमारों की अभिशप्त महत्त्वाकांक्षा के चलते काम बख़्श ने राजाराम के साथ गुप्त संवाद—शृंखला शुरू कर दी। मराठों ने हँसते हुए शहज़ादे के हवाई इरादों को हवा दे दी। कुछ समय बाद धना जादव और सांता घोरपड़े की कप्तानी में पश्चिमी हिन्दुस्तान से जुटायी गयी मराठी टुकड़ियों ने जिंजी मुग़ल छावनी की सम्राट के साथ अन्न एवं संचार प्रणाली रोक दी। तरह-तरह की अफ़वाहें फैलने लगीं, जिनमें मराठों ने और मिर्च-मसाला जोड़ दिया। काम बख़्श यह सुन कर थरथरा उठा कि आलमगीर चल बसे और मुअज़्ज़म शाह आलम ने अपने सिर पर ताज रख लिया। उन्होंने सोचा, वज़ीर-सिपहसालार उसे पकड़ कर नये बादशाह के हवाले कर देंगे और वह अन्धी आँखों के साथ सलीमगढ़ की शोभा बढ़ाएगा या जिंजी में ही उसे कटार भौंक दी जाएगी। जान बचाने का अब एक ही रास्ता है—उसे अपने हरम के साथ रात के अँधेरे में मराठा क़िले के भीतर पनाह ले लेनी चाहिए। इस योजना को कार्य रूप में बदलने में कुछ समय लगेगा, इसलिए पहले अवसर पर दोनों शीर्षस्थ ईरानी उमरा को बन्दी बना कर सेना अपने नियन्त्रण में ले लेनी चाहिए, पर पिता-पुत्र जोड़ी के किसी जासूस ने यह सूचना अपने स्वामियों तक पहुँचा दी। सम्राट के चहेते बेटे को सैनिक असद ख़ाँ के शिविर में पकड़ कर लाये, जहाँ सार्वजनिक रूप से वज़ीर ने 'नचिनी-पुत्र' संज्ञा से उन्हें सम्बोधित करते हुए कहा, ''जिन जनश्रुतियों से तुम प्रेरित हुए हो, सब मिथ्या हैं। सम्राट जीवित हैं। तुमने न सिर्फ़ अपनी अवमानना करवायी है, बल्कि मेरे सफ़ेद बालों को भी लज्जित कर दिया है।''

बन्दी काम बख़्श सम्राट के पास कृष्णा नदी के किनारे गलगला लाये गये। यहाँ काम बख़्श ने उल्टे ज़ुल्फ़िक़ार पर दग़ाबाज़ी का आरोप लगाया, ''जो अपनी जेबें भरने के लिए घेराबन्दी फ़ालतू बढ़ाये जा रहे हैं।''

पिता-पुत्र की इस जोड़ी की स्वामी-भक्ति को लेकर आलमगीर पूरी तरह आश्वस्त थे। दक्षिण की सूबेदारी, विज़ारत, और मीर बख़्शी—ये तीन पद एक ही परिवार में रहना राजवंश के लिए घातक माना जाता था, पर आगे चल कर सम्राट ने इन दोनों उमरा के लिए इसकी अनुमति दी थी। काम बख़्श की मूर्खता पर आलमगीर को क्रोध तो बहुत आया, पर उदयपुरी के आँसुओं के आगे टिका नहीं। वह समझ गये कि जिस अनिवार्य 'युद्ध-अनुभव' के लिए उन्होंने काम बख़्श को रण क्षेत्र भेजा था, लाड़ला उसके योग्य है ही नहीं। वह सीधे अपने सिर पर ताज चाहता है! स्वभाव के अनुकूल सम्राट के पिता पक्ष को सख़्ती से काम लेना चाहिए था; उसी में राजकुमार का कल्याण था, पर अब तक तीन बेटों (सुल्तान, मुअज़्ज़म, तथा अकबर) के विद्रोह का साक्षी बनने और वयोवृद्ध हो जाने के कारण सम्भवतः आलमगीर अपनी दृढ़ता से समझौता करने लगे थे।

इस 'युद्ध-अनुभव' के बाद आलमगीर ने काम बख़्श को हमेशा दरबार में ही रखा। उन्हें बरार (1687-1697), हैदराबाद (1701), और बीजापुर (1704) की सूबेदारी ज़रूर सौंपी गयी, पर नायब नियुक्ति की अनुमति के साथ।

नाकारा शहज़ादे ऐशो-इशरत में जीते रहे, पर इतने से उन्हें तसल्ली नहीं हुई। वह अपने रंग दिखा कर रहे। काम बख़्श के सम्राट द्वारा नियुक्त नाज़िर ख़्वाज़ा याक़ूत ईमानदार और सख़्त प्रशासक थे। उनके होते हुए राजकुमार की मित्र-मंडली की जीवन-शैली और फ़िज़ूलख़र्ची पर लगाम कसे रहना लाज़िमी था। सर्दी की एक रात के अँधेरे में ख़्वाज़ा याक़ूत पर एक तीर छोड़ा गया, जो सीने के बजाय उनकी बाँह में लगा। जाँच के बाद मालूम हुआ कि यह शहज़ादे के दूध-भाई कोका का षड्यन्त्र था। उसके सहयोगी चार कप्तान तो गिरफ़्तार हो गये, पर कोका शक्ति-प्रदर्शन के मूड में आ गया। सम्राट ने लाड़ले बेटे को आदेश दिया, कोका को बर्ख़ास्त कर दो। काम बख़्श ने भीगी आँखों से कोका को उसकी जागीर से बेदख़ल कर दिया। फिर 200 मुहरें, खेमा, और कुली देते हुए उन्होंने कोका को अपने हृदय से लगा लिया। वह ऐसे भावविह्वल हो गये कि फूट-फूट कर क्रन्दन करने लगे। जब आलमगीर को यह सूचना मिली, तो गाजर-मूली की तरह अपने दुश्मनों का सिर काटने वाले का पितृ पक्ष अपने पर ज़ब्त नहीं रख सका—लाड़ले की आँखों में आँसुओं के बिम्ब की कल्पना से महामहिम द्रवित हो गये। उन्होंने आदेश दे दिया, वह काम बख़्श के अनुरोध पर कोका को क्षमा करने के लिए प्रस्तुत हैं।

काम बख़्श कोका के साथ आ गये। उन्हें बताया गया, उन्हें सम्राट के समक्ष प्रस्तुत किया जाएगा, जबकि कोका बग़ल के कक्ष में प्रतीक्षा करेंगे। कहीं कोका का अनिष्ट न हो जाय, इस आशंका से थरथराते हुए काम बख़्श ने कोका को अकेले छोड़ने से इन्कार कर दिया और कोका को अपने साथ रूमालों से बाँध लिया! यह सुन कर सम्राट सिर्फ़ झल्लाये। उन्होंने एक के बाद एक कई अधिकारी क्रम से श्रेणी बढ़ाते हुए राजकुमार को समझाने के लिए भेजे, लेकिन काम बख़्श नहीं माने। उनकी हठधर्मी से तंग आकर एक अधिकारी ने ज़ोर दिया, तो राजकुमार ने कटार निकाल कर उसे ज़ख़्मी कर दिया! इस पर सुरक्षाकर्मी कोका को लात-घूसों और लाठी प्रहार के साथ जेल में ले गये और काम बख़्श छोटे-से शिविर में बन्दी बना दिये गये। उनका मनसब छिन गया, जागीर वा सम्पत्ति ज़ब्त हो गयी और उनकी सैन्य टुकड़ियाँ शाही सेना का हिस्सा बन गयीं।

"उसकी सोहबत ख़राब है," पिता ने टिप्पणी की। चाँदनी चौक के मसख़रे ने भविष्यवाणी कर दी, "छै मास के भीतर अगर काम बख़्श को क्षमा न मिली, तो मैं अपना नाम बदल दूँगा!"

उसकी नौबत नहीं आयी। उदयपुरी बेगम के साथ खड़े आलमगीर ने क्षमा कर दिया। फिर हृदय से भी लगा लिया। फिर दरबार में उसकी उपस्थिति भी स्वीकार कर ली। फिर पहले की तरह सामाजिक अवसरों पर उसे सिंहासन प्रतिनिधि बना कर भेजा जाने लगा।

कालान्तर में वह हैदराबाद के सूबेदार नियुक्त हुए। औरंगज़ेब के बाद जब मुअज़्ज़म बहादुर शाह प्रथम बन कर सम्राट बने, तो उन्होंने काम बख़्श को दक्षिण देने का प्रस्ताव रखा (औरंगज़ेब ने भी वसीयत में यही चाहा था)। यह इतना उदार क़दम था कि मामूली समझ का कोई भी राजकुमार धन्य हो जाता। दक्षिण अपने-आप में साम्राज्य माना जाता था, पर काम बख़्श नहीं माने। उन्होंने अपनी बादशाहत घोषित कर दी, अपने नाम का ख़ुत्बा पढ़वाया, और सिक्के जारी किये। परिणामस्वरूप युद्ध हुआ। जिस अन्त से लाड़ले को आलमगीर ने कई बार बचा लिया था, अन्ततः वह होकर रहा। 'आलमगीर के कलेजे का टुकड़ा' वीर गति को प्राप्त हो गया।

शहज़ादे अकबर—हालाँकि शहज़ादे अकबर आयु में काम बख़्श से बड़े थे, लेकिन आलमगीर सपूतों में उनका विवरण सबसे अन्त में इसलिए दिया जा रहा है, क्योंकि पिता के जीवन, प्रशासन तथा साम्राज्य पर उन्होंने स्थायी प्रभाव छोड़ा। यह कहा जा सकता है कि आलमगीर और साम्राज्य के विनाश में स्वयं विराट बली के बाद दूसरी महत्त्वपूर्ण भूमिका अकबर ने अदा की, पर अकबर रासो के पाठ से पहले मुग़ल-राजपूत सम्बन्धों पर एक दृष्टि उपयोगी होगी।

अनुभाग 15

मुग़ल-राजपूत सम्बन्ध

यह सर्वविदित है कि राजपूत मुग़ल साम्राज्य का तलवार थामने वाला दायाँ हाथ हैं।

—अकबरे-आज़म

अकबरे-आज़म—वह सम्राट अकबर थे, जिन्होंने मनसबदारी व्यवस्था के विकास के साथ नस्ली, क़बीली और धार्मिक विभेद तोड़ने के लिए सामन्तों को प्रोत्साहित किया कि वे मिले-जुले सैनिक दस्ते संयोजित करें—मुग़ल, अफ़गान, शेख़ज़ाद (हिन्दुस्तानी मुसलमान), और राजपूत। लेकिन इसका व्यवहार सीमित रहा, जिसका धार्मिक के साथ एक प्रमुख कारण आर्थिक भी था—मुग़लों वा अफ़गानों का वेतन प्रारम्भ से ही राजपूतों से ज़्यादा था। मुग़ल सामन्तों के एक वर्ग को राजपूतों का महत्त्व बढ़ाना पसन्द नहीं आया। राजपूतों को भी सामान्य रूप से राजपूताना के बाहर साम्राज्य सेवा रुचिकर नहीं लगी। वे बिल्कुल भिन्न भूगोल, भाषा, पृथक राजसी शिष्टाचार एवं जीवन-शैली के न अभ्यस्त थे और न उसके प्रति स्वीकृतिशील। अकबर के साथ राजपूतों की सन्धि अपनी प्रकृति में मुख्यत: राजनीति के थी, जो भली-भाँति स्थापित दोनों जातियों के शासक वर्ग की सामान्य हित रक्षा और उनके संवर्धन पर आधरित थी। समय के विस्तार में यह नीति मुग़ल और हिन्दुओं के बीच और निकट एवं सौहाद्रपूर्ण सम्बन्ध के रूप में भी विकसित होती प्रतीत हुई और ऐसा आधार भी बनने लगी, जिसके सहारे धर्म तत्त्व के परे सहनशील उदार प्रवृत्ति पनप सकती थी। यहाँ मुग़ल-राजपूत सम्बन्धों में धर्मनिरपेक्षता का प्रारम्भ-बिन्दु दिखाई देता है, पर इसका प्रभाव सीमित रहा, क्योंकि दोनों जातियों के बहुसंख्यक अपनी मान्यताओं में कट्टर थे। अकबर के 'धार्मिक सत्य' समझने के प्रयोग में मान सिंह की कोई दिलचस्पी नहीं थी और सामाजिक स्तर पर भी राजपूत

अपने प्रथापालन में हठी रहे। सती प्रथा चलती रही। कुछेक अपवादों के अलावा मुग़ल सामन्त वर्ग ने भी नयी लहर को अनदेखा किया। इसका एक प्रमुख कारण यह था कि राजपूतों की जो भी नयी मंसब प्राप्ति या मनसब वृद्धि होती, उसे मुस्लिम निगतांश से ही घटाया जाना था।

जहाँगीर—जहाँगीर तथा शाहजहाँ के काल में कुछ चढ़ाव-उतार के साथ यह नीति और मज़बूत हुई। जहाँगीर ने इस परम्परा की शुरुआत की कि मेवाड़ के राणा मुग़ल दरबार में व्यक्तिगत उपस्थिति एवं सेवा से मुक्त रहेंगे, लेकिन उनका बेटा या भाई सम्राट की सेवा में रहेगा। जहाँगीर ने सिर्फ़ यह शर्त रखी कि उनके द्वारा विनष्ट चित्तौड़ क़िले की दीवारों की मरम्मत नहीं की जाएगी, ताकि 'पृथ्वी पर ईश्वर की छाया' (ज़िल्ले-सुब्हानी) के जलाल की सनद रहे। यह दृश्यमान प्रतीक था कि मेवाड़ स्वतन्त्र नहीं; मुग़ल छत्र के नीचे है। इस युग में ऐसा कोई सैनिक अभियान नहीं, जिसमें राजपूत दस्ते प्रमुख न हों।

शाहजहाँ—जहाँगीर के नीति-पथ से शाहजहाँ कुछ हटे, जब उन्होंने किसी प्रमुख राजपूत राजा को सूबेदारी प्रदान नहीं की। सम्राट भूल गये कि अपने विद्रोही दौर में उन्होंने राजा जय सिंह से कहा था कि मिर्ज़ा राजा उनके (राजकुमार ख़ुर्रम) वैसे ही विशिष्ट विश्वस्त हैं, जैसे मान सिंह अकबर के थे। आगे चल कर 1645 में शाहजहाँ ने राजा जसवंत सिंह को अजमेर का कार्यवाही राज्यपाल ज़रूर बनाया (शेख़ चिश्ती दरगाह के कारण अजमेर राज्यपाल पद सैनिक नहीं, पर सामाजिक-राजनीतिक दृष्टि से विशिष्टतः सम्मानित माना जाता था। यह नियुक्ति और भी महत्त्वपूर्ण इसलिए है, क्योंकि सम्बद्ध व्यक्ति हिन्दू था।)।

पता नहीं, दर्प की कौन-सी क़िस्म थी, जिससे पीड़ित हो शाहजहाँ ने जुझार सिंह बुंदेला और राणा अमर सिंह से दो-दो हाथ किये, सिरोही एवं बाँसवाड़ा जैसी लघु बस्तियों के विरुद्ध मुग़ल सेना भेज दी, चित्तौड़ की जीर्णोद्धारित क़िलेबन्दी तोड़ दी और राणा से भिनाई, जहाज़पुर, मंडल एवं मंडलगढ़ जैसे परगने छीन लिये।

फिर आये आलमगीर! आह, आलमगीर!!

उत्तराधिकार युद्ध की अनिवार्यता के चलते औरंगज़ेब और दारा शिकोह ने बरसों तक राजा जसवंत सिंह एवं राजा जय सिंह को प्रत्यक्ष तथा अप्रत्यक्ष रूप से साधना जारी रखा।

जय सिंह—इस युग के सबसे प्रतिष्ठित राजपूत नरेश जय सिंह थे। 1617 में सिर्फ़ बारह साल की उम्र में जय सिंह ने अपना सैन्य आजीवक शुरू किया और विन्ध्याचल तथा हिन्दुकुश के पार रण क्षेत्रों में अपनी असि प्रतिष्ठा अर्जित की। 1630 में उनकी पदवी 4000/4000 ज़ात-सवार थी, जो अगले कुछ सालों

में 5000/5000 तक बढ़ा दी गयी। 1657 के घरेलू युद्ध से ऐन पहले तक उन्हें पदोन्नति नहीं मिली, हालाँकि वह आयु एवं साम्राज्य सेवा दीर्घता में जसवंत सिंह से ऊपर थे। चूँकि शाहजहाँ दरबार में दारा की चलती थी, इसलिए जय सिंह ने इस अन्याय के लिए मन-ही-मन दारा को ज़िम्मेदार माना। मुश्किल यह थी कि दारा का हास्य-बोध कब औचित्य सीमा पार कर जाता था, ख़ुद उन्हें भी पता नहीं चलता था। अपनी अवांछित टिप्पणी से वह जय सिंह को आहत कर चुके थे। इसलिए आश्चर्य नहीं कि दारा शिकोह के हित-साधन में जय सिंह की रुचि नहीं थी। वह निरन्तर औरंगज़ेब से सम्पर्क बनाये हुए थे, लेकिन मुग़ल दरबार की परम्परा के अनुकूल दूसरी तरफ़ दारा से सम्पर्क-सूत्र टूटा नहीं था। 1654 में सुलेमान शिकोह, दारा के सबसे बड़े बेटे, का विवाह जय सिंह के भाँजे अमर सिंह की बेटी से हुआ था, पर यह सम्बन्ध जय सिंह को दारा के निकट नहीं ला पाया। अन्ततः 1657 में कम-से-कम एक दशक से सिर पर लटका हुआ उत्तराधिकार घमासान जब बाक़ायदा आह्वान-बिगुल के साथ शुरू हो गया, तब जय सिंह को 7000/7000, ज़ात-मनसब (जिनमें से 5000 दुह-अस्पा सेह-अस्पा थे) की बढ़ोत्तरी नसीब हुई। उन्हें सुलेमान शिकोह के साथ उस दूसरी मुग़ल सेना की कमान सौंपी गयी, जो आगरा-दिल्ली आ रहे शाह शुजा को रोकने के लिए भेजी जा रही थी।

जसवंत सिंह—जसवंत सिंह मारवाड़ सिंहासन पर 1638 में बैठे। सम्भवतः सम्राट की माँ जोधा बाई/जगत् गुसाईं से रक्त सम्बन्ध के कारण वह शाहजहाँ के कृपा-पात्र रहे। अवयस्क होने के बावजूद उन्हें 5000/5000 ज़ात-सवार का पद दिया गया। 1645 में जब शाहजहाँ ने कन्धार सैन्याभियान के कारण अकबराबाद छोड़ कर लाहौर में पड़ाव डाला, तो जसवंत सिंह को थोड़े समय के लिए राजधानी (अकबराबाद) का कार्यवाही राज्यपाल भी नियुक्त किया गया। बाद में कन्धार आक्रमण में वह औरंगज़ेब तथा दारा के साथ रहे। 1654 में 28 वर्ष की आयु में वह 6000/6000 ज़ात-सवार (जिनमें से 5000 दुह-अस्पा सेह-अस्पा थे) और महाराजा उपाधि से सम्मानित किये गये। 1657 में जब बंगाल में शाह शुजा के बाद गुजरात में मुराद बख़्श ने औपचारिक रूप से अपनी बादशाहत घोषित कर उत्तराधिकार युद्ध की रणभेरी बजा दी और पितृ-स्नेह के मारे, 17वीं शताब्दी के श्रवण कुमार औरंगज़ेब बारह हज़ार की अत्यन्त कुशल सेना लेकर सिर्फ़ निर्मम दारा के चंगुल से संतप्त शाहजहाँ को छुड़ाने और पीड़ितजनक को अपने व्याकुल हृदय से लगाने के लिए नर्मदा तक आ पहुँचे, तो उनसे जूझने के लिए मालवा भेजी जा रही मुग़ल सेना के सेनापति जसवंत सिंह की पद-वृद्धि 7000/7000 ज़ात-मनसब तक कर दी गयी।

अन्य राजपूत समुदाय—जंगे-विरासत में दरबार के अन्य जातीय और धार्मिक वर्गों के समान राजपूत भी अन्दरूनी तौर पर विभाजित थे। हाड़ा समुदाय और राजा बिट्ठल दास गौड़ ने अपने कुनबे के साथ सामूगढ़ में दारा की समर्थन पताका-तले अपने पराक्रम का प्रदर्शन किया। बीकानेर के राव कर्ण शाहजहाँ की बीमारी का समाचार मिलते ही औरंगज़ेब का साथ छोड़ अपने राज्य को चले गये, पर बेटे अनूप सिंह को सैन्य सहयोग के लिए पीछे छोड़ गये। औरंगज़ेब ने राणा राज सिंह को अपना पक्षधर बनाने में सफलता पायी; उन्होंने अन्य प्रलोभनों के साथ राणा से 'धार्मिक सहनशीलता' का भी वादा किया। राणा के बेटे कुँवर सरदार सिंह ने औरंगज़ेब की ओर से शुजा के विरुद्ध सैन्याभियान में हिस्सा लिया।

सर्वप्रमुख जय सिंह/जसवंत सिंह—राजपूताना में सर्वप्रमुख सामन्त यही दो थे। जय सिंह दारा के लिए तभी तक लड़े, जब तक शाहजहाँ सिंहासन पर थे। जैसे ही सूचना मिली कि सामूगढ़ में दारा की पराजय हो गयी, जय सिंह ने तुरन्त सुलेमान शिकोह वाली सेना छोड़ विजयी औरंगज़ेब का रुख़ किया और बाद में विविध दिशाओं में भगोड़े दारा का पीछा करने में महत्त्वपूर्ण भूमिका निभायी।

जसवंत सिंह में ही दुःसाहस था, जो धर्माट युद्ध क्षेत्र में उन्होंने औरंगज़ेब को चुनौती दी (प्रथानुसार सेनापति अपने समकक्ष सेनापति से ही लड़ता था, राजकुमार से नहीं। इसी प्रकार राजकुमार का भी किसी सेनापति से युद्ध करना शोभनीय नहीं माना जाता था।), पर जब उनकी पराजय हुई, तो वह अपने घर जोधपुर लौट गये। कालान्तर में जब औरंगज़ेब दारा का पीछा करते हुए सतलज तक पहुँचे, तो जसवंत सिंह उनके सामने उपस्थित हुए और क्षमायाचना की। औरंगज़ेब ने उन्हें बहाल कर दिया, लेकिन कुछ समय बाद वह फिर पाला बदल कर दारा के पास चले गये, क्योंकि उनको लगा कि औरंगज़ेब उनकी ख़ातिर कुछ ख़ास करने वाले नहीं। पर तभी जय सिंह ने सूचना दी कि वह (जय सिंह) औरंगज़ेब से वादा ले चुके हैं कि जसवंत सिंह को फिर क्षमा कर दिया जाएगा और उन्हें (जसवंत सिंह) पुरानी श्रेणी में पुनर्प्रतिष्ठित करते हुए गुजरात का अनुपस्थित राज्यपाल पद दे दिया जाएगा।

जसवंत सिंह ने फिर पाला बदल दिया। इस तरह स्पष्ट है कि उत्तराधिकार युद्ध के दौरान, अपने सिंहासनारोहण, और अपनी स्थिति पुख़्ता बनाने की अवस्था में आलमगीर ने लगभग मुक्त भाव से जसवंत सिंह के साथ-साथ राव करण, राव छत्रसाल, और मुकुंद सिंह इत्यादि राजपूत क्षत्रपों के साथ ख़ूब उदारता दिखाई और उन्हें महत्त्वपूर्ण ज़िम्मेदारियाँ सौंपी। इस दौर में राजपूत मुग़ल प्रशासन के कुछ वैसे ही भागीदार बनते देखे गये, जैसे अकबर युग के परवर्ती चरण में थे।

आलमगीर रुख़ परिवर्तन—कुछ वर्ष बाद आलमगीर राजपूतों के प्रति ठंडे

होने शुरू हुए। राणा राज सिंह से स्पष्टीकरण माँगा गया कि उन्होंने किशन गढ़ नरेश पर आक्रमण और 'शाही अनुमति के बिना' नरेश की बहन से विवाह क्यों किया? पर खटास बढ़ने का वास्तविक कारण छत्रपति शिवाजी थे, जिनके विरुद्ध अनेकानेक मुग़ल अभियानों में जय सिंह एवं जसवंत सिंह की केन्द्रीय भूमिकाएँ थीं।

शायस्ता ख़ाँ शिविर पर मराठा आक्रमण से पहले और बाद में जसवंत सिंह की लापरवाही (1662) और जय सिंह के सुपुत्र कुँवर राम सिंह की कमान में आगरा में बन्दी शिवाजी का सनसनीख़ेज़ पलायन (1666) से विविध क़िस्मों के इस्लामी वर्गों की इस धरणा को बल मिला कि दोनों राजपूत सूरमा 'साम्राज्य में आलमगीर की एकमात्र हिन्दू चुनौती' के भीतर-ही-भीतर समर्थक हैं। सम्राट ने इसे कितना सही माना, कहना कठिन है (जोधपुर राजसात से सम्बन्धित अगला अनुभाग देखें।), लेकिन दोनों के पद, सम्मान एवं विश्वसनीयता उनके निधन तक बनी रही, हालाँकि दक्षिण को लेकर राजपूत सरगनाओं की नीति अलग थी।

जय सिंह शिवाजी के साथ दिल्ली की मैत्री और तदनुरूप दक्षिणी सल्तनतों के विरुद्ध मराठी शक्ति के व्यवहार के पक्षधर थे। उनका मानना था कि एक बार अगर इन तीन सल्तनतों पर विजय पा ली गयी, तो शिवाजी के सामने दिल्ली के प्रति वफ़ादार रहने के अलावा और कोई चारा नहीं होगा, क्योंकि हम "गोले के केन्द्र की तरह उन्हें (शिवाजी को) चारों ओर से घेर" लेंगे। आलमगीर को इन दोनों सम्भावनाओं पर सन्देह था, पर उन्होंने जय सिंह को अपनी योजना कार्यान्वित करने दी। लेकिन जब बीजापुर पर जय सिंह का हमला असफल हो गया, तो उन्होंने शिवाजी को आगरा दरबार में हाज़िरी के लिए मना कर अपनी स्थिति सुधारने की कोशिश की। अन्ततः जब यह ऐतिहासिक दृश्य अभिनीत हुआ, तो जय सिंह तथा आलमगीर का नीति-भेद सामने आ गया। सम्राट ने तय कर लिया था कि वह 'भूमिया' (शिवाजी के लिए औरंगज़ेब की अनादरसूचक संज्ञा) को उसकी औक़ात दिखाने के लिए उसकी उपेक्षा करेंगे। उन्होंने वही किया। बाद में साम्राज्य के केन्द्र अकबराबाद से, ऐन सम्राट की नाक के नीचे से शिवाजी का पलायन आलमगीर को लगभग विदूषक बना गया! उनका तिलमिला जाना, जल कर बरसों धुआँ देते रहना बिल्कुल स्वाभाविक था। उनका क्रोध न सिर्फ़ पहरे के लिए उत्तरदायी कुँवर राम सिंह पर टूटा, बल्कि पिता जय सिंह को भी उन्होंने दक्षिण की राज्यपाली से तुरन्त हटा दिया। साम्राज्य के एक प्रमुख हिन्दू सामन्त का हिन्दू-मुसलमान सौहार्द स्वप्न खंड-खंड हो टूट गया और उसके साथ वह स्वयं भी (जय सिंह) टूटे हुए ही संसार से सिधरे।

चढ़ते गये कट्टरता के पायदान—1666 से 1679 तक आलमगीर के सामने

अनेकानेक चुनौतियाँ आयीं—जाट, सतनामी विद्रोह, अफ़गान, असमी, और मराठों से द्वन्द्व, आय वा व्यय का बढ़ता हुआ अन्तर एवं बेजागीरी। स्थिति से निपटने के लिए कई कट्टर तरीक़े अपनाते हुए आलमगीर साम्राज्य को निज़ामे-शरिआ के रूप में पुनर्परिभाषित करने लगे। अगला क़दम प्रमुख सामन्त राजपूत सामन्तों—राम सिंह व जसवंत सिंह—को सुदूर उत्तर-पूर्व उत्तर-पश्चिम के सीमान्त पर भेजा जाना था। दोनों लम्बे समय तक वहाँ सड़ाये जाते रहे।

सूबेदार से थानेदार!

1671 में गुजरात के सूबेदार (जसवंत सिंह) की जमरूद में थानेदार पद पर नियुक्ति हुई! अकबराबाद-शाहजहाँनाबाद की सत्ता वीथियों में सनसनी फैल गयी। मुग़ल साम्राज्य में पद का महत्त्व सामन्त की श्रेणी पर आधारित होता था। जसवंत सिंह की ज़ात-सवार श्रेणी काबुल सूबेदार अमीन ख़ाँ और लाहौर सूबेदार फ़िदाई ख़ाँ से भी ऊपर थी। पहले उन्हें सीमान्त में फेंक कर भुला दिया गया; फिर भूतपूर्व सेनापति और राज्यपाल को इतना छोटा पद दिया गया!

1676 में जब आलमगीर ने दक्षिण में विस्तारवादी सैन्याभियान फिर शुरू किया, तो उसमें राजपूत संलग्नता लगभग नहीं थी। इससे इतिहासकारों के इस मत की पुष्टि होती है कि आलमगीर जब दक्षिण विजय योजना धीरे-धीरे पका रहे थे, तभी उन्होंने यह तय कर लिया था कि अब उनके शासन स्वरूप का एक अनिवार्य पक्ष प्रमुख राजपूत सामन्तों के क़द की छँटायी होगी।

विराट बली को गुमान नहीं था कि वह अपने ही रास्ते में काँटे बो रहे हैं।

अनुभाग 16

28 नवम्बर, 1678; जोधपुर अधिग्रहण तिथि बनी मुग़ल-साम्राज्य-पतनारम्भ तिथि

जो कश लेता है ईश्वर द्वारा जलाये गये दीप से/वह आग लगाता है अपनी ही दाढ़ी में।

—अकबरे-आज़म

'दकन नासूर' के जन्म की भूमिका—महामान्य नहीं जानते थे कि मेवाड़ पर विजय उनकी महापराजय का पहला पायदान थी। हुमायूँ अकबर, जहाँगीर, और शाहजहाँ ने भी राजपूताना में लम्बे युद्ध लड़े, लेकिन उसे साम्राज्य का एक प्रदेश बनाने के विचार से पीड़ित नहीं हुए। बाबा रावल और संग्राम सिंह की भूमि पर उन्होंने लूटमार ज़रूर की, फिर सत्ता स्थानीय नरेशों को सौंप कर अपनी राजधानी वापस लौट गये। शौर्य, पराक्रम और एवं आन-बान के धनी राजपूताना राज्यों के मानचित्र-परिवर्तन का कोई प्रश्न ही नहीं था। कूटनीति यही थी कि दोस्ती के साथ उनकी शक्ति का रचनात्मक उपयोग किया जाय। इतिहास, भूगोल और परम्परा पर आधारित मुग़ल-राजपूत रिश्ते को शस्त्रोपयोग से आमूल बदलने की भूल अत्यन्त संगीन तथा ऐतिहासिक इसलिए है, क्योंकि यही महाभूल घटना-क्रम से दहकते 'दकन नासूर' में बदल गयी।

28 नवम्बर, 1678 आलमगीर युग की एक महत्त्वपूर्ण तिथि है, जहाँ से इतिहास ने एक नया, नकारात्मक मोड़ लेना शुरू कर दिया, जिसमें एक के बाद एक त्रासद घटनाएँ जुड़ते हुए उसे पतन के कगार तक ले जाने लगीं। इस दिन बिना कोई उत्तराधिकारी छोड़े जसवंत सिंह का देहान्त हो गया। क्योंकि उन पर प्रशासन का ऋण निकलता था, इसलिए आलमगीर ने जोधपुर को राजगत कर लिया—हालाँकि राजा की दो रानियाँ गर्भवती थीं।

मारवाड़ का महत्त्व—गुवाहाटी से अरब महासागर तक और फिर ईरान एवं तुर्किस्तान के बन्दरगाहों तक का एक व्यापार पथ इसी क्षेत्र से जाता था। केन्द्रीय प्रशासन के साथ-साथ मुस्लिम व्यापारियों को त्रस्त करने वाली राजपूत क़बीलों द्वारा भयंकर लूटमार यहाँ से नियन्त्रित की जा सकती थी। ज़रूरत पड़ने पर मेवाड़ पर आक्रमण करने के लिए आधार पड़ाव शिविर भी यहाँ बनाया जा सकता था, लेकिन फिर भी ये कारण अधिक महत्त्वपूर्ण नहीं बन पाते। मारवाड़ पहले से ही मातहत राज्य (Vassal State) था, वहाँ का राजस्व सम्राट के अधीन था, इसलिए भी गहरी बात ये है कि दिल्ली से नये भेजे जा रहे फ़ौजदार, क़िलेदार, कोतवाल और अमीन जैसे सारे सर्वोच्च अधिकारियों के मुसलमान होने का क्या तात्पर्य था?

मध्यकालीन इतिहास विशेषज्ञों का मानना है कि मारवाड़ में ज्येष्ठाधिकार प्रथा नहीं चलती थी—जैसा कि मुग़ल वंश में भी था। राजा की जो भी प्रिय रानी होती थी, उसका पुत्र वारिस मनोनीत हो जाता था। अपने बड़े भाई के होते हुए जसवंत सिंह ख़ुद इसी तरह सिंहासन पर बैठाये गये थे। वैसे दावेदारी विवाद के चलते राज्य को ख़ालिसा में लिया जाना कोई अनोखा क़दम नहीं था। साम्राज्य में ऐसा कई बार हो चुका था। इसे जोधपुर का साम्राज्य में विलयीकरण भी नहीं माना जा सकता था, क्योंकि जोधपुर तो साम्राज्य का भाग था ही। अन्दरूनी मामलों में अवश्य राजा स्वायत्त होता था।

दोनों रानियों ने एक-एक बेटे को जन्म दिया, जिनमें से एक अजीत सिंह को रानी हाड़ा ने उत्तराधिकारी मान लिया। परम्परा थी कि अगर राजा का बेटा धर्म-परिवर्तन कर दे, तो सिंहासन पर बैठने के अपने अधिकार से वह स्वतः वंचित हो जाता है। जुझार सिंह बुंदेला को युद्ध-भूमि में पराजित करने के बाद शाहजहाँ ने बुंदेला के अवयस्क पुत्र को कलमा पढ़वा दिया था, क्योंकि वह जुझार सिंह को सबक़ सिखाना चाहते थे। औरंगज़ेब ने रानी हाड़ा के दावेदार के धर्म-परिवर्तन की कोशिश की, पर रानी ने पूरी बात सुने बिना ही उसे नामन्ज़ूर कर दिया। संघर्षग्नि भड़कती गयी।

रानी हाड़ा स्वयं तुड़वा देंगीं जोधपुर के सारे मन्दिर!

रानी हाड़ा को अपना जोधपुर छोड़ना स्वीकार नहीं था—वह वंश की 'वतनजागीर' थी। दुर्गादास राठौर के नेतृत्व में राठौर केसरिया बाना पहन पर अपनी रानी के पीछे एकजुट हो गये। स्थिति आगे और नाज़ुक वा सन्जीदा हो गयी, जब मेवाड़ के राणा राज सिंह ने पाँच हज़ार घुड़सवारों की सेना रानी हाड़ा की सहायता के लिए भेज दी। इस सांकेतिक पहल ने जोधपुर विवाद को 'देशीय संकट' का रूप दे दिया। अगर आलमगीर में राजनीति-मत्ता होती, तो वह रानी हाड़ा से सन्धि कर

सकते थे। रानी झुकने की अनेकानेक शर्तें ख़ुद सुझा चुकी थीं, जिनमें एक यह थी कि वह जोधपुर के सारे मन्दिर ख़ुद तुड़वा देंगी!

राजपूतों ने दिल्ली के विरुद्ध तलवार उठा ली। जोधपुर के अनेक ज़मींदारों ने राजस्व भुगतान रोक दिया और इस राज्य के सीमान्ती क्षेत्रों के दावेदार पड़ोसी राजा शक्ति प्रयोग की ओर अग्रसर होने लगे। सम्राट ने स्वयं अजमेर की ओर कूच कर दिया। यह विवाद का विषय है कि वहाँ स्वयं जाने का निर्णय सम्राट ने क्यों लिया? क्या ठंडे दिमाग़ और राजनीतिक समझ वाला कोई सेनापति वहाँ नहीं भेजा जा सकता था? दरबार में ऐसे व्यक्तियों की कमी नहीं थी। प्रथम श्रेणी के अनेक मुस्लिम सामन्त जसवंत सिंह के मित्र और जोधपुर हितैषी थे। इसलिए सम्राट की स्वयं उपस्थिति का एक ही अर्थ निकाला जा सकता है कि वह प्रशासन में सर्वप्रथम हिन्दू हिस्सेदार राज्य को बहुत महत्त्व देते हैं। कालान्तर में सिद्ध हो गया कि सम्राट का मन्तव्य महत्ता का सार निकाल लेना ही था और अन्ततः अजमेर में आलमगीर का पड़ाव राजपूताना आक्रमण का पहला चरण बनते देखा गया।

ख़ुद मारना कुल्हाड़ी अपने ही पाँवों में!

आलमगीर के इस नीति-परिवर्तन की इतिहासकारों ने कई तरह से व्याख्या की है, जैसे अपने इस्लामी समर्थकों में कट्टर तत्त्वों की बढ़ोत्तरी की आकांक्षा, बेजागीरी से निपटने के लिए ग़ैर-इस्लामी सामन्तों (राजपूत) से मनसब लेकर इस्लामी सामन्तों को देने की रणनीति और उत्तर भारत तक में शिवाजी की लोकनायक छवि के निरन्तर निखरते जाने और मुग़लों के छक्के छुड़ाने वाले मराठों के दबंग तेवर की लोकप्रियता के चलते हिन्दुओं को उनकी औक़ात दिखाना।

औरंगज़ेब की बदलती हुई राजपूत नीति दरबार में भी चिन्ता का विषय बन गयी। निःसन्देह मुस्लिम सामन्तों का एक वर्ग इस बात से मन-ही-मन प्रफुल्लित था कि राजपूतों द्वारा रिक्त होने वाले पदों को भरने का सौभाग्य उन्हीं का होगा, लेकिन दूसरा वरिष्ठ वर्ग तनाव में था कि उनकी निजी, सम्भावित स्वार्थ-पूर्ति के बावजूद ऐसा विकास साम्राज्य के और अन्ततः ख़ुद उनके दूरगामी हित में नहीं। इससे उन प्रशासनिक गतिविधियों पर बुरा असर पड़ेगा, जिनके लिए धर्म से परे सामन्तों का सामंजस्य लाभप्रद तथा अनिवार्य होता है। इससे भी आगे जाकर यह क़दम साम्राज्य की आन्तरिक शक्ति क्षीण करेगा।

आलमगीर का जोधपुर एवं राजपूताना आक्रमण, राजकुमार अकबर का विद्रोह और फिर कोंकण में मराठों के पास शरण, आलमगीर का दक्षिण प्रस्थान, अकबर का ईरान पलायन, और आलमगीर का 26 बरस मराठों से अन्तहीन युद्ध और अन्ततः पराजित, पददलित मृत्यु—इस पतन के उत्तरोत्तर प्रगतिगामी सोपान हैं। आलमगीर

ने कुल मिला कर नस्ल वा जाति पर आधरित भेदभाव जारी रखे। राजपूत मुग़लों के मूल्यवान भागीदार अवश्य रहे, पर क़िलेदार और फ़ौजदार पदों तक सीमित रहने के कारण साम्राज्य प्रशासन में उनकी भूमिका कमज़ोर होती गयी।

राजपूत चरित्र को आँकने की विलफता—मेवाड़ पर विजय पाकर आलमगीर 22 मार्च, 1680 को अजमेर वापस लौटे। वह मन-ही-मन प्रफुल्लित थे कि जिस लक्ष्य सिद्धि के लिए राजपूताना आये थे, वह पूरा हो गया। उन्होंने शहज़ादे अकबर को मेवाड़ का सूबेदार नियुक्त किया। आलमगीर को गुमान नहीं था कि मेवाड़-विजय उस राजपूताना से सदा के लिए मुग़ल-निष्कासन का प्रथम चरण है, जिसे अपनी स्वायत्तता बनाये रखने के लिए राजपूतों ने अपने ख़ून से सींचा है। इस सच्चाई को दुहराने की ज़रूरत है कि महामहिम ने जो महत् भूल की, वह युद्ध-परिणाम समझने की नहीं, राजपूत चरित्र को आँकने की थी। हुमायूँ, अकबर, जहाँगीर, और शाहजहाँ ने राजपूताना में लम्बे समय तक दो-दो हाथ किये, लेकिन राजपूत मानचित्रों पर मुग़लिया हरा रंग पोतने का विचार नहीं किया। वे समझते थे कि राजपूत चरित्र, भौगोलिक प्रकृति, और केसरिया शौर्य राज्य सीमाओं का विलोपन स्वीकार नहीं करेगा। बाबा रावल तथा संग्राम सिंह की भूमि को उन्होंने लूटा, रौंदा-कुचला, पर फिर उन्हीं राजाओं को सौंप कर आगरा-दिल्ली वापस लौट गये। मेवाड़ राणाओं ने कभी मुग़ल दरबार में हाज़िर हो कोर्निश नहीं की; न कहीं के युद्ध में उनकी टुकड़ियाँ मुग़ल सेना का हिस्सा बनीं।

राजनीति-मत्ता यही थी कि राजपूत राज्य महज़ दिल्ली छत्र के नीचे रहें और साम्राज्य के बृहत्तर लक्ष्यों में उनकी शक्ति का व्यवहार किया जाय, न कि वे अहं की पारस्परिक तलवारबाज़ी या टुच्ची जीवन-दृष्टि का लक्ष्य बनें। राजपूत पहली देशी जाति थी, जिसके साथ विदेशी, विजातीय मुग़लों का पहले सहयोग और फिर धीरे-धीरे संग्रथन हुआ।

इस्लामी ईरानी, तूरानी, और अफ़गान जातियाँ विजेता अहं के चलते हिन्दुस्तानी ज़मीन से दूरी बनाये रहती थीं। ऐसे में साम्राज्य जड़ों के गहरे जाने के लिए मुग़ल-राजपूत सामंजस्य अनिवार्य होने के अलावा और क्या हो सकता था?

सिर्फ़ भारत महान् में ही देखे जा सकते हैं कुछ अजूबे!

संयोग से इसी समय उदयपुरी महल यात्रा करते हुए राजपूत सिपाहियों के हत्थे चढ़ गयीं। यह जान कर आलमगीर के होश उड़ गये। वह 'राजपूतों के परम शत्रु सम्राट' की दासी नहीं, रखैल नहीं, परस्तार नहीं, बाक़ायदा क़ानूनन पत्नी थीं, बेगम थीं, राजकुमार काम बख़्श की माँ थीं। अब ये राजपूत हमारी बेगम को हर तरह से बेइज़्ज़त करेंगे, फिर उनका क़त्ल कर हमारे पास सुबूत भेजेंगे, तो देखो, हमने कैसे इन्तिक़ाम लिया, आलमगीर ने सोचा।

कल्पना कीजिए कि स्थिति उल्टी है। किसी राजपूत नरेश की पटरानी मुग़ल सिपाहियों के हाथ लग गयी, तो क्या हुआ? आस-पास सबसे ऊँचे मनसब के उमरा ने उन्हें कुछ दिन अपने हरम में रखा, फिर रानी क्रमशः नीचे होते हुए मनसब के सामन्त की ख़्वाबगाह में स्थानान्तरित होती रहीं। फिर अन्तिम सामन्त ने अपने किसी पसन्दीदा सैनिक को उन्हें उपहार में दे दिया और उस सैनिक ने पटरानी को कलमा पढ़वा कर अपनी चौथी या अस्थायी बीवी बनवा लिया।

यह पटकथा मुग़ल युग में सामान्य थी। पर ये राजपूत तो किसी और मिट्टी के बने होते हैं! उन्होंने उदयपुरी बेगम को पूरे आदर-सम्मान के साथ राजपूत सिपाहियों की सुरक्षा में सम्राट शिविर में भेज दिया (यह आचरण अनोखा नहीं था। शिवाजी भी ऐसा ही कर चुके थे।)। इस पर विराट बली को एक्स्ट्रा क्रोध आया, क्योंकि यह आलमगीर के समक्ष राजपूतों की शक्तिन्यूनता का नहीं, शक्तिआधिक्य का प्रतीक था!

पर आलमगीर ने आमूल-चूल पूरी नीति बदलने की बुनियादी भूल कर दी, जो इतिहास, भूगोल, परम्परा, सामान्य समझ, निजी एवं सामुदायिक कल्याण और साम्राज्य—सबके विरुद्ध जाती थी। इस विलम्बित युद्ध में मुग़ल सेना को सामरिक झटके लगने से राजसी प्रतिष्ठा को अपूरणीय क्षति पहुँची, दक्षिण में मुग़ल स्थिति जहाँ-तहाँ विविध मात्राओं में भेद्य बनी और सबसे संगीन परिणाम यह हुआ कि राजपूतों के साथ मुग़लों की अत्यधिक लाभकारी समय-सिद्ध राजनीतिक भागीदारी टूट गयी, जो मराठा नियन्त्रण के लिए अनिवार्य थी।

यही माहौल था, जब शहज़ादे अकबर ने विद्रोह का संकल्प कर लिया। सामान्य रूप से विजय इतिहास बनाती है। यह ऐतिहासिक विडम्बना है कि शहज़ादे अकबर की असफलता ने मुग़ल साम्राज्य तथा हिन्दुस्तान का इतिहास बदल दिया!

राजकुमार अकबर का पत्र राणा सिंह के बेटे भीम सिंह के नाम—"हम दोनों मिल कर ऐसे राज्य की पुनर्रचना कर सकते हैं, जहाँ सब मनुष्य भी सम्मानित हैं और सभी धर्म भी। धार्मिक असहनशीलता की जिस नीति पर सम्राट गतिशील हैं, उसका परिणाम साम्राज्य के महाविनाश में होगा। राजस्थान में पिछले एक वर्ष की घटनाओं से मेरी इस धारणा की संपुष्टि होती है कि मेरे महान् पूर्वज अकबर की 'सुलहे-कुल' की नीतियों में ही इस विस्तृत देश के उन्नयन की कुंजी है।

मेरी सेना के अधिकारी और सैनिक मेरी कमान में स्वतन्त्रता की पताका फहराने के लिए प्रस्तुत हैं। राणा और राजस्थान के दूसरे शासकों के साथ अनुबन्ध से सम्राट के तख़्तापलट की हमारी योजना को बल मिलेगा।

इस प्रस्ताव पर मैं आपकी प्रतिक्रिया की प्रतीक्षा कर रहा हूँ। उसके बाद मैं हमारे प्रतिनिधियों के मिलने की जगह वा तारीख़ का सुझाव दूँगा।

यह सन्देशवाहक मेरे संगी-साथियों में और मेरा स्वामिभक्त है। उनकी निष्ठा

सन्देह से परे है। अगर इस चरण पर आप लिखित शब्दों का व्यवहार नहीं करना चाहते, तो मौखिक सन्देश के लिए उन पर विश्वास कर सकते हैं।''

मायाविनी रूपशीला माहरुख़—ये थीं माहरुख़! कहा जाता है कि अकबर के ऊपर उनकी भावात्मक जकड़ पैशन का संक्रमण कर आध्यात्मिक हो गयी थी। एक नारी-गुण-समीक्षक (कवि जसवंत राय) ने भावविभोर होकर टिप्पणी की थी, ''उसकी मनीषा का लालित्य बाहरी संसार के आलोक को मन्द करता था और सब कुछ छाया के जलते-बुझते बिम्बों-सा प्रतीत होने लगता था।''

स्वाभाविक है कि इस सन्देश से राजपूत खिल उठे। अगर ऐसा हो गया, तो सम्राट की पहली प्राथमिकता विद्रोह का दमन होगा, राजस्थान का मानचित्र-परिवर्तन नहीं। राजपूतों ने तुरन्त इस दैवी वरदान के लिए अपने-अपने कुल-देवता की पूजा की। इस प्रस्ताव में वह सब कुछ था, जिससे राजपूत न सिर्फ़ अपनी स्वायत्तता और अपनी आन-बान-शान का रेखांकन कर सकते थे, बल्कि मारवाड़ एवं मेवाड़ पर आलमगीर के वर्तमान सामरिक लाभ का दूर तक ऋणीकरण भी स्वतः हो सकता था।

अकबर को मिला उत्तर—''हालाँकि सम्भाव्य के साथ वास्तविक को मापना सम्भव नहीं, फिर भी आपके प्रस्ताव में मैं उन संकीर्ण नीतियों के निराकरण का अवसर देखता हूँ, जिनसे आपके पिता ने राजस्थान एवं साम्राज्य को क्षति पहुँचायी है। आपका प्रस्ताव महामान्य राणा को इस संस्तुति के साथ भेजा जा रहा है कि इसे स्वीकार कर लिया जाय। जन्माष्टमी से पहले मैं आपसे सम्पर्क करूँगा। इस बीच मैं अपनी टुकड़ियों को आदेश भेज रहा हूँ कि अगली आज्ञा तक वह बचाव की मुद्रा अपनाये रखें।''

गंगा-जमुनी तहज़ीब के पैरोकारों का मिलन—दिसम्बर, 1680 में मेवाड़-मारवाड़ सीमा के एक एकाकी गाँव में दोनों पक्षों की भेंट हुई—एक ओर राणा जय सिंह एवं दुर्गादास राठौर और दूसरी तरफ़ अकबर तथा तहव्वुर ख़ाँ। पारस्परिक सहयोग का अनुबन्ध तैयार हुआ। दुर्भाग्य से यह आलेख नहीं मिलता।

तदनुसार 1 जनवरी, 1681 को अकबर का विचार वास्तविकता में बदल गया—उन्होंने अपनी बादशाहत की घोषणा कर दी—तहव्वुर ख़ाँ को प्रधान मन्त्री नियुक्त किया और अजमेर की ओर कूच कर दिया, जहाँ आलमगीर दूसरे बेटों—मुअज़्ज़म एवं आज़म—के साथ पड़ाव डाले हुए थे।

जहाँ आरा तथा दारा की लघु अनुकृति—ज़ेबुन्निसा कुछ दिन पहले दिल्ली से आयी थीं। अकबर से उनकी भेंट हुई थी। दोनों के बीच का स्नेह सम्बन्ध विशिष्ट था। उसे एक तरह से जहाँ आरा तथा दारा की लघु अनुकृति कहा जा सकता है। ज़ेबुन्निसा ने अकबर की विद्रोह योजना को 'एकदम अपरिपक्व एवं आत्मघाती'

मानते हुए दीदी वाली फटकार लगायी। उसे चुपचाप सही समय की प्रतीक्षा करने का निर्देश दिया, पर राठौर तथा सिसौदिया अपने विद्रोह का विस्तार करते हुए अकबर को संलग्न कर इसे मुग़ल राजवंश के आन्तरिक युद्ध में परिवर्तित करने में जुटे थे। "अगर आप चाहते हैं कि हिन्दुस्तान का सम्मान पूरी तरह विलुप्त न हो," राणा जय सिंह ने अनुरोध किया, "तो हम आपके जामे का छोर छूकर आपसे ख़ुशी एवं मुक्ति की कामना करते हैं।"

महानायक की जो भूमिका राजपूत शहज़ादे को उपहार में देने के लिए लालायित हो रहे थे, वह नि:सन्देह मोहक थी। उनके तर्क भी संगत तथा वैध थे। आलमगीर जो कर रहे हैं, वह अकबरे-आज़म की परम्परा में नहीं; साम्राज्य के दूरगामी हित में नहीं और जनसामान्य के आपसी सौहार्द्र के भी विरुद्ध है। वैसे भी अकबर 23 के थे और ज़िल्ले-सुब्हानी 63 के।

अगला उत्तराधिकार युद्ध दूर नहीं। तो उसके लिए अभी से पहल करने में क्या ग़लत है, जब सम्राट राजधानी में नहीं, प्रादेशिक शिविर में हैं? ऐसा राजनीतिक-सामरिक संकट भी सुलभ है, जिसे विस्तार देते हुए अपनी संकल्प-सिद्धि की जा सकती है, और सोने में सुहागा यह कि पूरा राजपूताना शहज़ादे के पीछे एकजुट है।

आलमगीर के कानों में पिघला हुआ शीशा!

इस विद्रोह-सूचना से आलमगीर लड़खड़ा गये। अकबर से उनका विशिष्ट लगाव था—दिवंगत हृदयेश्वरी दिलरस बानो की स्मृति थे। ऐसे ही गौहर आरा भी मुमताज़ महल की थीं, पर शाहजहाँ को गौहर से विशिष्ट तो क्या, सामान्य लगाव भी नहीं था। वह बेचारी गौहर को मलिका के देहान्त का उत्तरदायी मान उसके प्रति उदासीन ही पाये गये। आलमगीर ने इस विषय में परिपक्वता दिखाई, पर अभी पिता की विह्वलता से बचते हुए महामहिम ने सामने आयी चुनौती पर ध्यान देना बेहतर समझा।

आलमगीर के पास गिनी-चुनी सैनिक टुकड़ियाँ थीं। जैसी कि उनकी शैली थी—आपदा आने पर वह पहले सर्वशक्तिमान के सामने नतमस्तक होते थे; उसके शमन की चिन्ता बाद में करते थे। "ईश्वर मेरे विश्वासपात्र साथी हैं," उन्होंने प्रर्थना की, "यद्यपि इस समय मेरी स्थिति नाज़ुक है, पर फिर भी कोई कारण नहीं कि मैं इस उम्मीद का दामन छोड़ दूँ कि किसी तरह मेरे दुर्भाग्यशाली बेटे के काले मंतव्य पर रोक लगेगी और उसे पराजित किया जा सकेगा। यह मेरी ज़िन्दगी की पहली परीक्षा नहीं। ईश्वर ने पहले भी मुझे इससे भी संगीन और आशाहीन संकटों से मुक्ति दिलावायी है। उसमें सम्पूर्ण है मेरी आस्था!"

शहज़ादे अकबर की त्रुटिपूर्ण कार्य-शैली—अकबर ने प्रारम्भ अच्छा किया—पिता के पद-चिह्नों पर चलते हुए वंचना में प्रवृत्त हुए। उन्होंने जहाँपनाह को सूचना

दी कि वह राजपूतों के साथ समर्पण शर्तों पर बात कर रहे हैं और उनके कार्यान्वयन के लिए राजपूत प्रमुखों को लेकर अन्तिम निर्णय के लिए स्वयं दरबार में उपस्थित होंगे। इसके बाद ज़ेबुन्निसा ने जिन आशंकाओं का बखान किया था, वे सब सच्ची प्रमाणित हुईं। जो होना चाहिए था, वह न करने के लिए शहज़ादे पूरे पच्चीस बरस—आख़िरी हिचकी तक—पश्चाताप-विलाप करते रहे। ज़ेबुन्निसा ने जो सहा, वह अलग है। रणनीति यह वांछनीय थी कि वह तुरन्त अपनी एवं राजपूत सेना के साथ जोधपुर से चलें, चार-छह दिन बाद अजमेर पहुँचें और गिने-चुने शाही सैनिकों से दो-दो हाथ करें। उन्होंने ऐसा नहीं किया; सम्राट की प्रतिक्रिया की प्रतीक्षा करते रहे। दुर्गादास राठौर जैसे युद्धधनी ने उन्हें निष्क्रिय क्यों रहने दिया, इतिहास इस बारे में मौन है। तब तक आलमगीर को शहज़ादे के मंतव्य की भनक लग गयी। उन्होंने तुरन्त अकबर से स्पष्टीकरण माँगते हुए पूछा, "क्या विद्रोह की अफ़वाह सच्ची है?" अकबर महान् के पद-चिह्नों पर चलने का स्वप्न पाले उनके दूसरे अवतार की सूक्ष्म रणनीति मुलाहिज़ा हो—भावी सम्राट ने लौटती डाक से स्वीकार कर लिया! "पूरा साम्राज्य आपके अत्याचारों से त्रस्त है," उन्होंने खुलासा करते हुए सूचना दी, "विशेष रूप से विविध आस्थाओं वाली प्रजा के उन अधिकारों के दमन से, जो आपके पूर्वजों ने उन्हें प्रदान किये थे।" आगे उन्होंने ज़िल्ले-सुब्हानी को ललकारते हुए सलाह दी, "आप अपना घोड़ा कस कर युद्ध के लिए तैयार हो जाएँ, क्योंकि मैं स्वयं आपसे दो-दो हाथ करने आ रहा हूँ!"

अपने अज़ीज़ अब्बाजान से कुछ नहीं सीखा शहज़ादे अकबर ने! उत्तराधिकार युद्ध की पहली लड़ाई जीतने के बाद आगरा के दरवाज़े तक पहुँचे औरंगज़ेब ने शाहजहाँ के सन्देश का उत्तर यह दिया था कि मैं अज़ीज़ अब्बा हुज़ूर को कलेजे से लगाने के लिए आ रहा हूँ उनके सिर का ताज छीनने नहीं!

मुग़ल साम्राज्य के सातवें सम्राट शहज़ादे अकबर नौटंकी निर्देशक!

इसके बाद जो दृश्य उपस्थित हुआ, वह प्रहसन से कम नहीं था। अकबर ने आज्ञप्ति निकाल कर सम्राट को अपदस्थ कर दिया और शहज़ादे के वेतनभोगी चार उलेमा ने तुरन्त इसे वैध बनाते हुए दूसरी आज्ञप्ति जारी कर दी, जिसके अनुसार "आलमगीर इस्लामी विधान का उल्लंघन करने के कारण शासन करने का अधिकार खो चुके हैं!" (ऐसा आरोप और औरंगज़ेब के ऊपर! ख़ास एब्सर्ड नाटक की परम्परा में सही, पर जिसने सोचा, निःसन्देह प्रखर हास्य-बोध सम्पन्न रहा होगा।) फिर अकबर ने अपनी बादशाहत की घोषणा कर दी। अभी आलमगीर अकबर से 170 किलोमीटर उत्तर-पूर्व में थे। दो अलग-अलग इतिहासकारों के अनुसार तब शाही शिविर के पास विशाल सेवक-समाज के अलावा छह-सात सौ अथवा छह-सात सहस्त्र

अश्वारोही सैनिक थे, पर इस बारे में इतिहास एकमत है कि अकबर के झंडे-तले तीस हज़ार तपे हुए राजपूत सूरमा थे। अगर अकबर झपटते, तो विजय उनकी मुट्ठी में थी, पर अकबर ने फ़ूर्ति की ज़रूरत नहीं समझी। उन्होंने ख़रामा-ख़रामा बराती की चाल से चलते हुए अजमेर पहुँचने में पूरे पन्द्रह दिन लगा दिये। इसी आत्मघाती भूल से उनके नसीब पर मुहर लगने लगी। हर रात के अँधेरे में उनके अपने सैनिक विलुप्त होते हुए सम्राट की ओर जाने लगे। शहाबुद्दीन ख़ाँ के नेतृत्व में अनेकानेक कप्तानों ने समझ लिया कि इस 'कच्चे विद्रोही' का साथ देने से उनका क्या परिणाम होने वाला है। सब पश्चाताप वक्तव्य का पूर्वाभ्यास करते हुए 'शाही दहलीज़ का वफ़ादार ज़मींबोस' लेने के जुगाड़ में प्रवृत्त हो गये। विडम्बना यह है कि स्वयं आलमगीर ने टिप्पणी की, "मैं बिल्कुल असुरक्षित हूँ। युवा नायक को विलक्षण अवसर मिला है। वह आक्रमण में देर क्यों लगा रहा है?" एक इतिहासकार ने इसे व्यंग्योक्ति मानते हुए दावा किया है कि अकबर के इस सर्वविनाशी विलम्ब के पीछे स्वयं आलमगीर की कुटिलता थी—अकबर के निकटवर्ती ज्योतिषियों ने जहाँपनाह के संकेत पर शहज़ादे को आक्रमण के लिए दस-बारह दिन बाद का शुभ मुहूर्त दिया। पर फिर पुराना प्रश्न उठता है कि स्वयं राजपूत और उनके ज्योतिषी क्या कर रहे थे?

आलमगीर की स्थिति देर तक चिन्ताजनक नहीं रहने वाली थी। दक्षिण राज्यपाल शहज़ादे मुअज़्ज़म अपनी सेना के साथ दो-चार दिन में आने वाले थे और बंगाल राज्यपाल आज़म आठ-दस दिन में। अगर अकबर हमला करते, तो आलमगीर की पराजय लगभग अनिवार्य थी। पर आलमगीर ने एक उपाय सोच लिया।

'आलमगीर ज़िन्दा पीर' के कुछ आधारभूत सिद्धान्त थे।

पहला सिद्धान्त

आलमगीर—आलमगीर जो करते हैं, केवल सही करते हैं। उनके द्वारा जो सम्पन्न होता है, सिर्फ़ सत्याचरण होता है। अगर उनका कर्म किसी दूसरे के कर्म से टकराता है, तो ग़लती सदा दूसरे की होती है। इससे यह सिद्ध होता है कि शाहजहाँ के विरुद्ध उनका विद्रोह उचित और सही था, क्योंकि (1) शाहजहाँ 66 के हो चुके थे, जबकि औरंगज़ेब 40 के थे; और (2) शाहजहाँ को कुशासन करते हुए पूरे तीन दशक हो चुके थे।

अकबर—(1) आलमगीर 63 के हैं और मैं 23 का। (2) आलमगीर का कुशासन केवल 23 वर्ष का है, लेकिन वह देश को विनाश के कगार पर ले आया है।

आलमगीर—कुशासन सदा दूसरे का होता है। आलमगीर जो करते हैं, वह सुशासन होता है।

अकबर—अगर तर्क करते—सुशासन की आपकी परिभाषा से मैं असहमत हूँ।

आलमगीर—मुस्कुराते—बरख़ुरदार, हम सामने वाले को असहमति का अधिकार देते ही नहीं!

अकबर—भन्ना जाते—लेकिन—

आलमगीर—सख़्ती से आदेश देते—तख़्लिया!

अकबर—फिर भी बोलता जाता—सम्राट किसी की ज़ुबान नहीं पकड़ सकते।

आलमगीर—तुरन्त अपना हाथ ऊपर उठाते—सलीमगढ़! फिर अकबर की वही गति होती, जो आपा ज़ेबुन्निसा की हुई।

दूसरा सिद्धान्त

आलमगीर का दूसरा सिद्धान्त था, मनुष्य का हर कर्म—भला या बुरा यानी मिथ्या एवं वंचक—केवल ईश्वर से प्रेरित होता है—अगर उसका लक्ष्य पवित्र हो, तो। क्योंकि लक्ष्य आलमगीर के ताज की सुरक्षा थी (जिससे पवित्रतर लक्ष्य और कोई हो ही नहीं सकता!), इसलिए इस लक्ष्य तक पहुँचाने वाला हर माध्यम उचित तथा वरेण्य है।

तीसरा सिद्धान्त

आलमगीर का तीसरा सिद्धान्त भी उतना ही ध्यानाकर्षी और अभिनन्दनीय है—कर्म की मितव्ययता। अगर तरक़ीब से काम हो सके, तो तलवार निकालने की ज़रूरत क्या है? प्रात: स्मरणीय ने तरक़ीब का ही चमत्कार दिखाया—और इतिहास बदल दिया! (अब यह समय की विडम्बना है कि महामहिम की तरक़ीब ने पलट कर साँप बनते हुए ख़ुद उन्हीं को डँसा!)।

फिर देवराई रण-क्षेत्र बना निर्णायक!

अजमेर के पास वही देवराई मैदान था, जहाँ तेईस बरस पहले औरंगज़ेब तथा दारा शिकोह के बीच उत्तराधिकार की तीसरी और अन्तिम निर्णायक लड़ाई हुई थी। जिस तरह राजदुहिता ज़ेबुन्निसा जहाँ आरा का अगला पीढ़ीगत विस्तार थीं, उसी तरह अकबर दारा शिकोह की उदारवादी, समन्वयसम्पन्न दृष्टि का नया संस्करण बन सकते थे। अगर युद्ध होता और पराजित होते हुए अकबर 'दिलेरी से शहादत का जाम पी लेते', (मुस्लिम इतिहासकारों की प्रिय अभिव्यक्ति) तो करुण रसानुभूति के साथ इस उपकथा के अन्त को काव्य-शास्त्र का अनुमोदन मिल जाता। पर बेहद करुण रंगत वाला जुगुप्साभरा हास्यास्पद यथार्थ यह है कि यह युद्ध घटित हो ही नहीं पाया!

16 जनवरी, 1681—अघटित युद्ध ने बदल दिया इतिहास!

उस ऐतिहासिक रात को मुख्यधारा हिन्दी सिनेमा के अनुरूप न सिर्फ़ धारासार वर्षा के साथ बाक़ायदा घोर अमंगलसूचक धूमकेतु भी देखा गया, वरन् आलमगीर शिविर सैनिकों के अनुसार कब्रिस्तान में अपने-अपने भूमिगत शयन-स्थल से कफ़न-पहने मुर्दे भी निकले और अहाते की परिक्रमा करते हुए सामूहिक रोदन करते देखे गये। दुर्गादास राठौर को अपने शिविर में शाही मुहर लगा अकबर के नाम एक पत्र मिला, जिसमें सम्राट ने अपने 'विद्रोही' बेटे की कुटिल चाल की प्रशंसा करते हुए आश्वस्ति प्रकट की थी कि ''अब मुग़ल राजपूतों को हम दो पाटों के बीच कुचल देंगे।''

मध्यकाल का मनुष्य सचमुच कितना सहज विश्वासी था!

यह पत्र 'सही जगह' (दुर्गादास खेमे में) डालने का दायित्व माहरुख़ ने लिया था—एक लाख अशर्फ़ियों के भुगतान पर।

नहीं, दुर्गादास राठौर जवाब तलब करने के लिए पत्र लेकर अकबर शिविर तक गये थे, पर सेवक मंडली ने बताया कि मुग़ल साम्राज्य के स्वघोषित सप्तम् सम्राट अभी निद्रालीन हैं और सुबह ख़्वाबगाह से बाहर निकलने के बाद ही उनके दर्शन हो सकते हैं! दुर्गादास फिर ''प्रधान मन्त्री'' तहव्वुर ख़ाँ के शिविर तक पहुँचे, पर वह बिल्कुल ख़ाली पड़ा था। हुआ यह कि तहव्वुर राजकुमार को 'डूबती नाव' समझ कर छिपते हुए वास्तविक सम्राट के पास, क्षमायाचक बन कमर की पेटी गले में बाँध (आत्म-समर्पणसूचक-चिह्न) जीवन-दान के लिए गये थे, पर सम्राट से भेंट हो ही नहीं पायी—सैनिकों ने तुरन्त उनका वध कर दिया।

सुबह जब अकबर ताज़ा दम उठे—युद्ध के लिए सन्नध, तो सनाका खा गये। उनके पास ठीक तीन सौ पचास अश्वारोही सैनिक बचे थे। परिवार मुहम्मद सुल्तान—औरंगज़ेब के सबसे बड़े बेटे—की दुर्दशा का साक्षी था। ग्वालियर और सलीमगढ़ के राजसी बन्दीगृहों में 17 साल एड़ियाँ रगड़ कर इस विद्रोही ने छह बरस पहले (1676 में) साँस तोड़ी थी (मुअज़्ज़म और काम बख़्श को भी बन्दीगृह मे जाना था, लेकिन आगे चल कर।)।

जितनी तेज़ी से अकबर ने पलायन किया, वह कीर्तिमान बन कर रहा, लेकिन सौ चन्द्रमुखियों का हरम जैसे का तैसा साथ गया—उसमें कोई चूक नहीं हुई! (सुश्री माहरुख़ साथ थीं या नहीं, इतिहासकार इस विषय में ख़ामोश हैं। इतिहासकारों के साथ यही तो समस्या है! महत्त्व के ऐसे तत्त्व वे अनदेखे कर देते हैं।), एक पत्नी, दो बेटे, तीन बेटियाँ ज़रूर पीछे छूट गयीं।

वे चार उलेमा, जिन्होंने अकबर को वैधता दी थी, खुलेआम टिकटियों से बाँध दिए गये; फिर कोड़ों की भाषा से उन्हें समझाया गया कि अगर वैध शासन होता है, तो सिर्फ़ आलमगीर का!

अनुभाग 17

सलीमगढ़ में बन्दी होने वाली साम्राज्य की एकमात्र राजकन्या और आप्रवासी बन मृत होने को अभिशप्त उनके सहोदर

मेरी आत्मा इस बात का खंडन करती है कि कोई धर्म सर्वोपरि होता है। ईश्वर एक है और साथ ही वे सब भी, जो मानवीय साँस लेते हैं। मैं इसे स्वधर्मत्याग नहीं मानती। यह अन्तिम सत्य है।

—ज़ेबुन्निसा

वस्तुतः इस (विद्रोह) पथ के प्रदर्शक और शिक्षक जहाँपनाह ही हैं; दूसरे आपके पद चिह्नों पर चल रहे हैं। जिस पथ का चुनाव स्वयं जहाँपनाह ने किया है, उसे ''दुर्भाग्य-पथ'' कैसे कहा जा सकता है?

—राजकुमार अकबर का पत्र पिता के नाम

ऐ शहज़ादी!

''तुम्हारी ख़ुशियाँ, ऐ शहज़ादी, अब उजड चुकी हैं/ जहाँ कभी झरने बहा करते थे/ उस रास्ते पर सरू दरख़्तों के बीच/ उग आयी है जंगली घास/ और फैल गयी है बगीचे के दरवाज़े तक/ गुलाब कब का मुर्झा चुका, उड़ गयी बुलबुल/ ज़बुन्निसा याद बन कर रह गयी है।''

ये पंक्तियाँ ज़ेबुन्निसा ने बाद में लिखीं। इससे पहले वह राजपूताना के दमन और विनाश की साक्षी बनी थीं। सबसे प्रिय भाई अकबर पहले जोधपुर में नियुक्त हुआ था, फिर चित्तौड़ में। पुष्कर झील के पास तीन दिवसीय युद्ध का साउंड ट्रैक भी ज़ेबुन्निसा ने आस-पास से सुना। जोधपुर के तोड़े मन्दिरों में बनी मस्जिदों

में से एक में स्वयं भी प्रार्थनालीन हुईं; मुग़लों के नियन्त्रण में आये उदयपुर महल में चहलक़दमी की। जहाँ आरा बेगम साहिब के उन्हीं पद-चिह्नों पर चलीं, जो उनकी परम प्रिय फूफी ने लगभग 57 बरस पहले शहज़ादे ख़ुर्रम के विद्रोही दौर में छोड़े थे। फिर चित्तौड़ गयीं, जहाँ अकबर सर्वोच्च मुग़ल अधिकारी थे। उदयपुर के 173 और चित्तौड़ के 63 मन्दिरों का मलबा देखा, जिन्हें तोड़ने का श्रेय उनके पिताजी को जाता था। सूफ़ी होने के नाते मीरा बाई पादशाह बेगम को विशेष प्रिय थीं। 'प्रेम दिवानी' द्वारा बनवाये श्रीकृष्ण मन्दिर के भग्नावशेष देखे।

राणा अपदस्थ हो गये थे, लेकिन पराजित नहीं। मेवाड़ पददलित हो चुका था, पर सिसौदिया सेना अक्षुण्ण थी—अरावली पर्वत-शृंखला में छिपी और अवसरानुसार छापा मार शत्रु पक्ष को भरसक क्षति पहुँचाती हुई। राणा सागर झील के पास मुअज़्ज़म शाह आलम की छावनी थी, जिसकी विशाल सैनिक-संख्या का अनुमान इसी बात से लगाया जा सकता है कि घोड़े पर छावनी का एक चक्कर लगाने में आठ घंटे लगते थे, पर राजपूतों के केसरिया बाने का तेज जैसे का तैसा था।

ज़ेबुन्निसा प्रवचन—ज़ेबुन्निसा ने अकबर को समझाया, ''यह सही है कि औरंगज़ेब के विद्रोह के समय शाहजहाँ 66 के थे और तुम्हारे विद्रोह के समय आलमगीर 63 के हैं, लेकिन शाहजहाँ ने कामोत्तेजक औषधियों के अतिसेवन से अपना स्वास्थ्य चौपट कर लिया था, जबकि आलमगीर परम सात्त्विक जीवन जीते हैं। शाहजहाँ वा जहाँ आरा के अनुरोध पर अगर औरंगज़ेब धर्माट लड़ाई से पहले दक्षिण वापस लौट भी जाते, तब भी उत्तराधिकार युद्ध होकर रहता। मुराद सिर्फ़ दुस्साहसी एवं समर प्रवीण थे, कुशल प्रशासक नहीं। असली मुठभेड़ शाह शुजा वा दारा के बीच होती। हो सकता था, शाहजहाँ की मृत्यु होने तक उनकी छत्रछाया में दारा सिंहासन पर बैठे रहते और शाह शुजा भगोड़े विद्रोही की अनिवार्य विवश भूमिका निभा रहे होते, लेकिन शाहजहाँ की आख़िरी हिचकी के साथ औरंगज़ेब को तख़्ते-ताऊस को चुनौती देनी ही थी; सिंहासनारूढ़ को धूल चाटनी ही थी, और औरंगज़ेब को सिर पर ताज रखना ही था। इसे मुग़ल वंश का अनिवार्यता सिद्धान्त कहते हैं।

प्रिय भाई, वैसे भी अभी ईरान के साथ शान्ति है, अफ़गानों को प्रसन्न कर लिया गया है, आसाम वा बीजापुर साम्राज्य में जोड़ कर सीमा वृद्धि हो गयी और शिवाजी के देहान्त से मराठा आक्रामकता बुझी और बिखरी हुई है, इसलिए राजपूताना आक्रमण के कारण सम्राट से टकराना आत्मविनाश के अलावा और कुछ नहीं, हालाँकि दरबार बेहद विचलित है, पर तुम्हारे सगे बड़े भाई आज़म और उनसे भी बड़े आधे भाई मुअज़्ज़म तुम्हारी दावेदारी को चुनौती देंगे। चूँकि राजपूत तुम्हारे साथ हैं, इसलिए अलग-अलग वर्गों के सामन्त अपने भविष्य को ध्यान में रखते हुए आज़म अथवा

मुअज़्ज़म में से किसी एक को चुनेंगे—भले ही किसी की हमदर्दी तुम्हारे ही साथ हो, पर त्रिकोणीय संघर्ष की नौबत आएगी ही नहीं। सम्राट की रणनीतिक सूझ-बूझ ऐसी सक्षम है कि अगर उनको शाहजहाँ की तरह तीन-तीन राजकुमारों की सम्मिलित चुनौती भी झेलनी पड़े, तो वह तीनों को कुचल देंगे। फिर तीनों को सलीमगढ़ में रखेंगे। फिर एक साथ तीनों की एक-एक आँख फोड़ेंगे; फिर उसमें नीबू निचोड़ कर ख़ुद नमक छिड़केंगे। फिर ज़ुहर की नमाज़ पढ़ेंगे और पसन्दीदा गोश्त-खिचड़ी खा कर सो जाएँगे। एक सप्ताह बाद तीनों राजकुमारों की दूसरी आँख के साथ ऐसा ही व्यवहार करेंगे। अगली सुबह जब ज़िल्ले-सुब्हानी ईश्वर से वार्तालाप करेंगे, तो सुनाई देगा, ''आलमगीर, तुमने जो किया है, वह उचित और सही है। तुम महान् हो, क्योंकि तुमने बाप के ऊपर बादशाह के कर्तव्य को प्राथमिकता दी। धर्म और साम्राज्य अगर किसी के हाथों में सुरक्षित रह सकता है, तो वह केवल तुम हो।'' इसलिए मेरे परम प्रिय भ्राता अकबर, विद्रोह का अंकुर फ़िलहाल जहाँ का तहाँ फ्रीज़ कर दो और स्वयं पर ज़ब्त करते हुए सही समय की प्रतीक्षा करो।''

सरल नहीं है स्वयं पर ज़ब्त!

ज़ेबुन्निसा ने सलाह दे तो दी, लेकिन वह स्वयं अपने पर नियन्त्रण नहीं रख सकीं—सच्चाई बाहर आने को छटपटा जो रही थी। उन्होंने अकबर को निम्नलिखित पत्र लिखा—''ऐसा लगता है कि जहाँ तक आत्मा से सम्बन्धित मामलों का सवाल है, हम पर पाबन्दी लगी है कि हम ईमानदारी से न बोल पायें। मैंने अपनी कविता में इस्लाम की अवमानना नहीं की है, बल्कि यह कहा है कि मनुष्यों का जब जन्म होता है, तो वे समान होते हैं। इस निरूपण से तथाकथित पवित्र युद्ध अपवित्र हो जाता है। मेरी आत्मा इस बात का खंडन करती है कि कोई धर्म सर्वोपरि होता है। ईश्वर एक है और साथ ही वे सब भी, जो मानवीय साँस लेते हैं। मैं इसे स्वधर्मत्याग नहीं मानती। यह अन्तिम सत्य है। जहाँपनाह का विचार भिन्न है।

वह प्रशासक हैं—अपनी प्रजा की नियति के पंच। तरफ़दारी करने वाला नरेश, चाहे कितना ही धर्मपरायण एवं महान् हो, इस शब्दावली का विरोधाभासी बना रहता है। ''मख़्फ़ी'' (शब्दार्थ पोशीदा; ज़ेबुन्निसा की कवि संज्ञा) अपने भाई के लिए अपनी भावनाएँ नहीं छिपा सकती, जिससे वह बहुत स्नेह करती है। मेरी शुभ कामनाएँ तुम्हारे साथ हैं।''

यह पत्र है शहज़ादी ज़ेबुन्निसा का! औरंगज़ेब की सबसे बड़ी और उत्तराधिकार युद्ध तक सबसे चहेती पुत्री का। पिता के सिंहासनारोहण से पितामह शाहजहाँ के देहान्त तक लगभग आठ वर्ष पादशाह बेगम पद पर प्रतिष्ठित रहीं। फिर जब

आलमगीर जहाँ आरा बेगम को शाहजहाँनाबाद ले आये, तो ज़ेबुन्निसा ने ख़ुशी-ख़ुशी इस पदवी पर फूफी का पुर्नप्रतिष्ठान स्वीकार किया।

इस पत्र से अकबर ने कितनी और कैसी विद्रोह-शक्ति अर्जित की, यह तो नहीं कहा जा सकता, पर कम-से-कम यह आश्वस्ति ज़रूर सँजोयी कि आपा मेरे साथ हैं।

अकबर हड़बड़ी में अपने शिविर से भागे थे। ज़ेबुन्निसा के अनेक पत्र आलमगीर के हाथ लग गये। 16 जनवरी, 1681 मुग़ल वंश, साम्राज्य, और देश—तीनों की ऐतिहासिक तिथि बन गया। ज़ेबुन्निसा तब अजमेर में थी—राजसी शिविर में। पूरा परिवार साथ था। उसी दिन आलमगीर ने ज़ेबुन्निसा को सलीमगढ़ के लिए रवाना कर दिया, जहाँ 21 बरस बाद उनका देहान्त हुआ। ज़ेबुन्निसा को जहाँ आरा के तीस हज़ारी बाग़ में दफ़नाया गया। अंग्रेज़ी शासन काल में उस क्षेत्र में जब रेलवे पटरियाँ डाली जा रही थीं, तो ज़ेबुन्निसा के अवशेष सिकंदरा ले जाकर वहाँ दफ़्ना दिये गये।

'भ्रमित विद्रोही' और 'श्रेष्ठ पश्चातापक'—पलायन की दूसरी रात अकबर की भेंट राजपूतों से हो गयी। पत्र की वास्तविकता जान कर दुर्गादास राठौर पानी-पानी हो गये। इसके बाद लगभग आठ बरस तक, जब तक अकबर ने ईरान जाने के लिए गोवा से जहाज़ नहीं पकड़ा, दुर्गादास के जीवन का एक लक्ष्य रहा—अकबर की सुरक्षा और उनके विद्रोह को सार्थक बनाने में सहायता। अपनी धरती, अपना घरबार छोड़ कर दुर्गादास ने अकबर के प्रति जैसी मैत्री, निष्ठा, और समर्पण दिखाया, वह इतिहास में मिसाल है।

इस समय आलमगीर का पहला लक्ष्य था—अकबर पर क़ब्ज़ा। सलीमगढ़ में मुहम्मद सुल्तान की जगह लेने मेरा दूसरा सपूत आ रहा है, आलमगीर के भीतर बैठे पिता ने सोचा। यह समझने में आलमगीर को क्या देर लगनी थी कि सिर्फ़ मराठों के पास ऐसा साहस, शौर्य, और हास्य-बोध है, जो आलमगीर के शत्रु को कोंकण में शरण दे सकता है, इसलिए उन्होंने तुरन्त सतर्क सुरक्षा अवरोधक व्यवस्था सम्पन्न कर दी।

अकबर का पत्र शम्भू जी के नाम—"महान् नरेशों के सिरमौर, आपकी असीम अनुकम्पा की आशा करते हुए मैं आपको बताना चाहता हूँ कि बिल्कुल शुरू से आलमगीर का यह इरादा था कि सारे हिन्दुओं का विनाश कर दिया जाय। महाराज जसवंत सिंह के निधन पर यह स्पष्ट हो गया। राणा राज सिंह (उदयपुर) के साथ उनका युद्ध भी इसी नीति का हिस्सा है।

सभी मनुष्य विधाता की रचना हैं; वह सबकी सुरक्षा करता है। हिन्दुस्तान सम्राट की हैसियत से हमारे लिए यह उपयुक्त नहीं कि हम यहाँ की ज़मींदार जाति

को उखाड़ फेंकने की कोशिश करें। जब सम्राट आलमगीर ने इस विषय में सीमा तोड़ दी, तब मैं समझ गया कि अगर इन लोगों का उन्मूलन हुआ, तो हिन्दुस्तान की कमान हमारे परिवार के हाथ में नहीं रहेगी। इसलिए, अपनी विरासत बचाने और राजपूत जाति, जो अर्से से हमारे प्रति निष्ठावान रही है, पर दया आ जाने के कारण राणा राज सिंह और दुर्गादास राठौर की प्रार्थना पर मैंने यह निर्णय किया कि अजमेर जाऊँ और सिंहासन के लिए युद्ध करूँ, ताकि ईश्वर का इरादा साफ़ हो जाय। इन परिस्थितियों में राणा राज सिंह के निधन से कुछ विलम्ब हुआ। एक माह के बाद राणा जय सिंह ने मेरे सामने पादीशाह .कुलीख़ाँ के माध्यम से—जो झीलवाड़ा में उनके क्षेत्र में लूटपाट करने गये थे—अपने पिता के जैसा निवेदन रखा, "अगर आप चाहते हैं कि हिन्दुस्तान की प्रतिष्ठा अखंडनीय रहे, तो हम प्रार्थना में आपका चोग़ा छूते हैं—अपनी मुक्ति और आपकी समृद्धि की आशा के साथ।"

इन दो महान् वंशों के निवेदन पर मैंने अपनी विरासत पर नियन्त्रण अभियान शुरू किया। जब मैं आलमगीर के शिविर से दो मील के दायरे में पहुँचा—सूर्यास्त के तीन घंटे बाद, तो आलमगीर ने .कुली ख़ाँ की हत्या करवा दी। हालाँकि यह मृत्यु मेरे उद्यम के लिए विनाशकारी नहीं थी, पर चूँकि .कुली ख़ाँ के माध्यम से सिसौदिए और राठौर वंश मेरे पाले में आये थे, इसलिए उन्हें यह आधारहीन सन्देह हो गया कि यह सारा तामझाम आलमगीर की रणनीति थी। इस तरह वे मुझे बताये बिना अपने-अपने घर को कूच कर गये। उनकी विदाई से मेरे सिपाहियों का मनोबल टूट गया; वे भाग खड़े हुए। युद्ध की नौबत ही नहीं आयी।

इसके बाद मैंने अपने रनिवास से कुछ लोगों को लिया और मारवाड़ की तरफ़ चल पड़ा। अगले दिन की रात दुर्गादास राठौर ने अपने दस्तों के साथ मुझे देखा और मेरे साथ चलने का निर्णय लिया। मैंने मारवाड़ के दो-तीन चक्कर लगाये। मुअज़्ज़म, जिन्हें मेरा पीछा करने के लिए नियुक्त किया गया था, मुझ तक नहीं पहुँच सके, तो उन्होंने मारवाड़ के विविध स्थलों पर चौकियाँ बना दीं। इस तरह मैं राणा राजसिंह के राज्य में पहुँचा। उन्होंने मुझे घोड़े और दूसरे उपहार दिये और मुझसे प्रार्थना की कि मैं उनके राज्य में रहूँ। लेकिन चूँकि सम्राट का शिविर पास ही था, ऐसा करना समझदारी नहीं होती। इसलिए आपके शौर्य और ऊँचे मनोबल को याद करते हुए मैंने आपके देश की ओर कूच करने का निर्णय लिया। इस तरह सभी कार्यों के नियामक की अनुकम्पा से मैंने 9 मई, 1681 को महेश्वर से नर्मदा पार कर ली। दुर्गादास राठौर मेरे साथ हैं। मुझको लेकिर निश्चिन्त रहें और आशा करें कि यदि ईश्वर ने चाहा, तो सिंहासन मिलने के बाद नाम मेरा होगा और राज्य आपका। आपके और मेरे प्रति आलमगीर की शत्रुता को समझते हुए मन बना लीजिए कि हम दोनों को एक साथ इस विषय में काम करना है।

(पद्य) *एक स्थिति में नहीं रहता संसार/ बेहतर है अच्छा नाम कमा लेना, जो बना रहता है स्मृति-चिह्न। यही अपेक्षा रहती है एक व्यक्ति और नायक से/ और क्या कहूँ; बुद्धिमान को संकेत काफ़ी होता है।* 11 मई, 1682 को लिखित।

आलमगीर सपूत और शिवाजी सपूत का गठबन्धन!

शम्भू जी का उत्तर आने में देर नहीं लगी, जिसमें वादा किया गया था कि ''औरंगज़ेब के धर्म दुराग्रह के विरुद्ध जिसमें हथियार उठाने का साहस है, उन्हें हमारे दरबार में अपनी कार्यवाहियों का आधार मिलेगा।''

आलमगीर ने मारवाड़, मेवाड़, अरावली पर्वत-शृंखला, मालवा, और गुजरात की सख़्त नाकाबन्दी कर रखी थी, चप्पे-चप्पे पर जाल बिछे थे, नर्मदा के हर घाट और पुल पर पहरा था। ''ज़रूरत पड़े तो मालवा की हर नाव में छेद कर दिया जाय'' जैसे सम्राट के आदेश के बावजूद, 9 मई, 1681 को इस टोली ने रात के अँधेरे में वेष बदल कर नर्मदा पार कर ली। फिर अकबरपुर के पास आलमगीर के सुरक्षा कवच में सेंध लगा ली और बुरहानपुर के पास ताप्ती पहुँच गये। यहाँ भी शाही पहरा था। तो वे पश्चिम की ओर मुड़े और खानदेश वा बगलाना का रास्ता पकड़ा। पनघट की डगर बेहद कठिन और ख़तरनाक थी, पर जैसे 16 साल पहले जैसे शिवाजी ''हर गली, हर मोड़, हर पहाड़, हर घाट के पहरे'' को चकमा देते हुए, सकुशल कोंकण पहुँच गये थे, वैसे ही दुर्गादास के पाँच सौ पराक्रमी सैनिकों के बीच सुरक्षित अकबर ने अन्ततः कोंकण की ग़ैर-मुग़ल वायु में खुल कर साँस ले ही ली!

मुलाहिज़ा हो आलमगीर के प्रतिशोध का नमूना!

यह लगभग सर्वमान्य है कि दक्षिण राज्यपाल ख़ाने-जहाँ बहादुर ख़ाँ ने बग़ावती शहज़ादे को नज़रअन्दाज़ कर मराठा देश जाने दिया। उनकी एक बेटी नसीम अख़्तर से अकबर की मँगनी हुई थी। ख़ाने-जहाँ सचमुच आशावादी थे, जो अपने होने वाले दामाद में उन्होंने ''अपने भविष्य की उज्ज्वलता'' देख ली। पर आलमगीर तो अपराध करने से पहले ही व्यक्ति को अपराधी घोषित कर देते थे। उन्होंने तुरन्त ख़ाने-जहाँ का स्थानान्तरण कर दिया और वर्तमान पादशाह बेगम ज़ीनतुन्निसा के आमन्त्रण पर नसीम को अकबराबाद बुला लिया। वह अपने पिता के पास वापस तभी लौट सकीं, जब आठ बरस बाद हताश अकबर हिन्दुस्तान की सरज़मीन छोड़ गये!

ईश-प्रतिनिधि का आत्म-साक्षात्कार—आलमगीर स्वयं को धरती पर ईश्वर का प्रतिनिधि मानते थे। किसी मनुष्य की कार्य-परिभाषा में यह नहीं आ सकता

था कि आलमगीर के अधिकार और दायित्व पर सवाल कर सके। ईश्वर न करे, लेकिन अगर सम्राट के भीतर किसी मुद्दे को लेकर सन्देह या दुविधा हो, तो वह किसी मन्त्री या सामन्त से परामर्श भी नहीं कर सकते थे, क्योंकि वे लोग सिर्फ़ मनुष्य थे। ऐसी स्थिति आनेपर वह अभेद्य एकान्त में ईश्वर के साथ सीधे संवाद करके धुँधलका छाँट लेते थे (उत्तराधिकार युद्ध से ठीक पहले एलोरा की गुफाओं में उन्होंने यही किया था।)। इस बार भी 11 सितम्बर, 1681 से तीन दिन उन्होंने यही किया। फिर वह अपने प्रार्थना कक्ष से बाहर निकले और प्रतीक्षारत कुलीन वर्ग को बताया, ''मैं राजपूताना में सशस्त्र कार्यवाही बन्द कर रहा हूँ। मुसलमान रक्त ऐसा मूल्यावान है, जिसे विधर्मी धरती पर क़ब्ज़ा करने लिए नहीं बहाना चाहिए।''

मनुष्य होने के नाते इतिहासकार ख़ासे चंचल पाये जाते हैं। फिर ईश्वर के साथ उनका सीधा तार भी नहीं जुड़ा होता। उनको यह मानने से कोई रोक नहीं पाया कि अकबर की दक्षिण उपस्थिति से विराट बली विचलित हो गये। शिवाजी मुग़लों के विरुद्ध बीजापुर और गोलकुंडा के साथ साझा मोर्चा बनाने की पहल कर चुके थे, पर अब राजपूतों को साथ लिए अकबर नाम की वह राजसी गोंद भी थी, जो अहमद नगर को भी साथ लाते हुए ऐसे मोर्चे को सामूहिक शक्ति, देशव्यापी पहुँच और ''राष्ट्रीय'' धार दे सकती थी। राजपूताना की संलग्नता इस मुहिम को अति विशिष्ट बना रही थी। दिल्ली के लिए राजपूताना साम्राज्य के इक्कीस प्रदेशों में से एक था। न वह राजस्व की दृष्टि से 'रोकड़ बाक़ी' (अतिरिक्त राजस्व देने वाला) प्रदेश था, न सैनिकों के सिवा वहाँ कुछ पैदा होता था, जबकि दक्षिण अपने-आप में साम्राज्य माना जाता था। बीजापुर, गोलकुंडा, और अहमद नगर—प्रत्येक को सल्तनत कहा जाता था और वे थीं। दक्षिण के राजनीतिक महत्त्व की तुलना राजपूताना से नहीं की जा सकती थी। गोवा बन्दरगाह के कारण दक्षिण का व्यवसायिक महत्त्व भी था और शेष संसार से सम्पर्क बिन्दु भी। फिर आलमगीर के धार्मिक विध्वंस पर गहरा एवं सकारात्मक रोष दक्षिण में ही देखा जा रहा था। आलमगीर समझ गये कि इससे पहले कि अकबर की ध्वजा-तले समूचा दक्षिण एकजुट हो जाय, उसका (अकबर का) दमन अनिवार्य है।

शिवाजी से सम्बद्ध अपने अनुभव से वह जानते थे कि यह दायित्व सिपहसालारों पर छोड़ना उपयुक्त नहीं होगा। वे अलग-अलग कारणों से काम में देर लगाते (राजधानी से दूर युद्ध में ऊँचा आर्थिक लाभ था।) या रोड़ा अटकाते थे। फिर यहाँ विद्रोही के सम्राट-पुत्र होने से राजनीतिक रंगत करेले को नीम पर चढ़ा रही थी।

इतिहास बदलने वाला निर्णय—इसलिए उन्होंने तुरन्त मारवाड़ और मेवाड़ से समझौता कर ख़ुद दक्षिण जाने का निर्णय लिया। जज़िया के एवज़ में तीन परगने

लेकर मेवाड़ से तो समझौता हो गया, लेकिन मारवाड़ आलमगीरी शमशीर की चकाचौंध से चमत्कृत होते नहीं देखा गया। लगभग सात बरस बाद अकबर को सुरक्षित ईरान जाने वाले जहाज़ में बैठाने के बाद दुर्गादास फिर लौटे और उन्होंने शिवाजी शैली में छापामार लड़ाई का स्थानीय रूपान्तर विकसित कर लिया। देखते-देखते मारवाड़ में बिल्कुल दक्षिण जैसी स्थित बन गयी। दो प्रशासनों (मुग़ल और मराठा) के मान्य हो जाने की जिस आपत्ति के कारण शाहजहाँ और आलमगीर ने दक्षिण में चौथ और सरदेशमुखी देने से इन्कार कर दिया था, मारवाड़ में नियुक्त मुग़ल सिपहसालार शान्ति, हानि, और अपनी जान बचाने के लिए अनौपचारिक रूप से उसी के वास्ते राज़ी हो गये। मुग़ल-मारवाड़ युद्ध आलमगीर की आख़िरी हिचकी के दो साल बाद तक चला—अन्ततः तब रुका, जब पूरे तीस बरस बाद अजीत सिंह ने विजय दुन्दभी के साथ जोधपुर में प्रवेश किया और दिल्ली ने उन्हें नरेश मान लिया।

अभी अफ़गान विद्रोह शिथिल हुआ था, समाप्त नहीं, और आलमगीर ने राजपूताना में राठौरों और सिसौदियों के साथ हाड़ा वा गौड़ कुनबों को भी अपना शत्रु बना लिया था। इस संकीर्ण दृष्टि ने मुग़ल सेना से श्रेष्ठ और अत्यन्त विश्वस्त सैनानियों की भर्ती का स्रोत बन्द कर दिया। अराजकता राजपूताना के साथ मालवा तक पहुँची और वहाँ से होकर दक्षिण जाने वाला रास्ता ख़तरे में पड़ गया।

तब विशाल वाहिनी के आगे सूर्य राज-चिह्न की पताका-तले घोड़े की रासें थामे चलते आलमगीर को मालूम नहीं था कि अब वह कभी दिल्ली वापस नहीं लौट पाएँगे—26 वर्ष मराठों से अन्तहीन, परिणामहीन युद्ध करते हुए, साम्राज्य के पतन के पहले चरण का प्रारम्भ करते हुए, आख़िरी हिचकी के साथ वहीं विलाप करेंगे, ''मेरे बाआआद—सिर्फ़ फ़साआआद!''

अँधेरे होते गये साये—शम्भू जी ने शहज़ादे अकबर का स्वागत किया, पर उनका लक्ष्य व्यावहारिक एवं सीमित था—मुग़लों को दक्षिण से बाहर खदेड़ दिया जाय। उत्तर की ओर देखने की न उनमें सामर्थ्य थी, न इतनी लालसा-उड़ान।

दक्षिण में शहज़ादे अकबर ने लगभग सात बरस रहे। शम्भू जी द्वारा उन्हें तीन सौ रुपये रोज़ाना दैनिक भत्ता दिया जाता था। अकबर ने यह समय इस आशा में काटा कि जल्दी ही एक दिन दिल्ली की ओर उनकी विजय-यात्रा होगी। दुर्गादास और कविकुलिश ने अकबर का मनोबल भरसक बनाये रखा। शम्भू जी ने छापामार लड़ाइयों की कुछ ठोस योजनाएँ अकबर के सामने प्रस्तुत कीं, लेकिन ऐसी असमान झड़पों में अकबर की दिलचस्पी नहीं थी। यह 'सम्पूर्ण जीवन कार्यक्रम' था, जबकि अकबर 'आर-पार समर' के हिमायती थे। पर उसकी दूर-दूर तक कोई सम्भावना नहीं थी। बीजापुर पर मुग़ल आधिपत्य हो चुका था, अकबर के सगे बड़े भाई

आज़म बीजापुर के दामाद बन चुके थे। गोलकुंडा और अहमद नगर अपनी आन्तरिक उलझनों में ग्रस्त थे। मारवाड़ और मारवाड़ अपने युद्ध घावों का हिसाब कर रहे थे। राजपूताना ऐसा उजड़ गया था कि किसी सामरिक अभियान पर विचार तक करने के लिए उसे वर्षों की अवधि चाहिए थी। वैसे भी मेवाड़ राणा 'ऐसी परिस्थितियों में हस्तक्षेप करने से हिचकिचा रहे थे, जिनके ऊपर उनका कोई नियन्त्रण नहीं था।' राणा से यह कोई नहीं कह सका कि युद्ध पर ईश्वर के अतिरिक्त और किसी का नियन्त्रण नहीं होता।

शम्भू जी शिवाजी जैसे तेजस्वी नहीं थे, जो विविध तत्त्वों को एकसूत्र कर सकें। उनकी सामर्थ्य सीमित थी; फिर वह घरेलू कलह के भी शिकार थे। दुर्गादास तेजस्वी एवं आक्रामक थे, लेकिन उत्तर में ही प्रभावी हो सकते थे। दक्षिण उनकी ज़मीन नहीं थी। ऐसे में किसी तरह की मिली-जुली सेना के साथ दिल्ली की ओर कूच करने का सपना सिर्फ़ वही हो सकता था—यानी सपना!

फिर खालिस औरंगज़ेबी चाल!

जब शाहजहाँ के आदेश के विपरीत औरंगज़ेब उनको देखने और उनकी स्वास्थ्य-कामना का बहाना लिए राजधानी की ओर बढ़े आ रहे थे और उस सम्राट ने अपने क्रोध, भर्त्सना और धिक्कार का सार्वजनिक प्रदर्शन किया था, तो औरंगज़ेब का धृष्ट उत्तर यही था कि परम पूज्य पिताश्री, मैं आपके पद-चिह्नों पर ही तो चल रहा हूँ! इतिहास की यही तो अक्षमता है कि निजी, चरम नाटकीय क्षणों को वह टंकित नहीं करता। जब आलमगीर का विद्रोही बेटा मराठों का शरणार्थी बनते देखा गया, तो क्या ज़िल्ले-सुब्हानी ने अपने रक्त, वंश, तथा तख़्ते-ताऊस की प्रकृति को धिक्कारा? वैसे भी महामान्य की मान्यता थी कि सिंहासन पर बैठने की पात्रता अगर किसी में है, तो केवल, और केवल, औरंगज़ेब में। अकबर उनके क्रोध महापुंज का लक्ष्य थे, जिन्होंने ताज की 'अपवित्र कामना' की। पर अब सम्राट बिल्कुल विवश थे। तो उन्होंने पिता के रूप में चाल चली।

आलमगीर का पत्र शहज़ादे अकबर ने नाम—"मुहम्मद अकबर, मेरे बेटे! मेरे मन में बसे; मेरे जिगर के टुकड़े! ज़िन्दगी जैसे अज़ीज़! मेरी निश्छल अनुकम्पा से आश्वस्त, उल्लसित हो जाओ।

ईश्वर मेरा साक्षी है कि अपने अन्य बेटों के सामने मैं तुम्हें अधिक मूल्यवान मानता हूँ, अधिक प्रेम करता हूँ। लेकिन अपने दुर्भाग्य के चलते तुम राजपूतों, मानवीय आकार में राक्षसों, की प्रवंचना और रणनीति से प्रलोभित हो गये। स्वर्ग के ऐश्वर्य का अपना दाय खो दिया और दुर्भाग्य के पहाड़ों वा वीरानी के घुमक्कड़ बन गये। मैं तुम्हारा क्या उपचार करूँ और क्या सहायता हूँ? जब मुझे तुम्हारी

परेशानी, चिन्ता, हताशा, और विनाश के बारे में मालूम हुआ, तो मैं दुःख और सन्ताप में डूब गया। मेरा जीवन ही कड़वा हो गया। हा हन्त! सम्राट के बेटे होने और राजसी श्रेणी गर्व को नज़रअन्दाज़ कर अपनी नादानी में तुमने अपने यौवन का भी विचार नहीं किया। तुमने अपनी पत्नियों तथा सन्तान के बारे में नहीं सोचा और उन्हें पशु जैसे दिखने वाले और उन्हीं जैसे हृदय वाले राजपूतों के चंगुल में छोड़ दिया। तुम खेल की गेंद की सभी दिशाओं में भाग रहे हो—कभी उठते हुए, कभी गिरते हुए और कभी जान बचाते हुए।

क्योंकि सृष्टि के पिता ने सारे पिताओं के मन में अपने बेटों के लिए स्नेह भर दिया है, मैं अपने प्रति तुम्हारे बेहद संगीन पापों के बावजूद यह नहीं चाहता कि तुम्हें अपने कर्मों का दंड मिले।

(पद्य) बेटा भले ही क्यों न हो राख का ढेर/ माँ-बाप के लिए वह रहता है आँख का अंजन।

जो अतीत है, उसे अतीत रहने दो। अब अगर नियति तुम्हें निर्देश दे रही है कि तुम अपने अनुपयुक्त कर्मों पर प्रायश्चित करो, तो तुम अपनी पसन्द की किसी भी जगह मेरी सेवा में उपस्थित हो सकते हो। भूलों और अपराधों की तुम्हारी कर्म-पोथी पर क्षमा की लेखिनी चल जाएगी और तुम्हारे प्रति ऐसी अनुकम्पा और पक्षपात दिखाया जाएगा, जिसकी तुमने कल्पना भी नहीं की होगी। तुम्हारी सारी आपत्ति और दुर्दशा की क्षतिपूर्ति कर दी जाएगी। हालाँकि मेरी अनुकम्पा तुम्हें अपने-आप को मेरे सामने प्रस्तुत करने पर निर्भर नहीं करती, फिर भी चूँकि तुम्हारा दुर्भाग्य ऊपर से फलित हुआ है, यह उपयुक्त होगा कि अपने ऊपर लगा कलंक मिटाने के लिए तुम एक बार मेरे सामने आ जाओ। राजपूतों के सरगना जसवंत सिंह दारा के सहायक और पक्षधर हो गये थे, लेकिन उस शहज़ादे को अपमान और दुष्परिणाम ही झेलना पड़ा। यह अच्छी तरह समझ लो। विधाता तुम्हारी ओर मैत्री का हाथ बढ़ा रहा है। वह तुम्हें सही रास्ते पर चलने की सद्‌बुद्धि दे।''

मुहम्मद अकबर का पत्र पिता के नाम—''अर्चना, भक्ति, आत्म-समर्पण, और आज्ञाकारिता की सारी रस्में निभाते हुए, सारे बेटों में सबसे अकिंचन मुहम्मद अकबर अपनी याचिका वहाँ प्रस्तुत करता है, जो पूजन का केन्द्र और इस वा अगले लोक का सबसे पवित्र तीर्थ-स्थल है।

राजकीय पत्र, जो दासों के प्रति अनुकम्पा की भावना से इस सबसे दीन-हीन बेटे को सम्बोधित किया गया है, सबसे प्रफुल्लित समय में और सबसे अच्छी जगह पहुँचा है। मैंने वह कल्याणकारी, दैवी पाती अपने सिर पर रखी, उसके सफ़ेद हिस्से को प्रकाश के समान अपनी आँखों से छुआया, काले हिस्से को काजल की तरह अपनी आँखों में लगाया और उसकी उपकृत करने वाली विषय-वस्तु से मेरा

मन और आँखें आलोकित हो गयीं। परामर्श एवं अनुग्रह के साथ आपने जिन मामलों पर अपनी क़लम चलायी है, उनके बारे में मैं छोटी-सी टिप्पणी निवेदित करता हूँ। सच्चाई किसी भी मामले का सार है। यहाँ अभिप्रेत न्याय है, इसलिए यह टिप्पणी सच्चाई से दूर नहीं होगी।

रत्न बरसाने वाली लेखिनी से आपने लिखा है, इस बेटे को मैंने दूसरे सभी बेटों से अधिक प्रेम किया है, पर अपने दुर्भाग्य से उसने मेरी विपुल सम्पदा में अपना हिस्सा खो दिया और अपने को विचारहीनता के प्रभंजन में झोंक दिया। हा हन्त! भीतरी और बाहरी संसार के स्वामी! जैसे एक बेटे का यह कर्तव्य है कि वह अपने पिता को सन्तुष्ट करे और स्वयं को पिता की सेवा में अर्पित कर दे, वैसे ही पिता का भी यह दायित्व और धर्म है कि अपने सभी बेटों का पोषण करे, उनके हितों का और उनके सभी अधिकारों—भौतिक और नैतिक—का ध्यान रखे। ईश्वर जानता है कि एक पुत्र की भक्ति निभाने में मुझसे किसी प्रकार की चूक नहीं हुई। मैं कैसे विस्तार से उस पक्षधरता और अनुग्रहों का वर्णन कर सकता हूँ—हज़ारों में एक या तमाम में कई का। छोटे बेटे की देखभाल और सुरक्षा हर जगह और हमेशा सभी महान् पिताओं का सर्वोपरि लक्ष्य रही है, लेकिन आपने जहाँपनाह, संसार की प्रथा के विपरीत अपने छोटे बेटों के प्रति छोटा-सा सरोकार दिखाते हुए अपने बड़े बेटे को शाह आलम उपाधि से विभूषित किया और उसे अपना उत्तराधिकारी घोषित कर दिया। समदृष्टि और न्याय के कौन-से खाते में हम यह कारगुज़ारी दर्ज कर सकते हैं? अपने पिता की सम्पदा पर सभी बेटों का समान अधिकार है। विधान का कौन-सा नियम कहता है कि एक बेटे का उत्कर्ष हो और दूसरों को नीचे धकेल दिया जाय? हालाँकि सच्चे सम्राट दूसरे हैं, जिनके प्रशासन में कब और कहाँ का क्षेत्राधिकार नहीं। सिंहासनारोहण और अवरोहण वह प्रकाशमान प्रताप करता है। फिर ऐसी तरफ़दारी की संगति उस जहाँपनाह के साथ कैसे बैठ सकती है, जो इस्लामी विधान, सही रास्ते, आध्यात्मिक अन्तर्दृष्टि, और सत्य का सम्मान करने वाला है? सारे संसार वा उसके निवासियों के सामने यह प्रकट हो चुका है और जहाँपनाह की नौजवानी में शाहजहाँ के पद्य से प्रमाणित भी—

(पद्य) किसे वह चाहेगा मित्र के रूप में/ किसकी ओर उसका हृदय आकृष्ट होगा?

वस्तुतः इस पथ के प्रदर्शक और शिक्षक जहाँपनाह ही हैं; दूसरे आपके पद-चिह्नों पर चल रहे हैं। जिस पथ का चुनाव स्वयं जहाँपनाह ने किया है, उसे 'दुर्भाग्य-पथ' कैसे कहा जा सकता है?

(पद्य) गेहूँ के दो दानों के साथ मेरे पिता ने अदन-वाटिका का कर लिया विनियम/ पुत्र होऊँगा अयोग्य मैं, अगर जौ के दो दानों के लिए नहीं बेचूँगा उन्हें!

मनुष्य कठिनाइयों और आपत्तियों का आवाहन करते हैं। अकबर, जहाँगीर, और शाहजहाँ ने जानबूझ कर परेशानियाँ झेलीं और बाद में अपनी आकांक्षाएँ पूरी कीं। इतिहास से यह प्रमाणित होता है कि जब तक नरेश विषाद के वीराने में नहीं पैठते, अमृत्य का जल नहीं चख सकते। काँटे के बिना गुलाब नहीं होता; सर्प के बिना छिपा कोष।

(पद्य) सौभाग्य-वधू को वही बाँध सकता है दृढ़ आलिंगन में/ जो चुम्बन ले सकता है तेज़ धार की शमशीर का!

थकान के बाद चैन का क्रम है। मैं आशा करता हूँ कि सभी कर्मों के नियन्ता, अपने दासों को दुलारने वाले, मेरी हृदयकांक्षाओं को भी सबसे उल्लसित रूप में मूर्तिमान करेंगे और मेरा सारा उद्यम और चिन्ताएँ आनन्दोत्सव में बदल जाएँगे।

जहाँपनाह ने लिखा है कि राजपूतों के मुखिया जसवंत सिंह ने दारा शिकोह को कैसी सहायता दी, सारा संसार जानता है। इसलिए इस झूठी जाति का वादा विश्वासयोग्य नहीं। जहाँपनाह की अभिव्यक्ति भली है, पर मर्म तक नहीं पहुँचती। वस्तुतः दारा शिकोह के मन में इस जाति के प्रति विद्वेष और घृणा थी, और जो उन्होंने भुगता, वह उसी का परिणाम था। अगर दारा बिल्कुल प्रारम्भ से उनके साथ सहमत हुए होते, तो उनका ऐसा परिणाम नहीं होता। अकबर जैसे सम्राटों ने उनके साथ गठबन्धन किया और उनकी सहायता से हिन्दुस्तान में साम्राज्य स्थापित किया। यह वही जाति है, जिसके सहयोग से महाबत ख़ाँ ने जहाँगीर को बन्दी बनाया और तिकड़मियों वा धोखेबाज़ों को दंड दिया। यह वही जाति है, जिसने, जब जहाँपनाह दिल्ली सिंहासन को शोभित कर रहे थे, तीन सौ के आस-पास की संख्या के बावजूद जो वीरोचित प्रदर्शन किया, सारी दुनिया जानती है (दुर्गादास राठौर के नेतृत्व में राजपूत सैनिक जोधपुर के बाल उत्तराधिकारी को दिल्ली में ऐन आलमगीर की नाक के नीचे से शाही क़ैद से मुक्त कर जोधपुर भागने में सफल हो गये थे।)। वह जसवंत सिंह थे, जिन्होंने शुजा वाले संग्राम में आपके विरुद्ध अक्षम्य धृष्टता और हिंसा दिखाई थी, पर उनकी करनी जानते हुए भी आपने उसकी अनदेखी की। यह वही जसवंत थे, जिन्हें मीठी-मीठी बातों और मृदु व्यवहार से आपने दारा शिकोह के खेमे से अलग कर जीत लिया, ताकि विजय आपकी झोली में गिरे। इस जाति की नमकहलाली की जय हो, जो बिना किसी झिझक के अपने स्वामी के बेटों के लिए अपने प्राणों की आहुति दे शौर्य के अपूर्व उदाहरण प्रस्तुत कर रही है, जबकि पिछले तीन बरसों से हिन्दुस्तान के सम्राट, उनके महाबली बेटे, विख्यात मन्त्री और ऊँचे पदाधिकारी उसके विरुद्ध जुटे हुए हैं। यह चुनौती का सिर्फ़ आरम्भ है। और ऐसा क्यों न हो, जब जहाँपनाह के प्रशासन में मन्त्रियों के पास अधिकार नहीं, सामन्तों पर विश्वास नहीं, सैनिक दरिद्र हैं, शिक्षितों के पास

नौकरी नहीं, व्यवसायियों के पास साधन नहीं और किसान दलित हैं। इसी तरह दक्षिण का राज्य भी—जो विशाल देश और धरती पर स्वर्ग है—वीरान और रेगिस्तान की तरह तबाह हो चुका है। धरती के कपोल पर काले तिल जैसा बुरहानपुर शहर लुट चुका है। आपके नाम के साथ गरिमा पाया हुआ औरंगाबाद शहर शत्रु सेनाओं से आघात पा पारे की तरह थरथरा रहा है। हिन्दू जाति के ऊपर दो विपत्तियाँ टूटी हैं—नगरों में जज़िया की मार और देहातों में अत्याचार। जब लोगों पर हर तरफ़ से ऐसी मुसीबतें टूट रही हों, तब वे अपने राजा के लिए प्रार्थना क्यों न करें और उसे धन्यवाद क्यों न कहें? प्राचीन परिवारों के ऊँचे गुण और शुद्ध नस्ल के लोग विलुप्त हो गये हैं। जहाँपनाह के प्रशासन में विभिन्न मन्त्रालयों और कार्यालायों में काम मिस्त्रियों, नीचे लोगों वा दुर्जनों के हाथ में है, जैसे जुलाहे, साबुन निर्माता, और दर्जी। हाथ में माला और जीभ पर धार्मिक सूक्तियाँ लिये ये धूर्त अपना खेल रहे हैं। जहाँपनाह इन साथियों, सलाहकारों, और विश्वासपात्रों पर ऐसे विश्वास करते हैं, जैसे वे जब्रील और माइकेल हों और अपना नियन्त्रण असहाय रूप से उनके हाथ में दे देते हैं और ये व्यक्ति नमूना गेंहूँ का दिखाते हैं पर देते जौ हैं और ऐसी तरक़ीबों से घास को पहाड़ी बना देते हैं और पहाड़ी को घास।

(पद्य) ऐसा है शासन सम्राट आलमगीर ग़ाज़ी का/ जिसमें साबुन बेचने वाले बन गये सद्र और क़ाज़ी!/ शेख़ी मार रहे हैं बुनकर और जुलाहे/ कि इस दावत में सम्राट हैं उनका हमनिवाला/ इतनी शक्ति आ गयी छोटे लोगों के पास/ कि संस्कृतिशील लोगों को उनकी दहलीज़ पर लेनी पड़ती है शरण/ मूर्खों ने ऐसी श्रेणी पा ली/ जो विद्वानों को नसीब नहीं/ ईश्वर बचाये ऐसे अनर्थकर समय से/ जिसमें गधा मारता है दुलत्ती अरबी घोड़े को/ सर्वप्रमुख न्यायाधीश हवा में नाच रहे हैं/ जबकि न्याय अमरपक्षी के जैसा दुर्लभ हो गया है।

साम्राज्य के लिपिक और अधिकारी व्यापारियों के रास्ते पर चलते हुए सोना दे विभिन्न पद ख़रीद रहे हैं और उन्हें शर्मिन्दगीभरी दर पर बेच रहे हैं। जो भी नमक खाता है, नमक आगार बरबाद कर देता है। वह दिन पास दिखाई दे रहा है, जब साम्राज्य का ढाँचा टूट जाएगा।

जब मैंने देखा कि स्थिति यह है और जहाँपनाह का चरित्र सुधरने की कोई सम्भावना नहीं, तो मेरी राजोचित प्रवृत्ति ने मुझसे अनुरोध किया कि मैं साम्राज्य की काँटेदार झाड़ियों एवं अपतृण की छँटाई करूँ, ज्ञानी और सांस्कृतिक व्यक्तियों को पदोन्नत करूँ और घटिया सोच वा अन्याय का आधार मिटा दूँ, ताकि प्रजा सहज परिस्थितियों में शान्तिभरे दिमाग़ से अपने-अपने उद्यमों में लग सके और इतिहास के पृष्ठों पर मुझे भला अंकन मिले, जो अमरत्व का समानार्थी है। कितना सुखद होगा, अगर सौभाग्य जहाँपनाह से मैत्री करे और वह यह काम अपने सबसे

अकिंचन बेटे के हाथ में सौंप, आशीर्वाद पाने पवित्र नगरों की तीर्थयात्रा पर चले जाएँ और समस्त संसार को प्रशस्ति तथा प्रार्थना के लिए प्रेरित कर दें!

अभी तक जहाँपनाह ने अपनी सारी ज़िन्दगी संसार की उन चीज़ों की खोज में लगायी है, जो स्वप्नों से अधिक मिथ्या और छाया से कम स्थायी हैं। अब आपके लिए उपयुक्त समय है कि आप अपने अगले जीवन की ऐसी रूपरेखा बनाएँ, जिससे आपके उन पुराने कर्मों का पश्चाताप हो सके, जो आपने इस नश्वर संसार के लालच में अपने सम्मान्य पिता और कुलीन भाइयों के प्रति किये हैं।

(पद्य) बीच चुके अस्सी वर्ष और अभी भी सोये हुए हैं आप/ इन गिने-चुने दिनों के सिवा और कुछ नहीं मिलेगा आपको/ आपने अपने पत्र में मुझे उपदेश पिलाया है/ मैं उसके पीछे आपके विचार पर लज्जित हूँ।

(पद्य) क्या भला किया आपने अपने पिता के साथ/ जो आपकी अपेक्षा अपने बेटे से है/ जो शिक्षा आप दे रहे हैं मानवजाति को/ वही स्वयं को दें सबसे पहले/ अपना सुधर नहीं कर रहे हैं आप/ इसलिए एक बार छोड़ दें दूसरों को सलाह देना/

जहाँपनाह ने मुझे उनके सामने उपस्थित होने के लिए लिखा है। हालाँकि ऐसी उपस्थिति सचमुच मेरा सौभाग्य होगी, लेकिन अपनी युवावस्था और जहाँपनाह के प्रतिशोध की आशंका से मेरा हृदय अपने लिए अनाधिकारी दंड दिये जाने के सन्देह से भरा है। अपने पिता और भाइयों के प्रति आपका व्यवहार कुख्यात है। फिर भी अगर जहाँपनाह कुछ गिने-चुने सेवकों के साथ अजमेर जाते हैं, तो मेरे ये सन्देह तिरोहित हो जाएँगे। मुझे विश्वास मिलेगा और मैं जहाँपनाह के सामने प्रस्तुत होने का सम्मान प्राप्त करूँगा। इसके बाद पूरी तरह सन्तुलित दिमाग़ से मैं जहाँपनाह के सभी आदेशों का पालन करूँगा।''

आलमगीर का उत्तर अकबर के नाम—''अपने इस बेटे में बुद्धि और समझ की कमी पर बहुत खेद है मुझे, जिसके चलते वह आदेशपूर्ति और स्वामिभक्ति के रास्ते से—जो पिता-पुत्र के सम्बन्ध को शोभा देता है—हट गया है; चलन की कुटिलता और आशय की दुष्टता प्रकट करता है और तख़्तो-ताज हड़पने के लक्ष्य से अपने ही पिता के विरुद्ध तलवार उठाता है। भारत में सम्राटों की दौड़ में कौन-से सम्राट ने अपने पिता के विरुद्ध लड़ाई छेड़ी है? (मिलान कुंडेरा का उपन्यास The Book of Laughter And Forgetting महामहिम ने पढ़ लिया था! तब फ़ोटोग्राफ़ी नहीं थी, इसलिए सामूहिक छायांकन में किसी व्यक्ति विशेष को विलुप्त करने की ज़रूरत नहीं थी। मिनिएचर चित्रकार थे, पर प्रशासन के कर्मचारी उन्हें जैसा चित्र बनाने का आदेश दिया जाता, वैसा बनाते थे। चाँदनी चौक के मसख़रे से प्रेरित हो उसके एक फ्रीलांसर मिनिएचर चित्रकार मित्र अरमान ने उत्तराधिकार

युद्ध पर एक चित्रमाला बनायी थी। उसका एक चित्र कहवाख़ाने में बहुत लोकप्रिय हो गया। इसमें प्यास से सन्तप्त पराजित शाहजहाँ एक हाथ से औरंगज़ेब को अकबराबाद क़िले की चाबियाँ दे रहे हैं और विजेता औरंगज़ेब क्रूर मुस्कान से उनकी ओर पानी का गिलास बढ़ा रहे हैं। चित्रमाला किसी ने देखी नहीं थी, पर विविध सामन्त और व्यापारी उसकी ख़रीद के लिए बोली लगाने लगे। अचानक एक रात अरमान महरौली के अपने कमरे से ग़ायब पाये गये—कूचियाँ, चित्र, ख़ाके की पोथियाँ सब ग़ायब। पर चित्रावलोकन तो बहुत छोटे वर्ग तक सीमित था; व्यापक समाज और आगामी समय के लिए जिसकी महत्ता थी, वह था इतिहासलेखन। कम-से-कम दरबारी तवारीख़निगार के द्वारा उसे इच्छानुसार नियन्त्रित किया जा सकता था, जो तत्रभवान् ने डंके की चोट किया। देखें अनुभाग औरंगज़ेब का विखंडन) तुमने बड़ी धृष्टता दिखाई है। अगर तुम्हारी अभिलाषा अपनी तलवार के जौहर दिखाना और राज जीतना है, तो इससे बेहतर और क्या हो सकता है? निष्ठवान सामन्तों और स्वामिभक्त अनुयायियों के साथ ईरान जाओ, जहाँ शाह अब्बास द्वितीय ने तुम्हारे पिता के साथ युद्ध लड़ा और हमारा सिक्का खारिज किया। तुम्हें चाहिए कि उसके नगर उजाड़ो; सच्चे बेटे का यही धर्म है। अपने पिता के सिंहासन पर बैठने की आशा में उसके साथ लड़ाई क्यों छेड़ रखी है? अनगिनत विजयों के ताले की चाबी दैवी कोषाध्यक्ष के पास है और राजमुकुट उनका पावन उपहार। इससे बेहतर और क्या हो सकता है? तुम्हें चाहिए कि अपनी ज़िन्दगी के कानों में पराधीनता वा आज्ञाकारिता की बाली पहन लो (दास्ता का चिह्न), मेरे दिव्य शक्ति केन्द्र में उपस्थित हो और मेरी राजसी ड्योढ़ी की धूल पर एहसान का माथा रगड़ो। समझ लो कि इस विषय में मेरी अभिलाषा आग्रही है। मेरे आदेश के पालन में देर मत करो।''

अकबर का उत्तर आलमगीर के नाम—''सिंहासन छोड़ दीजिए—शासन मैं करूँगा, जैसा कि होना चाहिए। मक्का चले जाइए। अब तक आप शानो-शौक़त के साथ मनमानी करते रहे। अब जब साये अँधेरे होने लगे हैं, तो अवकाश ले लीजिए और अपनी आत्मा की सुध लीजिए। इसके बिना मुझे बुलाने का अर्थ यही है कि मैं आऊँगा तो शमशीर लेकर!''

अनुभाग 18

दक्षिण आ पहुँचे आलमगीर शमशीर लेकर!

सौभाग्य-वधू को वही बाँध सकता है दृढ़ आलिंगन में जो चुम्बन ले सकता है तेज़ धार की शमशीर का!

—पुत्र अकबर

तुम्हें चाहिए कि अपनी ज़िन्दगी के कानों में पराधीनता वा अज्ञाकारिता की बाली पहन लो (दास्ता का चिह्न), मेरे दिव्य शक्ति केन्द्र में उपस्थित हो और मेरी राजसी ड्योढ़ी की धूल पर एहसान का माथा रगड़ो।

—पिता आलमगीर

पहला लक्ष्य शम्भू जी—क्षमा-याचना की मुद्रा में अकबर के घुटने फ़र्श को तब तक नहीं छुएँगे, जब तक शम्भू जी को नीचा नहीं दिखा दिया जाता, इस संकल्प के साथ महामहिम ने सह्याद्रि वायु में पहली साँस ली। फलस्वरूप शहज़ादे आज़म एवं दो सर्वोच्च मुग़ल सेनापतियों शहाबुद्दीन ख़ाँ और ख़ाने-जहाँ को आदेश दिया गया कि "अपने सारे स्रोत इस अभियान में झोंक दो।" प्रतिकूल मौसम, महामारी, और छापामार मराठा हमलों के साथ-साथ शाही आपूर्ति-रेखा का तोड़ दिया जाना जैसे कारणों से मुग़ल आक्रमण दर्दनाक रूप से असफल रहा।

"सोलह दिन के भीतर औरंगाबाद लौटो", सम्राट ने सेना को आदेश दिया।

महामहिम का महानाटक—महामहिम ने मंडी हाउस में कोई नाटक देखा था, इतिहास नहीं बताता, पर इस बात में कोई सन्देह नहीं कि प्रातः स्मरणीय महान् नाटकबाज़ थे!

हरम की पहली मंज़िल में उद्विग्न एवं अस्वस्थ जहाँपनाह ने दो सप्ताह के लिए स्वयं को परिवार, दरबार एवं "संसार नाम के बाहरी, झणभंगुर तामझाम से

सर्वथा काट लिया।" क्या दोनों सेनापतियों ने मराठों से रिश्वत ली? क्या आज़म मन-ही-मन नहीं चाहता कि उसका सगा भाई अकबर मुग़ल क़ब्ज़े में आ जाय? आधी रात के अँधेरे में महामहिम के एकालाप का साउंड-ट्रैक जब-तब प्रहरियों को सुनाई देता रहा। न ख़ाफ़ी ख़ाँ ज़िल्ले-सुब्हानी का अन्तर्द्वन्द्व-पाठ सुलभ करते हैं, न ईश्वरदास नागर। महामहिम के हैमलेटनुमा व्यथोद्गार की सिर्फ़ कल्पना ही की जा सकती है, "चारों ओर अँधेरा है प्रभु! पृथ्वी पर जो तुम्हारी छाया है दयानिधि, उसे भी कुछ सुझायी नहीं दे रहा। प्रकाश-रेखा झलका दो! मेरी सिली हुई टोपियों की गिनती कर कर्म-पथ दिखा दो!"

दो सप्ताह वह किसी से नहीं मिले। युद्ध-समिति फ्रीज़ रही। हरम की किसी स्त्री को बन्द द्वार पर दस्तक देने की अनुमति नहीं थी। "वह ऐसे संसार के नागरिक बन गये, जहाँ आशा के बजाय आशंका, ख़ुशी के बजाय दर्द, उल्लास के बजाय हताशा और स्निग्धता के बजाय कड़वाहट की दुन्दुभि बजती है। ये उनके जीवन के अब तक सर्वाधिक सन्त्रासदायक दिन थे।"

एक शाही हकीम के अनुसार सम्राट का वज़न एक-तिहाई घट गया। राजसी परिसर स्तब्ध था। क्या सम्राट का अवसान निकट आ रहा है? मुअज़्ज़म, आज़म और काम बख़्श—तीनों राजकुमार धड़कते दिल से आगामी की प्रतीक्षा कर रहे थे। चौथे अकबर दक्षिण कोंकण में उत्तेजना से पसीना-पसीना हो रहे थे। क्या दायनिधान ने उनकी सुन ली? 'मृत औरंगज़ेब दस लक्षीय अश्व-सेना से ज़्यादा मूल्यवान' थे! मुग़ल सेनापति तत्काल परम सतर्क मुद्रा में आ गये। आगामी उत्तराधिकार युद्ध की रणनीति के जाल बुने जाने लगे। मुअज़्ज़म ने दिल्ली वा आगरा को फ़ौरन दूत दौड़ दिये।

खिलवत से फ़रमान—फिर एकान्तवासी का आदेश-पत्र बाहर आया—25 जुलाई, 1683 को भरे दरबार में दिलेर ख़ाँ और शहज़ादे आज़म अपनी लज्जाजनकं पराजय की व्याख्या करेंगे।

सब आतंकित हो गये। दिलेर ख़ाँ को अपराध बोध और सार्वजनिक प्रतारणा की लज्जा थी, नहीं कहा जा सकता, पर उन्होंने चुस्ती से आत्महत्या सुलभ कर ली। शहज़ादे आज़म जो थे, सो नगर के बाहर सन्नाटे में रहने चले गये। दरबार थरथरा गया कि अब वह दिलेर ख़ाँ के पद-चिह्न पकड़ कर विलुप्त हो जाएँगे। अब रनिवास की वरिष्ठ स्त्रियों ने साहस जुटाया और बादशाह सलामत से निर्णय बदलने का अनुरोध किया। आज़म की दो सगी बहनें—पादशाह बेगम ज़ीनतुन्निसा और बदरुन्निसा—पेश-पेश थीं। महामहिम ने आँखें बन्द कीं; हृदय-सम्राज्ञी दिलरस बानो की छवि याद की; अपने पर ऐतिहासिक ज़ोर डाला—तकलीफ़ बहुत हुई, पर फ़ैसला बदल दिया।

आज़म से मिलने दयानिधान ख़ुद उसके निवास पर पहुँचे। पीछे के एक सँकरे नीम-अँधेरे कमरे में यह भेंट सम्पन्न हुई। किसने क्या कहा, परम कल्पनाशील मानुची भी उसका पुनर्कथन नहीं कर सके। विमर्श यही हो सकता है कि आज़म ने अपनी हार के जो कारण गिनाये, महामहिम ने उन्हें सही मान लिया। फिर पिता-पुत्र दोपहर को बाहर निकले और प्रार्थना के लिए सीधे राजसी मस्जिद पहुँचे। कुछ भयंकर होते-होते बच गया।

आशंका से अधिक स्नेह—एक इतिहासकार का दावा है कि प्रात: स्मरणीय अपने बेटों से जितने आशंकित रहते थे, उससे अधिक उनसे प्रेम करते थे। विषय के आधिकारिक विद्वान हैं, सही ही होगा। उनके अनुसार सम्राट की सुरक्षा ग्रन्थि परम नाज़ुक और हर पल चरम सतर्क रहती थी, जिसके चलते वह संकट का अतिरंजित आभास होते ही अपने सपूतों के लाभार्थ तुरन्त रौद्र मुखौटा लगा लेते थे, पर इसका अभिप्राय यह नहीं कि सन्तति के लिए उनके भीतर मृदु-कोमल भावना-पुंज नहीं था।

प्राय: सोते-सोते महामहिम की नींद टूट जाती थी और वह उठ कर अपने पुत्रों के लिए तीन मनोव्यथाओं से बचे रहने की प्रार्थना करने लगते थे—भय, पराजय और शारीरिक पीड़ा। उनकी मानें तो वह बग़ावती अकबर तक के लिए इन तीन व्याधियों से मुक्ति के आकांक्षी थे। उनकी कामना थी कि पथभ्रष्ट राजकुमार आत्मसपर्मण कर अपना अपराध स्वीकार कर ले और शान्ति एवं सौहार्द का वाहक बन जाय। कारण यह कि तत्रमहान् के लिए प्रेम अपने-आप में लक्ष्य नहीं था, अपराधी के हृदय से ज़हर निकालने के लिए ईश्वर की युक्ति थी।

इन पंक्तियों का लेखक इस विद्वान की सेवा में उपस्थित हो (समकालीन हैं। टाइम मशीन का सहारा ले मध्य युग में जाने की ज़रूरत नहीं होगी।) पूछना चाहता है, सामूगढ़ में दारा की पराजय के बाद अकबराबाद दुर्ग में फँसे शाहजहाँ ने भी पथभ्रष्ट औरंगज़ेब से आग्रह नहीं, विनती की थी कि भीतर आकर हमसे गले मिल अपने हृदय में भरा ज़हर निकाल लो, तो उन्होंने इन्कार क्यों कर दिया?

आज़म 'विद्रोह-पथ का पथिक'—परम स्नेहशील पिता तड़प कर एकान्तवासी क्यों हो गये? उन्होंने समझ लिया कि मुहम्मद सुल्तान और मुहम्मद अकबर के बाद आज़म भी 'विद्रोह-पथ का पथिक' बन गया है!

आज़म एक संत के सहारे षड्यन्त्र कर चुके थे, ताकि सम्राट की आँखों में मुअज़्ज़म की साख गिर जाय। बादशाह सलामत ने आज़म की मूर्खता पकड़ ली थी। सम्भवत: भत्सर्ना नहीं की, इसलिए आज़म का जोम बना रहा। वैसे मलामत करते भी, तो क्या कहते? "तुम शहज़ादे हो, ताज के लिए विरासत की क़तार में हो, लेकिन फिर भी साज़िश मत करो!"

आज़म पलट कर कह सकता था (हालाँकि कहने की हिम्मत नहीं थी), ''अब्बा हुज़ूर, आपने तो शाहजहाँ की बीमारी से तेरह बरस पहले साज़िश शुरू कर दी थी!''

कुछ दिनों में आज़म की किरीट-कामना ऐसी बलवती हुई कि उन्होंने एक ओझा को पकड़ कर कुछ जादू-टोना करवाया। कोई जडी-बूटी खा भी ली, जिससे कुछ विचित्र-से ज्वर का शिकार भी हो गये।

दो शाही ख़ून—वस्तुतः आज़म को अपने-अपने दो-दो राज रक्तों पर नाज़ था। इस 'महान्' कसौटी पर सुल्तान, मुअज़्ज़म और काम बख़्श मुँह के बल गिरते नज़र आते थे। हिन्दू माँ होने के नाते आज़म की नज़र में मुअज़्ज़म तो किरीट-योग्य था भी नहीं।

संसार से सम्राट की हताशा का संगत तर्क यह है—उनका दिल डूब गया यह सोच कर कि अब वह तीसरा बेटा भी खो बैठे। वैसे आज़म में विद्रोह का माद्दा था ही नहीं।

शम्भू जी और शक्तिशाली पुर्तगाली—पिछले कुछ वर्षों में सागर-पथों पर नियन्त्रण के कारण पुर्तगालियों के ठिकाने गोवा, दमन और द्यू शक्ति-केन्द्र बन चुके थे। सिर्फ़ इतना ही नहीं, दक्षिण की तीनों सत्ताएँ—मुग़ल, तीनों सल्तनतें और मराठे—एक-दूसरे पर हावी रहने के लिए पुर्तगाली तोपों एवं सैन्य विशेषज्ञता की तलबगार रहती थीं। सुलझे व्यापारी की तरह पुर्तगाली राज्यपाल न सिर्फ़ किसी पक्ष के साथ नहीं जुड़ते थे, बल्कि एक को दूसरे के विरुद्ध परिष्कृत ढंग से भड़काते भी थे। उनकी आशाभरी रणनीति थी कि अविश्वास, ईर्ष्या और महत्त्वाकांक्षा तीनों के पतन का कारण बनेगी और अन्ततः विजयी पुर्तगाली ही होंगे। विभाजन और शासन वैसे भी मध्ययुगीन कारगर नीति थी।

औरंगज़ेब के चौकन्ने होने का कारण वह सफलता थी, जो शम्भू जी ने पुर्तगालियों के विरुद्ध लम्बे अभियान में प्राप्त कर ली। अपने बचाव की रणनीति से सम्राट ने मुअज़्ज़म की कमान में बड़ी सेना भेज कर पुर्तगालियों का मनोबल बढ़ा दिया। अपने परम शत्रु से हाथ मिला कर महामहिम ने एक तीर से तीन शिकार किये—मराठों की शक्तिन्यूनता, बीजापुर के एक गठबन्धक की कमी और मुग़लों के प्रति पुर्तगालियों का अविश्वास घटाना।

शहज़ादे अकबर की रणनीतिक सूझ-बूझ—आर-पार की लड़ाई मराठों को बिल्कुल रास नहीं आती थी। शम्भू जी तत्काल विद्युत गति से पलायन को प्राप्त हो गये। शहज़ादे अकबर पीछे छूट गये। उन्होंने मराठों के लिए पुर्तगालियों के साथ ऐसी सन्धि कर ली, जो उनकी (अकबर की) राजनीतिक वयस्कता की द्योतक

थी। अकबर ने पुर्तगालियों की सद्भावना एवं विश्वास ही नहीं जीता, वर्षा एवं महामारी की मारी मुग़ल सेना की दक्षिण कोंकण से वापसी भी देख ली।

इस सौभाग्य-चुम्बन से अकबर में नयी ऊर्जा दौड़ गयी। 1684 का नव वर्ष मनाते हुए वह शम्भू जी पर दबाव डालने लगे कि अब मुग़ल शक्ति के तीन केन्द्रों—औरंगाबाद, बुरहानपुर और अहमद नगर—में से किसी एक पर हमला-ए-मुबारक की शुभ घड़ी आ गयी। पर दक्षिण को देखने का शम्भू जी का चश्मा अकबर से भिन्न था। उनकी यथार्थपरक सीमित दृष्टि इस समय यह थी—आलमगीर के हाथों पराजय और उनके चंगुल से बचना। सह्याद्रि पर्वत-शृंखला की भयंकर ऋतु भी भूमि-पुत्र मराठों का साथ दे रही थी।

फिर हताशा—अकबर हताश हो गये। वह दक्षिण का इस्तेमाल करना चाहते थे—दक्षिण जाल में उलझने में उनकी कोई रुचि नहीं थी। कविकुलिश ने उनको धीरज बँधाया, पर शम्भू जी अपने निर्णय पर अडिग रहे। वह ग़लत नहीं थे। मुग़लों के किसी नगर में मराठे अचानक लूटमार कर भाग सकते थे, उस पर क़ब्ज़ा कर अपना झंडा फहराते हुए वहाँ शासन नहीं कर सकते थे। यह आत्म-विनाश के सिवा कुछ और हो ही नहीं सकता था।

अकबर ने धीरज खो दिया। दक्षिण आये ढाई बरस हो चुके थे, पर उनके पास न कोई ठोस हासिल था, न कोई ठोस योजना। मराठा निर्भरता का औचित्य बिल्कुल घट गया था। साढ़े तीन सौ रुपये दैनिक भत्ते के सहारे वह यहाँ बाल सफ़ेद करते हुए मृत्यु-प्रतीक्षा कर सकते थे; बस। उन्होंने निर्णय किया कि वह पहले गोलकुंडा और फिर पूर्वी प्रदेशों को जाएँगे; वहाँ विश्वासयोग्य, समर्थ समर्थक ढूँढ़ेंगे।

पर आलमगीर ने क़ुत्बशाही सल्तनत का रास्ता भी अवरुद्ध कर रखा था और पूर्व दिशा का भी। अब समुद्र मार्ग से अरब ही जाया जा सकता था।

पर अकबर का अगला एक वर्ष फिर व्यर्थ गया। पुर्तगाली राज्यपाल के सौजन्य से उन्होंने छोटा जहाज़ तो ख़रीद लिया, पर देश-भूमि से विदा लेते-लेते दुर्गादास और कविकुलिश नयी सूचना लेकर आ गये कि आलमगीर जल्दी ही उत्तर को लौट जाएँगे। कविकुलिश ने स्थिति का जैसा विश्लेषण किया, वह इसी परिणाम की ओर जाता था।

शम्भू जी के नाम फिर अकबर का पत्र—अकबर ने तुरन्त शम्भू जी को पत्र लिखा—"वर्तमान गतिरोध के कैसे परिणाम होंगे, इस पर मैंने महात्मा कविकुलिश के साथ कुछ विस्तार से विचार किया है। उनकी धारणा युक्तियुक्त, ज़मीनी सच्चाइयों के अनुकूल है। उनका मानना है कि परिस्थितियाँ राजसी शक्ति के विपरीत हैं। वर्ष समाप्त होने से पहले आक्रामक तेवर छोड़ने के सिवा उनके सामने और कोई

विकल्प नहीं होगा। तब हमारी मिली-जुली सेना मुग़ल शक्ति केन्द्रों पर टूट पड़ेगी। सिसौदियों और मारवाड़ महाराजा की सहायता से उत्तर पर आक्रमण की योजना मुझे आकर्षक लगती है। दुर्गादास मेरे आशावाद के भागीदार हैं। यह कोई उन्मत्त स्वप्न नहीं। दिल्ली और आगरा में बड़ी संख्या में असन्तोषी हमें समर्थन देंगे। हमारा पथ न्यायसंगत है। हमें अवसर मिलेगा कि हम मेरे यशस्वी पूर्वज सम्राट अकबर का स्वप्न उसकी समग्रता में साकार कर सकें। मेरे पिता के धार्मिक पूर्वाग्रह साम्राज्य को विघटन के कगार पर ले आये हैं। अगर हम अपना लक्ष्य पूरा कर सकें, तो संकीर्ण धर्मान्धता पर महान् विजय होगी। इस धर्मयुद्ध में आपकी भूमिका अमूल्य है। इस अन्यायविरोधी संघर्ष में आपका सहयोग मिलेगा, इस आशा के कारण मैंने फ़िलहाल मक्का जाकर वैराग्य में दिन काटने का इरादा छोड़ दिया है। दुर्गादास और कविकुलिश ने जैसे मुझे नया हृदय, नया लक्ष्य. दे दिया है। ईश्वर ने चाहा तो विजय हमारी ही होगी।''

बेताब अकबर—राजकुमार के लक्ष्य पावन और आकुलता मर्मस्पर्शी थी, पर सिर्फ़ इतने से औरंगज़ेब का तख़्तापलट नहीं हो सकता था। शम्भू जी ने योजना बनाने का सुझाव दिया। स्वभावतः राजपूताना शक्तियों के साथ संयोजन समयसाध्य था। मोबाइल तो था नहीं कि अकबर तत्काल नम्बर मिलाते, ''राणा मेवाड़? घणी खम्मा—हम शहज़ादे अकबर बोल रहे हैं। आप पचास हज़ार घुड़सवार सैनिक तैयार रखिए—तोपें कितनी हैं? (हल्की नाराज़गी से) क्या बात कर रहे हैं आप? पलवल पर हमला नहीं, समूची दिल्ली पर है!''

औरंगाबाद से दिल्ली आने में 33 दिन लगते थे।

अकबर ने पूरा एक बरस रत्नागिरि में काटा, पर विराट बली ने उत्तर लौटने के बजाय मराठा राजधानी रायगढ़ पर ज़बर्दस्त हमला कर दिया। लक्ष्य सिर्फ़ एक था—किसी भी प्रकार अकबर का दमन। शस्त्र भंडारों के साथ-साथ सम्राट ने मुद्रा-मंजूषाएँ भी खोल दीं। शम्भू जी के सिर्फ़ सैनिक और कुलीन ही नहीं, कुछ महत्त्वपूर्ण परामर्शदाता भी विरोधी खेमे में आ गये।

रायगढ़ पेशवा के सहारे छोड़ शम्भू जी ने बीजापुर में शरण ली।

हताशा बदल गयी आत्म-बलिदान में!

वर्षों से चला आ रहा अनिश्चय, ख़तरा और हताशा जैसी भावनाएँ अकबर को ग्रस्त करने लगीं; आशा से उनका काला मोहभंग आत्मघाती स्वरूप लेने लगा। वह मुग़लों के साथ युद्ध का मानचित्र सामने रखे पहरों उसे देखा करते। एकरस उबाऊ दिनचर्या और निष्क्रियता के मारे अकबर मदिरामत्त भोग-विलास में लीन (विशेषतः दो

केलि-सखियों—सरस्वती एवं सावित्री—के साथ) होते गये। मुग़लों का पास आता हुआ शिकंजा उन्हें कभी भी कस सकता है, यह चिन्ता भी पृष्ठभूमि में चली गयी। दुर्गादास तथा कविकुलिश नें समझ लिया कि अब वे राजकुमार को सुरक्षित रख पाने में अक्षम होते जा रहे हैं।

बाप का आग्रह और चेतावनी—सचमुच आश्चर्य का विषय है कि आलमगीर ने फिर अकबर को पत्र लिखा—"अब तक तुम्हारी समझ में अच्छी तरह आ चुका होगा कि सिंहासन पर क़ब्ज़ा करने की तुम्हारी योजना कितनी ग़लत और आशाहीन है। इतनी देर हो जाने पर भी हम तुम्हारे अनाज्ञाकारी कृत्य को क्षमा करने और तुम्हें सम्मान देने का विचार रखते हैं—अगर तुम बिना शर्त हथियार डाल दो। अगर पन्द्रह दिन में तुमने इस पत्र का उत्तर नहीं दिया, तो हमारे पास तुम्हारे छिपे ठिकाने पर हमला करने, तुम्हारे गिने-चुने सिपाहियों को मिटाने और तुम्हें ज़ंजीरों से जकड़ कर अपने सामने लाने के सिवा और कोई विकल्प नहीं होगा। अपना अपमान तथा सम्भवत: विनाश बचाने का तुम्हारे पास यह आख़िरी अवसर है। नहीं मानोगे, तो बेरहमी से धूल में घट़ा दिये जाओगे।"

सम्राट एक बार फिर व्यर्थ प्रतीक्षा करते रहे। जनश्रुति बन चुकी अपनी कठोरता-क्रूरता के बावजूद महामहिम के क़ाबिले-नुमाइश हृदय में दिलरस बानो की अन्तिम सन्तान के लिए क्या सचमुच कोमलता बची हुई थी? शायद हाँ। उन्होंने वह किया जो अब तक किसी बग़ावती सपूत की ख़ातिर नहीं किया था।

मध्यस्थ ज़ीनतुन्निसा—उन्होंने ज़ीनतुन्निसा, अकबर की सगी बड़ी बहन, (जहाँ आरा के देहान्त के बाद अब पादशाह बेगम) से मध्यस्थ बनने के लिए कहा। बहन ने भाई को पत्र लिखा—"पिछले बरसों में जो कुछ हुआ, उससे हम सब बहुत दुःखी हैं। वालिदे-बुज़ुर्गवार के मन में हमारी सन्त समान माँ के लिए जो प्रेम है, उसकी वजह से वह माफ़ करने और भूलने के लिए सहमत हैं। उन्हें बहुत ख़ुशी होगी, अगर तुम एक बार फिर उनके सिंहासन के बग़ल में बैठने लगो। अपने महान् वंश और अपनी ईश्वर-जैसी माँ के माँ के नाम पर मैं तुमसे विनती करती हूँ कि सम्राट ने कुछ सप्ताह पहले तुम्हारे सामने जो प्रस्ताव रखा है, स्वीकार कर लो। उसी में हमारी ख़ुशी और साम्राज्य की गरिमा है।"

इस पत्र से अकबर भावुक हो गये। उन्होंने पत्रवाहक सैयद मुहम्मद (राजकुमारों के एक शिक्षक) से कहा, "मैं तुरन्त अपनी सेना भंग कर दूँगा और राजसभा में अपने पापों के क्षमादान के लिए उपस्थित हो जाऊँगा।"

इस उत्तर से महामान्य पुलकायमान हो उठे। उन्होंने ज़ीनतुन्निसा का अभिनन्दन किया और भटक कर रास्ते पर आ रहे राजकुमार के स्वागत की तैयारी हो गयी।

पर क्षमादान के साथ अकबर को कौन-सी प्रशासनिक ज़िम्मेदारी सौंपी जाएगी, इसे लेकर सम्राट ख़ामोश रहे।

अकबर का अन्तर्द्वन्द्व—अकबर फिर कशमकश में पड़ गये, फूल की पंखुरियाँ लिये गिनती करते रहे, ''पिताश्री मुझसे प्रेम करते हैं।''/''नहीं करते।''/''करते हैं।''/''नहीं करते।'' इतिहासकार यह तो नहीं बताते कि पंखुरियाँ कौन-से सुर पर ख़त्म हुईं, पर यह ज़रूर दर्ज़ करते हैं कि अन्ततः शहज़ादे जहाँपनाह के दरबार में कान में बाली पहने या उसके बिना क्षमायाचक की मुद्रा में हाज़िर नहीं ही हुए। बेटे ने बाप के अविश्वास का उत्तर उसी भावना से दिया।

स्वयं को दुहराया इतिहास ने, तब भी बनी त्रासदी, पर प्रहसन की रंगत लिये! हताश अकबर के सामने अब एक ही विकल्प था—हुमायूँ के पद-चिह्नों का अनुकरण। शेर शाह द्वारा दिल्ली व हिन्दुस्तान से खदेड़ दिये जाने के बाद हुमायूँ ने पन्द्रह बरस ईरान में काटे थे। फिर ईरानी सेना के सहारे हिन्दुकुश पार कर विजय प्राप्त की थी।

ईरान शाह का सन्देश आ गया कि वह अकबर को शरण देने को तैयार हैं।

आलमगीर के गुप्तचर एक बार गोवा में वह जहाज़ जलाने में सफल हो गये, जिससे अकबर को भागना था। पर एक अंग्रेज़ व्यवसायी की मदद से दूसरी बार अकबर का पलायन प्रयास 27 जनवरी, 1687 को सफल हो गया। मुग़ल राजदूत किसी भी तरह अकबर का पलायन रोकने के लिए 3 फरवरी, 1687 को तड़पता हुआ गोवा पहुँचा, पर कुछ घंटे पहले अंग्रेज़ सौदागर का जहाज़ अकबर तथा लगभग 100 संगियों को लेकर, जिनमें लगभग आधी स्त्रियाँ थीं, गहरे पानी में उतर चुका था। विवश राजदूत असीम जलराशि का दूसरा छोर देखते रहे, फिर गहरी साँस लेकर बोले, ''समुद्र का दूसरा किनारा जीने के नहीं, मरने के योग्य है।''

जब आलमगीर को यह सूचना मिली, तो उन्होंने कहा, ''चलो, पीछा छूटा। दुर्भाग्य ऐसा अभिशाप है जो अकेला नहीं आता। अब मैं उसकी मृत्यु-सूचना की प्रतीक्षा करूँगा।''

राजदूत और स्नेहशील पिताश्री—दोनों ने जो कहा, वह भविष्यवाणी साबित हुई!

तलबगारे-तख़्ते-ताऊस इस्फ़हान में!

विविध उष्णतटबन्धी तूफ़ान झेलते हुए अकबर अन्ततः इस्फ़हान पहुँच ही गये, जहाँ 24 जनवरी, 1688 को राजसभा में उनका सत्कार किया गया। महाभोज और मनोरंजन कार्यक्रम आयोजित हुए। नगर पर्यटन हुआ।

पहला अवसर मिलते ही अकबर ने सैन्य सहायता का मुद्दा उठाया। शाह सुलेमान ने स्नेह से उत्तर दिया, ''जब तक आपके पिता सिंहासन पर हैं, मेरे सम्मानित अतिथि बन कर यहाँ रहिए। उनके बाद जब आपके और आपके भाइयों के बीच संघर्ष शुरू होगा, मैं हर सम्भव सहायता दूँगा।''

दिन-रात पिता की मृत्यु-प्रार्थना करने के सिवा अब अकबर के सामने और कोई चारा नहीं था।

वर्ष पर वर्ष बीतते गये।

सुबह करना शाम का लाना है जू-ए-शीर (दूध का चश्मा) का—अकबर का प्रवास पीड़ा, अतीत मोह, आत्म-धिक्कार और आक्रोश—अपने साथ-साथ सबके प्रति—की करुण महागाथा है। हुमायूँ ने 15 वर्षीय ईरान प्रवास में असीम अपमान, दुर्व्यवहार और सन्ताप झेला था—शिया तक बनने को विवश हुए थे; जान बचाने को एक विवाह तक करना पड़ा था! एक दशक किरीटधारी बने रहने के बाद प्रवासी बनते हुए हुमायूँ की आयु बत्तीस थी और सूबेदारी के बाद विद्रोही बनते हुए राजकुमार अकबर की महज़ अट्ठाइस! लेकिन अकबर की यातना की क़िस्म और शैली दूसरी थी। दो ईरानी सम्राटों में से किसी ने अकबर के साथ ज़्यादती तो दूर, उनका रत्ती भर असम्मान तक नहीं किया।

अकबर की पीड़ा उनकी युवा आयु और कच्ची अधीरता के कारण करुण बनते हुए मर्मस्पर्शी हो जाती है। दोनों प्रवासियों की राजनीतिक महत्ता लगभग समान लेकिन विरोधी मानी जाएगी। हुमायूँ लौटे तो उन्होंने मुग़ल साम्राज्य की आधार-शिला रख दी; अकबर गये तो साम्राज्य-पतन का कारक बन गये।

1694 में शाह सुलेमान का देहान्त हो गया; शाह हुसैन सिंहासनारूढ़ हुए। उन्होंने अकबर के सामने दुहराया, ''मेरे पिता ने आपसे जो वादा किया है, मैं उसका सम्मान करूँगा। सही समय आने दीजिए।''

यही तो समस्या थी!

मेरे कूँ ताबड़तोड़ मंगता सिर पै ताज! खाली-पीली टाइम खोटा कायकूँ करता!

तख़्ते-ताऊस पर बैठने के लिए चिलचिलाती धूप की तरह आँखों को चकाचौंध करने वाली ज़मीनी सच्चाइयों से आँख चुराना या उनके आकलन की अक्षमता अकबर प्रवास की स्थायी टेक है। यह बेसब्री करुण रूप से हास्यास्पद बन जाती हैं दोनों शाहों में बहुत धैर्य होगा, जो वह अकबर की निरन्तर बजने वाली आग्रह-रागिनी सुनते रहे। अकबर के हठ पर उन्होंने बार-बार दुहराया कि हिन्दुस्तान पर आक्रमण करने के लिए निःसन्देह सैनिक सहायता देंगे, लेकिन आलमगीर के देहान्त के

बाद। यह यथार्थपरक और सही वादा था, पर अपनी उम्र एवं स्वभाव के अनुकूल अकबर बहुत बेसब्र रहे। दस बरस जिये; पल-पल पिता की मृत्यु की कामना एवं प्रार्थना करते रहे और शाह को देरी का उलाहना देते रहे!

अपने उद्वेग से हार गये, तो एक बार फिर विराट बली से क्षमा की सोची। 21 अक्तूबर, 1699 को अकबर के अनुचर सिद्दी हसन आलमगीर शिविर पहुँचे और इत्र शीशियों के उपहार के साथ याचना-पत्र प्रस्तुत किया। जहाँपनाह ने उत्तर दिया, "जब तक तुम हिन्दुस्तान की सीमा के बाहर हो, क्षमा नहीं मिल सकती। जैसे ही तुम सीमा पार कर भीतर घुसोगे, आदेश-पत्र जारी कर दिया जाएगा कि तुमको बंगाल की सूबेदारी प्रदान की जाती है।"

फिर वही हुआ, जो पहले हुआ था। अकबर पिता पर विश्वास नहीं कर सके—सौतेले भाई सुल्तान के समान सलीमगढ़ में एड़ियाँ रगड़-रगड़ कर मर जाने की नियति से थरथरा गये। अब यही कर सकते थे कि सोते-जागते, चलते-फिरते आलमगीर की आख़िरी हिचकी के लिए स्थगित की गयी प्रार्थना फिर शुरू कर दें!

पिता पर विश्वास क्यों नहीं कर सके अकबर? क्योंकि विश्वास का कोई आधार नहीं था। हुमायूँ ने तीन भाइयों को बार-बार क्षमा किया था। जहाँगीर ने परवेज़ और फिर ख़ुर्रम को क्षमा किया था, पर अकबर ने नहीं देखा था कि औरंगज़ेब ने किसी विद्रोही पुत्र को क्षमा किया हो—उसको तो और कठोर दंड देकर उदाहरण बनाने की मजबूरी थी महामहिम के साथ!

भैया अकबर, ले ली आलमगीर ने आख़िरी हिचकी!

अकबर की आक्रमण-लोलुपता इतनी तीखी थी कि एक बार आलमगीर के मर जाने की अफ़वाह पर तुरन्त विश्वास कर बैठे—क्योंकि विश्वास करने को तड़प रहे थे! तुरन्त शाह के पास पहुँचे और बोले, "मेरे पास वज़ीर असद ख़ाँ का पत्र आया है। ख़ुदा का शुक्र; आलमगीर जहाँने-फ़ानी को ख़ैरबाद कह गये! फ़ौज की तैयारी का हुक्म दें—फ़ौरन!"

पर जल्दी ही थट्टा से ईरानी गुप्तचर का सन्देश आ गया—आलमगीर निधन—सूचना निराधार है।

अब शाह के सामने अकबर की हेठी हो गयी। दरबार में सम्मान एवं सौजन्य भी घट गया। अकबर इतने शर्मसार हुए कि जलवायु का बहाना कर, राजधानी इस्फ़हान छोड़, कन्धार ज़िले के फ़ारा, गर्मसिर में रहने आ गये। यहाँ से मुग़ल सीमा सिर्फ़ 184 मील दूर थी (तब अफ़गानिस्तान हिन्दुस्तान का हिस्सा था।)।

अकबर ने अनजाने ही फिर आलमगीर को थरथरा दिया! ऐन साम्राज्य सीमा

पर कुख्यात विद्रोही की उपस्थिति से दरबार में खलबली मच गयी। इस्फ़हान में रहते हुए उत्तराधिकार युद्ध में अकबर के सामने दो प्रतिस्पर्धी होते—आज़म और काम बख़्श। सबसे बड़े मुअज़्ज़म बन्दी थे, पर जैसे ही अकबर फ़ारा पहुँचे, आलमगीर ने उन्हें मुक्त कर मुल्तान के ठिकाने से अकबर पर बराबर नज़र रखने के लिए भेज दिया (यह इतिहास की विडम्बना, मुअज़्ज़म के लिए भाग्य का चमत्कार और बज़ाते-ख़ुद अकबर के लिए दुर्भाग्य विद्रूप है कि आलमगीर के बाद मुअज़्ज़म ही बहादुर शाह प्रथम बन कर तख़्ते-ताऊस पर बैठे!)।

वियोगी के सिवा मुकुट-कामी भी बन जाता है कवि!

आठ बरस की ज़िन्दगी और थी अकबर की! पलक झपकाये बिना हसरत की नज़र से वृक्ष-पंक्तियाँ देखते रहे, जिनके पार उनका होने वाला साम्राज्य था। दिल्ली की छवियाँ भीतर कौंधती रहती थीं।

''वैसे तो सोचा था हमने जब तक है ज़िन्दगानी/ खाना जुम्मन के कवाब पीना जमुना का पानी/ लाल हवेली (लाल क़िले के लिए राजवंशियों की संज्ञा) में है रहना पुल बंगश के आगे/ हाय ताज ने तोड़ दिये दिल्ली से दिल के धागे/ फ़तेहपुरी में उम्र गुज़ारी फिर भी फ़तेह न पायी/ चौक चाँदनी झिलमिल-झिलमिल आँखों में लहरायी/ हाए किनारी बज़ार ने ही हमसे किया किनारा/ बल्ले-बल्ले बल्लीमाराँ ने बल्ली से मारा...''

धीरे-धीरे सुबह से शाम होती गयी; दिन मौसम के पत्तों-से झरते गये। ग्रीष्म के बाद वर्षा आयी; फिर शिशिर; फिर शीत। आलमगीर को कुछ नहीं हुआ। साँप ने काटा, पर ठीक हो गये (चाँदनी चौक के मसख़रे की मानें तो बेचारा साँप मर गया!); एक के बाद एक फ़तेह के सेहरे पहनते गये।

अकबर का मनोबल टूटा; निराशा का घोल गाढ़ा हुआ, तो विराग जागने लगा। जीवन, कामना, एवं सत्ता से मोहभंग होने लगा; अँधेरे और हताशा की कविताएँ लिखने लगे।

सिकन्दर का साम्राज्य जितना शाश्वत है/ख़िज़्र का जीवन उससे ज़्यादा नहीं।

आपा ज़ेबुन्निसा की याद बहुत आती थी। अकबर लगातार उधेड़बुन करते रहे कि अगर मैंने पिता का प्रस्ताव मान कर उनके दरबार में हाज़िरी दे दी होती, तो? क्या क्षमा कर कहीं का सूबेदार बना देते? या सलीमगढ़ में क़ैद करा देते? या सूली पर लटका देते? उनके (अकबर के) साथ कुछ भी होता, पर उनके सिर्फ़ समर्पण से ज़ेबुन्निसा के अपराध का शमन हो सकता था? क्या आपा को सलीमगढ़ से

मुक्ति मिल जाती?

इसी कशमकश में जीते हुए सूचना आ गयी—कुछ दिनों की बीमारी के बाद 26 मई, 1702 को ज़ेबुन्निसा का देहान्त हो गया।

"लूट लिया ग़या है मेरे दिल का ख़ज़ाना/ जड से उखड़ी मैं छोड़ दी गयी हूँ अपनी शर्मिन्दगी के साथ/ कभी सिसकती हूँ मैं अपने भटकाव पर/ और ख़ुद को ही मानती हूँ ज़िम्मेदार/ अपने हाथों जलाती हूँ हवन की आग/ जलने लगता है मेरा दिल/ रौशनी फैलाता है भीतर से बदन की स्याह जिल्द के बावजूद/ चकाचौंध हो जाता है सब/ जब तक ये बेड़ियाँ मेरे पाँवों में हैं/ मेरे दोस्त दुश्मन बन गये/ रिश्तेदार अजनबी/ अब पशेमान होने के बाद और क्या करना होगा मुझे/ अपने नाम को स्याही से बचाने के लिए?/ क़ैद-ए-ग़म से ऐ मख़्फ़ी निजात मत माँगो/ चूँकि उसका कुछ लेना-देना नहीं सियासी हुक्मनामे से/ तुम्हें इन्साफ़ मिलेगा तो साँस टूटने के बाद/ सदा सुनाई देती है मजनूं की कब्र से भी/ कि ऐ लैला, उल्फ़त के शिकार को कब्र में भी सुकून नहीं/ पूरी ज़िन्दगी गुज़र गयी और मेरा हासिल रहा बस ग़म, पछतावा, और धुआँ देती हसरत/ तुम्हारा देसनिकाला लम्बा है "मख़्फ़ी", लम्बी है तुम्हारी ललक/ तुम्हारा इंतिज़ार भी लम्बा होगा झुलसता रहेगा तुम्हारा दिल भीतर-ही-भीतर/ अपनी घरवापसी को पलक बिछाए/ पर ऐ बदनसीब, कहाँ है तुम्हारा घर?/ बरस पर बरस बीत गये उजड गया सब कुछ/ वक़्त की धूल दर पर गिर रही है/ इन्साफ़ के दिन तुम्हें मिलेगा ख़मियाज़ा/ अपनी यातना का/ जन्नत से भी नहीं होगी भरपाई/ किसी पर फिर भी क़र्ज रह जाएगा तुम्हारा।"

इबादत बर्क़ की करता हूँ और अफ़सोस हासिल का...

फिर कुछ और बदलती ऋतुओं के साथ शहज़ादे ने अपने प्रवास का स्थायी भाव स्वीकार कर लिया। मन-ही-मन समझ लिया—अन्ततः स्वीकार भी कर लिया—कि अब तख़्ते-ताऊस पर नहीं बैठ पाऊँगा; हिन्दुस्तान नहीं लौट पाऊँगा; विदेशी धरती पर साँस तोड़ूँगा।

30 मार्च, 1706 को यह घटित हो गया। उनके आदेशानुसार उनका समाधि-लेख यह रहा; "सितारों की वक्र दृष्टि और अपनी अधूरी आकांक्षा का मारा/ले जाया गया अकबर अपनी समाधि में!"

अकबर के निधन की सूचना पाकर महामहिम ने टिप्पणी की, "हमेशा का शान्ति-भंगी शान्त हो गया।"

मुहम्मद सुल्तान ने भी विद्रोह किया था, पर उनके निधन के बाद जहाँपनाह ने 'बेटे की साँस टूटने पर बाप के कलेजे में उठने वाली अनिवार्य हूक' का हवाला

दिया था; विद्रोही के नाम पर ईश्वर से क्षमा भी माँगी थी, जबकि सुल्तान की तुलना में वह निःसन्देह अकबर से अधिक स्नेह करते थे। फिर ऐसी प्रतिक्रिया क्यों दी? सुल्तान के पथभ्रष्ट होने से सम्राट की स्थिति और साम्राज्य की दशा-दिशा में कोई परिवर्तन नहीं हुआ, पर अकबर ने विराट बली के निजी जीवन और साम्राज्य-इतिहास को ही बदल दिया। इसलिए?

क्षमा-दान कदापि नहीं!

हुमायूँ, अकबर, जहाँगीर और शाहजहाँ ने असफल विद्रोही बेटे को (हुमायूँ ने भाइयों को) क्षमा किया था, पर विराट बली ने सुल्तान और अकबर को क्षमा नहीं किया—मुअज़्ज़म को विवशता में किया। अकबर गर्मसिर में रहने न आते, तो मुअज़्ज़म राजसी कारागार में सड़ते रहते। काम बख़्श महामूर्ख थे। उनको पुरस्कृत करना जितना अर्थहीन था, उतना ही दंड देना भी।

महामहिम ने स्वयं पहल करके अकबर से दो बार अपने ड्योढ़ी-चुम्बन का आग्रह किया था, पर यह नहीं बताया कि प्रायश्चिती को पद कौन-सा देंगे। एक बार यहाँ तक कह दिया था कि हिन्दुस्तान सीमा में घुसते ही बंगाल राज्यपाल पद का नियुक्ति पत्र मिल जाएगा, पर राजकुमार विश्वास नहीं कर सके।

अगर अकबर को उन्मुक्त पवन चाहिए था, तो उन्होंने ग़लत नहीं किया—शायद...

सन्तति माध्यम से अप्रत्यक्ष लालसा-पूर्ति—हाँ, अकबर की लालसा पूरी हुई—प्रकारान्तर से। उनका और सुलेमान शिकोह की बेटी सलीमा का बेटा नेकूसियर सम्राट बना। अन्ततः 'शाही दस्तार' (पगड़ी) भगोड़े, बन्दी, प्रवासी तथा क़तील (जिसका क़त्ल किया गया हो) के वंशज के सिर पर 1719 में आ ही गयी। अल्पकालीन ही सही, पर फिर तैमूर वंश उन्हीं की सन्तान के सहारे चला।

अकबर जब भाग रहे थे, तो उनके दो बच्चे—बेटी सफ़ीयतुन्निसा और बेटा बुलन्द अख़्तर-पीछे छूट गये, जिन्हें राठौरों ने पाला। पन्द्रह बरस बाद उन्हें दिल्ली शाही हरम भेजा गया। सब यह देख कर चकित रह गये कि बच्चों की सही समय पर क़ुरानख़्वानी हुई थी; वे इस्लामी प्रार्थना पद्धति में पारंगत थे।

अकबर के नाम अपने एक सुलगते पत्र में आलमगीर ने भविष्यवाणी की थी, "अनाज्ञाकारी बेटा नरक के पथ पर जायेगा—इससे पहले कि देवदूत उसके पिता को स्वर्ग के राजप्रासाद में ले जाएँ!"

आलमगीर ने बहुत कुछ इच्छा-शक्ति से हासिल किया था। कहा जाता है कि जुमे के पाक दिन अपना देहान्त भी महामहिम ने इसी तरह सुलभ किया था। इस संकल्प को लेकर भी ऐसा ही हुआ—हमेशा की तरह आलमगीर की ही जीत

हुई। अकबर पिता से तीन वर्ष पहले चले गये। हाँ, यह अलबत्ता नहीं कहा जा सकता कि नरक में कौन गया। जल्दी ही जब इन पंक्तियों का लेखक वहाँ जायेगा, तभी मालूम होगा।

शहज़ादे अकबर ने औरंगज़ेब के दक्षिणाभियान को "स्वप्न से अधिक मिथ्या; छाया से कम स्थायी" कहा था। औरंगज़ेब ने बेटे के विद्रोह-पथ को "दुर्भाग्य-पथ" की संज्ञा दी थी।

दोनों कथन सम्बोधी के साथ-साथ सम्बोधक के ऊपर भी लागू हो गये। तख़्ते-ताऊस पर आसीन होने का अकबर का स्वप्न मिथ्या एवं छाया ही साबित हुआ। साथ ही जिस दुर्भाग्य-पथ पर अकबर प्रारम्भ में अकेले चले, बाद में उन्हीं के पद-चिह्नों पर महान् सम्राट होते हुए भी आलमगीर को भी चलना पड़ा।

इतिहास और नियति का यही काव्यात्मक न्याय था।

अनुभाग 19

हम न हँसते हैं; न हँसने देते हैं!

औरंगज़ेब दूसरों को सन्तप्त करने और उनके द्वारा सन्तप्त होने के लिए ही संसार में भेजे गये थे।

—मानुची

'दुर्भाग्य-पथ' का क्षेत्र-विस्तार—शहज़ादे अकबर से आलमगीर तक!

'अकबर नाम के जिस तीर के अपने शत्रुओं के धनुष में लग जाने' के विचार से थर्रा कर महामान्य ने नर्मदा पार की थी, वह तीर भोथरा तो पहले ही हो चुका था, अब सर्वथा टूट गया।

अकबर का विद्रोह उस घटना-शृंखला की एक बुनियादी कड़ी था, जिससे मुग़ल साम्राज्य कमज़ोर और अन्ततः विघटित हुआ। अगर अकबर ने दक्षिण में शरण लेकर सम्राट-विरोधी गतिविधियों का केन्द्र बनाने की पहल नहीं की होती, तो औरंगज़ेब को वहाँ जाकर अपना मुख्यालय बनाने की कोई ज़रूरत नहीं थी। अगर किसी दकनी सल्तनत पर हमला करने स्वयं जाते भी, तो विजय या सन्धि के बाद वापस लौट आते। शम्भू जी को शहज़ादे अकबर के रूप में एक स्वर्णिम अवसर मिला था, पर वह इसका सदुपयोग नहीं कर पाये। बीजापुर और गोलकुंडा संकीर्ण एवं सख़्त औरंगज़ेब की जगह उदारदृष्टि तथा बहुवचनी अकबर को प्रतिष्ठित करने के लिए साझा मोर्चा बनाने के हामी थे, पर शम्भू जी घरेलू कलह में लीन और नर्तकियों के घुँघरुओं में रसलीन पाये गये। वह अपनी आन्तरिक दुर्बलताओं में बन्दी थे। गिद्धदृष्टि आलमगीर ने स्थिति को बिल्कुल सही विश्लेषित कर लिया और शिवाजी सपूत की छत्रछाया में अपने सपूत के न सिर्फ़ दमन, बल्कि बीजापुर और गोलकुंडा के अधिग्रहण की सम्भावना भी देख ली। यह योजना बहुत कठिन थी, पर हठी कर्मयोगी ने लगभग एक दशक में पूरी कर ली। क़ीमत बहुत ऊँची

चुकायी—अन्ततः सबकी बरबादी, पर आलमगीर के पास साँसघोंटू संकीर्ण दृष्टि के आगे कुछ और होता, तो अकबर विद्रोह करते ही क्यों!

उफ़, ये शिया!

परम मातृभक्त औरंगज़ेब की माँ और हृदयेश्वरी दिलरस बानो शिया थीं। महामहिम शिया को विधर्मी (रफ़ीज़ी) कहते थे, ख़त में गाली देते हुए उन्हें 'शवभक्षक राक्षस' (ग़ुले-बयाबानी) विशेषण से विभूषित करते थे; उन्होंने अपने पसन्दीदा खंजर का नाम 'विधर्मी वधकर्त्ता' (रफ़ीज़ीकुश) रखा था।

बीजापुर—बीजापुर महामहिम के कलेजे में चुभा हुआ काँटा था। वह उसे मिट्टी में मिलाने को तड़प रहे थे—उसके राजनीतिक प्रभाव के कारण कम; दक्षिण में शिया आस्था की बुनियाद के कारण ज़्यादा। वह शिया को घटिया व्यक्ति मानते थे; वह सुन्नी के समकक्ष हो ही नहीं सकता था।

"ग़ैर-मुसलमान को एक बार आप बराबरी का दर्जा देकर झेल लीजिए," एक दिन महामहिम बहुत ख़राब मूड में (उनका मूड ज़्यादातार ऐसा ही रहता था!) अपने प्रमुख सहायक और मामा शायस्ता ख़ाँ (मुमताज़ महल के भाई) से बोले, "और उसी पल से वह स्वयं को तुमसे श्रेष्ठतर मानने लगेगा।"

अब इसी विचार का विज़ुअल रूपान्तर मुलाहिज़ा हो। आदिल शाह दरबार का राजदूत फ़र्श की सतह से आधा गज़ नीचे गड्ढे में खड़ा किया जाता था और वह मुग़ल राज्यपाल को सीधे सम्बोधित नहीं कर सकता था। इन दोनों के बीच कंचुकी होता था—गड्ढे और राज्यपाल आसन के मध्य में।

"भूमि और पानी में जितने जंगली जीव हैं, उनमें सबसे बर्बर विधर्मी है", महामहिम ने जहाँ आरा बेगम को लिखा था।

बीजापुर संकट अर्थात् 'नियति श्येन का उड़ आना दक्षिण!'

आदिल शाह दोयम से उनकी नाराज़गी पुरानी थी। जय सिंह की शिकायत उनके कलेजे में चुभती रहती थी, "सुल्तान ने हमारे साथ चालाकी की है। उन्होंने दिखावे के लिए अपनी सेना शिवा के क्षेत्र में भेज दी, पर वह मानते हैं कि शिवा का पूरा विनाश उनके लिए हानिकारक है। वह चाहते हैं कि शिवा बीजापुर और शाही सेना के बीच दीवार बन कर खड़े रहें।" जय सिंह ने पीड़ा एवं आक्रोश से आगे जोड़ा, "सिर्फ़ इतना ही नहीं, आदिल शाह ने समझा-बुझा कर गोलकुंडा को राज़ी कर लिया कि वह शिवाजी को पैसा भेजे, जबकि सामने वह सम्राट के प्रति वफ़ादारी का राग अलापते रहे।"

पर जय सिंह की कमान में 1666 का बीजापुर हमला बिल्कुल असफल

रहा। समय ने करवट ली। फिर ख़ाफ़ी ख़ाँ के शब्दों में "नियति श्येन के दक्षिण उड़ आने" के बाद स्थिति बदलती गयी। "जिन्होंने शम्भू जी वा अकबर को शरण देकर हमारी सत्ता को चुनौती दी है," विराट बली ने घोषणा की, "हम उनके साथ पाँसे खेलने के लिए दकन नहीं आये हैं।"

ग्रीष्म 1685 में शहज़ादे आज़म की कमान में बीजापुर घेरा शुरू हुआ, पर 18 वर्षीय सुल्तान सिकन्दर आदिल शाह ने तेरह महीने प्रतिरोध जारी रखा।

फिर मुअज़्ज़म आये, फिर विराट बली स्वयं आ पहुँचे।

फिर बीजापुर से मुस्लिम धर्मगुरुओं की एक टोली फ़रियाद लिये ज़िल्ले-सुब्हानी के पास आयी, "आप कट्टर आस्थावान हैं, शरिअत के अनुसार चलते हैं, कुरान का पालन करते हैं, मुल्लाओं के फ़तवे मानते हैं। फिर आप हमारे जैसे मुसलमान भाइयों के ऊपर अपवित्र आक्रमण कैसे कर सकते हैं?"

"आपका हर शब्द सही है," महामहिम बोले, "मेरी नज़र आपकी सल्तनत पर नहीं। लेकिन नरकनिवासी काफ़िर के काफ़िर बेटे (दिवंगत शिवाजी के पुत्र शम्भू जी) को आपने शरण दे रखी है। वह यहाँ से लेकर दिल्ली दरवाज़े तक के मुसलमानों को सता रहा है, जिनकी फ़रियाद दिन-रात मुझ तक पहुँचती रहती है (शम्भू जी ने सपने में नहीं सोचा होगा कि वह इतने शक्तिशाली हैं।)। उसको मुझे सौंप दीजिए; मैं तुरन्त घेरा हटा लूँगा।"

सबकी बोलती बन्द हो गयी। तबाही तेज़ हो गयी। दो महीने बाद दो शताब्दियों वाले आदिल शाही राजवंश के सुल्तान सिकंदर को आत्म-समर्पण करना पड़ा।

विराट बली ने सिकंदर के लिए एक लाख वार्षिक अवकाश-वृत्ति नियत कर दी। फिर "सम्राट और ईश्वर की सेवा की ख़ातिर" (सन्धि पत्र की शब्दावली यही है। विलक्षण था प्रातः स्मरणीय का हास्य-बोध!) कुछ समय उन्हें दौलताबाद क़िले में बन्दी रखा गया; फिर आलमगीर के चलायमान शिविर में। आदिल शाही राजवंश के यह कुल-दीपक इसी प्रकार सतारा में 1700 में इलियट द्वारा उद्घोषित 'क्रूरतम माह' की तीन तारीख़ को सिर्फ़ 32 की आयु में क्लान्त होकर जहाँने-फ़ानी से अलविदा कह गये।

गोलकुंडा—सुल्तान अबुल हसन ने ब्राह्मण वैष्णव वज़ीर मदन्ना और उनके भाई अखन्ना के हाथों में प्रशासन छोड़ रखा था। रागरंग उनकी जीवन-शैली थी। बीजापुर आलमगीरी जूते-तले कुचला जा चुका था; आलमगीरी क़दमों की आहट सुनाई दे रही थी। सुल्तान अपनी नियति जानते थे—इतना ही महत्त्वपूर्ण यह है कि उन्होंने उसे स्वीकार भी कर लिया था—विराट के सामने लघु के व्यंग्यभरे हास्य-बोध के साथ। आलमगीर के प्रतिनिधि मिर्ज़ा मुहम्मद ने जब एक बार उनसे आपत्ति

के सुर में पूछा, "आप अपने नाम के साथ सुल्तान क्यों लगाते हैं?" तो अब्दुल्ला ने उत्तर दिया, "तब फिर आलमगीर अपने को सुल्तानों का सुल्तान कैसे कहेंगे?"

खिला खिला कर खाना—हर क्रूर की क़िस्म अलग होती है। एक बिल्ली चूहा खाती है, पर दूसरी बिल्ली आसन्न मृत्यु से सन्त्रस्त चूहे को जगह इधर-उधर दौड़ा कर, खिला-खिला कर मज़ा लेते हुए खाती है। महामहिम ऐसे थे।

ज़िन्दगी से नाराज़ धनाढ्य विधवा का नया किरायेदार होकर युवा जोड़ा आया। इतवार को पूर्वाह्न तक मियाँ-बीवी छत या छज्जे पर दिखाई नहीं दिये; बेडरूम में घुसे रहे। विधवा अपने आठ वर्षीय लड़ाकू बेटे के कान में फुसफुसायी। उसने जूतों की आहट से ज़ीना गुँजाते हुए दम्पत्ति का दरवाज़ा धाड़-धाड़ पीटा। सकपकायी हुई युवती ने नाइटी पर दुपट्टा ओढ़ते हुए द्वार खोला, "क्या बात है मोंटू?"

"मम्मी ने बोला है, पंचमी को आप जो एक कटोरा चीनी ले गयी थीं, वापस कर दीजिए।"

"कैसा कटोरा? कौन-सी चीनी?"

आलमगीर ने पहले दम्भी, उद्दंड और बदमिज़ाज मिर्ज़ा मुहम्मद को अपना दूत बना कर अबुल हसन के पास भेजा, "ओए सुल्तान, बादशाह सलामत ने वो दो मशहूर हीरे माँगे हैं।"

"उसके बाप के हैं वो?"

अबुल हसन में यह कहने की हिम्मत नहीं थी। उन्होंने चुपचाप आदेश का पालन कर दिया। हाथ में हीरे देखते हुए आलमगीर उदास हो गये। उनको हमले का बहाना चाहिए था—नहीं मिला। उन्होंने शोक के भाव से क़त्ल करवाये, पर सीधे हुक्म नहीं दिया—जाँच समिति के फ़ैसले या फ़तवे का बहाना बनाया, क्योंकि उनको सदा सही होना था। पर अबुल हसन की क़िस्मत ख़राब थी।

फिर ग़लत हाथों में पत्र—मध्यकाल में एक ख़ासियत थी। पत्र जिसके विरुद्ध लिखा जाता था, वह अक्सर सात ताले तोड़ कर उसी के पास पहुँच जाता था। किसके माध्यम से? पता नहीं। अब आप अपनी विस्तृत शत्रु-सूचियाँ बनाते रहिए। अबुल हसन के साथ ऐसा ही हो गया। उन्होंने आलमगीर के बीजापुर हमले के विरुद्ध मुग़ल दरबार में अपने प्रतिनिधि को पत्र लिखा, जो महामहिम की सेवा में—पता नहीं, कैसे—पहुँच गया।

शहज़ादे मुअज़्ज़म की कमान में तुरन्त हैदराबाद की घेराबन्दी हो गयी। दो माह चली। फिर हैदराबाद का पतन हुआ। सुल्तान जितने हीरे-जवाहर ढो सकते थे, लेकर गोलकुंडा भाग गये। हैदराबाद में परम उत्पीड़न और लूटमार सम्पन्न हुई। आलमगीर ने सन्धि की शर्तें बखान कीं; बहाने से मदन्ना-अखन्ना की हत्या करवायी (विधर्मियों के हाथ में हुकूमत छोड़ रखी थी सुल्तान ने!)। सुल्तान ने गोलकुंडा

में फिर जीवनानन्दी महफ़िल सजा ली। बर्नियर के शब्दों में "स्त्री काया से आनन्द पाने के अनूठे, मौलिक उपाय निकाल कर उन्होंने स्वयं विषयासक्ति को अपने ऊपर गर्व करने का अवसर दे धन्य कर दिया!"

मज़ा नहीं आया मुँह में चूहे का खून लगाये बिल्ली को उर्फ़ औरंगज़ेब की ज़ुबान!

कहा जाता है कि आलमगीर चार घंटे सोते थे। इन पंक्तियों के लेखक का विचार है, इसमें भी दो घंटे वे बेचारे नहीं सो पाते थे—ज़िन्दगी में कुछ लोग आनन्द क्यों लेते हैं, इसलिए।

"ये नामाक़ूल सुल्तान शिकस्त खा चुका है, इतना ज़लील हो चुका है, फिर भी मस्त है!" अभी लड़ाई को कुछ हफ़्ते ही हुए थे, सन्धि की स्याही सूखी भी नहीं थी कि आलमगीर बज़ाते-ख़ुद सेना की कमान सँभाले गोलकुंडा आ धमके!

हॉलीवुड की एक फ़िल्म में एक्शन हीरो श्री श्वार्ज़ेनेगर खलनायक पर एक वार में अनगिनत गोलियाँ छोड़ने वाली एसल्ट रायफ़ल की नली तानते हैं।

"तुमने वादा किया था कि मुझे ज़िन्दा छोड़ दोगे," खलनायक आपत्ति करता है। "मैंने झूठ बोला था," नायक भावहीन कहते हैं।

सुल्तान ने भी बौखला कर पूछा, "ये क्या हो रहा है आलमगीर? हमारे बीच समझौता हो चुका है।"

पर 'संसार में ईश्वर-छाया' मिथ्यावादी कैसे हो सकता है! आलमगीर ने तुरन्त आरोप-सूची गिना दी, "तुम्हारे जैसे कुटिल के कुकृत्यों की गिनती नहीं हो सकती। फिर भी सौ में से कुछेक ये हैं—अत्याचारी विधर्मियों के हाथ में सत्ता देना; सैयद, शेख़ और दूसरे सन्तों का दमन करना, खुलेआम व्यभिचार और भ्रष्टीकरण, दिन-रात मदिरा में उन्मत्त—"

सुल्तान स्वभावतः उखड़ गये, "तो आप भी दारू पियो और घुँघरुओं की छनक में डूब जाओ! मैंने रोका है?"

समस्या की जड़—क्यों ले रहा है जीवनानन्द?

एक फ़िल्म में श्रेष्ठ अभिनेता एलेन आर्किन का किरदार कम्पनी के एक विभाग का प्रमुख है। तलाकशुदा, अकेला, ज़िन्दगी से बेइन्तिहा नाराज़। उसका एक मातहत सदा मुस्कुराता रहता है। मुस्कान के साथ दफ़्तर में घुसता है; ख़ुशदिली से सबसे बर्ताव करता है, मुस्कान के साथ ही शाम को दफ़्तर से निकलता है। काँटे की तरह चुभता है एलेन की आँखों में! "कम्बख़त मुस्कराता क्यों है?" घुन्ना कर

एक सहयोगी के सामने एलेन टिप्पणी करता है।

किसी कारण कम्पनी आर्थिक संकट में फँस जाती है। हर विभाग प्रमुख से एक कर्मचारी का नाम पूछा जाता है, जो छँटनी का शिकार बनेगा। मातहत काम में कुशल है, पर एलेन उसी का नाम सुझा देता है। अब बेकार हो जाने की सूचना भी मातहत को उसे ही देनी है।

सहानुभूति का मिथ्या जाल बुनते हुए सूचना दे दी जाती है। मातहत स्तब्ध होकर सुनता है; उसके छोटे बच्चे हैं; मकान ऋण की क़िस्में भर रहा है, पर क्या किया जा सकता है! कोई और नौकरी ढूँढ़नी होगी। सब सहयोगियों से अलविदा लेकर मातहत जा रहा है; आख़िरी एक-दो से बात करते हुए फिर मुस्कुराने लगता है। एलेन को आग लग जाती है। वह पूछे बिना नहीं रह सका, "अब क्यों मुस्कुरा रहे हो?"

"क्या है कि मैं परिवार के साथ छुट्टी कई बरसों से टाल रहा हूँ," मातहत मुस्कान के साथ उत्तर देता है, "उसका ख़र्च अलग रख छोड़ा है। यह बुरी घड़ी है, पर इसमें भी एक भला पहलू निकल आया है!"

एलेन कुछ नहीं कह पाते।

फ़िल्म यहाँ ख़त्म हो सकती थी, पर नहीं होती। कुछ समय बाद बाज़ार में एलेन और सहयोगी की भेंट हो जाती है। भूतपूर्व मातहत गर्मजोशी से मिलता है, एलेन को कॉफ़ी पिलाये बिना नहीं मानता। नहीं, अभी उसे नौकरी नहीं मिली है। तलाश जारी है।

एलेन की भूतपूर्व पत्नी का वर्तमान पति ऊँचा अधिकारी है। एलेन उससे भूतपूर्व मातहत की अर्हताएँ एवं अनुभव का ब्योरा देकर नौकरी की सिफ़ारिश करता है। आश्वासन तुरन्त मिल जाता है। एलेन आगे जोड़ देता है, "कृपया मेरा उल्लेख न करें। आत्मसम्मान वाला है वह व्यक्ति—" कुछ समय बाद फिर अचानक एलेन और मातहत टकरा जाते हैं। मातहत बड़ी मुस्कान के साथ बताता है, "उसे पहले से बेहतर नौकरी मिल गयी है।"

एलन बधाई देकर जल्दी से भाग जाता है। जो व्यक्ति ज़िन्दगी से ख़ुश है, उसके साथ के पल एलेन पर भारी पड़ते हैं।

गोलकुंडा सुल्तान की मुकुट-विमुक्ति—सुल्तान ने अपमानजनक शर्तों पर आलमगीर से समझौता कर लिया था। अपेक्षा यही थी कि बिरादर, अब हमें घुँघरुओं की छनक और नर्तकी के कपोल-गह्वर में डूब जाने दो और आप जितनी मर्ज़ी हो, टोपियाँ सिलते रहो, लेकिन आलमगबीर का रुख़ यह था कि नहीं बिरादर, तुम हमें जानते नहीं। हम न हँसते हैं, न हँसते देते हैं!

इस बार आक्रमण बहुत ज़बर्दस्त था। सम्राट के अपने प्रमुख क़ाज़ी तक ने

''सहधर्मी के ऊपर आक्रमण पापयुक्त'' घोषित किया, लेकिन बाप की नज़रबन्दी से भाइयों के क़त्ल तक के हर कारनामे पर धर्म प्रतिनिधि समर्थक से वैधता की मुहर लगाने वाले ने इस बार उसी समर्थक को अनदेखा कर दिया। मुअज़्ज़म ने आदिल शाह के प्रति नर्मी दिखाई, तो अपने बेटों के साथ खुद क़ैद कर लिए गये।

अबुल हसन ने आठ माह, दस दिन प्रबल प्रतिरोध किया। भयंकर रक्तपात हुआ। सुल्तान समझते थे कि वह पराजय से बच नहीं सकते, उसे सिर्फ़ विलम्बित कर सकते हैं। कन्धार क़िले की तरह यहाँ भी दरवाज़ा शस्त्र से नहीं, विश्वासघात से खुला, पर खुल तो गया। अबुल हसन ने भ्रदता एवं गरिमा के साथ आत्मसमर्पण्ध कर दिया। वह दौलताबाद क़िले में बन्दी बना कर रखे गये। वार्षिक 50,000 रुपये उनका निवृत्ति-वेतन तय किया गया। उनकी विपुल जायदाद और अकूत सम्पत्ति मुग़ल कोष में चली गयी; राज्य मुग़ल साम्राज्य में समाहित हो गया।

आलमगीर एलेन किरदार की प्रतिलिपि नहीं थे। वह ऐसे थे, जो मातहत के लिए न सिर्फ़ उँगली भी नहीं हिला सकता; बल्कि अगर मातहत ने अपनी बूते पर दूसरी नौकरी हासिल कर भी ली, तो किरदारे-आलमगीरी अपने रसूख से बेचारे जीवन-रसिक को वहाँ से भी निकलवा कर ही मानेगा।

दो सुल्तान मुग़ल क़ैदी—अबुल हसन और सिकन्दर कुछ समय तक दौलताबाद क़िले में बन्दी रहे, लेकिन अलग-अलग रखे गये। उनकी छायाएँ भी षड्यन्त्र कर सकती हैं, विराट बली को ऐसी आशंका थी। ईद पर दोनों को कुछ देर मिलने की इजाज़त दे दी जाती थी, पर शाही अधिकारी की उपस्थिति में।

तथाकथित सम्पूर्ण विजय—गोलकुंडा के पतन के बाद सिर्फ़ मराठे आलमगीरी फन्दे के बाहर बचे थे। सोलह महीने बाद शम्भू जी भी आलमगीरी शिकंजे में आ गये और मुग़ल जल्लाद के वार का निशाना बने।

इसके साथ दक्षिण में आलमगीर विजय सम्पूर्ण हो गयी। कर्नाटक में विविध लघुवर्णी नरेश थे, जिन्हें महामहिम ने ''बाज़ की तरह झपट्टा मार कर दबोच लिया।'' अब आलम यह था कि अगर कावेरी नदी के आगे चिरकुट सरदारों द्वारा प्रशासित ज़रा से दक्षिणी कोने को छोड़ दिया जाय, तो कन्धार समेत सम्पूर्ण भारतीय उपमहाद्वीप पर आलमगीर क़ाबिज़ थे।

पर अपनी ऐतिहासिक विजय के चमकते पल में आलमगीर ने अचानक आंतक से पाया कि जिस ज़मीन पर वह खड़े हैं, धँसकने लगी है। ''जिस मराठा परदार साँप (Dragon) को उन्होंने अपनी समझ में टुकड़े-टुकड़े कर दिया था, (Hydra) बन कर खड़ा हो गया। वह जितने सिर काटते जाते थे, वे दोगुने होकर हँसने लगते थे!''

मराठा दुःस्वप्न ले डूबा आलमगीर को!

दक्षिण की पहली सूबेदारी से औरंगज़ेब की बर्ख़ास्तगी के पीछे उनका व्यवहार तो था ही, पर साथ ही प्रमुखत: शिया दक्षिण में साम्राज्य हित में उनकी उपस्थिति का लगातार नकारात्मक होते जाना भी था। शाहजहाँ की यह धारणा दृढ़ होती गयी थी कि बीजापुर और गोलकुंडा के साथ औरंगज़ेब ने जो सख़्ती बरती, उसी से क्षेत्रीय राष्ट्रीयता की चिंगारी भड़क कर शोला बन रही है। यह आकलन सही साबित हुआ, जब मराठा शक्ति का आरोहण होने लगा। अपने अन्तिम अवसादभरे दिनों में महामहिम ने भी समझ लिया कि बंजर बरबाद दक्षिण में अब वह वही काटने को अभिशप्त हैं, जो साठ बरस पहले उन्होंने बोया था।

1649 में जब औरंगज़ेब ने नोमानी क़बीले का विद्रोह जल्दी से दबाने में सफलती पा ली, तो शाहजहाँ ने उनका मनसब बढ़ा कर पन्द्रह हज़ार कर दिया। एक ज्योतिषी औरंगज़ेब से बोले, ''जब राजसी अनुग्रह का सूर्य उदित होता है, तो ईश्वर स्वर्ग का आकार बढ़ा देते हैं।''

राजकुमार बोले, ''हमेशा नहीं। कभी शैतान क्रीड़ाशील हो जाता है और नरक का आकार दुगुना कर देता है।''

महामहिम के दोज़ख़ का आकार दोगुना हुआ, लेकिन ज़िम्मेदारी शैतान की नहीं, उनके अपने आमालनामे (कर्म-पोथी) की थी।

साम्राज्य संकट और सामन्त संगठन में विघटन की आन्तरिक प्रवृत्ति— राजपूत युद्ध से पहले 1678 तक सामन्त संख्या भी औसत थी और सामन्त धड़ों के बीच नस्ली एवं धार्मिक भेदभाव भी। दरबार का गठन तथा वातावरण लगभग वैसा ही था, जैसा पहले से चला आ रहा था।

प्रथा के अनुसार ईरानी तूरानियों से ज़्यादा थे। आलमगीर प्रशासन के आरम्भ में राजपूतों को बड़ी पदोन्नति मिली। फिर शाहजहाँ युग के 18.7 प्रतिशत से आलमगीर प्रशासन (1658-78) के पहले दो दशकों में घटते हुए 14.6 प्रतिशत रह गयी। साथ ही आलमगीर ने अफ़गानों को अधिक प्राथमिकता देना शुरू किया, जैसा उनके पूर्ववर्तियों ने कभी नहीं किया था। लगभग आधी संख्या में ख़ानज़ादों (पुश्तैनी सामन्त) के कारण दरबार में सामान्य स्थायित्व बना रहा। श्रेणी के अनुसार घुड़सवार रखने जैसे नियमों का सख़्ती से पालन किया जाता रहा। इस चरण में आलमगीर की सामन्त संगठन पर मज़बूत पकड़ थी।

लेकिन अपने संगठन की प्रकृति में ही सामन्त व्यवस्था नकारात्मक परिस्थितियों में, जो दक्षिण युद्ध में लगातार गहनतर होती गयीं, मुख्यत: अपने स्वार्थ-सन्धान पर केन्द्रित होने लगी। वे साम्राज्य हित के विरुद्ध प्रतिकूल स्थितियों का भाग

बनने को ग्रहणशील थे। सामन्त भ्रष्ट और सार्वजनिक रूप से रिश्वतख़ोर थे। वे अपने प्रशासनिक पद का ग़लत इस्तेमाल करते हुए व्यवसायी वर्ग और कृषक समुदाय से गै़रकानूनी वसूली करते थे। उनके अकूत आर्थिक स्रोतों का सकारात्मक आर्थिक विकास में रत्ती भर योगदान नहीं था। उन्होंने ऐश्वर्य सामग्री एवं सेवाओं को संरक्षण अवश्य दिया, लेकिन अपनी भंडारीकरण और एकाधिकारी प्रवृत्तियों के चलते उत्पादन के नये तथा उन्नत तरीके सोचने की ओर ध्यान नहीं दिया। उनके संरक्षण का लाभ नर्तकियों, कवियों और सन्तों तक सीमित रहा। इस तरह जब दक्षिण में अत्यन्त गम्भीर सैन्य संकट खड़ा हो गया, तो साम्राज्य में उसका सामना करने के लिए कोई नैतिक स्रोत नहीं थे।

राजपूत युद्ध और परम दीर्घ दक्षिण सैन्याभियान का सामन्त संगठन पर विनाशकारी प्रभाव पड़ा। आलमगीर की समूची दक्षिण विजय क़साई का एक हलाली वार नहीं, आहिस्ता-आहिस्ता जिबह होते हुए ख़ून बहाते जाने की प्रक्रिया थी। इसमें अपने सैनिक भगोड़े बने और शत्रुओं को रिश्वत देकर मुग़ल तलवार थमायी गयी। लम्बे युद्ध ने स्वभावतः मुग़ल सामन्त संस्था को बाह्य रूप से दुर्बल बनाया और आन्तरिक रूप से उसमें घुन इसलिए लगाया, क्योंकि बहुसंख्यक आलमगीर की दक्षिण नीति के ख़िलाफ़ थे। दरबार की लगातार अनुपस्थिति से उनका अपना घर उत्तर भारत बरबाद हो रहा था। फिर थोक के भाव से बीजापुरी, हैदराबादी और मराठे सामन्त वर्ग में उनके समकक्ष बन रहे थे। मराठों ने तो गिनती में राजपूतों को भी पीछे छोड़ दिया था! आलमगीर और प्रतिष्ठित कुलीनों ने नयी भर्ती रोकने की बहुत कोशिश की, लेकिन राजनीतिक ज़रूरत वैसे ही मजबूर करती गयी, जैसे आज मिली-जुली सरकार में थोक के भाव से मन्त्री मंडल बनाना पड़ता है। फिर वही हास्यास्पद स्थिति आ गयी, जिसका डर था, लेकिन जो अनिवार्य थी। नियुक्ति-पत्र थमा दिए गये, पर देने को जागीर थी ही नहीं! फिर शर्म बचाने के लिए अशान्त क्षेत्र जोड़ दिये गये, पर वहाँ प्रशासन तो क्या, उसका आभास भी नहीं था। मुग़ल अधिकारी अगर थे भी, तो वे ख़ुद अपनी जान बचाने के लिए किसी-न-किसी लुटेरे मराठा सरदार को 'हफ़्ता' दे रहे थे! सोचा, कुछ वसूली भी करते चलें, ऐसी मनोवृत्ति थी। ऐसे में कौन राजस्व देता और कौन लेता! और देने की सामर्थ्य ही कहाँ थी! दक्षिण बंजर और रेगिस्तानी बन चुका था। वेतन के अभाव में सामन्त निर्धारित सैनिक तथा अश्व कैसे रखते! ऐसे में साम्राज्य की सैन्य शक्ति का क्षय अनिवार्य था, लेकिन सबसे महत्त्वपूर्ण समस्या यह थी कि सम्राट के लक्ष्य में सामन्त वर्ग के प्रबल बहुमत की आस्था ही नहीं थी। उनका मानना था—

(1) सह्याद्रि पर्वत-शृंखला के अपने भौगोलिक लाभों एवं गुरिल्ला संघर्ष-

प्रणाली के कारण मराठे दुर्जेय हैं।

(2) मुग़ल साम्राज्य का आधार उत्तर है, हमारी राजधानी शाहजहाँनाबाद है, दक्षिण हमारा महत्त्वपूर्ण लेकिन सिर्फ़ एक प्रदेश है, इसलिए मराठों को चौथ एवं सरदेशमुखी देकर उनके साथ सन्धि कर लेने के सिवा हमारे सामने और कोई विकल्प नहीं।

(3) मराठों के एक के बाद एक गढ़ जीतते जाना, अधिकांश को रिश्वत देकर—और कुछ समय बाद वहाँ से हटते ही उन्हें फिर खो देना—उन्हें ऐसा मज़ाक़ लगता था, जिस पर अब हँसी आना बन्द हो गया था। लगभग नब्बे के सम्राट का स्वयं ख़ंदक में घुस कर घेराबन्दी की दृढ़ता का परीक्षण करने जैसा दृश्य अब उनके लिए करुण कम था, हास्यास्पद ज़्यादा।

सामन्त वर्ग ने मन-ही-मन सम्राट के मानसिक सन्तुलन तथा निर्णय क्षमता पर प्रश्न-चिह्न लगा दिया था। लगभग पूरा समुदाय मन-ही-मन उनकी आख़िरी हिचकी की प्रतीक्षा कर रहा था।

(4) क्योंकि आलमगीरी लक्ष्य में विश्वास नहीं था, इसलिए मनोबल निम्नतम बिन्दु पर था। सामन्त दिल्ली की अपनी मौज-मस्तीभरी ज़िन्दगी में वापस लौटने को तड़प रहे थे। एक वरिष्ठ सामन्त ने महामहिम के सामने मर्मस्पर्शी तड़प से मुट्ठीभर हीरों के नज़राने के साथ प्रार्थना की, ''हमें एक बरस शाहजहाँनाबाद में छुट्टी बिताने की इजाज़त दे दी जाय जहाँपनाह!''

जहाँपनाह ने नाराज़गी से देखा, ''कम-से-कम आप जैसे वज़ादार उमरा से हमें ऐसी उम्मीद नहीं थी। आप जानते नहीं, हम एक ग़ैबी (दैवी) गुहिग गार हैं? हमें पूरे दकन से काफ़िरों का सफ़ाया कर सल्तनत को पाक करना है। आप छुट्टी पर चले जाएँगे, तो कायनात के जहाँपनाह को हम क्या जवाब देंगे?''

सामन्त सकपका गये।

''जाइए, छज्जनपुर पर हमले का इन्तिज़ाम कीजिए।'' सामन्त चौंक गये, ''यह कहाँ है?'' ''आपको यह भी नहीं पता? पार्ली के पास''—''ज़रा-सी आबादी, कच्ची झोपड़ियाँ—'' सामन्त खीज गये, ''शाही नज़र को उस तरफ़ देखना भी शोभा नहीं देता, हमले की बात तो दूर रही।''

''आप वज़ादार न होते, तो अभी हाथी के पाँव के नीचे होता आपका सिर!'' आलमगीर दहाड़े, ''जाइए, हमले का इन्तिज़ाम कीजिए छज्जनपुर पर। दिलेर ख़ाँ, इस हमले की कमान हम ख़ुद सँभालेंगे।''

धड़ेबाज़ी—उथल-पुथल की ऐसी विकराल स्थिति के कारण दरबार में गुटबाज़ी इतनी प्रबल तथा गहन कभी नहीं देखी गयी। ग़ाज़ीउद्दीन ख़ाँ फ़ीरोज़जंग और ज़ुल्फ़िक़ार ख़ाँ क्रमशः तूरानी एवं ईरानी धड़ों के सरगना थे। आलमगीर के

इन अन्तिम वर्षों में आगामी उत्तराधिकार संघर्ष की छाया गहरी होने लगी थी। ऐसे में राजसी नीति के कार्यान्वयन तथा सैन्य उद्यम पर धड़ों एवं कप्तानों की अपनी-अपनी कार्य-सूची हावी होने लगी। तभी जिंजी पर ज़ुल्फ़िक़ार की घेराबन्दी महबूब के वस्ल वाले वादे की तरह खिंचती चली गयी (जिंजी जीतने में उनकी दिलचस्पी ही नहीं थी। जिंजी जीत लेते, तो किसी और फ़ालतू क़िले को घेराबन्दी का आदेश मिल जाता!) और ग़ाज़ीउद्दीन ख़ाँ अपने स्वतन्त्र राज्य का मानचित्र बनाने लगे।

इस तरह 'नैतिक निर्णय की अनाधिकार चेष्टा' करते हुए भी इतिहासकारों ने माना है कि इस सामन्त वर्ग की सर्वप्रमुख दुर्बलता यह रही कि वह अपने को तेज़ी से बदलती हुई सामाजिक-राजनीतिक परिस्थितियों के अनुरूप नहीं ढाल पाया।

महान् साम्राज्य के पीछे न राजदुर्ग पर लहराती ध्वजा की ऊँचाई होती है और न भौगोलिक मानचित्र की विराटता। महानता प्रशासन प्रकृति तथा स्वरूप की होती है; बहुवचनीय समाज और समरस जीवन-शैली की होती है। यहाँ सिर्फ़ क्रन्दन और हाहाकार था।

अनुभाग 20

आह, दकन नासूर उर्फ़ 'स्वामिभक्त का नरक'

विधर्मियों के प्रति सम्पूर्ण युद्ध की विस्तृत योजना बनाइए। मैंने साम्राज्य इसलिए नहीं सँभाला कि कुछ मुट्ठी भर काफ़िर मेरे काम में विघ्न डाल दें। जो निर्णय मैंने लिया है, उसके सिवा और कोई विकल्प नहीं। आप लोगों में से जो हताश हो गया हो या घर की याद से व्यग्र हो, वह अपना पद छोड़ कर उत्तर को लौट सकता है। मैंने नियन्ता को जो वचन दिया है, मैं उस पर दृढ़ हूँ। अब आप चुनाव करें—आपको विश्वासघात का नरक चाहिए या स्वामिभक्ति का स्वर्ग!

—दिल्ली लौटने को बेकल सेनापतियों को औरंगज़ेब की फटकार

मराठे नहीं लौटने देंगे आलमगीर को दिल्ली!

1689 में शम्भू जी के वध के बाद दक्षिण में और कुछ नहीं बचा, जिसे महामहिम पूरा करें। जिन लक्ष्यों के लिए उन्होंने दक्षिण का रुख़ किया था, वह उपलब्ध हो चुके थे। "ईश्वर की कृपा और आपके सदाबहार सौभाग्य से दोनों महान् सल्तनतें जीती जा चुकीं," वज़ीर असद ख़ाँ ने विनम्रता से याचिका प्रस्तुत की, "इसलिए मुग़ल ध्वजाओं को अब दिल्ली लौट जाना चाहिए।"

"जब तक इस व्यक्ति की साँस चलती है, तब तक श्रम और कर्म से मुक्ति नहीं", जहाँपनाह ने स्वयं याचिका पर टिप्पणी लिख दी।

इसके बाद लगभग दो दशक तक—अपनी अन्तिम साँस तक—आलमगीर यहाँ-वहाँ फैले बिल्कुल फ़ालतू गढ़ों की घेराबन्दी, नामहीन मामूली क़बीलाई सरदारों का वशीकरण, और अनाम, अनन्त लड़ाइयाँ लड़ते रहे। अभियान कैसे समाप्त किया जाता है, वह नहीं जानते थे! इसलिए हर तथाकथित विजय के साथ उनकी विजय-शृंखला असंगत होती गयी (दुर्ग पर मुग़ल ध्वजा लहराने के बाद

मुग़ल सेना के आगे बढ़ जाने पर इधर-उधर छिपे मराठा सैनिक फिर उस पर नियन्त्रण कर लेते थे।) इस तरह विराट बली जितनी लड़ाइयाँ जीतते गये, उतने ही कमज़ोर होते गये।

मराठे—एक प्रहेलिका!

शम्भू जी के पतन के बाद एक साल सन्नाटा रहा, फिर मराठे धरती से प्रस्फुटित होने लगे, जहाँ औरंगज़ेब ने अपनी समझ में उन्हें दमित कर दिया था। विरोधाभास यह है कि मराठा शक्ति केन्द्र का विनाश होने से मराठों को अपनी विस्फोटक सामर्थ्य मिली। "इतनी बड़ी संख्या में इन सरदारों को मुग़लों से लड़ते देखना अद्‌भुत था, जब कि इनको निर्देशित करने के लिए कोई राजकुमार नहीं था। अपनी दूरन्देशी और शौर्य से वे लगातार विजय पाते गये। संगठित मराठा राज्य के विघटन से ही बिखरे हुए मराठों को जैसे दूसरी बार गुरिल्ला शक्ति मिली, जिसे विजय-पथ पर आगे बढ़ाते हुए वे निरन्तर अपने अनुभव के हिसाब से धारदार एवं पैना बनाते गये। केन्द्रीयकृत, राजसी नेतृत्व के अभाव में मराठा अभियान को एक प्रकार से जन युद्ध का रूप मिलने लगा, जिसमें शिवाजी की विरासत के रूप में राष्ट्रीय भावना स्वत: नि:सृत होती पायी गयी।"

ये मराठे करते क्या हैं?

महामहिम हैरानो-परेशान हो गये—प्रतिरोधी की प्रकृति बोधगम्य नहीं रही। उन्होंने सोचा था, कुछ पहाड़ी दुर्ग जीतना बाक़ी रह गया है। लेकिन मराठों के साथ संघर्ष में कुछ दुर्ग, कुछ नगर या किसी सैनिक झुंड का दमन लगभग अर्थहीन हो गया। उनका कोई संचालन केन्द्र तो था नहीं; न कोई आधिकारिक पड़ाव था—यहाँ तक कि कोई नियमित सेना तक नहीं थी। इस भूभाग पर मँडराने वाले उनके विविध गिरोहों (इन्हें टुकड़ियाँ नहीं कहा जा सकता, क्योंकि ये आयोजित नहीं थीं।) के कप्तान आततायी थे। वह ठहर कर दो-दो हाथ नहीं करते थे; झपटते हुए लूट कर भाग जाते थे। उनका लक्ष्य शक्ति प्रदर्शन नहीं, सिर्फ़ लूट थी। मुग़लों को पराजित करने में उनकी रुचि नहीं थी; उन्हें जो कुछ हाथ लगे, वह लेकर भाग निकलना था। इस तरह मुग़ल चकरी की तरह भन्ना कर चारों तरफ़ बिखरते हुए, पल में प्रकट और पल में विलुप्त हो जाने वाले मराठों का पीछा करते रहे और धीरे-धीरे अपनी सहनशीलता एवं सन्तुलन खोने लगे।

महामान्य ने प्रारम्भ में यह समझा कि राजाराम वह मराठा नरेश और उनकी जिंजी वह दुर्ग है, जिसका उन्हें दमन करना है। उन्होंने ज़ुल्फ़िक़ार ख़ाँ की कमान में बड़ी सेना घेराबन्दी के लिए भेज दी। इस अभियान में सेनापति ने आठ बरस

लगाये। इसके पीछे मराठा प्रतिरोध की प्रबलता नहीं थी—कारण यह था कि ज़ुल्फ़िक़ार को कोई जल्दी नहीं थी! बाद में उनके पिता वज़ीर असद ख़ाँ और होनहार राजकुमार काम बख़्श भी वहाँ भेजे गये, जिससे विविध क़िस्म के तनाव, संघर्ष और षड्यन्त्र पल्लवित हुए। घेराबन्दी का स्वाँग चलता रहा। जब जहाँपनाह ने बलपूर्वक परिणाम दिखाने का आदेश दिया (कालान्तर में ज़िल्ले-सुब्हानी के आदेशों को भी कई क़िस्म का मान लिया गया था!), तब ज़ुल्फ़िक़ार ने जैसे विवश होकर अन्ततः जनवरी, 1698 में जिंजी पर धावा बोल दिया, लेकिन कहा जाता है कि पहले राजा राम को पूर्वसूचना देने के बाद। परिणाम यह हुआ कि राजाराम उत्तर में सतारा की ओर भाग गये, जो उनका प्रशासन-केन्द्र बन गया।

जिस तरह मुग़लों के लक्ष्य अलग-अलग थे, उसी तरह मराठों के भी। उनमें भी कोई एकता नहीं थी। हर एक अपने को 'सरदार' कहता था और प्रायः वे आपस में भी भिड़ जाते थे।

हर अगला क़दम दलदल—''औरंगज़ेब मराठा देश में घुसते गये। उन्होंने मराठों को उनके घरों से निष्काषित कर दिया, पर मराठों का दुःसाहस भी बढ़ता गया। वे मुग़ल साम्राज्य के पुराने क्षेत्रों में धावे मारने लगे। वे जहाँ घुसे, लूटमार के बाद विनाश-चिह्न पीछे छोड़ते गये। उन्होंने राजसी शिविर से सिर्फ़ दस-बारह मील दूर विशाल सामग्री-वाहक कारवानों को ही नहीं लूटा, राजकीय कोष तक पर हमला किया।'' स्थिति यहाँ तक आ पहुँची कि गाँवों में पैसा बचा ही नहीं। मराठा लुटेरे अब सरपंच से वचन-पत्र (Promissory Note) लेने लगे—उन्हें बाद में भुना लेने की अपनी शक्ति पर विश्वास था! व्यवसायियों से वे 'सुरक्षा कर' वसूल करने लगे, जो प्रति भारवाहक बैल या मालगाड़ी के हिसाब से होता था (मराठा सरदारों को मज़े से बाद में आने वाली 'माफ़िया सुरक्षा पद्धति' का जनक कहा जा सकता है!)। ''नर्मदा से दक्षिण की ओर सम्पूर्ण दक्षिण में, हर परगना और गाँव में मराठे चींटियों और टिड्डियों की तरह फैल गये थे।''

इस कार्यवाही की न तारा बाई ने पहल की थी, न वह उसे नियन्त्रित करती थीं—वह सिर्फ़ मराठा विक्षोभ प्रवाह के साथ बहीं और उसको सामान्य दिशा दी। दक्षिण की अराजकता से एकीकृत मराठा राज्य नहीं, वरन् ढीला सैन्य संघ उभर रहा था, जो केन्द्रीय सत्ता से सम्बद्ध तो था, लेकिन उससे नियन्त्रित नहीं। अधिकारियों को वेतन देने की शिवाजी की प्रणाली बिल्कुल लुप्त हो चुकी थी। मराठा राज्य के कर्मचारी हर दिशा में लूटपाट करके जीवन-यापन करते थे और अपनी आय का छोटा-सा अंश नरेश को देते थे।

फिर ऐसी अराजकता के बावजूद मराठा सरदार लुटेरे से विजेता बनने लगे। लूटने के बाद भागने के बजाय अब वह घटना-स्थल पर अपना लंगर डालने लगे।

जैसे मुग़ल अधिकार-क्षेत्र जागीरों के रूप में सामन्तों को दिये गये थे, उसी तरह मराठों ने भी अपने सम्पूर्ण क्षेत्र को अपने सेनानायकों के बीच वितरित कर दिया। इस तरह एक राज्य पर दो प्रकार के जागीरदारों को पालने की विवश ज़िम्मेदारी थोप दी गयी। मुग़ल दक्षिण के हर भाग में मराठा दुर्ग बनने लगे और मुग़ल दक्षिण में ग्रामीण सरपंच मराठों से शह पाकर शाही अधिकारियों से राजस्व के अपने दाय की सबल दावेदारी करने लगे।

इसके साथ ही मराठों ने अपनी सैन्य रणनीति भी बदल दी। लूटपाट के बाद भागने के बजाय अब वे दिलेरी से शाही दस्तों का सामना करने लगे और स्थिति ऐसी बनी कि मुग़लों ने भागना शुरू कर दिया। सैन्य पहल अब मराठों के हाथ में आ गयी। मुग़ल कप्तानों ने मराठों के साथ गुप्त समझौता कर लिया और तदनुसार सुरक्षा राशि का भुगतान करने लगे, जिसे मराठे मनमर्ज़ी से अस्वीकार भी कर देते थे और लूटमार के बाद विध्वंस में भी प्रवृत्त हो जाते थे। कभी-कभी इस लूटमार में मुग़ल कप्तानों को भी कुछ हिस्सा मिल जाता था। मराठा जातीय भावना में ऐसे परिवर्तन धीरे-धीरे उनके सैन्यायोजन में भी प्रतिबिम्बित होने लगे और वे शाही फ़ौज के समान नियमित सैन्य पंक्तिबद्धता में गतिशील देखे जाने लगे। कालान्तर में उनकी सामग्री लादने वाले पशुओं, सैनिक संख्या और शस्त्रों नें भी गुणात्मक वृद्धि होने लगी। अगला सोपान इन मराठा सरदारों और उनकी टुकड़ियों का आत्मविश्वास बढ़ना था।

''अब उनकी चाल और भंगिमा विजेताओं की होने लगी।''

उतने ही वर्ष और—राजाराम की मृत्यु से पहले ही विराट बली को स्थिति की गम्भीरता का एहसास हो गया था और उन्होंने मराठाविरोधी अभियान की कमान अपने हाथ में ले ली थी। उनकी योजना थी कि वह अपनी सेना दो हिस्सों में बाँटें—एक युद्ध-क्षेत्र में मराठों को ललकारे, दूसरी उनकी कमान में मराठा दुर्गों को अपने नियन्त्रण में लेती जाय। इस अभिप्राय से महामहिम अक्तूबर 1699 में ब्रह्मपुरी से चलायमान हुए।

इस समय उनकी आयु इक्यासी वर्ष थी।

अपनी सेना के आगे पालकी में सवार ज़िल्ले-सुब्हानी महायोद्धा अभिनेता का किरदार निभाने लगे। ''पहले वह अपनी तलवार म्यान से निकालते, हवा में एक तरफ़ प्रहार करते, फिर दूसरी तरफ़। फिर लगातार मुस्कुराते हुए तलवार कपड़े से चमकाने लगते। फिर उसे म्यान में रख देते। फिर ऐसा ही धनुष-बाण के साथ करते।''

महामहिम पश्चिम की ओर चले। उनका पहला निशाना बसंतगढ़ था। तीन दिन में उस पर सूर्य अंकित मुग़ल ध्वजा लहराने लगी। फिर सतारा, राजगढ़, पार्ली,

विशालगढ़, और पन्हाला का भी यही अन्जाम हुआ। पर अधिकतर दुर्ग मराठा सेनापतियों को रिश्वत देकर जीते गये थे। विशालगढ़ को लेकर मराठा सरदार और मुग़ल सिपहसालारों के बीच बाक़ायदा नीलामी लगी थी कि कौन कितनी ज़्यादा रिश्वत देकर दुर्ग-विजय का सेहरा अपने सिर ले सकता है! विडम्बना यह है कि जहाँपनाह स्वयं रिश्तव की मन्ज़ूरी देते थे! उनके भीतर विराजमान प्रशासक ने यह नहीं समझा कि यह विजय केवल भ्रान्ति है; शत्रु हारा नहीं और इससे मराठा शक्ति को कुचलने के उनके लक्ष्य पर धुन्ध छा रही है। बादशाह सलामत इसी लीक पर चलते रहे। वह हर जंग जीते, लेकिन लगभग सभी दुर्ग कभी उनके पीठ फेरते ही और कभी कुछ विराम देकर मराठों ने वापस झपट लिये। फ़ारसी विद्वान होते हुए भी महामहिम को फ़ारसी सूक्ति याद नहीं आयी, ''जो तलवार के ज़ोर से नहीं जीता, वह स्वामित्व योग्य नहीं।''

1703 में एक चरण ऐसा आया था, जब कोहेनूर-किरीटसज्जित अपने मराठाभियान को लेकर विचलन के साथ पुनर्विचार करते देखे गये थे। तब उन्होंने मराठों में फूट डालने के लक्ष्य से शाहूजी को बन्दीगृह से छोड़ने का विचार किया था, मराठों को दक्षिण में सरदेशमुखी अधिकार के साथ उन्हें शान्ति बनाये रखने की भी ज़िम्मेदारी देने की सोची थी, पर फिर एक तो उनका अहं आड़े आ गया—सरदेशमुखी स्वीकार करने का मतलब ही यही था कि दक्षिण में दो प्रशासन औपचारिक रूप से स्वीकार कर लिए गये। दूसरे, वह मराठों पर विश्वास नहीं कर सकते थे। उन्हें सदा यह आशंका खाती रही कि उनके दिल्ली पहुँचते ही मराठे दक्षिण से मुग़ल प्रतिनिधियों को खदेड़ कर अपना स्वामित्व स्थापित कर लेंगे। मराठा अभियान के अन्तिम छह बरस मुग़ल सेना के लिए सचमुच काँटों की सेज थे। मानुची की टिप्पणी बहुत सार्थक है, ''अगर बादशाह शिवाजी के सभी दुर्गों को जीतने के आकांक्षी हैं, तो उन्हें उतने ही वर्ष और चाहिए, जितने वह अब तक जी चुके हैं।''

युद्ध का आर्थिक बोझ—1666 में मिर्ज़ा राजा जय सिंह का दक्षिण सैन्याभियान सम्पन्न हुआ था। इस तरह वहाँ लगभग चालीस वर्षों से अराजकता-अग्नि भड़क रही थी। चौथाई सदी से अधिक चलने वाली महामहिम की अपनी युद्ध-शृंखला अपनी प्रकृति में भयावह, परिणति में विकराल, और प्रभाव में शताब्दियों तक रिसने वाली दूरगामी थी। अनगिनत घेराबन्दियाँ सम्पन्न करने वाली इस राज सेना ने वनों, दुर्गों, और क़िलों का सम्पूर्ण विनाश करने में पूरी सफलता पायी।

राजकीय अभिलेखानुसार एक लाख सत्तर हज़ार सैनिकों के इस चलिष्णु प्रभंजन में इससे दस गुना अयोधी और चालीस से अधिक चलते-फिरते बाज़ार थे। यह भ्रमणशील महानगर जहाँ से गुज़रता था, सारी हरीतिमा जलाता चलता था।

सोने पर सुहागा ये कि मराठे छापेमार लूटमार के साथ अपने घोड़ों को खड़ी फ़सल का दाना खिलाते और जो मकान या जायदाद उठा कर नहीं ले जा सकते थे, उसे जला या बरबाद कर देते थे। इसलिए यह सोच कर ताज्जुब नहीं होता कि 1705 में हमारे महानायक ने जब अन्ततोगत्वा ''पसीना सुखा अपना चोग़ा हमेशा के लिए उतारने'' का निर्णय लिया, तो सम्पूर्ण भूक्षेत्र ऐसा दिखाई देता था, जैसे महा तांडव नृत्य अनवरत तालियों के साथ सम्पन्न हो चुका हो।

'दकन नासूर' का वार्षिक मूल्य लगभग एक लाख सैनिक और इसके लगभग तीन गुना पशु थे—घोड़े, खच्चर, ऊँट और हाथी। परवर्ती दशक में इस सेना को कार्यरत किये रहना संसार के एक आश्चर्य से कम नहीं था। मनसबदार अपनी जागीर आय पर निर्भर थे, जो देशव्यापी उथल-पुथल के कारण घटते-घटते बन्द हो गयी थी। इस संकटावधि में वे सेना के साथ चलते महाजनों के ऋण से गुज़ारा कर रहे थे। इस तरह चक्रवर्ती ब्याज के चंगुल में फँसे सैनिक समुदाय का सम्राट के निधन के समय कम-से-कम दो साल का शेष वेतन अटका हुआ था। यह युद्ध मुख्यत: बंगाल प्रदेश राजस्व के सहारे अन्तिम साँसें ले रहा था।

चींटियों के सम्मुख गजराज की पराजय—अपने प्रतिरोधियों की तुलना में सैनिक तथा सामग्री की दृष्टि से महामहिम के पास अपार स्रोत थे, लेकिन सामन्ती होड़, प्रशासनिक अक्षमता एवं भ्रष्टाचार के कारण उनके सही उपयोग का प्रश्न ही नहीं था। साम्राज्य विशाल, बोझिल और बेतरतीब हो चुका था। प्रशासन व्यवस्था शिथिल एवं टूटी-फूटी थी; अधिकारी परम भ्रष्ट। प्रशासन तन्त्र में लगा घुन बहुत गहरे उतर चुका था—अपनी आन्तरिक दुर्बलताओं से ग्रस्त यह सम्पूर्ण ढाँचा मराठों के स्थायी प्रहारों से लरज़ते हुए कभी भी ढह जाने के लिए तैयार था।

''वह पश्चिमी यात्री ग़लत हैं, जिनके अनुसार वृद्धावस्था ने औरंगज़ेब की धार्मिक निकट दृष्टि (Myopia) का इलाज कर दिया। इसके उल्टे बढ़ते वर्ष उनकी कट्टरता को नयी धार देते गये। वह ईश्वर के सामने ख़ाली हाथ नहीं, पूरे हिन्दुस्तान को लेकर जाना चाहते थे—और वह भी इस्लामी। वह पुराने और ताज़ा—हर क़िस्म के दुश्मनों को दिल खोल कर मनसब एवं ख़िलअत बाँटते हुए धड़ल्ले से मुग़ल सम्मान का अवमूल्यन करते गये—यह सोच कर कि वह साम्राज्य में शान्ति, समृद्धि और इस्लाम की गरिमा बढ़ा रहे हैं। बढ़ती झुर्रियों ने उनका संकल्प शिथिल नहीं किया, बल्कि वह प्राकृतिक तथा मानवीय प्रतिकूल शक्तियों के विरुद्ध निरन्तर जूझते रहे।''

उनकी बहुस्तरीय, बहुआयामी पराजय पर करुण हँसी भी आती थी और हास्य-उत्प्रेरक रुलाई भी।

अनुभाग 21

आलमगीर का विखंडन

एक सम्राट का संसार सूना होता है।

—औरंगज़ेब

पटाक्षेप—आलमगीर युग का अवसान बेहद काली असफलता के साथ हुआ। मुग़ल इतिहास के 'स्वर्ण युग' से अलंकृत अपने पिता का जो साम्राज्य उन्होंने छीना था, उसका विनाश सर्वथा व्यापक, बहुमुखी और सम्पूर्ण था। तब यह विश्वास नहीं होता था कि वे वही औरंगज़ेब थे, जिन्होंने महज़ 18 बरस की आयु में ही साम्राज्य के दक्षिण जैसे जटिल एवं सर्वप्रमुख प्रदेश—जो राजस्व-न्यूनता के साथ-साथ बीजापुर, गोलकुंडा और अहमद नगर जैसे तीन शिया राज्यों के बहुआगामी महत्त्वाकांक्षा संघर्ष, मराठा शक्ति के उत्थान और पुर्तगाली, फ्रांसीसी एवं अंग्रेजी शक्तियों के पाँव जमाने की कोशिशों के चलते चतुष्कोणीय चुनौतियों का ज्वलंत अग्नि-पथ था—का राज्यपाल पद प्रभावी ढंग से सँभाल कर दिल्ली दरबार को चौकन्ना कर दिया था। अब मंज़र यह था कि ग्रीक त्रासदी का यह महानायक माथे पर दुहत्तड़ मारते हुए विलाप कर रहा था, ''जिस लम्हा मैं खुल्द मकाँनी (स्वर्ग-निवासी)/ हय कैसी बरबादी आनी!''

मूल्यांकन—औरंगज़ेब के प्रशासन का मूल्यांकन इन पाँच दृष्टियों से किया जाता है—

(1) हिन्दुओं के प्रति भेदभाव की उनकी नीति, जिनमें मन्दिर-विनाश, जज़िया, और तीर्थयात्रा कर शामिल हैं।

(2) 'मुग़ल साम्राज्य का तलवार थामने वाला दायाँ हाथ' माने जाने वाले राजपूतों के साथ मैत्री भंग।

(3) उनकी विस्तारवादी नीति, विशेषकर दक्षिण में।

(4) अपनी अहंमन्यता के चलते बराबर उभरती मराठा शक्ति को स्वीकार करने और उसके साथ तालमेल बैठाने की असामर्थ्य, और

(5) प्रशासनिक तथा जागीरदारी संकट।

मुग़ल प्रशासनिक ढाँचे की अकुशलता और साथ ही दरबार में कुलीन वर्ग में गुटबन्दी बराबर समानान्तर रूप से बढ़ती गयी। कारण स्वार्थ से जुड़े थे। शाहजहाँ के समय से ही जागीरदारी संकट गहराने लगा था, जो औरंगज़ेब प्रशासन के दूसरे भाग में भयावह हो गया। मनसब मिल जाता था, लेकिन जागीर का कोई अता-पता नहीं था, क्योंकि जागीर देने को थी ही नहीं। शाहजहाँ के समय में ही अनुमानित आय (जमा) और वास्तविक आय (हासिल) का अन्तर बढ़ता जा रहा था, जो औरंगज़ेब प्रशासन के उत्तरार्ध में बिल्कुल असन्तुलित हो गया। इससे निजी वेतन (ज़ात) और सवार संख्या दायित्व (मनसब के हिसाब से घुड़सवार सैनिक संख्या) दोनों घटते गये। स्थिति इतनी विकट हो गयी कि सात हज़ारी मनसबदार सात सौ घोड़े रखने लगा। स्पष्ट है, सैन्य शक्ति पर इसका बुरा असर पड़ना ही था। बाद में दक्षिण सैन्याभियान के दौरान दक्षिणी कुलीनों और मराठा सरदारों के शाही दरबार में आगमन के साथ जागीरदारी संकट विकराल हो गया। इससे ख़ानज़ाद सामन्तों के बेटों वा दामादों के लिए नौकरी के अवसर कम से कमतर होते गये। परिणामस्वरूप गुटबाज़ी को चरम तक पहुँचना ही था।

कृषि का निरन्तर ह्रास होता गया और औरंगज़ेब की नीतियों से एक के बाद एक मोर्चे खुलते गये—जाट, सतनामी, सिख, युसुफज़ई, राजपूत, और फिर दक्षिण का नासूर!

दोहरा वरदान!

राजपरिवार मुखिया के रूप में औरंगज़ेब ने एक ही सही काम किया—राजकन्याओं के विवाह की निषेधाज्ञा निरस्त कर दी और भूतपूर्व शत्रुओं की सन्तति के साथ अपनी सन्तान का मंगल परिणय करवाया। इसे इतिहास में 'मरणोपरान्त सामंजस्य' कहा जाता है। उन्होंने निम्नलिखित के बीच पाँच विवाह सम्पन्न करवाये—

—इज़्ज़त बख़्श (पिता मुराद बख़्श) और मेहरुन्निसा (पिता आलमगीर)

—दोस्तदार बानो (पिता मुराद बख़्श) और मुहम्मद सुल्तान (पिता आलमगीर)

—सिपिर शिकोह (पिता दारा शिकोह) और जुब्तुन्निसा (पिता आलमगीर)

—जहाँ ज़ेब (पिता दारा शिकोह) और आज़म (पिता आलमगीर)

—सलीमा (पिता सुलेमान शिकोह) और अकबर (पिता आलमगीर)

इज़्ज़त, दोस्तदार, सिपिर, जहाँ ज़ेब और सलीमा—इन सबके पिता की हत्या प्रात:स्मरणीय ने की थी। जहाँ ज़ेब, दोस्तदार और सलीमा अपने-अपने पति के

साथ दाम्पतिक शैया दिनचर्या निभाते हुए जल्लाद के उस हाथ के बारे में नहीं सोचती होंगी, जिसके एक वार ने उनके पिता को सफ़ा-ए-हस्ती से मिटा दिया? उनके जीवन-संगी भी भीतर-ही-भीतर मलिन नहीं होते होंगे? तीनों मक्तूलों की बेटियाँ माँ बनीं। कालान्तर में जहाँ ज़ेब आलमगीर की सबसे प्रिय बहू बेगम बन गयीं। जब स्तन कैंसर से बहू बेगम का देहान्त हुआ, तो ससुर जी बेहद व्यथित देखे गये। इज़्ज़त और सिपिर न बन्दीगृह से मुक्त किये गये; न उनको रोज़ाना दी जाने वाली पोस्त बन्द की गयी, जबकि ज़ुब्तुन्निसा की माँ विराट बली की प्राणेश्वरी दिलरस बानो थीं। मेहरुन्निसा तथा जुब्तुन्निसा अपने-अपने पति को अपनी आँखों के सामने धीरे-धीरे लुंज-पुंज बनते देखते हुए क्या सोचती होंगी अपने बाप के बारे में? इज़्ज़त दयनीय बन चुके थे। सिपिर अलबत्ता शुरू में तेज़-तर्रार थे, पर निकाह के समय सलीमगढ़ क़ैद की 13वीं सालगिरह मना रहे थे। विद्रोह का ज़ज्बा कब का बुझ चुका था। दोनों बन्दी दामादों के रेखाचित्रों से भी महामहिम की बेधी दृष्टि उनकी जर्जर मानसिक अवस्था मापक नहीं पढ़ सकी? (बन्दियों के ख़ाके नियमित रूप से सम्राट के पास भेजे जाते थे।) माटी की इन मूरतों से अल-सुल्तान अल-आज़म वल ख़ाक़ान अल-मुकर्रम पादशाह ग़ाज़ी को ख़तरा था? इज़्ज़त विवाह के बाद 35 बरस कारावास में रहे; आलमगीर से एक साल पहले संसार छोड़ गये। फिर विराट बली ने सपने में देखा कि दुल्हिन बनी ज़ुब्तुन्निसा के आँसू दिलरस पोंछ रही हैं; सुबह होते ही सिपिर रिहा कर दिये गये; दिल्ली की सीमा के बाहर रहने के लिए भेज दिये गये। 50 साल बाद खुली हवा में साँस लेते हुए परम दयावान ससुर के प्रति कृतकृत्य हो गये सिपिर! दो बरस ससुर जी ख़ुल्द-मकाँ (स्वर्ग-निवासी; मरणोपरान्त आलमगीर की उपाधि) हुए, तो समवेदना के मारे सिपिर ने भी साँस तोड़ दी! असफल विद्रोह के बाद अकबर तो दकन भाग गये, पर सलीमा बेगम पकड़ी गयीं। आलमगीर ने उन्हें सुहागपुर (अकबराबाद के पास राजवंश विद्रोहियों की पत्नियों का कारावास जैसा निवास) भेज दिया। वहाँ 39 बरस घुट-घुट कर जीने के बाद उनका देहान्त हुआ। मुग़ल राजवंश की विडम्बना मुलाहिज़ा हो कि ताज की उन्मादी चाह में जिस अकबर को देशनिकाला और विदेशी भूमि पर मृत्यु मिली और जिस सलीमा ने तीन-चौथाई ज़िन्दगी करावास में काट अपने पति की महत्त्वाकांक्षा का मूल्य चुकाया, उन्हीं दोनों के बेटे मुहम्मद शाह नेकूसियर तैमूर दोयम साहिबे-किरान पादशाहे-ज़मन अन्तत: 38 बरस बाद तख़्ते-ताऊस पर जलवाअफ़रोज़ हो ही गये—चार दिन के लिए, पर उससे क्या फ़र्क़ पड़ता है! बाप का सपना तो फलीभूत कर दिया।

औरंगज़ेब का व्यक्तित्व और चरित्र—औरंगज़ेब का जन्म बड़ौदा और उज्जैन

के बीच दोहाद में हुआ, 'जहाँ दृष्टि के छोर तक पंक्तिबद्ध जुही फैली रहती थी।' यह क्षेत्र जहाँगीर तथा नूरजहाँ को विशेष प्रिय था। जहाँगीर का मानना था कि ''यह विश्राम एवं मनोरंजन के लिए धरती पर उतरे देवदूतों का क्रीड़ा-स्थल है।''

यहाँ जन्म लेकर इस विभूति ने जो क्रीड़ा-कलाप किया, उसका प्रभाव अभी तक जारी है।

इस सादगी पै कौन न...उनके चरित्र का सबसे विलक्षण तत्त्व निजी जीवन-शैली में चकित एवं स्तब्ध करने वाली उनकी सादगी है। शाहजहाँ के चकाचौंध ऐश्वर्य-प्रदर्शन के बाद यह तथ्य और भी ध्यानकर्षी हो जाता है। उनकी इस्लामी हुकूमत में साम्राज्य कल्याण व्यय अपनी जगह था, पर व्यक्ति सम्राट कहीं नहीं आता था। वह सामान्य रूप से भोजन में एक व्यंजन, और वह भी सादा, खाते थे। वह बिना पॉलिश के सादे, लकड़ी के तख़्ते पर सोते थे; हाथ के बने सूती कपड़े पहनते थे; अपने मोज़े ख़ुद रफ़ू करते थे और पालकी ढोने वालों का अतिरिक्त भुगतान बचाने के लिए ऊबड़-खाबड़ मीलों क्षेत्र पैदल चलते थे (कहारों का वेतन किस तरह निर्धारित होता था, स्पष्ट नहीं हो पाया।)। निजी आराम को नज़रअन्दाज़ करने वाले अपने शुद्धतावाद का उन्होंने जहाँ आरा के नाम एक पत्र में खुलासा किया, ''जो सादा ढंग से जीता है, ईश्वर के साथ संवाद-लीन रहता है।'' बेगम साहिब ने सहमति जतायी, पर रंगारंग शाहजहाँ युग की विभूति होने के नाते जोड़ दिया, ''जो अपने कपड़े ख़ुद नहीं सिलते, उनमें भी रचयिता के साथ संवाद-लीनता की अपूर्व शक्ति होती है।'' यह निःसन्देह सूक्ष्म कटाक्ष था। विराट बली समझ भी गये। बात यहीं ख़त्म हो गयी। बाद में दिलरस बेगम के मज़ार पर अपने नियमित भावना-सुमन चुढ़ाते हुए उन्होंने भावहीन टिप्पणी की, ''स्त्रियों के साथ गम्भीर चर्चा बेकार है!''

आलमगीर का स्त्री-विमर्श—वह स्त्रियों को 'कमतर पुरुष' मानते थे, पर सामाजिक उद्‌भव में उन्हें ऊँचा दर्जा देते थे, ''स्त्री वाद्य-यन्त्र नहीं, जिसे बजाने के बाद दीवार पर टाँग दिया जाय। वह रचना के अद्‌भुत नाटक में पुरुष की समान भागीदार है।''

मुमताज़ महल और दिलरस बानो—अगर मुमताज़ महल और दिलरस बानो जीवित रहतीं, तो उत्तराधिकार युद्ध के दौरान प्रातः स्मरणीय ने जो किया, वह अन्जाम दे सकते थे? अकादमिक इतिहासकार ऐसे सवालों से नहीं जूझते। संस्मरण की तरह राजनीतिक उथल-पुथल का अंकन करने वाले मानुची भी इस पर ध्यान नहीं देते, पर हम स्वभावतः ऐसा करने के लिए मजबूर हैं। इसमें सन्देह नहीं कि अगर अम्मीजान होतीं, तो महाबली सचमुच चिन्ता का ऐसा साकार रूपायन बनते, जिसका कोई मिसाल नहीं मिलती। माँ के लिए असीम भावालोड़न से पीड़ित थे श्रीमान!

परम त्रासदी यह थी कि न सिर्फ़ चारों भाई बल्कि तीनों बहनें भी एक ही माँ की सन्तान थीं। अकबराबाद क़िले में शाहजहाँ के साथ मुमताज़ महल भी होतीं, तो औरंगज़ेब क़िले पर गोले बरसाते? फिर शाहजहाँ के साथ-साथ अम्मीजान को भी प्यासा मारते? यह स्थिति तो बाद में आती। इसके पहले शाहजहाँ के निधन की अफ़वाह से प्रेरित हो औरंगज़ेब एवं मुराद को नर्मदा पार कर मालवा पहुँचना था। धर्माट की पहली लड़ाई उसके बाद सम्पन्न होनी थी। नर्मदा पार करते ही अगर औरंगज़ेब के सामने तनो-तन्हाँ अम्मीजान खड़ी होतीं, तो? धर्माट-फर्माट कुछ घटित नहीं होता। शाहजहाँ एवं दारा शिकोह की जोड़ी औरंगज़ेब को ज़्यादा सन्त्रस्त भी नहीं कर पाती। दारा शिकोह की ताजपोशी भी हो जाती। जो होना होता, मुमताज़ महल के देहान्त के बाद ही होता। (याद करें, 'दि गॉडफ़ादर' में माइकेल कॉर्लियॉन विश्वासघाती बड़े भाई फ्रैडी की हत्या के लिए माँ के देहान्त की प्रतीक्षा करता है।) शाहजहाँ के जीवित होने से कुछ अन्तर पड़ता, पर ज़्यादा नहीं। लेकिन ऐसा हो सकता है कि औरंगज़ेब इतने ज़हरीले नहीं होते। व्यक्तित्व के हिसाब से शेष तीनों भाइयों में विशेष अन्तर सम्भवत: नहीं होता, पर औरंगज़ेब काफ़ी बदले-बदले होते। अगर दिलरस बानो भी जीवित रहतीं, तब तो राजवंश सौहार्द्र तथा सामंजस्य का मधुबन होता! क़िला-ए-मुअल्ला पर मधु बिन्दुओं की तरल फुहारें झरती रहतीं।

अगर मुमताज़ महल का निधन तब हो जाता, जब हुआ और केवल दिलरस बानो होतीं, तब? औरंगज़ेब किंचित कम ज़हरीले हो सकते थे (साँप के काटने पर बज़ाते-खुद वह मरते, साँप नहीं!), पर उत्तराधिकार युद्ध तो होता, लेकिन पराजय के बावजूद दारा शायद बच जाते। उनके प्राण-दान के लिए दिलरस तथा जहाँ आरा की जोड़ी के साथ ज़ेबुन्निसा भी जुड़ जातीं। दिलरस के सामने विराट बली इतने खूँखार नहीं हो पाते। दारा को दिल्ली से दूर कहीं—सम्भवत: श्रीनगर में मुल्ला शाह के लिए बनवाये गये पीर महल में—आत्मा-परमात्मा की उलझी गुत्थियाँ सुलझाने के लिए छोड़ दिया जाता। शायद जहाँ आरा और देर-सबेर ज़ेबुन्निसा भी वहीं चली जातीं।

ज़ेबुन्निसा के साथ विराट बली का रिश्ता टूटना ही था। अगर शहज़ादे अकबर के शिविर में उनके पत्र पिता के हाथ न लगते, तब भी पादशाह बेगम पद पर होते हुए भी न्यायसंगत प्रबुद्ध युवती अपनी ज़ुबान कब तक बन्द रख सकती थी? जज़िया लागू करने पर जहाँ आरा बेगम ने तड़प कर इस आदेश को निरस्त करने का कातर आग्रह किया था; ज़ेबुन्निसा बेगम पादशाह बेगम पद से तुरन्त अपना त्याग-पत्र भेज देतीं। रोज़-रोज़ की कलह से ज़िल्ले-सुब्हानी भी बोर हो जाते, ''हाँ जाओ श्रीनगर—पीछा छोड़ो''—

दोटूक—विराट बली खरा जवाब देते थे। निम्नलिखित पत्र सुन्दर नमूना है, जो उन्होंने अपने कैशोर्य के शिक्षक को लिखा था—"मेरा चरित्र ढालने में आपने एक हिसाब से योगदान दिया है, इसलिए इस नाते आप मेरा प्रणाम स्वीकार करें। आप कई महीनों से मेरे दरवाज़े पर दस्तक दे रहे हैं। मुझसे क्या चाहते हैं आप? क्या आप सचमुच यह मानते हैं कि आप दरबार में मन्त्री बनाये जाने के योग्य हैं? अगर हाँ, तो मैं स्पष्ट रूप से आपसे कहना चाहता हूँ कि आप उस मिट्टी के नहीं बने हैं, जिससे सामन्त बनते हैं। इतिहास का आपका ज्ञान बहुत कम और भाषाओं की समझ सतही है।

आपको याद होगा; आपने मुझे बताया था कि पुर्तगाल, हॉलैंड, इंग्लैंड और फ्रांस के राजा हमारे छोटे क्षत्रपों की तरह हैं। सर्वथा अनर्गल! वे ऐश्वर्य एवं परम्परा वाले महान् साम्राज्यों पर शासन करते हैं। उनको महज़ राजा कहना इतिहास-गति के प्रति अपना अज्ञान दिखाना है।

इसी तरह आपको याद होगा कि आपने मेरे दिमाग़ में अरबी शब्दावली और व्याकरण की हथौड़ा छाप नक़्क़ाशी पर कितना ज़ोर दिया था। मैं जानता हूँ कि अरबी पवित्र ग्रन्थ की भाषा है और एक सीमा तक उसका ज्ञान मुसलमान राजा के लिए आवश्यक है, लेकिन आप यह भूल गये कि हिन्दुस्तान के प्रशासक के लिए इससे भी आवश्यक है इस भूमि पर अधिक व्यवहृत होने वाली भाषाएँ जानना।

इतना ही अविवेकपूर्ण हवाई दार्शनिक रहस्यों पर दिया गया आपका बल था, जिन्हें कोई नहीं समझता। जीवन, मृत्यु, संसार और उससे परे से सम्बन्धित हवाई धारणाओं से आपने मुझे भ्रमित कर दिया। परम, सार्वत्रिक आत्मा पर आपके शोध प्रवचन, जो मेरी समझ में विधर्मियों के धर्म-ग्रन्थों पर आधारित हैं, जलालेख होने के ही योग्य हैं। आपने मेरे मूल्यवान समय का काफ़ी भाग ऐसे विषयों पर लगाया, जिनका उन कामों से कोई सम्बन्ध नहीं, जो मुग़ल राजकुमार को करने होते हैं।

अगर आपने कुशल प्रशासन, सामाजिक नियम, हिन्दुस्तान निवासियों की परम्पराओं, विभिन्न प्रदेशों की आर्थिक व्यवस्था, सैन्य विज्ञान और सम्राट के दायित्व पर मुझे शिक्षा दी होती, तो अपरिमाणीय रूप से लाभप्रद होता, पर इनके बजाय आपने अपनी वाक्पटुता उन विषयों पर दिखाई, जिनकी रत्ती भर व्यावहारिक उपयोगिता नहीं।

मैं अकृतज्ञ नहीं, पर राजा होने के नाते उस व्यक्ति को किसी प्रकार की आर्थिक सहायता नहीं दे सकता, जो सिर्फ़ अपनी मूर्खता के कारण विशिष्ट बना हुआ है। आपको मेरा यही परामर्श है कि आप अपने गाँव वापस लौट जाएँ और उन विषयों का अध्ययन नये सिरे से शुरू करें, जिनमें आप अपने को निष्णात समझते हैं। अब मेरा समय और बरबाद मत करें। अज्ञानी अहंकारियों की याचिका पर विचार करने से ज़्यादा महत्त्वपूर्ण काम मेरे सामने हैं।"

साहस—महाबली महा साहसी थे, इसमें सन्देह नहीं, पर साथ ही महानाटकबाज़ भी थे। केन्द्रीय एशिया में उज़बेकों से लड़ते हुए रणभूमि में सनसनाते तीरों, गोलियों और गोलों के बीच अपना क़ालीन बिछा कर अपने दस्तों की मुस्तैद सुरक्षा के बावजूद निर्विकार भाव से प्रार्थनालीन हो जाना अद्‌भुत साहस के साथ अपूर्व रणनीति भी है। तब के पाठ्य-क्रम में मनोविज्ञान नहीं होता था, पर प्रात:विस्मरणीय इसमें परम पारंगत थे! इसका प्रभाव वही पड़ा, जो अभिप्रेत था। उज़बेग प्रमुख अब्दुल अज़ीज़ के छक्के छूट गये; फटी आँखों से नज़ारा देखते हुए बुदबुदाये, "इस आदमी के साथ लड़ना अपनी बरबादी को दावत देना है!"

साहस का सर्वश्रेष्ठ प्रकार—सूक्ष्म काइयाँपन का समिश्रण—उत्तराधिकार युद्ध के लिए जब तीनों राजकुमार अपनी-अपनी राजधानियों से अकबराबाद के लिए चले, तो शाहजहाँ अस्वस्थ होने के बावजूद महान् सम्राट थे। केन्द्रीय सैन्य शक्ति के सामने ये राज्यपाल टिकने वाले नहीं थे। यह ठीक है कि बड़ी संख्या में सामन्त वर्ग को दारा की नेतृत्व सामर्थ्य में विश्वास नहीं था, पर सिंहासनाधीन सम्राट अपने युवराज के पीछे थे। दीर्घकालीन राजनीतिक साँठ-गाँठ के बाद औरंगज़ेब को चुने हुए उमरा का मौखिक समर्थन ज़रूर मिला था, लेकिन उससे पहले युद्ध की पहली लड़ाई का निर्णयकारी परिणाम अनिवार्य था। उसके बिना वादा शायरी वाले महबूब का वादा-ए-वस्ल था।

अपने को सम्राट घोषित करते हुए मुराद बख़्श का साहस बहादुरी की रंगत छूते हुए भी गोटी बुद्धि का साहस था। शाह शुजा बुद्धिमान थे, शौर्यसम्पन्न भी थे, लेकिन अपनी बादशाहत की घोषणा के पीछे चातुर्य, रणनीतिक सूझ-बूझ और विकल्पी योजनाएँ नहीं थीं (अगर होतीं, तो अपनी बादशाहत की घोषणा करते ही क्यों!)। दूरन्देशी, परम काइयाँ और मँजे हुए शतरंज खिलाड़ी के समान एक मुहरा आगे बढ़ाते, अगली अनेकानेक सम्भावित और वास्तविक चालों का मानसिक मानचित्र बनाने के साथ-साथ उनकी काट का भी नियोजन करने की क्षमता सिर्फ़ विराट बली के पास थी। तभी उनके द्वारा ऐलाने-बादशाहत जैसी भौंडी भूल का प्रश्न ही नहीं था (वैसे भी वह मुराद को बादशाहत का झाँसा दे चुके थे।)। सूरत को लूटने के बाद मालवा के लिए निकले मुराद के अनेकानेक अनुरोधों के बावजूद औरंगज़ेब ने न सिर्फ़ कोई विद्रोहोन्मुख वक्तव्य नहीं दिया, बल्कि देर तक औरंगाबाद से अपनी रवानगी भी टालते रहे। वह औरंगाबाद से नि:सन्देह देर से चले।

उन्हें रौशन आरा के माध्यम से मालूम हो गया था कि सम्राट जीवित हैं। अगर तर्क के लिए मान लिया जाय कि मालूम नहीं हुआ था, तो धर्माट लड़ाई से पहले राजा जसवंत सिंह सामने मौजूद थे, जिन्होंने सम्राट का आदेश-पत्र दिखाया था, जिसमें दोनों राजकुमारों को अपनी-अपनी राजधानियों को वापस लौट जाने का

निर्देश था, औरंगज़ेब ने इसे दारा शिकोह की साज़िश बता कर खारिज कर दिया।

औरंगज़ेब और जसवंत सिंह की समक्षता के समय मुराद बख़्श थे, इतिहासकार नहीं बताते। औरंगज़ेब ने उन्हें दूर रहने का निर्देश दिया होगा, अन्यथा बेसब्र मुराद बीच में ही बोल उठते, "हाँ, नहीं मानेंगे जहाँपनाह का हुक्म! हमको ताज चाहिए—अब तो ख़ुश?" सामूगढ़ की दूसरी लड़ाई जीतने के बाद भी औरंगज़ेब ने अपने पत्ते नहीं खोले। बस, अकबराबाद के द्वार पर पड़ाव डाल दिया। एक बार पिता का प्रस्ताव मान लिया था कि क़िले के भीतर जाकर उनके दर्शन करेंगे। फिर बताया गया कि तार्तार दासियों के द्वारा उनके (औरंगज़ेब के) वध का षड्यन्त्र रचाया गया है। तो पिता-दर्शन को अधीर होकर आये श्रवण कुमार ने फर्लांग भर फ़ालतू चल कर जाने से इन्कार कर दिया।

अन्ततः जहाँ आरा बेगम सम्राट की ओर से साम्राज्य विभाजन का प्रस्ताव लेकर आयीं। यह बहुत ही दिलचस्प है कि उस ऐतिहासिक भेंट में मुराद बख़्श उपस्थित नहीं थे। औरंगज़ेब का बेगम साहिब से दारा शिकोह के समान् विशिष्ट रिश्ता था, हालाँकि उसकी प्रकृति बिल्कुल भिन्न थी। निश्चय ही औरंगज़ेब ने मुराद को इधर-उधर कर दिया होगा या मरहम-पट्टी किये हुए मुराद चलने-फिरने योग्य नहीं होंगे। सामूगढ़ लड़ाई में मुराद ने परम शौर्य प्रदर्शन किया था; चतुर सुजान बड़े भाई ने विजय-दिवस को सार्वजनिक रूप से शहंशाह मुराद के अहद का पहला दिन घोषित कर दिया था।

जब औरंगज़ेब ने विभाजन प्रस्ताव खारिज कर दिया, तब जहाँ आरा को औपचारिक रूप से मालूम हुआ कि औरंगज़ेब का लक्ष्य तख़्ते-ताऊस है। वैसे औरंगज़ेब की नस-नस जानने के कारण वह धर्माट की लड़ाई से पहले ही समझ गयी थीं। यह ऐतिहासिक त्रासदी है कि शाहजहाँ आख़िर तक अपने को छलते रहे। क्यों? मानवीय चरित्र पकड़ने की उनकी समझ इतनी कच्ची थी? औरंगज़ेब के अब तक के आचरण में ऐसा क्या था कि शाहजहाँ ने ग़लतफ़हमी पाल ली कि औरंगज़ेब राम दारा के लक्ष्मण बन जाएँगे?

संकल्प-शक्ति, इच्छा-शक्ति तथा कर्मशीलता—कहा जाता है कि तीन गुणों का यह संगम हिमालय को हिला सकता है। इनके चमत्कारिक प्रभाव से असम्भव आशा में, आशा सम्भावना में और सम्भावना हथेली पर आये आँवले में बदल जाती है। औरंगज़ेब ने पहले सिर्फ़ आशा को प्रश्रय दिया। यह सरल नहीं था। शाहजहाँ महान् सम्राट थे। उनकी सेना विशाल और आधा दर्ज़न परम दिग्गज सेनापति सदा मुस्तैदी की मुद्रा में थे। औरंगज़ेब सिर्फ़ एक सूबेदार थे, जिसकी सैन्य संख्या का औसत अधिक-से-अधिक पन्द्रह हज़ार के आस-पास रहना था (जब महाबली औरंगाबाद से चले, तो उनके पास दस हज़ार की सेना थी।)।

पल-पल बदलते समय के साथ रणनीति परिवर्तन दक्षता—संकल्प के बाद श्रीमान ने समय के विस्तार में रणनीति पर वैसे ही नक़्क़ाशी की, जैसे धीरे-धीरे अमरबेल फूटती है। दरबार में साम, दाम के सहारे विभिन्न समूहों के सामन्तों को साधना (जो रौशन आरा के योगदान के कारण ही सम्भव हुआ।) और मुराद बख़्श के साथ समझौता इसके अगले चरण थे। शाह शुजा विराट बली के झाँसे में नहीं आये, यह एक प्रकार से औरंगज़ेब के लिए शुभ ही रहा। तीन राजकुमारों के साझा मोर्चे के लिए तीनों के बीच सामंजस्य बनना बहुत कठिन था और शुजा मुराद के जैसे सहज विश्वासी भी नहीं थे।

आश्चर्य नहीं होता, अगर उत्तराधिकार युद्ध की पहली लड़ाई के पहले ही शुजा और औरंगज़ेब के बीच ठन जाती, पर अगर त्रिपक्षीय मोर्चा बनता, तो रणनीति यह बेहतर होती कि औरंगज़ेब-मुराद की सम्मिलित सेना तो मालवा से ही उत्तर में घुसे और अकबराबाद अधिग्रहण उसका लक्ष्य हो (जहाँ उस समय शाहजहाँ थे), पर शुजा को बंगाल से जौनपुर और फिर अवध के रास्ते जल्दी-से-जल्दी दिल्ली पर हमला करना चाहिए था। इस त्रिमुखी मोर्चे की दोनों सेनाओं को अपनी-अपनी पहली लड़ाई में सफलता मिल जाती, तो औरंगज़ेब पर मुसीबत टूट पड़ती। औरंगज़ेब मुराद के साथ धर्माट की जीत के बाद मालवा से अकबराबाद के लिए चलते, दारा शिकोह अपनी कमान में दूसरी लड़ाई की तैयारी करते होते, लेकिन शाह शुजा दिल्ली में अपना राज्याभिषेक करवा लेते, तो? औरंगज़ेब दारा से लड़ते या शुजा से? और शुजा के राजतिलक की ख़बर मिलते ही अगर मुराद भी अपने सिर पर ताज रख लेते, तो? (अहमदाबाद से रवानगी डालते हुए वह तो अपना ताज भी साथ लाये थे!) तब औरंगज़ेब क्या करते? तीनों भाइयों से अलग-अलग लड़ते?

नहीं, उत्तराधिकार युद्ध में शाह शुजा का एकल मार्गी बनना औरंगज़ेब के लिए शुभ साबित हुआ।

लगन एवं समर्पण—इच्छा-शक्ति की खाद लगन एवं समर्पण है। ये दोनों गुण महाबली में कूट-कूट कर भरे थे। पूरे एक दशक उन्होंने और किया क्या था! इच्छा—और संकल्प-शक्ति जन्मजात नहीं होती; वह भीतर अंकुर की तरह फूटती है। महाबली के साथ ऐसा हुआ धीरे-धीरे गहरी होती शाहजहाँ तथा दारा के लिए घृणा के सहारे। जितनी अवहेलना, तिरस्कार और अपमान उन्होंने झेला था, उसकी परिणति क्षमा-दान में नहीं हो सकती थी। औरंगज़ेब का युग और चरित्र—दोनों करुणा के प्रतिकूल थे। फिर उनकी महत्त्वाकांक्षा थी—प्रबल, ठोस, दुर्दम्य। उसी ने तो संकल्प को जन्म दिया था।

इन दोनों गुणों की मात्राएँ भी व्यक्ति के अनुसार बदलती रहती हैं। चूँकि

बाप-बेटे की जोड़ी ने औरंगज़ेब पर दिल खोल कर अत्यचार किये थे, इसलिए संकल्प-शक्ति भी तदनुसार बढ़ती गयी। दोनों शक्तियों को प्रेरित एवं संचालित करने और उनमें आन्तरिक ऊर्जा भरने के लिए ये तीन गुण आवश्यक हैं—आत्म-नियन्त्रण, प्रत्युन्नमतित्व और सकारात्मक सोच। महामहिम में ये कूट-कूट कर भरे थे।

घृणा—जर्मन दार्शनिक थियोडोर अडोर्नो के अनुसार प्रेम और घृणा भावनाएँ आदिम तंत्रिकीय व्यवस्था गतिशील करती हैं; दोनों में सम्पूर्णत: ग्रस्त कर लेने की सामर्थ्य (Obsession) होती है। प्रेम आदिम स्नेह की सबसे गहन और बहुत देर तक चलने वाली भावना है, जबकि घृणा आदिम द्वेष का सर्वाधिक गहन और स्थायी हो सकने वाला स्वरूप। दोनों अन्धे हो सकते हैं और अतार्किक भी। अडोर्नो की परिभाषा में क्षमा-याचना के साथ किंचित संशोधन करते हुए कहा जा सकता है कि 'दूसरे की पीड़ा में अपेक्षित उल्लास' घृणा (Hchadenfreude) है। शाहजहाँ और दारा के साथ आलमगीर ने जो व्यवहार किया, उसके पीछे यही भावना कारगर थी। आधी सदी के बाद अपने अन्तिम दिनों में भी दारा के लिए उनके हृदय में दहकती घृणा-ज्वाला मन्द नहीं हुई। वह दारा की नियति पर बेहद टुच्ची कटोक्ति करते रहे—और वह भी अपने सपूतों के सामने! वह अपनी ओर से ही यह स्पष्ट करते रहने के लिए विवश पाये गये कि उनका साम्राज्य जितना विशाल है, हृदय उतना ही संकीर्ण।

क्या करूँगा शाहजहाँ और मुराद का?

रणनीति की सामान्य रूपरेखा ही बनायी जा सकती है; उसके विस्तार तो चरणानुसार ही खुलते हैं। महत्त्वाकांक्षी ने ऐसा ही किया। औरंगाबाद से चलते हुए उनके सामने सबसे बड़े दो सवाल यह थे—विजय-प्राप्ति के बाद (वह ऐसे कर्मयोगी थे, जिन्होंने कर्म शुरू करने से पहले ही फलावस्था पर चिन्तन कर लिया था!) शाहजहाँ का वह क्या करेंगे? और मुराद बख़्श को कब और कैसे अपने रास्ते से हटाएँगे?

सुलगता सवाल शाहजहाँ ही थे। अकबराबाद क़िले पर गोले दाग़ते हुए श्रवण कुमार प्रजा प्रतिक्रिया को लेकर बहुत चिन्तित थे। मुग़ल इतिहास में पहली बार सिंहासनासीन सम्राट को ज़बर्दस्ती हटाया जा रहा था—और वह भी बेटे के हाथों! इसलिए आश्चर्य नहीं हुआ, जब मक्का शरीफ़ ने आलमगीर की ताजपोशी को अवैध माना, क्योंकि शाहजहाँ जीवित थे। महामहिम के धार्मिक अनुदान भी मक्का में स्वीकार नहीं किये जा रहे थे। दूसरी तरफ़ पूज्य पिताश्री चार पीढ़ियों (बाबर ने जो छोड़ा था, हुमायूँ शेर शाह सूरी से परास्त होने के बाद 15 बरस के ईरान प्रवास में गँवा चुके थे, इसलिए पुनर्विजय के बाद हुमायूँ, अकबर, जहाँगीर

और शाहजहाँ का संचयन।) से अकबराबाद क़िले में संचित राजकोष की न चाबियाँ दे रहे थे, न स्वेच्छा से किरीट-त्यागपत्र पर हस्ताक्षर करने को राज़ी थे। महाबली ने पिता को वंचना से विष-पान करवाने का पावन प्रयास किया, पर ऐसा हो नहीं सका। तिलमिलाते रहे आलमगीर! बार-बार माँगें दुहराते रहे। जहाँ आरा के समझाने पर अन्ततः राजकोष की चाबिँयाँ तो शाहजहाँ ने दे दीं, पर किरीट-त्यागपत्र हस्ताक्षर प्रसंग को लेकर टस से मस नहीं हुए। क्यों? बाप की पीड़ा में बेटे ने जो 'अपेक्षित उल्लास' भोगा था—बाप को प्यासा बना कर, दारा के कटे सिर का उपहार भेज कर—उसका प्रतिशोध बाप इसी तरह तो ले सकता था। बाप-बेटे के भावात्मक सम्बन्ध का अवमूल्यन मुग़ल राजवंश में अकबर-सलीम से प्रारम्भ हुआ था, लेकिन उसकी जैसी चरम सीमा शाहजहाँ-औरंगज़ेब में प्रज्वलित हुई, वह बेमिसाल है।

शाहजहाँ के देहान्त के बाद जहाँ आरा ने ऐसा पत्र आलमगीर को दे दिया; हस्ताक्षर को दिवंगत सम्राट का बताया। सत्य क्या है, बेगम साहिब का ईश्वर ही जानता है।

परम धैर्यवान की स्थिति अनुसार किश्तवार निर्णय क्षमता—विराट बली समझते थे कि कुछ समस्याएँ ऐसी होती हैं, जिनका निदान पायदानों में करना होता है। परम प्रिय भ्राता और सहयोगी मुराद बख़्श ऐसी ही समस्या थे। धर्माट सफलता के बाद 'पीरजी' ने सोचा, 'पादशाह जी' से स्थिति के अनुसार निपट लेंगे। सौभाग्य से संयोग ऐसा हुआ कि सामूगढ़ विजय के बाद मुराद ने अपने ही पतन का सरंजाम बज़ाते-ख़ुद ही कर दिया। शाहजहाँ पतन के बाद दारा का पीछा करते हुए मुराद ने बढ़ते पसीने के साथ देखा कि *मुराद अहद चालू आहे!* की घोषणा के बाद सारे अधिकार तो बड़े भ्राताजी ख़ुद हड़पते जा रहे हैं, तो उनका आपा खो देना बिल्कुल स्वाभाविक था। महामहिम मन-ही-मन मुस्कुराये।

सलीमगढ़ में मुराद को शृंखलाबद्ध करने के बाद अब सबसे बड़ी समस्या दारा थे। मुराद का निःसन्देह वध करना था, पर वह चिन्ता बाद की और समयसाध्य इसलिए थी, क्योंकि विराट बली अपने स्याह आदेशों को विधि-छद्मावरण में लपेटना पसन्द करते थे, "हम तानाशाह नहीं। विधि और व्यवस्था में विश्वास रखने वाले सम्राट हैं", लेकिन मुराद को मृत्यु-दंड देने का उस वक़्त कोई बहाना नहीं था। फिर शाहजहाँ की नज़रबन्दी का झटका भी नया-नया था।

परम मिथ्या वाची, परम छली, परम वंचक—ताजपोशी के बाद बाप के अपदस्थीकरण और दुहरे भ्राता-संहार का औचित्य साबित करने के लिए महामहिम ने जिस तरह धर्म का सहारा लिया, वह महज़ ड्रामा था। शाहजहाँ का प्रशासन इस्लामी था; ज़्यादा कट्टर नहीं था, पर शरिअत-संचालित था और दारा एवं मुराद

किसी भी दृष्टि से विधर्मी नहीं थे, पर जिसके पास सत्ता होती है, आवाज़ उसी की सुनाई देती है। इसलिए अपने जीते-जी विराट बली की दहाड़ पूरे संसार में गूँजती रही, "जो सत्य-पथ पर चलता है, स्वर्ग प्रवेश-द्वार में घुसने का अधिकारी है।"

समस्या यह है कि मुखर स्वर के हमेशा के लिए बन्द हो जाने के बाद अन्तिम निर्णय दूसरी सत्ता करती है।

ईश्वर मेरे कान में फुसफुसाये!

ईश्वर और आलमगीर के बीच हॉटलाइन थी।

सिंहासनारोहण के तीसरे वर्ष में 12 मई, 1662 को महामान्य बीमार हो गये। पिता-भाई के साथ का अनवरत तनाव, उत्तराधिकार युद्ध की जटिल, बहुवर्णी, दशकव्यापी रणनीति, फिर पाँच वर्षों के अन्तराल में बिखरे युद्ध एवं हत्याओं के ताने-बाने, साथ ही अपनी विजय-दुन्दुभि के बीचोंबीच अपने सबसे बड़े सपूत तथा उत्तराधिकारी मुहम्मद सुल्तान के आत्म-विनाशक विद्रोह का सदमा—तन-मन का निढाल हो जाना स्वाभाविक माना जाना चाहिए। लेकिन जैसी कि मुग़ल वंश की परम्परा है, दूसरे नम्बर के बेटे मुअज़्ज़म और उसके भाई फ़ौरन ताज हथियाने के वास्ते पैंतरे बदलने लगे। तुरन्त दूसरा उत्तराधिकार युद्ध इसलिए बच गया, क्योंकि आलमगीर ने अगले महीने ही ग़ुस्ले-सेहत फ़र्मा लिया। जब उन्हें ताज को लेकर अपने बेटों की बेसब्री मालूम हुई, तो उन्होंने मुअज़्ज़म (जो औरंगज़ेब के बाद 53 वर्ष की आयु में बहादुर शाह प्रथम के नाम से चार वर्ष के लिए सिंहासन पर बैठे।) को पत्र लिखा—"मुझे दर्दभरा एहसास हुआ कि भौतिक सम्पदा और सांसारिक ऐश्वर्य के लिए तुम और तुम्हारे भाई साम्राज्य को घरेलू युद्ध में झोंक रहे थे (हमने ऐसा धर्म को बचाने के लिए किया था! हम तो सिर पर ताज रखने वाले दरवेश हैं!) चूँकि अब तक मैं दुनिया से परे नहीं गया हूँ, इसलिए तुम लोगों का हथियार उठाना और भी निन्दनीय है।

मैं तुम्हें यह बताना चाहता हूँ कि जो युद्ध मुझे सिंहासन तक लाया, वह अन्याय एवं विधर्मिता के विरुद्ध अभियान था। ईश्वर मेरे कान में फुसफुसाये, तुम्हें अपने भाई दारा शिकोह की अधार्मिक शक्तियों के साथ लड़ना होगा। मेरा ऐसा मंतव्य कभी नहीं था कि विधर्मी शक्तियों के दमन के बाद मैं स्वयं सिंहासन पर क़ब्ज़ा कर लूँ। दारा शिकोह शाहजहाँ के लाड़ के लड़ैते थे, इसलिए उन्होंने न विधर्मिता देखी, न इस्लाम के विरुद्ध अपराध। अन्ततः मेरे सामने सिर्फ़ यही चारा रहा कि मैं सत्ता अपने हाथ में लेकर अपनी उस आस्था का अपवित्रीकरण बचा लूँ, जो मेरी ज़िन्दगी का आरम्भ और अन्त है।

मैं कहना यह चाहता हूँ कि तुमको मेरे और अपने भाइयों के साथ वही करने का अधिकार होगा, अगर तुमको पता चले कि मैं तुम्हारे भाइयों के साथ सहापराधी बन कर अपने धर्म, अपनी परम्पराओं, और अपनी संस्कृति (आपका सरोकार और संस्कृति से!) की जड़े उखाड़ कर फेंक रहा हूँ (यानी तुमको कभी हमारे ख़िलाफ़ विद्रोह का बहाना नहीं मिलेगा!)।

इस्लाम के सिद्धान्त न्याय एवं समानता के सिद्धान्त हैं। अगर ज़रूरत पड़े, तो उनकी रक्षा के लिए एक नहीं, हज़ार युद्ध लड़ने के वास्ते तैयार रहना चाहिए।

अगर कोई मेरे ऊपर आरोप लगा दे कि मैंने एक बार भी इस्लाम के नीतिवचनों का उल्लंघन किया है, तो निःसन्देह मेरे ऊपर बाध्यता होगी कि मैं सिंहासन त्याग दूँ। मेरे लिए सिंहासन ईश्वर के नाम पर पवित्र न्यास है। परम परमात्मा के प्रति जो मेरा आबन्ध है, उसके ऊपर न सन्तति स्नेह को प्राथमिकता दी जा सकती है, न माता-पिता के प्रति सम्मान को। मेरी चेतावनी पर ध्यान दो। आइन्दा कभी आज्ञाकारिता पथ से मत भटकना। अपने और ईश्वर के बीच मैं किसी को नहीं आने दूँगा।''

मुहम्मद सुल्तान तब ग्वालियर क़िले के शाही बन्दीगृह में थे। यह चेतावनी पा कर मुअज़्ज़म के होश फ़ाख़्ता हो गये।

अनुपम फ़ौजी प्रशासन—सदा आशंकित, सदा तनावग्रस्त आलमगीर ने जो प्रशासकीय व्यवस्था बनायी, वह अनुपम पुलिस स्टेट थी। उन्होंने केन्द्र और प्रदेश—सभी महत्त्वपूर्ण एवं संवेदनशील पदों पर दृढ़ इच्छा-शक्तिसम्पन्न, प्रबल वफ़ादार, और कट्टर धार्मिक आस्थावानों को नियुक्त किया।

उनका स्थायी आदेश था, ''जड़ पकड़ने से पहले ही विद्रोह को कुचल दो; शरारत-योग्य होने से पहले ही विधर्मी का विनाश कर दो!''

साहित्य-संगीत-कला विहीना—महामहिम की प्रतिक्रिया तेज़ और विदग्धता ख़ंजर धार थी। कला या और कहीं कुछ भी फूहड़ एवं भौंडा उनमें एकदम वितृष्णा जगाता था। संगीत अकेला कला रूप था, जिसे वह पाप नहीं मानते थे। स्वयं रुद्रवीणा-प्रवीण तो थे ही। फिर राजनीतिक-सामाजिक कारणों से उनके विचार बदले; प्रशासन के दसवें वर्ष में संगीत निषिद्ध हो गया। किशोरावस्था से ही महामहिम 'इन्द्रियों की प्रथा' के विरुद्ध वाचाल हो गये थे। सत्ता में आते ही उन्होंने हर क़िस्म के 'ऐन्द्रिय आनन्द का शोकगीत' पढ़ दिया। कलावंतों ने सिर्फ़ राज्याश्रय ही नहीं खोया, वे दूसरे दर्जे के नागरिक बन गये। चाँदनी चौक मसख़रे का कहना है कि किसी भी देश की गरिमा मोटे तौर पर लेखकों-कलाकारों पर आधारित होती है। इसलिए यह आश्चर्य की बात नहीं कि 17वीं सदी के मध्य में कला कौशल में क्षय देश की बहुप्रकारी रचनात्मकता के क्षय में बदल गया। ''एक परम शुद्ध बादशाह (लाल क़िला जन-सम्पर्क अधिकारी ने बादशाह की छवि बनाने के लिए

'आलमगीर ज़िन्दा पीर' उपाधि गढ़ कर प्रचार कर दिया कि यह प्रजा की देन है!) आकर्षक विज्ञापन ज़रूर हो सकता है, लेकिन न वह उत्पादन बढ़ाता है, न समृद्धि एवं शान्ति का वाहक होता है, इसलिए महामहिम के सिंहासनारोहण से ही साम्राज्य महागाथा वस्तुत: अन्दरूनी क्षय कथा बन जाती है।

हुमायूँ, अकबर, जहाँगीर और शाहजहाँ ने जो वास्तुशिल्पीय चित्रावली बनायी, उसी से देश को 'मुग़ल हिन्दुस्तान' की पहचान मिली। संकीर्ण दृष्टि औरंगज़ेब ने वह प्रवृत्ति रोक दी। उन्होंने कुछ विश्राम स्थल, सराय, मस्जिद और पत्नी की समाधि के सिवा और कुछ नहीं बनवाया। उस शुष्क, अरसिक के पास किसी भी प्रकार या कोटि का सौन्दर्य-बोध था ही नहीं। "उनके भीतर का मुग़ल सिकुड़ कर मिनिएचर बन गया।"

परम विनाशक—उन्होंने रचना नाम के लिए की और विनाश अन्धाधुन्ध। यही उस महान् आत्मा की त्रासदी है, जो धार्मिक कर्मकांडी शिकंजे में कसी हुई थी। व्यक्ति का चरित्र आँकने की सूक्ष्म दृष्टि से सम्पन्न होने के बावजूद आलमगीर दरबार में मुख्यत: धार्मिक कट्टरता के कारण जिस प्रकार के लोगों को महत्ता और सत्ता मिली, उनके बारे में शाहजहाँ युग के महा वरिष्ठ, महा कुशल सेनानी महाबत ख़ाँ की टिप्पणी सटीक है—"मैशैख़ाने रियाकोश उल्मा-ए-तहीकोश"—(पाखंडी धर्मावलम्बी; ख़ाली सिर वाले विद्वान) हर धर्म के दो अंग होते हैं—आवश्यक और अनावश्यक। दुर्भाग्य से महामहिम ने दूसरे को पहले की जगह प्रतिष्ठित कर दिया, जिससे वह मुग़ल जातीय भावना को उसकी परिणति तक ले जा पाने में बेहद भयंकर रूप से असफल हो गये। अगर अकबरे-आज़म अपने समय से तीन शताब्दियाँ आगे थे, तो औरंगज़ेब का पिछड़ापन कितना और कैसा माना जाना चाहिए, यह मूल्यांकन करने वाले पर निर्भर करता है। कुछ का उद्‌भव एक रेखा में नहीं होता। कभी कुछ पायदान लगातार आगे जाता है, तो कभी पीछे लौटता है।

केवल लक्ष्य—उस तक का पथ नगण्य—उनका मानना था, "रास्ते भले-बुरे से परे होते हैं। अहम है सिर्फ़ मंज़िल।" जो मंज़िल पर पहुँच जाता है, उसका नैतिक या कैसा भी मूल्यांकन करने का कोई मतलब नहीं। उनके भीतर कई मंज़िलें थीं, जिनके तलबगार उनके भीतर कई औरंगज़ेब थे। एक-दूसरे पर हावी होने के लिए इन मुख़्तलिफ़ औरंगज़ेबों में बराबर रस्साकशी चलती रहती थी। आख़िर जब दकन नासूर सौ फ़ीसदी ज़हरीला हो गया, तो सारे औरंगज़ेब इकट्ठे हो गये, टूट गये, पशेमान हो गये, पछतावे से लरज उठे। उन्होंने माथा पीटते तथा क्रन्दन करते हुए मान लिया कि उनकी हुकूमत नाकामयाबी का दूसरा नाम रही।

चालीस की उम्र में आलमगीर सब कुछ थे—नब्बे से एक कम की उम्र में कुछ भी नहीं। आत्म-स्वीकार तथा आत्म-भर्त्सना की इस गहनता में कुछ पलों

के लिए आलमगीर ने उस अज़्मत को छू लिया, जहाँ वो तवारीख़ में अपने अहद को दर्ज करवाने का ख़्वाब देखते थे।

प्रकृति विभोरी—महामहिम सदा रक्तपात नहीं करते थे, न निरन्तर प्रवंचना और प्रतारणा के ही पत्र लिखते थे—नैसर्गिक छटा भी कभी उन्हें विभोर करने में सफल हो जाती थी। राज्याभिषेक के बाद अस्वस्थ हो गये, तो स्वास्थ्य-लाभ के लिए काश्मीर गये।

मुअज़्ज़म के नाम पत्र में लिखते हैं—"जो कुछ सुन्दर है, ईश्वर उसका सारांश है। इस वादी में वह उपादान भरे हुए हैं, जो आँखों को लुभाते और कल्पना को पंख लगाते हैं। ईश्वर यहाँ हर कहीं दिखाई देता है—फलवाटिका में, फलभरे वृक्षों वाले उपवनों में, सतलज के निर्मल नील पानी में, हर कहीं झूमने वाले वन सुमनों में और इस विशिष्टतः रमणीय भूक्षेत्र के स्त्री-पुरुषों की सादगी में। शायद बुज़ुर्गवार जहाँगीर पादशाह से बड़ी भूल हुई, जो उन्होंने काश्मीरियों की जीवन-शैली में दोष देखा। यह हो सकता है कि कभी उनके वस्त्र साफ़ वा सफ़ेद न हों, पर उनकी आत्मा मलिनताविहीन है। ईश्वर में आस्था उनकी स्वच्छता का बिल्ला है। मैंने अधित्यिका के धनाढ्यों से भी बात की है और दरिद्रों से भी। सबकी जड़ें ईश्वर से जुड़ी हैं। आस्था उनकी समृद्धि और दारिद्रय उनकी सम्पत्ति है। (तो ताज शहज़ादे अकबर को थमा कर आप भी मालामाल हो जाते!) उनका भला रूप उनके भले दिमाग़ का प्रतिबिम्ब है। काश, हमारे पूर्वजों ने काश्मीर को वैलासिक क्रीड़ा-भूमि समझने के बजाय ऐसा स्थल माना होता, जहाँ से रचयिता के साथ संवाद हो सकता है (तो स्थायी रूप से वहीं डेरा डाल आप कर लेते संवाद! किसने रोका था! साम्राज्य और देश पर ही नहीं, रचयिता पर भी आपका परम उपकार होता!)।"

सम्राट आलमगीर का जीवन-दर्शन—(1) "प्रशासन कला इतनी नाज़ुक है कि सम्राट अपनी छाया तक से थरथरा जाता है", ऐसी मान्यता के कारण अविश्वास उनके दिल की धड़कन के साथ संलग्न था। बाप, भाई, रौशन आरा और पाँचों बेटे—उन्होंने निरंतर सबको बेधी और सन्देहभरी दृष्टि से देखा। सम्भवतः आज़म को छोड़ कर वह ग़लत साबित भी नहीं हुए।

(2) "महान् सम्राट वह होता है, जो समदृष्टि से प्रशासन करता है", आलमगीर ने सूबेदार आज़म को डाँटते हुए उपदेश दिया था। तत्रभवान् के पास आत्म-समीक्षा-दृष्टि नहीं थी, इसलिए उन्होंने सोचा नहीं कि इस क़सौटी के अनुसार उनकी पात्रता परख प्रक्रिया के प्रारम्भ में ही रद्द कर दी जाएगी। ग़ैर मुसलमान उनके प्रशासन में दूसरे दर्जे के नागरिक थे (बेटों के नाम उनके अन्तिम पत्र आगे देखें।)। लेकिन एक दुर्बल क्षण में विराट बली पकड़े गये, जब उन्होंने निम्नलिखित टिप्पणी कर दी—

(3) ''कपट के बिना प्रशासन नहीं हो सकता। ईमानदान व्यक्ति विशुद्ध स्वर्ण ज़रूर होता है, लेकिन छल एवं जुगाड़ न समझने के कारण'' महत्त्वपूर्ण तथा नाज़ुक पद पर उसकी नियुक्ति नहीं हो पाती।

(4) ''युद्ध में ईमानदारी उतनी ही बड़ी बुराई है, जितनी शान्ति में बेईमानी!'' महामान्य ने आज़म को समझाया था। सामूगढ़ में दारा की सवारी बदलने के लिए ख़लीलुल्लाह का इस्तेमाल और दुर्गादास राठौर शिविर में शहज़ादे अकबर के नाम जाली पत्र डाल देना इसी सिद्धान्त के व्यावहारिक पक्ष थे।

(5) ''जब तुम्हें शत्रु का संहार करना होता है, तो संसार में सुलभ ऐसा कोई उपाय मत छोड़ो, जो तुम्हारे अभियान को सफल बनाता है।'' थोक के भाव वध इसीलिए किये गये।

(6) ''सम्राट को आरामपसन्द नहीं होना चाहिए।'' वह बिल्कुल नहीं थे; मुश्किल से चार घंटे सोते थे।

(7) ''सम्राट कभी अवकाश ग्रहण नहीं करता।'' (हमने अपने बाप को ज़बर्दस्ती करवा दिया, पर ध्यान रहे बेटों, अगर हमको लेकर तुमने ऐसा ख़याल भी किया, तो जीते-जी मेढ़े के साथ सिलवा दूँगा!)।

सदा-सदाचारी, सदा न्यायसंगत!

महामहिम के सम्राट बनने पर जब दरबारी इतिहासकारों ने सम्राट से पूछा, ''उत्तराधिकार युद्ध का आकलन कैसे किया जाय?'' तो महामहिम झुँझला कर बोले, ''क्या आप जानते नहीं कि शहंशाह शाहजहाँ के समय में प्रशासन बिल्कुल अराजक था और इस पर वह अपने बाद इस्लाम शत्रु दारा शिकोह को सिंहासन सौंपना चाहते थे? मूर्तिपूजक को जो दंड मिला, बिल्कुल सही था। इसी तरह प्रशासन के लिए अनुपयुक्त बादशाह की परिणति भी सही हुई। शाह शुजा ने साम्राज्य पर जो दावा किया, वह उनका अधिकार नहीं था। (तो औरंगज़ेब का कैसे था?) जहाँ तक राजकुमार मुराद बख़्श का प्रश्न है, वह श्रेष्ठ सैनिक थे, लेकिन प्रशासन के योग्य नहीं, क्योंकि वह विधर्मी थे (कैसे विधर्मी थे? औरंगज़ेब के होते हुए ताज की कामना की, इसलिए? मुराद को तर्क की ख़ातिर अगर विधर्मी मान भी लिया जाय, तो ग़ैर-मुसलमान कुशल प्रशासक नहीं हो सकता, यह नियम किसने बनाया?), जो मुझे उनके देहान्त के बाद मालूम हुआ। (क्या मालूम हुआ? मुराद की धार्मिक गतिविधि सामान्य थी। उनके देहान्त के बाद उनकी धार्मिक मान्यता का जो रहस्य खुला, वह महामहिम के सिवा और किसी को नहीं मालूम।) उनकी मृत्यु को लेकर मैं निर्दोष हूँ। वह न्याय की माँग थी। (मुराद द्वारा करवाये अपने पिता के वध को मृतक का बेटा भूल चुका था। महामहिम ने उसे अभियोग लगाने के लिए

प्रेरित करते हुए पदोन्नति का प्रलोभन दिया।) कुरान का सुरक्षक होने के कारण ईश्वर ने मुझे सम्राट पद के लिए चुना। ऐसा मेरी प्रकृति और मेरी इच्छा के विरुद्ध हुआ (हा हा! हा हा!!), क्योंकि मैं तो ग़रीब फ़कीर की तरह जीना चाहता था (देश का इससे बड़ा सौभाग्य हो ही नहीं सकता था!), लेकिन दूसरों के होते हुए भी न्यायप्रिय विधाता ने मेरा उत्कर्ष निर्धारित किया, क्योंकि वह विनम्र को संपोषित और दम्भी को अवनत करता है।''

इसमें आंशिक सच्चाई है। दारा में एक सीमा तक दम्भ था, लेकिन उसके लिए दारा को जो सर्वविनाशी दंड मिला, वह ईश्वर द्वारा निर्धारित नहीं हो सकता।

औरंगज़ेब का विखंडन—बहुत रोचक है कि इतिहास में दारा शिकोह तथा औरंगज़ेब—दोनों की गहरी दिलचस्पी थी। औरंगज़ेब उसका मूल्यांकन राजवंश विशेष का उद्‌भव समझने की दृष्टि से करते थे; दारा शिकोह के लिए इतिहास 'आत्मा-मंथन का कारक' था। वह इतिहास अध्ययन को धर्मग्रन्थों के समकक्ष मानते थे, ''दोनों व्यक्ति को आत्मानुभूति की उन ऊँचाइयों तक ले जाते हैं, जिससे विश्वात्मा के साथ संयुक्त होने का पथ प्रशस्त होता है'', दारा ने जहाँ आरा से कहा था।

वस्तुतः आलमगीर ऐसी भयंकर शख़्सियत थे कि उनके बारे में कुछ कहना एक तरफ़ पंगु चढ़े गिरि के समकक्ष है, तो दूसरी तरफ़ उनके विराट व्यक्तित्व में एक से बढ़ कर एक ऐसी पेचीदगियाँ, गुत्थियाँ, गाँठें, रिक्त बिन्दु और सवालिया निशान हैं, जिन्हें बोध के परे के सिवा कुछ कहा नहीं जा सकता—विश्लेषण वहाँ अपनी अक्षमता पर सर धुनता है। उनके व्यक्तित्व की परत-दर-परत का विकास धीरे-धीरे समय के लम्बे विस्तार में हुआ होगा।

महामहिम के भीतर विविध प्रकार के ढेर सारे औरंगज़ेब थे, जो सामने वाले के हिसाब से स्पन्दित हो जाते थे।

पुरुष रूप—चाँदनी चौक मसख़रे का विचार है कि किसी महिमाशाली पुरुष के विश्लेषण के लिए स्त्रियों के साथ उसके सम्बन्ध को कुंजी माना जाना चाहिए। मुग़ल राजवंश में यह जहाँगीर (नूरजहाँ) और शाहजहाँ (मुमताज़ महल) पर लागू हो सकता है, औरंगज़ेब पर इस मायने में नहीं कि दिलरस बानो उनके सम्राट बनने से पहले ही संसार छोड़ गयीं और उदयपुरी, ज़ैनाब्दी तथा दिल-आराम विविध अवधियों में सिर्फ़ आन्तरिक वेदना प्रकट करने का माध्यम रहीं; उनकी तत्कालीन प्रिय पत्नी से ज़्यादा कुछ नहीं बनीं—न हृदयेश्वरी, न भावात्मक लंगर, न सम्राज्ञी। प्रशासनिक प्रक्रिया में किसी योगदान का सवाल ही नहीं।

दारा ग्रन्थि की अतार्किक सीमा—प्रेम पक्ष में भी प्रतिद्वन्द्विता—इन विविध स्त्रियों ने पुरुष रूप में उनके विविध चेहरे देखे। दिलरस के लिए वह आदर्श पति थे, नवाब बाई के लिए नहीं। उदयपुरी ने दारा आसंग को भूल उनका साथ निभाया,

तो दारा के विरुद्ध फिर एक विजय का सेहरा बाँध महामहिम स्वयं पर प्रफुल्लित हो उठे। फिर राना दिल को भी रिझाने के लिए चालू मनचले के हथकंडों में प्रवृत्त हुए। शाही हरम सदस्यता आमन्त्रण आमतौर पर स्वागतयोग्य पाया जाता था, पर विशेषतः इन्हीं दोनों पर ज़िल्ले-सुब्हानी की नज़र-इनायत क्यों हुई? दारा सम्बन्ध के सिवा इन दो स्त्रियों की विशिष्टता रेखांकित करने वाला और क्या कारण हो सकता है? उदयपुरी के साथ सुहागरात मनाने के बाद क्या महाबली ने उनसे पूछा, "शैया-समर में मेरा मूल्यांकन दारा से ऊँचा करोगी या नहीं?"

वह क्या साबित करना चाहते थे? यही कि मैं प्रेम पक्ष में भी दारा को मात दे रहा हूँ? मैं हर दृष्टि से दारा से श्रेष्ठ पुरुष हूँ? क्या दारा ग्रन्थि यहाँ तक जा सकती है? क्या घृणा यहाँ तक जानी चाहिए? जिस स्त्री की देह एवं भावना को दारा ने स्पर्श किया था, उसे आलमगीर क्यों छूना चाहते थे? स्पर्श माध्यम से दारा को अपनी शक्ति-सामर्थ्य जताना चाहते थे, "तख़्ते-ताऊस ही नहीं, तुम्हारी स्त्रियाँ भी मेरी हैं नाबुलन्द अख़्तर!" क्या यह घृणा की बेहतर क़िस्म नहीं होती कि राना दिल सम्राट की ओर चंचल चितवन गतिशील करतीं और औरंगज़ेब कहते, "भद्रे, आप परम आकर्षक एवं उत्तेजक स्त्री-रत्न हैं, पर चूँकि आपके साथ दारा का बिम्ब जुड़ा है, इसलिए मैं आपका प्रणय-निवेदन स्वीकार करने में असमर्थ हूँ।" पर विराट बली में ऐसी उच्चतर घृणा सामर्थ्य थी ही नहीं। 17वीं सदी में साँस लेते हुए भी वह आदिम, बर्बर क्रूरता विभूति थे।

पुत्र रूप—शाहजहाँ जीवनानन्द लेने वाले जीव थे। बौद्धिक प्रखरता और समर दक्षता के बावजूद औरंगज़ेब थे तो नितान्त अरसिक, शुष्क और परम बोर। उनके साथ शाहजहाँ क्या गपशप करते! वैसे औघड़ सन्तों के साथ दारा का भी नैकट्य शाहजहाँ के लिए कौतुक एवं मनोविनोद का विषय था। "दारा का पागलों से मेल-मिलाप है," उन्होंने टिप्पणी की थी। युवराज की दार्शनिक उत्सुकताओं में पिता की रुचि नहीं थी, पर कहीं कुछ था, जो बाप-बेटे बाँटते थे। औरंगज़ेब के साथ यह लेन-देन नहीं था। इसलिए महाबली ने बाप को ऐसी ऐतिहासिक सज़ा दी? बाप को हर बेटे से एक जैसा स्नेह करना चाहिए, ईश्वर ने ऐसा कोई नियम अगर बनाया भी है, तो कौन-सा बाप इसका पालन कर सकता है!

हाँ, माँ के प्रति ज़रूर महामहिम निष्ठावान रहे।

परम अविश्वासी—जहाँ आरा ने बहुत पहले विराट बली से अमीर ख़ुसरो के उद्धरण के साथ कहा था, "विश्वास भीतरी और बाहरी शान्ति का बीज़ है", पर "सम्राट को अपनी छाया से भी आशंकित रहना चाहिए" जैसी मान्यता वाले भाई अपनी प्रकृति और करनी से मजबूर थे।

अल्पकालीन शयन अवधि में चौंक कर उठ जाते थे, ''मेरे बेटों में अगला बग़ावती कौन होगा?''

उनकी परम विस्तारित और सख़्त सात परतों वाली गुप्तचर व्यवस्था नाज़ी गेस्टापो को भी लज्जित कर देती। मीर जुमला के सिवा उनका कोई आत्मीय नहीं बना; वह किसी रिश्ते को अपनी ओर से नहीं निभा सके।

घृणा तथा उत्पीड़न—औरंगज़ेब की मानसिकता का सर्वप्रमुख इंजन घृणा है—सर्वाधिक शाहजहाँ और दारा शिकोह के प्रति। ''औरंगज़ेब दूसरों को सताने और उनके द्वारा सताये जाने के लिए ही पैदा हुए थे'', मानुची की यह टिप्पणी विराट बली के बहुआयामी रिश्तों की प्रकृति का प्रतिबिम्ब है—बाप और भाइयों के साथ, अपने पाँचों बेटों और कम-से-कम दो बेटियों के साथ, राजपूत-मराठों साहित सामान्यतः हिन्दुओं एवं शियाओं के साथ और सुन्नी मुस्लिम समुदाय के उस बड़े वर्ग के साथ भी, जो सिर पर ताज वाले ज़िन्दा पीर की संकीर्णतम, विषण्ण और सर्वथा नीरस जीवन-शैली से उत्पीड़ित थे।

क्रूरता और परपीड़न—इज़्ज़त बख़्श और सिपिर शिकोह की उम्र कच्ची थी, इसलिए महामहिम ने उन्हें ज़िन्दा रखने का फ़ैसला किया। इज़्ज़त के साथ अपनी बेटी बदरुन्निसा का विवाह भी कर दिया, पर दामाद को बन्दी बनाये रखने के लिए साथ-साथ उसे यथावत पोस्त भी देते रहे। सुलेमान आयु में बड़े और श्रेष्ठ सैनिक थे, इसलिए पोस्त के बावजूद उनका दूसरा अन्त सोच लिया गया।

, बेचारे अच्छे-ख़ासे तिब्बत को भाग रहे थे, गढ़वाल राजा ने आलमगीर की धमकी से डर कर उन्हें दिल्ली के हवाले कर दिया।

''अज़ीज़ चचाजान!'' ज़िल्ले-सुब्हानी के सामने लाये जाते ही सुलेमान ने तस्लीम के साथ कहा, ''मेरा सर क़लम कर मुझे फ़ौरन सफ़ा-ए-हस्ती से मिटाने की रहमत फ़र्मायी जाय!'' चचाजान ने स्तब्ध और आहत हो जाने का अभिनय किया (महामहिम महान् अभिनेता थे। ब्रेंडो, अल पचीनो और डि नीरो उनके सामने पानी भरते। अन्तर्मुखी, बेहद संश्लिष्ट और उच्चारित शब्द के न्यूनतम इस्तेमाल के कारण उनकी अनूठी एवं अनुपम अभिनय पद्धति मोंटगौमरी क्लिफ़्ट के निकट पड़ती थी।),

''क्या कह रहे हो पठल (सुलेमान का घरेलू नाम)! तुम ख़ानदान के सबसे रौशन चिराग़ हो—अज़ीम शाहजहाँ के सबसे बड़े पोते!''

''मैंने सलीमगढ़ में पोस्त का जलवा बहुत देखा है। वैसी मौत से अभी, आमने-सामने की मौत जैसे मुराद का पूरा होना होगी,'' सुलेमान ने आग्रह किया।

''मरें तुम्हारे दुमश्न!'' चचा ने उसकी बलाएँ लेते हुए सोचा, बकरीद के

लिए लाये गये बकरे की तरह इसको कुछ दिन हरी-हरी घास खिलाऊँगा, फिर इत्मीनान से हलाल करूँगा। फिर ध्यान आया, "तौबा-तौबा! मैं ज़ेबुन्निसा से इसकी मँगनी तय कर रहा था!"

दो बरस बाद क़ाज़ी फ़ज़्ल-उल्हक़ ने यह अभियोग-पत्र प्रस्तुत कर किया— "विधर्मी दारा का यह पुत्र भी अपने पिता के समान इस्लाम हितों के प्रति निरपेक्ष था। सिर्फ़ इतना ही नहीं, उसने उन अपराधों को बढ़ावा दिया, जिन्होंने दारा के लिए नरक द्वार खोले। उसने न्याय तथा पवित्र पैग़म्बर के प्रति युद्ध छेड़ा। ऐसे व्यक्ति को अपनी दुर्गंधी साँस से वातावरण दूषित करने का काई अधिकार नहीं। उसके कुटिल कर्मों का दंड उसकी गर्दन पर तलवार का एक तेज़ वार है। फिर भी दंड से पहले उसे सार्वजनिक रूप से प्रार्थना और अपने पापों के लिए क्षमा-याचना करने की अनुमति दी जाती है।"

जहाँगीर और शाहजहाँ ने भी अपने-अपने पिता के विरुद्ध विद्रोह किया था। जहाँगीर ने अपने एक बेटे को अन्धा और बन्दी बनाने के बाद उसके वध का भी विचार किया था।

शाहजहाँ ने न सिर्फ़ अपने भाइयों-भतीजों को अन्तहीन निद्रा देकर अपनी चिन्ताहीन निद्रा सुलभ की थी, बल्कि अकबर का उदार धार्मिक नीति-पथ भी छोड़ दिया था (ताजमहल की चकाचौंध के कारण उनकी विविध निकृष्टताएँ अलक्षित रह जाती हैं।) जहाँ तक आक्रामकता का सवाल है, ये सब—अकबरे-आजम को मिला कर—औरंगज़ेब से कम नहीं थे। वंचना रणनीति शेर शाह और जब-तब छत्रपति शिवा जी ने भी अपनायी, लेकिन प्रशासक के रूप में अत्याचार को छूने वाली जैसी सख़्ती विराट बली ने प्रदर्शित की, वह दिल कँपा देने वाली थी। उनके भीतर जो नंगा लक्ष्य-बेधी बैठा था, उसने महामहिम को जैसे दुर्भावना स्वरूप दे दिया ("सो जा मुन्ना, नहीं तो औरंगज़ेब आ जाएगा!")। उनकी आचार-संहिता और कर्म-पोथी के साथ चिंतनशील भंगिमा वाले उनके प्रखर, हिंसक व्यक्तित्व ने सोने में सुहागे का काम किया। ताज्जुब नहीं कि वह अपनी भावना बहुत कम प्रकट करते थे।

"पुरुषत्व का आदर्श आत्म-नियन्त्रण है", उनकी स्मरणीय सूक्ति है।

कट्टरता का अन्तिम सोपान—महामहिम ने आरम्भ से अन्त तक अपनी कट्टरता तथा मताग्रहता बनाये रखी। वह कट्टर इस्लाम के श्रेष्ठ धर्मवेत्ता हो सकते थे (उन्हें 'बैंगनी जामे में दरवेश' तथा 'आलमगीर ज़िन्दा पीर' कहा भी जाता था।), लेकिन ग़ैर-मुसलमानों के बहुमत वाले साम्राज्य के प्रशासक के रूप में जो संकटभरी चुनौतियाँ उनके सामने आयीं, उनका कोई समन्वयवादी समाधान तो वह नहीं ही निकाल सके, उल्टे एक के बाद एक उत्तरोत्तर पैनी हिन्दू विरोधी युक्तियाँ अपनाते

गये। प्रथम श्रेणी के मन्दिरों के विध्वंस के बाद जज़िया ने 'ग़रीब के मुँह से एक बरस का भोजन उसके भजन-गायन के दंडस्वरूप' छीन लिया। इसी तरह 'अर्थशास्त्र के नियमों के विरुद्ध जाते हुए' उन्होंने धार्मिक भेदानुसार शुल्क लगाया, विविध पाबन्दियाँ आयद कीं और धर्म-परिवर्तन के लिए सामाजिक-आर्थिक दबाव डाले। उनके युग में यह अभिव्यक्ति कहावत बन गयी—"अगर मुसलमान बन जाओ, तो"—"भूमि हो या पानी—सबसे भयंकर पशु विधर्मी होता है," की मान्यता वाले औरंगज़ेब के लिए साध्वी मुल्तानी के शब्दों में "हत्या विवाद में सिर्फ़ अन्तिम तर्क है।" एक इतिहासकार के अनुसार "आलमगीर प्रजा के स्वामी और उनकी अन्तरात्मा के ऐसे संरक्षक बन गये, जो आवश्यकतानुसार कभी भी अपनी स्वयं की अन्तरात्मा को छुट्टी पर भेज देता है।"

फिर भी उनकी एकपक्षीय, एकायामी महानता इस बात में है कि वह उपभोग के लिए नहीं, इन्द्रिय-महोत्सव के लिए नहीं, अपनी समझ में एक महत् लक्ष्य के लिए समर्पित थे। जिस तरह अकबरे-आज़म का दीने-इलाही एक गौरवशाली भूल थी, उसी तरह एक धर्म के साथ औरंगज़ेब की संलग्नता भी। उनका लक्ष्य अगर ऊँचा नहीं, तो भिन्न अवश्य था। विकट समस्या यह है कि औरंगज़ेब को समझने के लिए उनके युग को समझना अनिवार्य है, पर उन परिस्थितियों की वस्तुपरक चीर-फाड़ सहज नहीं, जिन्होंने उनके व्यक्तित्व को गठित एवं संयोजित किया। यह स्पष्ट है कि वह अन्य सम्राटों से बिल्कुल पृथक, अनूठे साँचे में ढाले गये थे। उनके गुण भी विशिष्ट हैं और उनके अवगुण भी, जिन्हें अपनी-अपनी दृष्टि के अनुसार अपराध या पाप भी माना जाता है और कर्तव्य एवं उपलब्धि भी।

डॉ. जदुनाथ सरकार की यह टिप्पणी बिल्कुल वैध है कि करुणा की कमी के बावजूद वह एक श्रेष्ठ फ़क़ीर हो सकते थे, लेकिन विविध नस्लों एवं धर्मावलम्बियों को समाहित करने वाले साम्राज्य के सबसे निकृष्ट सम्राट।

आत्म-वंचना की पराकाष्ठा यह है कि "वह स्वयं को मर्त्य की दुर्बलताओं से ऊपर समझते थे। उनकी हर भंगिमा और उनका हर शब्द जैसी दैवी होता था। ऐसा व्यक्ति जब तक साँस लेता है, राज्य करता है। साँस के टूटते ही भुला दिया जाता है।"

आत्यन्तिक हठधर्मिता—शिवाजी का अकबराबाद दरबार में आगमन एक स्वर्णिम अवसर था। अगर प्रातःस्मरणीय राजनीतिवेत्ता होते, तो मुग़ल-मराठों का वैसा ही सकारात्मक राजनीतिक गठबन्धन हो सकता था, जैसा अकबरे-आज़म ने राजपूतों के साथ किया था। मुग़ल-मराठों की संयुक्त सेना दक्षिण की तीनों सल्तनतों को साधते हुए दकन समस्या का स्थायी समाधान ढूँढ़ सकती थी, पर औरंगज़ेब का दिल बेहद ठंडा आर नज़र बेहद सँकरी थी। शिवाजी को सीने से लगाने के बजाय उन्होंने उन्हें पहले से भी कट्टर शत्रु बनाने में तुरन्त सफलता पा ली। यह

दीगर बात है कि फिर सारी ज़िन्दगी इस नादानी पर विलाप करते रहे।

आत्म-विनाशक—आलमगीर प्रशासन की प्रकृति विषैली और चरित्र विकृत था, जो विविध समुदायों को न एक सूत्र में बाँध सका, न स्थायी राज्य की रचना कर सका। स्थिति विकट इसलिए हो गयी, क्योंकि राजनीतिक रूप से दमित वर्ग अथवा औपचारिक अल्पांश संख्यात्मक दृष्टि से बहुसंख्यक था। हिन्दू विचारशक्ति की बन्ध्यता और हिन्दू उच्च वर्ग मनोवृत्ति की क्षुद्रता मुसलमान प्रशासन के सबसे प्रमुख निन्दा-कारण हैं, लेकिन इससे अधिक शोचनीय यह है कि मुसलमानों ने भी कोई विशेष प्रगति नहीं की—वे हिन्दुस्तानी ज़मीन पर बाहर से आयातित बन, विदेशज बोनसई मुद्रा अपनाये रहे—ज़मीन में अपने को रोप कर अंकुरित होना उनकी गरिमा के विरुद्ध और उनकी आत्मा को संकट में डालना था। उनकी धर्म भाषा अरबी थी। और संस्कृति भाषा ईरानी। उनका सोच, कल्पना, परम्परा, भाषा, साहित्य और सांस्कृतिक स्रोत आयातित थे। सिर्फ़ अकबरे-आज़म जैसे युक्तिमूलक थे, जिन्होंने समझा कि बहुत दूर के नितान्त भिन्न युग में नितान्त भिन्न जीवन-शैली वाले ख़ानाबदाश क़बीलों की नियम-प्रणाली 16-17वीं शताब्दी के उस समाज पर कैसे लागू की जा सकती है, जिसका सामाजिक, राजनीतिक और आर्थिक परिवेश न सिर्फ़ बिल्कुल पृथक है, बल्कि प्राचीन संस्कृति के नाते उसकी अपनी विशिष्ट जीवन-दृष्टि और जीवन-शैली भी है।

आलमगीर प्रशासन के विविध चरणों पर राजसी बन्दीगृह का अवलोकन जहाँ महामहिम पर टिप्पणी है, वहीं मुग़ल राजवंश, उत्तराधिकार (अ) प्रणाली तथा नियति के पारस्परिक जटिल एवं परम कारुणिक अन्तर्सम्बन्ध पर टीका भी। सामूगढ़ विजय के बाद राजसी कारागार में सम्राट के भूतपूर्व वली-अहद मुहम्मद सुल्तान, भूतपूर्व सह विद्रोही मुराद बख़्श एवं उनके बेटे इज़्ज़त बख़्श बन्दी थे, तो साथ ही शत्रु पक्ष के सुलमान शिकोह और सिपिर शिकोह भी।

इसी तरह प्रशासन के परवर्ती भाग में दौलताबाद दुर्ग में जहाँ आलमगीर के तत्कालीन वली-अहद मुअज़्ज़म शाह आलम और उनके अपने चार बेटे बन्दी थे, वहीं दूसरी ओर बीजापुर और गोलकुंडा के दोनों भूतपूर्व सुल्तान आदिल शाह और .कुत्ब शाह भी। इससे हास्यास्पद और करुण क्या हो सकता है!

''मैं आपको याद दिलाना चाहता हूँ कि महान् विजेता महान् सम्राट नहीं होते,'' सूबेदार औरंगज़ेब ने शाहजहाँ को कड़वाहट से लिखा था, ''कितने ही देश असभ्य बर्बरों के स्वामित्व में आये हैं और कुछ ही बरसों में मिट्टी में मिल गये हैं।'' तब भावी विराट बली को मालूम नहीं था कि वह स्वयं अपने ऊपर टिप्पणी कर रहे हैं! उन्हें गुमान नहीं था कि अपने अन्तिम वर्षों में उनका यह कातर चीत्कार होगा, ''प्रशासन मैंने हर्गिज़ सुचारू रूप से नहीं सँभाला।''

एक शून्य आलमगीर—औरंगज़ेब के पास कोई जीवन-दृष्टि नहीं, सिर्फ़ नग्न महत्त्वाकांक्षा थी। कोई उड़ान नहीं, सिर्फ़ हड़प हुनर था। वह संसार के सबसे न्यूनतम कल्पनाशील मनुष्य थे—महान् मुग़लों में गिनती के बावजूद न्यूनतम रचनात्मक। वह अत्यधिक परिश्रम कर सकते थे, लेकिन संचालक इच्छा-शक्ति थी, प्रतिभा नहीं। अकबर के सिवा कोई मुग़ल सम्राट नहीं था, जिसने अनेकानेक प्रकार के रण-क्षेत्रों में उतने वर्ष बिताये हों, जितने औरंगज़ेब ने। उन्होंने मुग़ल सीमाएँ लगभग उपमहाद्वीप सीमाओं में बदल दीं, लेकिन फिर भी वह असफल रहे। एक के बाद एक विजय पाने के बाद भी अगर कोई अन्ततः पराजित हो सकता है, तो वह श्री औरंगज़ेब थे। अन्तिम घड़ियों में बेहद करुण, दयनीय, और त्रासद। उनका आधी सदी का शासन-काल हर दृष्टि से मुग़ल गरिमा के अन्त का प्रारम्भ साबित हुआ।

युद्ध वह नाग है, जो मानव समुदाय को डँसते हुए सब कुछ निर्जीव कर देता है—धर्म, देश, परिवार, जीवन-शैली, संस्कृति। औरंगज़ेब के सिंहासनारोहण के बाद हिन्दुस्तान का यही हुआ। राजतिलक उत्सव से न टूटी हड्डियाँ जुड़ीं, न ज़ख़्मों पर मरहम लगा। शाहजहाँ का संसार भी निज़ामे-शरिआ द्वारा निर्धारित था, लेकिन उसमें विभिन्न आस्थावान बड़ी सीमा तक 'अपने जीवन में सुख-सन्तोष की तलाश' कर सकते थे और एक सीमा तक उसे उपलब्ध भी कर लेते थे। आलमगीर धीरे-धीरे उसे बदलने लगे और 'एक क़िस्म का लगभग सम्पूर्ण दोज़ख़' बना कर ही माने। उनका आत्म-मूल्यांकन कुछ भी हो, लेकिन इतिहास न्याय तथा समानता की अवहेलना के लिए उन्हें क्षमा नहीं करेगा। उनके उत्तराधिकारियों ने उनकी महाभूलों की ऊँची क़ीमत चुकायी और देश अभी तक चुका रहा है। प्रतिफल का नियम समय का अतिक्रमण कर देता है।

शम्भू जी की हत्या के बाद मराठा क्षेत्र मुग़ल साम्राज्य में समाहित हो गया। अकबर तथा शाहजहाँ से भी महान् बनने की औरंगज़ेब की महत्त्वाकांक्षा अंशतः पूरी होती दिखाई दी, पर उनकी 'महानता' की तुलना उस महानता से नहीं हो सकती, जो अपने आमालनामे से मिलती है—जैसे अकबरे-आज़म को मिली थी। अधिक-से-अधिक वह ऐसे गरुड़ थे, जो ऊँचे एकान्त में अपना नीड़ बना लेता है और तमाम झंझावतों के बावजूद उसे सुरक्षित किये रहता है। उन्होंने अपने युग की चेतना बदलने की कोशिश नहीं की। उन्होंने मध्य काल को और गहन और अपने पूर्ववर्तियों द्वारा स्पन्दित उदारवादी शक्तियों को बिल्कुल अवरुद्ध कर दिया। महान् व्यक्ति अपने पीछे महानता के कीर्ति-लेख छोड़ जाता है; औरंगज़ेब ने अपने पीछे सिर्फ़ विनाश का मलबा छोड़ा। उन्हें संसार के महान् सम्राटों के वर्ग में नहीं रखा जा सकता; वह सिर्फ़ एक अच्छे अभिनेता थे, जो अपनी समझ में महान्

प्रशासक की भूमिका अदा करते रहे, लेकिन इतिहास उन्हें उनकी कसौटियों के अनुसार नहीं परख सकता। अगर किसी महान् के देशवासी उसकी महानता न समझ पाएँ या वह उनके जीवन में गुणवत्ता न ला पाये, तो वह कैसे महान् हो सकता है? अधिक-से-अधिक अपने धर्म के बुनियादी मूल्यों की दृष्टि से वह एक अच्छे मुसलमान थे। उनका अहं, तंगदिली और उफनाती महत्त्वाकांक्षा उनके एकायामी व्यक्तित्व की मुखर सीमाएँ हैं। अन्ततः दसियों बार दस जगह दुहराये समापन का ही सहारा लेना होगा—उनका व्यक्तित्व विविध परत सम्पन्न, रहस्यमय और दुर्बोध है।

आलमगीर का मनोचिकित्सिक—हॉलीवुड में अक्सर सुपरस्टार का निजी मनोचिकित्सक होता है। प्रायः पहले के दारिद्र्य और विविध मनोग्रन्थियों के साथ ऐसी लोकप्रियता, विपुल सम्पत्ति और निरन्तर कलात्मक चुनौतियों के साथ तालमेल बैठाने के लिए चेतन-अवचेतन की चीड़-फाड़ आम तौर से अनिवार्य पायी जाती है। काश, महामहिम का मानसिक उपचार हो सकता! प्रत्यक्ष और अप्रत्यक्ष कम-से-कम सौ हत्याएँ; बाप, सगे भाइयों, भतीजों, और ख़ुद अपनी सन्तान के साथ रिश्ते, निजी आचरण में अनैतिकता एवं पाखंड के ऊँचे मानक बनाना—पूरे मुग़ल राजवंश में मानसिक उपचार की सर्वाधिक पात्रता से सम्पन्न महामहिम ही थे, पर अगर कोई उनसे यह कहने की हिम्मत जुटा पाता, ''ज़िल्ले-सुब्हानी, आपको थैरेपी की ज़रूरत है।'' तो वह ऐसे शुभाकांक्षी को तुरन्त हाथी के पाँव-तले कुचलवा देते!

पारम्परिक समाज में मानसिक उपचार शर्म और कलंक का कारण बनता है। सिसिलियन माफ़िया के स्वर्ण युग में अगर यह सच्चाई गुप्त नहीं रह पाती कि फलाँ डॉन का निजी थैरेपिस्ट (Shrink) है, तो कोसा नोस्त्रा नेशनल कमीशन तुरन्त उसकी हत्या का निर्णय कर देता।

तुम्हारा क्या करूँ औरंगज़ेब?

अगर दारा छठवें सम्राट बनते, तो औरंगज़ेब के साथ क्या व्यवहार करते? क्या औरंगज़ेब का वध करते? सामूगढ़ लड़ाई के लिए अपनी सेना का नेतृत्व करते हुए दारा शिकोह ने नारा लगाया था, ''या अपने सिर के बग़ैर लौटूँगा या दुश्मन के सिर के साथ!'' मानुची के अनुसार दारा की गिरफ़्तारी के बाद जब औरंगज़ेब ने बन्दी से पूछा, ''अगर हम दोनों विपरीत जगह होते, तो तुम मेरे साथ कैसा व्यवहार करते?'' तो दारा ने जवाब दिया, ''मैं तुम्हें चार टुकड़ों में कटवा कर दिल्ली के चार दरवाज़ों पर टिकटी से लटकवा देता!''

कोई चाहे तो इस दन्तकथा पर विश्वास कर सकता है, पर इन पंक्तियों के लेखक का मानना है कि जहाँ आरा बेगम के होते हुए औरंगज़ेब का वध नहीं

हो सकता था। उनका क्या किया जाता, यह अनुमान लगाना भी बहुत कठिन है। महामहिम ने उत्तराधिकार युद्ध से पहले मुराद बख़्श से कहा था, "वली-अहद के चंगुल में आया ताज तुम्हारे सिर पर रख दिया जाय, इसके बाद मैं मक्का शरीफ़ चला जाऊँगा।" इसी तरह उनका एक और महान् डायलॉग है, "जिसे मस्जिद की दहलीज़ पर जन्म लेना चाहिए था, वह शाही हरम में ग़लती से पैदा हो गया!" लेकिन वह हर्गिज़ मक्का नहीं जाते। दिलरस बानो और पाँचों बेटियाँ गंगा-जमुनी तहज़ीब में रची-बसी थीं। न वह देश छोड़तीं, न जहाँ आरा उन्हें छोड़ने देतीं। जब समय से पहले औरंगज़ेब का अन्तिम फ़ैसला किया जा सकता था, ऐसी शुभ घड़ी एक बार आयी थी। अप्रैल, 1644 में, जब 'मुग़ल राजवंश का अन्तःकरण' जहाँ आरा लगभग संज्ञाहीन थीं और 'औरंगज़ेब के जीवन का अन्धकार युग' चल रहा था; उनके लिए शाहजहाँ का क्रोध चरम सीमा तक पहुँच चुका था। अगर शाहजहाँ और दारा शिकोह औरंगज़ेब नाम के ख़तरे को सदा के लिए मिटा देने के आकांक्षी थे, तो इससे बेहतर अवसर नहीं मिल सकता था, लेकिन हत्या तो दूर, औरंगज़ेब को सलीमगढ़ या ग्वालियर क़िला भेजने की बात भी नहीं उठी।

देश का भविष्य—सिंहासनारूढ़ दारा हारे हुए औरंगज़ेब, मुराद, और शुजा का क्या करते? इस छठवें सम्राट के प्रशासन की विशिष्टता देश की नियति में देखी जाती, उनके भाइयों के अन्जाम में नहीं—हालाँकि यह विशिष्टता उनके भाइयों की सलामती अपनी परिधि में ले लेती है। यह बहस लम्बी हो सकती है। इसका तुरन्त समापन यही हो सकता है कि अन्ततः औरंगज़ेब ही सही साबित हुए, जिन्होंने कहा था, "उत्तराधिकार युद्ध का उद्देश्य यह तय करना नहीं था कि तख़्ते-ताऊस पर कौन बैठेगा, बल्कि यह निर्धारित करना था कि देश का भविष्य क्या होगा?" ताज दारा के सिर पर होते हुए हिन्दुस्तान का स्वरूप-निर्धारण कैसा होता, यह अनुमान-चित्र बनाना कठिन नहीं। देश को 17वीं सदी में बहुवचनीय, आध्यात्मिक स्पर्शयुक्त सांस्कृतिक जीवन-शैली मिलती। धर्म उसका एक महत्त्वपूर्ण हिस्सा होता—चश्मा, आधार और हर चीज़ को आँकने की कसौटी नहीं। इस तरह दारा की मृत्यु एक राजकुमार की मृत्यु नहीं, वस्तुतः देश के भविष्य की मृत्यु है।

"हम दारा को शोधन स्थान (purgatory) के पश्चाताप (peritence) कक्ष में भेजने के लिए कटिबद्ध हैं," आलमगीर का महान् संवाद है। 'पृथ्वी पर ईश्वर की छाया' को मालूम नहीं था कि देश का विनाश कर देने के बाद ज़िन्दगी के अन्तिम दौर में वह स्वयं रौरव नर्क में भीगी बाती बन कर जलेंगे, "मैं जानता नहीं कि मैं कौन हूँ और क्या करता रहा हूँ!"

अपनी जीवन-व्यर्थता पर आलमगीर का व्यथित चीत्कार विद्रूप के सिवा कोई प्रतिक्रिया नहीं जगाता। उनकी दूसरी स्वीकारोक्ति हमेशा की तरह आत्म-

वंचना का पर्याय है, "इतना मूल्यवान जीवन अकारथ चला गया!"

वस्तुतः यह लागू होता है दारा शिकोह के ऊपर...

दुर्भाग्य पथ—औरंगज़ेब के लिए ऐसी पैनी, तीखी वितृष्णा के बावजूद शाहजहाँ उनका कोई अन्तिम फ़ैसला करने की स्थिति तक अपने को क्यों नहीं ला पाये? औरंगज़ेब और मुराद बख़्श की साझी फ़ौज राजधानी पर हमला करने आ रही थी, शाही फ़ौज उनका मुक़बला करने जा रही थी, पर शाहजहाँ राजा जसवंत सिंह को आदेश दे रहे थे कि दोनों राजकुमारों के साथ नर्मी का व्यवहार करना! शाहजहाँ को भी मनोचिकित्सक की ज़रूरत थी।

मुग़ल इतिहास का यह अध्याय ग्रीक त्रासदी का ही रूपान्तर है।

एक मुग़ल इतिहास विशेषज्ञ के अनुसार शाहजहाँ किंग लियर और उससे कुछ ज़्यादा भी हैं। औरंगज़ेब रिचर्ड तृतीय। दारा शिकोह हैमलेट की याद दिलाते हैं, जहाँ आरा कोर्डेलिया की भूमिका निभाती हैं, नूरजहाँ तथा मुमताज़ महल जूलियट और मोना लिज़ा का मेल हैं, रौशन आरा मैसोलिना और सलोमी का मिश्रण और ज़ेबुन्निसा एंटीगनी।

शहज़ादे अकबर ने औरंगज़ेब के दक्षिणाभियान को 'स्वप्न से अधिक मिथ्या; छाया से कम स्थायी' कहा था। औरंगज़ेब ने बेटे के विद्रोह-पथ को 'दुर्भाग्य-पथ' की संज्ञा दी थी। दोनों कथन सम्बोधी के साथ-साथ सम्बोधक के ऊपर भी लागू हो गये। धार औरंगज़ेब के हिस्से में ज़्यादा आयी, क्योंकि सिंहासनारूढ़ तो विराट बली ही थे। शाहजहाँ के दो वर्षीय विद्रोह काल में कच्चे किशोर औरंगज़ेब ने जो आपदाएँ भुगतीं, उनको उन्होंने 'स्वयं को अग्नि में तपाने वाला शुद्धिकारक' माना। "मैंने किरीट विभीषिका की एक झलक देख ली।" तब उन्होंने किरीट विहीनता का भयंकर आयाम देखा था, लेकिन अपने प्रशासन के अन्तिम खंड में वह किरीट सम्पन्नता की त्रासद विभीषिका भुगतने के लिए अभिशप्त पाये गये। मुग़ल साम्राज्य के रत्न-जटित दीप-वृक्ष जगमग कर रहे थे, लेकिन स्वर्णावरण के नीचे माँस सड़ रहा था; आत्मा स्लो मोशन में निस्पन्द हो रही थी।

"मैं चाहता हूँ कि तुम मेरे दुःखों और कुछ गिनी-चुनी ख़ुशियों की सहभागी बनो," तब के विराट बली को नहीं मालूम था कि दिल-आराम के सामने प्रस्ताव रखते हुए वह व्यक्ति रूप में अपने लिए ही भविष्यवाणी कर रहे हैं।

इतिहास और नियति का यही काव्यात्मक न्याय था।

आलमगीर के अन्तिम पल—कहा जाता है कि अगर मृत्यु अवकाश के साथ मिले, तो अन्तिम दिनों में व्यक्ति को विविध गहन पल याद आते हैं—काले और रंगारंग। दिलरस का मोहक मुखड़ा महामहिम की धड़कनों में वैसे ही स्पष्ट रूपाकार लेने लगता होगा, जैसे छायाकार की प्रयोगशाला में रसायन की ट्रे में डूबे तस्वीरों

के प्रिंट उजागर होने लगते हैं। मुमताज़ महल की प्रार्थना-माला भी निकाल कर देख लेते होंगे, जो सदा उन्होंने अपने पास रखी (जहाँ आरा को यह तथ्य विशेषत: रुचिकर था।)। फिर कुछ बिम्बों की शोभा-यात्रा—मुसम्मन बुर्ज से ज़र्द होती पीत गोधूलि में ताज को निहारते शाहजहाँ; रेगिस्तान में प्यास और पीछा करती शत्रु सेना से व्याकुल भटकते दारा शिकोह; दारा के कटे सिर पर विलाप करती जहाँ आरा; सोने की हथकड़ी-बेड़ी में बन्दीगृह दीवार से सिर टकराते सन्तप्त मुराद; आधी रात के सलीमगढ़ी सन्नाटे में 847वाँ क्षमा-याचना-पत्र संशोधित करते मुहम्मद सुल्तान (जहाँपनाह के सामने प्रस्तुत करने की हिम्मत कभी नहीं जुटा पाये!); वैसे ही सन्नाटे में टकटकी लगाये जलती शमा का पिघलना देखती हुई भावहीन ज़ेबुन्निसा और उसका वैसा ही भावहीन स्वर, "माफ़ी चाहिए किसे है जहाँपनाह! "दुर्गम्य अफ़गानी पर्वत-शृंखला पर खड़े विक्षुब्ध अकबर का आक्रोश से थरथराता स्वर, "अब तो आख़िरी हिचकी ले लीजिए आलमगीर!" रौशन आरा की उपालम्भ देती आँखें, "दोज़ख़ में मिलेंगे औरंगज़ेब, तो जवाब माँगेंगे!"

"ताजपोशी के बाद जब हम बीमार हुए थे," औरंगज़ेब, बहुत उद्विग्न थे, "तो अगली बादशाहत के लिए आपने आज़म को अपना उम्मीदवार क्यों बनाया?"

"क्यों?" रौशन आरा हँसीं, "क्या काम बख़्श को बनाना चाहिए था?"

"आज़म बंगाल में है, लेकिन बार-बार हमारे पास अहमद नगर आने की ज़िद कर रहा है। वो कुछ भी कर सकता है! अगली जंगे-विरासत में पहल का फ़ायदा उठाना चाहता है, जो शुजा को नहीं मिल पाया"—

रौशन आरा फिर हँसीं—यह हँसी कुछ वैसी ही भावालोड़ित और नियन्त्रणाविहीन थी, जैसी उनके मुखारविन्द से दारा का कटा सिर देख कर शून्य में स्थापत्य समान कुछ पलों के लिए रूपायित हो गयी थी।

महामहिम अन्त तक अपने अविश्वास, सन्देहों और निजी राक्षसों से लड़ते हुए लहूलुहान होने को अभिशप्त थे...

अनुभाग 22

वयोवृद्ध गरुड़ के निस्पन्द होते पंख

मैं संसार में अपने साथ कुछ लेकर नहीं आया था और अपने पाप-फल के अतिरिक्त कुछ लेकर नहीं जा हूँ।

—औरंगज़ेब

बहुत देर हो चुकी 'कुछ तितर-बितर चीज़ें सँभालने के लिए!'

वागिनखेड़ा की विजय के बाद बेहद क्लान्त महामहिम ने, कहा जाता है, अन्ततः अपने छब्बीस बरस पुराने अभियान की निरर्थकता नये सिरे से अनुभूत कर ली। वह तुरन्त दिल्ली लौटना चाहते थे, क़िला-ए-मुअल्ला में शाहजहाँ के पद-चिह्नों पर चलना चाहते थे, अपनी बनवायी मोती मस्जिद में स्वयं प्रार्थना करना चाहते थे और आदित्य प्रतीक-चिह्न वाली मुग़लिया पताका के नीचे खड़े हो, फ़सीलों से डूबते सूरज की सिमटती किरनें देखना चाहते थे, लेकिन 'संसार को हड़पने वाले' (आलमगीर का शब्दार्थ) की छोटी-सी इच्छा पूरी नहीं हो सकी। वह आठ मील दूर देवासपुर में एक महीने शैयाग्रस्त रहे। उन्होंने 'दैवी न्यायाधीश' के नाम की दुहाई देते हुए अपने हकीमों से अनुरोध किया कि उन्हें अपने पाँवों पर खड़ा होने योग्य बना दें, ''दिल्ली मुझे बुला रही है!'' महामान्य ने हकीम हुंज़ा के सामने वही उद्गार दुहराया, जो उन्होंने लगभग पचास वर्ष पहले उत्तराधिकार युद्ध के लिए दौलताबाद से निकलते हुए बोला था—पर इस बार अपनी हमेशा सूखी रहने वाली आँखों में बेइख़्तियार आ गयी कुछ नमी के साथ जोड़ा, ''मैं कुछ तितर-बितर चीज़ें सँभालना चाहता हूँ।''

''सम्राट से बेहतर और कौन जानता है कि जीवन के नियम परम परमात्मा के आदेश से चलते हैं,'' वयोवृद्ध चिकित्सक बोले, ''नीति मार्ग पर चलने वाला आपके जैसा नरेश तो कोई हुआ ही नहीं। वह ईश्वर कैसा ईश्वर होगा, जो आपकी

इच्छा पूरी न करे!"

शरीर के हर भाग में दुर्बलता के बावजूद ज़िल्ले-सुब्हानी ने हर दिन दरबार लगाया, कूटनीतिज्ञों और गण्यमान्यों से मिले, राजधानी और हर प्रदेश से आयी रपटें सुनीं, आदेश लिखवाये और दिन में पाँच बार प्रार्थना की। उनकी हालत में जल्दी ही सुधार हुआ—कहा जाता है कि दवा से नहीं, ठीक होने की उनकी इच्छा-शक्ति से। उन्होंने 22 अक्टूबर को अहमद नगर कूच करने के आदेश पर हस्ताक्षर किये। इतनी लम्बी और वह भी ग्रामीण क्षेत्रीय यात्रा के लिए उनका शरीर अनुकूल नहीं था, पर किसी में सामर्थ्य नहीं थी कि उन्हें उनके संकल्प से हिला सके। वह दक्षिण के उसी द्वार से बाहर निकलना चाहते थे, जिससे छब्बीस बरस पहले भीतर घुसे थे।

वागिनखेड़ा के पतन के बाद अब कोई मराठा दुर्ग जीतने को शेष नहीं था, ऐसा महामहिम ने सोचा, पर मराठा मत दूसरा था! महामहिम अस्वस्थ थे; अहमद नगर जाकर विश्राम करना चाहते थे, लेकिन 'उद्दंड मराठे' नवासी की आयु के वयोवृद्ध राजदंडधारी को गरिमा से दिल्ली वापस लौट जाने की इजाज़त देने को राज़ी नहीं थे! लगभग 50,000 मराठी सैनिकों की टुकड़ियाँ ऐन शाही फ़ौज के छोर को लूटते हुए साथ-साथ चल रही थीं! मराठों को मुग़ल सेना का प्रत्यागमन पसन्द नहीं आया। स्थायी आय का स्रोत सदा के लिए सूख जो रहा था!

अन्तिम हिचकी से पहले—इतिहास जब अपने को दुहराता है, तो सचमुच प्रहसन बन जाता है। शाहजहाँ अपने प्रशासन के अन्तिम बरसों में दारा को अपने अन्य बेटों द्वारा दी जाने वाली आगामी चुनौती को लेकिर जिस तरह चिन्तित थे, कैसी जुगुप्साभरी विडम्बना है कि उससे कहीं अधिक चिन्ता अब आलमगीर को थी! वरिष्ठ सामन्तों से बार-बार विमर्श करते थे; कम्पायमान होते थे कि उनके बाद उत्तराधिकार युद्ध कितना संगीन होगा! तीन दावेदार बेटों—मुअज़्ज़म, आज़म, और काम बख़्श—में अकेला आज़म था, जिसे बाप ने बन्दी नहीं बनाया था। शाहजहाँ का कारण-अकारण कोप-भाजन बने रहने के युग में जिस औरंगज़ेब ने बार-बार ख़ुद से वादा किया था कि वह अपने बेटों का 'फ़ालतू लाड़' नहीं करेंगे, वही वृद्ध पिता अब भी सबसे छोटे काम बख़्श पर सबसे नालायक़ साबित हो जाने पर भी जब देखो तब निसार होते रहते थे। काम बख़्श को देख कर आज़म साँप की तरह मरोड़ खाते थे। काम बख़्श आज़म को देख कर आक्रामक भंगिमा में आ जाते थे। आज़म की नसों में मुग़ल के साथ-साथ सफ़ाविद राजरक्त भी था, इसलिए आज़म सामान्य हिन्दू माँ का पुत्र होने के कारण शुरू से मुअज़्ज़म को 'बनिया बक़्क़ाल' कहा करते थे। दोनों के बीच छत्तीस का आँकड़ा था। गोलकुंडा सुल्तान से मुअज़्ज़म की साँठ-गाँठ की रपट और सुबूत जहाँपनाह तक

पहुँचाये जाने का सेहरा आज़म ने ही अपने सिर बाँधा था। मुअज़्ज़म के बन्दी हो जाने पर उत्तेजित आज़म ने अपनी पीठ थपथपायी, लेकिन अकबर के गर्मसिर आ जाने पर मुअज़्ज़म की मुक्ति और पुनर्प्रतिष्ठापन जब सम्पन्न हो गया, तो आज़म आक्रोश एवं हताशा से कम्पायमान हो उठे। अब पुत्रों एवं पौत्रों को मिला कर ताज के सत्रह वैध दावेदार थे।

बुझने से पहले दीपक की लौ की अन्तिम फड़फड़ाहट—मृत्यु-शैया पर हताशा से क्षत और पश्चाताप से विक्षत आलमगीर ने तीन चीज़ें तहरीरबन्द कीं—आज़म और काम बख़्श को एक-एक पत्र और अपना दित्सापत्र।

अन्तिम पत्र आज़म को—तुम पर ईश्वर की कृपा रहे!

वृद्धावस्था आ पहुँची और दुर्बलता प्रबल हो गयी। शक्ति मेरे अंगों को छोड़ चुकी। मैं अकेला आया था और अकेला ही जा रहा हूँ। मैं जानता नहीं कि मैं कौन हूँ और क्या करता रहा हूँ। सादगी से बिताया काल खंड अपने पीछे सिर्फ़ पश्चाताप छोड़ कर जा रहा है। साम्राज्य का प्रशासन मैंने हर्गिज़ सुचारू रूप से नहीं सँभाला। न मैंने कृषक समुदाय का वैसा ध्यान रखा, जैसा मुझे रखना चाहिए था।

इतना मूल्यवान जीवन अकारथ चला गया। स्वामी मेरे घर में थे, लेकिन अँधेराभरी मेरी आँखें उनकी दीप्ति नहीं देख सकीं। जीवन ज़्यादा देर नहीं चलता। जो दिन चले गये, उनका कोई चिह्न नहीं बचा और भविष्य को लेकर कोई आशा नहीं रही।

मेरा ज्वर विदा ले गया, त्वचा और तुष छोड़ गया।

काम बख्श, जो बीजापुर में था, अब मेरे निकट है। तुम उससे भी निकट हो। प्रिय शाह आलम सबसे दूर है। पौत्र मुहम्मद अज़ीम बंगाल से आ पहुँचा है।

सारे सैनिक भी मेरी तरह विवश, विचलित, और भ्रमित हैं। उनका विचार है कि परमपिता अब हमारे साथ और नहीं। ऐसे में मेरी वही स्थिति है, जो उद्वेग में पारे की होती है। मैं संसार में अपने साथ कुछ लेकर नहीं आया था और अपने पाप-फल के अतिरिक्त कुछ लेकर नहीं जा रहा हूँ। मैं नहीं जानता, मुझे क्या दंड मिलेगा। हालाँकि ईश्वर से दया एवं उदारता की मुझे आशा है, पर चिन्ता मेरा पीछा नहीं छोड़ती। जब मैं अपने-आप से विदा ले रहा हूँ, तो मेरे साथ और कौन रहेगा?

(पद्य) हवा का रुख़ कहीं भी हो/ मैंने डाल दी अपनी नाव धारा में/ यद्यपि परम अधिष्ठाता अपने दासों की सुरक्षा करेंगे, पर बाहरी संसार की दृष्टि से मेरे पुत्रों का भी यह कर्तव्य है कि ईश्वर के बनाये हुए जीव, विशेषकर मुस्लिम, नाहक न मारे जाएँ। (यह है सम्राट की न्याय दृष्टि!) पौत्र बहादुर (बदर बख़्त) को विदा के मेरे आशीष दे दो।

जब मैं जा रहा हूँ, तब वह मेरे पास नहीं। उससे मिलने की इच्छा पूरी नहीं

हुई। दृष्टि के सीमित होने से निराशा के सिवा और कुछ नहीं मिलता।

विदा! विदा! विदा!

अन्तिम पत्र काम बख़्श को—मेरे बेटे, तुम सदा मेरे मन के निकट हो। हालाँकि शक्ति के अपने दिनों में मैंने यह परामर्श दिया कि ईश्वर इच्छा के सामने सिर झुका दो और इस बात को लेकर परेशान भी होता रहा, पर ईश्वर की इच्छा दूसरी निकली।

किसी ने मेरी बात पर ध्यान नहीं दिया। अब जब मैं मर रहा हूँ, इस विषय का ढोल पीटना व्यर्थ होगा। मैं अपने साथ अपने सभी पापों का फल ले जाऊँगा। कैसा चमत्कार है कि मैं अकेला संसार में आया था, पर इतने बड़े कारवाँ के साथ विदा ले रहा हूँ। जिस ओर देखता हूँ, मीरे-कारवाँ के रूप में ईश्वर के सिवा और कोई दिखाई नहीं देता।

सेना और उससे जुड़े समुदाय (विविध सेवाएँ देने वाला चलता-फिरता नगर) के कल्याण को लेकर मेरी हताशा यातना बन रही है। यद्यपि अपने लोगों की सुरक्षा ईश्वर करेगा, पर मेरे पुत्रों का भी कर्तव्य है कि उनकी हिफ़ाज़त करें, विशेषकर आस्थावानों (मुसलमानों) की। जब मैं बलवान था, तब उनकी सुरक्षा बिल्कुल नहीं कर सका और अब तो मैं अपनी देखभाल भी नहीं कर सकता। मेरे अंग हिलना-डुलना बन्द कर चुके। जो साँस बुझ रही है, उसके लौटने की आशा नहीं। ऐसी हालत में प्रार्थना के अलावा मैं और क्या कर सकता हूँ? मेरी बीमारी के दौरान तुम्हारी माँ उदयपुरी बेगम ने मेरी देखभाल की। वे चाहती हैं कि अगले संसार में मेरे साथ जाएँ। मैं अपने प्रिय लोगों को ईश्वर के हवाले छोड़ता हूँ। मैं विह्वल हूँ; तुमसे विदा लेता हूँ।

सांसारिक लोग धोखेबाज़ होते हैं। वे वफ़ादारी के लिहाज़ से कुछ नहीं करते। काम इशारों और संकेतों से किया जाना चाहिए। दारा शिकोह ने ग़लत चलन अपनाया, इसलिए वह अपना लक्ष्य प्राप्त नहीं कर सके। (दुर्भावना गहनता मुलाहिज़ा हो; दारा का वध हुए लगभग आधी सदी बीत गयी, पर दिवंगत को कोसना नहीं छोड़ा। क्या यह टिप्पणी इसलिए की, क्योंकि आधी सदी का प्रशासन खंड-खंड पाखंड पर्व बनते देख रहे थे?) उन्होंने अपने मुलाज़िमों का वेतन पहले से बढ़ा दिया, लेकिन ज़रूरत के समय उनको प्रतिदान कम मिला। इसलिए वह दुःखी हुए। तुमको पाँव उतने ही फैलाना चाहिए, जितना तुम्हारा क़ालीन है। जो मुझे कहना था, कह दिया। अब विदा लेता हूँ। देखना कि किसान और दूसरे लोग बेसबब बरबाद न हों और मुसलमानों का वध न किया जाय, जिससे मैं दंड का भागी न बनूँ।

आख़िरी वसीयत—मृत्यु-शैया पर पड़े औरंगज़ेब की हस्तलिपि में लिखी

यह वसीयत उनके तकिये के नीचे पायी गयी थी—"मैं जीवन में विवश था और विवश ही जा रहा हूँ। मेरे जिस बेटे को भी बादशाहत का सौभाग्य मिले, उसे काम बख़्श को परेशान नहीं करना चाहिए—यदि परवर्ती बीजापुर और हैदराबाद के दो प्रदेशों से सन्तुष्ट हो जाय। असद ख़ाँ से बेहतर वज़ीर न है, न होगा। दयानत ख़ाँ, दकन के दीवान, दूसरे राजकर्मचारियों से बेहतर हैं। मुहम्मद आज़म शाह से परम भक्ति के साथ व्यवहार किया जाय, यदि वह साम्राज्य के वैसे विभाजन के लिए प्रस्तुत हों, जैसा मैंने प्रस्तुत किया था, यानी सेनाओं के बीच कोई युद्ध नहीं होगा और न जनसंहार। विरासत में पाये मेरे सेवक-समाज को न बर्ख़ास्त किया जाय, न उनके साथ दुर्व्यवहार हो। सिंहासन पर बैठने वाले को आगरा और दिल्ली में से एक सूबा मिलना चाहिए। जिसे पहला (आगरा) मिलता है, उसे पुराने राज के चार सूबे भी मिलेंगे—आगरा, मालवा, गुजरात, एवं अजमेर और उनसे जुड़े ग्राम-समूह। इसी तरह दकन के चार सूबे भी—खानदेश, बरार, औरंगाबाद, तथा बिदर और उनके बन्दरगाह। जो परवर्ती के लिए तैयार हो, उसे पुराने राज के ग्यारह सूबे मिलेंगे—दिल्ली, पंजाब, काबुल, मुल्तान, थट्टा, काश्मीर, बंगाल, उड़ीसा, बिहार, इलाहाबाद, और अवध।"

दूसरी वसीयत—'अहकामे-आलमगीरी' में यह दूसरी वसीयत मिलती है, जो हमीउद्दीन ख़ाँ बहादुर को दी गयी थी—"उस ईश्वर को प्रणाम, जिसके पवित्रीकृत हो चुके सेवकों ने उन्हें सन्तोष दिया है। अपने अन्तिम इच्छा-पत्र में मैं ये निर्देश देता हूँ—एक; पाप में डूबे इस पापी के नाम से हसन की पवित्र समाधि पर कपड़ा चढ़ाया जाय, चूँकि जो पाप-सागर में डूबे हैं, उनके पास दया एवं क्षमा के उस प्रवेशद्वार की शरण में जाने के बजाय सुरक्षा का और कोई उपाय नहीं। यह परम मंगलकारी काम मेरे पुत्र शहज़ादे आलीजाह आज़म सम्पन्न करेंगे।

दो; टोपियाँ सिल कर मैंने जो चार रुपये दो आने अर्जित किये हैं, महलदार अइया बेग के पास हैं। उनसे लेकर उस राशि को इस विवश जीव के कफ़न पर ख़र्च किया जाय। तीन सौ पाँच रुपये, जो क़ुरान की प्रतियाँ बनाने का पारिश्रमिक है, निजी व्यय के लिए मेरे बटुए में है। मेरी मृत्यु के दिन उसे फ़क़ीरों में बाँट दिया जाय। क़ुरान की नक़ल द्वारा अर्जित पैसा शिया समुदाय द्वारा सम्मान से देखा जाता है, इसलिए उसे मेरे कफ़न और उससे सम्बन्धित दूसरी आवश्यकताओं पर ख़र्च न किया जाय।

तीन; शहज़ादे आलीजाह के प्रतिनिधि से, जो मेरे उत्तराधिकारी बेटों में सबसे निकट हैं, दूसरी आवश्यक वस्तुएँ ले ली जाएँ, चूँकि उन्हीं के ऊपर मेरे दाह-संस्कार की सही-ग़लत रस्मों का उत्तरदायित्व है। यह विवश उनके लिए जवाबदेह

नहीं, चूँकि मृत बचे हुओं की दया पर निर्भर रहते हैं।

चार; इस भटके हुए को 'सही पथ से भटकों की उपत्यिका' में नंगे सिर के साथ दफ़नाया जाय, क्योंकि विनष्ट हो चुका हर पापी जब अन्तिम सम्राट के सामने नंगे सिर ले जाया जाता है, आवश्यक रूप से अनुकम्पा का पात्र बनता है।

पाँच; मेरी अर्थी पर कफ़न को 'ग़ाज़ी' नाम के मोटे कपड़े से ढँक दिया जाय। उसके ऊपर छत्र, संगीत-मंडली का जुलूस और उत्सव-लीला से परहेज़ किया जाय।

छह; साम्राज्य के अगले प्रशासक के लिए यह उचित होगा कि वह मेरे सेवक-समाज के साथ सद्व्यवहार करे, जो दक्षिण के वीरानों और रेगिस्तानों में इस निर्लज्ज जीव के साथ भटकते रहे हैं। अगर उनसे कोई भूल हो भी जाय, तो उन्हें क्षमा मिले।

सात; लिपिकों के लिए ईरानियों से बेहतर और कोई नहीं। युद्ध में भी सम्राट हुमायूँ से लेकर वर्तमान समय तक उन्होंने कभी युद्ध क्षेत्र से मुँह नहीं फेरा और उनके जमे क़दम डगमगाये नहीं। इसके अलावा वे कभी न आदेश-उल्लंघन के दोषी पाये गये, न अपने स्वामी के प्रति विश्वासघात के। पर चूँकि वे अपने साथ बहुत सम्मानभरे बर्ताव पर बल देते हैं, उनके साथ निर्वाह बहुत कठिन हो जाता है। पर उनके साथ बना कर रखना चाहिए; भले ही छल-कपट का सहारा लेना पड़े।

आठ; तैमूरी लोग हमेशा से अवसरखोजी रहे हैं। वे प्रहार, छापा, नैशाक्रमण, और बन्दी बनाने में कुशल हैं। उनसे बीच लड़ाई में लौटने के लिए कहा जाय, तो न वे सन्देह के शिकार होते हैं, न हताशा के, न लज्जा के। वे हिन्दुस्तानियों की वज्रमूर्खता से सौ सोपान दूर हैं, जो अपना सिर गँवा देते हैं, लेकिन अपनी जगह से नहीं हिलते। इस जाति को तुम्हें हर तरह से उपकृत करना चाहिए, क्योंकि ज़रूरत पड़ने पर ये लोग तुम्हारी वह सेवा कर सकते हैं, जो और कोई नहीं कर सकता।

नौ; बारहा के सैयदों के सम्मान और उनके प्रति अनुकम्पा दिखाने में कभी-कमी न की जाय, लेकिन उनको लेकर हमेशा चौकस रहना। उनके प्रति प्रेम बनाये रखना, लेकिन उनकी श्रेणी मत बढ़ाना, क्योंकि प्रशासन में तुम्हारा सहभागी शीघ्र ही बादशाहत अपने लिए हड़पना चाहता है। अगर तुम कमान थोड़ी-सी भी उन्हें सौंप दोगे, तो परिणाम तुम्हारी पदच्युति होगी।

दस; जहाँ तक सम्भव हो, साम्राज्य के अधिष्ठाता को बराबर घूमने से बचना नहीं चाहिए। एक जगह ठहरे रहने से परहेज़ करना चाहिए, जो विश्रान्ति ज़रूर देता है, लेकिन हज़ार तरह की मुश्किलें और मुसीबतें भी लाता है।

ग्यारह; अपने बेटों पर कभी विश्वास मत करो, अपने जीवन में कभी उनके

साथ घुलमिल कर व्यवहार मत करो, चूँकि अगर शाहजहाँ ने दारा शिकोह के साथ ऐसा नहीं किया होता, तो उनकी परिणति ऐसी नहीं होती। हमेशा यह सूक्ति याद रखो, एक सम्राट का संसार सूना होता है।

बारह; साम्राज्य के समाचार तुम्हें मिलते रहें, यह प्रशासन का आधार है। एक पल की लापरवाही पदच्युति के लम्बे वर्ष बन सकती है। कमबख़्त शिवा का पलायन लापरवाही से हुआ और इस भूल के लिए मुझे अपने जीवन के अन्त तक लड़ना पड़ा।

बारह सौभाग्यशाली संख्या है, इसलिए बारह निर्देशों से समाप्त करता हूँ।

(पद्य) अगर पाठ सीखा तुमने, तो तुम्हारी बुद्धि को चुम्बन;/ ध्यान नहीं दिया, तो अफ़सोस!''

समाधि-लेख—अन्तिम छह वर्षों में (1699 से 1707 तक) विराट बली की निजी ज़िन्दगी करुणा की अन्तिम सीमा छूते-छूते लगभग वीभत्स हो गयी थी। उन्होंने अपने परिवार में अनेक देहान्त देख लिए थे—सबसे पहले रौशन आरा बेगम ज़िन्दगी और राजवंश से थक कर चली गयीं, फिर बदरुन्निसा, फिर सलीमगढ़ में मुहम्मद सुल्तान, फिर जहाँ आरा बेगम, ज़ेबुन्निसा, शहज़ादे अकबर और बहू बेगम जहाँ ज़ेब। वह घोर एकाकी, बिल्कुल टूटे और साकार विषादमूर्ति थे। उन्हें अपनी अनेकानेक विविधरूपा, विविधवर्णी हत्याएँ याद आती थीं। अव्वल तो नींद आती ही नहीं थी, और अगर आ भी जाती, तो सपना भी पीछे खिंचा चला आता था—और वह भी एक ही क़िस्म का—किसी-न-किसी मक़्तूल (जिसका क़त्ल किया गया) का चिढ़ाता चेहरा...

आलम यह था कि वह स्वयं से ही बुदबुदाने भी लगे थे, पर दुनिया के सामने प्रवंचना तेवर वही थे। जो व्यक्ति सदा न्यायोजित पथ पर चला, वह निजी राक्षसों से कैसे सन्तप्त हो सकता है! ''ईश्वर की अनुकम्पा कि मैं जहाँ भी जैसा भी था, सिर्फ़ वहाँ से गुज़र रहा था। वहाँ के सभी तत्त्वों से मैंने स्वयं को असम्पृक्त कर लिया है और अपने लिए मृत्यु सरल बना ली है,'' असद ख़ाँ के नाम पत्र में महामहिम दावा करते हैं। इतने भयंकर 'कृतित्व' का रचनाकार असम्पृक्त हो सकता है—और वह भी अन्तिम पत्रों एवं वसीयतों को विनयपत्रिका का भावानुवाद बनाते हुए? यह दावा अपनी इमेज बनाने की करुण कोशिश के सिवा और कुछ नहीं।

सब कुछ लुटा देने के बाद असम्पृक्ति!

अगर दारा शिकोह उत्तराधिकार युद्ध में विजयी होने पर औरंगज़ेब से उनकी आख़िरी इच्छा पूछते, तो इन पंक्तियों के लेखक को पूरा विश्वास है कि प्रात:स्मरणीय जान

की भीख नहीं माँगते—"पाक जुमे को मेरा क़त्ल करवा देने की मेहरबानी करो," यही होती उनकी अन्तिम इच्छा!

शुक्रवार, 20 फरवरी 1707 की सुबह प्रातःस्मरणीय प्रार्थनालीन हुए और वैसे ही अचेतावस्था को प्राप्त हो गये। सभी मानते हैं कि इच्छा-शक्ति के अद्भुत धनी थे ज़िल्ले-सुब्हानी! उन्होंने अपने चुने हुए दिन ही असार संसार में अपनी भूमिका तब पूरी कर ली, जब वह साम्राज्य तथा प्रशासन को निःसार कर चुके।

देहावसान के बाद उनके निजी कोष में साढ़े तीन रुपये पाये गये, जो टोपियाँ सीने की कमाई थी। साढ़े तीन सौ रुपये की एक और राशि मिली, जो क़ुरान प्रतियाँ बनाने की आय थी। जैसी की उनकी इच्छा थी, उनके अन्तिम संस्कार का व्यय पहली राशि में से घटा लिया गया; शेष से फ़क़ीरों को भोजन करवाया गया।

महामहिम के संगे-कब्र पर क्या तहरीर होनी चाहिए?

चाँदनी चौक के मसख़रे ने सुझाव दिया, "सब कुछ लुटा के होश में आये तो क्या किया!"

अनुभाग 23

पुनश्चः आलमगीर परवर्ती उत्तराधिकार युद्ध

मेरी जन्मकुंडली के अनुसार मेरे बाद अज्ञानी, संकीर्ण दिमाग़ और आधी-अधूरी योजनाओं वाले सम्राट बनेंगे।

—औरंगज़ेब

फिर भाई बनाम भाई

आलमगीर की साँस कभी भी टूट सकती है। अगर मैं दूर गुजरात में पड़ा रहूँगा, तो कोई दूसरा भाई इसका लाभ उठा लेगा, ऐसा सोच कर आज़म ने सम्राट से प्रार्थना की कि गुजरात की जलवायु अनुकूल न होने के कारण वह सम्राट के पास आना चाहते हैं। आलमगीर को अपने बेटों पर रत्ती भर विश्वास नहीं था। वह जीवन भर इस आशंका से लरज़ते रहे कि उनका कोई बेटा उनके साथ वही व्यवहार करेगा, जो उन्होंने शाहजहाँ के साथ किया था। उन्होंने आज़म को टका-सा उत्तर दे दिया, "अपने पिता की बीमारी के दौरान मैंने भी उनसे यही प्रार्थना की थी, तो उन्होंने उत्तर दिया कि हर जगह की वायु व्यक्ति के अनुकूल होती है—कुटिल महत्त्वाकांक्षा की वायु के अलावा!"

पर आज़म ने फिर प्रार्थना की। इस बार अनुमति मिल गयी। लगभग ग्यारह माह आज़म ने पितृ-स्नेह छाया में ग़ुजारे, पर फिर उसी स्नेह को तरसते काम बख़्श भी वहाँ पहुँच गये। हालाँकि सामर्थ्य की दृष्टि से काम बख़्श की आज़म से प्रतिद्वन्द्विता का कोई आधार नहीं था, पर विविधरूपी, विविधवर्णी महत्त्वाकांक्षा मुग़ल राजकुमार को घुट्टी में मिलती थी। एक-दूसरे के सामने दोनों अपने व्यवहार पर भी नियन्त्रण नहीं रख सके। आलमगीर ने समझ लिया, इन 'दो बिना ज़ंजीर के शेरों को पास-पास नहीं रखा जा सकता', इसलिए उन्होंने काम बख़्श को हैदराबाद और आज़म को मालवा भेजने का निर्णय लिया। महामान्य समझ रहे

थे कि इन दोनों को वह आख़िरी बार देख रहे हैं। उनके विह्वल हृदय से लग कर जब काम बख़्श 'अल्ला हाफ़िज' कह कर जाने लगे, तो महामान्य रो पड़े (एन.एस.डी. के परम सक्षम त्यागराजन जैसा कोई शाही स्टिल फोटोग्राफ़र उस ऐतिहासिक क्षण के साक्ष्य की प्रतिलिपि, काश, मुझे दे देता!) !

बरगद गिरने के बाद—जैसे ही 'ईश्वर-छाया' ईश्वर में मिल गयी, तो गले में शोकसूचक काले गुलूबन्द बाँधे सन्देशवाहक तीनों राजकुमारों के पास भेज दिये गये। आज़म को सूचना सबसे पहले मिल गयी। वह चौबीस घंटों में अहमद नगर पहुँचे और वज़ीर असद ख़ाँ के साथ पितृ-स्मृति में अश्रु बहाते हुए अन्तिम संस्कार में जुट गये। 28 फरवरी को उन्होंने अपना राज्याभिषेक करवाया और सूबेदारों को फ़रमान भेज दिये कि उनके प्रदेश की सभी मस्जिदों से आठवें सम्राट के सिंहासनारोहण की उद्घोषणा कर दी जाय—पादशाहे-ममालिक अबुल फ़ैज़ .कुत्बुद्दीन मुहम्मद आज़म शाहे-आलीजाह ग़ाज़ी !

फिर तुरन्त उन्होंने राजकोष पर क़ब्ज़ा कर लिया, जिसमें अनुमानत: 1 करोड़ की राशि थी। प्रशासन और सेना के जिन अधिकारियों का समर्थन आज़म को चाहिए था, उन्हें तुरन्त नक़द इनाम के साथ जागीर प्रदान कर दी गयी ओर सैनिकों का बक़ाया भी दे दिया गया। आज़म ने बेटे बदर बख़्त को दस हज़ार सेना के साथ उत्तर भेजा, ताकि अकबराबाद के राज्यपाल नजीबुद्दौला की सहायता से अकबराबाद तथा शाहजहाँनाबाद पर क़ब्ज़ा कर लिया जाये।

सिर्फ़ ख़ुत्बे से नहीं बनता बादशाह!

दुर्भाग्य से आज़म ने वही महाभूल की, जो उनके भाई अकबर ने लगभग इक्कीस बरस पहले राजपूताना में की थी—वह समझे उद्घोषणा से ही सम्राट बन जाता है! उन्होंने तुरन्त उत्तर दिशा में कूच करने के बजाय अहमद नगर में इक्कीस महामूल्यवान दिन बरबाद कर दिये। जहाँ ज़ेब के निधन के बाद वह समय के साथ बदलते हुए दुर्व्यवहारी, अविश्वासी और रागरंगलीन होते गये थे। अब नज़ारा यह था कि एक ओर ग्वालियर में बदर बख़्त अपने पिता को न आते देख भड़क रहे थे। और अकेले ही दिल्ली जाने का इरादा बना रहे थे; दूसरी ओर आगरे में आज़म के ससुर नजीबुद्दौला दामाद को शीघ्रता करने के अनवरत सन्देश भेजे जा रहे थे; इधर तीसरी ओर आज़म बदर को सख़्त आदेश भेज रहे थे कि जब तक वह स्वयं ग्वालियर पहुँच कर एकीकृत सेना नहीं बनाते, बेटा उनकी प्रतीक्षा करे। क्यों? आज़म को आशंका थी कि दिल्ली सूबेदार की मिलीभगत से बदर बख़्त कहीं बज़ाते-ख़ुद तख़्ते-ताऊस पर न बैठ जाय!

पर तभी ख़बर आयी कि अज़ीमुश्शान की सेना ने अकबराबाद को दक्षिण

से और उनके पिता मुअज़्ज़म ने पश्चिम से घेर लिया। आज़म ने पहल ज़रूर कर ली, पर पहल का लाभ नहीं उठा पाये!

शाह आलम—मुअज़्ज़म शाह आलम जमरूद में थे, जब 20 मार्च को उन्हें समाचार मिला कि "रूहे-आलमगीर ने लिबासे-इन्सानी से निजात पा ली।" वह दूसरे भाइयों की अपेक्षा साहस और रणनीतिक सूझ-बूझ में कुछ पारंगत थे; साथ ही विश्वस्त परामर्शदाता के रूप में सेनापति मुनीम ख़ाँ नैकट्य से भी लाभान्वित थे। दोनों ने पहले से औरंगज़ेब निधन परवर्ती कार्यक्रम बनाते हुए जालंधर में चालीस हज़ार सैनिकों की त्वरित सेना आरक्षित रखी थी। मुअज़्ज़म का अतिरिक्त सौभाग्य यह भी था कि उनके पास अज़ीमुश्शान जैसे वफ़ादार सपूत थे। अज़ीमुश्शान बिहार में थे, जब उन्हें सिंहासन रिक्ति की सूचना मिली। अपने पिता से निर्देश पाने की प्रतीक्षा में समय बरबाद करने के बजाय जो कुछ सैन्य एवं धन शक्ति उनके पास थी, तुरन्त लेकर अकबराबाद की ओर कूच कर गये। उनका लक्ष्य वहाँ से पिता की बादशाहत के ऐलान का था। बदर बख़्त आगरा पर पहले नियन्त्रण कर सकते थे—अगर आज़म ने उन्हें ग्वालियर में ही प्रतीक्षा करने की सख़्त हिदायत न दी होती।

आज़म मुअज़्ज़म को सख़्त नापसन्द करते थे, पर मुअज़्ज़म के सैनिक एवं अधिकारी उनके सद्व्यवहार के कारण उन पर जान छिड़कते थे। मुअज़्ज़म के पास मुश्किल से दस लाख रुपये थे। इस राशि से जब भारतीय लोकतन्त्र में लोकसभा सदस्यता का चुनाव तक नहीं लड़ा जा सकता, तो मुग़ल साम्राज्य के किरीट-उत्तराधिकार का युद्ध कैसे लड़ा जा सकता था! पर उनकी सेना दिवंगत सम्राट के सबसे बड़े जीवित पुत्र होने के नाते उनकी दावेदारी को वैध मानते हुए उनके समर्थन में संघर्ष के लिए प्रस्तुत थी। इसी जोम में मुअज़्ज़म ने बाबर और अकबरे-आज़म की तरह बला की गति पकड़ते हुए अकबराबाद तक लगभग पाँच सौ मील की दूरी पखवारे से कम में पूरी कर ली।

आठवें बादशाह बहादुर शाह!

"शायद आप जानते हों कि मैं, शहज़ादा मुअज़्ज़म, जहाँपनाह औरंगज़ेब का सबसे वरिष्ठ पुत्र, पिछले 3 जून को लाहौर के निकट बहादुर शाह उपाधि के साथ सिंहासनारूढ़ हो चुका हूँ। ईश्वर के नाम पर आप द्वार खोलें, शस्त्र समर्पित कर दें और चाबियाँ हमारे प्रतिनिधि को सौंप दें। अगर चौबीस घंटे में आपने इस आज्ञा का पालन नहीं किया, तो हमारे पास बलप्रयोग के सिवा और कोई विकल्प नहीं होगा। इस फ़र्मान का उल्लंघन करके आप अपने लिए ख़तरा मोल लेंगे।"

सूबेदार और सिपहसालार ने आदेश-पत्र पाते ही द्वार खोल दिये। भीतर आकर

बहादुर शाह प्रथम (मुअज़्ज़म) ने सबसे पहले शाही मस्जिद में प्रार्थना की; फिर राजकोष के ताले मुहरबन्द कर दिये, जिसमें ढाई करोड़ के आस-पास राशि थी। अगले दिन 20 जून को बहादुर शाह तख़्ते-ताऊस पर विराजमान हो गये, पर उत्तराधिकार युद्ध अभी समाप्त नहीं हुआ था, जैसे आलमगीर के दो-दो राज्याभिषेक के बाद भी नहीं हुआ था।

11 जून को ग्वालियर पहुँचने पर आज़म ने फिर परम मूर्खता का प्रदर्शन किया। बदर बख़्त ने पूरी रपट देते हुए बहादुर शाह पर हमले की तैयारी के विस्तार समझाये, पर आज़म फिर रागरंग में डूब गये। बिफर कर बदर ने 'सुरक्षा की चाहत अनिष्टकारी है' की पुकार लगाते हुए पिता के बिना ही आक्रमण की ठान ली। अब आज़म जैसे नींद से जागे। 'आगरे की ओर' आह्वान करते हुए जैसे उनका कायापलट हो गया—जीवन भर की दमित महात्त्वाकांक्षा अपने सम्पूर्ण आवेग एवं गहनता के साथ भड़क उठी।

एक और सामूगढ़!

लगभग पचास वर्ष पहले जिस ऐतिहासिक सामूगढ़ मैदान में औरंगज़ेब और दारा शिकोह के बीच निर्णायक लड़ाई छिड़ी थी, उसी से चार मील हट कर झुलसती धूप में एक बार फिर ताजे-मुग़लिया का फ़ैसला हो गया। धूप सिमटने से पहले दोनों पक्षों के लगभग 15 हज़ार सैनिक खेत रहे; युद्धारम्भ में ही बदर बख़्त और उनके भाई वाला जाह ने "पत्थर और लोहे की वर्षा में जामे-शहादत का घूँट पी लिया; आज़म तलवार के द्वन्द्व युद्ध में क्षत-विक्षत हो, लालसा के लालिम स्वरूप में परिणत होते हुए निर्जीव हो गये।"

अब तेरा क्या होगा काम बख़्श?

बीजापुर के सूबेदार काम बख़्श की महत्त्वाकांक्षा के आधार ये थे—(1) मैं आलमगीर का सबसे दुलारा बेटा हूँ; (2) मैं उनके आलमगीर बन जाने के बाद पैदा हुआ; और (3) "आलमगीर अपने बाद ताज मेरे ही सिर पर देखना चाहते थे!" पर समस्या यह थी कि आलमगीर की वसीयत ही काम बख़्श की किरीटाकांक्षा के विरुद्ध जाती थी! उसमें स्पष्ट कहा गया था कि काम बख़्श के लिए बीजापुर तथा हैदराबाद ही अभिप्रेत हैं—"अगर उसे इतने से सन्तोष मिल जाय, तो"—

विडम्बना यह थी कि मुग़ल राजवंश में वसीयत सम्मान की कोई प्रथा थी ही नहीं। क्या काम बख़्श के बाप ने उनके अपने बाप की वसीयत का सम्मान किया था? तदनुसार सूबेदार ने अपना राज्याभिषेक करते हुए पादशाह मुहम्मद काम

बख़्श दीनपनाह के नाम का ख़ुत्बा पढ़वा लिया।

बहादुर शाह ने पिता की इच्छा का सम्मान रखते हुए धैर्य एवं स्नेह से काम बख़्श को संघर्ष पथ से विमुख करने की बहुत कोशिश की। पिता की वसीयत के अनुसार हैदराबाद एवं बीजापुर स्वीकार करने का आग्रह किया, पर मुग़ल रक्त में सन्तोष तत्त्व होता ही नहीं था—खाएँगे तो घी से, नहीं तो जाएँगे जी से! फलस्वरूप दिल्ली से सेना आयी, हैदराबाद के निकट लड़ाई छिड़ी और 13 जनवरी, 1709 को काम बख़्श 'अपनी महत्त्वाकांक्षाग्नि में राख हो गये।'

डूबते पोत का कप्तान!

अब बहादुर शाह के सामने न कोई आन्तरिक चुनौती थी, न बाहरी। वह आलमगीर साम्राज्य के मान्य उत्तराधिकारी थे—साथ ही पिता की महाभूलों के भी। वस्तुतः वह 'डूबते पोत के कप्तान' थे।

औरंगज़ेब रक्त सम्बन्धियों के थोक वध के बाद सिंहासन तक पहुँचे थे—हरम को शाही कब्रिस्तान और मातमख़ाना बना दिया था। अपने पिता की वसीयत को पाँव में मोज़ा बना कर पहनने वाले महामहिम अपनी कब्र में यह जान कर बहुत बिलबिलाये कि उनके परवर्ती सत्ता-संघर्ष में उनकी इच्छा तथा आज्ञा के विरुद्ध लेकिन मुग़ल प्रथानुसार उनके दो पुत्र और तीन पौत्र 'राजसी बैंगनी जामे की लालसा में सफ़ेद कफ़न में लपेट दिये गये।' 1681 से व्यक्ति और सम्राट के रूप में जो उनकी पराजय शुरू हुई, तो उनके ख़ुल्द-मकाँनी हो जाने के बाद भी थमी नहीं। प्रतिफल का नियम सचमुच न्याय का माध्यम है।

औरंगज़ेब के बाद तख़्ते-ताऊस पर डेढ़ सदी—1858 तक—ग्यारह बादशाह और बैठे और फिर आ गयी ईस्ट इंडिया कम्पनी...

औरंगज़ेब की सूक्तियाँ

—कवियों का अनुसरण भूल है। न चाटुकारों की सुनो और न कवियों की!

—अगर मैं एक नियम की अवहेलना करूँगा, तो सबके सब तोड़े जाएँगे।

—शाहजहाँ ने हमें लिखा था, तुमने अपने बाप के साथ ऐसा बर्ताव किया है। कहीं ऐसा न हो कि तुम्हारे बेटे भी तुम्हारे साथ ऐसा ही बर्ताव करें। हमने जवाब दिया था, चूँकि हमारे इरादे नेक हैं, इसलिए हमारे बेटे हमारे साथ अच्छा सुलूक करेंगे।

—प्रशासन कला इतनी नाज़ुक है कि सम्राट की ईर्ष्या अपनी छाया तक से जाग जाती है।

—जो तुम्हारा नमक, ख़तरे, और सफ़र बाँटता है, वही तुम्हारा दोस्त है।

—दुश्मन हो ही नहीं, अगर ऐसा नहीं हो सकता, तो दूसरा सर्वश्रेष्ठ विकल्प है दुश्मन का मुर्दा हो जाना।

—लक्ष्य के लिए जान दे देना आसान है, जिये जाना मुश्किल।

—अमन में बेईमानी इतनी ही बुरी है, जितनी जंग में ईमानदारी।

—स्त्रियों के साथ गम्भीर चर्चा बेकार है!

मुग़ल तथ्य

—ग्वालियर क़िले को अकबर ने शाही क़ैदख़ाना बनाया था।

—जहाँगीर मै के 49 पैमाने रोज़ाना नोश फ़र्माते थे—एक का इज़ाफ़ा और फ़र्मा देते, तो तवारीख़निगारों को हिसाब में सहूलियत हो जाती!

—मृत बादशाह की लाश क़िले से बाहर छेद बना कर लायी जाती थी; दरवाज़े से बाहर लाना अपशकुन होता था।

—महल के कुँओं में बर्फ़ रखी जाती थी। काश्मीर से रोज़ाना दो नावें भेजी जाती थीं, शाहजहाँनाबाद पहुँचते-पहुँचते एक रह जाती थी।

—सूरत से अकबराबाद तक घोड़े पर 33 दिन लगते थे और बंगाल के वास्ते दोगुने से ज़्यादा।

—अकबर युग से ही शाही डाक ऊँट के ज़रिए भेजी जाती थी। कबूतर डाक सेवा भी थी।

—उत्तराधिकार युद्ध के प्रारम्भ से पहले औरंगज़ेब और मुराद को निरन्तर विचार-विनियम करना था, इसलिए दौलताबाद और अहमदाबाद के बीच सोलह किलोमीटर के अन्तर पर पत्रवाहक धावक नियुक्त किये गये थे।

—खिचड़ी औरंगज़ेब को पसन्द थी।

—जंग से पेश्तर परिन्दे का चहचहाना, शिकार के जंगली जानवर का क़ब्ज़े में आना अच्छा सगुन था।

—मुग़ल ध्वजा का एक प्रतीक-चिह्न मछली था। मछली ज़िन्दगी की एक बुनियादी सनद है, यह मानते हुए औरंगज़ेब जंग के दौरान कोई हुक्म जारी करने से पहले कटोरे में रखी मछली छू लेते थे।

—सम्भ्रान्त वर्ग की महिलाओं के बीच जिस अंगिया का चलन रहा, वो नूरजहाँ ने ईजाद की थी।

—ताज महल का औपचारिक नाम रौज़ा-ए-मुनव्वरा (The Illuminated Tomb) था।

—जब शहरयार की आँखों की किसी व्याधि का उपचार हुआ और जहाँगीर को बताया गया कि अब राजकुमार की आँखों की रौशनी सही हो गयी है, तो जहाँगीर ने टिप्पणी की, ''वह सही रहेगी—अगर उसके भाइयों ने न बुझा दी, तो—'' पिता की टिप्पणी का सम्मान रखते हुए बाद में शाहजहाँ ने शहरयार को अन्धा करने के बजाय सीधे उसका वध कर दिया!

—बादशाह की आयु का हिसाब रखने के लिए हरम में एक रस्सी रखी जाती थी। उसमें रोज़ाना एक गाँठ लगा दी जाती थी।

—अवयस्क शहज़ादे का दैनिक भत्ता पाँच सौ रुपये था।

—जाली सिक्के का चलन नियन्त्रित करने की प्रणाली यह थी—'क' पकड़ा गया, जिसने जाली सिक्के 'ख' से लिये थे, तो वह 'ख' को ढूँढ़ कर उन्हें वापस करेगा। फिर ख-ग की तलाश करेगा। इस तरह पूरी अपराधी-शृंखला पकड़ी जाएगी और दंड भुगतेगी। कभी कड़ी टूटती भी होगी, पर इस स्थिति का विस्तार नहीं मिलता।

—पराजित मुग़ल तलवार अपनी गर्दन पर रख और हाथ में कफ़न ले अपनी अधीनता प्रकट करते थे। अफ़गान मुँह में घास दबाये आत्म-समर्पण करते थे—अर्थात् ''मैं आपकी गाय हूँ।'' तुर्की पद्धति अपनी पगड़ी हाथ में लेकर आना था।

—एक इतिहासकार ने मुग़ल मुद्रा मूल्यांकन का यह तरीक़ा अपनाया है—कैम्ब्रिज इकॉनॉमिक हिस्ट्री ऑफ़ इंडिया, खंड 1 के अनुसार 1600 का एक रुपया 1970 के 12 रुपये के बराबर है। 1970 से 1995 तक मूल्य सूचकांक छह गुना बढ़ चुका है। इससे 1995 में एक मुग़ल रुपये का मूल्य लगभग सत्तर रुपये हो जाता है।

—मुसलमान आक्रमणकारी काँच दर्पण (आईना-ए-बिल्लौर) लेकर आये। इससे पहले हिन्दुस्तानी धातु दर्पण का व्यवहार करते थे।

प्रमुख ग्रन्थ-सूची

— Tuzuk-e-Babri.
— Humayunnana.
— Akbarnama.
— Shahjahanama.
— Muntakab ul Lubab/Khafi Khan.
— Maasir-i-Alamgiri/Saqi M Khan.
— Travels in the Mughal Empire/Bernier.
— Reqqat-i-Alamgiri/J Milimoria.
— Futuhat-e-Alamgiri/Ishwardas Nagar.
— Waqiat-e-Alamgiri/Ail Khan Razi.
— Tarikh-e-Aurangzeb/Abul Fazl Mamuri.
— Alamgir Nama/Muhammad Qazim.
— Majma ul Bahrein/Dara Shikoh.
— The Diwan of Zebunnisa.
— History of Aurangzeb; V. 1-5; J.N. Sarkar, MC Sarkar & Sons, Calcutta, 1912-1924.
— Mughal Administration/J.N. Sarkar, MC Sarkar & Sons, Culcutta, 1924.
— Studies in Mughal India/J.N. Sarkar; MC Sarkar & Sons, Calcutta, 1919.
— The Fall of the Mughal Empire; Volume 1-4/J.N. Sarkar, MC Sarkar & Sons, Calcutta, 1932-50.
— Shivaji and His Times/J.N. Sarkar; MC Sarkar & Sons, Calcutta, 1919.
— Medieval India/Satish Chandra; Har-Anand, New Delhi, 1999
— The Mughal Nobility Under Aurangzeb/Athar Ali; Oxford University Press, 1997.

— Parties and Politics at the Mughal Court/Satish Chandra; Delhi, 1972.
— Essays on Medival Indian History/Satish Chandra; Oxford, 2005.
— Thc Primc Ministers of Aurangzeb/Laiq Ahmad; Chug Publications, 1976.
— Aurangzeb and His Times/M. Faruki; Idarah-i-Adbiyati, Delhi, 1972.
— Jahan Ara: Daughter of Taj Mahal/Frieberg, Stanely K., Columbia: New Port Bay Publishers, 1999.
— Sufis and Soldiers in Auragzeb's Deccan/Sion Digby; Oxford University Press, 1996.
— A Teardrop on the Cheek of Time/Diane & Michael Preston, Doubleday, 2004.
— Nur Jahan: Empress of Mughal India/Findly, Ellison Bank, Oxford University Press, 1993.
— Women of the Mughal Dynasty/Deborah Hutton, Skidomore College, 2002.
— Omen For A Princess: The Story of Jahan Ara, Royal Poet of the 17th Century/Jean Bothwell, 1998.
— The Life of a Mughal Princess Jahanara Begam/Andrea Butenschon; Sang-e-Meel Publications, Karachi, 2004.
— Royal Mughal Ladies and Their Contributions/Dr. Soma Mukherjee; Gyan Publishing House, New Delhi, 1991.
— Social Life of the Mughal Emperors/MA Ansari; Gitanjali Publishing House, New Delhi, 1983.
— Biographical Dictionary of Prominent Muslim Ladies/Kabir Kausar and Innamul Kabir, Lght and life Publishers, 1982.
— Muslim Women in Medieval India/Zinat Kausar; Janki Prakashan, Patna/New Delhi, 1990.
— Women In Mughal India/Rekha Mishra; Munishiram Manohar Lal, 1967.
— The Indian Heritage—Court Life and Arts Under the Mughals; Victora & Albert Museum, 1982.
— Social Life of the Mughal Emperors/MA Ansari; Gitanjali Publishing House, New Delhi, 1983.
— History of India As Told by Its Own Histories/Elliot; Dowson;

Sushil Gupta, Calcutta, 1952-56.
— The Agrarian System of Mughal India/Irfan Habib; Asia Publishing House, Bombay, 1963.
— The Peacock Throne/Hansen, Waldemar; India Reprint Motilal Banarasi Dass, New Delhi, 1981.
— Twilight of the Mughals/Spear, T.G.P.; Orient Reprint, New Delhi, 1969.
— Aurangzeb in Muntakhab-Al-Lubabd/Syed, Anees Jahan, Somaiya Publications, Bombay, 1977.
— Studies in Islamic Culture in the Indian Environment/Aziz Ahmad; Oxford University Press, New Delhi, 1998.
— Later Mughal/Willian Irvine; London, 1903.
— History of Shah Jahan of Dehli/B.P. Saksena; Allahabad, 1958.
— Dara Shikoh: Life and Works/Hasrat, Bikramjit; New Delhi, 1982.
— Nur Jehan: Empress of Mughal India/Banks-Findly, Ellison, New York, 1993.
— History and Culture of Indian People; V. 7; Bharatiya Vidya Bhavan, 1984.
— Social Life of the Mughal Emperors/Ansari, M. Azhar, New Delhi, 1983.
— Taj Mahal/Begley, WE and Desai, ZA, Harward, 1989.
— Mughal Religious Policies, The Rajputs and the Deccan/Satish Chandra, 1993.
— Some Aspects of Social Life During the Mughal Age/Chora, PN, Jaipur, 1963.
— Gulbadan/Godden, Rumer, New York, 1980.
— Medieaval India/Ed. Habib, Irfan; Oxford, Delhi, 1992.
— The Mughal Empire/RC Majumdar; Bharatiya Vidya Bhava, Mumbai, 1974.
— The Central Structure of the Mughal Empire/Ibn Hasan; Munshi Ram Manohar Lal, Delhi, 1970.
— Mughal Kingship and Nobility/RP Khosla: Idarah-Adbiyati, Delhi, 1972.
— From Akbar to Aurangzeb: A Study in Indian Economic History/ WH Moreland; Oriental, New Delhi, 1972.
— The fall of the Mughal Empire/S.J. Owen; Murry, London, 1912.

— The Administration of the Mughal Empire/I.H. Qureshi, Oriental, New Delhi, 1975.
— The State and Religion in Mughal India/M.L. Roy Choudhury; India Publishing Society, Calcutta, 1951.
— The Provincial Government of the Mughals/P Saran; Kitabistan, Allahabad, 1941.
— Rise of the Maratha Power/Ranade, M.G; Bombay, 1900.
— Shivaji and the Maratha: His Life and Times/Rawlinson, H.G; Oxford, 1915.
— New History of the Marathas; 3 Vols./Sardesai, G.S; Bombay, 1946.
— Later Mughals/Irvine, William; New Delhi, 1962.
— The Army of the Indian Mughals/Irvine, William; New Delhi, 1962.
— Aurangzeb and the Decay of the Mughal Empire/Lane-Pool, Stanely; S. Chand, New Delhi, 1971.
— Shivaji the Pragmatist/Mahaley, K.L; Nagpur, 1969.
— The Rise and fall of the Maratha Empire/Nadkarni, R.V; Bombay, 1966.
— Shivaji and Indian Naitional Movement; Saga of a Living Lagend/ Samarth, Anil; Bombay, 1975.
— Mughal Government and Administrations/Sharma, Sri Ram; Bombay, 1951.
— The Mansabdari System and the Mughal Army/Abdul Aziz; Lahore, 1945.
— Dara Shukoh/K Qanungo; Calcuatt, 1952.
— Akbar the Great Mughal/V.A. Smith; Oxford, 1919.
— India at the Death of Akbar/WH Moreland; London, 1920.
— From Akbar to Aurangzeb/WH Moreland; London, 1923.
— Rise and fall of the Mughal Empire/Tripathi, R.P; Allahabad, 1956.
— Storio do Mogor/Manucci, Niccolo; Trans. W. Irvine; Calcutta, 1966.
— Francois Bernier's Travels in Mughal Empire/Ed. Irving Brock; Oxford, 1933.
— The Forgotten Mughals/G.S. Cheema; New Delhi, 2002.
— Chhatrapati Shivaji/B.N. Pande; New Delhi, 1994.
— Mughal India/Athar Ali; Oxford, 2006.

— Akbar And His India/Irafan Habib; Oxford, 1997.
— Shahjahanabad/Eckart Ehlers & Thomas Krafft; New Delhi, 2003.
— Durgadas Rathor/Raghubir Singh; Jaipur, 1989.
— Medieval India/Irfan Habib; Oxford, 1992.
— Glimpses of Mediaval Indian Culture/Yusuf Hussain; Bombay, 1957.
— Life and Times of Humayun/Iswari Prasad; Bombay, 1955.
— Akbar and His Age/Iqtidar Alam Khan; New Delhi, 1999.
— Aurangzeb/Munilal; Vikas, Delhi, 1982.
— Last spring/Eraly, Abraham, Viking, New Delhi, 1997.
— Sir Jadunath Sarkar: A Profile in Historiography/Pawar, Kiran, Books & Books, New Delhi, 1985.
— Sir Jadunath Sarkar: The Historian at Work/S.K. Srivastava, Delhi, 1989.
— The Empire of the Great Mughal/Anniemarie Schimmel/Oxford, 2000.
— Society and Culture During the Mughal Age/PN Chopra, Delhi, 1998.
— Akbar and His Hindu Officials/CM Agrawal; Jalandhar, 1986.
— Din-i-llahi/ML Roy Choudhary; Calcutta, 1985.

❑ ❑ ❑

मुग़ल महाभारत : नाट्य-चतुष्टय

चित्रावली

निखरे गोरे रँग के कारण मुमताज़ महल प्यार से औरंगज़ेब को सुफ़ेद साँप कहती थीं।

दुलारी माँ की माला सदा आलमगीर के पास रहती थी।

औरंगज़ेब-मुराद ने दारा के विरुद्ध संयुक्त मोर्चा बनाया

शाहजहाँ की कोपाग्नि के लक्ष्य औरंगज़ेब को सूबेदारी पर बहाल करवाने वाली, सदा अपने धर्म पालन के लिए कटिबद्ध क़िला-ए-मुबारक की दीपशिखा जहाँ आरा

सामूगढ़ की लड़ाई, जिसमें शाही फ़ौज के सिपहसालार दारा शिकोह पराजित हो भाग गये

पानीबन्दी से विवश शाहजहाँ ने आत्मसमर्पण करते हुए लिखी कविता : कल था नब्बे हज़ारी फ़ौज का सिपहसालार/आज हूँ एक गगरी पानी का तलबगार।

लाल क़िले से जुड़े राजसी कारागर सलीमगढ़ की राजसी बन्दीगृह के रूप में स्थापना का श्रेय शाहजहाँ को है। उत्तराधिकारी युद्ध के समय शाहजहाँ आगरा क़िले में थे, अन्यथा सलीमगढ़ में ही बन्दी बनकर दिलचस्प विडम्बना बनते!

जिस पिता ने जहाँ आरा को विवाह की अनुमति नहीं दी थी, धर्माचरण के लिए कटिबद्ध उसी पुत्री ने शाहजहाँ की नज़रबन्दी बाँटने एवं उनकी सेवा करने कर निर्णय लिया।

मुसम्मन बुर्ज में शाहजहाँ का बंदी गृह

बन्दीगृह से ताज का दृश्य। लगभग आठ बरस मृत्यु पर्यन्त शाहों के शाह यही नज़ारा देखने के लिए अभिशप्त।

नियति भगोड़े द्वारा को मलिक जीवाँ तक ले गयी। ख़ैबर के निकट ज़मींदार मलिक जीवां विश्रामाकांक्षी द्वारा का स्वागत करते हुए।

चाँदनी चौक में बन्दी दारा की अपमान यात्रा; अप्रैल 29, 1659

दारा के वध पर महाभोज देने वाली रौशन आरा

बीस बरस की प्रतिशोधाग्नि के शान्त होने का क्षण। औरंगज़ेब की सेवा में दारा का कटा सिर लाया गया।

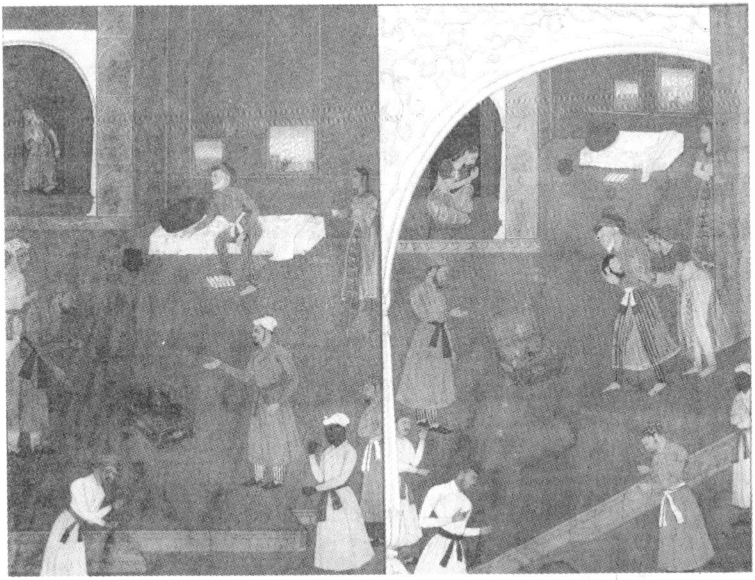

शाहजहाँ को दारा के कटे सिर का उपहार

शाहजहाँ की शव यात्रा। औरंगज़ेब शामिल नहीं हुए।

'मेरी कब्र पर सिर्फ़ हरी घास रहे। दीन-हीन का यही प्रावरण है।' जहाँ आरा का मज़ार।

ख़ुदा हमें वो दिन न दिखाये, जब तुम्हारे सिर पर ताज आये, औरंगज़ेब से यह कहने वाली जहाँ आरा को देखना पड़ा वो दिन!

शाहजहाँ और उनकी आँखों के तारा दारा

दुख़्तरे-शाह हूँ तबियत बजानिब फ़कीरी/यही मेरी ज़ेबो-ज़ीनत नाम है ज़ेबुन्निसा!

दिल्ली में संगीत की अर्थी

हिन्दू नहीं कर सकते पालकी, हाथी वा अरबी-ईराकी घोड़े की सवारी

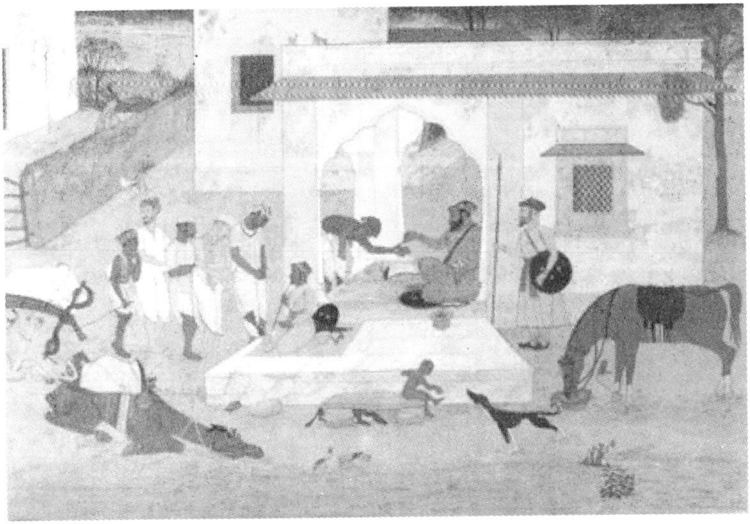

जज़िया भुगतान करते हुए हिन्दुओं की अवमानना

मुग़ल चाँदनी चौक

मन्दिर विध्वंस की सामान्य अधिसूचना

उस सलीमगढ़ को जाने वाला पुल, जहाँ से जीते जी वापसी नहीं होती थी

मुग़ल राजवंश के अनिवार्यता सिद्धान्त को विस्तारित करते हुए बाग़ी ज़ेबुन्निसा सलीमगढ़ में बन्दी बनने वाली एक और अकेली शहज़ादी हुईं

सलीमगढ़ का दरवाज़ा, जहाँ बंदी अपनी टाँगों पर भीतर जाता था, अर्थी पर बाहर आता था

टोपी सिलते वा कुरान की प्रति बनाते आलमगीर ज़िन्दा पीर (प्रजा द्वारा दी गयी उपाधि)। सादी जीवन-शैली के अनन्य मुग़ल सम्राट।

औरंगज़ेब के पाँच बेटों में अकेले आज़म, जिन्होंने बाग़ी का तमग़ा न लगा कर पिताश्री को बहुत सताया।

89 की आयु में अपनी वसीयत लिखते हुए औरंगज़ेब, जिसको शहज़ादों ने अमान्य कर दिया

धर्मजाति निरपेक्ष, प्रतिनिधिक प्रशासन के स्वप्नदर्शी अब्दुल्ला

फ़र्रुख़सियर के साथ हुसैन अली। सम्राट का वध कर हुसैन ने सैयद बन्धुओं के विनाश का प्रारम्भ कर दिया

रतियुद्ध महारथी लाल कुँवर—कोठे से जा पहुँची सीधी लाल क़िला

लाल कुँवर की लट के बन्दी जहाँ दार शाह

निज़ामुल्मुल्क़, सैयदों के प्रबल प्रतिरोधी बने।

भाई आज़म तथा काम बख़्श का वध करके मुअज़्ज़म बहादुर शाह प्रथम के रूप में औरंगज़ेब के बाद सातवें सम्राट बनें।

मुहम्मद शाह रँगीले के राजतिलक से सैयद बन्धुओं के पतन की उल्टी गिनती शुरू

मुग़ल पताका

रेखाचित्र 'फ़ैक्ट' के सौजन्य से

णाणं
पयासयं
2470
1944
भारतीय ज्ञानपीठ